Windows 11

Das große Handbuch

von

Mareile Heiting

Vierfarben

Liebe Leserin, lieber Leser,

seit dem Herbst 2021 steht Windows 11 zur Verfügung. Durch die halbjährlichen großen Updates hat sich in der Zwischenzeit schon viel verändert. Microsoft hat das Betriebssystem an vielen Stellen angepasst, sodass eine komplette Überarbeitung dieses Handbuchs notwendig wurde. Ich bin froh, dass Sie nun die vollständig überarbeitete Auflage in den Händen halten. Mit den ausführlichen Praxisanleitungen der Windows-Expertin Mareile Heiting können Sie alle neuen Funktionen und die angepasste Oberfläche von Windows 11 sicher nutzen.

Ob für den Einstieg oder die Suche nach fortgeschrittenen Informationen: Dieses Handbuch begleitet Sie mit verständlichen Anleitungen auf den ersten Schritten mit einem unbekannten System genauso wie bei der Arbeit mit anspruchsvollen Aufgaben. Es steht Ihnen bei der Ersteinrichtung zur Seite und hilft bei der Konfiguration von Benutzerkonten, der Freigabe von Dateien im Netzwerk oder der Einrichtung der Systemwiederherstellung. Power-User finden dazu zahlreiche Hintergrundinfos und Tipps und Tricks, damit sie noch geschickter und schneller ans Ziel kommen. Neben der Einrichtung von virtuellen Systemen gibt es zudem Administratoren-Schnupperkurse u. a. in Sachen PowerShell und Registry-Hacks.

Dieses Buch wurde mit größter Sorgfalt geschrieben und hergestellt. Sollten Sie dennoch einmal einen Fehler finden oder inhaltliche Anregungen haben, freue ich mich, wenn Sie mit mir in Kontakt treten. Für Kritik bin ich dabei ebenso offen wie für lobende Worte. Doch nun möchte ich Sie nicht länger aufhalten, sicher wollen Sie Ihr neues Windows gleich ausprobieren. Dabei wünsche ich Ihnen viel Spaß und Erfolg!

Ihr Erik Lipperts
Lektorat Vierfarben

erik.lipperts@rheinwerk-verlag.de

Auf einen Blick

TEIL I Start mit Windows 11

1 Windows 11 installieren und upgraden ... 21
2 Ein erster Rundgang über die Oberfläche von Windows 11 ... 59
3 Erste wichtige Einstellungen vornehmen ... 75
4 Windows 11 optimal bedienen ... 109
5 Benutzerkonten anlegen und verwalten ... 139

TEIL II Die Oberfläche kennenlernen

6 Windows 11 anpassen und personalisieren ... 181
7 Nützliche Funktionen des Desktops ... 255

TEIL III Programme und Dateien

8 Dateien und Ordner verwalten mit dem Explorer ... 285
9 Programme und Apps verwalten ... 353
10 In Windows 11 erfolgreich auf die Suche gehen ... 403
11 Nützliche Apps und Programme unter Windows 11 ... 435
12 Gute Unterhaltung – Fotos, Videos, Musik und Spiele ... 465

TEIL IV Netzwerken mit Windows 11

13 Mit dem Browser Microsoft Edge im Internet surfen ... 523
14 Internetverbindung herstellen und PCs vernetzen ... 575
15 E-Mail, Kontakte, Kalender und Microsoft Teams ... 597

TEIL V Geräte, Wartung und Sicherheit

16 Geräte anschließen und konfigurieren ... 631
17 Wartung – das System aktuell halten und sichern ... 681
18 Schutz vor Schadsoftware ... 727
19 Probleme aufspüren und lösen ... 763

TEIL VI Windows 11 für geübte Anwender

20 Die Registrierungsdatenbank von Windows 11 ... 809
21 Hyper-V und Virtualisierung ... 837
22 Hilfe aus der Ferne per Remotezugriff ... 865
23 Eingabeaufforderung und Windows PowerShell ... 877

Wir hoffen, dass Sie Freude an diesem Buch haben und sich Ihre Erwartungen erfüllen. Falls Sie Anregungen, Wünsche und Kommentare haben, lassen Sie es uns wissen: **service@rheinwerk-verlag.de**.

Informationen zu unserem Verlag und Kontaktmöglichkeiten finden Sie auf unserer Verlagswebsite **www.rheinwerk-verlag.de**. Dort können Sie sich auch umfassend über unser aktuelles Programm informieren und unsere Bücher und E-Books bestellen.

Autorin Mareile Heiting
Lektorat Erik Lipperts, Felix Jüstel
Copy-Editing Annette Lennartz, Bonn
Typografie & Layout Vera Brauner
Satz III-Satz, Kiel
Herstellung Nadine Preyl
Covergestaltung Mai Loan Nguyen Duy
Druck Beltz Grafische Betriebe, Bad Langesalza

FSC www.fsc.org MIX Papier | Fördert gute Waldnutzung FSC® C089473

Dieses Buch wurde mit mineralölfreien Farben auf FSC®-zertifiziertem Papier aus nachhaltiger Waldwirtschaft gedruckt. Hergestellt in Deutschland.

Bibliografische Information der Deutschen Nationalbibliothek:
Die Deutsche Nationalbibliothek verzeichnet diese Publikation in der Deutschen Nationalbibliografie; detaillierte bibliografische Daten sind im Internet über *http://dnb.dnb.de* abrufbar.

ISBN 978-3-8421-0965-0

5., aktualisierte Auflage 2024, 4. Nachdruck 2025
Vierfarben ist eine Marke des Rheinwerk Verlags.

Rheinwerk Verlag GmbH • Rheinwerkallee 4 • 53227 Bonn
service@rheinwerk-verlag.de

Inhalt

TEIL I Start mit Windows 11

1 Windows 11 installieren und upgraden 21

1.1 Die Systemanforderungen prüfen ... 21
1.2 Windows 11-Varianten ... 24
1.3 Ein Installationsmedium mit dem Medienerstellungstool erstellen ... 26
1.4 Von null auf Windows 11 ... 31
1.5 Windows 11 nachträglich aktivieren ... 50
1.6 Von einer älteren Windows-Version umsteigen ... 53

2 Ein erster Rundgang über die Oberfläche von Windows 11 59

2.1 Am Computer anmelden ... 59
2.2 Die Desktopoberfläche im Überblick ... 61
2.3 Die Taskleiste ... 62
2.4 Das Startmenü ... 68
2.5 Den Computer herunterfahren ... 72

3 Erste wichtige Einstellungen vornehmen 75

3.1 Einstellungen und Systemsteuerung im Überblick ... 75
3.2 Informationen über das Sytem in Erfahrung bringen ... 79
3.2.1 Detaillierte Systeminformationen anzeigen ... 79
3.2.2 Den Computernamen ändern ... 81
3.3 Eine Netzwerkverbindung herstellen ... 82
3.4 Die Energieeinstellungen kontrollieren und optimieren ... 85
3.5 Sicherheitseinstellungen überprüfen ... 88
3.5.1 Virenschutz im Blick behalten ... 88
3.5.2 Die Firewall kontrollieren ... 91
3.5.3 Automatische Updates im Blick behalten ... 94

3.6 Die Synchronisierungseinstellungen individuell anpassen 95

3.7 Anmeldeoptionen unter Windows 11 anpassen 97

3.7.1 Anmeldung per Gesichtserkennung 98

3.7.2 Anmeldung per Fingerabdruckerkennung 99

3.7.3 Anmeldung per Bildcode 101

3.8 Datenschutz – das »Nach-Hause-Telefonieren« unterbinden 104

4 Windows 11 optimal bedienen 109

4.1 Windows 11 auf dem Touchscreen bedienen 109

4.1.1 Die wichtigsten Fingergesten im Überblick 110

4.1.2 Texteingabe per Bildschirmtastatur 112

4.2 Die Oberfläche per Tastatur steuern 116

4.3 Eingabehilfen einrichten 118

4.3.1 Bildschirmelemente vorlesen lassen 119

4.3.2 Hohen Kontrast für bessere Lesbarkeit einstellen 122

4.3.3 Die Bildschirmlupe verwenden 126

4.4 Die Spracherkennung von Windows 11 127

4.4.1 Ein Headset einrichten und testen 127

4.4.2 Die Windows-Spracherkennung einrichten 129

4.4.3 Die Spracherkennung starten 133

4.4.4 Ein Diktat durchführen 134

4.4.5 Den Computer per Sprache steuern 135

4.4.6 Die Spracherkennung trainieren 136

5 Benutzerkonten anlegen und verwalten 139

5.1 Sicherheitsaspekte – Administrator versus Standardbenutzer 139

5.2 Ein neues Benutzerkonto anlegen 142

5.2.1 Ein lokales Konto erstellen 142

5.2.2 Ein Microsoft-Konto einrichten 147

5.2.3 Zwischen Benutzerkonten wechseln 152

5.3 Kennwörter verwalten 153

5.3.1 Das Kennwort des eigenen lokalen Benutzerkontos ändern 153

5.3.2 Das Kennwort und den Kontonamen eines anderen Benutzers ändern 155

5.4 **Die automatische Anmeldung einrichten** ... 157
5.5 **Konten für Familienmitglieder verwalten** ... 158
5.5.1 Ein Konto für ein Familienmitglied hinzufügen ... 158
5.5.2 Family Safety für Kinder einrichten ... 163
5.6 **Benutzerkonten wieder entfernen** ... 168
5.7 **Die Benutzerkontensteuerung** ... 170
5.8 **Das Microsoft-Konto verwalten** ... 172

TEIL II Die Oberfläche kennenlernen

6 **Windows 11 anpassen und personalisieren** 181

6.1 **Den Sperrbildschirm individuell einstellen** ... 181
6.1.1 Aussehen des Sperrbildschirms anpassen ... 181
6.1.2 Benachrichtigungen auf dem Sperrbildschirm festlegen ... 187
6.2 **Ein Profilbild ergänzen und anpassen** ... 189
6.3 **Das Aussehen des Desktops anpassen** ... 193
6.3.1 Das Hintergrundbild des Desktops auswählen ... 193
6.3.2 Die Farbe von Titel- und Taskleiste sowie des Startmenüs festlegen ... 197
6.3.3 Desktopeinstellungen in Designs speichern ... 201
6.3.4 Textgröße und visuelle Effekte anpassen ... 205
6.3.5 Größe und Aussehen des Mauszeigers anpassen ... 210
6.4 **Das Startmenü anpassen** ... 213
6.4.1 Elemente des Startmenüs auswählen ... 215
6.4.2 App-Symbole im Bereich »Angeheftet« entfernen, verschieben und hinzufügen ... 218
6.4.3 App-Symbole im Startmenü in Ordnern zusammenfassen ... 221
6.5 **Die Taskleiste anpassen** ... 223
6.5.1 Die Position der Taskleiste anpassen ... 223
6.5.2 Anzuzeigende Elemente der Taskleiste festlegen ... 226
6.5.3 Den Infobereich anpassen ... 228
6.6 **Das Benachrichtigungscenter und die Schnelleinstellungen anpassen** ... 231
6.6.1 Das Benachrichtigungscenter konfigurieren ... 232
6.6.2 Bei der Arbeit nicht stören lassen ... 237
6.6.3 Schnelleinstellungen anpassen ... 239

6.7 **Windows 11 und die Uhrzeit** ... 241
6.7.1 Die Uhrzeit manuell einstellen ... 241
6.7.2 Die Zeitzone auswählen ... 243
6.7.3 Mehrere Zeitzonen in der Uhr anzeigen ... 244
6.8 **Weitere Sprachen installieren** ... 245
6.8.1 Zusätzliche Sprachen installieren ... 246
6.8.2 Sprache für Anzeige und Tastaturlayout auswählen ... 249
6.8.3 Installierte Sprachen entfernen ... 254

7 Nützliche Funktionen des Desktops 255

7.1 **Verknüpfungen auf dem Desktop anlegen** ... 255
7.1.1 Desktopverknüpfungen für Programme, Ordner und Webseiten erstellen ... 255
7.1.2 Desktopsymbole auf der Oberfläche anordnen ... 263
7.2 **Programme und Dateien über die Taskleiste öffnen** ... 265
7.2.1 Programmsymbole auf der Taskleiste hinzufügen ... 266
7.2.2 Sprunglisten in der Taskleiste nutzen und anpassen ... 268
7.3 **Mit virtuellen Desktops arbeiten** ... 272
7.3.1 Virtuelle Desktops einrichten ... 272
7.3.2 Programme zwischen Desktops verschieben ... 276
7.3.3 Programme auf allen Desktops verfügbar machen ... 278
7.3.4 Virtuelle Desktops umbenennen und Hintergrund auswählen ... 279
7.3.5 Virtuelle Desktops schließen ... 281

TEIL III Programme und Dateien

8 Dateien und Ordner verwalten mit dem Explorer 285

8.1 **Der Explorer im neuen Gewand** ... 285
8.1.1 Den Explorer öffnen ... 285
8.1.2 Aufbau des Programmfensters ... 287
8.2 **Den Explorer individuell anpassen** ... 292
8.2.1 Den Navigationsbereich erweitern ... 292
8.2.2 Die Ansicht anpassen ... 293
8.2.3 Das Vorschaufenster und den Detailbereich verwenden ... 296

8.3 **Navigieren mit dem Explorer** ... 297
- 8.3.1 Grundlagen der Navigation ... 297
- 8.3.2 Häufig benötigte Daten im Schnellzugriff ablegen ... 301
- 8.3.3 Zugriff auf externe Medien ... 304

8.4 **Arbeiten mit Dateien und Ordnern** ... 306
- 8.4.1 Einen neuen Ordner anlegen ... 306
- 8.4.2 Dateien und Ordner kopieren und verschieben ... 308
- 8.4.3 Dateien und Ordner umbenennen ... 315
- 8.4.4 Dateien und Ordner löschen ... 316

8.5 **Bibliotheken anlegen, verwalten und löschen** ... 317
- 8.5.1 Die Standardbibliotheken erweitern ... 317
- 8.5.2 Eigene Bibliotheken erstellen ... 319

8.6 **Den Onlinespeicher OneDrive nutzen** ... 324
- 8.6.1 Auf Daten in der Cloud zugreifen ... 324
- 8.6.2 Sensible Daten im persönlichen Tresor ablegen ... 327

8.7 **ZIP-Archive erstellen** ... 332
- 8.7.1 Erstellen eines ZIP-Archivs ... 333
- 8.7.2 Entpacken eines ZIP-Archivs ... 334

8.8 **Gelöschte Daten über den Papierkorb wiederherstellen** ... 335

8.9 **Dateien mit Markierungen versehen** ... 337

8.10 **Zugriffsrechte auf Dateien und Ordner verwalten** ... 339

8.11 **Die Zwischenablage von Windows 11 mit neuer Funktionalität** ... 343
- 8.11.1 Die erweiterte Zwischenablage nutzen ... 343
- 8.11.2 Den Inhalt der Zwischenablage mit anderen Geräten synchronisieren ... 348

8.12 **Nützliche Tastaturkürzel für den Explorer** ... 351

9 Programme und Apps verwalten ... 353

9.1 **Alles rund um den Umgang mit Programmfenstern** ... 353
- 9.1.1 Geöffnete Anwendungen im Blick per Vorschaufenster ... 355
- 9.1.2 Die Fenstertechniken von Windows 11 ... 358
- 9.1.3 Programme und Apps beenden ... 365

9.2 **Apps aus dem Microsoft Store installieren** ... 367
- 9.2.1 Apps im Microsoft Store aufspüren ... 369
- 9.2.2 Kostenlose Apps installieren ... 373

9.2.3 Kostenpflichtige Apps erwerben 375
9.2.4 Apps auf dem neuesten Stand halten 377
9.2.5 Android-Apps unter Windows 11 nutzen 380

9.3 Beliebige Programme installieren 384
9.3.1 Programme von CD/DVD installieren 385
9.3.2 Programme aus dem Internet installieren 386
9.3.3 Programme auf dem neuesten Stand halten 389

9.4 Apps und Programme deinstallieren 392

9.5 Standardprogramme festlegen 396
9.5.1 Das Standardprogramm für alle unterstützten Dateitypen festlegen 397
9.5.2 Das Standardprogramm abhängig vom Dateityp festlegen 400
9.5.3 Standardprogramm über den Explorer festlegen 401

10 In Windows 11 erfolgreich auf die Suche gehen 403

10.1 Suchanfragen über das Suchfeld der Taskleiste starten 403

10.2 In Programmen und Apps suchen 407

10.3 Mithilfe des Explorers nach Dateien und Ordnern suchen 409
10.3.1 Einfache Suchanfragen starten 409
10.3.2 Suchfilter zum Eingrenzen einer Suche einsetzen 411

10.4 Den Suchindex für Suchanfragen nutzen 417
10.4.1 Zu überwachende Orte und Dateitypen für den Suchindex festlegen 417
10.4.2 Optionen für nicht indizierte Orte anpassen 423

10.5 Bing und die künstliche Intelligenz 426

11 Nützliche Apps und Programme unter Windows 11 435

11.1 Dank Fokussitzungen konzentriert arbeiten 435

11.2 Von Ort zu Ort mit der Karten-App 442

11.3 Der Taschenrechner von Windows 11 – die Rechner-App 445

11.4 Screeenshots und Videos erstellen mit dem Snipping Tool 446
11.4.1 Ein Bildschirmfoto erstellen 447
11.4.2 Ein Video mit dem Snipping Tool erstellen 452

11.5 Der Audiorekorder von Windows 11 ... 456

11.6 Gut informiert dank Widgets ... 458

12 Gute Unterhaltung – Fotos, Videos, Musik und Spiele 465

12.1 Fotos verwalten und bearbeiten mit der Windows-Fotoanzeige-App ... 465

12.1.1 Fotos importieren mit der Windows-Fotoanzeige-App ... 465
12.1.2 Bilder betrachten mit der Windows-Fotoanzeige-App ... 469
12.1.3 Kleine Schönheitsfehler ausbessern ... 476

12.2 Fotos präsentieren und mit anderen teilen ... 482

12.2.1 Fotos im Onlinespeicher OneDrive veröffentlichen ... 482
12.2.2 Fotos mit dem Explorer auf CD/DVD brennen ... 488
12.2.3 Fotos ausdrucken ... 491

12.3 Der Videoeditor Clipchamp von Windows 11 ... 494

12.3.1 Ein neues Video erstellen ... 496
12.3.2 Fotos und Videos mit Effekten und Untertiteln versehen ... 499
12.3.3 Die passende Musikuntermalung für Ihr Video ... 505
12.3.4 Ein Video fertigstellen ... 507

12.4 Musik hören mit der Medienwiedergabe-App ... 510

12.4.1 Die Musik-Bibliothek genießen mit der Medienwiedergabe-App ... 512
12.4.2 Wiedergabelisten mit Lieblingsmusik anlegen ... 514
12.4.3 Audio-CDs abspielen und auf den PC kopieren ... 517

12.5 Spiele unter Windows 11 ... 518

TEIL IV Netzwerken mit Windows 11

13 Mit dem Browser Microsoft Edge im Internet surfen 523

13.1 Ein erster Überblick über Microsoft Edge ... 524

13.2 Mit Microsoft Edge im Internet suchen ... 527

13.2.1 Die Suchmaschine Bing für Suchanfragen im Internet nutzen ... 529
13.2.2 Die Standardsuchmaschine in Microsoft Edge ändern ... 529
13.2.3 Auf einer Webseite suchen ... 532

13.3 Webseiten noch schneller erreichen ... 533

13.3.1 Mehrere Webseiten im Blick mit Registerkarten ... 534
13.3.2 Registerkarten für Schnellzugriff anheften ... 535

13.3.3 Webseiten den Favoriten hinzufügen ... 537
13.3.4 Eigene Startseite festlegen ... 541
13.3.5 Ideen bündeln mithilfe von Sammlungen ... 546

13.4 Microsoft Edge um Add-ons erweitern ... 551

13.5 Webseiten drucken ... 555

13.6 Microsoft Edge und die Sicherheit ... 556

13.7 PDFs und E-Books lesen mit Microsoft Edge ... 570

14 Internetverbindung herstellen und PCs vernetzen 575

14.1 Eine Netzwerkverbindung einrichten ... 575

14.1.1 Eine Breitbandverbindung per Netzwerkassistent einrichten ... 575
14.1.2 Manuelle Verbindung zum Drahtlosnetzwerk herstellen ... 579
14.1.3 Nicht mehr genutzte WLAN-Verbindungen entfernen ... 581
14.1.4 Den Netzwerkstandort ändern ... 583

14.2 Dateien, Ordner und Geräte im Netzwerk freigeben ... 585

14.2.1 Die Netzwerkerkennung sowie die Datei- und Druckerfreigabe überprüfen ... 585
14.2.2 Datenfreigabe über öffentliche Ordner vornehmen ... 587
14.2.3 Einzelne Dateien und Ordner für bestimmte Personen freigeben ... 589
14.2.4 Daten mit Windows-Geräten in der Nähe teilen ... 591

15 E-Mail, Kontakte, Kalender und Microsoft Teams 597

15.1 E-Mails lesen und schreiben mit der Outlook-App ... 597

15.1.1 Von der Mail-App zur Outlook-App ... 598
15.1.2 Übersicht über das Programmfenster der Outlook-App ... 604
15.1.3 E-Mails mit und ohne Dateianhang versenden ... 605
15.1.4 Empfangene E-Mails lesen und beantworten ... 609
15.1.5 Interessante Einstellungen für die Outlook-App vornehmen ... 613

15.2 Adressen verwalten mit der Outlook-App ... 615

15.3 Termine im Blick mit der Outlook-App ... 621

15.4 Mit Microsoft Teams telefonieren und chatten ... 624

TEIL V Geräte, Wartung und Sicherheit

16 Geräte anschließen und konfigurieren 631

16.1 Einen Drucker oder Scanner anschließen 631
16.1.1 Bereits in Windows integrierte Treiber verwenden 631
16.1.2 Treiber des Geräteherstellers nutzen 634

16.2 Einen Monitor anschließen 636
16.2.1 Die Bildschirmeinstellungen anpassen 636
16.2.2 Einen weiteren Monitor oder Beamer anschließen 638

16.3 Smartphone oder Wechseldatenträger mit dem PC verbinden 642
16.3.1 Ein Smartphone anschließen und Daten austauschen 642
16.3.2 Standardaktionen für Wechseldatenträger und Smartphones festlegen 645
16.3.3 Mobilgerät und PC im Team 649

16.4 Treiber im Griff 656
16.4.1 Treiber aktualisieren 656
16.4.2 Treiber neu installieren 658
16.4.3 Ein Gerät deaktivieren 659

16.5 Bluetooth-Hardware anschließen und nutzen 660
16.5.1 Lautsprecher oder Headset per Bluetooth anschließen 660
16.5.2 Smartphone per Bluetooth anschließen 663

16.6 Die richtigen Einstellungen zum Energiesparen 664

16.7 Die Datenträgerverwaltung 669
16.7.1 Was sind Partitionen? 670
16.7.2 Ein kleiner Überblick über Datenträger und Volumes 670
16.7.3 Erstellen und Formatieren von Partitionen 672
16.7.4 Den Laufwerkbuchstaben ändern 676
16.7.5 Wie sinnvoll ist die Defragmentierung? 677

17 Wartung – das System aktuell halten und sichern 681

17.1 Windows Updates im Griff 681
17.1.1 Warum sind Updates notwendig? 681
17.1.2 Updates selbst anstoßen und kontrollieren 682
17.1.3 Bereits installierte Updates verwalten 686
17.1.4 Einen Zeitpunkt für den Computerneustart nach Updates planen 688

17.1.5 Optionale Updates installieren ... 692
17.1.6 Updates für mehrere Computer organisieren ... 694
17.1.7 Updates mehrere Tage zurückstellen ... 697

17.2 Vorabversionen von Windows 11 testen ... 699
17.2.1 Die Insider Preview Builds aktivieren ... 699
17.2.2 Deaktivierung von Insider Preview Builds ... 705

17.3 Mit der Systemwiederherstellung zurück zu einem stabilen System ... 706
17.3.1 Die Systemwiederherstellung kontrollieren ... 706
17.3.2 Einen Wiederherstellungspunkt manuell setzen ... 708
17.3.3 Den Computer mit einem Wiederherstellungspunkt zurücksetzen ... 709

17.4 Datensicherung mithilfe des Dateiversionsverlaufs und OneDrive ... 710
17.4.1 Datensicherung per Dateiversionsverlauf ... 711
17.4.2 Datensicherung mithilfe der OneDrive-Ordnersynchronisierung ... 715

17.5 Ein Systemabbild erstellen und zurückspielen ... 720
17.5.1 Ein Systemabbild erstellen ... 720
17.5.2 Ein Systemabbild zurückspielen ... 722

18 Schutz vor Schadsoftware 727

18.1 Aktuelle Bedrohungen ... 727

18.2 Das Windows-Sicherheit-Center ... 728

18.3 Der Viren- und Bedrohungsschutz ... 730

18.4 Die Windows-Firewall ... 737
18.4.1 Zugang zur Windows-Firewall ... 738
18.4.2 Erweiterte Konfiguration der Windows-Firewall ... 740

18.5 Sicherheitslösungen von Drittanbietern verwenden ... 743
18.5.1 Ein Antivirenprogramm eines Drittanbieters installieren ... 744
18.5.2 Einen gekaperten Browser reparieren ... 746
18.5.3 Helfer in der Not ... 747

18.6 Sichere Zugänge zu Konten und Websites ... 748
18.6.1 Sichere Safes für Ihre Passwörter ... 749
18.6.2 Zwei-Faktor-Authentifizierung für Fortgeschrittene ... 752

18.7 Dateien, Ordner und Laufwerke verschlüsseln ... 754
18.7.1 Laufwerke mit BitLocker verschlüsseln ... 754
18.7.2 Einzelne Dateien und Ordner verschlüsseln ... 759

19 Probleme aufspüren und lösen 763

19.1 Softwareprobleme beheben 763
19.1.1 Apps in den Originalzustand zurücksetzen 763
19.1.2 Fehlgeschlagene Installationen reparieren 766
19.1.3 Ältere Software im Kompatibilitätsmodus ausführen 767
19.1.4 Programme als Administrator ausführen 769
19.1.5 Systemmeldungen analysieren 771
19.1.6 Die automatische Speicheroptimierung von Windows 11 772

19.2 Hardwareprobleme lösen 775
19.2.1 Problematische Hardware identifizieren 776
19.2.2 Informationen zur Hardware mit Drittanbietersoftware einholen 778
19.2.3 Die Problembehandlung von Windows 11 780

19.3 Startprobleme beheben 783
19.3.1 Den Startvorgang optimieren 783
19.3.2 Verschiedene Startmodi nutzen 789
19.3.3 Die eingebaute Startproblembehandlung 791

19.4 Systemproblemen von Windows 11 auf der Spur 793
19.4.1 Den PC zurücksetzen 793
19.4.2 Probleme mit der Aktivierung und Echtheitsprüfung beheben 797
19.4.3 Aktivierungsdaten sichern 799
19.4.4 Systemdateien überprüfen und reparieren 800
19.4.5 Das Kennwort für Ihr Microsoft-Konto zurücksetzen 801

19.5 Wichtige Hilfsforen im Internet 803

TEIL VI Windows 11 für geübte Anwender

20 Die Registrierungsdatenbank von Windows 11 809

20.1 Das sollten Sie über die Registry wissen 809
20.1.1 Den Registrierungs-Editor öffnen 809
20.1.2 Die Struktur der Registry im Überblick 812

20.2 Sichern und Wiederherstellen der Registry 813
20.2.1 Vor Experimenten unbedingt die Registry sichern 813
20.2.2 Einstellungen der Registry wiederherstellen 816

20.3 Nützliche Tipps für den Umgang mit der Registry 817

20.3.1 Die Registry durchsuchen 817
20.3.2 Favoriten anlegen 819
20.3.3 Einen bestehenden Registry-Eintrag verändern 820
20.3.4 Einen neuen Registry-Eintrag anlegen 821
20.3.5 Löschen eines Schlüssels 824

20.4 Ausgewählte Registry-Hacks 825
20.4.1 Einen Begrüßungstext auf dem Anmeldebildschirm anzeigen 825
20.4.2 Das Kontextmenü des Explorers verschlanken 827
20.4.3 Sperrbildschirm deaktivieren 829
20.4.4 Systemmeldungen beim Starten und Herunterfahren des PCs anzeigen 833
20.4.5 Websuche im Suchfeld der Taskleiste deaktivieren 834
20.4.6 Registry-Hacks im Internet suchen und finden 836

21 Hyper-V und Virtualisierung 837

21.1 Was ist Virtualisierung? 837

21.2 Hyper-V einrichten 839
21.2.1 Die Systemanforderungen prüfen 839
21.2.2 Hyper-V aktivieren 839

21.3 Ein Betriebssystem per Hyper-V auf einem virtuellen Computer installieren 841
21.3.1 Die Netzwerkfunktionen für den virtuellen Computer vorbereiten 841
21.3.2 Einen leeren virtuellen Computer erzeugen 843
21.3.3 Das Betriebssystem im virtuellen Computer aufspielen 850
21.3.4 Das virtuelle System beenden oder einen Prüfpunkt erstellen 853

21.4 VirtualBox als Alternative 855
21.4.1 VirtualBox installieren 856
21.4.2 Ein Betriebssystem in VirtualBox installieren 859
21.4.3 Die Gasterweiterungen installieren 861

21.5 Programme testen in der Windows-Sandbox 862

22 Hilfe aus der Ferne per Remotezugriff 865

22.1 Die Remoteunterstützung in der Praxis 865
22.1.1 Remoteunterstützung anfordern 866
22.1.2 Die Remoteunterstützung in Aktion 870

22.2 Der TeamViewer als Alternative ... 873

22.2.1 TeamViewer herunterladen und installieren ... 873

22.2.2 Einen PC per TeamViewer fernsteuern ... 874

23 Eingabeaufforderung und Windows PowerShell 877

23.1 Das Windows-Terminal im Überblick ... 877

23.1.1 Das Windows-Terminal starten ... 878

23.1.2 Das Windows-Terminal anpassen ... 880

23.2 Die Eingabeaufforderung in der Praxis ... 883

23.2.1 Grundlegende Befehle zur Navigation ... 883

23.2.2 Weitere Befehle der Eingabeaufforderung ... 886

23.2.3 Eine Batch-Datei erstellen ... 888

23.3 Die Windows PowerShell in der Praxis ... 891

23.3.1 Windows PowerShell-Module und -Cmdlets ... 892

23.3.2 Beispiele für PowerShell-Befehle und -Skripte ... 895

Stichwortverzeichnis ... 901

TEIL I

Start mit Windows 11

1 Windows 11 installieren und upgraden

Als Microsoft im Juni 2021 das Erscheinen von Windows 11 ankündigte, war bei vielen das Erstaunen recht groß. Schließlich hatte das Unternehmen zuvor lange Zeit betont, dass Windows 10 die letzte große Windows-Version sei. Am 5. Oktober 2021 war es dann aber doch so weit: Windows 11 wurde veröffentlicht und mittlerweile – rund zwei Jahre nach der Erstveröffentlichung – auch bereits mit einigen Funktionsupdates versehen. Neben einem überarbeiteten Startmenü bietet Windows 11 zusätzliche Fenstertechniken sowie neue oder zumindest überarbeitete Apps und Einstellungen. Im Explorer lässt sich nun auch mit mehreren Registerkarten arbeiten. Auch die künstliche Intelligenz (kurz KI) hält nun Einzug in das Betriebssystem. Die eine oder andere von Windows 10 noch bekannte Funktion hat den Sprung zu Windows 11 hingegen nicht geschafft. So gibt es auf Geräten mit Touchscreen z. B. keinen Tabletmodus mehr. Und wer Windows 11 neu installiert, sucht anschließend vergeblich nach altbekannten Apps wie Skype, OneNote oder auch Paint 3D.

Die größte Neuerung von Windows 11 betrifft die Hardwareanforderungen, denn diese hat Microsoft im Vergleich zu den Vorgängerversionen erheblich erhöht. Welche Voraussetzungen Ihr Computer erfüllen muss und wie Sie diese auf Ihrem Gerät am einfachsten überprüfen, zeige ich Ihnen gleich im ersten Abschnitt. Ergeben die Tests grünes Licht für die neueste Windows-Version, steht einem Upgrade von Windows 10 auf Windows 11 oder auch einer Neuinstallation von Windows 11 nichts im Wege. Die Anleitungen hierfür finden Sie ebenfalls in diesem Kapitel.

1.1 Die Systemanforderungen prüfen

Windows 11 stellt recht hohe Anforderungen an die Hardware. Falls Sie Ihren Computer bereits vor einigen Jahren angeschafft haben, wird er diesen wahrscheinlich nicht gerecht. Aber selbst bei jüngeren Modellen ist nicht sichergestellt, dass sie alle Voraussetzungen erfüllen. Die Liste an Mindestanforderungen, die Microsoft für die Installation von Windows 11 vorgibt, sieht folgendermaßen aus:

- 4 GB Arbeitsspeicher
- mindestens 64 GB verfügbarer Festplattenspeicher

- eine DirectX-12-kompatible Grafikkarte oder höher mit WDDM-2.0-Treiber
- einen hochauflösenden Bildschirm (720p) mit einer Diagonale von mehr als 9 Zoll und 8 Bit pro Farbkanal
- ein 1-GHz-Prozessor oder schneller mit zwei oder mehr Kernen auf einem kompatiblen 64-Bit-Prozessor oder SoC (*System on a Chip*)
- Für den BIOS-Modus ist UEFI vorgeschrieben mit aktiviertem Secure Boot.
- das Trusted Platform Module (TPM) Version 2.0

Für die Installation von Windows 11 werden außerdem eine Internetverbindung sowie ein Microsoft-Konto benötigt.

Die ersten vier Anforderungen – vom Arbeitsspeicher bis hin zum Bildschirm – werden wahrscheinlich viele Computer erfüllen. Die größte Hürde stellt der Prozessor dar. Microsoft hat für die Prozessoren der Hersteller *AMD* und *Intel* jeweils eine Kompatibilitätsliste veröffentlicht. Wird ein Prozessor in der jeweiligen Liste nicht aufgeführt, rät das Unternehmen von der Installation von Windows 11 ab. Die Listen finden Sie unter:

- **AMD-Prozessoren**: *https://learn.microsoft.com/de-de/windows-hardware/design/minimum/supported/windows-11-22h2-supported-amd-processors*
- **Intel-Prozessoren**: *https://learn.microsoft.com/de-de/windows-hardware/design/minimum/supported/windows-11-22h2-supported-intel-processors*.

Im Kasten »Systemvoraussetzungen überprüfen« stelle ich Ihnen eine App vor, mit der Sie schnell testen können, ob Ihr Computer reif für Windows 11 ist. Sollte die App eine Warnung im Bereich *Secure Boot* ausgeben, bedeutet das nicht unbedingt das Ende für Windows 11. *Secure Boot* (auch *Sicherer Start* genannt) ist eine Sicherheitsfunktion, die das Laden von Schadsoftware bereits beim Starten des Computers (auf Englisch *Booten*) verhindert. Die meisten neuen Geräte unterstützen diese Funktion. In einigen Fällen kann es aber sein, dass die entsprechende Einstellung im BIOS deaktiviert ist. Wie sich die Einstellung aktivieren lässt, erfahren Sie auf der Website des PC-Herstellers.

Zeigt die Systemüberprüfung bei der TPM-Version eine rote Warnung an, bedeutet dies ebenfalls noch keine endgültige Absage für Windows 11. *TPM* ist die Abkürzung für *Trusted Platform Module*. Hierbei handelt es sich um ein Sicherheitsmodul, das unter anderem für die Laufwerkverschlüsselung *BitLocker* oder auch zur Malware-Erkennung zum Einsatz kommt. Windows 11 setzt es außerdem für seine Anmeldeoption *Windows Hello* ein. Wurde bei der Systemüberprüfung kein TPM 2.0 erkannt, ist es möglicherweise im BIOS-Setup deaktiviert. Auch in diesem Fall lohnt sich ein Blick auf die Website des PC-Herstellers, um zu erfahren, ob sich TPM auf Ihrem Gerät aktivieren lässt.

TIPP

Systemvoraussetzungen überprüfen

Ob Ihr Computer den Eignungstest für Windows 11 besteht, lässt sich am schnellsten mithilfe der App *WhyNotWin11* überprüfen. Zum Download der App rufen Sie z. B. die Webadresse *www.heise.de/download/product/WhyNotWin11* auf. Die ausführbare Datei *WhyNotWin11_x86.exe* wird meist im Ordner *Downloads* gespeichert. Starten Sie also den Explorer, wechseln Sie in den Ordner *Downloads*, und doppelklicken Sie auf die Datei. Die App wird sofort ausgeführt und startet eine Überprüfung des Systems. Die tabellarische Übersicht zeigt anschließend das Ergebnis. Sind alle Anforderungspunkte grün, steht einer Installation von Windows 11 nichts im Wege. Bei einem rot gefärbten Element könnte der Umstieg zur neuesten Windows-Version schwierig bis unmöglich sein. Positionieren Sie den Mauszeiger auf dem Symbol ⓘ rechts von einem Anforderungspunkt, erhalten Sie nähere Informationen hierzu.

Im Internet kursieren zwar mittlerweile diverse Tipps, wie sich die Mindestsystemanforderungen zur Installation von Windows 11 umgehen lassen. Da dies aber schwerwiegende Folgen für das System mit sich bringen kann, empfehle ich Ihnen, wenn Sie kein Risiko eingehen möchten, die Hände von diesen Tipps zu lassen. Bleiben Sie in diesem Fall besser bei Windows 10. Microsoft wird Windows 10 übrigens noch bis zum 14. Oktober 2025 unterstützen.

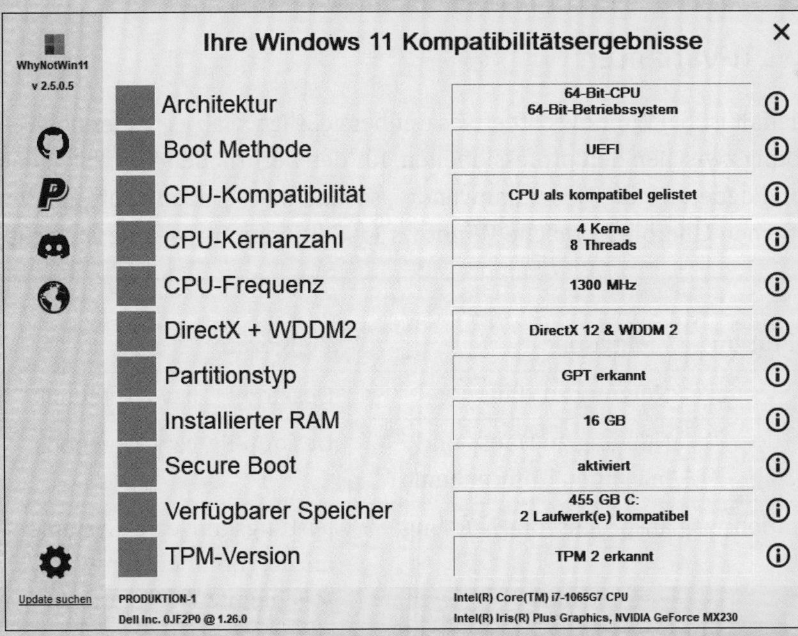

Abbildung 1.1 Dieser Computer wird den Hardwareanforderungen von Windows 11 gerecht.

Für die Installation von Windows 11 benötigen Sie in jedem Fall einen gültigen Windows 11-Schlüssel. Während Box-Versionen, die beispielsweise von Microsoft auf einer DVD oder einem USB-Stick vertrieben werden, ab ca. 100 € erhältlich sind, kann man mit etwas Recherchegeschick auch lediglich einen Installationsschlüssel (das ist eine Buchstaben- bzw. Zahlenkombination) für ca. 20 € erwerben. Das erforderliche Installationsmedium kann man dann leicht selbst erzeugen, siehe Abschnitt 1.3, »Ein Installationsmedium mit dem Medienerstellungstool erstellen«, ab Seite 26. Beachten Sie aber, dass Sie sich mit den günstigen Schlüsseln in der Grauzone bewegen: Diese werden meist von sogenannten OEM-Systemen übernommen und funktionieren oft nur für die Freischaltung von speziellen Systemabbildern.

Ein besonderes Schmankerl, das bereits mit der Einführung von Windows 10 zur Verfügung stand, scheint auch noch für Windows 11 zu funktionieren: Besitzen Sie einen alten Computer mit Windows 7, 8, 8.1 oder 10, den Sie aber nicht mehr nutzen, können Sie dessen Lizenzschlüssel ganz einfach für die kostenlose Aktivierung eines neuen Windows 11 verwenden. Den Lizenzschlüssel finden Sie bei älteren Geräten meist noch auf dem offiziellen Aufkleber direkt auf dem Rechnergehäuse. Bei neueren Geräten sehen Sie am besten in Ihren Kaufunterlagen nach. Notieren Sie den Schlüssel, und geben Sie ihn im Verlauf der Neuinstallation von Windows 11 ein (siehe Abschnitt 1.4, »Von null auf Windows 11«, ab Seite 31).

1.2 Windows 11-Varianten

Die Editionenvielfalt ist bei Windows oft etwas unübersichtlich. Gab es früher noch eine deutliche Trennung zwischen den professionellen, für den beruflichen Kontext gedachten Varianten und denen für die Normalanwender, so sind die Grenzen heute fließend. Tabelle 1.1 gibt einen Überblick, welche Windows 11-Editionen für welche Zielgruppe gedacht sind.

Windows 11-Edition	Zielgruppe	Zielgeräte
Home	Nutzung zu Hause	Desktop-PC bzw. Notebook
Pro	Nutzung zu Hause und in kleinen Unternehmen	Desktop-PC bzw. Notebook
Pro für Workstation	anspruchsvolle Nutzung	leistungsfähige PC-Systeme mit servernaher Hardware, sogenannte Workstations

Tabelle 1.1 Die wichtigsten Editionen von Windows 11

Windows 11-Edition	Zielgruppe	Zielgeräte
Enterprise	Einsatz in Unternehmen	Desktop-PC bzw. Notebook
Education	Einsatz in Schulen und Universitäten	Desktop-PC bzw. Notebook

Tabelle 1.1 Die wichtigsten Editionen von Windows 11 (Forts.)

Welche Variante empfiehlt sich nun für den Standardanwender? In der Regel genügt *Windows 11 Home* für einfache Aufgaben, z. B. Büroarbeiten, vollauf. Wenn Sie in den Genuss aller Funktionen kommen möchten, die Windows 11 bietet (also z. B. die BitLocker-Laufwerksverschlüsselung, die EFS-Verschlüsselung für Dateien oder auch den Gruppenrichtlinieneditor nutzen wollen), sollten Sie zur *Pro*-Edition greifen. Auch der Beitritt zu einer Domäne bleibt dieser Edition vorbehalten. *Windows 11 Enterprise* bietet zusätzlich Funktionen, die beim Einbinden von Windows-Rechnern in Firmennetzwerke hilfreich sind, während man die Edition *Education* häufig in Bildungseinrichtungen findet. Sie besitzt die gleichen Funktionen wie die Enterprise-Edition, allerdings zu einem deutlich günstigeren Preis. Falls Sie anspruchsvolle grafische Arbeiten planen (Videobearbeitung, Videoschnitt, Musikstudio), sollten Sie sich die *Workstation*-Variante näher ansehen. Microsoft gibt auf *www.microsoft.com/de-de/windows/compare-windows-11-home-vs-pro-versions* einen Überblick, welche Vorteile die Pro-Version gegenüber der Home-Version bietet.

INFO

Windows 11 im S-Modus

Manche Windows 11-Tablets werden mit einer speziellen Windows 11-Version ausgeliefert, dem *Windows 11-S-Modus*, kurz auch *Windows 11 S* genannt. Rein oberflächlich betrachtet unterscheidet sich diese Variante nicht von Windows 11 Home oder Pro, funktional gesehen müssen Anwender allerdings mit ein paar Einschränkungen leben. So lassen sich z. B. unter Windows 11 S lediglich von Microsoft geprüfte Apps aus dem Microsoft Store herunterladen. Anwendungen, die man sonst klassischerweise über das Internet bezieht, wie etwa den Browser Firefox oder eine Sicherheitslösung eines Drittanbieters, lassen sich somit unter Windows 11 S nicht nutzen. Microsoft will damit sicherstellen, dass keine Schadprogramme über ungeprüfte Apps auf den Computer gelangen. Ein weiterer Vorteil von Windows 11 S: Es läuft deutlich schneller, was sich bereits beim Start des Geräts bemerkbar macht.

Wenn Sie sich dennoch nicht mit der abgespeckten Version anfreunden können, haben Sie die Möglichkeit, den *Windows 11-S-Modus* zu beenden. Rufen Sie hierzu **Start ▸ Einstellungen ▸ System ▸ Aktivierung** auf. Blättern Sie bis zum Abschnitt **Zu**

Windows 11 Pro wechseln, und klicken Sie auf **Zum Store**. Nun öffnet sich die Store-App direkt mit der relevanten Seite. Nach einem Klick auf **Abrufen** wechseln Sie nun zu Windows 11 Pro. Vorsicht: Wenn Sie sich einmal für das Beenden des *Windows 11-S-Modus* entschieden und diesen Schritt auch durchgeführt haben, ist dies endgültig. Eine Rückkehr zum S-Modus ist also nicht mehr möglich.

1.3 Ein Installationsmedium mit dem Medienerstellungstool erstellen

Bevor es nun an die eigentliche Installation von Windows 11 geht, müssen einige Voraussetzungen erfüllt werden:

- Stellen Sie sicher, dass der PC, auf dem Sie Windows 11 installieren wollen, über geeignete Hardwarekomponenten verfügt, wie in Abschnitt 1.1, »Die Systemanforderungen prüfen«, ab Seite 21 beschrieben.
- Besorgen Sie sich – sofern noch nicht vorhanden – das Windows 11-Betriebssystem in Form einer Box-Version oder einen gültigen Windows 11-Installationsschlüssel, indem Sie diesen bei einem Händler Ihrer Wahl kaufen. Eine Box-Version enthält das Installationsmedium bereits in Form einer DVD oder eines USB-Sticks, die wiederum in einer Box verpackt sind.

Sollten Sie keine Windows 11-Box erworben haben, so ist es zunächst erforderlich, ein solches Medium selbst zu erstellen. Sie benötigen dazu in jedem Fall einen aktuellen, konfigurierten Windows-PC. Gehen Sie dann folgendermaßen vor:

1. Melden Sie sich zunächst unter Windows auf einem Konto an, das über Administratorrechte verfügt. Wenn Sie an dieser Stelle noch nicht genau wissen, was es damit auf sich hat, so schauen Sie in Kapitel 5, »Benutzerkonten anlegen und verwalten«, ab Seite 139 nach.

   Alternativ melden Sie sich mit einem Standardbenutzerkonto an und starten das Tool mit Administratorrechten, was mit einem rechten Mausklick und der entsprechenden Anwahl des Menüpunktes im Kontextmenü geschieht.

2. Laden Sie auf dem Windows-PC das sogenannte *Media Creation Tool* (Medienerstellungstool) von Microsoft herunter. Dieses finden Sie direkt bei Microsoft unter *www.microsoft.com/de-de/software-download/windows11*.

Mit dem Medienerstellungstool können Sie sowohl den PC aktualisieren, auf dem das Tool ausgeführt wird, als auch von Grund auf einen PC neu aufsetzen.

3 Klicken Sie im Bereich **Erstellen von Installationsmedien für Windows 11** auf **Jetzt herunterladen** ❶.

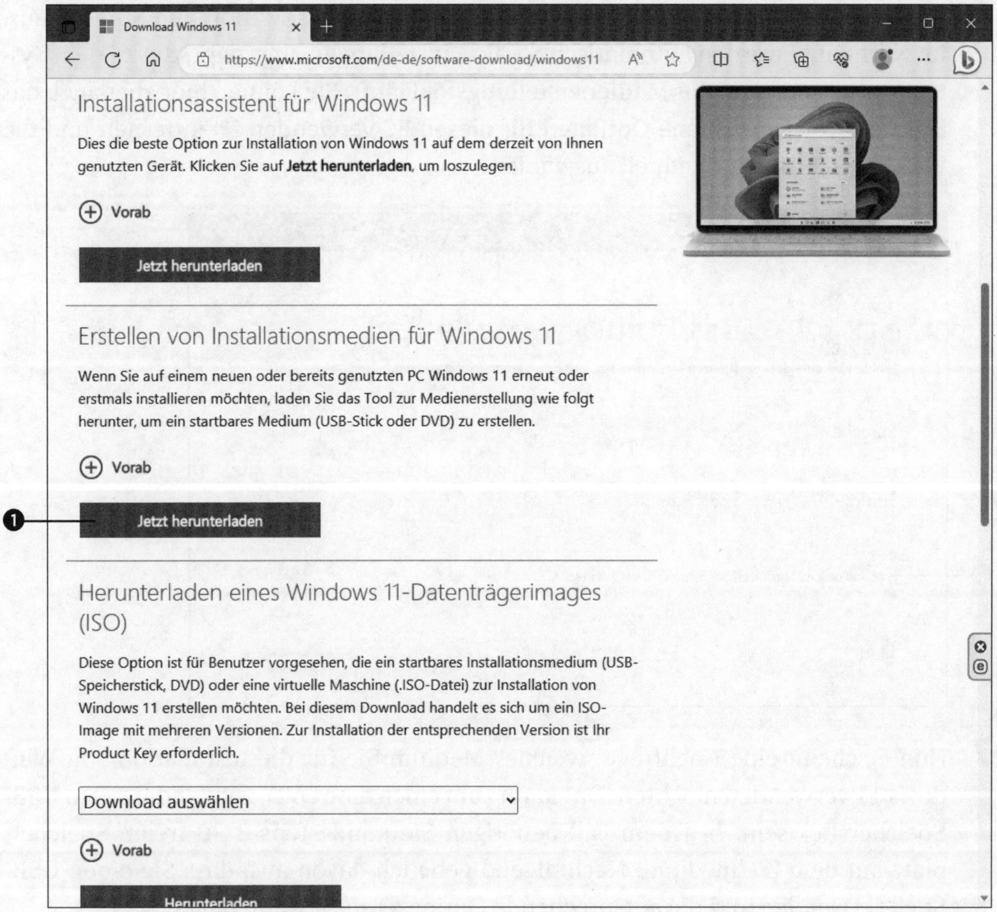

Sie finden die Installationsdatei für das Medienerstellungstool nach erfolgtem Herunterladen im Ordner *Downloads*.

4 Starten Sie schließlich das Medienerstellungstool, indem Sie die Datei *MediaCreationToolW11.exe* im *Downloads*-Ordner doppelt anklicken oder (falls dies direkt im Browser angeboten wird) mit der Schaltfläche **Datei öffnen**. Bestätigen Sie die anschließende Nachfrage, ob Windows Änderungen am System vornehmen darf. Das Medienerstellungstool benötigt, wie bereits erwähnt, zur Ausführung Administratorrechte, und an dieser Stelle meldet sich dann in jedem Fall die Benutzerkontensteuerung (UAC, Abkürzung für *User Access Control*).

5 Bestätigen Sie im nächsten Schritt die Lizenzbedingungen über die Schaltfläche **Akzeptieren**.

6 Im nächsten Dialog wählen Sie die gewünschte Windows-Edition und Sprache aus. Im Normalfall werden automatisch die Voreinstellungen angezeigt, die zu dem System passen, auf dem das Medienerstellungstool läuft. Sie können hier aber auch das Häkchen vor **Empfohlene Optionen für diesen PC verwenden** ❷ entfernen und die Windows-Version individuell auswählen.

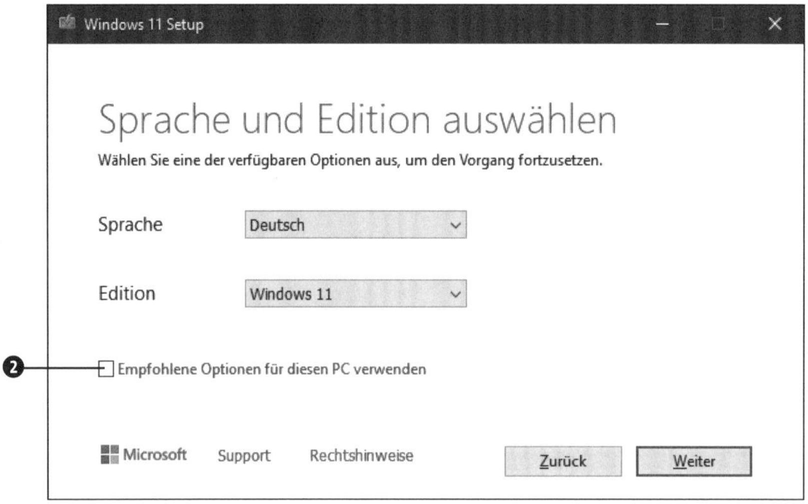

7 Nun erscheint eine Nachfrage, welches Medium Sie für die Installation von Windows 11 verwenden möchten. Das kann zum einen eine DVD, zum anderen ein USB-Speicherstick sein. In jedem Fall benötigen Sie mindestens 8 GB freien Speicherplatz auf dem Zielmedium. Nachfolgend gehe ich davon aus, dass Sie einen USB-Stick verwenden und die entsprechende Option ❸ ausgewählt haben.

Sollten Sie hingegen eine DVD verwenden wollen, so müssen Sie an dieser Stelle die Option **ISO-Datei** ❹ auswählen. Das Tool erstellt dann eine entsprechende Datei, die später mit Bordmitteln auf einen DVD-Rohling gebrannt werden kann. Wie das Brennen einer DVD funktioniert, können Sie in Abschnitt 12.2.2, »Fotos mit dem Explorer auf CD/DVD brennen«, ab Seite 488 nachlesen.

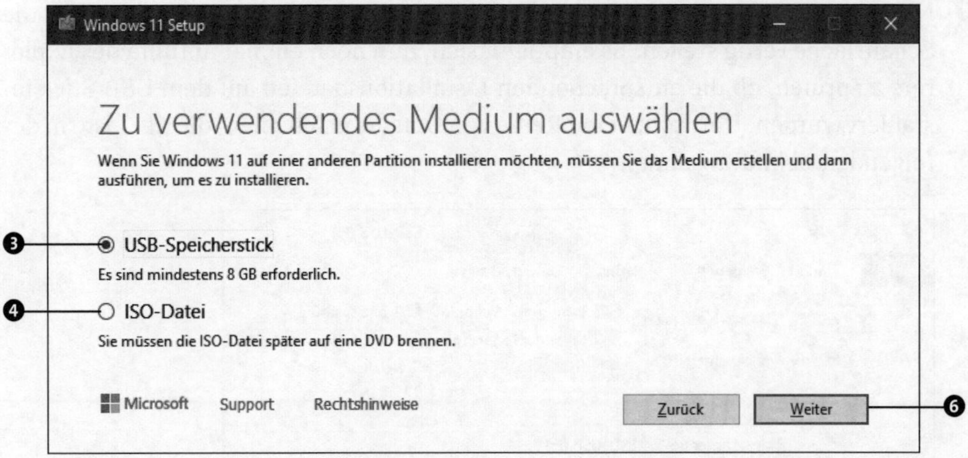

Bitte beachten Sie, dass durch den Einsatz des Tools sämtliche Daten gelöscht werden, die bereits auf dem USB-Stick vorhanden sind.

8 Stecken Sie nun einen USB-Speicherstick an einen freien USB-Anschluss Ihres Computers, und achten Sie darauf, dass der Stick vom System erkannt wird. Das erkennen Sie im nächsten Dialog ❺, nachdem Sie die Schaltfläche **Weiter** ❻ angeklickt haben.

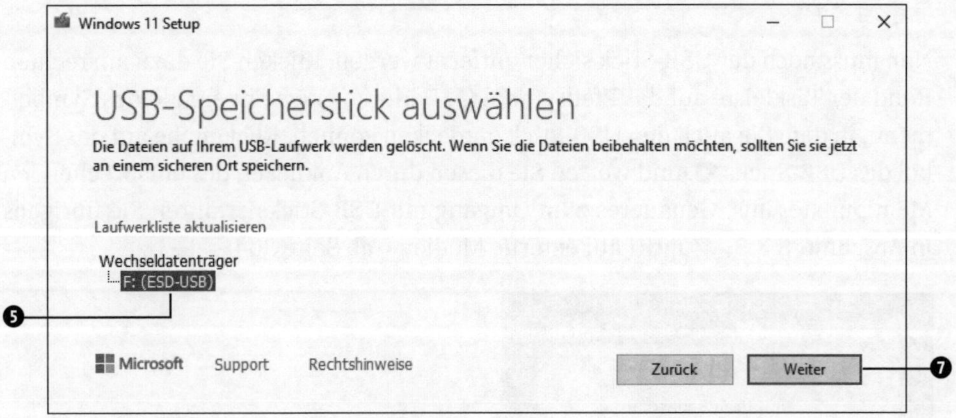

9 Die erneute Betätigung der Schaltfläche **Weiter** ❼ lädt schließlich das Windows-Betriebssystem zur Installation aus dem Internet und installiert dieses auf dem USB-Stick bzw. erstellt eine ISO-Datei.

10 Nach dem erfolgreichen Download schließen Sie den Setup-Assistenten über die Schaltfläche **Fertig stellen**. Es empfiehlt sich, nun noch einmal mithilfe des Explorers zu prüfen, ob die entsprechenden Installationsdateien auf dem USB-Stick installiert wurden. Dort sollte eine Reihe von Dateien erscheinen, die der Liste in der folgenden Abbildung ähnelt.

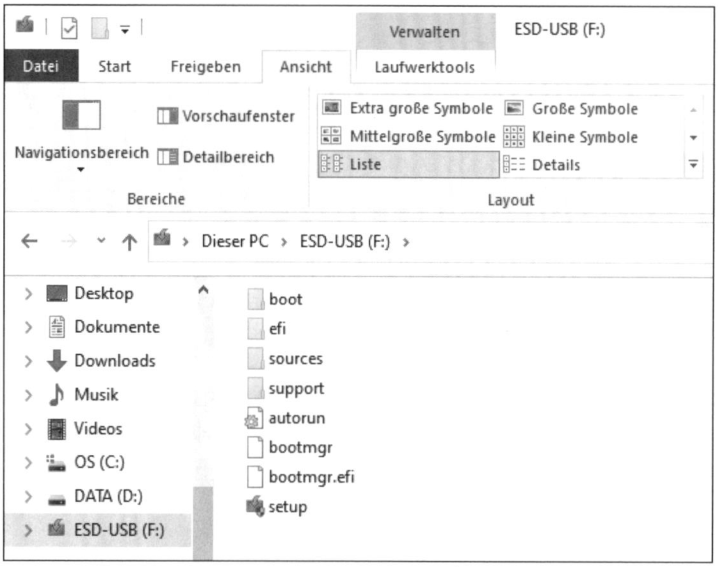

11 Nun muss noch der USB-Stick sicher entfernt werden. Klicken Sie dazu am rechten Rand der Taskleiste auf das Pfeilsymbol ❽. Dadurch erscheint ein kleines Symbolmenü, in dem Sie auch den USB-Stick entdecken können. Klicken Sie auf das Symbol des USB-Sticks ❾, und werfen Sie diesen durch Anklicken des entsprechenden Menüpunktes aus. Genaueres zum Umgang mit USB-Sticks erfahren Sie übrigens in Abschnitt 8.3.3, »Zugriff auf externe Medien«, ab Seite 304.

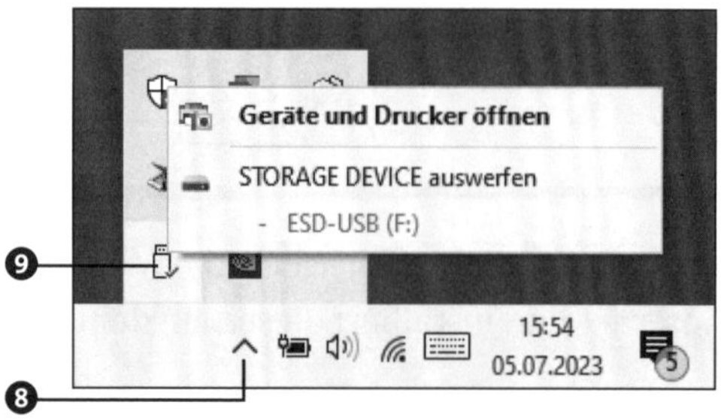

1.4 Von null auf Windows 11

Nachdem Sie nun, wie im vorigen Abschnitt gezeigt, im Besitz eines geeigneten Installationsmediums sind, können Sie loslegen und Windows 11 auf dem Zielcomputer installieren. Dazu muss der Computer jedoch zunächst lernen, von dem entsprechenden Medium zu starten. Die Startsequenz eines Computers wurde früher durch das sogenannte BIOS (*Basic Input/Output System*) bestimmt, heute hingegen ist das UEFI (*Unified Extensible Firmware Interface*) dafür verantwortlich. Diese Systeme sind für die Meldungen zuständig, die Sie unmittelbar nach dem Einschalten Ihres PCs auf dem Bildschirm erhalten. Im UEFI bzw. BIOS lässt sich einstellen, von welchem Medium der Computer prinzipiell startet.

Die meisten Geräte besitzen auch ein spezielles Startmenü (*Bootmenü* genannt), das Sie mit einer Tastenkombination aufrufen können. Darin werden sämtliche Medien aufgelistet, von denen ein Betriebssystem gestartet werden kann. Das können Festplatten sein, aber auch DVD-Laufwerke oder USB-Speichersticks. In der Regel ruft man bei den meisten Computern das Bootmenü durch Betätigen der Taste F8 oder F12 auf. Sehen Sie am besten zunächst im Handbuch Ihres Computers oder im Internet nach, mit welcher Tastenkombination Sie in das UEFI, BIOS oder das sogenannte Bootmenü gelangen, um dort die Bootreihenfolge so zu ändern, dass vom USB-Stick bzw. der Installations-DVD aus gebootet wird. Ein Beispiel hierfür sehen Sie in Abbildung 1.2.

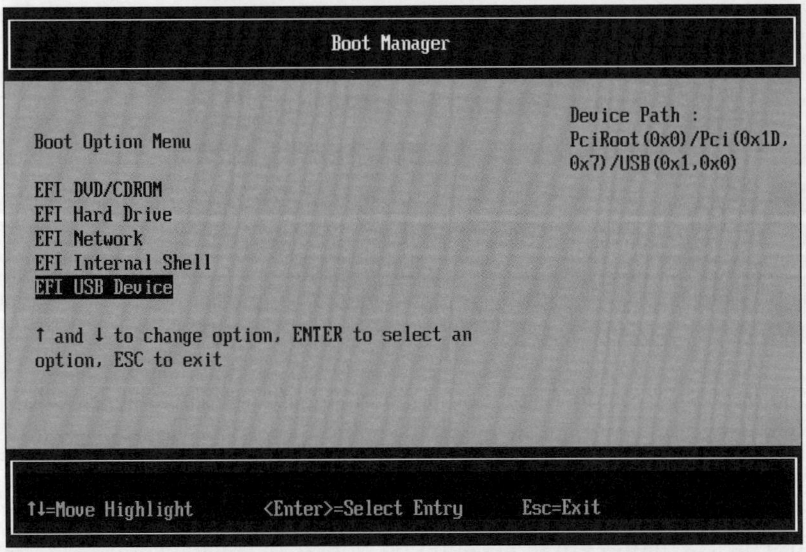

Abbildung 1.2 Ein typischer UEFI-Boot-Manager. Mithilfe der Pfeiltasten wählen Sie das Medium aus, von dem aus gebootet werden soll. Im vorliegenden Fall ist das der USB-Stick. Nach erfolgter Auswahl betätigen Sie die Eingabetaste.

Sobald Sie die Bootreihenfolge für den Computer, auf dem nun Windows 11 installiert werden soll, geändert haben, können Sie den PC mit dem zuvor erstellten Installationsmedium (USB-Stick oder DVD) hochfahren. Die folgenden Schritte führen Sie durch die Installation des Grundsystems:

1 Wenn Sie das System vom USB-Stick oder gegebenenfalls von einer DVD aus starten, kann es eine gewisse Zeit dauern, bis der erste Dialog erscheint. Typischerweise erfolgt der Start von einem USB-Stick auf aktuellen Computern in weniger als 1 Minute, das Booten von einer DVD nimmt mitunter mehrere Minuten in Anspruch. In jedem Fall erscheint zunächst ein Dialog, mit dessen Hilfe Sie die künftige Systemsprache, die Uhrzeit und die Tastatursprache ❶ auswählen können. Das wird in unseren Gefilden meist **Deutsch** sein.

Bereits in diesem frühen Stadium können Sie auch schon die Computermaus verwenden, um Felder auszuwählen bzw. Schaltflächen anzuklicken.

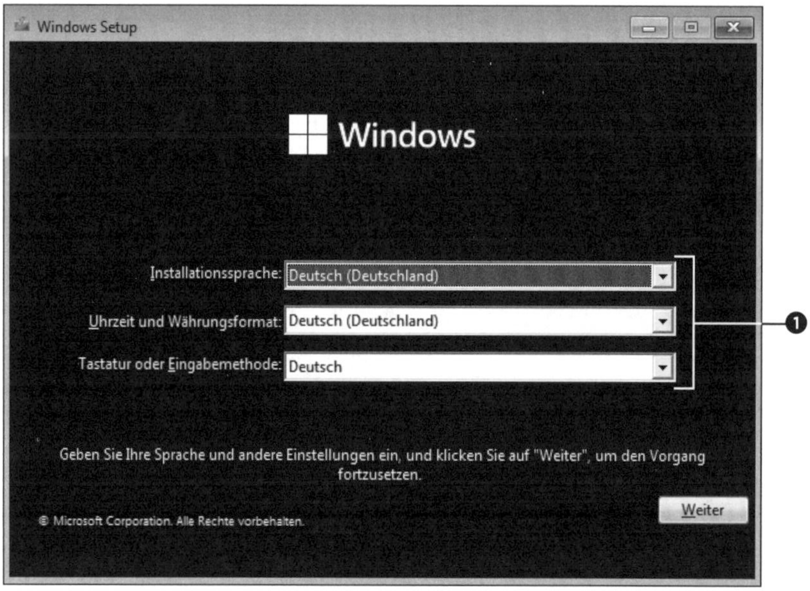

2 Im nächsten Dialog starten Sie die Installation, indem Sie auf **Jetzt installieren** ❷ klicken. Sie gelangen von diesem Bildschirm aus übrigens auch zu den **Computerreparaturoptionen** ❸, indem Sie den entsprechenden Link anklicken oder die Tastenkombination `Alt` + `C` drücken. Dies ist z. B. dann nützlich, wenn Sie von außen auf ein »verpfuschtes« Windows-System zugreifen wollen, das sich nicht mehr starten lässt, um es zu reparieren.

3 Geben Sie im nächsten Schritt Ihren Installationsschlüssel (auch *Windows Product Key* genannt) für Windows 11 ein ❹. Dazu können Sie die geforderten Großbuchstaben auch als Kleinbuchstaben eintippen. Die Striche werden automatisch ergänzt. Zur Eingabe des Schlüssels auf einem Tablet rufen Sie die virtuelle Tastatur auf, indem Sie das Tastatursymbol ❺ antippen. Bestätigen Sie die Eingabe mit **Weiter**. Sie können den Aktivierungsschlüssel allerdings auch noch später im installierten System eingeben, wie in Abschnitt 1.5, »Windows 11 nachträglich aktivieren«, ab Seite 50 beschrieben wird. In diesem Fall klicken Sie einfach den Link **Ich habe keinen Product Key** ❻ an.

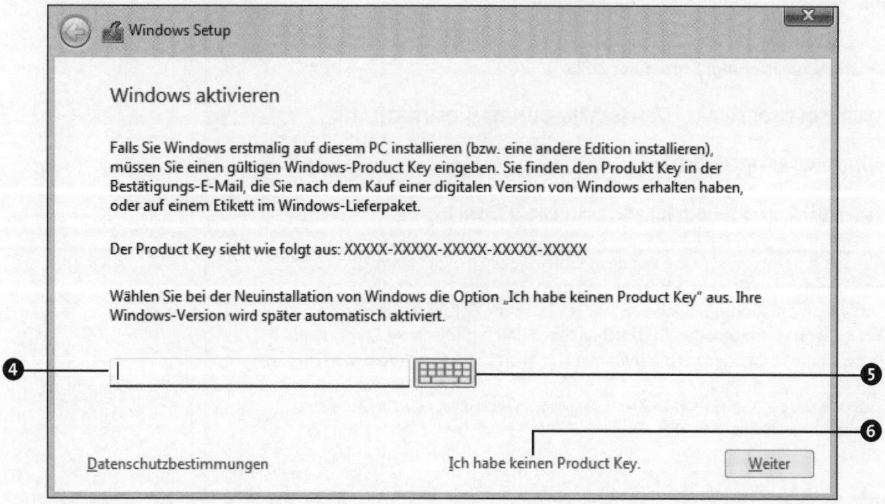

4 Falls Sie im vorangegangenen Menü die Option **Ich habe keinen Product Key** ausgewählt haben, erscheint noch ein Fenster, in dem Sie zwischen verschiedenen Windows-Versionen auswählen können. Beachten Sie, dass die ausgewählte Version später zum erworbenen Schlüssel passen muss. Klicken Sie erneut auf die Schaltfläche **Weiter**. Sollten Sie hingegen im letzten Schritt den Schlüssel bereits eingegeben haben, dann wird die Installation ohne Nachfrage gestartet.

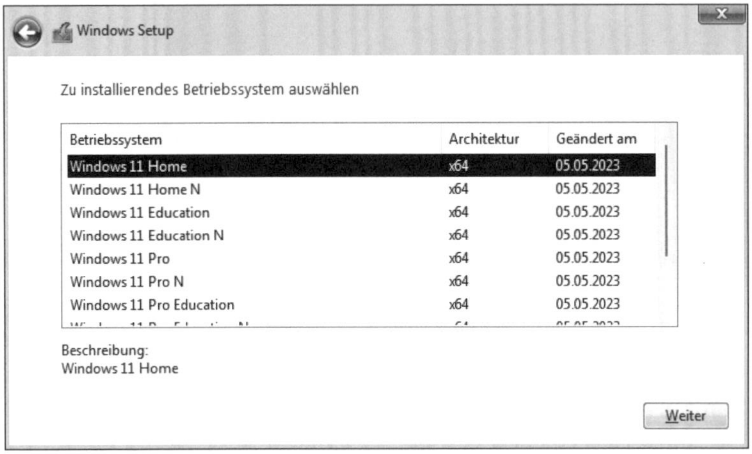

5 Im folgenden Schritt müssen Sie durch Setzen des entsprechenden Häkchens die Lizenzbedingungen bestätigen ❼. Klicken Sie danach auf die Schaltfläche **Weiter**.

❼
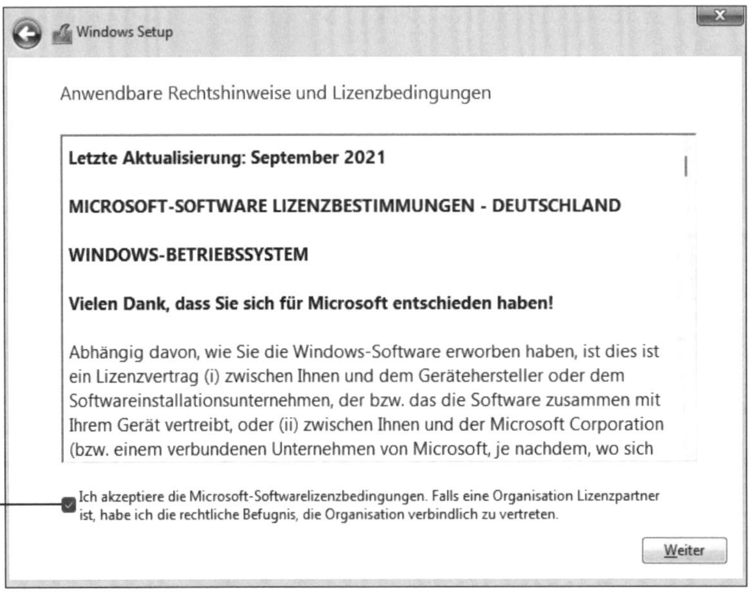

6 Sollte sich auf dem PC bereits ein älteres Windows-Betriebssystem (z. B. Windows 10) befinden, wird Ihnen nun angeboten, statt einer Neuinstallation ein *Upgrade* durchzuführen, bei dem Ihre persönlichen Dateien und Einstellungen übernommen werden.

Mehr dazu erfahren Sie in Abschnitt 1.6, »Von einer älteren Windows-Version umsteigen«, ab Seite 53. Wir entscheiden uns an dieser Stelle für die sogenannte *benutzerdefinierte Installation* ❽, bei der Windows 11 von Grund auf neu installiert wird. Dadurch erhalten Sie die maximale Kontrolle über das zu installierende Betriebssystem.

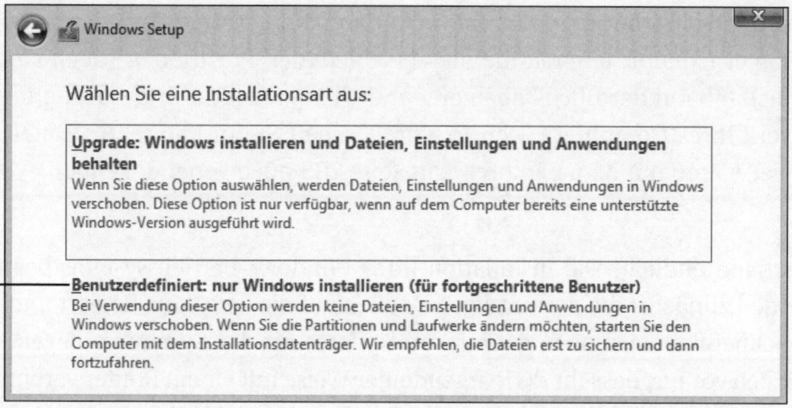

7 Falls Sie sich für die manuelle (benutzerdefinierte) Installation entschieden haben, gelangen Sie nun zum sogenannten *Partitionseditor*. Hier wählen Sie den Bereich auf der Festplatte aus, auf dem das Windows-Betriebssystem installiert werden soll. Das ist bei ganz neuen Rechnern der nicht zugewiesene Speicherplatz, der in diesem Fall automatisch ausgewählt wird. Sollten Sie hier bereits einige vordefinierte Partitionen vorfinden, können Sie diese auch zunächst auswählen und dann über die Schaltfläche **Löschen** ❾ entfernen. Dadurch ist sichergestellt, dass sich keine Altlasten mehr auf dem neuen System befinden. Weiter geht es wie immer durch Anklicken der gleichnamigen Schaltfläche.

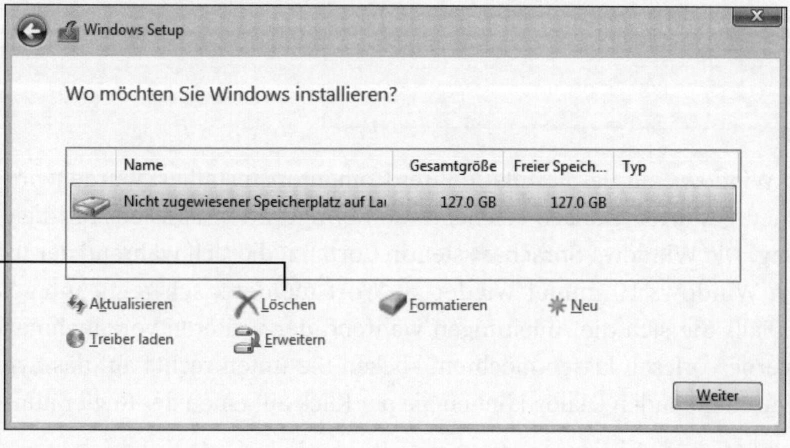

INFO

Was ist eine Partition?

Eine Partition ist ein Teilbereich einer Festplatte. Die Partitionen werden bei der Installation eines Betriebssystems festgelegt. Entgegen dem früher üblichen Vorgehen, persönliche Daten (Texte, Bilder, Musik oder Videos) auf einer gesonderten Partition zu speichern, verwendet man heute meist eine einzige Partition für die komplette Festplatte. Sicherungen nimmt man dann auf externen Festplatten vor. Im Dateimanager *Explorer* können Sie die verschiedenen Partitionen (auch *Laufwerke* genannt) anhand der Buchstaben erkennen, z. B. steht *C:* für das Hauptfestplattenlaufwerk Ihres Computers. Den Explorer lernen Sie in Kapitel 8, »Dateien und Ordner verwalten mit dem Explorer«, ab Seite 285 noch genauer kennen.

8 Das wär's dann endlich! Die Installation Ihres Windows-Betriebssystems beginnt. Dabei werden zunächst die notwendigen Dateien auf die Festplatte kopiert und vorbereitet. Schließlich wird noch geprüft, ob Updates für das System vorliegen. Das setzt natürlich voraus, dass Ihr PC in irgendeiner Weise mit einem Router verbunden ist, der die Internetverbindung sicherstellt. Das kann per LAN-Kabel oder auch per WLAN erfolgen. Im zweiten Fall erkennt die Installationsroutine, dass ein solcher Zugang aufgrund der verwendeten speziellen Hardware zu konfigurieren ist. Das ist beispielsweise bei mobilen Endgeräten wie Tablets oder auch Notebooks der Fall.

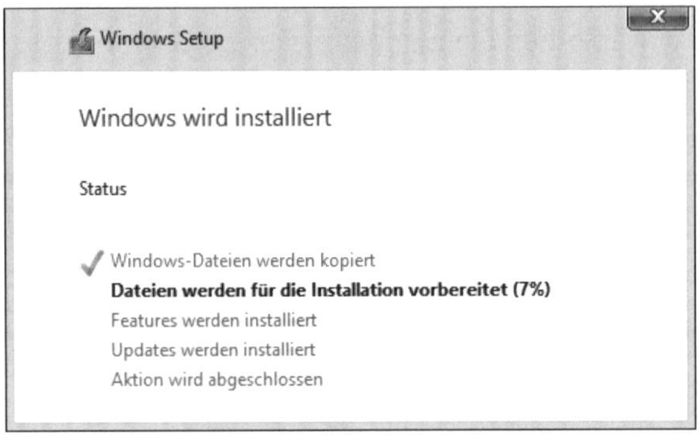

9 Nachdem Windows auf der Festplatte Ihres Computers installiert wurde, wird der Rechner neu gestartet. Danach erscheint ein Konfigurationsassistent für die erste Einrichtung. Die Windows-Sprachassistentin Cortana, die sich während der Installation von Windows 10 immer wieder zu Wort meldete, schweigt unter Windows 11. Falls Sie sich die Anleitungen während der weiteren vorzunehmenden Schritte gerne vorlesen lassen möchten, klicken Sie unten rechts auf das Symbol ❶. Im aufklappenden Dialog können Sie per Klick auf einen der Regler nun z. B.

den **Erzähler** oder zur besseren Lesbarkeit auch die **Kontrastdesigns** einschalten. Die Aktivierung lässt sich im Verlauf der weiteren Schritte jederzeit wieder ausschalten, indem Sie erneut auf das jeweils unten rechts sichtbare Symbol klicken und den gewünschten Regler auf **Aus** ❷ setzen.

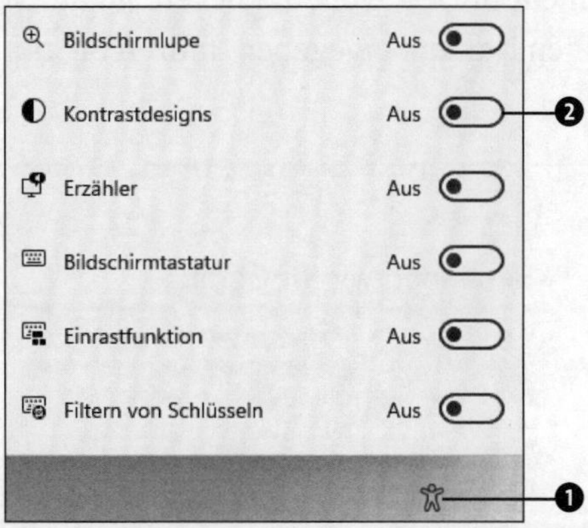

10 Die Einrichtung des Systems beginnt mit der Frage nach der Region, in der Sie sich befinden. Wählen Sie an dieser Stelle **Deutschland** ❸ bzw. **Österreich** oder **Schweiz** aus. Bestätigen Sie Ihre Auswahl mit der Schaltfläche **Ja**. Anschließend definieren Sie das gewünschte Tastaturlayout, das in der Regel ebenfalls **Deutsch** ist. Die Frage nach einem zweiten Tastaturlayout überspringen Sie.

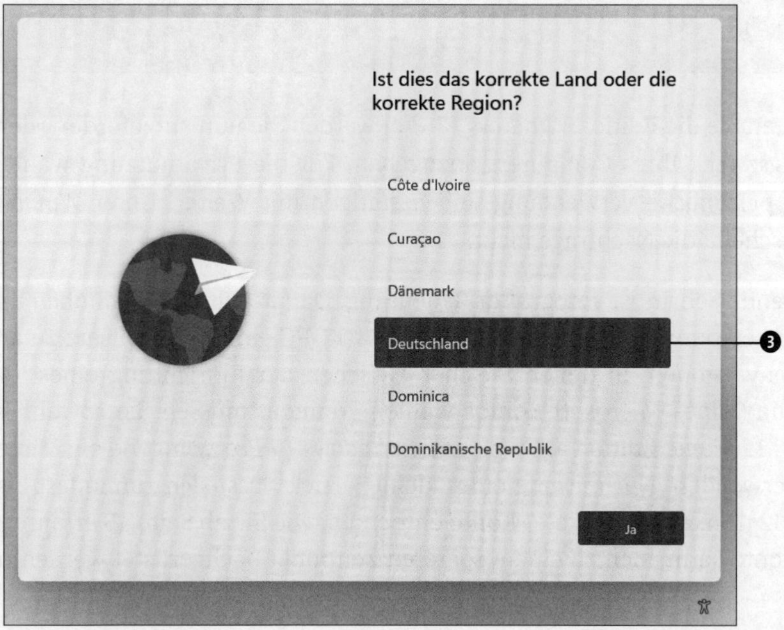

11 Als Nächstes haben Sie die Möglichkeit, dem Computer einen Namen zu geben ❹. Dies erleichtert Ihnen später die Identifizierung des PCs, falls Sie von einem anderen Gerät aus darauf zugreifen möchten, denn die von Windows 11 selbst vergebenen Namen sind meist recht kryptisch. Sollten Sie die Gelegenheit für die Namensvergabe an dieser Stelle noch nicht nutzen wollen, klicken Sie auf **Vorerst überspringen** ❺. Haben Sie dagegen einen Namen angegeben, fahren Sie mit **Weiter** fort.

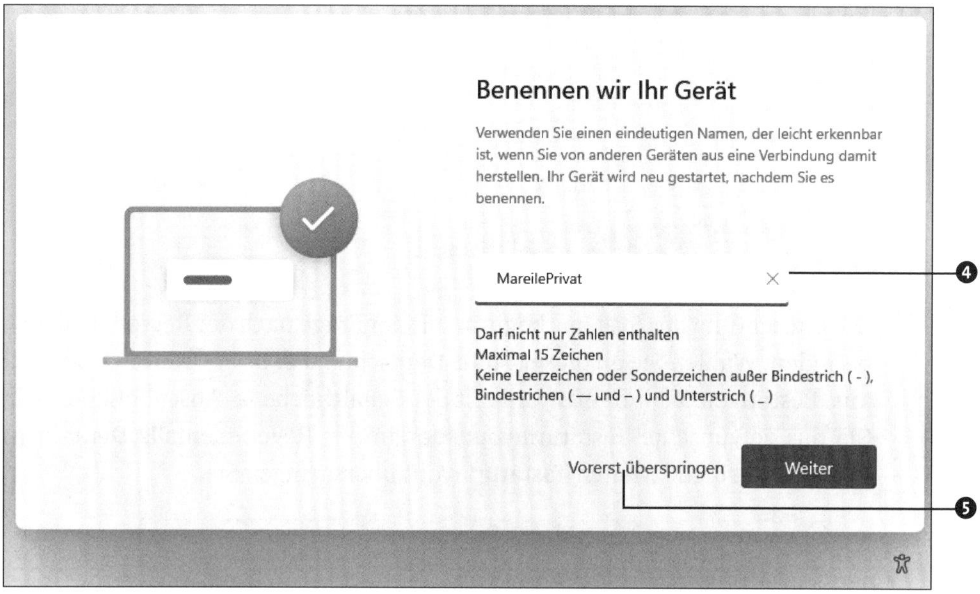

12 Installieren Sie die Edition *Windows 11 Pro*, werden Sie nun aufgefordert, den Verwendungszweck Ihres Computers anzugeben. Für die Privatnutzung wählen Sie hier **Für persönliche Verwendung** und bestätigen mit **Weiter**. Unter *Windows 11 Home* erscheint die Nachfrage nicht.

13 Der folgende Schritt ist von großer Bedeutung. Damit richten Sie nämlich Ihr erstes Benutzerkonto auf Ihrem neuen Windows 11-PC ein. Im Gegensatz zu älteren Windows-Versionen, in denen Sie hier zwischen der Einrichtung eines lokalen Kontos und eines Microsoft-Kontos wählen konnten, müssen Sie sowohl in der *Windows 11-Home*-Edition als auch unter *Windows 11 Pro* zwingend ein Microsoft-Konto verwenden. Nur mithilfe eines kleinen Tricks lässt sich zumindest bis Version 23H2 trotzdem ein lokales Konto einrichten, wie Sie ab Seite 45 erfahren. Das lokale Konto kann auch zu einem späteren Zeitpunkt nachgerüstet werden (siehe

Abschnitt 5.2.1, »Ein lokales Konto erstellen«, ab Seite 142). Zunächst zeige ich Ihnen die Schritte, die beim Einrichten des Microsoft-Kontos notwendig sind.

Klicken Sie im Dialog **Schalten Sie Ihre Microsoft-Erfahrung frei** auf **Anmelden**. Besitzen Sie noch kein Microsoft-Konto und möchten Sie eines neu einrichten, finden Sie hierfür im Dialog **Fügen Sie Ihr Microsoft-Konto hinzu** den Link **Dann erstellen Sie jetzt eins!** ❻. Folgen Sie anschließend einfach den weiteren Anweisungen (siehe auch Abschnitt 5.2.2, »Ein Microsoft-Konto einrichten«, ab Seite 147). Wenn Sie bereits über Zugangsdaten zu einem Microsoft-Konto verfügen, geben Sie im Dialog **Anmelden** zunächst die E-Mail-Adresse des Kontos ❼ und nach einem Klick auf **Weiter** das Kennwort Ihres Microsoft-Kontos ein.

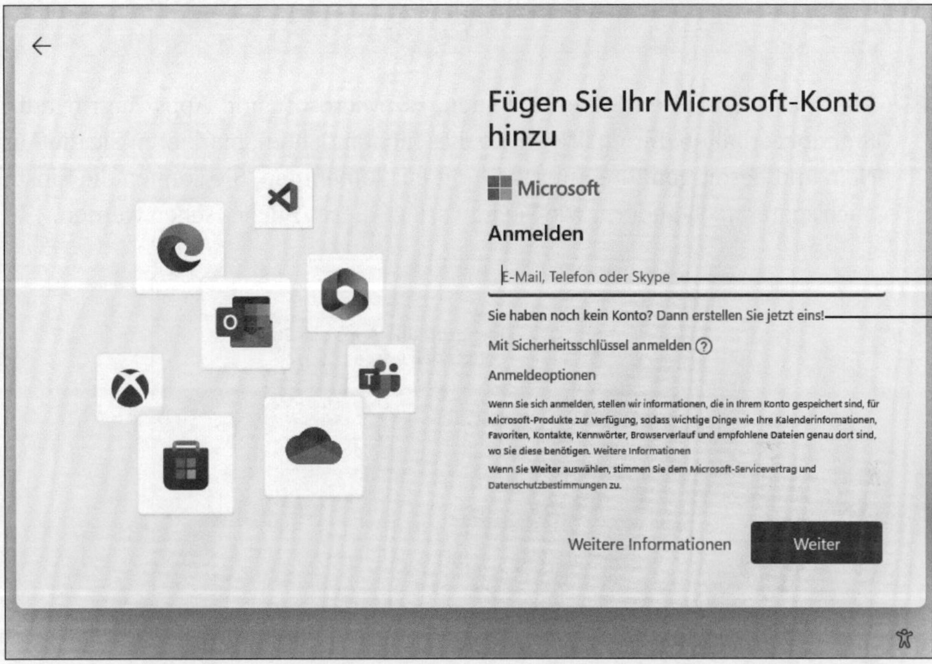

14 Falls Sie ein Microsoft-Konto gewählt haben, mit dem Sie sich bereits an einem anderen Gerät angemeldet haben, werden Sie nun darauf hingewiesen, dass Ihre Daten bei nächster Gelegenheit synchronisiert werden. Häufig verwendete Apps lassen sich nach erfolgreicher Einrichtung über den Microsoft Store wiederherstellen.

15 Als Nächstes werden Sie aufgefordert, eine PIN zu erstellen, mit der Sie sich auf dem Gerät statt mit einem Passwort anmelden. Bei der PIN handelt es sich um eine einfache Zahlenkombination, die einen schnellen Zugang zu Ihrem Konto gewährleistet. Nach einem Klick auf **PIN erstellen** geben Sie im Dialog **PIN einrichten** eine Zahlenfolge ein ❽, die Sie im Feld darunter wiederholen und mit **OK** bestätigen.

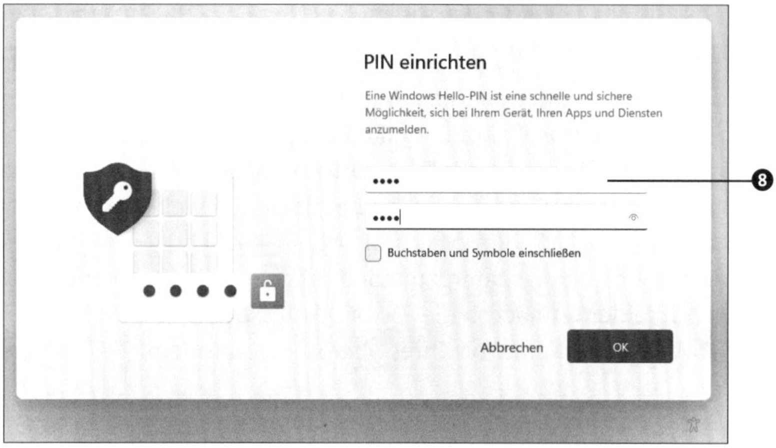

16 Als Nächstes müssen Sie entscheiden, ob Microsoft und Apps Zugriff auf Ihren Standort erhalten dürfen. Wenn Sie dies nicht möchten, markieren Sie die Auswahl **Nein** und bestätigen Ihre Entscheidung mit **Annehmen**. Sie können die Einstellung auch später noch ändern, wie Sie im Verlauf dieses Buches sehen werden.

17 Soll Windows Ihnen bei der Suche eines verloren gegangenen Geräts helfen, werden hierfür ebenfalls die Standortangaben benötigt. Auch diese Einstellung lässt sich später anpassen, sodass Sie an dieser Stelle zunächst **Nein** markieren können, um dann mit **Annehmen** fortzufahren.

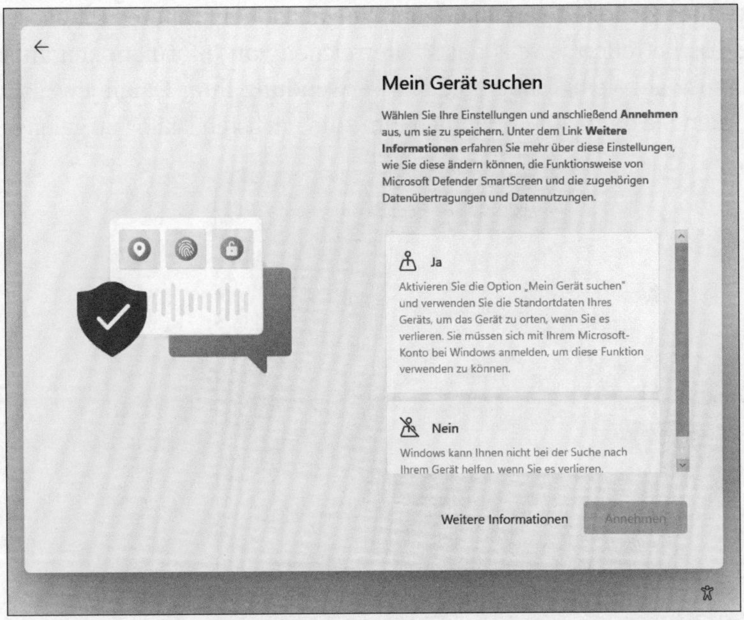

18 Sollen die sogenannten Diagnosedaten, also Fehlerberichte, Informationen zu vorgenommenen Einstellungen etc., vollständig an Microsoft gesendet werden oder lediglich die wichtigsten Daten? Lesen Sie sich die Beschreibungen hierzu durch. Wählen Sie die gewünschte Einstellung **Optional einschließen** oder **Nur Erforderlich** aus, und bestätigen Sie wieder mit **Annehmen**.

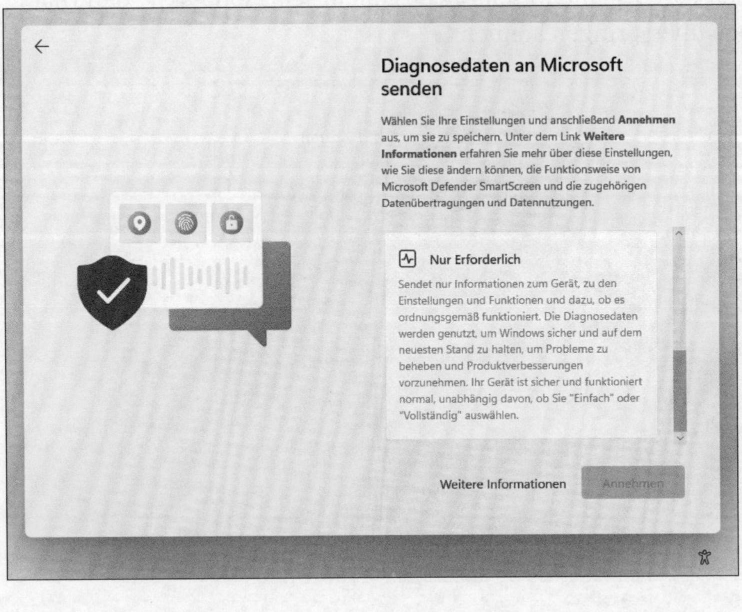

19 Auch die folgenden Dialoge zu Freihand- und Eingabedaten, weiteren Diagnosedaten sowie Werbe-IDs betreffen jeweils das Weiterreichen von Informationen an Microsoft. Mit der Auswahl **Nein** können Sie der Verwendung Ihrer Daten jeweils widersprechen. Klicken Sie dann auf **Annehmen**, um zum nächsten Dialog zu gelangen.

20 Werden Sie den Computer vor allem zum Spielen nutzen, für die Schule, die Familie nur zur Unterhaltung? Das würde Microsoft gerne im Dialog **Gestalten Sie Ihre Benutzererfahrung individuell** in Erfahrung bringen. Je nach Auswahl sollen Ihnen dann individuelle Tipps, Anzeigen und Empfehlungen angeboten werden. In den meisten Fällen wird es eine Mischung aus allem sein, sodass Sie den Dialog auch ohne Angaben überspringen können ❶.

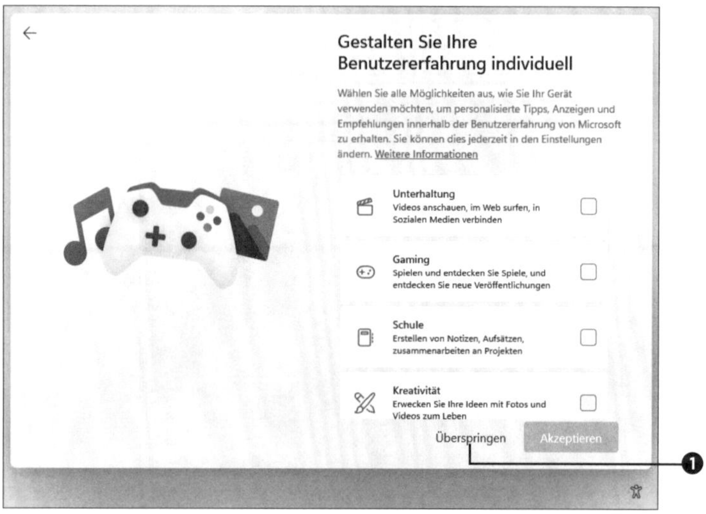

21 Falls Sie Ihr Smartphone von Ihrem PC aus verwenden möchten, haben Sie nun die Gelegenheit, Ihr Telefon mit Ihrem Microsoft-Konto zu verknüpfen. Hierzu müssen Sie lediglich mit dem Android-Smartphone den angezeigten QR-Code einscannen. Alternativ hierzu lässt sich die Verknüpfung nach einem Klick auf **Manuell ohne QR-Code fortfahren** manuell herstellen. Falls Sie auf dieses Feature ganz verzichten oder den Zugriff erst später einrichten möchten, wählen Sie **Überspringen** ❷. Auf das Thema »Smartphone mit dem PC verbinden« werde ich in Kapitel 16, »Geräte anschließen und konfigurieren«, ab Seite 631 noch ausführlicher eingehen.

22 Als Nächstes können Sie entscheiden, ob Ihre Dateien mit OneDrive gesichert werden sollen oder nicht. Falls Sie sich an dieser Stelle noch nicht sicher sind, ob Sie OneDrive zur Datensicherung nutzen möchten, können Sie hier **Dateien nur auf diesem PC speichern** ❸ wählen. Die Einstellung lässt sich jederzeit wieder korrigieren, wie Sie in Abschnitt 3.6, »Die Synchronisierungseinstellungen individuell anpassen«, ab Seite 95 erfahren werden.

23 Als Nächstes erhalten Sie von Microsoft eine Werbung für ein Abonnement von Microsoft 365. Sie haben zwar die Möglichkeit, das Abonnement per Klick auf **Weiter** für einen Monat gratis zu testen. Nach diesem Monat verlangt Microsoft aber 99 € pro Jahr (Stand September 2023). Um den Betrag zügig abbuchen zu können, müssen Sie bereits beim Abschluss des Probeabos Ihre Kreditkartendaten angeben. Wenn Sie dies nicht möchten, lehnen Sie das Angebot mit **Ablehnen** einfach ab. Analog können Sie im folgenden Dialog vorgehen, in dem Ihnen Microsoft 100 GB mehr Cloud-Speicher anbietet. Hierfür verlangt das Unternehmen 2 € pro Monat.

24 Leider ist es mit den Lockangeboten noch nicht vorbei. Nun versucht Microsoft, Ihnen den PC Game Pass für 9,99 € pro Monat schmackhaft zu machen. Haben Sie kein Interesse daran, klicken Sie auf **Vorerst überspringen**.

Damit haben Sie die Konfigurationsroutinen vollständig durchlaufen. Das System führt noch einige Aktualisierungen zur Einrichtung Ihres Kontos durch, und danach begrüßt Sie ein frischer Windows-Bildschirm.

Wie in Schritt 13 auf Seite 38 erwähnt, ist unter Windows 11 die Anmeldung mit einem Microsoft-Konto zwingend notwendig. Um sich mit einem lokalen Konto anmelden zu können, können Sie bis Version 23H2 einen kleinen Trick anwenden, den ich Ihnen nun zeigen möchte. (Ab Windows 11 Version 24H2 funktioniert dieser Trick leider nicht mehr.) Hierzu gehen Sie folgendermaßen vor:

1 Erscheint der Dialog **Fügen Sie Ihr Microsoft-Konto hinzu**, geben Sie unterhalb von **Anmelden** lediglich »Microsoft« ein ❶. Bestätigen Sie mit **Weiter**.

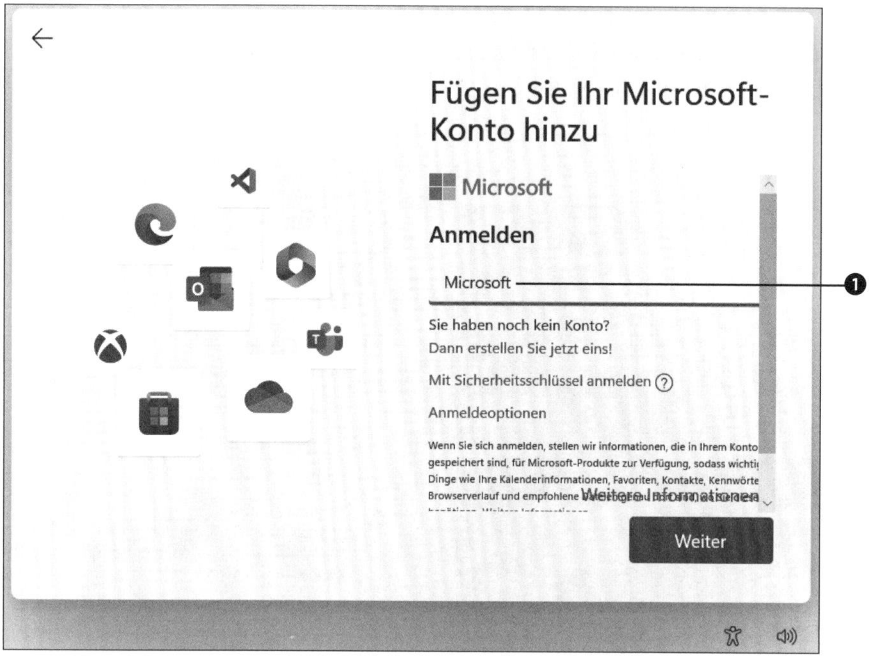

2 Als Kennwort tragen Sie eine beliebige Ziffern- oder Zeichenfolge ein. Fahren Sie mit einem Klick auf **Anmelden** ❷ fort.

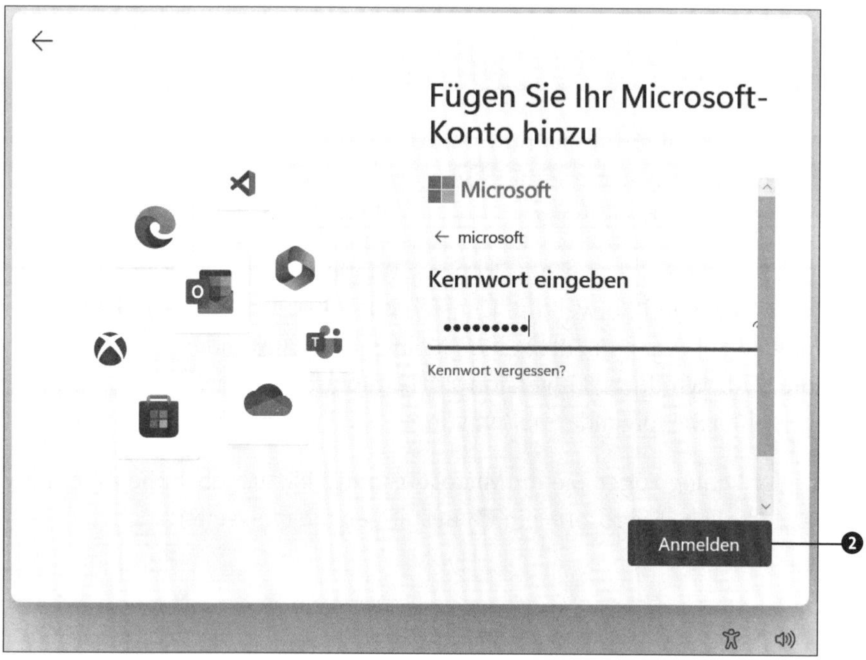

3 Sie erhalten nun die Information, dass beim Hinzufügen des Microsoft-Kontos ein Problem aufgetreten ist. Bestätigen Sie den Hinweis mit **Weiter**.

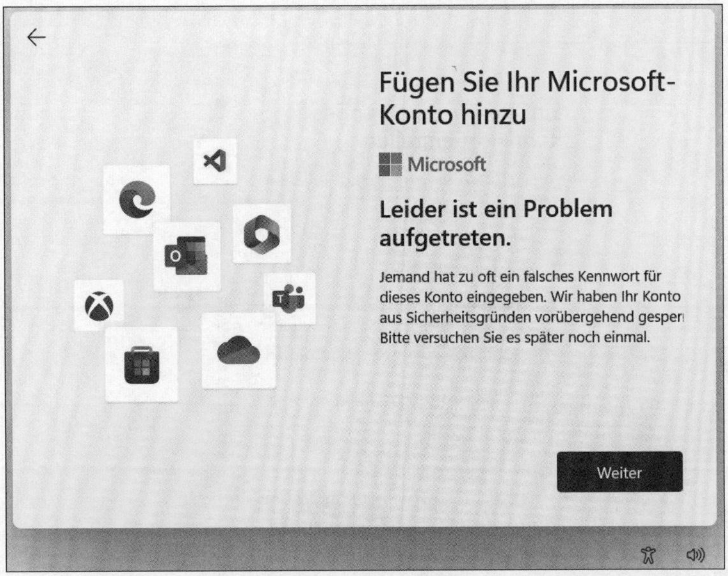

4 Nun endlich gelangen Sie zum Dialog **Von wem wird dieses Gerät genutzt werden?**. Geben Sie zunächst einen Namen für das von Ihnen genutzte Konto ein ❸. Bestätigen Sie mit **Weiter**.

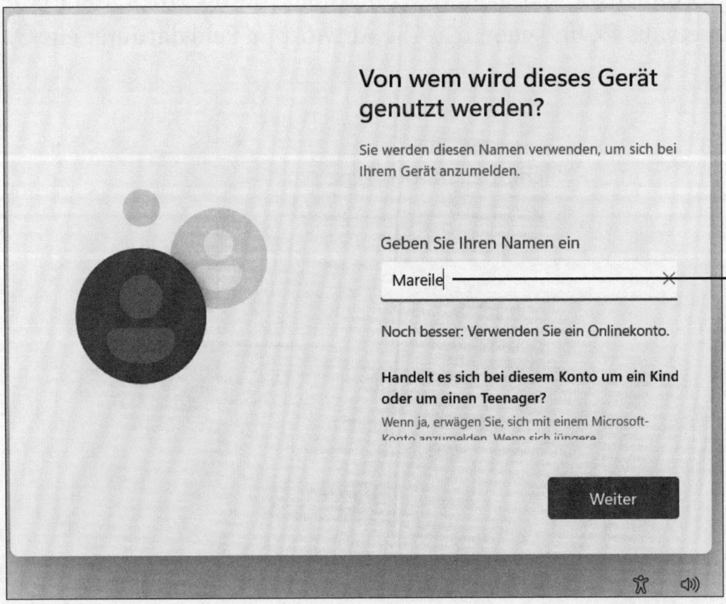

5 Als Nächstes legen Sie ein Passwort bzw. *Kennwort* fest ❹, das Sie nach einem Klick auf **Weiter** auf der nächsten Seite bestätigen. Auch auf dieser Seite fahren Sie mit **Weiter** fort.

6 Auf den nächsten drei Seiten müssen Sie je eine Sicherheitsfrage hinzufügen. Diese Sicherheitsfragen sind dann hilfreich, wenn Sie doch einmal Ihr Kennwort vergessen haben sollten. Wählen Sie hierzu im Feld unterhalb von **Sicherheitsfrage** eine der angebotenen Fragen aus ❺, und geben Sie die Antwort im Feld darunter ein ❻.

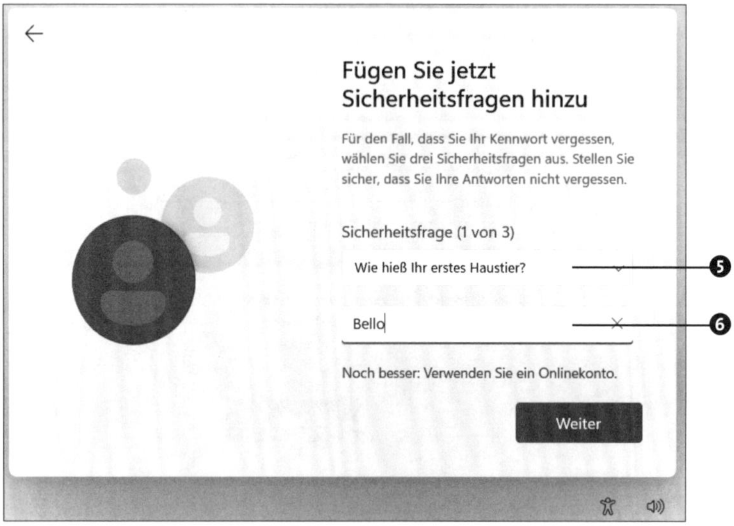

Mit **Weiter** gelangen Sie zur nächsten Sicherheitsfrage, in der Sie das Prozedere wiederholen. Dies gilt auch für die dritte und damit letzte Sicherheitsfrage.

Das weitere Vorgehen entspricht den Schritten 16 bis 20 ab Seite 40. So werden Sie unter anderem gefragt, ob Sie Microsoft die Nutzung Ihrer Standortdaten und das Senden von Diagnosedaten erlauben wollen. Sie landen schlussendlich wieder auf dem bekannten Windows-Bildschirm. Wenn Sie nun gleich loslegen möchten, springen Sie einfach zu Kapitel 2, »Ein erster Rundgang über die Oberfläche von Windows 11«, ab Seite 59.

INFO

OEM-Software (Original Equipment Manufacturer)

Hersteller von Computersystemen bekommen Software zu Vorzugspreisen. In diesen Genuss können auch Sie kommen, wenn Sie sogenannte OEM-Software (zu Deutsch »Erstausrüstersoftware«) erwerben. OEM-Programme haben jedoch auch Nachteile: Sie erwerben damit in der Regel keinen Anspruch auf Hilfestellung (Support) vom Hersteller.

Wenn Sie einen PC »von der Stange« kaufen, so ist dort in der Regel eine OEM-Version von Windows vorinstalliert. Dem PC liegt dann meist auch kein regulärer Installationsdatenträger wie z. B. eine DVD bei. Sie haben lediglich die Möglichkeit, einen Rettungsdatenträger im Rahmen der Erstkonfiguration des Systems zu erstellen. Einen Windows-Installationsschlüssel, der früher auf dem Gehäuse des PCs aufgeklebt war, werden Sie bei modernen Systemen vergeblich suchen.

Ein OEM-Gerät ist über seine Hardware direkt bei Microsoft registriert und wird bei der ersten Inbetriebnahme automatisch aktiviert. Die Einrichtung von OEM-Systemen (also etwa das Hinzufügen von Benutzerkonten oder auch das Vornehmen wichtiger Einstellungen) gestaltet sich mitunter etwas anders, als in diesem Abschnitt beschrieben. Derartige Systeme sind dann schon vorkonfiguriert und leider auch mit einer Menge überflüssiger Software (sogenannter *Bloatware*) versehen, die der Hardwarehersteller infolge von Lizenzabkommen mit Drittanbietern vorinstalliert hat.

Die Einrichtung eines OEM-Systems ist aber sonst denkbar einfach, da das eigentliche Betriebssystem hier schon vorinstalliert ist. Falls Sie dazu aufgefordert werden, eine Rettungs-DVD mithilfe eines integrierten DVD-Brenners zu erstellen, sollten Sie das unbedingt tun. Diese DVD ist bei OEM-Systemen oft die einzige Chance, ein defektes System wieder zum Laufen zu bringen.

1.5 Windows 11 nachträglich aktivieren

Wenn Sie während der Installationsphase keinen Installationsschlüssel eingegeben haben, ist Ihr Windows-Betriebssystem noch nicht aktiviert (siehe auch Schritt 3 in Abschnitt 1.4, »Von null auf Windows 11«, auf Seite 31).

Sie können das System damit zwar nutzen, allerdings stehen Ihnen einige Funktionen nicht zur Verfügung. So können Sie z. B. keine Personalisierung vornehmen, etwa das Austauschen des Desktophintergrundes. Nach einiger Zeit werden Sie immer wieder aufgefordert, die Aktivierung nachzuholen. Diese kann nur mit einer bestehenden Internetverbindung erfolgen.

INFO

Was bedeutet Aktivierung?
Eine Windows 11-Lizenz, die Sie im Rahmen eines Computerneukaufs oder auch nachträglich im Onlinehandel für einen älteren PC erworben haben, muss fest mit dem Zielsystem verknüpft werden. Dazu führt das System eine sogenannte Aktivierung durch, bei der die entsprechenden Hardwaredaten per Onlineverbindung an Microsoft übermittelt werden. Das soll verhindern, dass die gleiche Kopie ein und derselben Windows 11-Lizenz auf mehreren Rechnern gleichzeitig verwendet wird.

Wenn Sie Ihren Rechner häufiger neu aufsetzen, was beispielsweise bei Testrechnern der Fall ist, empfiehlt es sich, die Aktivierung von einem angemeldeten Microsoft-Konto aus vorzunehmen. Dadurch wird die Kopie Ihrer Lizenz fest mit Ihrem Microsoft-Konto verknüpft. Jedes Mal, wenn Sie dann den Rechner mit identischer Hardware neu installieren und mit dem gleichen Microsoft-Konto verknüpfen, wird nachgeschaut, ob dieser Rechner bereits bekannt ist, und der PC wird nach positiver Prüfung automatisch aktiviert.

Gehen Sie folgendermaßen vor, um ein Windows 11-Betriebssystem nachträglich zu aktivieren:

1 Stellen Sie zunächst sicher, dass Sie mit einem Administratorkonto an Ihrem Computer angemeldet sind (siehe dazu auch Kapitel 5, »Benutzerkonten anlegen und verwalten«, ab Seite 139).

2 Klicken Sie in der Taskleiste in das Suchfeld ❶, und geben Sie das Wort »Aktivierung« in das Suchfeld ein ❷. Dadurch wird nach dem entsprechenden Eintrag in

den Systemeinstellungen gesucht. Es genügt hier meist, einige wenige Buchstaben des Schlüsselwortes einzugeben, um das gewünschte Element zu finden. Klicken Sie den Treffer **Aktivierungseinstellungen – Systemeinstellungen** ❸ in der Ergebnisliste an.

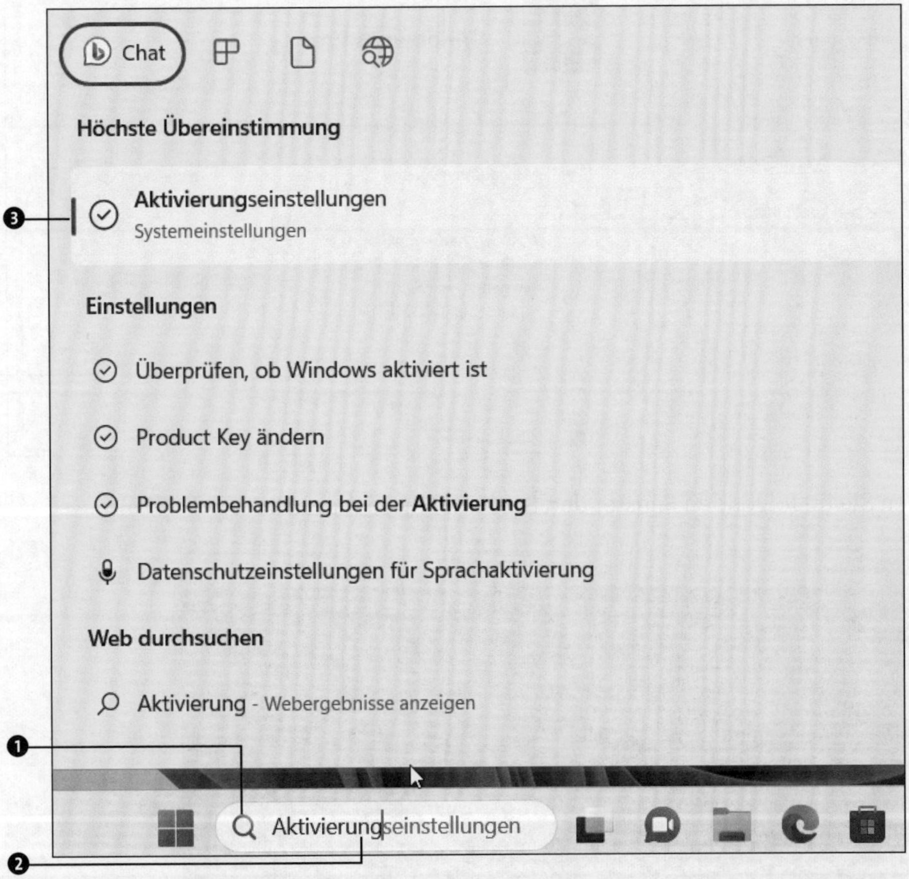

3 Dadurch öffnet sich automatisch der **Einstellungen**-Dialog mit der Kategorie **System**. Rechts ist bereits die Unterkategorie **Aktivierung** ❹ ausgewählt. Auf der Seite erscheint gegebenenfalls eine Fehlermeldung, dass Ihr System nicht aktiviert werden kann. Das liegt daran, dass Sie während der Installation den entsprechenden Produktschlüssel noch nicht eingegeben haben.

4 Klicken Sie rechts von **Product Key ändern** auf **Ändern** ❺. Falls Sie nicht mit einem Administratorkonto angemeldet sein sollten, bestätigen Sie die Nachfrage der sogenannten *Benutzerkontensteuerung* durch Anklicken der Schaltfläche **Ja**.

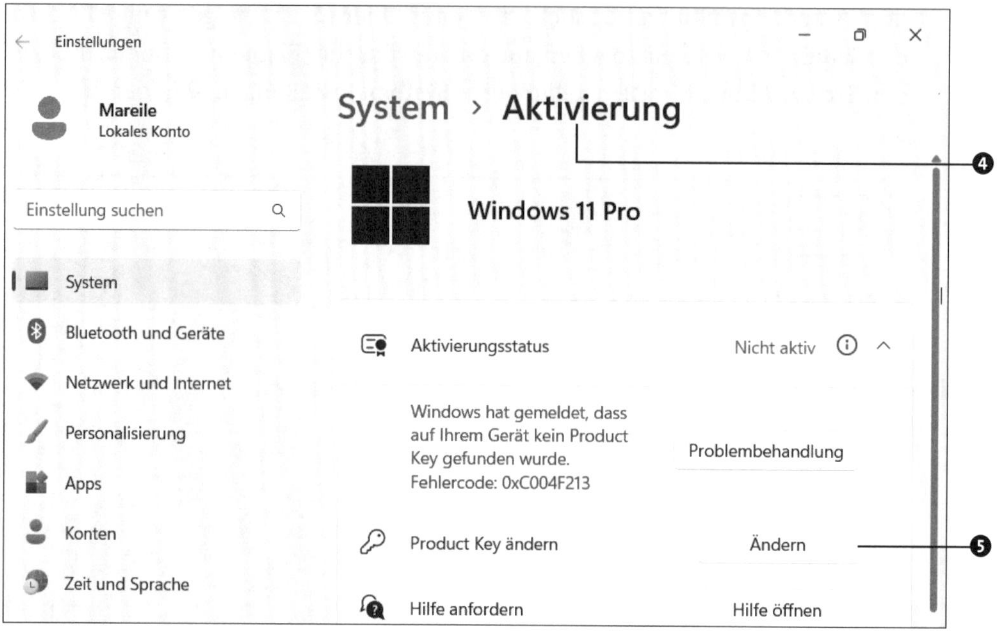

5 Geben Sie im folgenden Fenster den Schlüssel Ihrer Windows-Lizenz ❻ ein.

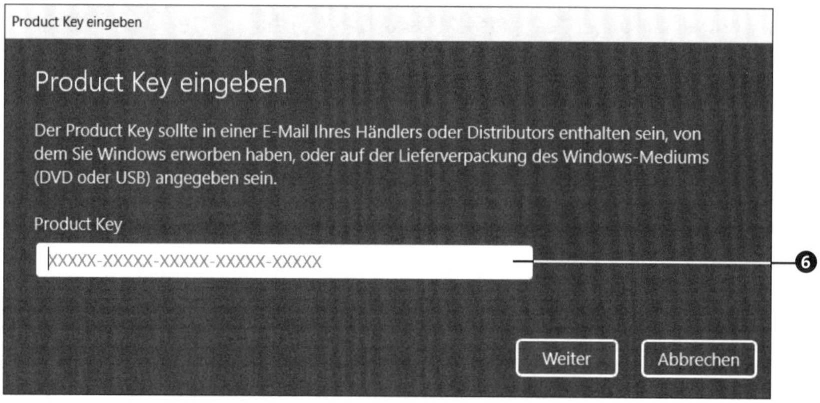

6 Der Schlüssel wird direkt während der Eingabe überprüft, und Sie werden nach der Eingabe des letzten Zeichens automatisch zum nächsten Dialog weitergeleitet. Über die dort sichtbare Schaltfläche **Weiter** wird die Aktivierung von Windows abgeschlossen. Sie können überprüfen, ob die Aktivierung erfolgreich war ❼, indem Sie erneut den **Einstellungen**-Dialog mit dem Bereich **Aktivierung** aufrufen.

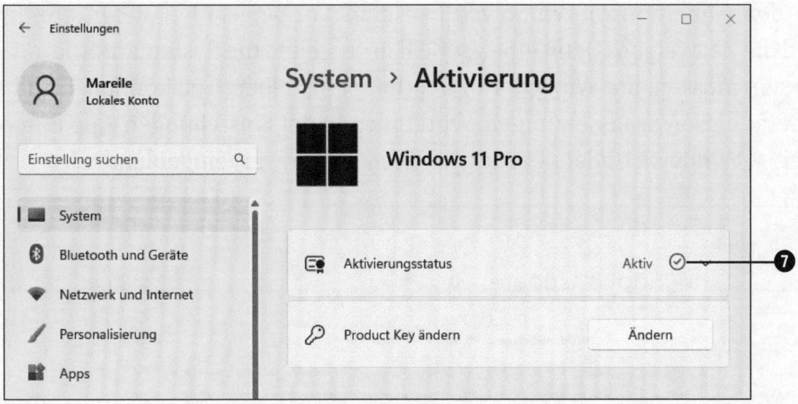

1.6 Von einer älteren Windows-Version umsteigen

Windows 10 ist immer noch die am weitesten verbreitete Windows-Version. Abbildung 1.3 zeigt den weltweiten Marktanteil von Windows 10 im Januar 2023 im Vergleich zu anderen Betriebssystemen inklusive der Vorgängerversionen von Windows 10.

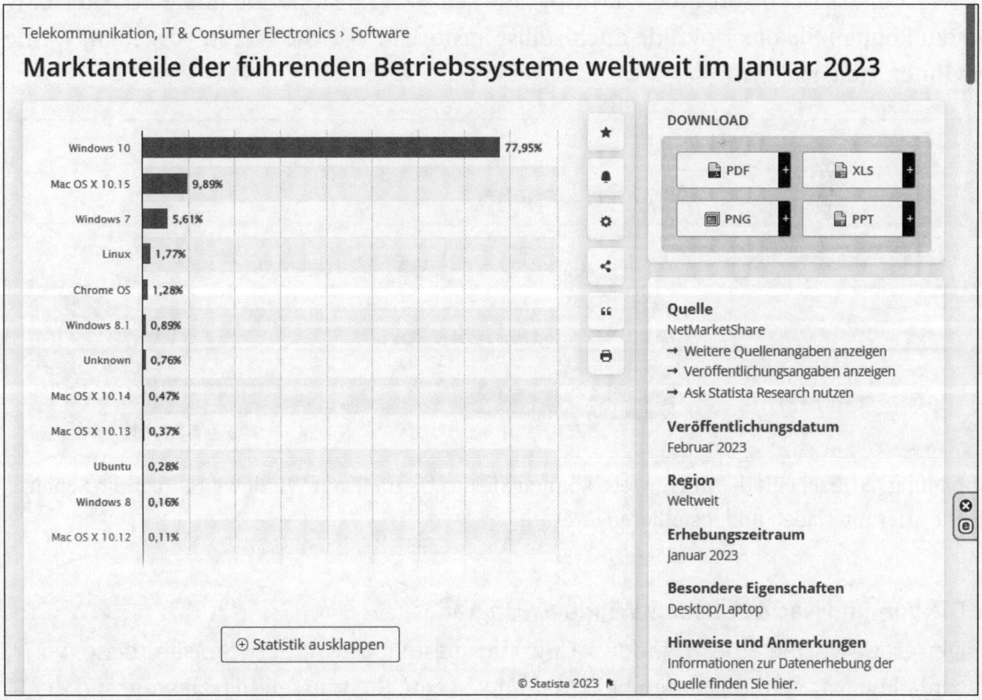

Abbildung 1.3 Verbreitung von Windows 10 (Stand: 01/2023; Quelle: https://de.statista.com)

Bis wann (sofern denn überhaupt) Windows 11 seinem Vorgänger den Rang streitig machen kann, wird die Zeit zeigen. Denn eine große Hürde stellen die Systemanforderungen dar, die erfüllt sein müssen, um Windows 11 überhaupt installieren zu können. Erfüllt Ihr Windows-10-Gerät diese Voraussetzungen, wird Ihnen in der **Einstellungen**-App unter **Update & Sicherheit ▸ Windows Update** ein entsprechender Hinweis eingeblendet.

Abbildung 1.4 Dieser Windows-10-PC erfüllt die Systemvoraussetzungen für Windows 11.

Falls Sie Ihr Gerät auf Windows 11 hochrüsten möchten, haben Sie zwei Möglichkeiten: Sie warten, bis Microsoft Ihnen das Upgrade selbst zur Installation anbietet. Alternativ hierzu können Sie das Upgrade auch selbst anstoßen. Wie Sie hierzu vorgehen, werde ich Ihnen gleich zeigen.

Abbildung 1.5 Erscheint dieser Hinweis, können Sie das Upgrade auf Windows 11 über die Schaltfläche »Herunterladen und installieren« starten.

INFO

Die Vor- und Nachteile eines Windows-Upgrades

Der große Vorteil eines Windows-Upgrades besteht darin, dass Sie sämtliche persönlichen Daten und Dateien beibehalten können. Sie müssen hierzu während der Installation von Windows 11 nur die entsprechende Option auswählen (siehe

Schritt 6 auf Seite 34). Diese Vorgehensweise bringt jedoch auch einen Nachteil mit sich: Denn hierdurch bleiben gegebenenfalls viele längst nicht mehr aktuelle Treiber und temporäre Dateien im System erhalten, wodurch das System eventuell langsamer wird, als es nach einer Neuinstallation der Fall wäre. Wenn Sie dieses Wagnis nicht eingehen möchten, können Sie das System auch komplett neu konfigurieren, wie in Abschnitt 1.4, »Von null auf Windows 11«, ab Seite 31 beschrieben. Bevor Sie diesen Weg gehen, sollten Sie zur Sicherheit allerdings unbedingt alle persönlichen Daten auf einer externen Festplatte sichern.

Ein Upgrade von Windows 10 auf Windows 11 ist kostenlos. Voraussetzung ist, dass auf dem PC mindestens die Version 2004 von Windows 10 installiert ist. Bevor Sie das Upgrade starten, sollten Sie außerdem unbedingt prüfen, ob der Computer die Systemvoraussetzungen wirklich erfüllt. Nutzen Sie hierzu am besten das im Kasten »Systemvoraussetzungen überprüfen« auf Seite 23 vorgestellte Tool. Zusätzlich sollten Sie sich auf der Webseite *https://docs.microsoft.com/de-de/windows/release-health* informieren, ob für Ihr Gerät im Zusammenhang mit Windows 11 Probleme bekannt sind.

Abbildung 1.6 Informieren Sie sich vor dem Upgrade, welche Probleme eine Installation von Windows 11 mit sich bringen könnte.

Zeichnen sich Schwierigkeiten ab, sollten Sie besser auf das Upgrade verzichten. Sind hingegen alle Voraussetzungen erfüllt, gehen Sie folgendermaßen vor:

1. Fertigen Sie zunächst eine Sicherung aller wichtigen persönlichen Dateien im System an, also derjenigen Objekte, die Sie selbst erstellt haben. Das sind insbesondere Word-Dokumente, Excel-Tabellen, aber auch Audio- und Videodateien oder Fotos. Hierzu bietet sich eine externe Festplatte an, auf die Sie die entsprechenden Dateien kopieren. Je nachdem, wie intensiv Sie den Computer genutzt und vor allem wie viele Multimediadateien Sie auf ihm gespeichert haben, können hier schnell mehrere 100 GB Datenmaterial zusammenkommen. Einige interessante Informationen rund um das Thema Datensicherung erhalten Sie in Kapitel 17, »Wartung – das System aktuell halten und sichern«, ab Seite 681.

2. Führen Sie auf dem Windows-PC, den Sie aktualisieren möchten, vor dem Upgrade noch einmal ein Update über die **Einstellungen**-App durch.

3. Stellen Sie sicher, dass Sie als Administrator am PC angemeldet sind. Rufen Sie dann über einen Browser Ihrer Wahl die Webseite *www.microsoft.com/de-de/software-download/windows11* auf. Klicken Sie hier im Bereich **Installationsassistent für Windows 11** auf **Jetzt herunterladen**.

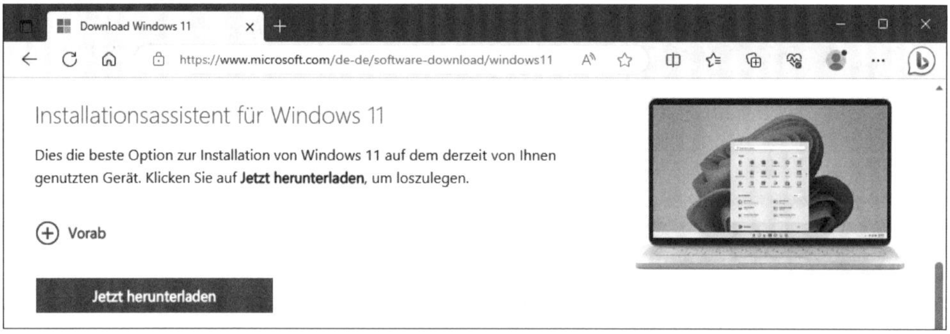

4. Rufen Sie über den Explorer den Ordner *Downloads* auf, und doppelklicken Sie dort auf die Datei *Windows11InstallationAssistant.exe*. Bestätigen Sie die Nachfrage der Benutzerkontensteuerung mit **Ja**.

5. Der Installationsassistent übernimmt nun selbst nochmals eine Überprüfung des Systems. Werden die Mindestanforderungen erfüllt, bestätigen Sie die Lizenzbestimmungen mit **Akzeptieren und installieren**. Das Tool beginnt jetzt mit dem Herunterladen und der Installation von Windows 11. Wurde dieser Vorgang erfolgreich beendet, muss der Computer neu gestartet werden. Hierzu klicken Sie im Dialog **Windows 11-Installationsassistent** einfach auf **Jetzt neu starten**.

Nach dem Neustart des PCs dauert es noch einen Moment, bis Windows 11 fertig eingerichtet ist. Anschließend bekommen Sie den neuen Windows 11-Bildschirm mit geöffnetem Startmenü zu sehen.

INFO

Windows-Upgrade per Media Creation Tool

Das in diesem Abschnitt vorgestellte Verfahren zum Hochrüsten eines Windows-10-Geräts ist sicherlich der praktischste Weg, aber nicht der einzige. Alternativ hierzu können Sie auch das in Abschnitt 1.3, »Ein Installationsmedium mit dem Medienerstellungstool erstellen«, ab Seite 26 vorgestellte *Media Creation Tool* für das Upgrade nutzen. Falls Sie, wie ab Seite 28 beschrieben, noch keinen USB-Stick erstellt haben, holen Sie dies nach. Verfügen Sie bereits über den entsprechenden USB-Stick, schließen Sie ihn am Computer an. Blenden Sie nun seinen Inhalt im Explorer ein, und doppelklicken Sie im Inhaltsbereich auf die Datei *setup.exe*.

Nach dem Bestätigen der Benutzerkontensteuerung dauert es einen Moment, bis die Installation von Windows 11 vorbereitet ist. Nach einem Klick auf **Weiter** werden aktuelle Updates für Windows 11 abgerufen und der PC überprüft. Stimmen Sie anschließend den Lizenzbestimmungen mit einem Klick auf **Akzeptieren** zu. Nun werden erneut Updates abrufen. Der Dialog **Bereit für die Installation** zeigt dann noch einmal, was bei dem Upgrade genau geschieht. Die persönlichen Daten und Apps werden behalten. Über den Link **Ändern der zu behaltenden Elemente** können Sie diese Voreinstellungen nach Ihren Wünschen anpassen. Die eigentliche Installation des Upgrades wird dann durch die Schaltfläche **Installieren** gestartet.

Abbildung 1.7 Falls Sie persönliche Dateien und Apps nicht beibehalten möchten, können Sie die Einstellungen nach einem Klick auf den Link anpassen.

TIPP

Zurück zu Windows 10?

Sie haben ein Upgrade auf Windows 11 durchgeführt, würden aber doch gerne wieder zu Windows 10 zurückkehren, weil Ihnen z. B. die neue Oberfläche nicht gefällt? Während der ersten zehn Tage nach Durchführung des Upgrades steht Ihnen eine spezielle Funktion zur Verfügung, mit der sich die vorherige Windows-Version wiederherstellen lässt. Rufen Sie hierzu z. B. über die Tastenkombination ⊞ + I die **Einstellungen**-App auf. Stellen Sie sicher, dass links **System** markiert ist. Blättern Sie dann rechts nach unten bis zur **Wiederherstellung**. Wählen Sie diese Unterkategorie per Mausklick aus. Unterhalb von **Wiederherstellungsoptionen** finden Sie nun den Absatz **Zurückkehren**, in dem Sie auf **Zurückkehren** klicken. Im folgenden Dialog werden Sie aufgefordert, einen Grund für die Rückkehr zu Windows 10 anzugeben. Setzen Sie an entsprechender Stelle ein Häkchen, und folgen Sie dann den Anweisungen mit **Weiter**.

Sollte die Schaltfläche **Zurückkehren** bei Ihnen ausgegraut und damit nicht mehr auswählbar sein, sind wahrscheinlich die zehn Tage seit der Installation von Windows 11 verstrichen. Ein Downgrade, bei dem alle Daten beibehalten werden, ist damit nicht mehr möglich. In diesem Fall bleibt Ihnen nur die Neuinstallation von Windows 10, um zu dieser Version zurückzukehren.

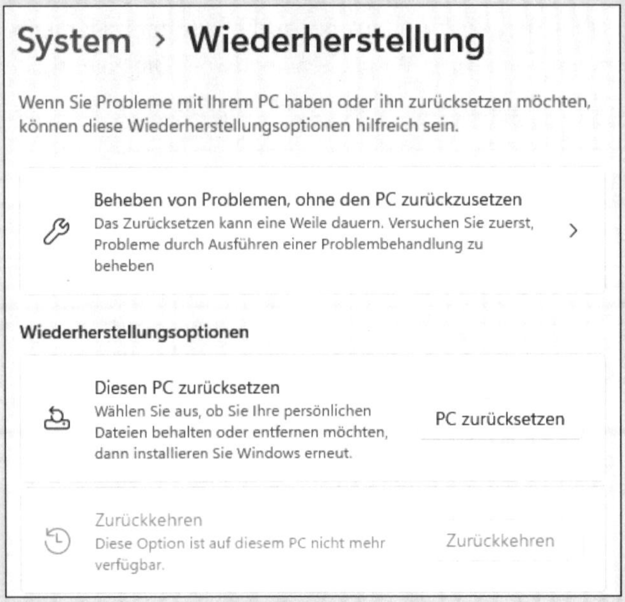

Abbildung 1.8 Sie haben zehn Tage Zeit, um gegebenenfalls von Windows 11 zu Windows 10 zurückzukehren. Anschließend erscheint die Schaltfläche »Zurückkehren« ausgegraut.

2 Ein erster Rundgang über die Oberfläche von Windows 11

Sie haben das Betriebssystem Windows 11 selbst installiert bzw. einen Computer mit Windows 11 erworben und möchten nun sofort loslegen? In diesem Kapitel lernen Sie, wie Sie die Elemente auf der Oberfläche für Ihre Arbeit produktiv nutzen können. Doch zuvor erfahren Sie noch, wie Sie sich am Computer anmelden.

2.1 Am Computer anmelden

Nach dem Einschalten des Computers sehen Sie zunächst den Sperrbildschirm. Er wird auch eingeblendet, wenn Sie längere Zeit keine Eingabe per Tastatur, Maus oder Touchscreen vornehmen und der PC somit in den Ruhezustand wechselt. Sollten Sie den Computer z. B. über die Tastenkombination [Windows] + [L] sperren, damit keine andere Person Zugriff auf den PC hat, sobald Sie den Raum verlassen haben, erscheint der Sperrbildschirm ebenfalls. Damit Sie sich am Computer anmelden können, muss der Sperrbildschirm zuvor ausgeblendet werden.

1 Klicken Sie mit der Maus auf das Bild des Sperrbildschirms, oder drücken Sie eine beliebige Taste auf der Tastatur. Wenn Sie mit einem Touchscreen arbeiten, wischen Sie mit dem Finger vom unteren Bildschirmrand nach oben.

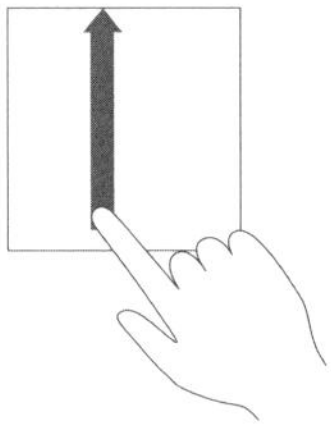

Weitere Informationen zu Fingergesten erhalten Sie in Kapitel 4, »Windows 11 optimal bedienen«, ab Seite 109.

2 Der Sperrbildschirm verschwindet nun, und stattdessen wird der Anmeldebildschirm eingeblendet. Wenn auf Ihrem Computer bereits mehrere Benutzerkonten eingerichtet wurden, werden diese unten links aufgeführt ❶. Wählen Sie Ihr Benutzerkonto per Mausklick oder durch Antippen aus. Wie Sie selbst Benutzerkonten anlegen, erfahren Sie in Kapitel 5, »Benutzerkonten anlegen und verwalten«, ab Seite 139.

3 Sobald Ihr Benutzername in der Mitte des Anmeldedialogs angezeigt wird, geben Sie im Feld darunter das Kennwort bzw. die PIN des Kontos ein ❷. Drücken Sie die Taste [↵], und Sie werden am Computer angemeldet.

2.2 Die Desktopoberfläche im Überblick

Sobald Sie sich erfolgreich am Computer angemeldet haben, bekommen Sie die eigentliche Oberfläche, den sogenannten *Desktop*, von Windows 11 zu Gesicht. Dieser Desktop ist der Dreh- und Angelpunkt sämtlicher Arbeiten, die Sie auf Ihrem Computer durchführen.

Der Begriff *Desktop* kommt aus dem Englischen und bedeutet sinngemäß »Schreibtischoberfläche«. Und genauso sollten Sie sich diesen zentralen Bereich auch vorstellen: Ähnlich wie auf einem realen Schreibtisch können Sie hier beliebige Dokumente ablegen. Gestartete Programme erscheinen auf dem Desktop in Fensterform ❶. Wie in früheren Windows-Versionen können Sie hier natürlich auch selbst Icons, d. h. Symbole, für den Schnellzugriff auf besonders häufig genutzte Programme platzieren. Windows 11 selbst hat bereits das Symbol des Browsers *Edge* ergänzt ❷.

Abbildung 2.1 Übersicht über die Desktopoberfläche

Wer bereits mit einer älteren Windows-Version gearbeitet hat, wird auf dem Desktop ein altbekanntes Element wiederfinden, nämlich das Papierkorbsymbol ❸. Im Papierkorb legt Windows alle gelöschten Dateien und Ordner ab (siehe auch Abschnitt 8.8, »Gelöschte Daten über den Papierkorb wiederherstellen«, ab Seite 335).

Das Bild, das den Hintergrund des Desktops ziert, können Sie selbstverständlich austauschen. Wie dies funktioniert, erfahren Sie in Abschnitt 6.3.1, »Das Hintergrundbild des Desktops auswählen«, ab Seite 193. Sobald Sie ein Programm oder eine App starten, wird das Hintergrundbild zumindest teilweise, manchmal sogar vollständig überdeckt. Immer sichtbar bleibt aber die Taskleiste (❹ auf Seite 61) am unteren Bildschirmrand, die wir im nächsten Abschnitt genauer unter die Lupe nehmen.

INFO

Apps und Programme

Wie auch schon unter Windows 10 begegnen Ihnen unter Windows 11 zwei verschiedene Anwendungsarten: *Apps* und *Programme*. Hinter Letzteren verbergen sich die klassischen Windows-Anwendungen, etwa der Explorer oder auch Microsoft Office, die bereits in älteren Windows-Versionen verfügbar waren. Die Apps (Abkürzung für *Applications*, zu Deutsch »Anwendung«) mit ihren großen Schaltflächen wurden vor allem für die Bedienung per Finger entworfen. Im Verlauf dieses Buches werden die beiden Begriffe allerdings nicht akribisch unterschieden – es sei denn, es wird extra auf die Unterschiede zwischen den beiden Anwendungsarten hingewiesen.

2.3 Die Taskleiste

Die Taskleiste, die am unteren Bildschirmrand zu sehen ist, spielt eine wichtige Rolle. Denn ihre Hauptaufgabe ist es, aktive Anwendungen zu zeigen und einen schnellen Wechsel zwischen ihnen zu ermöglichen. Wie Sie hierzu vorgehen, erfahren Sie in Abschnitt 9.1, »Alles rund um den Umgang mit Programmfenstern«, ab Seite 353.

Die Taskleiste selbst gibt es schon seit vielen Windows-Generationen. Neu unter Windows 11 ist allerdings die Positionierung der Symbole. Denn sie sind nun nicht mehr linksbündig angeordnet, sondern erscheinen mittig. Dies soll vor allem die Bedienung auf einem Gerät mit Touchscreen erleichtern. Wer mit der Computermaus arbeitet und den Mauszeiger aus alter Gewohnheit automatisch in die linke Bildschirmecke bewegt, sei beruhigt: Die Symbole können auch wieder am linken Rand der Taskleiste positioniert werden, wie Sie in Abschnitt 6.5, »Die Taskleiste anpassen«, ab Seite 223 erfahren. Sehen wir uns kurz die einzelnen Symbole an, die Windows 11 hier zu Beginn zeigt.

Am äußersten linken Rand der Startleiste befindet sich ein Symbol ❶, das aktuelle Wettermeldungen oder auch Aktienkurse anzeigt. Bewegen Sie den Mauszeiger auf dieses Symbol oder klicken es an, werden die unter Windows 11 neu hinzugekommenen *Wid-*

gets eingeblendet. Dahinter verbergen sich Minianwendungen, mit denen Sie sich z. B. schnell über das aktuelle Wetter oder auch das Tagesgeschehen informieren können. Die Widgets werden ausführlich in Abschnitt 11.6, »Gut informiert dank Widgets«, ab Seite 458 vorgestellt.

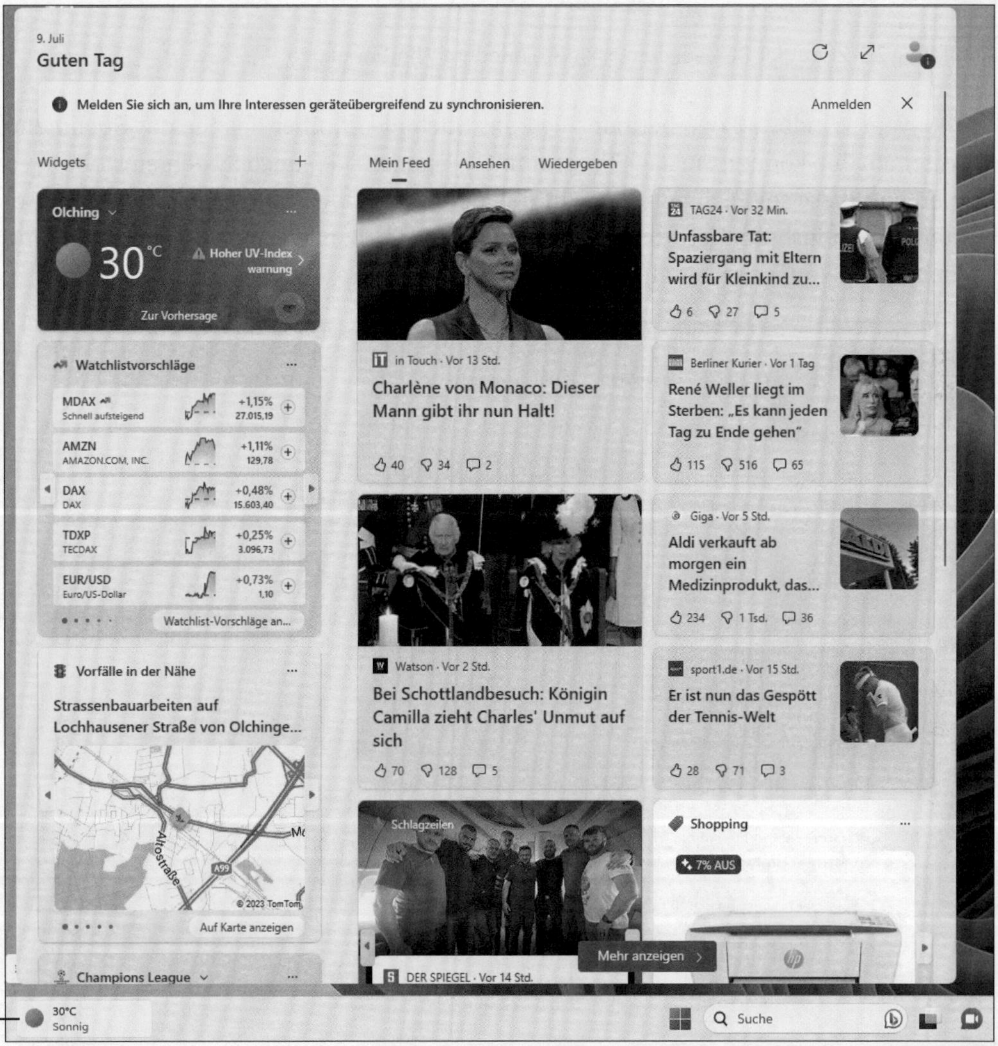

❶

Abbildung 2.2 Über das Live-Wetter-Symbol am linken Rand der Taskleiste werden die Widgets eingeblendet.

Als Nächstes werfen wir einen Blick auf die Symbole im mittleren Bereich der Taskleiste. Bei dem linken Symbol handelt es sich um das Windows-Logo ❷, über das Sie das Startmenü aufrufen. Das Startmenü liefert Ihnen Zugang zu allen auf Ihrem Computer installierten Apps bzw. Programmen. Außerdem enthält es Schaltflächen, über die Sie sich am Computer abmelden oder den PC auch ganz herunterfahren. Dem Startmenü widmen wir uns ausführlich in Abschnitt 2.4, »Das Startmenü«, ab Seite 68.

Abbildung 2.3 Zentraler Bereich der Taskleiste mit dem Windows-Logo

Rechts vom Windows-Logo befindet sich das Suchfeld ❸, über das Sie das Suchmenü aufrufen. In ihm können Sie nach Programmen, Dateien oder auch Systemeinstellungen suchen und diese sogleich per Klick auf den entsprechenden Eintrag in der Trefferliste starten. Das ist insbesondere dann nützlich, wenn Sie z. B. nach einer Systemeinstellung suchen, die Sie nur vage beschreiben können.

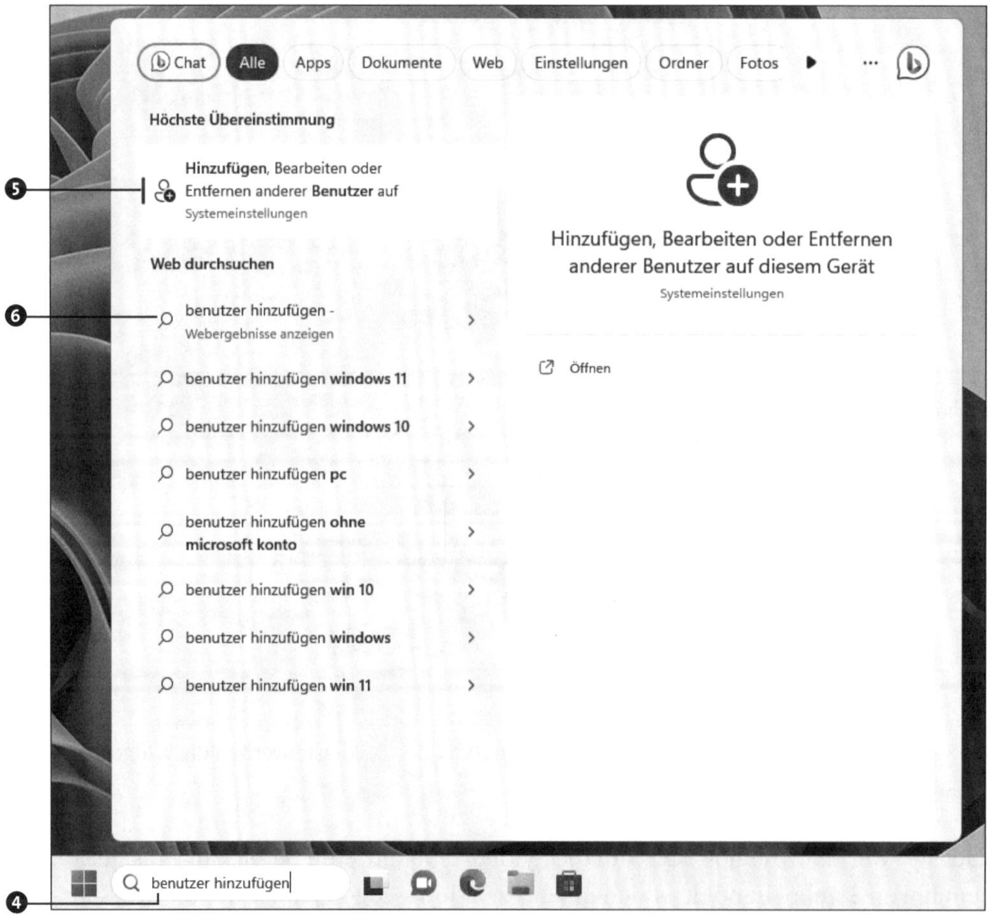

Abbildung 2.4 Über das Suchmenü gelangen Sie schnell zu wichtigen Systemeinstellungen.

Möchten Sie beispielsweise ein weiteres Benutzerkonto (etwa für Ihren Partner) hinzufügen, dann reicht es, im Suchfeld die Begriffe »benutzer hinzufügen« (❹ auf Seite 64) einzugeben – auf Groß- und Kleinschreibung brauchen Sie hierbei keine Rücksicht zu nehmen. Als Suchergebnis erscheint sofort ein Eintrag ❺, der Sie unmittelbar zum entsprechenden Bereich in den Systemeinstellungen führt. Neben der lokalen, sprich auf den Computer beschränkten, Suche wird Ihre Suchanfrage automatisch auch auf das Internet ausgeweitet. Entsprechende Treffer werden in der Ergebnisliste mit einem Lupensymbol ❻ gekennzeichnet. Die Suchfunktion wird in Abschnitt 10.1, »Suchanfragen über das Suchfeld der Taskleiste starten«, ab Seite 403 ausführlich vorgestellt. In Abschnitt 10.5, »Bing und die künstliche Intelligenz«, ab Seite 426 erfahren Sie, wie die neue Bing-Suche mit integriertem ChatGPT funktioniert, mit der die künstliche Intelligenz auch in Windows 11 Einzug hält.

INFO

Cortana spielt in der Taskleiste keine Rolle mehr

Falls Sie sich unter Windows 10 über das Cortana-Symbol in der Taskleiste geärgert haben, weil Sie die Windows-Sprachassistentin gar nicht nutzen wollten, können Sie sich freuen: In Windows 11 spielt Cortana keine Rolle und findet somit auch keinen Platz mehr in der Taskleiste. Bis Windows 11 23H2 ließ sich die Sprachassistentin zwar über die Liste **Alle Apps** des Startmenüs aufrufen, seit Version 24H2 ist Cortana aber nicht mehr als eigenständige App verfügbar.

Rechts vom Suchfeld sind in der Standardkonfiguration der Taskleiste fünf weitere Symbole angeordnet. Über das erste Symbol ❼ erhalten Sie Zugriff auf die sogenannten *virtuellen Desktops*, die in Abschnitt 7.3, »Mit virtuellen Desktops arbeiten«, ab Seite 272 ausführlich vorgestellt werden. Kurz gesagt können Sie sich mithilfe der virtuellen Desktops zusätzlich zur aktuellen Desktopoberfläche weitere Arbeitsoberflächen einrichten. Dies ist vor allem für diejenigen praktisch, die mit vielen Programmen parallel arbeiten müssen.

Ebenfalls neu in Windows 11 ist die Integration des Chat- und Videokonferenzprogramms *Microsoft Teams*. Es ersetzt das etwas in die Jahre gekommene Programm *Skype*. Zum Aufruf reicht ein Klick auf die lilafarbene Sprechblase mit Videokamera ❽ bzw. unter Windows 11 23H2 das Symbol . Wie Sie mit Microsoft Teams Chats und Videotelefonate mit der Familie und Freunden führen, zeige ich Ihnen in Abschnitt 15.4, »Mit Microsoft Teams telefonieren und chatten«, ab Seite 624.

Über das dritte Symbol von rechts starten Sie den Browser Microsoft Edge ❾, mit dem Sie im Internet surfen können. Er ersetzt komplett den Internet Explorer, der in Windows 11 nicht mehr an Bord ist.

Das Symbol in Form eines gelben Ordners ❿ ermöglicht den direkten Zugriff auf den Dateimanager *Explorer*, in früheren Windows-Versionen auch *Windows-Explorer* genannt.

Ein Klick auf das Symbol ganz rechts öffnet den sogenannten *Store* (zu Deutsch »Geschäft«) ⓫. Über den Store können Sie weitere Apps beziehen. Wie dies funktioniert, erfahren Sie in Abschnitt 9.2, »Apps aus dem Microsoft Store installieren«, ab Seite 367. Wer gerne auf seinem Windows-PC mit Android-Apps arbeiten möchte, wird in Abschnitt 9.2.5, »Android-Apps unter Windows 11 nutzen«, ab Seite 380 die notwendigen Informationen hierfür erhalten.

Der Bereich rechts von diesen sieben Symbolen der Taskleiste ist nach der Erstkonfiguration von Windows leer. Er füllt sich aber, sobald Sie Programme bzw. Apps starten, mit deren Symbolen ⓬ (auf Englisch *Icons*). Wie Sie selbst Programme der Taskleiste anheften sowie bereits hinzugefügte entfernen, lesen Sie in Abschnitt 7.2, »Programme und Dateien über die Taskleiste öffnen«, ab Seite 265. Je mehr Programme Sie öffnen bzw. an die Taskleiste heften, desto weiter werden die bereits vorhandenen Symbole nach links verschoben.

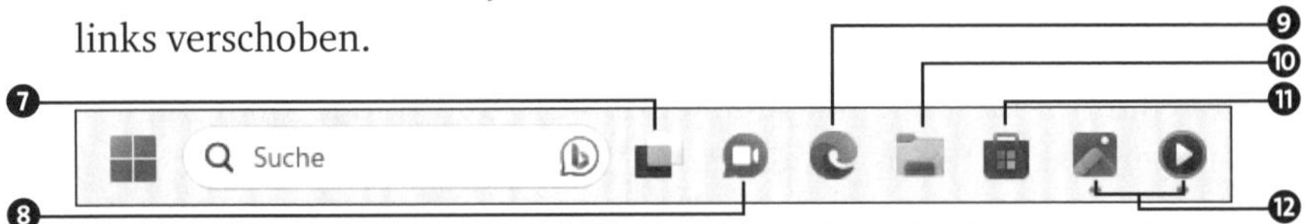

Abbildung 2.5 In der Taskleiste erscheinen die Symbole aller bereits geöffneten Anwendungen.

Am rechten Rand der Taskleiste befindet sich der sogenannte *Infobereich*. Wer zuvor mit Windows 10 gearbeitet hat, wird hier wahrscheinlich sofort das Benachrichtigungssymbol vermissen, über das das sogenannte Info-Center eingeblendet wurde. In diesem Info-Center informierte Windows 10 über sämtliche Aktionen, die durchgeführt wurden und auch sonst für Sie von Interesse waren. Die Benachrichtigungen erhalten Sie auch weiterhin, allerdings nicht mehr über das Benachrichtigungssymbol. Von rechts nach links betrachtet, finden Sie im Infobereich nun folgende Symbole:

- Das Zeit- bzw. Datumsfeld ❶ zeigt Ihnen die aktuelle Systemzeit und das aktuelle Datum an. Wenn Sie dieses anklicken, öffnet sich ein kleiner Kalender. Aber nicht nur das: Haben Sie Benachrichtigungen erhalten, werden diese oberhalb des Kalenders angezeigt. Eine solche Benachrichtigung kann beispielsweise ein Hinweis auf installierte Systemupdates oder auch auf eine neu eingetroffene E-Mail sein. Wie viele neue Benachrichtigungen Windows 11 für Sie parat hält, erfahren Sie anhand der Zahl rechts von der Uhrzeit in der Taskleiste. Ein erneuter Klick auf das Zeit- bzw. Datumsfeld blendet sowohl den Kalender als auch die Benachrichtigungen aus.

- Der Lautsprecher ❷ bietet Zugang zu den Audioeinstellungen. Nach einem Klick auf ihn erscheint ein Schieberegler, über den Sie die Lautstärke erhöhen oder vermindern. Zusätzlich werden aber auch die Schnelleinstellungen eingeblendet, die unter Windows 10 noch per Klick auf das Benachrichtigungssymbol erreichbar waren. Mit wenigen Mausklicks lässt sich hier z. B. der Nachtmodus mit seinem wärmeren und damit augenschonenderen Licht aktivieren bzw. deaktivieren.
- Neben dem Lautsprecher erscheint das Symbol für die Netzwerkverbindungen ❸. Ist Ihr Computer per Kabel mit dem Router verbunden, hat das Netzwerksymbol die Form , während ein WLAN (also ein Funknetz) durch das Symbol gekennzeichnet ist. Ein Blick auf das Symbol reicht, um zu erkennen, ob eine Netzwerkstörung vorliegt und somit kein Zugang zum Internet möglich ist. In diesem Fall erscheint das Symbol eines Globus . Ein Klick auf das Netzwerksymbol blendet übrigens den gleichen Dialog ein wie ein Klick auf das Lautsprechersymbol und – sofern vorhanden, wie Sie gleich erfahren werden – das Batteriesymbol. Das heißt, Sie erreichen auch über dieses Symbol die Schnelleinstellungen.
- Wenn Sie mit einem mobilen Gerät, also einem Notebook oder Tablet, arbeiten, erscheint in der Taskleiste ein weiteres kleines Symbol in Form einer Batterie ❹. Mit einem Klick auf dieses Symbol erfahren Sie, wie es um den Ladezustand des Akkus bestellt ist.
- Der Infobereich der Taskleiste bietet nur bedingt Platz für Symbole. Als letztes Symbol am rechten Rand des Infobereichs finden Sie daher das Symbol **Ausgeblendete Symbole einblenden**, das die Form eines Pfeils hat ❺. Ein Klick darauf zeigt alle im Hintergrund laufenden Dienste und Hilfsprogramme, deren Symbole keinen Platz mehr im rechten Bereich der Taskleiste hatten. Über das kleine Schildsymbol erreichen Sie das Windows-Sicherheit-Center, das Auskunft über den Sicherheitsstatus Ihres Computers gibt. Weitere Informationen hierzu erhalten Sie in Abschnitt 18.2, »Das Windows-Sicherheit-Center«, ab Seite 728.

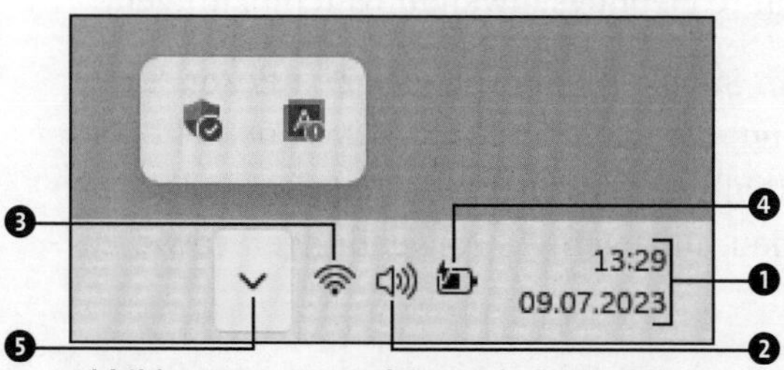

Abbildung 2.6 Der Infobereich der Taskleiste

In Abschnitt 6.5, »Die Taskleiste anpassen«, ab Seite 223 erfahren Sie, wie Sie die Reihenfolge der Symbole im Infobereich anpassen und weitere Symbole hinzufügen bzw. ausblenden.

2.4 Das Startmenü

Den größten Wandel während der letzten Windows-Versionen hat wohl das Startmenü durchgemacht. Unter Windows 8 wurden eingefleischte Windows-Fans von der Abschaffung des klassischen Startmenüs böse überrascht. Denn dieses wurde einfach durch die unbeliebte Startseite ersetzt. Große Rechtecke überdeckten den gesamten Bildschirm, und auf den eigentlichen Desktop gelangte man nur mithilfe der gleichnamigen Kachel – eine Tortur für mausverwöhnte Desktopnutzer*innen.

Mit Windows 10 hielt wieder ein Startmenü Einzug, das man als eine Mischung aus der Windows-8-Startseite und dem guten alten Windows-7-Startmenü ansehen konnte. Doch auch dieses Startmenü mit seinen Kacheln und der Liste aller installierten Apps hat den Sprung zu Windows 11 nicht überlebt. Denn hier zeigt sich das Startmenü schon wieder in einem neuen Gewand. Der Aufruf des Startmenüs erfolgt aber noch wie früher: Ein Mausklick auf das Windows-Logo in der Taskleiste reicht aus. Alternativ können Sie auch die [⊞]-Taste auf der Tastatur drücken. Das Startmenü wird zentriert auf dem Bildschirm geöffnet.

Ein erster Blick auf das Startmenü zeigt sofort: Die Kacheln sind verschwunden. Stattdessen finden Sie hier einige Symbole von Apps bzw. Programmen ❶, über die Sie die Anwendungen schnell mit nur einem Mausklick starten. Eine App werden Sie gerade zu Beginn Ihrer Arbeiten mit Windows 11 häufig benötigen: die **Einstellungen**-App, über die Sie alle wichtigen Konfigurationen vornehmen. Die App ist gut an dem kleinen Zahnradsymbol zu erkennen ❷. In Abschnitt 6.4, »Das Startmenü anpassen«, ab Seite 213 erfahren Sie, wie Sie nicht benötigte App-Symbole aus dem Bereich der angepinnten Apps im Startmenü entfernen und dafür Ihre Lieblingsanwendungen hinzufügen.

Oberhalb der angepinnten Symbole wird ein Suchfeld eingeblendet ❸. Klicken Sie es an, wird automatisch das Suchmenü angezeigt, das auch per Klick in das Suchfeld ❹ in der Taskleiste geöffnet werden kann. Unterhalb der angehefteten App-Symbole listet Windows 11 Empfehlungen, Hinweise auf neu hinzugefügte Anwendungen sowie zuletzt geöffnete Dateien auf ❺.

Unter Windows 10 fand sich direkt im Startmenü eine Liste mit allen auf dem System installierten Apps. Um diese Liste unter Windows 11 einzublenden, ist erst ein Klick auf **Alle Apps** ❻ nötig. Das Startmenü zeigt nun nur noch diese Liste an. Um in der langen

Liste zu blättern, positionieren Sie den Mauszeiger über der Liste und scrollen anschließend mit dem Mausrad. Abgesehen von den Einträgen der auf dem System installierten Apps und Programme finden Sie auch einige Ordner, die Sie an dem typischen gelben Symbol erkennen ❼. Neben den Ordnern erscheint eine pfeilförmige Schaltfläche ❽, mit deren Hilfe Sie den entsprechenden Ordner aufklappen können. So erreichen Sie z. B. über den Ordner *Barrierefreiheit* einige Werkzeuge, die Menschen mit Beeinträchtigungen die Bedienung von Windows 11 erleichtern. Über die Schaltfläche **Zurück** ❾ kehren Sie zur Startansicht des Startmenüs zurück.

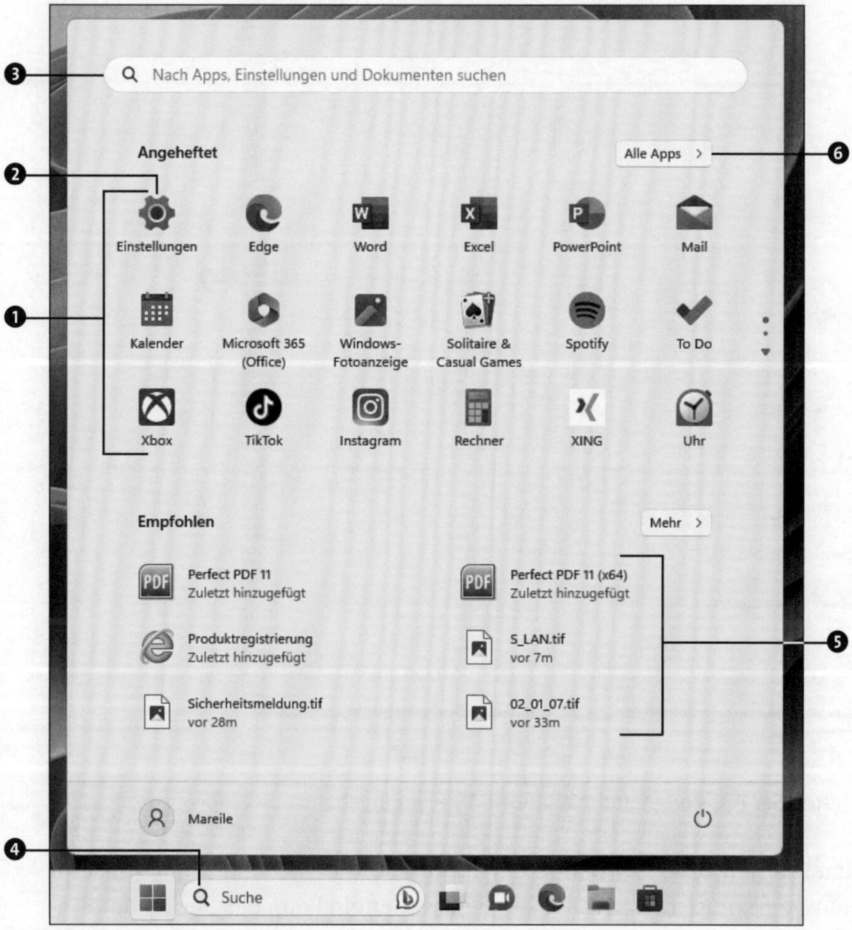

Abbildung 2.7 Übersicht über das Startmenü

Sowohl in der Ansicht mit der Liste aller Apps als auch in der Startansicht finden Sie am unteren Rand Ihren Benutzernamen ❿ sowie den Ein-/Ausschalter ⓫. Klicken Sie diesen Schalter an, öffnet sich ein kleines Menü, mit dessen Hilfe Sie den PC herunterfahren, neu starten oder in den Energiesparmodus versetzen können. Dieses Menü werden Sie in Abschnitt 2.5, »Den Computer herunterfahren«, ab Seite 72 noch detaillierter kennenlernen.

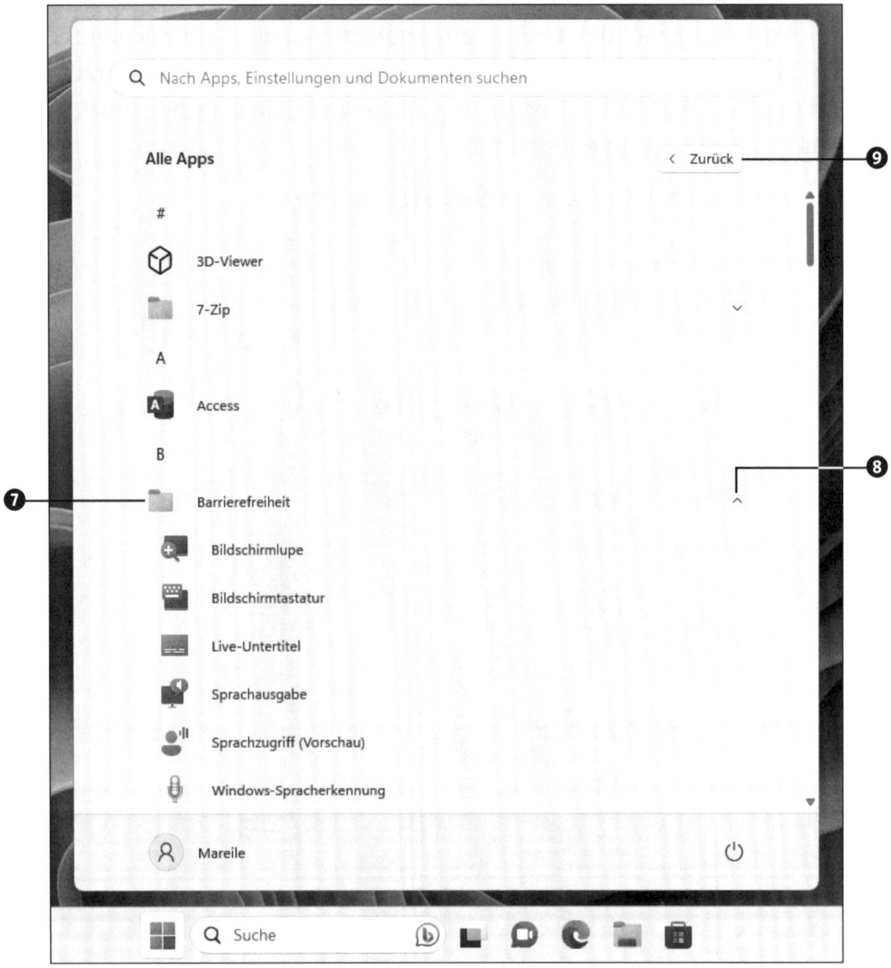

Abbildung 2.8 Die Liste aller Apps muss unter Windows 11 erst eingeblendet werden.

Über Ihren Benutzernamen bzw. das Benutzersymbol ⓬ öffnet sich ein Menü mit Einstellungen zum Benutzerkonto. Das Symbol zeigt entweder ein Foto, das Sie bei der Einrichtung des PCs erstellen (siehe Abschnitt 6.2, »Ein Profilbild ergänzen und anpassen«, ab Seite 189), oder die Silhouette einer Person.

Nach einem Klick auf das Symbol werden alle weiteren auf dem Computer eingerichteten Benutzerkonten aufgeführt. So können Sie an dieser Stelle auch ein anderes Konto markieren und zu diesem wechseln. Über die Schaltfläche **Kontoeinstellungen ändern** ⓭ gelangen Sie schnell zur **Einstellungen**-App mit der Kategorie **Konten**. Diesen Dialog und die weiteren Optionen werden Sie in Kapitel 5, »Benutzerkonten anlegen und verwalten«, ab Seite 139 noch ausführlich kennenlernen.

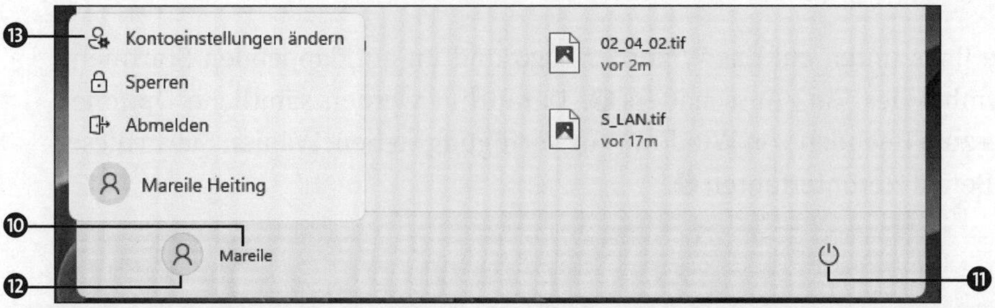

Abbildung 2.9 Über die Schaltfläche Ihres Kontos gelangen Sie zu einem Menü, in dem Sie unter anderem Ihre Kontoeinstellungen ändern können.

TIPP

Das Schnellzugriffsmenü

Klicken Sie mit der rechten Maustaste auf das Windows-Logo oder drücken Sie die Tastenkombination ⊞ + X, klappt das sogenannte *Schnellzugriffsmenü* auf. Über seine Menüpunkte erreichen Sie schnell und vor allem direkt wichtige Bereiche im System, etwa die **Energieoptionen**, den **Geräte-Manager** oder auch den **Task-Manager**.

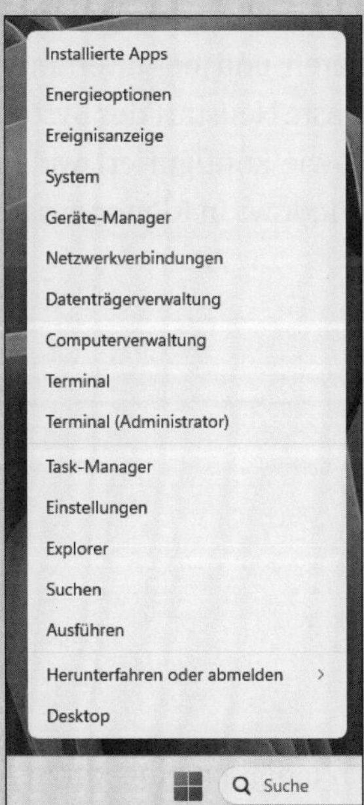

Abbildung 2.10 Dieses praktische Schnellstartmenü bringen Sie zum Vorschein, indem Sie einen rechten Mausklick über dem Windows-Logo durchführen.

2.5 Den Computer herunterfahren

Wenn Sie mit Ihrer Arbeit am Computer fertig sind, sollten Sie den PC ordnungsgemäß herunterfahren:

1 Klicken Sie links unten auf das Windows-Logo und im aufklappenden Startmenü auf das Symbol des Ein-/Ausschalters ❶. Daraufhin werden sämtliche Optionen gezeigt, die zum Beenden von Windows zur Verfügung stehen. Wählen Sie an dieser Stelle den Befehl **Herunterfahren** ❷.

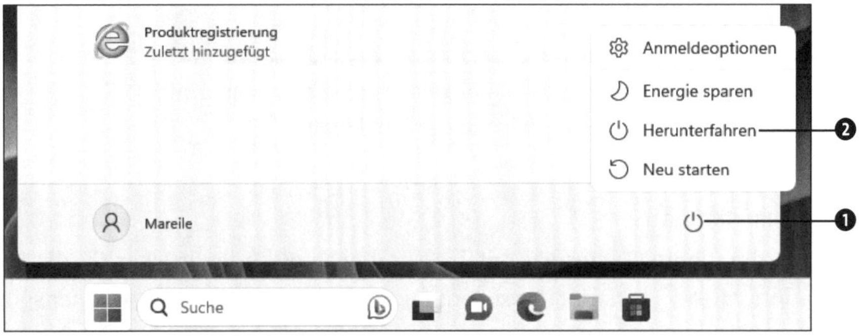

Gegebenenfalls wird vor dem Herunterfahren angezeigt, dass noch einige Updates ausstehen, die während des Ausschaltvorgangs automatisch installiert werden. Ist das der Fall, wählen Sie aus dem Menü den Punkt **Aktualisieren und herunterfahren**. Sowohl das Herunterfahren des Computers als auch der nächste Neustart des Systems benötigen dann etwas länger, da die Updates installiert sowie konfiguriert werden müssen. Wie viel Zeit Sie hierfür einplanen müssen, zeigt Windows in Klammern an.

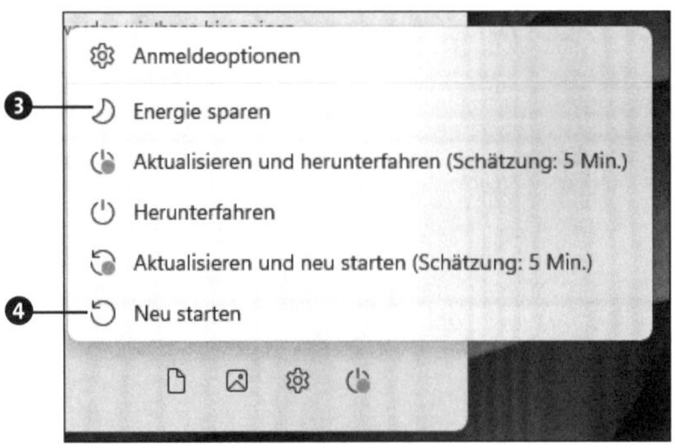

2 Wollen Sie den Computer nicht ganz ausschalten, sondern lediglich eine kurze Arbeitspause einlegen, bietet sich die Option **Energie sparen** ❸ an. In diesem Fall wird der Computer in einen Energiesparmodus versetzt. Dabei wird der Monitor ausgeschaltet und die Festplatten werden in einen Ruhezustand gefahren. Auch der Prozessor stellt seine Arbeit ein. Der Vorteil des Energiesparmodus: Wenn Sie Ihre Arbeit fortsetzen möchten, erfolgt das Aufwachen aus diesem Ruhezustand wesentlich schneller als das Hochfahren aus dem komplett ausgeschalteten Zustand. Gerade Notebook- und Tabletbesitzer sollten allerdings daran denken, dass der Computer in diesem Energiesparmodus weiterhin Strom verbraucht. Bei einem Notebook wird der Energiesparmodus übrigens automatisch aktiviert, sobald Sie den Bildschirm auf die Tastatur klappen. Bei einem Desktop-PC beenden Sie den Energiesparmodus durch Betätigen des Einschalters. Im Fall eines Notebooks genügt es, den Bildschirm wieder hochzuklappen.

3 Bereitet ein Programm Probleme oder stehen Updates zur Installation bereit, ist der Befehl **Neu starten** ❹ sehr hilfreich. In diesem Fall wird der Rechner heruntergefahren und anschließend automatisch wieder neu gestartet.

Windows-Veteranen werden sich an dieser Stelle fragen, wo der Ruhezustand in dem Menü zum Herunterfahren des Rechners geblieben ist. Die Antwort: Dieser muss zunächst über die **Systemeinstellungen** aktiviert werden. Das geschieht folgendermaßen:

1 Klicken Sie in das Suchfeld der Taskleiste, und geben Sie »Energie« ein. In den Suchergebnissen klicken Sie dann auf **Energiesparplan auswählen**.

2 Im Dialog **Energieoptionen**, der nun geöffnet wird, klicken Sie links auf **Auswählen, was beim Drücken des Netzschalters geschehen soll**.

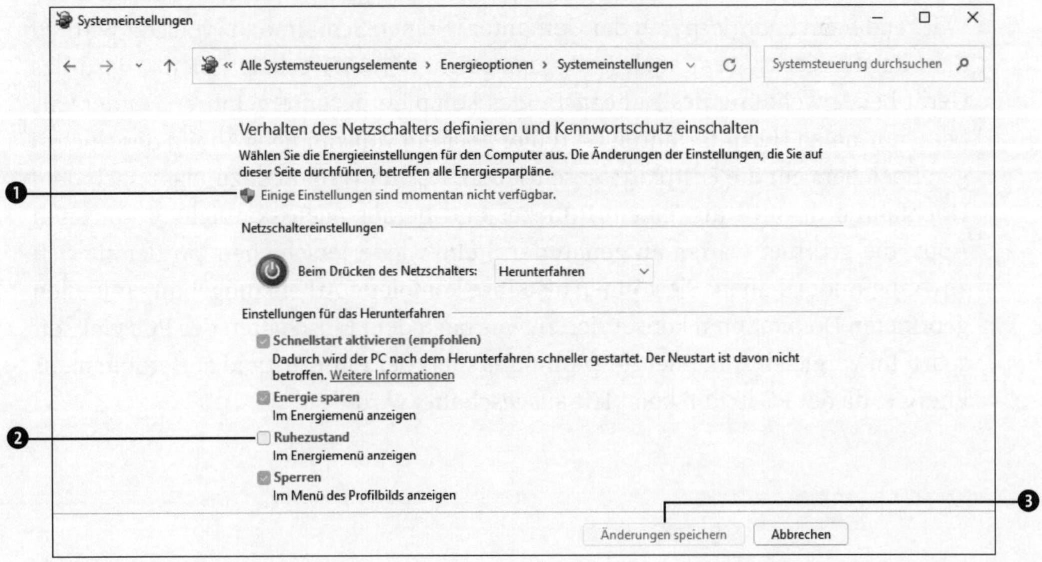

3 Nun müssen Sie im folgenden Fenster den Administratormodus aktivieren. Das geschieht durch Anklicken des Links **Einige Einstellungen sind momentan nicht verfügbar** ❶. Erst jetzt können Sie die Option **Ruhezustand im Energiemenü anzeigen** durch Anklicken des Kästchens ❷ aktivieren.

4 Bestätigen Sie die Änderung schließlich über die Schaltfläche **Änderungen speichern** ❸.

5 Wenn Sie nun im Startmenü auf das Symbol **Ein/Aus** klicken, erscheint die weitere Option **Ruhezustand** ❹.

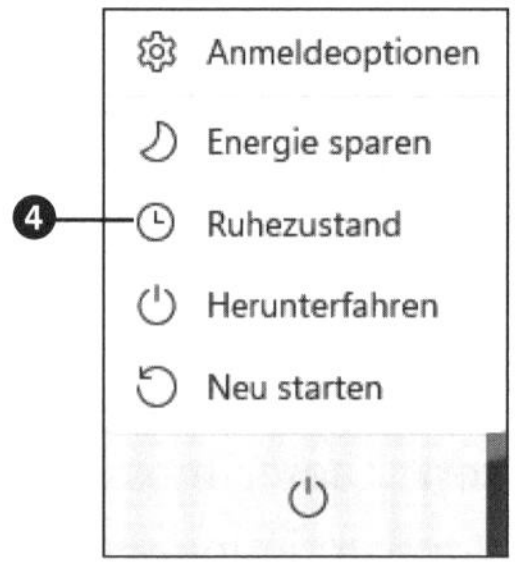

Wenn Sie Ihren PC in den Ruhezustand versetzen, finden Sie ihn beim nächsten Hochfahren in exakt dem Zustand vor, in dem Sie ihn verlassen haben.

TIPP

Energiesparmodus und Ruhezustand

Was genau unterscheidet die beiden Optionen **Energie sparen** und **Ruhezustand**? Während beim Energiesparen der Computer in einen Schlafmodus versetzt wird, in dem das Betriebssystem noch im Hauptspeicher (RAM) geladen bleibt, wird das Gerät bei Anwendung des Ruhezustandes komplett heruntergefahren. Anders als beim normalen Herunterfahren wird hier aber ein vollständiges Abbild des flüchtigen Speichers auf die Festplatte geschrieben. Das führt dann dazu, dass nach dem Hochfahren des PCs aus einem Ruhezustand heraus auch sämtliche gestarteten Apps, die geöffnet waren, an genau der Stelle wieder erscheinen, an der sie sich zuvor befunden haben. Sie können also Ihre komplette Arbeitsumgebung mit allen geöffneten Dokumenten konservieren, was nach dem Einschalten des PCs viel Zeit spart. Im Vergleich zum Energiesparmodus spart der Ruhezustand außerdem mehr Energie, da der PC in ihm komplett ausgeschaltet wird.

3 Erste wichtige Einstellungen vornehmen

Wenn Sie den Computer zum ersten Mal in Betrieb nehmen, stehen zunächst einige wichtige Einstellungen an – vom Einrichten einer Internetverbindung über Energiespareinstellungen bis hin zur Überprüfung der Sicherheitseinstellungen. Unter Windows 11 sollten Sie aber vor allem auch das Thema Datenschutz berücksichtigen. Wie all dies funktioniert, erfahren Sie in diesem Kapitel.

3.1 Einstellungen und Systemsteuerung im Überblick

In älteren Windows-Versionen führte der Weg zur Konfiguration des Computers über die *Systemsteuerung*. Sie ist zwar immer noch Bestandteil von Windows 11, doch viele Einstellungsmöglichkeiten werden wie bereits unter Windows 10 in der **Einstellungen**-App vorgenommen.

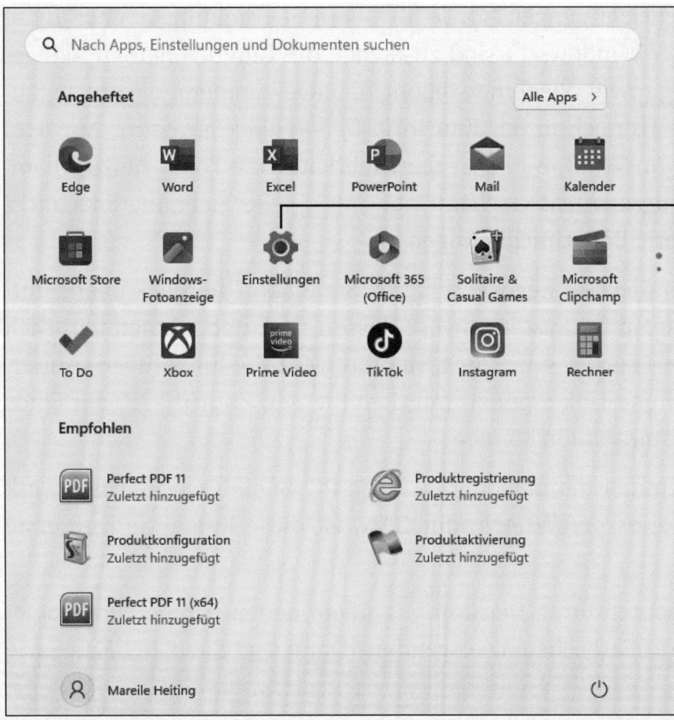

Abbildung 3.1 Die Einstellungen-App lässt sich bequem über das Startmenü öffnen.

Die App **Einstellungen** erreichen Sie über den gleichnamigen Eintrag im Startmenü, der zusätzlich mit einem Zahnradsymbol gekennzeichnet ist ❶. Das Startmenü öffnen Sie per Klick auf das Windows-Logo in der Taskleiste. Alternativ starten Sie die App über die Tastenkombination [Win] + [I].

Im Gegensatz zu Windows 10 zeigt die Startseite der **Einstellungen**-App keine Übersicht mehr über alle verfügbaren Kategorien. Die Kategorien werden stattdessen am linken Fensterrand eingeblendet ❷. Jede Kategorie verfügt über mehrere Unterkategorien, die, sobald Sie eine Kategorie links markiert haben, in der rechten Fensterhälfte aufgelistet werden ❸. Nach dem Start der Einstellungen-App ist automatisch die Kategorie **Start** ❹ markiert, erkennbar an dem schmalen Balken links vom Kategorienamen. Diese Kategorie ist mit Version 23H2 in Windows 11 hinzugekommen. Unter Windows 11 22H2 startet die Einstellungen-App mit der Kategorie **System**. Hinter den einzelnen Kategorien stehen folgende Funktionen:

- **Start**: Über die neue Startseite der Einstellungen-App erreichen Sie unter anderem die zuletzt vorgenommenen sowie häufig genutzten Einstellungen.
- **System**: Hier konfigurieren Sie die Bildschirmauflösung, können die Speicherbelegung Ihres PCs einsehen und Informationen zum Betriebssystem einholen. Des Weiteren lassen sich Benachrichtigungen sowie die Soundeinstellungen über diese Kategorie anpassen. Unter Windows 11 sind zusätzlich die Unterkategorien **Aktivierung**, **Problembehandlung** sowie **Wiederherstellung** hinzugekommen. Alle drei befanden sich unter Windows 10 noch in der Kategorie *Update und Sicherheit*. Mit dem Funktionsupdate 22H2 von Windows 11 ist die Unterkategorie **Fokus** hinzugekommen. Der *Benachrichtigungsassistent* erscheint nun mit der Bezeichnung **Bitte nicht stören** in der Unterkategorie **Benachrichtigungen**.
- **Bluetooth und Geräte**: In dieser Kategorie erhalten Sie einen Überblick über sämtliche externen Geräte, die an Ihr System angeschlossen sind, und können natürlich auch weitere Geräte wie Drucker oder auch Bluetooth-Geräte hinzufügen. Außerdem wurde hier **Smartphone-Link** ergänzt, mit dem Sie den Zugriff z. B. auf Fotos auf Ihrem Android-Gerät einrichten können.
- **Netzwerk und Internet**: Immer dann, wenn Sie Ihren PC an ein Computernetzwerk anschließen möchten, sei es per WLAN oder LAN, ist diese Kategorie Ihre erste Anlaufstelle.
- **Personalisierung**: Sie möchten Ihren Desktop mit einem neuen Hintergrund versehen oder sogar ein anderes Farbschema verwenden? Dann sind Sie in der Kategorie **Personalisierung** richtig.

- **Apps**: Wenn Sie eine App deinstallieren oder das Standardprogramm für bestimmte Dateitypen festlegen möchten, rufen Sie die Kategorie **Apps** auf.
- **Konten**: In dieser Kategorie erstellen Sie Benutzerkonten und verwalten diese. Aber auch E-Mail-Adressen und das Synchronisierungsverhalten Ihres Windows 11-PCs werden hier konfiguriert. Sind Sie mit einem Microsoft-Konto am PC angemeldet, können Sie seit Version 22H2 direkt aus dieser Kategorie heraus auf Ihre Abonnements, Zahlungsoptionen und mehr zugreifen.
- **Zeit und Sprache**: Hier werden unter anderem die Systemzeit und die Benutzersprache eingestellt, die in den Dialogen des Systems erscheint. Aber auch die Spracherkennung lässt sich hier konfigurieren.

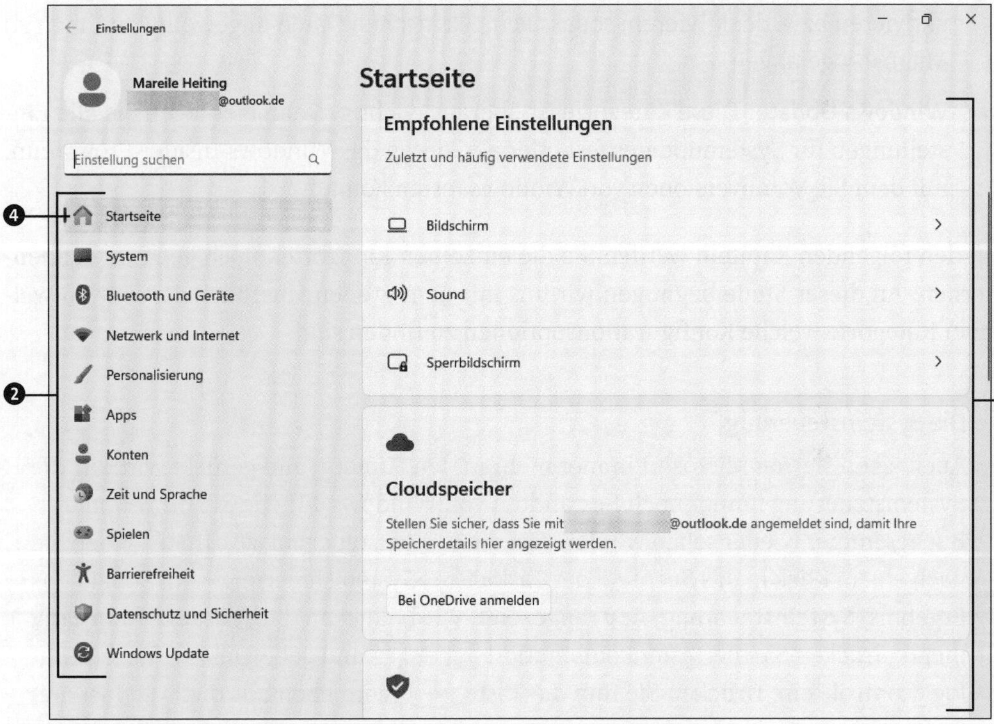

Abbildung 3.2 Die Kategorien der Einstellungen-App im Überblick

- **Spielen**: Windows 11 verfügt über einen speziellen Spielmodus (auf Englisch *Game Mode*). In der Kategorie **Spielen** aktivieren Sie diesen Modus und nehmen diverse Einstellungen vor.

- **Barrierefreiheit**: Gehören Sie zur Gruppe der Menschen mit einem sogenannten Handicap, beispielsweise einer Seh- oder Hörschwäche, so finden Sie an dieser Stelle verschiedene Werkzeuge zur erleichterten Bedienung Ihres PCs. Die Hilfsmittel umfassen eine Bildschirmlupe, eine Sprachausgabe sowie einen speziellen Modus für einen verstärkten Kontrast. Die Zeigergröße der Maus lässt sich hier ebenfalls verändern, sodass Personen mit einer Sehschwäche einen entsprechend vergrößerten Mauszeiger nutzen können. Unter Windows 10 trug diese Kategorie noch die Bezeichnung *Erleichterte Bedienung*.
- **Datenschutz und Sicherheit**: An dieser Stelle gewöhnen Sie Ihrem PC vereinfacht gesagt das »Nach-Hause-Telefonieren« ab – also die Übermittlung kritischer Daten an Microsoft. Über Schieberegler können Sie verschiedene Datenschutzoptionen aktivieren bzw. deaktivieren, sodass keine kritischen Daten ungewollt von Ihnen zu Microsoft gelangen.
- **Windows Update**: Diese Kategorie ist überaus wichtig. Denn hier legen Sie alle Einstellungen für Systemupdates fest oder aktivieren das Windows-Insider-Programm, mit dem Sie Vorabversionen von Windows testen können

In den folgenden Kapiteln werden Sie die einzelnen Kategorien noch genauer kennenlernen. An dieser Stelle begnügen wir uns mit dem groben Überblick darüber, in welcher Kategorie welche Konfigurationsoptionen zu finden sind.

INFO

Die Systemsteuerung

Auch wenn sie von Microsoft immer mehr in den Hintergrund gerückt wird, ist die Systemsteuerung immer noch Bestandteil von Windows 11, wie Sie im Verlauf des Buches immer wieder sehen werden. Um die Systemsteuerung zu öffnen, geben Sie nach einem Klick in das Suchfeld der Taskleiste »Systemsteuerung« ein. Sobald das Ergebnis **Systemsteuerung App** angezeigt wird, klicken Sie darauf. Alternativ hierzu drücken Sie die Tastenkombination [⊞] + [R] und geben im Ausführen-Dialog »control« ein. Drücken Sie nun die Taste [↵], wird ebenfalls die Systemsteuerung geöffnet. Liebhaber der Systemsteuerung sollten sich allerdings nicht zu früh freuen: So manch einer der hier aufgelisteten Einträge (z. B. **Geräte und Drucker anzeigen** sowie **Gerät hinzufügen**) führt Sie direkt in die nun für diese Aktion zuständige Kategorie der **Einstellungen**-App (im Beispiel die Kategorie **Bluetooth und Geräte**).

Abbildung 3.3 Die Systemsteuerung unter Windows 11

3.2 Informationen über das Sytem in Erfahrung bringen

Direkt nach dem Kauf eines neuen Computers weiß man sicherlich noch, über wie viel Arbeitsspeicher das Gerät verfügt und welcher Prozessor verbaut ist. Im Laufe der Zeit verblassen solche Informationen aber meist. Auch die Frage nach der Versionsnummer von Windows 11 können viele nicht aus dem Stegreif beantworten. Zur Veröffentlichung im Oktober 2021 lautet diese z. B. *21H2*. Diese Abkürzung steht für das 2. Halbjahr des Jahres 2021. Nach der Installation des im September 2022 veröffentlichten Funktionsupdates lautet die Versionsnummer *22H2*.

Da Sie solche Systeminformationen immer wieder benötigen werden, möchte ich Ihnen gleich zu Beginn zeigen, wie Sie sie in Erfahrung bringen. Ein wichtiges Detail stellt dabei auch der Name des Computers dar. Unter Windows 11 haben Sie zwar bereits bei der Ersteinrichtung des Computers die Möglichkeit, einen Gerätenamen zu vergeben. Doch nicht immer hat man sofort die passende Wahl getroffen. Thema dieses Abschnitts ist daher auch die Änderung des Computernamens.

3.2.1 Detaillierte Systeminformationen anzeigen

Der schnellste Weg, um sich einen Überblick über die Gerätespezifikationen zu verschaffen, führt über die **Einstellungen**-App. Der Aufruf der App erfolgt entweder über den entsprechenden Eintrag im Startmenü oder durch Drücken der Tastenkombination [Win] + [I]. Stellen Sie sicher, dass in der linken Spalte die Kategorie **System** markiert ist ❶. Blättern Sie nun in der rechten Fensterhälfte ganz nach unten bis zum Eintrag **Info** ❷, und klicken Sie diesen an.

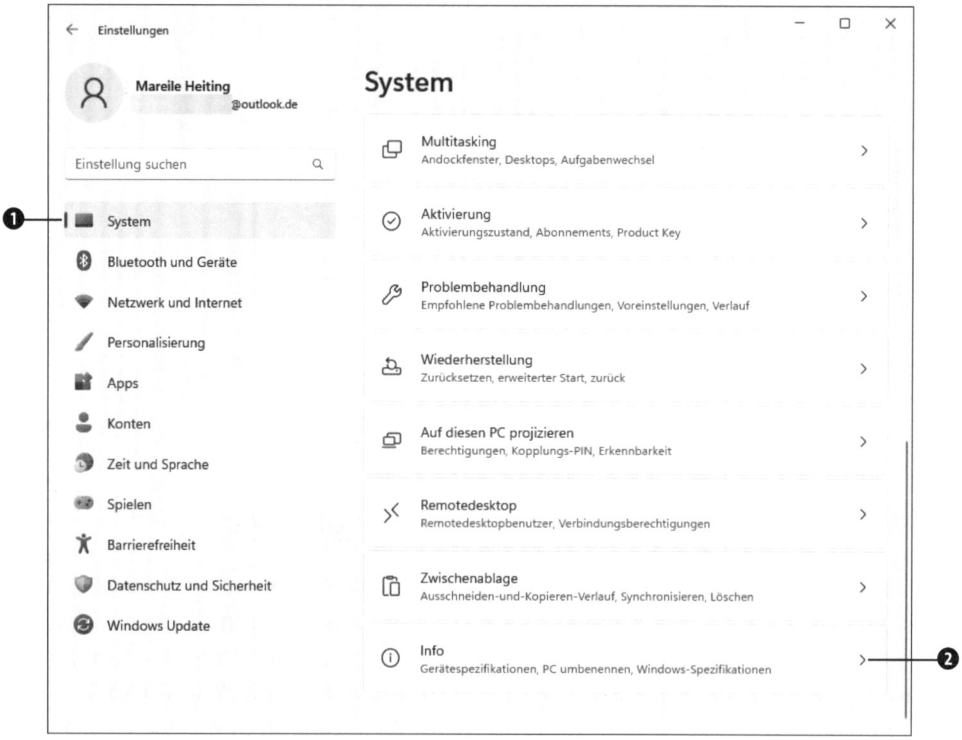

Abbildung 3.4 Haben Sie links die Kategorie »System« ausgewählt, blättern Sie rechts nach unten bis zur Unterkategorie »Info«.

TIPP

Schnelle Navigation in der Einstellungen-App

Sie arbeiten eifrig mit der **Einstellungen**-App, haben aber gerade etwas den Überblick verloren, welche Unterkategorie Sie geöffnet haben? Ein Blick auf den oberen Rand der rechten Spalte bringt sofort wieder Klarheit. Denn hier wird jeweils angezeigt, in welchem Bereich der **Einstellungen**-App Sie sich gerade befinden, in Abbildung 3.5 also etwa in **System ▸ Info** ❸. Falls Sie einmal versehentlich eine falsche Unterkategorie ausgewählt haben sollten: Mit einem Klick auf den Pfeil oben links ❹ kehren Sie wieder zur zuvor besuchten Seite zurück. Klicken Sie auf ein Element innerhalb der Pfadangabe am oberen Seitenrand (z. B. **System** ❺), werden Sie direkt zu dieser Kategorie bzw. Unterkategorie geführt.

Auf der Seite **Info** erhalten Sie alle wichtigen Informationen rund um die Geräte-, aber auch Windows-Spezifikationen. Sollten die Details eines Bereichs nicht zu sehen sein, blenden Sie sie mit einem Klick auf **Gerätespezifikationen** bzw. **Windows-Spezifikationen** ein. Falls Sie z. B. die Gerätespezifikationen in ein Word-Dokument einfügen und dann ausdrucken möchten, reicht ein Klick auf die Schaltfläche **Kopieren**, und schon werden alle Daten in die Zwischenablage kopiert. Rufen Sie nun ein Word-Dokument auf, können Sie die zwischengespeicherten Daten dort über die Tastenkombination Strg + V einfügen.

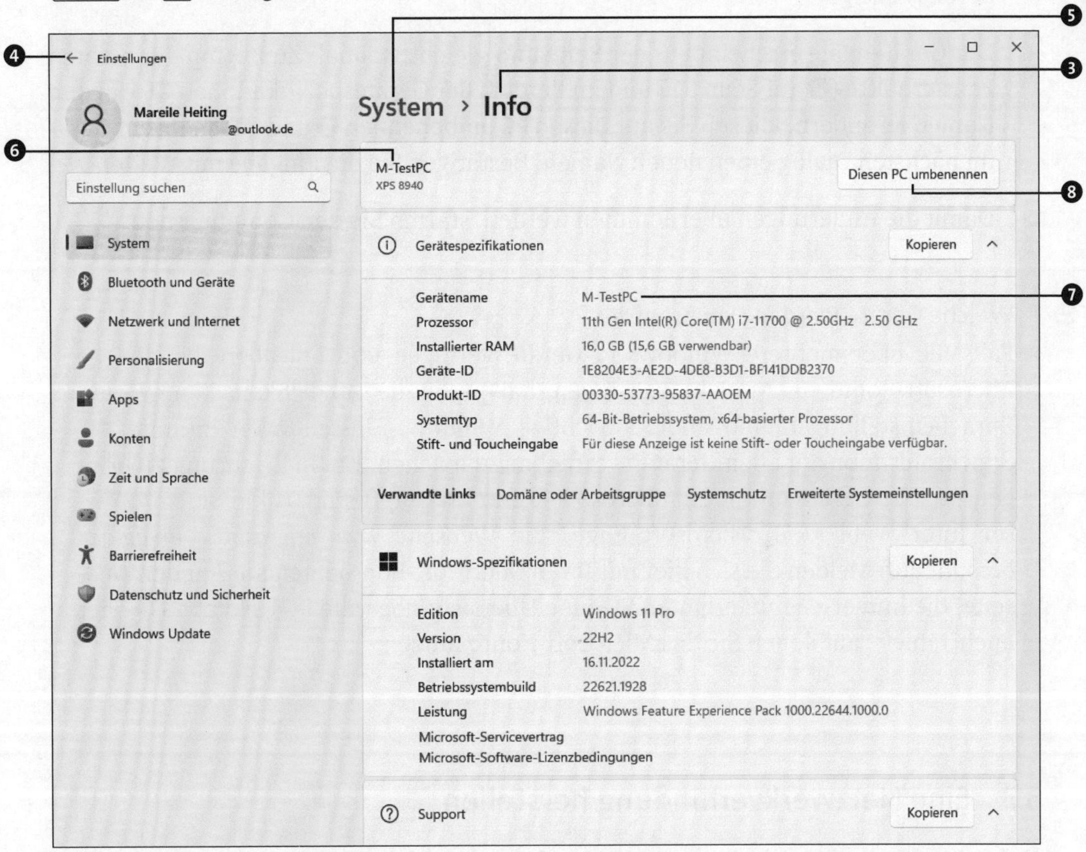

Abbildung 3.5 Die Seite »Info« hält wichtige Geräte- und Windows-Spezifikationen parat.

3.2.2 Den Computernamen ändern

Jeder Computer besitzt einen eigenen Namen. Dies ist praktisch, wenn Sie mehrere Geräte nutzen, die Sie mit einem Microsoft-Konto synchronisieren, denn so können Sie die Computer voneinander unterscheiden. In älteren Windows-Versionen wurde die

Bezeichnung durch das System vorgegeben. Die Computernamen waren allerdings teilweise sehr kryptisch, sodass die Identifizierung eines Computers nicht ganz einfach war. Unter Windows 11 haben Sie nun bereits während der Ersteinrichtung des Systems die Möglichkeit, einen Computernamen zu vergeben. Sollte sich später herausstellen, dass die Wahl nicht ganz so geschickt war, können Sie den Namen jederzeit ändern. Und so gehen Sie hierzu vor:

1. Rufen Sie **Start ▸ Einstellungen ▸ System ▸ Info** auf, wie im vorherigen Abschnitt bereits gezeigt.
2. Der Gerätename erscheint auf der Seite **Info** gleich zweimal: Zu Beginn der rechten Fensterhälfte (❻ auf Seite 81) und im Bereich der Gerätespezifikationen ❼. Um den Namen zu ändern, klicken Sie auf **Diesen PC umbenennen** ❽ und geben Ihrem Gerät im nächsten Dialog einen neuen Namen. Bestätigen Sie die Eingabe mit **Weiter**.
3. Damit die Änderungen übernommen werden, starten Sie den Computer neu.

TIPP

Welche Geräte werden synchronisiert?

Falls Sie über mehrere Windows 11-Geräte verfügen und auf allen das gleiche Microsoft-Konto zur Anmeldung nutzen, haben Sie die Möglichkeit, Kennwörter, Spracheinstellungen und andere wichtige Windows-Einstellungen mithilfe der Synchronisation auf allen Geräten verfügbar zu machen. Um in Erfahrung zu bringen, welche Geräte mit Ihrem Microsoft-Konto verknüpft sind, rufen Sie im Browser Ihrer Wahl (z. B. Microsoft Edge) die Webseite *www.microsoft.com/de-de/account* auf. Melden Sie sich hier mit Ihren Microsoft-Kontodaten an. Auf der Webseite, die nun erscheint, erhalten Sie eine Übersicht über alle PCs, Notebooks oder auch Tablets, auf denen Sie das Microsoft-Konto nutzen.

3.3 Eine Netzwerkverbindung herstellen

Um ein modernes Betriebssystem umfassend nutzen zu können, muss der Computer mit dem Internet verbunden werden. Am schnellsten erfolgt die Verbindung über ein Netzwerkkabel, mit dem Sie Ihren Computer mit dem Router verbinden. Schon nach wenigen Sekunden steht die Verbindung ins Internet. Ob es wirklich geklappt hat, können Sie schnell mit einem Blick auf den Infobereich der Taskleiste prüfen. Sieht das Netzwerksymbol dort wie in Abbildung 3.6 aus ❶, ist alles in Ordnung, und die Internetverbindung steht. Erscheint hingegen als Symbol eine kleine Weltkugel, gab es beim Aufbau der Verbindung Probleme.

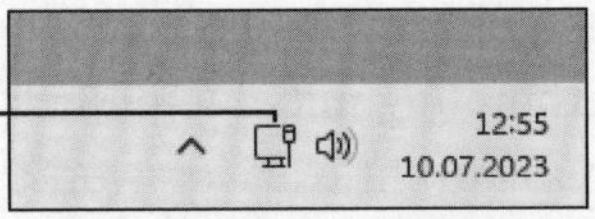

Abbildung 3.6 Diese Verbindung ins Internet war erfolgreich.

Sollte die Verbindung mit dem Internet nicht gelungen sein, erfahren Sie in Abschnitt 14.1.1, »Eine Breitbandverbindung per Netzwerkassistent einrichten«, ab Seite 575, welche Möglichkeiten zur Konfiguration des Netzwerkes Ihnen in einem solchen Fall zur Verfügung stehen.

Wenn Sie ein Notebook oder Tablet nutzen, erfolgt die Verbindung ins Internet meist über ein drahtloses Netzwerk, ein sogenanntes *WLAN* (Abkürzung für *Wireless Local Area Network*, also ein »kabelloses lokales Netzwerk«). Um Ihren Windows 11-Computer mit einem solchen Netzwerk zu verbinden, gehen Sie folgendermaßen vor:

1 Klicken Sie auf das Netzwerksymbol im Infobereich der Taskleiste ❷.

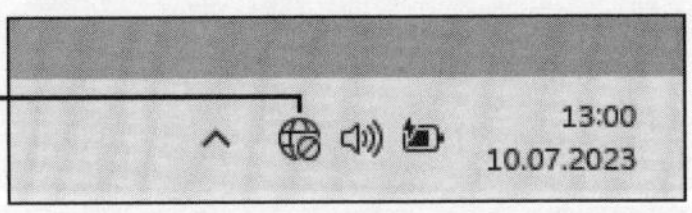

2 Unter Windows 11 gibt es ein Novum beim Klick auf das Netzwerk-, Lautsprecher- und Batteriesymbol: Alle drei Symbole sind miteinander gekoppelt. Klicken Sie eines der Symbole an, öffnen sich immer die Schnelleinstellungen. Hier wird Ihnen nun die WLAN-Schaltfläche angezeigt.

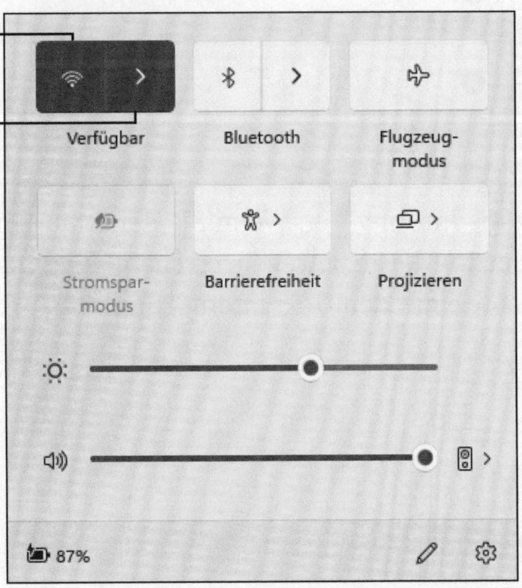

Stellen Sie sicher, dass das WLAN aktiviert ist. Das erkennen Sie am blauen Farbton der Schaltfläche. Ist sie hingegen grau, schalten Sie die Verbindung mit einem Klick auf das WLAN-Symbol ein ❸. Sind in der näheren Umgebung drahtlose Netzwerke verfügbar, erscheint der Hinweis **Verfügbar**. Klicken Sie nun auf den Pfeil rechts vom WLAN-Symbol ❹.

3 Daraufhin erscheint eine Übersicht über sämtliche in Ihrer Nähe befindlichen drahtlosen Netzwerke. Klicken Sie in dieser Übersicht Ihr eigenes Netzwerk an. Um nicht immer wieder den Netzwerksicherheitsschlüssel eingeben zu müssen, der kurz darauf angefordert wird, sollten Sie das Kästchen **Automatisch verbinden** ❺ aktivieren. Klicken Sie anschließend auf **Verbinden** ❻.

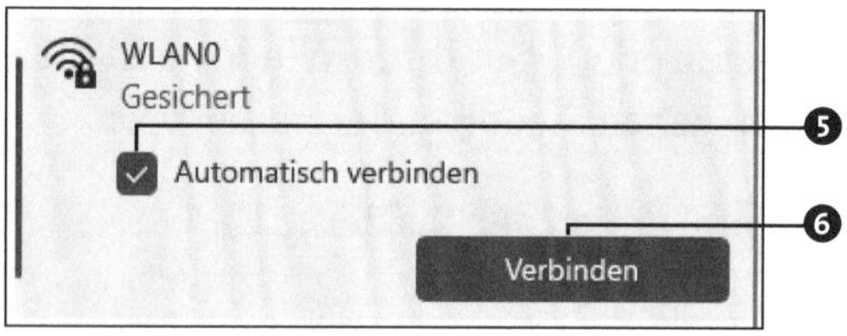

4 Nun werden Sie aufgefordert, den Netzwerksicherheitsschlüssel ❼ einzugeben. Bestätigen Sie mit **Weiter** ❽.

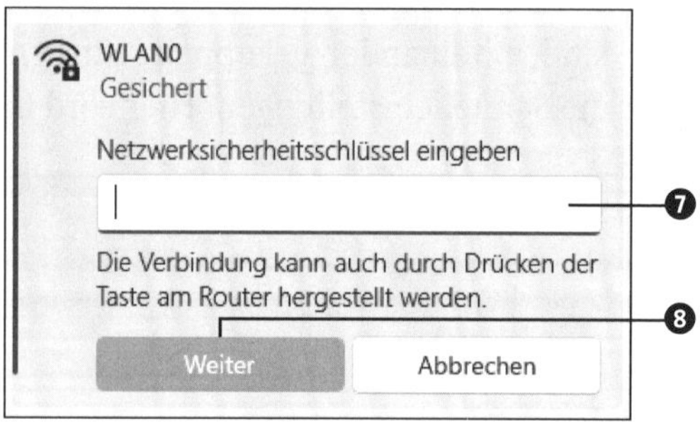

5 Windows 11 stellt nun die Verbindung ins Internet her. Wenn Sie den Mauszeiger auf das WLAN-Symbol im Infobereich der Taskleiste bewegen, erscheint eine QuickInfo mit dem Namen Ihres Funknetzes sowie mit dem Text **Internetzugriff** ❾.

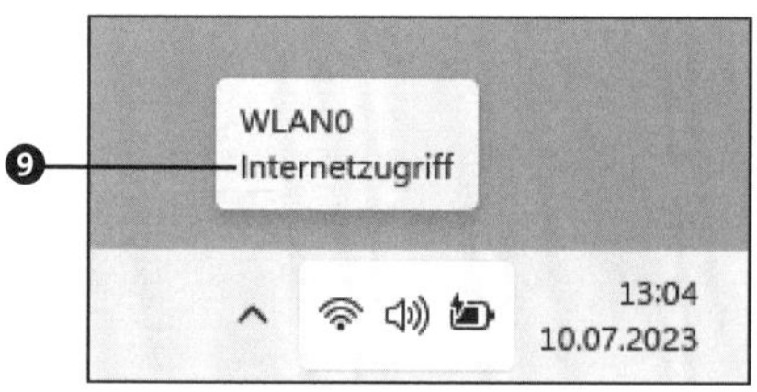

3.4 Die Energieeinstellungen kontrollieren und optimieren

Wenn Sie ein Notebook oder Tablet nutzen, sollten Sie unbedingt einen Blick auf die Energiespareinstellungen werfen. Denn mit den richtigen Einstellungen lässt sich der Akku schonen:

1 Klicken Sie mit der rechten Maustaste auf das Windows-Logo in der Taskleiste. Im aufklappenden Schnellstartmenü wählen Sie den Eintrag **Energieoptionen** ❶. Alternativ können Sie über das Startmenü auch die **Einstellungen**-App starten und dort in der Kategorie **System** die Unterkategorie **Strom und Akku** ❷ aufrufen (auf einem Desktop-PC nennt sich die Unterkategorie schlicht **Akku**).

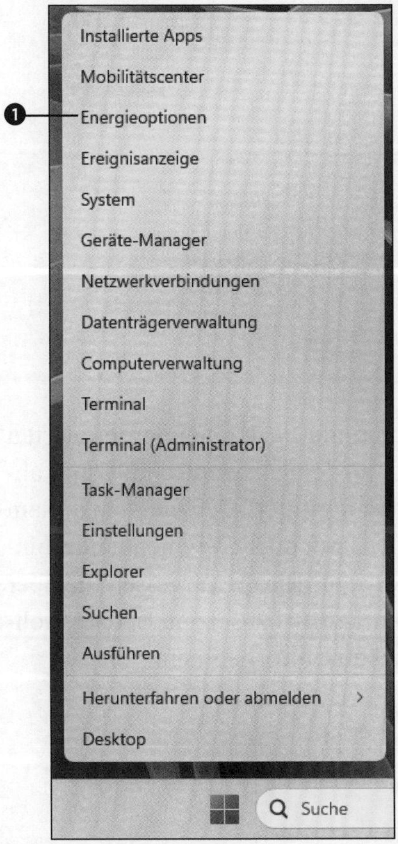

2 Im folgenden Dialog legen Sie in den entsprechenden Feldern jeweils für den Akku- und den Netzbetrieb fest, nach wie vielen Minuten der Bildschirm ausgeschaltet ❸ und der Energiesparmodus eingeschaltet ❹ werden soll. Falls die Einstellungen bei Ihnen nicht angezeigt werden sollten, klicken Sie auf **Bildschirm und Energiesparmodus** ❺.

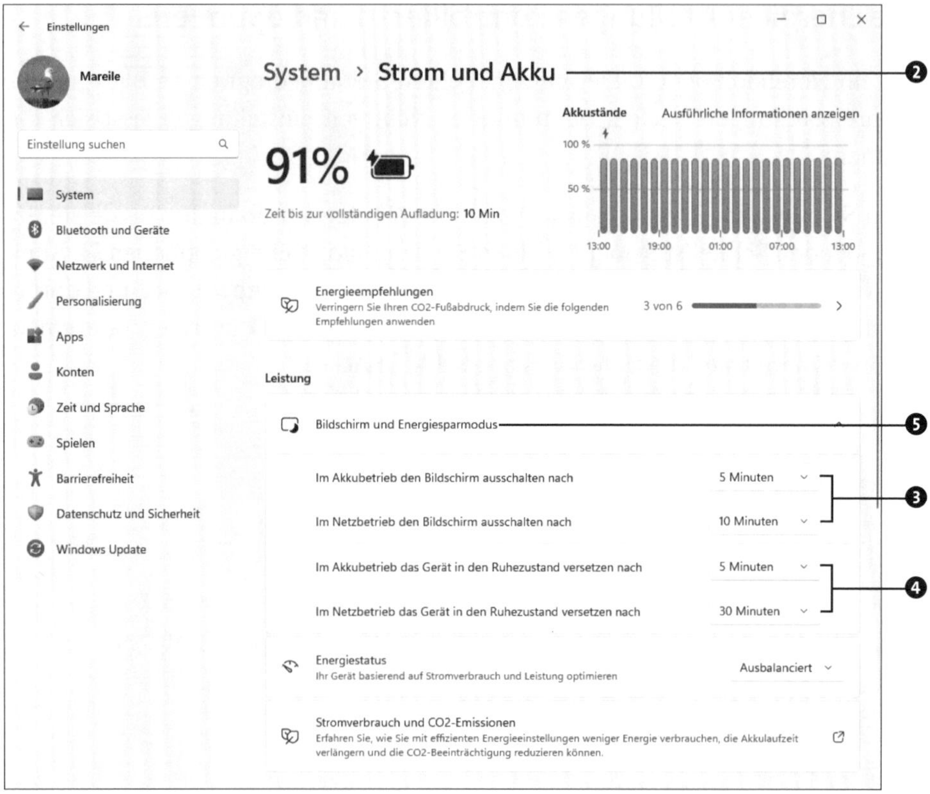

Nicht immer ist es allerdings erwünscht, dass der Computer nach einer vordefinierten Zeit in den Energiesparmodus wechselt. Das ist z. B. dann der Fall, wenn der PC im Rahmen eines Updates noch große Dateien aus dem Internet herunterladen muss. In diesem Fall ist der Energiesparmodus eher hinderlich, da er den laufenden Download unterbindet. Stellen Sie in so einem Fall den Energiesparmodus auf **Nie** ❻. Vergessen Sie aber nicht, die Einstellungen später wieder auf den Standard zurückzusetzen. Updates sollten Sie übrigens nie im Akku-, sondern immer im Netzbetrieb vornehmen.

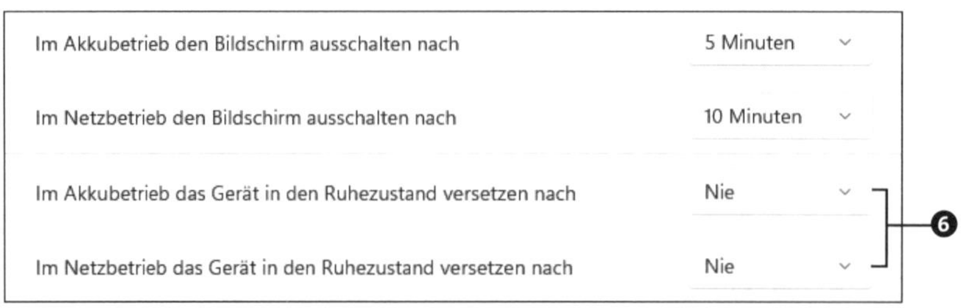

Abbildung 3.7 Werden große Datenmengen aus dem Internet heruntergeladen, sollten Sie auf die Aktivierung des Energiesparmodus verzichten.

Besitzer eines mobilen Computers sollten überprüfen, ob der sogenannte *hybride Standbymodus* standardmäßig aktiviert ist. In diesem Modus wird der Inhalt des flüchtigen Speichers (des RAM) zwar auch wie beim regulären Ruhezustand auf der Festplatte gesichert. Darüber hinaus wird aber der flüchtige Speicher trotzdem weiterhin mit Strom versorgt. Dadurch kann man sofort wieder an derselben Stelle weiterarbeiten, z. B. wenn man ein Notebook einmal zu- und danach wieder aufgeklappt hat.

1 Klicken Sie auf das Lupensymbol in der Taskleiste, und geben Sie im Suchfeld »Energie« ein. In den Suchergebnissen markieren Sie **Energiesparplan auswählen – Systemsteuerung** ❶.

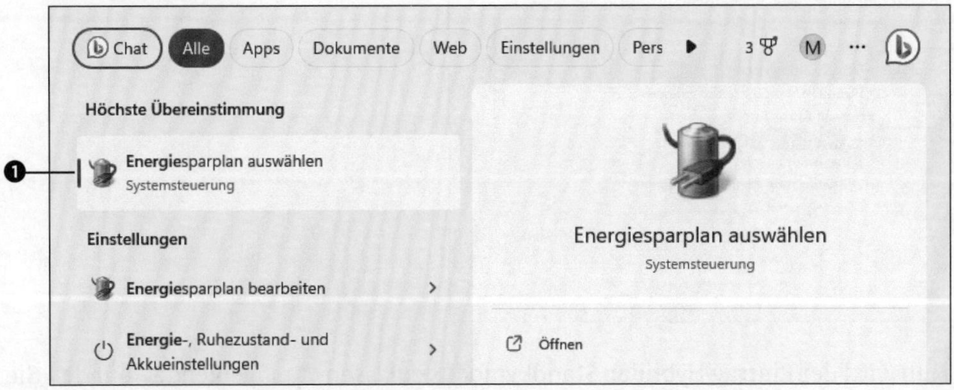

2 Daraufhin öffnet sich der Dialog **Energieoptionen**, in dem Sie links auf **Energiesparmodus ändern** klicken. Im folgenden Dialog **Energiesparplaneinstellungen bearbeiten** klicken Sie auf **Erweiterte Energieeinstellungen ändern** ❷.

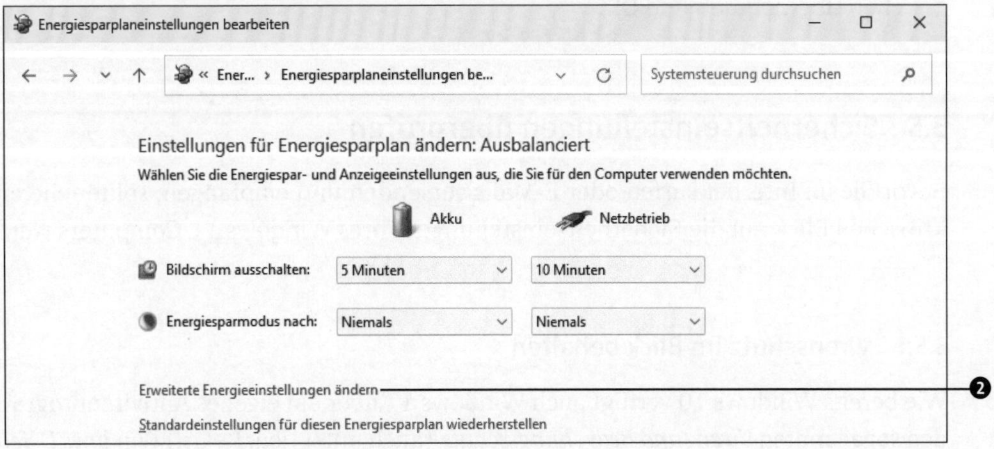

3 Im folgenden, ebenfalls **Energieoptionen** genannten Dialog lassen sich die Energiespareinstellungen feintunen. Blättern Sie im Dialog nach unten bis zum Eintrag **Energie sparen**, und klicken Sie auf das Plussymbol vor dem Eintrag ❸.

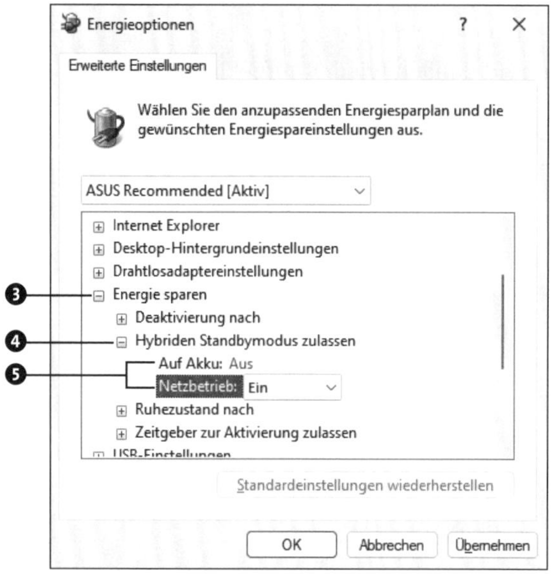

Nun wird der Eintrag **Hybriden Standbymodus zulassen** ❹ eingeblendet, auf den Sie ebenfalls klicken. Kontrollieren Sie, ob dieser aktiviert ist. Ist das nicht der Fall, klicken Sie rechts von **Einstellung** auf **Aus** und wählen in der aufklappenden Liste **Ein**. Bei einigen mobilen Geräten werden statt **Einstellung** die beiden Felder **Auf Akku** und **Netzbetrieb** ❺ angezeigt. Bestätigen Sie Ihre Änderungen mit den Schaltflächen **Übernehmen** und **OK**.

3.5 Sicherheitseinstellungen überprüfen

Bevor Sie im Internet surfen oder E-Mails versenden und empfangen, sollten Sie einen kritischen Blick auf die Sicherheitseinstellungen Ihres Windows 11-Computers werfen.

3.5.1 Virenschutz im Blick behalten

Wie bereits Windows 10 verfügt auch Windows 11 über ein eigenes Antivirenprogramm, den sogenannten *Viren- und Bedrohungsschutz* (auch unter dem Begriff *Windows Defender Antivirus* bekannt). Ein Antivirenprogramm ist allerdings immer nur gut, solange es mit aktuellen Virensignaturen versorgt wird. Virensignaturen tragen dazu bei, dass brandaktuelle Viren und Trojaner sofort vom Antivirenprogramm erkannt werden.

Unter Windows 11 erfolgt die Aktualisierung automatisch über die Windows Updates. Da diese jedoch nicht so häufig installiert werden, wie neue Virensignaturen vorliegen, ist es durchaus sinnvoll, das Update regelmäßig im Schutzbereich **Viren- und Bedrohungsschutz** manuell zu starten. Hierzu gehen Sie folgendermaßen vor:

1 Halten Sie zunächst am rechten Rand der Taskleiste Ausschau nach dem Sicherheitssymbol. Wenn es nicht unmittelbar zu sehen ist, blenden Sie mithilfe des Pfeilsymbols ❶ die ausgeblendeten Symbole ein.

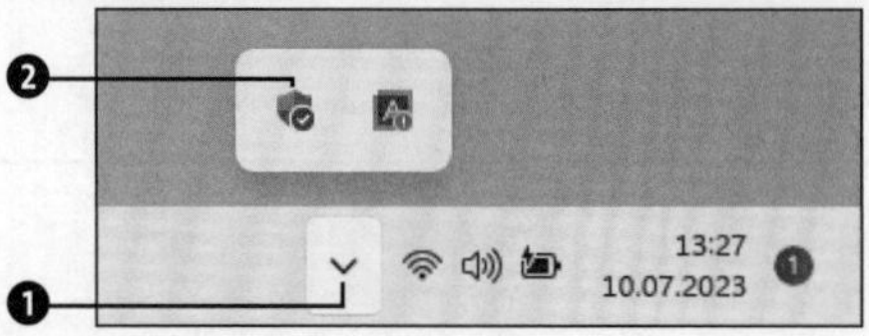

2 Mit einem Klick auf das Sicherheitssymbol ❷ öffnen Sie das Programmfenster **Windows-Sicherheit**. Sie sehen hier sofort, ob Ihr Gerät gut geschützt ist. Ist dies der Fall, erscheint auf der Startseite für jeden Bereich ein Häkchen auf grünem Grund ❸.

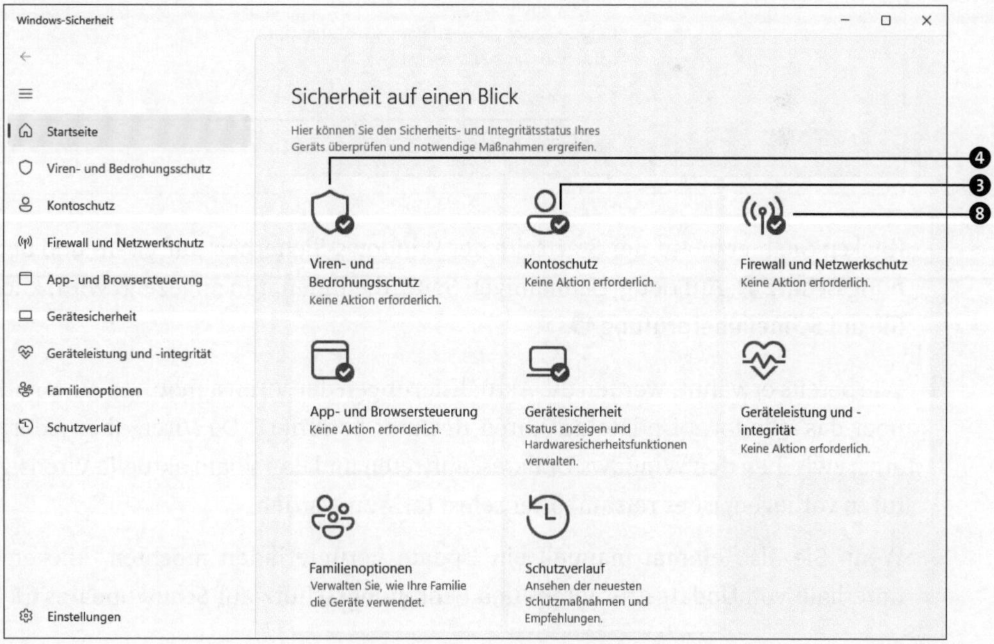

3 Auch wenn das Windows-Sicherheit-Center Ihren Computer automatisch überwacht, sollten Sie trotzdem regelmäßig eine manuelle Überprüfung des Systems durchführen.

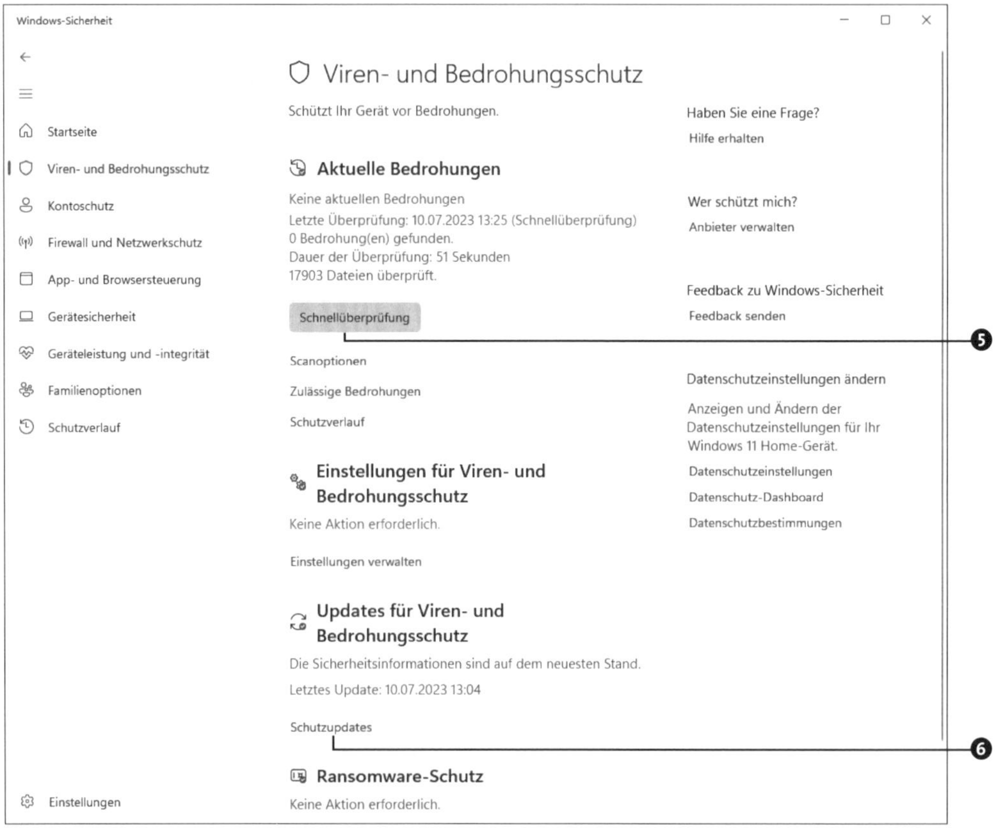

Klicken Sie hierzu auf der Startseite der Windows-Sicherheit auf **Viren- und Bedrohungsschutz** ❹. Auf der gleichnamigen Seite, die Ihnen nun angezeigt wird, klicken Sie auf **Schnellüberprüfung** ❺.

4 Wie bereits erwähnt, werden die Aktualisierungen der Virensignaturen automatisch über das Windows Update auf Ihren Rechner befördert. Da Viren aber jederzeit, auch zwischen den Windows Updates, auftreten und dann bald aktuelle Virensignaturen vorliegen, ist es ratsam, öfter selbst tätig zu werden.

Wenn Sie also einmal manuell ein Update herunterladen möchten, klicken Sie unterhalb von **Updates für Viren- und Bedrohungsschutz** auf **Schutzupdates** ❻. Auf der folgenden Seite **Schutzupdates** starten Sie den Downloadvorgang mit **Nach Updates suchen** ❼.

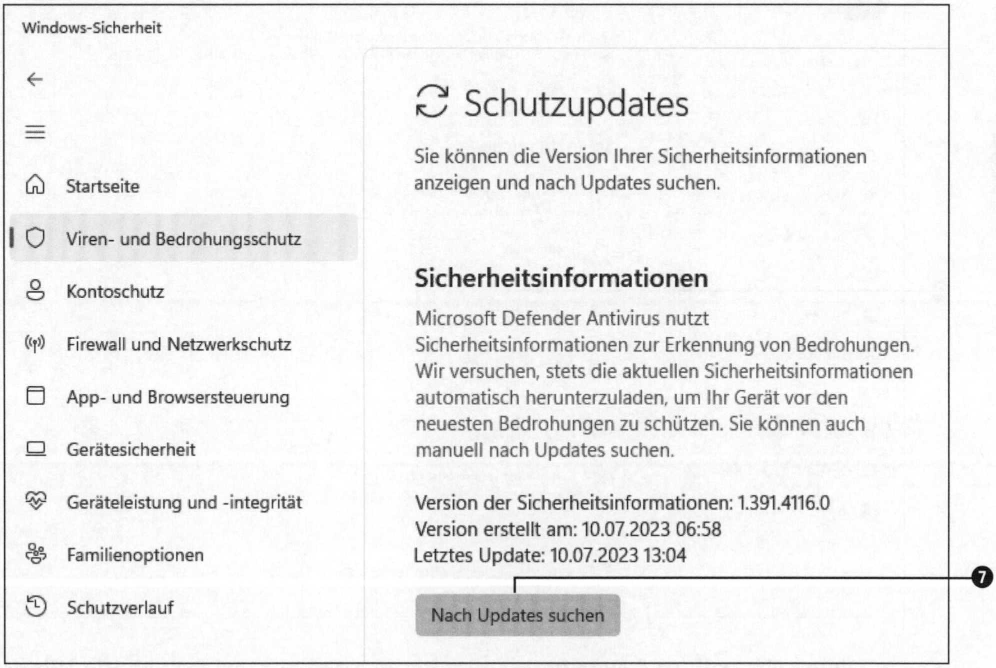

Weitere, ausführliche Informationen rund um den Viren- und Bedrohungsschutz von Windows 11 erhalten Sie in Kapitel 18, »Schutz vor Schadsoftware«, ab Seite 727.

3.5.2 Die Firewall kontrollieren

Ein aktives Antivirenprogramm, das immer auf dem aktuellsten Stand gehalten wird, ist erst die halbe Miete, wenn es darum geht, Ihren Computer abzusichern. Darüber hinaus sollten Sie sicherstellen, dass niemand von außen unbefugt auf Ihren Rechner zugreifen kann. Diese Aufgabe übernimmt eine sogenannte *Firewall*. Unter Windows 11 kontrollieren Sie folgendermaßen, ob diese aktiviert ist:

1. Öffnen Sie über das Startmenü die **Einstellungen**-App. Hier rufen Sie die Kategorie **Datenschutz und Sicherheit** auf. Markieren Sie in der rechten Spalte **Windows-Sicherheit** und auf der folgenden Seite **Firewall- und Netzwerkschutz** ❶. Sollte bei Ihnen noch das Windows-Sicherheit-Center geöffnet sein, das Sie im vorherigen Abschnitt kennengelernt haben, können Sie auch dort direkt den **Firewall- und Netzwerkschutz** (❽ in der Abbildung auf Seite 89) aufrufen.

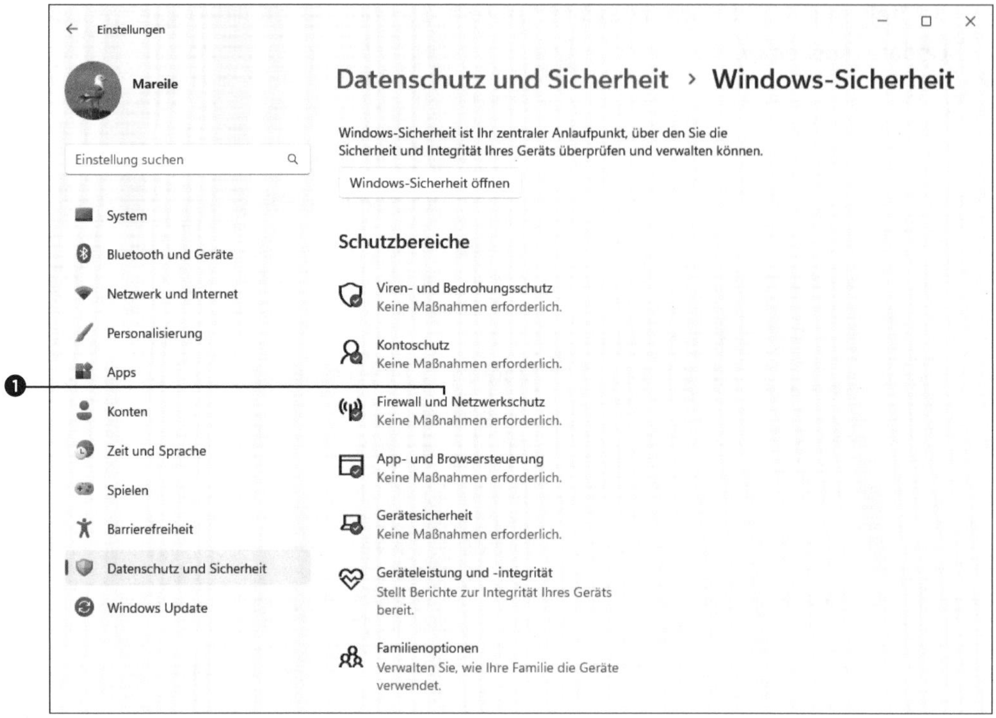

2 Im Dialog **Firewall- und Netzwerkschutz** können Sie nun prüfen, ob die Windows-Firewall aktiviert ist ❷.

Ist das nicht der Fall, können Sie die entsprechende Einstellung korrigieren. Ich setze hier voraus, dass Sie nicht bereits eine Sicherheitssoftware eines anderen Herstellers auf Ihrem Computer installiert haben. Denn im Zusammenhang mit der Firewall gilt nicht der Satz »Doppelt hält besser«, da sich die Sicherheitslösungen eher ins Gehege kommen und somit mehr Schaden als Nutzen anrichten. Ist jedoch keine andere Sicherheitssoftware aktiviert, sollten Sie die Windows-Firewall unbedingt einschalten.

3 Klicken Sie auf das Netzwerk, das gerade aktiv ist. Befinden Sie sich daheim bzw. am Arbeitsplatz und somit in einer vertrauenswürdigen Umgebung, wird dies das **Private Netzwerk** sein. (Lesen Sie hierzu auch den Kasten »Private, öffentliche und Domänennetzwerke« auf Seite 740.)

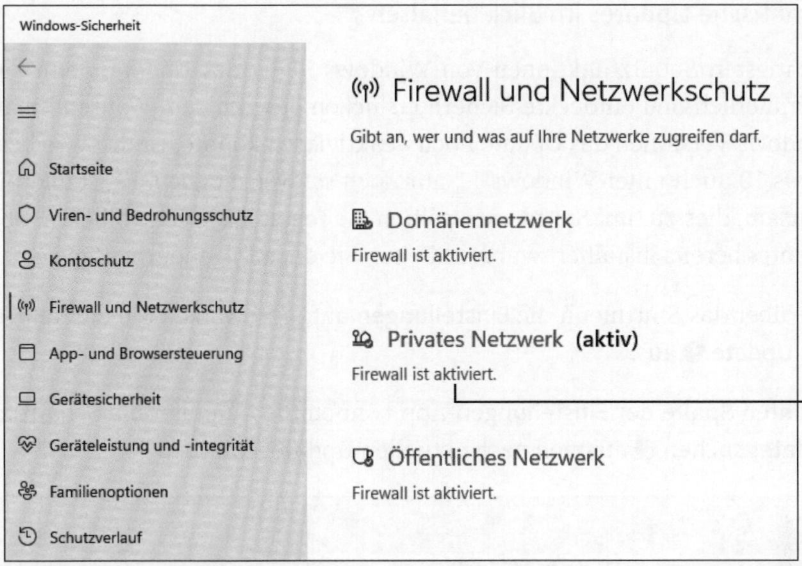

4 Auf der folgenden Seite ziehen Sie den Regler unterhalb von **Microsoft Defender-Firewall** auf **Ein** ❸. Über den Pfeil oben links kehren Sie zur vorherigen Seite zurück.

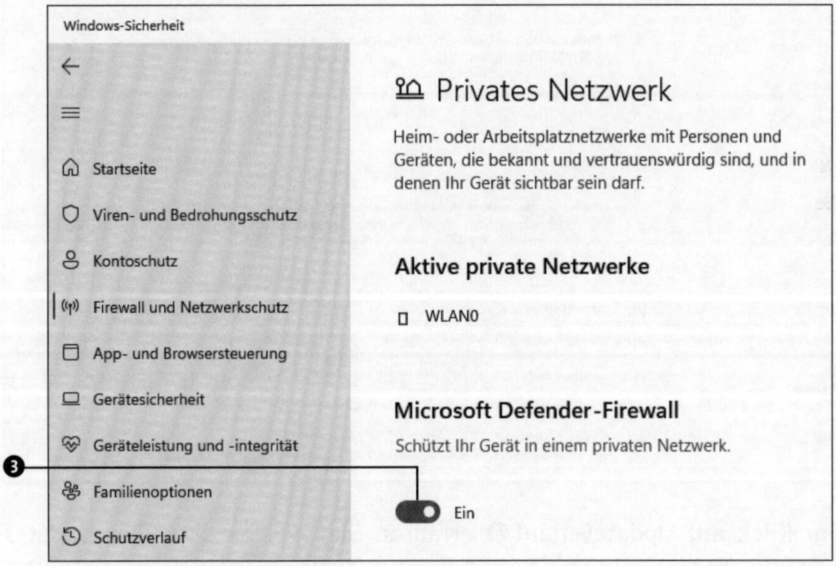

3.5.3 Automatische Updates im Blick behalten

Eine der wichtigsten Schutzfunktionen von Windows 11 ist das Update, denn damit werden kontinuierlich neu entdeckte Sicherheitslücken geschlossen. Während man in früheren Windows-Versionen das Update noch deaktivieren konnte, ist dies wie bereits unter Windows 10 auch unter Windows 11 nur noch schwer möglich. Es ist allerdings auch nicht ratsam, dies zu tun. Stattdessen sollten Sie regelmäßig kontrollieren, ob die neuesten Updates bereits installiert wurden. Gehen Sie dazu folgendermaßen vor:

1. Rufen Sie über das Startmenü die **Einstellungen** auf, und wählen Sie die Kategorie **Windows Update** ❶ aus.

2. In der rechten Spalte der **Einstellungen**-App können Sie nun über die Schaltfläche **Nach Updates suchen** ❷ manuell nach aktuellen Updates forschen.

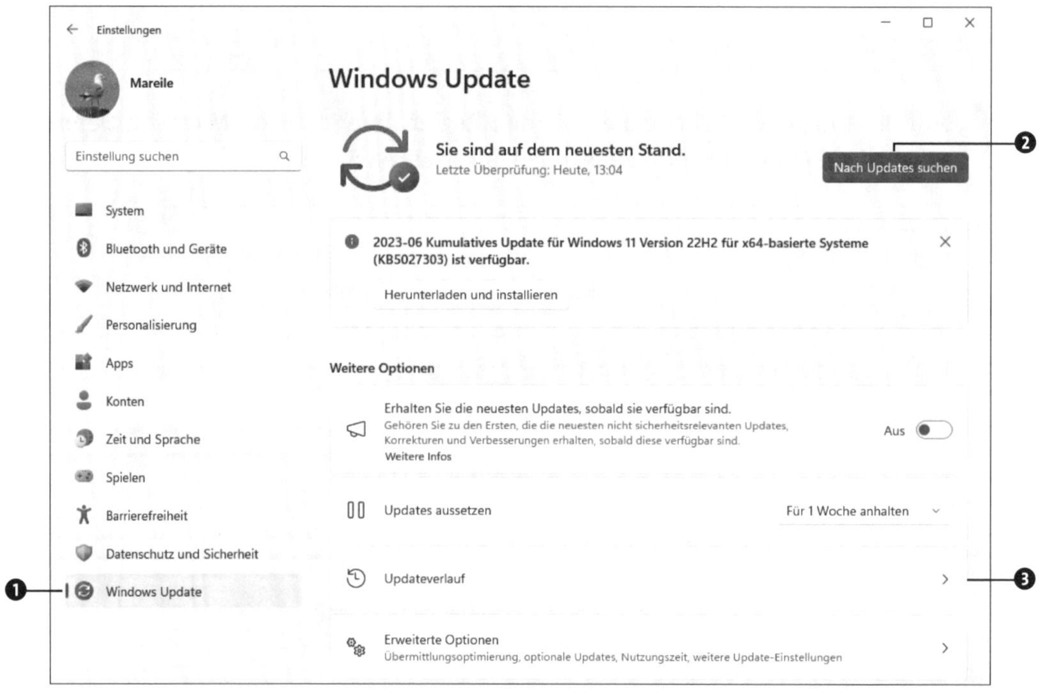

3. Nach einem Klick auf **Updateverlauf** ❸ erfahren Sie, welche aktuellen Updates bereits auf Ihrem System gelandet sind. Bekannte IT-Webseiten wie *heise.de* oder *golem.de* informieren meist schon vor der Veröffentlichung von kritischen Updates, wann diese erscheinen, sodass Sie hier eine Vergleichsmöglichkeit haben. Sollten Sie Ihr System erst vor Kurzem per Upgrade von Windows 10 auf Windows 11 hochgerüstet haben, wie in Abschnitt 1.6, »Von einer älteren Windows-Version umstei-

gen«, ab Seite 53 gezeigt wird, finden Sie in der Liste übrigens auch noch die unter Windows 10 installierten Updates.

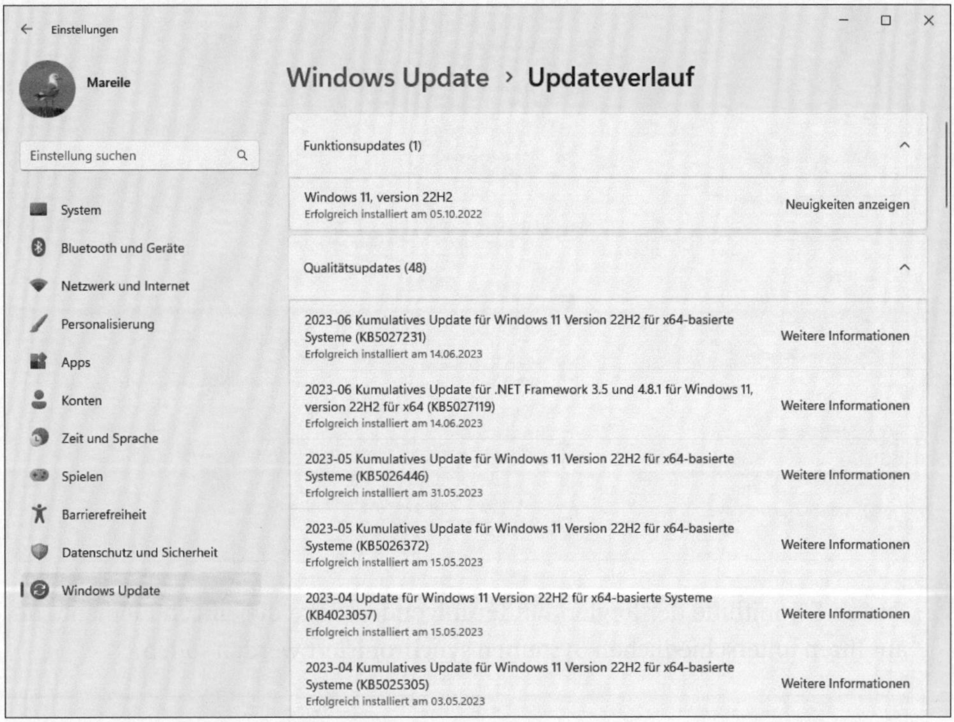

3.6 Die Synchronisierungseinstellungen individuell anpassen

Windows 11 bietet eine Funktion, die relativ umstritten ist: die automatische Synchronisierung. Diese bewirkt, dass jeder Computer, der unter Windows 11 läuft und mit Ihrem Microsoft-Konto verknüpft ist, identische Einstellungen erhält. Wenn Sie z. B. auf Ihrem Notebook Kennwörter speichern, so können Sie auf diese beim nächsten Start auf Ihrem Heim-PC ebenfalls zugreifen. Auch Favoriten im Browser Edge werden auf allen Systemen, die mit Ihrem Microsoft-Konto verknüpft sind, synchron gehalten. Manche Anwender schätzen diese Funktion sehr, andere empfinden sie als ausgesprochen lästig. Aus diesem Grund sollten Sie einmal in den Einstellungen einen Blick auf die Synchronisierungsoptionen werfen und selbst bestimmen, was synchronisiert werden soll und was nicht:

1. Rufen Sie über das Startmenü die **Einstellungen** auf, wählen Sie die Kategorie **Konten** und in der rechten Spalte die **Windows-Sicherung** ❶.

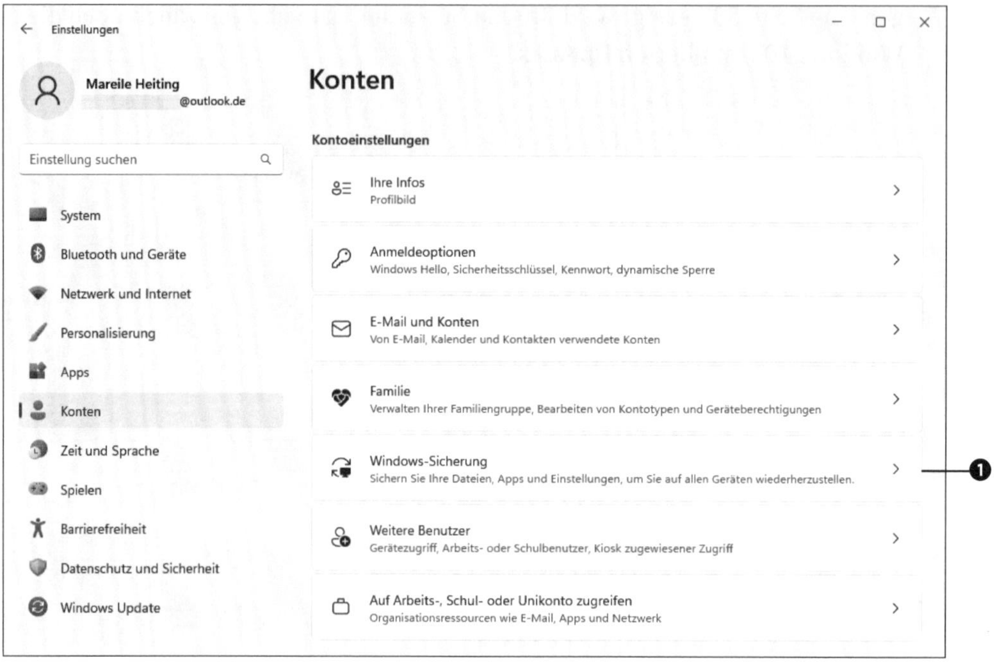

2 Passen Sie mithilfe der Regler auf der folgenden Seite diejenigen Elemente an, die auf Ihren unterschiedlichen Systemen synchronisiert werden sollen.

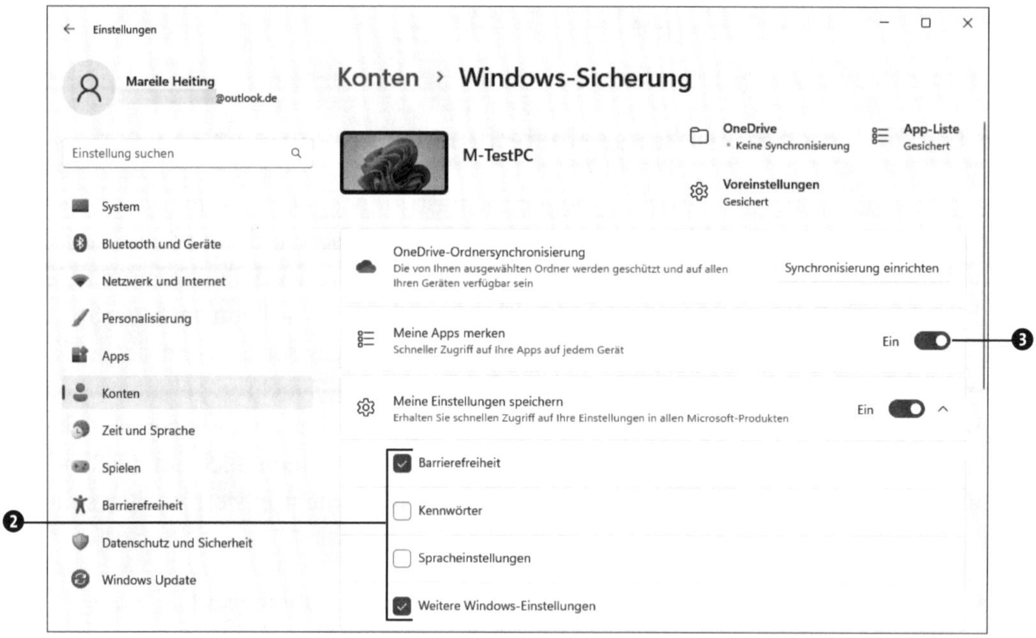

Per Klick auf den nach unten weisenden Pfeil rechts von **Meine Einstellungen speichern** können Sie durch Setzen von Häkchen noch feiner anpassen, ob Kennwörter, Spracheinstellungen oder weitere Windows-Einstellungen synchronisiert werden sollen ❷. Möchten Sie auf jedem Gerät Ihre Lieblings-Apps im Startmenü angezeigt bekommen, schalten Sie den Regler **Meine Apps merken** ❸ ein. Die Regler lassen sich nur dann verschieben, wenn Sie mit einem Microsoft-Konto am Computer angemeldet sind.

Ein Thema, das von vielen Anwender*innen immer noch vernachlässigt wird, ist die Datensicherung, auch *Backup* genannt. Dabei kann ein Datenverlust schneller eintreten, als einem lieb ist. Eine defekte Festplatte, ein fehlgeschlagenes Update oder auch ein Virus reichen, und schon ist der Zugriff auf Bilder, Dokumente und andere wichtige Daten nicht mehr möglich. Windows 11 bietet zur Datensicherung den Microsoft-eigenen Onlinespeicher *OneDrive* an. Die hierfür nötige Ordnersynchronisierung lässt sich bereits während der Ersteinrichtung des Systems aktivieren, wie in Abschnitt 1.4, »Von null auf Windows 11«, ab Seite 31 gezeigt wird. Die entsprechenden Einstellungen werden über die **Einstellungen**-App in der Kategorie **Windows-Sicherung** vorgenommen. Wie Sie die Synchronisierung jederzeit aktivieren, anpassen oder auch deaktivieren, erfahren Sie in Abschnitt 17.4, »Datensicherung mithilfe des Dateiversionsverlaufs und OneDrive«, ab Seite 710.

3.7 Anmeldeoptionen unter Windows 11 anpassen

Bereits beim Einrichten Ihres Computers legen Sie ein erstes Benutzerkonto an. In älteren Windows-Versionen wählte man für die Anmeldung am System einen Benutzernamen und ein Kennwort aus. Im Fall eines Microsoft-Kontos, wie es unter Windows 11 nun zum Einsatz kommt, erfolgt die Anmeldung über die E-Mail-Adresse des Kontos und das dazugehörige Kennwort.

Ein Kennwort sollte möglichst kompliziert sein und aus einer längeren Folge von Groß- und Kleinbuchstaben, Ziffern sowie Sonderzeichen bestehen. Die Krux eines solchen Passwortes besteht allerdings darin, dass man es sich meist nur schwer merken kann. Als Alternative bietet Ihnen Windows 11 diverse weitere Anmeldeoptionen an, die weitaus bequemer sind. Eine davon, die sogenannte *PIN*, legen Sie bereits während der Ersteinrichtung fest. Bei dieser persönlichen Identifikationsnummer handelt es sich um eine kurze Zahlenkombination, die sich leicht merken lässt. Abgesehen von der PIN können Sie aber auch biometrische Verfahren wie die Gesichts- und Fingerabdruckerkennung zur Anmeldung nutzen oder sich per Bildcode am System anmelden. Wie Sie die Anmeldeoptionen einrichten und welche Voraussetzung hierfür teilweise erforderlich sind, zeige ich Ihnen im Folgenden. Alle Anmeldeoptionen werden in der **Einstellungen**-

App konfiguriert, die Sie z. B. über die Tastenkombination [Windows] + [I] aufrufen. Markieren Sie dann links die Kategorie **Konten** und rechts die **Anmeldeoptionen**.

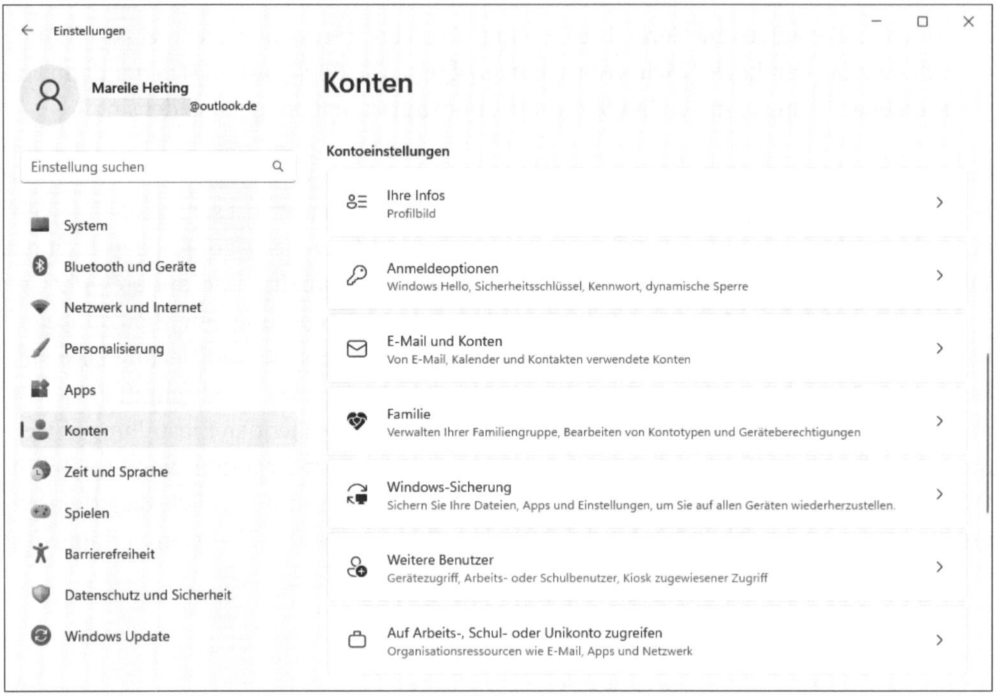

Abbildung 3.8 Die »Anmeldeoptionen« erreichen Sie in der Einstellungen-App über die Kategorie »Konten«.

3.7.1 Anmeldung per Gesichtserkennung

Die erste Möglichkeit zur Anmeldung, die Windows 11 auf der Seite **Anmeldeoptionen** anbietet, ist die **Gesichtserkennung (Windows Hello)**. Um sie einrichten zu können, reicht eine klassische Webcam nicht aus. Ist nur eine solche verfügbar, erscheint unterhalb von **Gesichtserkennung** entsprechend der Hinweis **Diese Option ist derzeit nicht verfügbar**. Stattdessen benötigen Sie eine spezielle 3D-Infrarotkamera, wie sie z. B. in einigen der *Microsoft-Surface-Go*-Tablets eingebaut ist. Falls Sie eine solche Kamera nachrüsten möchten, sollten Sie unbedingt darauf achten, dass die Webcam Windows-Hello-kompatibel ist.

Sind die Hardwarevoraussetzungen erfüllt, klicken Sie auf der Seite **Anmeldeoptionen** auf **Gesichtserkennung (Windows Hello)** und anschließend auf **Einrichten**. Im Dialog **Windows Hello-Setup** klicken Sie dann auf **Los geht's**. Sie werden nun aufgefordert, sich durch Eingabe der PIN oder des Kennwortes zu identifizieren.

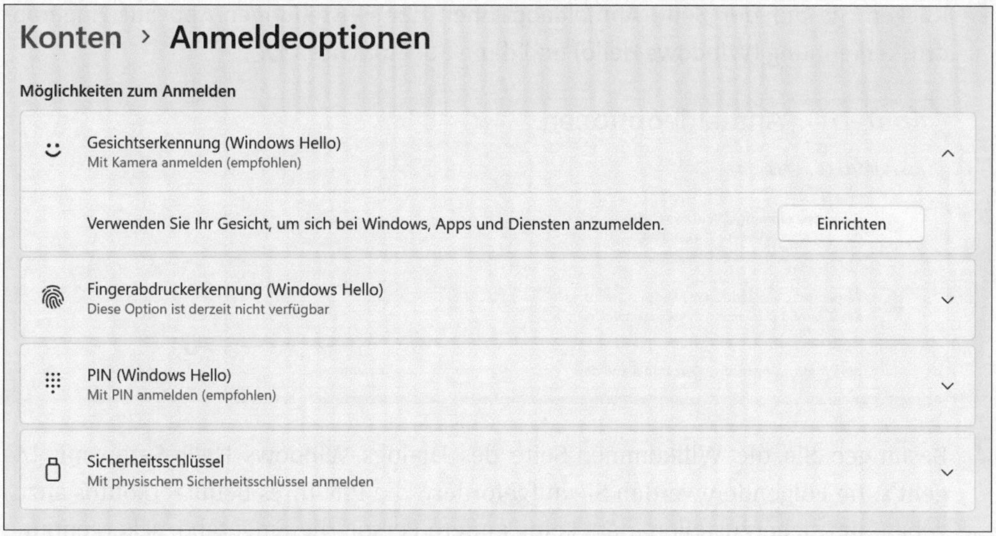

Abbildung 3.9 Auf diesem Gerät ist eine 3D-Infrarotkamera verfügbar.

Nun findet die Gesichtserkennung statt. Blicken Sie hierzu in die Kamera. Sollten Sie Brillenträger sein, setzen Sie die Brille am besten ab, um die Erkennung zu optimieren. Ist der Vorgang abgeschlossen, erhalten Sie einen entsprechenden Hinweis. Sie können den Dialog nun schließen.

3.7.2 Anmeldung per Fingerabdruckerkennung

Auch für die Anmeldung per Fingerabdruckerkennung ist eine spezielle Hardware Voraussetzung. In diesem Fall handelt es sich um einen Fingerabdrucksensor. Einige Notebooks, Tablets oder auch Hybrid-Geräte verfügen bereits über entsprechende Sensoren. USB-Fingerprint-Sensoren sind übrigens schon ab 20 € erhältlich und damit um einiges günstiger als die 3D-Infrarot-Webcams. Falls Sie für Ihren Computer einen solchen Sensor nachrüsten möchten, sollten Sie auch hier unbedingt darauf achten, dass der Sensor Windows-Hello-kompatibel ist. Sobald Sie den USB-Fingerprint-Sensor am Computer anschließen, wird dieser meist automatisch von Windows 11 erkannt. In den Anmeldeoptionen erscheint entsprechend der Hinweis **Mit Fingerabdruckscanner anmelden (empfohlen)**. Sollte weiterhin **Diese Option ist derzeit nicht verfügbar** angezeigt werden, gibt es wahrscheinlich Probleme mit dem Scannertreiber. Wie Sie diesen z. B. über den Geräte-Manager aktualisieren können, erfahren Sie in Abschnitt 16.4, »Treiber im Griff«, ab Seite 656. Wurde der Scanner korrekt erkannt, richten Sie die Fingerabdruckerkennung folgendermaßen ein:

1 Klicken Sie auf der Seite **Anmeldeoptionen** der **Einstellungen**-App auf **Fingerabdruckerkennung (Windows Hello)** und dann auf **Einrichten** ❶.

2 Bestätigen Sie die Willkommen-Seite des Dialogs **Windows Hello-Setup** mit **Los geht's**. Im Folgenden werden Sie aufgefordert, die PIN Ihres Benutzerkontos anzugeben, um sicherzustellen, dass keine andere Person die Fingerabdruckerkennung einrichtet.

3 Nun werden Sie aufgefordert, einen Finger auf dem Sensor des Fingerabdruckscanners zu positionieren. Sobald der Fingerabdruck eingescannt wurde, wiederholen Sie den Vorgang auf Anweisung. Dieser Vorgang muss mehrfach wiederholt werden. Folgen Sie hier einfach den Anweisungen ❷.

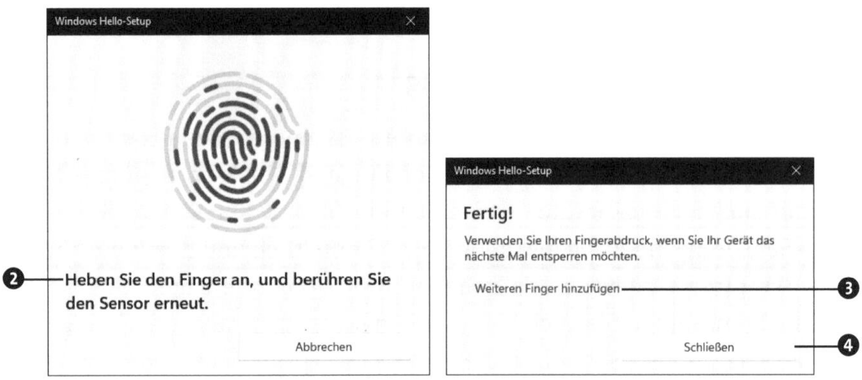

4 Wenn Sie möchten, können Sie noch einen weiteren Fingerabdruck hinzufügen ❸. Folgen Sie auch hier wieder den Anweisungen. Mit **Schließen** ❹ beenden Sie den Dialog **Windows Hello-Setup**.

5 Zukünftig können Sie sich mit dem Fingerabdruck bei Windows 11 anmelden. Sobald der Anmeldebildschirm erscheint und Sie Ihr Benutzerkonto ausgewählt haben, reicht es hierzu, den Finger auf dem Sensor zu positionieren.

6 Falls Sie den Fingerabdruckscanner irgendwann einmal nicht mehr nutzen wollen, rufen Sie **Start ▸ Einstellungen ▸ Konten ▸ Anmeldeoptionen** auf. Klicken Sie auf **Fingerabdruckerkennung (Windows Hello)** und anschließend auf **Entfernen** ❺.

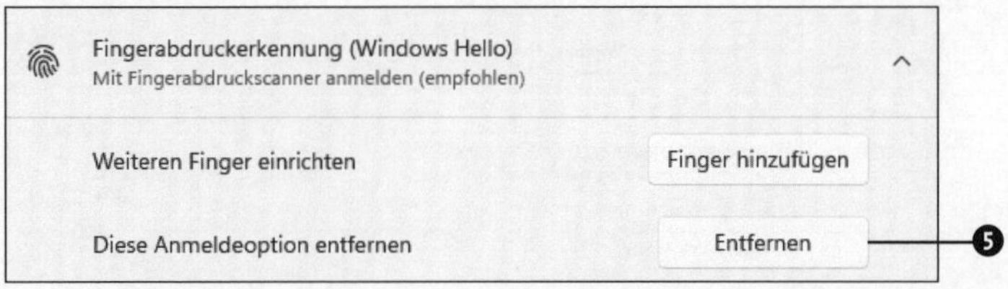

INFO

Anmeldung per Sicherheitsschlüssel

Eine weitere Anmeldeoption stellt der **Sicherheitsschlüssel** dar (❶ auf Seite 102). Hierbei wird ein USB-Speicherstick mithilfe einer speziellen Software zu einem Sicherheitsschlüssel für Ihren Windows-Computer: Nur wenn der USB-Speicherstick am Computer steckt, ist eine Anmeldung möglich. Sobald der Stick entfernt wird, wird auch Windows 11 gesperrt. Es versteht sich von selbst, dass ein solcher Stick mit Sicherheitsschlüssel nicht in fremde Hände geraten sollte. Denn jeder, der in seinem Besitz ist, kann sich damit an Ihrem Computer anmelden. Ein kostenloses Programm, mit dem sich ein USB-Speicherstick in einen Sicherheitsschlüssel verwandeln lässt, ist z. B. *USB Logon*. Der Download der Software erfolgt über die Webadresse *https://usblogon.quadsoft.org/de*.

3.7.3 Anmeldung per Bildcode

Eine weitere interessante Variante, insbesondere auch für Besitzer von Geräten mit Touchscreen, ist die Anmeldung per Bild, über das man mit der Maus oder auch mit dem Finger drei vordefinierte Gesten zeichnet. Für Nutzer*innen eines Microsoft-Kontos sieht Windows 11 diese Anmeldeoption zunächst nicht vor. Um sie einrichten zu können, müssen Sie auf der Seite **Anmeldeoptionen** der **Einstellungen**-App den Regler **Für Microsoft-Konten auf diesem Gerät aus Sicherheitsgründen nur Anmeldung mit Windows Hello erlauben (empfohlen)** auf **Aus** setzen ❷. Schließen Sie die **Einstellungen**-App, und rufen Sie sie dann erneut auf. Nun erscheint auch der **Bildcode** ❸ auf der Seite **Anmeldeoptionen**. Um den Bildcode einzurichten, gehen Sie folgendermaßen vor:

1 Klicken Sie im Bereich **Möglichkeiten zum Anmelden** zunächst auf **Bildcode**, dann auf **Hinzufügen**.

2 Geben Sie zur Bestätigung das Kennwort Ihres Kontos ein.

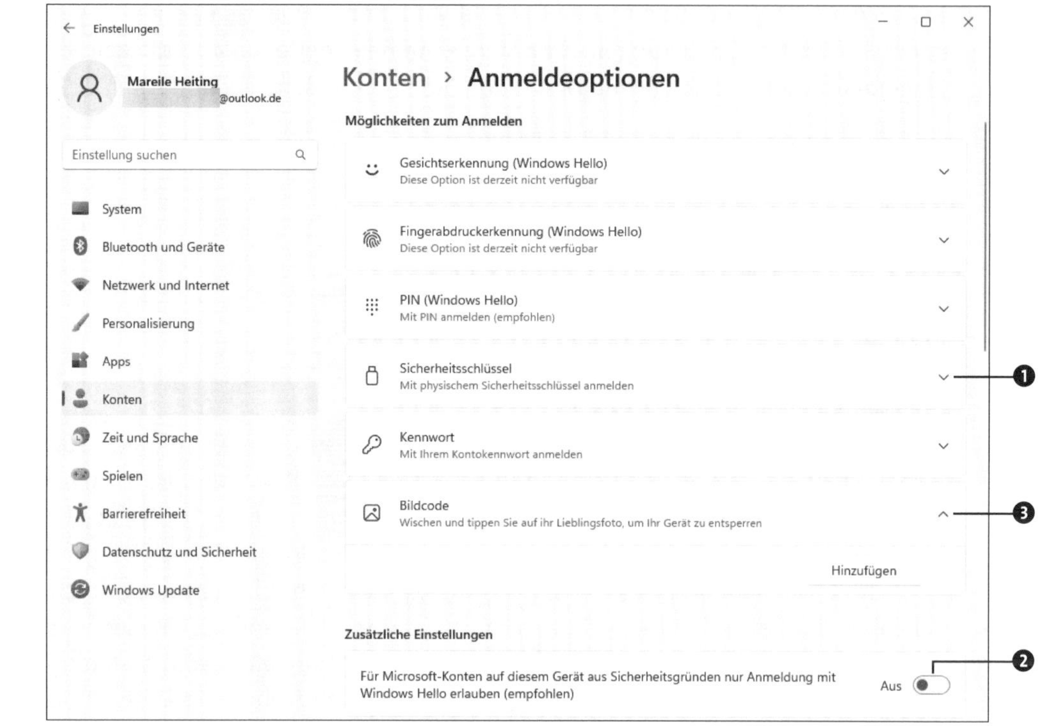

3 Sie erhalten eine kurze Information zum Bildcode, die Sie sich durchlesen sollten. Nach einem Klick auf **Bild auswählen** ❹ wird der Dialog **Öffnen** eingeblendet.

4 Wechseln Sie in den Ordner, in dem sich das gewünschte Foto befindet. Markieren Sie das Bild, und bestätigen Sie mit **Öffnen**.

5 Bestätigen Sie schließlich Ihre Auswahl durch Anklicken der Schaltfläche **Dieses Bild verwenden**.

6 Nun legen Sie den eigentlichen Bildcode fest. Zeichnen Sie hierzu drei Gesten ❺ per Maus oder per Finger über das Bild, das Sie zuvor ausgewählt haben. Dabei bietet es sich an, charakteristische Elemente des Bildes als Ausgangspunkt Ihrer Gesten zu verwenden. Die Gesten können Kreise und Linien, aber auch Klicks oder Bildberührungen sein.

7 Sobald Sie die drei Gesten durchgeführt haben, werden Sie aufgefordert, diese zu wiederholen. War der Vorgang erfolgreich – waren also alle drei Gesten identisch mit den zuvor in Schritt 6 festgelegten Gesten –, schließen Sie die Einrichtung des Bildcodes mit **Fertig stellen** ab. Hat sich ein Fehler eingeschlichen, werden Sie aufgefordert, die Gesten zu wiederholen.

Wenn Sie sich das nächste Mal am Computer anmelden, erscheint nach dem Ausblenden des Sperrbildschirms im Anmeldebildschirm das von Ihnen für den Bildcode ausgewählte Foto. Führen Sie nun die drei Gesten auf dem Bild aus. Achten Sie dabei unbedingt darauf, in der richtigen Reihenfolge die korrekten Bildbereiche zu markieren. Denn erst dann werden Sie erfolgreich am Computer angemeldet. Sollten Sie sich einmal nicht mehr an die Gesten erinnern können, ist übrigens weiterhin eine Anmeldung per PIN oder auch per Kennwort möglich. Hierzu klicken Sie im Anmeldebildschirm einfach links auf **Anmeldeoptionen**. Wählen Sie nun eine der angebotenen Alternativen wie etwa die **PIN** aus. Nun wird Ihnen wieder das Feld zur Eingabe der PIN eingeblendet.

Sollten Sie später das Bild austauschen oder den Bildcode ganz entfernen wollen, rufen Sie wieder **Start ▸ Einstellungen ▸ Konten ▸ Anmeldeoptionen** auf. Nach einem Klick auf **Bildcode** können Sie das Bild ändern oder auch entfernen.

3.8 Datenschutz – das »Nach-Hause-Telefonieren« unterbinden

Ein großes Ärgernis bei Windows ist die schlechte »Angewohnheit«, Daten über die Internetverbindung an Microsoft zu übermitteln. Dieses »Nach-Hause-Telefonieren« können Sie teilweise unterbinden, indem Sie die Datenschutzeinstellungen anpassen. Hierzu gehen Sie folgendermaßen vor:

1 Rufen Sie über das Startmenü die **Einstellungen** auf, und markieren Sie die Kategorie **Datenschutz und Sicherheit** ❶. In der rechten Fensterhälfte werden nun die Unterkategorien eingeblendet. Hier sollten Sie als Erstes **Allgemein** ❷ auswählen.

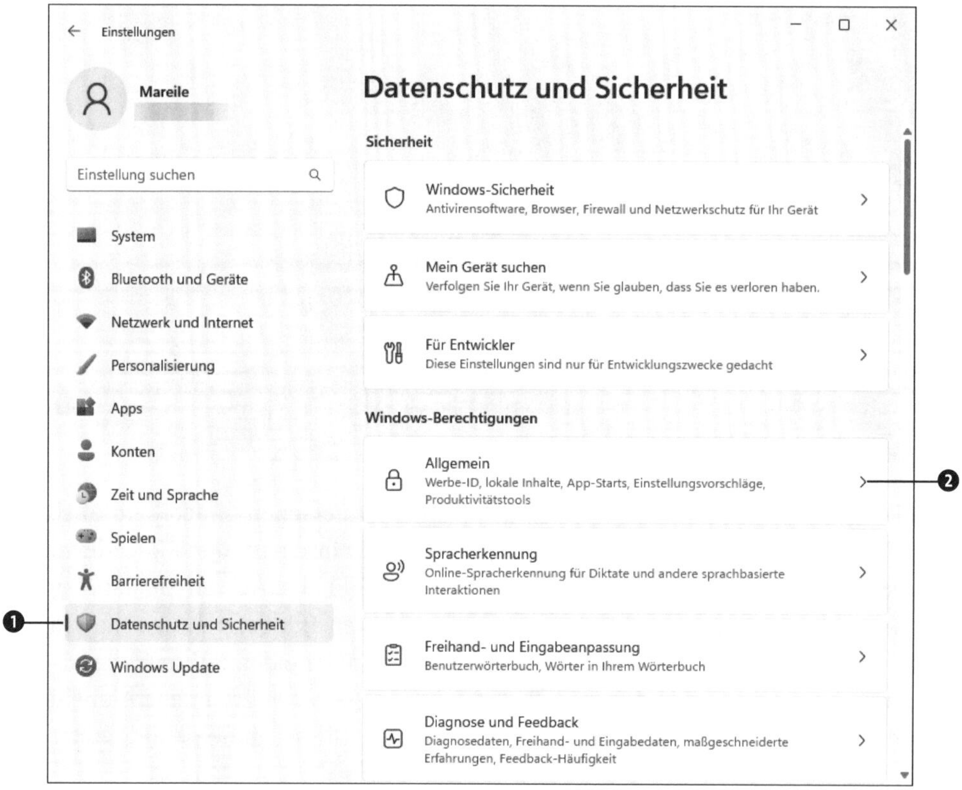

2 Schalten Sie auf der folgenden Seite die in der nächsten Abbildung gezeigten Optionen ab, indem Sie die Regler jeweils auf **Aus** ❸ ziehen. Dies verhindert unter anderem, dass Sie von unerwünschter Werbung belästigt werden und dass Ihre Texteingaben verfolgt und an Microsoft weitergereicht werden.

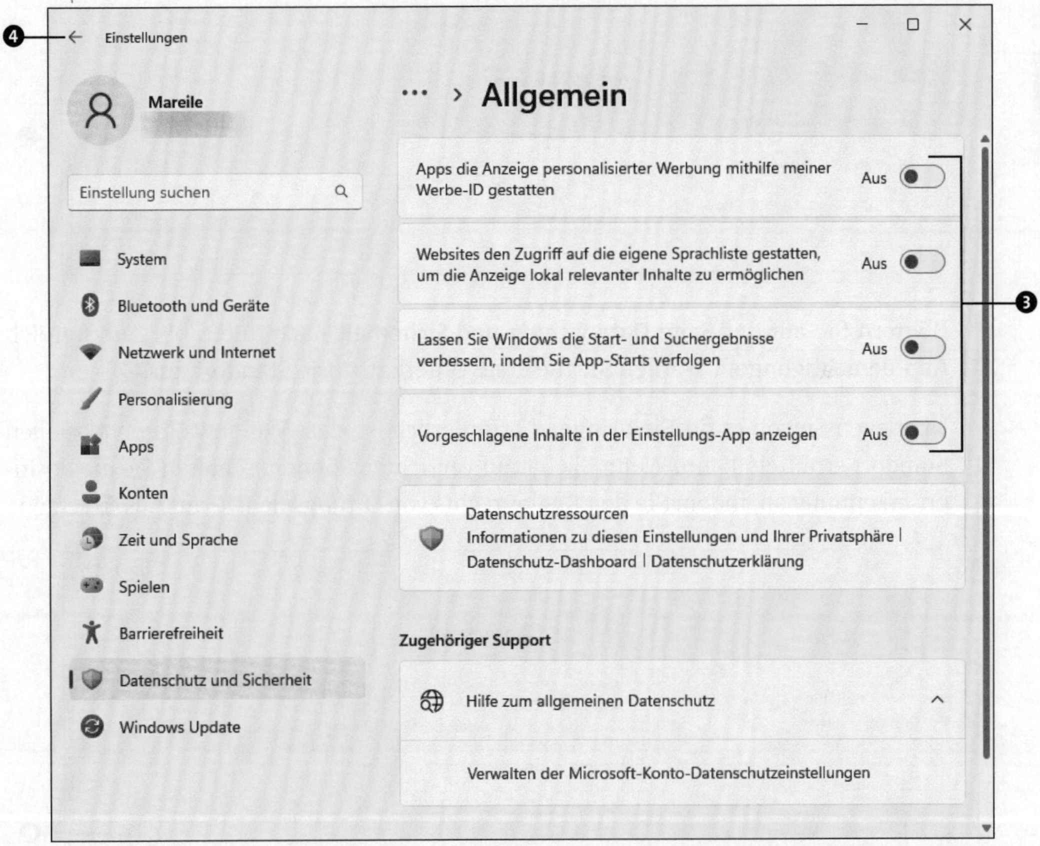

3 Klicken Sie in der linken oberen Fensterecke auf den kleinen Pfeil ❹, um wieder zur Übersicht der Kategorie **Datenschutz und Sicherheit** zurückzukehren.

Werfen Sie nun jeweils einen Blick in die weiteren Unterkategorien im Bereich **Windows-Berechtigungen**, um auch hier gegebenenfalls über die Regler das Weiterreichen sensibler Daten an Microsoft zu unterbinden. Falls Sie die Einstellungen bereits bei der Ersteinrichtung Ihres Benutzerkontos so kritisch vorgenommen haben, dürften die Regler hier allerdings bereits ausgeschaltet sein. Über den Pfeil oben links kehren Sie jeweils wieder zur vorherigen Seite zurück.

4 Blättern Sie auf der Seite **Datenschutz und Sicherheit** nach unten bis zum Bereich **App-Berechtigungen**. Wählen Sie die erste Unterkategorie **Standort** aus ❺.

5 Überlegen Sie, ob es für Sie dringend erforderlich ist, dass Windows Ihren aktuellen Standort ermitteln kann. Wenn Sie darauf verzichten können, schalten Sie die Positionserkennung ab, indem Sie den Regler rechts von **Ortungsdienste** auf **Aus** ❻ setzen.

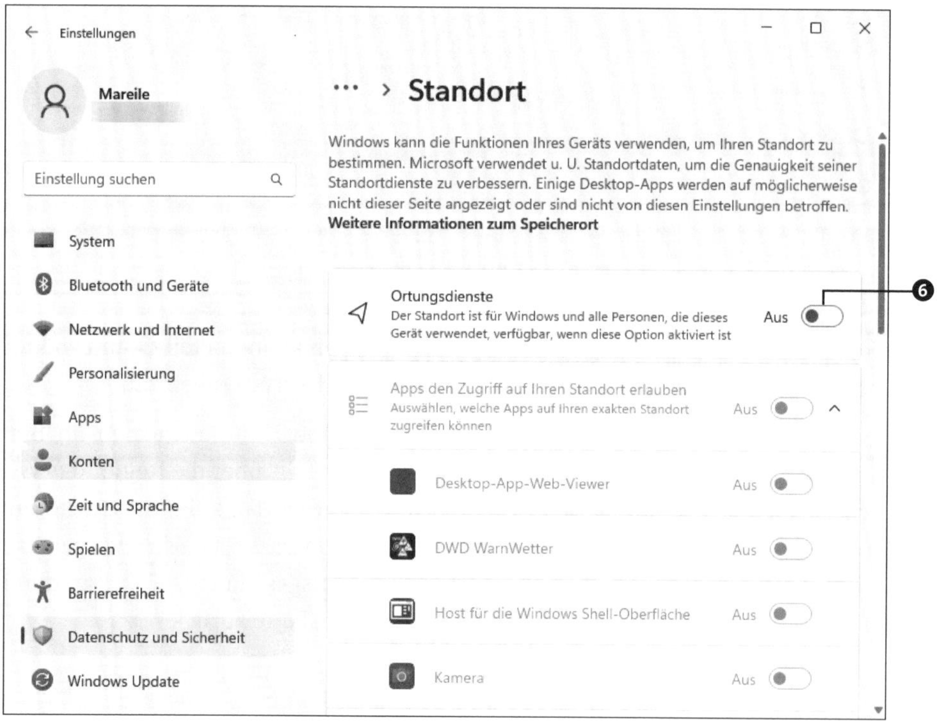

6 Scrollen Sie auf der Seite **Datenschutz und Sicherheit ▸ Standort** etwas nach unten bis zum Bereich **Standortverlauf**. Klicken Sie hier auf **Löschen** ❼, um die bereits gespeicherten Positionsdaten von Ihrem Computer zu entfernen. Sollten Sie die Positionserkennung zu einem späteren Zeitpunkt doch benötigen, erfahren Sie im Kasten »Die Ortungsdienste von Windows 11 aktivieren« auf Seite 445, wie Sie sie wieder einschalten. Dort lesen Sie auch, wie Sie die Standorterkennung für bestimmte Apps gezielt aktivieren. Falls Sie die Standorterkennung nutzen, können Sie sich nach einem Klick auf **Aktuelle Aktivität** anzeigen lassen, welche Apps in den letzten sieben Tagen auf Ihren Standort zugegriffen haben ❽.

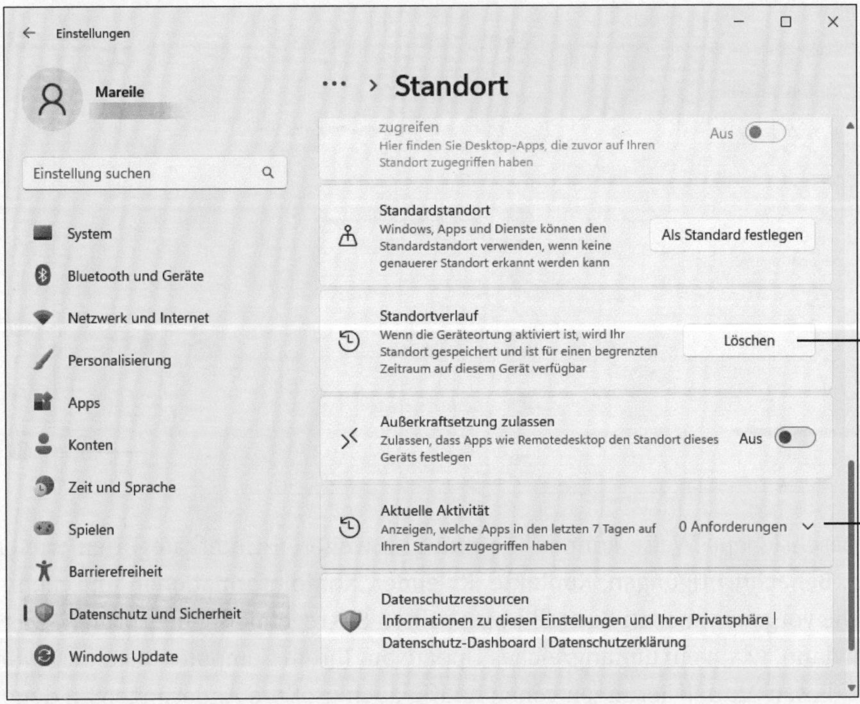

7 Ist Ihr Computer mit einer Webcam ausgestattet, sollten Sie als Nächstes einen Blick in die Unterkategorie **Kamera** werfen. Die Übersichtsseite zur Auswahl der Unterkategorie erreichen Sie wieder per Klick auf den Pfeil oben links.

8 Zu Beginn der Seite **Datenschutz und Sicherheit ▸ Kamera** befindet sich ein Regler, über den Sie den Kamerazugriff ganz grundsätzlich ein- oder ausschalten können ❾. Deaktivieren Sie die Funktion, ist es keiner App mehr möglich, auf die Kamera zuzugreifen. Ist der Zugriff dagegen aktiviert, können Sie im Bereich **Apps den Zugriff auf Ihre Kamera erlauben** gezielt auswählen, welchen Apps Sie den Zugriff auf die

Kamera gestatten und welchen nicht. Fotografieren oder filmen Sie z. B. mit der Kamera-App, belassen Sie den Regler **Kamera** auf **Ein** ⑩. Bei allen anderen Apps, für die die Kamera nicht benötigt wird, sollten Sie den Regler dagegen auf **Aus** ⑪ setzen.

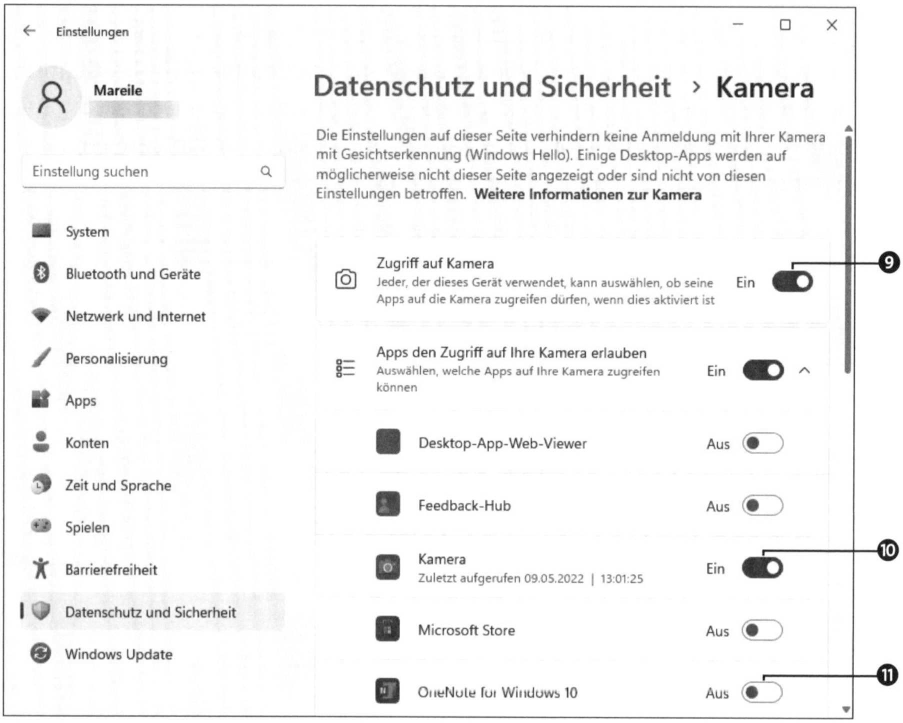

Auf die beschriebene Weise können Sie nun alle weiteren Unterkategorien wie etwa **Mikrofon**, **Benachrichtigungen**, **Kontakte**, **Kalender**, **Kontoinformationen** und mehr anpassen. Die vorgenommenen Einstellungen sollten Sie regelmäßig überprüfen. Das gilt vor allem dann, wenn ein umfangreiches Update auf Ihrem Computer installiert wurde, denn mit diesen Aktualisierungen gehen häufig auch größere Änderungen an den Einstellungen einher.

TIPP

Informationen rund um den Datenschutz bei Microsoft

Wenn Sie an weiteren Informationen zum Thema »Windows und der Datenschutz« interessiert sind, sollten Sie über einen Browser Ihrer Wahl (z. B. Microsofts Edge) die Webadresse *https://privacy.microsoft.com/de-de* aufrufen. Auf dieser Webseite von Microsoft erhalten Sie eine Vielzahl an Informationen rund um die Datenschutzeinstellungen in Windows 11.

4 Windows 11 optimal bedienen

Microsoft möchte seine Windows 11-Geräte jedem zugänglich machen. Die Bedienung erfolgt ganz klassisch per Tastatur und Maus oder im Fall eines berührungsempfindlichen Monitors auch per Fingergesten. Die Windows-Spracherkennung ermöglicht sogar eine Steuerung per Sprache. Für Menschen mit einer körperlichen Beeinträchtigung, die z. B. Schwierigkeiten haben, die Texte auf dem Bildschirm zu entziffern, bietet Windows 11 eine Vielzahl an Einstellungen für ein barrierefreies Arbeiten. In diesem Kapitel habe ich Ihnen einige Informationen rund um die optimale Bedienung des Betriebssystems zusammengestellt.

4.1 Windows 11 auf dem Touchscreen bedienen

Die kleinen handlichen Tablets werden ebenso wie die praktischen Hybridgeräte immer beliebter. *Hybridgeräte* (auch *Convertibles* oder *2-in-1-Geräte* genannt) sind Notebooks, die mit einem sogenannten Touchscreen, also einem berührungsempfindlichen Bildschirm ausgestattet sind. Mit wenigen Handgriffen – je nach Modell entweder durch Abnahme der Tastatur oder durch Umklappen des Bildschirms – wird aus einem Notebook ein Tablet, das sich bequem mit den Fingern bedienen lässt. Für diese gesonderte Bedienung stellte Microsoft unter Windows 10 einen speziellen Modus für die Oberfläche zur Verfügung: den *Tabletmodus*. In diesem Modus nahm das Startmenü z. B. den gesamten Bildschirm ein, während die Desktopoberfläche nur dezent im Hintergrund zu sehen war. Unter Windows 11 gehört der Tabletmodus der Vergangenheit an. Anwender*innen bekommen nun immer die gleiche Oberfläche zu sehen, unabhängig davon, mit welchem Gerätetyp sie arbeiten. Kommt ein Touchscreen zum Einsatz, erscheinen Symbole und Schaltflächen, wie z. B. die Taskleistensymbole, allerdings etwas größer und mit mehr Abstand, was die Bedienung per Fingergesten erleichtert. Im Folgenden habe ich Ihnen eine kleine Übersicht über die wichtigsten Fingergesten zusammengestellt. Außerdem erhalten Sie ein paar Tipps rund um die Nutzung der Bildschirmtastatur, die immer dann auf dem Touchscreen eingeblendet wird, wenn Sie irgendwo Text eingeben müssen.

4.1.1 Die wichtigsten Fingergesten im Überblick

Ein Desktop-PC oder auch Notebook wird per Tastatur, Computermaus oder auch Touchpad bedient. Alle drei gibt es bei einem Gerät mit Touchscreen nicht. Stattdessen tippen, wischen und drücken Sie mit dem Finger (oder bei manchen Geräten auch mit einem speziellen Stift) auf den berührungsempfindlichen Bildschirm, um bestimmte Aktionen auszuführen. Das beginnt bereits nach dem Start des Computers, wenn Sie sich anmelden möchten. Anstatt den Sperrbildschirm durch Drücken einer beliebigen Taste auf der Tastatur oder durch eine kurze Bewegung der Maus auszublenden, wischen Sie bei einem Tablet oder Convertible einfach mit dem Finger vom unteren Bildschirmrand nach oben. Ist der Anmeldebildschirm zu sehen, tippen Sie einmal kurz mit dem Finger in das Kennwortfeld. Dann öffnet sich die virtuelle Bildschirmtastatur, über die Sie das Kennwort oder auch die PIN Ihres Benutzerkontos eingeben.

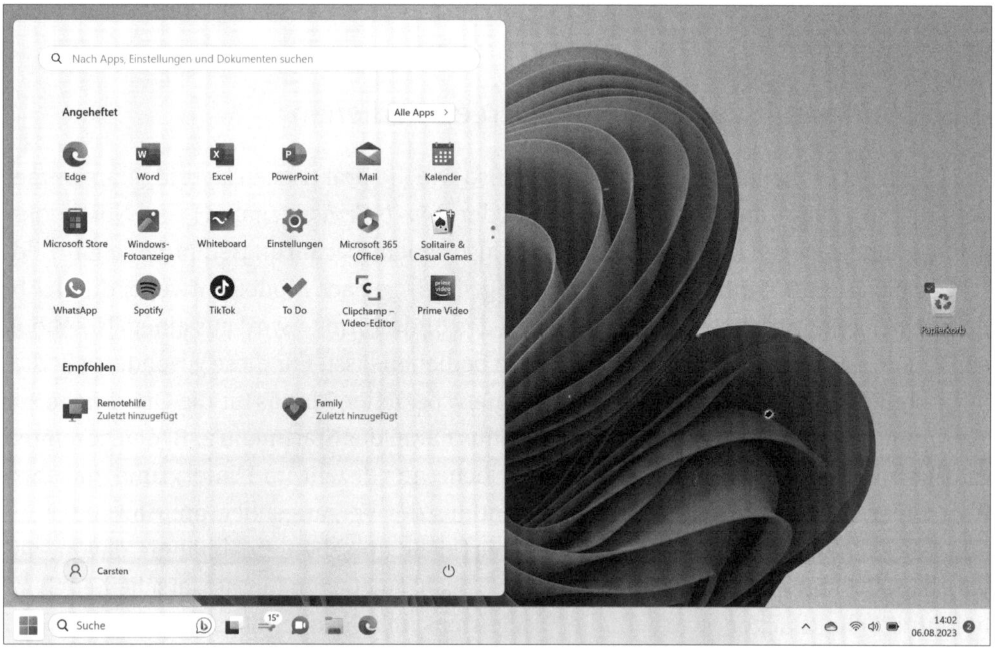

Abbildung 4.1 Das Startmenü lässt sich seit Windows 11 22H2 auch mit einer Wischgeste von der Taskleiste aus nach oben einblenden. Zum Ausblenden wischen Sie vom oberen Rand des Startmenüs nach unten Richtung Taskleiste.

Möchten Sie nach der erfolgreichen Anmeldung beispielsweise das Startmenü öffnen, reicht ein Tipp auf das **Windows**-Symbol in der Taskleiste. Alternativ hierzu können Sie aber auch von der Taskleiste aus nach oben wischen, um das Startmenü einzublenden. Wischen Sie im Startmenü nach links, gelangen Sie zur Liste **Alle Apps**. Von dort kehren

Sie mit einer Wischbewegung von links nach rechts wieder zur Übersicht **Angeheftet** zurück. Falls Sie das Startmenü ausblenden möchten, wischen Sie vom oberen Rand des Startmenüs nach unten bis zur Taskleiste. Falls diese Fingergesten bei Ihrem Gerät mit Touchscreen nicht funktionieren, haben Sie wahrscheinlich noch nicht die Windows 11-Version 22H2 oder höher installiert.

Die Fingergesten werden meist mit einem Finger oder zwei ausgeführt. Unter Windows 11 stehen Ihnen aber auch Gesten zur Auswahl, die mit drei oder vier Fingern durchgeführt werden. Um diese nutzen zu können, muss in der **Einstellungen**-App in der Kategorie **Bluetooth und Geräte ▸ Toucheingabe** die Funktion **Touchgesten mit drei und vier Fingern** aktiviert sein.

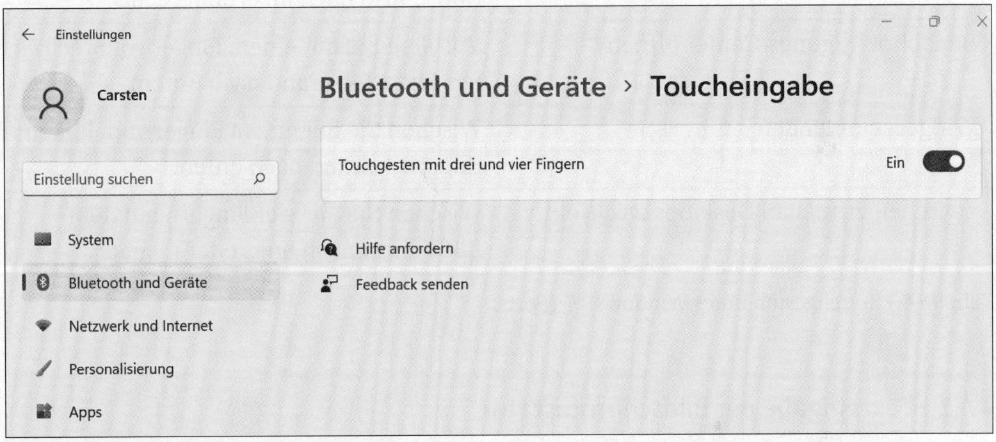

Abbildung 4.2 Um Touchgesten mit drei oder vier Fingern ausführen zu können, muss die entsprechende Funktion aktiviert sein.

In Tabelle 4.1 habe ich Ihnen ein paar besondere Fingergesten und die damit ausführbaren Funktionen zusammengestellt. Die meisten dieser Gesten lassen sich übrigens auch auf dem Touchpad eines Notebooks nutzen; manche benötigen ein spezielles Präzisionstouchpad. Ob Ihr Gerät über ein solches verfügt, erfahren Sie in der **Einstellungen**-App unter **Bluetooth und Geräte ▸ Toucheingabe**.

Funktion	Fingergeste
weitere Befehle anzeigen, wie etwa ein Kontextmenü	Halten Sie den Finger etwas länger auf dem Element gedrückt, bis ein Quadrat eingeblendet wird.

Tabelle 4.1 Touchgesten unter Windows 11

Funktion	Fingergeste
Bildschirminhalte vergrößern oder verkleinern	Legen Sie zwei Finger auf den Bildschirm. Zum Vergrößern ziehen Sie die Finger auseinander, zum Verkleinern zusammen.
alle geöffneten Fenster einblenden	Wischen Sie mit drei Fingern auf dem Bildschirm nach oben.
Desktop anzeigen	Wischen Sie mit drei Fingern auf dem Bildschirm nach unten.
zur zuletzt geöffneten App wechseln	Wischen Sie mit drei Fingern auf dem Bildschirm nach links oder rechts.
Benachrichtigungs-Center öffnen	Wischen Sie mit einem Finger vom rechten Bildschirmrand nach unten.
Widgets einblenden	Wischen Sie mit einem Finger vom linken Bildschirmrand nach unten.
zwischen virtuellen Desktops wechseln	Wischen Sie mit vier Fingern auf dem Bildschirm nach links oder rechts.

Tabelle 4.1 Touchgesten unter Windows 11 (Forts.)

4.1.2 Texteingabe per Bildschirmtastatur

Geräte mit Touchscreen verfügen nicht über eine klassische Tastatur wie ein Desktop-PC oder ein Notebook. Die Texteingabe erfolgt hier stattdessen über eine Bildschirmtastatur, also eine Tastatur, die, wie ihr Name bereits sagt, auf dem Bildschirm eingeblendet wird.

Diese virtuelle Tastatur erscheint automatisch, sobald Sie in ein Feld tippen, das eine Texteingabe erfordert. Sollte dies bei Ihnen einmal nicht funktionieren, können Sie die Bildschirmtastatur aber auch mit einem Tipp auf das entsprechende Symbol im Infobereich der Taskleiste aufrufen. Wie Sie dieses Symbol im Infobereich anzeigen lassen, erfahren Sie in Abschnitt 6.5, »Die Taskleiste anpassen«, ab Seite 223.

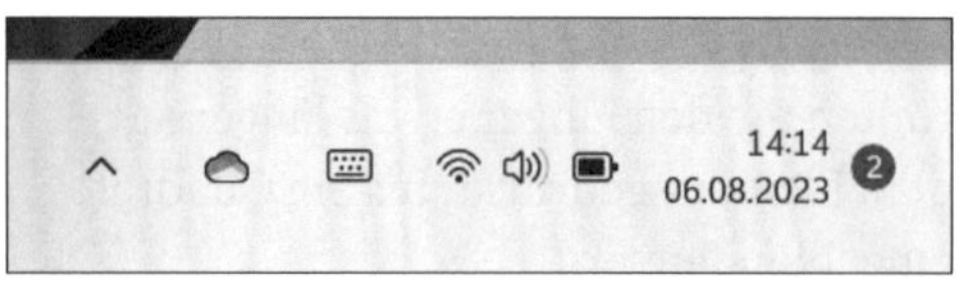

Abbildung 4.3 Die Bildschirmtastatur lässt sich auch über das Symbol im Infobereich der Taskleiste einblenden.

Sobald die Bildschirmtastatur eingeblendet wird, können Sie auch schon mit der Texteingabe beginnen: Tippen Sie die gewünschten Buchstaben ein. Wenn Sie einen Großbuchstaben eingeben möchten, tippen Sie zuvor auf die Umschalt-Taste ❶. Sollte Ihnen ein Tippfehler unterlaufen, können Sie das zuletzt getippte Zeichen über die Rück-Taste ❷ löschen. Die Einfügemarke in einem Text lässt sich über die beiden Pfeiltasten nach links bzw. rechts ❸ verschieben. Wenn Sie einen neuen Absatz erzeugen möchten, tippen Sie auf die Eingabe-Taste ❹. Müssen Sie Zahlen oder Sonderzeichen eingeben, tippen Sie auf die Taste **&123** ❺.

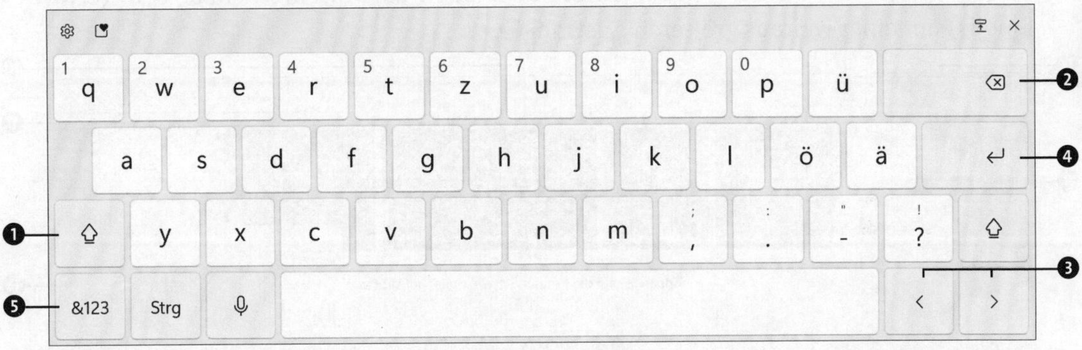

Abbildung 4.4 Bei der virtuellen Tastatur gelangen Sie über eine Spezialtaste wie »&123« zu einer neuen Tastaturansicht mit weiteren Funktionen.

Auf der Bildschirmtastatur werden nun Zahlen und einige Sonderzeichen eingeblendet. Ist das gewünschte Zeichen noch nicht dabei, tippen Sie am linken Rand der Tastatur auf den kleinen nach rechts weisenden Pfeil ❻. Über den nach links weisenden Pfeil kehren Sie anschließend zu den vorherigen Sonderzeichen zurück. Mit einem Tipp auf die Taste **abc** ❼ gelangen Sie wieder zu den Buchstaben zurück.

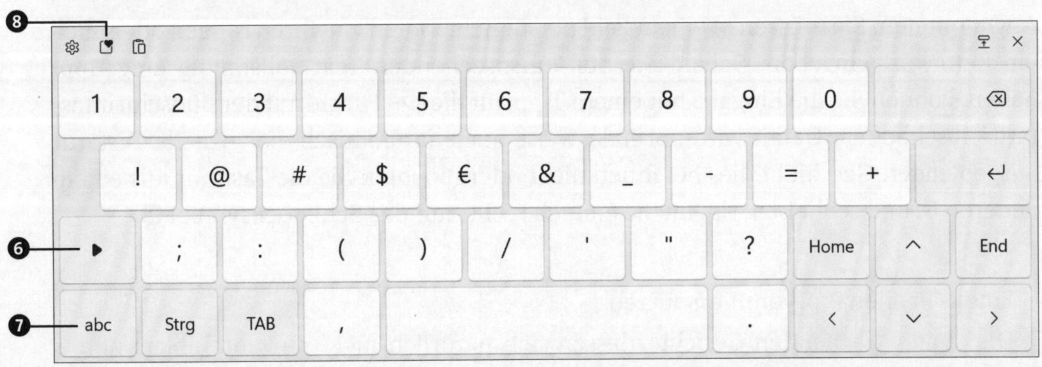

Abbildung 4.5 Noch mehr Sonderzeichen werden nach einem Tipp auf den nach rechts weisenden Pfeil ❻ eingeblendet.

Natürlich lassen sich über die Bildschirmtastatur auch die *Emoticons* (auch *Emojis* genannt) in Texte einfügen. Nach einem Tipp auf das Symbol ❽ in der linken oberen Ecke der Bildschirmtastatur klappt ein zusätzlicher Bereich auf. Links werden bereits die beliebtesten Emoticons eingeblendet ❾. Rechts davon finden Sie animierte Bilder, sogenannte *GIFs* ❿. Am rechten Rand sehen Sie eine Auswahl sogenannter *Kaomojis*, einer japanischen Variation von Emoticons ⓫. Findet sich das gewünschte Element (z. B. Emoji oder GIF) bereits im Vorschaubereich, reicht ein Antippen aus, um es in Ihren Text einzufügen. Über die kleine Symbolleiste, die links oberhalb der Miniaturvorschauen eingeblendet wird, gelangen Sie aber auch zur jeweiligen Kategorie (etwa Emojis) mit einer weitaus größeren Auswahl ⓬.

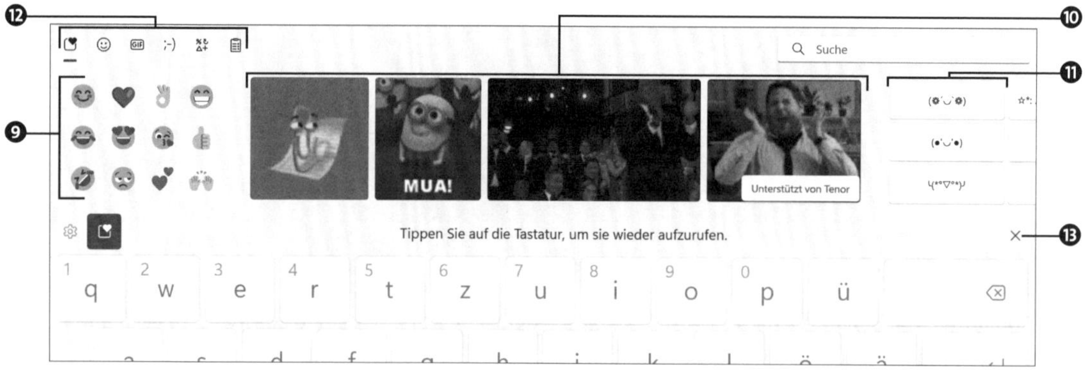

Abbildung 4.6 Über die Bildschirmtastatur lassen sich Emoticons, GIFs oder auch Kaomojis auswählen.

Bietet die Kategorie mehr Symbole, als auf der Tastatur angezeigt werden können, wischen Sie einfach in der Übersicht von rechts nach links und umgekehrt. Mit einem erneuten Tipp auf das Symbol blenden Sie den Bereich wieder aus, sodass anschließend nur noch der untere Teil der Bildschirmtastatur sichtbar ist.

Angenommen, Sie müssen in einem Feld persönliche Daten wie Ihren Namen oder auch ein Kennwort eingeben. Sobald Sie den entsprechenden Text vollständig eingetippt haben, können Sie die Eingabe mit einem Tipp auf die [↵]-Taste auf der Bildschirmtastatur abschließen. Damit wird normalerweise auch automatisch die virtuelle Tastatur ausgeblendet. Geschieht dies bei Ihnen nicht oder möchten Sie die Tastatur aus einem anderen Grund schließen, tippen Sie einfach rechts auf das Schließensymbol ⓭.

TIPP

Emojis in allen Programmen nutzen

Die kleinen lachenden Gesichter lassen sich natürlich nicht nur auf Tablets und Smartphones nutzen, sondern auch auf Desktop-PCs und Notebooks. Wo immer sich Ihnen eine Eingabemöglichkeit für Texte präsentiert (z. B. in einem der Microsoft-Office-Programme), können Sie auch ein Emoticon einfügen. Drücken Sie hierzu einfach die Tastenkombination [⊞] + [.]. Im aufklappenden Dialogfenster wählen Sie am oberen Rand zunächst eine Kategorie aus. Nun müssen Sie nur noch das gewünschte Smileysymbol per Mausklick oder Antippen markieren, und schon wird es an der Position der Einfügemarke eingefügt.

Wenn sich Ihr Gerät mit einem Stift bedienen lässt, ist ein spezielles Layout für Sie von Interesse: die Zeichenfläche. Um sie einzublenden, tippen Sie in der linken oberen Ecke der Bildschirmtastatur auf das Zahnradsymbol ❶ und markieren in der aufklappenden Liste **Handschrift**. Anstelle von Buchstaben, Ziffern und Sonderzeichen erscheint nun eine Zeichenfläche, in die Sie Ihren Text per Stift schreiben können. Je nachdem, wie schön Sie schreiben, erkennt die integrierte Handschrifterkennung von Windows 11 den Text und fügt ihn automatisch in der gerade genutzten Anwendung an der Position der Einfügemarke ein. Der Text lässt sich übrigens auch per Finger oder sogar Maus schreiben, das Ergebnis ist aber häufig sehr unleserlich. Um die zuletzt geschriebenen Zeichen zu löschen, tippen Sie auf das Symbol [⌫] ❷. Das Symbol für das Leerzeichen [␣] wird erst nach einem Tipp auf die drei Punkte ❸ eingeblendet. Einen Zeilenumbruch erzeugen Sie über das Symbol [↵] ❹. Falls Sie wieder zur klassischen Bildschirmtastatur zurückkehren möchten, klicken Sie erneut auf das Zahnradsymbol und wählen in der aufklappenden Liste dann **Tastaturlayout ▸ Standard**.

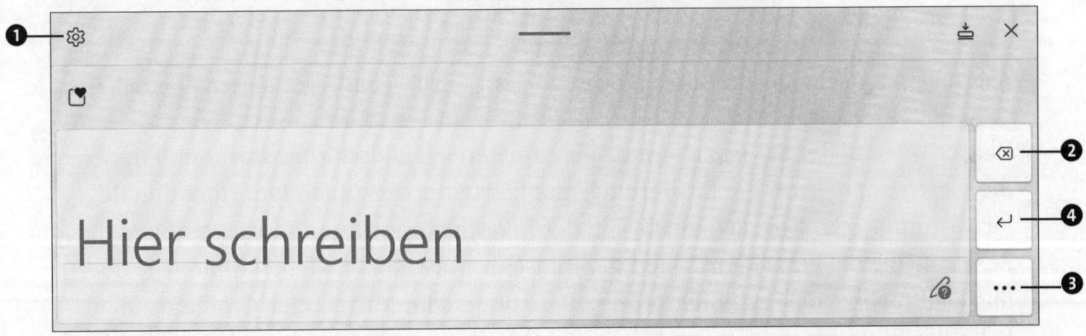

Abbildung 4.7 Wenn Ihr Gerät die Stifteingabe unterstützt, können Sie den Text auch handschriftlich eingeben.

TIPP

Farbenfrohe Layouts für die Bildschirmtastatur

Die Bildschirmtastatur zeigt sich per Standardeinstellung in einem langweiligen Hellgrau. Wenn Sie es etwas farbenfroher mögen, sollten Sie einen Blick auf die Designs werfen. Tippen Sie hierzu in der Bildschirmtastatur auf das Zahnradsymbol und dann auf **Größe und Design**. Dadurch wird automatisch die **Einstellungen**-App mit der Kategorie **Personalisierung ▸ Texteingabe** geöffnet. Sie haben nun die

Qual der Wahl zwischen einfarbigen oder auch gemusterten Tastaturlayouts. Ist die Bildschirmtastatur geöffnet, können Sie die Auswahl gleich überprüfen.

Abbildung 4.8 Das Layout der Bildschirmtastatur lässt sich über die Einstellungen-App ändern.

Blättern Sie auf der Seite nach unten bis zum Bereich **Bildschirmtastatur** und tippen Sie diesen an, um weitere Einstellungsmöglichkeiten einzublenden. Über den Regler **Tastaturgröße** lässt sich die Größe der Bildschirmtastatur ändern. Ist ihnen die Beschriftung der einzelnen Tasten der Bildschirmtastatur zu klein, können Sie über das Feld rechts von **Tastentextgröße** die Größe **Klein**, **Mittel** oder **Groß** einstellen. Falls die Bildschirmtastatur in der Zwischenzeit geschlossen wurde, tippen Sie rechts von **Änderungen anzeigen** auf **Tastatur öffnen**.

4.2 Die Oberfläche per Tastatur steuern

Tabelle 4.2 gibt Ihnen einen kleinen Überblick darüber, welche Tastenkombinationen bei der Bedienung von Windows 11 sehr nützlich sind.

Tastenkombination	Funktion
Windows	Öffnet bzw. schließt das Startmenü.
Windows + D	Zeigt den Desktop an. Wiederholtes Drücken bringt die zuvor geöffneten Anwendungsfenster wieder zum Vorschein.
Windows + E	Öffnet ein neues Explorer-Fenster.
Windows + I	Öffnet die Windows-Einstellungen.
Windows + L	Sperrt den Computer.
Windows + M	Minimiert alle Anwendungsfenster.
Windows + ⇧ + M	Stellt alle minimierten Fenster wieder her.
Windows + Q	Aktiviert das Suchfeld für die Eingabe eines Suchbegriffs.
Windows + R	Öffnet den **Ausführen**-Dialog.
Windows + U	Ruft die Kategorie **Erleichterte Bedienung** in den Windows-Einstellungen auf.
Windows + X	Öffnet das Schnellstartmenü.
Windows + →	Dockt ein Anwendungsfenster am rechten Bildschirmrand an, sodass es genau die Hälfte des Bildschirms einnimmt.
Windows + ←	Dockt ein Anwendungsfenster am linken Bildschirmrand an, ansonsten wie Windows + →.
Strg + A	Markiert alle Objekte in einem Fenster bzw. in einem Bereich auf einmal.
Strg + C	Kopiert das markierte Objekt.
Strg + V	Fügt ein kopiertes Objekt an der aktuellen Stelle ein.
Strg + X	Schneidet das markierte Objekt aus.
Strg + Z	Macht eine Aktion rückgängig. Wiederholtes Drücken stellt den Zustand vor dem Rückgängigmachen wieder her.
Alt + ↵	Zeigt die Eigenschaften eines Objekts an.
Alt + F4	Schließt das aktive Anwendungsfenster bzw. die aktive App.
⇧ + Entf	Löscht das ausgewählte Objekt.
Alt + ⇆	Wechselt zwischen geöffneten Anwendungsfenstern.

Tabelle 4.2 Grundlegende Tastenkombinationen zur Bedienung

TIPP

Den Mauszeiger und die Menüs per Tastatur steuern

Sollte einmal wider Erwarten die Computermaus den Geist aufgeben, z. B. weil ihre Batterien schlappmachen, können Sie den Mauszeiger auch per Tastatur bewegen. Notwendige Voraussetzung dazu ist allerdings, dass diese Option zuvor per **Systemsteuerung** aktiviert wurde. Halten Sie hierzu die Taste [Alt], die linke Umschalttaste [⇧] und die Taste [Num] gleichzeitig gedrückt.

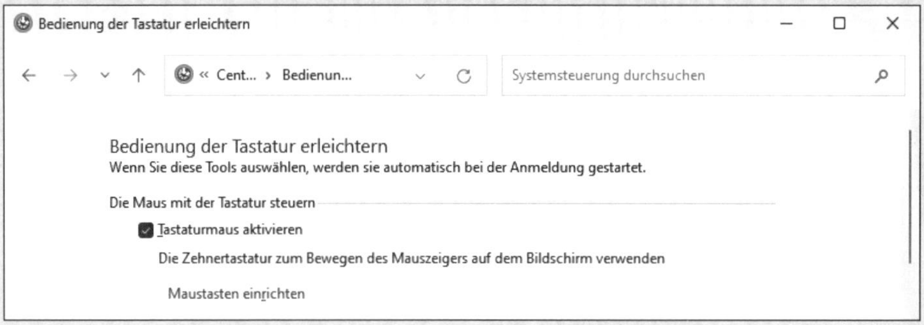

Abbildung 4.9 Im »Center für erleichterte Bedienung« lässt sich die sogenannte Tastaturmaus einrichten, mit der im Notfall der Mauszeiger per Tastatur gesteuert wird.

Nun öffnet sich ein Fenster, in dem Sie die Tastaturmaus aktivieren können. Sie können diese Option allerdings auch schon für den Notfall vorher aktivieren. Geben Sie hierzu in das Suchfeld der Taskleiste den Begriff »Systemsteuerung« ein, und wählen Sie in der Ergebnisliste den entsprechenden Treffer aus. Im Dialog **Systemsteuerung** geben Sie in das Suchfeld oben rechts den Begriff »Tastaturmaus« ein und starten die Suche durch Drücken der Taste [↵]. In der Ergebnisliste klicken Sie anschließend auf den Link **Zeiger mit den Tasten der Tastaturmaus verschieben.** Nach Aktivierung des Kästchens **Tastaturmaus aktivieren** können Sie den Mauszeiger mithilfe der Pfeiltasten auf dem numerischen Block Ihrer Tastatur verschieben.

4.3 Eingabehilfen einrichten

Menschen mit körperlichen Beeinträchtigungen sind darauf angewiesen, dass ihnen die Programmierer den Zugang zum Computer so leicht wie möglich gestalten. So können stark sehbehinderte Anwender beispielsweise eine Bildschirmlupe verwenden, um Texte auf dem Bildschirm stark zu vergrößern, oder sich die Texte vom Betriebssystem vorlesen lassen. Windows 11 bietet viel Unterstützung rund um das Thema Barrierefreiheit, wie Sie auf den folgenden Seiten lesen können.

4.3.1 Bildschirmelemente vorlesen lassen

Wer die Texte auf dem Bildschirm nur schwer lesen kann, ist dankbar, wenn sie vorgelesen werden. Windows 11 ermöglicht dies mithilfe einer speziellen Funktion. Ist diese aktiviert, reicht es z. B., mit der Maus über einen Menüpunkt zu streichen, und schon wird der entsprechende Text vorgelesen. Die Konfiguration dieser Funktion ist einfach:

1 Rufen Sie über das Startmenü die **Einstellungen** auf und dort die Kategorie **Barrierefreiheit** ❶. Markieren Sie in der rechten Spalte die **Sprachausgabe** ❷.

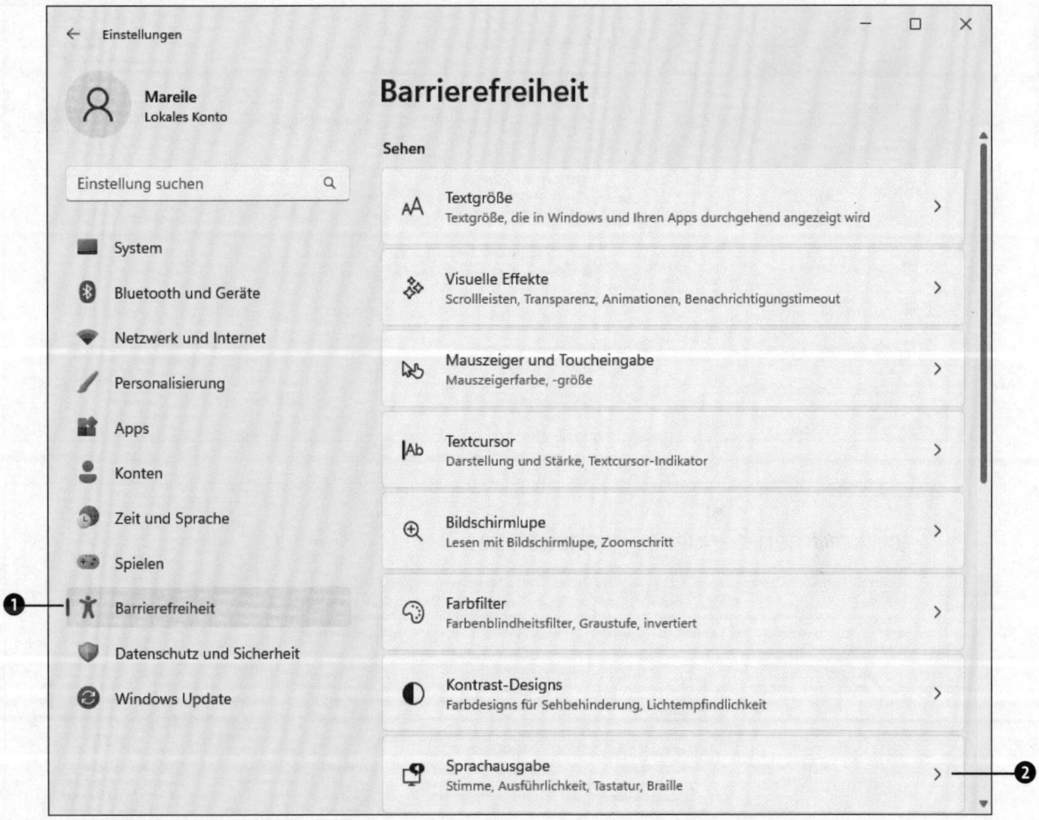

2 Stellen Sie rechts den Regler **Sprachausgabe** auf **Ein** ❸. Windows 11 beginnt sofort, wichtige Bildschirmelemente vorzulesen. Der entsprechende Text wird auf dem Bildschirm blau umrahmt.

3 Bestätigen Sie den Dialog **Sprachausgabe** mit **OK**. Anschließend wird eine Startseite eingeblendet mit Tipps zur Sprachausgabe. Damit diese Seite nicht bei jedem Start der Sprachausgabe geöffnet wird, entfernen Sie das Häkchen vor **Startseite der**

Sprachausgabe anzeigen, wenn die Sprachausgabe startet ❹. Klicken Sie auf **Minimieren** ❺, um das Dialogfenster auszublenden. Nun ist wieder das Fenster der **Einstellungen**-App zu sehen.

4 Ist der Regler **Tastenkombination für die Sprachausgabe** aktiviert ❻, lässt sich die Sprachausgabe auch über die Tastenkombination [Windows] + [Strg] + [↵] aktivieren bzw. deaktivieren.

5 Blättern Sie im Dialogfenster etwas nach unten, finden Sie weitere Einstellungen, um etwa die Stimme des Vorlesers über das entsprechende Optionsfeld ❼ auszuwählen sowie die Sprechgeschwindigkeit, Tonhöhe und Lautstärke über die Regler ❽ zu beeinflussen. Im Bereich **Langatmigkeit** können Sie festlegen, mit welcher Ausführlichkeit der Text auf dem Bildschirm vorgelesen wird. Sehen Sie sich in Ruhe die weiteren Einstellungen an, und probieren Sie aus, welche für Sie am komfortabelsten sind.

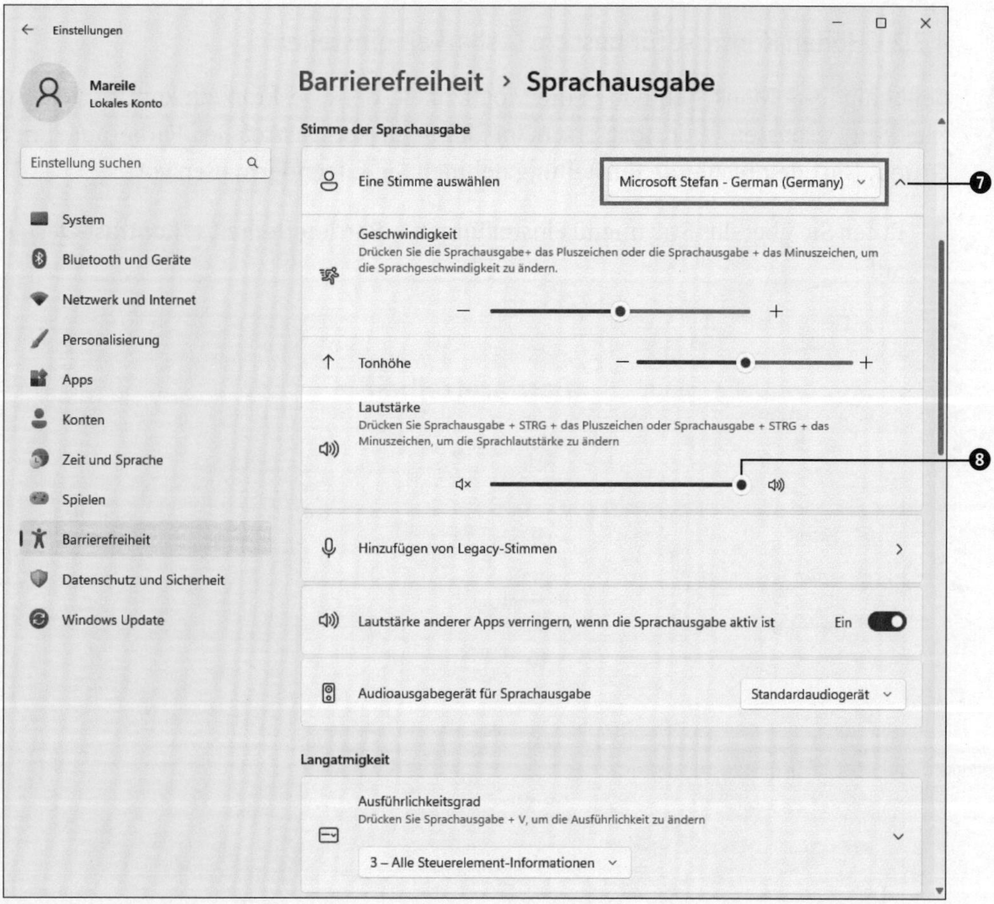

INFO

Weitere Einstellungen für eine leichtere Bedienung

Microsoft bemüht sich, die Bedienung von Windows 11 immer komfortabler zu gestalten. Dies macht sich speziell in der Kategorie **Barrierefreiheit** bemerkbar. Falls es Ihnen schwerfällt, die akustischen Erinnerungen wahrzunehmen, wie sie etwa beim Eintreffen neuer Nachrichten zu hören sind, sollten Sie einen Blick in die

Unterkategorien **Audio** ❶ und **Untertitel** ❷ werfen. Sollten Sie in der **Einstellungen**-App noch die Seite **Sprachausgabe** geöffnet haben, klicken Sie am oberen Seitenrand einfach auf **Barrierefreiheit**, und schon werden Ihnen die beiden Unterkategorien angezeigt. Eventuell müssen Sie auf der Seite etwas nach unten bis zum Bereich **Hörvermögen** blättern.

4.3.2 Hohen Kontrast für bessere Lesbarkeit einstellen

Sehbehinderte Menschen haben die Möglichkeit, dem Desktop ein kontrastverstärktes Kleid zu verpassen. Der Text erscheint damit in kontrastreicher Farbe auf dunklem Grund. Die entsprechende Einstellung nehmen Sie folgendermaßen vor:

1 Rufen Sie über das Startmenü **Einstellungen ▸ Barrierefreiheit ▸ Kontrast-Designs** ❸ auf.

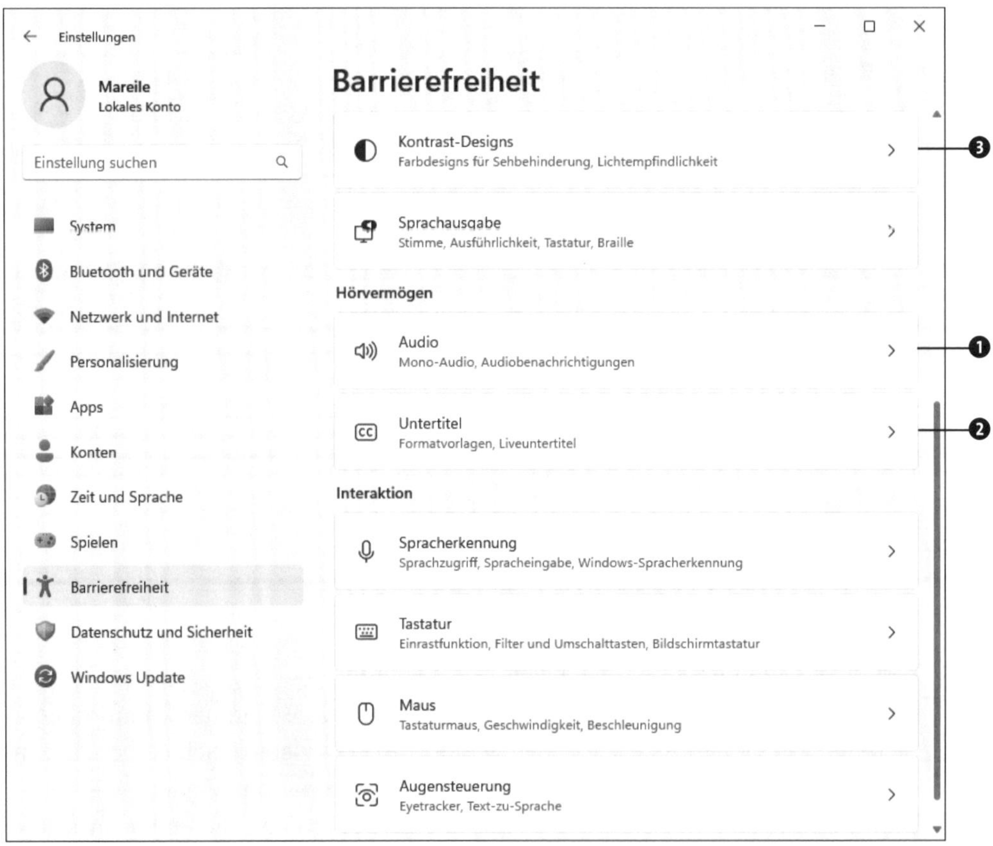

2 Zu Beginn der rechten Spalte erhalten Sie eine Vorschau auf vier verschiedene Designs ❹. Klicken Sie in das Feld rechts von **Kontrast-Designs**, können Sie in der aufklappenden Liste eine der vier Varianten auswählen ❺. Bestätigen Sie Ihre Auswahl über die Schaltfläche **Anwenden** ❻. Es dauert nun einen kurzen Moment, bis die Bildschirmoberfläche im ausgewählten Design angezeigt wird.

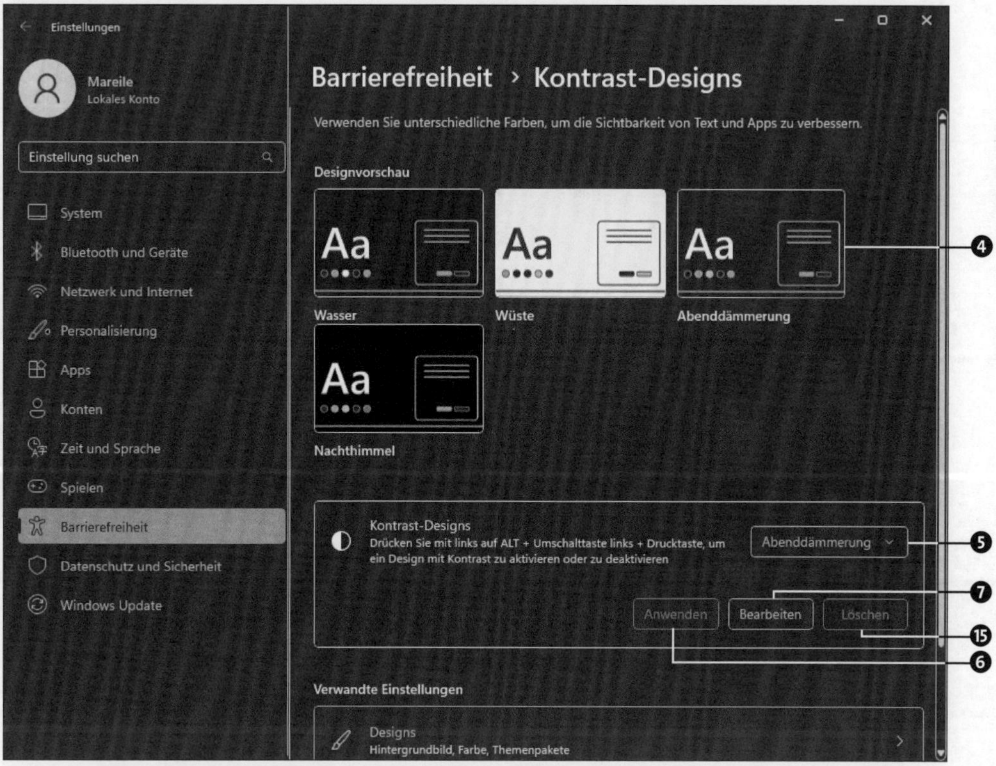

3 Sind Sie mit der Darstellung noch nicht so recht zufrieden, sollten Sie versuchen, das Design individuell anzupassen. Klicken Sie hierzu auf die Schaltfläche **Bearbeiten** ❼.

4 Auf der folgenden Seite werden die Elemente **Hintergrund**, **Text**, **Link**, **Inaktiver Text**, **Ausgewählter Text** sowie **Schaltflächentext** aufgelistet ❽. Jeweils rechts davon finden Sie ein Kästchen, in dem die derzeit ausgewählte Farbe des Elements zu sehen ist. Um etwa die Hintergrundfarbe zu ändern, klicken Sie das entsprechende Kästchen an ❾. Im Dialog **Hintergrundfarbe auswählen** können Sie nun z. B. per Klick in die Farbskala ❿ oder durch Verschieben des Farbreglers ⓫ einen neuen Farbton auswählen. Bestätigen Sie Ihre Wahl mit **Fertig** ⓬.

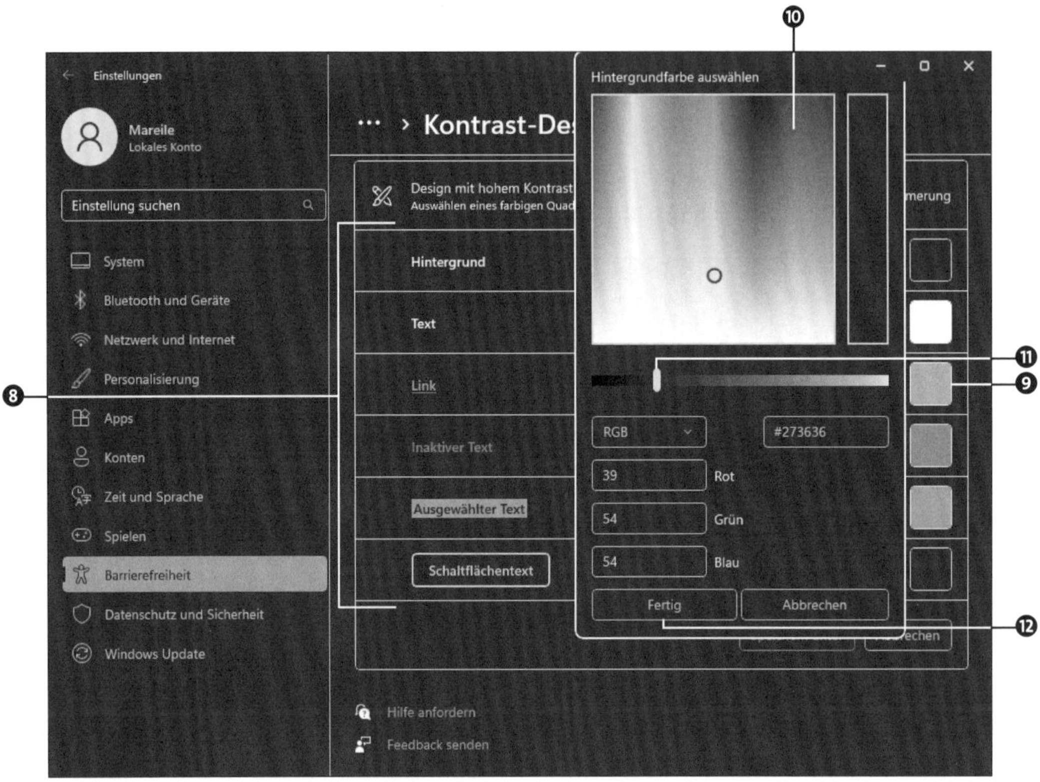

5 Auf der Seite **Design bearbeiten** klicken Sie auf **Speichern unter** ⓭. Geben Sie nun einen Namen für das angepasste Design ein, und bestätigen Sie mit **Speichern und anwenden** ⓮. Damit kehren Sie automatisch zur Seite **Kontrast-Designs** zurück.

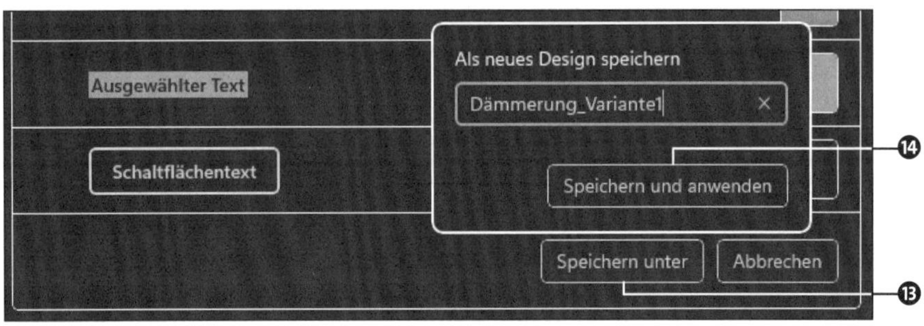

6 Sollten Sie das Design doch lieber entfernen wollen, wählen Sie es auf der Seite **Kontrast-Designs** im entsprechenden Feld aus, und klicken dann auf **Löschen** (⓯ auf Seite 123).

7 Falls Sie ganz auf eines der Kontrastdesigns verzichten und wieder zur normalen Darstellung zurückkehren möchten, stellen Sie im Feld rechts von **Kontrast-Designs** die Option **Keine** ein. Bestätigen Sie die Auswahl wieder mit **Anwenden**.

INFO

Farbfilter aktivieren für bessere Farbwahrnehmung

Für Menschen, die unter einer Farbsehschwäche leiden, wie etwa einer Rot-Grün-Blindheit, ist es häufig schwer, bestimmte Elemente auf dem Bildschirm zu entziffern. Etwas Abhilfe versprechen hier die **Farbfilter**, die sich in der Kategorie **Barrierefreiheit** innerhalb der **Einstellungen**-App aktivieren lassen. Haben Sie die Unterkategorie ausgewählt, setzen Sie den Regler **Farbfilter** in der rechten Fensterhälfte auf **Ein**. Nach der Aktivierung stehen Ihnen diverse Graustufen, aber auch Farbfilter zur Auswahl, die helfen, Farbenblindheit zu kompensieren.

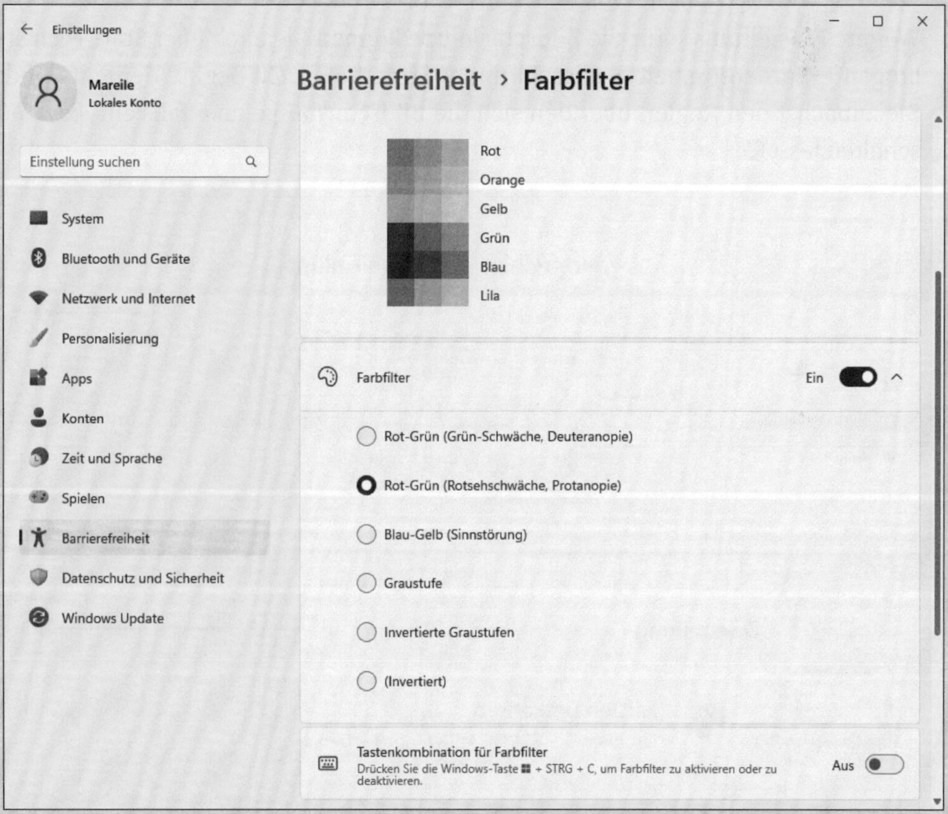

Abbildung 4.10 Die Farbfilter sind für Menschen mit einer Farbsehschwäche hilfreich.

4.3.3 Die Bildschirmlupe verwenden

Ein letztes wichtiges Utensil, das ich Ihnen aus der Kategorie **Barrierefreiheit** vorstelle, ist die **Bildschirmlupe**. Damit vergrößern Sie bestimmte Bereiche des Bildschirms, wenn Sie mit der Maus darüberfahren.

1. Betätigen Sie zum Aktivieren der **Bildschirmlupe** die Tastenkombination [⊞] + [+].
2. Bewegen Sie die Maus über den Desktop, und genießen Sie die vergrößerte Darstellung. Über das Plus- und Minussymbol ❶ in der kleinen Symbolleiste, die zusätzlich eingeblendet wird, können Sie die Schriftgröße individuell vergrößern oder auch verkleinern.
3. Durch Drücken der Tastenkombination [⊞] + [Esc] deaktivieren Sie die Bildschirmlupe wieder.
4. Weitere Einstellungen für die Bildschirmlupe können Sie auch über **Start ▸ Einstellungen ▸ Barrierefreiheit ▸ Bildschirmlupe** vornehmen. Zu Beginn der Seite finden Sie zunächst den Regler, über den sich die Bildschirmlupe ebenfalls ein- bzw. ausschalten lässt ❷.

5 Eine praktische Einstellung ist die Ansicht **Lupe**. In diesem Fall wird nicht mehr der gesamte Bildschirminhalt (das sogenannte Vollbild) vergrößert angezeigt. Stattdessen erscheint rund um den Mauszeiger ein Rechteck, das als Lupe fungiert ❸. Um die Ansicht auszuwählen, klicken Sie auf der Seite **Bildschirmlupe** in das Feld rechts von **Ansicht** ❹. In der aufklappenden Liste markieren Sie die **Lupe**. Die Ansicht lässt sich auch bequem über die Tastenkombination `Strg` + `Alt` + `L` aktivieren. Mit `Strg` + `Alt` + `F` kehren Sie wieder zur Vollbildansicht zurück, sollte Ihnen diese besser gefallen.

4.4 Die Spracherkennung von Windows 11

Bereits seit Version 7 bietet Windows eine eigene Spracherkennung, mit der Sie die Grundaufgaben des Systems steuern können. So lassen sich beispielsweise Diktate durchführen oder auch Programme per Sprachbefehl starten. Mit etwas Training vorab erzielt die Funktion durchaus respektable Erfolge. Wie Sie hierzu vorgehen, zeige ich Ihnen in diesem Abschnitt.

INFO

Cortana hat keine Zukunft mehr

Die in Windows 10 noch stark präsente Sprachassistentin Cortana gehört der Vergangenheit an. Die App wird zwar noch in der Liste aller Apps aufgeführt, nach den im Juni 2023 veröffentlichten Ankündigungen will Microsoft die Sprachassistentin aber möglichst bald in Rente schicken. Wann die entsprechenden Updates, die Cortana deaktivieren, konkret auf die Computer der Anwender und Anwenderinnen gelangen, ist zum Zeitpunkt der Veröffentlichung dieses Buches noch nicht bekannt.

4.4.1 Ein Headset einrichten und testen

Die qualitative Umsetzung Ihrer Sprache durch das Spracherkennungssystem von Windows 11 steht und fällt mit der verwendeten Hardware. Tablets und Notebooks besitzen im Normalfall eingebaute Mikrofone, bei Desktop-PCs müssen diese hingegen oft noch nachgerüstet werden. Die in Tablets eingebaute Hardware ist in der Regel schon so ausgewählt worden, dass sie optimal mit der Windows 11-Spracherkennung harmoniert. Anders sieht die Situation bei Notebooks und Desktop-PCs aus. Obwohl ein Notebook heute in der Regel bereits über ein Eingabemikrofon verfügt, ist dessen Aufnahmequalität oftmals indiskutabel. Hier bietet es sich an, ein zusätzliches Headset (also eine Kombination aus Kopfhörer und Mikrofon) zu erwerben. Das Mikrofon können Sie direkt vor dem

Mund positionieren. Sollten Sie ein Headset neu erwerben, dann achten Sie darauf, dass dieses per USB-Stecker an Ihren Computer angeschlossen werden kann, da diese Variante einen optimalen Frequenzgang während der Spracheingabe garantiert. Das heißt, diese Methode ist dem alternativ verwendbaren Klinkensteckeranschluss qualitativ deutlich überlegen. Günstige USB-Headsets gibt es bereits ab 20 €.

Das Anschließen und Einrichten eines Headsets ist unter Windows 11 kinderleicht. In der Regel sollte es direkt nach dem Anschließen automatisch erkannt werden.

1. Stecken Sie das Headset in die vorgesehene Buchse am PC. Sollte es sich um ein Analog-Headset mit Klinkenstecker handeln, dann wäre dies im Normalfall die rosarot markierte Steckbuchse an der Vorder- bzw. Rückseite des PCs. Im Fall eines USB-Headsets verwenden Sie einfach einen beliebigen freien USB-Port. Nach kurzer Zeit erscheint oberhalb des Infobereichs der Taskleiste eine Meldung, dass das Gerät nun funktionsbereit ist. Achtung: Falls Sie eine eher seltene Hardware verwenden, müssen Sie zuvor gegebenenfalls Treiber des Herstellers installieren.

2. Um sich von der Funktionsfähigkeit des Geräts zu überzeugen, klicken Sie mit der rechten Maustaste auf das Lautsprechersymbol im Infobereich der Taskleiste und wählen dort den Kontextmenüpunkt **Soundeinstellungen** ❶.

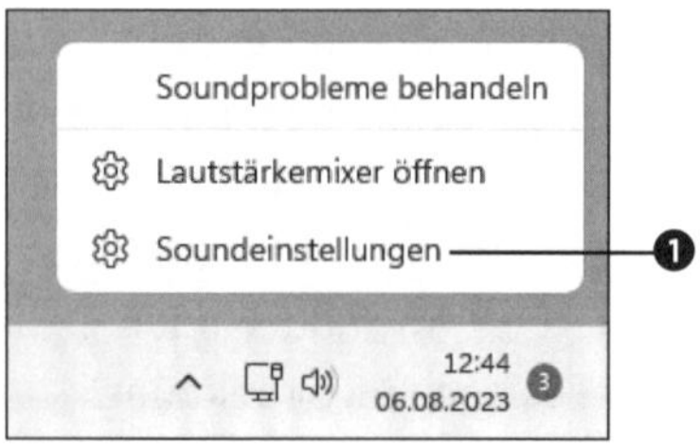

3. Sie gelangen nun in den Bereich **Sound** innerhalb der **Einstellungen**-App. Dort sollte das soeben angeschlossene Gerät erscheinen und die entsprechende Option auch markiert sein ❷. Platzieren Sie das Mikrofon dicht vor Ihrem Mund. Sprechen Sie anschließend laut und deutlich in das Mikrofon hinein. Daraufhin sollte der Pegel **Lautstärke** im Bereich **Eingabe** einen entsprechenden Ausschlag ❸ aufweisen. An dieser Stelle steht Ihnen im Bereich **Erweitert** eine Problembehandlung für **Ausgabe- und Eingabegeräte** ❹ zur Verfügung, falls das Mikrofon bzw. die Audioausgabe Ihres Headsets nicht wie gewünscht erkannt wurde.

   Selbstverständlich funktioniert dieser Soundcheck auch mit fest eingebauten Mikrofonen. Außerdem gibt es einige Headsets, die per Bluetooth an den PC angebunden werden können. Dadurch sind Sie frei von jeglichen Kabeln.

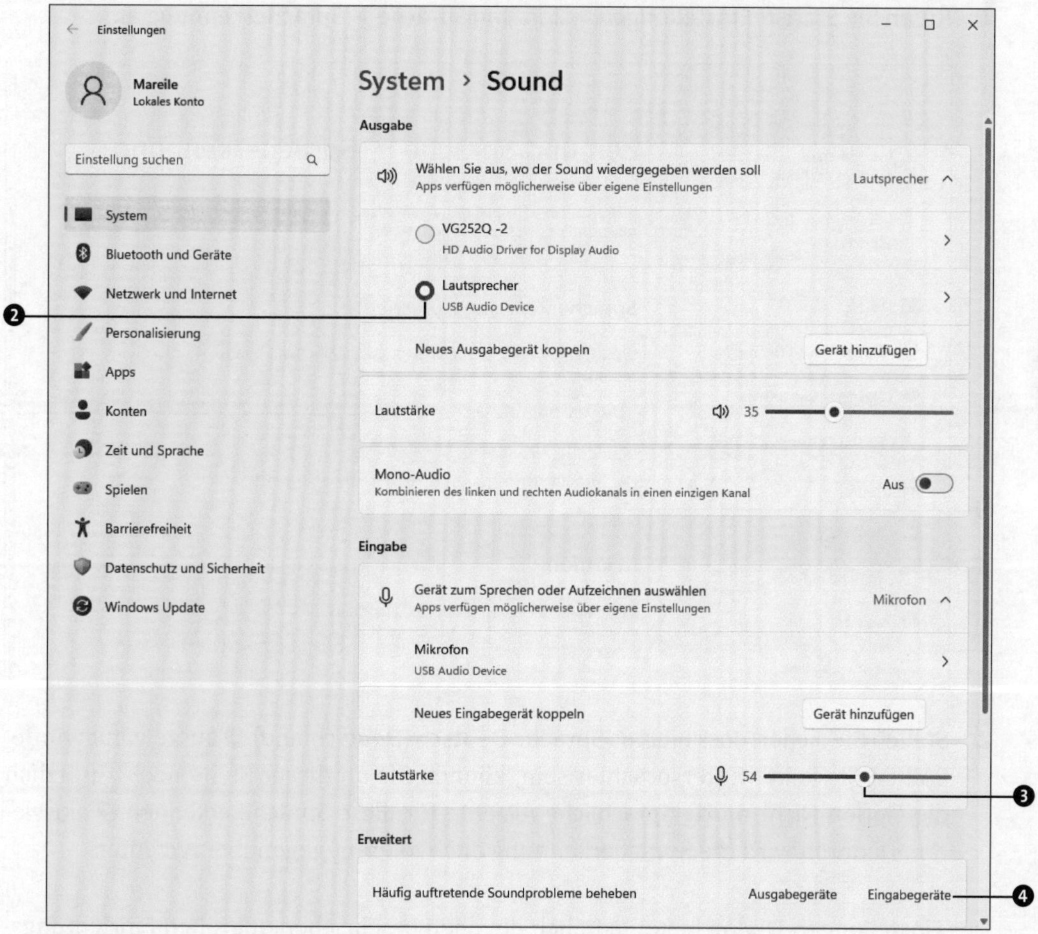

Sollte Ihr neu angeschlossenes Mikrofon nicht von Windows 11 erkannt worden sein, haben Sie die Möglichkeit, es manuell einzurichten. Prüfen Sie dazu zunächst auf der Webseite des Herstellers, ob Ihr Gerät die Installation spezieller Treiber erfordert. Ist dies der Fall, so laden Sie diese Treiber herunter und installieren sie nach den Vorgaben des Herstellers. Ihr Gerät sollte nach der Installation, wie oben beschrieben, im Bereich **Sound** zu erkennen sein.

4.4.2 Die Windows-Spracherkennung einrichten

Nachdem Sie sichergestellt haben, dass Ihr Computer Sie hören kann, geht es daran, die Windows-Spracherkennung einzurichten. Hierzu gehen Sie folgendermaßen vor:

1 Rufen Sie **Start ▸ Einstellungen ▸ Zeit und Sprache ▸ Spracherkennung** auf.

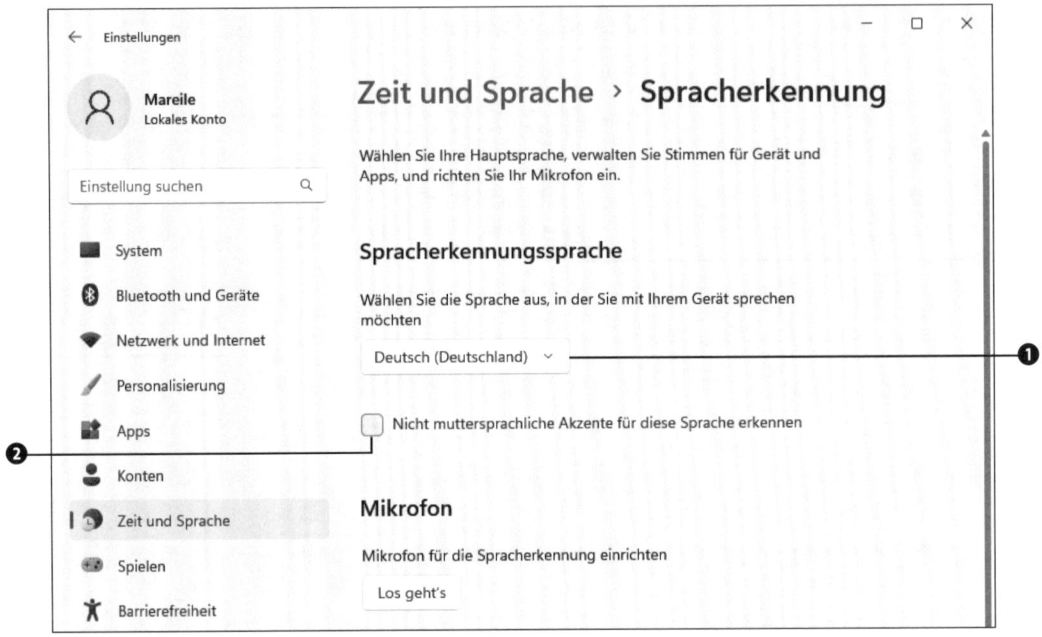

2 Stellen Sie sicher, dass hier als Sprache **Deutsch (Deutschland)** ❶ ausgewählt wurde. Sollten Sie kein Muttersprachler sein, können Sie an dieser Stelle noch zusätzlich die Option **Nicht muttersprachliche Akzente für diese Sprache erkennen** ❷ aktivieren. Dadurch wird die Spracherkennung auch tolerant gegenüber Akzenten.

Der **Einstellungen**-Dialog bietet lediglich die oben beschriebenen groben Einrichtungsmöglichkeiten. Die eigentliche, wesentlich feinere Konfiguration der Spracherkennung verbirgt sich in den Tiefen der **Systemsteuerung**:

1 Geben Sie im Suchfeld der Taskleiste das Suchwort »Spracherkennung« ein. In der Ergebnisliste wählen Sie den Treffer **Windows-Spracherkennung – App** aus.

2 Ein Assistent sorgt beim ersten Start dafür, dass zunächst der Pegel für die Spracheingabe optimiert wird. Bestätigen Sie den Willkommensdialog mit **Weiter**. Anschließend werden Sie gefragt, welchen Mikrofontyp Sie verwenden möchten. Wählen Sie einen geeigneten Typ aus. Bestätigen Sie diesen und den nächsten Dialog mit **Weiter.** Lesen Sie dann den Satz laut vor, den der Mikrofoneinrichtungsassistent Ihnen anzeigt. Auch diesen Dialog bestätigen Sie mit **Weiter**.

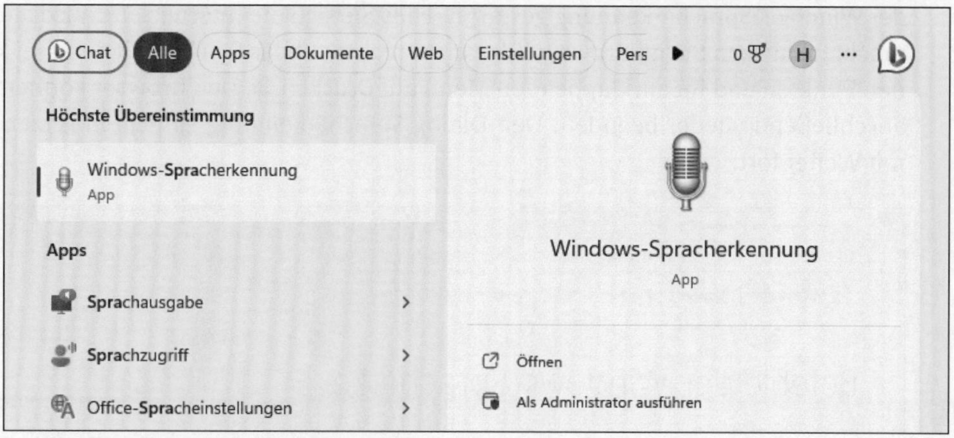

3 Im nächsten Dialog haben Sie die Möglichkeit, die Dokumentprüfung zu aktivieren. Dabei wird der Computer nach gängigen Dokumenten (z. B. E-Mails oder Word-Dokumenten) durchsucht, die Ihren persönlichen Wortschatz enthalten. Falls Ihnen dies aus Gründen des Datenschutzes unangenehm ist, wählen Sie die Option **Dokumentüberprüfung deaktivieren** ❸, bevor es **Weiter** geht.

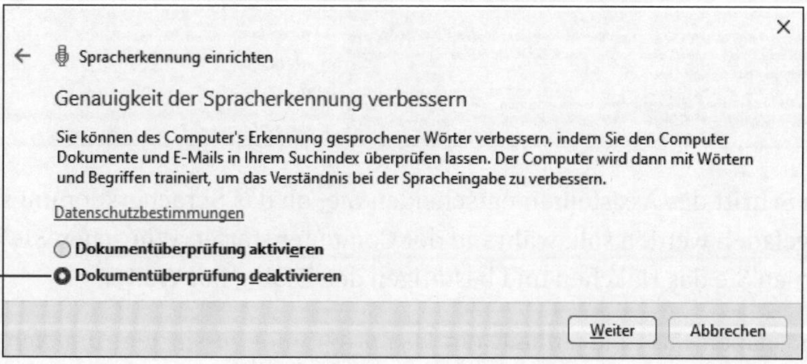

4 Als Nächstes können Sie zwischen dem manuellen Aktivierungsmodus und dem Stimmaktivierungsmodus wählen. Bei Letzterem hört das System dann zu, wenn Sie einen bestimmten Schlüsselbefehl (»Zuhören aktivieren«) per Sprache erteilen. Im manuellen Modus verwenden Sie zur Aktivierung der Spracherkennung die Tastenkombination [Win] + [Strg] + [S]. Diese Variante empfiehlt sich für den Einstieg in die Spracherkennung, da sie zuverlässiger arbeitet als der gesprochene Befehl. Bestätigen Sie die Auswahl wieder mit **Weiter**.

5 Wenn Sie einen Blick auf die wichtigsten Befehle zur Steuerung des Computers sowie auf einige Diktierfunktionen werfen möchten, klicken Sie als Nächstes auf **Referenzblatt anzeigen**. Nun wird der Browser mit einer Übersicht über die **Befehle**

der Windows-Spracherkennung gestartet. Falls Sie sich die Internetseite ausdrucken möchten, klicken Sie im Browser Edge oben rechts auf das Symbol mit den drei kleinen Punkten und im aufklappenden Menü auf **Drucken** ❹. Den Browser können Sie anschließend wieder beenden. Den Dialog **Spracherkennung einrichten** setzen Sie mit **Weiter** fort.

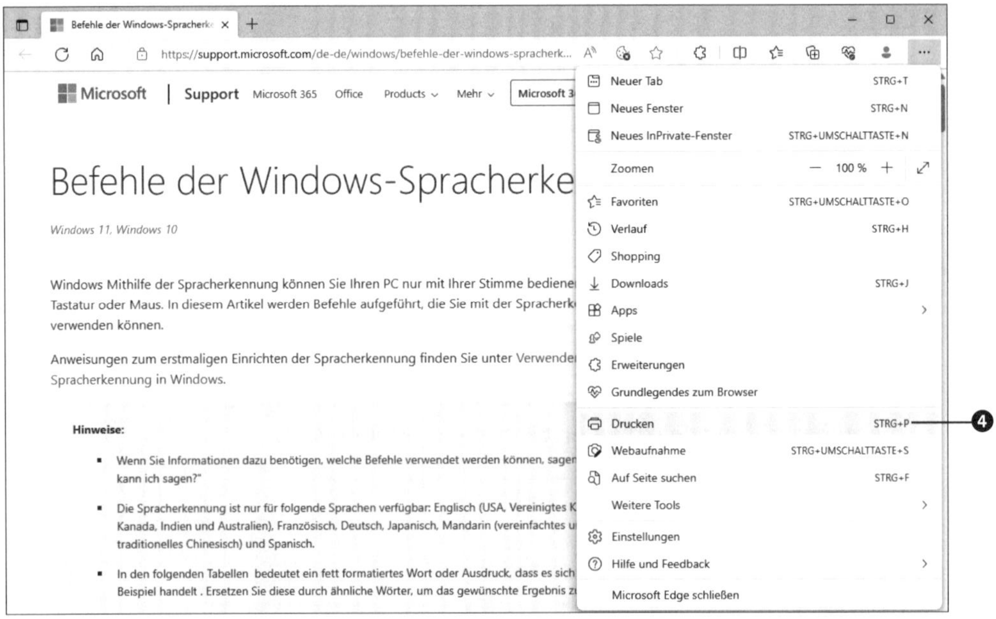

6 Im nächsten Schritt des Assistenten entscheiden Sie, ob das Spracherkennungssystem bereits geladen werden soll, während der Computer startet. Wünschen Sie dies nicht, entfernen Sie das Häkchen und bestätigen den Dialog mit **Weiter**.

7 Anschließend haben Sie Gelegenheit, ein Lernprogramm zu starten, um sich mit den wichtigsten Möglichkeiten Ihres neuen Sprachassistenten vertraut zu machen. Die Bezeichnung »Lernprogramm« ist hier allerdings etwas hoch gegriffen: Sie werden zu einer Microsoft-Webseite geleitet, auf der Sie Informationen zur Einrichtung eines Mikrofons und zur Verwendung der Spracherkennung erhalten. Wenn Sie den Einrichtungsvorgang an dieser Stelle beenden möchten, wählen Sie den Befehl **Lernprogramm überspringen**.

Nun erscheint am oberen Bildschirmrand eine kleine schwebende Steuerschaltfläche, ein sogenanntes *Widget*, zur Steuerung der Spracherkennung (siehe Abbildung 4.11 auf Seite 133). Im nächsten Abschnitt zeige ich Ihnen, wie Sie die Spracherkennung konkret nutzen.

4.4.3 Die Spracherkennung starten

Sobald Sie alle wichtigen Einstellungen zur Nutzung der Windows-Spracherkennung so vorgenommen haben, wie im vorigen Abschnitt beschrieben wurde, können Sie Ihren Computer per Sprache steuern.

Sollten Sie das Widget zur Sprachsteuerung nach der im vorigen Abschnitt gezeigten Einrichtung ausgeblendet haben, rufen Sie im Startmenü die Liste **Alle Apps** auf und dort nacheinander die Einträge **Barrierefreiheit** und **Windows-Spracherkennung**. Auf dem Bildschirm erscheint nun am oberen Rand die schwebende Steuerschaltfläche der Spracherkennung. Die Spracherkennung besitzt drei Modi:

- **Ein**: Die Spracherkennung nimmt Befehle entgegen.
- **Ruhezustand**: Hier wartet das System auf den gesprochenen Befehl »Zuhören starten«. Danach ist die Spracherkennung aktiv.
- **Aus**: Die Spracherkennung ist deaktiviert.

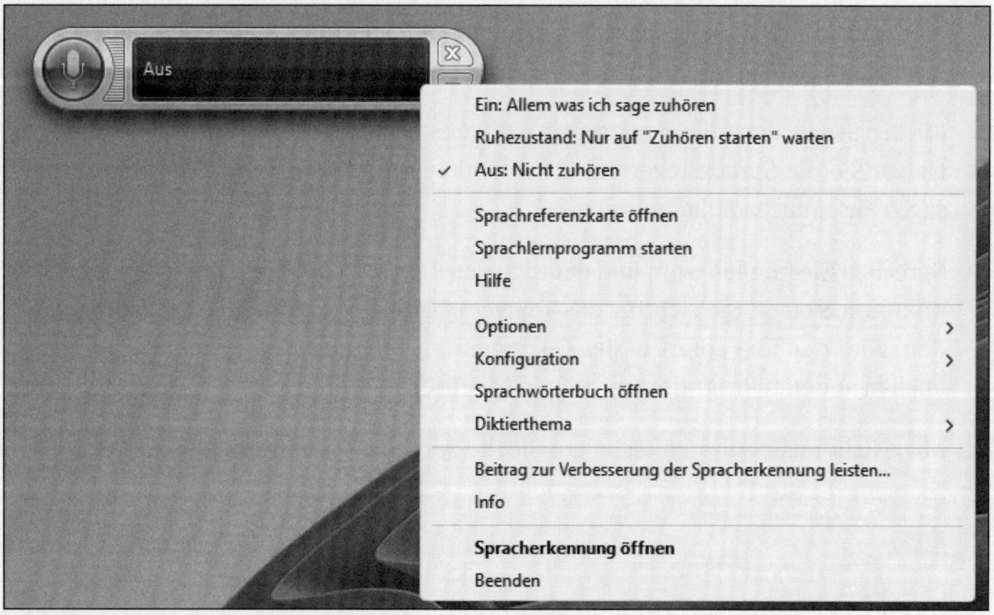

Abbildung 4.11 Über das Kontextmenü der Spracherkennungsschaltfläche erreichen Sie alle wichtigen Befehle zum Konfigurieren oder zum Ausschalten der Windows-Spracherkennung.

Nach dem Aufruf der Windows-Spracherkennung ist diese zunächst ausgeschaltet. Zum Einschalten drücken Sie die Tastenkombination [Win] + [Strg] + [S]. Es empfiehlt sich, stets zwischen Ruhezustand und aktivem Modus zu wechseln. Das können Sie entweder per Sprachbefehl erreichen oder indem Sie auf den Mikrofonknopf in der Steuerschaltfläche klicken. Den Modus **Aus** aktivieren Sie entweder durch erneutes Drücken der Tastenkombination [Win] + [Strg] + [S] oder über das Kontextmenü der Steuerschaltfläche, das Sie mit einem rechten Mausklick auf die Schaltfläche aufrufen.

4.4.4 Ein Diktat durchführen

Die Windows-Spracherkennung lässt sich gut zum Diktieren längerer Texte nutzen. Um ein erstes Diktat auszuprobieren, gehen Sie folgendermaßen vor:

1. Öffnen Sie ein Textverarbeitungsprogramm. Haben Sie kein solches Programm (wie etwa Word) installiert, können Sie auch *WordPad* nutzen. Zum Öffnen geben Sie im Suchfeld der Taskleiste den Suchbegriff »WordPad« ein. In der Trefferliste klicken Sie auf **WordPad – App**. Seit Windows 11 24H2 bietet Microsoft das kostenlose Programm leider nicht mehr an.
2. Platzieren Sie den Mauszeiger im Dokument an der Stelle, an der der diktierte Text erscheinen soll.
3. Klicken Sie auf den Mikrofonknopf in der Steuerschaltfläche der Spracherkennung ❶. Haben Sie die Sprachsteuerung aktiviert und befindet sich diese im Ruhezustand, sagen Sie einfach »Zuhören starten«.
4. Sprechen Sie nun langsam und deutlich den Text, den Sie diktieren möchten, in das Mikrofon. Haben Sie sich für das Textverarbeitungsprogramm WordPad entschieden, wird der Text sofort in das Dokument eingefügt ❷. Das funktioniert genauso auch in anderen Programmen, z. B. in Microsoft Word.
5. Mit »Nicht mehr zuhören« schalten Sie die Spracherkennung wieder aus.

Nicht immer ist der Text, den die Spracherkennung zu hören meint, auch richtig. Die eine oder andere Korrektur ist sicherlich immer notwendig. In Abschnitt 4.4.6, »Die Spracherkennung trainieren«, ab Seite 136 zeige ich Ihnen, wie Sie die Qualität der Spracherkennung noch verbessern können.

4.4.5 Den Computer per Sprache steuern

Mit der in Windows 11 integrierten Spracherkennung lässt sich Ihr Computer auch steuern. Probieren Sie beispielsweise folgende Sprachbefehle aus:

- »Start«: Öffnet das Startmenü von Windows.
- »Windows S drücken«: Dieser Sprachbefehl entspricht der Tastenkombination [Win] + [S], mit der Sie das Suchfeld in der Taskleiste aktivieren, um anschließend eine Suchanfrage zu stellen.
- »Bildlauf nach unten«: Blättert in einem aktiven Fenster nach unten.
- »WordPad starten«: Startet das Programm WordPad. Dieser Befehl funktioniert mit den meisten Programmen bzw. Apps des Computers.
- »Zu WordPad wechseln«: Wechselt zur genannten (geöffneten) App, wenn mehrere Fenster geöffnet sind.
- »Spracherkennung minimieren/maximieren«: Minimiert bzw. maximiert die frei schwebende Schaltfläche der Spracherkennung.
- »Öffnen«: Startet den **Öffnen**-Befehl aus einem aufgeklappten Menü.

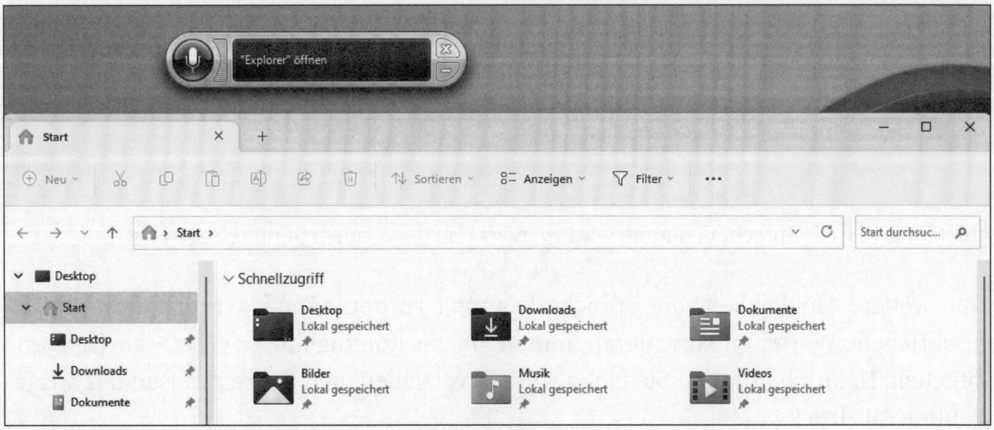

Abbildung 4.12 Steuern Sie Windows 11 mit Ihrer Stimme.

INFO

Die Befehle der Windows-Spracherkennung im Blick
Auf der Internetseite *https://support.microsoft.com/de-de/help/12427/windows-speech-recognition-commands* erhalten Sie einen Überblick über die Sprachbefehle, die von Windows unterstützt werden. Die Internetseite erreichen Sie auch, wenn Sie mit der rechten Maustaste auf die schwebende Schaltfläche der Spracherkennung klicken und dort den Befehl **Sprachreferenzkarte öffnen** auswählen.

4.4.6 Die Spracherkennung trainieren

Gerade bei der Aufnahme von Diktaten ist es wichtig, dass sich das System optimal auf die Sprache des Diktierenden einstellen kann. Zu diesem Zweck gibt es mehrere Möglichkeiten, die Spracherkennung zu optimieren.

Klicken Sie mit der rechten Maustaste auf die Schaltfläche der Spracherkennung, und wählen Sie den Eintrag **Konfiguration ▸ Spracherkennung verbessern**. Anschließend startet der Assistent zum **Stimmtraining für die Spracherkennung**. Folgen Sie hier einfach den Anweisungen, und lesen Sie die angezeigten Texte vor, die Sie zugleich über wesentliche Elemente der Spracherkennung informieren.

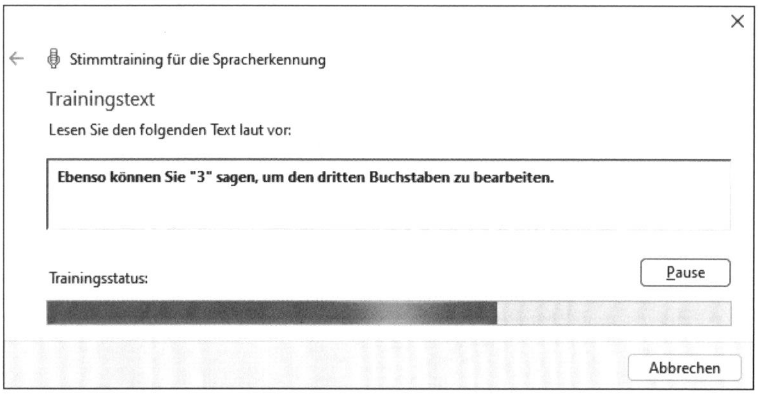

Abbildung 4.13 Die Spracherkennung wird trainiert und der eigenen Stimme angepasst.

Eine weitere Möglichkeit, die Spracherkennung zu optimieren, besteht darin, falsch geschriebene Wörter zu korrigieren, indem Sie das Kommando »<Wort> korrigieren« sprechen. Dadurch erhalten Sie eine Liste mit verschiedenen Schreibweisen des ausgewählten Ausdrucks.

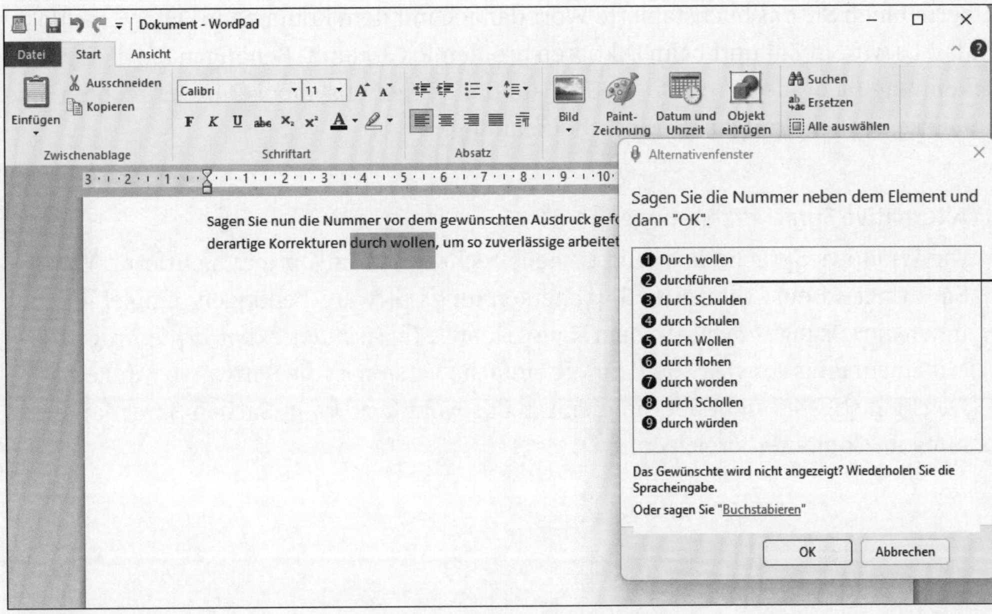

Abbildung 4.14 Regelmäßiges Korrigieren verbessert die Erkennungsrate. Im vorliegenden Fall wird durch Sprechen der Nummer »2« das Wort »durchführen« ❶ ausgewählt.

Sagen Sie nun die Nummer vor dem gewünschten Ausdruck, gefolgt von »Okay«. Je häufiger Sie derartige Korrekturen durchführen, desto zuverlässiger arbeitet die Spracherkennung. Schließlich haben Sie bei komplizierten Ausdrücken und Wörtern noch die Möglichkeit, diese dem Spracherkennungssystem zu buchstabieren. Sagen Sie dazu einfach »Buchstabieren«, und diktieren Sie das gewünschte Wort buchstabenweise (im Beispiel »Groß A n d r o i d«).

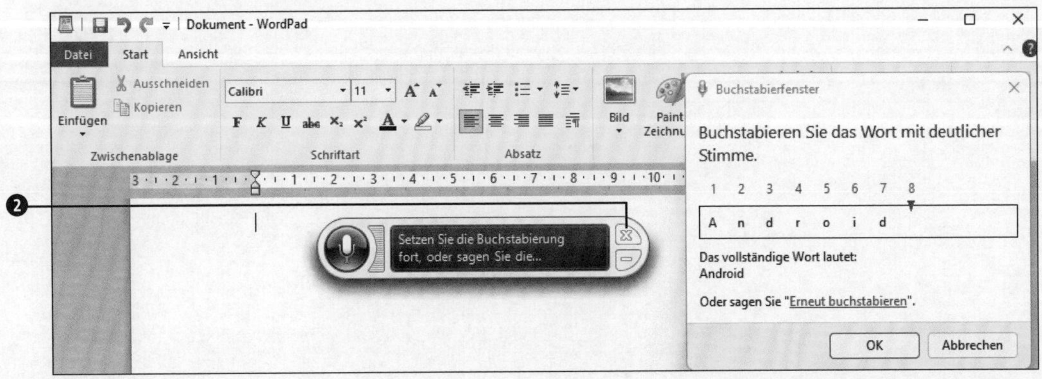

Abbildung 4.15 Indem Sie sie buchstabieren, bringen Sie dem System auch exotische Wörter bei.

Übernehmen Sie das buchstabierte Wort danach mit dem Kommando »Okay« ins Vokabular. Es wird in Zukunft beim Diktieren problemlos erkannt. Benötigen Sie die Spracherkennung nicht mehr, reicht ein Klick auf das Schließensymbol ❷ in der rechten oberen Ecke der Schaltfläche der Spracherkennung.

TIPP

Alternative Spracherkennungen

Die Windows-Spracherkennung ist noch recht weit vom Optimum entfernt. Wenn Sie dringend eine sehr gute Spracherkennungssoftware benötigen, empfehle ich Ihnen die Lösung *Dragon* aus dem Hause Nuance (*www.nuance.com/de-de/dragon/*). Mit einem Preis von fast 200 € für die einfache Version ist die Software zwar keineswegs günstig, sie stellt aber momentan das Nonplusultra in Sachen Spracherkennung im Computerbereich dar.

5 Benutzerkonten anlegen und verwalten

Die Benutzerkonten unter Windows 11 sind Bestandteil eines mächtigen Sicherheitskonzepts. Denn sie stellen sicher, dass kein Unberechtigter entweder direkt am Computer oder auch von außen per Internet Zugriff auf sensible Daten erhält. Dieses Kapitel zeigt, wie Sie weitere Benutzerkonten auf Ihrem Windows 11-Computer anlegen und diese geeignet absichern. Darüber hinaus gebe ich Ihnen einen Einblick in die sogenannte *Benutzerkontensteuerung*, die verhindert, dass Schadprogramme Macht über Ihren Computer erlangen.

5.1 Sicherheitsaspekte – Administrator versus Standardbenutzer

Auf Ihrem Windows-Computer lassen sich mehrere Benutzerkonten anlegen. Die erste Aufforderung, ein Konto einzurichten, erhalten Sie bereits, wenn Sie Ihren Computer nach der Installation von Windows 11 das erste Mal starten. Wie in Abschnitt 1.4, »Von null auf Windows 11«, ab Seite 31 beschrieben, bietet Microsoft Ihnen hier nur noch die Erstellung eines Benutzerkontos an, das mit einem Microsoft-Konto verknüpft ist. Ein lokales Konto lässt sich nur noch mithilfe eines kleinen Tricks einrichten. Das lokale Konto gilt ausschließlich für den Computer, auf dem es eingerichtet wurde. Das Microsoft-Konto dagegen gestattet die Synchronisierung Ihrer Daten auf mehreren Geräten, sofern Sie sich auf diesen mit dem gleichen Microsoft-Konto anmelden. Beide Kontotypen werden so angelegt, dass der Benutzer über Administratorrechte verfügt. Ein Administrator hat nahezu uneingeschränkte Macht über den Computer. Er kann beliebige Programme installieren und löschen und hat Zugang zu sämtlichen Bereichen der **Einstellungen**-App und der **Systemsteuerung**.

Windows bietet aber noch einen weiteren Kontotyp an, den sogenannten *Standardbenutzer*. Dieser Kontotyp gestattet den »normalen« Windows 11-Anwendern und -Anwenderinnen, auf ihre eigenen Dateien zuzugreifen, diese zu bearbeiten und zu löschen. Es ist ihnen aber nicht möglich, Administrationsaufgaben vorzunehmen, wie z. B. neue Benutzer anzulegen oder einen Netzwerkzugang einzurichten. Jedes zusätzlich zum ersten Benutzerkonto eingerichtete Konto ist zunächst üblicherweise mit Standardbenutzerrechten versehen.

TIPP

Bin ich Administrator oder nicht?

Das erste Benutzerkonto, das auf dem Computer eingerichtet wird, besitzt immer Administratorrechte. Wenn Sie gerne prüfen möchten, ob Sie als Administrator angemeldet sind oder nicht, rufen Sie das Startmenü per Klick auf das Windows-Logo auf. Klicken Sie dann am unteren Rand auf Ihren Benutzernamen und im aufklappenden Menü auf **Kontoeinstellungen ändern**. Im Einstellungen-Dialog, der nun geöffnet wird, können Sie direkt unterhalb Ihres Benutzernamens ablesen, ob Sie Administrator sind oder lediglich ein Standardbenutzer.

Warum die Unterscheidung zwischen diesen beiden Kontotypen aus Sicherheitsaspekten so wichtig ist, zeigt ein kleines Beispiel. Stellen Sie sich vor, Sie möchten ein Programm installieren. Dazu laden Sie die entsprechende Installationsdatei aus dem Internet und stoßen die Installation per Doppelklick auf die Datei an. Sind Sie als Administrator am Computer angemeldet, erscheint nur ein kurzer Dialog, der mit **Ja** (sprich, das Programm darf Änderungen am Computer vornehmen) bzw. **Nein** (Änderungen dürfen nicht vorgenommen werden) quittiert werden muss. Das ist schnell geschehen.

Abbildung 5.1 Installationsversuch von einem Standardbenutzerkonto (rechts) und einem Administratorkonto (links)

Was aber, wenn gar nicht Sie selbst die Installation der Software initiiert haben, sondern wenn es sich bei dem Programm um eine Schadsoftware handelt, die z. B. per E-Mail auf Ihren Computer gelangt ist? Sollten Sie einen Moment unaufmerksam gewesen sein und den Hinweis schnell per **Ja** bestätigt haben, ist der anschließende Schaden groß. Sind Sie dagegen nicht als Administrator, sondern als Standardbenutzer am Computer angemeldet, bietet Windows 11 Ihnen etwas mehr Schutz. In diesem Fall wird zwar bei der Installation einer Software ebenfalls ein Hinweis eingeblendet. Hier reicht allerdings nicht die Bestätigung per **Ja** oder **Nein**. Stattdessen müssen Sie das Administratorkonto auswählen und das Kennwort dieses Kontos angeben. Diese wenigen Schritte mehr reichen häufig aus, damit nicht versehentlich Aktionen am Computer ausgeführt werden, die eigentlich unerwünscht sind.

Daraus ergibt sich die goldene Regel zur Absicherung Ihres Computers: Erstellen Sie zusätzlich zum Konto, das während der Installation angelegt wurde, noch ein weiteres Konto, das nicht über Administratorrechte verfügt. Melden Sie sich dann stets für die alltäglichen Arbeiten am Computer mit dem Standardbenutzerkonto an. Dadurch ist sichergestellt, dass Sie im Eifer des Gefechts die Nachfrage der Benutzerkontensteuerung nicht durch einfaches Anklicken abnicken und sich im Extremfall Schadsoftware einfangen. Wie Sie ein solches Benutzerkonto einrichten, erfahren Sie im nächsten Abschnitt. Sollten mehrere Nutzer mit Ihrem Computer arbeiten, ist es ebenfalls wichtig, dass jeder von Ihnen über ein eigenes Konto verfügt. Schließlich möchten Sie bestimmt nicht, dass Ihr Sohn Zugriff auf die Excel-Dateien der Firma erhält, und dieser ist sicherlich auch nicht begeistert, wenn Sie in seinen höchst privaten Fotos der letzten Klassenfahrt stöbern.

INFO

Multiuser versus Multitasking

Zwei Begriffe werden im Zusammenhang mit Benutzerkonten öfter verwechselt: *Multiuser* und *Multitasking*. *Multiuser* bedeutet, dass sich mehrere Benutzer ein und denselben Computer teilen. Windows 11 ist ein typisches Multiuser-System, denn an einem Windows-Computer können mehrere Benutzer arbeiten.

Multitasking heißt hingegen, dass mehrere Aufgaben scheinbar parallel abgearbeitet werden können. Das heißt, Sie können z. B. in einem Fenster eine aufwendige Berechnung mit Excel durchführen und parallel dazu in einem anderen Fenster ein Word-Dokument bearbeiten. Das Ganze läuft natürlich streng genommen nicht parallel ab. Vielmehr ist es so, dass sich die beiden Programme abwechselnd Prozessorzeit teilen, was allerdings mit solch einer Geschwindigkeit geschieht, dass es uns Anwendern wie eine parallele Bearbeitung erscheint.

5.2 Ein neues Benutzerkonto anlegen

In diesem Abschnitt erfahren Sie, wie Sie selbst ein neues Benutzerkonto (auf Englisch *account*) anlegen. Dazu müssen Sie als Administrator angemeldet sein. Dies ist z. B. bei dem Konto der Fall, das Sie während der ersten Konfiguration des Computers eingerichtet haben. Bei der Einrichtung des Benutzerkontos können Sie zwischen zwei Kontovarianten wählen: einem mit einem *Microsoft-Konto* verknüpften Benutzerkonto und dem lokalen Konto. Die Verknüpfung mit einem Microsoft-Konto hat den Vorteil, dass Sie damit direkt Zugang zu diversen Diensten von Microsoft haben, wie etwa dem *Microsoft Store*, über den Sie weitere Apps erwerben können (siehe Abschnitt 9.2, »Apps aus dem Microsoft Store installieren«, ab Seite 367).

Auch für die Nutzung des Onlinespeichers *OneDrive* benötigen Sie ein Microsoft-Konto. OneDrive werden Sie noch ausführlicher in Abschnitt 8.6, »Den Onlinespeicher One-Drive nutzen«, ab Seite 324 kennenlernen. Um diese Dienste nutzen zu können, muss der Computer mit dem Internet verbunden sein.

Ein *lokales Konto* existiert nur auf dem Computer, auf dem es eingerichtet wurde. Sie können übrigens jederzeit ein lokales Konto in ein Microsoft-Konto umwandeln und umgekehrt. Wie dies funktioniert, erfahren Sie in Abschnitt 5.2.2, »Ein Microsoft-Konto einrichten«, ab Seite 147.

TIPP

Ein Benutzerkonto für Kinder einrichten

Unter Windows 11 haben Sie die Möglichkeit, ein spezielles Benutzerkonto für Kinder einzurichten. Mit diesem können Sie z. B. ein Zeitlimit festlegen, sodass das Kind nicht endlos am Computer sitzt. Zusätzlich können Sie vorgeben, welche Programme genutzt werden dürfen und welche nicht. Für die Einrichtung eines solchen Kontos müssen Sie allerdings mit einem Microsoft-Konto am PC angemeldet sein. In Abschnitt 5.5, »Konten für Familienmitglieder verwalten«, ab Seite 158 stelle ich Ihnen diese Art von Benutzerkonto noch ausführlich vor.

5.2.1 Ein lokales Konto erstellen

Wenn Sie ein lokales Benutzerkonto einrichten möchten, gehen Sie folgendermaßen vor:

1. Stellen Sie sicher, dass Sie als Administrator am Computer angemeldet sind (siehe auch den Kasten »Bin ich Administrator oder nicht?« auf Seite 140).

2 Rufen Sie über das Startmenü per Klick auf **Einstellungen** die Einstellungen-App auf. Alternativ können Sie auch die Tastenkombination [Windows] + [I] drücken. In der App wählen Sie links die Kategorie **Konten** ❶.

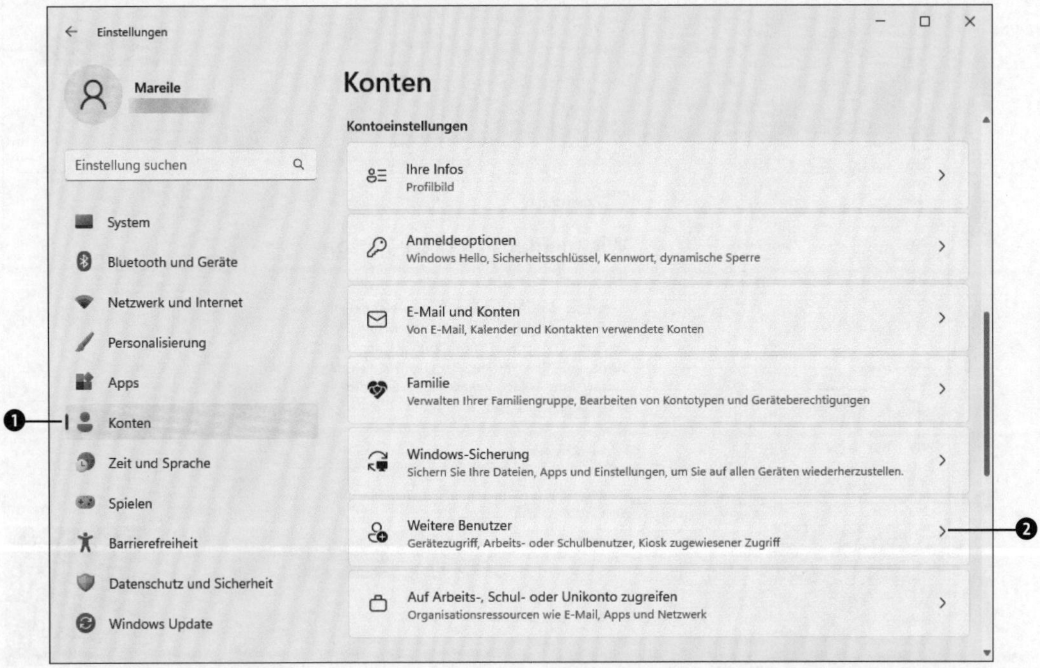

3 Um ein neues Konto zu erstellen, klicken Sie in der rechten Fensterhälfte auf **Weitere Benutzer** ❷.

4 Auf der folgenden Seite klicken Sie im Bereich **Andere Benutzer** auf **Konto hinzufügen** ❸.

5 Nun werden Sie gefragt, wie sich die Person am neuen Konto anmelden möchte. Zur Wahl stehen das Microsoft-Konto sowie das lokale Konto. Auf die Einrichtung des Microsoft-Kontos gehe ich in Abschnitt 5.2.2, »Ein Microsoft-Konto einrichten«, ab Seite 147 ein. Um ein lokales Konto zu erstellen, klicken Sie auf **Ich kenne die Anmeldeinformationen für diese Person nicht** ❹.

6 Im nächsten Dialog klicken Sie auf **Benutzer ohne Microsoft-Konto hinzufügen** ❺.

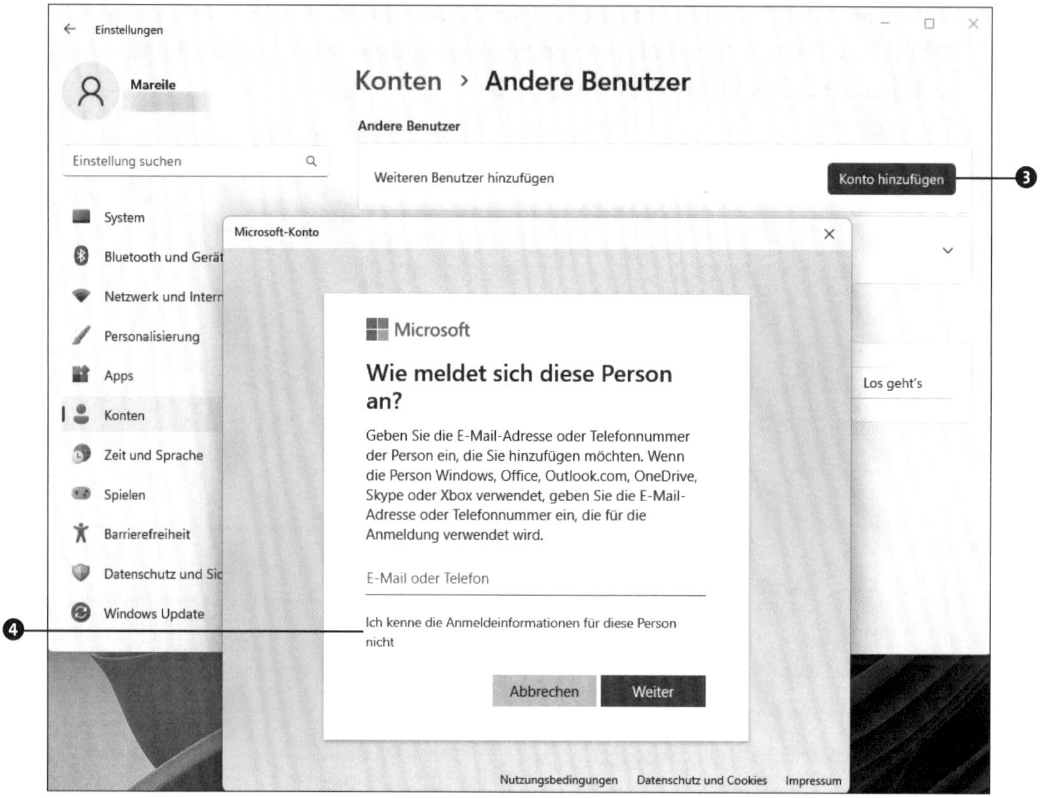

7 Im Dialog **Benutzer für diesen PC erstellen** geben Sie in das Feld **Von wem wird dieser PC genutzt?** einen Benutzernamen ❻ ein. Dies kann der vollständige Name oder auch eine Abkürzung sein. In das Feld direkt unterhalb von **Achten Sie auf Sicherheit** tragen Sie das Kennwort für das Benutzerkonto ein ❼ und wiederholen es im nächsten Feld ❽.

8 Für den Fall, dass Sie einmal Ihr Kennwort vergessen und sich somit nicht mehr am PC anmelden können, sollten Sie die drei Sicherheitsfragen beantworten (siehe auch den Kasten »Das Kennwort mithilfe der Sicherheitsfragen zurücksetzen« auf Seite 146). Um die Felder einzublenden, blättern Sie gegebenenfalls im Dialog etwas nach unten. Nach einem Klick in das erste Feld ❾ wählen Sie eine der vorgegebenen Fragen aus. Tragen Sie die Antwort in das zweite Feld ein ❿. Wiederholen Sie dies mit den beiden anderen Sicherheitsfragen. Bestätigen Sie die Eingaben über die Schaltfläche **Weiter**.

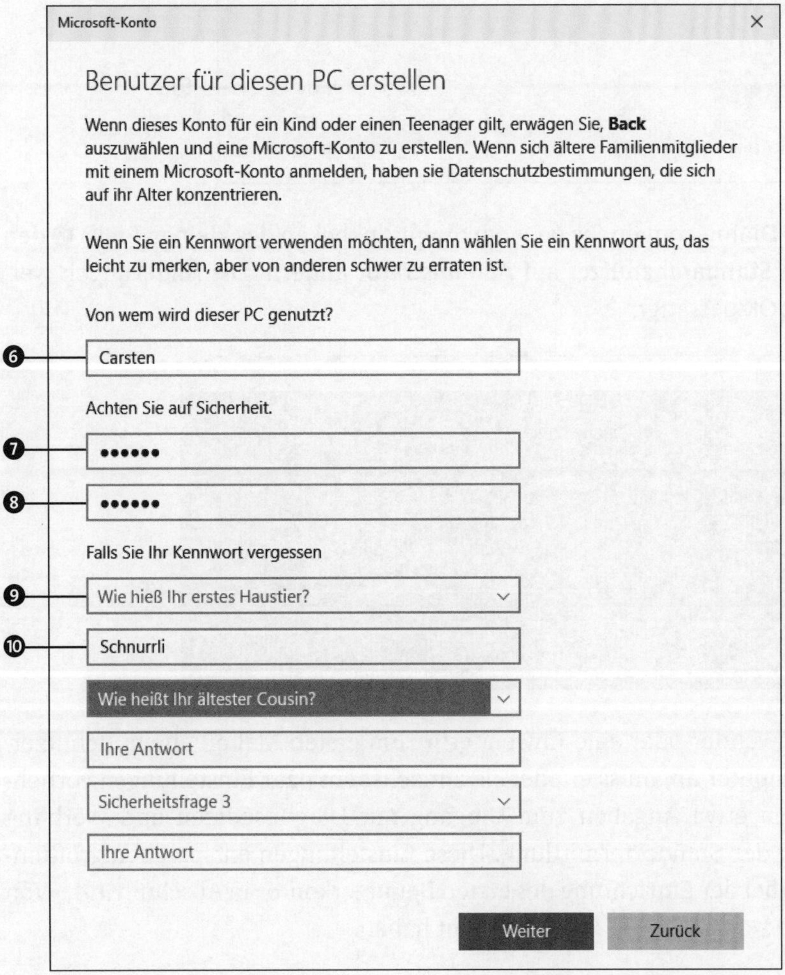

Das neu erstellte Konto erscheint in der Übersicht. Bei diesem Benutzerkonto handelt es sich zunächst um einen Standardbenutzer. Wenn Sie der Person ebenfalls Administratorrechte einräumen möchten, gehen Sie folgendermaßen vor:

9 Klicken Sie einmal auf das gerade erzeugte Benutzerkonto und anschließend auf die nun sichtbare Schaltfläche **Kontotyp ändern** ⓫.

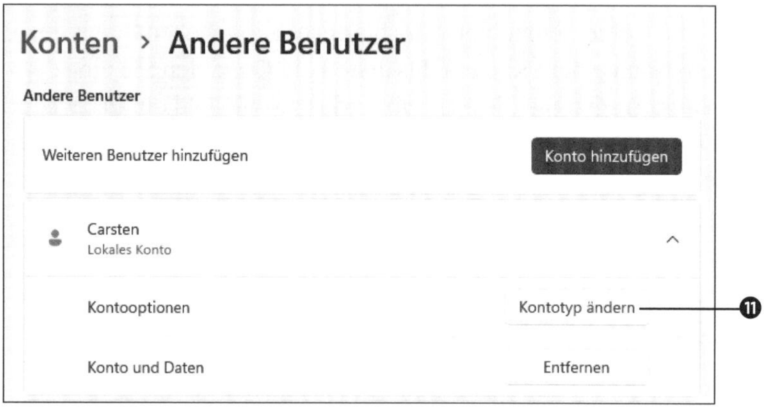

10 Im folgenden Dialog können Sie bequem durch Anklicken des kleinen Pfeils ⓬ den Kontotyp von **Standardbenutzer** auf **Administrator** ändern. Die Änderungen werden dann mit **OK** bestätigt.

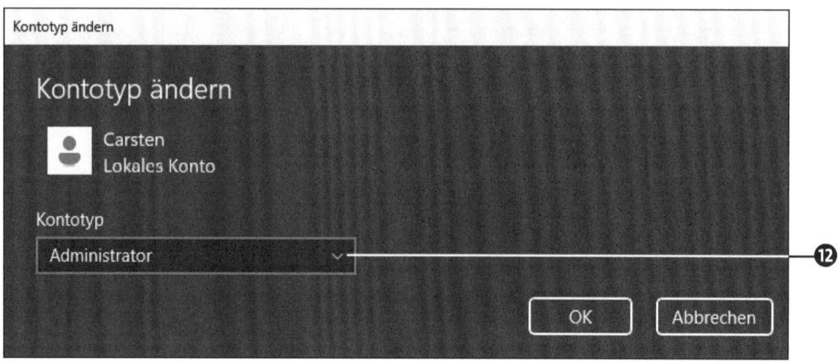

Meldet sich ein Anwender oder eine Anwenderin zum ersten Mal an einem Benutzerkonto auf dem Computer an, muss er oder sie zunächst ein paar Einstellungen vornehmen. Hierzu zählen etwa Angaben zum Umgang mit Diagnosedaten und Werbung sowie zur Nutzung der Standortermittlung. Diese Einstellungen entsprechen größtenteils denen, die Sie bei der Einrichtung des ersten Benutzerkontos in Abschnitt 1.4, »Von null auf Windows 11«, ab Seite 31 kennengelernt haben.

INFO

Das Kennwort mithilfe der Sicherheitsfragen zurücksetzen

Sie können sich beim besten Willen nicht mehr an das Kennwort Ihres lokalen Benutzerkontos erinnern? Bei der Anmeldung am PC erscheint entsprechend nach

Eingabe des falschen Kennwortes immer wieder der Hinweis **Das Kennwort ist falsch, wiederholen Sie den Vorgang**. Dank der drei Sicherheitsfragen bietet Ihnen Windows 11 nun die Möglichkeit, das Kennwort zurückzusetzen und ein neues anzulegen. Bestätigen Sie den gerade erwähnten Hinweis mit **OK**, und klicken Sie dann auf **Kennwort zurücksetzen**. Es werden nun die drei Sicherheitsfragen eingeblendet. Beantworten Sie die Fragen jeweils in den Feldern **Sicherheitsantwort**. Sobald Sie nach der letzten Antwort die Taste [↵] drücken, können Sie im Feld **Neues Kennwort** ein neues Kennwort vergeben. Bestätigen Sie das Kennwort. Nach Drücken der [↵]-Taste werden Sie erfolgreich am Computer angemeldet.

5.2.2 Ein Microsoft-Konto einrichten

Um bestimmte Dienste von Windows 11 nutzen zu können, benötigen Sie, wie bereits erwähnt, zwingend ein Microsoft-Konto. Um ein solches Microsoft-Konto als weiteres Konto am Computer hinzuzufügen, benötigen Sie Administratorrechte. Die ersten Schritte zur Einrichtung eines mit einem Microsoft-Konto verknüpften Benutzerkontos sind identisch mit den zuvor für die Einrichtung des lokalen Kontos gezeigten Schritten:

1 Rufen Sie **Start ▸ Einstellungen ▸ Konten ▸ Weitere Benutzer** auf.

2 Klicken Sie im Bereich **Andere Benutzer** auf **Konto hinzufügen** ❶.

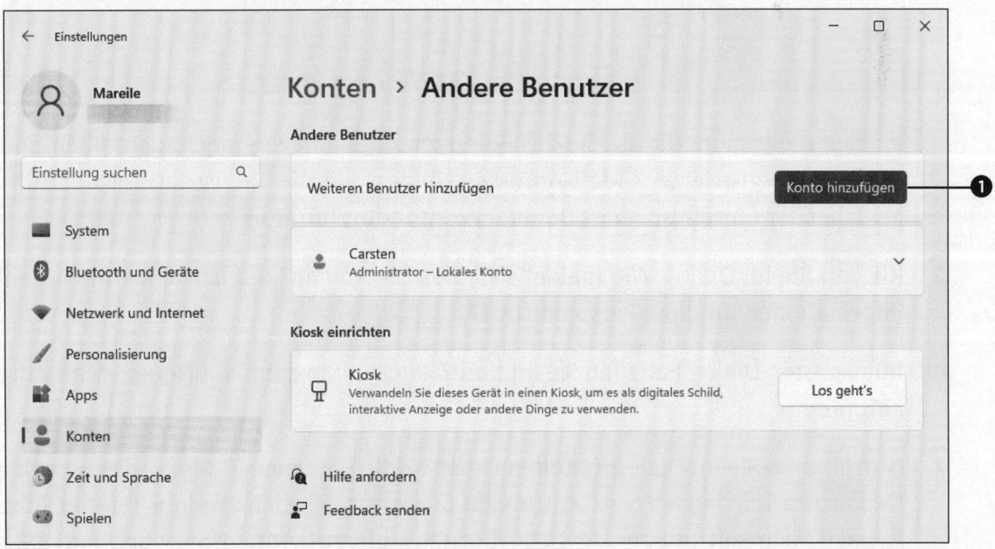

3 Verfügt die Person, für die Sie dieses Benutzerkonto einrichten, bereits über ein Microsoft-Konto, ergänzen Sie im Dialog **Wie meldet sich diese Person an?** im entsprechenden Feld die bereits registrierte E-Mail-Adresse ❷.

4 Bestätigen Sie die Eingabe mit **Weiter** ❸ und anschließend mit **Fertig stellen**, und schon ist dieses neue, mit einem Microsoft-Konto verknüpfte Benutzerkonto eingerichtet. Das neue Konto wird unterhalb von **Andere Benutzer** aufgeführt.

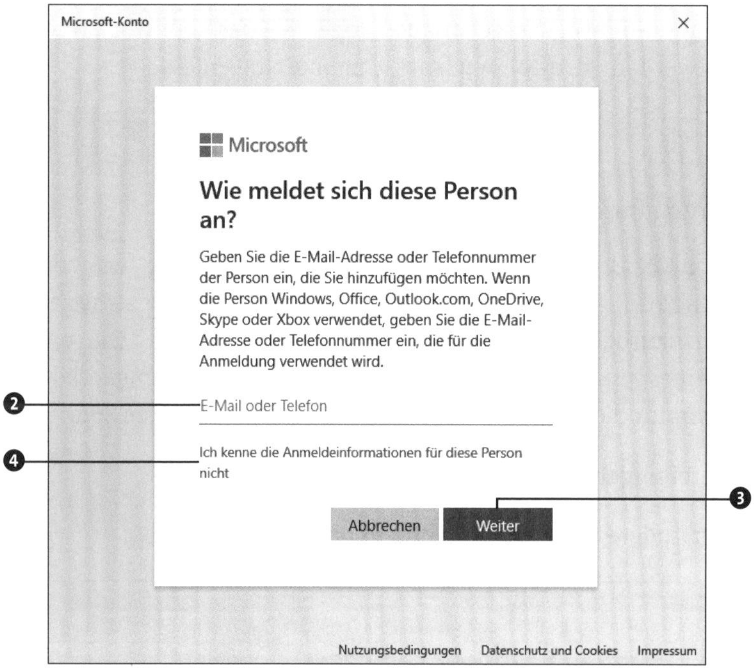

Verfügt die Person, für die Sie das Benutzerkonto anlegen, noch nicht über eine bei Microsoft registrierte E-Mail-Adresse, können Sie die Registrierung der Adresse auch bei der Einrichtung des Benutzerkontos durchführen.

5 Klicken Sie im Dialog **Wie meldet sich diese Person an?** auf **Ich kenne die Anmeldeinformationen für diese Person nicht** ❹.

6 Im nächsten Dialog **Erstellen Sie Ihr Konto** klicken Sie dann auf **Neue E-Mail-Adresse anfordern**.

7 Nun können Sie im Dialog **Erstellen Sie Ihr Konto** eine neue E-Mail-Adresse anlegen. Den ersten Teil der Adresse bestimmen Sie selbst. Für den zweiten Teil der Adresse schlägt Microsoft *outlook.de* vor. Alternativ hierzu können Sie auch *outlook.com* oder *hotmail.com* wählen. Ihre Wunschadresse wird nun sofort geprüft. Sollte die

Adresse bereits vergeben sein, werden Ihnen Alternativen vorgeschlagen. Markieren Sie in diesem Fall einen der Vorschläge, oder probieren Sie selbst einen neuen Namen aus. Ist der Name verfügbar, fahren Sie mit **Weiter** fort.

8 Geben Sie anschließend noch ein Kennwort für das Konto ein ❺. Bestätigen Sie die Eingaben mit **Weiter** ❻.

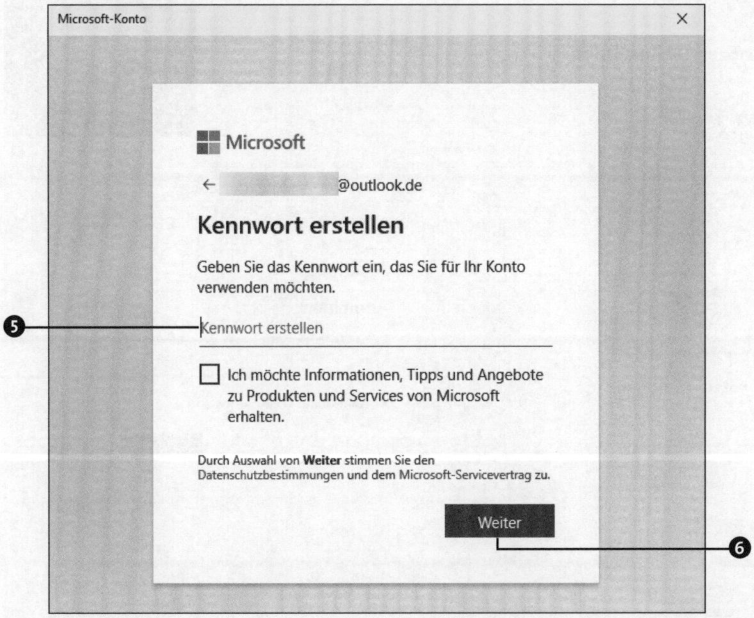

9 Als Nächstes wird nach Ihrem Namen gefragt, den Sie in den beiden Feldern **Vorname** und **Nachname** eintragen. Bestätigen Sie die Angaben mit **Weiter**. Im folgenden Dialog geben Sie Ihr Geburtsdatum ein und klicken wieder auf **Weiter**.

Nun haben Sie auch dieses mit einem neuen Microsoft-Konto verknüpfte Benutzerkonto erfolgreich erstellt. Bei dem neu hinzugefügten Benutzerkonto handelt es sich um einen Standardbenutzer. Soll es stattdessen mit Administratorrechten versehen werden, markieren Sie das Konto, klicken auf **Kontotyp ändern** und wählen im Feld **Kontotyp** den **Administrator** aus. Mit einem Klick auf **OK** bestätigen Sie die Einstellung.

Meldet sich der Anwender das erste Mal mit dem gerade neu erzeugten Microsoft-Konto am Computer an, werden noch ein paar Angaben von ihm oder ihr benötigt. Für eine schnelle und sichere Anmeldung bietet Windows 11 z. B. die Erstellung einer PIN, der sogenannten *Windows-Hello-PIN*, an. Dabei handelt es sich um eine Ziffernfolge, die die Anwenderin selbst nach einem Klick auf **Weiter** festlegt und mit **OK** bestätigt (siehe auch Abschnitt 3.7, »Anmeldeoptionen unter Windows 11 anpassen«, ab Seite 97).

Anstatt ein ganz neues mit einem Microsoft-Konto verknüpftes Benutzerkonto einzurichten, können Sie auch ein bestehendes lokales Konto mit einem Microsoft-Konto verknüpfen. Stellen Sie zunächst sicher, dass Sie sich mit dem betreffenden lokalen Konto angemeldet haben. Rufen Sie dann **Start ▸ Einstellungen ▸ Konten** auf. Wählen Sie rechts die Kategorie **Ihre Infos** aus.

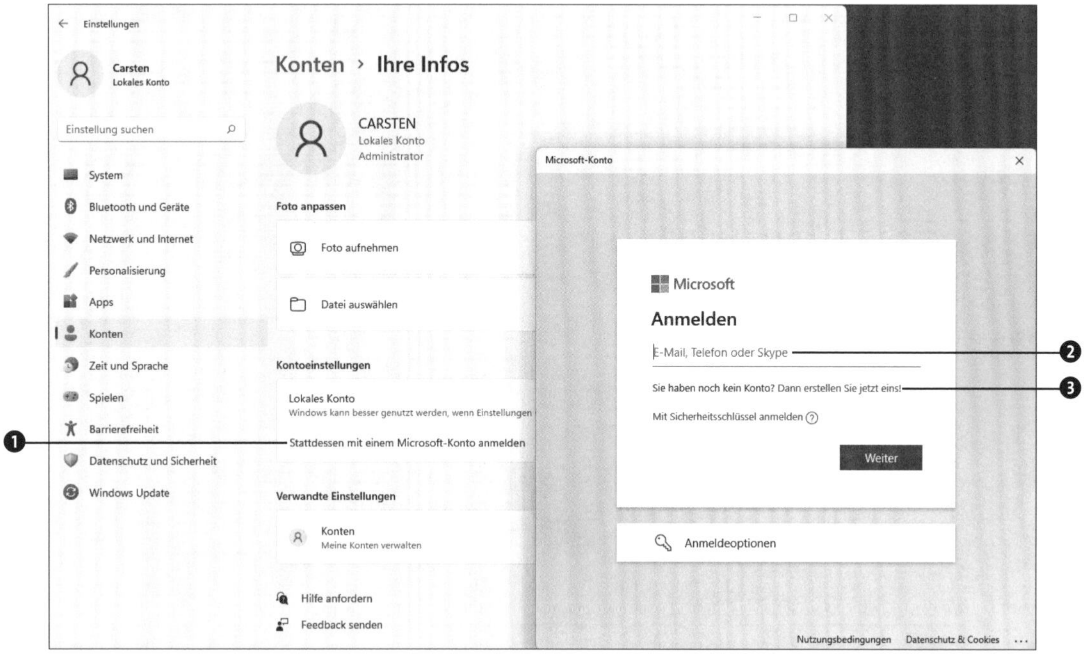

Abbildung 5.2 Verknüpfung eines lokalen Kontos mit einem Microsoft-Konto

Rechts erscheint nun eine Übersicht über Ihr aktuelles Konto. Klicken Sie dort den Link **Stattdessen mit einem Microsoft-Konto anmelden** ❶ an. Im folgenden Dialog können Sie sich dann durch Eingabe der dazugehörigen E-Mail-Adresse ❷ mit einem bereits vorhandenen Microsoft-Konto anmelden und dieses somit mit dem Benutzerkonto verknüpfen. Wer noch kein Microsoft-Konto hat, richtet es über die Schaltfläche **Dann erstellen Sie jetzt eins!** ❸ ein, wie in diesem Abschnitt beschrieben.

Natürlich können Sie auch ein mit einem Microsoft-Konto verknüpftes Benutzerkonto in ein lokales Konto umwandeln. Die Schaltfläche im **Einstellungen**-Dialog ist entsprechend mit **Stattdessen mit einem lokalen Konto anmelden** beschriftet. Nach einem Klick hierauf geben Sie zunächst zur Bestätigung das Kennwort des Microsoft-Kontos an. Im folgenden Dialog werden Sie aufgefordert, einen Namen für das lokale Benutzerkonto anzugeben sowie ein Kennwort, das wie gewohnt wiederholt werden muss. Auch die

Angabe eines Kennworthinweises ist Pflicht. Sobald Sie die Eingaben bestätigt haben, wird die Verknüpfung zum Microsoft-Konto aufgehoben und das Benutzerkonto in ein rein lokales Konto umgewandelt. Das Microsoft-Konto selbst wird hierdurch übrigens nicht gelöscht, sondern wie gesagt nur die Verknüpfung des Benutzerkontos mit dem Microsoft-Konto. Wenn Sie beispielsweise über den Microsoft Store neue Apps auf Ihrem Computer installieren möchten, steht Ihnen Ihr Microsoft-Konto weiterhin zur Verfügung. Weitere Informationen hierzu erhalten Sie in Abschnitt 9.2, »Apps aus dem Microsoft Store installieren«, ab Seite 367.

TIPP

Windows 11 schützt Ihre Kennwörter

Windows 11 bietet einen besonderen Kennwortschutz, den sogenannten *Phishingschutz*. Falls Sie das Kennwort, mit dem Sie sich bei Windows anmelden, auch für die Anmeldung bei als schädlich bekannten Websites oder Anwendungen nutzen, erhalten Sie vom Microsoft Defender SmartScreen eine entsprechende Warnmeldung. Um sicherzustellen, dass der Phishingschutz aktiviert ist, rufen Sie **Start ▸ Einstellungen ▸ Datenschutz und Sicherheit ▸ Windows-Sicherheit** auf. Im Windows-Sicherheit-Center markieren Sie links die Kategorie **App- und Browsersteuerung**. Rechts sollte nun der Regler unterhalb von **Phishingschutz** auf **Ein** gesetzt sein. Das Kontrollkästchen **Mich vor schädlichen Apps und Websites warnen** ist per Standardeinstellung aktiviert. Den optimalen Schutz erhalten Sie, wenn Sie auch noch die beiden weiteren Kontrollkästchen mit einem Häkchen versehen. So werden Sie immer dann informiert, wenn Sie das für die Windows-Anmeldung verwendete Kennwort für andere Apps oder Websites nutzen oder auch in einem Programm wie einem Texteditor eingeben.

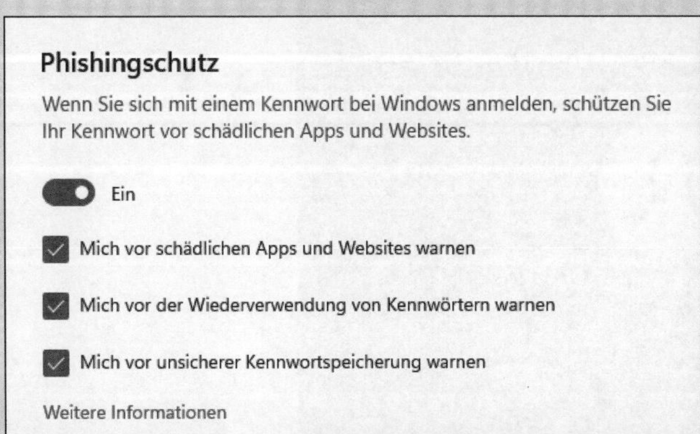

Abbildung 5.3 Der Phishingschutz sorgt dafür, dass Sie sich nicht versehentlich bei schädlichen Websites oder Apps mit Ihrem für die Anmeldung bei Windows genutzten Kennwort anmelden.

5.2.3 Zwischen Benutzerkonten wechseln

Sie haben auf dem PC mehrere Benutzerkonten eingerichtet? Unter Windows 11 ist es ganz einfach, zwischen verschiedenen Konten hin und her zu wechseln:

1 Klicken Sie auf das Windows-Logo am linken Rand der Taskleiste. Am unteren Rand des Startmenüs erscheint das Symbol Ihres aktuellen Kontos ❶, das Sie nun anklicken.

2 Im aufklappenden Menü finden Sie eine Übersicht über sämtliche Benutzerkonten, die auf dem Computer eingerichtet wurden. Sie erkennen am Schlüsselwort **Angemeldet** ob ein Konto aktiv ist, d. h., ob der zugehörige Benutzer angemeldet ist.

3 Um direkt zu einem der aufgeführten Konten zu wechseln, klicken Sie einfach auf das gewünschte Benutzerkonto ❷. Anschließend wird der Anmeldebildschirm eingeblendet, auf dem Sie wie üblich das Kennwort des ausgewählten Benutzerkontos eingeben müssen ❸.

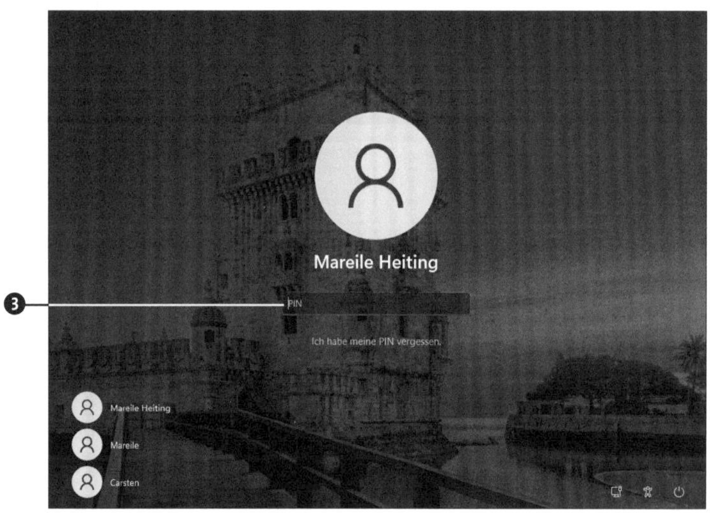

Bei der beschriebenen Vorgehensweise werden Sie nicht vom aktuellen Konto abgemeldet. Wenn nicht Sie selbst, sondern eine andere Person sich am Computer anmelden möchte, sollten Sie sich vor dem Wechsel des Benutzerkontos von Ihrem Konto abmelden.

4 Um sich abzumelden, klicken Sie auf die Schaltfläche **Abmelden** ❹. Nun wird der Anmeldebildschirm eingeblendet, und die Person kann per Mausklick in der Benutzerliste unten links ihr Konto auswählen. Der Benutzername wird nun in der Bildschirmmitte eingeblendet. Nach Eingabe des Kennwortes erfolgt die Anmeldung am Computer.

5.3 Kennwörter verwalten

Nachdem Sie bereits einige neue Benutzer dem System hinzugefügt haben, zeige ich Ihnen nachfolgend, wie man deren Konten verwaltet. Wir beginnen mit der Änderung von Passwörtern bzw. Kennwörtern.

TIPP

Welche Kennwörter sind sicher?

Studien bringen es immer wieder an den Tag: Die am häufigsten verwendeten Passwörter lauten tatsächlich *123456*, *passwort* und *qwertz*. Diese Zeichenfolgen sind selbst von Laien schnell zu erraten. Wie aber erstellen Sie ein recht sicheres Passwort, das Sie sich gut merken können, das auf der anderen Seite aber nur schwer zu hacken ist? Das Geheimnis ist hier ein sogenannter Schlüsselsatz, den Sie um Zahlen und Sonderzeichen ergänzen. Beispiel: Der Satz »Hier kommt niemand rein, ohne mich zu fragen!« wird abgekürzt zu *Hk0r,omzf!*. Diese Zeichenfolge besitzt alles, was ein gutes Passwort auszeichnet: Groß- und Kleinbuchstaben, Ziffern sowie Sonderzeichen. Grundsätzlich gilt: Je länger und komplexer ein Passwort ist, desto besser ist es.

5.3.1 Das Kennwort des eigenen lokalen Benutzerkontos ändern

Aus Sicherheitsgründen ist es angebracht, regelmäßig das Kennwort des Benutzerkontos zu ändern. Wie Sie hierzu bei einem Microsoft-Konto vorgehen, erfahren Sie in Abschnitt 5.8, »Das Microsoft-Konto verwalten«, ab Seite 172. Sind Sie mit dem lokalen Benutzerkonto am PC angemeldet, gehen Sie folgendermaßen vor:

1 Rufen Sie über das Startmenü die **Einstellungen** auf, und wechseln Sie in die Kategorie **Konten** ❶.

2 Markieren Sie in der rechten Fensterhälfte die **Anmeldeoptionen** ❷.

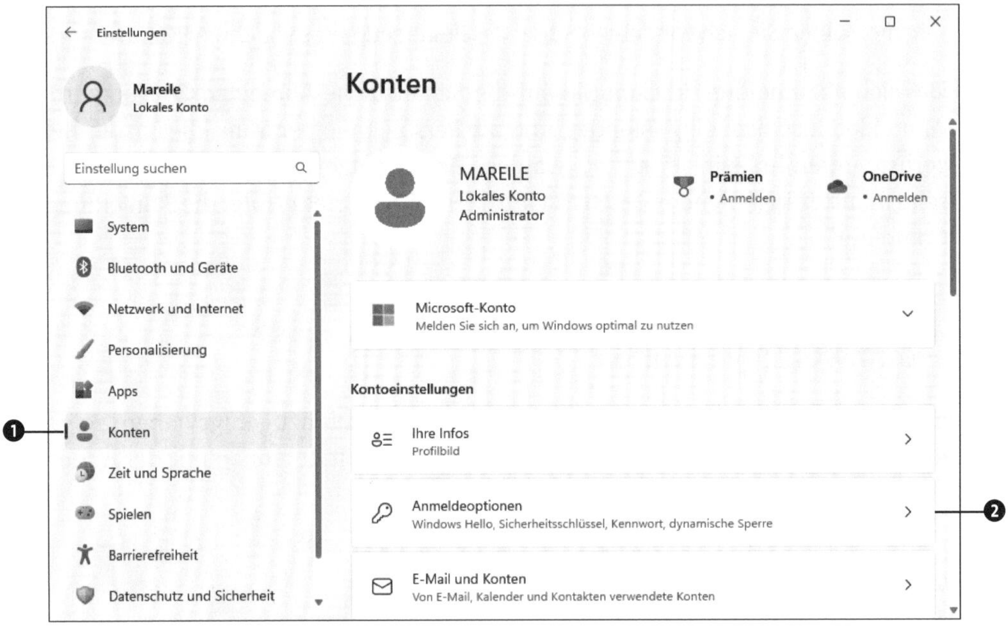

3 Blättern Sie auf der folgenden Seite gegebenenfalls etwas nach unten bis zur Option **Kennwort**. Klicken Sie darauf und dann auf **Ändern** ❸.

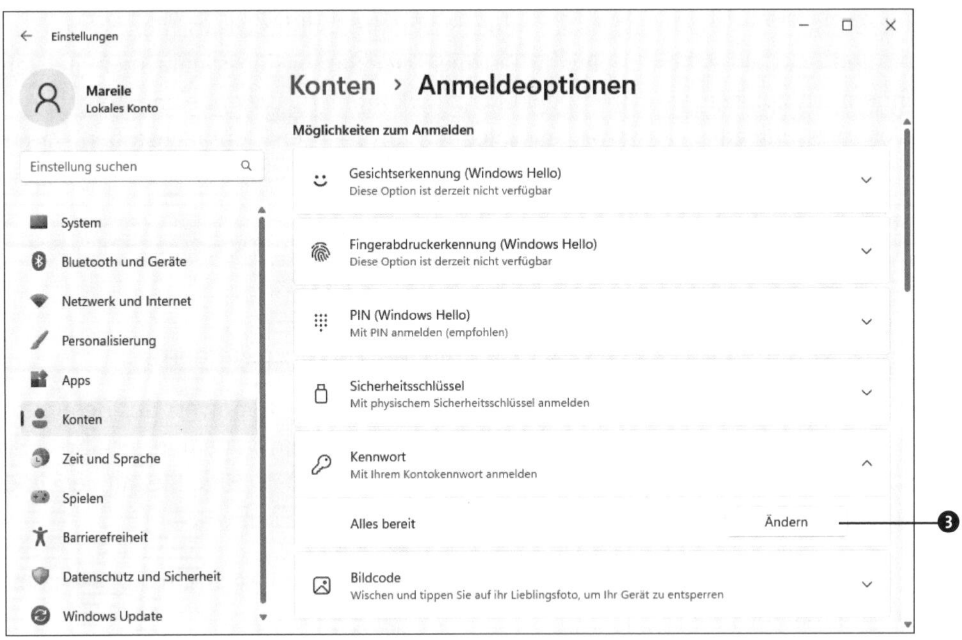

4 Im nächsten Dialog geben Sie in das entsprechende Feld zunächst das alte, noch aktuelle Kennwort ein ❹. Wenn Sie eine PIN eingerichtet haben, wird diese zuweilen ebenfalls abgefragt. Bestätigen Sie mit **Weiter**.

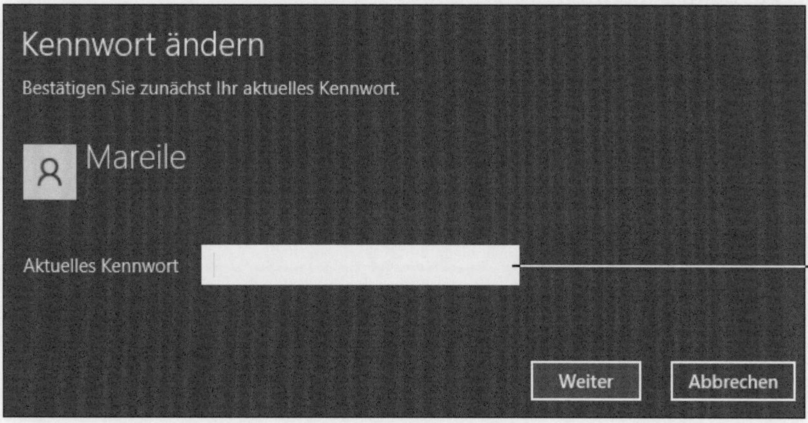

5 Geben Sie in das Feld **Neues Kennwort** das neue Passwort ein. Wiederholen Sie es im Feld **Kennwort bestätigen**, und vergessen Sie nicht, einen **Kennworthinweis** anzugeben. Nach einem Klick auf **Weiter** sowie **Fertig stellen** gilt zukünftig das gerade neu vergebene Kennwort für die Anmeldung am Computer.

5.3.2 Das Kennwort und den Kontonamen eines anderen Benutzers ändern

Wenn Sie als Administrator am Computer angemeldet sind, dürfen Sie auch das Kennwort eines anderen Benutzers auf dem Computer ändern. Dies ist allerdings nur für ein lokales Konto mit Standardbenutzerrechten möglich. Der Weg führt Sie hier über die **Systemsteuerung**:

1 Geben Sie im Suchfeld der Taskleiste »Systemsteuerung« ein. Sobald Sie in der Ergebnisliste den Eintrag **Systemsteuerung – App** ausgewählt haben, wird auch schon der Dialog **Systemsteuerung** geöffnet. Klicken Sie hier sowie im nächsten Dialog jeweils auf **Benutzerkonten**.

2 Im **Benutzerkonten**-Dialog klicken Sie auf **Anderes Konto verwalten** ❶.

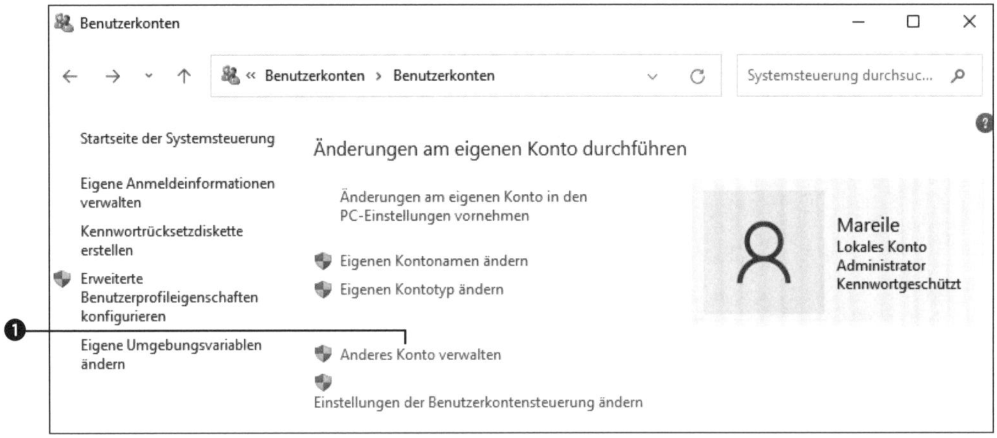

3 Sie gelangen zu einer Übersicht über alle auf dem Computer eingerichteten Benutzerkonten. Wählen Sie das gewünschte Konto durch Anklicken aus.

4 Nach einem Klick auf **Kennwort ändern** ❷ vergeben Sie für das ausgewählte Benutzerkonto ein neues Passwort, das Sie wie üblich bestätigen müssen.

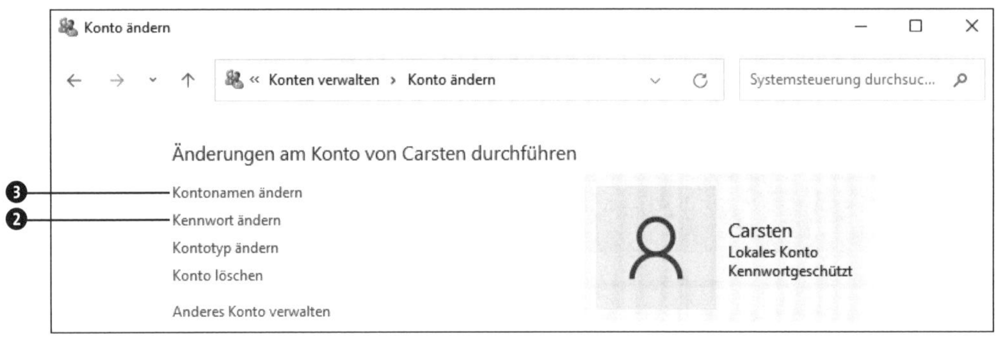

Ihnen gefällt der Benutzername nicht, den Sie während der Einrichtung eines Kontos vergeben haben? Dieser lässt sich an dieser Stelle auch relativ einfach ändern:

5 Klicken Sie auf **Kontonamen ändern** ❸, und vergeben Sie einen neuen Namen Ihrer Wahl.

5.4 Die automatische Anmeldung einrichten

Eigentlich ist Windows 11 so angelegt, dass Sie sich immer per Kennwort oder über alternative Anmeldeoptionen am Computer anmelden müssen. Der eine oder die andere Anwenderin, der oder die ihren PC daheim ganz allein nutzt, empfindet diese Anmeldeprozedur allerdings als lästig. Im Folgenden zeige ich Ihnen, wie Sie Ihren Windows 11-Computer so konfigurieren, dass die Anmeldung entfällt. Wenn Sie sich mit einem mobilen Gerät wie einem Notebook oder Tablet häufig in der Öffentlichkeit bewegen, ist diese Variante aber keineswegs zu empfehlen.

1. Drücken Sie die Tastenkombination ⊞ + R, um den Dialog **Ausführen** zu öffnen.
2. Geben Sie in das Feld **Öffnen** `netplwiz` ❶ ein. Bestätigen Sie die Eingabe mit **OK**. Damit starten Sie den sogenannten *Benutzerkonteneditor*.

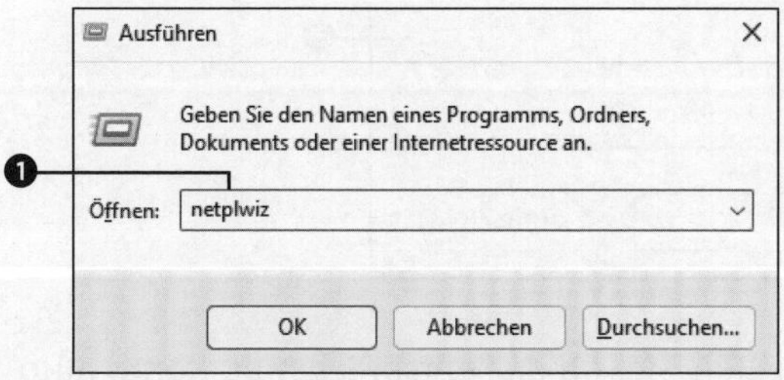

3. Markieren Sie das Benutzerkonto, das automatisch – also ohne Eingabe eines Kennwortes – angemeldet werden soll ❷.

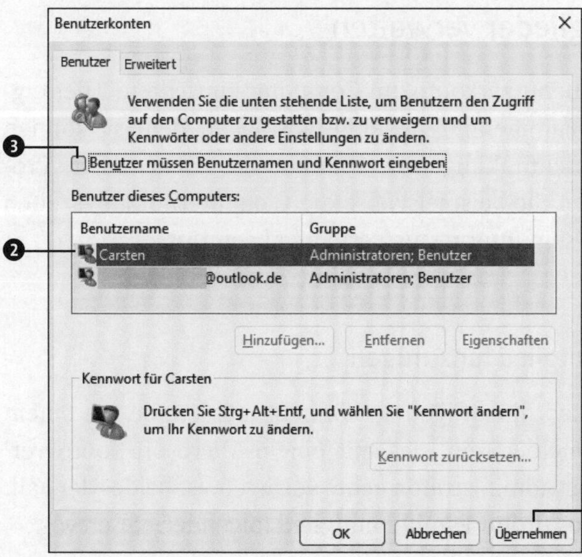

4 Entfernen Sie im Dialog **Benutzerkonten** das Häkchen vor **Benutzer müssen Benutzernamen und Kennwort eingeben** ❸. Diese Option erscheint nur, wenn Sie zuvor Schritt 1 ausgeführt haben.

5 Bestätigen Sie anschließend mit **Übernehmen** ❹.

6 Geben Sie im nun erscheinenden Fenster das Kennwort des ausgewählten Kontos ein ❺, bestätigen Sie dieses, und klicken Sie auf **OK**.

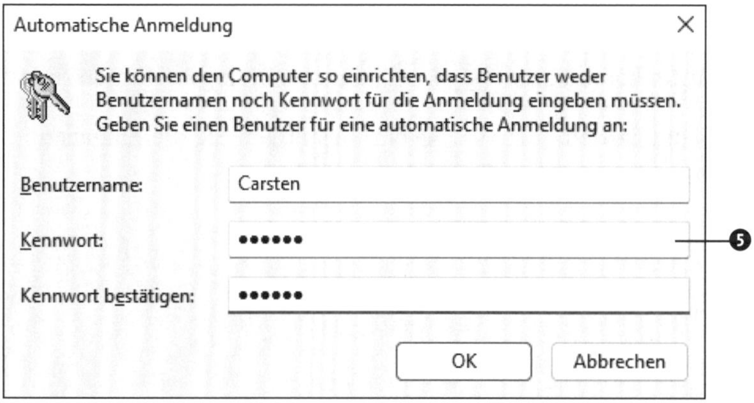

7 Starten Sie den Computer neu, und prüfen Sie, ob das entsprechende Konto automatisch angemeldet wird.

5.5 Konten für Familienmitglieder verwalten

Sie möchten gerne für ein Kind ein Benutzerkonto am Computer einrichten? Hier eignen sich die sogenannten Konten für Familienmitglieder hervorragend, denn sie können vom Administrator mit weiteren Beschränkungen im Rahmen des *Family-Safety*-Programms versehen werden. So können Sie beispielsweise die Computernutzungszeiten Ihres Kindes einschränken und auch sein Internetsurfverhalten beeinflussen.

5.5.1 Ein Konto für ein Familienmitglied hinzufügen

Um ein Konto für ein Familienmitglied hinzufügen zu können, müssen Sie mit einem Benutzerkonto am Computer angemeldet sein, das mit einem Microsoft-Konto verknüpft ist. Außerdem müssen Sie über Administratorrechte verfügen. Ist beides der Fall, gehen Sie zum Hinzufügen des Kontos für Ihr Familienmitglied folgendermaßen vor:

1 Rufen Sie **Start** ▸ **Einstellungen** ▸ **Konten** ▸ **Familie** auf.

2 Klicken Sie im Bereich **Ihre Familie** auf die Schaltfläche **Jemanden hinzufügen** ❶.

3 Verfügt die Person, die Sie hinzufügen möchten, bereits über ein Microsoft-Konto, geben Sie im folgenden Dialog ihre E-Mail-Adresse ein ❷ und bestätigen mit **Weiter**.

4 Falls Sie für ein Kind ein Familienkonto hinzufügen möchten, das noch kein Microsoft-Konto besitzt, klicken Sie nach Schritt 2 auf den Link **Konto für Minderjährige(n) erstellen** ❸.

5 Die weitere Einrichtung des Microsoft-Kontos erfolgt im Großen und Ganzen, wie bereits in Abschnitt 5.2.2, »Ein Microsoft-Konto einrichten«, ab Seite 147 beschrieben. Microsoft ändert die Schritte im Laufe der Zeit immer wieder etwas ab, sodass sich auf Ihrem Rechner leichte Abweichungen von der Schrittanleitung in diesem Buch ergeben können. Nach Beendigung des Assistenten wird das neu hinzugefügte Familienmitglied auf der Seite **Familie** im Bereich **Ihre Familie** aufgelistet ❹. Rechts vom Namen erscheint der Hinweis **Darf sich anmelden** ❺.

6 Zusätzlich erhalten Sie eine E-Mail, die Sie über das hinzugefügte Konto informiert. In dieser werden Sie aufgefordert, ein Gerät zu verbinden ❻, um die Sicherheitseinstellungen für das Konto des Kindes vornehmen zu können. Das Vorgehen hierfür wird im folgenden Abschnitt beschrieben. Zuvor sollten Sie aber einmal eine Anmeldung am PC mit dem gerade hinzugefügten Konto des Kindes durchführen.

7 Rufen Sie das Startmenü auf, klicken Sie auf Ihren Benutzernamen und dann auf das Microsoft-Konto des Kindes.

8 Stellen Sie sicher, dass in der Mitte des Anmeldeschirms das Microsoft-Konto des Kindes angezeigt wird. Klicken Sie auf **Anmelden** und geben Sie das Kennwort des Microsoft-Kontos ein. Bestätigen Sie mit **Anmelden**.

9 Im folgenden Dialog **Die Zustimmung eines Elternteils oder Erziehungsberechtigten ist für dieses Konto erforderlich** klicken Sie auf **Ich bin ein Elternteil oder Erziehungsberechtigter** ❼. Bestätigen Sie mit **Weiter**.

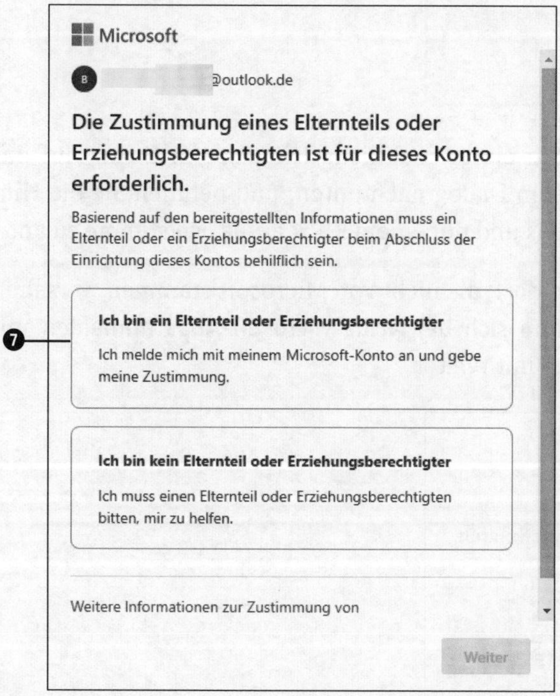

10 Es folgt der Dialog **Anmelden, um Ihrem Kind Ihre Einwilligung zu geben**, in dem Sie Ihre E-Mail-Adresse eingeben ❽. Nach einem Klick auf **Weiter** bestätigen Sie die Anmeldeoptionen, die Sie für Ihr Microsoft-Konto festgelegt haben. Dabei kann es sich z. B. um das Kennwort handeln oder auch um eine Genehmigung per Authenticator-App.

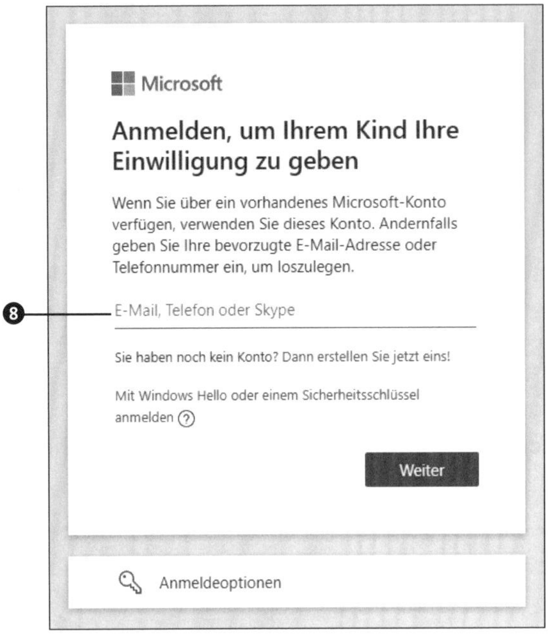

11 Im folgenden Dialog erhalten Sie einige rechtliche Hinweise in Bezug auf das Konto eines Kindes. Blättern Sie im Dialog nach unten, und nehmen Sie die Hinweise durch Eingabe Ihres Namens und mit einem Klick auf **Ja, ich stimme zu** an.

12 Wenn Ihr Kind auch Apps nutzen darf, die nicht von Microsoft stammen, versehen Sie das Kästchen **Mein Kind kann sich bei Nicht-Microsoft-Apps anmelden** mit einem Häkchen ❾ und bestätigen mit **Weiter**.

13 Sie erhalten nun noch eine Übersicht über die Sicherheitseinstellungen wie die Altersbeschränkung für Apps und Spiele, eine Aktivitätsberichterstattung, Web- und Suchfilter sowie Kaufanfragen. Schließen Sie den Dialog mit einem Klick auf **Fertig**.

14 Abschließend werden Sie noch aufgefordert, eine PIN zur schnelleren Anmeldung zu erstellen. Diese geben Sie nach einem Klick auf **PIN erstellen** ein, wiederholen sie und bestätigen mit **OK**.

Die erste Anmeldung am System ist damit erfolgreich durchgeführt. Sie können sich nun vom Benutzerkonto des Kindes abmelden, indem Sie das Startmenü öffnen, auf den Benutzernamen klicken und dann auf **Abmelden**. Meldet sich das Kind von nun an selbst am PC an, entfallen die Schritte des Einrichtens. Stattdessen reicht die Eingabe der PIN, um sich anzumelden. Falls Sie im direkten Anschluss die Sicherheitseinstellungen vornehmen möchten, melden Sie sich wieder an Ihrem eigenen Benutzerkonto am PC an.

5.5.2 Family Safety für Kinder einrichten

Würden Sie gerne die Zeiten einschränken, zu denen Ihr Kind den PC nutzen darf? Oder möchten Sie festlegen, welche Websites Ihre Jüngsten besuchen dürfen? Mit dem

Family-Safety-Programm lässt sich dies schnell einrichten. Die entsprechenden Einstellungen werden über die Webseite des Programms vorgenommen oder über die *Family-Safety*-App. Letztere können Sie z. B. über den Microsoft Store auf Ihrem Windows 11-Computer installieren. Ich beschreibe Ihnen im Folgenden den Weg über die Webseite.

1 Stellen Sie zunächst sicher, dass Sie für Ihr Kind ein Familienkonto eingerichtet haben, wie im vorigen Abschnitt beschrieben.

2 Starten Sie einen Browser Ihrer Wahl (z. B. Edge), und rufen Sie die Webadresse *family.microsoft.com* auf. Sie gelangen damit zur gleichen Webseite, die auch nach einem Klick auf den Link **Gerät verbinden** geöffnet wird, der Ihnen in der E-Mail zur Aktivierung der Sicherheitseinstellungen angeboten wird (siehe Schritt 6 auf Seite 160).

3 Melden Sie sich auf der Webseite nach einem Klick auf **Bei Microsoft Family Safety anmelden** mit Ihrem Microsoft-Konto an. Im oberen Bereich der folgenden Webseite **Ihre Familie** werden nun alle bereits hinzugefügten Konten der Familienmitglieder aufgeführt. Klicken Sie rechts vom Kontennamen des Kindes auf das Symbol mit den drei kleinen Punkten ❶. In der aufklappenden Liste markieren Sie **Zur Übersicht wechseln**.

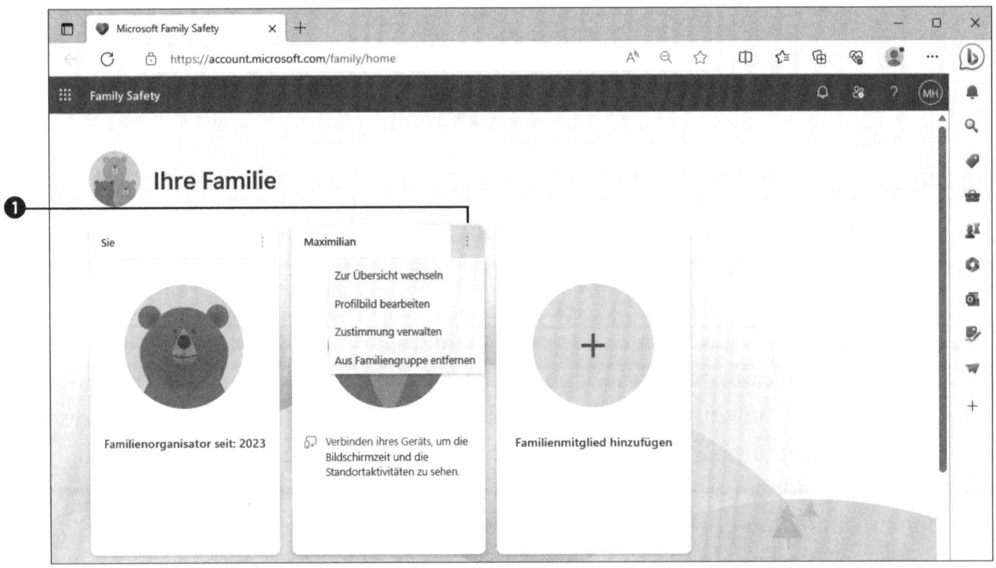

4 Auf der Übersichtsseite sollten Sie zunächst die Aktivitätseinstellungen überprüfen. Blättern Sie hierzu auf der Seite etwas nach unten. Stellen Sie sicher, dass sich die Regler **Aktivitätsberichterstattung** ❷ und **Wöchentlich eine E-Mail an mich senden** auf **Ein** befinden. Damit erhalten Sie einmal pro Woche einen Bericht über die

Onlineaktivitäten Ihres Kindes per E-Mail zugesendet. Wünschen Sie die Berichterstattung per E-Mail nicht, ziehen Sie den entsprechenden Regler auf **Aus** ❸.

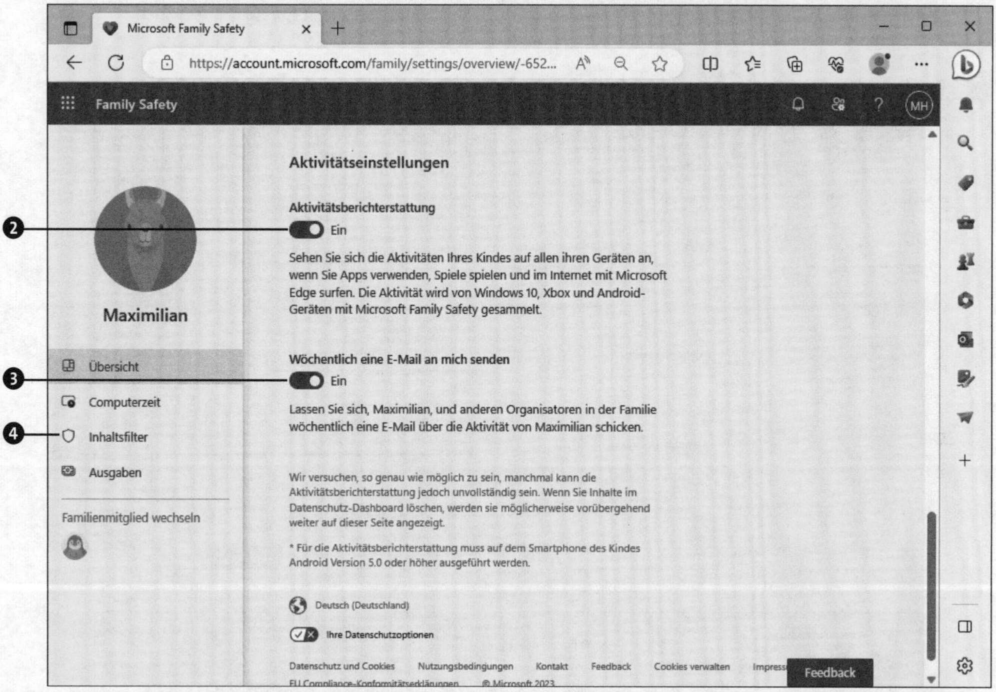

5 Nun geht es daran, die Einschränkungen im Detail festzulegen. Wenn Sie möchten, dass Ihr Kind ausschließlich jugendfreie Websites besuchen darf, klicken Sie in der linken Spalte auf **Inhaltsfilter** ❹. Stellen Sie sicher, dass in der rechten Fensterhälfte der Regler **Unangemessene Websites und Suchvorgänge filtern** auf **Ein** ❺ gesetzt ist.

6 In das Feld **Zugelassene Websites** können Sie Webadressen eintragen, die Ihr Kind besuchen darf. Mit einem Klick auf das Plussymbol ❻ übernehmen Sie die Internetadresse. Analog legen Sie über das Feld **Blockierte Websites** ❼ die Adressen fest, deren Aufruf Sie nicht gestatten. Darf das Kind ausschließlich zugelassene Websites aufrufen und keine anderen, können Sie auch den Regler **Verwenden Sie nur zugelassene Websites** aktivieren ❽. In diesem Fall wird das Feld **Blockierte Websites** ausgeblendet, sodass Sie nur noch die Adressen angeben müssen, die besucht werden dürfen.

7 Als Nächstes können Sie die Zeiten bestimmen, zu denen das Kind den Computer nutzen darf. Markieren Sie hierzu in der linken Spalte die **Computerzeit** ❾.

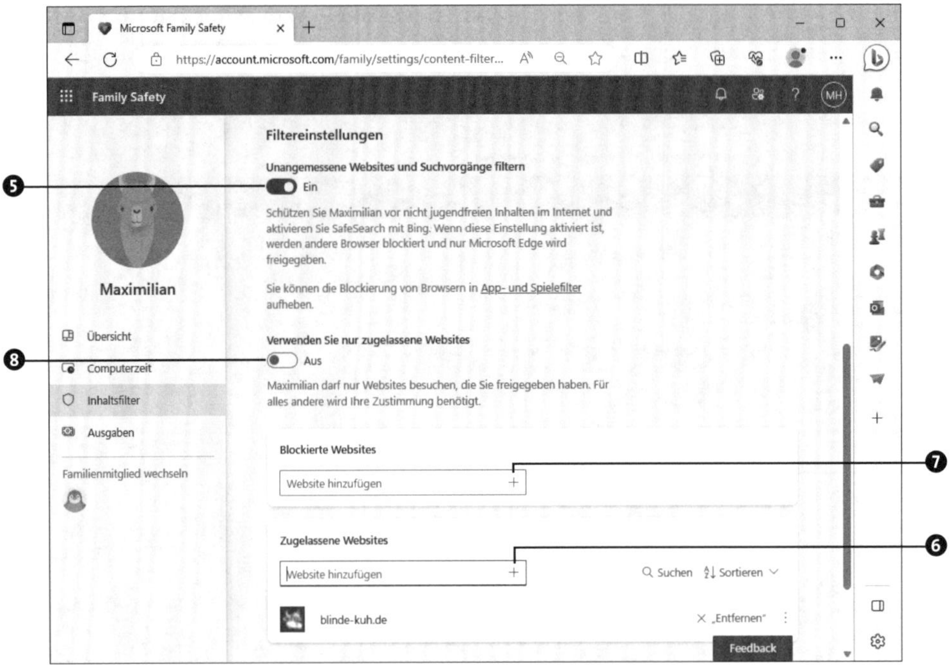
Microsoft Family Safety
https://account.microsoft.com/family/settings/content-filter...
Family Safety
Filtereinstellungen
Unangemessene Websites und Suchvorgänge filtern
Ein
Schützen Sie Maximilian vor nicht jugendfreien Inhalten im Internet und aktivieren Sie SafeSearch mit Bing. Wenn diese Einstellung aktiviert ist, werden andere Browser blockiert und nur Microsoft Edge wird freigegeben.
Sie können die Blockierung von Browsern in App- und Spielefilter aufheben.
Verwenden Sie nur zugelassene Websites
Aus
Maximilian darf nur Websites besuchen, die Sie freigegeben haben. Für alles andere wird Ihre Zustimmung benötigt.
Blockierte Websites
Website hinzufügen
Zugelassene Websites
Website hinzufügen
Suchen
Sortieren
blinde-kuh.de
„Entfernen"
Feedback
Maximilian
Übersicht
Computerzeit
Inhaltsfilter
Ausgaben
Familienmitglied wechseln
5
8
7
6

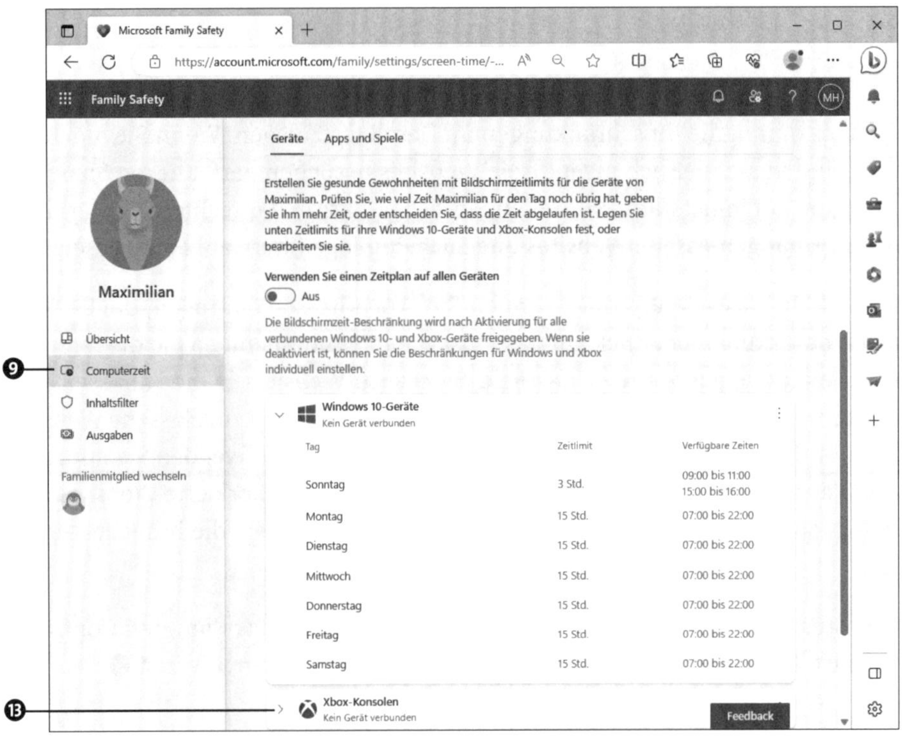
Microsoft Family Safety
https://account.microsoft.com/family/settings/screen-time/-...
Family Safety
Geräte
Apps und Spiele
Erstellen Sie gesunde Gewohnheiten mit Bildschirmzeitlimits für die Geräte von Maximilian. Prüfen Sie, wie viel Zeit Maximilian für den Tag noch übrig hat, geben Sie ihm mehr Zeit, oder entscheiden Sie, dass die Zeit abgelaufen ist. Legen Sie unten Zeitlimits für ihre Windows 10-Geräte und Xbox-Konsolen fest, oder bearbeiten Sie sie.
Verwenden Sie einen Zeitplan auf allen Geräten
Aus
Die Bildschirmzeit-Beschränkung wird nach Aktivierung für alle verbundenen Windows 10- und Xbox-Geräte freigegeben. Wenn sie deaktiviert ist, können Sie die Beschränkungen für Windows und Xbox individuell einstellen.
Windows 10-Geräte
Kein Gerät verbunden
Tag
Zeitlimit
Verfügbare Zeiten
Sonntag 3 Std. 09:00 bis 11:00 15:00 bis 16:00
Montag 15 Std. 07:00 bis 22:00
Dienstag 15 Std. 07:00 bis 22:00
Mittwoch 15 Std. 07:00 bis 22:00
Donnerstag 15 Std. 07:00 bis 22:00
Freitag 15 Std. 07:00 bis 22:00
Samstag 15 Std. 07:00 bis 22:00
Xbox-Konsolen
Kein Gerät verbunden
Feedback
Maximilian
Übersicht
Computerzeit
Inhaltsfilter
Ausgaben
Familienmitglied wechseln
9
13

Blättern Sie in der rechten Fensterhälfte nach unten. Klicken Sie auf den nach rechts weisenden Pfeil links vom Eintrag **Windows 10-Geräte** und anschließend auf **Beschränkungen einschalten**.

8 Anschließend können Sie jeweils nach einem Klick auf einen Wochentag ❿ das Zeitlimit (z. B. 3 Stunden) ⓫ sowie den Zeitraum ⓬ definieren, in dem Ihr Kind am PC aktiv sein darf. Mit **Fertig** übernehmen Sie die Angaben für den ausgewählten Wochentag und wiederholen das Vorgehen für weitere Tage.

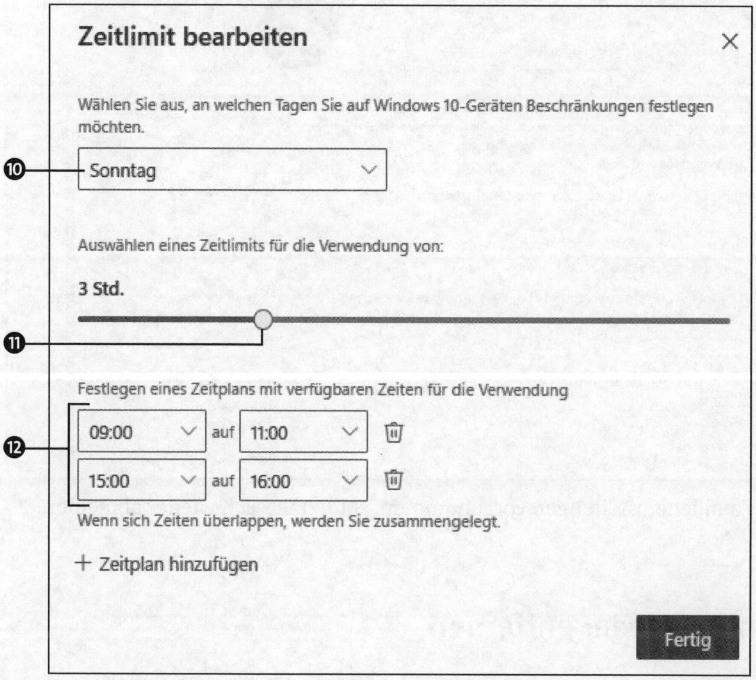

9 Analog legen Sie die Zeiten fest, zu denen Ihr Kind täglich mit der Xbox spielen darf ⓭.

Sehen Sie sich in Ruhe auch die weiteren Kategorien an, die Sie in der linken Spalte auswählen können. In der Kategorie **Ausgaben** ⓮ lässt sich z. B. ein Guthaben für Einkäufe im Web hinzufügen. Welche Apps, Spiele und Medien Ihr Kind auf dem PC nutzen darf, legen Sie in der Kategorie **Inhaltsfilter** ⓯ fest. Auf der gleichnamigen Seite, die hierdurch geöffnet wird, klicken Sie dann auf **Apps und Spiele**. Haben Sie alle Einstellungen vorgenommen, sollten Sie nicht vergessen, sich nach einem Klick auf das Symbol Ihres Benutzernamens oben rechts ⓰ auf der Website von Microsoft Family Safety abzumelden ⓱. Informationen zur Website Ihres eigenen Microsoft-Kontos erhalten Sie in Abschnitt 5.8, »Das Microsoft-Konto verwalten«, ab Seite 172.

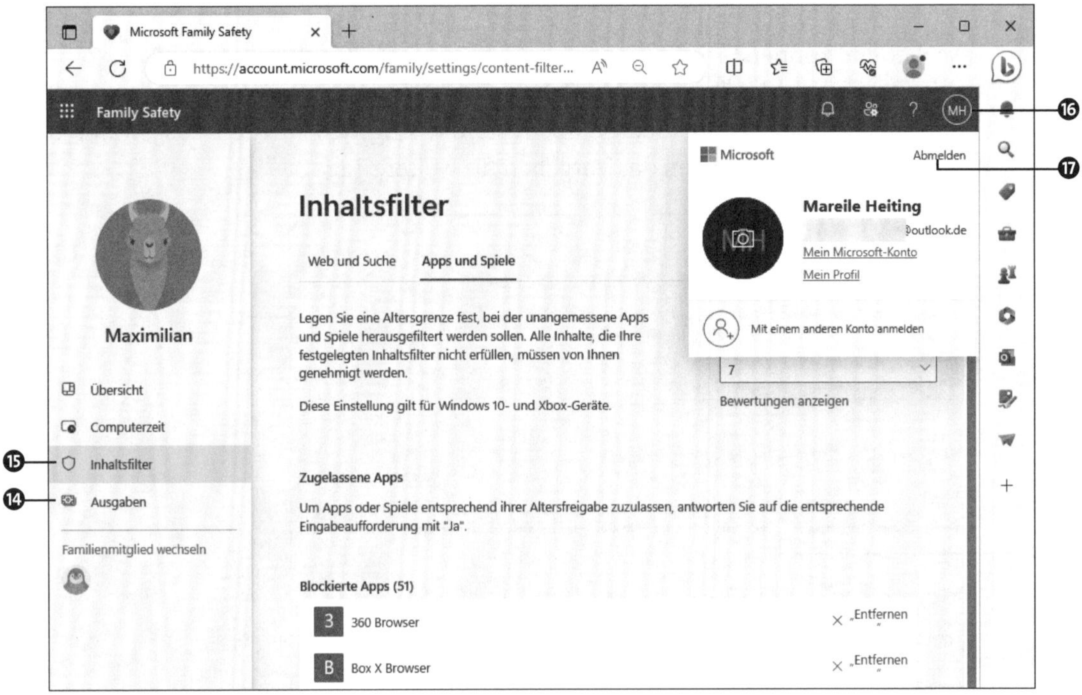

Abbildung 5.4 Sind alle Familieneinstellungen vorgenommen, sollten Sie sich wieder abmelden.

5.6 Benutzerkonten wieder entfernen

Ein einmal am PC eingerichtetes Benutzerkonto lässt sich natürlich auch wieder entfernen. Hierzu gehen Sie folgendermaßen vor:

1 Öffnen Sie über das Startmenü die **Einstellungen**, und wählen Sie hier **Konten ▸ Weitere Benutzer** aus. Markieren Sie im Bereich **Andere Benutzer** das Konto, das Sie entfernen möchten ❶.

2 Nachdem Sie auf die nun sichtbare Schaltfläche **Entfernen** ❷ geklickt haben, werden Sie gefragt, ob das Konto und die Daten des ausgewählten Benutzers gelöscht werden sollen. Bestätigen Sie mit **Konto und Daten löschen** ❸.

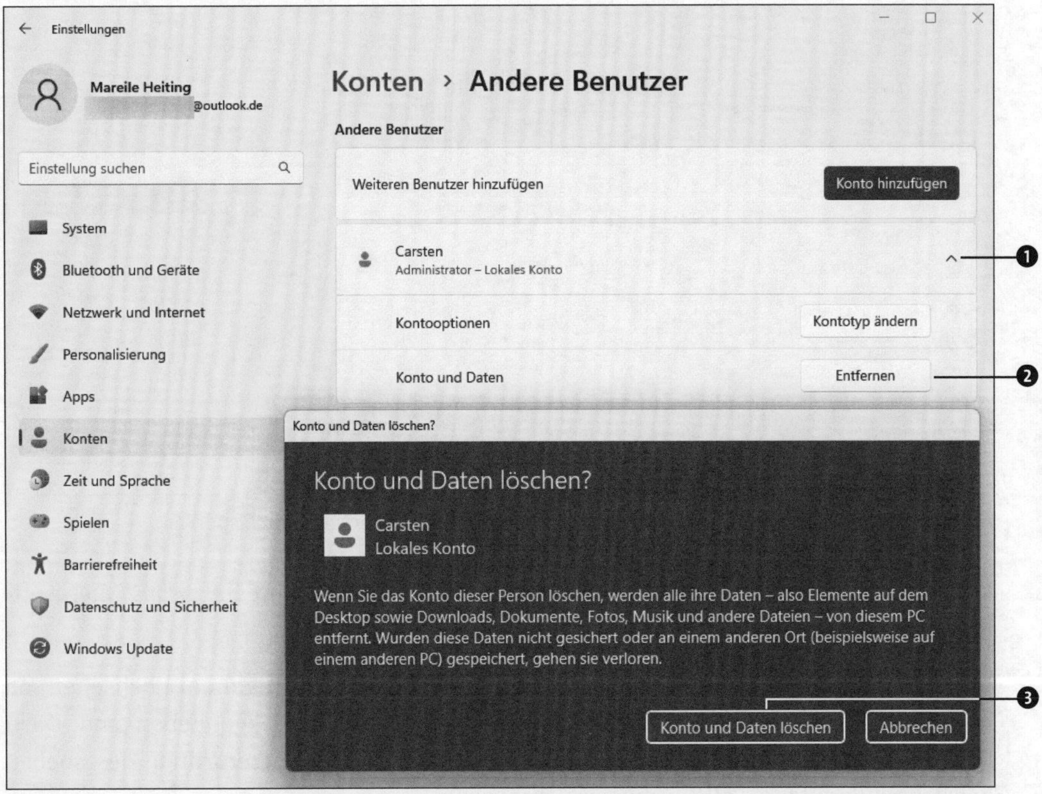

Handelt es sich bei dem Konto um ein mit einem Microsoft-Konto verknüpftes Benutzerkonto, steht Ihnen die Schaltfläche **Entfernen** ebenfalls zur Verfügung. Mit einem Klick hierauf wird allerdings lediglich das Benutzerkonto auf dem Computer gelöscht. Das Microsoft-Konto selbst bleibt bestehen und kann von Ihnen weiterhin für Microsoft-Dienste, wie z. B. den Microsoft Store, die Chat-App Microsoft Teams oder den Onlinespeicher OneDrive, genutzt werden.

Wenn Sie dagegen lediglich die Anmeldung am Konto eines Familienmitglieds (siehe Abschnitt 5.5, »Konten für Familienmitglieder verwalten«, ab Seite 158) für einen bestimmten Zeitraum blockieren möchten, rufen Sie in der **Einstellungen**-App **Konten ▸ Familie** auf. Markieren Sie nun rechts im Bereich **Ihre Familie** das entsprechende Konto, und klicken Sie auf **Anmeldung sperren** ❹ und dann auf **Blockieren**. Auf der Seite **Konten ▸ Familie** wird unterhalb des Benutzerkontos nun der Hinweis eingeblendet, dass der Benutzer sich nicht anmelden kann. Falls Sie die Blockierung später wieder aufheben möchten, reicht ein Klick auf **Anmeldung zulassen** rechts davon.

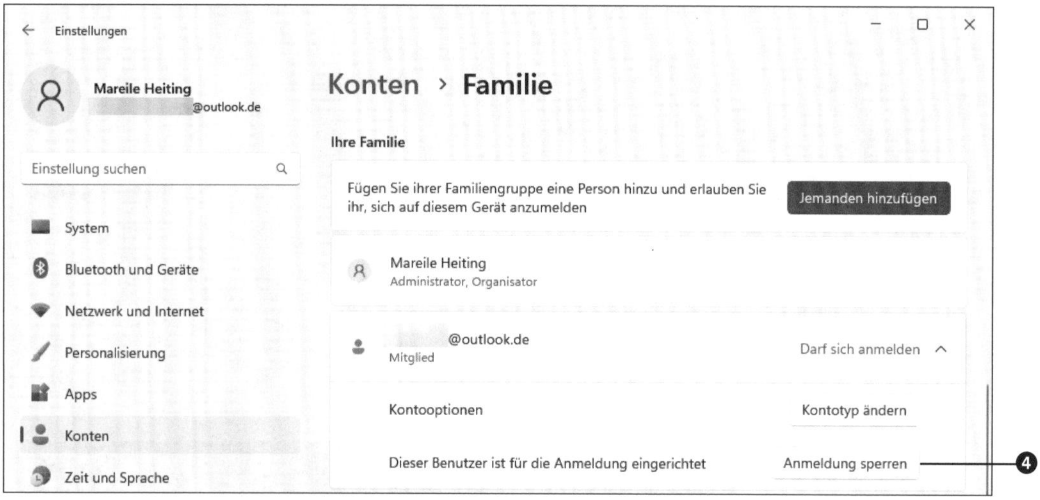

Abbildung 5.5 Sie können das Konto eines Familienmitglieds auch lediglich sperren.

Wie Sie ein Microsoft-Konto löschen, erfahren Sie in Abschnitt 5.8, »Das Microsoft-Konto verwalten«, ab Seite 172.

In jedem Fall sollten Sie nach dem Löschen eines Kontos noch einmal nachsehen, ob beim Entfernen keine »Datenleichen« auf dem Computer zurückgeblieben sind. Dazu rufen Sie den Explorer auf und kontrollieren, ob der Benutzerordner des soeben gelöschten Benutzers vollständig entfernt wurde.

Die Benutzerordner werden meistens unter *Dieser PC* ▸ *(C:)* ▸ *Benutzer* aufgeführt. Ordner, die vom Benutzer in freigegebenen Verzeichnissen abgelegt wurden, sind vom beschriebenen Löschvorgang nicht betroffen. Werden diese nicht mehr benötigt, müssen Sie sie ebenfalls manuell entfernen.

5.7 Die Benutzerkontensteuerung

Die Benutzerkontensteuerung meldet sich unter Windows immer dann zu Wort, wenn am Computer Aktionen durchgeführt werden sollen, die Administratorrechte erfordern. Dazu zählt etwa die Installation eines Programms oder Treibers, nachdem Sie neue Hardware angeschlossen haben. Ein kleines Beispiel hierfür haben Sie bereits in Abschnitt 5.1, »Sicherheitsaspekte – Administrator versus Standardbenutzer«, ab Seite 139 kennengelernt.

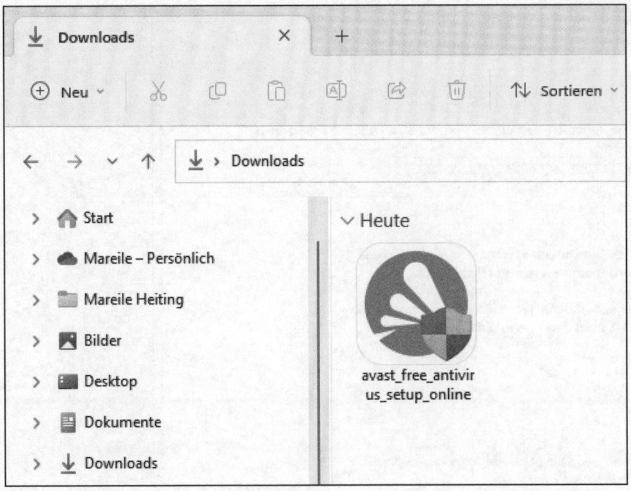

Abbildung 5.6 Die Installationsroutine für ein Antivirenprogramm wie »Avast Free Antivirus« erfordert in jedem Fall Administratorrechte, was an einem blau-gelben Schild ersichtlich ist.

Wenn Sie bereits mit einem Administratorkonto angemeldet sind, genügt ein einfacher Klick auf die Schaltfläche **Ja**, um dem entsprechenden Programm derartige Rechte zu verleihen. Programme oder Aktionen, deren Ausführung Administratorrechte erfordern, sind mit einem gelb-blau karierten Schild markiert. Dieses Symbol finden Sie beispielsweise im Explorer bei einigen systemverändernden Installationsdateien. Ein Beispiel hierfür ist ein Antivirenprogramm wie *Avast Free Antivirus*. Die Benutzerkontensteuerung ist also ein Wächter über Ihr System, der Sie vor unbeabsichtigten Installationen schützt.

TIPP

Die Benutzerkontensteuerung anpassen

Sind Sie als Administrator am Computer angemeldet, können Sie übrigens selbst bestimmen, wie häufig sich die Benutzerkontensteuerung zu Wort melden darf. Um die entsprechende Einstellung vorzunehmen, geben Sie im Suchfeld der Taskleiste den Suchbegriff »Benutzerkontensteuerung« ein. In der Trefferliste klicken Sie auf **Einstellungen der Benutzerkontensteuerung ändern – Systemsteuerung**. Im folgenden Dialog stellen Sie über den Schieberegler ein, wann die Benutzerkontensteuerung einen Warnhinweis einblenden darf. Sobald Sie eine Stufe ausgewählt haben, erhalten Sie rechts eine kurze Information zu dieser Stufe. Mit **OK** übernehmen Sie Ihre Einstellung. Gegebenenfalls fordert die Benutzerkontensteuerung Sie auf, Ihre Änderungen mit **Ja** zu bestätigen.

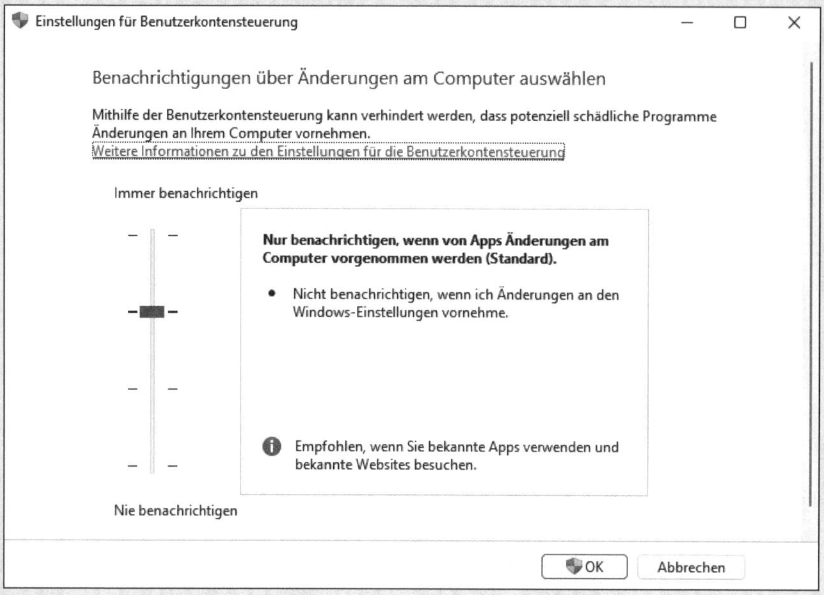

Abbildung 5.7 Bestimmen Sie selbst, wann Sie einen Hinweis von der Benutzerkontensteuerung erhalten möchten.

5.8 Das Microsoft-Konto verwalten

Es kann durchaus vorkommen, dass Sie an einem bestehenden Microsoft-Konto Änderungen vornehmen möchten oder es sogar endgültig schließen wollen. Anders als bei einem lokalen Konto können Sie solche Aktionen nur online über die entsprechende Webseite Ihres Kontos durchführen. Für den Aufruf der Webseite stehen Ihnen verschiedene Möglichkeiten zur Auswahl.

Ein Weg führt beispielsweise über die **Einstellungen**-App. Wenn Sie bereits mit dem Benutzerkonto am Computer angemeldet sind, das mit dem Microsoft-Konto verknüpft ist, rufen Sie über das Startmenü die **Einstellungen** auf und wählen die Kategorie **Konten** aus. Blättern Sie in der rechten Fensterhälfte nach unten bis zum Bereich **Verwandte Einstellungen**. Hier werden bereits einige wichtige Themen wie **Kontodatenschutz**, **Abonnements**, **Zahlungsoptionen** oder auch **Konto- und Abrechnungshilfe** aufgeführt. Klicken Sie auf das gewünschte Thema, wird automatisch der Browser, etwa Microsoft Edge, gestartet. Melden Sie sich gegebenenfalls auf der eingeblendeten Webseite auf Nachfrage noch einmal mit der E-Mail-Adresse und dem Kennwort oder alternativen Anmeldeoptionen des Microsoft-Kontos neu an. Nach erfolgreicher Anmeldung befinden Sie sich direkt in der gewählten Kategorie, etwa **Kontodatenschutz**, auf der Webseite nur kurz **Datenschutz** genannt.

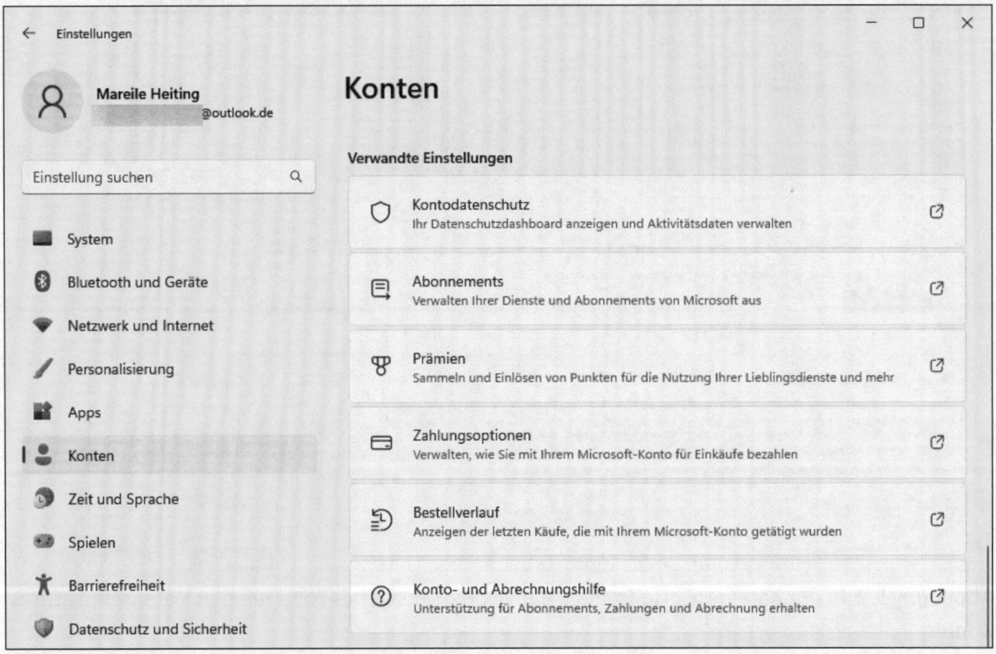

Abbildung 5.8 In der Einstellungen-App werden bereits diverse wichtige Themen aufgeführt, die rund um ein Microsoft-Konto von Interesse sind.

Anstatt den Weg über die **Einstellungen**-App zu gehen, können Sie auch direkt einen Browser starten. Rufen Sie dann die Webseite *https://account.live.com* auf, und klicken Sie auf der Seite auf **Anmelden**. Geben Sie nun in den erforderlichen Feldern die E-Mail-Adresse sowie die Anmeldeoptionen des Microsoft-Kontos ein. Nach der Anmeldung befinden Sie sich auf der Startseite Ihres Microsoft-Kontos. Um von hier aus beispielsweise die Datenschutzeinstellungen zu überprüfen, klicken Sie in der Symbolleiste auf **Datenschutz** ❶.

Um die Sicherheitseinstellungen des Microsoft-Kontos zu verwalten, klicken Sie in der Symbolleiste auf **Sicherheit** ❷ auf. Auf der Webseite, die dann erscheint, können Sie nun diverse Aktionen auswählen. Dazu zählen das Ändern des Kennwortes, das Aktualisieren von Sicherheitsinformationen oder auch die Überprüfung Ihrer letzten Aktivität. Eine solche Aktivität ist z. B. das Ergänzen eines Sicherheitsmerkmals wie einer Telefonnummer zur Autorisierung oder das Ändern des Passwortes. Mit einem Klick auf **Microsoft-Konto** ❸ gelangen Sie immer wieder zur Startseite Ihres Kontos zurück, unabhängig davon, auf welcher Seite Sie sich gerade befinden.

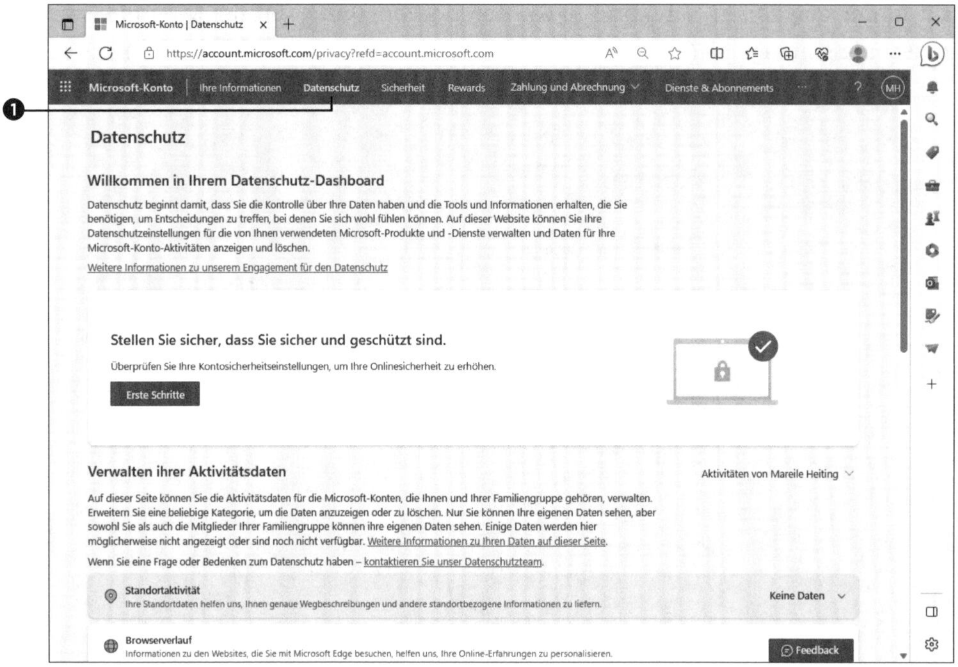

Abbildung 5.9 In der Kategorie erfahren Sie einiges Wissenswertes rund um den Datenschutz Ihres Kontos.

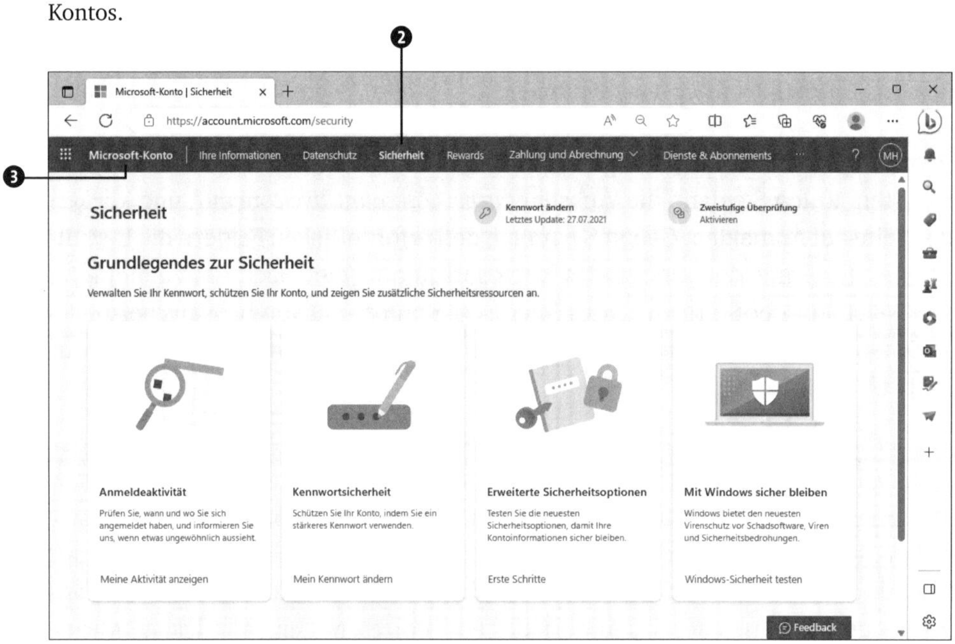

Abbildung 5.10 In der Kategorie »Sicherheit« nehmen Sie alle wichtigen Sicherheitseinstellungen wie das Ändern des Kennwortes oder auch das Hinzufügen von Sicherheitsoptionen vor.

Falls Sie ein Microsoft-Konto nur zu Testzwecken eingerichtet haben und es nicht mehr benötigen, können Sie es natürlich auch wieder löschen. Bevor Sie diesen drastischen Weg gehen, denken Sie bitte daran, dass hierdurch alle mit dem Microsoft-Konto verbundenen Daten entfernt werden. Dazu zählen die in OneDrive abgelegten Daten ebenso wie alle mit dem Microsoft-Konto verbundenen Abonnements (z. B. von Microsoft 365), Gutschriften oder auch E-Mails, die sich noch im Postfach des E-Mail-Kontos befinden. Bevor Sie den folgenden Schritten zum Löschen des Microsoft-Kontos folgen, sollten Sie also alle Daten, die Sie beibehalten möchten, auf einer externen Festplatte sichern, Abonnements kündigen und Guthaben aufbrauchen. Sind Sie sich sicher, dass Sie das Microsoft-Konto endgültig löschen möchten, gehen Sie folgendermaßen vor:

1. Starten Sie einen Browser Ihrer Wahl, und rufen Sie die Webadresse *https://account.live.com/closeaccount.aspx* auf.

2. Geben Sie im Dialog **Anmelden** die E-Mail-Adresse des Microsoft-Kontos an, das Sie löschen möchten. Bestätigen Sie mit **Weiter**. Falls das Kennwort abgefragt wird, geben Sie dieses an. Nutzen Sie die Authenticator-App für dieses Microsoft-Konto, erfolgt die Genehmigung des Zugriffs über die App. Folgen Sie in diesem Fall den Anweisungen auf dem Bildschirm. Für Sie geht es anschließend direkt bei Schritt 4 weiter.

3. Falls Sie sich per Kennworteingabe angemeldet haben, muss nun noch Ihre Identität überprüft werden. Hierzu wird ein Code an die E-Mail-Adresse oder auch die Telefonnummer geschickt, die Sie als Sicherheitsinformation hinterlegt haben. Geben Sie hierzu nach Auswahl der Sicherheitsinformation die entsprechenden Daten an, also etwa die E-Mail-Adresse oder auch die letzten vier Ziffern der Telefonnummer. Klicken Sie dann auf die Schaltfläche **Code senden** ❶.

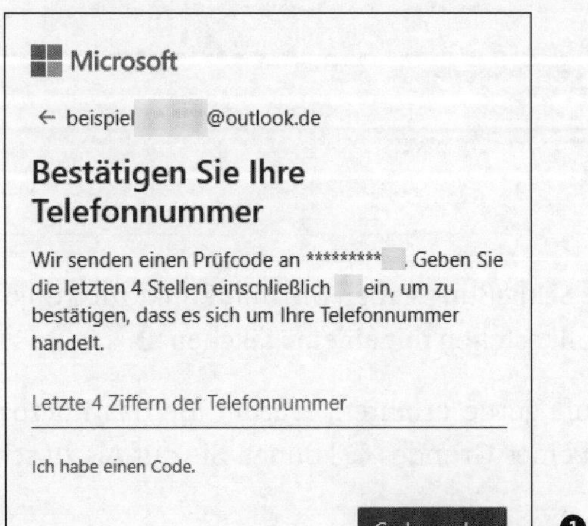

4 Ihnen wird nun ein Sicherheitscode an die angegebene Adresse geschickt. Diesen geben Sie im folgenden Dialog ein. Bestätigen Sie dann Ihre Eingabe.

5 Auf der folgenden Webseite erhalten Sie eine Übersicht über alle wichtigen Themen, die Sie vor dem Löschen des Microsoft-Kontos prüfen sollten. Lesen Sie sich diese Informationen in Ruhe durch. Im letzten Absatz werden Sie darauf hingewiesen, dass die endgültige Schließung des Kontos erst nach 60 Tagen durchgeführt wird. Sollten Sie es sich anders überlegen und das Konto doch behalten wollen, melden Sie sich während dieses Zeitraumes einfach über die Webadresse *https://account.live.com* bei Ihrem Microsoft-Konto an. Das Löschen des Kontos ist damit aufgehoben. Sollten Sie sich später doch für die Schließung entscheiden, müssen Sie alle vorherigen Schritte erneut durchführen. Falls Ihnen die 60 Tage Wartezeit zu lang sind, können Sie diese nach einem Klick auf die Zahl ❷ auch auf 30 Tage verkürzen. Bestätigen Sie die Übersichtsseite zur Kontoschließung mit **Weiter**.

6 Auf der Seite **Markieren von »...« zur Schließung** gehen Sie nun Punkt für Punkt die Liste durch und versehen alle Kontrollkästchen mit einem Häkchen ❸.

7 Am Ende der Liste möchte Microsoft gerne erfahren, warum Sie das Microsoft-Konto schließen. Erst nach Auswahl eines Grundes ❹ können Sie auf **Als zu schließendes Konto markieren** klicken ❺.

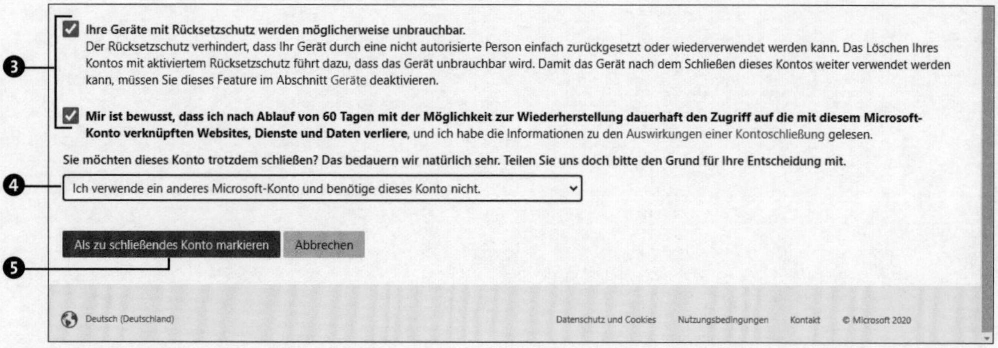

8 Auf der folgenden Seite erfahren Sie, zu welchem Termin das Microsoft-Konto endgültig deaktiviert wird. Bis dahin können Sie, wie zuvor erwähnt, die Schließung durch eine erneute Anmeldung am Konto verhindern. Mit einem Klick auf **Fertig** schließen Sie das Löschen des Kontos ab.

TEIL II

Die Oberfläche kennenlernen

6 Windows 11 anpassen und personalisieren

Jeder hat seinen eigenen Geschmack und Stil, wenn es um das Einrichten des Computers geht. Das beginnt bei der Bildauswahl für den Sperrbildschirm oder auch für den Desktop, führt weiter über das Foto des eigenen Benutzerprofils und geht bis hin zur Anzeige von Apps im Startmenü oder auch zum Aussehen der Taskleiste. In diesem Kapitel erfahren Sie, wie Sie das äußere Erscheinungsbild von Windows 11 ganz nach Ihren Wünschen anpassen.

6.1 Den Sperrbildschirm individuell einstellen

Das erste Bild, das Sie nach dem Einschalten des Computers sehen, ist der sogenannte *Sperrbildschirm*, auch *Lockscreen* genannt. Wenn Sie über einen bestimmten Zeitpunkt hinweg keinerlei Eingaben am Computer vornehmen und das Gerät somit in den Energiesparmodus wechselt, wird er ebenfalls eingeblendet. Sie können den Sperrbildschirm auch selbst aktivieren, indem Sie den Computer sperren. Dies ist beispielsweise dann interessant, wenn Sie den Raum verlassen und während Ihrer Abwesenheit keine andere Person Zugang zu Ihren Daten auf dem Gerät erlangen soll. Zur Aktivierung drücken Sie entweder die Tastenkombination [Win] + [L] oder klicken im Startmenü links auf das Symbol Ihres Benutzerkontos und im aufklappenden Menü auf **Sperren**.

Während der Computer gesperrt ist, können Sie sich trotzdem auf dem Sperrbildschirm von Windows 11 die Statusinformationen einer bestimmten, frei wählbaren App anzeigen lassen. In Abschnitt 6.1.2, »Benachrichtigungen auf dem Sperrbildschirm festlegen«, ab Seite 187 erfahren Sie, wie dies funktioniert. Doch zuvor zeige ich Ihnen, wie Sie das Aussehen des Sperrbildschirms Ihren eigenen Wünschen entsprechend anpassen können.

6.1.1 Aussehen des Sperrbildschirms anpassen

Entspricht das Foto, das den Sperrbildschirm ziert, nicht Ihrem Geschmack, können Sie es schnell durch ein anderes Bild oder auch eine Diashow ersetzen. Hierzu gehen Sie folgendermaßen vor:

1 Öffnen Sie das Startmenü, und klicken Sie entweder in der App-Liste oder im Bereich der angehefteten Apps auf **Einstellungen**. Alternativ können Sie auch die Tastenkombination [Windows] + [I] drücken.

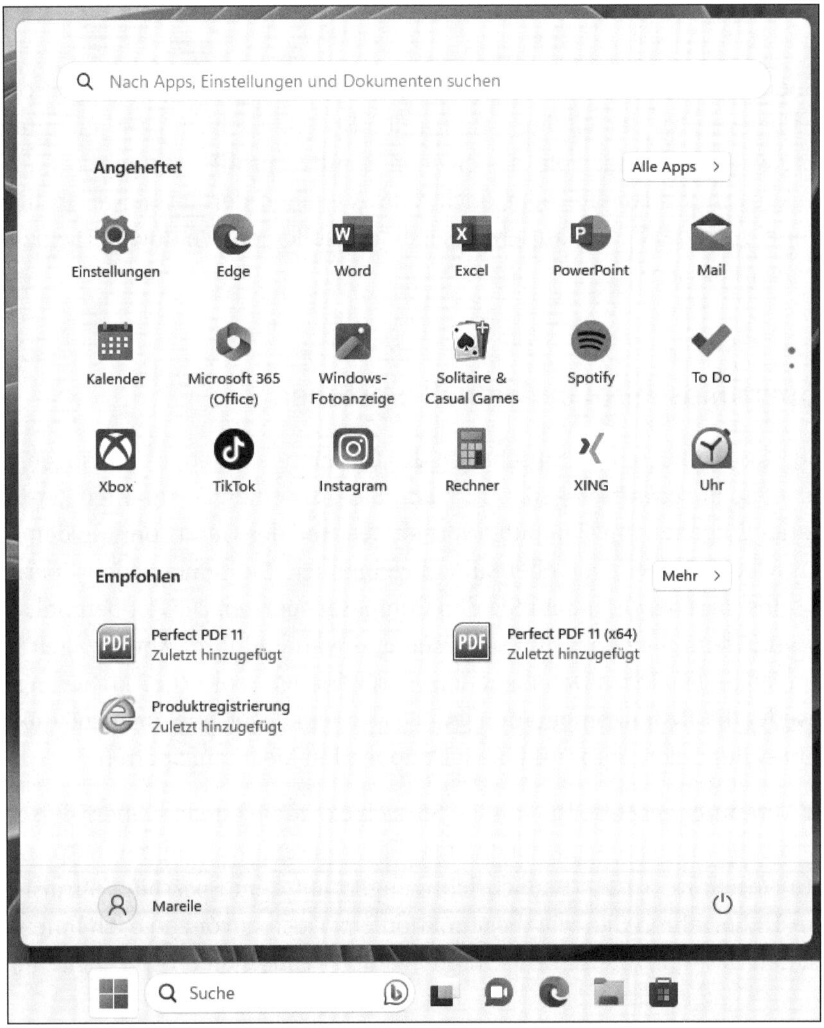

2 In der **Einstellungen**-App wählen Sie links die Kategorie **Personalisierung** ❶. Blättern Sie in der rechten Spalte bis zum Eintrag **Sperrbildschirm** ❷, und klicken Sie diesen an.

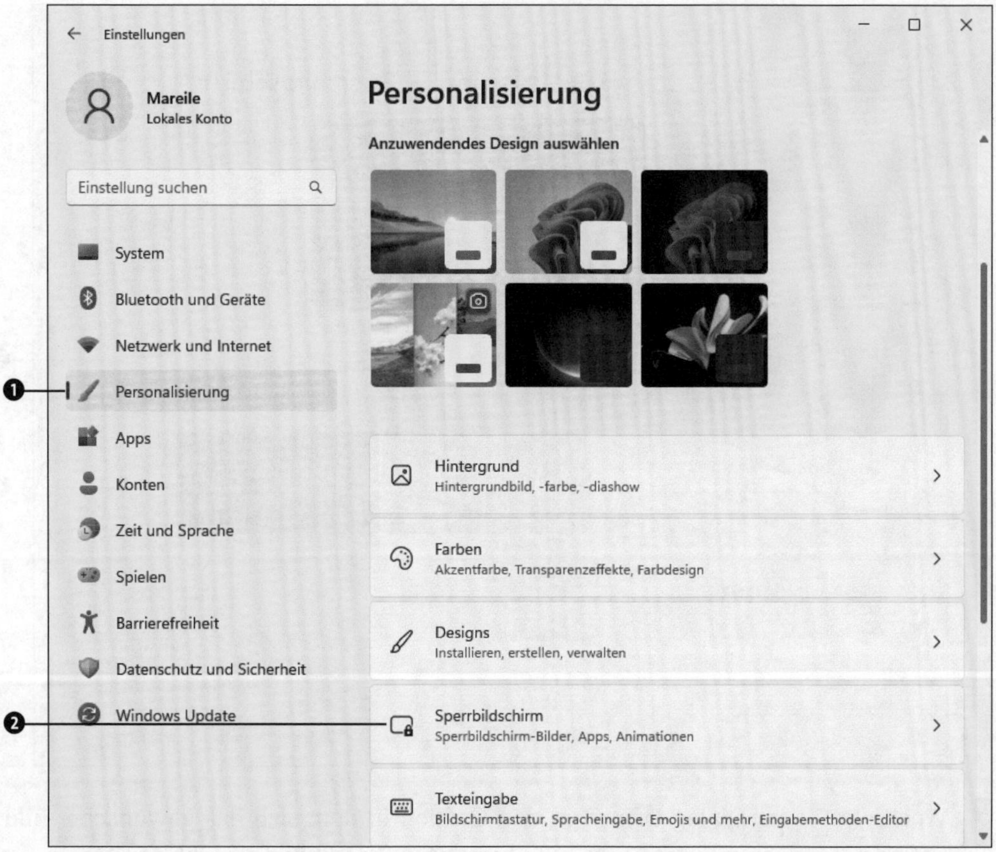

3 Zu Beginn der rechten Spalte sehen Sie das aktuelle Bild des Sperrbildschirms. Um ein persönliches Bild auszuwählen, klicken Sie in das Feld rechts von **Ihren Sperrbildschirm personalisieren**. Wählen Sie im aufklappenden Menü die Option **Bild** ❸ aus.

4 Unterhalb von **Zuletzt verwendete Bilder** schlägt Ihnen Windows 11 anfangs einige weitere Fotos vor. Gefällt Ihnen eine der Aufnahmen, reicht ein Mausklick darauf, um sie für den Sperrbildschirm auszuwählen ❹. Möchten Sie ein Bild aus Ihrer eigenen Fotosammlung verwenden, klicken Sie auf **Fotos durchsuchen** ❺.

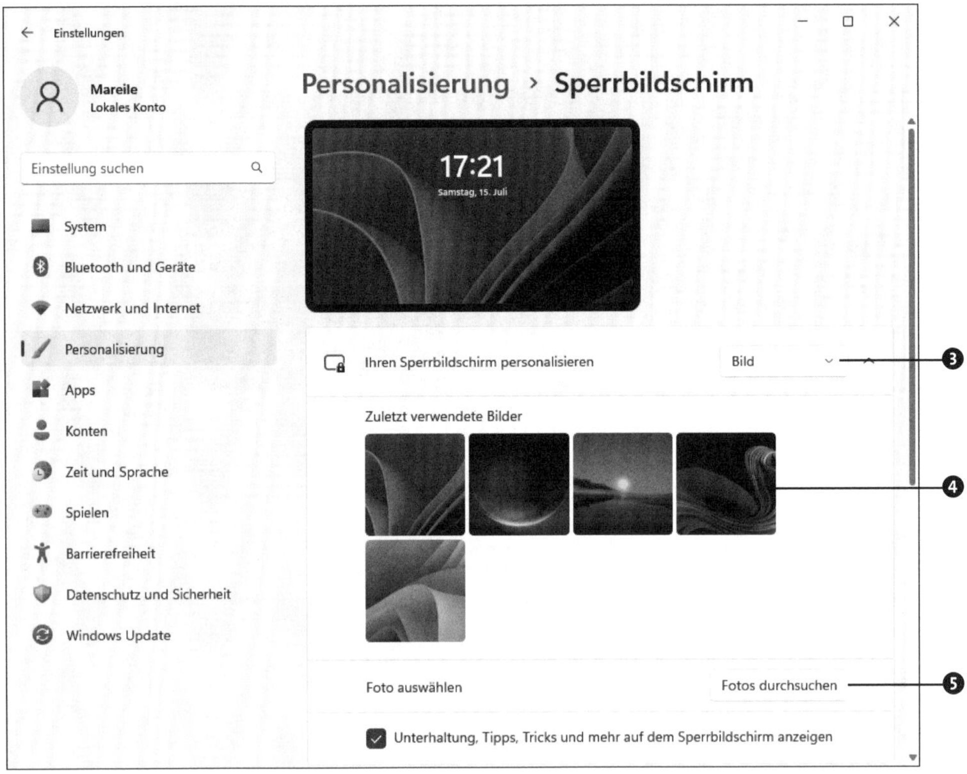

5 Wechseln Sie im Dialog **Öffnen** in den Ordner, in dem sich das gewünschte Bild befindet. Markieren Sie das Foto, und bestätigen Sie mit **Bild auswählen** ❻.

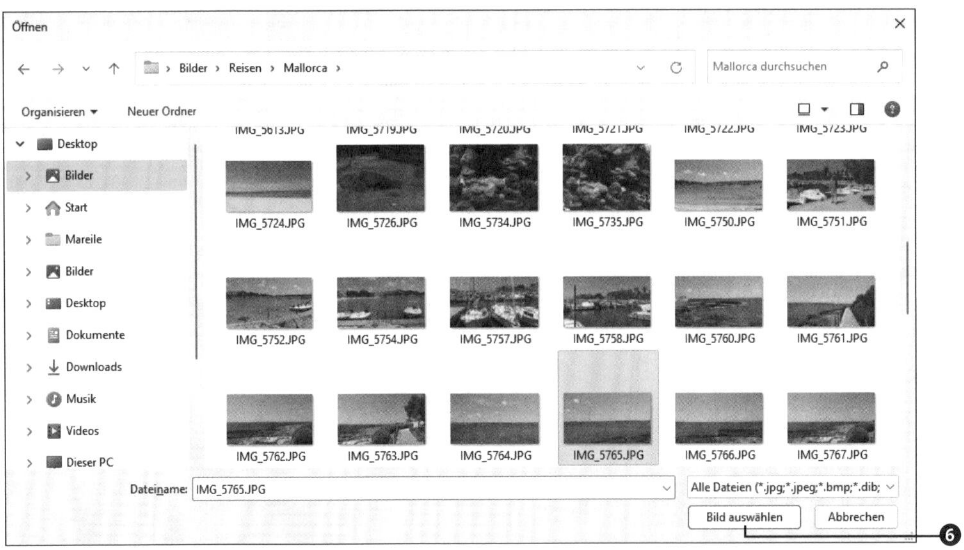

Alternativ zu einem einzelnen Foto können Sie sich auch eine Diashow Ihrer Lieblingsbilder anzeigen lassen.

6 Wählen Sie hierzu in Schritt 3 im Feld **Ihren Sperrbildschirm personalisieren** die Option **Diashow** ❼ aus.

Per Standardeinstellung zeigt Windows 11 alle im Ordner **Bilder** gespeicherten Aufnahmen an. Sie können die Anzeige aber auch auf ein spezielles Verzeichnis beschränken, in dem sich die Bilder für Ihre gewünschte Diashow befinden.

7 Zuvor sollten Sie den von Windows für die Diashow vorgeschlagenen Ordner **Bilder** entfernen, indem Sie auf die rechts von **Bilder** sichtbare Schaltfläche **Entfernen** ❽ klicken.

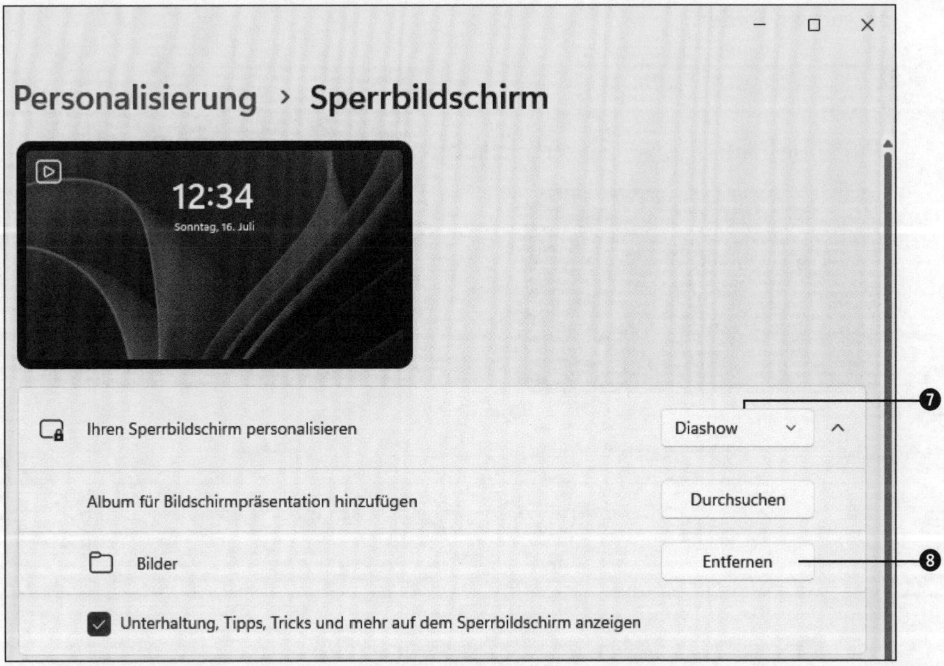

8 Um einen eigenen Ordner auszuwählen, klicken Sie rechts von **Album für Bildschirmpräsentation hinzufügen** auf **Durchsuchen** ❾. Markieren Sie im gleichnamigen Dialog das gewünschte Verzeichnis, und bestätigen Sie mit **Diesen Ordner auswählen**.

Das Verzeichnis wird jetzt unterhalb von **Album für Bildschirmpräsentation hinzufügen** angezeigt. Sollten Sie es später wieder löschen wollen, gehen Sie vor, wie in Schritt 7 beschrieben.

Die Diashow lässt sich noch detaillierter abstimmen. Hierzu blättern Sie auf der Seite etwas weiter nach unten bis zum Bereich **Erweiterte Diashoweinstellungen** ❿. Eventuell müssen Sie auf den nach unten weisenden Pfeil rechts davon klicken, um die weiteren Einstellungsmöglichkeiten einzublenden. Nun stehen Ihnen folgende Möglichkeiten zur Auswahl:

9 Soll Windows 11 auch Bilder in der Diashow anzeigen, die Sie im Ordner **Eigene Aufnahmen** oder in der Cloud **OneDrive** gespeichert haben? Dann versehen Sie das entsprechende Kontrollkästchen mit einem Häkchen ⓫.

10 Ihre Bildersammlung enthält Fotos, deren Auflösung für eine optimale Darstellung auf dem Bildschirm nicht ausreicht? Aktivieren Sie das Kontrollkästchen **Nur Bilder verwenden, die auf meinen Bildschirm passen** ⓬, selektiert Windows 11 für Sie die passenden Bilder.

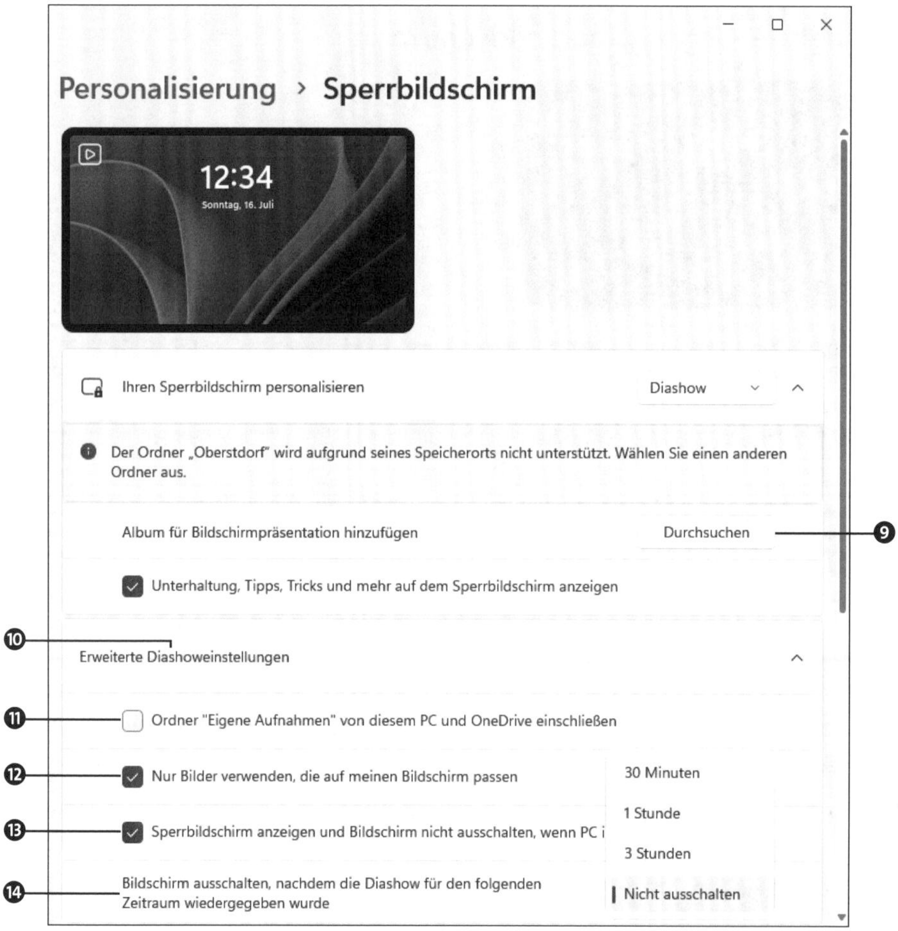

11 Die Anzeige der Diashow kostet viel Energie. Die keineswegs akkuschonende Option **Diashow im Akkumodus wiedergeben** sollten Sie daher nur in Ausnahmefällen aktivieren. Bei einem Desktop-PC steht sie nicht zur Verfügung.

12 Damit der Bildschirm während der Anzeige des Sperrbildschirms nicht ausgeschaltet wird, muss die Option **Sperrbildschirm anzeigen und Bildschirm nicht ausschalten, wenn PC inaktiv ist** ⓭ eingeschaltet sein.

13 Im Feld **Bildschirm ausschalten, nachdem die Diashow für den folgenden Zeitraum wiedergegeben wurde** ⓮ haben Sie die Möglichkeit, einen Zeitrahmen festzulegen, in dem die Diashow abgespielt wird.

Als Nächstes erfahren Sie, wie Sie sich wichtige Ereignisse, wie etwa anstehende Termine, auf dem Sperrbildschirm anzeigen lassen können.

TIPP

Windows-Blickpunkte auf dem Sperrbildschirm einblenden

Abgesehen von einem eigenen statischen Bild oder einer dynamischen Diashow können Sie auch Microsoft die Bildauswahl überlassen, indem Sie im **Einstellungen**-Dialog im Feld **Ihren Sperrbildschirm personalisieren** die Option **Windows-Blickpunkte** auswählen. Dies ist sogar die Standardeinstellung von Windows 11. Wenn Sie möchten, können Sie Microsoft Ihre Meinung zum jeweils aktuell angezeigten Bild mitteilen. Hierzu positionieren Sie einfach den Mauszeiger oben rechts auf **Gefällt Ihnen, was Sie sehen?**. Sagt Ihnen das Foto zu, klicken Sie auf **Mir gefällt es!**. In diesem Fall wählt Microsoft für die weiteren Fotos des Sperrbildschirms ähnliche Motive aus. Trifft das Foto dagegen nicht Ihren Geschmack, klicken Sie auf **Kein Fan**. Microsoft wird nun für eine neue Motivauswahl sorgen.

6.1.2 Benachrichtigungen auf dem Sperrbildschirm festlegen

Auch wenn der Computer gesperrt und nur der Sperrbildschirm zu sehen ist, können Sie sich wichtige Benachrichtigungen, wie etwa neu eingetroffene E-Mails, anzeigen lassen. Im Gegensatz zu Windows 10 lässt sich unter Windows 11 nur noch eine einzelne App hierfür auswählen. Um die entsprechende App auszuwählen, gehen Sie folgendermaßen vor:

1 Sollte der **Einstellungen**-Dialog **Personalisierung** nicht mehr geöffnet sein, rufen Sie ihn über **Start ▸ Einstellungen ▸ Personalisierung** auf. Wählen Sie rechts die Unterkategorie **Sperrbildschirm** aus.

2 Falls Sie für den Sperrbildschirm ein eigenes Bild oder eine Diashow ausgewählt haben, finden Sie unterhalb von **Ihren Sperrbildschirm personalisieren** das Kontrollkästchen **Unterhaltung, Tipps, Tricks und mehr auf dem Sperrbildschirm anzeigen.** Eventuell müssen Sie auf den nach unten weisenden Pfeil rechts von **Ihren Sperrbildschirm personalisieren** klicken, um das Kontrollkästchen einzublenden. Wenn Sie keinerlei Werbung oder Tipps von Windows auf dem Sperrbildschirm wünschen, sollten Sie das Häkchen entfernen ❶.

3 Einer einzigen App ist es erlaubt, ausführliche Informationen auf dem Sperrbildschirm anzuzeigen. Windows sieht hierfür per Standardeinstellung meist die *Kalender*-App vor, sodass Sie bei gesperrtem Computer nicht nur den nächsten anstehenden Termin selbst, sondern auch Uhrzeit und Ort angezeigt bekommen. Benötigen Sie stattdessen ausführliche Informationen einer anderen App, klicken Sie in das Feld rechts von **Status des Sperrbildschirmes** ❷.

4 Nun klappt eine Liste auf, in der alle Apps aufgeführt werden, die auf dem Sperrbildschirm Benachrichtigungen anzeigen können. Markieren Sie die gewünschte App. Ihr Symbol und Name wird nun statt des Kalenders in der Kachel angezeigt ❸.

5 Wenn Sie von keiner App Benachrichtigungen auf dem Sperrbildschirm wünschen, klicken Sie ebenfalls in das Feld, wählen dann allerdings in der Liste den Eintrag **Keiner** ❹.

6 Damit der Anmeldebildschirm nicht einfarbig bleibt, sollte sich der Regler **Hintergrundbild des Sperrbildschirmes auf Anmeldebildschirm anzeigen** auf **Ein** ❺ befinden.

Um den Computer bei eingeblendetem Sperrbildschirm zu entsperren, reicht eine kleine Bewegung der Computermaus, das Drücken einer beliebigen Taste auf der Tastatur oder – im Fall eines Touchscreens – auch eine kurze Wischbewegung vom unteren Bildschirmrand nach oben. Anschließend bekommen Sie den Anmeldebildschirm zu Gesicht, in dem alle auf dem Computer angelegten Benutzerkonten aufgeführt werden. Durch Auswahl des Benutzerkontos und Eingabe des Kennwortes melden Sie sich wieder am Computer an. Jeder Benutzer kann für sein Benutzerkonto ein eigenes Profilbild ergänzen. Wie Sie hierzu vorgehen, erfahren Sie im nächsten Abschnitt.

6.2 Ein Profilbild ergänzen und anpassen

Für jedes Benutzerkonto lässt sich ein eigenes Profilbild hinzufügen. Dies wird zusätzlich zum Benutzernamen beispielsweise im Anmeldebildschirm, aber auch in der linken unteren Ecke des Startmenüs angezeigt. Solange Sie noch kein Profilbild ergänzt haben, sehen Sie eine recht langweilige graue Silhouette einer Person. Hier lässt sich aber schnell mehr Farbe ins Spiel bringen. Ob Sie für Ihr Profilbild ein Porträt von sich wählen, eine Blume oder das Foto Ihres Haustieres, ist ganz Ihnen überlassen.

1 Öffnen Sie das Startmenü per Klick auf das Windows-Logo oder durch Drücken der [Win]-Taste. Klicken Sie dann unten links auf das Benutzerkontosymbol ❶ und im aufklappenden Menü auf **Kontoeinstellungen ändern** ❷.

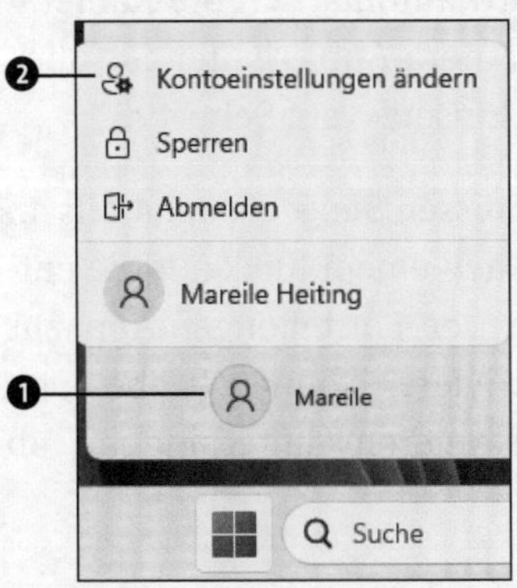

Der **Einstellungen**-Dialog wird mit der Kategorie **Konten** geöffnet. Auch die Unterkategorie **Ihre Infos** ❸ ist bereits ausgewählt.

2 Um ein bereits erstelltes und auf Ihrem Computer gespeichertes Foto als Profilbild hinzuzufügen, klicken Sie rechts von **Datei auswählen** auf die Schaltfläche **Dateien durchsuchen** ❹.

3 Wechseln Sie im Dialog **Öffnen** in den Ordner, in dem sich das gewünschte Foto befindet. Markieren Sie es, und bestätigen Sie Ihre Auswahl mit **Bild auswählen**.

Das Bild wird nun anstelle des vorherigen Profilbildes im **Einstellungen**-Dialog angezeigt. Verfügt Ihr Computer über eine integrierte Kamera, können Sie mithilfe der *Kamera*-App auch direkt ein Foto von sich aufnehmen. In diesem Fall finden Sie im Bereich **Foto anpassen** den Eintrag **Foto aufnehmen**.

4 Klicken Sie auf die Schaltfläche **Kamera öffnen** ❺, wird automatisch die Kamera-App geöffnet. Einige Informationen zur Nutzung der Kamera-App erhalten Sie übrigens im Kasten, »Die Kamera-App von Windows 11 im Einsatz«, auf Seite 493.

5 Haben Sie die Kamera-App zuvor noch nicht genutzt, müssen Sie gegebenenfalls an dieser Stelle die **Datenschutzeinstellungen** anpassen. Nach einem Klick auf die entsprechende Schaltfläche werden Sie automatisch in der **Einstellungen**-App zur Kategorie **Datenschutz** geführt, wo Sie die Kamera aktivieren können (siehe auch Abschnitt 3.8, »Datenschutz – das »Nach-Hause-Telefonieren« unterbinden«, ab Seite 104).

Kehren Sie anschließend wieder zu **Ihre Infos** in der Kategorie **Konten** zurück, und wiederholen Sie Schritt 4.

6 Sobald Sie das Foto per Klick auf den Auslöseknopf in Form einer Kamera aufgenommen haben, wird das Ergebnis in einem eigenen Fenster angezeigt.

7 Über die vier Markierungspunkte, die Sie per Maus oder im Fall eines Touchscreens per Finger verschieben können ❻, lässt sich der Bildausschnitt noch verändern.

8 Sind Sie mit der Aufnahme zufrieden, übernehmen Sie sie mit **Fertig** als Profilbild. Gefällt sie Ihnen nicht, klicken Sie auf **Abbrechen**, und unternehmen Sie gegebenenfalls einen erneuten Versuch.

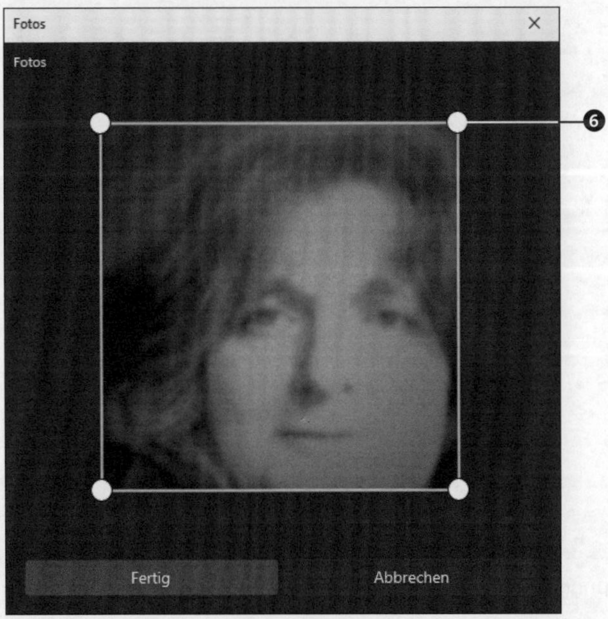

Sollten Sie das Profilbild später austauschen wollen, gehen Sie einfach so vor, wie eben beschrieben wurde, und suchen entweder ein neues Bild auf dem Computer aus oder fotografieren erneut eines mithilfe der Kamera-App.

Sind Sie mit einem lokalen Benutzerkonto am Computer angemeldet, gilt das Profilbild übrigens nur für das Konto an diesem PC. Bei einem Microsoft-Konto dagegen wird das Profilbild für alle Geräte übernommen, an denen Sie sich mit dem Microsoft-Konto anmelden. Das Löschen eines Profilbildes ist leider nicht ganz so einfach wie das Erstellen, wie Sie im folgenden Kasten »Entfernen von Profilbildern« erfahren.

TIPP

Entfernen von Profilbildern

Sie wollten das Hinzufügen eines Profilbildes nur ausprobieren. Das Ergebnis gefällt Ihnen aber nicht, sodass Sie jetzt das ausgewählte Foto wieder löschen und zur neutralen Personensilhouette zurückkehren möchten. Öffnen Sie hierzu, wie in Schritt 1 gezeigt, die Kontoeinstellungen, und klicken Sie auf **Dateien durchsuchen**. Im Dialog **Öffnen** klicken Sie innerhalb der Adresszeile auf einen weißen Bereich rechts vom aktuellen Pfad. Überschreiben Sie den nun blau markierten Dateipfad mit der Pfadangabe »C:\ProgramData\Microsoft\User Account Pictures«. Nach dem Drücken der Taste [↵] gelangen Sie in den Ordner *User Account Pictures*, in dem Sie ein Bild mit dem Dateinamen **user** markieren und mit **Bild auswählen** bestätigen. Als aktuelles Profilbild wird nun wieder die graue Personensilhouette angezeigt.

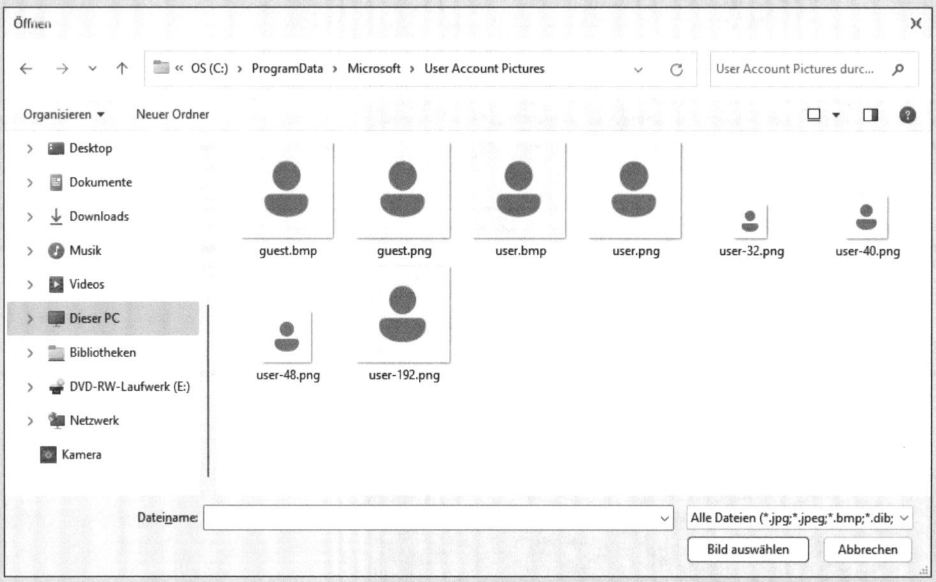

Abbildung 6.1 Die neutrale Personensilhouette finden Sie im Ordner »User Account Pictures«.

6.3 Das Aussehen des Desktops anpassen

Bereits seit vielen Windows-Versionen lässt sich die Desktopoberfläche individuell gestalten. So können Sie beispielsweise das Hintergrundbild austauschen oder auch Titel- und Taskleisten mit einer fröhlichen Farbe versehen. Unter Windows 11 nehmen Sie diese Anpassungen in der **Einstellungen**-App vor.

6.3.1 Das Hintergrundbild des Desktops auswählen

Per Standardeinstellung ziert den Desktop ein blaues Objekt auf hellgrauem Hintergrund. Falls Ihnen dieses Bild nicht gefällt, können Sie für den Desktophintergrund selbstverständlich auch ein persönliches Foto wählen. Hierzu gehen Sie folgendermaßen vor:

1. Klicken Sie mit der rechten Maustaste auf einen freien Bereich auf dem Desktop. Im aufklappenden Kontextmenü wählen Sie **Anpassen** ❶.

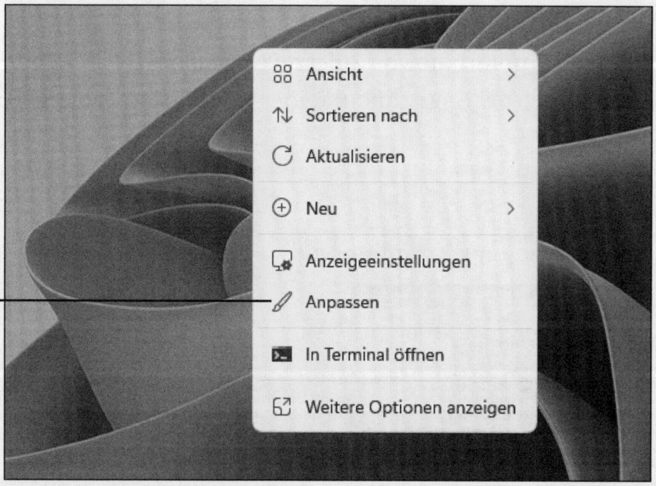

2. Nun wird automatisch der **Einstellungen**-Dialog mit der Kategorie **Personalisierung** geöffnet. Wählen Sie in der rechten Spalte den **Hintergrund** ❷ aus.
3. Um ein Foto aus Ihrer privaten Bildersammlung auswählen zu können, muss auf der Seite im Feld rechts von **Hintergrund personalisieren** der Eintrag **Bild** ❸ eingestellt sein.

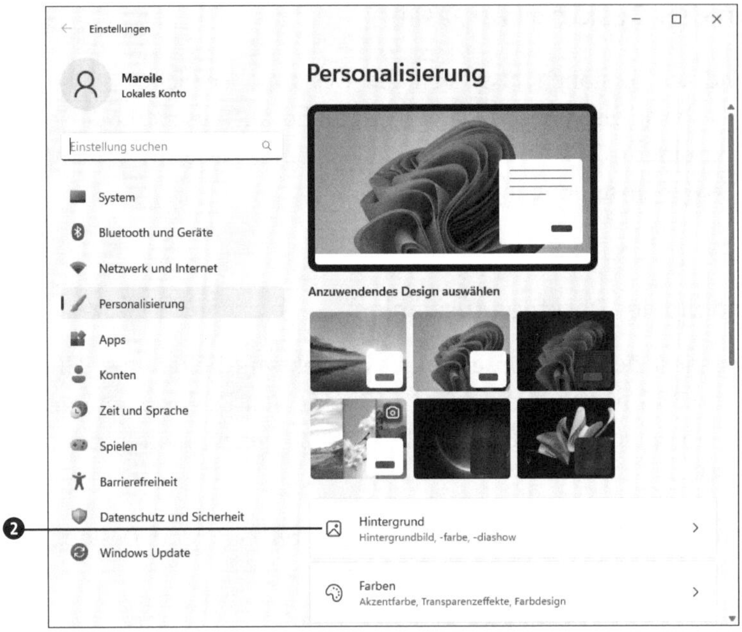

4 Gefällt Ihnen eines der Bilder, die unterhalb von **Zuletzt verwendete Bilder** angezeigt werden, markieren Sie es einfach ❹. Sagt Ihnen keines zu, klicken Sie auf **Fotos durchsuchen** ❺.

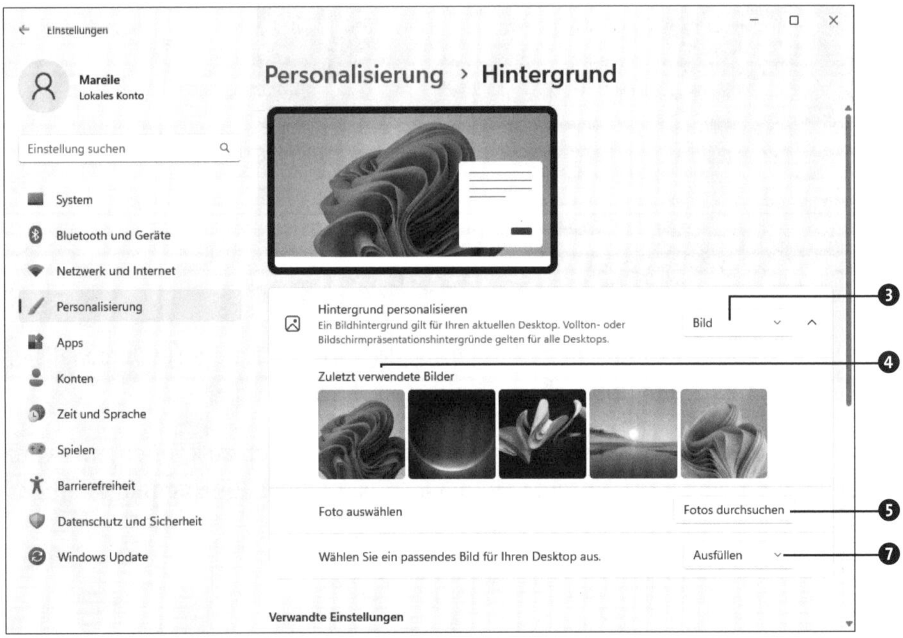

5 Wechseln Sie im Dialog **Öffnen** in den Ordner, in dem sich das gewünschte Foto befindet. Sobald Sie es markiert haben, bestätigen Sie mit **Bild auswählen** ❻.

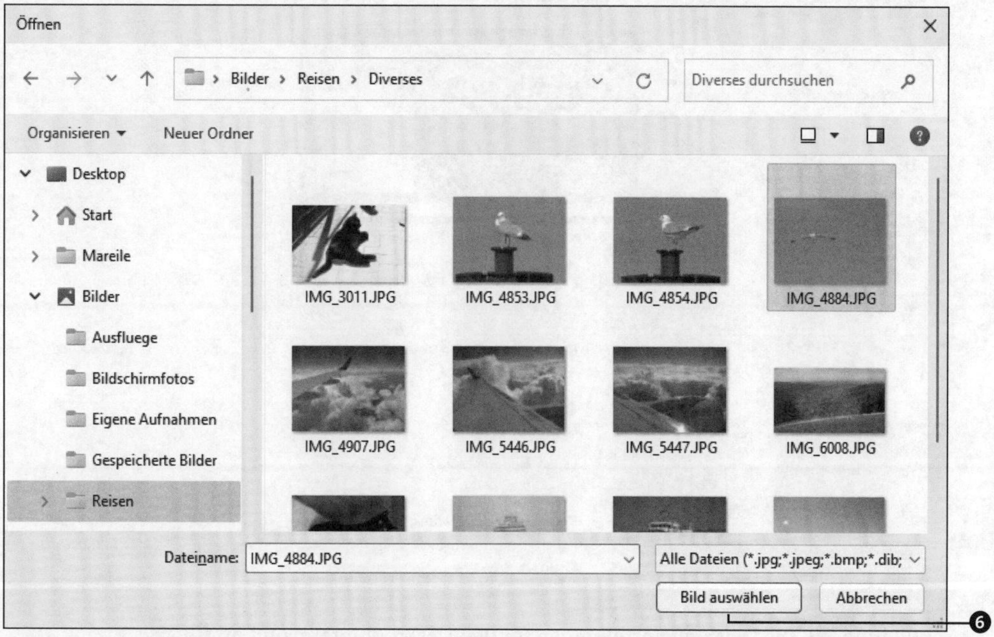

6 Das Ergebnis können Sie gleich im Bereich **Vorschau** prüfen. Gefällt Ihnen die Bilddarstellung nicht, haben Sie im Feld rechts von **Wählen Sie ein passendes Bild für Ihren Desktop aus** ❼ noch die Möglichkeit, sie zu optimieren.

Statt eines einzelnen statischen Bildes können Sie auch Ihre Lieblingsfotos als Diashow auf dem Desktop anzeigen lassen. Hierzu stellen Sie im Feld rechts von **Hintergrund personalisieren** die Option **Diashow** ❽ ein. Windows 11 sieht zunächst den gesamten *Bilder*-Ordner für die Diashow vor. Wenn Sie nur eine Auswahl an Fotos wünschen, die Sie bereits in einem eigenen Ordner abgelegt haben, klicken Sie rechts von **Ein Bildalbum für eine Diashow auswählen** auf **Durchsuchen** ❾, markieren im Dialog **Ordner auswählen** das gewünschte Verzeichnis und bestätigen mit **Diesen Ordner auswählen**.

Im Feld **Bildänderungsintervall** ❿ stellen Sie ein, in welchen Zeitabständen die Fotos auf dem Desktop ausgetauscht werden sollen. Aktivieren Sie außerdem den Regler **Die Bilder unsortiert anzeigen** ⓫, werden die Fotos in zufälliger Reihenfolge angezeigt. Nutzen Sie ein Notebook, können Sie außerdem die Anzeige der Diashow im Akkubetrieb zulassen, indem Sie die entsprechenden Regler einschalten. Da die Diashow sehr viel Energie frisst, sollten Sie aber besser auf sie verzichten.

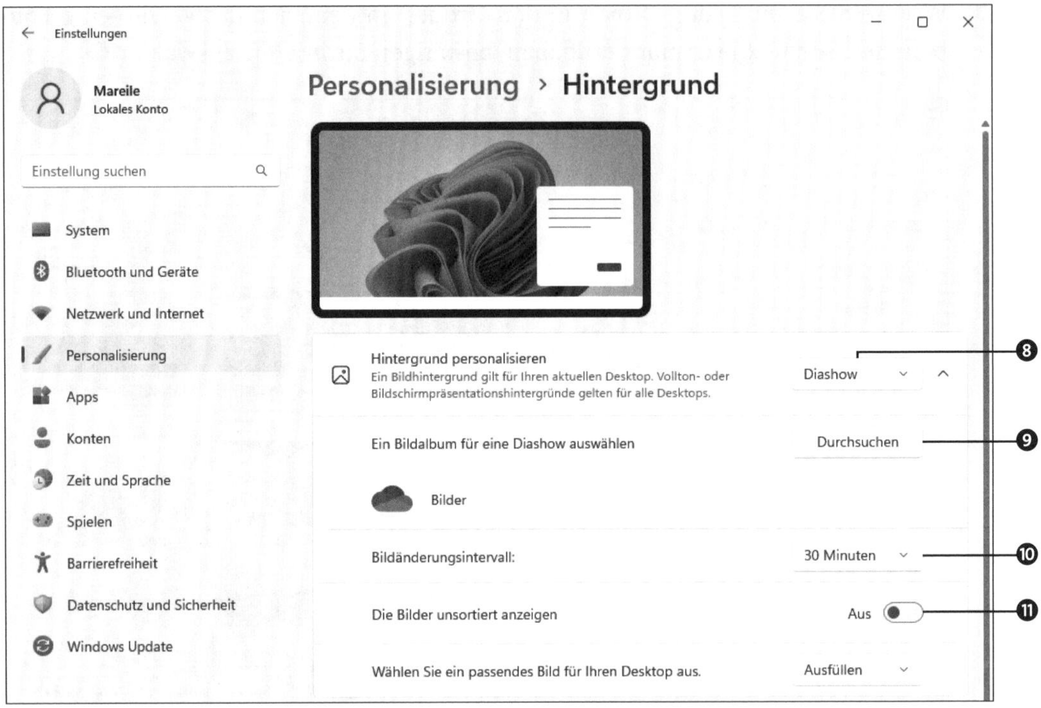

Abbildung 6.2 Die Diashoweinstellungen für den Desktophintergrund im Überblick

Falls Ihnen ein einzelnes Foto oder gar eine ganze Diashow der Lieblingsbilder auf dem Desktop zu bunt ist, können Sie sich auch für einen schlichten einfarbigen Hintergrund entscheiden. Die entsprechende Einstellung im Feld rechts von **Hintergrund personalisieren** lautet hierfür **Volltonfarbe**. In der nun angezeigten Farbpalette markieren Sie einfach den gewünschten Farbton.

INFO

Schriftarten installieren oder wieder entfernen

Windows 11 unterstützt eine Vielzahl an Schriftarten, sogenannte *Fonts*. Die Installation zusätzlicher bzw. Deinstallation vorhandener Fonts erfolgt über die **Einstellungen**-App. Rufen Sie **Start ▸ Einstellungen ▸ Personalisierung ▸ Schriftarten** auf, erfahren Sie, welche Schriftarten bereits auf dem Computer installiert sind. Weitere Fonts können Sie nach einem Klick auf **Weitere Schriftarten aus dem Microsoft Store abrufen** über den Store beziehen. Um eine Schriftart wieder zu entfernen, markieren Sie sie in der **Einstellungen**-App und klicken auf der folgenden Seite auf **Deinstallieren.**

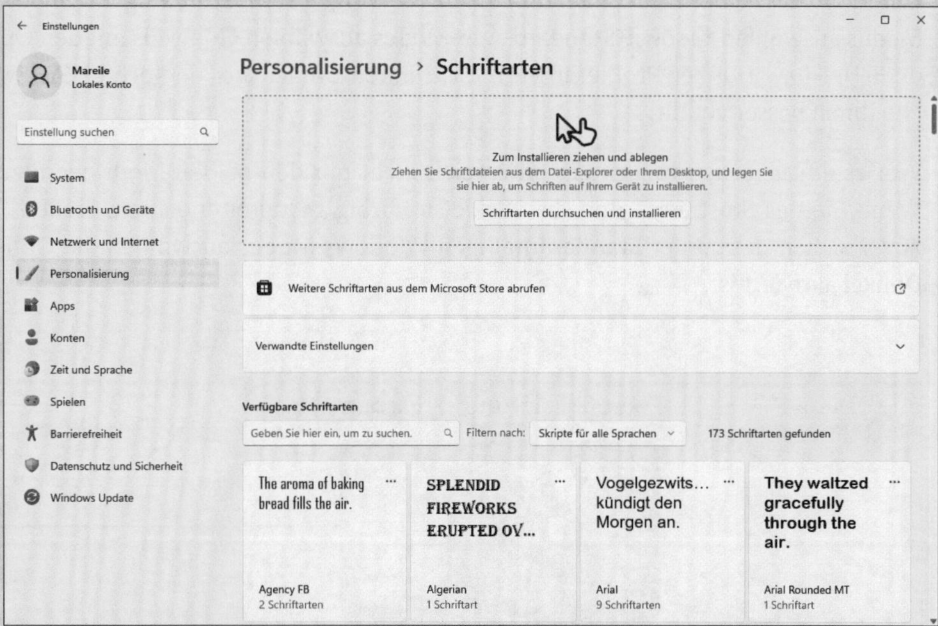

Abbildung 6.3 In der Unterkategorie »Schriftarten« erfahren Sie, welche Schriftarten auf dem System installiert sind.

6.3.2 Die Farbe von Titel- und Taskleiste sowie des Startmenüs festlegen

Nicht nur der Desktophintergrund lässt sich individuell anpassen, sondern auch die Farbe für die Titelleisten von Programm-, App- und Dialogfenstern. Der ausgewählte Farbton kann zugleich für die Taskleiste und das Startmenü übernommen werden. Außerdem haben Sie die Wahl zwischen einem hellen und einem dunklen Modus.

1 Sollten Sie den **Einstellungen**-Dialog – über den Sie, wie im vorherigen Abschnitt beschrieben, das Aussehen des Desktophintergrundes festgelegt haben – schon wieder geschlossen haben, öffnen Sie ihn über **Start ▸ Einstellungen ▸ Personalisierung** erneut. Wählen Sie nun die Unterkategorie **Farben** aus.

2 Zu Beginn der folgenden Seite sehen Sie zunächst in einer kleinen Vorschau die aktuelle Farbauswahl ❶. Je nach Einstellung werden Startmenü und Taskleiste z. B. in einem dunklen Ton angezeigt, während der Hintergrund von Apps hell erscheint. Wenn Sie den dunklen Modus für Apps oder auch umgekehrt den hellen Modus für Startmenü und Co. ausprobieren möchten, klicken Sie in das Feld rechts von **Modus auswählen** ❷ und markieren **Benutzerdefiniert**.

3 Unterhalb des Feldes erscheinen nun die Einstellungen **Standardmäßigen Windows-Modus auswählen** ❸ sowie **Standard-App-Modus auswählen** ❹ jeweils mit den Optionen **Hell** bzw. **Dunkel**. Probieren Sie die Varianten einfach aus, und prüfen Sie, welche Ihnen besser gefällt.

4 Wer es etwas farbenfroher mag, muss sich nicht mit den beiden Modi begnügen. Wenn Sie das Startmenü und die Taskleiste farbig gestalten möchten, stellen Sie zuvor sicher, dass unter **Standardmäßigen Windows-Modus auswählen** die Option **Dunkel** aktiviert ist.

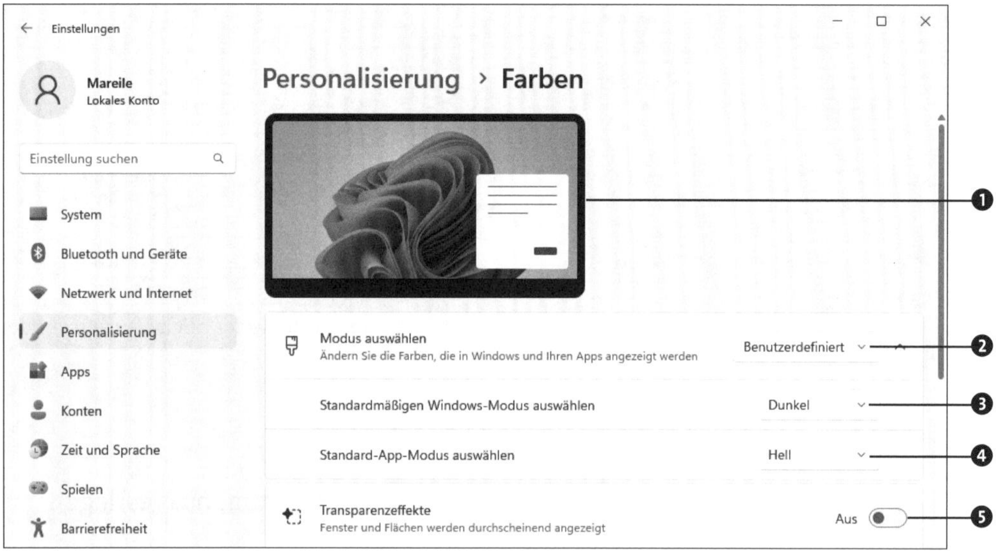

5 Per Standardeinstellung erscheinen sowohl das Startmenü als auch die Taskleiste transparent, sodass der Hintergrund leicht durchscheint. Falls Ihnen dies nicht gefällt, deaktivieren Sie den entsprechenden Regler einfach ❺.

6 Blättern Sie in der rechten Fensterhälfte etwas nach unten, haben Sie die Möglichkeit, entweder einen Farbton in der Farbpalette selbst zu markieren oder Windows die Auswahl zu überlassen. Im letzteren Fall wählen Sie im Feld rechts von **Akzentfarbe** den Eintrag **Automatisch**. Möchten Sie selbst einen Farbton festlegen, stellen Sie stattdessen **Manuell** ❻ ein. Falls unterhalb von **Akzentfarbe** nun nicht eine Farbauswahl erscheint, klicken Sie am rechten Rand auf den nach unten weisenden Pfeil. Ist die Farbauswahl sichtbar, markieren Sie den gewünschten Farbton ❼.

7 Gefällt Ihnen das Farbangebot im Bereich **Windows-Farben** nicht, klicken Sie rechts von **Benutzerdefinierte Farben** auf **Farben anzeigen** ❽. Markieren Sie nun im Dialog

Benutzerdefinierte Akzentfarbe auswählen in der Farbpalette per Mausklick einen Farbton ❾. Die Farbnuance lässt sich auch über die beiden Schieberegler rechts bzw. unterhalb der Farbpalette anpassen ❿. Im Bereich **Farbenvorschau** können Sie die Farbauswahl nochmals überprüfen. Sind Sie mit Ihrer Einstellung zufrieden, bestätigen Sie sie mit **Fertig**.

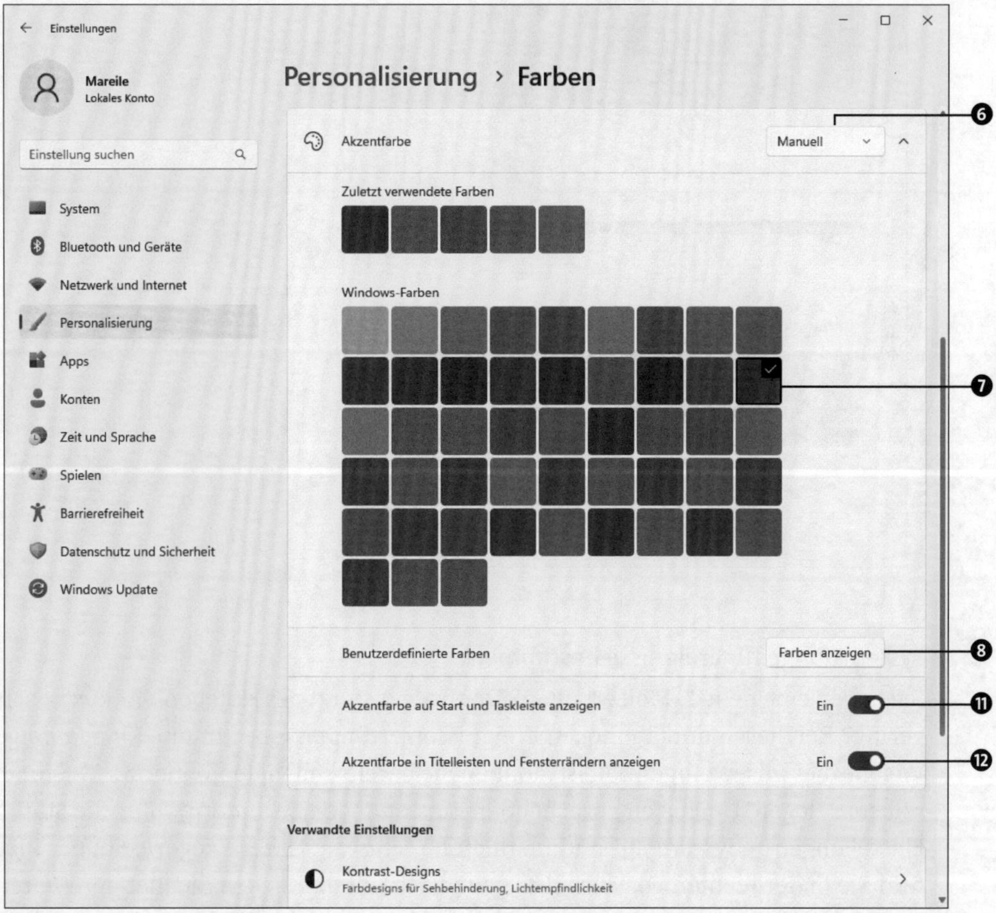

8 Damit der in Schritt 6 bzw. Schritt 7 ausgewählte Farbton im Startmenü und der Taskleiste zu sehen ist, setzen Sie den Regler rechts von **Akzentfarbe auf Start und Taskleiste anzeigen** auf **Ein** ⓫.

9 Wenn Sie auch die Titelleisten von Fenstern etwas farbenfroher gestalten wollen, müssen Sie außerdem den Regler rechts von **Akzentfarbe in Titelleisten und Fensterrändern anzeigen** auf **Ein** setzen ⓬.

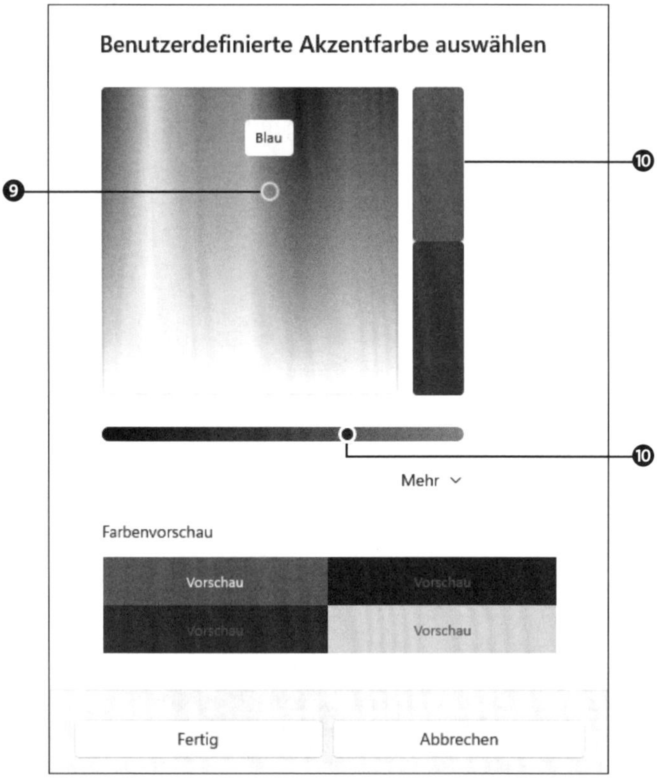

TIPP

Systemklänge für Ereignisse bestimmen

Sie haben eine neue E-Mail erhalten? Der Ladezustand des Notebook-Akkus ist sehr gering? Bei diesen und ähnlichen Ereignissen ertönt eine bestimmte Klangabfolge. Welche dies im jeweiligen Fall ist, können Sie bereits seit vielen Windows-Versionen selbst festlegen. Um die entsprechenden Einstellungen zu ändern, rufen Sie **Start ▸ Einstellungen ▸ System** auf und markieren rechts die Unterkategorie **Sound**. Blättern Sie in der rechten Fensterhälfte ganz nach unten. Klicken Sie hier auf **Weitere Soundeinstellungen**. Wechseln Sie im Dialog **Sound** auf die Registerkarte **Sounds** ❶. Markieren Sie in der Liste **Programmereignisse** das Ereignis, dessen Systemklang Sie ändern möchten ❷.

Wählen Sie dann im Feld **Sounds** einen neuen Klang aus ❸, und testen Sie ihn. Gefällt Ihnen die Auswahl, bestätigen Sie sie mit **Übernehmen** und **OK**. Sollten Sie übrigens eher genervt sein von den Systemklängen, können Sie sie auch abschalten. Hierzu wählen Sie im Feld unterhalb von **Soundschema** einfach **Keine Sounds** ❹ aus. Auch diese Einstellung müssen Sie mit **Übernehmen** und **OK** bestätigen.

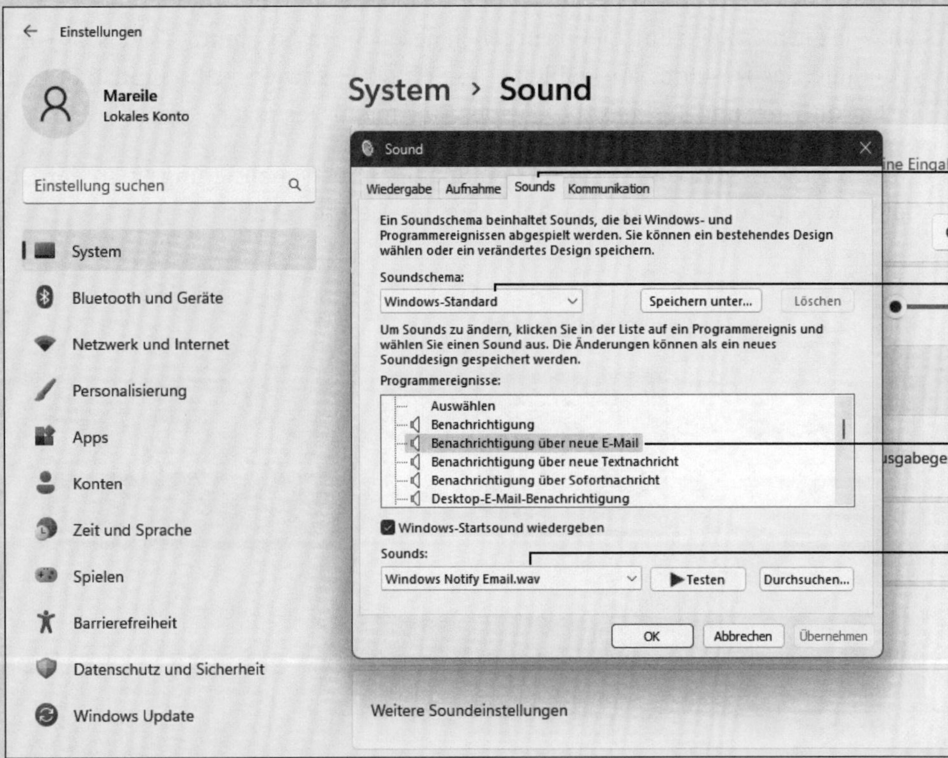

Abbildung 6.4 Auch der Sound von Programmereignissen lässt sich ändern.

6.3.3 Desktopeinstellungen in Designs speichern

In die Gestaltung von Desktophintergrund, Titelleisten, Startmenü und mehr kann man viel Zeit investieren. Wenn Sie Abwechslung mögen und gern immer mal wieder neue Zusammenstellungen ausprobieren, können Sie Ihre eigenen Kreationen auch als sogenannte *Designs* speichern und später immer wieder darauf zurückgreifen. Wenn Ihnen all dies zu aufwendig ist, finden Sie vielleicht Gefallen an den bereits vorgefertigten Designs, die Windows zur Verfügung stellt. Beide Varianten werde ich Ihnen kurz vorstellen:

1. Rufen Sie zunächst **Start ▸ Einstellungen ▸ Personalisierung** auf.
2. Über die Unterkategorien **Hintergrund** und **Farben**, die Sie in der rechten Spalte der **Einstellungen**-App auswählen, stellen Sie für Ihre eigene Kreation zunächst den Hin-

tergrund des Desktops sowie die Farben für Titelleisten, Startmenü und Taskleiste ein. Wie Sie hierzu im Einzelnen vorgehen, lesen Sie in Abschnitt 6.3.1, »Das Hintergrundbild des Desktops auswählen«, ab Seite 193 sowie in Abschnitt 6.3.2, »Die Farbe von Titel- und Taskleiste sowie des Startmenüs festlegen«, ab Seite 197.

3 Klicken Sie anschließend in der linken Spalte auf **Personalisierung** ❶. In der Übersicht über die Unterkategorien wählen Sie nun **Designs** ❷ aus.

4 Zu Beginn der folgenden Seite wird Ihre Zusammenstellung aus Hintergrund und Farben angezeigt. Dieses Design ist noch nicht gespeichert. Das bedeutet, sobald Sie Änderungen am Hintergrund oder auch an den Farben vornehmen, wird die aktuelle Kombination durch Ihre neue Zusammenstellung ersetzt. Um das aktuelle Design zu speichern, klicken Sie auf **Speichern** ❸.

5 Geben Sie im Dialog **Design speichern** einen aussagekräftigen Namen für Ihr Design ein, und speichern Sie es.

Analog können Sie weitere eigene Designs erstellen. Über den **Einstellungen**-Dialog **Designs** erhalten Sie jederzeit Zugriff auf die gespeicherten Designs und können so mit nur einem Mausklick eine Ihrer eigenen Lieblingszusammenstellungen auswählen. Im Bereich **Aktuelles Design** finden Sie auch die von Windows bereits vorgefertigten Designs, wie etwa **Windows** und **Sonnenaufgang** ❹. Doch damit ist es noch nicht genug, denn im Microsoft Store finden Sie zahlreiche weitere Designs.

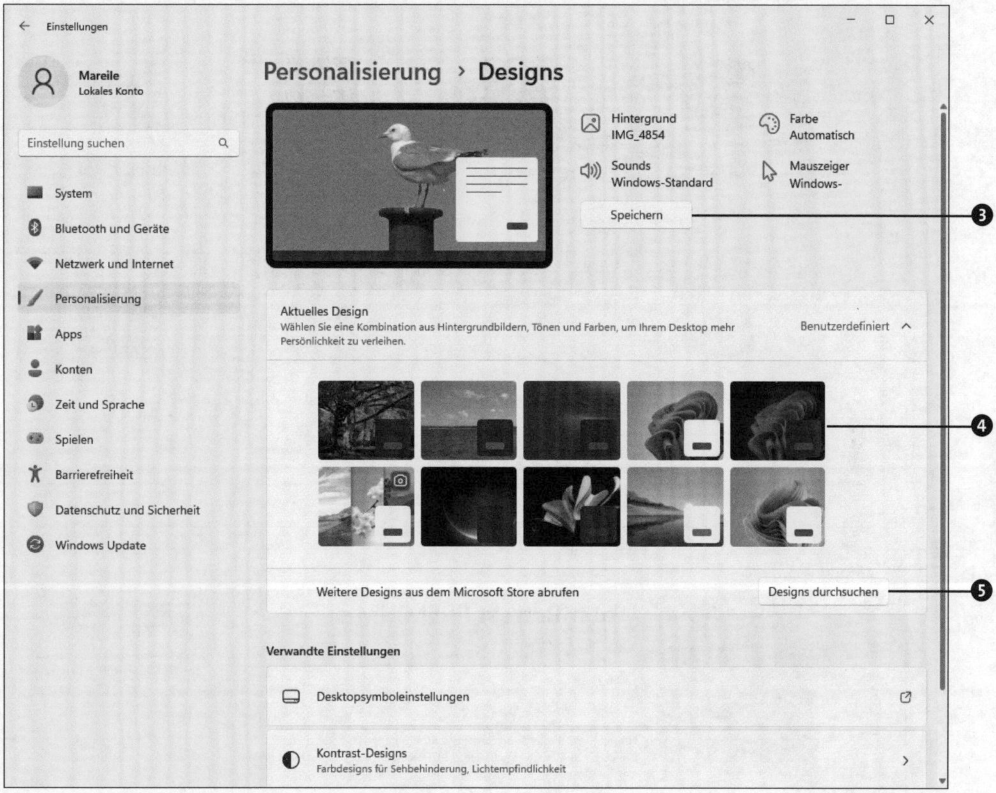

6 Falls Sie einen Blick darauf werfen möchten, klicken Sie auf der Seite **Personalisierung ▸ Designs** rechts von **Weitere Designs aus dem Microsoft Store abrufen** auf **Designs durchsuchen** ❺. Daraufhin wird der Store geöffnet.

7 Sie erhalten nun eine Übersicht über eine Vielzahl von Designs (auf Englisch *themes*). Interessiert Sie ein Design näher, wählen Sie es per Mausklick aus ❻.

8 Auf der folgenden Seite erfahren Sie, welche Bilder im ausgewählten Design enthalten sind und wie das Design von Benutzern bewertet wurde. Über die Pfeiltaste oben links ❼ gelangen Sie wieder zur Übersicht zurück.

Gefällt Ihnen ein Design und möchten Sie es gerne auf Ihrem Computer nutzen, klicken Sie auf die Schaltfläche **Herunterladen** ❽.

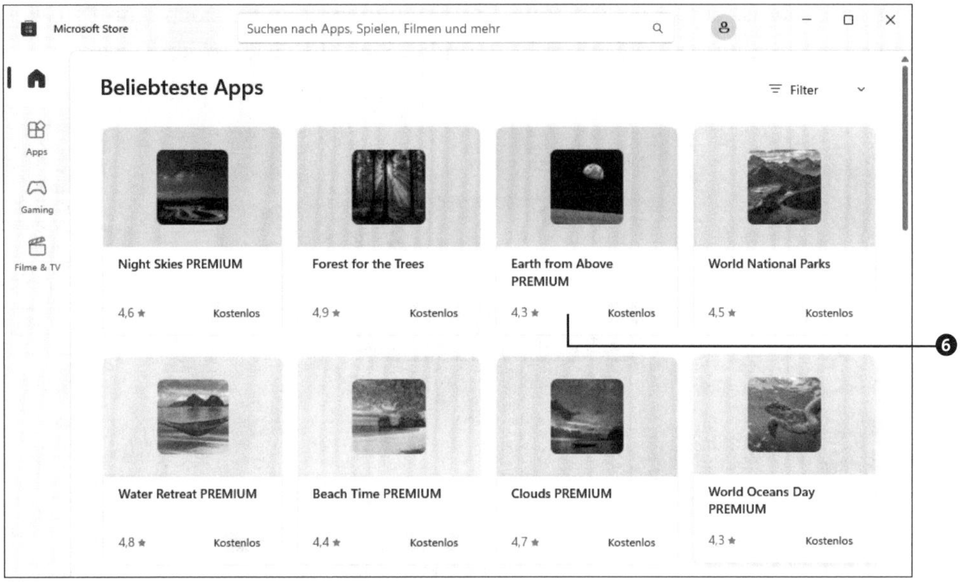
Microsoft Store
Suchen nach Apps, Spielen, Filmen und mehr
Beliebteste Apps
Filter
Apps
Gaming
Filme & TV
Night Skies PREMIUM
4,6 ★ Kostenlos
Forest for the Trees
4,9 ★ Kostenlos
Earth from Above PREMIUM
4,3 ★ Kostenlos
World National Parks
4,5 ★ Kostenlos
Water Retreat PREMIUM
4,8 ★ Kostenlos
Beach Time PREMIUM
4,4 ★ Kostenlos
Clouds PREMIUM
4,7 ★ Kostenlos
World Oceans Day PREMIUM
4,3 ★ Kostenlos
6

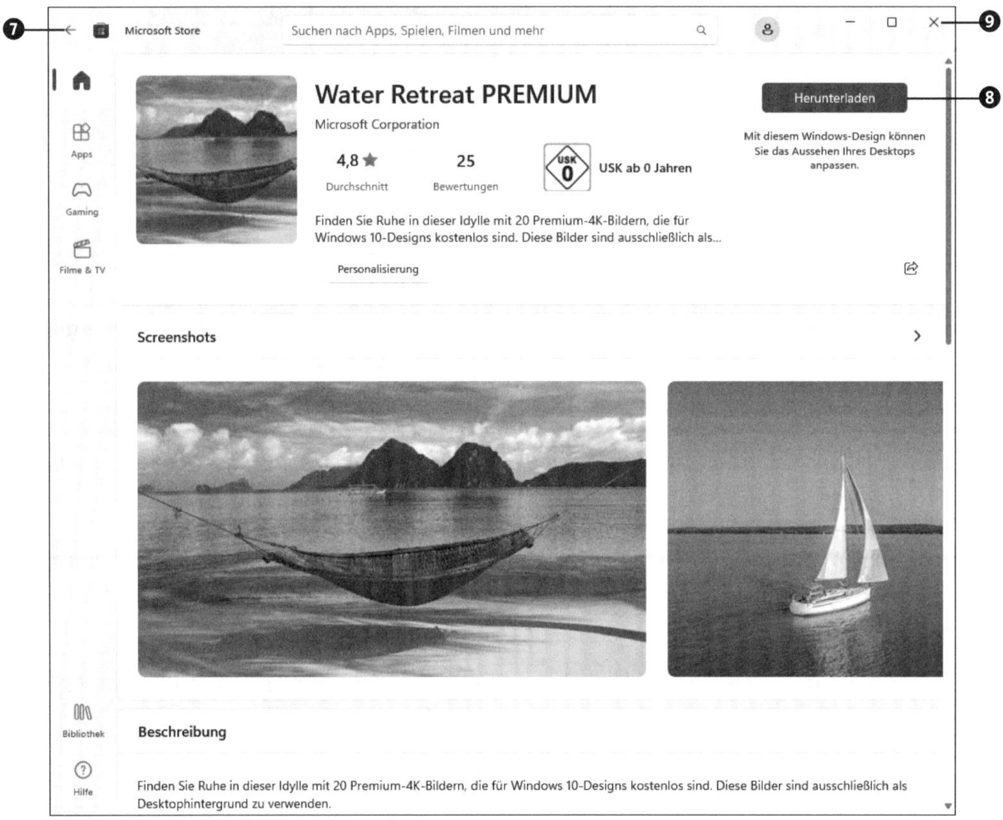
7
Microsoft Store
Suchen nach Apps, Spielen, Filmen und mehr
9
Water Retreat PREMIUM
Microsoft Corporation
4,8 ★
Durchschnitt
25
Bewertungen
USK ab 0 Jahren
Herunterladen
8
Mit diesem Windows-Design können Sie das Aussehen Ihres Desktops anpassen.
Finden Sie Ruhe in dieser Idylle mit 20 Premium-4K-Bildern, die für Windows 10-Designs kostenlos sind. Diese Bilder sind ausschließlich als...
Personalisierung
Apps
Gaming
Filme & TV
Screenshots
Bibliothek
Hilfe
Beschreibung
Finden Sie Ruhe in dieser Idylle mit 20 Premium-4K-Bildern, die für Windows 10-Designs kostenlos sind. Diese Bilder sind ausschließlich als Desktophintergrund zu verwenden.

9 Das Design wird auf Ihren Computer übertragen. Nach erfolgreichem Download (statt des Hinweises **Wird heruntergeladen** erscheint die Schaltfläche **Öffnen**) können Sie den Store über das Schließensymbol oben rechts ❾ wieder beenden. Das heruntergeladene Design wird nun im **Einstellungen**-Dialog **Designs** im Bereich unterhalb von **Aktuelles Design** ❿ aufgeführt und kann dort ganz einfach per Mausklick ausgewählt werden.

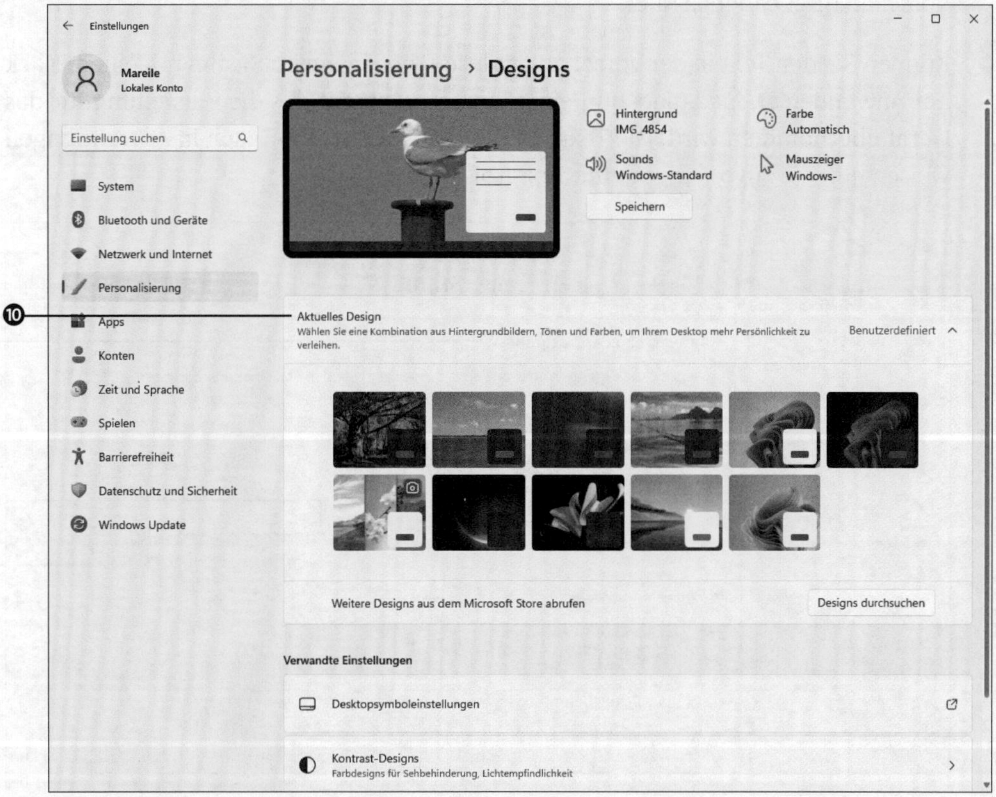

Den Microsoft Store, über den Sie auch viele Apps oder Bücher erwerben können, stelle ich Ihnen in Abschnitt 9.2, »Apps aus dem Microsoft Store installieren«, ab Seite 367 noch genauer vor.

6.3.4 Textgröße und visuelle Effekte anpassen

Je länger man am Computer arbeitet und auf den Bildschirm blickt, desto müder werden die Augen. Nicht nur Menschen mit einer Sehschwäche bekommen hier im Laufe des Tages Probleme, den Text zu entziffern. Bevor Sie nun immer näher an den Bildschirm rücken, um noch etwas lesen zu können, können Sie auch einfach die Größe von Text, Apps und anderen Elementen ändern. Beginnen wir zunächst mit der Textgröße:

1. Rufen Sie über das Startmenü **Einstellungen** ▸ **Barrierefreiheit** ▸ **Textgröße** auf.
2. Zu Beginn der Seite sehen Sie eine **Vorschau der Textgröße** ❶. Ziehen Sie nun den Schieberegler rechts von **Textgröße** nach rechts, wird die Größe der Wörter in der Vorschau direkt angepasst ❷.
3. Können Sie den Text in der Vorschau gut lesen, übernehmen Sie ihn mit einem Klick auf **Anwenden** ❸. Es dauert nun einen kurzen Moment, bis die Einstellung für das Gerät übernommen wird. Die Texte in Windows selbst, aber auch in Anwendungen weisen nun die zuvor eingestellte Textgröße auf.

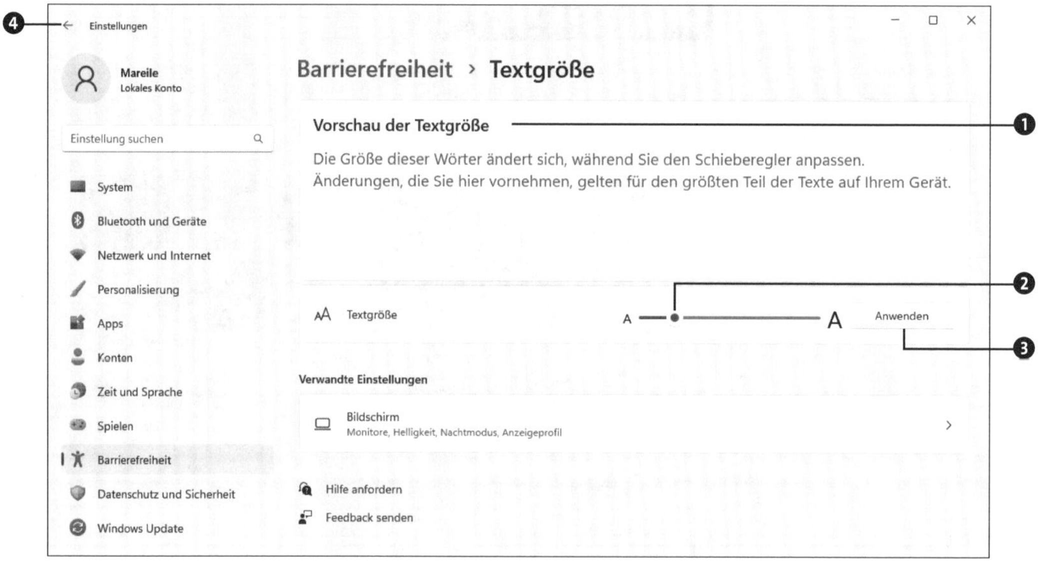

Klicken Sie auf den Pfeil oben links ❹, um zur Übersichtsseite der Kategorie **Barrierefreiheit** zurückzukehren.

Ist auf einer Seite – sei es in der **Einstellungen**-App, sei es auf einer Webseite etc. – mehr Text vorhanden, als im Programmfenster angezeigt werden kann, erscheint am rechten Fensterrand ein sogenannter Scrollbalken. Um auf der Seite zu blättern, verschieben Sie diese Bildlaufleiste einfach. Unter Windows 11 wird der Scrollbalken allerdings nur noch sehr dezent am rechten bzw. unteren Rand eingeblendet. Wenn Sie den Mauszeiger außerhalb des Programm- oder Dialogfensters positionieren, verschwindet er sogar ganz. Das lässt sich aber schnell ändern:

1 Wählen Sie in der **Einstellungen**-App auf der Übersichtsseite der Kategorie **Barrierefreiheit** die Unterkategorie **Visuelle Effekte** aus.

2 Setzen Sie den Regler rechts von **Bildlaufleisten immer anzeigen** auf **Ein** ❶.

3 Manche empfinden es als störend, wenn in einem Dialog- oder Programmfenster das dahinter befindliche Element durchscheint (z. B. ein anderes Fenster oder auch der Desktophintergrund). Das Ausschalten des Reglers **Transparenzeffekte** sorgt dafür, dass die Fensterhintergründe nicht mehr durchscheinen ❷. Der gleiche Effekt lässt sich auch über den Regler **Transparenzeffekte** in der **Einstellungen**-App unter **Personalisierung ▸ Farben** erzielen.

4 Ist der Regler **Animationseffekte** auf **Ein** gesetzt ❸, wird z. B. das Startmenü nach einem Klick auf das Windows-Logo in der Taskleiste vom unteren Bildschirmrand her sanft eingeblendet.

5 Benachrichtigungen, z. B. über neu eingetroffene E-Mails, werden bereits nach 5 Sekunden wieder ausgeblendet. Wer während dieser Zeit den Blick gerade vom Bildschirm abgewendet hat, dem entgeht die Meldung. Im Feld rechts von **Benachrichtigungen nach dieser Zeitdauer schließen** können Sie einen längeren Zeitraum einstellen ❹.

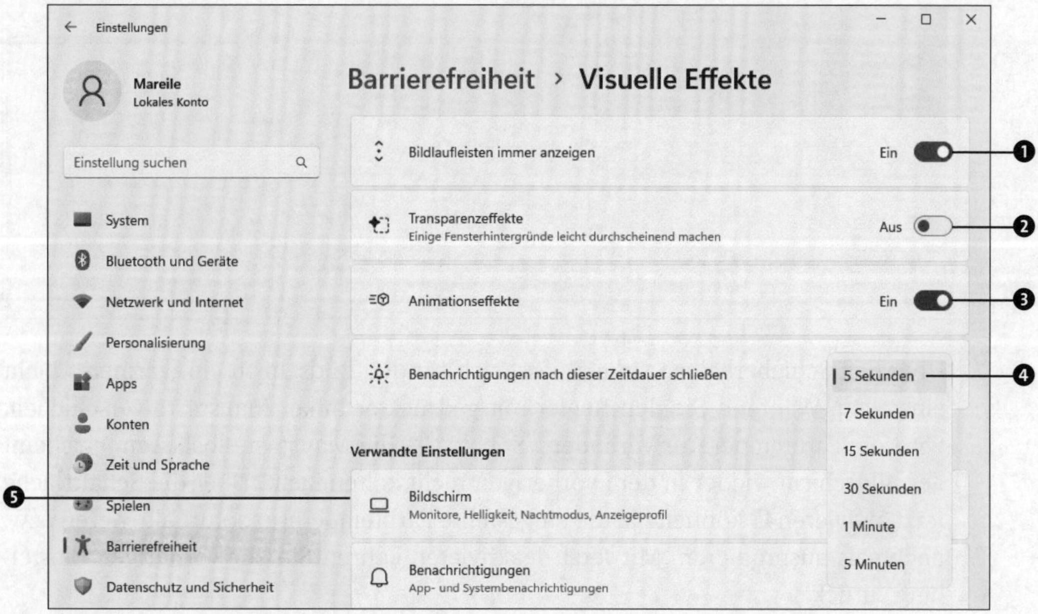

Zählen Sie auch zu den Menschen, die bis in den späten Abend hinein oder sogar nachts am Computer sitzen? Falls Sie die Helligkeit des Monitors während dieser Zeit als unangenehm empfinden, sollten Sie den Nachtmodus von Windows 11 ausprobieren. Die Aktivierung nehmen Sie folgendermaßen vor:

1 Ist bei Ihnen noch die **Einstellungen**-App mit der Seite **Barrierefreiheit ▸ Visuelle Effekte** geöffnet, klicken Sie im Bereich **Verwandte Einstellungen** auf **Bildschirm** ❺. Sie gelangen damit automatisch zur Unterkategorie **Bildschirm** innerhalb der Kategorie **System**.

2 Um zunächst die Konfiguration des Nachtmodus vorzunehmen, klicken Sie auf **Nachtmodus** ❻.

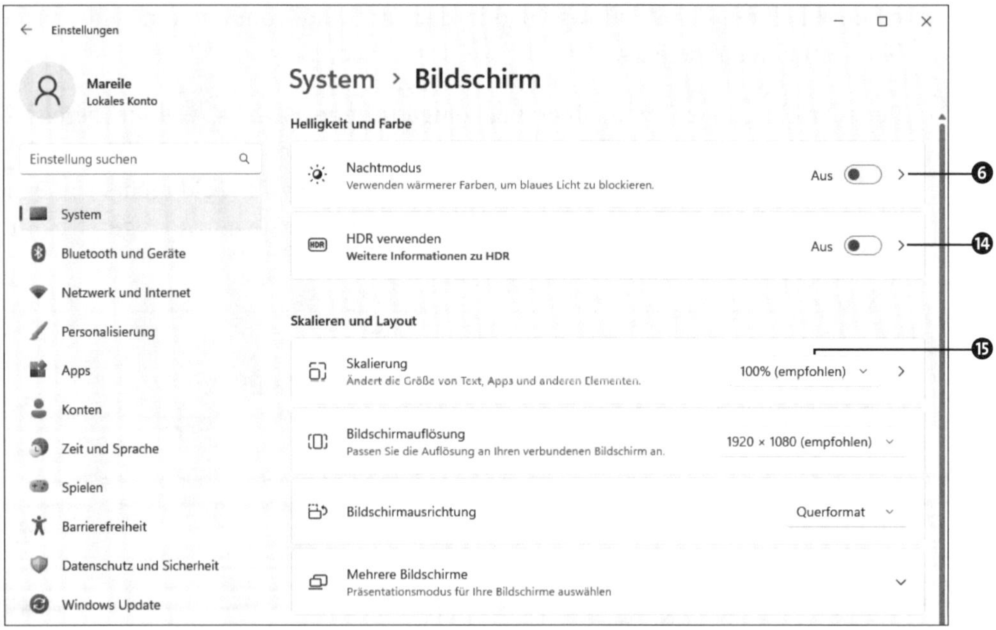

3 Über den Schieberegler **Stärke** ❼ lässt sich für den Bildschirm ein wärmeres Licht einstellen. Während Sie den Regler mit gedrückter linker Maustaste verschieben, wird die Farbtemperatur verändert. Sobald Sie die Maustaste loslassen, erscheint der Bildschirm wieder in dem vorherigen recht kalten Licht. Über die Schaltfläche **Jetzt aktivieren** ❽ können Sie die eingestellte Farbtemperatur sofort aktivieren bzw. nochmals ausprobieren. Mit **Jetzt deaktivieren** kehren Sie zur vorherigen Einstellung zurück.

4 Möchten Sie, dass der Nachtmodus automatisch zu einem bestimmten Zeitpunkt aktiviert wird, setzen Sie den Regler **Nachtmodus planen** auf **Ein** ❾. In den nun sichtbaren Einstellungen schlägt Windows 11 einen Zeitraum zwischen 21 Uhr und 7 Uhr für die Aktivierung vor. Sie können in den Feldern **Einschalten** und **Ausschalten** ❿ auch einen eigenen Zeitrahmen vorgeben.

5 Haben Sie auf Ihrem Computer die Ortungsdienste eingeschaltet, können Sie die Aktivierung des Nachtmodus auch abhängig vom Sonnenuntergang automatisch vornehmen lassen. Wählen Sie hierzu die Option **Sonnenuntergang bis Sonnenaufgang** ⓫ aus. Die Aktivierung der Ortungsdienste können Sie nach einem Klick auf **Standorteinstellungen** ⓬ vornehmen. Lesen Sie hierzu auch den Kasten »Die Ortungsdienste von Windows 11 aktivieren« auf Seite 445.

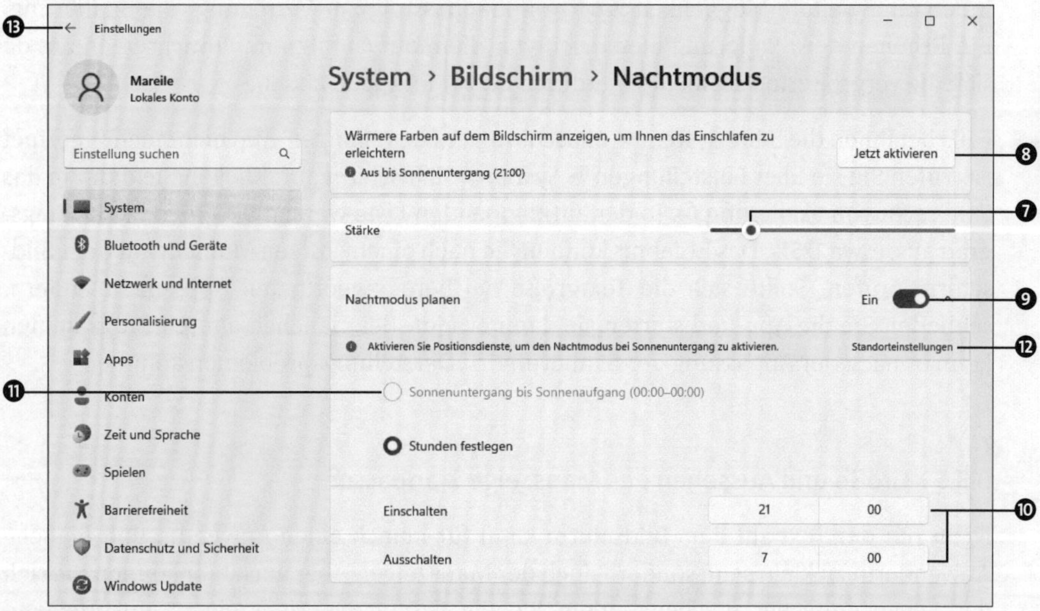

6 Über das Pfeilsymbol ⓭ oben links kehren Sie wieder zum **Einstellungen**-Dialog **Bildschirm** zurück. Hier lässt sich der Nachtmodus mit den vorgenommenen Einstellungen nun auch schnell über den entsprechenden Regler ein- bzw. ausschalten.

TIPP

HDR unter Windows 11 verwenden

Gerade diejenigen, die gerne Filme, z. B. über Netflix, streamen oder zu den großen Spielefans zählen, werden sich über die verbesserte HDR-Unterstützung in Windows 11 freuen. *HDR* ist die Abkürzung für *High Dynamic Range*. Vereinfacht gesagt verbirgt sich hinter HDR eine Technologie, mit der Farben, Helligkeit und Kontraste optimiert werden. Um HDR unter Windows 11 nutzen zu können, benötigen Sie einen HDR-kompatiblen Bildschirm. Die Einstellungen für HDR werden über die **Einstellungen**-App vorgenommen. Rufen Sie in ihr die Kategorie **System ▸ Bildschirm** auf, und klicken Sie rechts von **HDR verwenden** auf den kleinen nach rechts weisenden Pfeil (⓮ auf Seite 208). Auf der folgenden Seite können Sie die Verwendung von HDR aktivieren und sich in einer Vorschau ein Video mit den aktuellen Einstellungen ansehen.

Das zu Beginn dieses Abschnitts beschriebene Anpassen der Textgröße über die Einstellungen auf der Seite **Barrierefreiheit ▸ Textgröße** wirkt sich ausschließlich auf die Größe des Textes aus. Sind Ihnen nun z. B. die Abstände zwischen Schaltflächen zu klein, steht Ihnen eine weitere Möglichkeit zur Größenanpassung zur Verfügung: die Skalierung. Ein Erhöhen der Skalierung bietet sich vor allem auf Geräten mit Touchscreen an, da sich die vergrößerten Elemente hierdurch besser antippen lassen.

Falls bei Ihnen die Seite **System ▸ Bildschirm** der **Einstellungen**-App nicht mehr geöffnet ist, rufen Sie sie über **Einstellungen ▸ System ▸ Bildschirm** auf. Klicken Sie dann in das Feld recht von **Skalierung** ⓯. In der aufklappenden Liste wählen Sie einen Skalierungsgrad aus, etwa **125%**. Das Ergebnis können Sie nach einem kurzen Moment auf dem Bildschirm prüfen. Sollte sich die Textgröße bei bereits geöffneten Apps nicht ändern, schließen Sie die App und starten sie dann erneut. Bei manchen älteren Programmen kann es nach der Anpassung der Skalierung zu Darstellungsproblemen kommen.

6.3.5 Größe und Aussehen des Mauszeigers anpassen

Nicht nur der Text auf dem Bildschirm kann für manch einen Anwender und manche Anwenderin zu klein sein, sondern auch der Mauszeiger. Aber auch hier können Sie sich das Leben einfacher machen, indem Sie die Größe des Mauszeigers entsprechend anpassen:

1. Rufen Sie **Start ▸ Einstellungen ▸ Barrierefreiheit ▸ Mauszeiger und Toucheingabe** auf.
2. Ziehen Sie den Schieberegler **Größe** ❶ mit gedrückter linker Maustaste so weit nach rechts, bis der Mauszeiger die gewünschte Größe hat.
3. Auch die Zeigerfarbe lässt sich ändern. Nach einem Klick auf das Symbol **Benutzerdefiniert** ❷ im Bereich **Mauszeigerart** können Sie entweder einen der eingeblendeten Farbtöne markieren ❸ oder sich für **Andere Farbe auswählen** ❹ entscheiden.

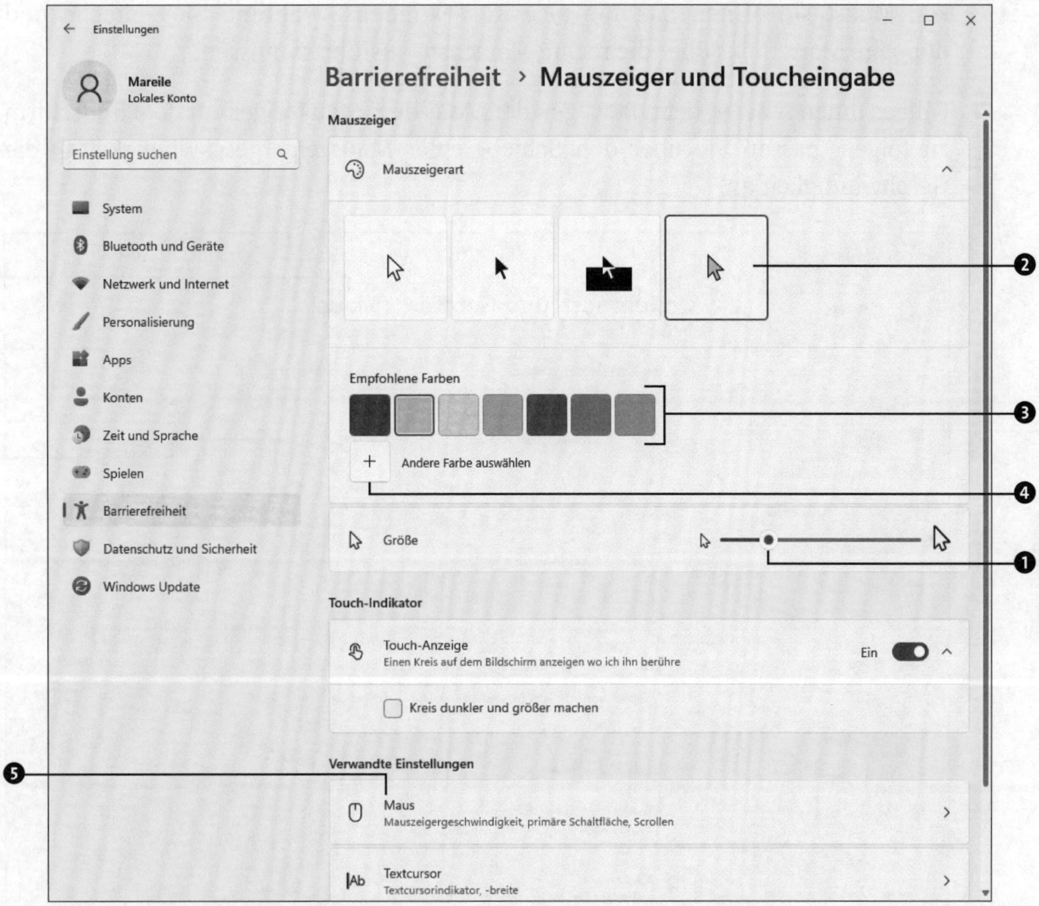

Per Standardeinstellung werden einfache und doppelte Klicks auf Bildschirmelemente mit der linken Maustaste durchgeführt, ein Kontextmenü hingegen wird mit rechten Maustaste eingeblendet. Wenn Sie z. B. Linkshänder sind, können Sie diese Einstellung selbstverständlich ändern.

4 Ist in der **Einstellungen**-App noch die Unterkategorie **Mauszeiger** geöffnet, klicken Sie hier im Bereich **Verwandte Einstellungen** auf **Maus** ❺. Wenn Sie die **Einstellungen**-App bereits geschlossen haben, rufen Sie **Start ▸ Einstellungen ▸ Bluetooth und Geräte ▸ Maus** ❻ auf.

5 In der rechten Fensterhälfte finden Sie im Feld rechts von **Primäre Maustaste** die Standardeinstellung **Links** ❼. Sobald Sie nach einem Klick in das Feld **Rechts** markiert haben, wird auch schon die Belegung der Maustasten umgestellt. Mit der lin-

ken Maustaste öffnen Sie nun also Kontextmenüs, während Sie einfache und doppelte Mausklicks über die rechte Maustaste ausführen müssen.

6 Fällt es Ihnen schwer, beim Bewegen der Maus dem Mauszeiger auf dem Bildschirm zu folgen, passen Sie über den Schieberegler **Mauszeigergeschwindigkeit** ❽ die Geschwindigkeit an.

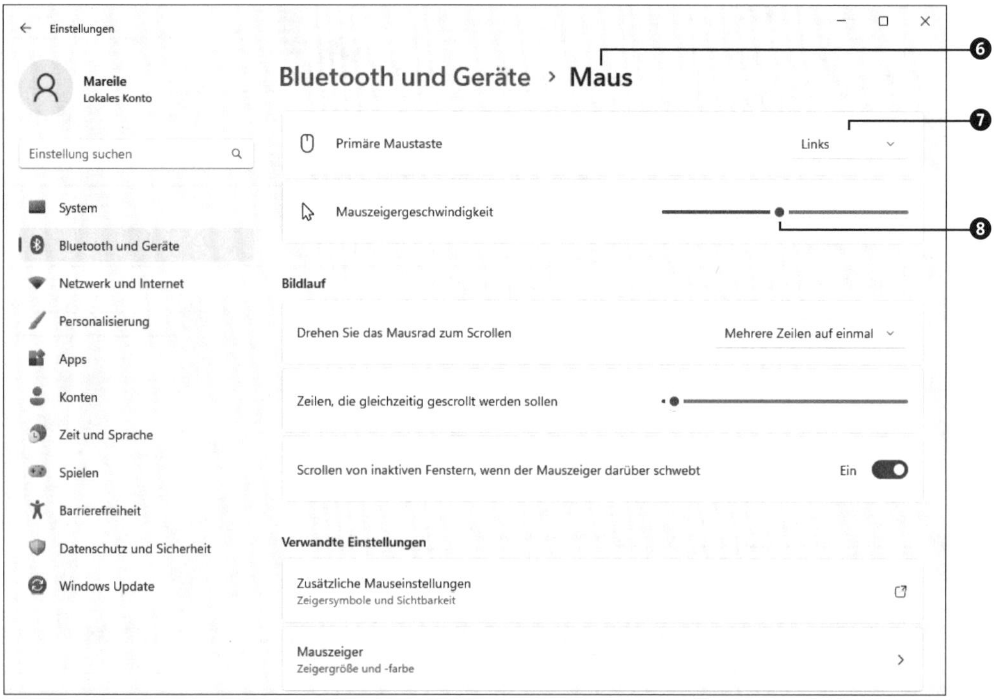

TIPP

Sichtbarkeit des Textcursors verbessern
Die Einfügemarke, auch *Cursor* oder *Textcursor* genannt, zeigt die Stelle in einem Dokument an, an der der nächste eingegebene Text oder auch eine Grafik eingefügt wird. Wie der Mauszeiger ist auch die Einfügemarke nicht immer gut erkennbar. Über **Start** ▸ **Einstellungen** ▸ **Barrierefreiheit** ▸ **Textcursor** lässt sich aber auch ihre Größe, Farbe und Breite verändern. Damit dies möglich ist, müssen Sie zuvor den Regler **Textcursor-Indikator** auf **Ein** setzen.

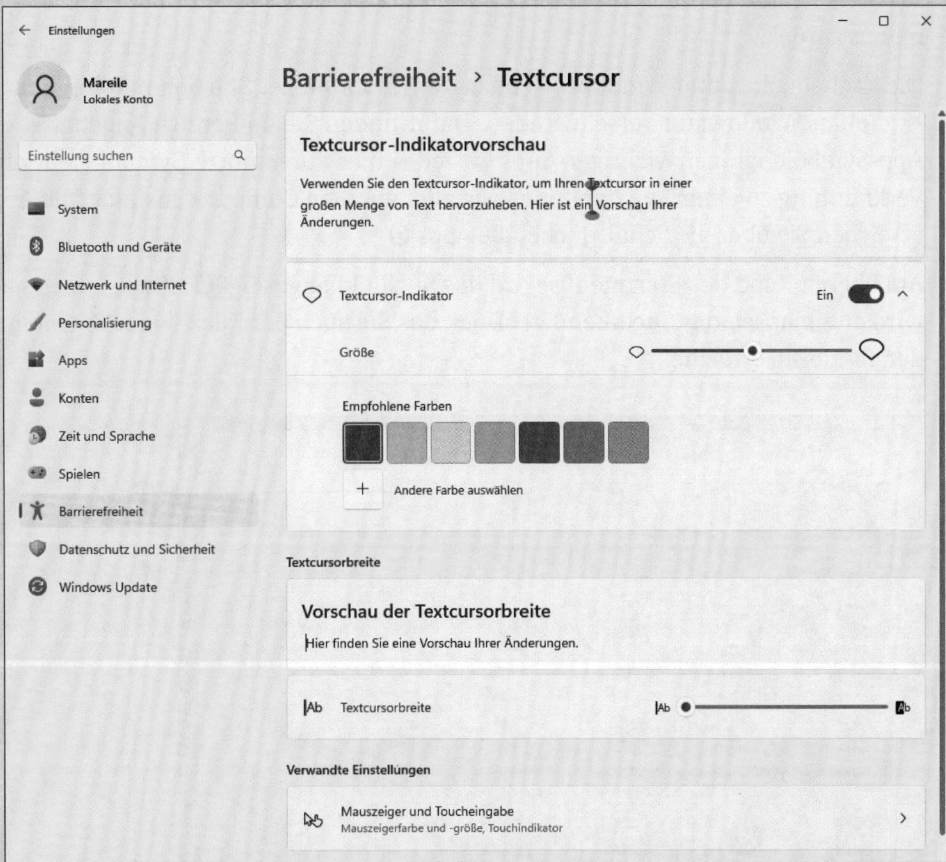

Abbildung 6.5 Auch die Sichtbarkeit des Cursors lässt sich verbessern.

6.4 Das Startmenü anpassen

Um ein Programm oder eine App zu starten, nutzen Sie in den meisten Fällen das Startmenü, das Sie über das Windows-Logo in der Taskleiste öffnen. Das Startmenü besteht vereinfacht gesagt aus vier Bereichen:

- Am unteren Rand werden Ihr Benutzername ❶ und das Symbol zum Herunterfahren des Computers angezeigt ❷.
- Im Bereich darüber blendet Windows 11 Empfehlungen für neu installierte Apps sowie zuletzt geöffnete Dateien ein. Über die Schaltfläche **Mehr** ❸ können Sie sich eine umfangreichere Liste der zuletzt besuchten Elemente anzeigen lassen. Von die-

ser Seite kehren Sie mit einem Klick auf **Zurück** zur klassischen Ansicht des Startmenüs zurück.

- Die Kacheln, die unter Windows 10 noch den Hauptteil des Startmenüs einnahmen, sind unter Windows 11 verschwunden. Dafür finden Sie im Bereich **Angeheftet** die App-Symbole einiger wichtiger Apps ❹. Jedes hier aufgeführte Symbol stellt eine Verknüpfung zu einer App dar. Eine Liste aller auf dem Computer installierten Apps erreichen Sie über die Schaltfläche **Alle Apps** ❺.
- Am oberen Rand des Startmenüs wird das Suchfeld angezeigt ❻. Klicken Sie es an, wird automatisch das Suchmenü geöffnet, das Sie auch per Klick in das Suchfeld in der Taskleiste erreichen.

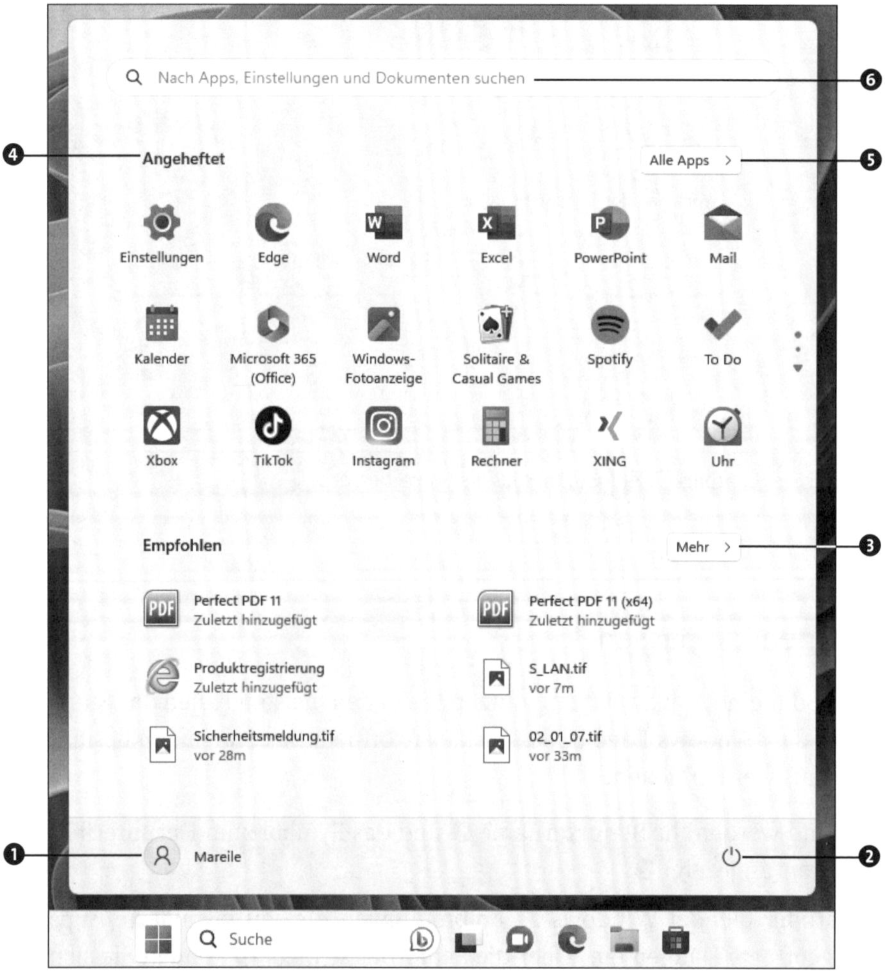

Abbildung 6.6 Das Startmenü wird über das Windows-Symbol oder die Windows-Taste aufgerufen.

Wie Sie die Farbe des Startmenüs bestimmen, erfahren Sie in Abschnitt 6.3.2, »Die Farbe von Titel- und Taskleiste sowie des Startmenüs festlegen«, ab Seite 197. In diesem Abschnitt zeige ich Ihnen, wie Sie festlegen, welche Elemente in den drei unteren Bereichen des Startmenüs erscheinen sollen.

6.4.1 Elemente des Startmenüs auswählen

Das Startmenü wird per Klick auf das Windows-Logo am linken Rand der Taskleiste oder durch Drücken der Taste [Windows] aufgerufen. Über die kleinen Symbole am unteren Rand des Startmenüs erreichen Sie blitzschnell wichtige Funktionen, wie etwa den Befehl zum Herunterfahren des PCs oder auch zum Sperren des Computers. Unter Windows 10 befand sich diese Schnellstartleiste noch am linken Rand des Startmenüs. Per Standardeinstellung sind lediglich das Symbol **Ein/Aus** sowie das Symbol Ihres Benutzerkontos fest in der Schnellstartleiste verankert. Wenn Sie möchten, können Sie hier weitere Symbole ergänzen, etwa das Symbol zum Aufruf der Einstellungen oder des Explorers. Die entsprechenden Einstellungen nehmen Sie folgendermaßen vor:

1 Rufen Sie **Start** ▸ **Einstellungen** ▸ **Personalisierung** ▸ **Start** auf.

2 Klicken Sie am unteren Rand der rechten Spalte auf **Ordner** ❶.

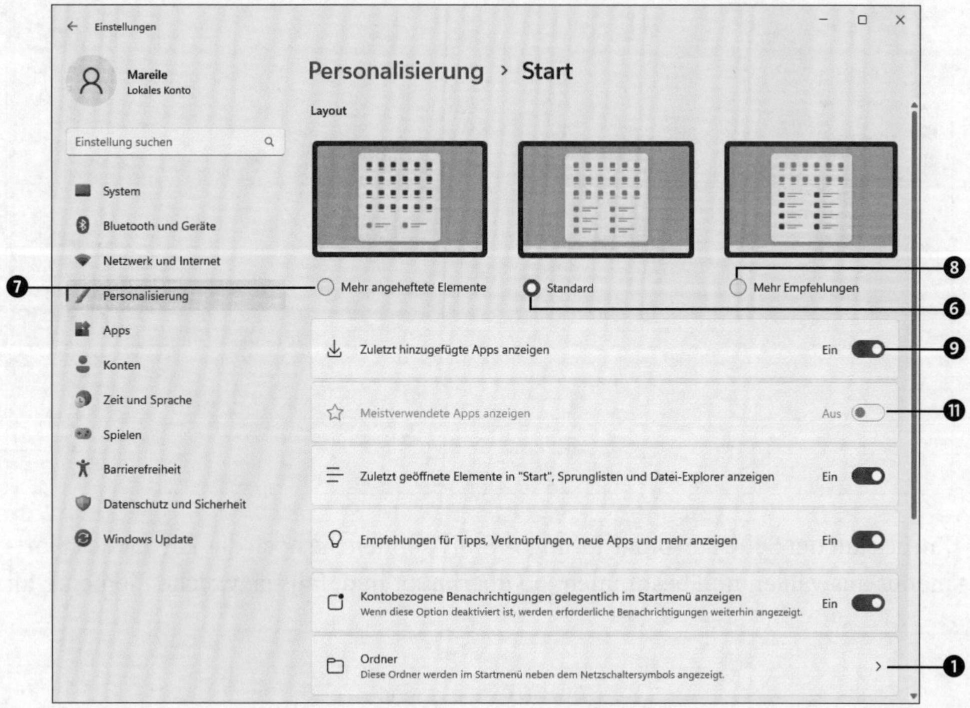

Sie erhalten nun eine Übersicht über alle Ordner, die Sie der Schnellstartleiste des Startmenüs hinzufügen können. Die Liste beginnt mit den **Einstellungen** ❷, über die Sie die **Einstellungen**-App öffnen, gefolgt vom **Datei-Explorer** ❸, über den Sie den Explorer mit der Schnellzugriffsübersicht starten, und endet mit **Persönlicher Ordner** ❹, der den Explorer wiederum mit einer Übersicht über all Ihre persönlichen Ordner wie Dokumente, Bilder und mehr öffnet.

3 Über die Schieberegler legen Sie fest, welche Ordner in der Schnellstartleiste ein- bzw. ausgeblendet werden sollen.

4 Kehren Sie anschließend per Klick auf den Pfeil ❺ oben links zur vorherigen Seite zurück.

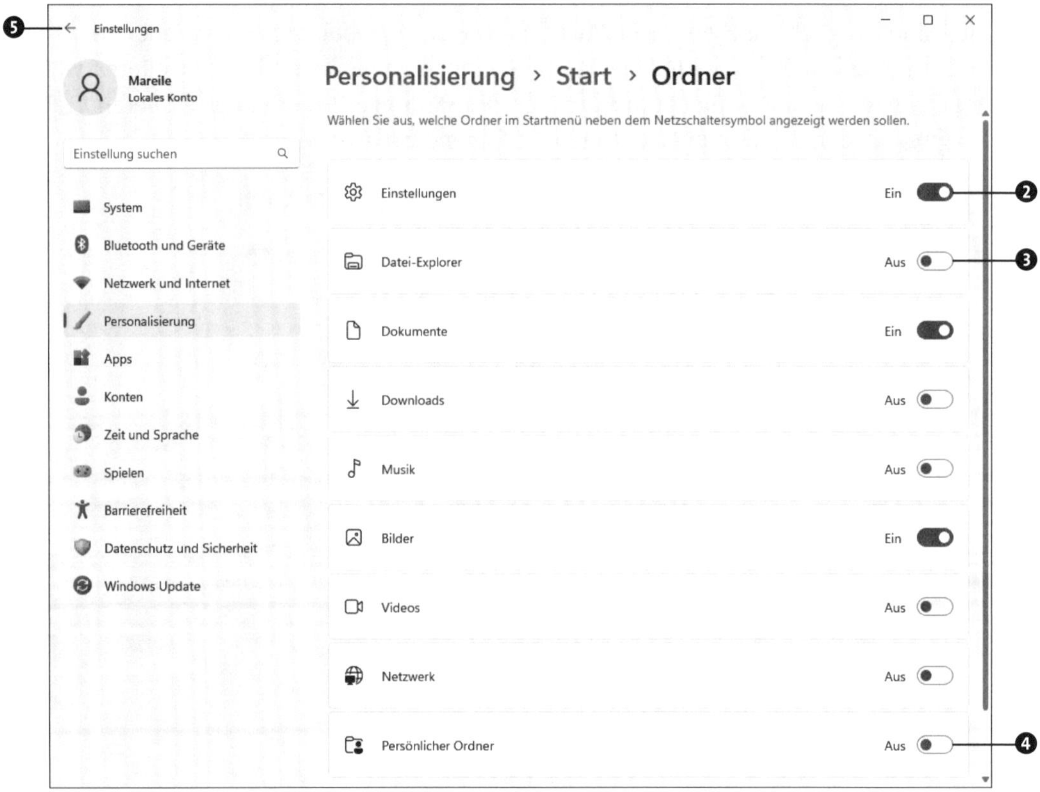

Zurück auf der Seite Personalisierung ▸ Start können Sie noch das Layout des Startmenüs auswählen und bestimmen, ob überhaupt und, falls ja, welche Elemente im

Bereich Empfohlen des Startmenüs aufgeführt werden sollen. Per Standardeinstellung zeigt Windows hier zunächst die zuletzt hinzugefügten Apps an sowie zuletzt geöffnete Elemente.

5 Per Standardeinstellung werden der Bereich **Angeheftet** und der Bereich **Empfohlen** im Startmenü in gleich große Abschnitte aufgeteilt ❻. Legen Sie mehr Wert auf die angehefteten Elemente, aktivieren Sie unterhalb von **Layout** die Option **Mehr angeheftete Elemente** ❼. Sind Ihnen stattdessen die Empfehlungen wichtiger, weisen Sie Ihnen mit der Option **Mehr Empfehlungen** ❽ mehr Platz zu.

6 Wollen Sie z. B. auf die Anzeige der zuletzt hinzugefügten Apps verzichten, ziehen Sie den entsprechenden Regler (❾ auf Seite 215) nach links auf **Aus**.

7 Analog lassen sich auch die meistverwendeten Apps ausblenden. Dieser Regler lässt sich allerdings nur verstellen, wenn Sie unter **Datenschutz und Sicherheit ▸ Allgemein** den Regler neben **Lassen Sie Windows die Start- und Suchergebnisse verbessern, indem Sie App-Starts verfolgen** ❿ aktiviert haben. Ist dies nicht der Fall, ist der Regler **Meistverwendete Apps anzeigen** ausgegraut (⓫ auf Seite 215).

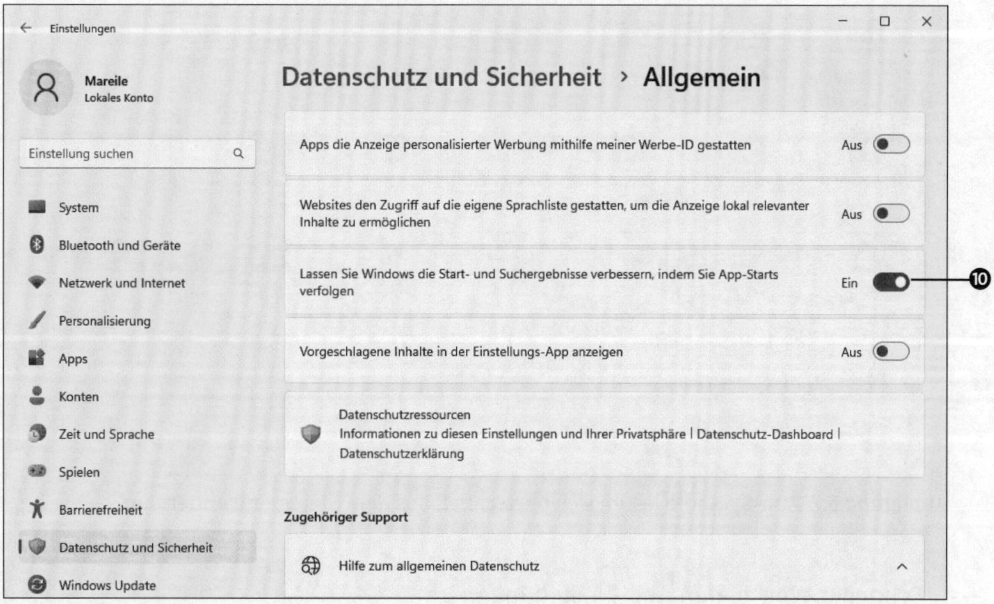

Im nächsten Abschnitt erfahren Sie, wie Sie die Symbole Ihrer Lieblings-Apps im Bereich **Angeheftet** des Startmenüs ergänzen und nicht benötigte entfernen.

6.4.2 App-Symbole im Bereich »Angeheftet« entfernen, verschieben und hinzufügen

Die App-Symbole innerhalb des Bereichs **Angeheftet** stellen jeweils eine Verknüpfung zu einer App dar. Ein Klick auf ein App-Symbol reicht, und schon wird die damit verbundene Anwendung gestartet. Es ist somit durchaus sinnvoll, häufig verwendete Apps an das Startmenü zu knüpfen. Umgekehrt sollten Sie nicht benötigte App-Symbole aus dem Bereich **Angeheftet** entfernen. Letzteres ist blitzschnell erledigt: Rufen Sie das Startmenü auf, klicken Sie mit der rechten Maustaste auf das zu löschende App-Symbol, und wählen Sie im Kontextmenü **Von "Start" lösen** ❶. Das war's bereits. Die App selbst, die mit dem App-Symbol verknüpft war, ist damit nicht deinstalliert, sie kann weiterhin über die Liste aller Apps im Startmenü aufgerufen werden. Wie Sie Apps deinstallieren, erfahren Sie in Abschnitt 9.4, »Apps und Programme deinstallieren«, ab Seite 392.

Abbildung 6.7 App-Symbole lassen sich blitzschnell aus dem Startmenü entfernen.

INFO

Schneller Weg zu den App-Einstellungen

Eine App funktioniert nicht mehr richtig, und Sie würden sie gerne auf die Standardeinstellungen zurücksetzen? (Lesen Sie dazu auch Abschnitt 19.1.1, »Apps in den Originalzustand zurücksetzen«, ab Seite 763.) Oder möchten Sie die Berechtigungen anpassen, die einer App eingeräumt werden (etwa den Zugriff auf Ihre

Kontakte)? All diese Einstellungen erreichen Sie bequem über das Kontextmenü einer App im Startmenü. Klicken Sie im Bereich **Angeheftet** mit der rechten Maustaste auf das Symbol der App, die Sie bearbeiten möchten, und wählen Sie im Kontextmenü den Befehl **App-Einstellungen** ❷.

Sobald Sie ein App-Symbol entfernt haben, rücken alle nachfolgenden Symbole eine Position nach oben. Der Bereich **Angeheftet** besteht zunächst aus zwei Seiten, die jeweils Platz für maximal 18 App-Symbole bieten. Zum Blättern positionieren Sie den Mauszeiger auf dem angehefteten Bereich und drehen dann z. B. das Scrollrad der Computermaus. Alternativ bewegen Sie den Mauszeiger auf den rechten Rand des Bereichs. Hier können Sie über die beiden Punkte ❶ sowie den kleinen Pfeil ❷ von einer Seite der angehefteten Apps zur nächsten gelangen.

Gefällt Ihnen die Anordnung der App-Symbole nicht, lässt sich das schnell ändern. Das Verschieben eines App-Symbols erledigen Sie ähnlich flott wie das Entfernen:

1 Bewegen Sie den Mauszeiger auf das App-Symbol, das Sie verschieben wollen ❸, und ziehen Sie es mit gedrückter linker Maustaste an die gewünschte neue Position.

Während des Ziehens wird zusätzlich zum Mauszeiger eine Vorschau des App-Symbols eingeblendet. Außerdem können Sie beobachten, wie andere App-Symbole ebenfalls verschoben werden, um Platz für das App-Symbol unterhalb des Mauszeigers zu schaffen.

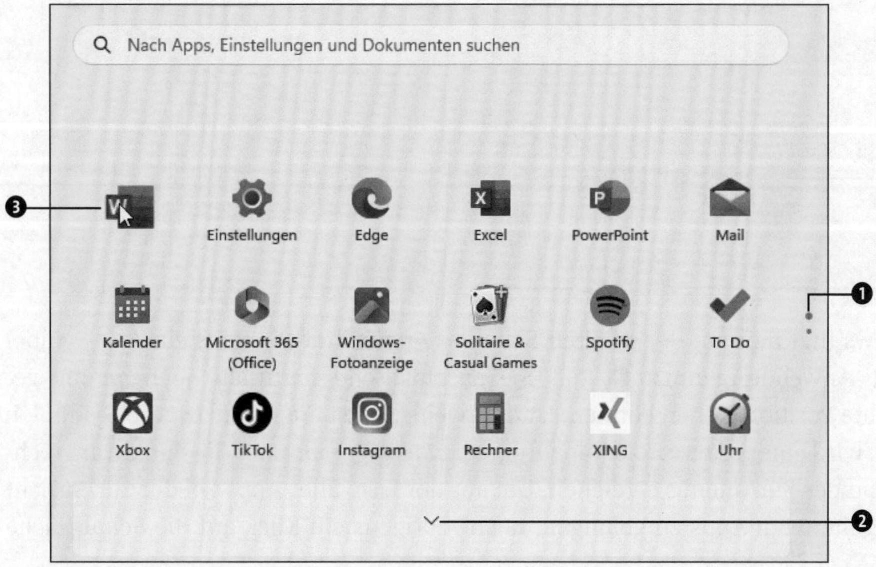

2 Falls Sie das App-Symbol nicht nur innerhalb der gerade angezeigten Seite des angehefteten Bereichs verschieben möchten, sondern auf die zweite Seite, ziehen Sie den Mauszeiger auf den Pfeil unterhalb ❷ bzw. oberhalb des Bereichs. Hierdurch gelangen Sie zur anderen Seite.

3 Wenn Sie die richtige Stelle für das App-Symbol gefunden haben, lassen Sie die Maustaste los, und schon wird das Symbol platziert.

Standardmäßig sieht Windows nur für eine überschaubare Anzahl von Apps ein Symbol im Startmenü vor. Hierzu zählen beispielsweise die *Kalender*-App, die *Mail*-App, die *Fotos*-App oder auch die *Einstellungen*-App. Den Großteil der restlichen Programme finden Sie teilweise gut versteckt in der Liste aller installierten Apps. Diese Liste müssen Sie allerdings erst per Klick auf **Alle Apps** einblenden. Wenn Sie gerne Ihre Lieblingsanwendung mit einem App-Symbol ans Startmenü heften möchten, gehen Sie folgendermaßen vor:

1 Öffnen Sie zunächst das Startmenü und dann die Liste **Alle Apps**.

2 Klicken Sie in der nun sichtbaren Liste mit der rechten Maustaste auf das gewünschte Programm, und wählen Sie im Kontextmenü den Befehl **An "Start" anheften** ❶.

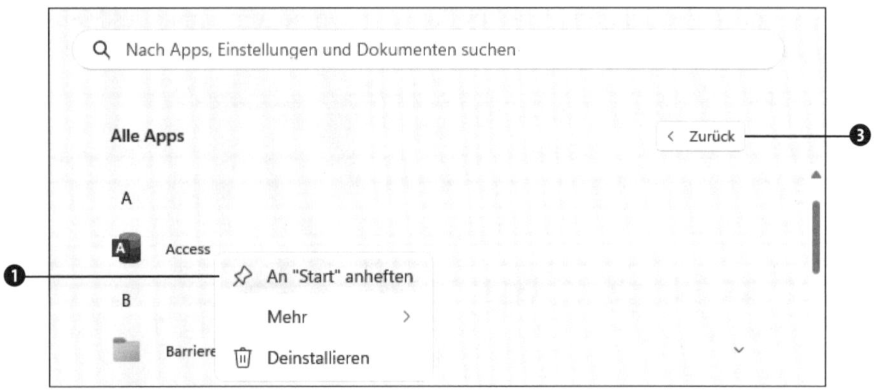

3 Windows fügt nun auf der zweiten Seite des **Angeheftet**-Bereichs ein App-Symbol für die Anwendung hinzu ❷, das Sie anschließend natürlich noch an die gewünschte Position ziehen können. Ist die zweite Seite bereits mit 18 App-Symbolen gefüllt, wird eine weitere Seite hinzufügt, die Sie ebenfalls über die Punkte am rechten Rand des Startmenüs erreichen. Um aus der Liste aller Apps wieder zur Ansicht der angehefteten Apps zu gelangen, reicht übrigens ein Klick auf die Schaltfläche **Zurück** ❸.

TIPP

Dem Startmenü Ordner hinzufügen

Sie können im **Angeheftet**-Bereich des Startmenüs nicht nur App-Symbole hinzufügen, sondern auch Ordner. Hierzu rufen Sie einfach den Explorer auf und navigieren zum gewünschten Ordner. Klicken Sie diesen mit der rechten Maustaste an. Im Kontextmenü finden Sie nun den Befehl **An "Start" anheften**. Ein Klick darauf, und schon wird im Startmenü eine Verknüpfung zum Ordner ergänzt. Die Bezeichnung **An "Start" anheften** ist seit der Version 22H2 von Windows 11 an dieser Stelle etwas irreführend, denn im Explorer findet sich im Navigationsbereich nun ebenfalls ein Abschnitt **Start**. Dabei handelt es sich aber lediglich um den früher noch **Schnellzugriff** genannten Abschnitt, über den Sie die zuletzt geöffneten Ordner und Dateien erreichen. Weitere Informationen rund um den Explorer und auch den »neuen« Abschnitt **Start** erhalten Sie in Kapitel 8, »Dateien und Ordner verwalten mit dem Explorer«, ab Seite 285.

6.4.3 App-Symbole im Startmenü in Ordnern zusammenfassen

Je mehr App-Symbole Sie dem Startmenü hinzufügen, desto unübersichtlicher kann es werden. Seit Version 22H2 ist es – wie bereits unter Windows 10 der Fall – nun auch in Windows 11 möglich, Apps zu einer Gruppe zusammenzufassen. Im Startmenü ist anschließend zunächst nur das Ordnersymbol zu sehen. Klicken Sie dieses an, werden alle hier zusammengefassten App-Symbole eingeblendet. Ein Mausklick auf die gewünschte App reicht, um sie zu öffnen. Um z. B. thematisch zusammenhängende Apps in einem Ordner zusammenzufassen, gehen Sie folgendermaßen vor:

1 Stellen Sie zunächst sicher, dass die gewünschten Apps im Bereich **Angeheftet** des Startmenüs zu sehen sind. In unserem Beispiel sollen die beiden Apps **Excel** und **PowerPoint** zusammengefasst werden. Positionieren Sie dann den Mauszeiger auf dem Symbol der ersten App, hier **PowerPoint**.

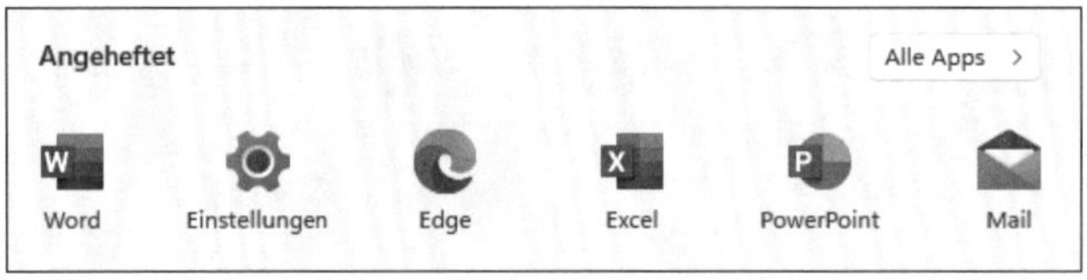

2 Ziehen Sie den Mauszeiger nun langsam mit gedrückter linker Maustaste auf das Symbol der zweiten App, die in den Ordner wandern soll. Sobald das zweite Symbol (in unserem Beispiel also Excel) minimiert im Hintergrund angezeigt wird, lassen Sie die Maustaste los.

3 Die beiden übereinandergelegten App-Symbole werden nun minimiert in einem Quadrat eingeblendet. Dieses Quadrat trägt den wenig aussagekräftigen Namen **Ordner**. Um die Bezeichnung zu ändern, klicken Sie auf das Quadrat.

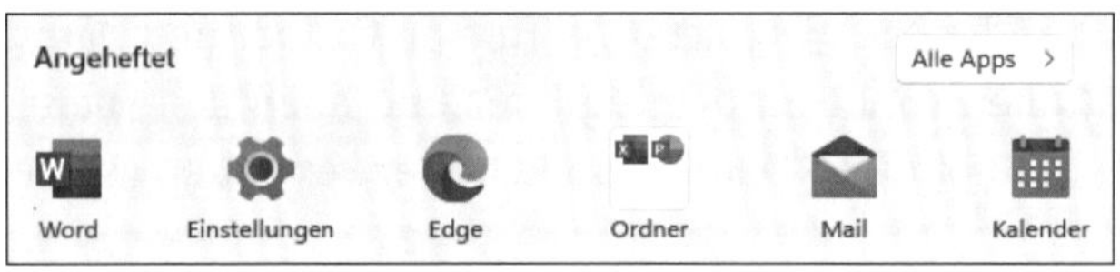

4 Im folgenden Dialog klicken Sie auf den Schriftzug **Namen bearbeiten**. Geben Sie nun im Textfeld eine Bezeichnung für den Ordner ein, für unser Beispiel etwa »Office«. Schließen Sie die Eingabe durch Drücken der Taste [↵] ab.

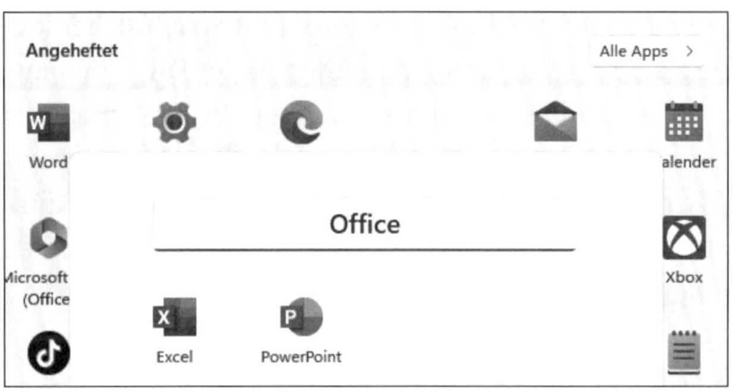

5 Der Ordner wird nun mit der neuen Bezeichnung im Startmenü angezeigt. Falls Sie ihn an die erste Position des Startmenüs setzen möchten, klicken Sie ihn mit der rechten Maustaste an. Nun reicht ein Klick auf **Nach vorne verschieben**, um ihn direkt oben links unterhalb des Schriftzuges **Angeheftet** zu positionieren.

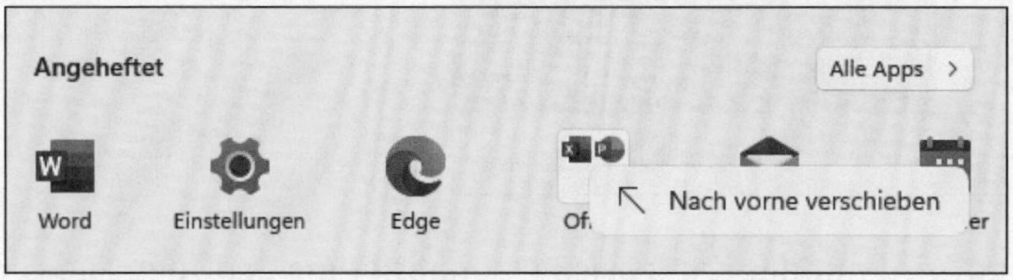

Natürlich können Sie jederzeit ein App-Symbol wieder aus einem Ordner entfernen. Hierzu öffnen Sie den Ordner einfach per Mausklick, positionieren den Mauszeiger auf dem zu entfernenden App-Symbol und ziehen es mit gedrückter Maustaste auf einen Bereich außerhalb des Quadrats. Lassen Sie die Maustaste dann los. Enthält der Ordner anschließend nur noch eine App, erscheint statt des Ordners das App-Symbol wieder in normaler Größe.

6.5 Die Taskleiste anpassen

Die Taskleiste spielt bereits seit vielen Windows-Versionen eine wichtige Rolle. Mit einem Blick lesen Sie hier unter anderem die Uhrzeit ab, öffnen schnell per Mausklick das Startmenü oder starten Suchanfragen. Zusätzlich können Sie Anwendungen an die Taskleiste heften, wie Sie in Abschnitt 7.2, »Programme und Dateien über die Taskleiste öffnen«, ab Seite 265 erfahren werden. Für jede bereits geöffnete Anwendung wird ebenfalls ein Symbol in der Taskleiste eingeblendet, sodass Sie schnell zwischen den Programmen wechseln können. In diesem Abschnitt erfahren Sie, welche Möglichkeiten Ihnen Windows zur individuellen Gestaltung der Taskleiste bietet. Viele sind dies allerdings nicht, wie ich gleich vorwegnehmen möchte. Denn für die Konfiguration der Taskleiste unter Windows 11 hat Microsoft die gravierendsten Einschränkungen vorgenommen und die Einstellungsmöglichkeiten auf ein Minimum reduziert.

6.5.1 Die Position der Taskleiste anpassen

Per Standardeinstellung befindet sich die Taskleiste am unteren Bildschirmrand und wird dort permanent angezeigt. Manch einem ist es lieber, wenn die Taskleiste nur bei Bedarf eingeblendet wird.

1 Um die Einstellungen der Taskleiste zu verändern, klicken Sie mit der rechten Maustaste auf einen freien Bereich der Taskleiste. Wählen Sie im Kontextmenü **Taskleisteneinstellungen**.

2 Die App **Einstellungen** wird mit der Kategorie **Personalisierung** geöffnet. Die Unterkategorie **Taskleiste** ❶ ist ebenfalls bereits ausgewählt. Blättern Sie in der rechten Fensterhälfte nach unten bis zum Bereich **Verhalten der Taskleiste**. Klicken Sie hier auf den kleinen nach unten weisenden Pfeil ❷, um die weiteren Einstellungsmöglichkeiten einzublenden.

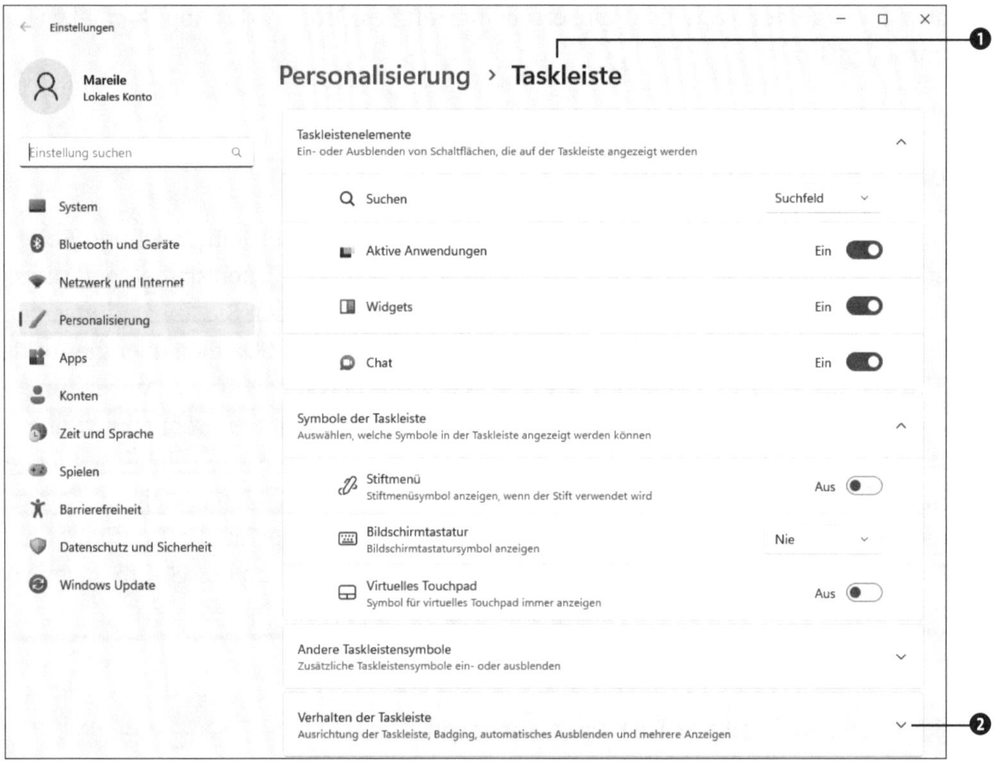

3 Die Taskleiste wird normalerweise immer angezeigt. Manch einer möchte aber lieber den Desktophintergrund ohne die störende Taskleiste genießen. Versehen Sie das Kontrollkästchen **Taskleiste automatisch ausblenden** mit einem Häkchen ❸, verschwindet die Taskleiste. Sie wird erst eingeblendet, wenn Sie den Mauszeiger an den unteren Bildschirmrand bewegen.

In früheren Windows-Versionen konnte man frei entscheiden, ob die Taskleiste am unteren, oberen, rechten oder linken Bildschirmrand eingeblendet werden sollte. Diese Freiheit gibt es unter Windows 11 nicht mehr. Selbst der Eingriff in die Registrierungsdatenbank, über den sich in den Anfängen von Windows 11 die Taskleiste noch an den oberen Bildschirmrand verschieben ließ, funktioniert mittlerweile nicht mehr. Was Sie aber selbst festlegen können, ist die Position der Symbole in der Taskleiste.

4 Per Standardeinstellung werden die Taskleistensymbole unter Windows 11 zentriert ausgerichtet. Dies soll vor allem Nutzer*innen von Touchscreens den Zugriff auf die Symbole erleichtern. Falls Sie sich nicht an die neue Position gewöhnen können und den Mauszeiger aus alter Gewohnheit stets an den linken Rand der Taskleiste schieben, können Sie die von früher gewohnte Ausrichtung wiederherstellen. Klicken Sie hierzu in das Feld rechts von **Taskleistenausrichtung** ❹ und wählen Sie **Linksbündig**.

5 Im Bereich **Verhalten der Taskleiste** können Sie nun noch festlegen, ob auf den Programmsymbolen sogenannte *Badges* angezeigt werden sollen. Bei Badges handelt es sich um kleine Hinweise, die neu eingegangene Nachrichten ankündigen. Haben Sie z. B. eine neue E-Mail erhalten, erscheint auf dem Programmsymbol der Mail-App ein entsprechender Hinweis mit der Anzahl neuer E-Mails. Wünschen Sie diese Badges nicht, entfernen Sie das Häkchen im Kontrollkästchen **Badges in Taskleisten-Apps anzeigen** ❺.

6 Ist das Kontrollkästchen **»Blinken auf der Taskleiste«-Apps anzeigen** aktiviert ❻, werden Sie durch ein Aufblinken eines App-Symbols auf wichtige Ereignisse (z. B. das Eintreffen einer neuen E-Mail) aufmerksam gemacht. Stört Sie das Blinken eher, entfernen Sie das Häkchen einfach.

7 Wer häufiger die App *Teams* zum Chatten mit Kollegen nutzt, sollte **Beliebiges Fenster aus meiner Taskleiste teilen** mit einem Häkchen versehen ❼. Bewegen Sie nun während eines Chats den Mauszeiger über die Symbole der geöffneten Apps in der Taskleiste, können Sie mit nur einem Klick auf die Schaltfläche der entsprechenden App das App-Fenster zur Betrachtung für alle freigeben. Über **Freigabe beenden** beenden Sie diesen Vorgang wieder.

8 Bereits in früheren Windows-Versionen gab es die Möglichkeit, schnell den freien Desktop einzublenden, indem man den Mauszeiger in der äußersten rechten Ecke der Taskleiste positionierte und dann die linke Maustaste drückte. Dies gilt auch für Windows 11. Voraussetzung ist lediglich, dass im Bereich **Verhalten der Taskleiste** das Häkchen vor **Wählen Sie die äußerste Ecke der Taskleiste aus, um den Desktop anzuzeigen** gesetzt ist ❽.

9 Per Standardeinstellung wird im Infobereich der Taskleiste lediglich das Datum und die Uhrzeit in Stunden und Minuten angezeigt. Versehen Sie **Sekunden in der Taskleistenuhr anzeigen** ❾ mit einem Häkchen, bekommen Sie nun die sekundengenaue Uhrzeit eingeblendet. Doch Vorsicht: Diese kleine Spielerei verbraucht auch mehr Strom!

10 Über **Taskleisteneigenschaften kombinieren und Beschriftungen ausblenden** lassen sich in Windows 11 23H2 die kombinierte Ansicht von Apps deaktivieren.

6.5.2 Anzuzeigende Elemente der Taskleiste festlegen

Das wichtigste Element innerhalb der Taskleiste ist sicherlich das Windows-Logo, denn mit einem Klick hierauf öffnen Sie das Startmenü. Bei den nächsten drei Symbolen, die per Standardeinstellung rechts vom Windows-Logo angezeigt werden, handelt es sich um das Lupensymbol zum Öffnen des Suchmenüs und das Symbol zum Einblenden der aktiven Anwendungen bzw. virtuellen Desktops. Am äußersten linken Rand der Taskleiste befindet sich außerdem das Widget-Symbol. Falls Sie die Taskleistensymbole linksbündig ausgerichtet haben, wie im vorherigen Abschnitt beschrieben, wird das Widget-Symbol ebenfalls rechts vom Windows-Logo angezeigt.

Welches dieser Symbole seinen Platz in der Taskleiste behalten soll, kann jeder frei entscheiden. Die entsprechende Einstellung wird in den Taskleisteneinstellungen vorgenommen:

1 Zum Öffnen der Taskleisteneinstellungen klicken Sie mit der rechten Maustaste auf einen freien Bereich der Taskleiste und wählen im Kontextmenü **Taskleisteneinstellungen**. Alternativ navigieren Sie in der **Einstellungen**-App zu **Personalisierung ▸ Taskleiste**.

2 Gleich zu Beginn der Seite befindet sich der Bereich **Taskleistenelemente**. Über die Regler rechts von **Aktive Anwendungen** und **Widgets** ❶ legen Sie fest, welches der drei Symbole ein- bzw. ausgeblendet werden soll. Sollten die Elemente nicht sichtbar sein, klicken Sie auf den kleinen nach unten weisenden Pfeil rechts von **Taskleistenelemente**.

3 Um die Einstellungen für das Feld **Suchen** in der Taskleiste festzulegen, klicken Sie in das Feld rechts davon und markieren eine der vier Auswahloptionen ❷.

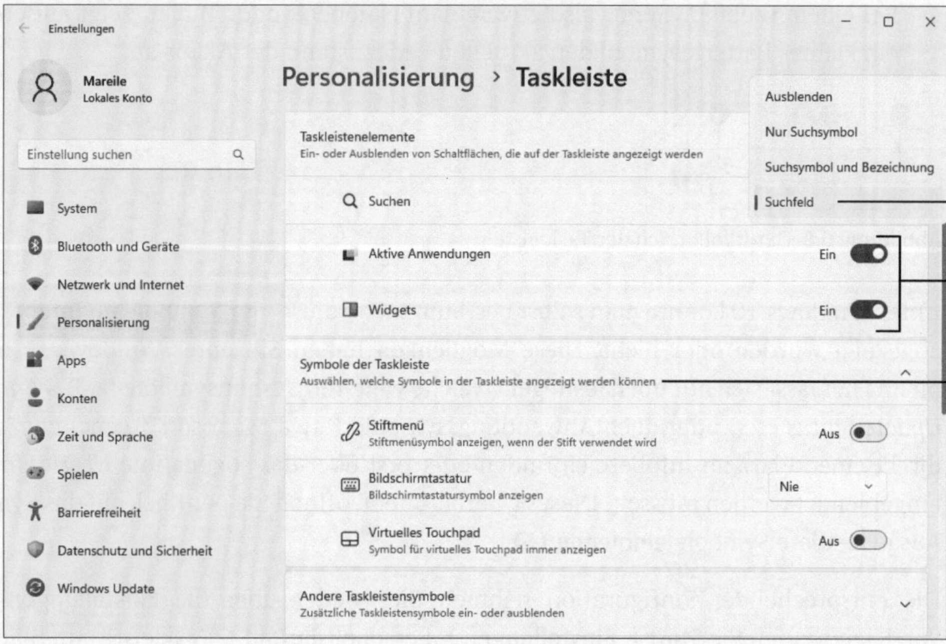

4 Wer ein Gerät mit Touchscreen nutzt, kann in der rechten Ecke der Taskleiste jeweils ein Symbol zum Aufruf des Stiftmenüs, der Bildschirmtastatur und des virtuellen Touchpads anzeigen lassen. Die Aktivierung dieser Symbole nehmen Sie im Bereich **Symbole der Taskleiste** vor ❸.

Als Nächstes werden wir den seit vielen Windows-Versionen bekannten *Infobereich* genauer unter die Lupe nehmen.

6.5.3 Den Infobereich anpassen

Der rechte Abschnitt der Taskleiste, auch *Infobereich* genannt, ist bereits seit vielen Windows-Versionen den Systemsymbolen vorbehalten. Zu ihnen gehören unter anderem:

❶ die Uhr, die sowohl das aktuelle Datum als auch die Uhrzeit anzeigt

❷ das Lautsprechersymbol, über das Sie die Lautstärke der Lautsprecher Ihres PCs regulieren

❸ das Netzwerksymbol, bei dem es sich – je nachdem, ob Ihr Computer per Kabel oder WLAN mit dem Internet verbunden ist – um das Symbol oder handelt

❹ Bei einem mobilen Gerät, also etwa einem Notebook oder Tablet, zeigt außerdem ein kleines Batteriesymbol den aktuellen Ladezustand des Akkus an.

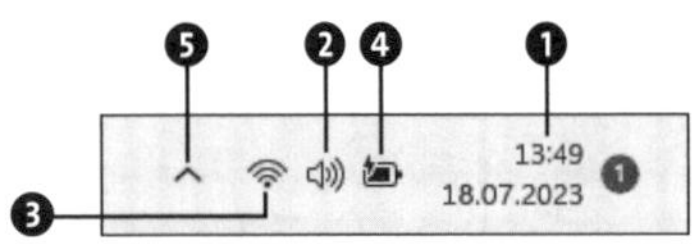

Abbildung 6.8 Der Infobereich der Taskleiste

Unter Windows 10 konnte man selbst bestimmen, ob diese vier Symbole im Infobereich angezeigt wurden oder nicht. Diese Möglichkeit haben Sie unter Windows 11 nicht mehr. Hier lässt sich nur noch festlegen, welche weiteren Systemsymbole (z. B. *Windows Update-Status* etc.) oder auch Anwendungssymbole (etwa Microsoft Teams) entweder direkt einen Platz im Infobereich finden oder erst über das sogenannte *Überlaufmenü* eingeblendet werden müssen. Dieses Überlaufmenü öffnen Sie per Klick auf das Symbol **Ausgeblendete Symbole einblenden** ❺.

Die entsprechende Konfiguration nehmen Sie wieder über die **Einstellungen**-App vor. Hierzu rufen Sie **Start ▸ Einstellungen ▸ Personalisierung ▸ Taskleiste** auf. Blättern Sie in der rechten Fensterhälfte nach unten bis zum Bereich **Andere Taskleistensymbole**.

Um die Liste der Systemsymbole einzublenden, ist gegebenenfalls wieder ein Klick auf den kleinen nach unten weisenden Pfeil rechts vom Bereichstitel notwendig ❶.

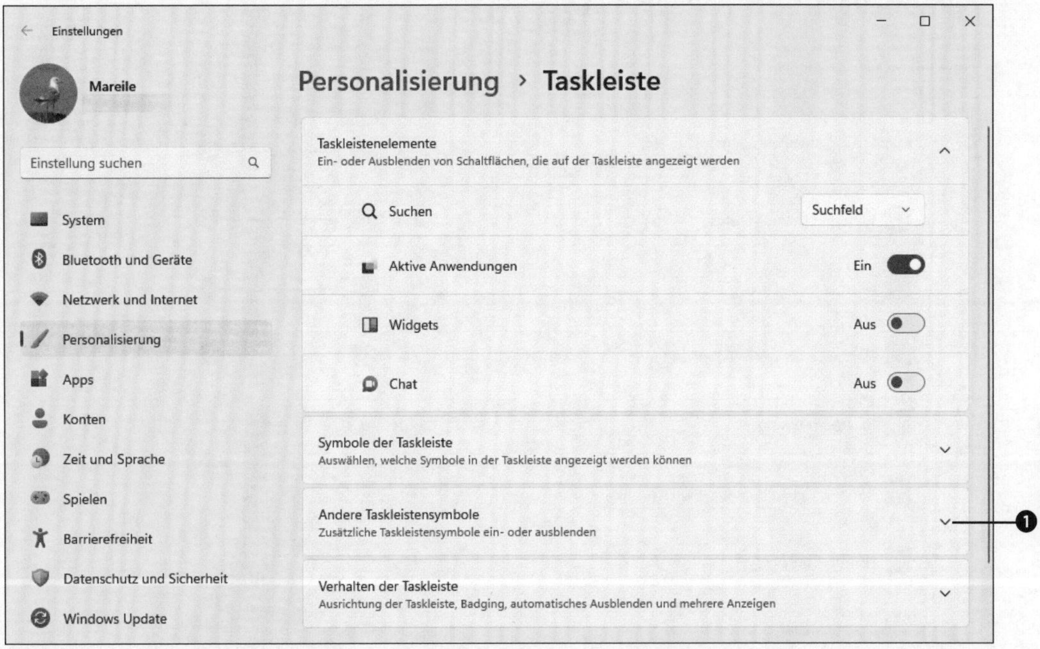

Abbildung 6.9 Die Liste der System- und Anwendungssymbole muss hier erst über den kleinen nach unten weisenden Pfeil eingeblendet werden.

Nun wird eine ganze Reihe von Systemsymbolen aufgelistet. Mit dem Regler rechts von **Menü »Ausgeblendetes Symbol«** ❷ legen Sie fest, ob überhaupt ein Überlaufmenü angeboten werden soll. Die weitere Liste enthält unter anderem das Symbol des **Windows Update-Status** ❸, das OneDrive-Symbol ❹ oder auch das USB-Symbol für das sichere Entfernen von Hardware ❺. Neben den Systemsymbolen finden Sie zumeist auch einige Anwendungssymbole. Wenn Sie etwa das E-Mail-Programm *Thunderbird* nutzen, erscheint beim Eintreffen einer neuen E-Mail ein entsprechendes Symbol im Infobereich. Auch Sicherheitsprogramme klinken sich gerne in den Infobereich ein. Diese Anwendungssymbole finden Sie ebenfalls in der Liste **Andere Taskleistensymbole**. Setzen Sie nun die Regler rechts von denjenigen Symbolen auf **Ein**, die direkt im Infobereich der Taskleiste angezeigt werden sollen. Befindet sich ein Regler auf **Aus**, wird das dazugehörige Symbol im Überlaufmenü untergebracht. Nicht jedes Symbol erscheint übrigens sofort im Infobereich bzw. Überlaufmenü. Haben Sie z. B. keinen USB-Speicherstick oder keine externe Festplatte mit der USB-Schnittstelle Ihres Computers verbunden, wird auch das entsprechende Symbol nicht angezeigt.

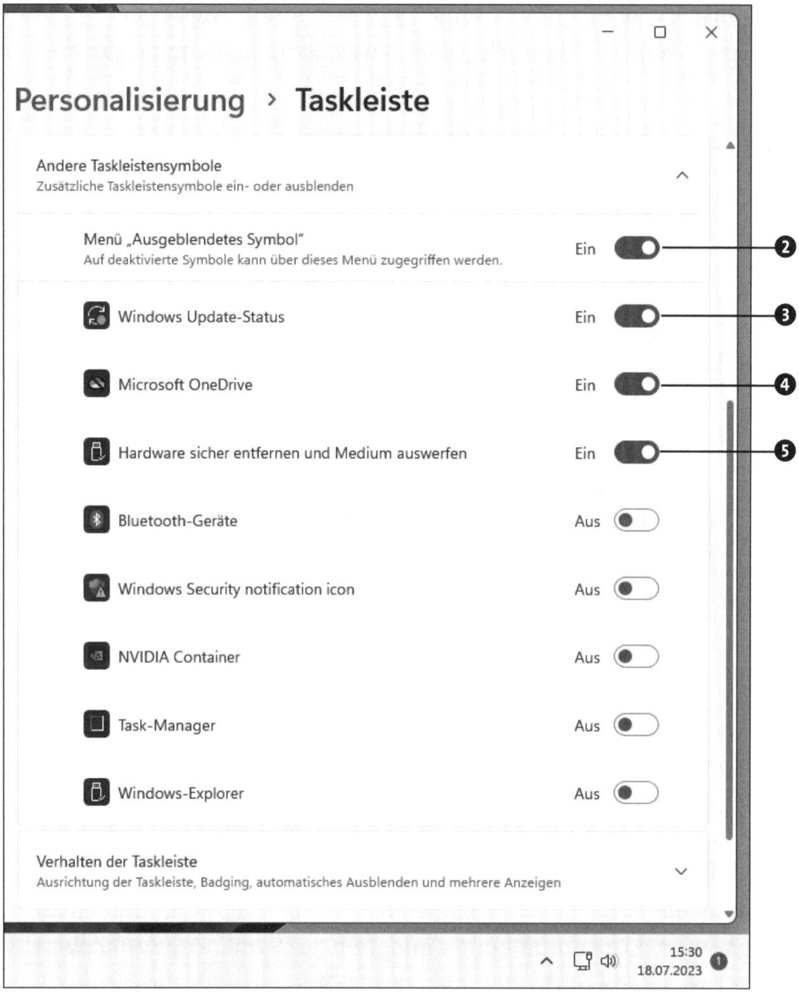

Abbildung 6.10 Ist ein Regler eingeschaltet, findet das entsprechende Symbol einen Platz im rechten Abschnitt des Infobereichs.

Falls Ihnen der Weg zur Positionierung der Symbole im Infobereich über die **Einstellungen**-App zu umständlich ist, können Sie die Anordnung auch per Maus übernehmen, indem Sie die Symbole mit gedrückter linker Maustaste verschieben. Symbole, die eigentlich erst nach einem Klick auf den kleinen nach oben weisenden Pfeil eingeblendet werden, lassen sich so nach rechts in den Bereich der permanent sichtbaren Systemsymbole ziehen. Umgekehrt können Sie aus diesem Bereich auch Symbole in das Überlaufmenü ziehen. Lediglich die zu Beginn des Abschnitts erwähnten vier Systemsymbole (wie etwa die Uhr oder auch das Netzwerksymbol) sind fest verankert und lassen sich nicht verschieben.

6.6 Das Benachrichtigungscenter und die Schnelleinstellungen anpassen

Windows 11 informiert Sie immer wieder über das neueste Geschehen auf Ihrem Computer. So erfahren Sie beispielsweise sofort, wenn ein neues Update auf dem Computer installiert wurde oder eine neue E-Mail eingetroffen ist. Auch wichtige Sicherheitsmeldungen, etwa eine ausstehende Datensicherung, kommen nicht zu kurz. Alle diese Benachrichtigungen werden im Benachrichtigungscenter angezeigt. Dieses Benachrichtigungscenter klappt am rechten Bildschirmrand auf, sobald Sie auf die Uhr- und Datumsanzeige ❶ am rechten Rand der Taskleiste klicken.

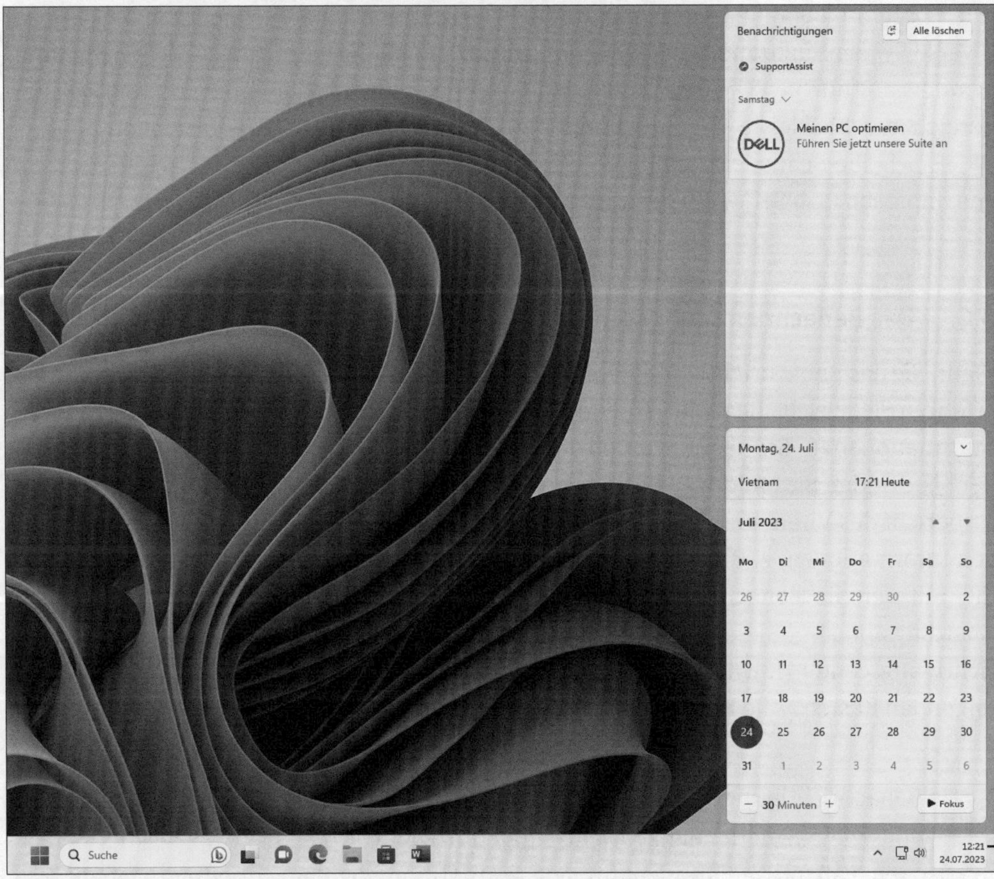

Abbildung 6.11 Über die Uhr- und Datumsanzeige blenden Sie nicht nur den Kalender, sondern auch das Benachrichtigungscenter am rechten Bildschirmrand ein.

Hierdurch wird auch der Kalender eingeblendet. Falls neue Informationen für Sie vorliegen, erscheint rechts vom Uhrsymbol eine Ziffer. Diese gibt zugleich an, um wie viele Benachrichtigungen es sich handelt. Mit dem Update Windows 23H2 wird die Ziffer durch das Symbol einer Glocke ersetzt, die dauerhaft rechts von der Uhr- und Datumsanzeige erscheint. Sind keinerlei Benachrichtigungen vorhanden, bleibt der Benachrichtigungsbereich beim Klick auf die Uhr- und Datumsanzeige leer.

Unter Windows 10 waren das Benachrichtigungscenter und der Kalender noch voneinander getrennt. Hier gab es ein spezielles Benachrichtigungssymbol rechts vom Uhrsymbol, über das das sogenannte *Info-Center* aufgerufen wurde. Dieses Info-Center enthielt nicht nur die gerade erwähnten System- und Anwendungsnachrichten. Im unteren Abschnitt befanden sich einige Schaltflächen, die einen schnelleren Zugriff auf diverse Systemfunktionen ermöglichten. Diese Schnelleinstellungen erreichen Sie unter Windows 11 nun per Klick auf das Lautsprecher-, Netzwerk- oder Batteriesymbol im Infobereich der Taskleiste. Noch schneller gelingt es aber über die Tastenkombination [Win] + [A]. Die Schnelleinstellungen werden wir in Abschnitt 6.6.3, »Schnelleinstellungen anpassen«, ab Seite 239 genauer betrachten.

6.6.1 Das Benachrichtigungscenter konfigurieren

Wenn Sie das Benachrichtigungscenter per Klick auf die Uhr- und Datumsanzeige öffnen, erfahren Sie, welche Benachrichtigungen Windows 11 für Sie parat hält. Stehen mehrere Informationen für Sie bereit, werden diese nach Prioritäten sortiert angezeigt. Zu Beginn der Liste finden Sie Meldungen, die sicherheitskritische Themen betreffen (etwa den Statusbericht des Viren- und Bedrohungsschutzes). Anschließend folgen die eher unwichtigen Informationen, z. B. über neu installierte Apps aus dem Microsoft Store. Die Priorität, mit der die Benachrichtigungen eingestuft werden, können Sie selbst festlegen. Allerdings müssen Sie diese Einstellungen für jede der Anwendungen, die im Benachrichtigungscenter Hinweise einblendet, getrennt vornehmen. (Lesen Sie hierzu auch den folgenden Kasten »Alle Benachrichtigungen in einem Rutsch deaktivieren«.)

TIPP

Alle Benachrichtigungen in einem Rutsch deaktivieren

Sie wünschen keinerlei Benachrichtigungen – egal, von welcher App sie kommen? In diesem Fall müssen Sie nicht für jede App getrennt die Benachrichtigungen deaktivieren. Wenn Sie **Start ▸ Einstellungen ▸ System ▸ Benachrichtigungen** aufrufen, finden Sie gleich zu Beginn der Seite den Regler **Benachrichtigungen**. Ziehen Sie hier den Regler nach links auf **Aus**, werden Sie keinerlei Hinweise mehr erhalten. Sind Sie zwar an Benachrichtigungen im Benachrichtigungscenter interessiert, aber nicht an Hinweisen auf dem Sperrbildschirm, belassen Sie **Benachrichtigungen** eingeschaltet und entfernen das Häkchen vor **Benachrichtigungen auf dem Sperrbildschirm anzeigen**. Analog können Sie verhindern, dass Weckzeiten, Erinnerungen und eingehende VoIP-Anrufe (also Anrufe via Chat-App, die Sie in Abschnitt 15.4, »Mit Microsoft Teams telefonieren und chatten«, ab Seite 624 kennenlernen) auf dem Sperrbildschirm eingeblendet werden und dass zusätzlich zu den Benachrichtigungen eine Soundwiedergabe ertönt. Um diese drei Einträge zu sehen, müssen Sie gegebenenfalls auf den kleinen nach unten weisenden Pfeil rechts von **Benachrichtigungen** klicken.

Abbildung 6.12 Die Benachrichtigungen werden nach Prioritäten sortiert angezeigt.

Rufen Sie also **Start ▸ Einstellungen ▸ System ▸ Benachrichtigungen** auf. Wenn Sie nun auf der rechten Seite etwas nach unten blättern, gelangen Sie zum Bereich **Benachrichtigungen von Apps und anderen Absendern abrufen**. Hier werden alle Apps aufgelistet, die Hinweise im Benachrichtigungscenter einblenden. Markieren Sie die erste App, deren Einstellungen Sie anpassen möchten.

Auf der folgenden Seite legen Sie jetzt über die Schieberegler fest, welche Art der Benachrichtigung Sie wünschen:

❶ Möchten Sie generell keinerlei Benachrichtigungen von der App erhalten, ziehen Sie den Regler **Benachrichtigungen** nach links auf **Aus**. Alle weiteren Einstellungsmöglichkeiten werden hierdurch automatisch ebenfalls deaktiviert. Sind Sie doch an dem einen oder anderen Hinweis interessiert, lassen Sie den Regler auf **Ein** stehen.

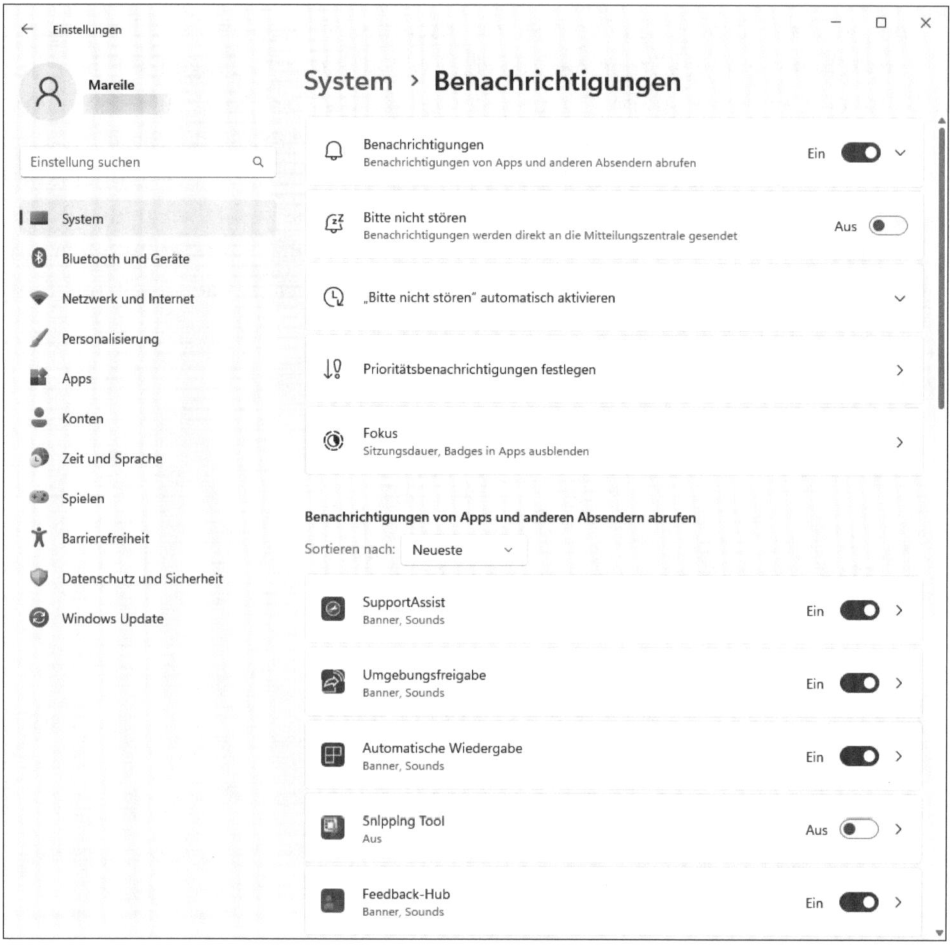

Abbildung 6.13 Bevor Sie die detaillierten Einstellungen vornehmen, wählen Sie per Mausklick die gewünschte App aus.

❷ Sobald eine neue Meldung vorliegt, blendet Windows normalerweise ein kleines Hinweisfenster (ein sogenanntes *Benachrichtigungsbanner*) oberhalb des Infobereichs der Taskleiste ein. Ein Klick hierauf führt Sie direkt zur Anwendung bzw. zu den Einstellungen, die die Meldung ausgelöst haben. Klicken Sie nicht auf das Banner, wird dieses nach einem kurzen Moment automatisch ausgeblendet. Ist das Benachrichtigungsbanner in Ihren Augen überflüssig, entfernen Sie das Häkchen vor **Benachrichtigungsbanner anzeigen**.

❸ Damit die Benachrichtigungen der ausgewählten App im Benachrichtigungscenter angezeigt werden, muss das entsprechende Häkchen gesetzt sein.

❹ Aktivieren Sie den Regler **Inhalt ausblenden, wenn Benachrichtigungen auf dem Sperrbildschirm angezeigt werden**, werden Sie zwar über neue Meldungen der App auf dem Sperrbildschirm informiert, der Inhalt der Meldung wird aber nicht angezeigt. Diese Wahrung der Privatsphäre ist vor allem im Zusammenhang mit Nachrichten aus sozialen Netzwerken interessant.

❺ Möchten Sie sicherstellen, dass Ihnen die App auch dann keine Benachrichtigungen schickt, wenn Sie »Nicht stören« aktiviert haben, belassen Sie den entsprechenden Regler auf **Aus**. Lesen Sie hierzu auch Abschnitt 6.6.2, »Bei der Arbeit nicht stören lassen«, ab Seite 237.

❻ Damit Ihnen keine Benachrichtigung entgeht, können Sie veranlassen, dass ein kurzer Sound beim Eintreffen einer neuen Meldung ertönt.

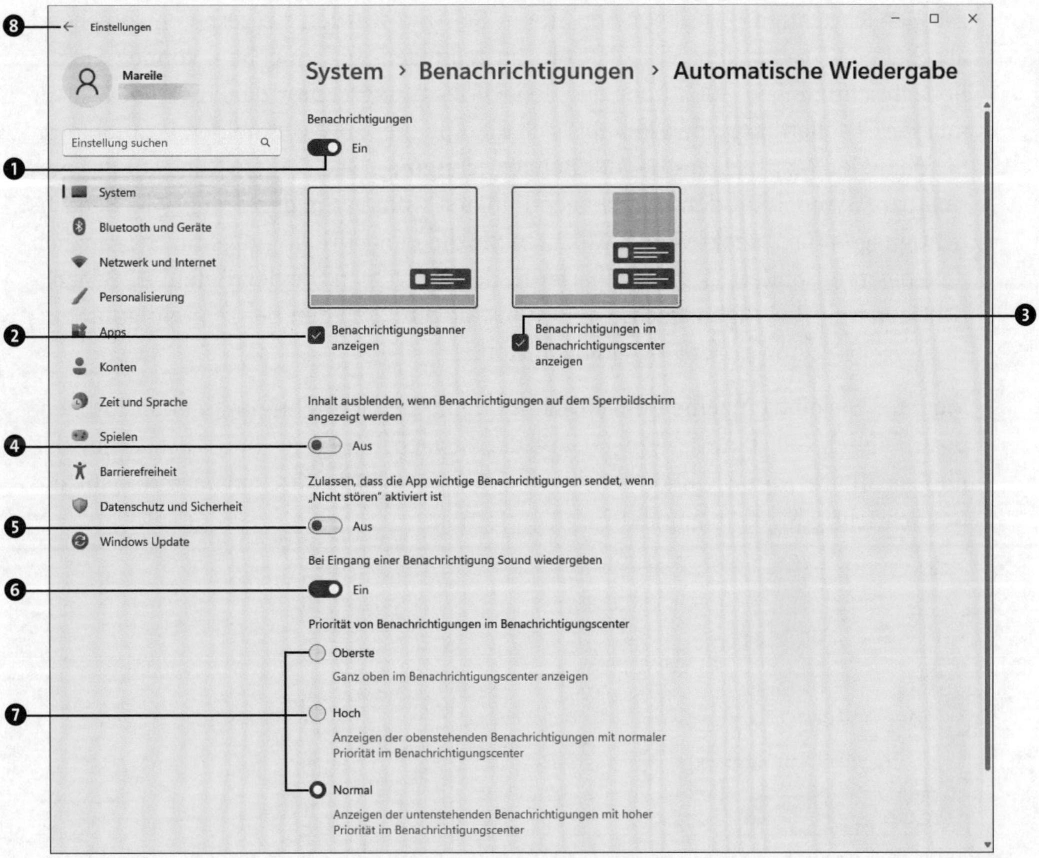

❼ Über die drei Optionen **Oberste**, **Hoch** und **Normal**, die Sie im unteren Bereich der Seite finden, bestimmen Sie, mit welcher Priorität die Meldungen im Benachrichtigungscenter aufgelistet werden sollen. Voreingestellt ist für die meisten Apps **Normal**. Sind Ihnen die Benachrichtigungen einer Anwendung aber sehr wichtig, wählen Sie die Option **Oberste**. In diesem Fall erscheinen die Meldungen am oberen Rand des Benachrichtigungscenters.

Haben Sie für die ausgewählte App alle Einstellungen bezüglich der Benachrichtigungen im Benachrichtigungscenter vorgenommen, kehren Sie über das Pfeilsymbol oben links ❽ zur vorherigen Seite zurück. Dort können Sie nun die nächste App auswählen und auch für sie bestimmen, welche Art von Benachrichtigungen Sie wünschen.

TIPP

Benachrichtigungseinstellungen aus dem Benachrichtigungscenter heraus
Die Benachrichtigungen einer App stören Sie? Sie würden sie gerne entsprechend abschalten? Anstatt den Weg über die **Einstellungen**-App zu gehen, können Sie die Benachrichtigungen auch über das Benachrichtigungscenter deaktivieren. Hierfür müssen Sie allerdings abwarten, bis sich die App hier zu Wort meldet. Positionieren Sie dann den Mauszeiger über der Benachrichtigung. Nach einem Klick auf das nun sichtbare Symbol mit den drei kleinen Punkten wählen Sie den Befehl **Alle Benachrichtigungen für ... deaktivieren**. Möchten Sie die Benachrichtigungen nicht gänzlich deaktivieren, sondern nur detaillierter festlegen, wählen Sie den Befehl **Zu Benachrichtigungseinstellungen wechseln**. Er führt Sie direkt zu den Benachrichtigungseinstellungen der App in der **Einstellungen**-App.

Möchten Sie eine einzelne Benachrichtigung im Benachrichtigungscenter löschen, positionieren Sie den Mauszeiger auf der Benachrichtigung und klicken auf das nun sichtbare Kreuzsymbol. Mit einem Klick auf **Alle löschen** lassen sich alle Benachrichtigungen in einem Rutsch entfernen.

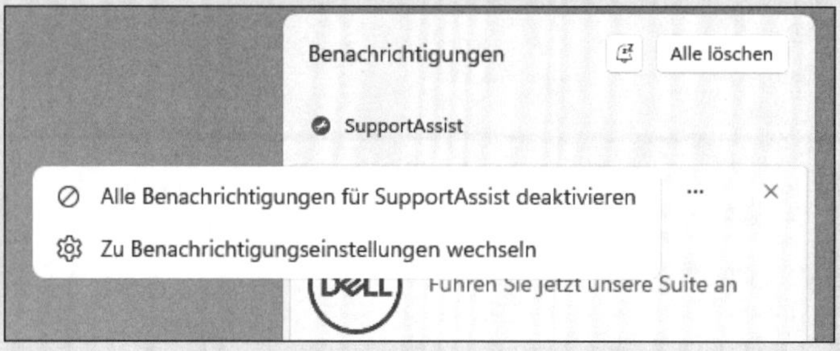

Abbildung 6.14 Unerwünschte Benachrichtigungen einer App lassen sich direkt im Benachrichtigungscenter deaktivieren.

6.6.2 Bei der Arbeit nicht stören lassen

Es gibt Zeiten, da möchte man am Computer nicht von lästigen Meldungen gestört werden. Mithilfe des Modus **Bitte nicht stören** (in den Anfängen von Windows 11 noch *Benachrichtigungsassistent* genannt) können Sie regeln, wann Sie welche Benachrichtigungen bzw. Alarme hören oder auch sehen wollen. Per Standardeinstellung ist er deaktiviert.

1 Um den Modus zu aktivieren, blenden Sie zunächst das Benachrichtigungscenter per Klick auf das Datum im Infobereich der Taskleiste ein. Oben rechts sehen Sie nun das Symbol [Symbol]. Ein Klick hierauf reicht, und der **Bitte nicht stören**-Modus ist aktiviert ❶.

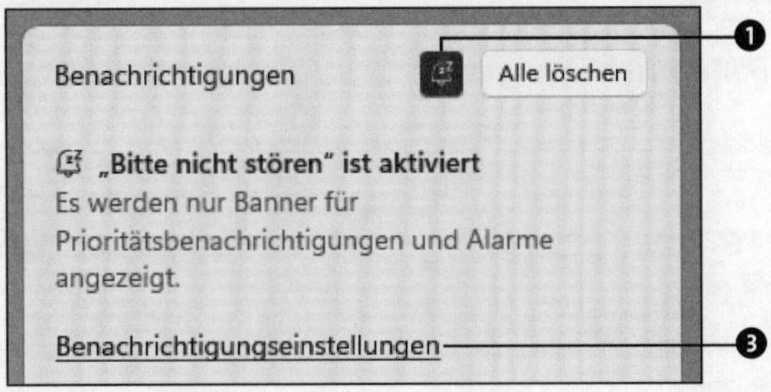

2 Das Symbol [Symbol] wird nun auch rechts vom Datum eingeblendet. Falls Sie den Modus wieder beenden möchten, klicken Sie das Symbol zunächst im Infobereich an ❷ und dann im aufklappenden Benachrichtigungscenter.

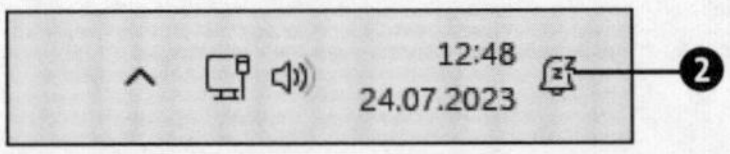

3 Der Modus lässt sich noch detaillierter konfigurieren. Der schnellste Weg zu den Einstellungen führt über den Link **Benachrichtigungseinstellungen** ❸ im Benachrichtigungscenter. Er wird allerdings nur bei aktiviertem Modus eingeblendet. Alternativ rufen Sie **Start** ▸ **Einstellungen** ▸ **System** ❹ ▸ **Benachrichtigungen** auf.

4 Die Aktivierung des Modus können Sie hier über den Regler **Bitte nicht stören** ❺ vornehmen.

5 Nach einem Klick auf **»Bitte nicht stören« automatisch aktivieren** ❻ können Sie nun Zeiten und Aktionen (z. B. wenn Sie spielen) ❼ festlegen, bei denen Sie nicht gestört werden möchten.

6 Die ein oder andere Benachrichtigung soll Sie doch erreichen, auch wenn der Modus aktiviert ist? Entsprechende Einstellungen lassen sich nach einem Klick auf **Prioritätsbenachrichtigungen festlegen** ❽ vornehmen.

7 Sind die beiden Kontrollkästchen im Bereich **Anrufe und Erinnerungen** aktiviert, verpassen Sie keinen Anruf und keine wichtige Erinnerung mehr ❾. Im Bereich **Apps** werden die Anwendungen aufgeführt, die Sie trotz des Bitte-nicht-stören-Modus über wichtige Ereignisse informieren dürfen. Um einer App diese Erlaubnis zu entziehen, klicken Sie auf das rechts von der App zu sehende Symbol mit den drei kleinen Punkten ❿ und dann auf **Entfernen** ⓫.

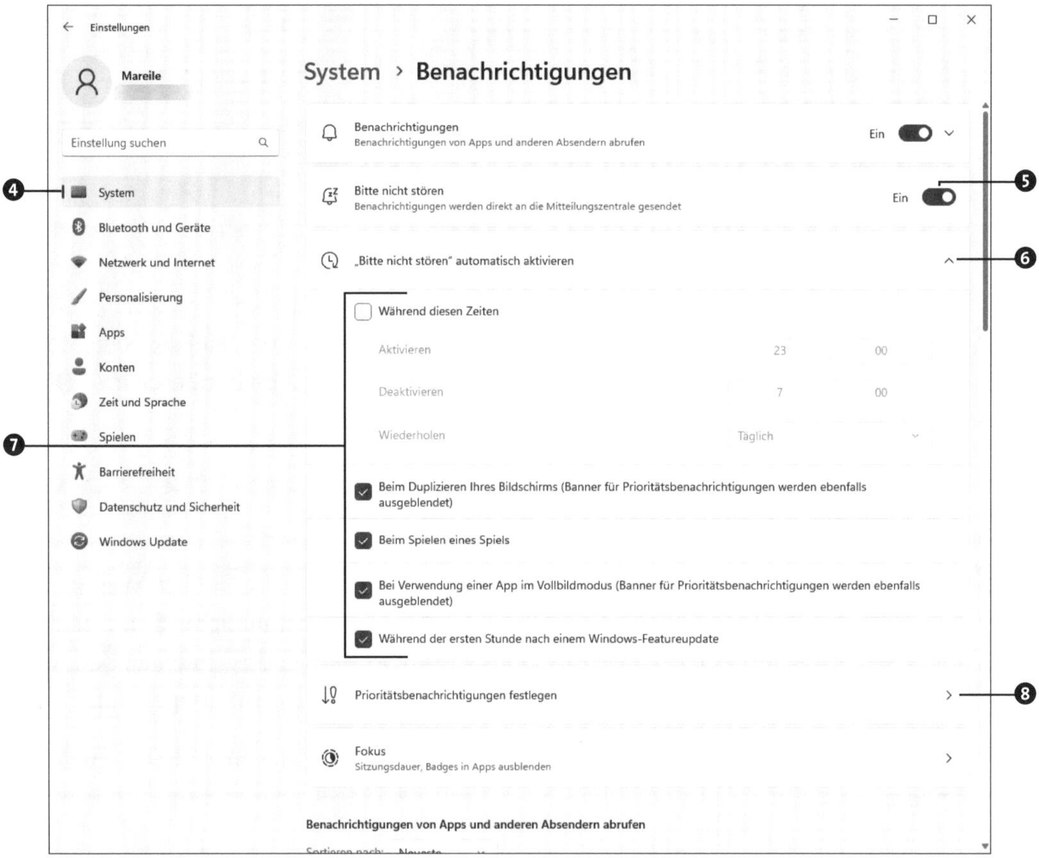

8 Fehlt umgekehrt eine App, deren Benachrichtigungen wichtig für Sie sind, klicken Sie auf **Apps hinzufügen** ⓬ und markieren dann in der aufklappenden Liste die gewünschte App.

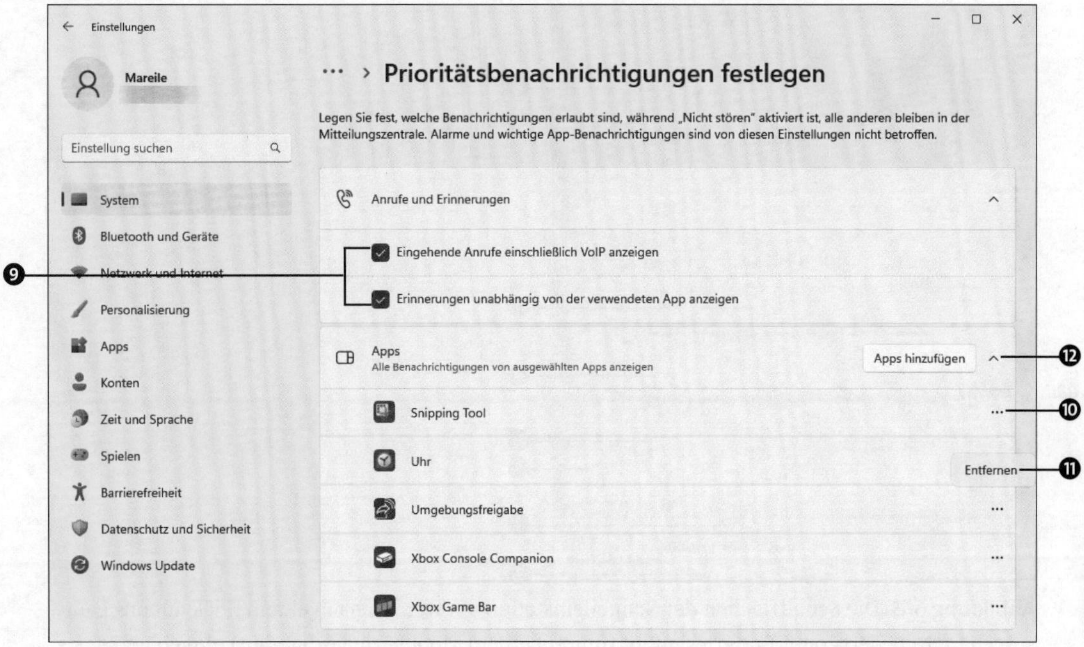

6.6.3 Schnelleinstellungen anpassen

Klicken Sie im Infobereich der Taskleiste auf das Lautsprecher- ❶, das Netzwerk- ❷ oder das Batteriesymbol, klappt ein kleiner Dialog auf. Hören Sie z. B. gerade Musik, können Sie über den Schieberegler rechts vom Lautsprechersymbol die Lautstärke regulieren ❸. Mit einem Klick direkt auf das Lautsprechersymbol ❹ schalten Sie den Lautsprecher stumm. Über das Zahnradsymbol, das im Dialog unten rechts eingeblendet wird, lässt sich schnell die **Einstellungen**-App öffnen ❺. Im oberen Bereich des Dialogs werden die Schaltflächen für sogenannte *Schnelleinstellungen* angezeigt.

So können Sie bei einem mobilen Gerät über die Schaltfläche **Flugzeugmodus** ❻ etwa den gleichnamigen Modus ein- bzw. ausschalten. Bei aktiviertem Flugzeugmodus wird die gesamte Funkkommunikation des Geräts gestoppt. Auf einem mobilen Gerät lässt über den entsprechenden Schieberegler zudem die Helligkeit des Bildschirms anpassen ❼.

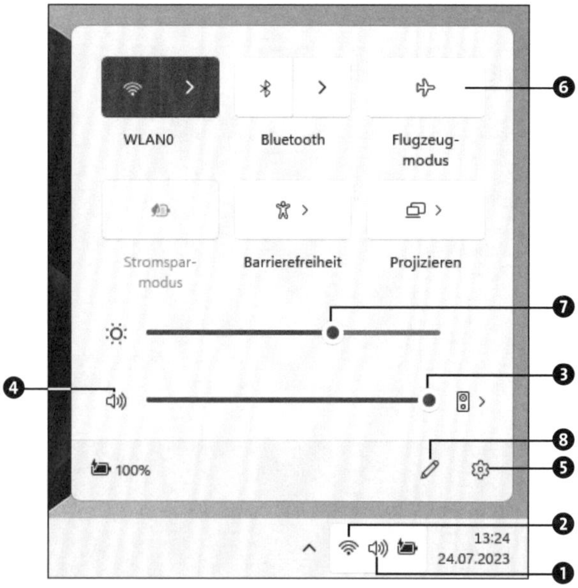

Abbildung 6.15 Die Schaltflächen der Schnelleinstellungen werden nach einem Klick auf das Lautsprecher-, Netzwerk- oder Batteriesymbol (nur auf einem Mobilgerät vorhanden) eingeblendet.

Welche Schaltflächen in welcher Reihenfolge in den Schnelleinstellungen angezeigt werden, legen Sie folgendermaßen selbst fest:

1. Blenden Sie die Schnelleinstellungen mit einem Klick auf eines der drei zuvor erwähnten Symbole im Infobereich der Taskleiste ein.
2. Klicken Sie im nun eingeblendeten Dialog auf das Stiftsymbol ❽.
3. Alle angezeigten Schaltflächen werden nun mit einer Pinnnadel versehen. Um eine Schaltfläche zu entfernen, reicht ein Klick auf die entsprechende Nadel ❾.
4. Wenn Sie versehentlich eine Schaltfläche entfernt haben, die Sie doch benötigen, klicken Sie auf **Hinzufügen** ❿.
5. Markieren Sie in der aufklappenden Liste die Schaltfläche, die zukünftig wieder in den Schnelleinstellungen angezeigt werden soll ⓫.
6. Die Anordnung der Schaltflächen können Sie ebenfalls selbst bestimmen. Um eine Schaltfläche zu verschieben, ziehen Sie sie einfach mit gedrückter linker Maustaste an die gewünschte neue Position.
7. Mit einem Klick auf **Fertig** ⓬ übernehmen Sie die neue Anordnung.

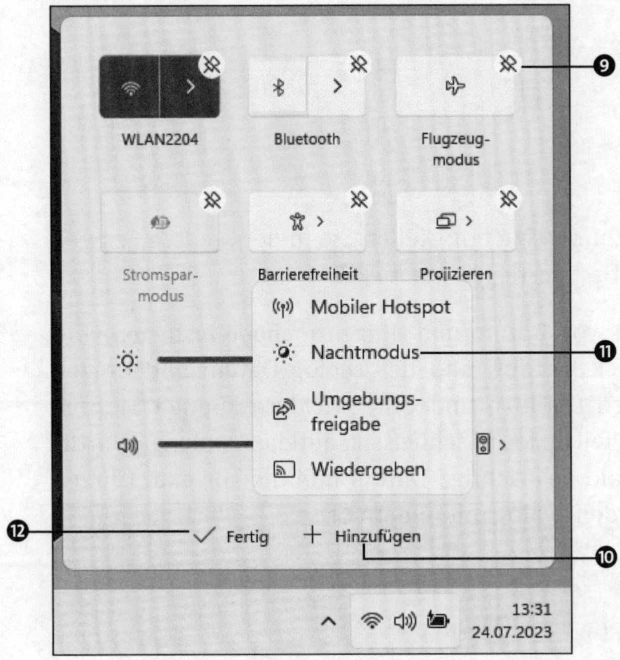

6.7 Windows 11 und die Uhrzeit

Werfen Sie einen Blick auf den rechten Rand der Taskleiste, erfahren Sie die aktuelle Uhrzeit und das Datum. Die hierfür nötigen Daten holt sich Windows 11 über das Internet, genauer gesagt, über den Microsoft-Server *time.windows.com*. Voraussetzung hierfür ist natürlich, dass Ihr Computer mit dem Internet verbunden ist. Zusätzlich wird die für das Gerät eingestellte Zeitzone zugrunde gelegt.

6.7.1 Die Uhrzeit manuell einstellen

Wenn Sie einen Computer ohne Internetanschluss verwenden, kann es vorkommen, dass die in der Taskleiste angezeigte Uhrzeit sowie das Datum nicht korrekt sind. Um die Daten manuell einzustellen, gehen Sie folgendermaßen vor:

1. Klicken Sie mit der rechten Maustaste auf die Uhrzeit in der Taskleiste, und wählen Sie im Kontextmenü den Befehl **Datum und Uhrzeit anpassen** ❶. Nun wird automatisch die **Einstellungen**-App mit der Kategorie **Zeit und Sprache** geöffnet. Die Unterkategorie **Datum und Zeit** ist ebenfalls bereits ausgewählt.

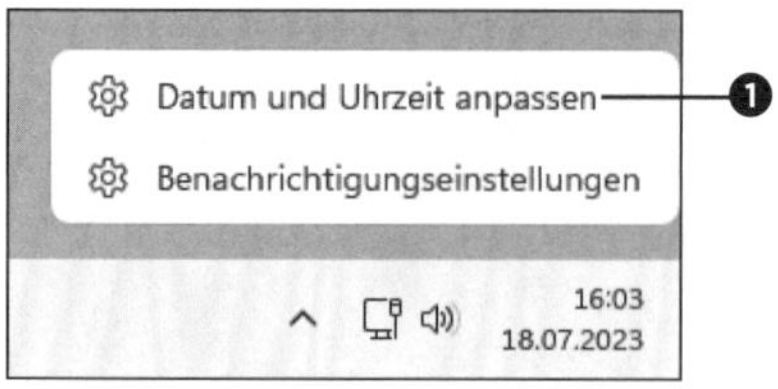

2 Um die Uhrzeit oder das Datum zu korrigieren, stellen Sie in der rechten Fensterhälfte den Regler **Uhrzeit automatisch festlegen** auf **Aus** ❷.

3 Die Schaltfläche **Ändern** ❸ rechts von **Datum und Uhrzeit manuell festlegen** wird hierdurch freigeschaltet. Ein Klick hierauf, und der Dialog **Datum und Uhrzeit ändern** wird eingeblendet. In den Datums- und Uhrzeitfeldern können Sie nun jeweils nach einem Klick auf den Pfeil in den anschließend aufklappenden Listen die korrekten Daten markieren. Sobald das richtige Datum und die korrekte Uhrzeit angezeigt werden, bestätigen Sie den Dialog mit **Ändern** ❹.

Das manuelle Einstellen der Uhrzeit sollte wie gesagt nur nötig sein, wenn der Computer nicht mit dem Internet verbunden ist. Besteht eine Internetverbindung, stellen Sie dagegen sicher, dass sich der Regler **Uhrzeit automatisch festlegen** auf **Ein** befindet. Anschließend dauert es nur einen kurzen Moment, und Windows zeigt die korrekten Daten in der Taskleiste an. Ist der Regler **Automatisch an Sommerzeit anpassen** ebenfalls aktiviert, passt Windows 11 die Uhrzeit automatisch zum Zeitpunkt der Zeitumstellung an ❺.

6.7.2 Die Zeitzone auswählen

Nicht nur die Internetverbindung stellt die korrekte Anzeige von Uhrzeit und Datum sicher. Auch die bei der ersten Einrichtung des Computers ausgewählte Zeitzone spielt eine Rolle. Doch was, wenn man mit dem Notebook oder Tablet in einem Land mit einer anderen Zeitzone unterwegs ist? Für einen solchen Fall lässt sich die Zeitzone schnell ändern:

1. Öffnen Sie über das Startmenü die **Einstellungen**, und wählen Sie die Kategorie **Zeit und Sprache ▸ Datum und Zeit**.
2. Um als Nächstes die Zeitzone ändern zu können, stellen Sie sicher, dass der Regler **Zeitzone automatisch festlegen** auf **Aus** ❶ gesetzt ist.
3. Das Feld **Zeitzone** ❷ ist hiermit freigeschaltet. Nach einem Klick in das Feld klappt eine Liste mit allen Zeitzonen auf. Blättern Sie nach oben bzw. unten, bis die Zeitzone angezeigt wird, in der Sie sich gerade befinden. Wählen Sie diese per Mausklick aus.

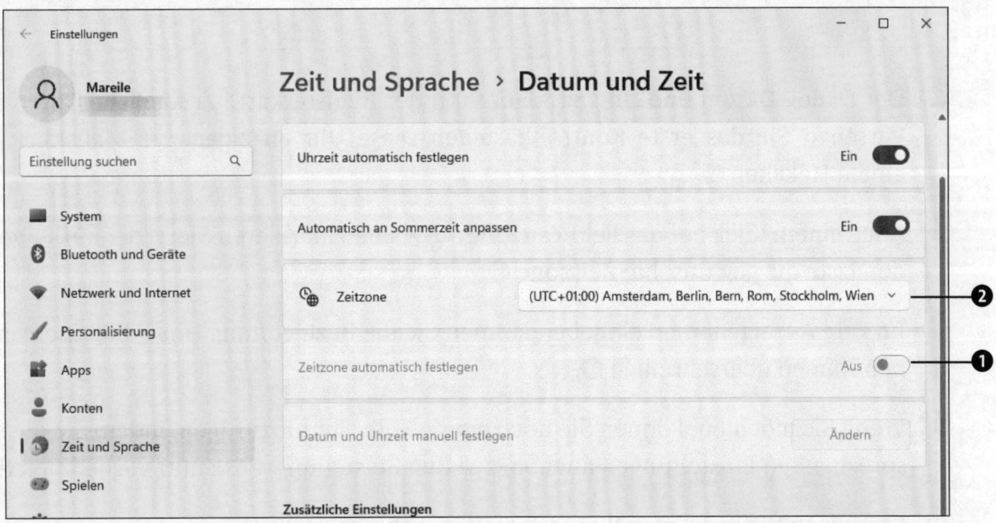

Windows 11 stellt sofort automatisch die zur Zeitzone passende Uhrzeit und das entsprechende Datum ein.

6.7.3 Mehrere Zeitzonen in der Uhr anzeigen

Haben Sie privat oder auch beruflich viel mit Menschen zu tun, die in Ländern mit einer anderen Zeitzone leben? Damit Sie diese nicht einmal versehentlich mitten in der Nacht anrufen, können Sie in der Taskleiste weitere Uhren für unterschiedliche Zeitzonen hinzufügen:

1. Rufen Sie **Start ▶ Einstellungen ▶ Zeit und Sprache ▶ Datum und Zeit** auf. Blättern Sie in der rechten Fensterhälfte nach unten, und klicken Sie auf **Zusätzliche Uhren** ❶.

2. Der Dialog **Datum und Uhrzeit** klappt mit der Registerkarte **Zusätzliche Uhren** auf. Versehen Sie das erste Kontrollkästchen **Diese Uhr anzeigen** per Mausklick mit einem Häkchen ❷.
3. Nach einem Klick auf das Feld **Zeitzone auswählen** markieren Sie in der aufklappenden Liste die gewünschte Zeitzone ❸.
4. Im Feld **Anzeigenamen eingeben** können Sie die Bezeichnung **Uhr 1** mit einem eigenen Namen überschreiben ❹.
5. Wenn Sie möchten, können Sie noch eine zweite Uhr hinzufügen, indem Sie die entsprechenden Einstellungen auch im zweiten Einstellungsabschnitt vornehmen ❺.
6. Bestätigen Sie Ihre Einstellungen mit **Übernehmen** und **OK**.

Bewegen Sie nun den Mauszeiger auf die Uhrzeit in der Taskleiste, werden die gerade eben hinzugefügten Uhren eingeblendet. Zum gleichen Ergebnis kommen Sie natürlich auch, wenn Sie auf die Uhrzeit klicken.

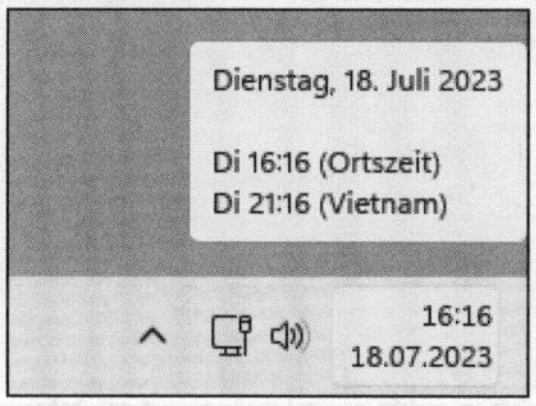

Abbildung 6.16 Beide Uhrzeiten werden eingeblendet.

6.8 Weitere Sprachen installieren

Bereits während der ersten Konfiguration des Computers legen Sie die Systemsprache fest, in der Windows 11 mit Ihnen kommunizieren soll. Diese wird dann für Menüs, Dialoge und mehr verwendet. Auch die Sprache für die Tastatur wird auf diese Weise ganz zu Anfang bestimmt. Windows 11 beherrscht aber eine Vielzahl weiterer Sprachen. Um diese Sprachpakete nutzen zu können, müssen sie allerdings erst auf Ihren Computer geladen und installiert werden. Anschließend können Sie beliebig zwischen den nun verfügbaren Sprachen wechseln.

6.8.1 Zusätzliche Sprachen installieren

Um auf Ihrem Computer eine weitere Sprache hinzuzufügen, gehen Sie folgendermaßen vor:

1 Öffnen Sie über das Startmenü die **Einstellungen**, und rufen Sie die Kategorie **Zeit und Sprache** auf. Markieren Sie in der rechten Fensterhälfte **Sprache und Region** ❶.

❶

2 In der rechten Fensterhälfte werden unterhalb von **Bevorzugte Sprachen** alle bereits auf Ihrem Computer installierten Sprachen aufgelistet. Um eine weitere hinzuzufügen, klicken Sie auf **Sprache hinzufügen** ❷.

3 Im folgenden Dialog werden alle verfügbaren Sprachen aufgeführt. Blättern Sie in der Liste, und markieren Sie die gewünschte Sprache ❸.

Sprachen wie Englisch oder Französisch werden in vielen Ländern gesprochen. Jedes Land hat dabei allerdings seine Besonderheiten. Achten Sie bei Ihrer Auswahl daher auch auf die Region. Bestätigen Sie mit **Weiter** ❹.

Einstellungen
Mareile
Einstellung suchen
System
Bluetooth und Geräte
Netzwerk und Internet
Personalisierung
Apps
Konten
Zeit und Sprache
Spielen
Barrierefreiheit
Datenschutz und Sicherheit
Windows Update
Zeit und Sprache › Sprache und Region
Sprache
Windows-Anzeigesprache
Windows-Features wie „Einstellungen" und der Datei-Explorer werden in dieser Sprache angezeigt.
Deutsch (Deutschland)
Bevorzugte Sprachen
Microsoft Store-Apps werden in der ersten unterstützten Sprache in dieser Liste angezeigt.
Sprache hinzufügen
2
Deutsch (Deutschland)
Sprachpaket, Text-zu-Sprache, Spracherkennung, Handschrift, allgemeine Eingabe
Region
Land oder Region
Ihr Land bzw. Ihre Region wird ggf. von Windows und von Apps genutzt, um lokale Inhalte anzuzeigen.
Deutschland
Regionales Format
Windows und einige Apps formatieren Datums- und Zeitangaben basierend auf Ihrem regionalen Format.
Empfohlen
Verwandte Einstellungen
Eingabe
Rechtschreibprüfung, AutoKorrektur, Textvorschläge

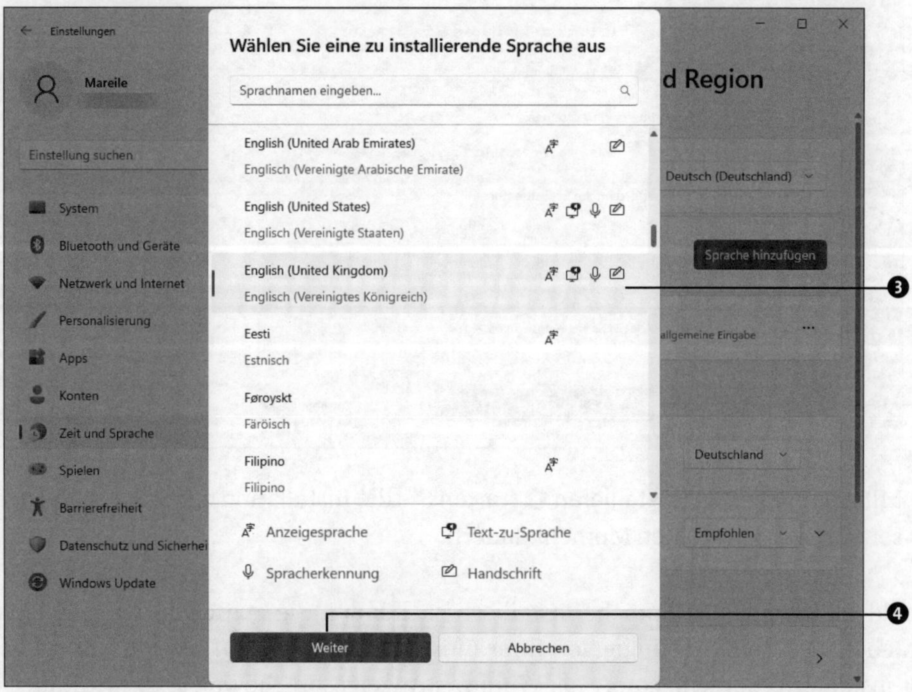
Wählen Sie eine zu installierende Sprache aus
Sprachnamen eingeben...
English (United Arab Emirates)
Englisch (Vereinigte Arabische Emirate)
English (United States)
Englisch (Vereinigte Staaten)
English (United Kingdom)
Englisch (Vereinigtes Königreich)
3
Eesti
Estnisch
Føroyskt
Färöisch
Filipino
Filipino
Anzeigesprache
Text-zu-Sprache
Spracherkennung
Handschrift
4
Weiter
Abbrechen

4 Auf der folgenden Seite werden Ihnen verschiedene Sprachoptionen zur Auswahl gestellt. Wenn Sie die ausgewählte Sprache später als Systemsprache nutzen möchten, muss vor **Als meine Windows-Anzeigesprache festlegen** ❺ ein Häkchen gesetzt sein.

5 Wenn Sie die zusätzliche Sprache auch für die Spracherkennung (siehe Abschnitt 4.4, »Die Spracherkennung von Windows 11«, ab Seite 127) benötigen, sollte auch **Einfache** oder **Erweiterte Spracherkennung** aktiviert sein ❻.

6 Wenn Sie ein Tablet nutzen, das nicht nur per Fingergesten auf dem Touchscreen, sondern auch per Stift bedient werden kann, sollten Sie auch das Sprachpaket für die Handschrifterkennung herunterladen ❼.

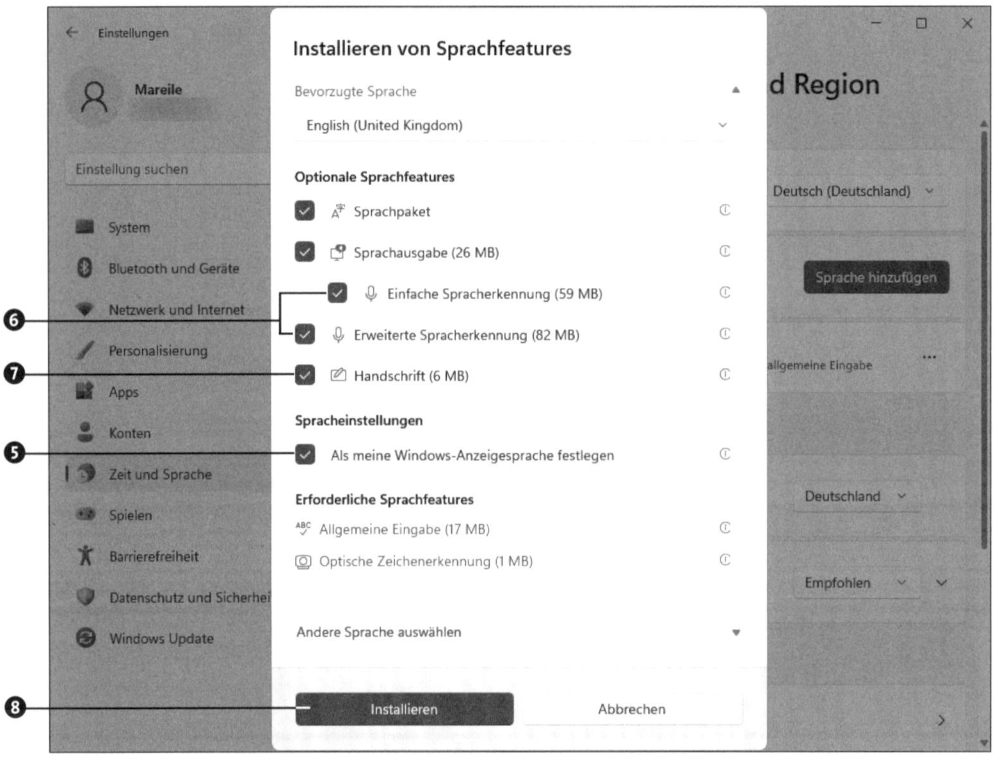

7 Mit einem Klick auf **Installieren** ❽ starten Sie die Installation der Sprachpakete. Dieser Vorgang kann einen Moment dauern.

Sobald die zusätzliche Sprache installiert ist, können Sie zwischen den verfügbaren Sprachen wechseln. Abhängig von Ihrer Einstellung in Schritt 4 sieht Windows 11 die neu installierte Sprache sofort als Windows-Anzeigesprache vor. Dies wird aber erst nach der nächsten Neuanmeldung am Computer wirksam. Sollten Sie die bisherige Anzeigesprache, also etwa Deutsch, doch beibehalten wollen, müssen Sie nach einem Klick in das Feld **Windows-Anzeigesprache** ❾ die gewünschte Sprache auswählen.

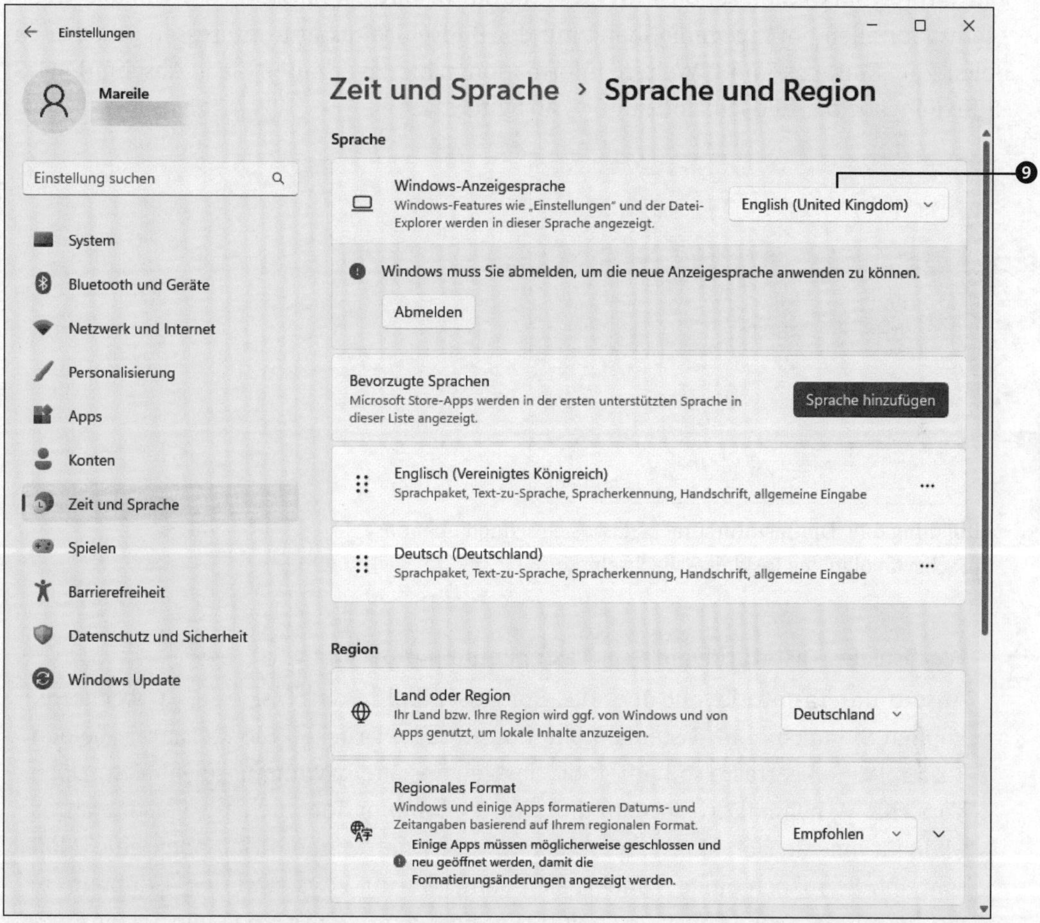

Abbildung 6.17 Im Feld »Windows-Anzeigesprache« legen Sie fest, in welcher Sprache die Benutzeroberfläche von Windows 11 erscheinen soll.

6.8.2 Sprache für Anzeige und Tastaturlayout auswählen

Wenn Sie, wie im vorigen Abschnitt gezeigt, mehrere Sprachen auf dem Computer installiert haben, können Sie diese abwechselnd als Systemsprache sowie für das Tastaturlayout auswählen. Benötigen Sie eine Sprache lediglich auf der Tastatur, während die Anzeige in Dialogen, Menüs und Ähnlichem gleich bleiben soll, können Sie die Sprache blitzschnell wechseln. Denn nach der Installation der Sprachen finden Sie im Infobereich der Taskleiste ein weiteres Symbol mit dem Kürzel der aktuell eingestellten Tastatursprache, etwa **DEU** für Deutsch. Ein Klick hierauf ❶, und es klappt eine Liste mit den verfügbaren Sprachen auf. Nun markieren Sie noch die gewünschte Sprache für das Tastaturlayout ❷, und schon wird diese für die Tastatur genutzt. Dieser schnelle Wechsel ist vor allem im Zusammenhang mit der Bildschirmtastatur interessant, die bei Tablets zum Einsatz kommt. Weitere Informationen hierzu erhalten Sie in Abschnitt 4.1.2, »Texteingabe per Bildschirmtastatur«, ab Seite 112.

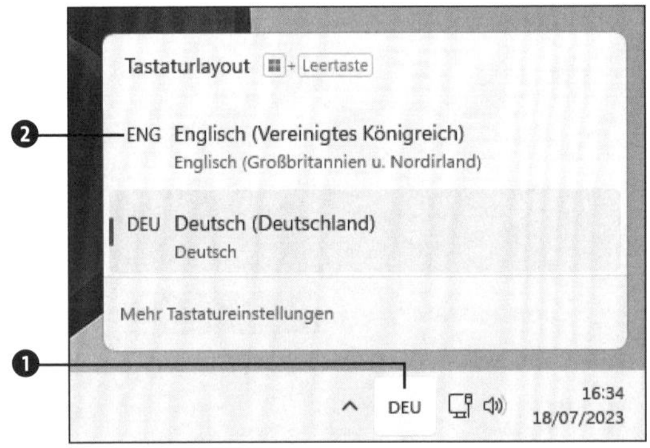

Abbildung 6.18 Die Tastatursprache lässt sich schnell über das Sprachsymbol in der Taskleiste wechseln.

TIPP

Wechsel des Tastaturlayouts per Tastenkombination

Anstatt das Tastaturlayout über das Sprachsymbol in der Taskleiste zu wechseln, können Sie auch eine Tastenkombination nutzen. Drücken Sie hierzu die beiden Tasten [Windows] + Leertaste so häufig, bis das gewünschte Layout ausgewählt ist. Doch Vorsicht: Manchmal drückt man diese Tastenkombination auch aus Versehen. Das Malheur macht sich meist bemerkbar, wenn man einen Brief oder eine Mail schreibt. So manch einer wundert sich dann, warum etwa statt des getippten »z« ein »y« auf dem Bildschirm erscheint. Dies liegt daran, dass bei jedem Tastaturlayout die Tasten anders angeordnet sind. Bevor Sie in einem solchen Moment verzweifeln, werfen Sie einen Blick in die Taskleiste, und prüfen Sie, ob das richtige Tastaturlayout ausgewählt ist, also etwa **DEU** für Deutsch. Das Sprachsymbol wird übrigens auch im Anmeldebildschirm angezeigt. Sollte nach Eingabe des Kennwortes Ihres Benutzerkontos der Hinweis **Kennwort falsch** eingeblendet werden, prüfen Sie, ob das richtige Tastaturlayout eingestellt ist.

Wenn die Sprachauswahl nicht nur für das Tastaturlayout, sondern auch als Anzeigesprache gelten soll, sind etwas mehr Schritte für den Sprachwechsel nötig:

1 Rufen Sie **Start ▸ Einstellungen ▸ Zeit und Sprache ▸ Sprache und Region** auf.

2 Klicken Sie in der rechten Fensterhälfte in das Feld **Windows-Anzeigesprache** ❶, und wählen Sie die gewünschte Sprache aus.

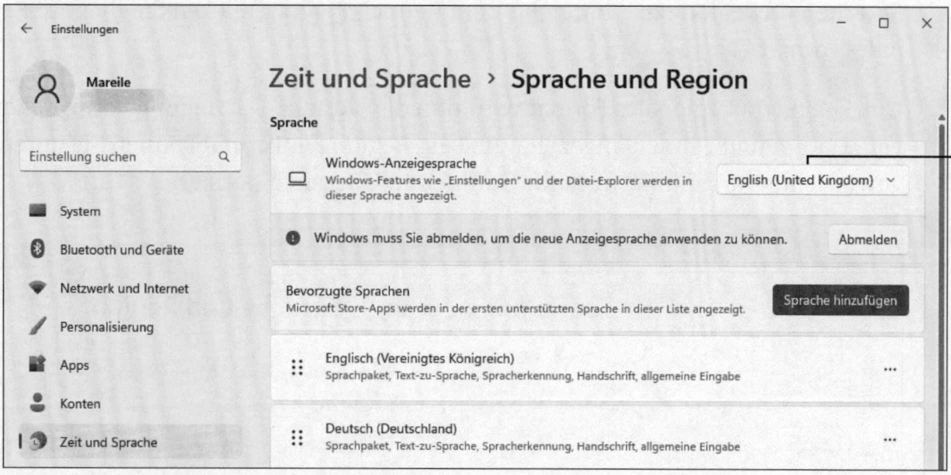

3 Damit der Sprachwechsel wirksam wird, müssen Sie sich nun noch einmal am Computer abmelden und anschließend neu anmelden.

4 Nach der Neuanmeldung am Computer erscheinen Dialoge oder auch Menüs in der neu gewählten Standardsprache. Um wieder zur vorherigen Sprachauswahl zurückzukehren, führen Sie erneut die Schritte 1 bis 3 durch.

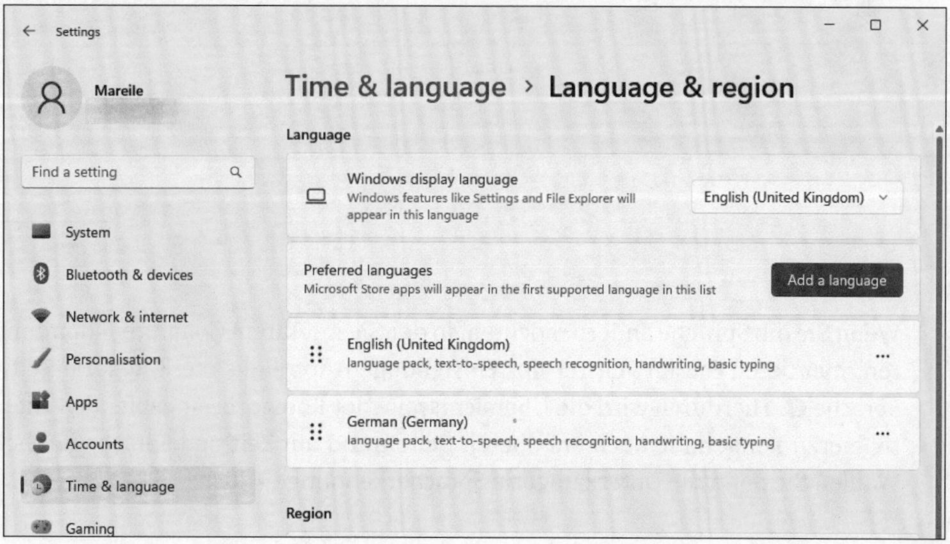

5 Jede Region hat ihre Besonderheiten bezüglich der Darstellung von Datum und Uhrzeit. Mit der Auswahl der Windows-Anzeigesprache wird zugleich auch das regionale Format zur Anzeige von Datum und Uhrzeit angepasst. Ziehen Sie stattdessen weiterhin die deutsche Darstellung vor, blättern Sie auf der Seite **Zeit und Sprache ▸ Sprache und Region** nach unten bis zum Bereich **Region**. Klicken Sie hier auf **Regionales Format** ❷.

6 Unterhalb von **Regionales Format** wird nun die aktuelle Darstellung von Wochentagen, Datum und Uhrzeit angezeigt. Im Feld **Regionales Format** können Sie unten die gewünschte Darstellungsform für Datum und Uhrzeit ändern ❸.

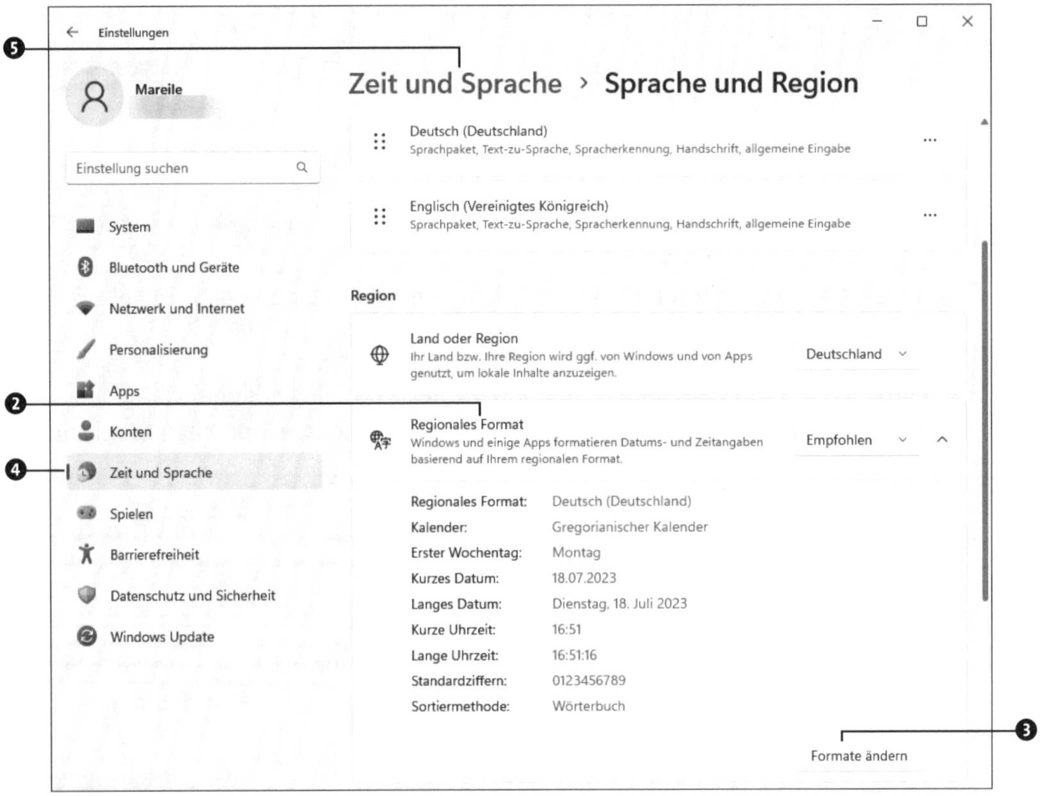

7 Wenn Sie die Sprache ändern möchten, in der Sie mit Ihrem Computer kommunizieren, markieren Sie im Fenster der **Einstellungen**-App links die Kategorie **Zeit und Sprache** ❹. Hierdurch wird die Übersichtsseite der Kategorie eingeblendet. Alternativ hierzu können Sie auch am oberen Seitenrand auf **Zeit und Sprache** ❺ klicken. Wählen Sie dann die Unterkategorie **Spracherkennung** ❻ aus.

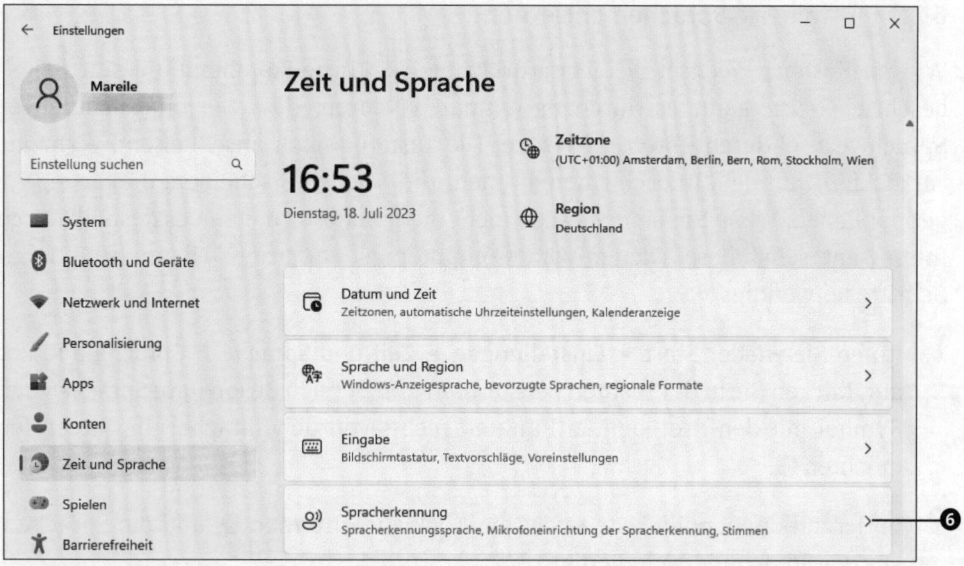

8 Auf der folgenden Seite legen Sie nun im Feld unterhalb von **Spracherkennungssprache** ❼ die gewünschte Sprache fest. Handelt es sich bei der Sprache nicht um Ihre Muttersprache, können Sie ein Häkchen vor **Nicht muttersprachliche Akzente für diese Sprache erkennen** setzen. Sollten Sie z. B. Englisch mit einem leichten deutschen Akzent sprechen, versucht Windows 11 dies bei der Spracherkennung zu berücksichtigen.

6.8.3 Installierte Sprachen entfernen

Wie im Kasten »Wechsel des Tastaturlayouts per Tastenkombination« auf Seite 250 beschrieben ist, kann es durchaus einmal passieren, dass Sie unabsichtlich einen Sprachwechsel durchführen. Die Folge: Die Tastatur spielt anschließend vermeintlich verrückt, da auf dem Bildschirm nicht mehr die Zeichen erscheinen, die Sie eigentlich getippt haben. Wenn Sie eine Sprache nicht mehr benötigen, kann es deshalb durchaus interessant sein, diese wieder vom Computer zu entfernen. Hierzu sind folgende Schritte notwendig:

1. Rufen Sie wieder **Start ▸ Einstellungen ▸ Zeit und Sprache ▸ Sprache und Region** auf. Klicken Sie in der rechten Fensterhälfte im Bereich **Bevorzugte Sprachen** auf das Symbol mit den drei kleinen Punkten rechts von der Sprache, die Sie entfernen möchten ❶.

2. In der aufklappenden Liste reicht ein Klick auf **Entfernen** ❷, und die Sprache wird aus der Sprachübersicht getilgt.

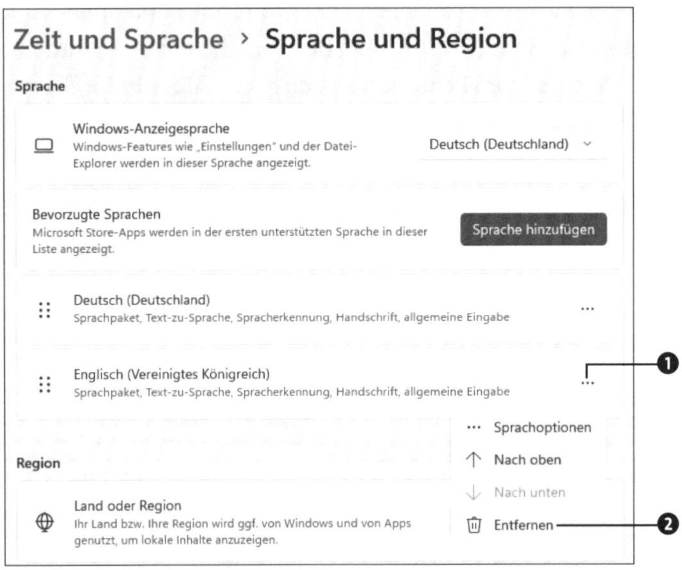

3. Ein versehentlicher Wechsel des Tastaturlayouts über die Tastenkombination [Windows] + Leertaste ist damit nicht mehr zu befürchten. Das Sprachpaket selbst wurde hierdurch allerdings nicht gelöscht. Wenn Sie die Sprache später doch einmal benötigen, können Sie sie jederzeit wieder so hinzufügen, wie in Abschnitt 6.8.1, »Zusätzliche Sprachen installieren«, in den Schritten 1 bis 4 auf Seite 246 gezeigt wird. Eine Neuinstallation des Sprachpakets ist nicht nötig.

7 Nützliche Funktionen des Desktops

Unter Windows 8 und Windows 8.1 führte die Desktopoberfläche ein echtes Schattendasein, denn sie musste erst mühselig durch einen Klick auf die Desktopkachel eingeblendet werden. Damit war zum Glück unter Windows 10 wieder Schluss: Denn wie bereits unter Windows 7 und älteren Windows-Versionen strahlte der Desktop wieder ganz präsent im Vordergrund. Das hat Microsoft auch für Windows 11 beibehalten. In diesem Kapitel erfahren Sie, wie Sie auf der Desktopoberfläche sowie auf der Taskleiste wichtige Verknüpfungen zu Programmen, Ordnern und mehr anlegen. Außerdem werde ich Ihnen das Konzept der virtuellen Desktops vorstellen.

7.1 Verknüpfungen auf dem Desktop anlegen

Die große Fläche des Desktops eignet sich wunderbar, um Verknüpfungen zu Programmen, Ordnern und Dateien sowie zu Webseiten anzulegen. Ein doppelter Mausklick auf solch eine Verknüpfung reicht, und schon wird das damit verknüpfte Element geöffnet. Die Verknüpfungen auf dem Desktop lassen sich auf vielerlei Wegen erzeugen, wie Sie im Folgenden sehen werden.

7.1.1 Desktopverknüpfungen für Programme, Ordner und Webseiten erstellen

Sie benötigen einen bestimmten Ordner oder eine Datei immer wieder? Anstatt diese umständlich über den *Explorer* aufzurufen, können Sie auch eine Verknüpfung zu ihnen auf der Desktopoberfläche anlegen. Am schnellsten gelingt dies über das Kontextmenü des Desktops. Auch ein Desktopsymbol zum Aufruf einer häufig besuchten Webseite lässt sich auf diese Weise schnell einrichten:

1 Klicken Sie mit der rechten Maustaste auf eine freie Fläche auf dem Desktop. »Frei« bedeutet hier lediglich, dass sich an dieser Stelle nicht bereits ein Desktopsymbol befinden sollte.

2 Im aufklappenden Kontextmenü bewegen Sie den Mauszeiger auf den Eintrag **Neu** und klicken dann im Untermenü auf **Verknüpfung** ❶.

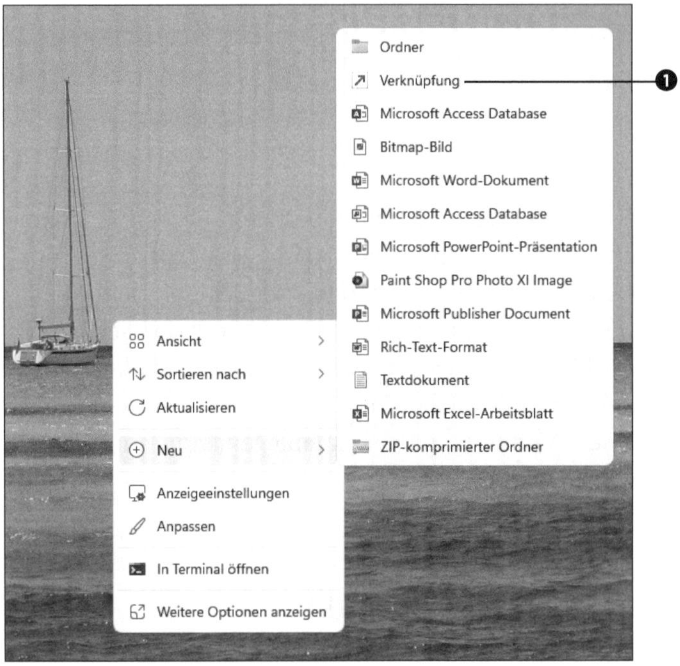

3 Wenn Sie eine Verknüpfung zu einer häufig besuchten Webseite erstellen möchten, tippen Sie im Dialog **Verknüpfung erstellen** die entsprechende Internetadresse (z. B. *www.tagesschau.de*) in das Feld **Geben Sie den Speicherort des Elements ein** ❷ ein. Nach einem Klick auf **Weiter** ❸ können Sie direkt mit Schritt 6 fortfahren.

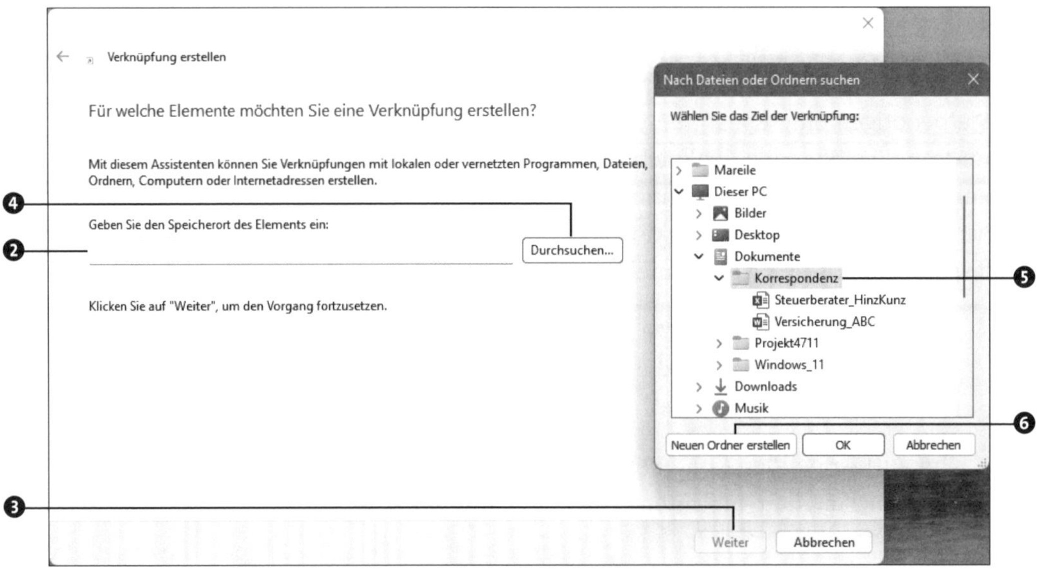

4 Soll eine Verknüpfung für einen Ordner oder eine Datei eingerichtet werden, klicken Sie auf **Durchsuchen** ❹.

5 Markieren Sie im Dialog **Nach Dateien oder Ordnern suchen** den Ordner bzw. die Datei, für die Sie eine Verknüpfung erstellen wollen ❺. Über die Schaltfläche **Neuen Ordner erstellen** ❻ lässt sich auch ein neues Verzeichnis erzeugen. Sobald Sie mit **OK** bestätigen, wird der Dateipfad im Feld **Geben Sie den Speicherort des Elements ein** angezeigt. Klicken Sie auf **Weiter**.

6 Im nächsten Dialog geben Sie einen Namen für die Verknüpfung ein ❼ und bestätigen mit **Fertig stellen**.

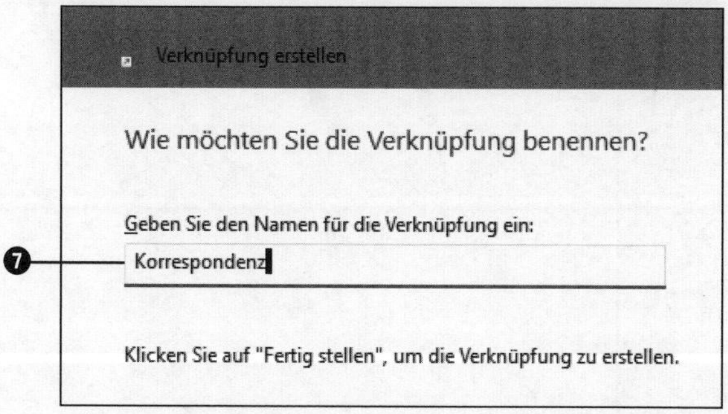

Auf dem Desktop finden Sie nun ein neues Desktopsymbol mit dem gerade vergebenen Namen. Sollten Sie sich bei der Eingabe des Namens vertippt haben, können Sie das Element selbstverständlich umbenennen. Klicken Sie hierzu mit der rechten Maustaste auf das Desktopsymbol. In der Symbolleiste des Kontextmenüs wählen Sie das Symbol **Umbenennen** ❽.

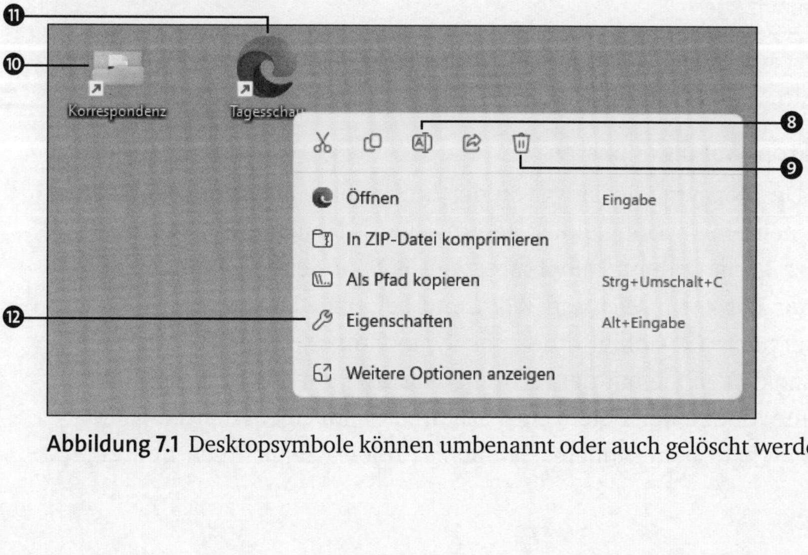

Abbildung 7.1 Desktopsymbole können umbenannt oder auch gelöscht werden.

Der Name unterhalb des Desktopsymbols wird blau markiert und kann korrigiert oder auch komplett überschrieben werden. Die Eingabe schließen Sie durch Drücken der Taste [↵] ab.

Benötigen Sie die Verknüpfung irgendwann nicht mehr, klicken Sie mit der rechten Maustaste auf das Desktopsymbol und wählen im Kontextmenü das Symbol **Löschen** ❾. Wenn Sie ein Desktopsymbol versehentlich gelöscht haben, lässt es sich übrigens schnell wieder auf die Oberfläche zurückholen: Klicken Sie einfach mit der rechten Maustaste auf eine freie Fläche des Desktops. Im Kontextmenü wird Ihnen nun die Möglichkeit angeboten, den zuletzt ausgeführten Befehl, im Beispiel also das Löschen, rückgängig zu machen.

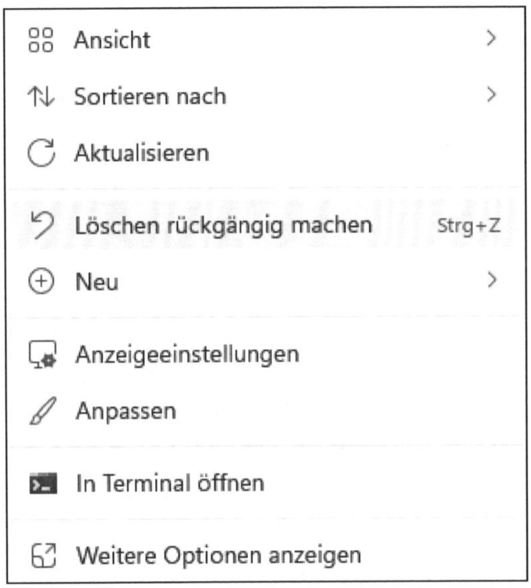

Abbildung 7.2 Der zuletzt ausgeführte Befehl lässt sich wieder rückgängig machen.

TIPP

Aussehen des Desktopsymbols anpassen

Das Aussehen des Desktopsymbols hängt von der Anwendung ab, mit der das verknüpfte Element nach einem Doppelklick geöffnet wird. Handelt es sich um ein Verzeichnis, wird z. B. ein Ordnersymbol angezeigt (❿ auf Seite 257), bei einem Word-Dokument das Logo von *Microsoft Word* und bei einer Internetadresse das Symbol des Browsers *Edge* ⓫. Gefällt Ihnen das Symbol nicht, können Sie es auch austauschen. Hierzu klicken Sie mit der rechten Maustaste auf das Desktopsymbol und wählen im Kontextmenü den Befehl **Eigenschaften** ⓬. Im **Eigenschaften**-Dialog klicken Sie auf die Schaltfläche **Anderes Symbol**. Windows zeigt Ihnen nun eine

Liste mit allen verfügbaren Symbolen an, über die Sie mithilfe der Bildlaufleiste am unteren Fensterrand blättern. Markieren Sie das gewünschte neue Symbol, bestätigen Sie den Dialog mit **OK** und den **Eigenschaften**-Dialog mit **Übernehmen** und **OK**.

Für Ordner, Dateien oder auch Internetadressen ist der Weg über den Kontextmenübefehl des Desktops schnell und vor allem bequem. Alternativ hierzu lässt sich die Verknüpfung für Dateien und Ordner auch über den Befehl **Senden an** aus dem Explorer heraus erstellen. Unter Windows 11 ist dieser Befehl allerdings etwas versteckt.

1 Öffnen Sie den Explorer beispielsweise über die Tastenkombination [Win] + [E]. Navigieren Sie zu der Datei bzw. dem Ordner, für die oder den Sie eine Verknüpfung erstellen möchten. Klicken Sie das Element mit der rechten Maustaste an ❶.

2 Im aufklappenden Kontextmenü wählen Sie nun zunächst **Weitere Optionen anzeigen** ❷.

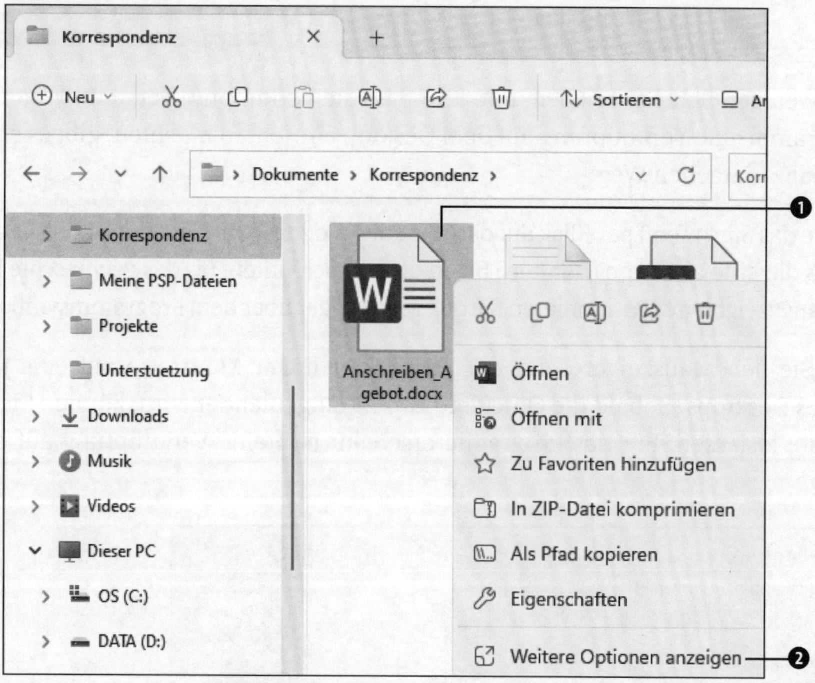

3 Nun wird das aus früheren Windows-Versionen bekannte Kontextmenü angezeigt. In diesem wählen Sie nacheinander die Befehle **Senden an** und dann **Desktop (Verknüpfung erstellen)** ❸.

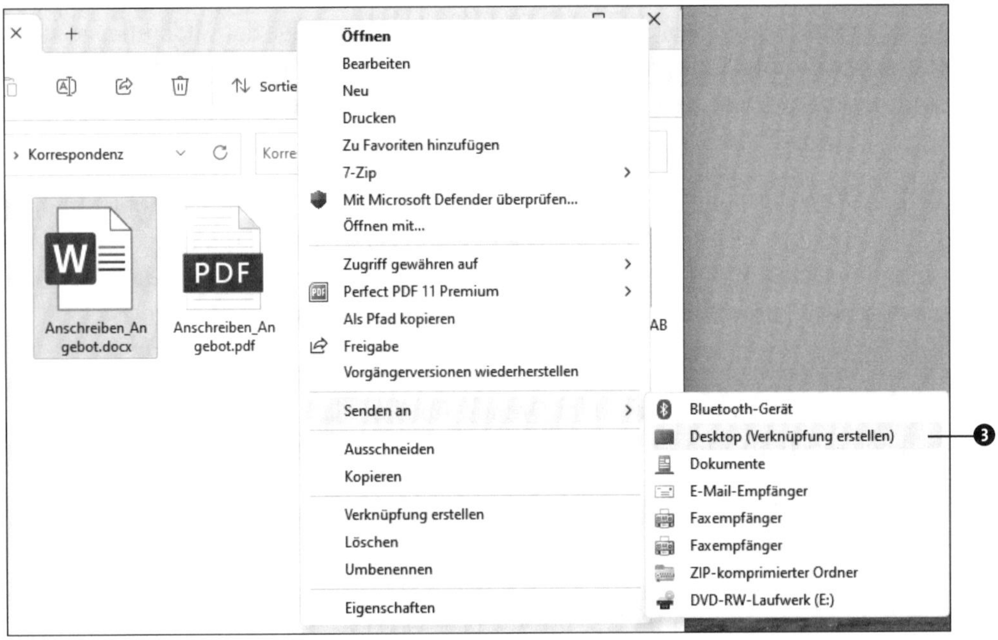

Auch diese wenigen Schritte reichen, und schon ist die Verknüpfung erstellt. Wenn Sie für ein Programm eine Verknüpfung auf dem Desktop einrichten möchten, gibt es ebenfalls einen ganz einfachen Weg:

1. Rufen Sie das Startmenü per Klick auf das Windows-Logo auf, und dann per Klick auf **Alle Apps** die Liste aller Apps. Blättern Sie in dieser nach unten, bis das gewünschte Programm angezeigt wird. Positionieren Sie den Mauszeiger über dem Programmsymbol ❶.

2. Ziehen Sie den Mauszeiger dann mit gedrückter linker Maustaste auf eine freie Stelle des Desktops. Sobald die Quickinfo **Link** ❷ eingeblendet wird, können Sie die Maustaste loslassen. Für das Programm erscheint nun eine Verknüpfung auf dem Desktop.

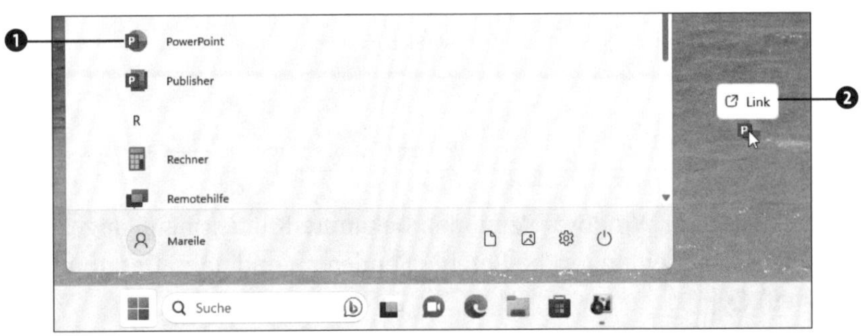

Ein Symbol, das von Anfang an auf dem Desktop zu finden ist, ist das des Papierkorbes. Unter Windows XP gab es noch ein weiteres praktisches Symbol: den *Arbeitsplatz*. Nach einem Doppelklick darauf erhielten Anwender*innen eine Übersicht über alle Dateien, Ordner und Laufwerke ihres Computers. Unter Vista wurde der Arbeitsplatz in *Computer* umbenannt, seit Windows 8.1 trägt er den Namen *Dieser PC*. Auch hier lässt sich das dazugehörige Symbol auf den Desktop zurückholen. Der Weg führt wieder über den Explorer. Damit das funktioniert, müssen allerdings im Explorer alle Ordner angezeigt werden.

1 Starten Sie zunächst den Explorer, z. B. mit einem Klick auf das entsprechende Symbol in der Taskleiste ❶.

Im Programmfenster des Explorers müssen Sie nun zunächst dafür sorgen, dass alle Ordner eingeblendet werden.

2 Klicken Sie im Explorer am rechten Rand der Symbolleiste auf das Symbol mit den drei kleinen Punkten ❷. Im aufklappenden Menü wählen Sie die **Optionen** ❸.

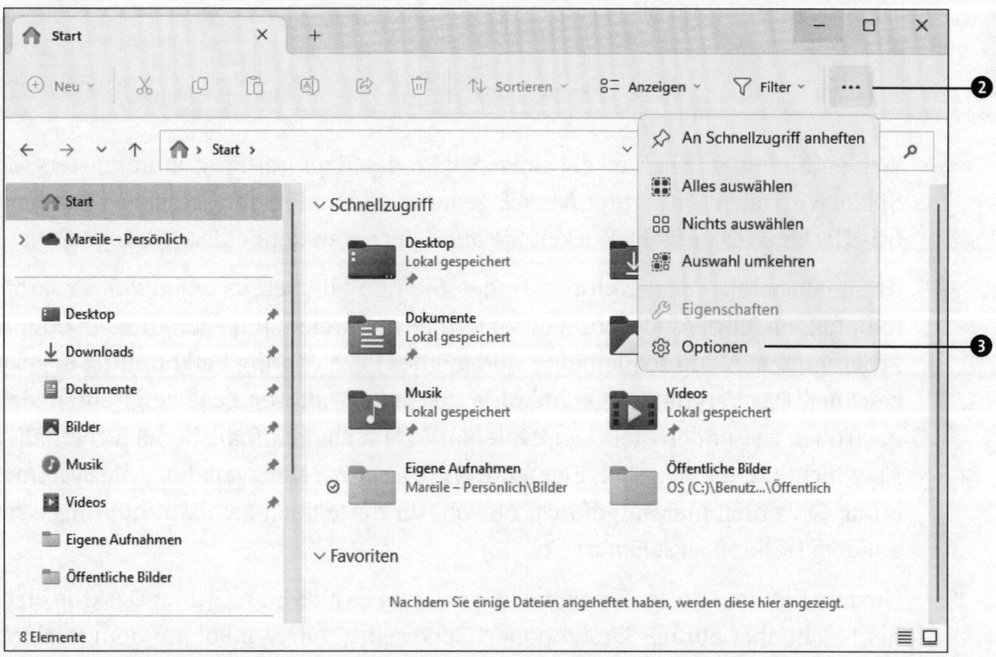

3 Im Dialog **Ordneroptionen** wechseln Sie auf die Registerkarte **Ansicht** ❹. Blättern Sie in der Liste **Erweiterte Einstellungen** ganz nach unten. Unterhalb von **Navigati-**

onsbereich versehen Sie das Kontrollkästchen **Alle Ordner anzeigen** mit einem Häkchen ❺. Bestätigen Sie mit **Übernehmen** und **OK**. Ausführliche Informationen zum Umgang mit dem Explorer erhalten Sie übrigens in Kapitel 8, »Dateien und Ordner verwalten mit dem Explorer«, ab Seite 285.

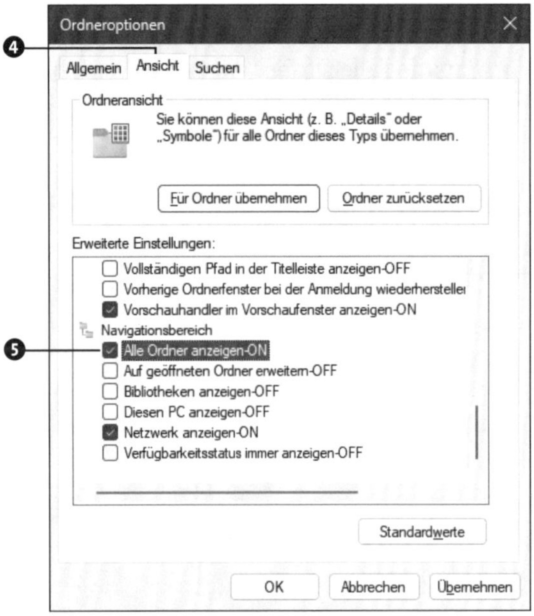

4 Werfen Sie einen Blick in die linke Spalte des Explorer-Programmfensters. Diese Spalte wird auch *Navigationsbereich* genannt. Sie finden dort jetzt zweimal den Eintrag **Desktop** (❻ und ❼). Klicken Sie auf den oberen der beiden Einträge ❻.

Im Inhaltsbereich des Explorers finden Sie nun alle bereits erzeugten Desktopverknüpfungen, also Verknüpfungen zu Ordnern, Dateien, Internetadressen oder auch Programmen. All diese Elemente sind mit der Bezeichnung **Verknüpfung** ❽ gekennzeichnet. Das Verknüpfungssymbol in der linken unteren Ecke zeigt einen kleinen nach oben weisenden Pfeil. Der **Papierkorb** ❾ taucht im Inhaltsbereich ebenfalls auf. Aber nicht nur dieser: Auch Elemente wie **Dieser PC**, **Netzwerk** oder die **Systemsteuerung** ❿ werden hier aufgeführt, obwohl für diese noch kein Verknüpfungssymbol auf dem Desktop zu sehen ist.

Um nun für eines dieser Elemente, die zwar im Explorer im Ordner **Desktop** erscheinen, nicht aber auf der Desktopoberfläche selbst, ein Symbol auf dem Desktop zu erzeugen, geht es so weiter:

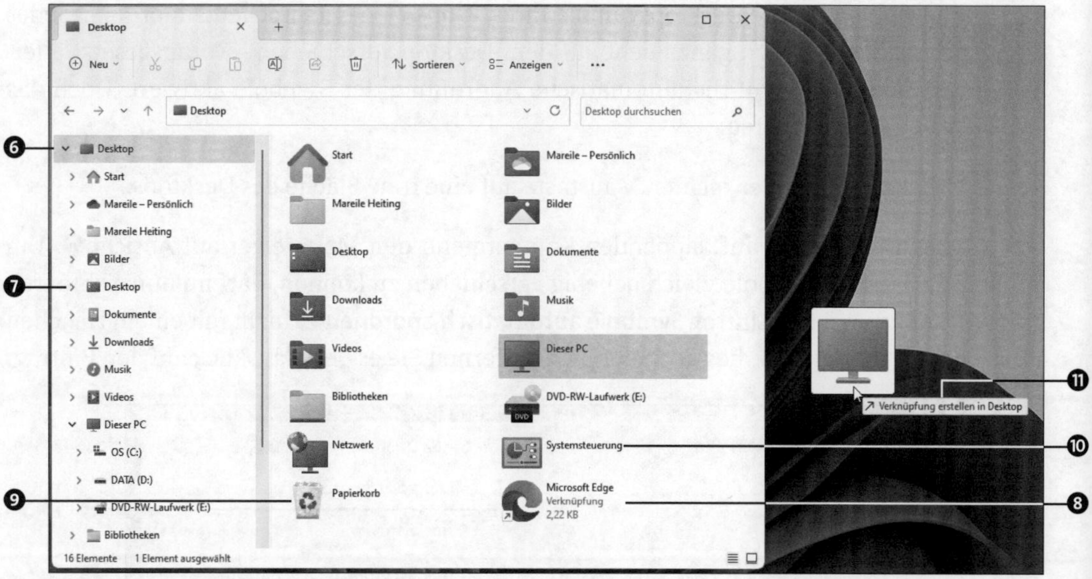

5 Positionieren Sie den Mauszeiger auf dem Element, für das Sie ein Symbol auf der Desktopoberfläche ergänzen möchten. Als Beispiel dient das Element **Dieser PC**.

6 Ziehen Sie das Element mit gedrückter linker Maustaste auf einen freien Bereich auf dem Desktop. Wird die Quickinfo **Verknüpfung erstellen in Desktop** ⓫ eingeblendet, lassen Sie die Maustaste los.

7 Auf dem Desktop erscheint nun das Symbol **Dieser PC**. Der Name des Desktopsymbols lautet **Dieser PC – Verknüpfung**. Stört Sie der Hinweis auf die Verknüpfung, benennen Sie das Symbol einfach um. Wie das funktioniert, haben Sie bereits in diesem Abschnitt erfahren: ein rechter Mausklick auf das Desktopsymbol, das Symbol **Umbenennen** in der Symbolleiste des Kontextmenüs wählen und schließlich den nun blau markierten Namen korrigieren – fertig.

Analog lassen sich so auch Verknüpfungen zur Systemsteuerung, zu den Bibliotheken oder auch zum Onlinespeicher *OneDrive* auf der Desktopoberfläche einrichten.

7.1.2 Desktopsymbole auf der Oberfläche anordnen

Die Desktopoberfläche bietet zwar recht viel Platz für Verknüpfungen zu Programmen, Dateien, Ordnern oder auch Webseiten. Je mehr Desktopsymbole Sie hier aber hinzufügen, desto unübersichtlicher wird es. Damit Sie schnell die gewünschte Verknüpfung finden, sollten Sie die Desktopsymbole Ihren Wünschen entsprechend anordnen. Jedes der Symbole lässt sich ganz leicht auf dem Desktop verschieben – vorausgesetzt allerdings, Sie haben nicht die automatische Anordnung der Symbole aktiviert. Doch das lässt sich schnell prüfen:

1 Klicken Sie mit der rechten Maustaste auf eine freie Fläche des Desktops.

2 Bewegen Sie im aufklappenden Kontextmenü den Mauszeiger auf **Ansicht** ❶. Um die Desktopsymbole gleich beliebig verschieben zu können, darf im nun sichtbaren Untermenü der Eintrag **Symbole automatisch anordnen** ❷ nicht mit einem Häkchen versehen sein. Ist dies doch der Fall, entfernen Sie es per Mausklick auf den Eintrag.

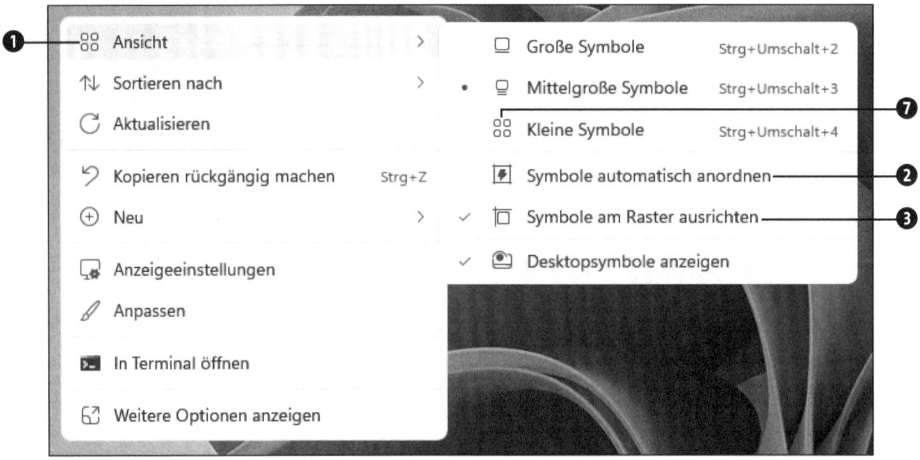

3 Der Eintrag **Symbole am Raster ausrichten** ❸, den Sie ebenfalls über das Untermenü erreichen, sorgt dafür, dass die Symbole auf dem Desktop an einem unsichtbaren Raster ausgerichtet werden und dass somit ein gleichmäßiger Abstand zwischen ihnen besteht.

4 Ist die automatische Anordnung deaktiviert, lassen sich die Symbole beliebig auf dem Desktop verschieben. Hierzu bewegen Sie einfach den Mauszeiger auf ein Desktopsymbol und ziehen es mit gedrückter linker Maustaste an die gewünschte Position.

5 Sie können die Anordnung aber auch Windows überlassen. Den hierfür nötigen Befehl **Sortieren nach** ❹ finden Sie wieder im Kontextmenü, das Sie per Klick mit der rechten Maustaste auf eine freie Fläche auf der Desktopoberfläche aufrufen. Die Desktopsymbole können nach **Name**, **Größe**, **Elementtyp** oder auch nach **Änderungsdatum** ❺ sortiert werden.

6 Sollten die Desktopsymbole einmal fehlerhaft angezeigt werden, hilft manchmal der Befehl **Aktualisieren** ❻ weiter, den Sie ebenfalls über das Kontextmenü aufrufen.

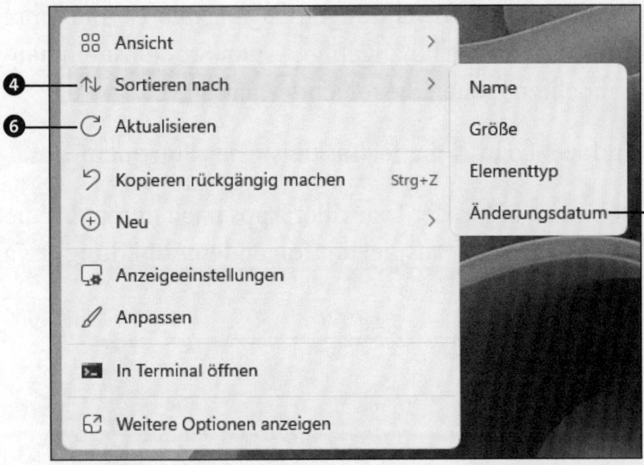

Die Größe der Desktopsymbole lässt sich über den Kontextmenüeintrag **Ansicht** (❶ auf Seite 264) festlegen. Falls Ihnen weder **Große Symbole** noch **Mittelgroße Symbole** noch **Kleine Symbole** ❼ zusagen, können Sie die Symbolgröße auch individuell einstellen. Voraussetzung hierfür ist, dass Sie eine Computermaus mit Scrollrad nutzen. Positionieren Sie den Mauszeiger auf einem der Desktopsymbole oder auf einer freien Fläche des Desktops. Halten Sie die Taste `Strg` gedrückt, während Sie das Scrollrad drehen. Je nach Drehrichtung werden nun alle Desktopsymbole vergrößert bzw. verkleinert.

7.2 Programme und Dateien über die Taskleiste öffnen

Eine der wichtigsten Anlaufstellen bei der täglichen Arbeit mit dem Computer ist die Taskleiste am unteren Bildschirmrand. So finden Sie hier das Windows-Logo zum Aufruf des Startmenüs, über das Suchfeld starten Sie Suchanfragen, und der Infobereich am rechten Rand der Taskleiste informiert Sie über wichtige Themen. All diese Elemente stelle ich Ihnen kurz in Abschnitt 2.3, »Die Taskleiste«, ab Seite 62 vor. In Abschnitt 6.5, »Die Taskleiste anpassen«, ab Seite 223 erfahren Sie unter anderem, wie Sie die Position der Elemente auf der Taskleiste selbst festlegen und wie Sie auswählen, welche Symbole im Infobereich der Taskleiste angezeigt werden sollen. Der größte Teil der Taskleiste wird allerdings von Programmsymbolen in Anspruch genommen. Und genau diese werden wir nun genauer unter die Lupe nehmen.

7.2.1 Programmsymbole auf der Taskleiste hinzufügen

Die Taskleiste am unteren Bildschirmrand bietet zwar nicht ganz so viel Platz wie der Desktop, aber auch hier lassen sich Programme anheften, sodass Sie sie schnell mit nur einem Mausklick öffnen können. Für die drei Anwendungen *Edge*, *Explorer* und *Store* wurden bereits von Windows Programmsymbole hinzugefügt. Wenn Sie selbst ein häufig genutztes Programm ergänzen möchten, gehen Sie folgendermaßen vor:

1. Rufen Sie per Klick auf das Windows-Logo in der Taskleiste das Startmenü auf.
2. Klicken Sie auf **Alle Apps**, und blättern Sie in der Liste aller Apps nach unten, bis die gewünschte Anwendung angezeigt wird, im Beispiel der folgenden Abbildung etwa die *Windows-Fotoanzeige*-App ❶.

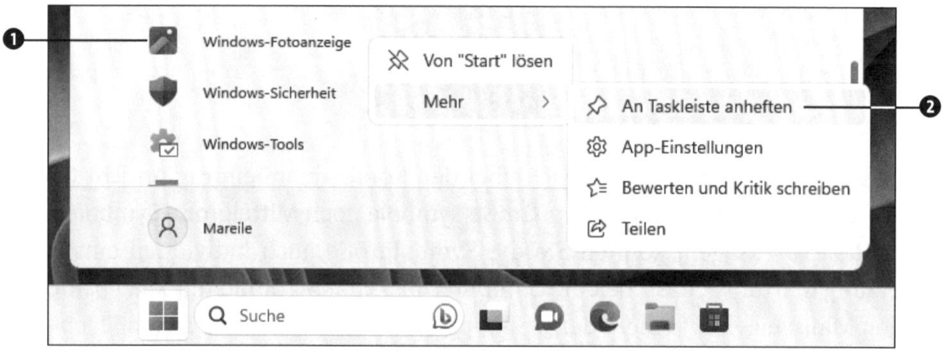

3. Klicken Sie mit der rechten Maustaste auf die Anwendung. Im aufklappenden Kontextmenü wählen Sie **Mehr** und dann **An Taskleiste anheften** ❷.

Diese wenigen Schritte reichen bereits, und schon erscheint das Programmsymbol der gewählten Anwendung, hier also der Windows-Fotoanzeige-App, in der Taskleiste. Mit einem Klick auf das Symbol lässt sich das Programm nun schnell öffnen. Ausführliche Informationen zur Windows-Fotoanzeige-App (dem Nachfolger der Fotos-App) erhalten Sie in Kapitel 12, »Gute Unterhaltung – Fotos, Videos, Musik und Spiele«, ab Seite 465.

Wenn Sie in Schritt 3 auf dieser Seite versehentlich statt mit der rechten Maustaste mit der linken Maustaste auf die Anwendung geklickt haben, ist das nicht schlimm. In diesem Fall wird automatisch das Programm gestartet, und in der Taskleiste erscheint entsprechend das Programmsymbol. Die Programmsymbole aller geöffneten Anwendungen werden in der Taskleiste übrigens am unteren Symbolrand mit einem kleinen Balken gekennzeichnet. Klicken Sie nun mit der rechten Maustaste auf das Programmsymbol der geöffneten Anwendung ❸, finden Sie im aufklappenden Kontextmenü ebenfalls den Befehl **An Taskleiste anheften** ❹. Wählen Sie den Befehl aus, bleibt das Programmsymbol auch dann in der Taskleiste, wenn Sie die Anwendung selbst schließen.

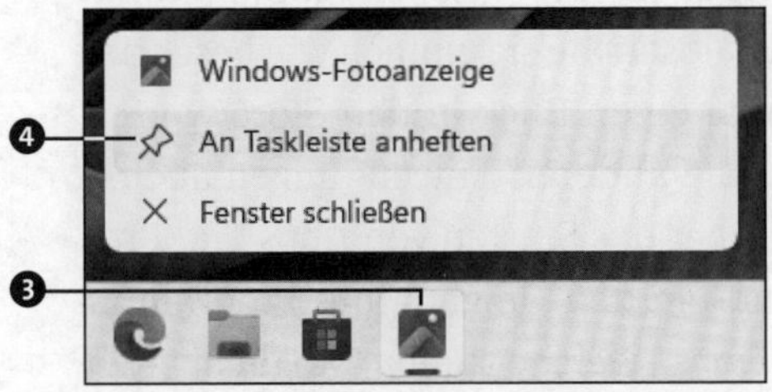

Abbildung 7.3 Bereits geöffnete Anwendungen können ebenfalls an die Taskleiste geheftet werden.

Ein neu hinzugefügtes Programmsymbol wird in der Taskleiste rechts von den bereits vorhandenen Symbolen ergänzt. Wenn Ihnen diese Anordnung nicht zusagt, verschieben Sie die Programmsymbole einfach mit gedrückter linker Maustaste. Für die Taskleistenelemente **Suche**, **Aktive Anwendungen** und **Widgets** gilt dies allerdings nicht – sie lassen sich nicht neu positionieren.

Die Taskleiste bietet nur begrenzt Platz für Programmsymbole. Sollten Sie eine Anwendung nicht mehr ganz so häufig benötigen, ist es daher durchaus angebracht, das dazugehörige Programmsymbol wieder aus der Taskleiste zu entfernen:

1. Klicken Sie hierzu einfach mit der rechten Maustaste auf das Symbol in der Taskleiste.
2. Im aufklappenden Kontextmenü wählen Sie den Befehl **Von Taskleiste lösen**.

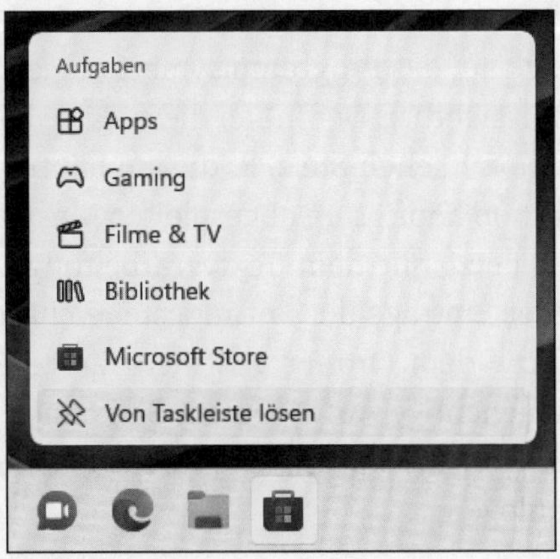

Sollte die Anwendung noch geöffnet sein, bleibt das Programmsymbol zunächst in der Taskleiste stehen. Sobald Sie das Programm aber schließen, verschwindet es hier. Der Befehl **Von Taskleiste lösen** steht Ihnen übrigens auch für die drei bereits von Windows standardmäßig an die Taskleiste gehefteten Anwendungen zur Verfügung. Sollten Sie also z. B. die Verknüpfung zum Store nicht benötigen, lösen Sie sie einfach wie beschrieben von der Taskleiste. Wenn Sie später doch einmal einen Blick in den Store werfen möchten, öffnen Sie ihn weiterhin – wie natürlich alle anderen Anwendungen auch – über die Liste aller Apps im Startmenü. Noch mehr über das Starten von Apps und Programmen erfahren Sie in Abschnitt 9.1, »Alles rund um den Umgang mit Programmfenstern«, ab Seite 353. Dort erhalten Sie auch Tipps, welche neuen Möglichkeiten Ihnen Windows 11 zum Anordnen von Programmfenstern bietet.

7.2.2 Sprunglisten in der Taskleiste nutzen und anpassen

Im vorigen Abschnitt haben Sie erfahren, wie Sie häufig genutzte Anwendungen an die Taskleiste heften. Diese Programmsymbole sind nicht nur praktisch, wenn es darum geht, die damit verknüpften Anwendungen schnell zu starten. Sie bieten seit Windows 7 auch noch weitere interessante Funktionen, die sogenannten *Sprunglisten*, im Englischen *jumplist* genannt.

Bei einer Sprungliste handelt es sich im Grunde genommen um nichts anderes als um ein Kontextmenü eines geöffneten oder an die Taskleiste gehefteten Programms. Entsprechend wird sie per Rechtsklick auf ein Programmsymbol in der Taskleiste geöffnet. Sprunglisten stehen allerdings nicht für alle Anwendungen zur Verfügung. Einige Apps, die Sie z. B. aus dem Microsoft Store bezogen haben, unterstützen das Prinzip der Sprunglisten nicht.

Sobald Sie eine Sprungliste per rechten Mausklick auf das Programmsymbol eingeblendet haben, wird eine Liste mit diversen Elementen sichtbar. Der Inhalt dieser Liste hängt von der ausgewählten Anwendung ab. Beim *Explorer* sehen Sie z. B. die am häufigsten geöffneten Ordner, bei der *Medienwiedergabe* die am häufigsten abgespielten Musiktitel und bei *Microsoft Word* die Dateien, die Sie zuletzt mit dem Textverarbeitungsprogramm geöffnet haben. Ein Klick auf einen dieser Einträge der Sprungliste reicht, und schon wird das Programm mit dieser Datei bzw. dem Ordner geöffnet. Einige Programme bieten über die Sprunglisten aber auch wichtige Aufgaben an. So können Sie beim E-Mail-Programm *Microsoft Outlook* z. B. über die Sprungliste direkt eine neue Nachricht verfassen oder einen neuen Termin anlegen.

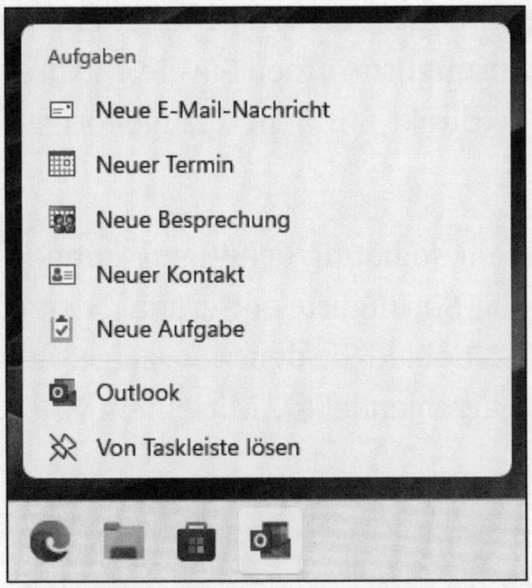

Abbildung 7.4 Die Sprungliste des E-Mail-Programms Outlook

Sprunglisten stellen ein wunderbares Mittel dar, um schnell Ordner, Dateien oder – im Fall eines Browsers – Webseiten zu öffnen. Wie bereits erwähnt, werden in der Sprungliste jeweils die am häufigsten bzw. zuletzt verwendeten Elemente angezeigt. Der Platz innerhalb einer Sprungliste ist allerdings beschränkt; die Anzahl der maximal möglichen Einträge schwankt je nach Anwendung zwischen acht und zwölf Einträgen. Damit z. B. eine Datei oder auch ein Ordner, den Sie häufig benötigen, nicht irgendwann aus der Sprungliste verschwindet, können Sie ihn fest an die Sprungliste anheften:

1 Blenden Sie die Sprungliste des entsprechenden Programms mit einem rechten Mausklick auf das Programmsymbol in der Taskleiste ein.

2 Positionieren Sie den Mauszeiger auf dem Element, das Sie an die Sprungliste heften möchten. Rechts von diesem Element wird eine kleine Pinnnadel eingeblendet, auf die Sie klicken ❶.

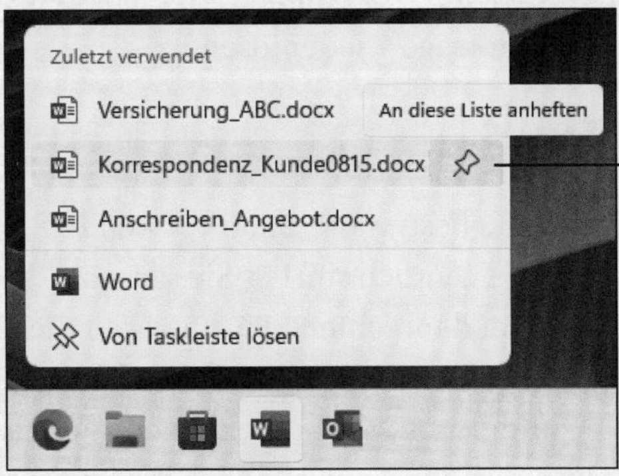

3 Das ausgewählte Element wird in der Sprungliste nun im Bereich **Angeheftet** ❷ eingeblendet. Mit einem Klick auf den Eintrag in der Sprungliste öffnen Sie die entsprechende Datei, den Ordner oder auch die Webseite direkt mit dem dazugehörigen Programm.

4 Sollten Sie das Element irgendwann doch nicht mehr so häufig benötigen, können Sie den entsprechenden Eintrag auch wieder aus der Sprungliste entfernen. Hierzu wiederholen Sie einfach wieder die Schritte 1 und 2. Sobald Sie den Mauszeiger auf das Element setzen, wird das Pinnnadelsymbol eingeblendet ❸. Mit einem Klick darauf lösen Sie den Eintrag von der Sprungliste.

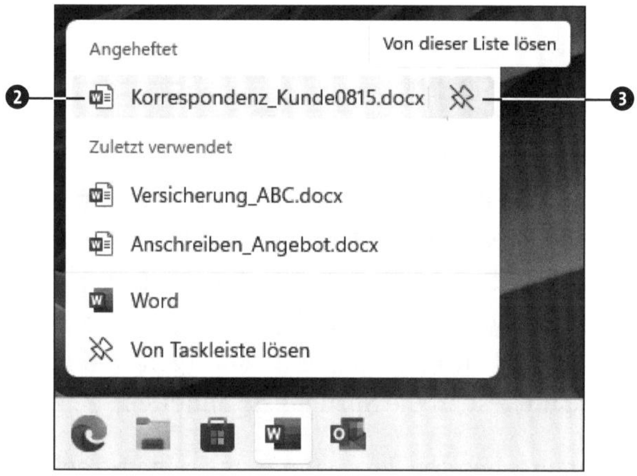

In diesem Abschnitt haben Sie die Sprunglisten im Zusammenhang mit der Taskleiste kennengelernt. Sie stehen Ihnen aber auch in der Liste aller Apps zur Verfügung, die Sie über das Startmenü per Klick auf **Alle Apps** aufrufen. Auch dort können Sie sie mit einem Rechtsklick auf das Programmsymbol aufrufen. Wie zuvor für die Taskleiste beschrieben, können Sie häufig genutzte Elemente per Klick auf das Pinnnadelsymbol ❹ fest an die Sprungliste heften sowie bereits angeheftete Einträge wieder lösen.

TIPP

Elemente aus der Sprungliste entfernen
Sie haben zwar in letzter Zeit immer wieder eine bestimmte Datei verwendet, die entsprechend in der Sprungliste erscheint, aber eigentlich stört es Sie, dass sie dort aufgeführt wird. Klicken Sie in der Sprungliste mit der rechten Maustaste auf dieses Element, werden im aufklappenden Kontextmenü einige Befehle aufgeführt. Ein Klick auf **Aus dieser Liste entfernen** reicht, und schon wird das Element aus der Sprungliste gelöscht. Dieses Vorgehen funktioniert übrigens auch für die im Start-

menü im Bereich **Empfohlen** aufgeführten Elemente, etwa die zuletzt geöffneten Dateien. Der entsprechende Befehl wird Ihnen ebenfalls nach einem rechten Mausklick auf das zu entfernende Element angeboten. Falls Sie sich überhaupt nicht mit dem Prinzip der Sprunglisten anfreunden mögen, können Sie auch die gesamte Funktion ausschalten. Rufen Sie hierzu **Start ▸ Einstellungen ▸ Personalisierung ▸ Start** auf. Ziehen Sie in der rechten Fensterhälfte den Regler **Zuletzt geöffnete Elemente in »Start«, Sprunglisten und Datei-Explorer anzeigen** nach links auf **Aus**.

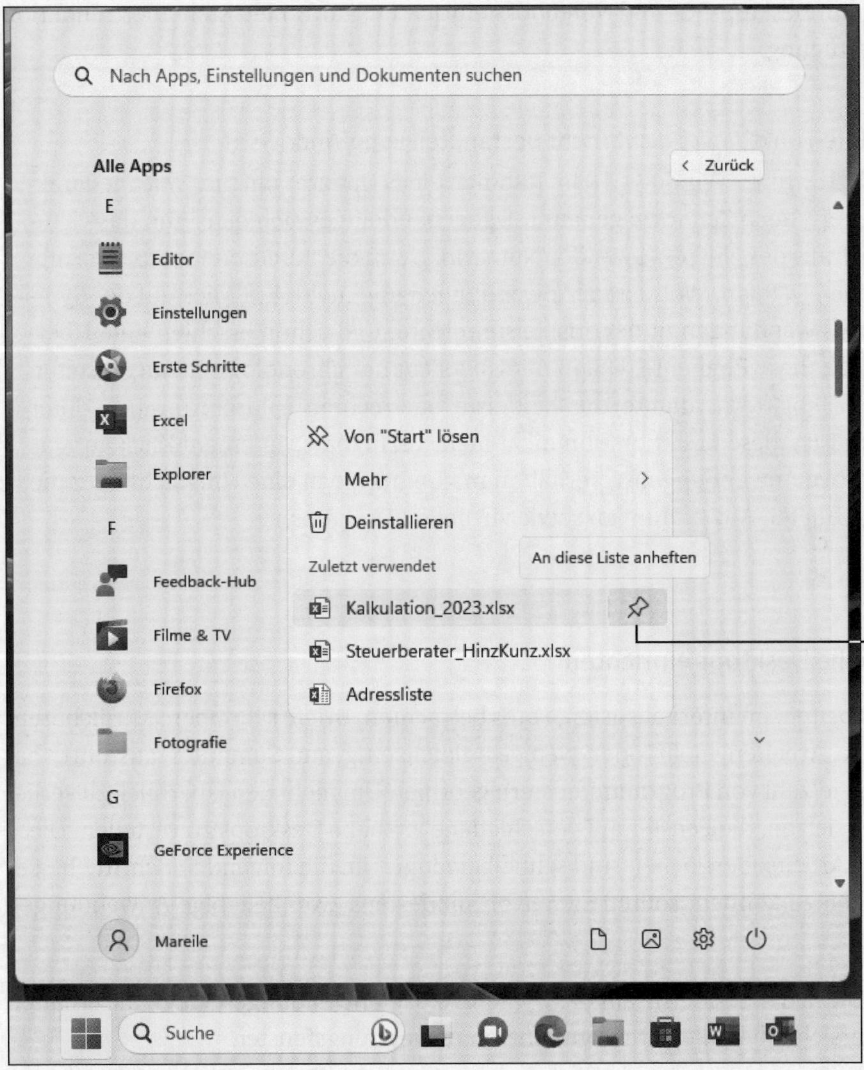

Abbildung 7.5 Die Sprunglisten können Sie auch über die Liste aller Apps im Startmenü aufrufen.

7.3 Mit virtuellen Desktops arbeiten

Zählen Sie auch zu den Menschen, die mit vielen Programmen gleichzeitig arbeiten? Dabei die Übersicht über alle geöffneten Anwendungsfenster zu wahren, kann manchmal schwierig werden. Für Abhilfe sorgt hier das Konzept der virtuellen Desktops. Die Idee dahinter ist einfach: Mit wenigen Mausklicks legen Sie zu der bereits vorhandenen Desktopoberfläche weitere Arbeitsoberflächen, also Desktops, an. Auf der bereits vorhandenen Oberfläche sowie auf den neu geschaffenen Arbeitsbereichen können Sie nun alle Programmfenster verteilen, die Sie für Ihre Arbeit benötigen. Virtuelle Desktops lassen sich nur auf Desktop-PCs und Notebooks einrichten, auf Tablets steht diese Funktion nicht zur Verfügung.

INFO

Die Timeline-Funktion ist nicht mehr Bestandteil von Windows 11
Im April 2018 wurde Windows 10 im Rahmen eines Updates um die *Timeline*-Funktion erweitert, auch *Zeitachse* genannt. Dabei handelte es sich quasi um das virtuelle Gedächtnis des Nutzers bzw. der Nutzerin. Denn die Funktion merkte sich alle aufgerufenen Dateien, Webseiten, Anwendungen und mehr. Ein Klick auf das Symbol **Aktive Anwendungen** in der Taskleiste reichte, und schon erschien eine Übersicht über all diese Elemente. Um in der Übersicht der chronologisch aufgelisteten Elemente zu blättern, diente die Zeitleiste am rechten Bildschirmrand. Unter Windows 11 ist diese Funktion nun nicht mehr verfügbar. Mit einem Klick auf das Symbol **Aktive Anwendungen** erhält man nun nur noch eine Übersicht über die aktuell geöffneten Anwendungen sowie virtuellen Desktops.

7.3.1 Virtuelle Desktops einrichten

E-Mails bearbeiten, im Internet surfen, Fotos betrachten, Briefe schreiben, Musik hören: Wer all diese Arbeiten mehr oder weniger gleichzeitig am Computer ausführt, hat schnell eine Vielzahl von Programmfenstern geöffnet. Um nicht den Überblick zu verlieren, bietet es sich an, die Fenster auf verschiedene virtuelle Desktops zu verteilen. Diese zusätzlichen Arbeitsoberflächen sind schnell erzeugt. Um die folgenden Schritte besser nachvollziehen zu können, sollten Sie zuvor mindestens zwei beliebige Anwendungen öffnen.

1 Klicken Sie in der Taskleiste auf das Symbol **Aktive Anwendungen** ❶. Sie erhalten eine Übersicht über alle bereits geöffneten Anwendungsfenster.

2 Um einen neuen Desktop anzulegen, klicken Sie in der Leiste oberhalb der Taskleiste auf die Schaltfläche **Neuer Desktop** ❷.

3 Am unteren Bildschirmrand werden in der Leiste nun zwei Miniaturansichten eingeblendet. Die linke Vorschau trägt den Namen **Desktop 1**, die rechte heißt **Desktop 2**. Klicken Sie auf die Vorschau **Desktop 1** ❸, gelangen Sie wieder zur ersten Desktopoberfläche mit den bereits geöffneten Programmen.

4 Blenden Sie mit einem Klick auf das Symbol **Aktive Anwendungen** wieder die Übersicht über die geöffneten Anwendungen sowie die Leiste mit der Vorschau auf die bereits angelegten Desktops ein.

5 Klicken Sie jetzt in der Leiste am unteren Bildschirmrand auf **Desktop 2**. Sie gelangen zur neu angelegten Desktopoberfläche. Die Oberfläche selbst sieht so aus wie die bereits angelegte Oberfläche. Das heißt, Sie sehen hier den gleichen Hintergrund und auch die gleichen Desktopsymbole.

6 Öffnen Sie hier nun zwei weitere beliebige Anwendungen (siehe auch den Kasten »Die Besonderheiten von Apps auf virtuellen Desktops« auf Seite 275).

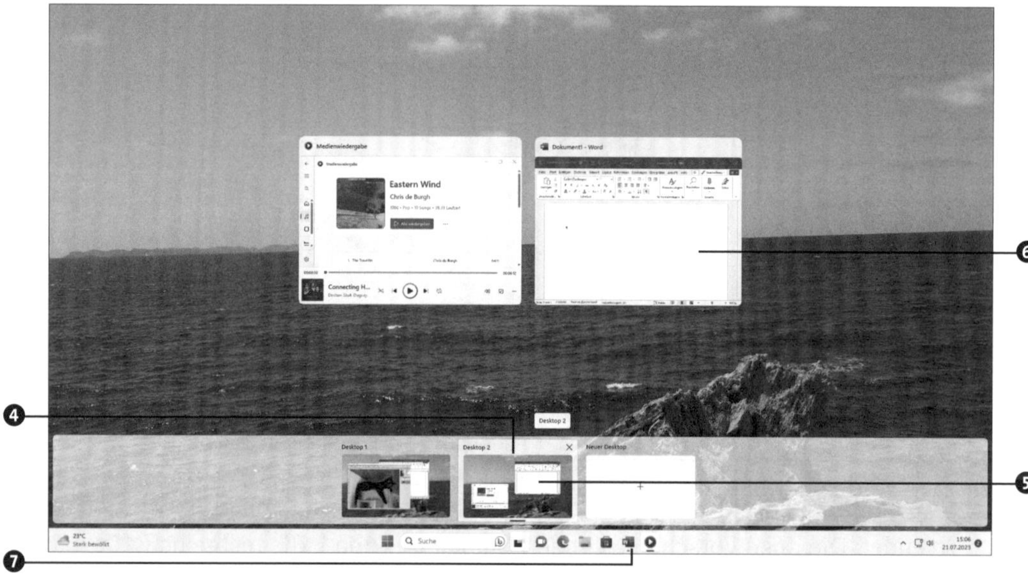

7 Blenden Sie erneut mit einem Klick auf das Symbol die **Aktiven Anwendungen** ein. In der Leiste am unteren Bildschirmrand sehen Sie wieder die beiden Miniaturvorschauen **Desktop 1** und **Desktop 2**. Wenn Sie nun den Mauszeiger auf die Vorschau **Desktop 1** bewegen, werden in der Übersicht oberhalb der Miniaturvorschauen alle geöffneten Programmfenster der ersten Desktopoberfläche angezeigt. Positionieren Sie den Mauszeiger anschließend über der Vorschau **Desktop 2**, sind in der Übersicht analog die Anwendungen des zweiten Desktops zu sehen. Beobachten Sie dabei auch das Verhalten der Taskleiste: Auch hier sind jeweils die Symbole des Desktops zu sehen, den Sie in der Vorschau ausgewählt haben.

8 Um zu einer der beiden Desktopoberflächen zu wechseln, reicht ein Klick auf die entsprechende Vorschau **Desktop 1** oder **Desktop 2**.

9 Sie können auch direkt aus einer Übersicht eines virtuellen Desktops heraus zu einer bestimmten geöffneten Anwendung wechseln. Hierzu bewegen Sie zunächst den Mauszeiger auf die Desktopoberfläche, auf der sich die Anwendung befindet, also etwa **Desktop 2** ❹. Oberhalb der Vorschauleiste werden nun alle geöffneten Anwendungen der zweiten Desktopoberfläche angezeigt. Mit einem Klick auf das

Fenster des gewünschten Programms ❺ gelangen Sie zur entsprechenden Oberfläche, auf der sich das ausgewählte Programm nun im Vordergrund befindet ❻. Alternativ können Sie auch das entsprechende Programmsymbol in der Taskleiste anklicken ❼.

Auf die beschriebene Weise können Sie beliebig viele weitere virtuelle Desktops anlegen und auf ihnen Programme öffnen. Im nächsten Abschnitt erfahren Sie, wie sich geöffnete Programmfenster von einer Desktopoberfläche auf eine andere verschieben lassen.

INFO

Die Besonderheiten von Apps auf virtuellen Desktops

Versuchen Sie, auf einem virtuellen Desktop eine App (z. B. die *Mail*-App oder auch die *Windows-Fotoanzeige*-App) zu öffnen, die bereits auf einem anderen Desktop geöffnet ist, werden Sie eine Besonderheit beobachten können: Statt auf dem aktuellen Desktop ein neues App-Fenster zu öffnen, führt Windows Sie automatisch zu dem Desktop, auf dem Sie die App bereits nutzen.

Für klassische Windows-Anwendungen wie etwa den *Explorer* oder auch den Browser *Mozilla Firefox* gilt dies jedoch nicht. Für diese können Sie auch auf mehreren virtuellen Desktops jeweils neue Programmfenster öffnen.

Wie Sie eine App auf allen virtuellen Oberflächen verfügbar machen können, erfahren Sie in Abschnitt 7.3.3, »Programme auf allen Desktops verfügbar machen«, ab Seite 278.

7.3.2 Programme zwischen Desktops verschieben

Am produktivsten lässt sich mit den virtuellen Desktops sicherlich arbeiten, wenn Sie die Programmfenster auf den verschiedenen Oberflächen thematisch verteilen. Richten Sie sich also z. B. einen Desktop für alle Programme ein, die Sie zur Bearbeitung Ihrer Bildersammlung nutzen, während Sie auf einer weiteren Oberfläche alle Anwendungen öffnen, die Sie zur Reiseplanung benötigen. Haben Sie einmal versehentlich ein Programm auf einem Desktop geöffnet, auf dem Sie es gar nicht haben möchten, ist das kein Problem. Denn jedes Programmfenster kann beliebig von einem virtuellen Desktop zum anderen verschoben werden:

1. Klicken Sie in der Taskleiste auf das Symbol ▣, um die aktiven Anwendungen einzublenden. Bewegen Sie den Mauszeiger auf die Vorschau des Desktops, auf dem sich das Programmfenster aktuell befindet, also etwa **Desktop 1** ❶.
2. Als Nächstes positionieren Sie den Mauszeiger auf der Vorschau des Programms, das Sie verschieben wollen ❷, und drücken die rechte Maustaste.
3. Im aufklappenden Kontextmenü wählen Sie den Befehl **Verschieben nach** aus. Nun öffnet sich ein Untermenü. Soll das ausgewählte Programmfenster auf den zweiten, bereits angelegten virtuellen Desktop verschoben werden, klicken Sie im Untermenü auf den entsprechenden Eintrag, im Beispiel also auf **Desktop 2** ❸. Das Programm wird sofort auf die entsprechende Oberfläche verschoben.
4. Möchten Sie stattdessen einen weiteren neuen Desktop einrichten, wählen Sie im Untermenü **Neuer Desktop** ❹. In diesem Fall erzeugt Windows einen neuen Desktop, in unserem Beispiel den **Desktop 3**, auf dem Sie nun das gerade verschobene Programmfenster finden.

Anstatt ein Programm mithilfe des Kontextmenüs von einem Desktop zum anderen zu verschieben, können Sie auch das klassische *Drag-&-Drop*-Verfahren anwenden. Hierzu blenden Sie ebenfalls die aktiven Anwendungen ein und positionieren den Mauszeiger über der Vorschau des Desktops, auf dem sich das Programm befindet, das Sie verschieben möchten. Wird das gewünschte Programm in der Übersicht angezeigt, setzen Sie den Mauszeiger auf das Programmfenster.

Nun kommt das eigentliche Drag & Drop (auf Deutsch »Ziehen und Ablegen«) zum Einsatz: Ziehen Sie das Programmfenster mit gedrückter linker Maustaste auf die Vorschau des Desktops, auf dem Sie es zukünftig nutzen möchten. Sobald Sie die Maustaste loslassen, wird das Programm auf den ausgewählten Desktop verschoben. Wenn Sie einen neuen virtuellen Desktop einrichten möchten, ziehen Sie das Programmfenster einfach auf die Schaltfläche **Neuer Desktop** ❺.

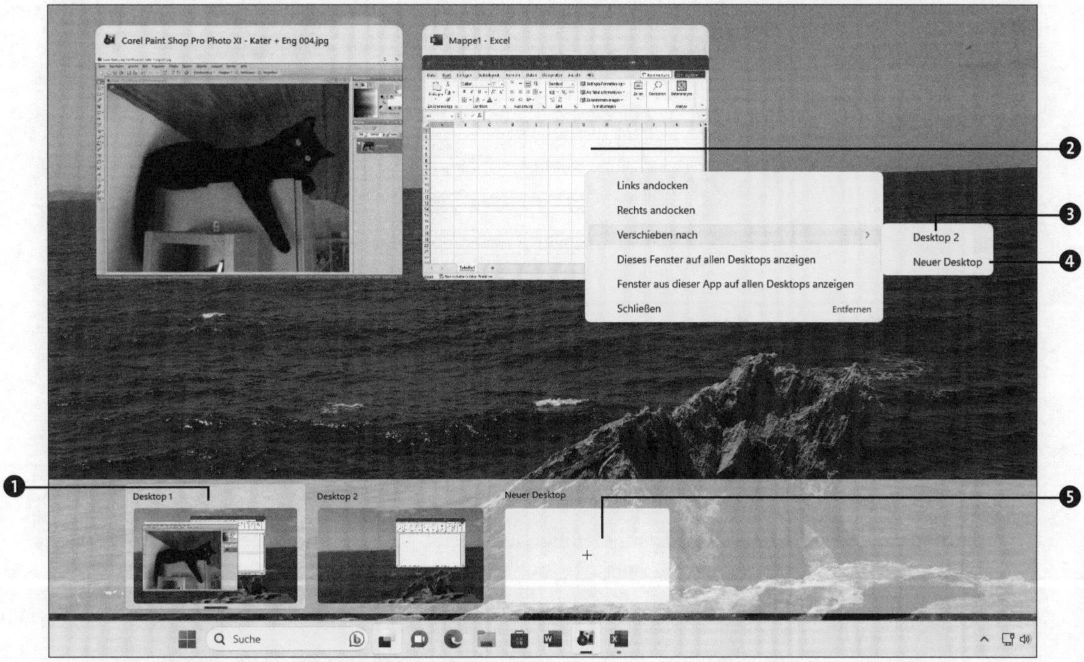

TIPP

Taskleistensymbole auf allen Desktops anzeigen

In der Taskleiste werden immer die Symbole der Programme angezeigt, die auf der Oberfläche geöffnet wurden, die Sie gerade ausgewählt haben. Blenden Sie die aktiven Anwendungen per Klick auf das Symbol [▄] ein, finden Sie in der Taskleiste also lediglich die Programmsymbole des virtuellen Desktops, den Sie zuvor in der Desktopvorschauleiste oberhalb der Taskleiste ausgewählt haben. Wenn Sie möchten, können Sie sich in der Taskleiste aber die Symbole aller geöffneten Anwendungsfenster anzeigen lassen, unabhängig davon, auf welchem Desktop Sie sich gerade befinden. Rufen Sie hierzu **Start ▸ Einstellungen ▸ System ▸ Multitasking** auf. Klicken Sie in der rechten Fensterhälfte auf **Desktops**, um die weiteren Einstellungsmöglichkeiten einzublenden. Im Feld **Auf Taskleiste alle geöffneten Fenster anzeigen** wählen Sie nun den Eintrag **Auf allen Desktops** aus.

Drücken Sie die Tastenkombination [Alt] + [⭾], wird eine Übersicht über alle geöffneten Anwendungsfenster desjenigen Desktops angezeigt, auf dem Sie sich gerade befinden. Möchten Sie nach dem Drücken der Tastenkombination auch die

Fenster sehen, die sich auf einem anderen virtuellen Desktop befinden, wählen Sie in der **Einstellungen**-App im Feld **Beim Drücken von ALT + TAB alle geöffneten Fenster anzeigen** den Eintrag **Auf allen Desktops** aus.

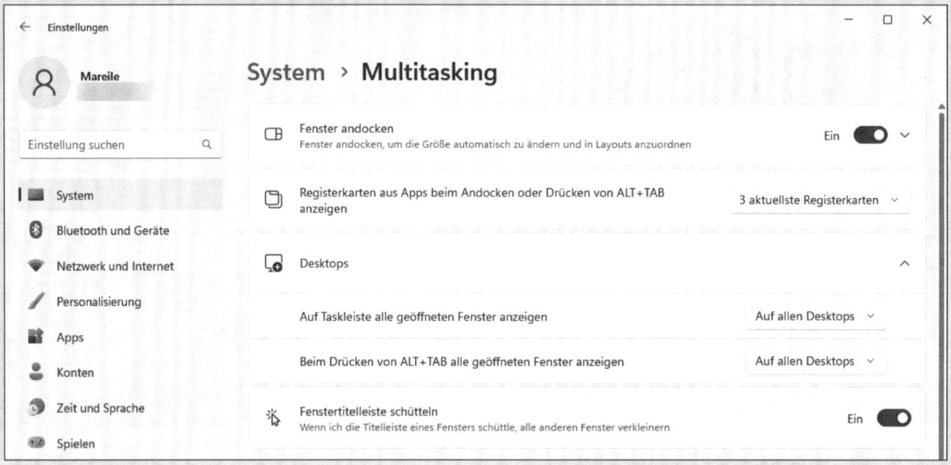

Abbildung 7.6 Sie können sich die Symbole aller geöffneten Programme in der Taskleiste anzeigen lassen.

7.3.3 Programme auf allen Desktops verfügbar machen

Um zwischen den diversen virtuellen Desktops zu wechseln, reicht ein Klick auf das Symbol in der Taskleiste. In der nun sichtbaren Leiste wählen Sie dann per Mausklick die gewünschte Desktopvorschau aus oder öffnen per Klick auf das Anwendungsfenster sogar direkt das gewünschte Programm, mit dem Sie als Nächstes arbeiten möchten. Manchmal gibt es aber eine Anwendung, die man auf allen Desktopoberflächen gleichermaßen benötigt. Möchten Sie ein Programm (etwa das E-Mail-Programm) auf allen virtuellen Desktops zur Verfügung haben, gehen Sie folgendermaßen vor:

1. Blenden Sie die aktiven Anwendungen per Klick auf das Symbol in der Taskleiste ein, und bewegen Sie den Mauszeiger auf die Vorschau des Desktops ❶, auf dem sich das betreffende Programmfenster befindet (im Beispiel also das E-Mail-Programm).
2. In der Übersicht in der oberen Bildschirmhälfte sollte nun das E-Mail-Programmfenster zu sehen sein. Klicken Sie es mit der rechten Maustaste an ❷.

3 Im aufklappenden Kontextmenü wählen Sie den Befehl **Dieses Fenster auf allen Desktops anzeigen ❸**.

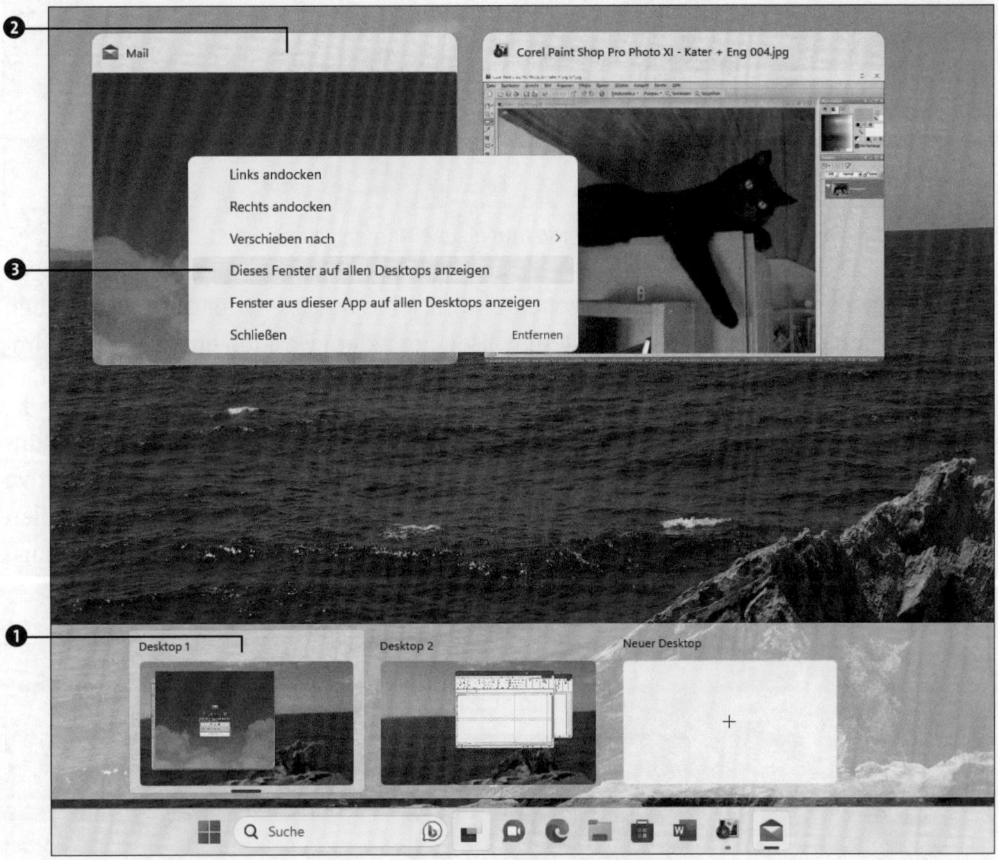

7.3.4 Virtuelle Desktops umbenennen und Hintergrund auswählen

Per Standardeinstellung erhalten die virtuellen Desktops die Bezeichnung **Desktop 1**, **Desktop 2**, **Desktop 3** etc. Wenn Sie für mehr Übersicht sorgen möchten, können Sie jedem virtuellen Desktop einen eigenen Namen geben. Blenden Sie hierzu die aktiven Anwendungen mit einem Klick auf das Symbol ein. Klicken Sie dann mit der rechten Maustaste auf die Vorschau des virtuellen Desktops, den Sie umbenennen möchten, etwa **Desktop 2 ❶**. Erscheint die Schaltfläche **Umbenennen ❷**, klicken Sie darauf. Der Name **Desktop 2** wird nun blau hinterlegt und kann mit einer neuen Bezeichnung überschrieben werden, die Sie durch Drücken der Taste ↵ abschließen.

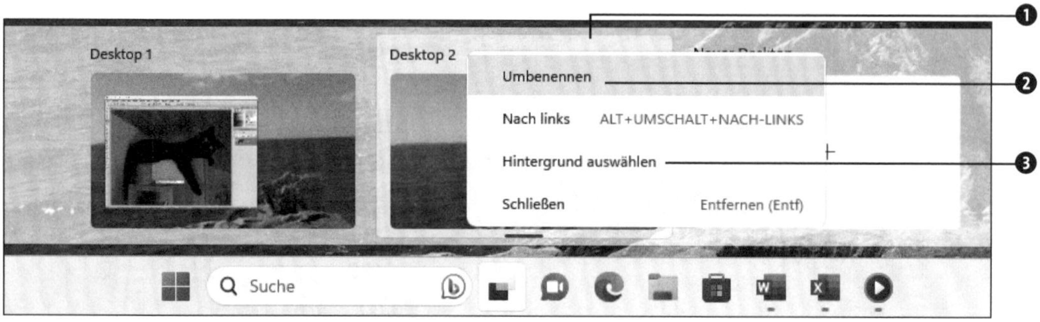

Abbildung 7.7 Virtuellen Desktops können Sie nun eigene Namen geben.

Wenn Sie noch einen Schritt weiter gehen und für eine bessere Orientierung zwischen den virtuellen Desktops sorgen möchten, weisen Sie jedem Desktop einen eigenen Hintergrund zu. Hierzu gehen Sie folgendermaßen vor:

1 Stellen Sie zunächst sicher, dass auf keinem der virtuellen Desktops die **Einstellungen**-App geöffnet ist. Klicken Sie dann in der Taskleiste auf das Symbol **Aktive Anwendungen** . Positionieren Sie den Mauszeiger auf der Vorschau des virtuellen Desktops, dessen Hintergrundbild Sie ändern möchten. Nach einem rechten Mausklick wählen Sie im Kontextmenü den Befehl **Hintergrund auswählen** ❸.

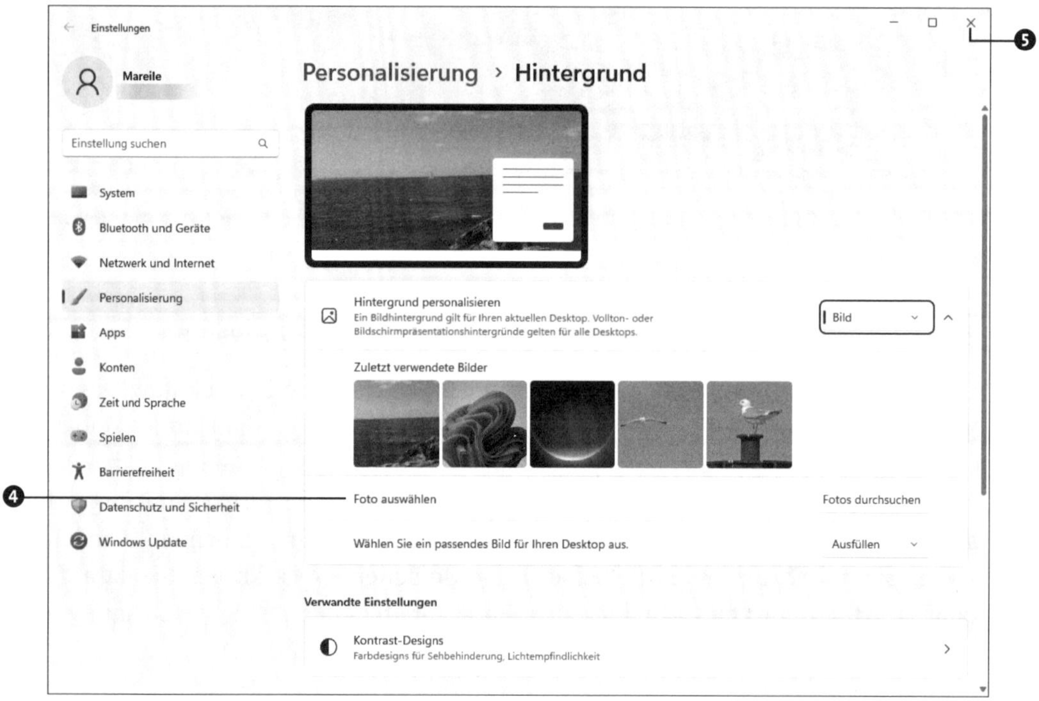

2 Auf dem Bildschirm erscheint die Desktopoberfläche des ausgewählten virtuellen Desktops, in dem nun das Programmfenster der **Einstellungen**-App geöffnet ist. Die passende Kategorie **Personalisierung ▸ Hintergrund** ist auch schon ausgewählt. Nehmen Sie die gewünschten Einstellungen für das Hintergrundbild vor, wie es in Abschnitt 6.3.1, »Das Hintergrundbild des Desktops auswählen«, ab Seite 193 gezeigt wird ❹.

3 Schließen Sie die **Einstellungen**-App nun unbedingt per Klick auf das Schließensymbol ❺. Sollten Sie dies vergessen und direkt den nächsten virtuellen Desktop aufrufen, wird das Hintergrundbild auch auf diesen Desktop übernommen.

4 Falls Sie die Hintergründe der restlichen virtuellen Desktops ebenfalls ändern möchten, wiederholen Sie einfach die Schritte 1 bis 4. Prüfen Sie dann die Hintergründe, indem Sie in der Taskleiste auf das Symbol **Aktive Anwendungen** klicken. Bereits in den Vorschauen sollte nun jeweils ein anderer Hintergrund zu sehen sein.

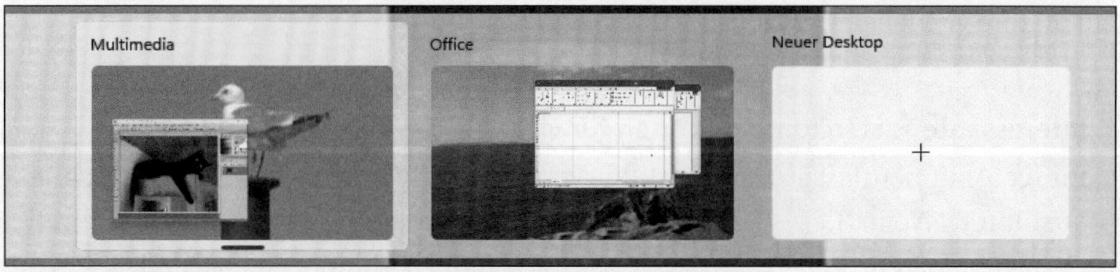

7.3.5 Virtuelle Desktops schließen

Wenn Sie einen virtuellen Desktop nicht mehr benötigen, können Sie ihn selbstverständlich auch wieder schließen. Sollten Sie die Programme, die Sie aktuell auf diesem Desktop geöffnet haben, weiterhin nutzen wollen, müssen Sie sie vor dem Schließen des virtuellen Desktops nicht beenden, denn sie werden beim Schließen einfach auf den vorherigen Desktop verschoben.

1 Blenden Sie die Übersicht über die virtuellen Desktops per Klick auf das Symbol in der Taskleiste ein.

2 Bewegen Sie in der Leiste am unteren Bildschirmrand den Mauszeiger auf die Vorschau des virtuellen Desktops, den Sie entfernen möchten, z. B. **Desktop 2** bzw. im Beispielbild **Office**.

3 In der rechten oberen Ecke der Vorschau wird nun ein kleines Kreuz eingeblendet. Mit einem Klick hierauf schließen Sie den virtuellen Desktop.

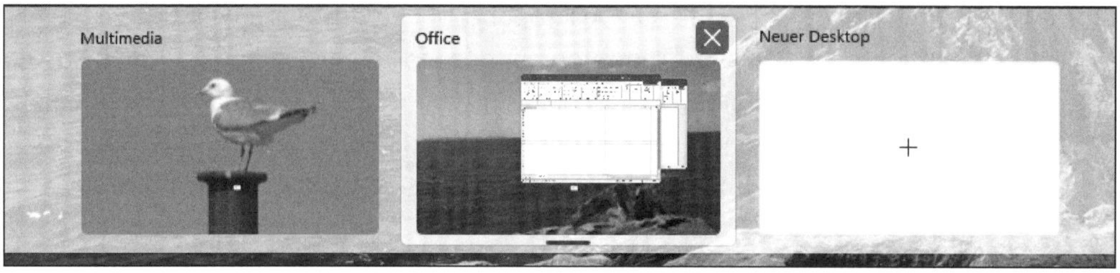

Auf dem Bildschirm erscheint der Desktop, der sich in der Vorschauleiste links von dem geschlossenen befand. In unserem Beispiel ist dies der erste Desktop. Neben den Anwendungen, die Sie auf dieser Oberfläche geöffnet haben, finden Sie hier nun auch die Programmfenster, die zuvor auf dem gerade geschlossenen Desktop zu sehen waren.

Wenn Sie den Computer ausschalten, werden zuvor automatisch alle noch geöffneten Programme beendet. Die virtuellen Desktopoberflächen bleiben dagegen erhalten. Sobald Sie also den PC wieder einschalten, haben Sie über das Symbol in der Taskleiste Zugriff auf all Ihre virtuellen Desktops.

TIPP

Interessante Tastenkombinationen für virtuelle Desktops

Einige Aktionen lassen sich mithilfe von Tastenkombinationen weitaus schneller ausführen. Wenn Sie z. B. einen neuen Desktop erzeugen möchten, reicht das Drücken der Tasten [Win] + [Strg] + [D], und schon befinden Sie sich auf einer neu erzeugten Desktopoberfläche. Die Übersicht über die aktiven Anwendungen lässt sich wiederum nicht nur per Klick auf das Symbol in der Taskleiste einblenden, sondern auch durch gleichzeitiges Drücken der Tasten [Win] + [Tab]. Auch für den Wechsel zwischen virtuellen Desktops stehen Ihnen Tastenkombinationen zur Verfügung. So gelangen Sie durch die Tastenkombination [Win] + [Strg] + [←] automatisch zum links benachbarten Desktop, also etwa vom **Desktop 2** zum **Desktop 1** (im benannten Beispiel also von **Office** nach **Multimedia**). Die Tastenkombination [Win] + [Strg] + [→] wiederum führt Sie zum rechts benachbarten Desktop. Und mit der Tastenkombination [Win] + [Strg] + [F4] wird der Desktop geschlossen, auf dem Sie sich gerade befinden.

TEIL III
Programme und Dateien

8 Dateien und Ordner verwalten mit dem Explorer

Der *Explorer* ist der Dreh- und Angelpunkt, wenn es darum geht, einen Überblick über Ihre auf dem Computer gespeicherten Dateien und Ordner zu erhalten. Mit seiner Hilfe navigieren Sie bequem durch das gesamte Dateisystem von Windows 11. Blitzschnell verschieben, kopieren, erstellen oder löschen Sie Dateien sowie Ordner. Dabei ist es unerheblich, ob sich die Daten auf der lokalen oder einer externen Festplatte befinden, auf einem USB-Stick oder gar auf einer CD bzw. DVD. Selbst der Zugriff auf die in der Cloud OneDrive gespeicherten Daten kann über den Explorer erfolgen. In früheren Windows-Versionen wurde der Explorer übrigens noch *Windows-Explorer* genannt.

8.1 Der Explorer im neuen Gewand

Der Explorer ist bereits seit vielen Versionen fester Bestandteil von Windows. Für Windows 11 hat Microsoft ihn überarbeitet. So musste z. B. das mit Windows 8 eingeführte Menüband mit seinen Registern einer übersichtlichen Symbolleiste weichen, die sich nicht nur bequem per Computermaus, sondern auch per Fingergesten bedienen lässt. Zudem wurden dem Explorer farbenfrohe Datei- und Ordnersymbole spendiert. Mit dem großen Update 22H2 erhielt der Explorer außerdem die von vielen lang ersehnten Registerkarten.

Fast alle Abbildungen in diesem Kapitel zeigen den Explorer mit seiner Oberfläche unter Windows 11 22H2. Da sich an der Bedienung des Explorers mehr oder weniger nichts verändert hat, können Sie die folgenden Anleitungen auch unter Windows 11 23H2 problemlos nachvollziehen. Was sich verändert, lesen Sie im Kasten »Ein Ausblick auf den Explorer ab Windows 11 23H2« auf Seite 289.

8.1.1 Den Explorer öffnen

Für den Aufruf des Explorers stehen Ihnen verschiedene Möglichkeiten zur Auswahl:

- Klicken Sie in der Taskleiste auf das Programmsymbol des Explorers ❶.
- Alternativ lässt sich der Explorer auch über die Tastenkombination [Win] + [E] starten.

- Klicken Sie in der Taskleiste in das Suchfeld ❷. Meist genügt nun die Eingabe der ersten vier Buchstaben »expl«. Wird in den Suchergebnissen die App *Explorer* aufgeführt, klicken Sie darauf ❸.
- Der Aufruf des Explorers kann auch über das Startmenü erfolgen, das Sie über das Windows-Symbol in der Taskleiste ❹ oder durch Drücken der [Windows]-Taste auf der Tastatur öffnen. Im Startmenü finden Sie das Programmsymbol des Explorers z. B. in der Übersicht der angehefteten Apps ❺. Eventuell müssen Sie in der Liste nach unten blättern, bis es angezeigt wird. Noch schneller gelingt das Öffnen, wenn Sie das Programmsymbol am unteren Rand des Startmenüs ergänzen ❻, wie in Abschnitt 6.4.1, »Elemente des Startmenüs auswählen«, ab Seite 215 beschrieben.

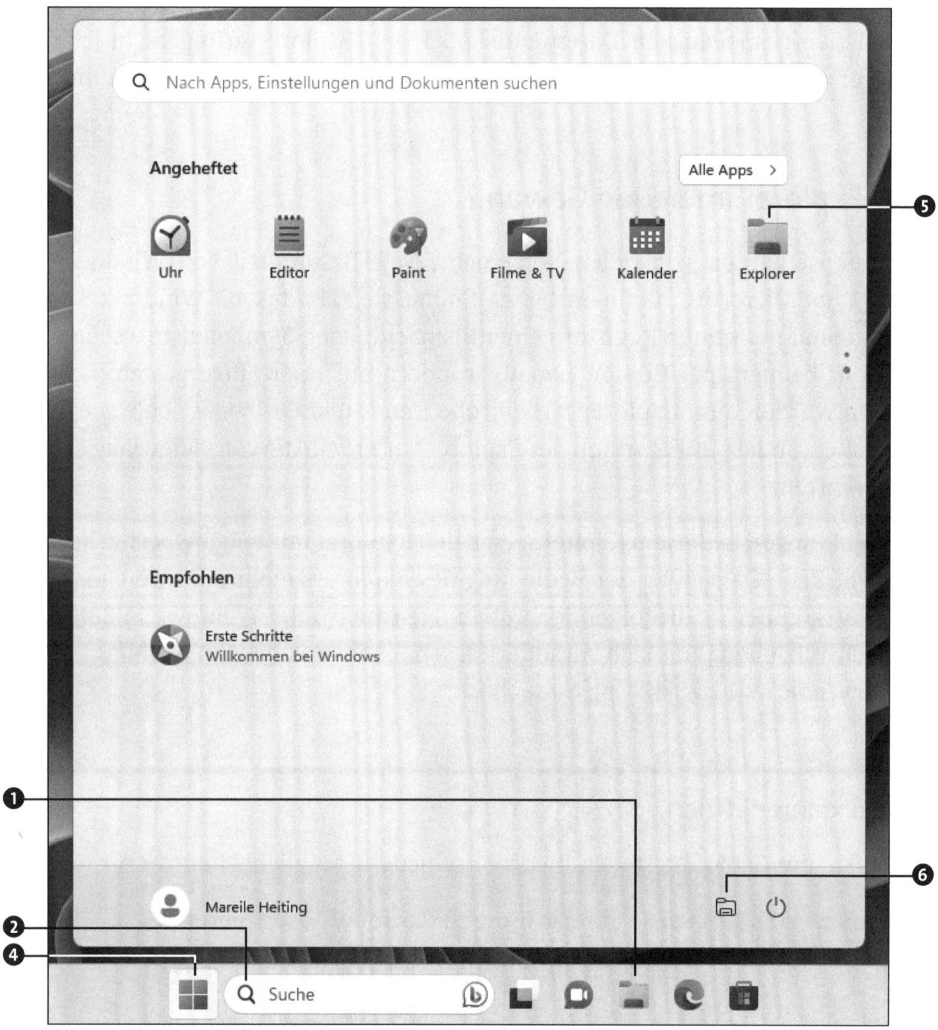

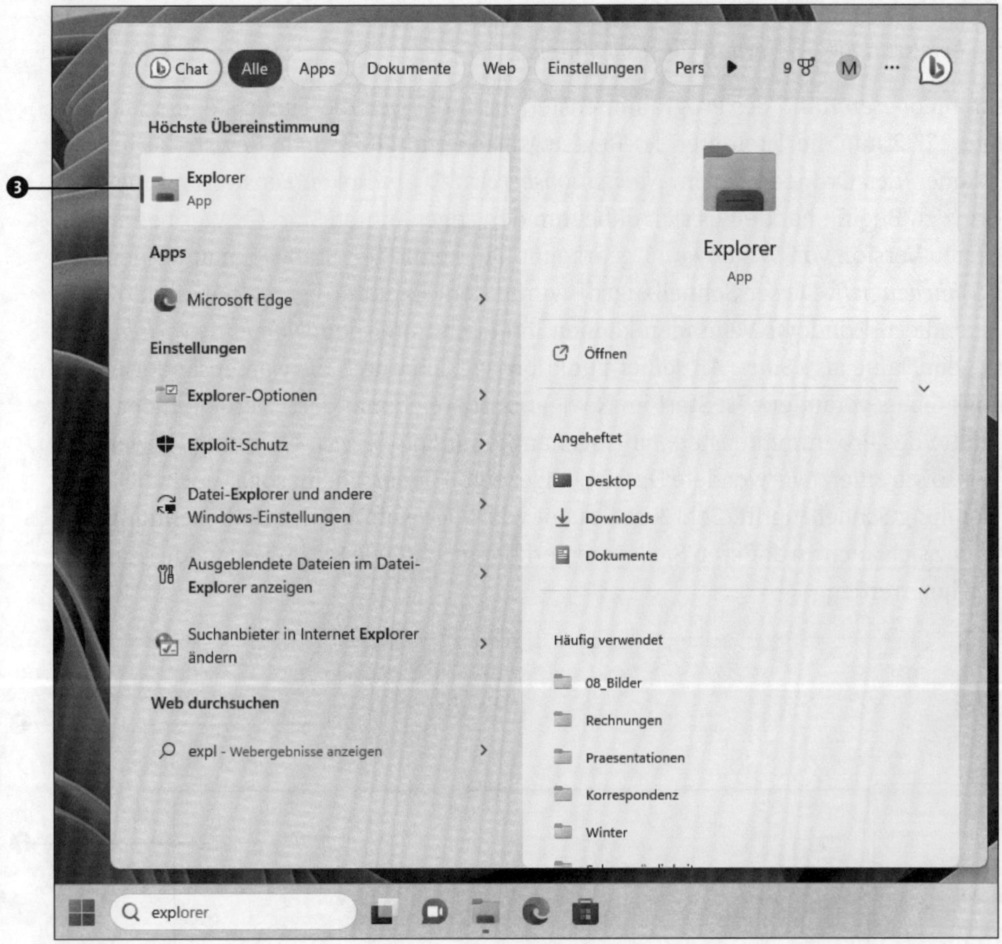

8.1.2 Aufbau des Programmfensters

Sehen wir uns das Programmfenster des Explorers etwas genauer an. Eine Neuerung springt sofort ins Auge: Statt des teilweise recht überfrachtet wirkenden Menübandes (auch *Ribbon-Menü* genannt) bietet der Dateimanager unter Windows 11 nun eine sehr aufgeräumte Symbolleiste ❶ (lesen Sie hierzu bitte auch den Kasten »Ein Ausblick auf den Explorer unter Windows 11 23H2« auf Seite 289). Sie enthält lediglich die wichtigsten Schaltflächen, etwa zum Kopieren, Einfügen, Löschen oder auch Umbenennen von Dateien und Ordnern. Nicht ganz so häufig benötigte Befehle erreicht man über das Symbol mit den drei Punkten ❷ oder auch über das ebenfalls runderneuerte Kontextmenü, das Sie mit einem rechten Mausklick auf ein Element öffnen. Weitere Details hierzu erfahren Sie im Verlauf dieses Kapitels.

Direkt am oberen Rand des Programmfensters befindet sich die Titelleiste, die seit dem Update 22H2 nun die Titelreiter der Registerkarten enthält ❸. Jede Registerkarte trägt den Namen des Ordners, der im *Navigationsbereich* ❹ am linken Fensterrand markiert ist. Ganz zu Beginn handelt es sich dabei um den sogenannten **Start** ❺. Wer bereits mit der ersten Version von Windows 11 gearbeitet hat, kennt den Start noch unter dem Begriff *Schnellzugriff*. Dieser Schnellzugriff wurde dem Explorer bereits mit Windows 10 neu spendiert. Windows-Veteranen kennen ihn noch unter dem Namen *Favoriten*, nun lautet sein Name also *Start*. An seiner Funktion hat sich durch die Namensänderung allerdings nichts verändert: Ist **Start** im Navigationsbereich markiert, werden in der rechten Hälfte des Programmfensters, im sogenannten *Inhaltsbereich* ❻, häufig verwendete Ordner sowie zuletzt verwendete Dateien angezeigt. Hier erscheint sogar noch die ältere Bezeichnung **Schnellzugriff**. Sehr konsequent war Microsoft mit der Umbenennung also nicht, wie sich auch an anderen Stellen bemerkbar macht, wie Sie im Verlauf des Kapitels noch sehen werden.

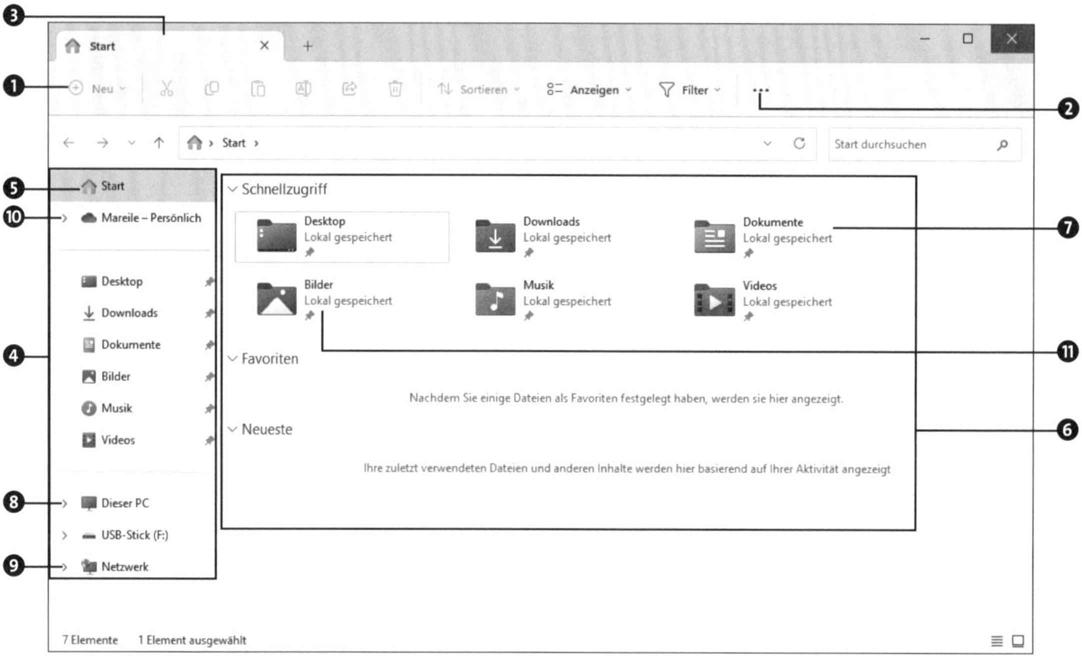

Abbildung 8.1 Das Programmfenster des Explorers unter Windows 11 22H2 nach dem Start

INFO

Ein Ausblick auf den Explorer ab Windows 11 23H2

Nach jedem Funktionsupdate präsentiert sich Windows 11 in einem etwas anderen Gewand. Dies gilt auch für den Explorer, der mit Windows 11 23H2 eine leicht überarbeitete Oberfläche erhielt. So befindet sich beispielsweise die Adressleiste direkt unter der Titelleiste. Die Adressleiste erkennt, ob Sie mit einem Microsoft-Konto oder einem lokalen Konto bei Windows 11 angemeldet sind. Im Falle eines Microsoft-Kontos lassen sich die Daten direkt über die Adressleiste per Klick auf **Sicherung starten** in der Cloud sichern. Unterhalb der Adressleiste befindet sich nun die Symbolleiste. Am rechten Rand befindet sich eine neue Schaltfläche namens **Details**, mit der Sie den Detailbereich ein- und ausblenden können. Informationen zum Detailbereich finden Sie in Abschnitt 8.2.3, »Das Vorschaufenster und den Detailbereich verwenden«, ab Seite 296. Im Navigationsbereich gibt es ab Version 23H2 den Eintrag **Katalog**. Wenn Sie diesen auswählen, werden im Inhaltsbereich rechts Ihre Bilder mit einer Zeitleiste angezeigt.

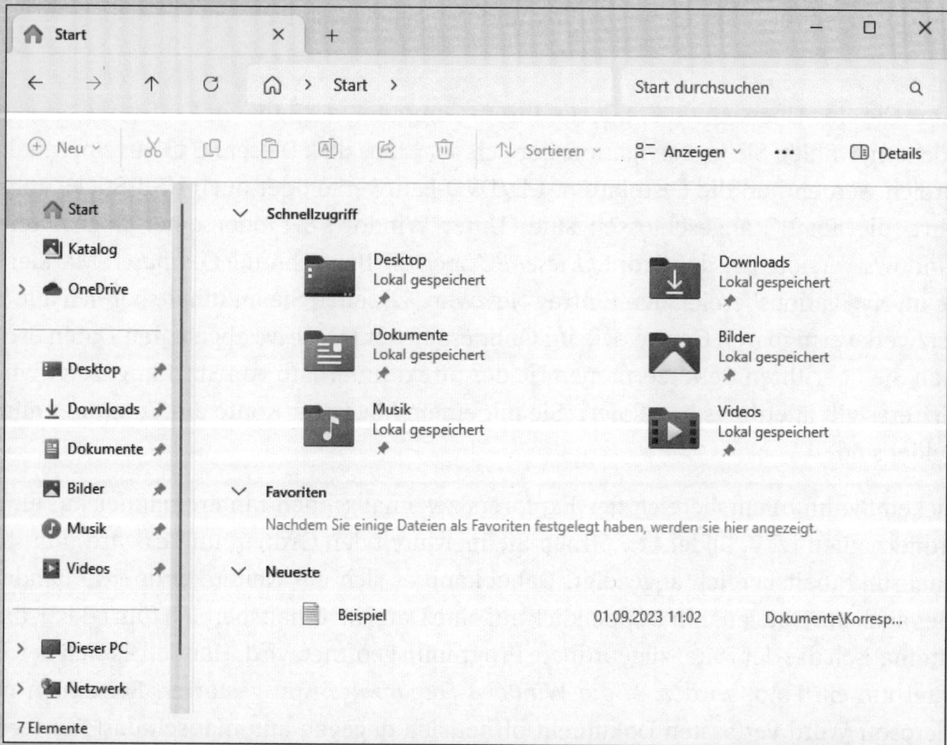

Abbildung 8.2 Das Programmfenster des Explorers unter Windows 11 23H2 nach dem Start

INFO

Die Standardordner von Windows 11

Unter Windows 11 sind bereits von Anfang an einige Ordner angelegt. Ist im Navigationsbereich des Explorers links **Start** markiert, wird im Inhaltsbereich jeweils eine Verknüpfung zu den Ordnern ❼ eingeblendet. Die Standardordner werden vor allem von Programmen als Speicherort für Dateien gewählt. Überspielen Sie z. B. Ihre selbst aufgenommenen Fotos vom Smartphone oder einer Digitalkamera auf den Computer, legt das Programm, das Sie für den Import verwenden, die Bilddateien automatisch im Verzeichnis **Bilder** ab.

Programme wie Word oder auch Excel nutzen wiederum den Standardordner **Dokumente** zum Speichern von Dateien. Musik- und Videodateien werden entsprechend in den Ordnern **Musik** bzw. **Videos** abgelegt. Alle Dateien, die Sie aus dem Internet herunterladen, finden Sie im Verzeichnis **Downloads**. Der Ordner **Desktop** wiederum enthält alle Verknüpfungen zu Ordnern oder auch Programmen, die Sie auf der Desktopoberfläche angelegt haben (siehe hierzu auch Abschnitt 7.1.1, »Desktopverknüpfungen für Programme, Ordner und Webseiten erstellen«, ab Seite 255).

Wenn Sie eine Übersicht über alle auf Ihrem Computer verfügbaren Laufwerke erhalten möchten, wählen Sie im Navigationsbereich per Mausklick **Dieser PC** ❽ aus. Im Inhaltsbereich werden nun die Festplatten, CD/DVD-Laufwerke oder auch USB-Sticks aufgeführt, die am PC angeschlossen sind. Unter Windows 8.1 oder einer noch älteren Windows-Version trug der Ordner *Dieser PC* noch die Bezeichnung *Computer*. Markieren Sie im Navigationsbereich den Eintrag **Netzwerk** ❾, sehen Sie im Inhaltsbereich alle im Netzwerk verfügbaren Geräte. Die im Onlinespeicher *OneDrive* abgelegten Daten erreichen Sie über Ihren Benutzernamen ❿, der direkt unterhalb von **Start** angezeigt wird. Letzteres gilt allerdings nur, sofern Sie mit einem Microsoft-Konto am Computer angemeldet sind.

Klicken Sie im Inhaltsbereich des Explorers zweimal schnell hintereinander auf einen Ordnernamen (z. B. **Bilder** ⓫), öffnen Sie hierdurch den Ordner, und es wird nun sein Inhalt im Inhaltsbereich angezeigt. Dabei kann es sich um weitere Ordner ⓬ handeln oder auch um Dateien. Ein Doppelklick auf eine Datei im Inhaltsbereich führt dazu, dass automatisch das der Datei zugeordnete Programm geöffnet wird. Handelt es sich bei der Datei um ein Foto, wird z. B. die *Windows-Fotoanzeige*-App gestartet. Bei einem mit Microsoft Word verfassten Dokument öffnet sich dagegen automatisch das Textverarbeitungsprogramm *Word*. In Abschnitt 9.5, »Standardprogramme festlegen«, ab Seite 396 erfahren Sie, wie Sie selbst festlegen, mit welchem Programm ein bestimmter Dateityp geöffnet werden soll.

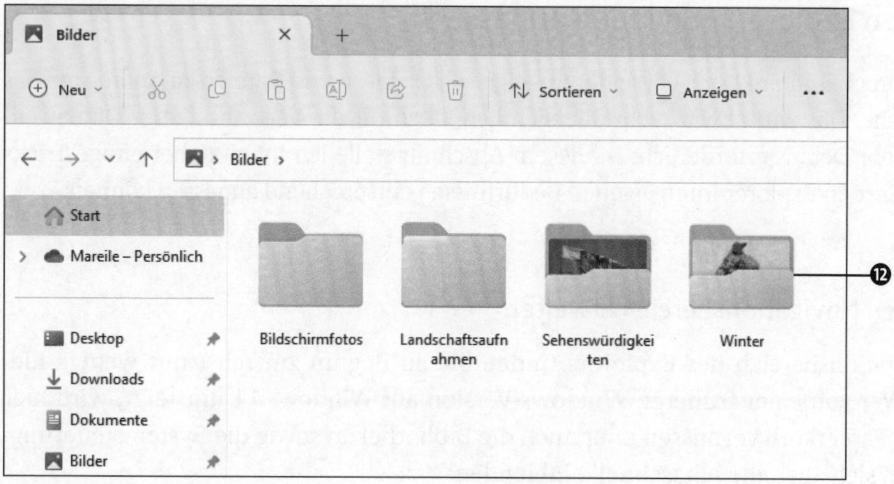

Abbildung 8.3 Der Standardordner »Bilder« enthält weitere Unterordner.

In Abschnitt 8.3, »Navigieren mit dem Explorer«, ab Seite 297 erfahren Sie, welche Möglichkeiten Ihnen der Explorer zum Navigieren in den Verzeichnissen Ihres Computers bietet. Zuvor möchte ich Ihnen aber zeigen, wie Sie den Explorer Ihren Wünschen entsprechend anpassen.

TIPP

»Dieser PC« als Startansicht wählen

Viele Nutzer, die von einer älteren Windows-Version zu Windows 11 gewechselt sind, sind nicht begeistert, dass der Explorer in der Standardkonfiguration mit der Anzeige des **Schnellzugriffs** startet. Wenn Sie möchten, können Sie wie früher üblich mit der Übersicht **Dieser PC** starten. Klicken Sie hierzu am rechten Rand der Symbolleiste auf das Symbol mit den drei kleinen Punkten [...] und in der nun aufklappenden Liste auf **Optionen**. Damit wird der Dialog **Ordneroptionen** mit der Registerkarte **Allgemein** geöffnet. Klicken Sie hier auf den Pfeil rechts vom Feld **Datei-Explorer öffnen für**. In der aufklappenden Liste wählen Sie nun **Dieser PC**. Wer häufig auf seine Daten in OneDrive zugreifen muss, kann auch den Onlinespeicher als Startansicht auswählen. Bestätigen Sie die Einstellungen mit **Übernehmen** und **OK**.

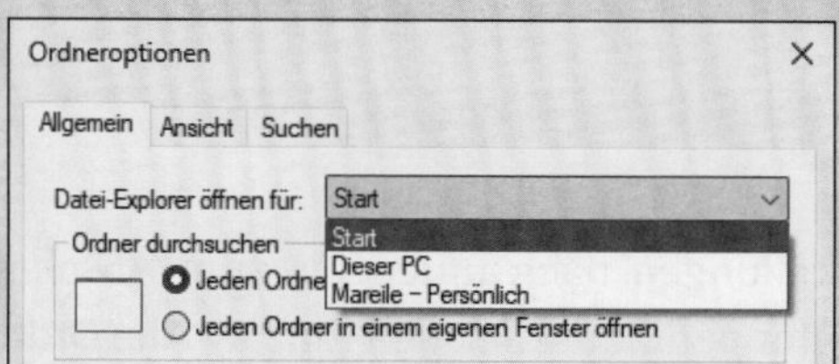

Abbildung 8.4 So starten Sie mit »Dieser PC«.

8.2 Den Explorer individuell anpassen

Der Explorer beschränkt sich bei seiner Anzeige von Ordnern und Dateien zu Anfang auf das Wesentliche. Das wirkt zwar recht übersichtlich, doch für die Verwaltung der Daten sind häufig mehr Details erforderlich. In diesem Abschnitt stelle ich Ihnen daher einige Tricks vor, wie Sie den Explorer Ihren eigenen Bedürfnissen entsprechend anpassen können.

8.2.1 Den Navigationsbereich erweitern

Im Navigationsbereich des Explorers finden Sie zu Beginn zunächst nur wenige Elemente. Wer von einer früheren Windows-Version auf Windows 11 umsteigt, wird hier z. B. den Papierkorb vermissen oder auch die Bibliotheken sowie die Systemsteuerung. Sie lassen sich aber alle blitzschnell einblenden:

1 Klicken Sie am rechten Rand der Symbolleiste auf das Symbol mit den drei Punkten [...] und im aufklappenden Menü auf **Optionen**.

2 Im Dialog **Ordneroptionen** wechseln Sie auf die Registerkarte **Ansicht** ❶.

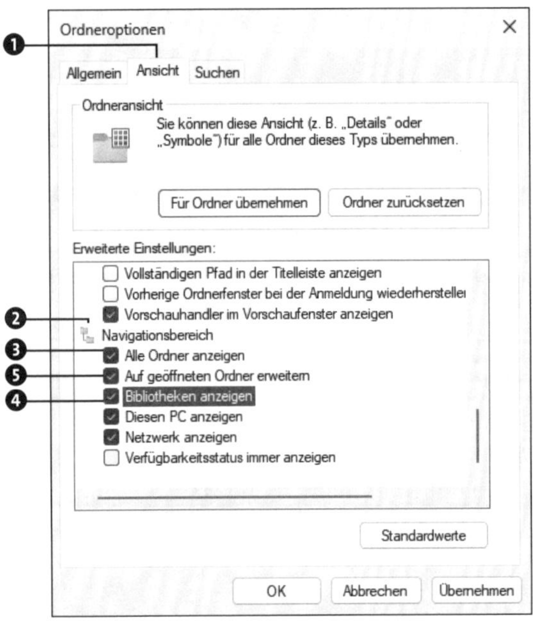

3 Blättern Sie in der Liste **Erweiterte Einstellungen** nach unten bis zum Abschnitt **Navigationsbereich** ❷. Versehen Sie darunter per Mausklick den Eintrag **Alle Ordner anzeigen** mit einem Häkchen ❸. Damit holen Sie nicht nur den Papierkorb und die

Systemsteuerung in den Navigationsbereich zurück. Es erscheinen nun auch alle Standardordner im Navigationsbereich.

4 Aktivieren Sie anschließend per Mausklick auch den Eintrag **Bibliotheken anzeigen** ❹.

5 Im vorigen Abschnitt habe ich kurz erwähnt, wie Sie im Explorer von einem Ordner zum nächsten navigieren: Sobald ein Ordner im Inhaltsbereich eingeblendet wird, können Sie ihn per Doppelklick öffnen. Im Navigationsbereich bleibt dabei leider weiterhin der übergeordnete Ordner markiert; der gerade ausgewählte Ordner wird dagegen nicht eingeblendet. Den aktuellen Pfad können Sie somit nur in der Adressleiste ablesen. Wenn Sie später Dateien und Ordner zwischen Verzeichnissen verschieben oder kopieren möchten, ist diese Darstellung aber sehr unpraktisch. Damit auch der über den Inhaltsbereich ausgewählte Ordner im Navigationsbereich angezeigt wird, versehen Sie auch noch den Listeneintrag **Auf geöffneten Ordner erweitern** mit einem Häkchen ❺.

6 Schließen Sie den Dialog **Ordneroptionen** nun mit **Übernehmen** und **OK**.

8.2.2 Die Ansicht anpassen

Jedes Element – ob Ordner oder Datei – wird im Explorer auf eine bestimmte Weise dargestellt. So erkennen Sie einen Ordner sofort anhand des Ordnersymbols, ein Word-Dokument anhand des Word-Symbols usw. Handelt es sich bei den Dateien um Bilder, zeigt der Explorer hier meist eine praktische Miniaturvorschau des Fotos. Wie der Explorer die Elemente im Inhaltsbereich anzeigt, ist aber nicht in Stein gemeißelt, sondern lässt sich auch verändern. Am besten lassen sich die verschiedenen Ansichten am Beispiel von Bildern demonstrieren:

1 Öffnen Sie im Explorer ein Verzeichnis, das mehrere Bilder enthält.

2 Klicken Sie in der Symbolleiste auf **Anzeigen**. In der aufklappenden Liste stehen Ihnen acht verschiedene Ansichten zur Auswahl.

3 Sobald Sie eine Ansicht per Mausklick auswählen, passt der Explorer die Anzeige der Dateien im Inhaltsbereich an. In der ersten Abbildung sehen Sie die Bilddateien z. B. als **Große Symbole** (❶ auf Seite 294), in der zweiten Abbildung wiederum als **Liste** ❷.

Besonders interessant ist die Ansicht **Details** ❸ (bitte nicht verwechseln mit der Schaltfläche **Details**, die im Explorer ab Version 23H2 am rechten Rand der Symbolleiste zu finden ist. Wählen Sie die Detailansicht, werden neben dem Dateinamen auch wichtige

Informationen wie das Änderungsdatum, der Typ oder auch die Größe der Datei angezeigt. Um schnell in diese Ansicht zu wechseln, reicht ein Klick auf das Symbol ❹ in der rechten unteren Ecke des Programmfensters. Anhand der Informationen lassen sich die Dateien noch schneller sortieren als über die Schaltfläche **Sortieren** ❺ in der Symbolleiste: Möchten Sie Ihre Fotos z. B. nach dem Aufnahmedatum sortieren, reicht ein Klick auf die Spaltenüberschrift **Datum** ❻.

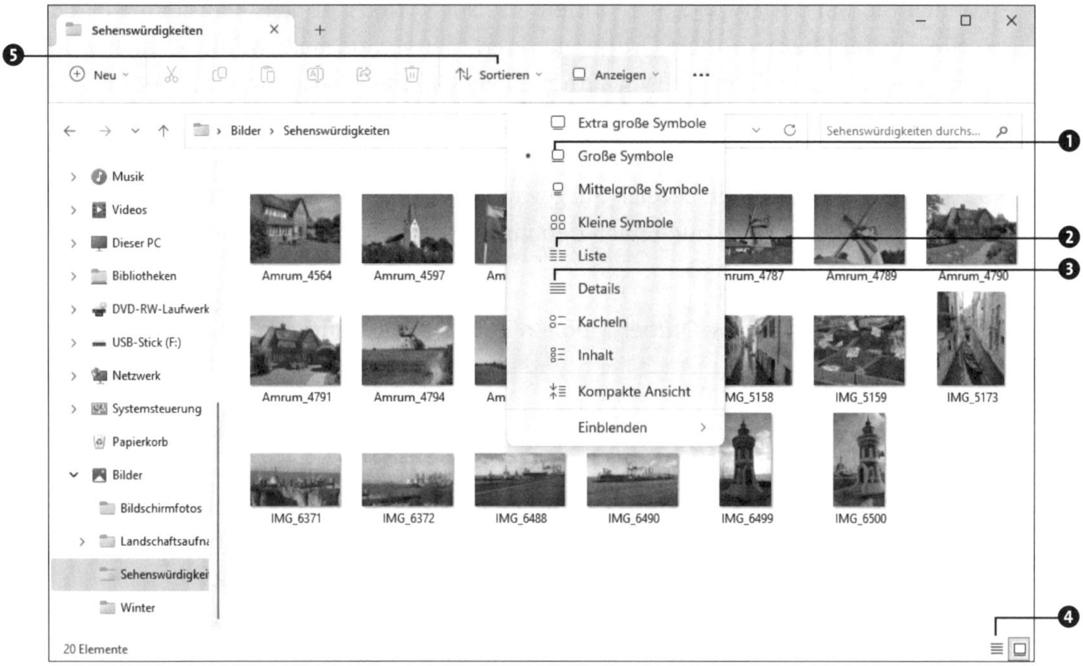

Die Spaltenüberschriften der Detailansicht hängen vom Dateityp der Dateien ab. In der Regel findet man die Überschriften **Name**, **Datum** bzw. **Änderungsdatum**, **Typ** und **Größe**. Möchten Sie sich weitere Attribute anzeigen lassen, klicken Sie mit der rechten Maustaste auf eine der bereits vorhandenen Überschriften ❼. Wählen Sie im sich öffnenden Kontextmenü das gewünschte Attribut durch Anklicken aus. Ein Häkchen markiert die Auswahl der Überschriften, die in der Detailansicht bereits zu sehen sind. Reichen Ihnen die angebotenen Attribute noch nicht aus, wählen Sie den Kontextmenüeintrag **Weitere** ❽. Hierdurch öffnet sich der Dialog **Details auswählen**. Versehen Sie in der Detailliste die Attribute mit einem Häkchen, die im Inhaltsbereich des Explorers angezeigt werden sollen. Bedenken Sie bei der Auswahl allerdings, dass das Programmfenster des Explorers nur bedingt Platz bietet. Wählen Sie zu viele Attribute aus, müssen Sie später über die horizontale Bildlaufleiste unterhalb des Inhaltsbereichs von links nach rechts und umgekehrt blättern. Entfernen Sie das Häkchen vor einem Attribut, wenn Sie dieses nicht benötigen. Mit **OK** übernehmen Sie Ihre Auswahl im Dialog **Details auswählen**.

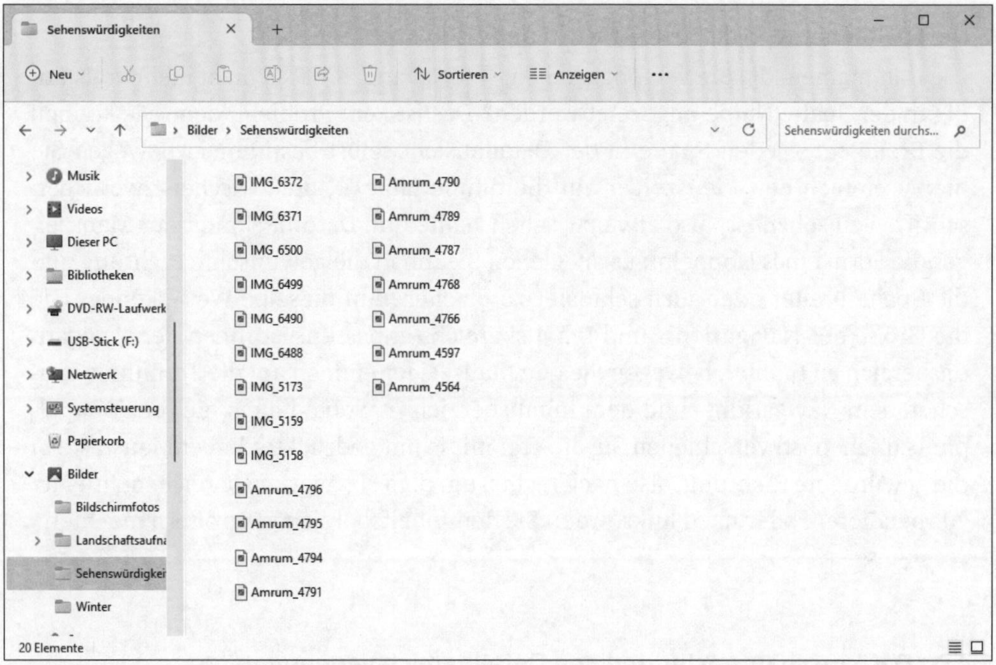

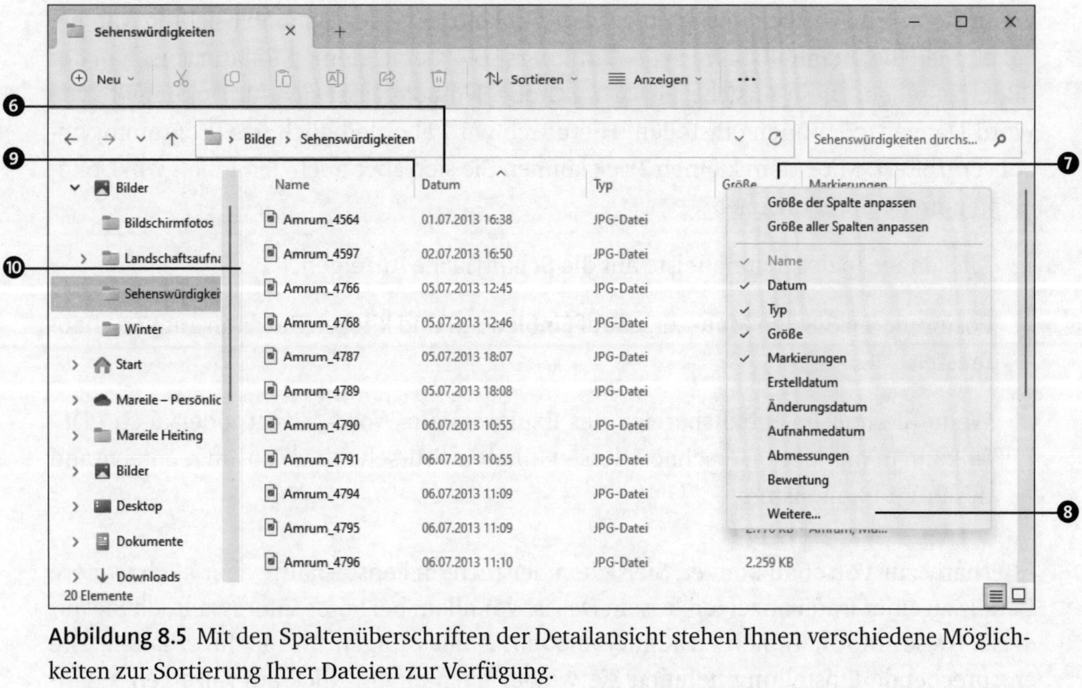

Abbildung 8.5 Mit den Spaltenüberschriften der Detailansicht stehen Ihnen verschiedene Möglichkeiten zur Sortierung Ihrer Dateien zur Verfügung.

TIPP

Die Spaltenbreite in der Detailansicht anpassen

Die Dateinamen, die Sie vergeben haben, sind so lang, dass sie nicht mehr vollständig in der Spalte **Name** angezeigt werden? Das ist kein Problem, denn Sie können die Breite einer jeden Spalte in der Detailansicht selbst bestimmen. Bewegen Sie hierzu einfach den Mauszeiger auf die dünne Linie ❾, die zwischen zwei Überschriften zu sehen ist, also etwa zwischen **Name** und **Datum**. Nimmt der Mauszeiger die Form eines Doppelpfeils an, ziehen Sie ihn in die gewünschte Richtung, um die Spalte breiter oder auch schmaler zu machen. Auf dieselbe Weise können Sie die Größe des Navigations- und Inhaltsbereichs anpassen. Ist Ihnen der Navigationsbereich zu schmal, bewegen Sie den Mauszeiger einfach auf die Trennlinie zwischen dem Navigations- und dem Inhaltsbereich ❿. Sobald auch hier der Doppelpfeil zu sehen ist, verschieben Sie die Trennlinie mit gedrückter linker Maustaste in die gewünschte Richtung, also nach rechts, um dem Navigationsbereich mehr Platz zu spendieren, oder nach links, wenn Sie den Inhaltsbereich vergrößern möchten.

8.2.3 Das Vorschaufenster und den Detailbereich verwenden

Wenn Sie, wie im vorigen Abschnitt gezeigt, für Fotos eine der Symbolansichten wählen, bekommen Sie im Inhaltsbereich des Explorers sofort eine kleine Miniaturvorschau der Bilder zu sehen. Diese Ansicht, also etwa **Große Symbole**, lässt sich für Dokumente wie Word-Dateien zwar auch einstellen. Hierdurch wird aber lediglich das Programmsymbol vergrößert. Mit einem kleinen Trick können Sie sich aber auch den Inhalt von Dokumenten im Explorer ansehen:

1. Klicken Sie in der Symbolleiste auf die Schaltfläche **Anzeigen**.
2. Positionieren Sie den Mauszeiger auf **Einblenden** und klicken Sie dann auf **Vorschaufenster**.
3. Wenn Sie nun im Inhaltsbereich des Explorers ein Word-, Excel- oder auch PDF-Dokument markieren, erscheint dessen Inhalt im Vorschaubereich am rechten Rand des Programmfensters.

Alternativ zur Vorschau können Sie sich in der rechten Fensterhälfte aber auch weitere Details zu einer Datei anzeigen lassen. Das ist vor allem bei Fotos interessant, da Sie auf diese Weise Informationen zu Kameramodell, Abmessungen und mehr erhalten. Die entsprechende Einstellung nehmen Sie wieder nach einem Klick auf **Anzeigen ▸ Einblenden** vor, indem Sie nun den **Detailbereich** aktivieren. Wenn Sie das Vorschaufenster bzw. den Detailbereich wieder ausblenden möchten, reicht ein erneuter Klick auf die entsprechende Schaltfläche unter **Anzeigen ▶ Einblenden**. Unter Windows 11 23H2 lässt sich der Detailbereich noch schneller über die Schaltfläche **Details** am rechten Rand der Symbolleiste einblenden, wie in Abbildung 8.2 auf Seite 289 zu sehen. Mit einem weiteren Klick auf die Schaltfläche **Eigenschaften** lässt sich dann der Dialog **Eigenschaften** einer Datei öffnen.

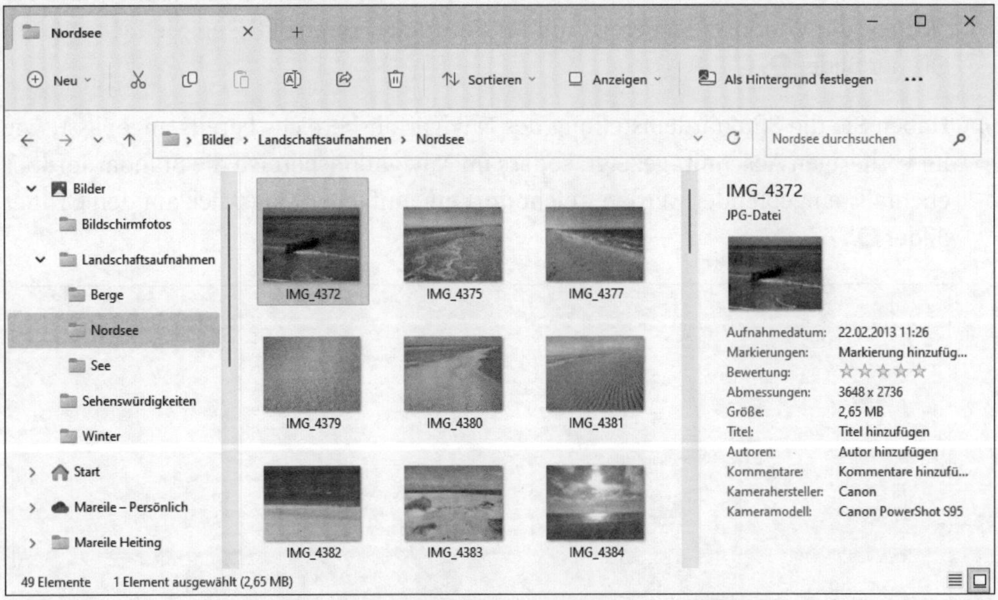

Abbildung 8.6 Der Detailbereich zeigt wertvolle Informationen zur Datei an.

8.3 Navigieren mit dem Explorer

Per Standardeinstellung zeigt der Explorer links im Navigationsbereich zunächst nur die Einträge **Start**, **OneDrive**, **Dieser PC** und **Netzwerk** an. Im vorherigen Abschnitt haben Sie bereits erfahren, wie Sie hier interessante Einträge wie die Standardordner, den Papierkorb oder auch die Systemsteuerung einblenden. Als Nächstes möchte ich Ihnen verschiedene Möglichkeiten der Navigation vorstellen, mit denen Sie zu den Verzeichnissen gelangen, in denen Ihre Bilder, Dokumente, Musik oder auch Videos abgelegt sind.

8.3.1 Grundlagen der Navigation

Angenommen, Sie möchten zu einem Verzeichnis navigieren, in dem sich Ihre Urlaubsbilder befinden. In Abschnitt 12.1.1, »Fotos importieren mit der Windows-Fotoanzeige-

App«, ab Seite 465 erfahren Sie übrigens, wie Sie Fotos und Videos von der Digitalkamera auf den Computer überspielen. Geben Sie nichts anderes vor, werden Bilder meist automatisch im Ordner **Bilder** abgelegt. Um im Explorer zu genau diesem Verzeichnis zu gelangen, gehen Sie folgendermaßen vor:

1 Stellen Sie sicher, dass im Navigationsbereich der Eintrag **Start** ❶ markiert ist. Im Inhaltsbereich werden am oberen Rand die Standardordner eingeblendet (also die Ordner, die Windows 11 bereits mit an Bord hat). Doppelklicken Sie hier auf den Ordner **Bilder** ❷.

2 Haben Sie die Standardeinstellung des Navigationsbereichs bereits angepasst, wie im vorherigen Abschnitt gezeigt, sodass im Navigationsbereich die Standardordner ebenfalls eingeblendet werden, reicht dort ein einfacher Mausklick auf den Ordner **Bilder** ❸.

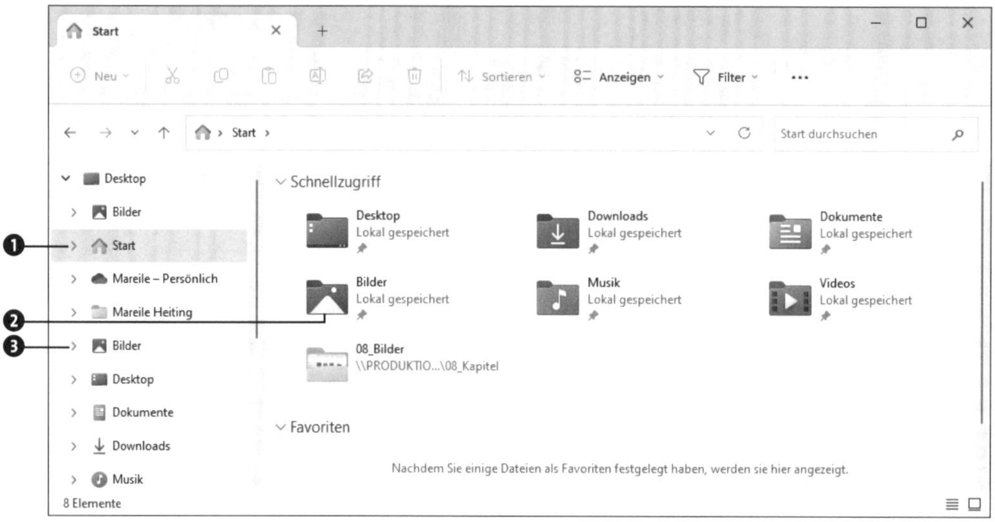

3 Sie sehen im Inhaltsbereich nun die Unterordner des Verzeichnisses **Bilder**. Diese Unterordner legen Sie selbst an. Wie dies funktioniert, erfahren Sie in Abschnitt 8.4.1, »Einen neuen Ordner anlegen«, ab Seite 306. Auch hier reicht ein Doppelklick auf einen Ordnernamen, um sich den Inhalt des Ordners anzeigen zu lassen.

Je nachdem, wie viele Ordner und Unterordner Sie angelegt haben, kann es recht umständlich werden, sich im Inhaltsbereich per Doppelklick auf einen Ordner von einem Verzeichnis zum nächsten zu hangeln. In einem solchen Fall ist der Weg über den Navigationsbereich meist der praktischere.

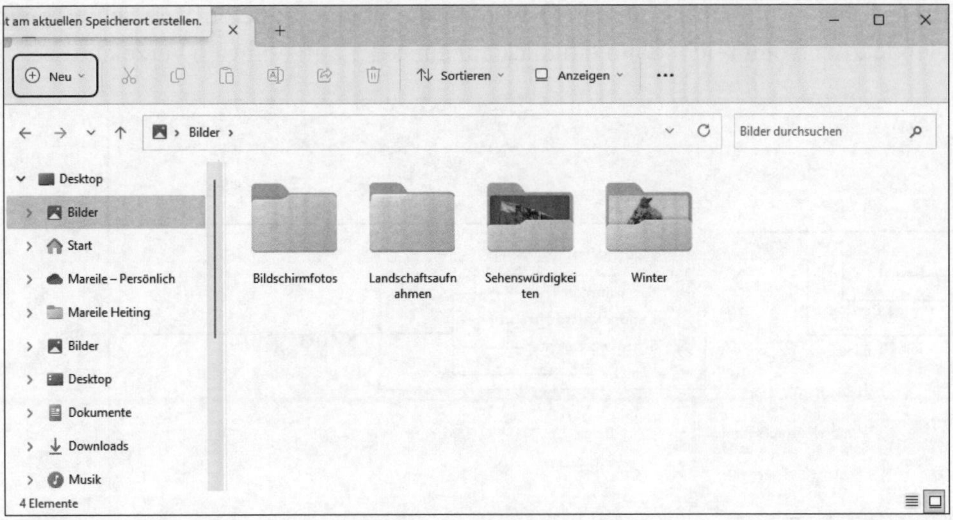

4 Werfen Sie einen Blick in den Navigationsbereich, können Sie jeweils links von den Elementen kleine Dreieckssymbole entdecken. Klicken Sie ein solches Symbol an ❹, werden unterhalb des Elements seine Unterordner aufgelistet. Enthalten auch diese wieder Unterordner, finden Sie links von den Ordnernamen ebenfalls wieder ein kleines Dreieck ❺.

5 Mit einem erneuten Klick auf ein Dreieckssymbol blenden Sie die eingeblendeten Unterordner wieder aus.

In der Adressleiste des Explorers, die sich unterhalb der Symbolleiste befindet, wird der aktuell ausgewählte Ordner ebenfalls eingeblendet. Auch hier können Sie wieder die Dreieckssymbole entdecken. Klicken Sie das Dreieck rechts von einem Ordnernamen ❻ an, klappt eine Liste mit dessen Unterordnern auf. Ein Klick auf einen dieser Listeneinträge ❼ reicht, und Sie gelangen direkt zu diesem Verzeichnis. Mit einem Klick auf das

Dreieck links vom Ordnernamen ❽ werden die übergeordneten Verzeichnisse eingeblendet. Auch hier reicht dann ein Klick auf eines der aufgeführten Verzeichnisse.

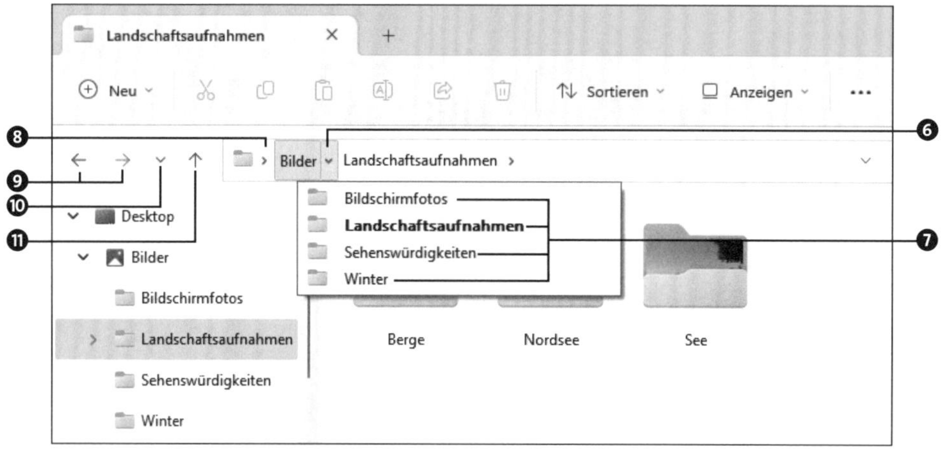

Abbildung 8.7 Über die Adressleiste können Sie ebenfalls im Explorer navigieren.

Links von der Adressleiste finden Sie einige Pfeilsymbole. Mit den nach rechts sowie nach links zeigenden Pfeiltasten ❾ wechseln Sie schnell zwischen den bereits aufgerufenen Ordnern. Um sich die zuletzt aufgerufenen Ordner anzeigen zu lassen, klicken Sie auf den kleinen nach unten weisenden Pfeil ❿. Der nach oben weisende Pfeil führt Sie wiederum zum übergeordneten Ordner ⓫.

INFO

Pfade unter Windows

Wenn Sie auf einen weißen Bereich innerhalb der Adressleiste klicken, wird der aktuelle Dateipfad in der klassischen Schreibweise angezeigt. Ein solcher Dateipfad hat unter Windows stets folgende Struktur: <Laufwerksbuchstabe>:\<Aneinanderreihung_von_Verzeichnissen>. Ein Beispiel hierfür lautet etwa *C:\Users\Mareile\Pictures*. Diese Form der Pfaddarstellung wird Ihnen z. B. bei der Installation von Programmen begegnen, wenn Sie den Speicherort für die Anwendung auswählen müssen. Aber auch beim Hochladen von Bildern in soziale Netzwerke wie Facebook spielt er eine Rolle.

Möchten Sie den aktuellen Dateipfad kopieren, z. B. um beim Hochladen von Bildern gleich im richtigen Verzeichnis zu landen, dann blenden Sie im Explorer zunächst den klassischen Dateipfad wie gerade beschrieben ein, indem Sie auf eine weiße Fläche in der Adressleiste klicken. Der Pfad ist damit bereits blau markiert. Falls nicht, drücken Sie die Tastenkombination `Strg` + `A`. Mit der Tastenkombination `Strg` + `C` kopieren Sie den markierten Pfad. Nun können Sie zu der

Anwendung zurückkehren, in der Sie den Dateipfad benötigen. Klicken Sie dort einmal in das Feld, in dem der Dateipfad angegeben werden soll, und drücken Sie die Tastenkombination [Strg] + [V]. Damit wird der zuvor kopierte Pfad eingefügt. Der Pfad erscheint hier in der üblichen Windows-Schreibweise *C:\<Pfad>*.

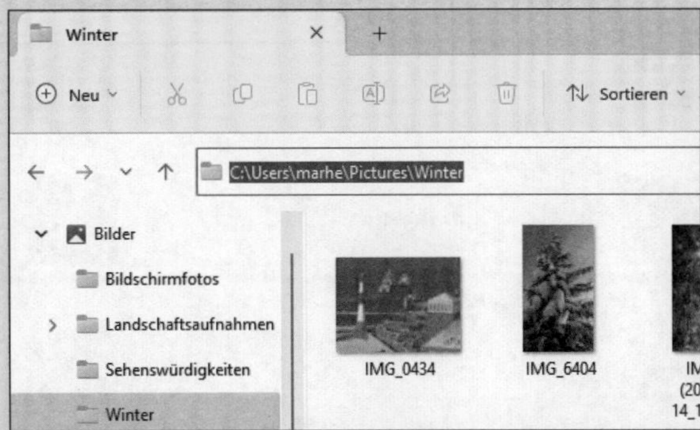

Abbildung 8.8 Der aktuelle Pfad in Windows-typischer Darstellung im Explorer. Beachten Sie, dass einige Teile des Pfades in englischer Sprache erscheinen.

8.3.2 Häufig benötigte Daten im Schnellzugriff ablegen

Wenn Sie im Navigationsbereich des Explorers auf **Start** klicken, werden im Inhaltsbereich unterhalb von **Schnellzugriff** häufig verwendete Ordner angezeigt. Die zuletzt verwendeten Dateien erscheinen unterhalb von **Neueste**. Wenn Sie auf bestimmte Ordner immer wieder zugreifen müssen, bietet es sich an, diese fest an den Schnellzugriff zu heften. Für Dateien bietet der Explorer hierfür den Bereich **Favoriten**.

1. Navigieren Sie über den Navigationsbereich zu dem Ordner, in dem sich das Element befindet, das Sie zukünftig immer über den Schnellzugriff erreichen möchten.
2. Markieren Sie das gewünschte Element entweder im Navigationsbereich (hier werden nur Ordner aufgeführt) ❶ oder im Inhaltsbereich ❷.
3. Klicken Sie das Element mit der rechten Maustaste an. Im Fall eines Ordners finden Sie im nun aufklappenden Kontextmenü den Befehl **An Schnellzugriff anheften**. Handelt es sich um eine Datei, lautet der Befehl **Zu Favoriten hinzufügen** ❸.
4. Das Element ist damit fest im Schnellzugriff ❹ bzw. im Bereich **Favoriten** ❺ verankert. Um den Ordner oder die Datei zu öffnen, reicht es zukünftig, im Navigationsbereich den **Start** zu markieren, und schon wird das Element rechts im Inhaltsbereich aufgeführt. Per Doppelklick öffnen Sie das Verzeichnis oder die Datei.

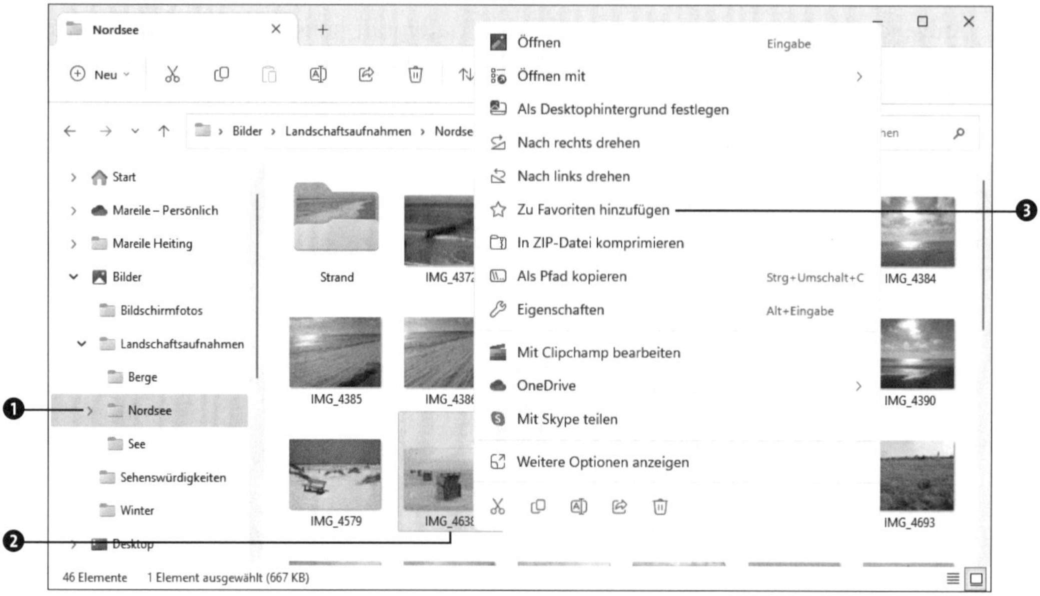

5 Wenn Sie den Ordner oder die Datei wieder aus dem Schnellzugriff entfernen möchten, klicken Sie im Navigationsbereich wieder auf **Start**. Klicken Sie nun im Inhaltsbereich mit der rechten Maustaste auf das zu entfernende Element. Im aufklappenden Kontextmenü wählen Sie den Befehl **Von Schnellzugriff lösen** ❻ bzw. **Aus Favoriten entfernen**.

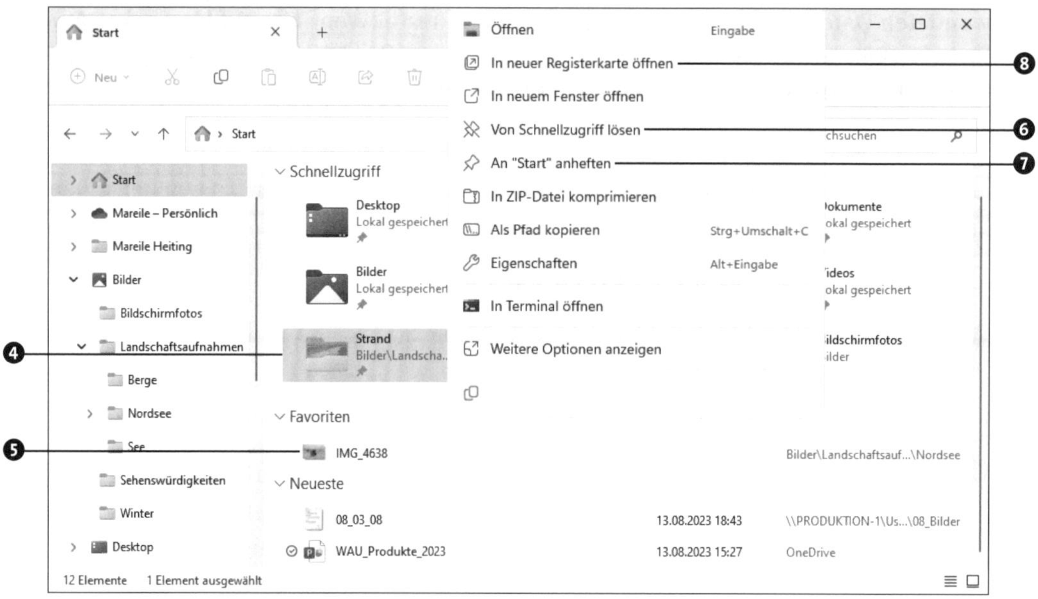

Wer sich das Kontextmenü aufmerksam ansieht, wird hier den Befehl **An "Start" anheften** entdecken ❼. Der Befehl bewirkt allerdings nicht, wie man zunächst annehmen könnte, dass der Ordner nun im Schnellzugriffsbereich des Explorers erscheint. Mit **»Start«** ist hier stattdessen das Startmenü gemeint. Falls Sie einem Ordner also einen festen Platz im Startmenü zuweisen möchten, wählen Sie den Befehl **An "Start" anheften**.

TIPP

Ordner auf neuer Registerkarte öffnen

Sie arbeiten häufig parallel mit zwei Ordnern? Statt mühevoll immer wieder den gewünschten Ordner über den Navigationsbereich anzusteuern oder extra hierfür zwei Instanzen des Programmfensters des Explorers zu öffnen, können Sie nun auch jeden Ordner auf einer eigenen Registerkarte öffnen. Im Kontextmenü eines Ordners finden Sie hierfür den Befehl **In neuer Registerkarte öffnen** ❽. Wählen Sie ihn aus, wird der Ordner auf einer zweiten Registerkarte eingeblendet. Weitere Tipps rund um die Registerkarten des Explorers erhalten Sie in Abschnitt 8.4.2, »Dateien und Ordner kopieren und verschieben«, ab Seite 308.

TIPP

Alle zuletzt besuchten Orte löschen

Nicht jeder Anwender ist davon begeistert, dass der Explorer alle zuletzt besuchten Ordner und Dateien im Schnellzugriff anzeigt.

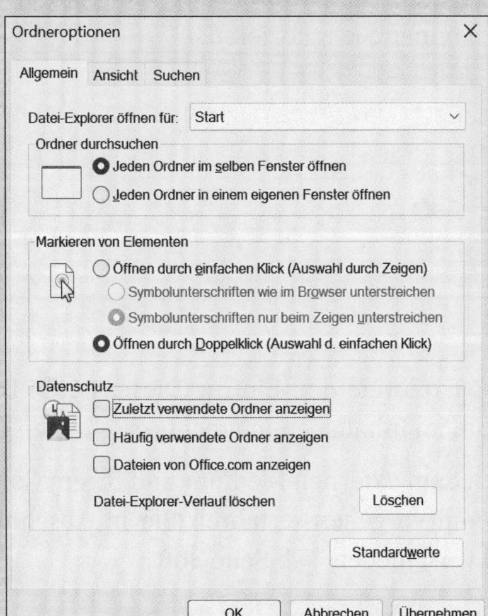

Abbildung 8.9 Entfernen Sie die Häkchen im Bereich »Datenschutz«, tauchen im Schnellzugriff die zuletzt besuchten Ordner und Dateien nicht mehr auf.

Wenn Sie möchten, dass das Programm diese Daten gar nicht erst speichert, klicken Sie in der Symbolleiste auf das Symbol mit den drei Punkten und dann auf **Optionen**. Der Dialog **Ordneroptionen** wird geöffnet; die Registerkarte **Allgemein** sollte sich im Vordergrund befinden. Entfernen Sie hier im Bereich **Datenschutz** jeweils die Häkchen vor **Zuletzt verwendete Ordner anzeigen**, **Häufig verwendete Ordner anzeigen** und **Dateien von Office.com anzeigen**. Damit die bisher gespeicherten Dateien und Ordner gelöscht werden, klicken Sie rechts von **Datei-Explorer-Verlauf löschen** auf **Löschen**. Bestätigen Sie Ihre Änderungen mit **Übernehmen** und **OK**.

8.3.3 Zugriff auf externe Medien

Der Explorer ermöglicht Ihnen nicht nur den Zugriff auf die Daten, die Sie auf der internen Festplatte des Computers gespeichert haben. Sie können mit ihm auch auf USB-Sticks, externe Festplatten sowie CD/DVD-Laufwerke zugreifen:

1. Verbinden Sie das USB-Gerät (also z. B. einen USB-Stick oder auch eine externe Festplatte) mit einem freien USB-Anschluss Ihres Computers.

2. Warten Sie einen kurzen Moment, bis im Infobereich der Taskleiste unten rechts der Hinweis erscheint, dass das Gerät erkannt wurde. Die Aufforderung, eine Aktion für den Wechseldatenträger auszuwählen ❶, können Sie ignorieren.

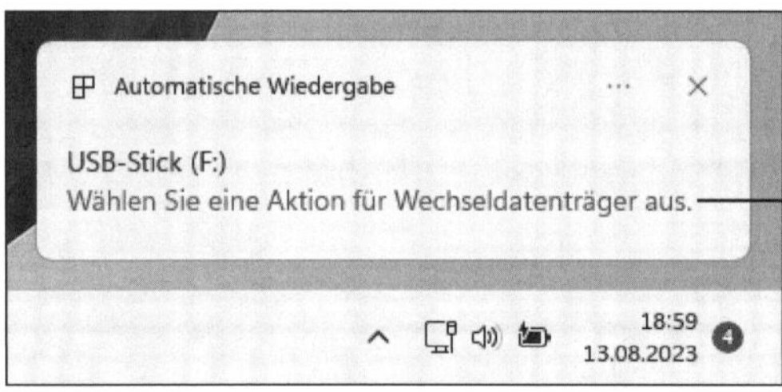

3. Markieren Sie im Navigationsbereich des Explorers den Eintrag **Dieser PC** ❷. Daraufhin sollte Ihr externes Speichermedium im Inhaltsbereich rechts erscheinen ❸.

   Sie können nun bequem Dateien zwischen dem externen Medium und Ihrem Computer übertragen. Wie Sie hierzu im Detail vorgehen, erfahren Sie in Abschnitt 8.4.2, »Dateien und Ordner kopieren und verschieben«, ab Seite 308.

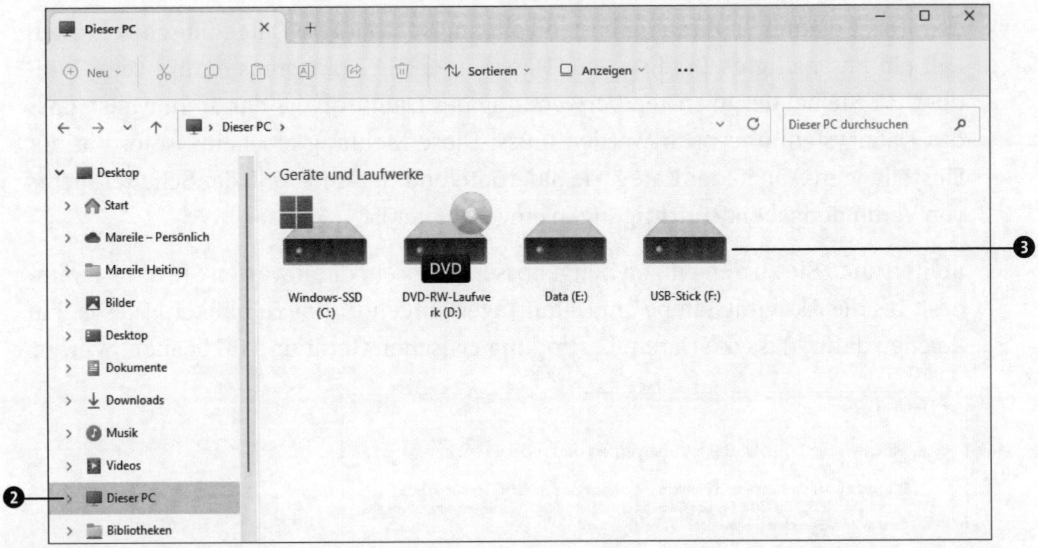

4 Nach Abschluss der Arbeiten sollten Sie das externe Medium wieder sauber entfernen. Klicken Sie hierzu im Infobereich der Taskleiste auf den kleinen nach oben weisenden Pfeil ❹. Anschließend klicken Sie auf das Symbol des USB-Sticks ❺. In der aufklappenden Liste markieren Sie das gewünschte Speichermedium. Sobald der Hinweis **Hardware kann jetzt entfernt werden** erscheint, können Sie das USB-Gerät unbesorgt vom Computer entfernen.

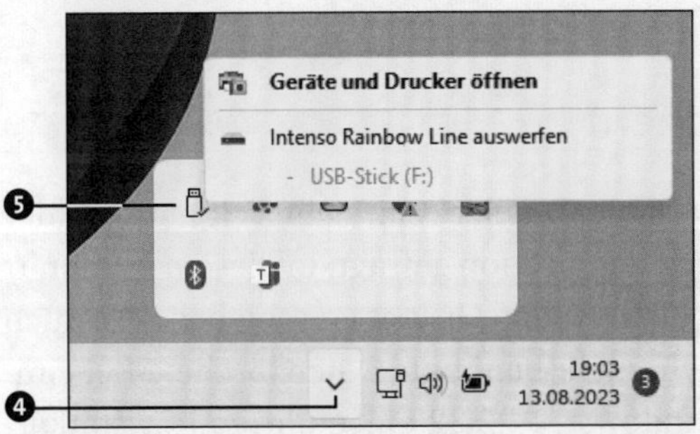

INFO

Müssen USB-Datenträger immer sicher entfernt werden?

Manche Anwender sind recht sorglos im Umgang mit externen Datenträgern und ziehen diese Geräte (USB-Speichersticks, externe Festplatten oder auch Smartphones) einfach vom PC ab. Das kann gut gehen, muss es aber nicht, denn durch das Entfernen im laufenden Betrieb können Schreibvorgänge unterbrochen werden. Das Ergebnis ist dann im besten Fall eine beschädigte Datei, im schlechtesten Fall ein beschädigtes Dateisystem. Das merken Sie spätestens dann, wenn Windows 11 Sie bei der nächsten Verwendung des Datenträgers darauf hinweist, dass das Dateisystem überprüft werden muss. Diese Meldung erscheint, sofern in der **Einstellungen**-App in der Kategorie **Bluetooth und Geräte ▸ USB** der Schalter rechts von **Verbindungsbenachrichtigungen** eingeschaltet ist.

Sollten auch Sie zu den eiligen Zeitgenossen gehören, dann warten Sie bitte zumindest, bis die Aktivitätslampe am Datenträger aufgehört hat zu blinken. Dies ist ein Zeichen dafür, dass die Datenübertragung zwischen Gerät und PC beendet wurde.

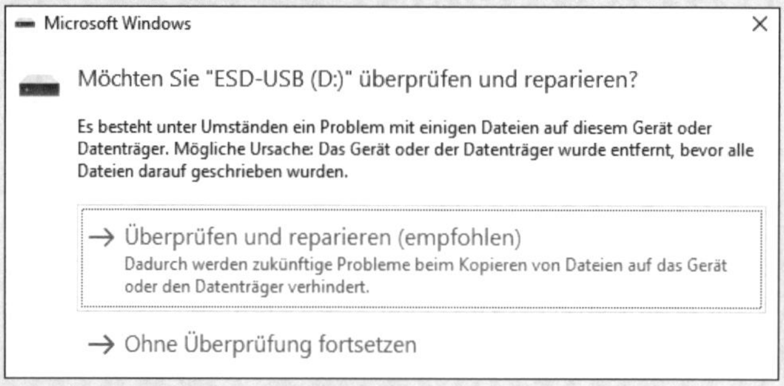

Abbildung 8.10 Der Datenträger wurde bei der letzten Verwendung offenbar nicht korrekt ausgeworfen. Hier empfiehlt sich eine Überprüfung.

8.4 Arbeiten mit Dateien und Ordnern

Je länger Sie einen Computer nutzen, desto mehr Dateien sammeln sich an. Um hier nicht den Überblick zu verlieren, ist eine gute Organisation gefragt. In diesem Abschnitt erfahren Sie, wie Sie eigene Ordner anlegen, Dateien und Ordner verschieben oder auch auf externe Medien kopieren und wie Sie nicht mehr benötigte Daten löschen. Bei einigen dieser Aufgaben werden Sie den mit Windows 11 22H2 eingeführten Registerkarten begegnen.

8.4.1 Einen neuen Ordner anlegen

Windows 11 bringt bereits einige Standardordner mit, wie etwa *Bilder*, *Dokumente*, *Musik* und *Videos*. Diese Ordner werden von Programmen wie Microsoft Word als Standardspeicherort vorgeschlagen. Wenn Sie es dabei belassen und nur diese Ordner für

Ihre Daten nutzen, wird es bald unübersichtlich. Um den Überblick zu bewahren, sollten Sie Ihre Daten besser in Unterordnern ablegen, denen Sie sinnvolle Namen geben. Ein solcher Ordner ist rasch erstellt:

1 Rufen Sie im Navigationsbereich des Explorers ein Verzeichnis auf, in dem Sie einen neuen Ordner anlegen wollen, z. B. **Dokumente** ❶.

2 Klicken Sie in der Symbolleiste auf **Neu** ❷, und wählen Sie in der aufklappenden Liste **Ordner**.

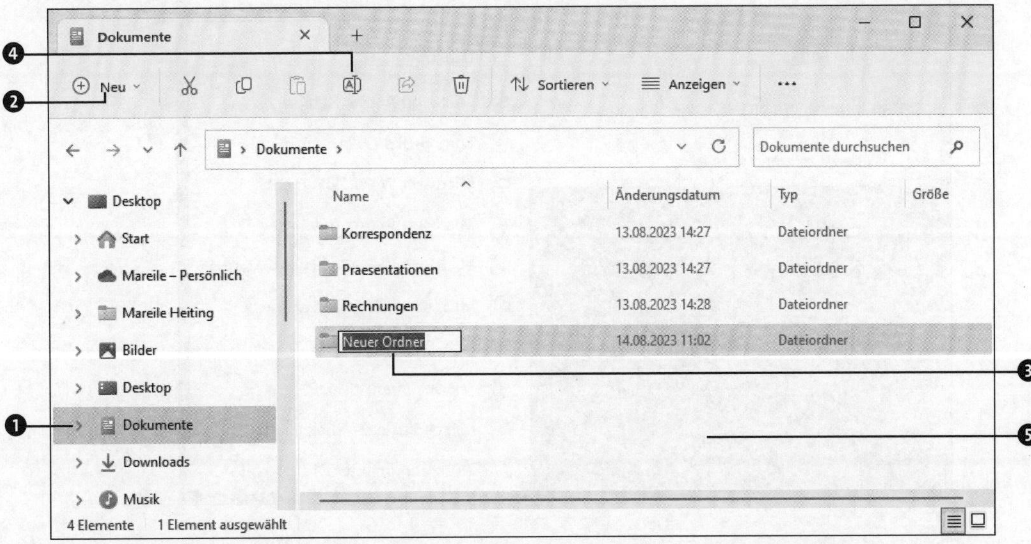

3 Geben Sie dem Ordner schließlich noch einen aussagekräftigen Namen. Gleich nach dem Erstellen des Ordners ist seine Standardbezeichnung **Neuer Ordner** blau markiert ❸, sodass Sie diese unmittelbar mit Ihrer eigenen überschreiben können. Falls die Markierung nicht mehr vorhanden ist, rufen Sie sie auf. Klicken Sie dazu mit der rechten Maustaste auf den entsprechenden Ordner, und wählen Sie dann **Umbenennen** im Kontextmenü. Alternativ können Sie, nachdem Sie den Ordner markiert haben, auch in der Symbolleiste auf das Symbol **Umbenennen** klicken ❹. So können Sie Ihre Ordner jederzeit neu benennen. Durch Drücken der Taste [↵] schließen Sie die Eingabe ab.

4 Anstatt den Weg über die Symbolleiste zu gehen, um einen neuen Ordner zu erstellen, können Sie auch das Kontextmenü nutzen. Hierzu klicken Sie nach Schritt 1 mit der rechten Maustaste auf einen freien Bereich innerhalb des Inhaltsbereichs ❺. Im aufklappenden Kontextmenü wählen Sie nacheinander die Befehle **Neu** und dann **Ordner** ❻. Dem neuen Ordner sollten Sie anschließend noch einen aussagekräftigen

Namen geben, wie in Schritt 3 gezeigt. Wer gern mit der Tastatur arbeitet, kann zum Anlegen eines Ordners innerhalb des zuvor ausgewählten Verzeichnisses auch die Tastenkombination [Strg] + [⇧] + [N] verwenden.

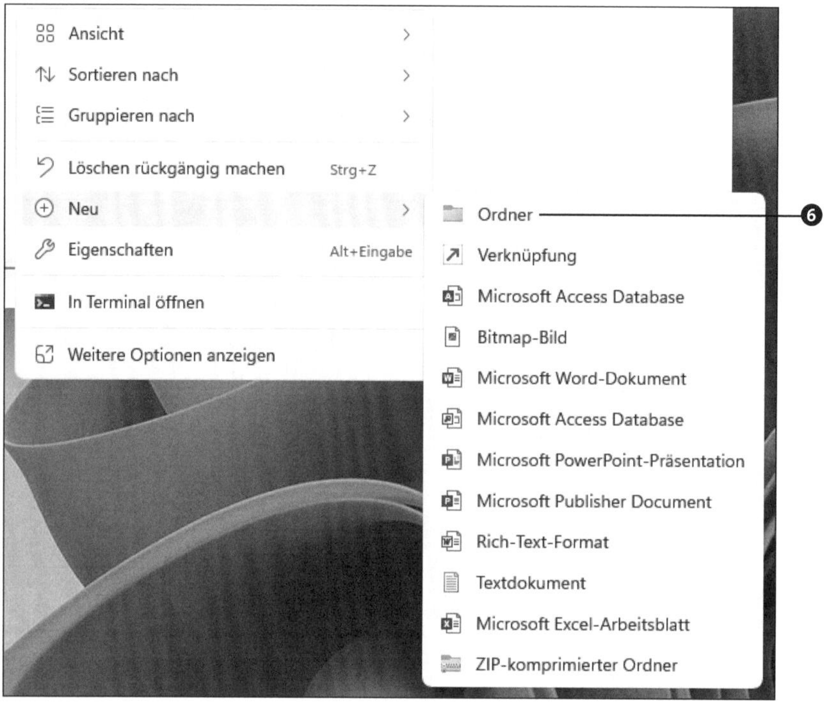

8.4.2 Dateien und Ordner kopieren und verschieben

Zum Kopieren und Verschieben von Dateien und Ordnern stehen Ihnen im Explorer mehrere Möglichkeiten zur Verfügung. Die Schaltfläche **Verschieben nach**, die es im Explorer unter Windows 10 noch gab, ist unter Windows 11 zwar verschwunden. Dafür haben Sie nun die Möglichkeit, für diese Aktionen die neuen Registerkarten (auf Englisch auch *Tabs* genannt) zu nutzen. Wir starten zunächst aber ganz klassisch mit nur einer Registerkarte.

1. Rufen Sie über den Navigationsbereich des Explorers das Verzeichnis auf, in dem sich die Dateien oder Ordner befinden, die Sie verschieben bzw. kopieren wollen.

2. Markieren Sie die Daten dann im Inhaltsbereich per Mausklick. Möchten Sie mehrere Dateien oder auch Ordner kennzeichnen, halten Sie die Taste [Strg] gedrückt, während Sie die gewünschten Elemente nacheinander anklicken. Falls Sie ein Ele-

ment dabei versehentlich markiert haben, heben Sie die Markierung durch erneutes Anklicken einfach wieder auf. Alle markierten Elemente sind gut am hellblauen Hintergrund zu erkennen.

3 Um die Daten nun zu kopieren, klicken Sie in der Symbolleiste auf das Symbol **Kopieren** ❶. Alternativ hierzu rufen Sie mit einem Rechtsklick auf die markierten Daten das Kontextmenü auf und wählen im Kontextmenü das Symbol zum Kopieren ❷ aus.

4 Sollen die Daten dagegen verschoben werden, klicken Sie in der Symbolleiste bzw. im Kontextmenü auf das Symbol **Ausschneiden** ❸. In diesem Fall werden die markierten Daten sofort aus dem aktuellen Ordner entfernt und befinden sich nun im Zwischenspeicher. Wechseln Sie in das Verzeichnis, in das die Daten kopiert bzw. verschoben werden sollen. Klicken Sie dann in der Symbolleiste auf das Symbol **Einfügen** ❹. Alternativ hierzu können Sie auch mit der rechten Maustaste auf einen freien Bereich im Inhaltsbereich klicken und anschließend im Kontextmenü auf **Einfügen**. Seit Version 24H2 sind die Symbole im Kontextmenü beschriftet.

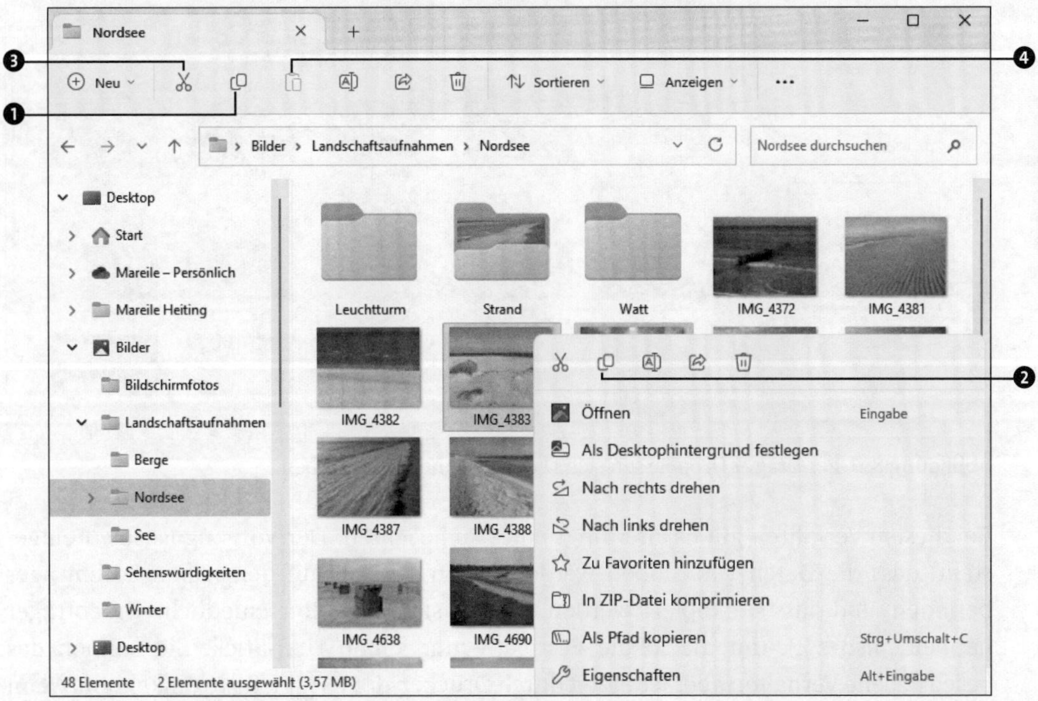

Noch einfacher geht das Kopieren bzw. Verschieben mit dem sogenannten *Drag-&-Drop*-Verfahren (auf Deutsch »Ziehen & Ablegen«). Wichtig ist hierbei, dass der Ordner, in den die Daten kopiert bzw. verschoben werden sollen, im Navigationsbereich des Explorers zu sehen ist. Blenden Sie also gegebenenfalls ganz zu Beginn über die Dreieckssymbole die notwendigen Unterordner ein. Wechseln Sie dann in das Verzeichnis, in dem sich die gewünschten Daten befinden, und markieren Sie diese nun im Inhaltsbereich per Mausklick.

Möchten Sie mehrere Dateien oder auch Ordner kennzeichnen, halten Sie die Taste Strg gedrückt, während Sie die gewünschten Elemente nacheinander anklicken. Haben Sie ein Element dabei versehentlich markiert, heben Sie die Markierung mit einem erneuten Mausklick wieder auf. Ziehen Sie den Mauszeiger dann mit gedrückter linker Maustaste in den Navigationsbereich über den Ordner, in den die Daten kopiert oder verschoben werden sollen. Sobald der Hinweis **Nach ... verschieben** bzw. **Nach ... kopieren** angezeigt wird, können Sie die Maustaste loslassen.

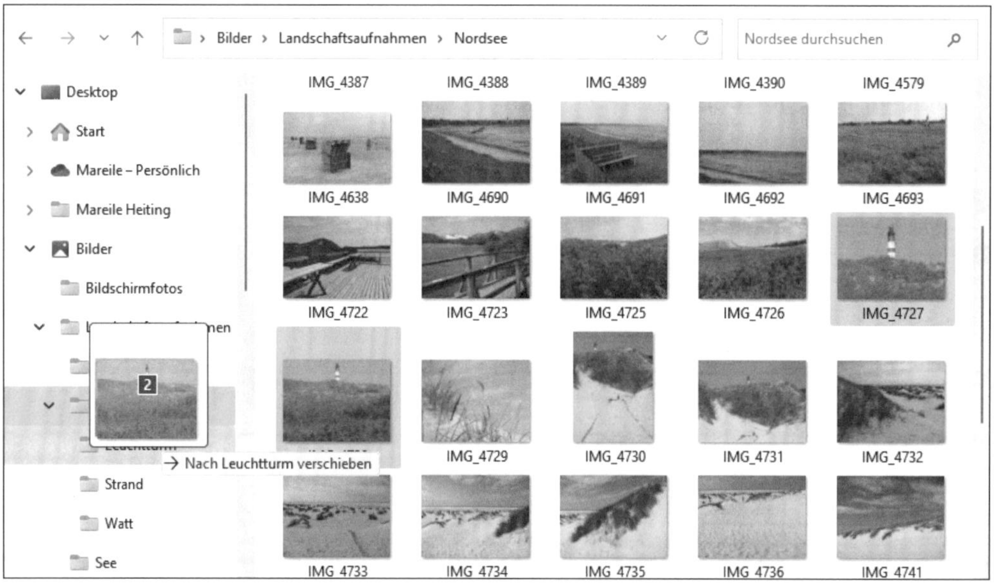

Abbildung 8.11 Per Drag & Drop lassen sich Dateien schnell verschieben.

Bei diesem Verfahren gilt es allerdings eines zu beachten: Der Vorgang ist so voreingestellt, dass die Daten verschoben werden, wenn sie sich auf demselben Datenträger befinden, und dass sie kopiert werden, falls es sich um unterschiedliche Datenträger handelt, also z. B. um die lokale Festplatte und einen USB-Stick. Sie können das beschriebene Verhalten aber jederzeit durch Drücken der Strg-Taste umkehren. Wenn Sie also z. B. eine Datei mit gedrückter Strg-Taste und natürlich weiterhin gedrückt gehaltener linker Maustaste auf einen USB-Stick ziehen, dann wird diese Datei verschoben anstatt (wie voreingestellt) kopiert.

TIPP

Große Datenmengen kopieren

Wenn Sie nur kleine Datenmengen verschieben bzw. kopieren, bekommen Sie von dem Vorgang kaum etwas mit, so schnell ist er erledigt. Bei größeren Datenmengen dauert das Ganze etwas. Während dieser Zeit blendet Windows 11 ein entsprechendes Hinweisfenster ein. Wenn Sie hier auf **Mehr Details** klicken, können Sie den Fortschritt des Kopierens bzw. Verschiebens beobachten. Über das Symbol **Vorgang anhalten** [II] ❺ lässt sich der Vorgang übrigens jederzeit pausieren und zu einem späteren Zeitpunkt mit einem Klick auf **Vorgang fortsetzen** [▶] fortführen. Wenn er Ihnen insgesamt zu lange dauert und Sie den Vorgang abbrechen möchten, klicken Sie stattdessen auf das Schließensymbol [✕] ❻.

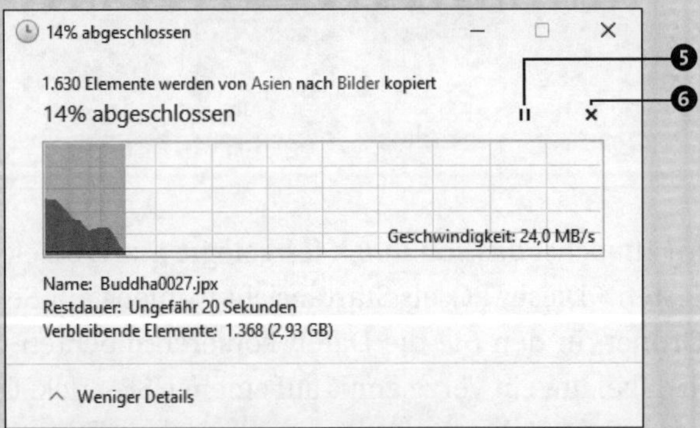

Abbildung 8.12 Dauert der Kopiervorgang zu lange, können Sie ihn pausieren oder auch abbrechen.

Eine weitere bequeme Variante zum Kopieren oder Verschieben von Daten bieten die seit Windows 11 22H2 verfügbaren Registerkarten. Sie ermöglichen es endlich, mehrere Ordner oder auch Laufwerke gleichzeitig geöffnet zu haben, ohne dafür extra weitere Instanzen des Programmfensters des Explorers aufrufen zu müssen. Wie einfach das Vorgehen nun mithilfe der Registerkarten ist, zeigt das folgende Beispiel: Ein Verzeichnis mit Urlaubsfotos soll von der Festplatte des Computers in einen bereits bestehenden Ordner auf einem USB-Stick kopiert werden.

1 Nach dem Start des Explorers ist zunächst nur eine Registerkarte geöffnet ❶. Rufen Sie hier wie gewohnt das Verzeichnis auf, das kopiert werden soll.

2 Wird das gewünschte Verzeichnis im Inhaltsbereich angezeigt ❷, öffnen Sie die nächste Registerkarte. Hierzu reicht ein Klick auf das Plussymbol ❸ rechts vom ersten Registerreiter.

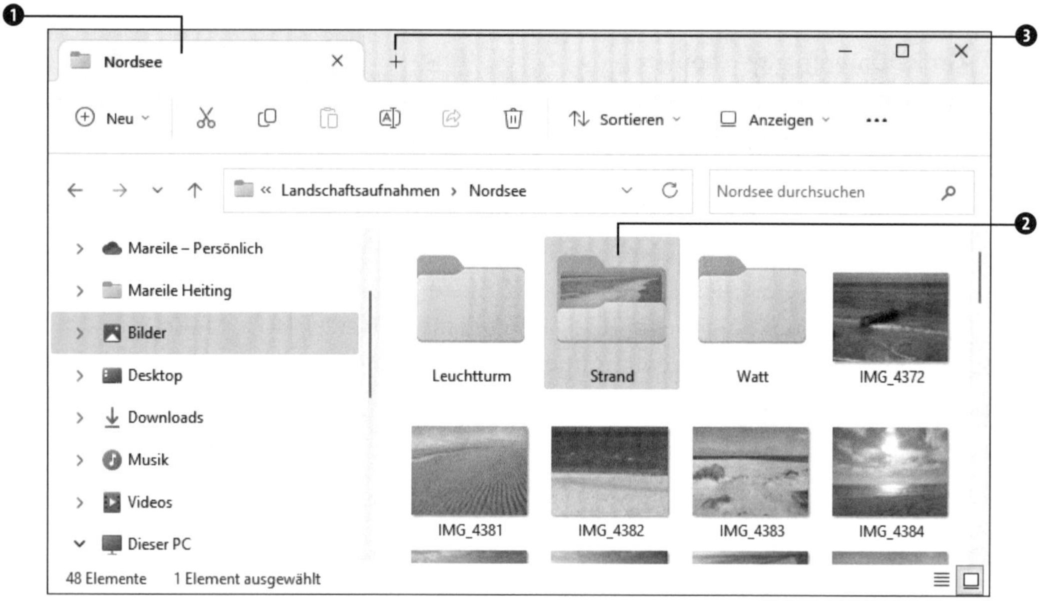

3 Auf der neuen Registerkarte wird zunächst das von Ihnen festgelegte Startverzeichnis angezeigt (siehe auch den Kasten »›Dieser PC‹ als Startansicht wählen« auf Seite 291). Navigieren Sie zu dem Ordner, in den Sie die Daten kopieren möchten. In unserem Beispiel handelt es sich dabei um ein Verzeichnis auf einem USB-Stick. Der Name des geöffneten Ordners wird nun auf dem Registerreiter angezeigt ❹.

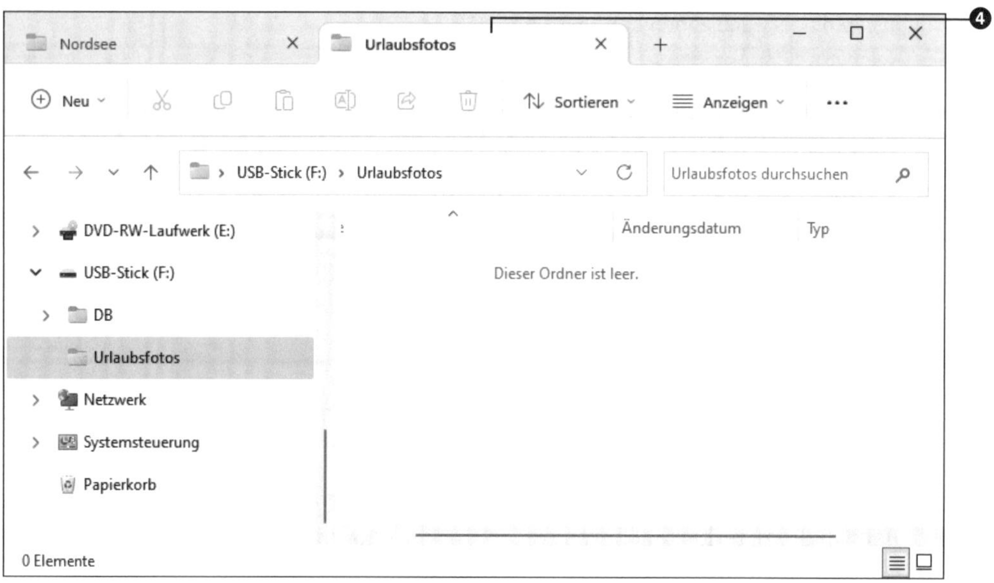

4 Kehren Sie per Mausklick auf den Registerreiter zum Ausgangsordner zurück, in dem sich die zu kopierenden Daten befinden ❺.

5 Positionieren Sie nun den Mauszeiger auf dem zu kopierenden Element. Ziehen Sie es mit gedrückter linker Maustaste auf den zweiten Registerreiter, der den Namen des Zielordners trägt ❻. Sobald sich der Mauszeiger auf dem Reiter befindet, wird im Inhaltsbereich automatisch der Inhalt des Zielordners eingeblendet.

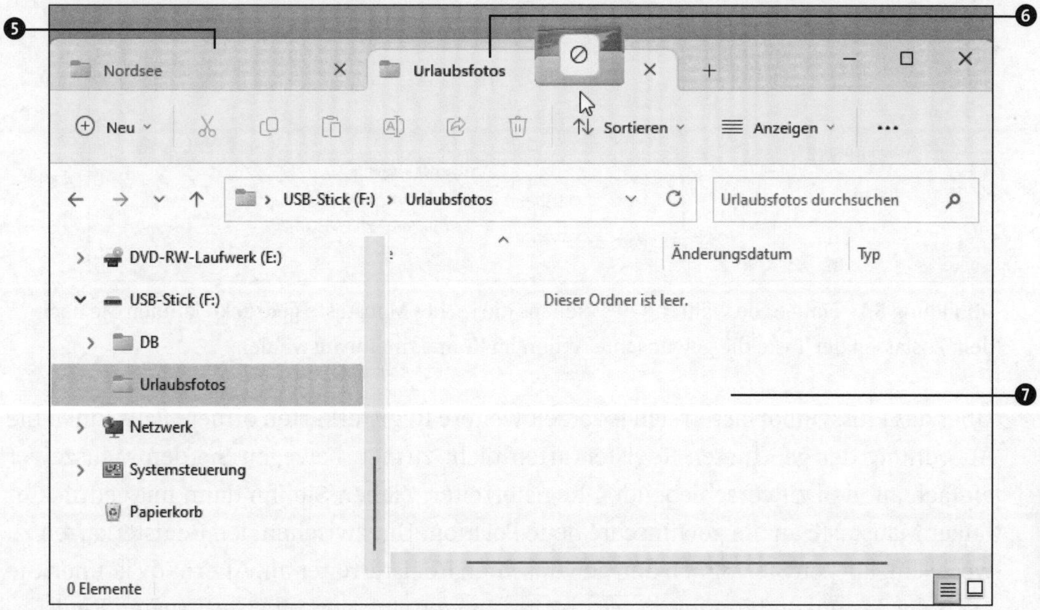

6 Ziehen Sie den Mauszeiger nach unten in den Inhaltsbereich ❼, und lassen Sie die Taste dann los. Der Ordner wird nun vom Ausgangsordner in den Zielordner kopiert.

Falls Sie Daten nicht kopieren, sondern von einem Ordner in einen anderen verschieben möchten, halten Sie während des Ziehens statt der linken einfach die rechte Maustaste gedrückt. Haben Sie den Zielordner erreicht (siehe Schritt 6) und lassen die Maustaste los, erscheint nun ein Kontextmenü, in dem Sie die gewünschte Aktion – in diesem Fall also **Hierher verschieben** – auswählen. Wer nicht so gerne das Drag-&-Drop-Verfahren nutzt, kann natürlich auch die zu Beginn des Abschnitts vorgestellten Symbole in der Symbolleiste zum Kopieren und Verschieben von Daten verwenden. Ist auf Ihrem Computer bereits Windows 11 23H2 installiert, können Sie Registerkarten auch per Drag-&-Drop zwischen zwei geöffneten Explorer-Fernstern verschieben.

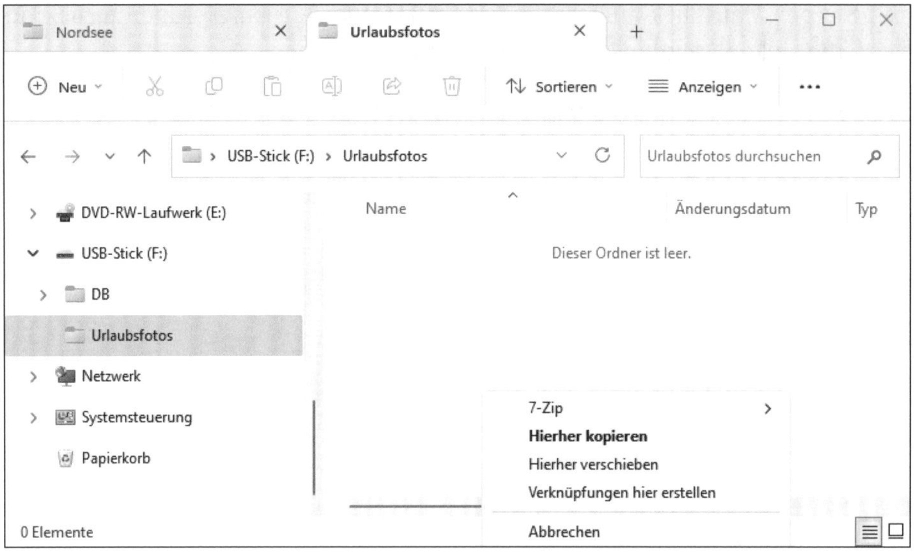

Abbildung 8.13 Halten Sie während des Ziehens die rechte Maustaste gedrückt, können Sie nach dem Loslassen der Taste die gewünschte Aktion im Kontextmenü auswählen.

Über das Plussymbol lassen sich jederzeit weitere Registerkarten öffnen. Falls Ihnen die Anordnung der geöffneten Registerkarten nicht zusagt, bewegen Sie den Mauszeiger einfach auf den zu verschiebenden Registerreiter. Ziehen Sie ihn dann mit gedrückter linker Maustaste an die gewünschte neue Position. Um zwischen den Registerkarten zu wechseln, klicken Sie einfach den gewünschten Registerreiter an. Alternativ können Sie auch die Tastenkombination `Strg` + `⇆` nutzen, um von einer geöffneten Registerkarte zur nächsten zu navigieren.

Abbildung 8.14 Die Anordnung der Registerkarten können Sie jederzeit verändern.

Benötigen Sie eine Registerkarte nicht mehr, schließen Sie sie per Klick auf das Kreuzsymbol im Registerreiter. Befindet sich die Registerkarte im Vordergrund, sprich wird ihr Inhalt im Inhaltsbereich des Explorers angezeigt, können Sie alternativ auch die Tastenkombination `Strg` + `W` drücken. Der Befehl zum Schließen einer Registerkarte wird Ihnen auch nach einem Rechtsklick auf einen Titelreiter der Registerkarte angeboten. Zusätzlich finden Sie im Kontextmenü noch den Befehl **Andere Tabs schließen**.

Wählen Sie ihn aus, wenn Sie alle anderen Registerkarten schließen und nur die ausgewählte Registerkarte beibehalten möchten. Mit dem Befehl **Tabs rechts schließen** werden alle Registerkarten rechts von der ausgewählten geschlossen.

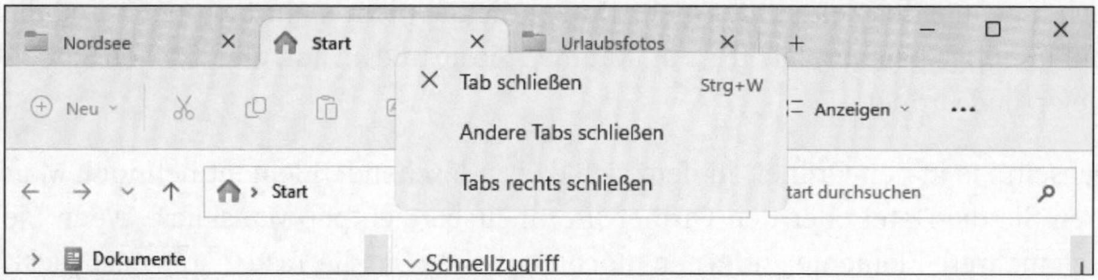

Abbildung 8.15 Zum Schließen von Registerkarten stehen Ihnen verschiedene Möglichkeiten zur Auswahl.

8.4.3 Dateien und Ordner umbenennen

Es kommt immer mal wieder vor, dass man sich bei der Vergabe eines Datei- oder Ordnernamens vertippt. Solch ein Missgeschick lässt sich aber schnell korrigieren. Führen Sie hierzu einfach einen rechten Mausklick über der Datei bzw. dem Ordner durch, und wählen Sie im Kontextmenü das Symbol **Umbenennen** [A]. Das gleiche Symbol finden Sie auch in der Symbolleiste. Sobald Sie es angeklickt haben, wird der bisherige Name blau markiert und kann nun mit der neuen Bezeichnung überschrieben werden. Durch Drücken der Taste [↵] übernehmen Sie den neuen Namen.

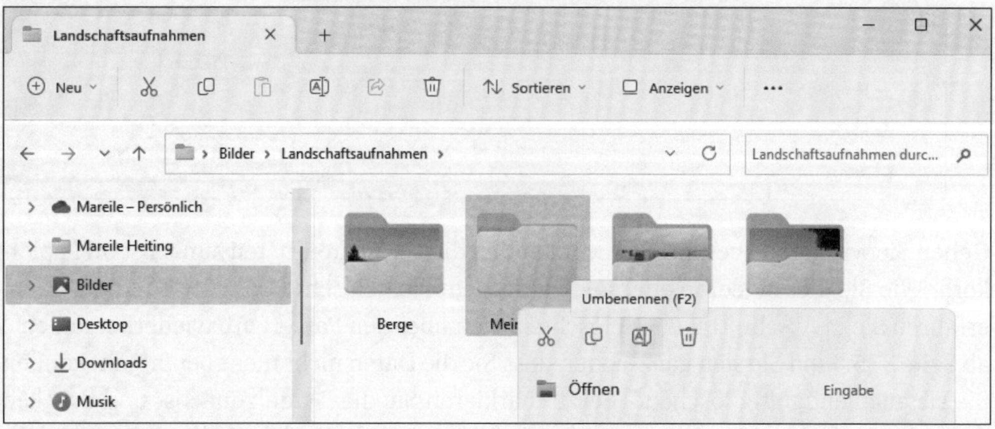

Abbildung 8.16 Das Symbol zum Umbenennen einer Datei oder eines Ordners finden Sie in der Symbolleiste und im Kontextmenü.

8.4.4 Dateien und Ordner löschen

Misslungene Fotos oder auch Briefe, die Sie bereits vor Monaten an Versicherungen geschickt haben und nie mehr eines Blickes würdigen werden – auf dem Computer tummeln sich im Laufe der Zeit immer mehr Daten, die Sie nicht mehr benötigen und die somit nur unnötig Speicherplatz fressen. Räumen Sie ab und an auf, und löschen Sie solche Dateien und Ordner:

1. Wechseln Sie in den Ordner, in dem sich das zu löschende Element befindet. Markieren Sie die Datei oder den Ordner im Inhaltsbereich per Mausklick. Wenn Sie gleich mehrere Elemente entfernen möchten, halten Sie die Taste `Strg` gedrückt, während Sie die einzelnen Elemente per Mausklick kennzeichnen.

2. Klicken Sie in der Symbolleiste nun auf das Symbol **Löschen** ❶. Alternativ lassen sich zuvor markierte Daten auch über das Symbol **Löschen** im Kontextmenü oder durch Betätigung der Taste `Entf` entfernen.

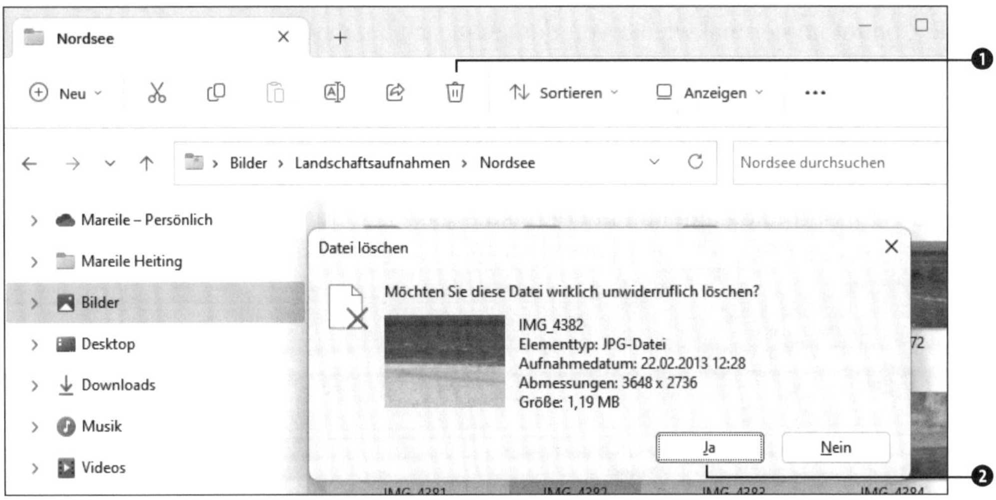

Gehen Sie wie gerade beschrieben vor, landen die gelöschten Daten zunächst im Papierkorb. Wie Sie diesen leeren oder auch versehentlich gelöschte Daten wiederherstellen, erfahren Sie in Abschnitt 8.8, »Gelöschte Daten über den Papierkorb wiederherstellen«, ab Seite 335. Sind Sie sich ganz sicher, dass Sie die Daten nicht mehr benötigen, können Sie sie auch endgültig löschen. Hierzu markieren Sie die Daten zunächst und drücken dann die Tastenkombination `⇧` + `Entf`. Die folgende Nachfrage bestätigen Sie mit **Ja** ❷. Die Daten landen nun also nicht mehr im Papierkorb, sondern werden endgültig entfernt.

8.5 Bibliotheken anlegen, verwalten und löschen

Mit Windows 7 hielten die *Bibliotheken* Einzug in das Betriebssystem Windows. Mit ihrer Hilfe können Sie Dateien und Ordner thematisch zusammenfassen. Das Besondere an Bibliotheken ist, dass sich die Daten nicht am gleichen Speicherort befinden müssen. Stattdessen können sie über interne und externe Festplatten, aber auch USB-Sticks verteilt sein oder sich sogar im Onlinespeicher *OneDrive* befinden. Um auf OneDrive zugreifen zu können, müssen Sie mit einem Microsoft-Konto am PC angemeldet sein. Weitere Informationen zum Onlinespeicher erhalten Sie in Abschnitt 8.6, »Den Onlinespeicher OneDrive nutzen«, ab Seite 324.

Die Bibliotheken enthalten lediglich eine Verknüpfung zum Originalspeicherort der Daten. Wie sein Vorgänger hat auch Windows 11 bereits die Standardbibliotheken *Bilder*, *Dokumente*, *Musik*, *Video*, *Eigene Aufnahmen* und *Gespeicherte Bilder* an Bord. Auf den nächsten Seiten zeige ich Ihnen, wie Sie die Standardbibliotheken erweitern und eigene Bibliotheken erzeugen und verwalten. Die Schritte hierzu nehmen Sie im Explorer vor. Nach dem ersten Start des Explorers werden die Bibliotheken allerdings noch nicht im Navigationsbereich angezeigt. Wie Sie sie hier einblenden, erfahren Sie in Abschnitt 8.2.1, »Den Navigationsbereich erweitern«, auf Seite 292.

8.5.1 Die Standardbibliotheken erweitern

Die Standardbibliotheken können Sie auch als Medienbibliotheken bezeichnen, denn sie ermöglichen es, Medien aus unterschiedlichen Ordnern an einem zentralen Ort zugänglich zu machen. Was dies genau bedeutet, lässt sich gut am Beispiel der *Musik*-Bibliothek erläutern:

1 Klicken Sie im Navigationsbereich des Explorers zunächst auf den Eintrag **Bibliotheken** ❶ und dann auf die Bibliothek **Musik** ❷.

2 Als Nächstes klicken Sie in der Symbolleiste auf das Symbol mit den drei Punkten [...] und dann auf **Eigenschaften**.

Der Dialog **Eigenschaften von Musik** wird geöffnet. Wie zu Beginn des Abschnitts erläutert, ist das Besondere an Bibliotheken, dass Sie in ihnen Ordner zusammenfassen können, die sich nicht am gleichen Speicherort befinden müssen. Die Bibliothek **Musik** enthält zu Anfang nur einen Ordner, wie im Feld **Orte für Bibliotheken** zu sehen ist ❸. Dabei handelt es sich um den Standardordner **Musik**, der sich auf der internen Festplatte befindet. Nehmen wir an, Sie haben einen großen Teil Ihrer digitalen Musiksammlung auf einer externen Festplatte gespeichert. Mit wenigen Mausklicks lässt sich dieser Ort der *Musik*-Bibliothek hinzufügen. Voraussetzung für die nächsten Schritte ist, dass die externe Festplatte am Computer angeschlossen ist.

3 Klicken Sie auf die Schaltfläche **Hinzufügen** ❹.

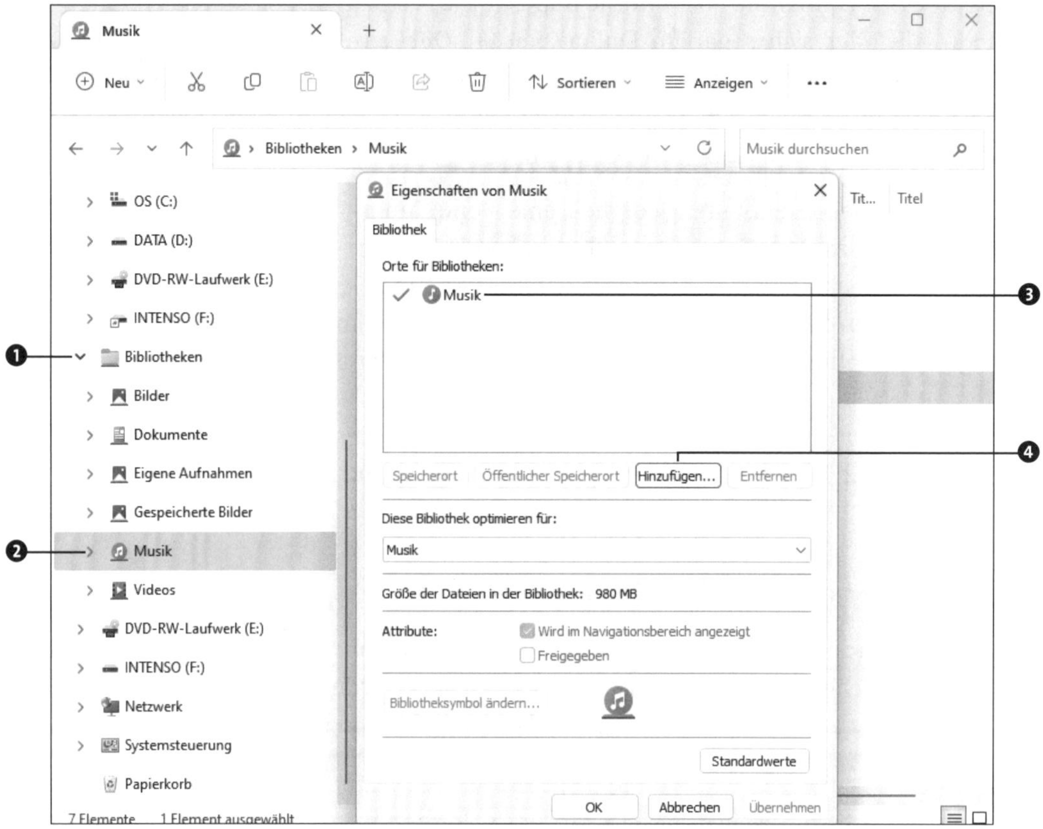

4 Der Dialog **Ordner in Musik aufnehmen** wird geöffnet. Navigieren Sie über den Navigationsbereich des Explorers bis zu dem Verzeichnis, in dem sich der gewünschte Ordner mit der Musiksammlung befindet, also etwa ein Verzeichnis auf einer externen Festplatte. Sobald der Ordner im Inhaltsbereich angezeigt wird, markieren Sie ihn ❺ und schließen den Dialog mit **Ordner aufnehmen** ❻.

5 Analog können Sie weitere Ordner hinzufügen. Diese können sich natürlich auch auf der internen Festplatte befinden, aber auch auf anderen externen Festplatten, USB-Sticks oder in OneDrive. Mit einem Klick auf **OK** beenden Sie den Dialog **Eigenschaften von Musik**.

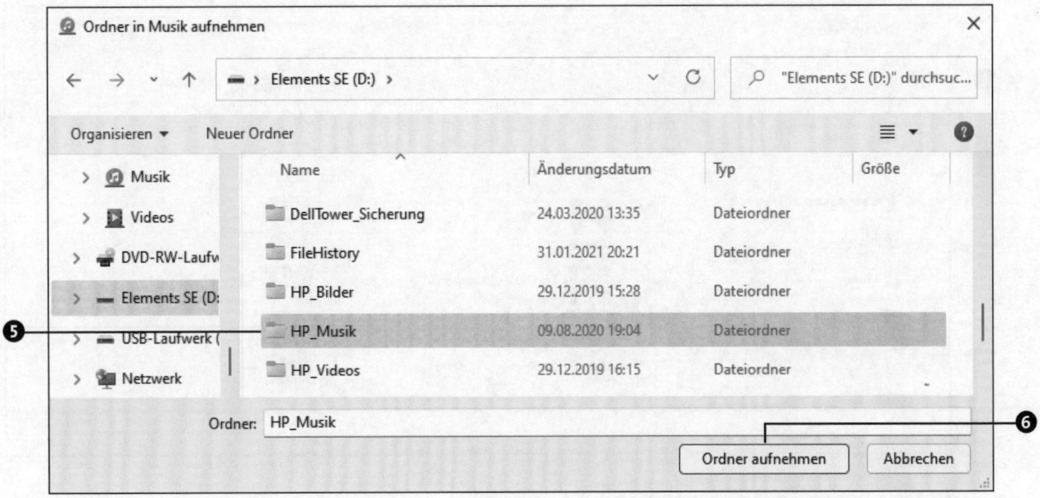

Wenn Sie zukünftig auf Ihre gesamte Musiksammlung zugreifen möchten, markieren Sie im Navigationsbereich einfach die Bibliothek **Musik**. Sowohl unterhalb dieses Bibliotheksnamens als auch im Inhaltsbereich werden nun alle Ordner angezeigt, die Sie der Bibliothek **Musik** hinzugefügt haben.

8.5.2 Eigene Bibliotheken erstellen

Das Konzept einer Bibliothek lässt sich auch für eigene Projekte nutzen. Auf diese Weise können Sie Dateien und Ordner (z. B. Urlaubsbilder), die quer über den Computer und externe Speichermedien verstreut sind, in einer gemeinsamen Bibliothek zusammenfassen und zentral auf sie zugreifen. Eine neue Bibliothek legen Sie folgendermaßen an:

1. Markieren Sie im Navigationsbereich zunächst den Eintrag **Bibliotheken** ❶.
2. Klicken Sie in der Symbolleiste auf **Neu** ❷ und anschließend auf **Bibliothek**.
3. Im Inhaltsbereich des Explorers wird nun eine neue Bibliothek angezeigt. Überschreiben Sie den blau markierten Namen mit einer eigenen Bezeichnung.

   Anstatt den Weg über das Symbolband zu gehen, können Sie auch wieder das Kontextmenü nutzen. Hierzu klicken Sie nach Schritt 1 einfach mit der rechten Maustaste auf eine freie Fläche innerhalb des Inhaltsbereichs ❸. Im Kontextmenü wählen Sie **Neu ▸ Bibliothek**. Vergeben Sie auch hier einen aussagekräftigen Namen für die neu angelegte Bibliothek. Die Bibliothek ist damit erstellt; nun müssen Sie noch die gewünschten Ordner hinzufügen.

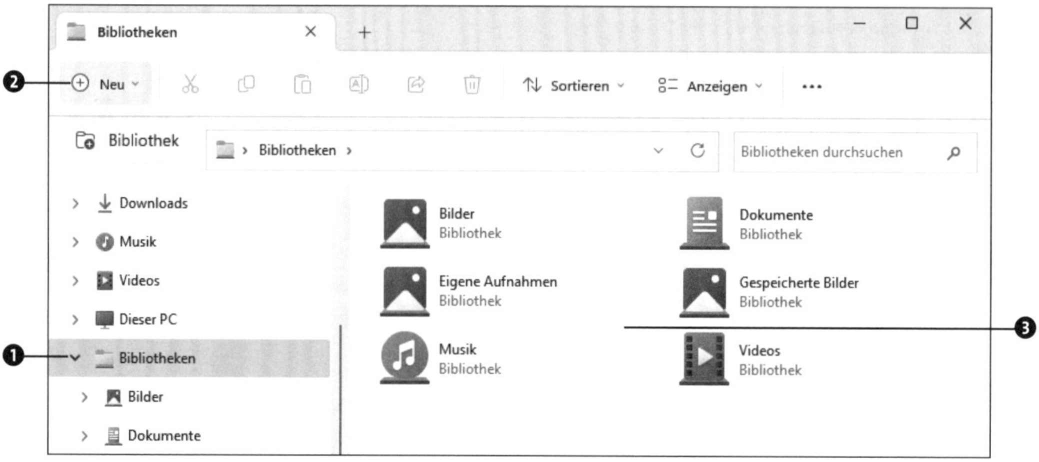

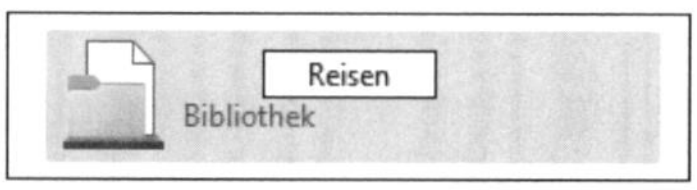

4 Markieren Sie im Inhaltsbereich des Explorers die gerade neu erzeugte Bibliothek ❹. Klicken Sie dann in der Symbolleiste auf das Symbol mit den drei Punkten [...] und im aufklappenden Menü auf **Eigenschaften** ❺.

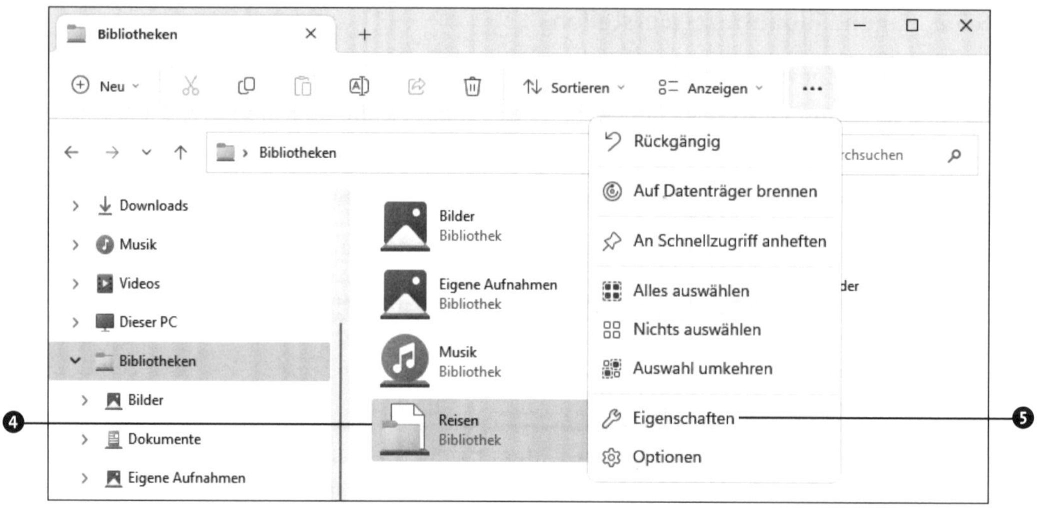

5 Im Dialog **Eigenschaften von ...** klicken Sie auf **Hinzufügen** ❻. Wählen Sie im Dialog **Ordner in ... aufnehmen** den gewünschten Ordner, und bestätigen Sie mit **Ordner aufnehmen**.

6 Wiederholen Sie Schritt 5 für alle weiteren Ordner, die Sie in die Bibliothek aufnehmen möchten. Mit einem Klick auf **OK** schließen Sie den Dialog **Eigenschaften von...**.

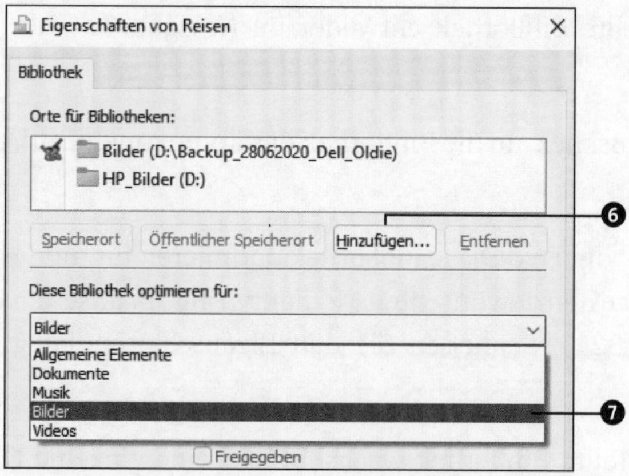

TIPP

Ordner aus Bibliotheken entfernen

Sie können einer Bibliothek natürlich nicht nur Ordner hinzufügen, sondern darin enthaltene Ordner auch wieder entfernen. Das ist z. B. dann sinnvoll, wenn ein externes Speichermedium (wie ein kleiner USB-Stick), auf dem sich ein Ordner befand, verloren gegangen ist. Um einen Ordner innerhalb einer Bibliothek zu löschen, führen Sie einen rechten Mausklick auf der Bibliothek aus und wählen im Kontextmenü **Eigenschaften**. Im folgenden Dialog markieren Sie den zu entfernenden Ordner. Mit einem Klick auf **Entfernen** wird dieser aus der Bibliothek entfernt. Da ein Ordner innerhalb einer Bibliothek nur eine Verknüpfung zum eigentlichen physikalischen Ordner darstellt, wird der Ordner selbst hierdurch nicht gelöscht. Sie können ihn weiterhin z. B. über den Eintrag **Dieser PC** im Navigationsbereich aufrufen. Nachdem Sie den Ordner im Dialog **Eigenschaften von ...** entfernt haben, können Sie den Dialog mit **OK** beenden.

Rief man unter Windows 10 im Explorer eine der Standardbibliotheken auf, erschien im Menüband die Registerkarte **Bibliothektools**, über die sich die zuvor erwähnten Funktionen zum Verwalten einer Bibliothek aufrufen ließen. Außerdem wurde ein spezielles, auf den Medientyp zugeschnittenes Register eingeblendet, in dem auf den Medientyp zugeschnittene Werkzeuge zu finden waren. Die Register gehören unter Windows 11 zwar der Vergangenheit an. Das ein oder andere Werkzeug ist aber weiterhin über die Symbolleiste erreichbar. Voraussetzung hierfür ist, dass die Bibliothek für einen speziellen Medientyp optimiert wurde. Enthält Ihre eigene Bibliothek z. B. all Ihre Urlaubsbilder, sollten Sie für die Bibliothek den Medientyp **Bilder** einstellen. Hierzu gehen Sie folgendermaßen vor:

1. Markieren Sie Ihre selbst erstellte Bibliothek entweder im Navigations- oder im Inhaltsbereich des Explorers.
2. Rufen Sie mit einem rechten Mausklick auf die Bibliothek das Kontextmenü auf, und wählen Sie **Eigenschaften**.
3. Klicken Sie auf den Pfeil rechts vom Feld **Diese Bibliothek optimieren für**, und wählen Sie in der aufklappenden Liste den gewünschten Medientyp aus, in unserem Beispiel also **Bilder** (❼ auf Seite 321). Schließen Sie den Eigenschaftendialog mit **Übernehmen** und **OK**.
4. Wenn Sie nun in die selbst erstellte Bibliothek wechseln und eine einzelne Datei markieren, werden direkt in der Symbolleiste bzw. nach einem Klick auf das Symbol [...] speziell auf den Medientyp zugeschnittene Befehle angezeigt ❽. Über diese Befehle können Sie ein Bild drehen oder auch als Hintergrundbild für den Desktop auswählen.

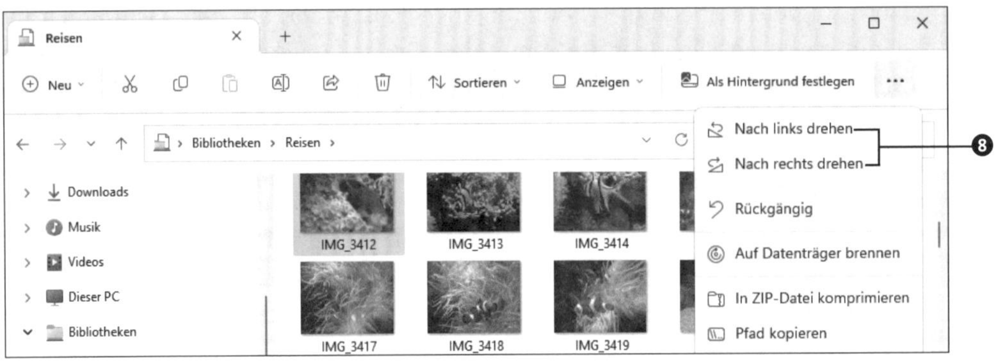

Ein wichtiges Thema im Zusammenhang mit Bibliotheken ist der Speicherort für Daten. Denn wie auch bei physikalischen Ordnern können Sie Dateien in Bibliotheken speichern. Nehmen wir an, Sie möchten einen mit Microsoft Word verfassten Brief in einer Ihrer selbst erstellten Bibliotheken ablegen. Nach Aufruf des Befehls **Speichern unter** wählen Sie in Microsoft Word hierzu einfach die gewünschte Bibliothek als Speicherort aus. Enthält die Bibliothek mehrere Ordner, ist nun allerdings die Frage, in welchem dieser mit ihr verknüpften physischen Ordner die Datei tatsächlich gespeichert werden soll. Wenn Sie nichts anderes vorgeben, wählt Windows als Speicherort immer den ersten Ordner, den Sie der Bibliothek hinzugefügt haben. Wenn Sie einen anderen Speicherort bevorzugen, legen Sie den Speicherort folgendermaßen selbst fest:

1. Rufen Sie mit einem rechten Mausklick auf die Bibliothek das Kontextmenü auf, und wählen Sie den Befehl **Eigenschaften**.
2. Im Dialog **Eigenschaften von...** markieren Sie im Feld **Orte für Bibliotheken** den Ordner, der als Standardspeicherort dienen soll. Klicken Sie dann auf die Schaltfläche **Speicherort**.

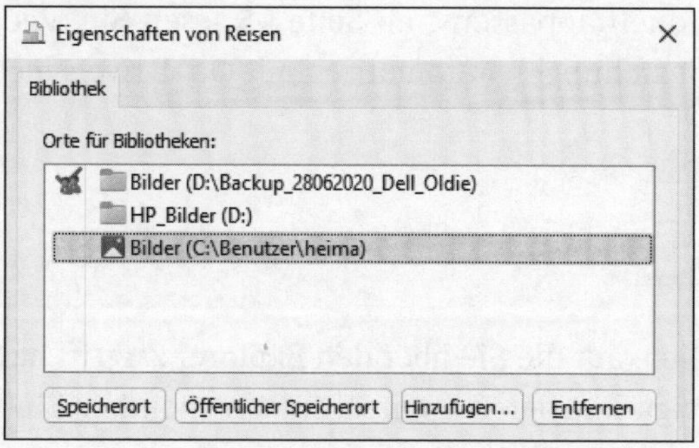

Bibliotheken lassen sich natürlich wie Ordner oder Dateien auch wieder löschen. Hierzu markieren Sie die Bibliothek im Inhaltsbereich des Explorers. Über das Symbol **Löschen** in der Symbolleiste entfernen Sie die Bibliothek. Sollten Sie einmal versehentlich eine der Standardbibliotheken *Bilder*, *Dokumente*, *Musik* oder auch *Video* entfernt haben, lassen sich diese schnell wieder zurückholen.

Klicken Sie hierzu im Navigationsbereich des Explorers mit der rechten Maustaste auf **Bibliotheken**. Im Kontextmenü klicken Sie auf **Weitere Optionen anzeigen**. Im nun sichtbaren Kontextmenü finden Sie den Befehl **Standardbibliotheken wiederherstellen**. Ein Klick hierauf, und Sie haben wieder Zugriff auf die Standardbibliotheken.

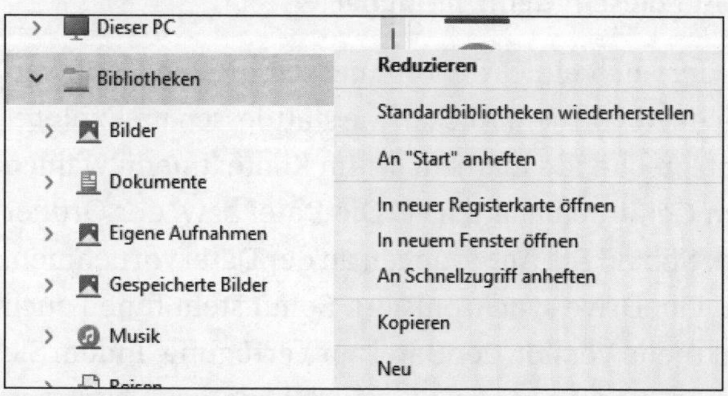

Abbildung 8.17 Versehentlich gelöschte Standardbibliotheken lassen sich schnell wiederherstellen.

8.6 Den Onlinespeicher OneDrive nutzen

Wenn Sie auf Ihre Dokumente oder Bilder von unterschiedlichen Geräten aus zugreifen müssen, ist es sinnvoll, die Daten in einem Onlinespeicher zu sichern, z. B. in OneDrive von Microsoft. Der Zugriff auf die sogenannte Cloud kann von einem mobilen Gerät aus per App, über einen Browser oder auf einem Windows 10- bzw. Windows 11-Computer auch per Explorer erfolgen. Wie Letzteres funktioniert, erfahren Sie in diesem Abschnitt. Voraussetzung hierfür ist, dass Sie am Computer mit einem Microsoft-Konto angemeldet sind und dass eine Verbindung zum Internet besteht. In Abschnitt 3.6, »Die Synchronisierungseinstellungen individuell anpassen«, ab Seite 95 lesen Sie, wie Sie Ihre Daten sowie wichtige Windows-Einstellungen automatisch mit OneDrive synchronisieren.

8.6.1 Auf Daten in der Cloud zugreifen

Wie für alle Ordner und Laufwerke üblich, auf die Sie über den Explorer Zugriff haben, finden Sie auch für OneDrive im Navigationsbereich einen entsprechenden Eintrag. Sobald Sie den Eintrag markiert haben, können Sie in OneDrive wie gewohnt neue Ordner anlegen sowie Daten kopieren oder auch verschieben. Auch das Löschen von Daten in OneDrive erfolgt nicht anders. Je nach Geschwindigkeit der Internetverbindung kann das Hochladen der Daten (sprich das Kopieren bzw. Verschieben von Daten in die Cloud) etwas Zeit in Anspruch nehmen.

Auf Dateien und Ordner, die Sie auf OneDrive abgelegt haben, können Sie mit sämtlichen Geräten zugreifen, die mit Ihrem Microsoft-Konto verknüpft sind. Blenden Sie den Inhalt von OneDrive auf einem dieser anderen Geräte ein, werden die Daten im Explorer zunächst als **Verfügbar, wenn online** angezeigt. Sie wurden also noch nicht auf das Gerät übertragen. Dies geschieht erst dann, wenn Sie die Datei auch auf diesem PC öffnen. Die Datei erhält nun den Status **Auf diesem Gerät verfügbar**.

Wenn Sie möchten, dass eine Datei oder auch ein Ordner immer auf diesem Gerät verfügbar ist, müssen Sie das Element nicht erst öffnen. Klicken Sie stattdessen im Explorer mit der rechten Maustaste auf das entsprechende Element ❶. Im Kontextmenü wählen Sie nun den Befehl **Immer auf diesem Gerät beibehalten** ❷. Die Datei bzw. der Ordner wird nun auf den PC heruntergeladen. Sobald Sie Änderungen an der Datei vornehmen, wird diese zukünftig automatisch mit OneDrive synchronisiert. Somit steht Ihnen auch auf den anderen Geräten immer die aktuelle Version der Datei zur Verfügung. Indem Sie nur die Daten aus der Cloud auf Ihren PC übertragen, die Sie auch benötigen, lässt sich auf dem Computer viel Platz sparen.

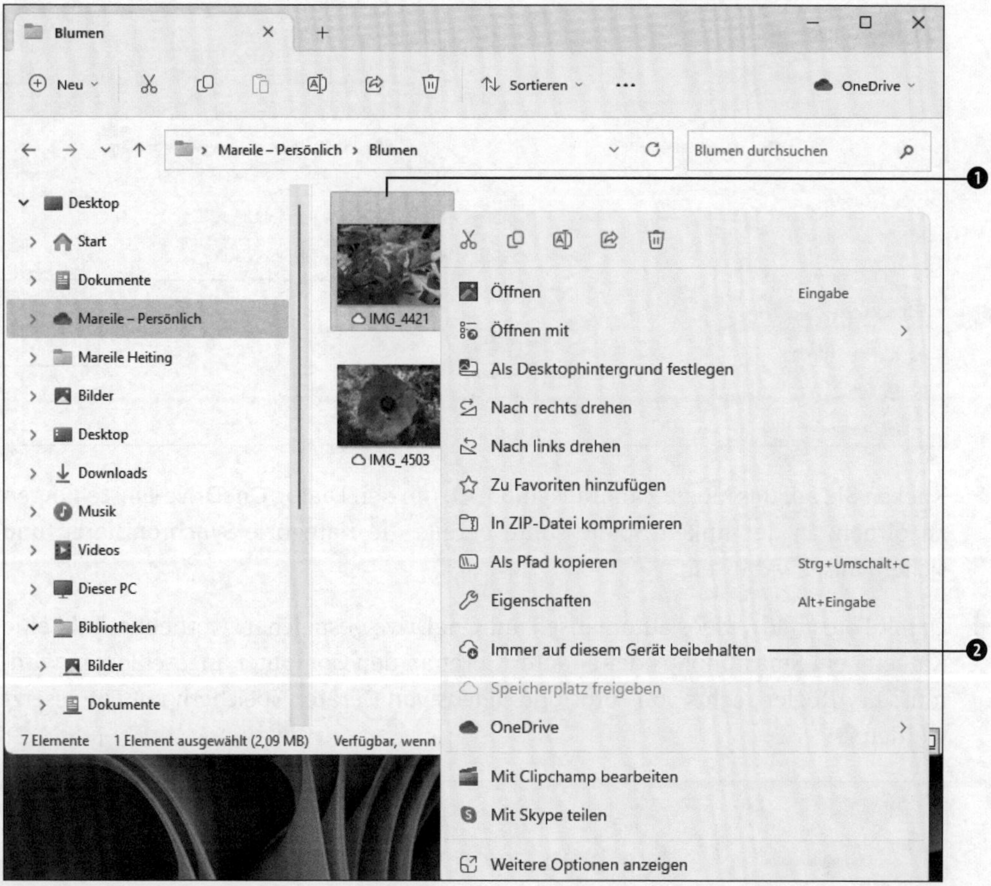

Abbildung 8.18 In OneDrive gespeicherte Daten können mit wenigen Mausklicks auf den PC übertragen werden.

Fotos oder auch Videos werden normalerweise nur auf dem Computer selbst gespeichert. Wenn Sie möchten, können Sie aber auch festlegen, dass die Daten automatisch zusätzlich in der Cloud abgelegt werden, sobald Sie sie von einer Digitalkamera oder einem Smartphone auf den PC übertragen. Hierzu müssen Sie lediglich eine kleine Korrektur in den Einstellungen von OneDrive vornehmen:

1. Markieren Sie im Navigationsbereich des Explorers Ihren OneDrive-Ordner. Er ist gut anhand des Wolkensymbols zu erkennen ❶.

2. Am rechten Rand der Symbolleiste erscheint nun die Schaltfläche **OneDrive** ❷. Nach einem Klick hierauf erfahren Sie, wie viel des insgesamt verfügbaren Speicherplatzes in der Cloud bereits belegt ist ❸.

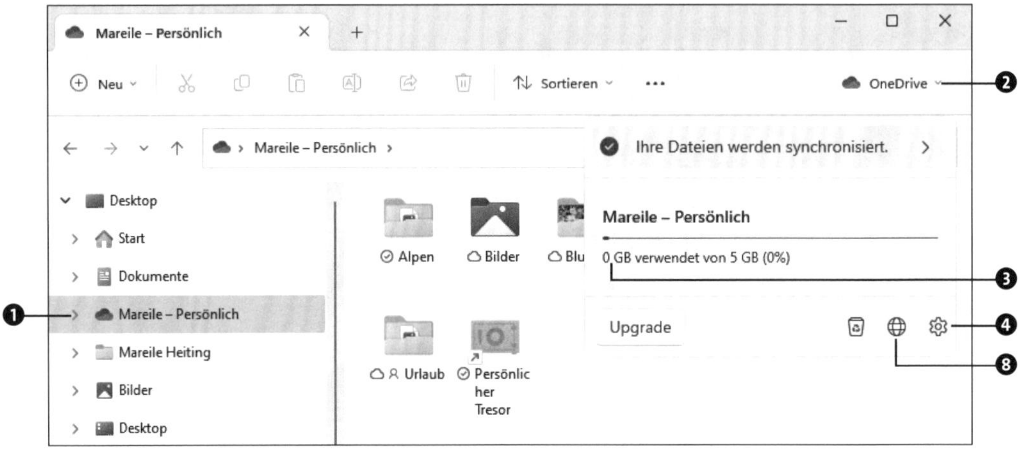

3 Klicken Sie auf das kleine Zahnradsymbol ❹, um den Dialog **OneDrive-Einstellungen** zu öffnen. In der linken Spalte sollte bereits die Kategorie **Synchronisieren und sichern** ausgewählt sein.

4 Damit Fotos und Videos automatisch auf OneDrive gespeichert werden, sobald eine Kamera, ein Smartphone oder anderes Gerät an den Computer angeschlossen wird, muss der Regler rechts von **Fotos und Videos von Geräten speichern** auf **Ein** gesetzt werden ❺.

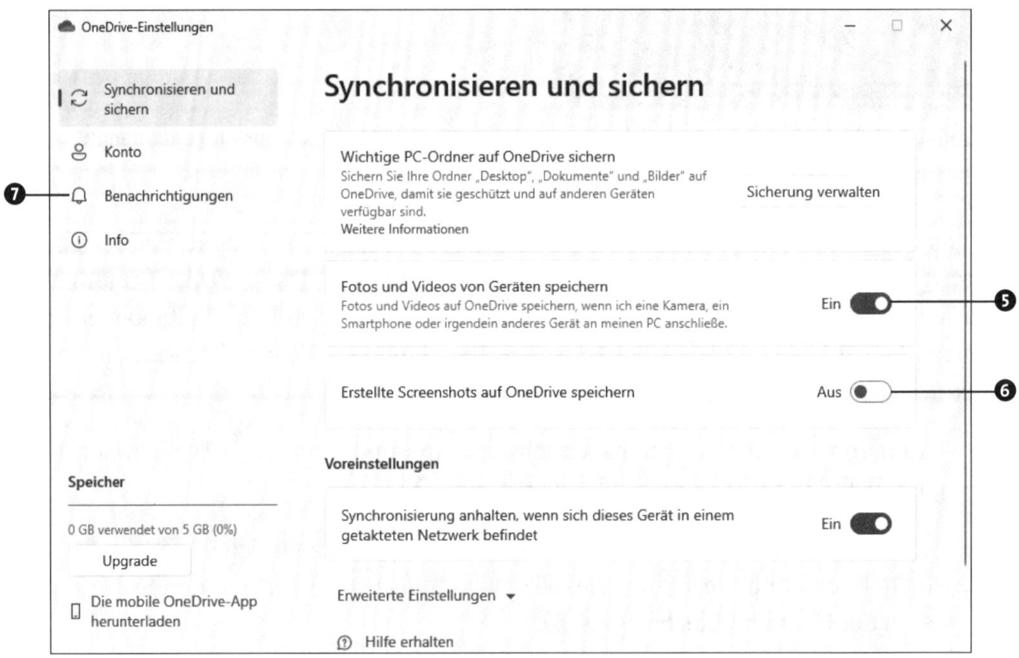

5 Falls alle erstellten Screenshots ebenfalls automatisch in der Cloud gesichert werden sollen, sollten Sie auch diesen Regler einschalten ❻.

6 Wählen Sie links die Kategorie **Benachrichtigungen** aus, können Sie festlegen, in welchen Situationen OneDrive Sie informieren darf ❼. Wünschen Sie eine der aufgeführten Benachrichtigungen nicht, setzen Sie den Regler auf **Aus**.

7 Haben Sie alle Einstellungen vorgenommen, schließen Sie den Dialog **OneDrive-Einstellungen** über das Kreuzsymbol oben rechts.

INFO

Zugriff auf OneDrive per Browser

Auf den Onlinespeicher OneDrive können Sie von jedem beliebigen Computer aus zugreifen, der mit dem Internet verbunden ist. Rufen Sie über einen Browser Ihrer Wahl (etwa *Mozilla Firefox*, *Google Chrome* oder *Microsoft Edge*) hierzu einfach die Internetadresse *https://onedrive.live.com/about/de-de* auf. Die Webseite wird auch geöffnet, wenn Sie im Explorer nach einem Klick auf die OneDrive-Schaltfläche auf das Symbol **Online anzeigen** klicken (❽ auf Seite 326). Melden Sie sich dann auf der Webseite mit der E-Mail-Adresse und dem Kennwort Ihres Microsoft-Kontos an, und schon haben Sie auch hier Zugriff auf die Cloud OneDrive.

8.6.2 Sensible Daten im persönlichen Tresor ablegen

Seit Ende 2019 verfügt die Cloud OneDrive über einen sogenannten *persönlichen Tresor*, in dem Sie besonders sensible und wichtige Daten speichern können. Während es beim Zugriff auf einen normalen Ordner in OneDrive ausreicht, im Besitz der Zugangsdaten für das Microsoft-Konto zu sein, kommt beim Tresor eine zusätzliche Authentifizierungsmethode zum Einsatz: Zur Bestätigung der Identität können Sie sich z. B. per SMS oder E-Mail einen Code zuschicken lassen (siehe auch den Kasten »Sicherheitseinstellungen des Microsoft-Kontos anpassen« auf Seite 330). Erst nach Eingabe des Codes wird der Tresor geöffnet. Alternativ kann die Identitätsüberprüfung auch per Authenticator-App erfolgen. Informationen zur App *Microsoft Authenticator* erhalten Sie in Abschnitt 18.6.2, »Zwei-Faktor-Authentifizierung für Fortgeschrittene«, ab Seite 752. Um den persönlichen Tresor nutzen zu können, müssen Sie ihn zunächst einrichten. Die nächsten Schritte zeigen das Verfahren auf einem Windows 11-Computer:

1 Markieren Sie im Navigationsbereich des Explorers Ihren persönlichen OneDrive-Ordner ❶, und doppelklicken Sie dann im Inhaltsbereich rechts auf **Persönlicher Tresor** ❷.

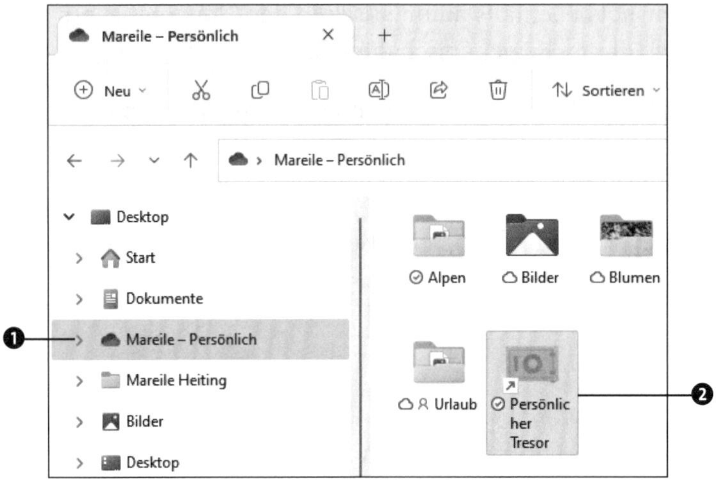

2 Nach einem kurzen Moment öffnet sich der Dialog **Persönlicher Tresor** mit einigen Informationen zum Tresor. Nach einem Klick auf **Weiter** erteilen Sie mit **Zulassen** ❸ die Genehmigung, den persönlichen Tresor einzurichten. Anschließend ist eine Bestätigung der Benutzerkontensteuerung erforderlich.

3 Nun geht es daran, Ihre Identität zu überprüfen. Dies kann auf unterschiedliche Weise geschehen. Falls Sie eine der drei Windows-Hello-Anmeldeoptionen (also PIN, Gesichtserkennung oder Fingerabdruckerkennung) aktiviert haben, werden Sie aufgefordert, sich mit der verwendeten Methode zu identifizieren. Haben Sie in den Einstellungen Ihres Microsoft-Kontos eine alternative E-Mail-Adresse oder auch eine Mobiltelefonnummer hinterlegt, erscheint im Dialog **Identität überprüfen** ein entsprechender Hinweis (z. B. **Textnachricht an ...**). Klicken Sie darauf, und ergänzen Sie im folgenden Dialog die geforderten Informationen, wie etwa die letzten vier Ziffern Ihrer Mobiltelefonnummer. Bestätigen Sie die Angabe mit **Code senden**. Sie erhalten per SMS oder E-Mail einen Code zugesendet. Geben Sie diesen Code im Dialog **Code eingeben** ein, und bestätigen Sie die Eingabe. Falls Sie die Microsoft-Authenticator-App nutzen, werden Sie aufgefordert, die Anmeldeanforderung zu genehmigen. Öffnen Sie die App hierzu auf Ihrem Smartphone und erteilen Sie die entsprechende Genehmigung.

4 Sobald Sie sich erfolgreich identifiziert haben, wird der persönliche Tresor entsperrt und zugleich in einem neuen Programmfenster des Explorers geöffnet. Sie können nun wie gewohnt Dateien und Ordner in den Tresor verschieben oder auch kopieren sowie aus dem Tresor heraus öffnen und bearbeiten. Der Tresor lässt sich übrigens nicht über den Navigationsbereich, sondern nur über den Inhaltsbereich ansteuern.

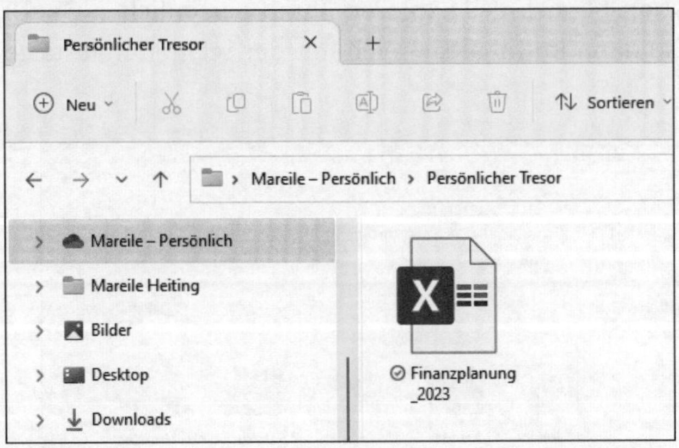

Wenn Sie über ein Home- oder Personal-Abonnement von Office 365 verfügen, lassen sich beliebig viele Daten im Tresor ablegen, sofern das zur Verfügung stehende Limit des Onlinespeichers noch nicht erreicht ist. Der kostenlos zur Verfügung stehende Speicher umfasst bei einem Abonnement übrigens 1 TB. Nicht-Abonnenten können maximal drei Dateien im Tresor speichern. Der kostenlose Speicher ist hier auf 5 GB beschränkt.

TIPP

Sicherheitseinstellungen des Microsoft-Kontos anpassen

Ob beim Einrichten des persönlichen Tresors, beim Hinzufügen eines Familienmitglieds oder bei der Aktivierung der erweiterten Zwischenablage (siehe dazu auch Abschnitt 8.11.1, »Die erweiterte Zwischenablage nutzen«, ab Seite 343): Aus Sicherheitsgründen fordert Microsoft Sie immer mal wieder auf, sich zu identifizieren. Diese Sicherheitsinformationen, etwa in Form Ihrer Mobiltelefonnummer oder einer alternativen E-Mail-Adresse, geben Sie in den Kontoeinstellungen des Microsoft-Kontos an. Wenn Sie einen Blick in die Einstellungen werfen und gegebenenfalls Daten ändern möchten, rufen Sie die Webseite *https://account.microsoft.com* auf und melden sich mit der E-Mail-Adresse und dem Kennwort Ihres Microsoft-Kontos an. Wechseln Sie in die Kategorie **Sicherheit**, und rufen Sie dort die **Erweiterten Sicherheitsoptionen** auf. Auf der folgenden Webseite haben Sie die Möglichkeit, die bisherige Sicherheitsinformation (also z. B. die Mobiltelefonnummer oder E-Mail-Adresse) zu entfernen und eine neue hinzuzufügen.

Sollten Sie über einen Zeitraum von 20 Minuten hinweg nicht auf den Tresor zugreifen, wird dieser automatisch gesperrt. Um ihn wieder öffnen zu können, müssen Sie sich erneut so identifizieren, wie in den Schritten 3 und 4 gezeigt. Um den Tresor selbst zu sperren, gehen Sie folgendermaßen vor:

1. Markieren Sie im Navigationsbereich des Explorers Ihren persönlichen OneDrive-Ordner ❶, und klicken Sie dann im Inhaltsbereich mit der rechten Maustaste auf **Persönlicher Tresor** ❷.

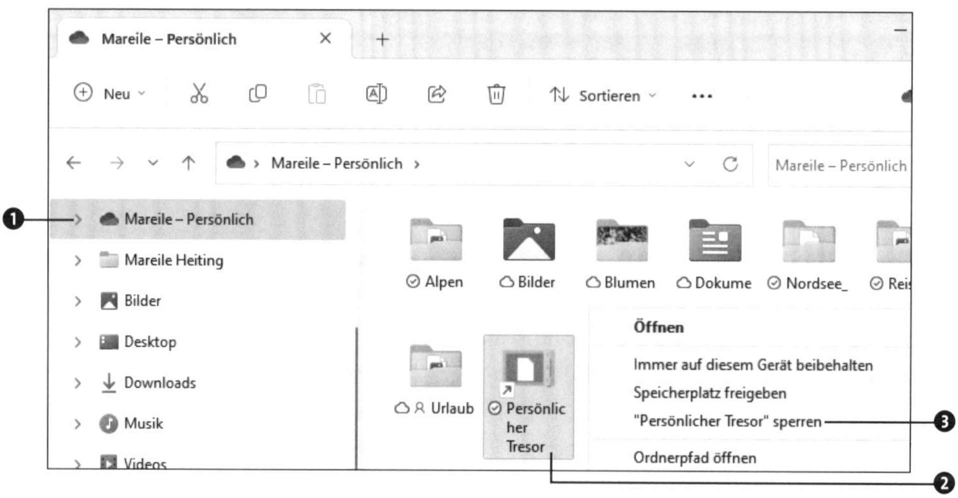

2 Zunächst wird Ihnen das für Windows 11 neu entwickelte, abgespeckte Kontextmenü angezeigt. Um weitere Befehle angezeigt zu bekommen, wählen Sie hier den Befehl **Weitere Optionen anzeigen** und im folgenden Menü **"Persönlicher Tresor" sperren** ❸. Falls Sie sich den Weg über das erste Kontextmenü sparen möchten, markieren Sie den persönlichen Tresor zunächst im Inhaltsbereich und drücken dann die Tastenkombination [⇧] + [F10]. Hierdurch wird direkt das Kontextmenü mit den weiteren Optionen geöffnet.

3 Alternativ klicken Sie im Infobereich der Taskleiste auf das OneDrive-Symbol ❹ und im aufklappenden Dialog auf **Persönlichen Tresor sperren** ❺.

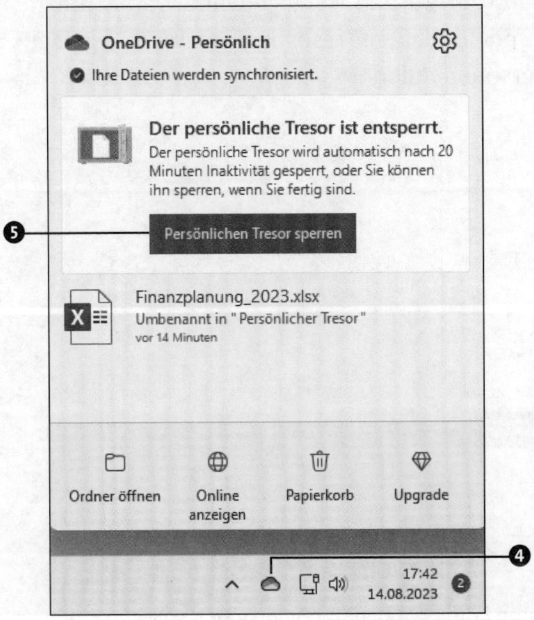

Auch hier ist wieder eine Identifizierung nötig, sobald Sie den persönlichen Tresor das nächste Mal per Doppelklick auf den entsprechenden Eintrag im Explorer öffnen wollen.

> TIPP
>
> **Zeitrahmen bis zur automatischen Sperrung des Tresors anpassen**
>
> Ist Ihnen das Zeitfenster von 20 Minuten, das Ihnen Windows 11 zugesteht, bevor es den Tresor bei Inaktivität selbst schließt, zu kurz, können Sie diesen auch erhöhen. Markieren Sie hierzu im Navigationsbereich Ihren persönlichen OneDrive-Ordner, klicken Sie in der Symbolleiste auf die Schaltfläche **OneDrive** und dann auf das Zahnradsymbol. Im Dialog **OneDrive-Einstellungen** markieren Sie links die Kategorie **Konto**. Im Feld **Persönlicher Tresor sperren nach** können Sie nun selbst den Zeitrahmen auswählen, nach dem der Tresor automatisch gesperrt werden soll.

TIPP

Online gespeicherte Daten mit anderen teilen

Ein Vorteil von in einer Cloud abgelegten Daten ist, dass Sie sie mit anderen teilen können. Um anderen Personen den Zugriff auf die Daten in OneDrive zu ermöglichen, klicken Sie im Explorer die gewünschte Datei bzw. einen Ordner mit der rechten Maustaste an und wählen dann **Weitere Optionen anzeigen ▸ Teilen**. Im folgenden Dialog legen Sie nach einem Klick auf **Jeder mit dem Link kann bearbeiten** fest, bis zu welchem Zeitpunkt die Person die Daten bearbeiten darf und ob für den Zugriff ein Kennwort nötig ist. Übernehmen Sie die Einstellung, geben Sie die E-Mail-Adresse der Person ein, und bestätigen Sie mit **Senden**. Die Person erhält nun eine E-Mail, die einen Link enthält, der zu den freigegebenen Daten führt. Dateien und Ordner, die Sie in Ihrem persönlichen Tresor in OneDrive abgelegt haben, lassen sich nicht mit anderen Personen teilen.

Abbildung 8.19 In OneDrive gespeicherte Daten können mit anderen Personen geteilt werden, sofern sie sich nicht im persönlichen Tresor befinden.

8.7 ZIP-Archive erstellen

Immer dann, wenn Sie viele kleine Dateien per E-Mail verschicken möchten, ist es sinnvoll, diese zuvor zu einem Archiv zusammenzufassen. Unter Windows 11 lässt sich ein derartiges ZIP-Archiv mit einigen wenigen Mausklicks bequem aus dem Explorer heraus erstellen. Das hat den Vorteil, dass das Datenvolumen dieser zusammengefassten Dateien reduziert und dadurch Bandbreite bei der Übertragung via Internet gespart wird. Wenn Sie selbst Daten aus dem Internet auf Ihren PC herunterladen, werden Sie ebenfalls häufig diesen ZIP-Dateien begegnen. Im Folgenden zeige ich Ihnen, wie Sie selbst ein ZIP-Archiv erzeugen bzw. umgekehrt ein solches Archiv entpacken.

8.7.1 Erstellen eines ZIP-Archivs

Ein ZIP-Archiv lässt sich recht schnell erstellen:

1 Öffnen Sie im Explorer den Ordner, in dem das ZIP-Archiv erstellt werden soll.

2 Klicken Sie in der Symbolleiste auf **Neu ▸ ZIP-komprimierter Ordner**.

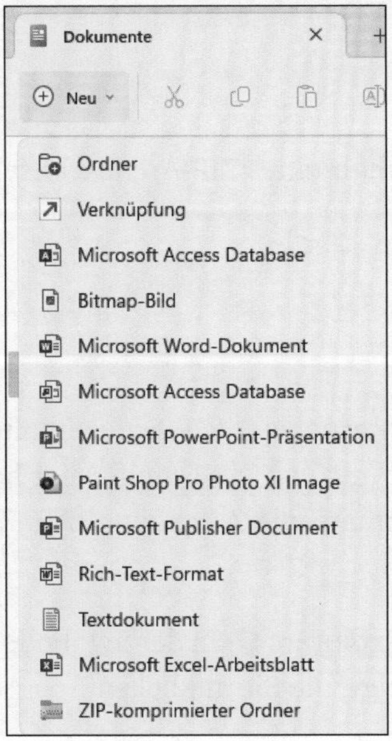

3 Im Inhaltsbereich wird nun das Symbol des komprimierten Ordners angezeigt, gut zu erkennen am markanten Reißverschluss. Überschreiben Sie den blau markierten Namen **Neuer ZIP-komprimierter Ordner** mit einer eigenen Bezeichnung. Die Eingabe schließen Sie durch Drücken der [↵]-Taste ab. Der Ordner wird auch im Navigationsbereich eingeblendet.

4 Als Nächstes fügen Sie dem ZIP-Archiv die gewünschten Dateien oder Ordner hinzu. Falls Sie mehrere Dateien in einem Rutsch hinzufügen möchten, halten Sie die Taste [Strg] gedrückt, während Sie nacheinander alle gewünschten Dateien per Mausklick markieren. Anschließend ziehen Sie die markierten Elemente einfach mit gedrückter linker Maustaste auf das Symbol des ZIP-Archivs im Inhaltsbereich oder alternativ im Navigationsbereich.

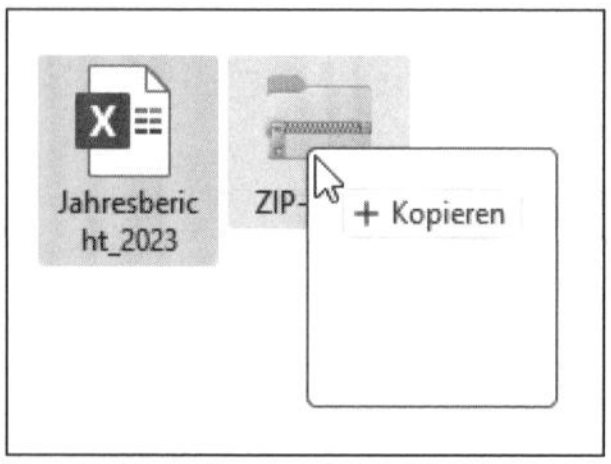

Im nächsten Abschnitt erfahren Sie, wie Sie sich den Inhalt eines ZIP-Archivs ansehen und das Archiv entpacken.

8.7.2 Entpacken eines ZIP-Archivs

Sie haben per E-Mail oder auch per Download aus dem Internet eine ZIP-Datei erhalten? Mit der Version Windows 11 23H2 wird übrigens nicht nur das ZIP-Dateiformat beim Entpacken unterstützt, sondern unter anderem auch Formate wie 7-Zip oder RAR. Zum Entpacken eines Archivs gehen Sie folgendermaßen vor:

1 Markieren Sie das ZIP-Archiv im Inhaltsbereich des Explorers ❶. In der Symbolleiste wird nun die Schaltfläche **Alle extrahieren** ❷ angezeigt, die Sie anklicken.

   Alternativ können Sie auch per rechten Mausklick auf das ZIP-Archiv das Kontextmenü aufrufen und hier den Befehl **Alle extrahieren** ❸ wählen.

2 Der Dialog **ZIP-komprimierte Ordner extrahieren** wird geöffnet. Hier legen Sie fest, wohin die Dateien extrahiert werden sollen. Windows bietet Ihnen hierfür das Verzeichnis an, in dem sich auch die ZIP-Datei befindet ❹. Sind Sie mit diesem Vorschlag nicht einverstanden, klicken Sie auf **Durchsuchen** ❺ und bestimmen im Dialog **Ziel auswählen** selbst den Ordner, in dem die extrahierten Daten abgelegt werden sollen. Bestätigen Sie die Auswahl mit **Ordner auswählen**.

3 Der eigentliche Vorgang des Entpackens wird schließlich durch Betätigen der Schaltfläche **Extrahieren** ❻ gestartet. Anschließend können Sie über den zuvor festgelegten Ordner auf die entpackten Dateien zugreifen.

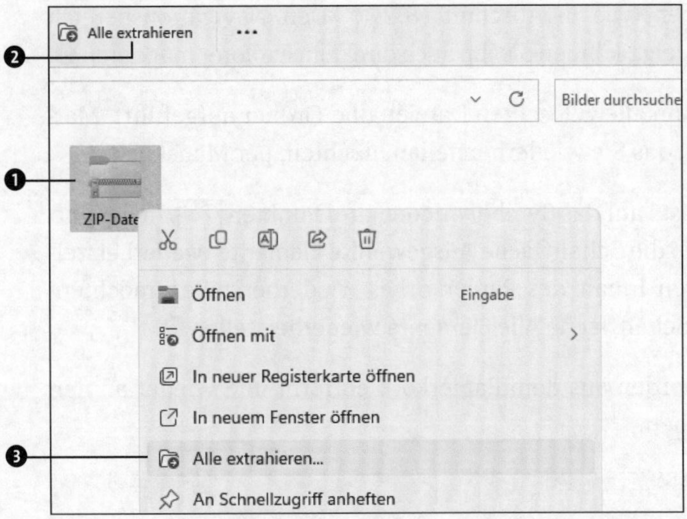

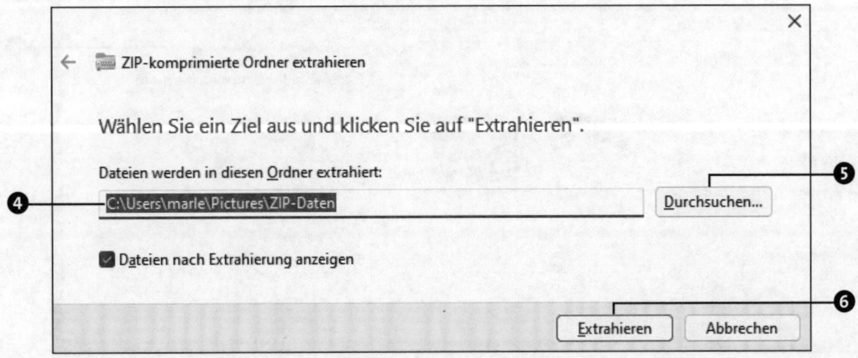

8.8 Gelöschte Daten über den Papierkorb wiederherstellen

In Abschnitt 8.4.4, »Dateien und Ordner löschen«, ab Seite 316 haben Sie verschiedene Wege kennengelernt, wie Sie nicht mehr benötigte Dateien oder auch Ordner löschen. Wenn Sie sich nicht gerade für das endgültige Löschen entschieden haben, das Sie durch die Tastenkombination ⇧ + Entf erreichen, wandern alle entfernten Dateien zunächst in den Papierkorb. Sollten Sie eine Datei einmal versehentlich gelöscht haben, ist der Papierkorb damit die letzte Chance, die Datei wiederherzustellen. Und hierzu gehen Sie folgendermaßen vor:

1 Öffnen Sie den Papierkorb per Doppelklick auf das entsprechende Symbol auf der Desktopoberfläche ❶. Wenn Sie den Papierkorb bereits im Navigationsbereich des

Explorers eingeblendet haben, wie in Abschnitt 8.2.1, »Den Navigationsbereich erweitern«, auf Seite 292 gezeigt, können Sie ihn auch direkt im Explorer markieren ❷.

2 Im Inhaltsbereich werden nun alle gelöschten Dateien und Ordner aufgeführt. Markieren Sie hier das Element, das Sie wiederherstellen möchten, per Mausklick.

3 Klicken Sie in der Symbolleiste auf das Symbol mit den drei Punkten [...]. In der aufklappenden Liste wählen Sie die Schaltfläche **Ausgewählte Elemente wiederherstellen**. Wenn Sie den gesamten Inhalt des Papierkorbes wiederherstellen möchten, wählen Sie stattdessen die Schaltfläche **Alle Elemente wiederherstellen** ❸.

4 Die gelöschten Elemente werden aus dem Papierkorb entfernt und wieder an den Originalspeicherort geschoben.

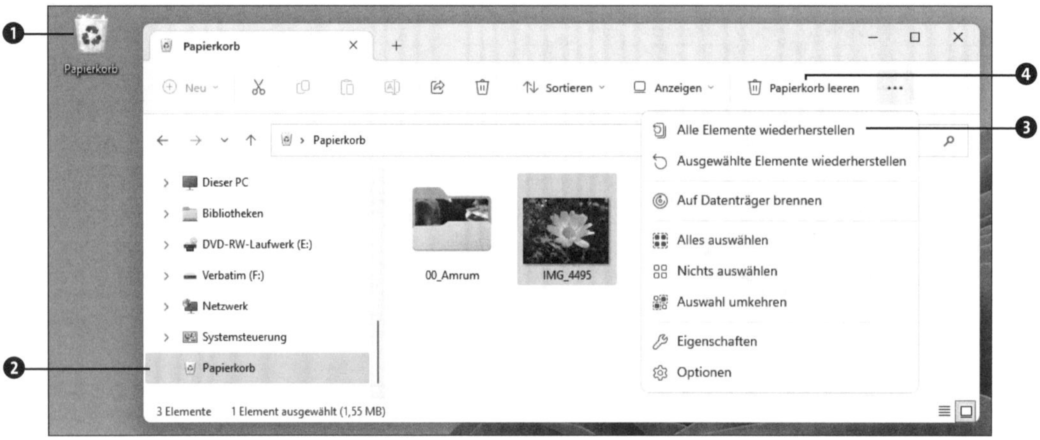

5 Befinden sich im Papierkorb nur noch Elemente, die Sie definitiv nicht mehr benötigen, sollten Sie den **Papierkorb leeren** ❹. Damit sorgen Sie wieder für freien Speicherplatz auf der Festplatte.

TIPP

Die Eigenschaften des Papierkorbes anpassen

Sie sind sich sicher, dass Sie Dateien immer sofort endgültig löschen wollen, anstatt den sicheren Weg über den Papierkorb zu gehen? Dieses Verhalten lässt sich mithilfe der Eigenschaften des Papierkorbes einstellen. Diese rufen Sie mit einem rechten Mausklick auf den Papierkorb im Explorer oder auch auf das Desktopsymbol und durch Auswahl des Befehls **Eigenschaften** auf. Im Dialog **Eigenschaften von Papierkorb**, der nun geöffnet wird, markieren Sie die Option **Dateien sofort löschen**. Sicherheitshalber sollten Sie auch das Häkchen bei **Dialog zur Bestätigung des**

Löschvorgangs anzeigen setzen. Dadurch ist sichergestellt, dass Sie beim Löschen einer Datei noch einmal genauer darüber nachdenken, ob Sie den Vorgang wirklich durchführen wollen. Bestätigen Sie die Einstellung mit **Übernehmen** und **OK**.

8.9 Dateien mit Markierungen versehen

Möglicherweise kommt Ihnen die folgende Situation bekannt vor: Sie suchen für ein Profilbild das gelungene Porträt aus Ihrem letzten Urlaub. Unglücklicherweise wissen Sie aber nicht, in welchem Ordner sich das gesuchte Bild befindet. Hier schlägt nun die große Stunde der Markierungen, die im Englischen auch *Tags* genannt werden. Immer wenn Sie eine interessante bzw. wichtige Datei vor sich haben, sollten Sie diese mit entsprechenden Stichwörtern kenntlich machen, um dem Explorer später die Suche nach der betreffenden Datei zu erleichtern. Für das oben genannte Beispiel eines Profilbildes könnte das Stichwort für das Foto z. B. der Name der Person sein, die auf dem Bild zu sehen ist. Interessant ist es auch, den Ort zu ergänzen, an dem ein Foto aufgenommen wurde. Ihrer Fantasie sind hier keine Grenzen gesetzt. Und so nehmen Sie die Markierungen vor:

1. Wechseln Sie im Explorer in den Ordner, in dem sich das oder die Bilder befinden, denen Sie gleich Markierungen zuweisen möchten.
2. Wählen Sie das zu markierende Foto per Mausklick aus. Wenn Sie mehrere Bilder markieren möchten, halten Sie die Taste `Strg` gedrückt, während Sie die einzelnen Dateien anklicken. Um alle Bilder innerhalb des Ordners auszuwählen, drücken Sie die Tastenkombination `Strg` + `A`.
3. Klicken Sie in der Symbolleiste nacheinander auf **Anzeigen ▸ Einblenden ▸ Detailbereich ❶**. In der rechten Fensterhälfte des Explorers wird nun der Detailbereich eingeblendet, der die verschiedenen Eigenschaften einer oder mehrerer Dateien anzeigt.
4. Klicken Sie hier auf den Eintrag rechts vom Feld **Markierungen ❷**. Ein Feld mit der Beschriftung **Markierung hinzufügen** wird eingeblendet.
5. Tragen Sie in dieses Feld ein Stichwort ein, das für alle zuvor gewählten Aufnahmen gilt, also etwa den Namen der Person, die auf diesen Fotos zu sehen ist, oder auch den Ort, an dem die Aufnahmen entstanden sind. Sie können an dieser Stelle auch mehrere Stichwörter vergeben, die Sie jeweils durch den Strichpunkt (;) voneinander trennen ❸.

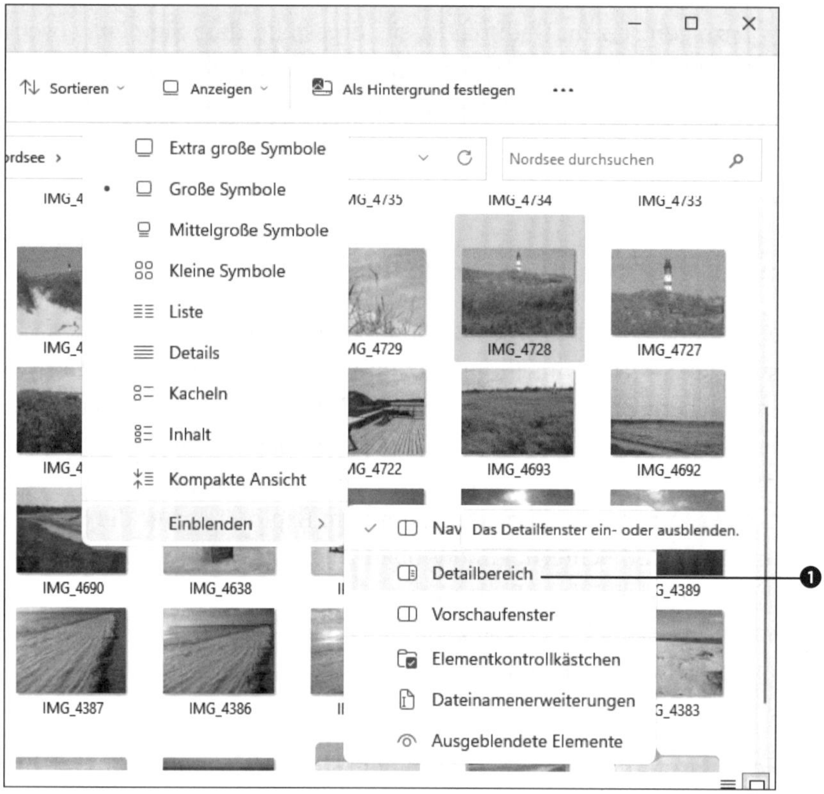

6 Gefällt Ihnen ein Bild besonders gut, bietet sich auch eine Bewertung an. Rechts vom gleichnamigen Feld werden fünf zunächst farblose Sterne angezeigt. Zählt das Foto zu einem Ihrer Lieblingsbilder, klicken Sie den Stern ganz rechts an. Hierdurch werden alle fünf Sterne gelb gefärbt.

7 Haben Sie alle Markierungen für die ausgewählten Bilder ergänzt, klicken Sie am unteren Rand des Detailbereichs auf **Speichern**.

Das hier beschriebene Verfahren funktioniert natürlich nicht nur bei Bildern. Sie können so auch Musikdateien bewerten oder Word-Dateien mit Markierungen versehen. Probieren Sie es einfach aus. In Kapitel 10, »In Windows 11 erfolgreich auf die Suche gehen«, ab Seite 403 zeige ich Ihnen, wie Sie Dateien anhand der Markierungen und Bewertungen schneller wiederfinden.

8.10 Zugriffsrechte auf Dateien und Ordner verwalten

Wer seinen Computer gemeinsam mit anderen Personen nutzt, möchte bestimmte Daten möglicherweise auch diesen Personen zugänglich machen. Doch nicht jeder Nutzer darf auch beliebig auf alle Dateien zugreifen. Für die entsprechenden Regeln sorgt das Zugriffssystem, das jedem Nutzer bestimmte Zugriffsrechte gewährt oder verwehrt. Wenn Sie wissen möchten, welche Zugriffsrechte Windows 11 für eine Datei oder auch einen Ordner vorsieht, klicken Sie im Explorer mit der rechten Maustaste auf die Datei bzw. den Ordner. Im Kontextmenü wählen Sie den Befehl **Eigenschaften**. Alternativ hierzu können Sie nach dem Markieren der Datei auch die Tastenkombination `Alt` + `↵` drücken.

Wechseln Sie im **Eigenschaften**-Dialog auf die Registerkarte **Sicherheit** ❶. Wenn Sie nun im Feld **Gruppen- oder Benutzernamen** einen Benutzer markieren ❷, erfahren Sie in der Liste **Berechtigungen für ...**, welche Zugriffsrechte gewährt und welche verweigert werden ❸.

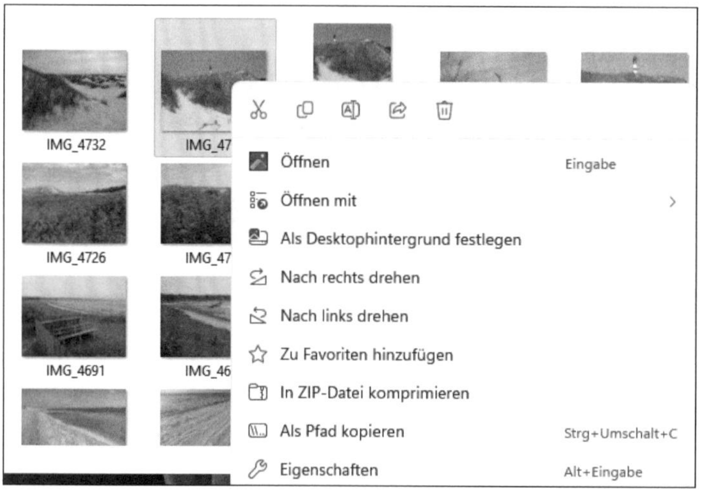

Abbildung 8.20 Die Eigenschaften einer Datei rufen Sie über das Kontextmenü auf.

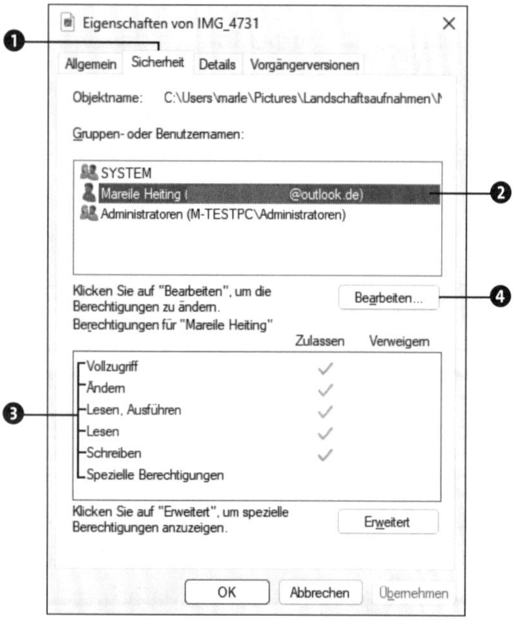

Abbildung 8.21 Die Zugriffsrechte einer Datei oder eines Ordners erreichen Sie über den jeweiligen Eigenschaften-Dialog.

Generell unterscheidet man Benutzergruppen und einzelne Benutzer. Ihr Administratorkonto gehört beispielsweise zur Gruppe der Administratoren, während ein Standardbenutzer der Gruppe der ganz normalen Benutzer (auf Englisch *Users*) zugeordnet wird.

Was es mit diesen beiden Kontotypen auf sich hat, erfahren Sie in Abschnitt 5.1, »Sicherheitsaspekte – Administrator versus Standardbenutzer«, ab Seite 139.

Mitglieder der Standardbenutzergruppe dürfen Dateien von anderen Mitgliedern zumeist nur lesen, diese aber nicht verändern oder gar löschen. In der Regel ist es noch nicht einmal möglich, in das Verzeichnis eines anderen Benutzers zu wechseln. Das können Sie leicht überprüfen, indem Sie versuchen, mit einem Standardbenutzerkonto mithilfe des Explorers in das Verzeichnis eines anderen Benutzers zu gelangen. Rufen Sie hierzu im Navigationsbereich nacheinander **Dieser PC** ▸ **(C:)** ▸ **Benutzer** auf, und markieren Sie den Namen eines anderen Benutzers. Sofort meldet sich die Benutzerkontensteuerung mit einer entsprechenden Meldung zu Wort.

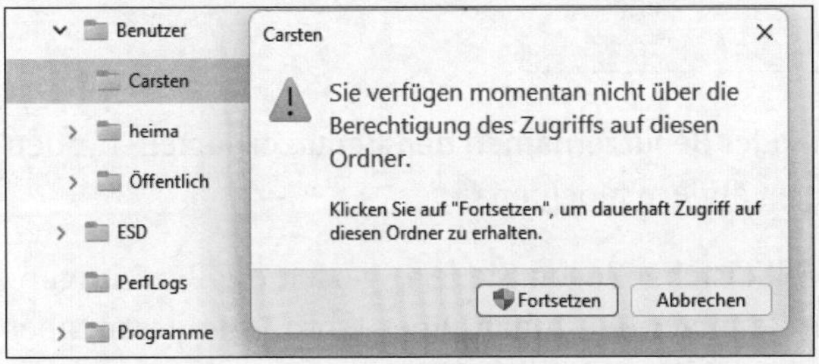

Abbildung 8.22 Die Benutzerkontensteuerung verhindert den Zugriff auf fremde Verzeichnisse.

Man kann unter Windows aber gezielt Zugriffsrechte von Dateien oder Ordnern verändern, wenn man in deren Besitz ist, und kann sie so auch für andere Nutzer freigeben. Das geht folgendermaßen:

1. Melden Sie sich mit dem Konto an, das den Vollzugriff auf eine Datei oder einen Ordner hat, deren bzw. dessen Benutzerrechte Sie ändern möchten. Diesen Vollzugriff haben Sie normalerweise dann, wenn Sie selbst die Datei oder den Ordner erstellt haben.

2. Blenden Sie die Datei im Inhaltsbereich des Explorers ein. Klicken Sie mit der rechten Maustaste auf die Datei, und wählen Sie im Kontextmenü den Befehl **Eigenschaften**. Wechseln Sie im **Eigenschaften**-Dialog auf die Registerkarte **Sicherheit**. Klicken Sie hier auf die Schaltfläche **Bearbeiten** (❹ auf Seite 340). Der Dialog **Berechtigungen für ...** wird geöffnet.

3. Mithilfe der Schaltfläche **Hinzufügen** ❺ können Sie nun weitere Benutzer ergänzen, die die Datei bearbeiten dürfen. Der Dialog **Benutzer oder Gruppen auswählen** wird geöffnet.

4. Geben Sie den Namen des Benutzers oder der Gruppe in das Feld **Geben Sie die zu verwendenden Objektnamen ein** ❻ ein. Nach einem Klick auf **Namen überprüfen** ❼

wird dieser dann automatisch um einen Systempfad der Form *Rechnername\Benutzername* ergänzt. Bestätigen Sie den Dialog mit **OK**. Damit befinden Sie sich wieder automatisch im Dialog **Berechtigungen für ...**.

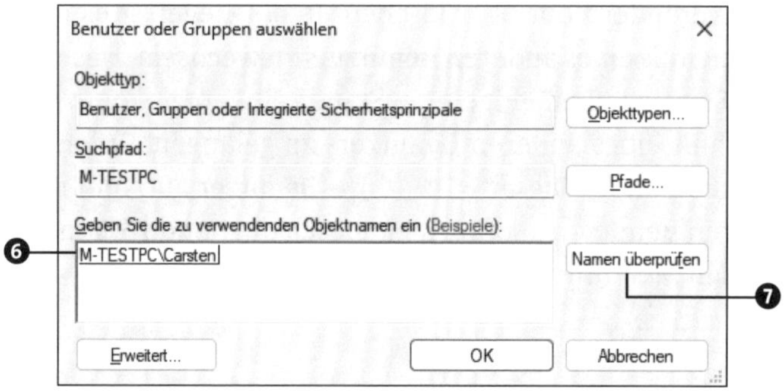

5 Markieren Sie im Feld **Gruppen- oder Benutzernamen** den Benutzernamen, für den Sie gleich die Dateiberechtigungen ändern möchten ❽.

6 Über die entsprechenden Kontrollkästchen legen Sie jetzt gezielt die Berechtigungen fest. Soll beispielsweise ein Benutzer den Inhalt einer Word-Datei lesen, aber nicht verändern können, dann setzen Sie in der Spalte **Zulassen** ein Häkchen bei **Lesen** ❾, nicht aber bei **Schreiben**.

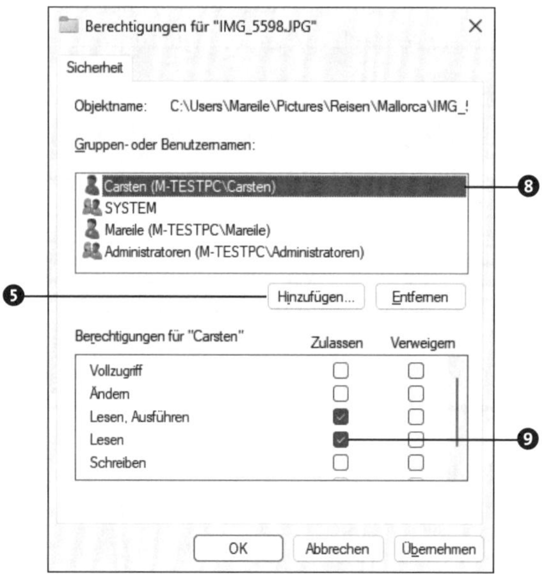

Finger weg von den Berechtigungen der Systemdateien!
An dieser Stelle eine ausdrückliche Warnung: Versuchen Sie nicht, mithilfe eines Administratorkontos den Schreibschutz von Systemdateien auszuhebeln. Das unbedachte Löschen einer solchen Datei kann zum kompletten Ausfall des Computers führen.

ACHTUNG

8.11 Die Zwischenablage von Windows 11 mit neuer Funktionalität

Kopieren Sie eine Textpassage auf einer Webseite, wird sie in der Zwischenablage gespeichert und lässt sich von dort z. B. über die Tastenkombination `Strg` + `V` in einem anderen Programm einfügen. Eigentlich ist das sehr praktisch, wäre da nicht ein kleiner Wermutstropfen: Denn per Standardeinstellung ist die Zwischenablage auf einen Eintrag begrenzt. Sobald Sie also das nächste Element kopieren, etwa einen Tabellenausschnitt in einer Excel-Arbeitsmappe, wird das zuvor in der Ablage gespeicherte Element (z. B. die kopierte Textpassage) durch das neue Element ersetzt. Schon mit dem Herbst-Update 2018 von Windows 10 wurde diese Begrenzung der Zwischenablage aufgehoben. Seither lassen sich in Windows 10 sowie auch in Windows 11 bis zu 25 Elemente in der Ablage speichern. Wenn Sie möchten, können Sie den Inhalt der Zwischenablage sogar über die Cloud OneDrive mit anderen Geräten synchronisieren.

8.11.1 Die erweiterte Zwischenablage nutzen

Um in den Genuss der erweiterten Zwischenablage zu kommen, muss zunächst der sogenannte *Zwischenablageverlauf* aktiviert werden. In den folgenden Schritten erfahren Sie, wie Sie hierzu vorgehen und welche neuen Möglichkeiten die Zwischenablage Ihnen anschließend bietet:

1. Starten Sie die **Einstellungen**-App, z. B. über die Tastenkombination `⊞` + `I`. Rufen Sie die Kategorie **System** ❶ auf, und markieren Sie am unteren Rand der rechten Spalte die **Zwischenablage** ❷.

2. Setzen Sie in der rechten Fensterhälfte den Regler rechts von **Zwischenablageverlauf** auf **Ein** ❸. Die erweiterte Zwischenablage ist damit aktiviert und kann verwendet werden.

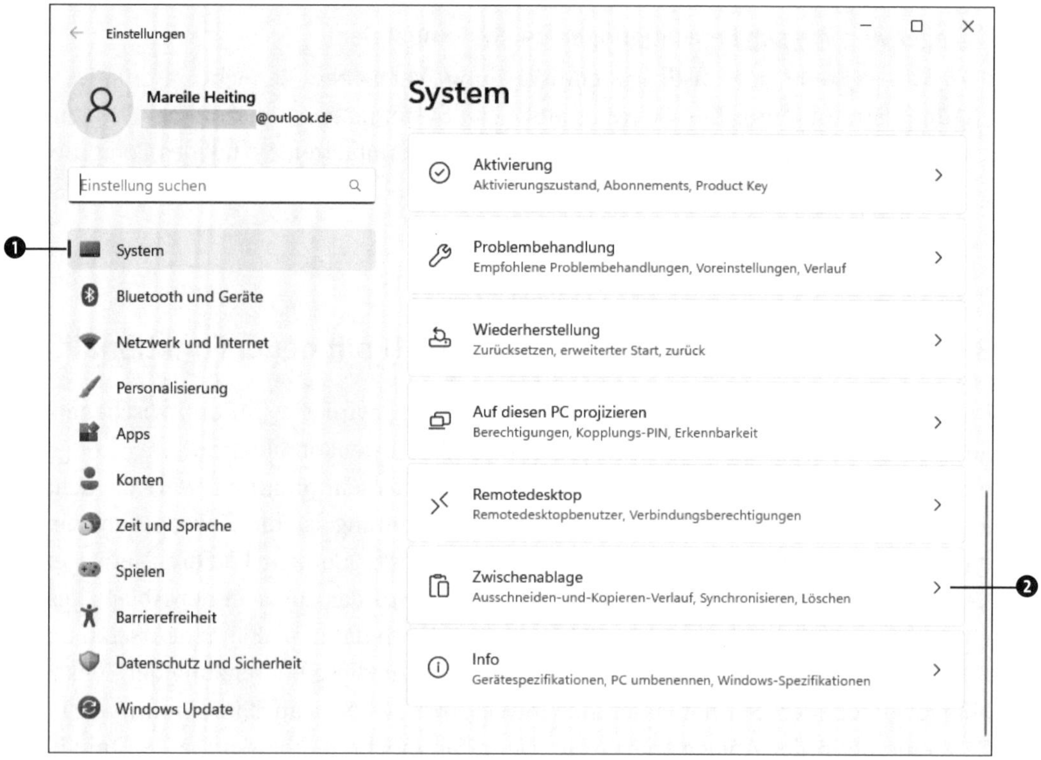
Einstellungen
Mareile Heiting
@outlook.de
Einstellung suchen
System
Bluetooth und Geräte
Netzwerk und Internet
Personalisierung
Apps
Konten
Zeit und Sprache
Spielen
Barrierefreiheit
Datenschutz und Sicherheit
Windows Update
System
Aktivierung
Aktivierungszustand, Abonnements, Product Key
Problembehandlung
Empfohlene Problembehandlungen, Voreinstellungen, Verlauf
Wiederherstellung
Zurücksetzen, erweiterter Start, zurück
Auf diesen PC projizieren
Berechtigungen, Kopplungs-PIN, Erkennbarkeit
Remotedesktop
Remotedesktopbenutzer, Verbindungsberechtigungen
Zwischenablage
Ausschneiden-und-Kopieren-Verlauf, Synchronisieren, Löschen
Info
Gerätespezifikationen, PC umbenennen, Windows-Spezifikationen
1
2

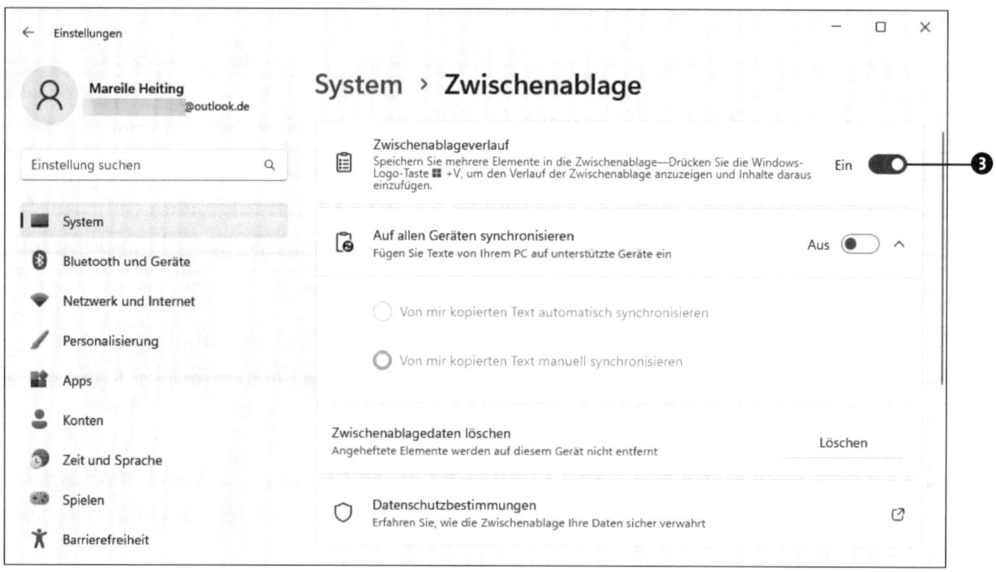
Einstellungen
Mareile Heiting
@outlook.de
Einstellung suchen
System
Bluetooth und Geräte
Netzwerk und Internet
Personalisierung
Apps
Konten
Zeit und Sprache
Spielen
Barrierefreiheit
System › Zwischenablage
Zwischenablageverlauf
Speichern Sie mehrere Elemente in die Zwischenablage—Drücken Sie die Windows-Logo-Taste +V, um den Verlauf der Zwischenablage anzuzeigen und Inhalte daraus einzufügen.
Ein
Auf allen Geräten synchronisieren
Fügen Sie Texte von Ihrem PC auf unterstützte Geräte ein
Aus
Von mir kopierten Text automatisch synchronisieren
Von mir kopierten Text manuell synchronisieren
Zwischenablagedaten löschen
Angeheftete Elemente werden auf diesem Gerät nicht entfernt
Löschen
Datenschutzbestimmungen
Erfahren Sie, wie die Zwischenablage Ihre Daten sicher verwahrt
3

TIPP

Zwischenablageverlauf deaktivieren
Sollten Sie den Zwischenablageverlauf später einmal nicht mehr nutzen wollen, wiederholen Sie einfach Schritt 1 von Seite 343. Setzen Sie dann den Regler rechts von **Zwischenablageverlauf** auf **Aus**, und schon ist die Funktion deaktiviert.

Um Elemente in der Zwischenablage zu speichern, stehen Ihnen alle Methoden zur Auswahl, die Sie auch bisher genutzt haben. Hier eine Auswahl:

- Sobald Sie ein markiertes Element über die Tastenkombination `Strg` + `C` kopieren oder über `Strg` + `X` ausschneiden, befindet es sich in der Zwischenablage.
- Statt mit der Tastenkombination können Sie die entsprechenden Befehle auch über das Kontextmenü eines markierten Elements aufrufen.
- Auch im Menüband eines Programms wie Microsoft Word finden Sie entsprechende Befehle zum **Kopieren** oder **Ausschneiden** eines Elements ❹.

Abbildung 8.23 Ein zuvor markiertes Element kann z. B. über die Befehle im Menüband oder auch im Kontextmenü kopiert und ausgeschnitten werden.

- Drücken Sie die Taste `Druck`, wird ein Screenshot der gesamten Bildschirmoberfläche aufgenommen, der ebenfalls in der Zwischenablage gespeichert wird.
- Mit der Tastenkombination `Alt` + `Druck` lässt sich ein Screenshot des aktiven Elements, also des im Vordergrund befindlichen Programm- oder Dialogfensters aufnehmen. Dieser Screenshot steht anschließend ebenfalls in der Zwischenablage zur weiteren Nutzung bereit.

Auf die beschriebene Weise lassen sich Texte, Bilder und Elemente von Webseiten kopieren. Die Größe eines jeden Elements in der erweiterten Zwischenablage ist allerdings auf 4 MB beschränkt. Um das zuletzt der Zwischenablage hinzugefügte Element an der gewünschten Stelle einzufügen, reicht weiterhin die bereits gewohnte Tastenkombination Strg + V oder der **Einfügen**-Befehl, den Sie z. B. über das Kontextmenü oder im Menüband bzw. der Symbolleiste eines Programms erreichen.

Die folgenden Schritte zeigen, wie Sie ein älteres Element aus dem Zwischenablageverlauf abrufen. Wenn Sie die Schritte gleich selbst ausprobieren möchten, kopieren Sie z. B. nacheinander mehrere Textabschnitte und Bilder von Webseiten oder nehmen ein paar Screenshots auf. Anschließend geht es folgendermaßen weiter:

1 Öffnen Sie zunächst das Programm, in dem Sie ein Element aus der Zwischenablage einfügen möchten (z. B. das Textverarbeitungsprogramm Microsoft Word). Stellen Sie sicher, dass sich der Mauszeiger an der Stelle befindet, an der das eingefügte Element erscheinen soll ❶.

2 Drücken Sie die Tastenkombination ⊞ + V. Hierdurch wird der Zwischenablage-Dialog geöffnet.

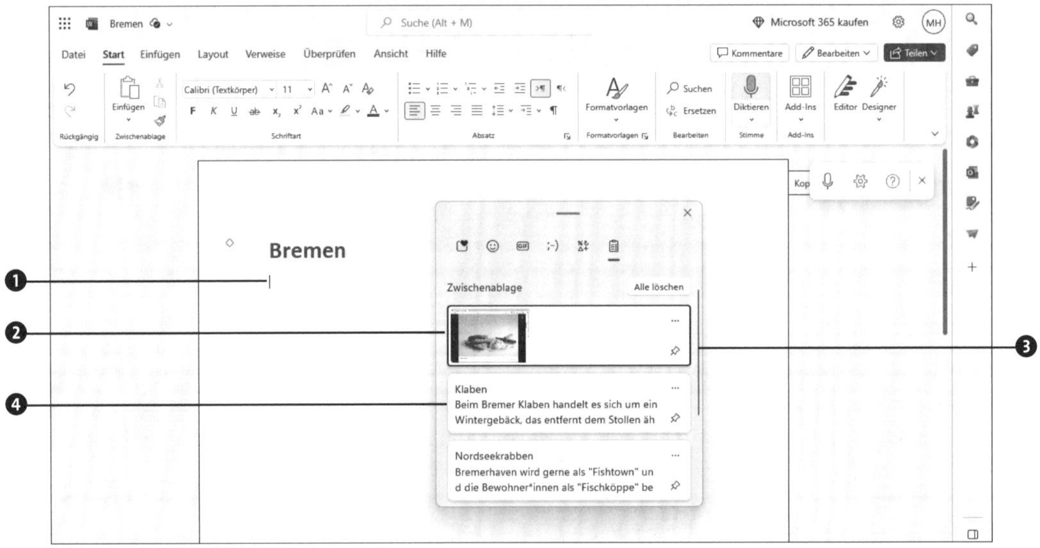

3 Im Dialog sind zunächst die letzten drei hinzugefügten Elemente zu sehen, wobei sich das neueste Element am Beginn der Liste befindet und markiert ist ❷. Sollten Sie mehr als drei Elemente kopiert haben, müssen Sie im Dialog blättern. Wenn Sie eine Computermaus mit Scrollrad nutzen, positionieren Sie hierzu einfach den Mauszeiger über dem Dialog und drehen das Scrollrad. Alternativ setzen Sie den

Mauszeiger am rechten Rand des Dialogs auf die Bildlaufleiste und ziehen diese dann mit gedrückter linker Maustaste nach unten ❸. Auf einem Touchscreen reicht eine vertikale Wischbewegung.

4 Haben Sie das gewünschte Element entdeckt, reicht ein Mausklick darauf ❹, und schon wird es an der gewünschten Stelle eingefügt.

Der Zwischenablageverlauf bietet, wie bereits erwähnt, Platz für maximal 25 Elemente. Ab dann wird für jedes neu hinzugefügte Element automatisch das älteste in der Zwischenablage gelöscht. Sie können allerdings auch selbst für freien Platz sorgen, indem Sie Elemente aus der Zwischenablage entfernen. Umgekehrt können Sie Elemente auch dauerhaft in der Zwischenablage verankern, um ein automatisches Löschen zu verhindern.

1 Blenden Sie den Dialog **Zwischenablage** über die Tastenkombination [Win] + [V] ein.

2 Blättern Sie im Dialog bis zu dem Element, das Sie nicht mehr benötigen. Am rechten Rand des Elements finden Sie ein kleines Symbol mit drei Punkten [...] ❶. Klicken Sie darauf, und wählen Sie das nun sichtbare Papierkorbsymbol zum Löschen ❷. Das Element wird aus der Zwischenablage entfernt.

3 Über den Befehl **Alle löschen** ❸ können Sie den gesamten Inhalt der Zwischenablage in einem Rutsch leeren. Auch wenn Sie den Computer herunterfahren, geschieht dies automatisch.

Gibt es ein Element, das Sie immer wieder benötigen? Dann nutzen Sie die Möglichkeit, den Text oder auch das Bild fest in der Zwischenablage anzuheften.

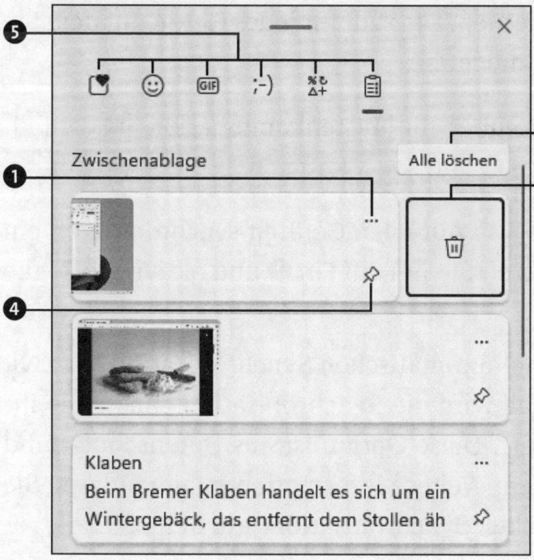

4 Klicken Sie im Dialog **Zwischenablage** rechts vom gewünschten Element auf das das Pinnnadelsymbol [Pin] ❹. Das Element bleibt nun dauerhaft in der Zwischenablage, auch dann, wenn Sie den kompletten Inhalt (wie in Schritt 3 gezeigt) leeren oder den PC herunterfahren.

5 Benötigen Sie das angepinnte Element irgendwann doch nicht mehr, rufen Sie den Dialog **Zwischenablage** über die Tastenkombination [Win] + [V] auf.

6 Zum Lösen des Elements klicken Sie jetzt auf das schwarz gefärbte Pinnnadelsymbol [Pin]. Das Element wird nun nur noch so lange in der Zwischenablage gespeichert, bis Sie es entweder selbst löschen, den gesamten Inhalt der Zwischenablage leeren, den PC ausschalten oder bis das Element durch ein neu hinzugefügtes Element ersetzt wird.

7 Über die Symbole am oberen Rand des Zwischenablagedialogs können Sie sich Smileys, GIFs (also animierte Bilder) oder auch Symbole anzeigen lassen ❺. Mit einem Mausklick auf eines der Symbole fügen Sie es in der gerade geöffneten Datei ein.

8.11.2 Den Inhalt der Zwischenablage mit anderen Geräten synchronisieren

Sie arbeiten immer wieder mit unterschiedlichen Geräten wie einem Windows-PC, -Notebook oder auch -Tablet, auf denen Sie sich aber jeweils mit demselben Microsoft-Konto anmelden? In diesem Fall können Sie den Zwischenablageverlauf über die Cloud OneDrive synchronisieren und so den Inhalt der Zwischenablage auf jedem dieser Geräte nutzen. Bevor die Synchronisation erfolgen kann, muss die entsprechende Funktion erst in der **Einstellungen**-App aktiviert werden. Dies gilt für jedes Gerät, auf dem Sie auf Elemente der Zwischenablage zugreifen möchten.

1 Starten Sie die **Einstellungen**-App, z. B. über die Tastenkombination [Win] + [I]. Rufen Sie dann **System** ▸ **Zwischenablage** ❶ auf.

2 In der rechten Fensterhälfte wird rechts von **Auf allen Geräten synchronisieren** ein Regler eingeblendet. Mit einem Klick setzen Sie ihn auf **Ein** ❷ und aktivieren so die Synchronisation der Zwischenablage.

Per Standardeinstellung ist die Option zur automatischen Synchronisation der Zwischenablage ausgewählt ❸. In diesem Fall wird die Synchronisation ganz ohne Ihr Zutun mit all Ihren Geräten durchgeführt. Diese Option ist aus Datenschutz- und Sicherheitsgründen sehr kritisch zu sehen. Weitere Informationen hierzu lesen Sie im Kasten »Augen auf bei der automatischen Synchronisation« auf Seite 351.

3 Aus Sicherheitsgründen sollten Sie sich für die Option **Von mir kopierten Text manuell synchronisieren** entscheiden ❹.

Ist die Option aktiviert, liegt es in Ihrer Hand, welche Einträge in die Cloud OneDrive übertragen und von dort mit anderen Geräten synchronisiert werden. Die Freigabe zur Synchronisation nehmen Sie im Zwischenablageverlauf vor.

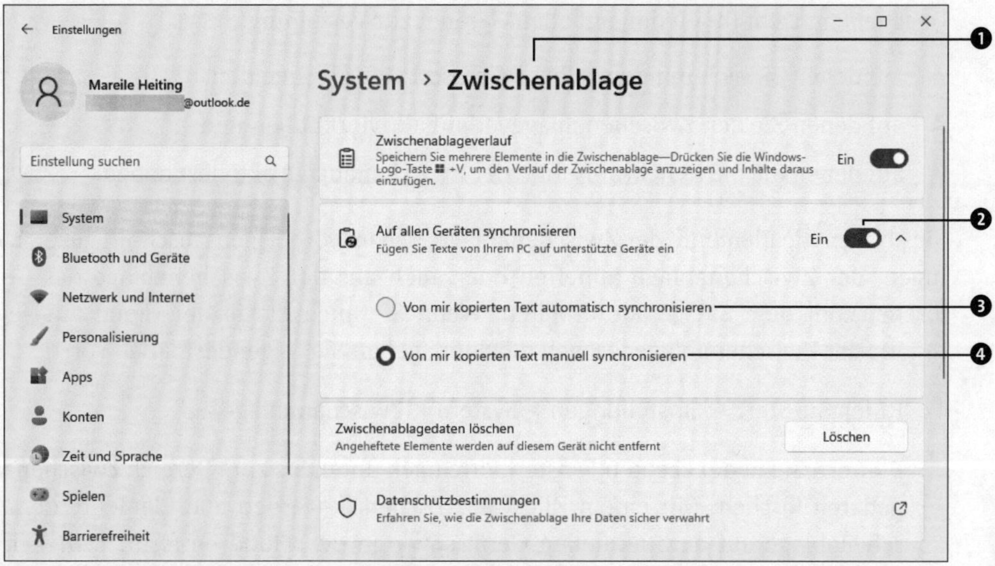

4 Rufen Sie den Dialog **Zwischenablage** über die Tastenkombination [Win] + [V] auf.

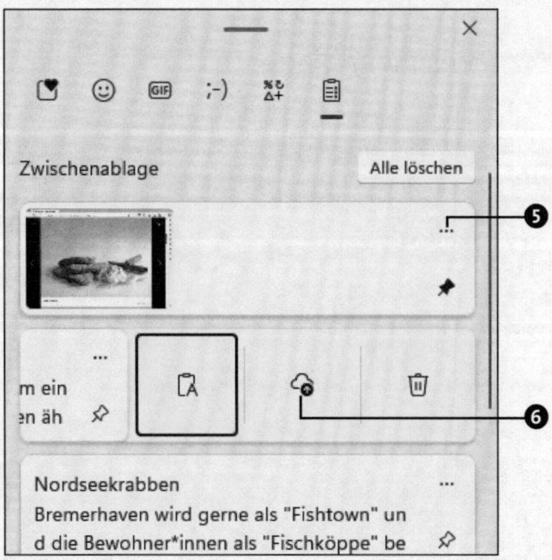

5 Blättern Sie im Dialog bis zum gewünschten Element, das synchronisiert werden soll. Klicken Sie am rechten Rand des Elements auf das Symbol [...] ❺, und wählen Sie dann das OneDrive-Symbol in Form einer Wolke ❻ zur Synchronisierung aus. Wird Ihnen der Befehl nicht angeboten, ist das Element höchstwahrscheinlich zu groß für die Synchronisation per Cloud.

Das Element steht Ihnen nun auf allen Geräten zur Verfügung,

- auf denen Sie sich mit demselben Microsoft-Konto anmelden,
- auf denen Sie den Zwischenablageverlauf aktiviert haben und
- auf denen Sie die Synchronisation der Zwischenablage aktiviert haben.

Sie können die Elemente der Zwischenablage, wie im vorherigen Abschnitt gezeigt, einfügen, der Zwischenablage anheften oder auch aus der Zwischenablage des Geräts löschen, mit dem Sie gerade arbeiten. Wenn Sie auch die in der Cloud abgelegten Inhalte der Zwischenablage löschen möchten, gehen Sie folgendermaßen vor:

1 Rufen Sie **Start ▸ Einstellungen ▸ System ▸ Zwischenablage** auf.

2 Blättern Sie in der rechten Fensterhälfte nach unten bis zum Bereich **Zwischenablagedaten löschen**. Mit einem Klick auf **Löschen** ❶ werden alle Elemente der Zwischenablage auf dem aktuellen Gerät sowie in der Cloud entfernt. Lediglich die angehefteten Elemente bleiben erhalten.

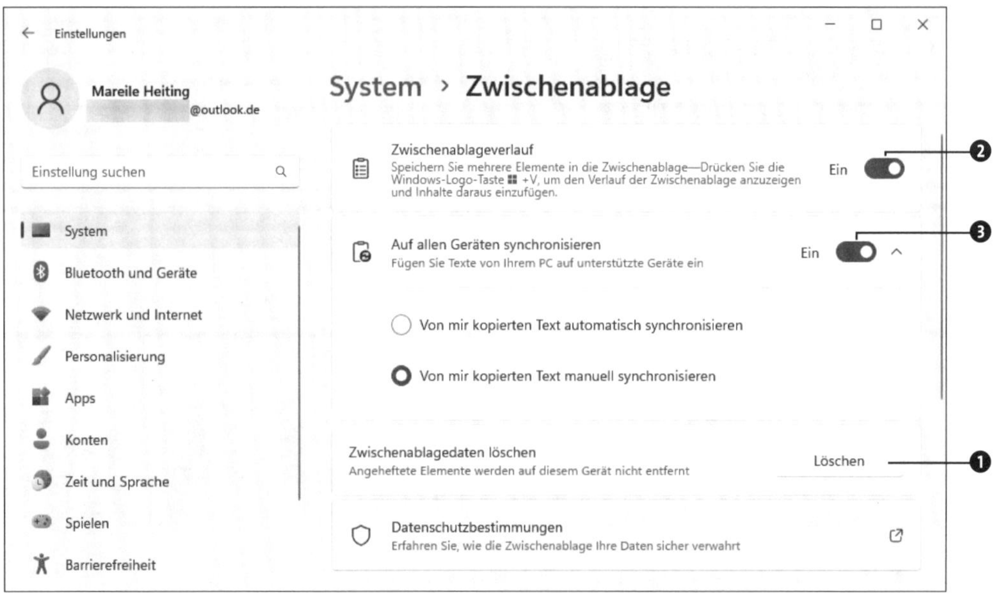

Wenn Sie den Zwischenablageverlauf irgendwann nicht mehr nutzen möchten, sollten Sie ihn wieder deaktivieren. Dies gilt auch für die Synchronisation des Zwischenablageinhalts. Hierzu reicht es, in der **Einstellungen**-App unter **Zwischenablage** die beiden Regler **Zwischenablageverlauf** ❷ sowie **Auf allen Geräten synchronisieren** ❸ auf **Aus** zu setzen.

INFO

Augen auf bei der automatischen Synchronisation

Was immer Sie während Ihrer Arbeit am PC kopieren, landet in der Zwischenablage. Dabei kann es sich um harmlose Bilder und Texte handeln, aber ebenso um ausgesprochen heikle Daten. Kopieren Sie z. B. aus einem Passwort-Manager heraus ein Passwort, befindet sich dieses damit ebenfalls automatisch in der Zwischenablage. Haben Sie nun die automatische Synchronisation der Zwischenablage gewählt, wird auch das Passwort in der Cloud OneDrive abgelegt. Solche sensiblen Daten haben aus Sicherheitsgründen aber nichts in einem Onlinespeicher verloren. Wenn Sie Wert auf Sicherheit legen, sollten Sie sich deshalb immer für die manuelle Synchronisation entscheiden, sofern Sie den Inhalt der Zwischenablage denn wirklich auf mehreren Geräten benötigen.

8.12 Nützliche Tastaturkürzel für den Explorer

Zum Abschluss dieses Kapitels gebe ich Ihnen noch eine Tabelle mit auf den Weg, die die wichtigsten Tastaturbefehle für den Explorer enthält.

Tastenkombination	Wirkung
[Windows] + [E]	Öffnet den Explorer.
[Alt] + [P]	Blendet das Vorschaufenster am rechten Rand des Programmfensters ein bzw. aus.
[Alt] + [←]	Wechselt zu einem zuvor geöffneten Ordner.
[Alt] + [↑]	Führt in der Ordnerhierarchie eine Stufe nach oben.
[Strg] + [E]	Aktiviert das Suchfeld rechts oben.

Tabelle 8.1 Mit Tastaturkürzeln ist die Bedienung des Explorers noch komfortabler.

Tastenkombination	Wirkung
Strg + N	Öffnet ein weiteres Programmfenster des Explorers.
Strg + ⇧ + N	Erzeugt einen neuen Ordner im aktuellen Ordner.
Strg + Mausrad nach oben bzw. unten	Vergrößert bzw. verkleinert Symbole in der aktuellen Ansicht.
Strg + A	Markiert alle Elemente innerhalb eines zuvor ausgewählten Ordners.
Strg + C	Kopiert zuvor markierte Elemente.
Strg + V	Fügt die zuvor kopierten Elemente ein.
Strg + X	Schneidet zuvor markierte Elemente aus.
Strg + T	Öffnet eine neue Registerkarte.
Strg + ⇆	Navigiert von einer geöffneten Registerkarte zur nächsten.
Strg + W	Schließt die Registerkarte.
Strg + ⇆	von einer Registerkarte zur nächsten wechseln
⊞ + V	Öffnet den Dialog **Zwischenablage**, sofern zuvor der Zwischenablageverlauf über **Start ▶ Einstellungen ▶ System ▶ Zwischenablage** aktiviert wurde.
F2	Benennt ein markiertes Element um.
F4	Zeigt die Adressleiste an.

Tabelle 8.1 Mit Tastaturkürzeln ist die Bedienung des Explorers noch komfortabler. (Forts.)

9 Programme und Apps verwalten

Wo kann man weitere Apps für Windows 11 beziehen? Wie werden klassische Windows-Anwendungen installiert? Und wie wird man nicht mehr benötigte Programme wieder los? All diesen Fragen gehen wir in diesem Kapitel auf den Grund. Zuvor zeige ich Ihnen, wie Sie Programme und Apps starten und nicht den Überblick verlieren, auch wenn Sie mehr als eine Anwendung geöffnet haben.

9.1 Alles rund um den Umgang mit Programmfenstern

Vielleicht kennen Sie auch solche Szenarien: Während man immer wieder den Browser zu Recherchezwecken im Internet nutzt, neu eintreffende E-Mails mit der *Outlook*-App im Blick behält, über den Explorer vielleicht eine Datei öffnet und diese dann mit *Microsoft Word* bearbeitet, lässt man sich noch gemütlich von der *Medienwiedergabe*-App mit seiner Lieblingsmusik berieseln. Und schon hat man fünf Programme parallel geöffnet. Zum Starten von Windows-Anwendungen und -Apps stehen Ihnen diverse Möglichkeiten zur Verfügung:

- Haben Sie ein entsprechendes Symbol in der Taskleiste hinterlegt (❶ auf Seite 354), reicht ein Mausklick darauf, und schon wird das Programm geöffnet.
- Auch über Desktopsymbole ❷ lassen sich Programme sowie Ordner blitzschnell per Doppelklick öffnen. Wie Sie entsprechende Verknüpfungen in der Taskleiste und auf dem Desktop anlegen, erfahren Sie in Kapitel 7, »Nützliche Funktionen des Desktops«, ab Seite 255.

Ein weiterer Weg zum Starten von Anwendungen führt über das Startmenü, das Sie per Klick auf das Windows-Logo auf der Taskleiste einblenden. Existiert für eine Anwendung ein angeheftetes Symbol im Bereich **Angeheftet** des Startmenüs ❸, klicken Sie dieses einfach an. In der App-Liste im Startmenü ❹ finden Sie alle auf dem Computer installierten Apps und Windows-Anwendungen. Ist Ihnen dieser Weg zu umständlich, können Sie zu guter Letzt den Namen der Anwendung auch in das Suchfeld ❺ des Startmenüs eingeben. Windows 11 zeigt sofort das Suchmenü an, in dem Sie die Anwendung dann per Klick auf den entsprechenden Eintrag in der Trefferliste öffnen.

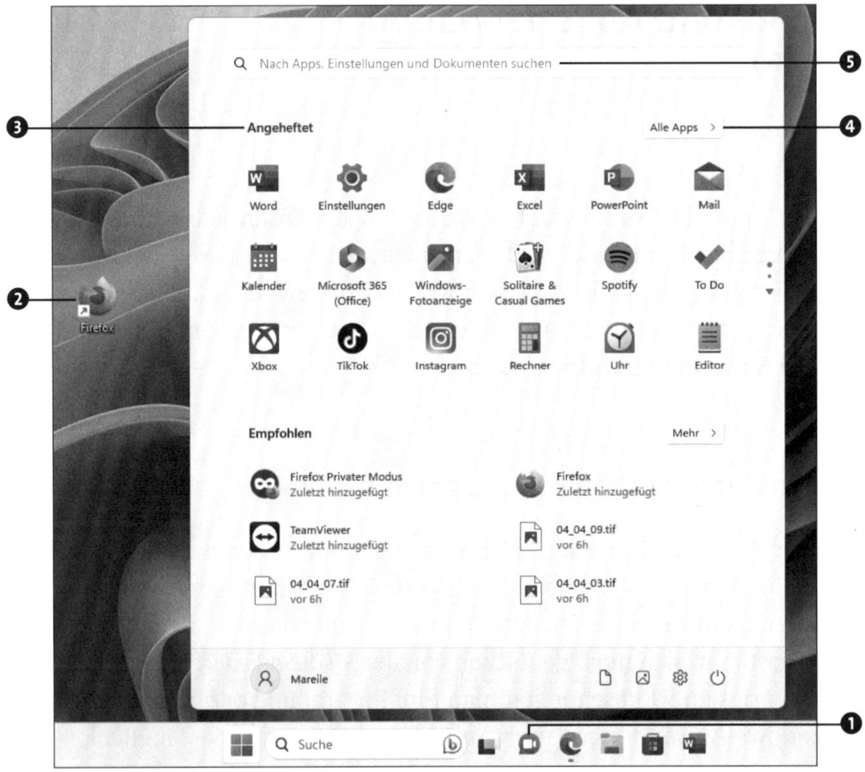

Abbildung 9.1 Apps und Windows-Anwendungen lassen sich auf vielfältige Weise öffnen.

TIPP

Mehrere Instanzen eines Programms öffnen

Bei vielen klassischen Windows-Anwendungen, wie dem *Explorer* oder auch den Programmen von Microsoft Office, lassen sich mehrere Programmfenster parallel öffnen. Wenn Sie den Explorer per Klick auf das Programmsymbol in der Taskleiste starten und dann die Tastenkombination [Win] + [E] drücken, haben Sie automatisch zwei Programmfenster des Explorers geöffnet. Beim Textverarbeitungsprogramm Word reicht es, z. B. über den Explorer zwei Word-Dokumente zu öffnen, und schon erscheinen ebenfalls zwei Programmfenster. Für Apps, wie etwa *Windows-Fotoanzeige* oder auch *Medienwiedergabe*, gilt dies meistens nicht: Sie lassen sich nur einmal starten. Allerdings gibt es auch hier Ausnahmen, wie etwa den Browser *Edge*. Klicken Sie auf einer Webseite, die Sie mit Edge geöffnet haben, mit der rechten Maustaste auf einen Link, können Sie die damit verknüpfte Webseite in einem neuen Programmfenster öffnen, indem Sie im Kontextmenü den Befehl **Link in neuem Fenster öffnen** wählen. Umgekehrt gibt es auch bei den klassischen Windows-Anwendungen Ausnahmen, d. h., auch hier finden Sie Programme, die sich nur einmal starten lassen. Das betrifft z. B. den seit vielen Windows-Versionen verfügbaren

Windows Media Player (unter Windows 11 *Windows Media Player Legacy* genannt). Für diesen gibt es allerdings ein anderes Schmankerl in der Vorschau zu bewundern. Denn sobald Sie den Mauszeiger auf das Programmsymbol in der Taskleiste setzen, werden in der Vorschau auch die Schaltflächen eingeblendet, über die Sie die Musikwiedergabe steuern können. Dies bietet auch die *Medienwiedergabe*-App, wie Sie in Schritt 2 in der nächsten Schritt-für-Schritt-Anleitung sehen können.

9.1.1 Geöffnete Anwendungen im Blick per Vorschaufenster

Mehrere Programme parallel geöffnet zu haben ist keine Seltenheit. Für jede geöffnete Anwendung wird in der Taskleiste ein eigenes Symbol angezeigt. Die geöffneten Programme erkennen Sie hier anhand der Linie ❶, mit der die Programmsymbole jeweils unterstrichen sind. Die Linie des Programmfensters, das sich auf dem Bildschirm im Vordergrund befindet, ist etwas länger ❷.

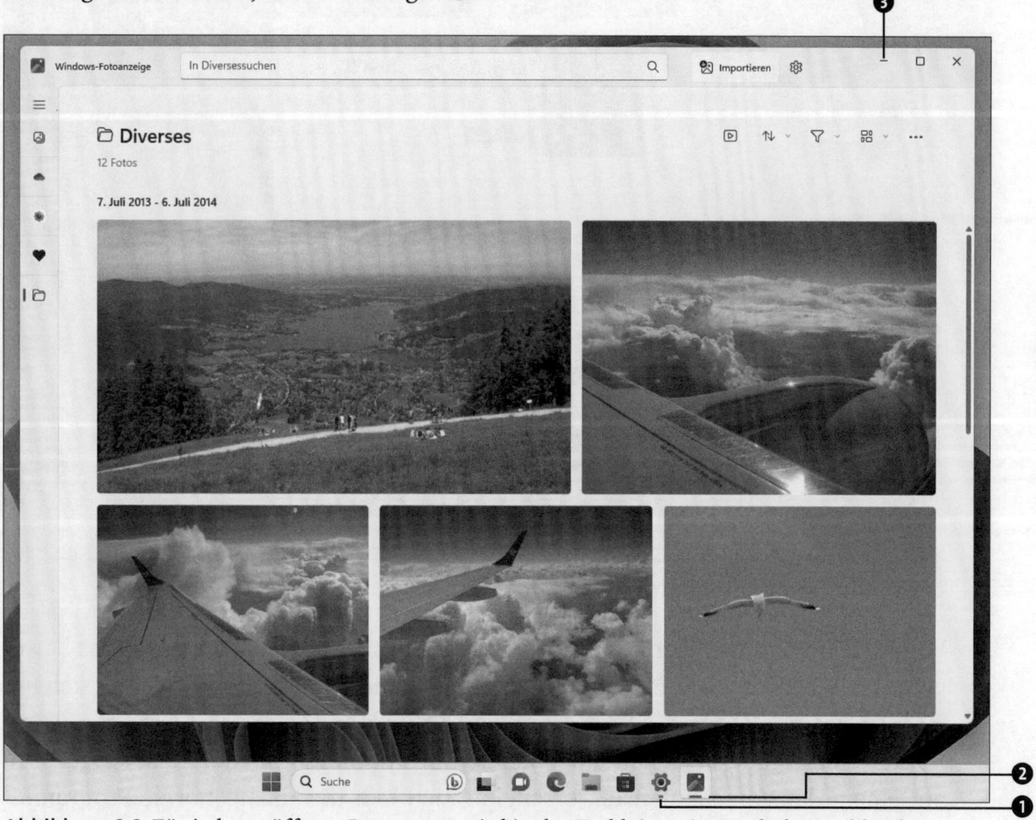

Abbildung 9.2 Für jedes geöffnete Programm wird in der Taskleiste ein Symbol eingeblendet.

Klicken Sie in der rechten oberen Fensterecke auf das Symbol **Minimieren** ❸, wird das Programmfenster ganz ausgeblendet. Übrig bleibt nur das Programmsymbol in der Taskleiste. Sehen wir uns nun an, wie Sie ganz bequem zwischen geöffneten Programmfenstern wechseln können. Im folgenden Beispiel habe ich die Windows-Fotoanzeige-App, die Medienwiedergabe-App, zwei Instanzen des Browsers Edge (lesen Sie hierzu auch den Kasten »Mehrere Instanzen eines Programms öffnen« auf Seite 354) sowie ein Bildbearbeitungsprogramm geöffnet.

1. Wenn Sie den Mauszeiger in der Taskleiste auf dem Symbol einer geöffneten Anwendung ❶ positionieren, wird eine kleine Vorschau des Programmfensters eingeblendet ❷.

2. Ziehen Sie den Mauszeiger nun auf diese Vorschau, erscheint zusätzlich das Programmfenster in der ursprünglichen Größe ❸.

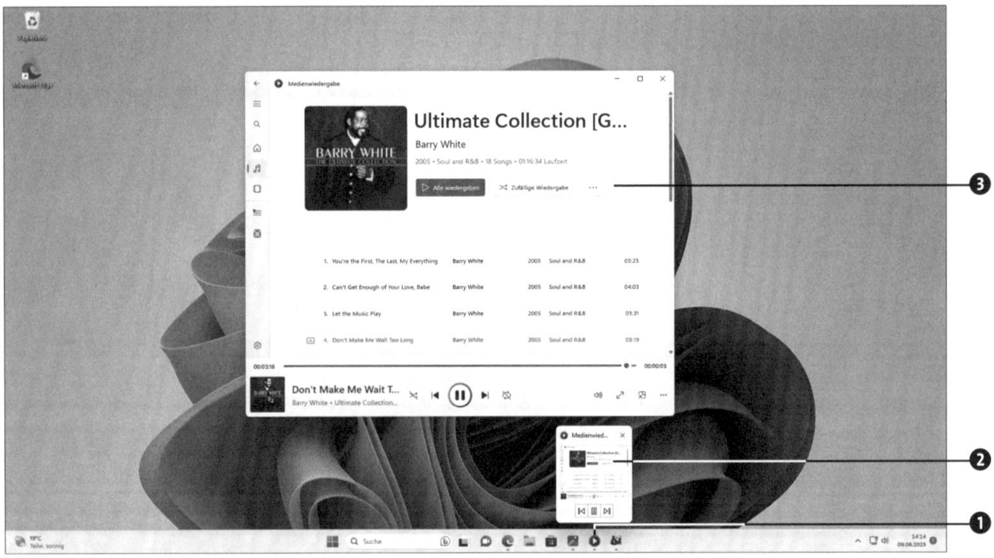

3. Sobald Sie den Mauszeiger von der Vorschau entfernen, verschwindet das Programmfenster auch schon wieder.

4. Wenn Sie den Mauszeiger in der Taskleiste auf das Symbol eines Programms bewegen, von dem Sie mehrere Instanzen geöffnet haben (im Beispiel handelt es sich um zwei Programmfenster des Browsers Edge) ❹, wird für jedes geöffnete Programmfenster eine eigene Vorschau eingeblendet. Positionieren Sie den Mauszeiger nun auf einem der Vorschaufenster, erscheint auch hier das dazugehörige Programmfenster in der ursprünglichen Größe.

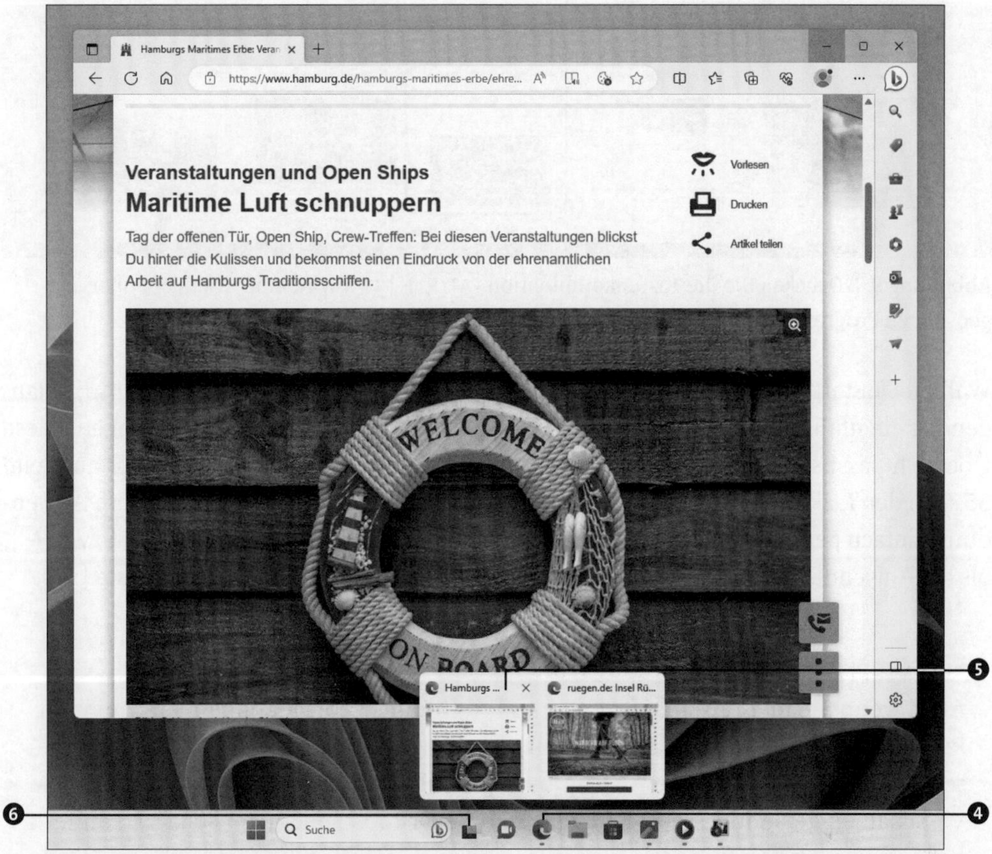

5 Um nun zu einem der geöffneten Programmfenster zu wechseln (sprich, um dieses Fenster auf dem Bildschirm in den Vordergrund zu holen), klicken Sie entweder auf das Programmsymbol in der Taskleiste oder auch auf die entsprechende Vorschau. Sind mehrere Instanzen der Anwendung geöffnet, blendet Windows 11 nach einem Klick auf das Programmsymbol automatisch alle Vorschaufenster ein, aus denen Sie das gewünschte Programmfenster per Mausklick auswählen ❺.

Die kleinen Vorschaufenster sind ausgesprochen praktisch, wenn es darum geht, den Überblick über mehrere geöffnete Programmfenster zu behalten. Es gibt aber auch eine Alternative. Drücken Sie die Tastenkombination `Alt` + `⭾`, werden alle geöffneten Programmfenster als kleine Vorschau auf dem Bildschirm angezeigt. Wenn Sie die Taste `Alt` gedrückt halten, während Sie immer wieder die Taste `⭾` betätigen, gelangen Sie von einer Anwendung zur nächsten. Sobald die Anwendung, zu der Sie wechseln möchten, eingerahmt wird, lassen Sie die `Alt`-Taste los.

Abbildung 9.3 Drücken Sie die Tastenkombination [Alt] + [Tab], wird eine Übersicht über alle geöffneten Programme eingeblendet.

Wählen Sie statt der Tastenkombination [Alt] + [Tab] die Kombination [Win] + [Tab], gelangen Sie ebenfalls automatisch zu einer Übersicht über alle aktiven Anwendungen. Diese Übersicht lässt sich auch per Klick auf das Symbol **Aktive Anwendungen** (❻ auf Seite 357) in der Taskleiste aktivieren. In dieser Übersicht wählen Sie die gewünschte Anwendung einfach per Mausklick aus. Oder Sie drücken so häufig die Pfeiltaste [→] bzw. [←], bis die Anwendung umrahmt ist, und öffnen diese dann durch Drücken der Taste [↵].

INFO

Eine Gruppierung von Programmsymbolen lässt sich nicht mehr aufheben
Auch wenn Sie mehrere Instanzen eines Programms geöffnet haben, erscheint das Programmsymbol in der Taskleiste nur ein einziges Mal. Erst durch das Positionieren des Mauszeigers auf dem Programmsymbol wird für jede Instanz jeweils eine Vorschau eingeblendet. Wer diese sogenannte Gruppierung nicht schätzt, sondern lieber für jedes geöffnete Programmfenster auch ein eigenes Symbol in der Taskleiste haben möchte, konnte die Gruppierung unter Windows 10 noch aufheben. Unter Windows 11 ist dies nicht mehr möglich.

9.1.2 Die Fenstertechniken von Windows 11

Wie viele Programmfenster benötigen Sie zeitgleich auf dem Bildschirm, um optimal arbeiten zu können: eines, zwei, drei oder gar vier? Unter Windows 11 ist es dank neuer Snap-Layouts so leicht wie in keiner Windows-Version zuvor, die Fenster ganz nach Belieben anzuordnen. In diesem Abschnitt möchte ich Ihnen die verschiedenen Techniken vorstellen. Los geht es mit ein paar Grundlagen, die sich seit Anbeginn von Windows nicht geändert haben.

Nach dem Start eines Programms nimmt sein Fenster meist nur einen Teil des Bildschirms ein. Wenn Sie die Fenstergröße individuell anpassen möchten, bewegen Sie den

Mauszeiger auf einen der vier Fensterränder. Nimmt der Zeiger die Form eines Doppelpfeils an, können Sie die Größe des Fensters mit gedrückter linker Maustaste anpassen. Soll das Programmfenster im Vollbildmodus angezeigt werden, reicht ein Klick auf das Symbol **Maximieren**, das sich in der rechten oberen Fensterecke befindet. Um das Fenster wieder zu verkleinern, klicken Sie auf das Symbol **Verkleinern**.

Anstatt die Größe der Programmfenster über die gerade erwähnten Symbole zu verändern, können Sie auch die *Snap*-Funktion von Windows 11 nutzen. Vereinfacht gesagt werden die Programmfenster hierbei mit gedrückter linker Maustaste (oder im Fall eines Touchscreens mit dem Finger) auf dem Bildschirm verschoben. Mit dieser Technik lassen sich blitzschnell die Fenster von geöffneten Anwendungen nebeneinander anordnen. Das ist z. B. praktisch, wenn Sie Informationen aus einer Anwendung (etwa Finanzdaten, die Sie in *Excel* erfasst haben) in einem anderen Programm (etwa beim Schreiben eines Briefes mit *Word*) benötigen. Sehen wir uns die Techniken einmal im Detail an:

1 Wenn Sie ein Programmfenster im Vollbildmodus anzeigen möchten, bewegen Sie den Mauszeiger auf die Titelleiste des Fensters. Ziehen Sie den Zeiger dann mit gedrückter linker Maustaste an den oberen Bildschirmrand. Stößt der Mauszeiger quasi am Bildschirmrand an, wird der gesamte restliche Bereich rund um das Programmfenster grau eingefärbt und eine Symbolleiste erscheint. Lassen Sie die Maustaste los. Das Programmfenster wird nun automatisch maximiert. Was es mit der Symbolleiste auf sich hat, zeige ich gleich.

2 Soll das Fenster wieder verkleinert werden, führen Sie Schritt 1 einfach in umgekehrter Richtung durch. Sie positionieren also wieder den Mauszeiger auf der Titelleiste des Programmfensters und ziehen den Zeiger nun mit gedrückter linker Maustaste in Richtung Bildschirmmitte. Hier reicht bereits ein kleines Stück aus, und schon wird das Fenster wieder in der ursprünglichen Größe angezeigt. Halten Sie die Taste weiterhin gedrückt, können Sie das Fenster noch auf dem Bildschirm an die gewünschte Position verschieben. Lassen Sie dann die Maustaste los.

Als Nächstes sollen zwei Programmfenster nebeneinander auf dem Bildschirm angeordnet werden. Sie sollten also entsprechend mindestens zwei Programme öffnen.

3 Bewegen Sie den Mauszeiger auf die Titelleiste des ersten der beiden Programmfenster. Ziehen Sie den Mauszeiger nun mit gedrückter linker Maustaste an den rechten bzw. linken Bildschirmrand ❶, je nachdem, ob das Programmfenster in der rechten bzw. linken Bildschirmhälfte angezeigt werden soll.

4 Sobald Sie mit dem Mauszeiger den Bildschirmrand erreicht haben, wird in der entsprechenden Bildschirmhälfte eine hellgraue Fläche eingeblendet ❷. Diese markiert wie zuvor auch beim Vollbildmodus den Bereich, den das Programmfenster einnimmt, wenn Sie nun die Maustaste loslassen.

5 Das erste Programmfenster wird jetzt in der einen Bildschirmhälfte angezeigt. In der anderen Hälfte sehen Sie jeweils eine Vorschau der anderen bereits geöffneten

Programmfenster ❸. Per Mausklick wählen Sie hier das Programm aus, das in der zweiten Bildschirmhälfte angezeigt werden soll.

6 Auch hier können Sie die Anordnung der Programmfenster ganz schnell aufheben, indem Sie den Mauszeiger auf die Titelleiste eines Programms bewegen und ihn dann mit gedrückter linker Maustaste in Richtung Bildschirmmitte ziehen. Wiederholen Sie den Schritt für das zweite Programm.

Zwei Programmfenster nebeneinander reichen Ihnen nicht, Sie möchten gern vier Fenster auf dem Bildschirm anordnen? Auch das lässt sich durch Verschieben der Programmfenster erreichen: Ziehen Sie die Titelleiste des ersten Programmfensters einfach mit gedrückter linker Maustaste in eine der vier Bildschirmecken. Erscheint die hellgraue Fläche, lassen Sie die Maustaste los. Das Fenster nimmt nun ein Viertel des Bildschirms ein. Wiederholen Sie dies für die drei weiteren Programme, indem Sie diesen jeweils eines der drei übrigen Bildschirmviertel zuweisen. Um die Fenster wieder in der ursprünglichen Größe anzuzeigen, ziehen Sie jeweils wieder die Titelleiste mit gedrückter linker Maustaste in Richtung Bildschirmmitte.

Mit den gerade beschriebenen Techniken lassen sich zwei oder auch vier Programmfenster durch einfaches Verschieben symmetrisch auf dem Bildschirm anordnen. Dies funktionierte bereits unter Windows 10. Doch Windows 11 bietet noch mehr:

1 Bewegen Sie den Mauszeiger auf das **Maximieren-** ❶ bzw. **Verkleinern**-Symbol in der rechten oberen Ecke eines Programmfensters, klappt ein kleiner Dialog mit insgesamt sechs Layouts auf. Durch Drücken der Tastenkombination [Win] + [Z] lassen sich die Layouts ebenfalls einblenden.

2 Entscheiden Sie nun, welches Layout Sie zur Anordnung von zwei, drei oder vier Programmfenstern wählen möchten, und bewegen Sie den Mauszeiger auf das gewünschte Layout ❷.

3 Bestimmen Sie als Nächstes die Position des Programmfensters, indem Sie den Mauszeiger auf dem gewünschten Layoutelement platzieren. Das ausgewählte Element wird farbig hervorgehoben ❸. Nun reicht ein Mausklick, und das Programmfenster erscheint an der entsprechenden Position auf dem Bildschirm ❹.

4 Transparente Flächen kennzeichnen die weiteren Bildbereiche des ausgewählten Layouts ❺. In einem dieser Bereiche sind die restlichen bereits geöffneten Programmfenster zu sehen. Falls es sich bei einem der Programme um den Browser Edge handelt, in dem Sie mehrere Webseiten auf verschiedenen Registerkarten geöffnet haben, wird jede dieser Registerkarten einzeln angezeigt ❻. Wählen Sie per Mausklick das nächste anzuzeigende Programmfenster aus ❼, und wiederholen Sie dies gegebenenfalls für weitere Programmfenster, falls Sie sich für die Anordnung von drei bzw. vier Programmfenstern entschieden haben.

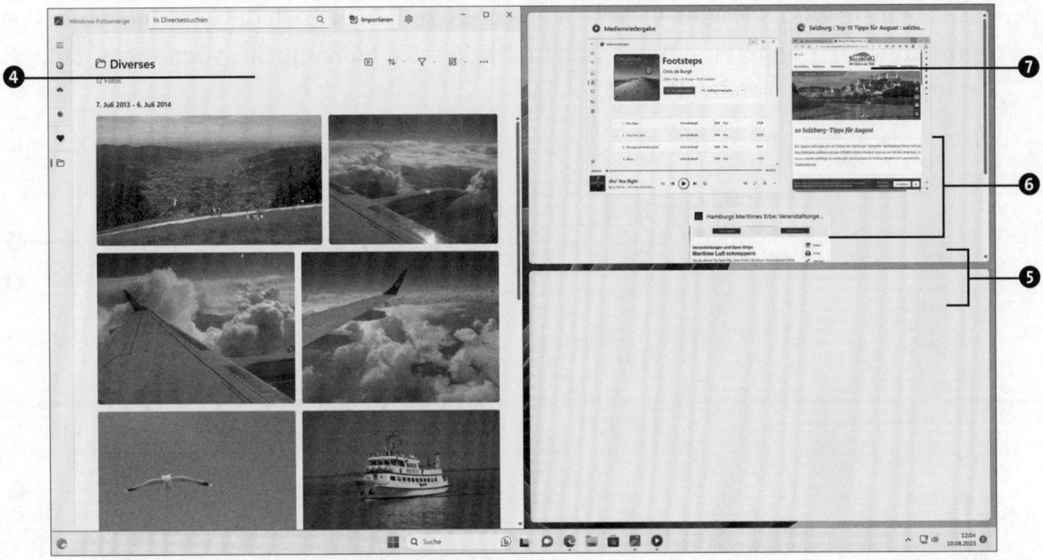

Seit Windows 11 22H2 lassen sich die Snap-Layouts nicht nur über das **Maximieren**- bzw. **Verkleinern**-Symbol innerhalb eines Programmfensters auswählen. Positionieren Sie den Mauszeiger auf der Titelleiste eines Programmfensters und ziehen es dann mit gedrückter linker Maustaste in die Mitte des oberen Bildschirmrandes, wird ein dünner Balken eingeblendet. Sobald sich der Mauszeiger auf diesem Balken befindet, klappt ebenfalls die Symbolleiste mit einer Übersicht über die verfügbaren Snap-Layouts auf (siehe Abbildung auf Seite 359). Wiederholen Sie nun einfach Schritt 2 bis 4, um die Programmfenster wie gewünscht anzuordnen.

Auf die beschriebene Weise lassen sich Programmfenster immer wieder blitzschnell neu auf dem Bildschirm platzieren, ganz so, wie es Ihre Arbeit gerade erfordert. Besonders praktisch sind die Layouts, wenn Sie mehrere Monitore nutzen. Denn hier gibt es beim Verschieben von Programmfenstern mit der Maus einen großen Nachteil: Ziehen Sie ein Fenster mit gedrückter linker Maustaste z. B. an den rechten Bildschirmrand, auf dessen Seite aber der zweite Monitor steht, wird das Programmfenster automatisch auf diesen Bildschirm verschoben. Dies passiert bei den Snap-Layouts nicht. Hier verbleibt das Fenster an der ausgewählten Position auf dem aktuellen Bildschirm.

Die Snap-Layouts begeistern Sie nicht? Sie würden die Funktion sogar gerne deaktivieren? Das lässt sich über die **Einstellungen**-App erledigen:

1 Rufen Sie **Start ▸ Einstellungen ▸ System ▸ Multitasking** auf.

2 In der rechten Fensterhälfte sehen Sie nun den Regler **Fenster andocken** ❶. Setzen Sie ihn auf **Aus**, ist das automatische Ändern der Größe und die Anordnung von Fenstern auf dem Bildschirm mit den Snap-Layouts nicht mehr möglich.

3 Falls Sie nicht ganz so rigide vorgehen möchten, sollten Sie sich die einzelnen Konfigurationen der Snap-Funktion ansehen. Klicken Sie hierzu rechts vom Regler auf den nach unten weisenden Pfeil ❷.

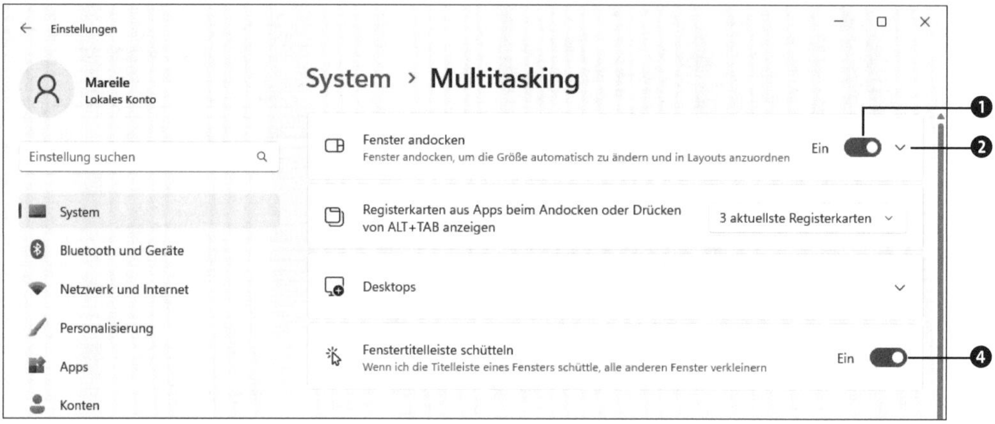

4 In der nun sichtbaren Liste passen Sie durch Setzen bzw. Entfernen der Häkchen die Einstellungen Ihren Wünschen entsprechend an.

5 Möchten Sie nicht, dass die Registerkarten etwa des Browsers Edge beim Andocken oder auch beim Drücken der Tastenkombination [Alt] + [Tab] einzeln aufgeführt werden, wählen Sie im entsprechenden Feld **Registerkarten nicht anzeigen** aus ❸.

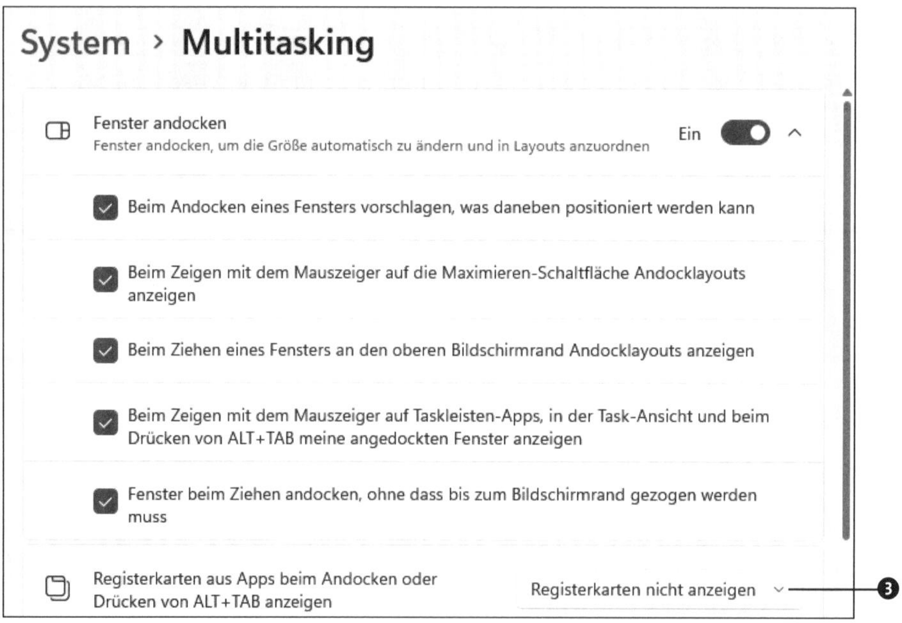

TIPP

Fenster mithilfe der Shake-Funktion ausblenden

Wenn Sie mehrere Programmfenster geöffnet haben, sich für einen Moment aber auf eine ganz bestimmte Anwendung konzentrieren möchten, können Sie die anderen Fenster mit einem kleinen Schütteltrick ausblenden. Hierzu holen Sie zunächst das Programmfenster in den Vordergrund, das Ihnen wichtig ist. Positionieren Sie dann den Mauszeiger auf der Titelleiste. Bewegen Sie den Mauszeiger nun mit gedrückter linker Maustaste ganz schnell hin und her – schütteln (auf Englisch *shake*) Sie ihn quasi –, so werden alle anderen Programmfenster ausgeblendet. Sobald nur noch das Programmfenster der gewünschten Anwendung zu sehen ist, lassen Sie die Maustaste los. Durch erneutes Schütteln holen Sie die anderen Programmfenster ebenso schnell wieder auf den Bildschirm zurück. Falls das Verfahren bei Ihnen nicht funktioniert, ist die Shake-Funktion wahrscheinlich deaktiviert. Um sie einzuschalten, rufen Sie **Start** ▸ **Einstellungen** ▸ **System** ▸ **Multitasking** auf und setzen den Regler rechts von **Fenstertitelleiste schütteln** auf **Ein** ❹.

9.1.3 Programme und Apps beenden

Nachdem Sie auf den vorherigen Seiten erfahren haben, wie Sie Anwendungen öffnen, zwischen den Programmfenstern wechseln und diese geschickt auf dem Bildschirm anordnen, zeige ich Ihnen nun noch kurz, wie Sie Windows-Anwendungen und -Apps wieder beenden. Auch hierzu stehen Ihnen verschiedene Möglichkeiten zur Auswahl:

- Befindet sich das Programmfenster der Anwendung, die Sie beenden möchten, auf dem Bildschirm im Vordergrund, reicht ein Klick auf das Schließensymbol in der rechten oberen Fensterecke ❶. Alternativ können Sie auch die Tastenkombination `Alt` + `F4` drücken.
- Der zweite Weg zum Beenden eines Programms führt Sie zur Vorschau in der Taskleiste. Positionieren Sie hierzu den Mauszeiger über dem entsprechenden Programmsymbol, und führen Sie ihn dann auf die Vorschau. In der rechten oberen Ecke des Vorschaufensters erscheint jetzt ebenfalls das kleine Schließensymbol in Form eines Kreuzes ❷. Ein Klick auf das Symbol, und die Anwendung wird beendet. Voraussetzung hierfür ist allerdings, dass alle im Programm geöffneten Dateien bereits gespeichert wurden. Ist dies nicht der Fall, blinkt das Programmsymbol in der Taskleiste orangefarben auf. Blenden Sie in diesem Fall das Programmfenster ein, und speichern Sie das noch geöffnete Dokument.

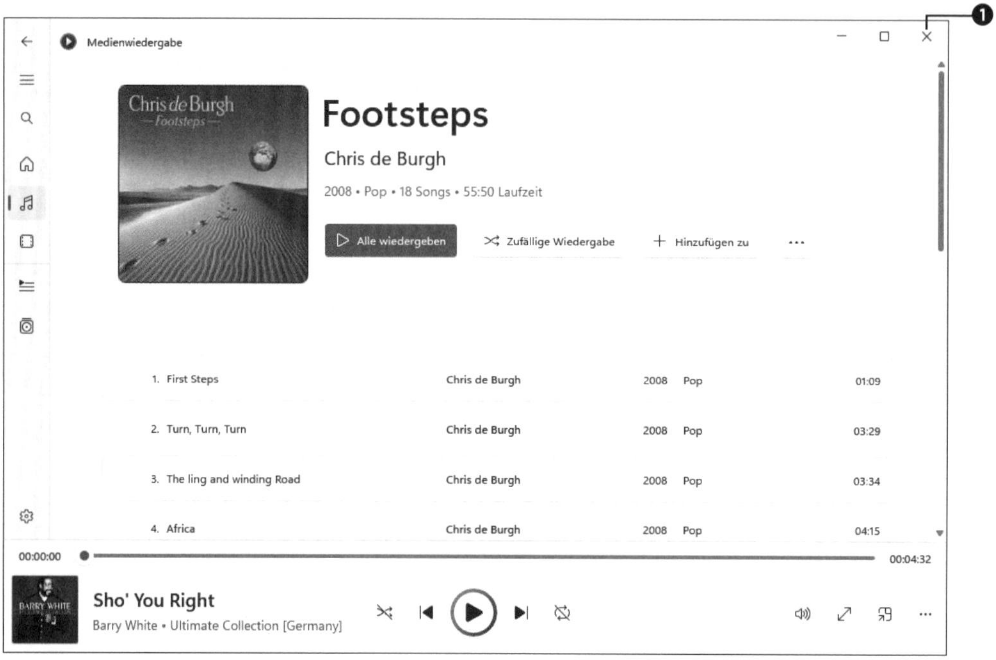

TIPP

Apps neu starten

Nicht immer denkt man beim Herunterfahren oder Neustart des Computers daran, zuvor alle Apps zu schließen. Sobald man sich dann wieder am PC angemeldet hat, öffnet Windows 11 diese nicht beendeten Apps automatisch. Falls Sie dies nicht möchten, lässt sich die Funktion auch deaktivieren. Rufen Sie hierzu **Start ▸ Einstellungen ▸ Konten ▸ Anmeldeoptionen** auf. Blättern Sie in der rechten Spalte bis zum Bereich **Zusätzliche Einstellungen**. Setzen Sie den Regler **Meine Apps, die neu gestartet werden können, automatisch speichern und neu starten, wenn ich mich wieder anmelde** mit einem Mausklick auf **Aus**.

9.2 Apps aus dem Microsoft Store installieren

In Windows 11 sind bereits einige Apps integriert, die die wichtigsten Alltagsaufgaben, wie etwa das Surfen im Internet, das Versenden von E-Mails oder auch das Bearbeiten von Fotos, ermöglichen. Im Microsoft Store, kurz auch *Store* genannt (auf Deutsch »Geschäft«), finden Sie eine Vielzahl weiterer Apps, aber auch Filme und TV-Sendungen. Ein Teil dieses Angebots steht Ihnen sogar kostenlos zur Verfügung.

Um den Store aufzurufen, klicken Sie auf das entsprechende Symbol ❶ in der Taskleiste. Haben Sie dieses bereits entfernt, lässt sich der Microsoft Store auch über das gleichnamige Symbol im Bereich **Angeheftet** des Startmenüs ❷ oder über den Eintrag **Microsoft Store** in der App-Liste des Startmenüs öffnen.

Abbildung 9.4 Viele Wege führen zum Microsoft Store.

TIPP

Programme schneller in der App-Liste finden

Je mehr Anwendungen Sie auf Ihrem Computer installieren, desto umfangreicher und somit länger wird die App-Liste. Um auf der Suche nach einem Programm die Liste nicht bis ganz zum Ende durchblättern zu müssen, können Sie einen kleinen Trick anwenden: Klicken Sie zu Beginn der Liste auf den Buchstaben **A**. Nun wird nur noch das Alphabet angezeigt. Wählen Sie hier den Buchstaben aus, mit dem das gesuchte Programm beginnt, etwa **W**, wenn Sie das Textverarbeitungsprogramm *Word* öffnen möchten. Sie bekommen nun alle Anwendungen zu sehen, die mit dem ausgewählten Buchstaben beginnen. Falls Sie in der App-Liste übrigens den aus früheren Windows-Versionen bekannten Ordner *Windows Zubehör* suchen: Er existiert unter Windows 11 nicht mehr. Programme wie den *Windows Media Player Legacy* erreichen Sie nun über die **Windows-Tools**.

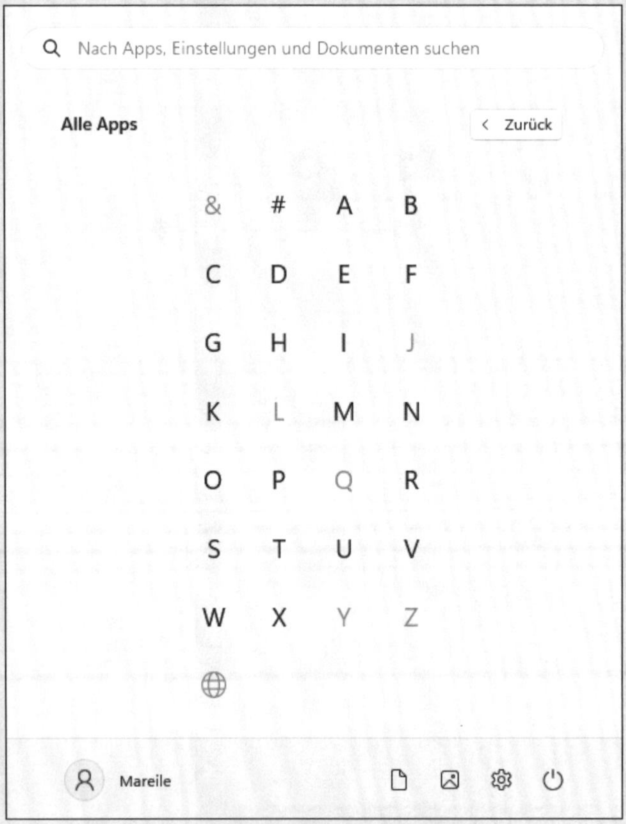

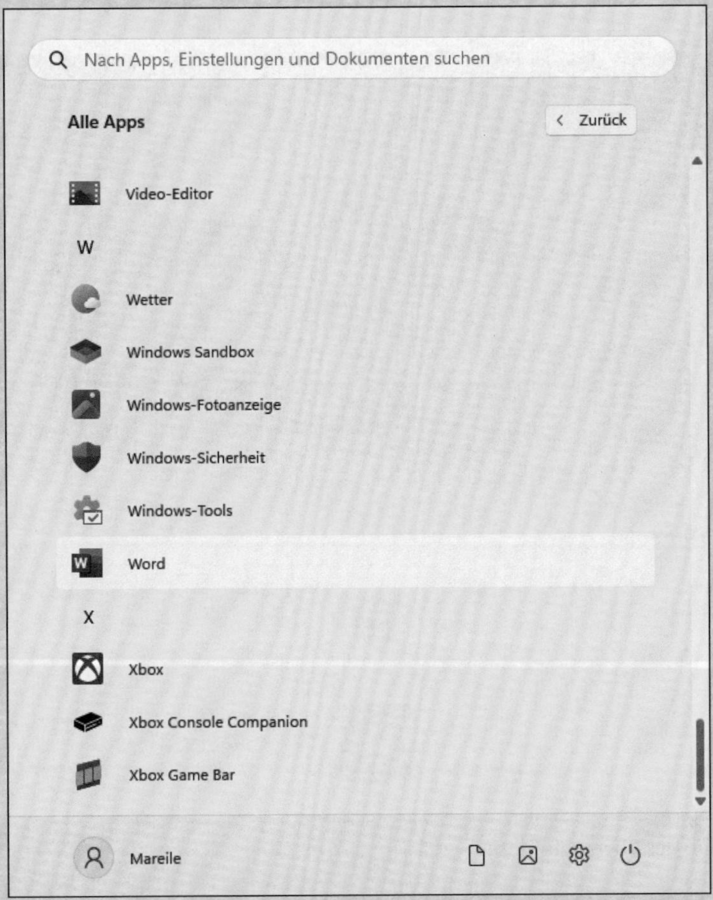

Abbildung 9.5 Über das Alphabet gelangen Sie schneller zu gesuchten Anwendungen.

9.2.1 Apps im Microsoft Store aufspüren

Der Microsoft Store wird automatisch mit der sogenannten *Startseite* geöffnet. Zu Beginn dieser Seite erhalten Sie zunächst einige Empfehlungen von Microsoft. Dabei handelt es sich um Apps, Spiele und Filme. Blättern Sie mithilfe der Bildlaufleiste oder indem Sie das Scrollrad der Computermaus drehen, nach unten, so gelangen Sie zu Kategorien wie **Beliebteste kostenlose Apps**, **Meistverkaufte Spiele** oder auch **Sammlungen**. Klicken Sie auf einen Kategorienamen, werden alle Apps dieser Kategorie angezeigt. Wenn Sie wieder zur Startseite zurückkehren möchten, reicht ein Klick auf das Symbol **Startseite** ❶ oben links.

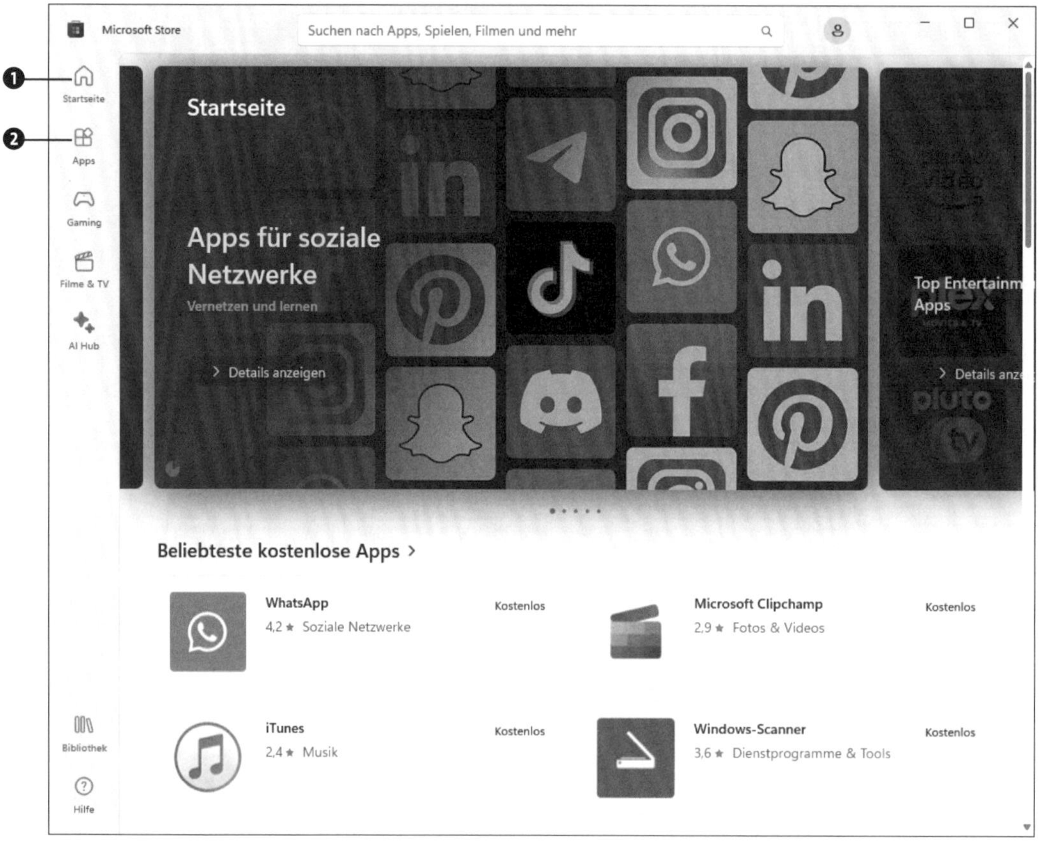

Abbildung 9.6 Die Startseite des Microsoft Stores

Um den Store kennenzulernen, bietet es sich an, zunächst einfach nur zu stöbern. Wenn Sie z. B. einen Blick in das App-Angebot werfen möchten, klicken Sie oben links auf das Symbol **Apps** ❷. Auf der folgenden Seite werden diverse Kategorien aufgelistet, etwa **Wichtige Basis-Apps** oder auch **Apps für Produktivität**. Mit einem Klick auf den Kategorienamen gelangen Sie zur Übersicht der ausgewählten Kategorie.

Der Anzahl an Sternen ❸, die jeweils unterhalb des Namens einer App angezeigt wird, können Sie entnehmen, wie die App von anderen Personen bewertet wurde. Hier erfahren Sie auch, ob eine App kostenlos ist ❹. Handelt es sich um eine kostenpflichtige App, erscheint der gleichnamige Hinweis ❺ oder auch direkt der Preis ❻. Mittlerweile finden sich sogar klassische Desktopprogramme, sogenannte *Win32-Anwendungen*, im Store. Falls eine App bereits auf Ihrem Computer installiert ist, erscheint ein entsprechender Hinweis ❼. Über das Pfeilsymbol oben links gelangen Sie immer wieder zur zuvor besuchten Seite zurück.

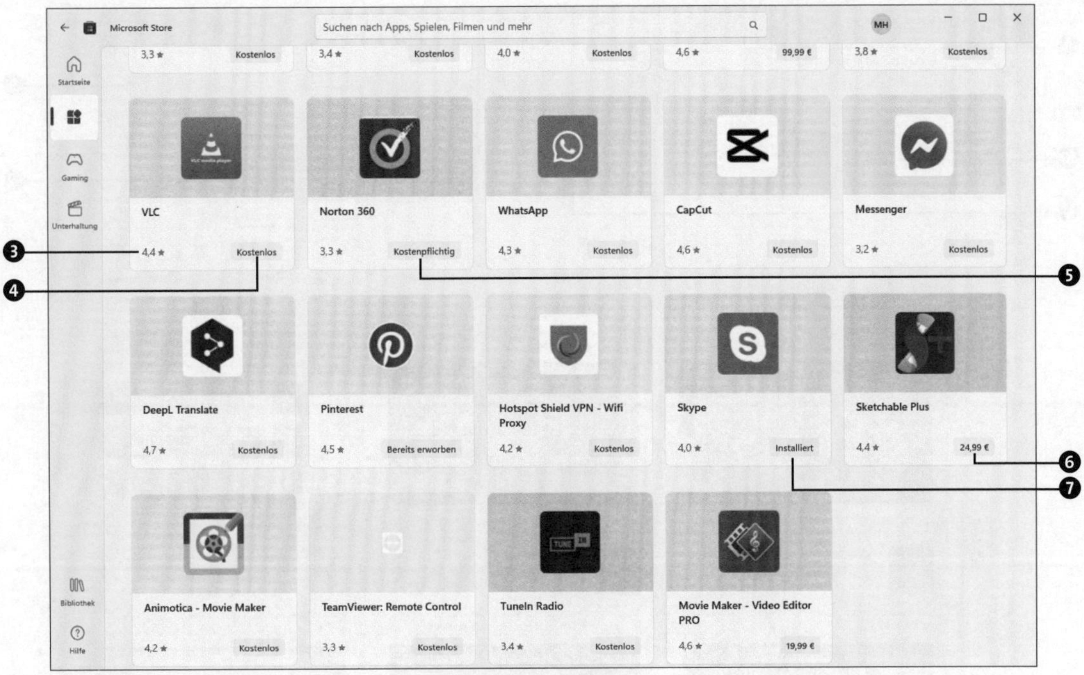

Abbildung 9.7 Der Store bietet ein großes Angebot an Apps.

Interessiert eine App Sie näher, klicken Sie auf die entsprechende Miniaturvorschau. Sie erhalten nun viele Detailinformationen über die App inklusive einiger Bildschirmfotos, die die Oberfläche der App zeigen. Blättern Sie auf der Seite nach unten, gelangen Sie zu den ausführlichen Bewertungen, die Sie sich ganz in Ruhe durchlesen sollten. Auch die Downloadgröße sowie die Altersfreigabe werden auf der Seite aufgeführt.

Wissen Sie bereits genau, welche App Sie gerne hätten, müssen Sie natürlich nicht mühselig den Store durchsuchen. Geben Sie stattdessen einfach den Namen der App in das Suchfeld ❽ am oberen Seitenrand ein, z. B. »Amazon Music« für den beliebten Streamingdienst zum Hören von Musik. Ist Ihnen der genaue Name nicht bekannt, reicht auch eine Umschreibung, wie z. B. »Musikstreaming«. Durch Drücken der Taste [↵] wird die Suche gestartet. Sollte es zum Suchbegriff mehr Treffer geben, können Sie die Suche nach einem Klick auf **Filter** ❾ noch weiter eingrenzen. Über die nun sichtbaren Felder wählen Sie z. B. eine Abteilung ❿ (sprich eine Kategorie wie *Apps*, *Spiele* oder *Filme*) aus, grenzen die Altersgruppe ⓫ ein oder schränken den Typ auf kostenlose bzw. kostenpflichtige Apps ein ⓬. Wird die gewünschte App in der Ergebnisliste angezeigt, reicht zur Auswahl ein Mausklick auf die Minivorschau.

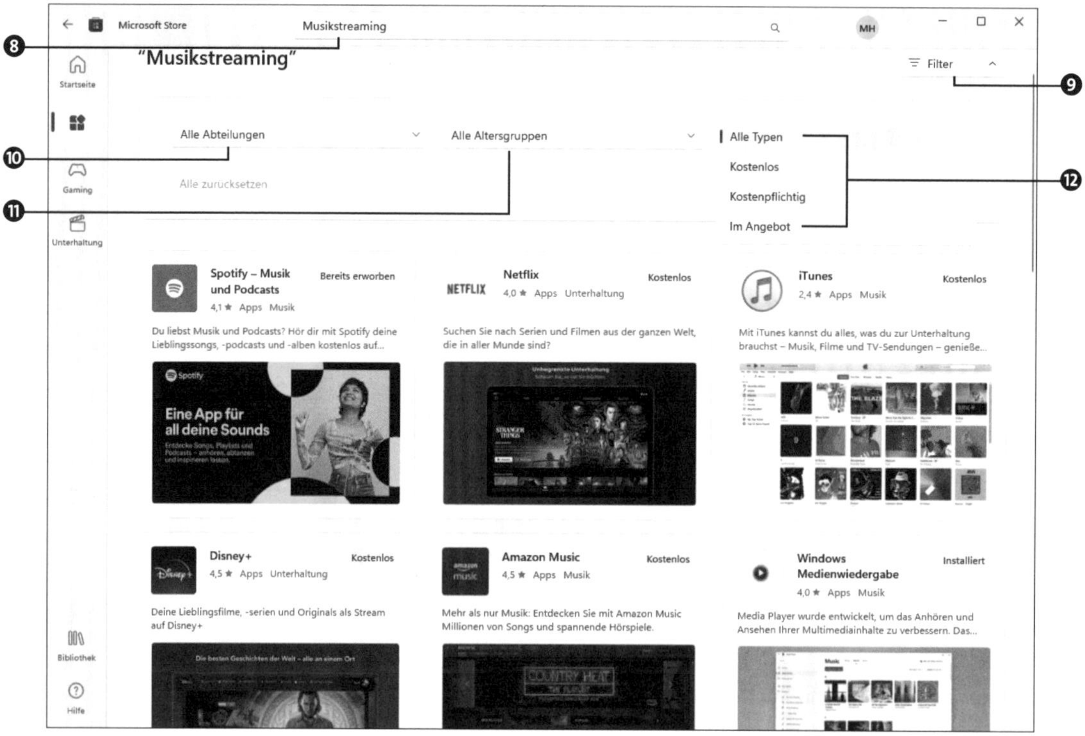

Abbildung 9.8 Über die Filter lässt sich eine Suchanfrage weiter einschränken.

Wenn Sie sich genau über eine App informiert haben und diese gerne auf Ihrem Computer installieren möchten, hängt das weitere Vorgehen davon ab, ob es sich um eine kostenlose oder eine kostenpflichtige App handelt. Beide Varianten zeige ich Ihnen in den nächsten beiden Abschnitten.

TIPP

Den Speicherort für Apps ändern
Alle neu installierten Apps werden automatisch auf dem Systemlaufwerk gespeichert, auf dem auch Windows 11 selbst installiert ist. Wenn Sie ein anderes Laufwerk vorziehen, können Sie den Standardspeicherort auch ändern. Rufen Sie hierzu über das Startmenü die **Einstellungen** auf, und wählen Sie die Kategorie **System ▸ Speicher**. Klicken Sie etwas weiter unten auf der Seite auf **Erweiterte Speichereinstellungen ▸ Speicherort für neue Inhalte**. Nach einem Klick in das Feld unterhalb von **Neue Apps werden gespeichert in** wählen Sie in der aufklappenden Liste den gewünschten neuen Speicherort aus. Analog können Sie auf dieser Seite auch den Standardspeicherort von Dokumenten, Musik oder Fotos und Videos ändern.

TIPP

Installationsquellen für Apps festlegen

Apps lassen sich nicht nur über den Microsoft Store beziehen, sondern auch aus anderen Quellen. Nicht jede Installationsquelle ist allerdings vertrauenswürdig. Gelangt man auf die falsche Webseite, hat man sich mit dem gewünschten Programm schnell auch einen Virus eingefangen. Alle im Microsoft Store angebotenen Anwendungen werden von Microsoft überprüft. In der Kategorie **Apps ▸ Erweiterte Einstellungen für Apps** der **Einstellungen**-App können Sie festlegen, aus welchen Quellen Apps auf dem PC installiert werden dürfen. Per Standardeinstellung lässt Windows 11 alle Quellen zu. Nach einem Klick auf das Feld rechts von **Quellen zum Abrufen von Apps auswählen** lässt sich einstellen, dass zwar Apps aus allen Quellen abgerufen werden dürfen, Sie aber eine Benachrichtigung erhalten, falls eine vergleichbare App im Microsoft Store verfügbar ist.

9.2.2 Kostenlose Apps installieren

Sie möchten gerne eine der kostenlosen Apps oder ein kostenloses Spiel auf Ihrem Computer installieren? In diesem Fall gehen Sie folgendermaßen vor:

1. Nach Auswahl der Anwendung finden Sie in der linken Fensterhälfte unterhalb des App-Namens die Schaltfläche **Herunterladen**. Klicken Sie auf sie.

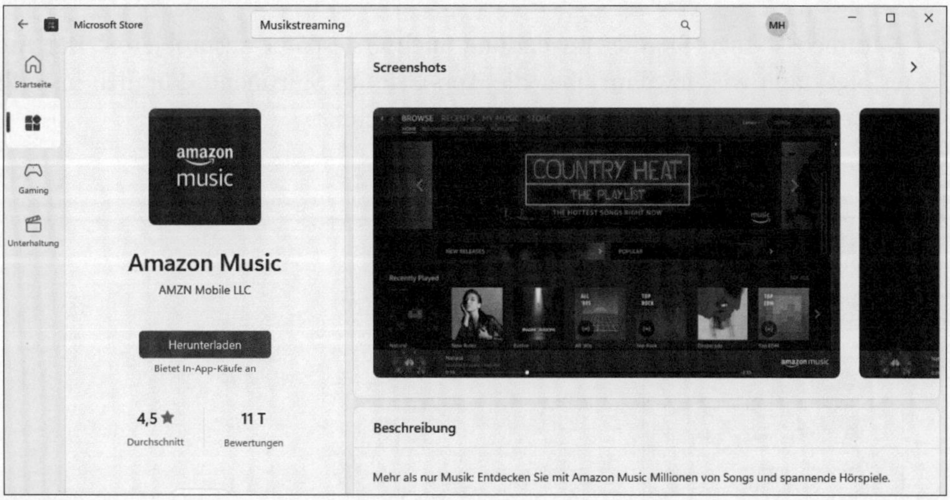

2. Die ausgewählte Anwendung wird nun heruntergeladen und sofort installiert. Je nach Dateigröße kann dieser Vorgang etwas dauern. Nach erfolgreicher Installation

erscheint die Schaltfläche **Öffnen** bzw. **Spielen**, je nachdem, ob Sie eine App oder ein Spiel ausgewählt haben. Ein Klick auf die Schaltfläche, und die Anwendung wird direkt gestartet.

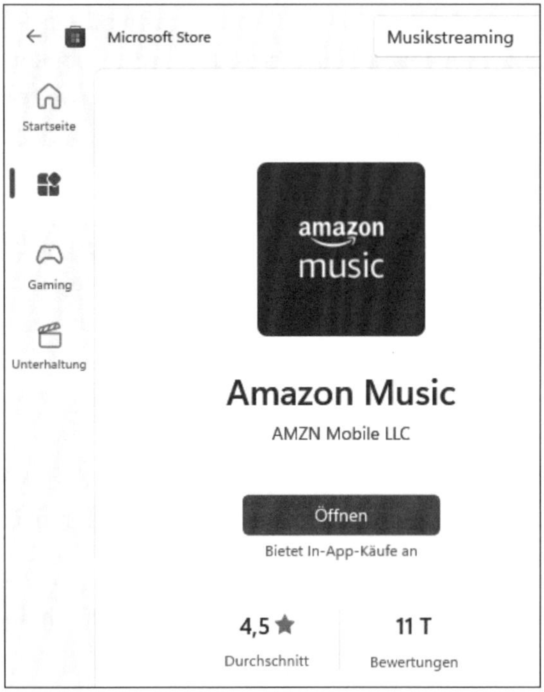

3 Natürlich können Sie die Anwendung auch erst später ausprobieren. Der Aufruf erfolgt dann wie gewohnt über die App-Liste im Startmenü. Kürzlich installierte Anwendungen werden hier mit **Neu** gekennzeichnet.

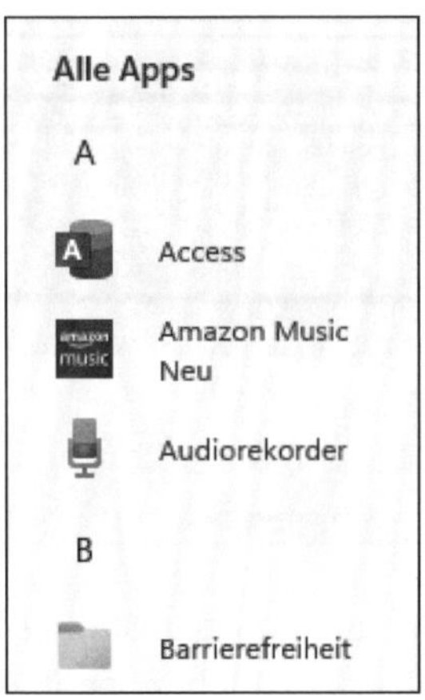

9.2.3 Kostenpflichtige Apps erwerben

Möchten Sie über den Microsoft Store eine kostenpflichtige App erwerben, ist die Anmeldung mit einem Microsoft-Konto Pflicht. Sind Sie bereits mit einem Benutzerkonto am Computer angemeldet, das mit einem Microsoft-Konto verknüpft ist, entfällt Schritt 2 der folgenden Anleitung für Sie. Nutzen Sie dagegen ein lokales Benutzerkonto, ist die Anmeldung wie beschrieben vorzunehmen.

1 Klicken Sie auf der Übersichtsseite der Anwendung auf die Preisschaltfläche ❶.

2 Sollten Sie noch nicht mit einem Microsoft-Konto angemeldet sein, erscheint der Dialog **Anmelden**. Geben Sie die E-Mail-Adresse sowie das Kennwort bzw. eine alternative Anmeldeoption Ihres Microsoft-Kontos an.

3 Als Nächstes müssen Sie die Zahlungsmethode auswählen. Klicken Sie hierzu auf die gleichnamige Schaltfläche.

4 Wählen Sie nun eine Zahlungsmethode aus. Zur Auswahl stehen die Bezahlung per Direktüberweisungsverfahren *Sofort* (Informationen hierzu finden Sie unter *www.sofort.com*), *GiroPay* (siehe *www.giropay.de*), *paysafecard* (siehe *www.paysafecard.com/de*) ❷ sowie per Geschenkgutschein ❸. (Lesen Sie hierzu auch den Kasten »Mit einem Geschenkgutschein im Microsoft Store einkaufen« auf Seite 377.) Sollten Sie bereits eine Zahlungsmethode, etwa eine Kreditkarte, hinterlegt haben, wird diese ebenfalls im Dialog aufgeführt. Dies gilt auch für Guthaben, z. B. durch einen Geschenkgutschein. Nach einem Klick auf **Neue Zahlungsmethode hinzufügen** ❹ können Sie zusätzlich zwischen den Methoden **Kreditkarte oder Debitkarte**, **PayPal** oder auch **Mobiltelefon**, also Handyrechnung, wählen. Letzteres ist derzeit nur bei den Anbietern O_2, Telekom Deutschland sowie Vodafone möglich. Haben Sie die Zahlungsmethode markiert, geben Sie die entsprechenden Daten ein.

5 Sobald Sie mit **Absenden** bzw. **Kaufen** bestätigen, beginnt die Installation der App. Auch hier wird nach der erfolgreichen Installation ein entsprechender Hinweis eingeblendet.

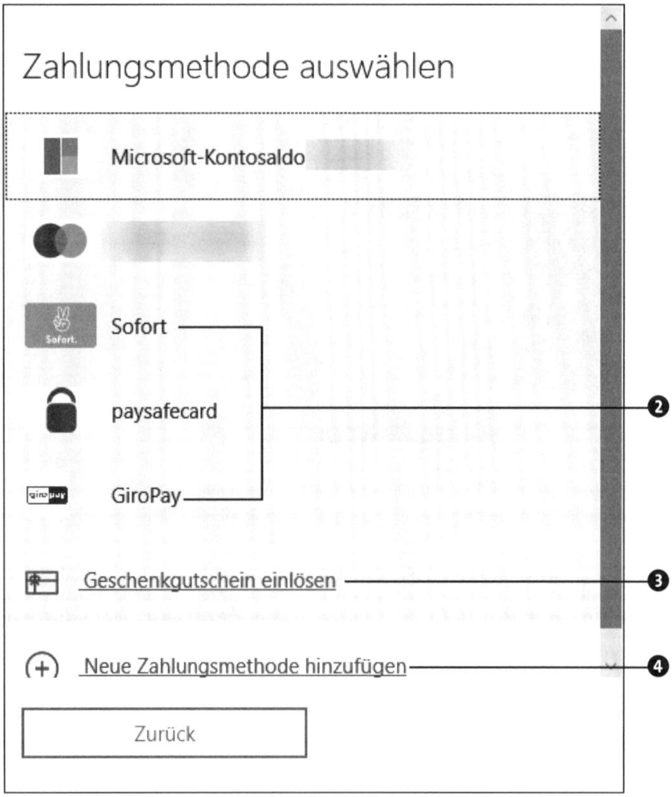

6 Wenn Sie im Microsoft Store nicht weiter einkaufen möchten, sollten Sie nicht vergessen, sich abzumelden. Klicken Sie hierzu in der Symbolleiste am oberen Fensterrand auf das Logo Ihres Benutzerkontos ❺.

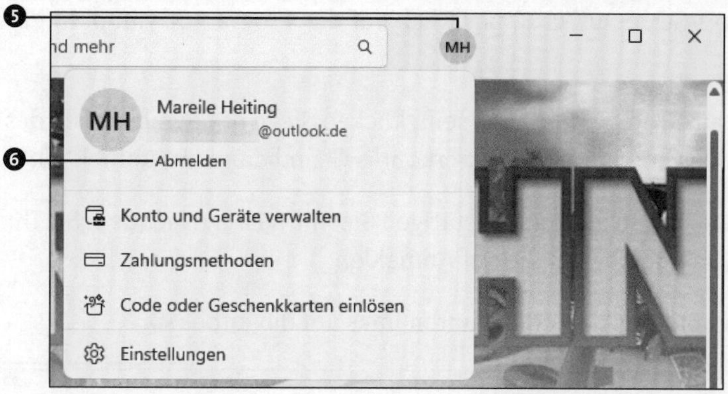

Markieren Sie im folgenden Dialog Ihr Microsoft-Konto, und klicken Sie dann auf **Abmelden** ❻.

TIPP

Mit einem Geschenkgutschein im Microsoft Store einkaufen

Nicht jeder gibt gerne seine Kreditkartendaten über das Internet preis. Auch der Besitz eines GiroPay-Kontos ist keine Selbstverständlichkeit. Es gibt aber noch eine Möglichkeit, wie Sie Ihre Einkäufe im Microsoft Store bezahlen können: mit Geld- und Geschenkgutscheinen. Diese Gutscheine können Sie mit unterschiedlichen Kartenwerten (z. B. 15 € oder 50 €) unter anderem in Drogerie-, Super- und Technikfachmärkten oder an Tankstellen erwerben.

Um einen Gutschein einzulösen, klicken oder tippen Sie im Dialog **Zahlungsmethode auswählen** auf **Geschenkgutschein einlösen** ❸. Geben Sie anschließend den Code Ihres Gutscheins ein. Sie finden ihn auf der Kartenrückseite, müssen ihn dort allerdings erst freikratzen, damit er sichtbar wird. Sobald Sie den 25-stelligen Code korrekt eingegeben und auf **Einlösen** geklickt haben, können Sie auch schon in Höhe des Gutscheinwertes im Store einkaufen.

9.2.4 Apps auf dem neuesten Stand halten

Apps werden immer wieder um neue Funktionen ergänzt, und Fehler werden ausgebessert. Ähnlich wie beim Betriebssystem Windows 11 werden diese App-Updates automatisch auf Ihren Computer übertragen, vorausgesetzt, Sie sind im Microsoft Store angemeldet. Sie können aber auch selbst prüfen, ob neue Updates verfügbar sind:

1 Rufen Sie den Microsoft Store auf, z. B. per Klick auf das Programmsymbol in der Taskleiste.

2 Sollten Sie noch nicht am Store angemeldet sein, klicken Sie in der Symbolleiste des Stores oben rechts auf das Logo Ihres Benutzerkontos ❶ und dann auf **Anmelden**.

3 Wählen Sie Ihr Microsoft-Konto aus, und bestätigen Sie mit **Weiter**. Nachdem Sie Ihr Kennwort eingegeben haben, klicken Sie auf **Anmelden**.

4 Nach erfolgreicher Anmeldung klicken Sie unten links auf **Bibliothek** ❷.

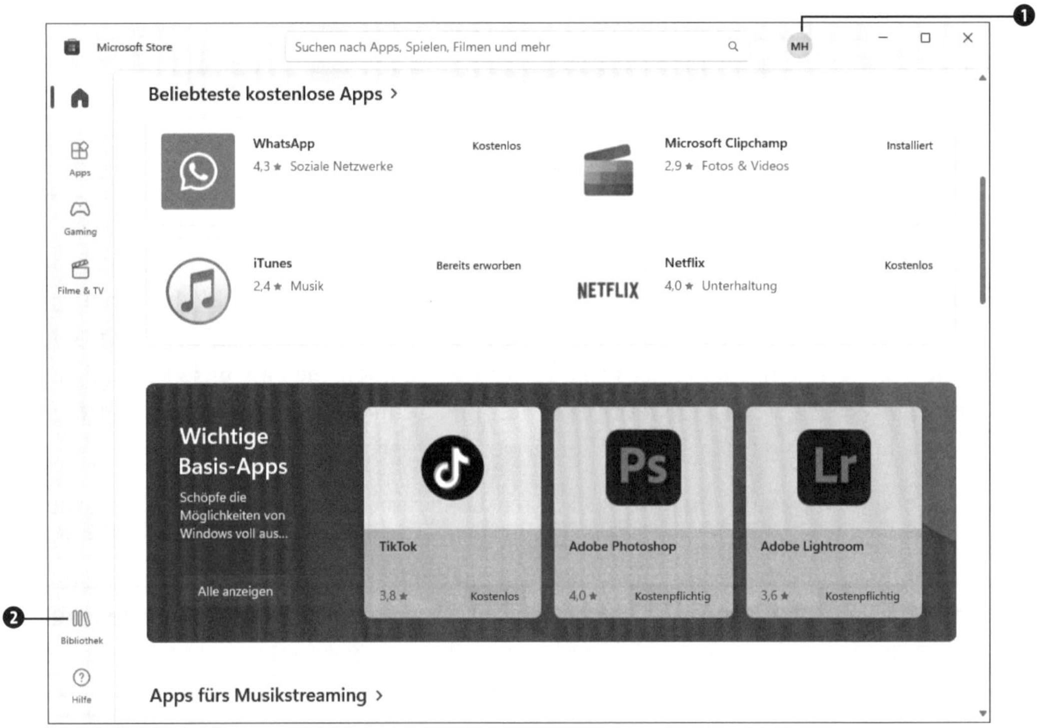

5 Sie erhalten jetzt eine Übersicht über alle auf Ihrem Computer installierten Apps. In der rechten Spalte erfahren Sie, wann eine App zum letzten Mal aktualisiert wurde. Wenn Sie selbst prüfen möchten, ob für Ihre Apps neue Updates verfügbar sind, klicken Sie oben rechts auf **Updates abrufen** ❸.

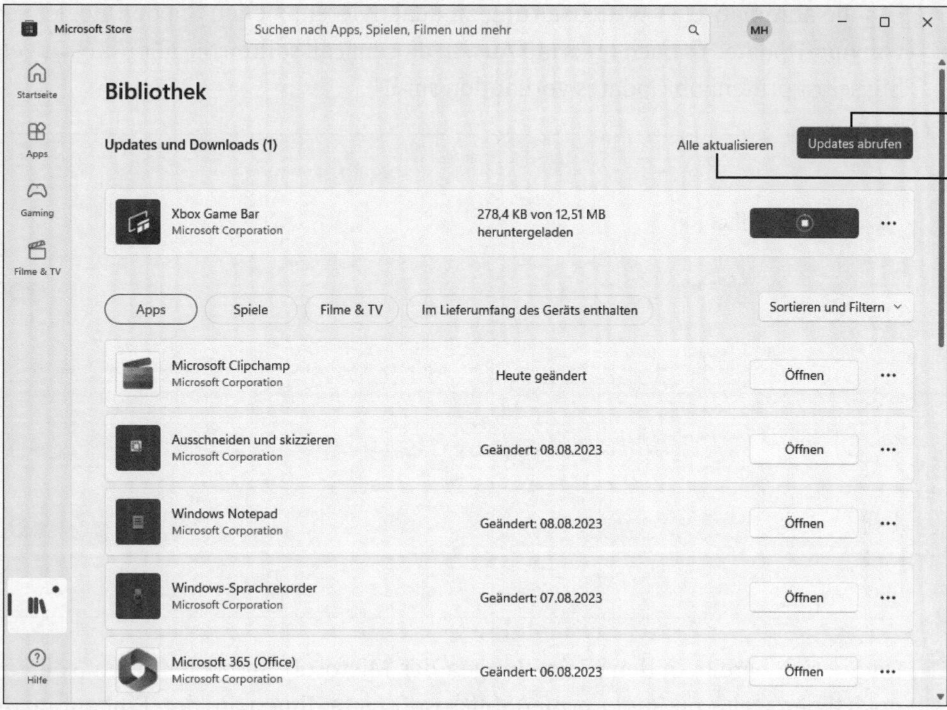

Über die Schaltfläche **Alle aktualisieren** ❹ können Sie alle verfügbaren Updates in einem Rutsch installieren.

6 Wie zu Anfang erwähnt, werden die Aktualisierungen der Apps automatisch vorgenommen. Falls Ihnen dies nicht recht ist, können Sie den Automatismus auch deaktivieren. Klicken Sie hierzu oben rechts auf das Logo Ihres Benutzerkontos, und wählen Sie dann den Befehl **Einstellungen** ❺.

7 Um die automatische Aktualisierung zu deaktivieren, ziehen Sie den Regler rechts von **App-Updates** ❻ nach links auf **Aus**. In diesem Fall sollten Sie allerdings regelmäßig selbst prüfen, ob Updates vorhanden sind!

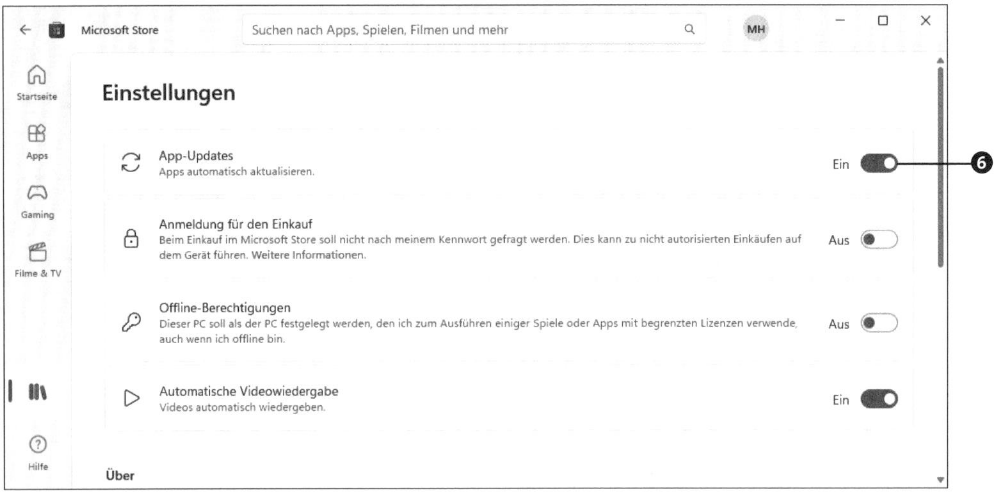

8 Da Sie sich bereits in den Einstellungen des Microsoft Stores befinden, sollten Sie noch einen weiteren Punkt prüfen. Microsoft bietet Ihnen an, den Einkauf im Store zu beschleunigen, indem Sie nicht mehr nach dem Kennwort Ihres Microsoft-Kontos gefragt werden. Falls andere Personen Zugang zu Ihrem Computer haben, sollte diese Funktion unbedingt deaktiviert sein. Der Regler **Anmeldung für den Einkauf** sollte also auf **Aus** stehen.

9.2.5 Android-Apps unter Windows 11 nutzen

Bereits im Oktober 2021 kündigte Microsoft an, dass man zukünftig auch Android-Apps unter Windows 11 nutzen kann. Wirklichkeit wurde dies in Deutschland allerdings erst ein Jahr später mit Windows 11 22H2. Um die Android-Apps ausführen zu können, benötigt Windows 11 das *Windows Subsystem für Android* (kurz *WSA*). Dieses erfordert mindestens 8 GB Arbeitsspeicher, noch besser sind 16 GB. Zum Vergleich: Windows 11 selbst ist bereits mit 4 GB RAM zufrieden. Falls Sie sich nicht sicher sind, ob Ihr Computer die Hardwarevoraussetzungen erfüllt, werfen Sie am besten einen Blick in die **Einstellungen**-App, die Sie z. B. über die Tastenkombination [Win] + [I] öffnen. Rufen Sie hier **System ▸ Info** auf. Im Bereich **Gerätespezifikationen** können Sie nun die Größe des installierten RAM-Speichers in Erfahrung bringen. Ist genügend Arbeitsspeicher vorhanden, steht der Nutzung von Android-Apps auf dem Windows 11-Gerät nichts entgegen.

Android-Apps lassen sich nicht direkt über den Microsoft Store installieren. Stattdessen ist ein kleiner Umweg über den *Amazon Appstore* notwendig. Das heißt, Sie müssen zunächst die App *Amazon Appstore* auf Ihrem Computer einrichten und sich dort mit Ihrem Amazon-Kundenkonto anmelden. Das kostenlose Kundenkonto lässt sich auch während der Installation des Stores erstellen, falls Sie noch keines besitzen. Um den Amazon Appstore auf Ihrem Gerät zu installieren, gehen Sie folgendermaßen vor:

1 Öffnen Sie den Microsoft Store z. B. über das Symbol in der Taskleiste oder über die App-Liste des Startmenüs. Geben Sie im Suchfeld des Stores »Amazon Appstore« ein, und klicken Sie das gleichnamige Ergebnis in der Trefferliste an.

2 Auf der Detailseite der App klicken Sie auf **Installieren** ❶.

3 Bestätigen Sie den folgenden Hinweis mit **Einrichten**, die Benutzerkontensteuerung mit **Ja** und die Installation des Windows-Subsystems für Android mit **Herunterladen**. Meldet sich die Benutzerkontensteuerung erneut zu Wort, klicken Sie wieder auf **Ja**. Der Download der Daten kann nun einen Moment dauern. Ist er abgeschlossen, klicken Sie auf **Amazon Appstore öffnen**.

4 Für die Anmeldung beim Amazon Appstore benötigen Sie ein Kundenkonto bei Amazon. Besitzen Sie ein solches bereits, können Sie sich nach einem Klick auf **Sie sind bereits Kunde? Anmelden** mit Ihren Anmeldedaten beim Appstore anmelden ❷. Für Sie geht es bei Schritt 7 weiter.

5 Falls Sie noch nicht Kunde sind oder zur Nutzung des Appstores unter Windows 11 ein neues Kundenkonto anlegen möchten, wählen Sie die Schaltfläche **Neues Amazon Konto erstellen** ❸.

6 Sie werden anschließend aufgefordert, Ihren Namen, die E-Mail-Adresse und ein selbst festgelegtes Passwort einzugeben. Diese Angaben bestätigen Sie mit **Dein Amazon Konto** erstellen. An die angegebene E-Mail-Adresse wird nun ein Einmalkennwort geschickt. Diesen Code geben Sie im Dialog **E-Mail-Adresse überprüfen** ein und bestätigen mit **Ihr Amazon-Konto erstellen**.

7 Nach erfolgreicher Anmeldung wird das Programmfenster des Amazon Appstores geöffnet. Die Startseite zeigt zunächst alle Apps. Ähnlich dem Microsoft Store können Sie nun im Angebot stöbern oder auch über das Suchfeld am oberen Rand des Programmfensters gezielt nach einer App suchen. Viele der Apps sind kostenlos ❹, manche auch kostenpflichtig. Bei diesen wird der Preis unterhalb der Miniaturvorschau eingeblendet ❺.

8 Um weitere Informationen zu einer App zu erhalten, klicken Sie auf die entsprechende Miniaturvorschau ❻.

9 Gefällt Ihnen die App, können Sie sie mit einem Klick auf die Schaltfläche **Erhalten** bzw. dem Preis auf Ihrem Windows 11-Computer installieren.

10 Die installierte App lässt sich nun entweder aus dem Appstore heraus mit einem Klick auf **Öffnen** ❼ starten oder über den neu im Startmenü hinzufügten Eintrag ❽.

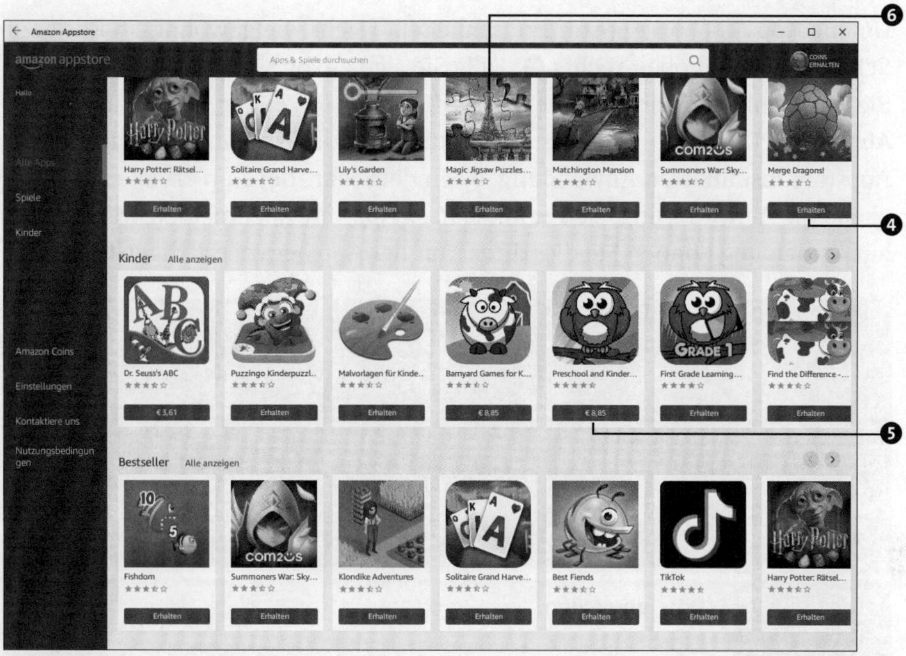
6
4
5
Amazon Appstore
amazon appstore
Apps & Spiele durchsuchen
COINS ERHALTEN
Hallo
Alle Apps
Spiele
Kinder
Amazon Coins
Einstellungen
Kontaktiere uns
Nutzungsbedingungen
Harry Potter: Rätsel...
Solitaire Grand Harve...
Lily's Garden
Magic Jigsaw Puzzles...
Matchington Mansion
Summoners War: Sky...
Merge Dragons!
Erhalten
Kinder
Alle anzeigen
Dr. Seuss's ABC
Puzzingo Kinderpuzzl...
Malvorlagen für Kinde...
Barnyard Games for K...
Preschool and Kinder...
First Grade Learning...
Find the Difference -...
€ 3,61
€ 8,85
Bestseller
Alle anzeigen
Fishdom
Summoners War: Sky...
Klondike Adventures
Solitaire Grand Harve...
Best Fiends
TikTok
Harry Potter: Rätsel...

9
10
7
8
Amazon Appstore
amazon appstore
Apps & Spiele durchsuchen
COINS ERHALTEN
Hallo
Alle Apps
Spiele
Kinder
Amazon Coins
Einstellungen
Kontaktiere uns
Nutzungsbedingungen
JIGSAW PUZZLES for you
Nach Apps, Einstellungen und Dokumenten suchen
Angeheftet
Alle Apps
Edge
Word
Excel
PowerPoint
Mail
Kalender
Microsoft Store
Windows-Fotoanzeige
Einstellungen
Microsoft 365 (Office)
Solitaire & Casual Games
Microsoft Clipchamp
To Do
Xbox
Prime Video
TikTok
Instagram
Rechner
Empfohlen
Mehr
Magische Puzzles
Zuletzt hinzugefügt
Amazon Appstore
Windows-Subsystem für Android™
Amazon Music
Mein Tic-Tac-Toe
Mein Schiebepuzzle
Mareile Heiting
Öffnen
Bietet In-App-Käufe an
Suche

11 Um die App Amazon Appstore zu schließen, reicht wie gewohnt ein Klick auf das Schließensymbol oben rechts ❾. Falls Sie sich zuvor abmelden möchten, klicken Sie oben links auf Ihren Namen ❿ und auf der folgenden Seite dann rechts auf **Abmelden**. Dies hat allerdings Auswirkung auf die Nutzung der zuvor über den Appstore installierten Anwendung. Nach dem Start der App erhalten Sie entsprechend die Aufforderung, sich beim *Amazon Appstore* anzumelden. Mit einem Klick auf **Anmeldung** können Sie dies direkt aus der App heraus erledigen ⓫.

Nach der erstmaligen Installation wird der Amazon Appstore ebenfalls in der App-Liste des Startmenüs aufgeführt und kann mit nur einem Mausklick geöffnet werden. Im Vergleich zum Google Play Store enthält der Amazon Appstore bisher noch eine überschaubare Anzahl an Apps, er wird aber stetig erweitert.

9.3 Beliebige Programme installieren

In Abschnitt 9.2, »Apps aus dem Microsoft Store installieren«, ab Seite 367 haben Sie erfahren, wie Sie Apps, Spiele oder auch Filme über den Microsoft Store beziehen können. Die im Store angebotenen Apps sind für Geräte mit Touchscreen optimiert. Klassische Windows-Anwendungen, die für die Nutzung auf der Desktopoberfläche entwickelt wurden, sind im Store eher rar. Solche Desktopprogramme können Sie meist auf den Webseiten der Hersteller selbst erwerben, aber natürlich auch in Onlineshops wie Amazon oder ganz klassisch im Fachhandel.

Wählen Sie den Weg über Onlineshops oder den Fachhandel, erhalten Sie meist eine Box. Während diese früher eine CD oder DVD enthielt, über die sich die Software installieren ließ, findet man heutzutage in der Schachtel häufig nur noch einen Zettel, auf dem eine Internetadresse notiert ist. Über die entsprechende Webseite können Sie dann das Programm auf Ihren PC herunterladen und anschließend installieren.

9.3.1 Programme von CD/DVD installieren

Wenn Sie ein Programm erworben haben, das auf einer CD oder DVD ausgeliefert wurde, ist die Installation schnell erledigt. Sobald Sie den Datenträger in das Laufwerk Ihres Computers gelegt haben, startet meist sofort die automatische Wiedergabe. In der rechten unteren Fensterecke erscheint eine Aufforderung, eine Aktion für den erkannten Datenträger auszuwählen. Klicken Sie darauf und im nächsten Dialog auf die ausführbare Datei unterhalb von **Programm von Medium installieren oder ausführen**. Ein Assistent führt Sie nun Schritt für Schritt durch die Installation des Programms. Ab und an meldet sich dabei eventuell die Benutzerkontensteuerung zu Wort. Ihre Fragen beantworten Sie jeweils mit **Ja**.

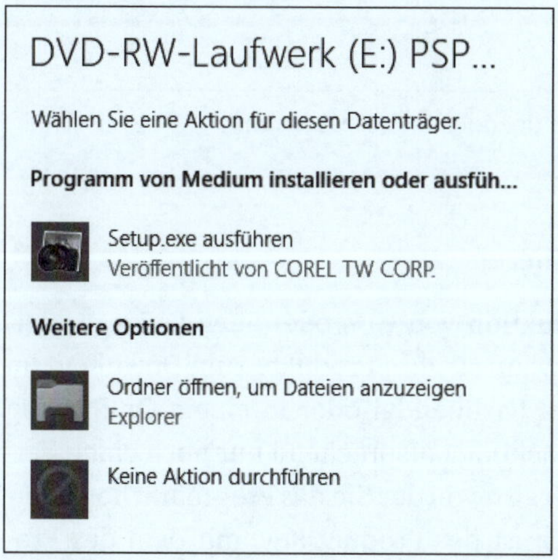

Abbildung 9.9 Windows 11 bietet Ihnen als Aktion an, das Programm zu installieren.

Sollte die automatische Wiedergabe der CD bzw. DVD nicht funktionieren, rufen Sie den Explorer z. B. per Klick auf das Programmsymbol in der Taskleiste auf. Markieren Sie dann im Navigationsbereich des Explorers das CD/DVD-Laufwerk. Im Inhaltsbereich des Explorers, also in der rechten Spalte des Programmfensters, werden nun alle Dateien und Ordner aufgelistet, die sich auf dem Datenträger befinden. Suchen Sie hier nach der Installationsdatei (auch *Setup-Datei* genannt). Sie trägt meist den Namen *Setup.exe*, *Start.exe* oder auch *Install.exe*. Mit einem Doppelklick auf diese Datei starten Sie die Programminstallation. Auch hier folgen Sie wieder den weiteren Anweisungen.

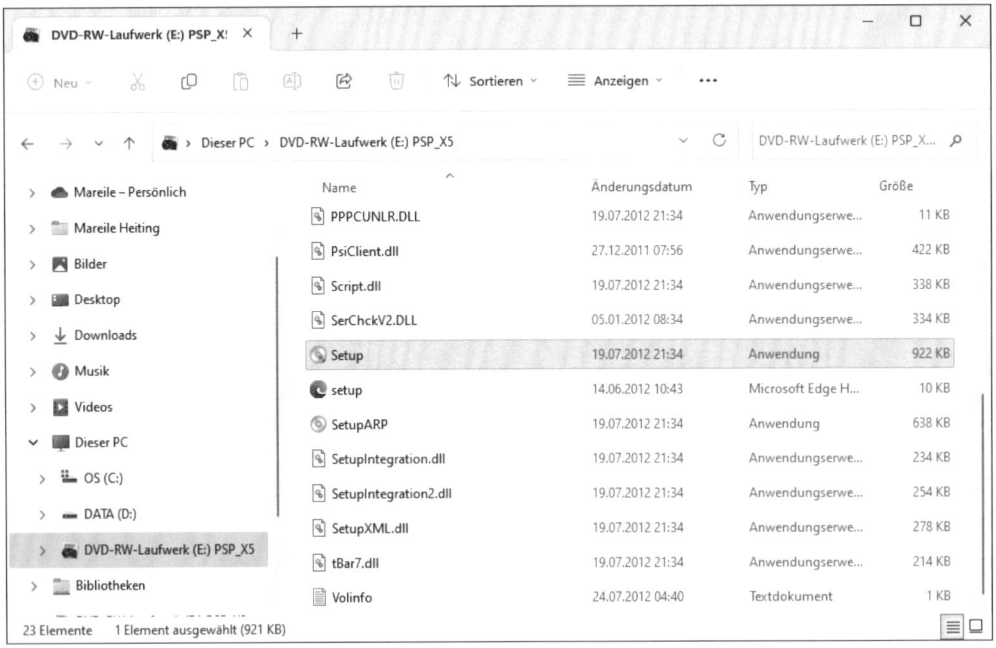

Abbildung 9.10 Die Installationsdatei lässt sich auch über den Explorer starten.

9.3.2 Programme aus dem Internet installieren

Vielen Herstellern von Software ist die Produktion von CDs oder auch DVDs mittlerweile zu teuer. Weitaus günstiger kommt es, wenn sie ihre Produkte zum Download im Internet anbieten. Wenn Sie die Software im Fachhandel oder in einem Onlineshop gekauft haben, finden Sie in der Produktverpackung entsprechend nur noch einen Zettel, auf dem die Webseite des Herstellers notiert ist, von der Sie das Programm herunterladen können. Ebenfalls in der Box enthalten ist der Product Key, mit dem das Programm aktiviert wird.

Alternativ können Sie eine Windows-Anwendung natürlich auch direkt über die Webseite des Herstellers erwerben. Da jeder Anbieter eine andere Vorgehensweise hat, kann ich Ihnen in den folgenden Schritten nur exemplarisch zeigen, wie der Download und die anschließende Installation einer Software erfolgt. Als Beispiel wähle ich den Browser *Mozilla Firefox*, den Sie kostenlos von der Webseite *www.mozilla.org/de* herunterladen können:

1 Starten Sie den Browser Edge, und öffnen Sie die Webseite *www.mozilla.org/de* ❶.

2 Klicken Sie oben rechts auf die Schaltfläche **Firefox herunterladen** ❷.

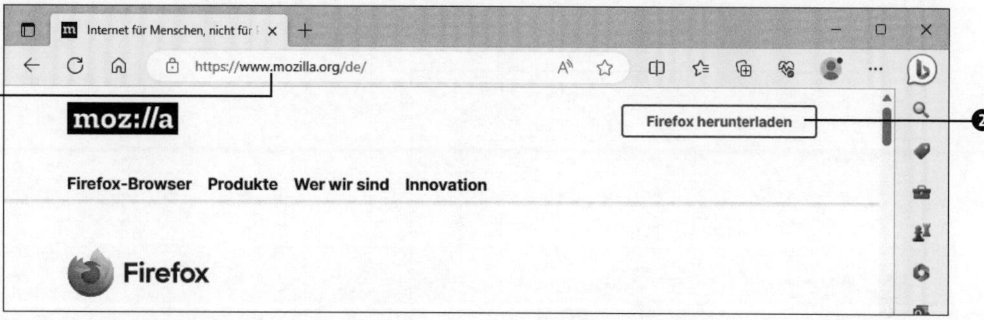

3 Der Download der Installationsdatei wird sofort durchgeführt. Anschließend erscheint am oberen Bildschirmrand ein kleiner Dialog. Falls Sie sofort mit der Installation des Browsers beginnen möchten, klicken Sie hier auf **Datei öffnen** ❸.

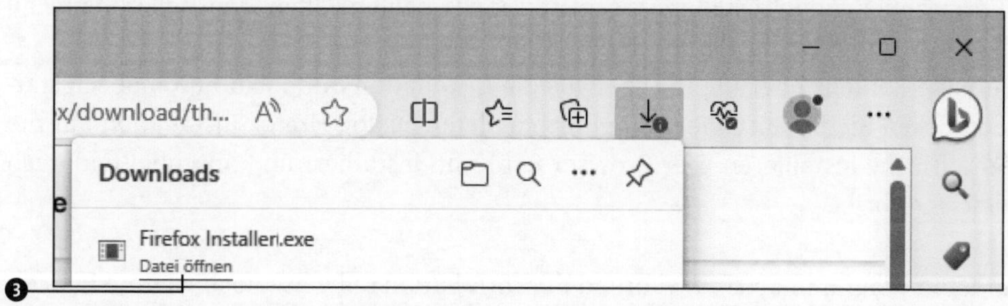

4 Sie können die Installation natürlich auch zu einem späteren Zeitpunkt starten. Klicken Sie im Browser Edge auf das Symbol mit den drei kleinen Punkten [...] ❹ und wählen dann **Downloads**, erhalten Sie eine Liste mit allen in letzter Zeit durchgeführten Downloads. Mit einem Klick auf den Link **Datei öffnen** direkt unterhalb des gewünschten Programms starten Sie nun die Installation ❺.

5 Ein weiterer möglicher Anlaufpunkt zur Installation ist der Explorer, den Sie z. B. über die Tastenkombination [Win] + [E] starten. Öffnen Sie im Explorer das Verzeichnis **Downloads**. Dort stoßen Sie die Installation des Programms per Doppelklick auf die jeweilige Installationsdatei an. In unserem Beispiel heißt die Installationsdatei des Browsers *Firefox Installer.exe*.

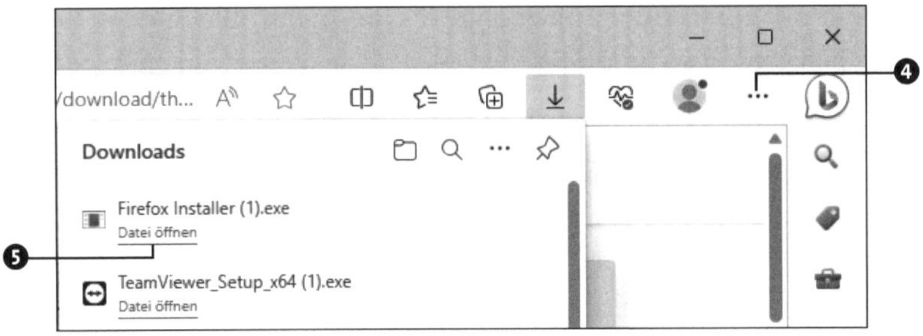

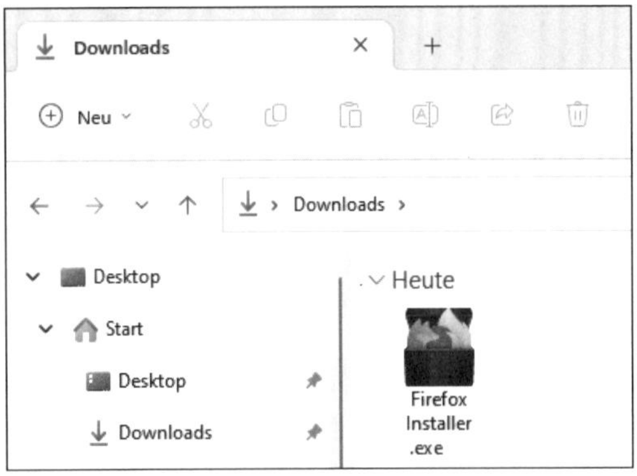

6 Die anschließenden Installationsschritte sind in beiden Fällen identisch und im Fall des Browsers Mozilla Firefox blitzschnell erledigt: Bestätigen Sie die Frage der Benutzerkontensteuerung mit **Ja**. Falls die Installation nun nicht automatisch startet, klicken Sie im anschließend eingeblendeten Dialog **Firefox-Installation** auf die Schaltfläche **Installieren**. Der Browser wird nun installiert und anschließend auch gleich gestartet.

Bei anderen Programmen sind während der Installation teilweise noch weitere Einstellungen vorzunehmen. So müssen Sie bei einigen z. B. auswählen, in welchem Verzeichnis die Programmdateien gespeichert werden sollen. Haben Sie die Software gekauft und einen Product Key erhalten, wird dieser meist nach dem ersten Start des Programms abgefragt. Erst durch die Eingabe dieses Schlüssels schalten Sie das Programm frei und haben anschließend Zugriff auf alle Funktionen der Software.

TIPP

Den Standardspeicherort für Downloads ändern

Per Standardeinstellung speichert der Browser Edge alle Dateien, die Sie aus dem Internet herunterladen, im Ordner *Downloads*. Falls Sie einen anderen Ordner festlegen möchten, klicken Sie im Browser Edge in der Symbolleiste oben rechts auf ··· und dann auf **Einstellungen**. Auf der neu geöffneten Registerkarte **Einstellungen** markieren Sie in der linken Spalte **Downloads**. Jetzt wird der aktuelle Speicherort für heruntergeladene Dateien angezeigt. Nach einem Klick auf **Ändern** wählen Sie einen anderen Ordner aus. Wenn Sie den Regler neben **Bei jedem Download nach dem Speicherort fragen** nach rechts schieben, erhalten Sie zukünftig vor der Durchführung eines Downloads die Möglichkeit, den Speicherort für die herunterzuladende Datei individuell festzulegen.

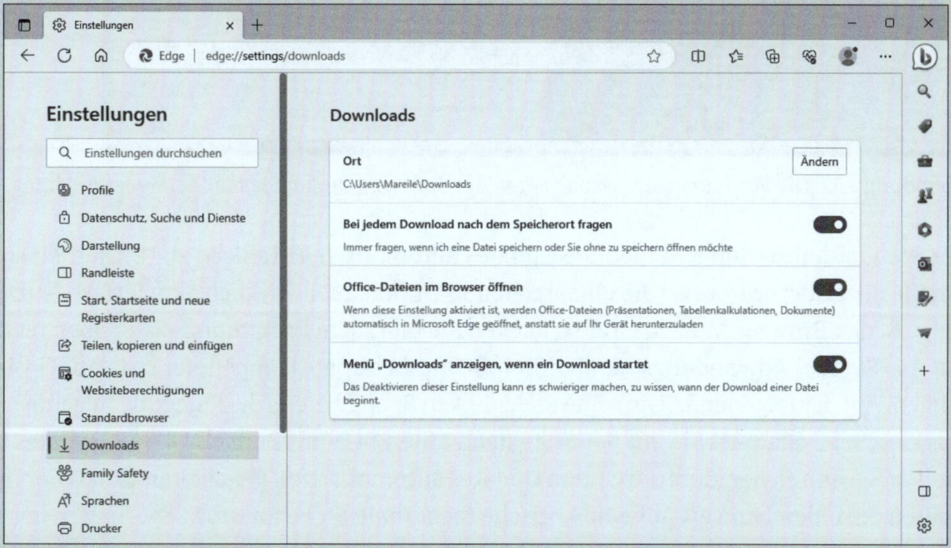

Abbildung 9.11 Im Browser Edge können Sie den Ordner für heruntergeladene Dateien selbst festlegen.

9.3.3 Programme auf dem neuesten Stand halten

Ebenso wie die Entwickler von Apps aktualisieren auch die Hersteller von Windows-Anwendungen immer wieder ihre Programme. Bei einigen erfolgt die Installation der Updates ganz automatisch, sodass Sie sich um nichts weiter kümmern müssen. Bei anderen müssen Sie selbst prüfen, ob Aktualisierungen bereitstehen, und die Installation ebenfalls selbst anstoßen. Einen entsprechenden Befehl hierfür finden Sie in aller Regel im Menü **Hilfe**. Suchen Sie hier nach Einträgen, wie z. B. »Update«, »aktualisieren« oder Ähnlichem.

Speziell bei Programmen wie Browsern oder auch E-Mail-Programmen werden immer wieder Sicherheitslücken entdeckt, durch die Schadsoftware auf Ihren Computer gelangen kann. Diese Lücken werden meist sehr schnell geschlossen. wozu dann entsprechende Programmaktualisierungen zur Verfügung gestellt werden.

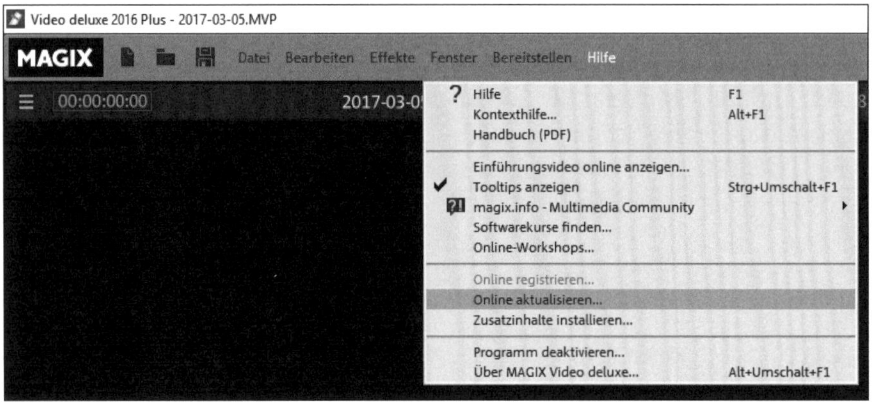

Abbildung 9.12 Die Funktion zum Aktualisieren der Software finden Sie häufig im Menü »Hilfe«.

Per Standardeinstellung werden die Updates automatisch installiert; zur Sicherheit sollten Sie aber überprüfen, ob die entsprechende Option auch wirklich aktiviert ist. Nutzen Sie z. B. den Browser Mozilla Firefox, klicken Sie hierzu im Programmfenster oben rechts auf das Symbol **Anwendungsmenü öffnen** ❶ und in der aufklappenden Liste auf **Einstellungen**. Auf der folgenden Seite sollte in der linken Spalte bereits die Kategorie **Allgemein** ❷ markiert sein. Blättern Sie auf der Seite nach unten bis zum Bereich **Firefox-Updates** ❸. Stellen Sie nun sicher, dass die Option **Updates automatisch zu installieren** ❹ aktiviert ist. Sollten Sie einen Hinweis auf eine kritische Sicherheitslücke im Browser erhalten haben (lesen Sie hierzu auch den Kasten »Immer sicher informiert mit dem Bürger-CERT«), können Sie auch sofort dafür sorgen, dass die neueste Version von Mozilla Firefox installiert wird. Klicken Sie hierzu wieder auf das Symbol **Anwendungsmenü öffnen** ❶. In der aufklappenden Liste klicken Sie dieses Mal aber ganz unten auf **Hilfe** und im aufklappenden Menü auf **Über Firefox**. Es wird nun automatisch eine Programmaktualisierung vorgenommen, vorausgesetzt natürlich, es liegen entsprechende Aktualisierungen vor ❺. Nach der Installation des Updates werden Sie eventuell aufgefordert, den Browser über die entsprechende Schaltfläche neu zu starten. Falls nicht, können Sie den Dialog **Über Mozilla Firefox** anschließend über das Schließensymbol oben rechts beenden ❻. Analog bringen Sie übrigens auch das beliebte E-Mail-Programm *Mozilla Thunderbird* auf den neuesten Stand.

TIPP

Immer sicher informiert mit dem Bürger-CERT

Täglich tauchen neue Viren und Würmer auf und werden neue Sicherheitslücken in Programmen entdeckt. Das *Bundesamt für Sicherheit in der Informationstechnik* (BSI) analysiert die Sicherheitslage im Internet und informiert regelmäßig in Form von E-Mails über diese Gefahren. Wenn Sie möchten, können Sie die Newsletter über die Website des Bürger-CERT (*Computer Emergency Response Team*) unter *www.buerger-cert.de* kostenlos abonnieren.

Abbildung 9.13 Rufen Sie den Dialog »Über Mozilla Firefox« auf, wird automatisch geprüft, ob ein Update für den Browser vorliegt.

Nutzen Sie neben Windows 11 noch weitere Programme von Microsoft, z. B. Microsoft Office, können Sie die Aktualisierung automatisch über das *Windows Update* vornehmen lassen. Hierzu müssen Sie lediglich die entsprechende Funktion aktivieren:

1. Rufen Sie über das Startmenü die **Einstellungen** auf, und wählen Sie die Kategorie **Windows Update** aus.
2. Klicken Sie rechts auf **Erweiterte Optionen**.
3. Prüfen Sie, ob im Dialog **Erweiterte Optionen** der Regler **Updates für andere Microsoft-Produkte erhalten** aktiviert ist. Falls nicht, ziehen Sie ihn nach rechts auf **Ein**.

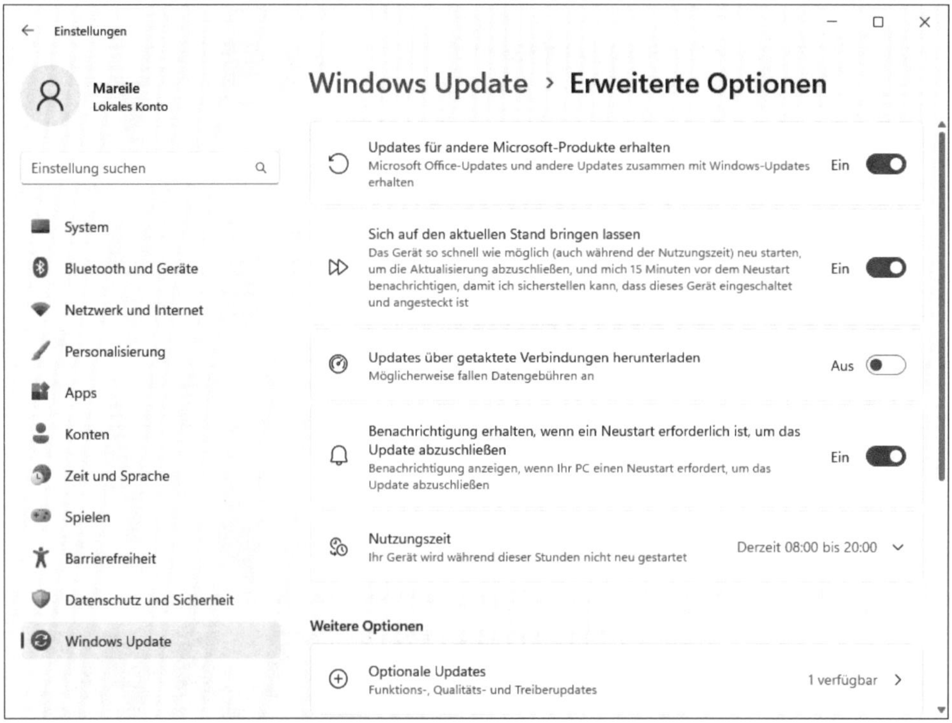

Wann immer nun Updates installiert werden, werden automatisch auch alle anderen Microsoft-Produkte, die auf Ihrem PC installiert sind, auf den neuesten Stand gebracht.

9.4 Apps und Programme deinstallieren

Benötigen Sie eine App oder ein Programm nicht mehr, sollten Sie sie bzw. es von Ihrem Computer entfernen. Windows 11 unterstützt Sie hierbei:

1. Rufen Sie über das Startmenü die **Einstellungen** auf, und wechseln Sie in die Kategorie **Apps**. Wählen Sie in der rechten Spalte **Installierte Apps** ❶ aus.
2. Nun werden alle Apps und Programme aufgelistet, die auf Ihrem Computer installiert sind. Blättern Sie bis zu der Anwendung, die Sie entfernen möchten. Klicken Sie rechts vom App-Namen auf das Symbol mit den drei kleinen Punkten ❷. Nun wird die Schaltfläche **Deinstallieren** ❸ eingeblendet, auf die Sie klicken. Auch den folgenden Dialog bestätigen Sie mit **Deinstallieren**.

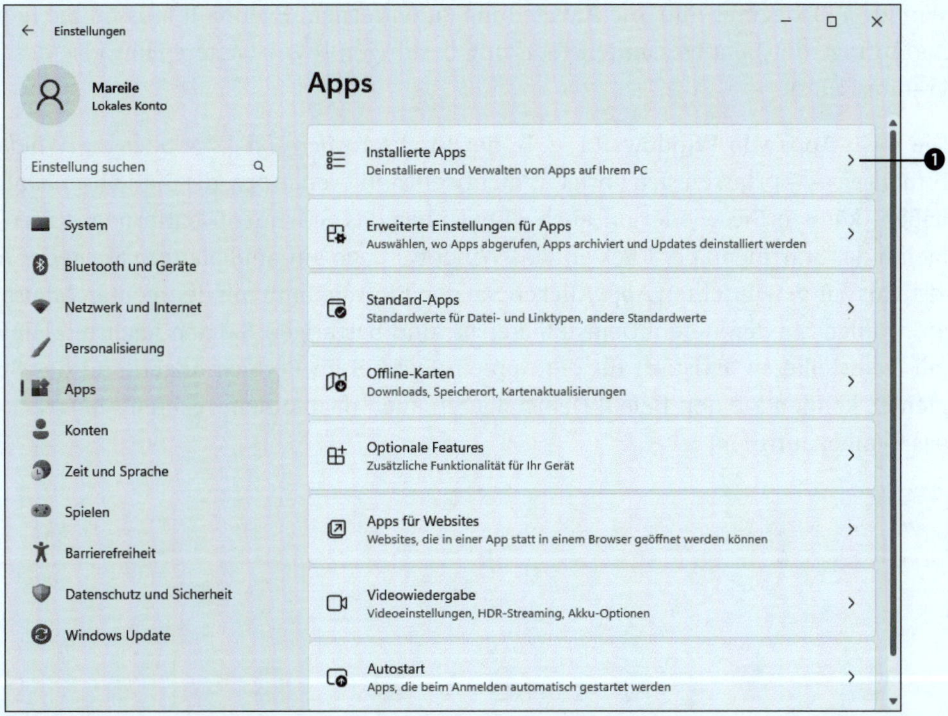

Einstellungen
Mareile
Lokales Konto
Einstellung suchen
System
Bluetooth und Geräte
Netzwerk und Internet
Personalisierung
Apps
Konten
Zeit und Sprache
Spielen
Barrierefreiheit
Datenschutz und Sicherheit
Windows Update
Apps
Installierte Apps
Deinstallieren und Verwalten von Apps auf Ihrem PC
Erweiterte Einstellungen für Apps
Auswählen, wo Apps abgerufen, Apps archiviert und Updates deinstalliert werden
Standard-Apps
Standardwerte für Datei- und Linktypen, andere Standardwerte
Offline-Karten
Downloads, Speicherort, Kartenaktualisierungen
Optionale Features
Zusätzliche Funktionalität für Ihr Gerät
Apps für Websites
Websites, die in einer App statt in einem Browser geöffnet werden können
Videowiedergabe
Videoeinstellungen, HDR-Streaming, Akku-Optionen
Autostart
Apps, die beim Anmelden automatisch gestartet werden
1

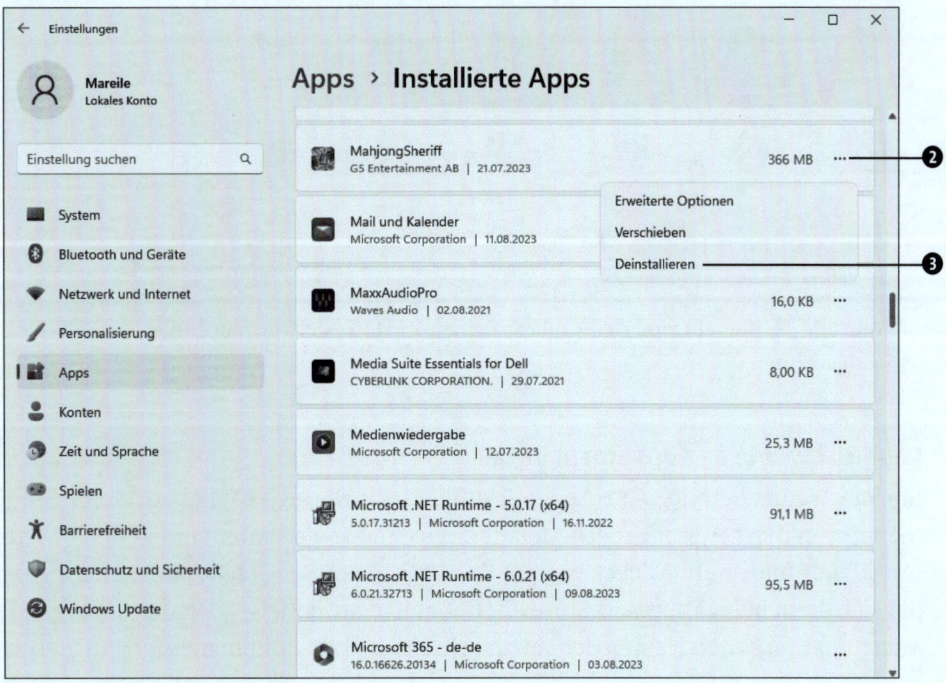

Einstellungen
Mareile
Lokales Konto
Einstellung suchen
System
Bluetooth und Geräte
Netzwerk und Internet
Personalisierung
Apps
Konten
Zeit und Sprache
Spielen
Barrierefreiheit
Datenschutz und Sicherheit
Windows Update
Apps › Installierte Apps
MahjongSheriff
G5 Entertainment AB | 21.07.2023
366 MB
2
Erweiterte Optionen
Verschieben
Deinstallieren
3
Mail und Kalender
Microsoft Corporation | 11.08.2023
MaxxAudioPro
Waves Audio | 02.08.2021
16,0 KB
Media Suite Essentials for Dell
CYBERLINK CORPORATION. | 29.07.2021
8,00 KB
Medienwiedergabe
Microsoft Corporation | 12.07.2023
25,3 MB
Microsoft .NET Runtime - 5.0.17 (x64)
5.0.17.31213 | Microsoft Corporation | 16.11.2022
91,1 MB
Microsoft .NET Runtime - 6.0.21 (x64)
6.0.21.32713 | Microsoft Corporation | 09.08.2023
95,5 MB
Microsoft 365 - de-de
16.0.16626.20134 | Microsoft Corporation | 03.08.2023

Windows 11 beginnt nun, die Anwendung zu entfernen. Eventuell müssen Sie hierbei die Anfrage der Benutzerkontensteuerung bestätigen sowie weitere Hinweise des Programms selbst.

Die Basis-Apps von Windows 11, z. B. der Browser *Microsoft Edge* oder die *Windows-Fotoanzeige*-App, lassen sich übrigens nicht deinstallieren. Apps, die Sie selbst installiert haben, können Sie wiederum auch direkt über das Startmenü entfernen. Rufen Sie hierzu das Startmenü per Klick auf das Windows-Logo auf, und blättern Sie in der App-Liste bis zur gewünschten App. Klicken Sie den Eintrag dann mit der rechten Maustaste an, wählen Sie den Befehl **Deinstallieren** ❹, und bestätigen Sie den nächsten Hinweis mit **Deinstallieren**. Existiert für die App ein Symbol im Bereich **Angeheftet** des Startmenüs, können Sie den Befehl **Deinstallieren** auch nach einem rechten Mausklick auf das Symbol aufrufen.

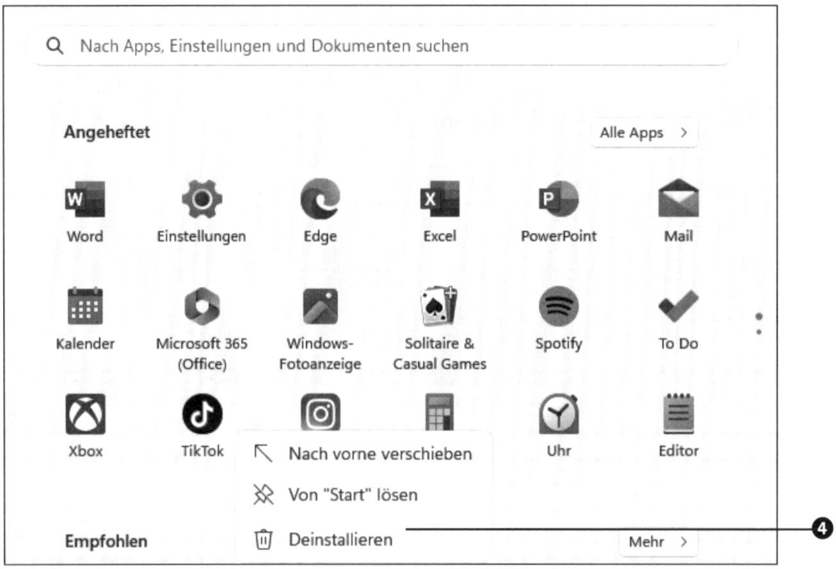

Abbildung 9.14 Der Befehl zum Deinstallieren einer App lässt sich auch über das Startmenü aufrufen.

TIPP

Käuflich erworbene Apps erneut installieren
Sie haben versehentlich eine App deinstalliert, die Sie gekauft haben? Keine Sorge, Sie müssen diese App nicht erneut kaufen, wenn Sie sie später einmal doch wieder installieren möchten. Klicken Sie auf das Logo Ihres Benutzerkontos, und melden Sie sich dann beim Microsoft Store an. Geben Sie anschließend in das Suchfeld des Microsoft Stores den Namen der gewünschten App ein. Sollten mehrere Suchergeb-

nisse angezeigt werden, markieren Sie die gesuchte App per Mausklick. Statt des Kaufpreises wird auf der Detailseite der App nun der Hinweis **Dieses Produkt gehört Ihnen** eingeblendet. Mit einem Klick auf **Installieren** können Sie die App wieder einspielen. Auf diese Weise lässt sich übrigens eine einmal erworbene App auf mehreren Windows-Geräten installieren, vorausgesetzt, Sie sind auf allen Geräten mit dem gleichen Microsoft-Konto angemeldet.

Klicken Sie mit der rechten Maustaste in der App-Liste auf eine Windows-Anwendung, wird zwar ebenfalls der Befehl **Deinstallieren** angeboten. Nach einem Klick hierauf wird anschließend aber häufig der Systemsteuerungsdialog mit der Kategorie **Programme und Features** geöffnet. Hier müssen Sie erneut das zu entfernende Programm markieren und dann auf **Deinstallieren** klicken. Wie lange dieser Weg über die Systemsteuerung unter Windows 11 noch verfügbar ist, ist fraglich, da Microsoft die Systemsteuerung mit jedem Update stärker in den Hintergrund drängt.

TIPP

Optionale Features installieren und deinstallieren

Windows 11 bringt eine Vielzahl von Funktionen mit, von denen man aber nicht alle benötigt. Da aktivierte Features kostbaren Speicherplatz beanspruchen, sollten Sie prüfen, ob Sie gegebenenfalls nicht einige Komponenten deaktivieren können. Rufen Sie nacheinander **Start** ▸ **Einstellungen** ▸ **Apps** ▸ **Optionale Features** auf. In der rechten Fensterhälfte werden nun alle verfügbaren Funktionen aufgelistet. Sehen Sie sich die Liste in Ruhe an. Entdecken Sie eine Funktion, von der Sie sicher sind, dass Sie sie nicht benötigen, klicken Sie rechts von ihr auf das Symbol mit den drei kleinen Punkten und wählen dann **Deinstallieren**. Ein Kandidat ist z. B. **Windows-Fax und -Scan**, falls Sie zum Scannen von Dokumenten ein eigenes Programm nutzen.

Von Einträgen wie **.NET Framework** oder auch **Windows PowerShell SE** sollten Sie jedoch die Finger lassen, denn diese werden nicht nur von Windows 11 selbst, sondern auch von vielen anderen Programmen benötigt.

Umgekehrt können Sie hier natürlich auch Funktionen installieren, die Sie gerne nutzen möchten. Interessant ist z. B. **Hyper-V**, falls Sie ein virtuelles System auf Ihrem Computer einrichten möchten, wie ich es Ihnen in Kapitel 21, »Hyper-V und Virtualisierung«, ab Seite 837 zeigen werde. Um eine Funktion hinzuzufügen, klicken Sie am oberen Rand der Seite **Apps** ▸ **Optionale Features** auf **Features anzeigen**. Versehen Sie das gewünschte Feature nun mit einem Häkchen. Nach einem Klick auf **Weiter** bestätigen Sie mit **Installieren**. Sowohl nach dem Entfernen als auch nach dem Hinzufügen ist ein Neustart des Computers notwendig, um die Änderungen zu übernehmen.

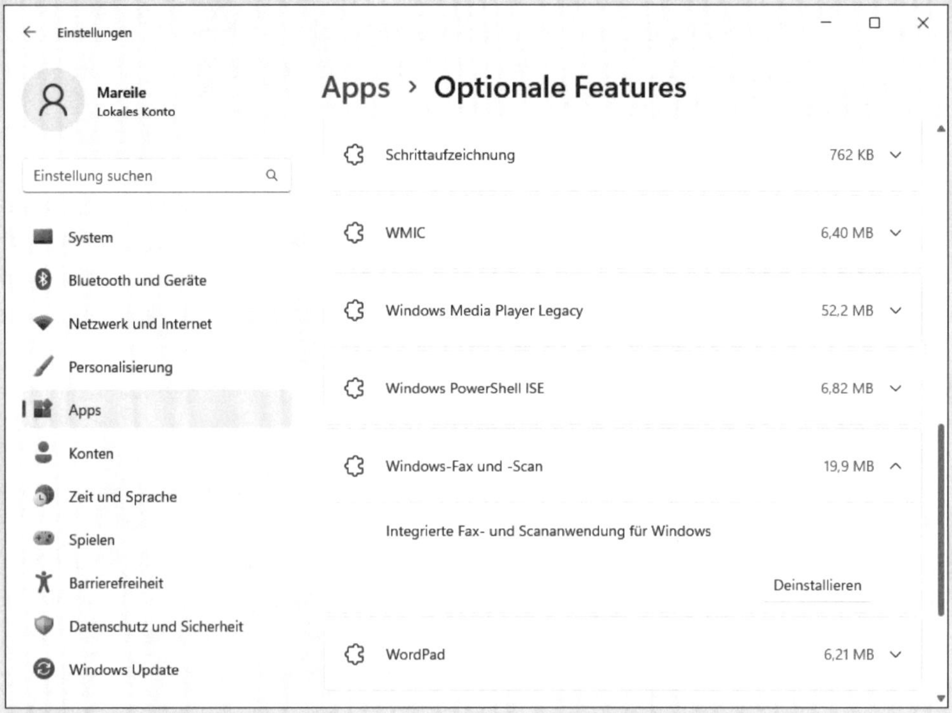

Abbildung 9.15 Optionale Features lassen sich über die Einstellungen-App installieren bzw. deinstallieren.

9.5 Standardprogramme festlegen

Windows 11 hat jedem Dateityp ein bestimmtes Programm zugewiesen, das automatisch zum Öffnen verwendet wird. Diese Programme werden deshalb auch als *Standardprogramme* oder *Standard-Apps* bezeichnet. Doppelklicken Sie im Explorer z. B. auf ein Foto im JPG-Format, startet die Windows-Fotoanzeige-App. Mit einem Doppelklick auf eine DOCX-Datei öffnet sich automatisch das Textverarbeitungsprogramm Microsoft Word. Ein Klick auf einen Link in einer E-Mail wiederum reicht, und schon wird der mit dem HTML-Format verknüpfte Browser Edge gestartet.

Nicht immer zählen die von Windows festgelegten Standardprogramme aber zu den eigenen Lieblingsprogrammen. Ich zeige Ihnen verschiedene Varianten, wie Sie selbst das gewünschte Programm bestimmen.

9.5.1 Das Standardprogramm für alle unterstützten Dateitypen festlegen

Eigentlich ziehen Sie den Browser Mozilla Firefox vor. Trotzdem meldet sich immer wieder der Browser Edge zu Wort, sobald Sie einen Link z. B. in einer E-Mail anklicken. Mit wenigen Mausklicks lässt sich zum Glück einstellen, welches Standardprogramm Windows 11 zum Öffnen verwenden soll:

1 Öffnen Sie die **Einstellungen**-App, z. B. über die Tastenkombination [Win] + [I]. Wählen Sie die Kategorie **Apps** aus, und markieren Sie rechts die Unterkategorie **Standard-Apps** ❶.

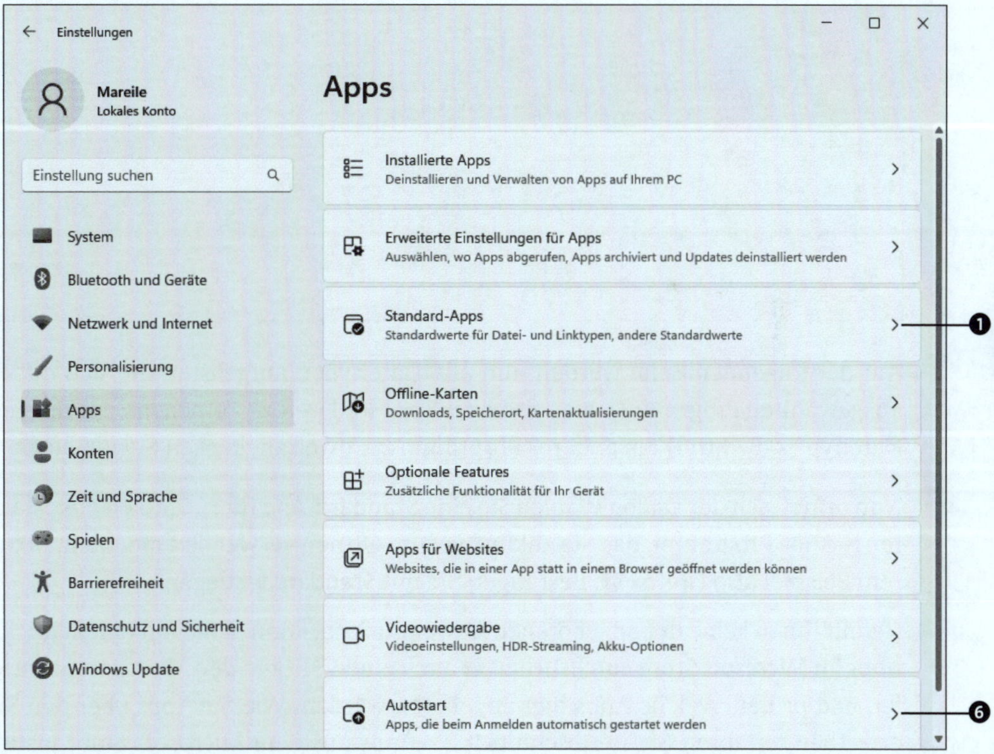

In der rechten Fensterhälfte werden unterhalb von **Standards für Anwendungen festlegen** nun alle auf dem Computer installierten Anwendungen aufgelistet.

2 Wenn Sie zum Öffnen von Webseiten lieber den Browser Firefox als den Microsoft-eigenen Browser Edge verwenden möchten, blättern Sie in der Liste nach unten bis zum Eintrag **Firefox**. Klicken Sie den Eintrag an ❷.

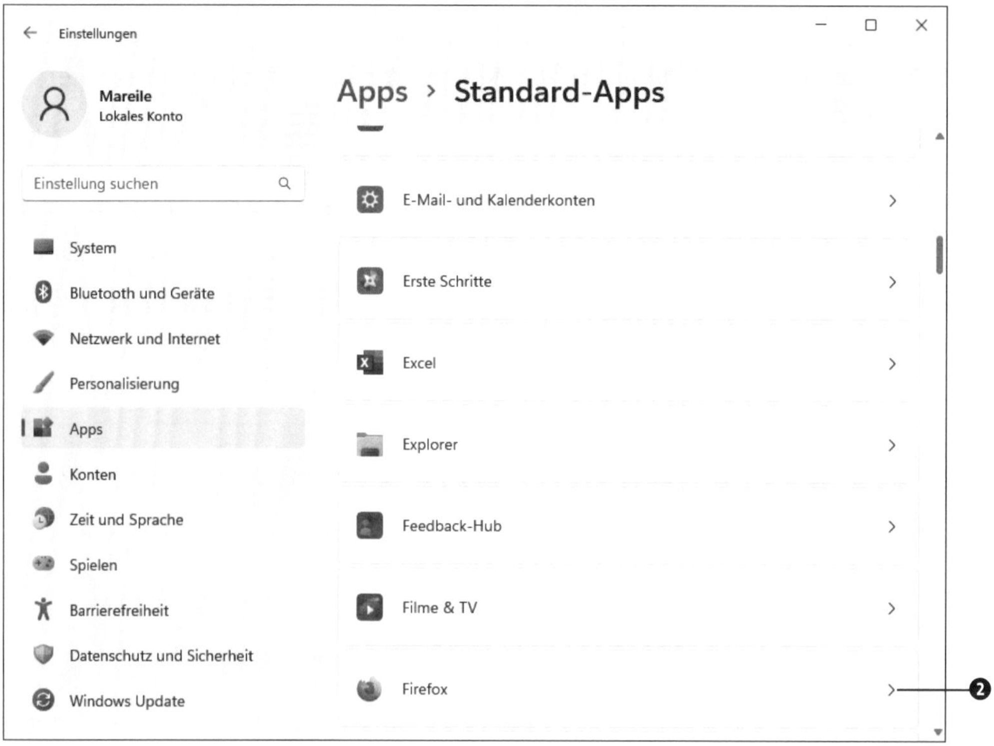

3 Auf der folgenden Seite werden nun alle Dateitypen aufgelistet, die sich mit dem ausgewählten Programm – hier also dem Browser Firefox – öffnen lassen. Um einem Dateityp (z. B. **.html**) ein anderes Programm zuzuweisen, klicken Sie ihn an ❸.

4 Nun öffnet sich der Dialog **Wählen Sie eine Standard-App für ...-Dateien aus**. Markieren Sie das Programm, das Sie zukünftig zum Öffnen verwenden möchten, in unserem Beispiel also **Firefox** ❹. Bestätigen Sie mit **Standard festlegen**.

Gefällt Ihnen keine der angebotenen Anwendungen, können Sie mit einem Klick auf **Apps im Microsoft Store durchsuchen** ❺ auch einen Blick in den Microsoft Store werfen und prüfen, welche Apps hier angeboten werden. Wie Sie Apps über den Store erwerben, erfahren Sie in Abschnitt 9.2, »Apps aus dem Microsoft Store installieren«, ab Seite 367.

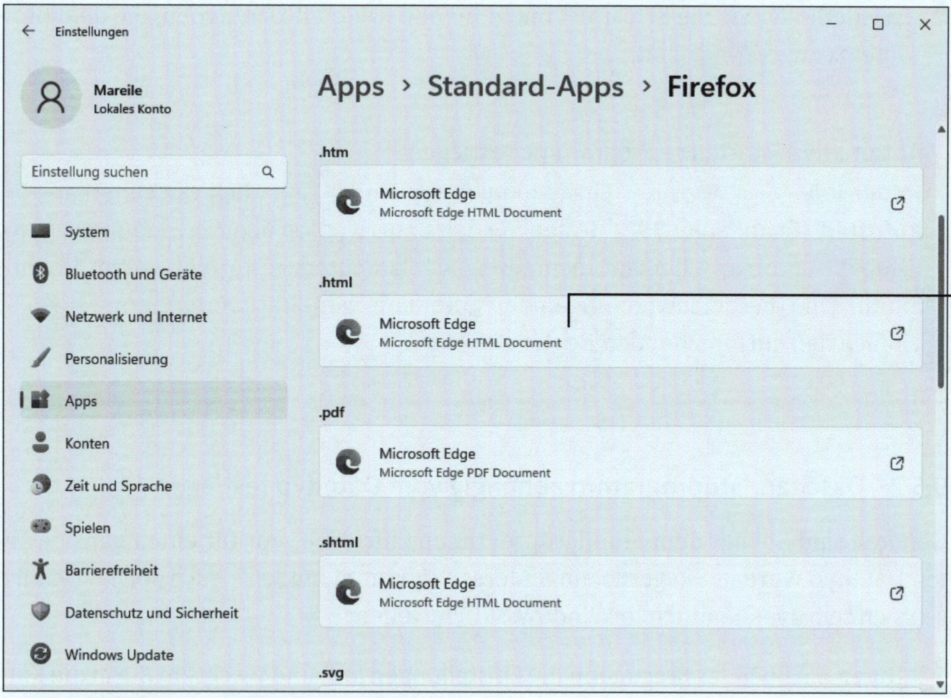
Einstellungen
Mareile
Lokales Konto
Einstellung suchen
System
Bluetooth und Geräte
Netzwerk und Internet
Personalisierung
Apps
Konten
Zeit und Sprache
Spielen
Barrierefreiheit
Datenschutz und Sicherheit
Windows Update
Apps › Standard-Apps › Firefox
.htm
Microsoft Edge
Microsoft Edge HTML Document
.html
Microsoft Edge
Microsoft Edge HTML Document
.pdf
Microsoft Edge
Microsoft Edge PDF Document
.shtml
Microsoft Edge
Microsoft Edge HTML Document
.svg
3

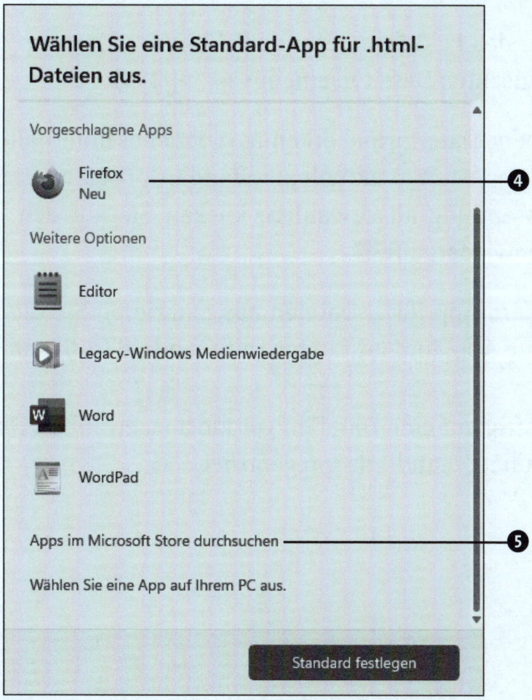
Wählen Sie eine Standard-App für .html-Dateien aus.
Vorgeschlagene Apps
Firefox
Neu
Weitere Optionen
Editor
Legacy-Windows Medienwiedergabe
Word
WordPad
Apps im Microsoft Store durchsuchen
Wählen Sie eine App auf Ihrem PC aus.
Standard festlegen
4
5

5 Wiederholen Sie die Schritte 3 und 4 für alle weiteren Dateitypen, die dem Browser Firefox zugeordnet sind.

INFO

Automatisch startende Programme festlegen

In der Kategorie **Apps** der **Einstellungen**-App findet sich auch die Unterkategorie **Autostart** (❻ auf Seite 397). Rufen Sie diese auf, werden alle Anwendungen aufgelistet, die automatisch beim Hochfahren des Computers gestartet werden. Möchten Sie für eine dieser Anwendungen den automatischen Start verhindern, setzen Sie einfach den entsprechenden Regler auf **Aus**.

9.5.2 Das Standardprogramm abhängig vom Dateityp festlegen

Generell sind Sie mit dem Standardprogramm zufrieden, nur für einen ganz bestimmten Dateityp würden Sie gerne ein anderes Programm nutzen? Auch solche Details lassen sich selbstverständlich in Windows 11 einstellen:

1 Rufen Sie über das Startmenü die **Einstellungen** auf, und wechseln Sie in die Kategorie **Apps**. Markieren Sie rechts die **Standard-Apps**.

2 Geben Sie zu Beginn der Seite in das Feld **Einen Standard für einen Dateityp oder einen Linktyp festlegen** den gewünschten Dateityp ein, etwa ».mp3« ❶.

3 Sobald Windows 11 das eingegebene Dateiformat erkennt, blendet es unterhalb des Feldes das Programm ein, das dem Dateityp aktuell als Standardprogramm zugewiesen ist. Um eine andere Anwendung auszuwählen, klicken Sie auf den Programmnamen, im Beispiel **Medienwiedergabe** ❷.

4 Im Dialog **Wählen Sie eine Standard-App für ...-Dateien aus** markieren Sie die von Ihnen für den Dateityp gewünschte App, und bestätigen mit **Standard festlegen**.

Doppelklicken Sie im Explorer zukünftig auf eine Datei im gerade ausgewählten Dateiformat, wird automatisch die zugeordnete Standard-App geöffnet.

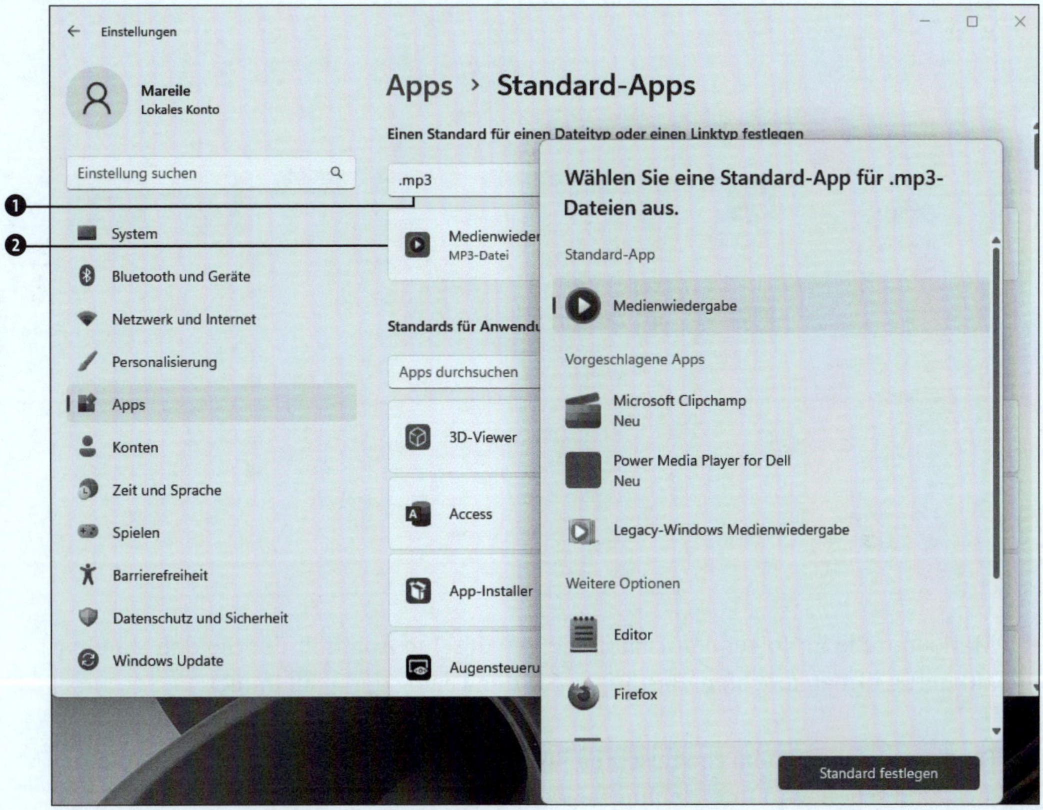

9.5.3 Standardprogramm über den Explorer festlegen

Nach einem Doppelklick auf eine Datei im Explorer stellen Sie fest, dass sie nicht mit Ihrem Lieblingsprogramm geöffnet wird. Anstatt nun umständlich den Weg über die Einstellungen-App zu nehmen, wählen Sie direkt das gewünschte Programm:

1. Klicken Sie im Explorer einfach mit der rechten Maustaste auf die zu öffnende Datei. Im Kontextmenü bewegen Sie den Mauszeiger auf den Befehl **Öffnen mit**.
2. In dem Untermenü, das sich jetzt öffnet, sind alle auf dem PC verfügbaren Programme aufgelistet, mit denen sich die ausgewählte Datei öffnen lässt.
3. Wenn Sie nur einmalig eine andere Anwendung auswählen möchten, reicht ein Klick auf das gewünschte Programm. Wenn Sie dem Dateityp dagegen dauerhaft ein anderes Standardprogramm zuordnen möchten, wählen Sie **Andere App auswählen**.

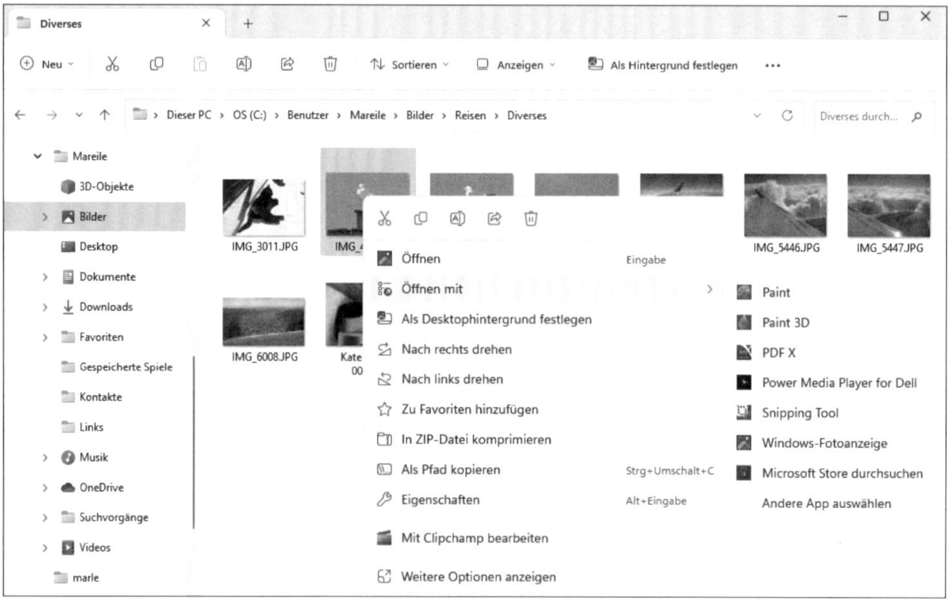

4 Markieren Sie im folgenden Dialog die gewünschte App, mit der Sie den Dateityp zukünftig öffnen möchten. Bestätigen Sie den Dialog dann mit **Immer**.

Die Datei wird nun mit dem gewünschten Programm geöffnet. Zukünftig reicht ein Doppelklick, und schon wird Ihre Lieblingsanwendung gestartet.

10 In Windows 11 erfolgreich auf die Suche gehen

Windows 11 bringt eine Vielzahl von Programmen, Apps, Funktionen, aber auch Konfigurationsmöglichkeiten mit. Hinzu kommen noch all die Dokumente, Bilder, Musik- und Videodateien, die Sie selbst auf dem Computer abspeichern. Kein Wunder, wenn man hier nicht immer gleich die gewünschte Anwendung oder auch eine dringend benötigte Datei findet. Dank der vielseitigen Suchmöglichkeiten, die Windows 11 unterstützt, brauchen Sie aber nicht unruhig zu werden, wenn Sie nicht sofort fündig werden. In diesem Kapitel stelle ich Ihnen verschiedene Strategien vor, wie Sie dem Gesuchten schnell auf die Spur kommen. Den Abschluss dieses Kapitels bildet ein kurzer Ausblick auf die Integration der künstlichen Intelligenz (kurz KI) via *ChatGPT*.

10.1 Suchanfragen über das Suchfeld der Taskleiste starten

Der schnellste Weg, eine Suchanfrage zu starten, führt über das Suchfeld in der Taskleiste. Das Vorgehen ist hierbei denkbar einfach: Ein Mausklick in das Suchfeld reicht, und schon kann die Suche beginnen. Alternativ können Sie auch die Tastenkombination [Win] + [Q] oder [Win] + [S] drücken. In allen Fällen klappt das Suchmenü auf. In der rechten Fensterhälfte des Suchmenüs werden Ihnen Reiseempfehlungen, die neuesten Schlagzeilen oder auch Spieletipps angeboten. Diese verschwinden aber, sobald Sie im Suchfeld der Taskleiste den Suchbegriff eingeben. Bereits während der Eingabe zeigt Windows 11 Ihnen die ersten Ergebnisse Ihrer Suchanfrage an. Ist der gewünschte Treffer dabei, können Sie die Eingabe beenden und das Ergebnis per Mausklick auswählen ❶. Wird das gesuchte Element nicht aufgeführt, setzen Sie die Eingabe selbst fort und starten die Suche dann durch Drücken der Taste [↵].

Über das Suchfeld können Sie nach Apps und Windows-Anwendungen suchen, aber auch nach Windows-Funktionen und Einstellungen, nach Dateien und Ordnern sowie nach vielem mehr. Die Suche wird dabei nicht nur lokal auf Ihrem Computer durchgeführt, sondern automatisch auch im Web (vorausgesetzt, Ihr PC ist mit dem Internet verbunden). Die Ergebnisse der Websuche erkennen Sie gut anhand des vorangestellten Lupensymbols ❷ (nicht zu verwechseln mit der Lupe, die am linken Rand des Suchfeldes angezeigt wird ❸). Klicken Sie einen solchen Treffer unterhalb von **Web durchsuchen** an, wird automatisch der Browser Edge mit einer Übersicht über die Webergebnisse gestartet. Bei der Suchmaschine, die hier zum Einsatz kommt, handelt es sich um

Bing, den Suchdienst von Microsoft. Im Kasten »Berechtigungen und Verlauf der Websuche anpassen« auf Seite 407 erfahren Sie, wie Sie z. B. die Jugendschutzeinstellungen anpassen und das Durchsuchen von Cloud-Inhalten verhindern.

Abbildung 10.1 Bereits die Eingabe weniger Buchstaben reicht, und schon werden die ersten Ergebnisse Ihrer Suchanfrage angezeigt.

TIPP

Taskleistensymbol der Suchfunktion anpassen

Suchfeld, Lupensymbol oder nichts von beidem? Es liegt ganz an Ihnen, wie sich die Suchfunktion in der Taskleiste präsentiert. Um die Darstellung anzupassen, klicken Sie mit der rechten Maustaste auf einen freien Bereich der Taskleiste und wählen im Kontextmenü den Befehl **Taskleisteneinstellungen**. Die **Einstellungen**-App wird mit der Kategorie **Personalisierung ▸ Taskleiste** geöffnet. Im Bereich **Taskleistenelemente** wählen Sie nun im Feld rechts von **Suchen** die gewünschte Darstellung aus.

Doch zurück zu den Suchergebnissen, die Ihre Suchanfrage über das Suchfeld ergeben hat. Statt nur eines Suchbegriffs dürfen Sie gerne auch mehrere Begriffe eingeben. Die Groß- und Kleinschreibung müssen Sie dabei nicht berücksichtigen. Je nachdem, wie differenziert Ihre Anfrage bereits war, erhalten Sie mehr oder auch weniger Treffer. Ist die Liste zu unübersichtlich und finden Sie das Gesuchte nicht, lassen sich die Ergebnisse weiter eingrenzen. Unterhalb des Suchmenüs werden Ihnen hierzu bereits einige Filter eingeblendet. Nach einem Klick auf den nach rechts weisenden Pfeil ❹ werden weitere Einschränkungsmöglichkeiten angezeigt. Über den dann nach links weisenden Pfeil ❺ kehren Sie zu den vorherigen Filtern zurück.

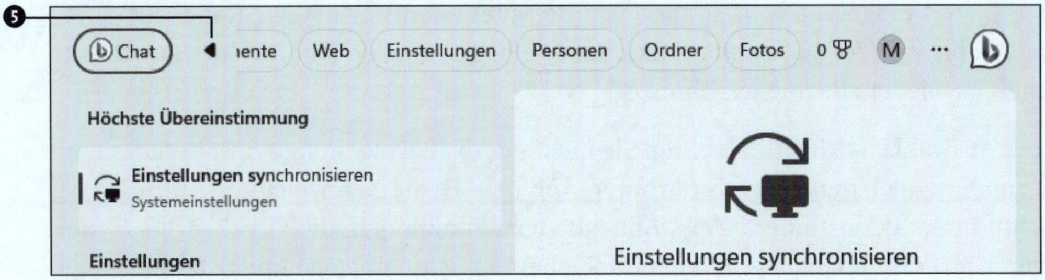

Abbildung 10.2 Zur Eingrenzung der Ergebnisse können Sie die Filter nutzen.

So können Sie Ihre Suche z. B. auf **Dokumente** ❻ beschränken, die Sie entweder auf dem Computer selbst oder in der Cloud *OneDrive* abgelegt haben. Letzteres sieht allerdings eine Anmeldung am PC per Microsoft-Konto vor.

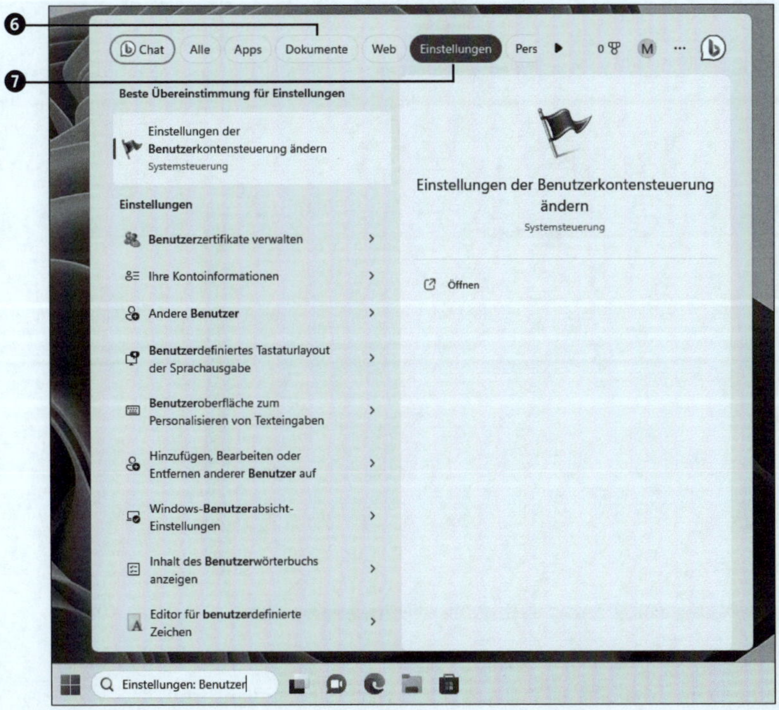

Abbildung 10.3 Liefert die Suchanfrage zu viele Ergebnisse, setzen Sie Filter ein.

Möchten Sie eine bestimmte Konfiguration an Windows 11 vornehmen und finden Sie die gewünschte Funktion hierfür nicht, empfiehlt sich der Filter **Einstellungen** ❼. In diesem Fall wird Ihre Suche sowohl in der Einstellungen-App als auch in der Systemsteuerung durchgeführt.

Sobald Sie einen Filter per Mausklick ausgewählt haben, werden die Suchergebnisse entsprechend eingegrenzt. Der ausgewählte Filter wird am oberen Rand des Suchmenüs farbig markiert. Mit einem Klick auf **Alle** heben Sie den Filter wieder auf ❽. Nun erscheinen wieder alle Suchergebnisse.

Bei der Auswahl eines Treffers sollten Sie nicht nur die Bezeichnung selbst berücksichtigen, sondern auch den Hinweis darunter. **App** ist z. B. die Kennzeichnung für eine bereits auf Ihrem PC installierte App. Alle gängigen Funktionen, die Sie über die Einstellungen-App vornehmen, werden in den Suchergebnissen mit **Systemeinstellungen** gekennzeichnet.

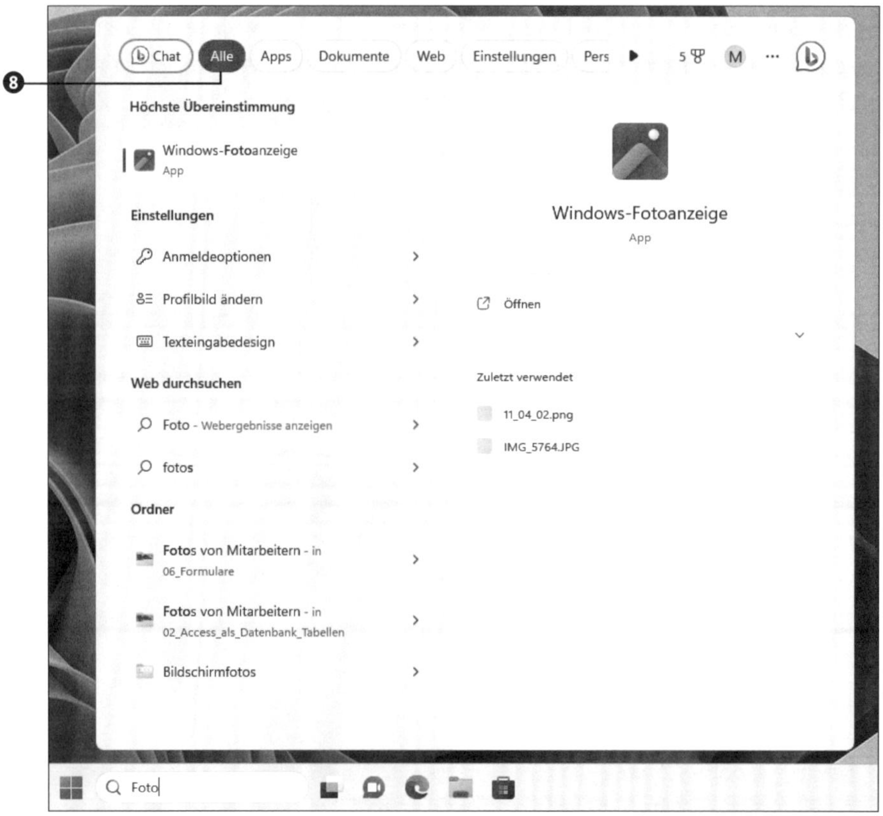

Abbildung 10.4 Die Ergänzungen unterhalb eines Treffers geben wertvolle Hinweise auf Anwendungen, Einstellungen und mehr.

Sobald Sie einen Treffer anklicken, werden Sie entweder direkt zu den entsprechenden Einstellungsdialogen in Windows 11 geführt oder es wird der Ordner oder auch die Datei geöffnet bzw. die entsprechende Anwendung gestartet.

TIPP

Berechtigungen und Verlauf der Websuche anpassen
Starten Sie über das Suchfeld der Taskleiste eine Suchanfrage, wird automatisch auch das Web durchsucht. Per Standardeinstellung werden hierbei nicht jugendfreie Bilder und Videos herausgefiltert, sprich nicht angezeigt. Um die entsprechende Einstellung zu überprüfen oder auch anzupassen, rufen Sie **Start ▸ Einstellungen ▸ Datenschutz und Sicherheit ▸ Suchberechtigungen** auf. Alternativ hierzu können Sie auch das Suchmenü per Klick in das Suchfeld der Taskleiste öffnen. Klicken Sie dann auf das Symbol mit den drei kleinen Punkten rechts unterhalb des Suchfeldes. Über den Eintrag **Sucheinstellungen** im aufklappenden Menü werden Sie nun ebenfalls zur Seite **Suchberechtigungen** der **Einstellungen**-App geführt. Markieren Sie in der rechten Fensterhälfte die gewünschte Option **Streng**, **Mittel** oder auch **Aus**. Soll die Windows-Suche auch die in der Cloud OneDrive gespeicherten Dateien durchsuchen sowie Apps, bei denen Sie sich mit Ihrem Microsoft-Konto angemeldet haben, müssen die Regler unterhalb von **Microsoft-Konto** sowie von **Geschäfts-, Schul- oder Unikonto** jeweils auf **Ein** gesetzt sein.

10.2 In Programmen und Apps suchen

Nicht nur Windows 11 selbst, sondern auch viele Anwendungen bieten eine eigene Suchfunktion an. Ein entsprechend beschriftetes Suchfeld wird meist am oberen Rand des jeweiligen Programmfensters angezeigt. Statt eines Feldes finden Sie ab und an auch ein Lupensymbol. Nach einem Klick hierauf wird das Suchfeld eingeblendet, in das Sie den Suchbegriff eingeben können.

Über die Suchfunktion eines E-Mail-Programms wie Outlook können Sie z. B. sowohl nach dem Absender einer E-Mail als auch nach dem Betreff einer Nachricht suchen. Finden Sie in der doch sehr umfangreichen Einstellungen-App eine wichtige Funktion nicht, geben Sie zu Beginn der linken Spalte der **Einstellungen**-App den Suchbegriff ein. Die Einstellungen-App selbst lässt sich schnell über die Tastenkombination [⊞] + [I] starten. Bereits während Sie den Begriff eintippen, werden Ihnen mögliche Treffer eingeblendet, aus denen Sie den gewünschten nur noch per Mausklick auswählen müssen. Das gleiche Verfahren lässt sich auch in der **Systemsteuerung** anwenden.

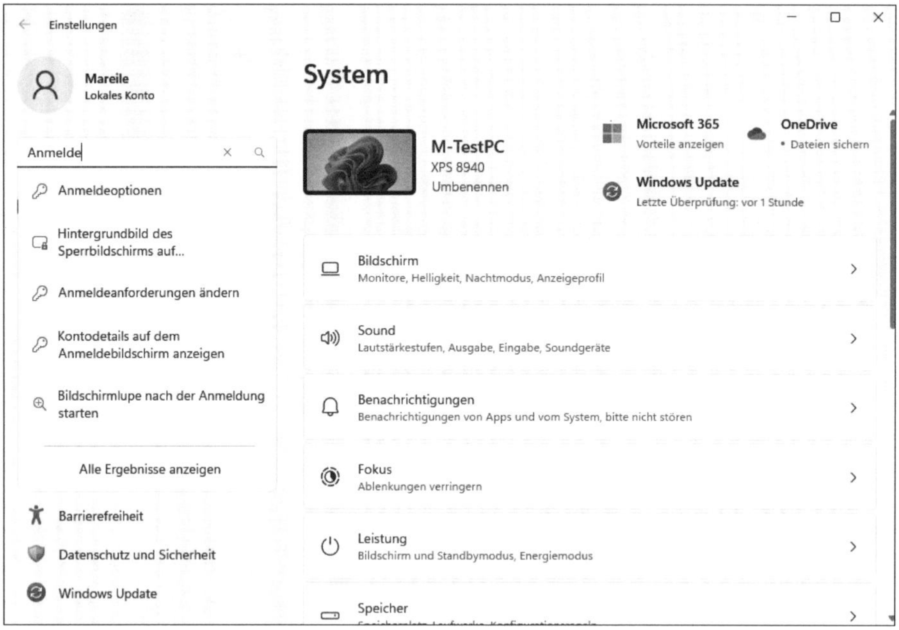

Abbildung 10.5 Die Einstellungen-App verfügt über eine eigene Suchfunktion.

Sind Sie auf der Suche nach bestimmten Fotos oder auch Musikstücken, können Sie die Suchanfrage entweder in dem Programm durchführen, das Sie zur weiteren Bearbeitung der Datei nutzen möchten, also etwa in der *Windows-Fotosanzeige*-App oder auch in der *Medienwiedergabe*-App. Für die Suche nach Dateien und Ordnern eignet sich aber auch der *Explorer* hervorragend, wie Sie im nächsten Abschnitt erfahren werden.

TIPP

Die Hilfefunktion von Anwendungen aufrufen

Sie haben ein neues Programm installiert, doch so wirklich gut kommen Sie noch nicht damit klar? Viele Anwendungen verfügen über eine Hilfefunktion, die normalerweise über die Taste F1 geöffnet wird. Wenn Sie z. B. Microsoft Word installiert haben, können Sie es gleich ausprobieren, indem Sie nach dem Start des Programms die besagte Taste drücken. Am rechten Fensterrand wird nun der Bereich **Hilfe** eingeblendet, in dem bereits einige von Word-Nutzern häufig nachgefragte Themen aufgeführt werden. Wenn Sie gezielt nach einem Thema suchen möchten, geben Sie den entsprechenden Suchbegriff in das Suchfeld am oberen Rand des Hilfebereichs ein. Anstatt innerhalb des Programms einen eigenen Hilfebereich einzublenden, führt das Drücken der F1-Taste bei einigen Anwendungen auch dazu, dass der Browser geöffnet wird und Sie hier gezielt zu weiteren Informationen geführt werden, die im Internet veröffentlicht wurden.

10.3 Mithilfe des Explorers nach Dateien und Ordnern suchen

Wenn Sie eine bestimmte Datei oder auch einen Ordner auf dem PC nicht wiederfinden können, sollten Sie die Suchfunktion des Explorers zurate ziehen. Sie lässt nicht nur einfache Suchanfragen zu, sondern bietet viele weitere Filtermöglichkeiten, die wir auf den folgenden Seiten etwas detaillierter betrachten werden.

10.3.1 Einfache Suchanfragen starten

Das Suchfeld, in das Sie Ihren Suchbegriff eingeben, befindet sich rechts neben dem Adressfeld ❶. In der Version 23H2 von Windows 11 befindet sich dieses direkt unterhalb der Titelleiste, in der Version 22H2 hingegen unterhalb des Menübands. Die folgenden Abbildungen zeigen den Explorer jeweils unter Windows 11 22H2. Die Position des Suchfeldes hat keinerlei Auswirkung auf eine Suchanfrage. Eine solche ist schnell durchgeführt:

1 Da der Explorer jeweils das gerade ausgewählte Verzeichnis durchsucht, sollten Sie vor Eingabe des Suchbegriffs im Navigationsbereich links den Ordner oder die Bibliothek markieren, in der Sie die gesuchte Datei vermuten ❷.

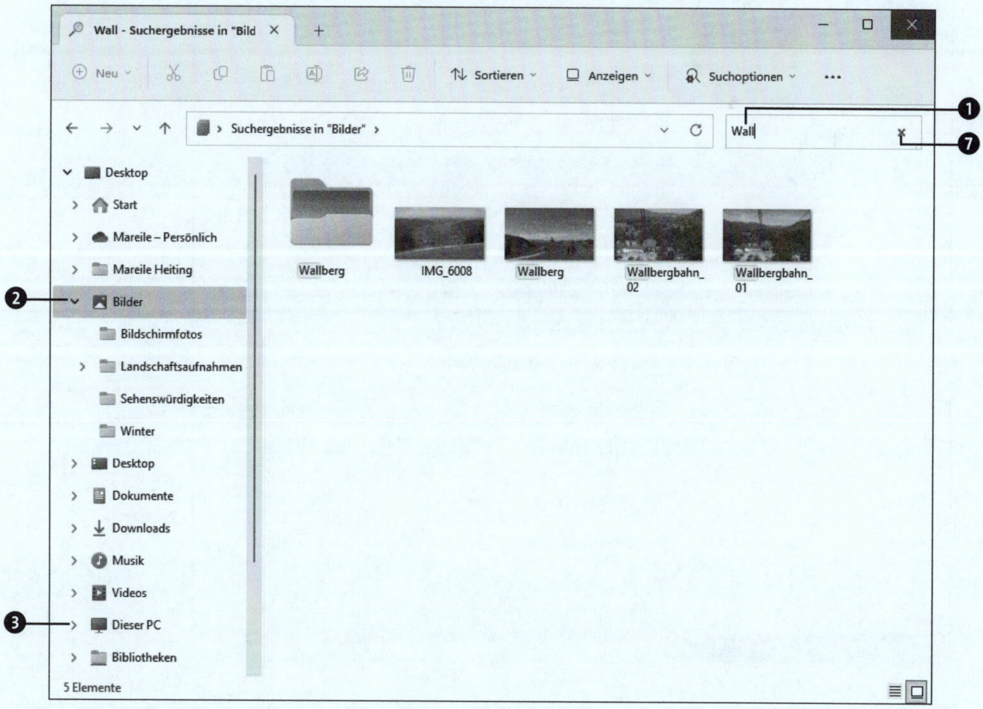

2 Wenn Sie sich nicht sicher sind, in welchem Ordner sich die gesuchte Datei befinden könnte, wählen Sie **Dieser PC** ❸. In diesem Fall wird der gesamte Computer durchsucht.

3 Geben Sie nun in das Suchfeld rechts oben den gewünschten Suchbegriff ein ❶. Windows 11 beginnt bereits während der Eingabe der ersten Buchstaben mit der Suche. Dabei werden nicht nur Datei- oder Ordnernamen berücksichtigt, sondern z. B. auch Dateiinhalte und E-Mails. Die Suchergebnisse werden im Inhaltsbereich des Explorers aufgeführt. Taucht der Suchbegriff direkt im Datei- oder Ordnernamen auf, wird er gelb hervorgehoben ❹. Ist unter den angezeigten Ergebnissen bereits die gesuchte Datei aufgelistet, reicht ein Klick auf sie, um sie zu öffnen ❺.

4 Möchten Sie einen Ordner nicht öffnen, sondern benötigen Sie den Dateipfad etwa für eine E-Mail oder ein Dokument, klicken Sie mit der rechten Maustaste auf das Suchergebnis. Im Kontextmenü wählen Sie nun den Befehl **Als Pfad kopieren** ❻. Wählen Sie ihn aus, wird der gesamte Dateipfad in die Zwischenablage kopiert und kann von dort z. B. über die Tastenkombination `Strg` + `V` in eine E-Mail oder ein Word-Dokument eingefügt werden.

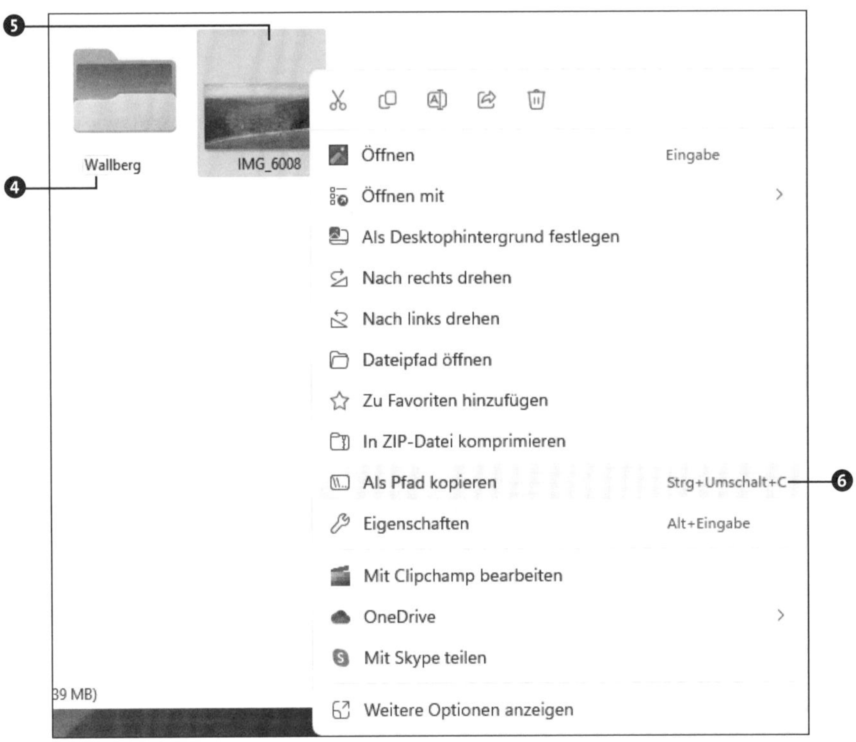

5 Wird die gewünschte Datei nicht aufgeführt, geben Sie den Suchbegriff vollständig ein und drücken dann die Taste [↵].

Sollte die Suche zu viele Ergebnisse geliefert haben, sollten Sie sie weiter einschränken. Hierbei helfen die im Explorer integrierten Suchtools. Einige der wichtigsten Suchfilter stelle ich Ihnen auf den nächsten Seiten vor. Möchten Sie den Suchbegriff im Suchfeld löschen, etwa um einen neuen Suchbegriff einzugeben, reicht ein Klick auf das Kreuzsymbol am rechten Rand des Suchfeldes ❼.

TIPP

Mit Platzhaltern arbeiten

So ungefähr können Sie sich noch an den Dateinamen erinnern, den Sie vor längerer Zeit vergeben haben, nur bei der Schreibweise sind Sie sich nicht mehr ganz sicher?

In diesem Fall können Sie sich mit Platzhaltern behelfen. Das Fragezeichen (?) steht beispielsweise für einen einzelnen Buchstaben. Geben Sie in das Suchfeld des Explorers also »Me?er« ein, wird sowohl »Meier« als auch »Meyer« gefunden.

Wenn Sie beliebig viele Buchstaben ersetzen möchten, wählen Sie als Platzhalter das Sternchen (*). »Sedlma*r« bringt als Ergebnis z. B. sowohl »Sedlmair« als auch »Sedlmaier« oder »Sedlmayer«. Platzhalter lassen sich allerdings nicht mit den Suchfiltern kombinieren, die Sie im folgenden Abschnitt 10.3.2 kennenlernen.

10.3.2 Suchfilter zum Eingrenzen einer Suche einsetzen

Je detaillierter Sie Ihre Suchanfrage formulieren, desto bessere Suchergebnisse können Ihnen geliefert werden. Dabei können Sie sich die Eigenschaften einer Datei oder auch eines Ordners zunutze machen (lesen Sie hierzu auch den Kasten »Einen Blick auf die Eigenschaften einer Datei werfen« auf Seite 414). Der Explorer stellt Ihnen hierfür bereits diverse Filter zur Auswahl.

Die sogenannten **Suchoptionen** werden in der Symbolleiste des Explorers allerdings erst nach Durchführung einer Suchanfrage angezeigt. Fällt Ihnen kein sinnvoller Suchbegriff ein, lassen sich die Suchoptionen mit einem kleinen Trick trotzdem einblenden: Tragen Sie im Suchfeld einfach ein beliebiges Zeichen ein, etwa »*« ❶. Drücken Sie dann die Taste [↵], wird im Inhaltsbereich des Explorers zunächst der gesamte Inhalt des links markierten Ordners angezeigt.

Abbildung 10.6 Die »Suchoptionen« lassen sich mit einem Trick in der Symbolleiste einblenden.

Zusätzlich erscheint in der Symbolleiste nun die Schaltfläche **Suchoptionen** ❷. Haben Sie schon einen Suchbegriff eingegeben, der lediglich zu viele Ergebnisse gebracht hat, werden die **Suchoptionen** bereits angezeigt. In beiden Fällen können Sie nun die Suchfilter einsetzen.

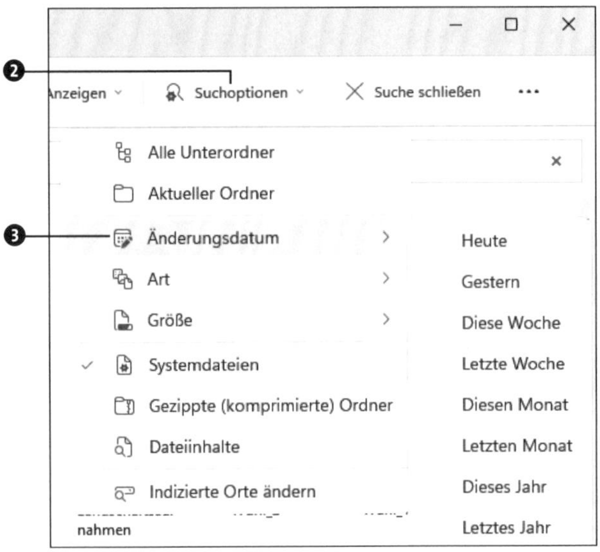

Abbildung 10.7 Über das Änderungsdatum lässt sich eine Suchanfrage gut einschränken.

Wenn Sie z. B. wissen, wann Sie an der gesuchten Datei die letzten Änderungen vorgenommen haben, sollten Sie diese Zeitangabe unbedingt ergänzen. Klicken Sie hierzu auf **Suchoptionen** und dann auf **Änderungsdatum** ❸. In der aufklappenden Liste werden nun die häufigsten Zeitangaben aufgeführt, wie etwa **Gestern**, **Diese Woche** oder auch **Letztes Jahr**.

Die Suchergebnisse werden nun entsprechend eingeschränkt. Reicht dies zum Auffinden der gesuchten Dateien noch nicht aus, sollten Sie die Suche mithilfe weiterer Filter eingrenzen. Sind Sie z. B. ausschließlich auf der Suche nach Bildern, lässt sich auch der Dateityp über ein entsprechendes Kriterium festlegen. Hierzu klicken Sie nacheinander auf **Suchoptionen ▶ Art** ❹ und markieren dann in der aufklappenden Liste den Eintrag **Bild** ❺.

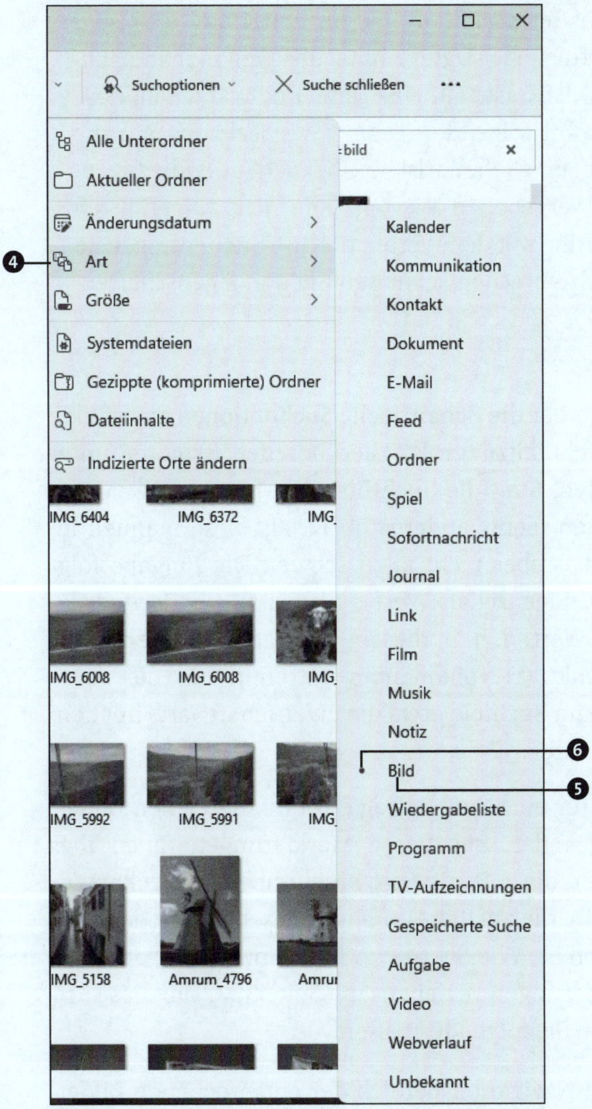

Abbildung 10.8 Bereits ausgewählte Suchkriterien werden mit einem Punkt markiert.

Eventuell ist zuvor ein Klick auf den Fensterrand nötig, um die Suchkriterien auswählen zu können. Ist Ihnen die ungefähre Größe der gesuchten Datei bekannt, wählen Sie **Suchoptionen ▶ Größe** und markieren dann die Dateigröße. Bereits gesetzte Suchkriterien werden in der aufklappenden Liste übrigens mit einem Punkt gekennzeichnet ❻.

TIPP

Einen Blick auf die Eigenschaften einer Datei werfen

Windows berücksichtigt neben dem Dateinamen und dem zuvor ausgewählten Speicherort bei einer Suche auch alle Eigenschaften, die für eine Datei festgelegt wurden. Wenn Sie sich die Eigenschaften einer Datei einmal ansehen möchten, klicken Sie im Explorer mit der rechten Maustaste auf eine Datei und wählen im Kontextmenü den Befehl **Eigenschaften**. Im folgenden Dialog wechseln Sie auf die Registerkarte **Details**. Sie erhalten nun eine tabellarische Übersicht über die Eigenschaften der Datei mit den jeweils vergebenen Werten. Alle hier aufgeführten Eigenschaften können Sie in Kombination mit den Werten für Ihre Suchanfragen im Explorer nutzen. Mit einem Klick auf **Abbrechen** schließen Sie den **Eigenschaften**-Dialog der Datei wieder.

Das Angebot an Suchkriterien, das sich über die Schaltfläche **Suchoptionen** auswählen lässt, ist unter Windows 11 leider nicht allzu groß. Hier bot der Explorer unter Windows 10 weitaus mehr Möglichkeiten. Statt die Suchfilter nun bequem per Mausklick auswählen zu können, bleibt Ihnen nichts anderes übrig, als diese manuell im Suchfeld einzugeben. Zum Glück ist dies aber nicht allzu schwer. Die Eingabe folgt dabei immer dem gleichen Schema: »Eigenschaft:Wert«, also z. B. »änderungsdatum:gestern«. Die Eigenschaft und der Wert, d. h. in diesem Fall der angegebene Zeitraum, werden durch einen Doppelpunkt (:) voneinander getrennt. Für die zuvor erwähnte Suche nach Bildern geben Sie im Suchfeld etwa die Eigenschaft »art« mit dem Wert »picture« für Bild ein, also »art:picture«.

Ein besonders interessantes Kriterium für eine Suchanfrage in umfangreichen Bilderverzeichnissen stellen die *Markierungen* dar. Bei diesen Markierungen (auch *Tags* genannt) handelt es sich um Stichwörter, die z. B. ein Foto beschreiben. Dabei kann es sich um den Namen einer Person handeln, die auf der Aufnahme zu sehen ist, oder auch um den Ort, an dem das Foto entstanden ist. Wie Sie solche Tags hinzufügen, erfahren Sie in Abschnitt 8.9, »Dateien mit Markierungen versehen«, ab Seite 337. Um diese Kriterien in die Suche zu integrieren, gehen Sie folgendermaßen vor:

1. Stellen Sie zunächst sicher, dass im Navigationsbereich der entsprechende Bilder-Ordner oder auch die Bibliothek **Bilder** markiert ist.

2. Klicken Sie in das Suchfeld in der rechten oberen Ecke des Explorers. Suchen Sie z. B. nach Fotos, auf denen eine bestimmte Person zu sehen ist, deren Namen Sie auch als Markierung angegeben haben? Dann tippen Sie im Suchfeld zunächst die Eigenschaft »markierungen« ein, gefolgt von einem Doppelpunkt. Anschließend

ergänzen Sie einfach die gesuchte Markierung, für unser Beispiel also den Namen der Person.

3 Sobald Sie die Taste [↵] drücken, wird Ihre Suchanfrage durchgeführt.

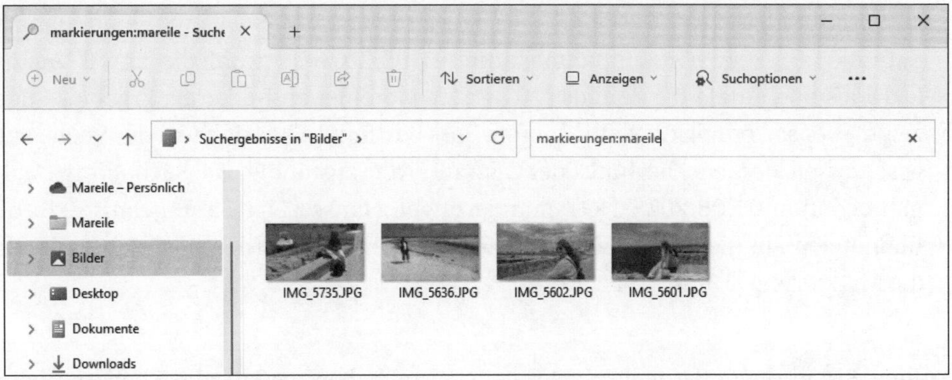

Alle Suchkriterien können übrigens miteinander kombiniert werden. So können Sie also z. B. zuerst den gesuchten Dateityp festlegen und anschließend das Suchkriterium für eine bestimmte Markierung ergänzen. Hierzu geben Sie den ersten Suchfilter einfach nach dem oben gezeigten Schema in das Suchfeld ein, tippen ein Leerzeichen ein und ergänzen dann das nächste Suchkriterium. Lesen Sie hierzu auch den folgenden Kasten »Suchkriterien geschickt miteinander kombinieren«.

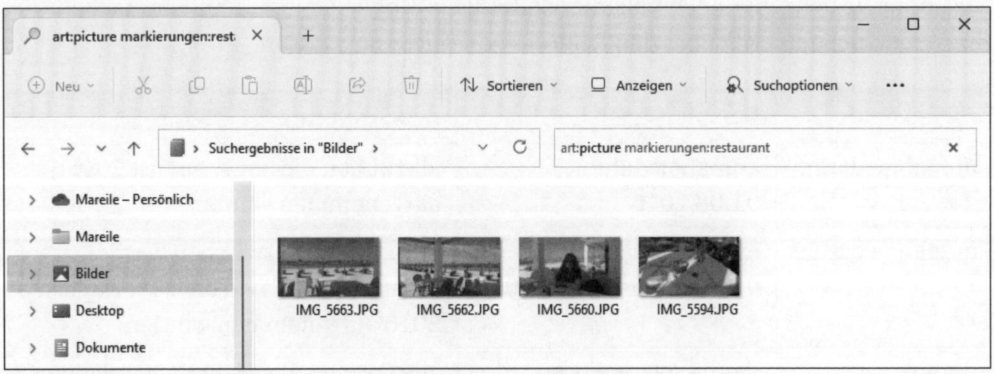

Abbildung 10.9 Suchkriterien können miteinander kombiniert werden.

TIPP

Suchkriterien geschickt miteinander kombinieren

Je mehr Suchbegriffe Sie eingeben, desto genauer werden die Suchergebnisse. Noch besser ist es aber, wenn Sie die Begriffe geschickt miteinander kombinieren. Wenn Sie mehrere Suchkriterien ohne weitere Angaben im Suchfeld hintereinander ergänzen, geht der Explorer davon aus, dass Sie nur an Ergebnissen interessiert sind, die alle Kriterien erfüllen. Manchmal ist es aber auch schon ausreichend, wenn eines von zwei aufgeführten Suchkriterien greift. Mit dem Operator *OR* (hier ist übrigens die Großschreibung sehr wichtig), den Sie zwischen zwei Suchkriterien ergänzen, erzielen Sie genau dies. So werden mit der Suchanfrage »aufnahmedatum:01.08.2015 OR aufnahmedatum:01.08.2016« sowohl die am 1. August 2015 als auch die am 1. August 2016 aufgenommenen Bilder als Ergebnis angezeigt. Ebenso können Sie dafür sorgen, dass bestimmte Begriffe von der Suche ausgeschlossen werden. Hierfür ist der Operator *NOT* zuständig. Die Suchanfrage »aufnahmedatum:01.08.2015 NOT markierungen:Hans« zeigt als Ergebnis z. B. die Bilddateien an, die am 1. August 2015 aufgenommen wurden, nicht aber die, die die Markierung »Hans« besitzen.

Sollten Sie übrigens zu viele Suchfilter gesetzt haben, sodass die Suche zu keinem Ergebnis führt, können Sie Filter natürlich auch wieder entfernen. Setzen Sie hierzu den Mauszeiger in das Suchfeld, und löschen Sie über die Taste [Entf] oder [←] einzelne nicht mehr benötigte Suchkriterien. Wenn Sie das gesamte Suchfeld leeren möchten, reicht auch ein Klick auf das Kreuzsymbol, das am rechten Rand des Suchfeldes eingeblendet wird, sobald Sie in das Feld klicken.

In Tabelle 10.1 habe ich einige Suchkriterien mit entsprechenden Beispielen für Sie zusammengestellt, die nochmals die vielfältigen Möglichkeiten deutlich machen, die Ihnen bei Suchanfragen über den Explorer zur Verfügung stehen.

Eigenschaft	Beispiel	Beschreibung
aufnahmedatum	aufnahmedatum: 01.08.2016	alle Bilder, die am 1. August 2016 aufgenommen wurden
aufnahmedatum	aufnahmedatum: 01.08.2016 .. 15.08.2016	alle Bilder, die zwischen dem 1. August 2016 und dem 15. August 2016 aufgenommen wurden
datum	datum:letzte Woche	alle Dateien, die während der letzten Woche erstellt oder verändert wurden
vor	vor:31.08.2014	alle Dateien, die vor dem 31. August 2014 erstellt oder verändert wurden

Tabelle 10.1 Einige weitere Beispiele für Suchkriterien

Eigenschaft	Beispiel	Beschreibung
nach	nach:24.12.2015	alle Dateien, die nach dem 24. Dezember 2015 erstellt oder verändert wurden
typ	typ:word	alle Word-Dateien
typ	typ:bild	alle Bilder, egal in welchem Format
typ	typ:jpg	alle Bilder im JPG-Format
name	name:urlaub	alle Ordner oder auch Dateien, deren Name »urlaub« enthält
album	album:Footsteps	alle Musiktitel des Albums »Footsteps«
genre	genre:Pop	alle Musiktitel aus dem Genre »Pop«
bewertung	bewertung:5 Sterne	Alle mit 5 Sternen bewertete Dateien

Tabelle 10.1 Einige weitere Beispiele für Suchkriterien (Forts.)

10.4 Den Suchindex für Suchanfragen nutzen

Windows 11 zeigt die ersten Ergebnisse Ihrer Suchanfrage meist blitzschnell an. Der Grund hierfür ist ein spezieller Suchindex, der all Ihre persönlichen Ordner, Offlinedateien sowie die Einträge des Startmenüs überwacht. Führen Sie in diesen indizierten Ordnern eine Suche durch, wird sogar der Inhalt, nicht nur der Name einer Datei berücksichtigt. Das gilt bei Suchanfragen in nicht indizierten Ordnern nicht. Ich zeige Ihnen zunächst, wie Sie selbst festlegen, welche Orte vom Suchindex berücksichtigt werden sollen. In Abschnitt 10.4.2, »Optionen für nicht indizierte Orte anpassen«, ab Seite 423 erfahren Sie, welche Möglichkeiten Sie haben, Suchanfragen an nicht indizierten Orten zu optimieren.

10.4.1 Zu überwachende Orte und Dateitypen für den Suchindex festlegen

Der Suchindex von Windows 11 überwacht automatisch all Ihre persönlichen Ordner. Entsprechend schnell erfolgt auch eine Suchanfrage. Führen Sie dagegen eine Suche an einem nicht indizierten Ort durch (z. B. auf einer externen Festplatte), kann die ganze Aktion durchaus zur Geduldsprobe werden. Sie haben die Möglichkeit, Ordner, die bisher noch nicht berücksichtigt werden, in den Suchindex aufzunehmen. Allerdings sollten Sie hier mit Augenmaß vorgehen, denn fügen Sie dem Suchindex zu viele Ordner hinzu, führt dies irgendwann dazu, dass auch hier eine Suchanfrage immer mehr Zeit in Anspruch nimmt. Um die zu überwachenden Orte selbst auszuwählen, gehen Sie folgendermaßen vor:

1 Rufen Sie über das Startmenü die **Einstellungen**-App auf und hier die Kategorie **Datenschutz und Sicherheit**. Markieren Sie rechts die Unterkategorie **Windows durchsuchen** ❶.

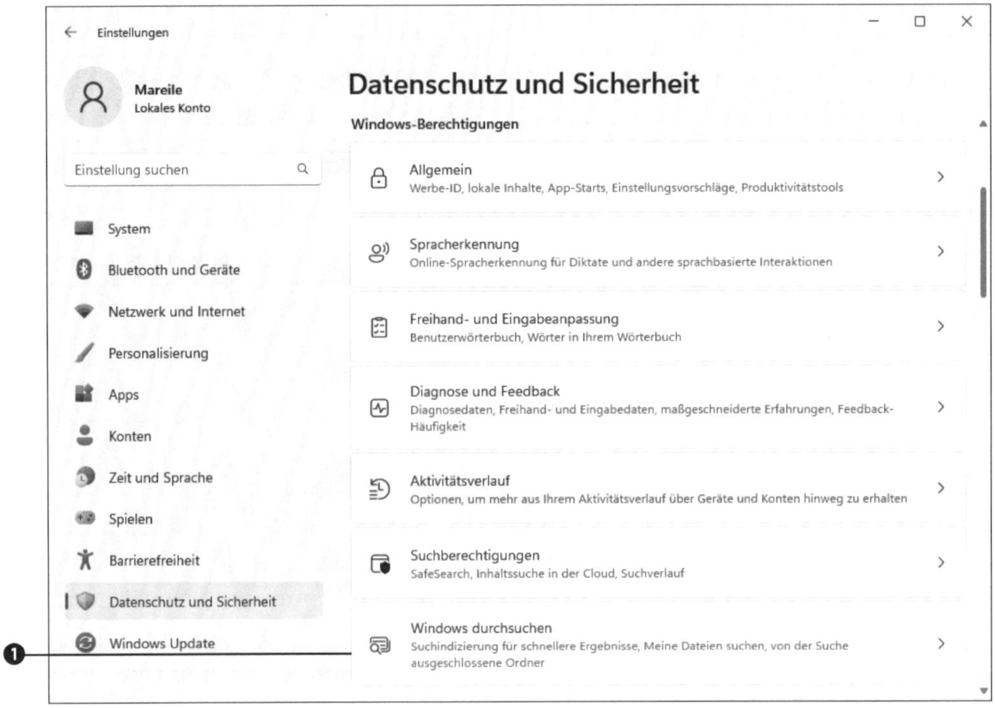

2 In der rechten Fensterhälfte können Sie den aktuellen Indizierungsstatus ablesen. Per Standardeinstellung berücksichtigt Windows 11 lediglich die Bibliotheken und den Desktop bei der Indizierung. Als Option ist entsprechend **Klassisch** ❷ ausgewählt. Soll stattdessen der gesamte PC aufgenommen werden, aktivieren Sie die Option **Erweitert** ❸. Diese Einstellung geht allerdings auf Kosten der Akku- und Rechenleistung.

3 Wenn Sie die klassische Sucheinstellung beibehalten möchten, aber weitere Ordner dem Suchindex hinzufügen oder umgekehrt bestimmte Ordner ausschließen möchten, klicken Sie auf **Suchorte anpassen** ❹.

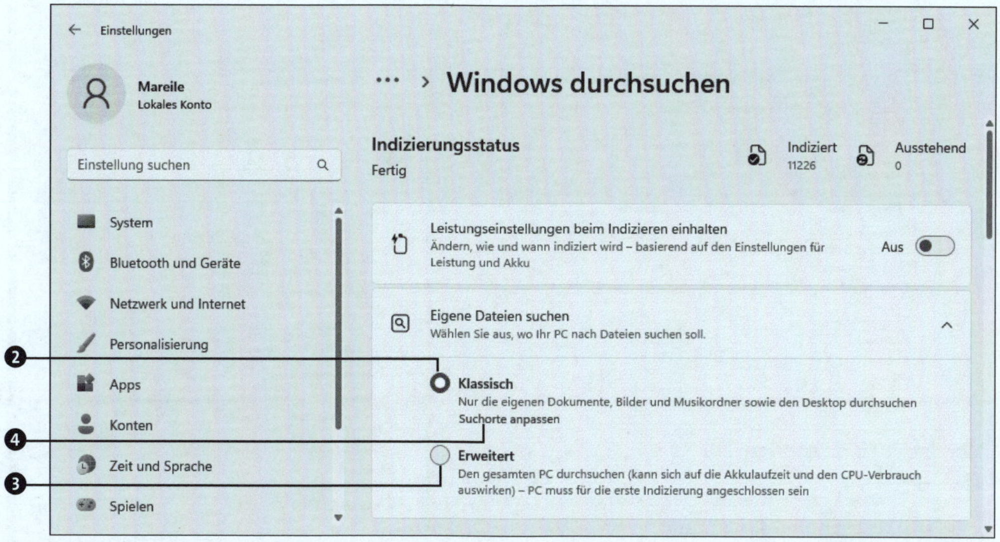

4 Im nun eingeblendeten Dialog **Indizierungsoptionen** klicken Sie auf **Ändern** ❺, um den Dialog **Indizierte Orte** zu öffnen.

5 Alle Einträge, die in der Liste **Ausgewählte Orte ändern** mit einem Häkchen versehen sind ❻, werden bereits im Suchindex berücksichtigt. Prüfen Sie, welche dieser Orte für Sie im Fall einer Suche relevant sind und welche nicht. Um zu den Unterordnern zu gelangen, klicken Sie wie gewohnt auf den kleinen nach rechts weisenden Pfeil ❼ vor einem Eintrag.

6 Entfernen Sie per Mausklick die Häkchen vor den Ordnern, die nicht vom Suchindex erfasst werden sollen. Möchten Sie z. B. die öffentlichen Ordner nicht nutzen, auf die alle Benutzer des Computers Zugriff haben, können Sie den Ordner **Öffentlich** deaktivieren ❽.

7 Aktivieren Sie umgekehrt die Ordner, die zusätzlich vom Suchindex überwacht werden sollen. Wenn Sie Ihre persönlichen Daten z. B. vorwiegend auf einer externen Festplatte speichern, setzen Sie das Häkchen entweder direkt vor dem Eintrag des Wechseldatenträgers oder wählen gezielt die zu überwachenden Ordner auf der Festplatte aus. Die externe Festplatte wird im Dialog **Indizierte Orte** nur dann angezeigt, wenn Sie sie vor dem Aufruf des Dialogs bereits am Computer angeschlossen hatten.

8 Haben Sie alle gewünschten Orte aktiviert bzw. deaktiviert, schließen Sie den Dialog **Indizierte Orte** mit **OK** ❾.

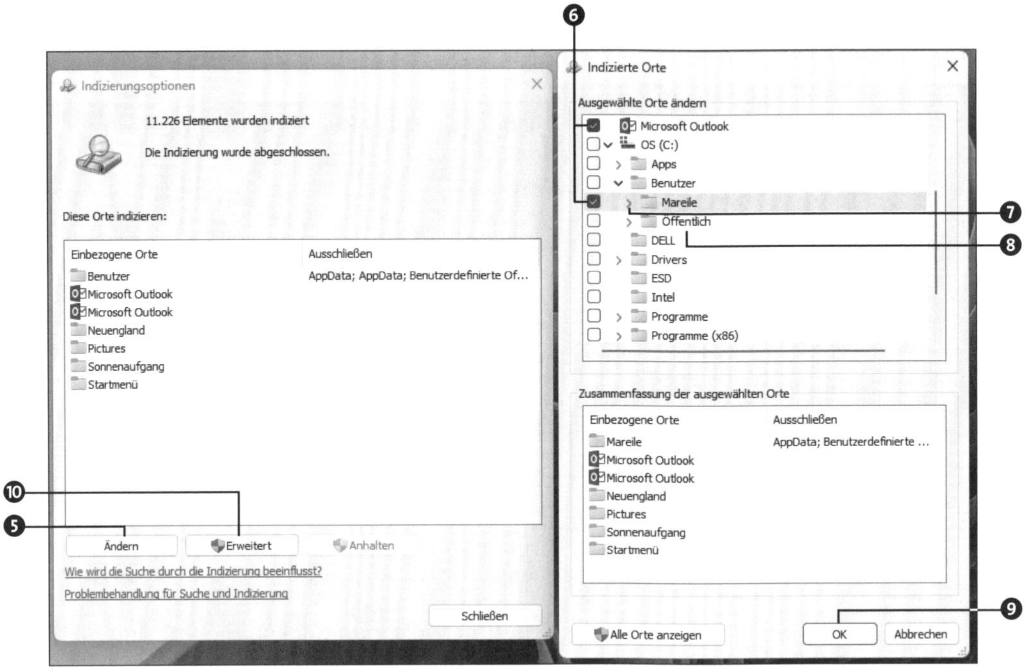

Der Dialog **Indizierungsoptionen** ist weiterhin geöffnet. Bevor Sie ihn schließen, sollten Sie noch einen Blick in die Liste der Dateitypen werfen, die bei der Indizierung berücksichtigt werden. Denn auch hier können Sie wieder einige Einstellungen vornehmen, die Ihre Suchanfragen beschleunigen.

9 Klicken Sie im Dialog **Indizierungsoptionen** auf **Erweitert** ❿, um zum Dialog **Erweiterte Optionen** zu gelangen.

10 Sollten Sie mit verschlüsselten Dateien arbeiten, die ebenfalls vom Suchindex erfasst werden sollen, versehen Sie auf der Registerkarte **Indexeinstellungen** das Kästchen **Verschlüsselte Dateien indizieren** ⓫ mit einem Häkchen.

11 Wechseln Sie auf die Registerkarte **Dateitypen** ⓬. Hier werden nun alle regulären Dateitypen aufgelistet. Nur die mit einem Häkchen versehenen Dateitypen werden vom Suchindex berücksichtigt. Durch Aktivieren bzw. Deaktivieren der entsprechenden Kästchen können Sie wieder festlegen, welche Dateitypen indiziert werden sollen und welche nicht.

12 Sobald Sie einen Dateityp in der Liste **Erweiterung** ⓭ per Mausklick markieren, erfahren Sie unterhalb der Liste, ob lediglich die Eigenschaften einer Datei dieses Typs indiziert ⓮ werden oder auch der Inhalt ⓯. Sind Sie sich z. B. sicher, dass der Inhalt Ihrer Excel-2016-Dateien für Ihre Suchanfragen nie relevant sein wird, wählen Sie bei den Dateitypen **.xls** sowie **.xlsx** jeweils die Option **Nur Eigenschaften indizieren.**

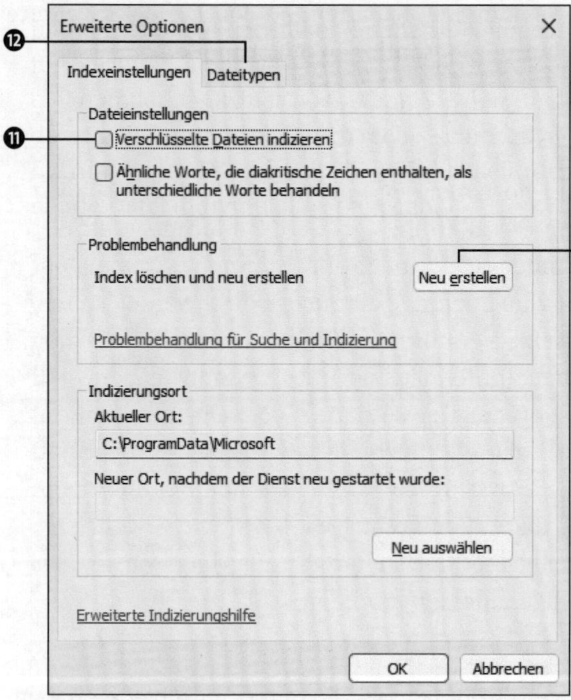
Erweiterte Optionen
12
Indexeinstellungen
Dateitypen
Dateieinstellungen
11
Verschlüsselte Dateien indizieren
Ähnliche Worte, die diakritische Zeichen enthalten, als unterschiedliche Worte behandeln
Problembehandlung
16
Index löschen und neu erstellen
Neu erstellen
Problembehandlung für Suche und Indizierung
Indizierungsort
Aktueller Ort:
C:\ProgramData\Microsoft
Neuer Ort, nachdem der Dienst neu gestartet wurde:
Neu auswählen
Erweiterte Indizierungshilfe
OK
Abbrechen

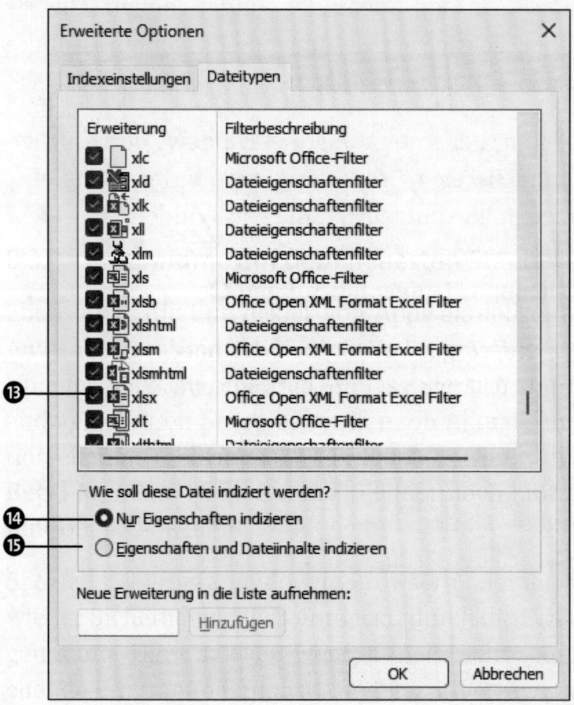
Erweiterte Optionen
Indexeinstellungen
Dateitypen
Erweiterung
Filterbeschreibung
xlc Microsoft Office-Filter
xld Dateieigenschaftenfilter
xlk Dateieigenschaftenfilter
xll Dateieigenschaftenfilter
xlm Dateieigenschaftenfilter
xls Microsoft Office-Filter
xlsb Office Open XML Format Excel Filter
xlshtml Dateieigenschaftenfilter
xlsm Office Open XML Format Excel Filter
xlsmhtml Dateieigenschaftenfilter
13
xlsx Office Open XML Format Excel Filter
xlt Microsoft Office-Filter
Wie soll diese Datei indiziert werden?
14
Nur Eigenschaften indizieren
15
Eigenschaften und Dateiinhalte indizieren
Neue Erweiterung in die Liste aufnehmen:
Hinzufügen
OK
Abbrechen

13 Haben Sie alle Einstellungen vorgenommen, beenden Sie den Dialog **Erweiterte Optionen** mit **OK** und den Dialog **Indizierungsoptionen** mit **Schließen**.

TIPP

Den Suchindex manuell aktualisieren
Der Suchindex wird von Windows 11 normalerweise regelmäßig automatisch auf den neuesten Stand gebracht. Wenn Sie allerdings größere Änderungen an den Indizierungseinstellungen vorgenommen oder eine große Zahl neuer Dateien auf den PC übertragen haben, die sofort vom Suchindex berücksichtigt werden sollen, können Sie die Aktualisierung auch selbst veranlassen. Klicken Sie hierzu im Dialog **Erweiterte Optionen** (um ihn zu öffnen, führen Sie Schritte 1, 3 und 9 ab Seite 418 durch) im Bereich **Problembehandlung** der Registerkarte **Indexeinstellungen** auf **Neu erstellen** (⓰ auf Seite 421). Der aktuelle Suchindex wird nun gelöscht und anschließend neu aufgebaut. Je nach Anzahl der zu indizierenden Ordner kann dies einige Zeit andauern. Während dieser Zeit können Sie zwar wie gewohnt am Computer weiterarbeiten, mit einer Suchanfrage sollten Sie allerdings warten, bis der Hinweis **Die Indizierung wurde abgeschlossen** erscheint.

Wenn Sie sich bei den Sucheinstellungen für die Option **Erweitert** entschieden haben, wird, wie zuvor erwähnt, der gesamte PC in den Suchindex aufgenommen. Gibt es einige Ordner, die bei einer Suche nicht berücksichtigt werden müssen, sollten Sie diese entsprechend ausschließen.

1 Blättern Sie in der **Einstellungen**-App in der Unterkategorie **Windows durchsuchen** etwas nach unten, gelangen Sie zum Bereich **Ordner von erweiterter Suche ausschließen**. Hier werden all die Verzeichnisse aufgelistet, die von Windows aus nicht bei einer Suchanfrage berücksichtigt werden. Um in der Liste eigene Ordner zu ergänzen, klicken Sie auf **Auszuschließende Ordner hinzufügen** ❶.

2 Markieren Sie im Dialog **Ordner auswählen** das Verzeichnis, das bei der Indizierung nicht berücksichtigt werden soll, und bestätigen Sie mit **Ordner auswählen**.

3 Der Ordner erscheint nun in der Liste der ausgeschlossenen Ordner. Soll einer der hier aufgeführten Ordner doch bei der Indizierung berücksichtigt werden, klicken Sie rechts vom Ordner auf das Symbol mit den drei kleinen Punkten. Über die nun sichtbare Schaltfläche **Entfernen** ❷ wird der Ordner aus der Liste gelöscht.

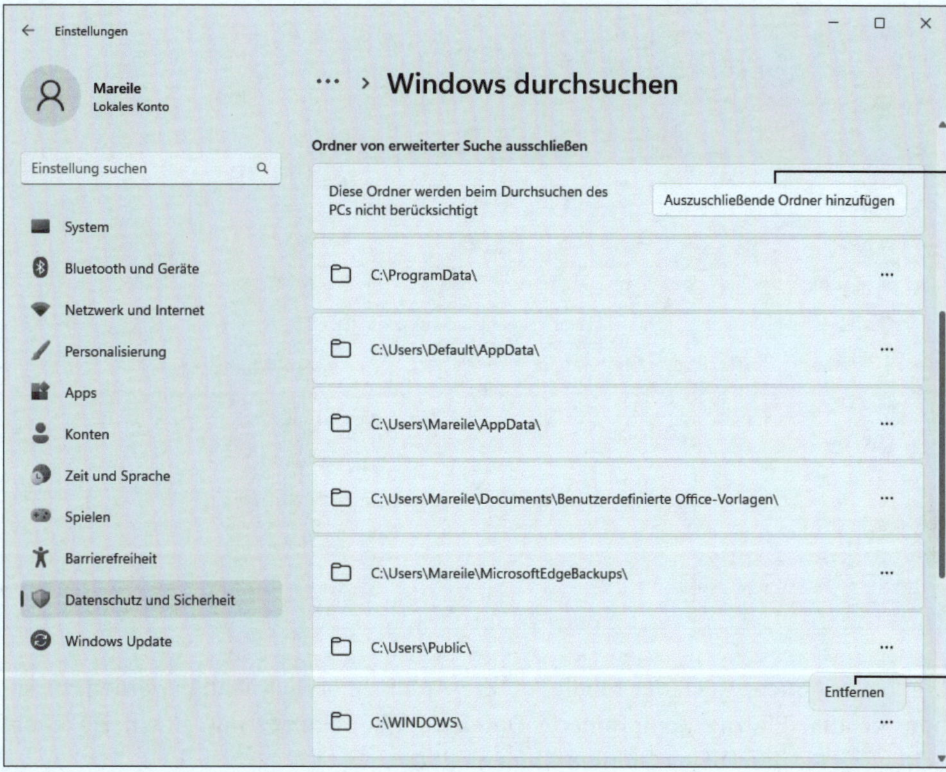

10.4.2 Optionen für nicht indizierte Orte anpassen

Der größte Vorteil von Suchanfragen an indizierten Orten ist, dass nicht nur die Eigenschaften einer Datei berücksichtigt werden, sondern auch ihr Inhalt. Müssen Sie Ordner durchsuchen, die nicht vom Suchindex erfasst sind, können Sie mit wenigen Mausklicks veranlassen, dass auch hier der Dateiinhalt in die Suche aufgenommen wird:

1. Markieren Sie im Navigationsbereich des Explorers den Ordner, den Sie durchsuchen möchten.
2. Klicken Sie in der Symbolleiste auf das Symbol mit den drei kleinen Punkten, und wählen Sie im aufklappenden Menü die **Optionen** ❶.
3. Wechseln Sie im Dialog **Ordneroptionen** auf die Registerkarte **Suchen** ❷. Setzen Sie unterhalb von **Beim Durchsuchen nicht indizierter Orte** ein Häkchen vor den Eintrag **Immer Dateinamen und -inhalte suchen** ❸. Damit werden nun auch die Inhalte von Dateien, die sich an nicht indizierten Orten befinden, bei der Suchanfrage berücksichtigt.

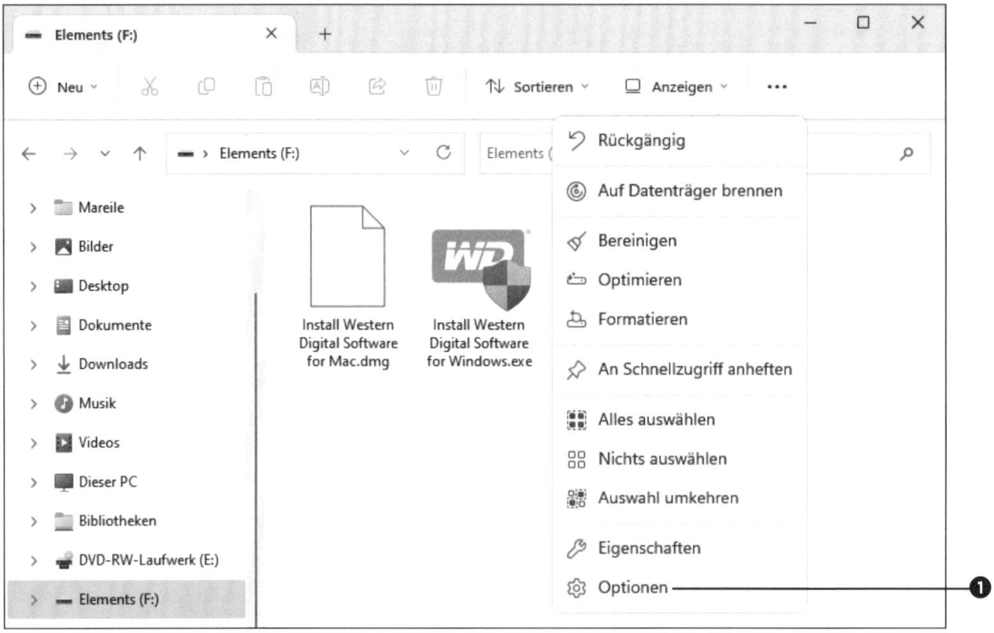

4 Soll bei der Suche auch der Inhalt von ZIP-Archiven berücksichtigt werden, versehen Sie den Eintrag **Komprimierte Dateien einbeziehen** ❹ mit einem Häkchen. Schließen Sie den Dialog **Ordneroptionen** mit **OK**.

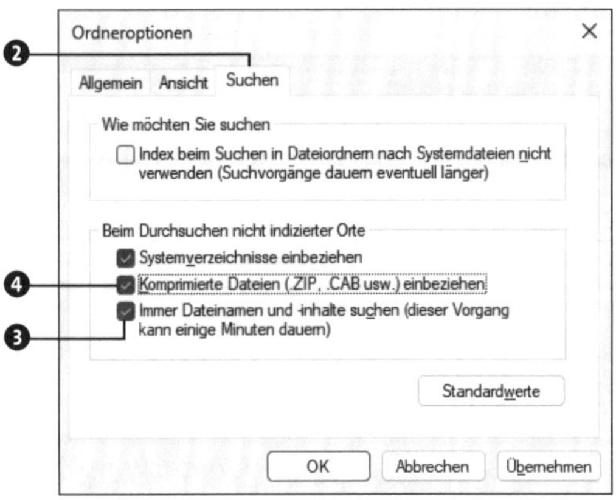

Sollten Sie irgendwann feststellen, dass die Suche mit den vorgenommenen Einstellungen zu lange dauert und im Grunde genommen weder die Dateiinhalte noch die Inhalte von ZIP-Archiven durchsucht werden müssten, sollten Sie die entsprechenden Einstellungen wieder rückgängig machen. Hierzu entfernen Sie einfach wieder die gesetzten Häkchen.

TIPP

Den Suchindex deaktivieren

Der Suchindex ist ausgesprochen praktisch, wenn große Datenmengen durchsucht werden müssen. Die Indizierung der Dateien und Ordner kostet aber auch Systemressourcen. Wenn Sie Ihr Dateisystem ordentlich aufgebaut haben und somit die Suchfunktion des Explorers nur selten in Anspruch nehmen müssen, können Sie den Suchdienst auch ausschalten. Geben Sie hierzu nach einem Klick in das Suchfeld der Taskleiste den Begriff »Dienste« ein, und wählen Sie in der Trefferliste den Eintrag **Dienste – App** aus. Nach einem kurzen Moment wird der Dialog **Dienste** geöffnet. Blättern Sie in der rechten Spalte des Dialogs nach unten bis zum Eintrag **Windows Search** ❶.

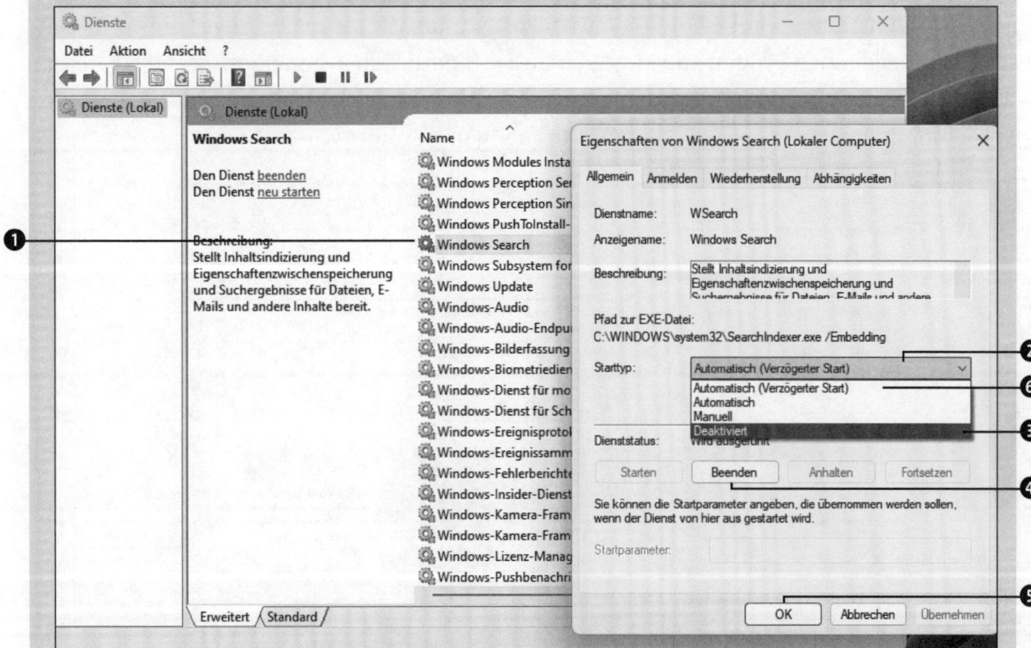

Abbildung 10.10 Falls Sie den Suchdienst nur selten in Anspruch nehmen, können Sie Windows Search auch deaktivieren.

Doppelklicken Sie auf diesen Eintrag, um den Dialog **Eigenschaften von Windows Search** zu öffnen. Klicken Sie hier auf der Registerkarte **Allgemein** in das Feld **Starttyp** ❷, und markieren Sie in der aufklappenden Liste **Deaktiviert** ❸. Soll der Dienst sofort gestoppt werden, klicken Sie außerdem auf **Beenden** ❹. Mit **Übernehmen** und **OK** ❺ sichern Sie die vorgenommenen Änderungen. Sie können nun zwar weiterhin im Explorer nach Dateien und Ordnern suchen, eine Suchanfrage in Bibliotheken funktioniert allerdings nicht mehr. Wenn Sie Windows Search irgendwann doch wieder benötigen, rufen Sie, wie zuvor beschrieben, den Eigenschaften-Dialog von Windows Search auf und stellen im Feld **Starttyp** wieder **Automatisch (Verzögerter Start)** ❻ ein.

10.5 Bing und die künstliche Intelligenz

An der künstlichen Intelligenz (kurz *KI*) führt kein Weg mehr vorbei. Dies gilt auch für Windows 11. Anfang 2023 integrierte Microsoft die KI in seine Suchmaschine Bing. Hierfür arbeitet Microsoft eng mit dem amerikanischen Unternehmen OpenAI zusammen, das den Textroboter *ChatGPT* entwickelte. ChatGPT ist in der Lage, die vom Menschen eingegebenen Fragen zu verstehen und mit natürlich klingenden Texten zu beantworten. Kern des Textroboters (man spricht hier auch von einem *ChatBot*) ist das Sprachmodell GPT, das mit riesigen Datenmengen trainiert wird.

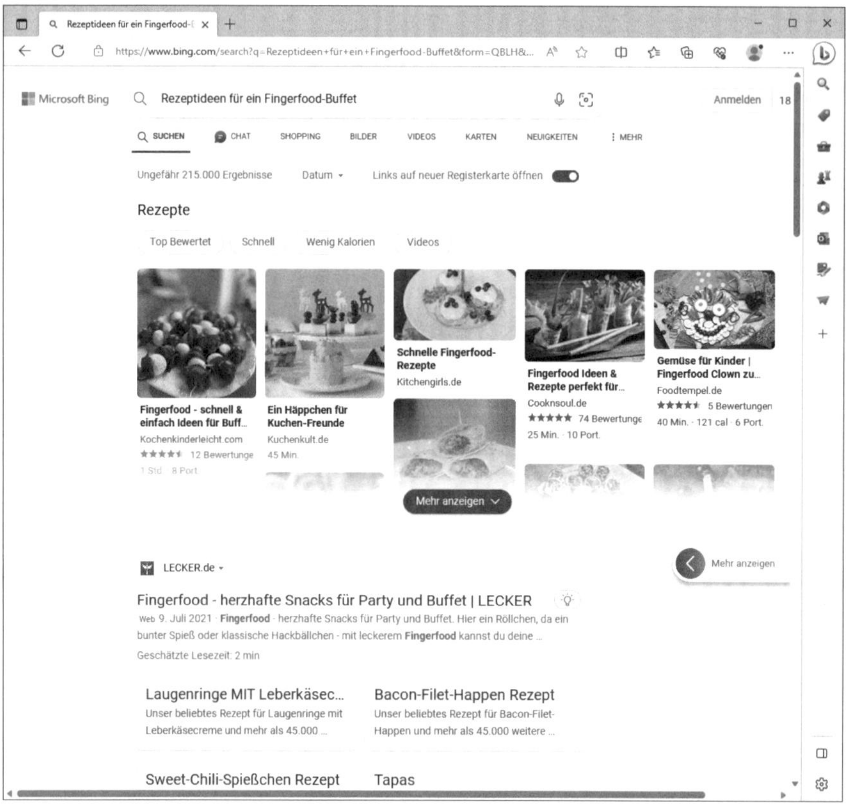

Abbildung 10.11 Eine klassische Suchanfrage mit der Suchmaschine Bing

Für die auf künstliche Intelligenz gestützte Suchmaschine Bing bedeutet dies Folgendes: Bei einer klassischen Suchanfrage in einer Suchmaschine wie Bing oder Google geben Sie den Suchbegriff ein und die Suchmaschine liefert als Ergebnis eine Liste mit Webadressen (siehe Abbildung 10.11). Diese müssen Sie nun selbst aufrufen und prüfen, ob die Webseiten die gewünschten Informationen enthalten. Beim »Bing mit KI-Unterstützung« durchsucht die Suchmaschine die Webseiten für Sie und liefert als Ergebnis eine wie vom Menschen formulierte Antwort. Ein Beispiel hierfür zeigt Abbildung 10.12. Die Antworten sind allerdings noch mit Vorsicht zu genießen, denn hier schleichen sich doch noch recht viele Fehler ein. Bei der Frage nach Rezeptideen ist dies sicherlich noch zu verschmerzen, handelt es sich aber z. B. um eine Bachelorarbeit, könnte es peinlich werden, sich allein auf die Bing-KI-Suche zu verlassen. Wer verlässliche Ergebnisse benötigt, kommt um eine eigene, gut durchgeführte seriöse Recherche noch nicht herum. Das Ausprobieren der Bing-KI-Suche macht aber definitiv Spaß. Hinweis: Die auf den folgenden Seiten vorgestellte Bing-KI-Suche zeigt das Vorgehen bis Ende 2023. Mittlerweile wurde sie durch den Copilot-Assistenten ersetzt, der über das entsprechende Symbol im Browser Edge aufgerufen wird.

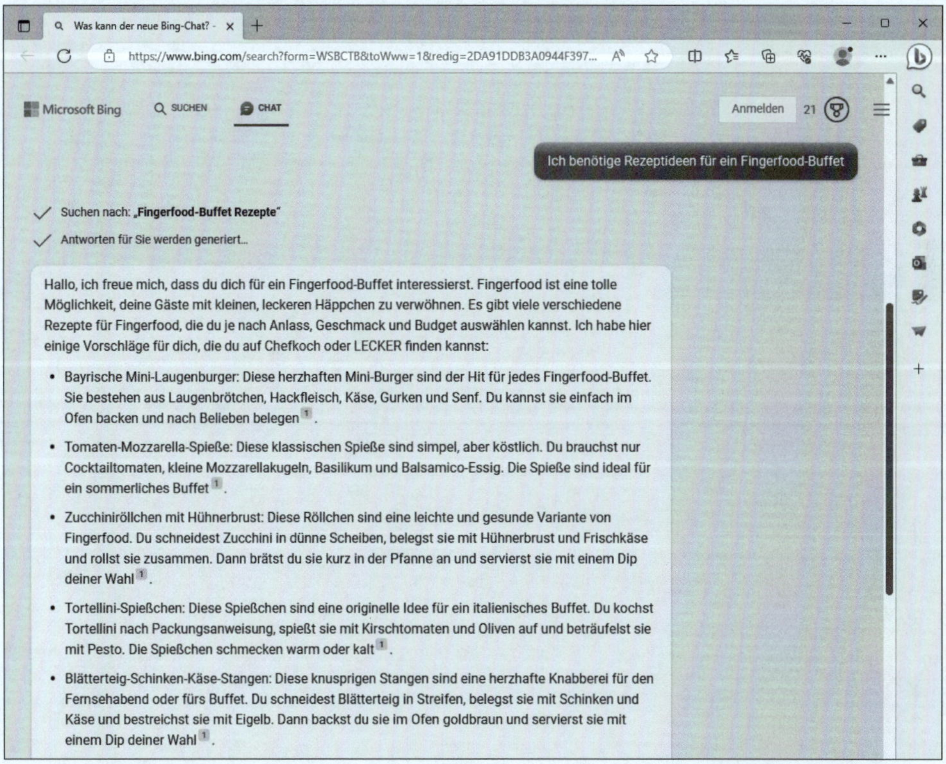

Abbildung 10.12 Ergebnis der gleichen Suchanfrage, durchgeführt mit der Bing-KI-Suche

Wer sich selbst davon überzeugen möchte, kann die Bing-KI-Suche z. B. über das Bing-Symbol am rechten Rand des Suchfeldes in der Taskleiste aufrufen ❶. Hierdurch wird der Browser Edge direkt mit der Seite zur Chatsuche gestartet. Alternativ hierzu öffnen Sie den Browser Edge, und klicken oben rechts auf das Bing-Symbol ❷. Nun erscheint der Bing-Chatbereich am rechten Rand des Programmfensters. In beiden Fällen erhalten Sie ein paar Anregungen, welche Möglichkeiten Ihnen die Bing-KI-Suche bietet ❸. Unabhängig davon, ob nun eigene Seite oder Seitenleiste: Das weitere Vorgehen erfolgt bei beiden nach dem gleichen Schema:

1. Wählen Sie per Mausklick den Unterhaltungsstil aus. Sie haben die Wahl zwischen **Kreativ**, **Ausgewogen** und **Genau** ❹.

2. Geben Sie im Feld **Fragen Sie mich etwas** Ihre Frage ein. Diese darf maximal 4.000 Zeichen lang sein. Je exakter Sie Ihre Frage formulieren, desto bessere Ergebnisse erhalten Sie. Schließen Sie die Eingabe durch Drücken der Taste [↵] ab ❺.

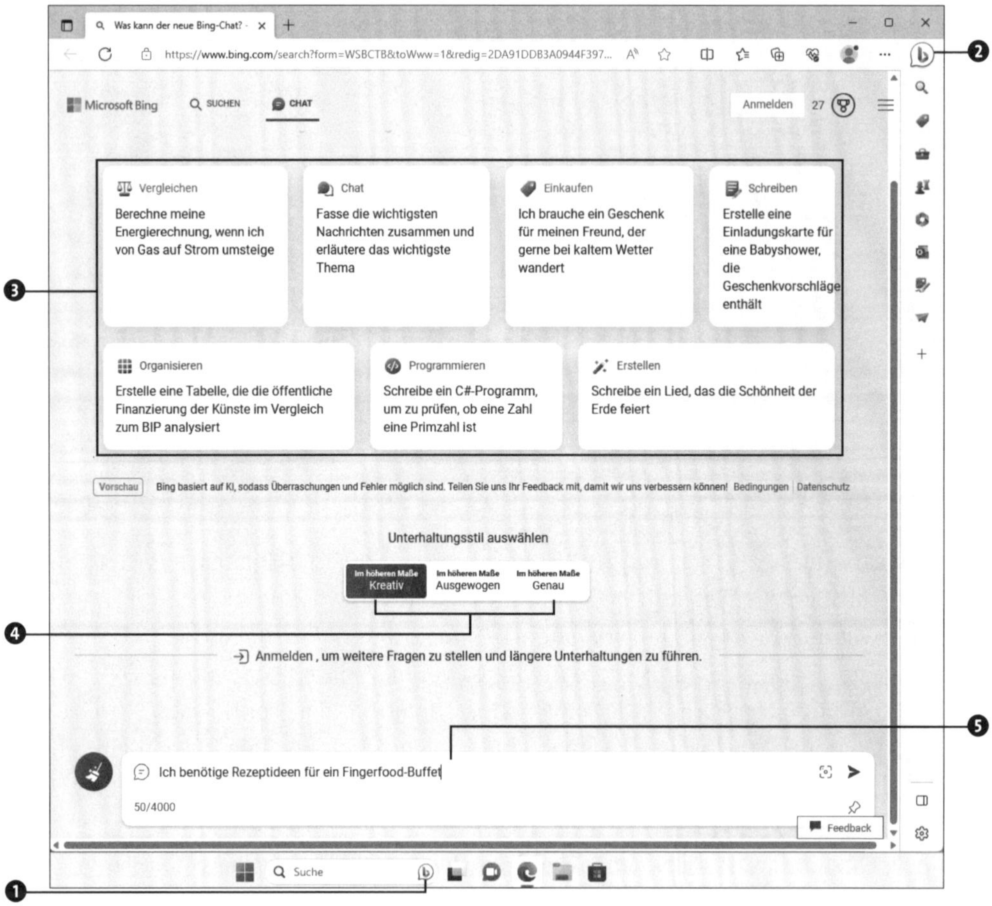

3 Nun müssen Sie etwas Geduld haben, denn bis Sie eine Antwort erhalten, können durchaus ein paar Sekunden vergehen. Haben Sie diese Zeit nicht, können Sie mit einem Klick auf die gleichnamige Schaltfläche die **Antwort abbrechen** [Antwort abbrechen].

4 Wer nicht vorher aufgibt, wird mit meist recht ausführlichen Antworten belohnt. Unterhalb der Antwort finden Sie einige Quellangaben, aus denen die Bing-KI-Suche ihre Informationen bezogen hat ❻.

5 Ist Ihr Wissensdurst noch nicht ganz gestillt, können Sie direkt eine Anschlussfrage stellen. Ein paar Vorschläge hierfür werden Ihnen oberhalb des Suchfeldes angezeigt ❼. Sie können die gewünschte Frage nun einfach anklicken oder eine eigene eingeben ❽. Zuvor ist aber ein Klick auf **Weiter** nötig ❾, um die Nutzungsbedingungen und Datenschutzerklärung zu akzeptieren. Pro Chat können Sie insgesamt fünf Fragen stellen.

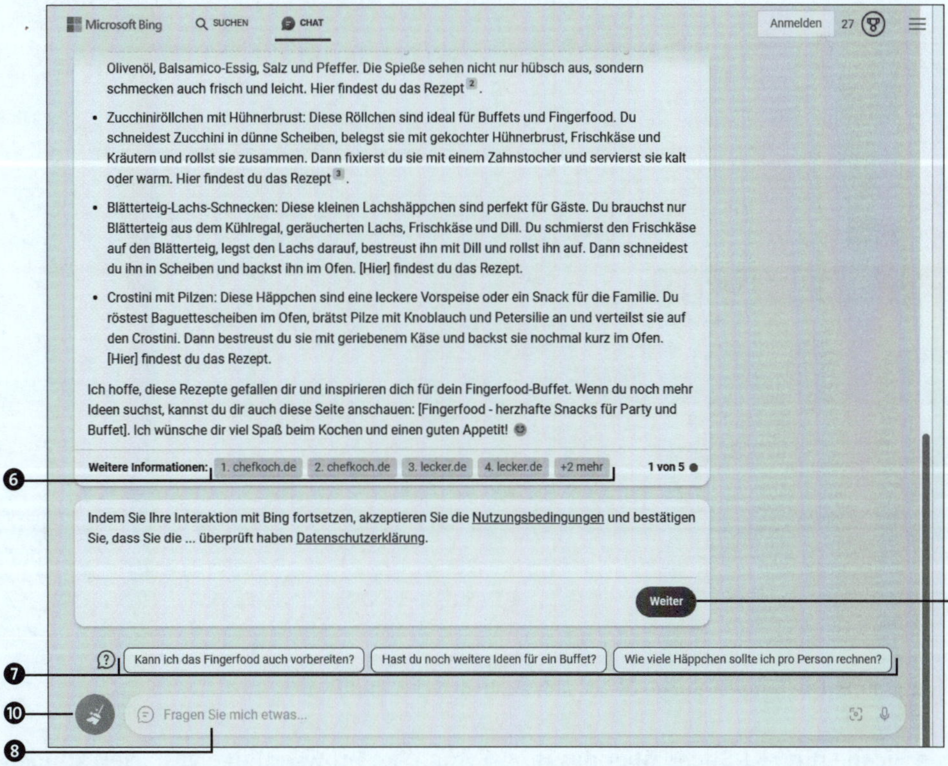

6 Falls Sie den angefangenen Chat nicht fortführen möchten, können Sie mit einem Klick auf das Besensymbol ❿ auch ein neues Thema beginnen.

Auch in der Bing-KI-Suche erscheinen in den Ergebnissen übrigens Werbungen, die Sie am Hinweis **Anzeige** gut erkennen können.

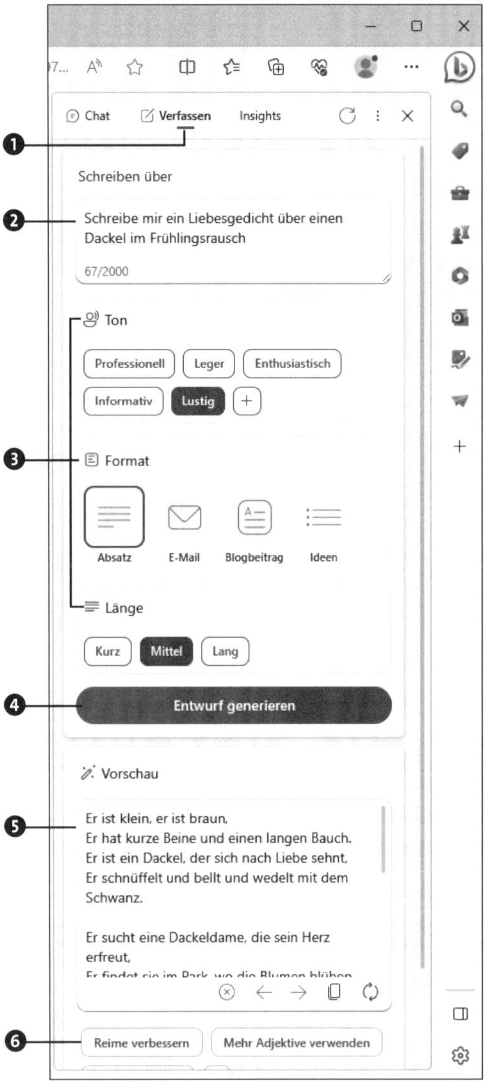

Abbildung 10.13 Die Bing-KI-Suche bietet sich auch als Schreibhilfe an.

Haben Sie die Bing-KI-Suche über das Bing-Symbol im Browser Edge gestartet, können Sie das KI-Tool auch als Schreibhilfe nutzen. Klicken Sie hierzu am oberen Rand der Seitenleiste auf die Schaltfläche **Verfassen** ❶. Im Feld unterhalb von **Schreiben über** geben Sie das Thema ein ❷. Hier sind Ihrer Fantasie keine Grenzen gesetzt. Von »Schreibe mir ein Liebesgedicht über einen Dackel im Frühlingsrausch« bis hin zu »Zusammenfassung über die Funktionsweise von E-Autos« ist alles möglich. Wählen Sie anschließend per Mausklick den Ton, das Format und die Länge aus ❸, und bestätigen Sie die Angaben dann mit **Entwurf generieren** ❹. Wieder dauert es einen kurzen Moment, bis Ihnen das Ergebnis am unteren Seitenrand angezeigt wird ❺. Auch hier haben Sie wieder die Möglichkeit, noch nachzubessern ❻.

Sie sind auf der Suche nach einem bestimmten Produkt und möchten sich vor dem Kauf nicht nur über die besten Angebote, sondern auch Vor- und Nachteile informieren? Auch für solche Aufgaben lässt sich die Bing-KI-Suche perfekt nutzen. Im folgenden Beispiel wird nach einem Bluetooth-Lautsprecher gesucht. Als Startpunkt der Suche dient dieses Mal das Suchfeld der Taskleiste.

1 Klicken Sie in das Suchfeld der Taskleiste, und geben Sie den Suchbegriff ein, im Beispiel also »Bluetooth-Lautsprecher« ❶. Bereits während der Eingabe werden im Suchmenü einige Treffer aufgeführt ❷. Diese ignorieren Sie aber. Klicken Sie stattdessen oben links auf **Chat** ❸, um die Bing-KI-Suche starten.

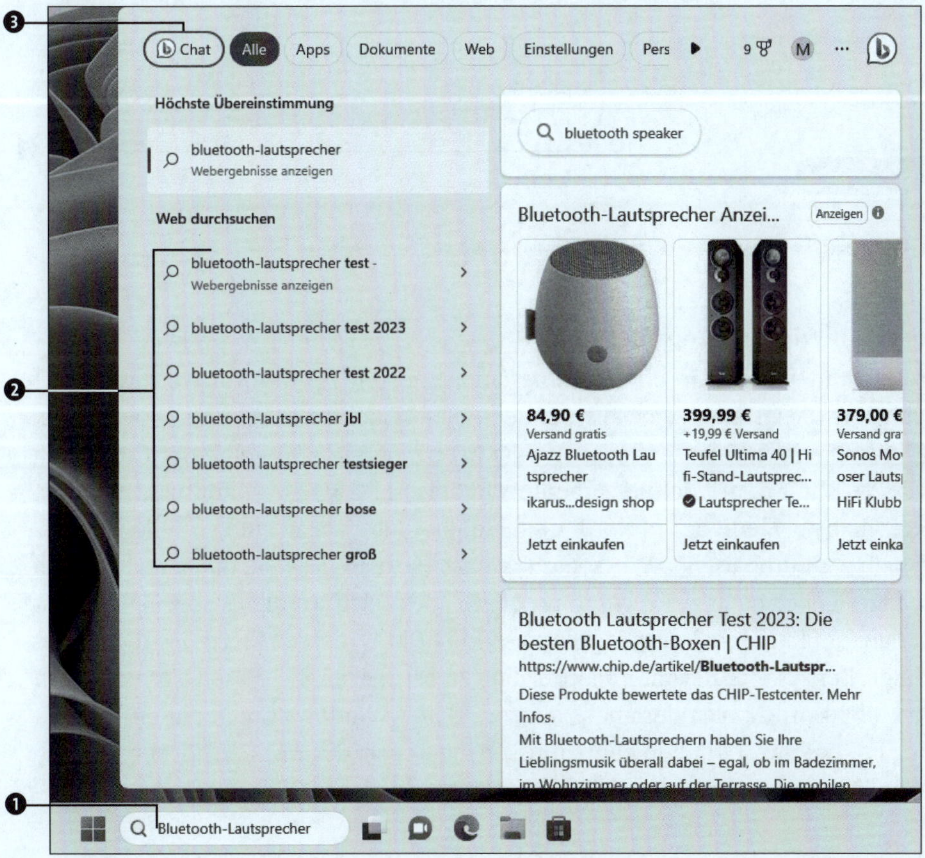

2 Es startet der Browser Edge mit der Ihnen aus den vorherigen Anleitungen bereits bekannten Seite der Bing-KI-Suche. Die Antwort ❹ enthält unter anderem einige Informationen zu Testberichten sowie einen Tipp, wo Sie eine große Auswahl an Lautsprechern erwerben können. Mit einem Klick auf die rechts von **Weitere Informationen** aufgeführten Webadressen können Sie diese Informationsquellen direkt aufrufen ❺.

3 Wurde Ihre Frage noch nicht zu Ihrer Zufriedenheit beantwortet, haken Sie über das Feld **Fragen Sie mich etwas** einfach nach ❻. Oder Sie wählen eine bereits angebotene Anschlussfrage per Mausklick aus ❼.

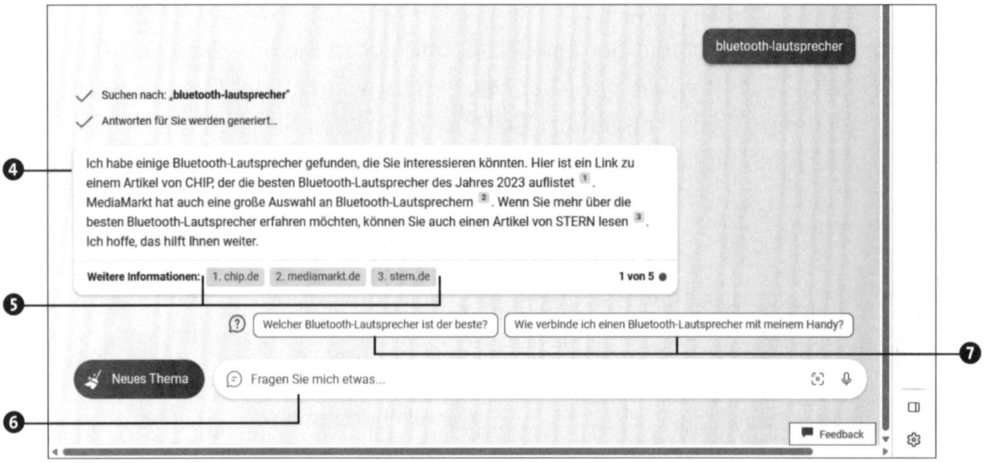

INFO

Ausblick auf Windows Copilot

Microsoft stattet nicht nur seine Suchmaschine Bing und die Bürosoftware Microsoft 365 mit künstlicher Intelligenz aus, sondern auch Windows 11 selbst. Der Name dieses KI-gestützten Assistenten lautet *Windows Copilot*. Offiziell sollte der Copilot im Herbst 2023 mit dem Funktionsupdate Windows 11 23H2 veröffentlicht werden. Dies geschah aber lediglich in Nord- und Südamerika sowie in einigen Teilen Asiens. Innerhalb des Europäischen Wirtschaftsraumes (kurz *EWR*) steht die neue Funktion den Nutzern noch nicht zur Verfügung. Der Grund hierfür ist das Gesetz über digitale Märkte (auf Englisch *Digital Markets Act*, kurz *DMA*), dessen Ziel es ist, die Marktmacht großer systemrelevanter Plattformen zu begrenzen. Zu diesen Unternehmen zählen Microsoft, Apple oder auch Amazon. Damit Windows Copilot auch im EWR Einzug in Windows 11 halten kann, müssen die Regeln des DMA erfüllt sein. Microsoft kündigte eine entsprechende Umsetzung für das Jahr 2024 an.

Der Aufruf von Windows Copilot soll über ein eigenes Symbol in der Taskleiste erfolgen. Alternativ lässt sich der KI-Assistent dann auch über die Tastenkombination ⊞ + C öffnen. In beiden Fällen erscheint Windows Copilot anschließend in einer eigenen Seitenleiste am rechten Bildschirmrand. Der Aufbau dieses Fensters ähnelt stark der Bing-KI-Suche. Falls Sie diese bereits getestet haben, werden Sie sich auch in Copilot schnell zurechtfinden. Der KI-Assistent soll Ihnen bei täglichen Aufgaben rund um Windows 11 helfen. So können Sie ihn mit der Aufforderung »Aktiviere den ›Bitte nicht stören‹-Modus« z. B. anweisen, den entsprechenden Modus einzuschalten. Mit einer Anweisung wie »Zeichne mir ein Bild von einer Katze, die einen Schmetterling fängt« kann Windows Copilot aber auch als Künstler aktiv werden. Außerdem soll der Assistent in der Lage sein, Programme für Sie zu starten, Texte zu schreiben, Zusammenfassungen etwa von längeren PDF-Dokumenten zu erstellen und einiges mehr.

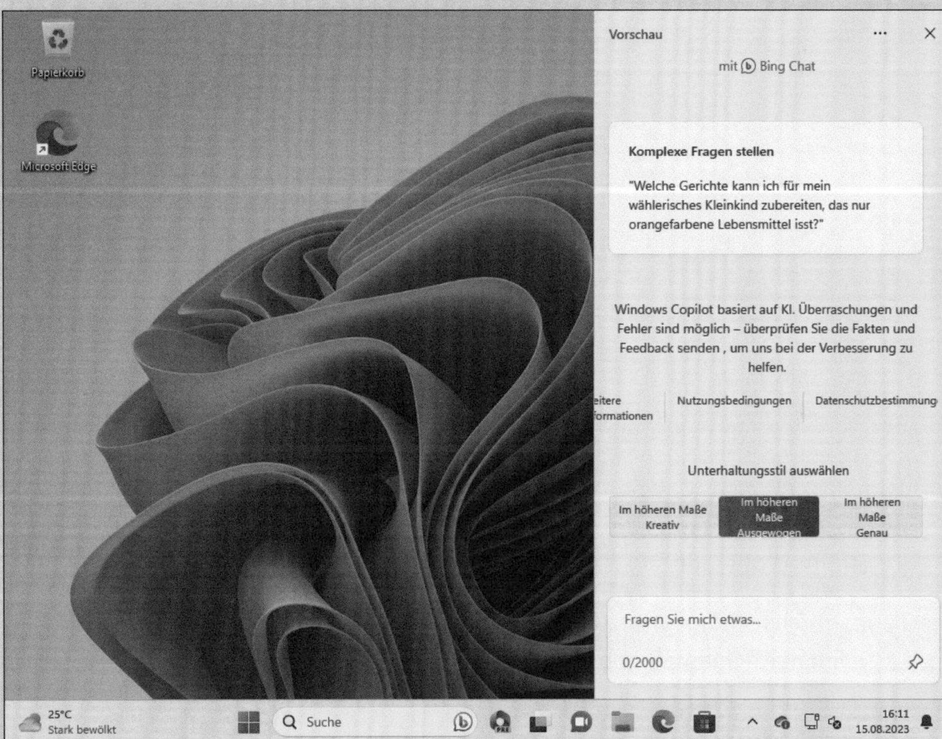

Abbildung 10.14 Windows Copilot erscheint in einer eigenen Seitenleiste am rechten Bildschirmrand.

Die Seitenleiste des KI-Assistenten bleibt so lange geöffnet, bis Sie sie per Klick auf das Kreuzsymbol oben rechts ausblenden.

11 Nützliche Apps und Programme unter Windows 11

Windows 11 hat bereits einige interessante Anwendungen mit an Bord, von denen ich Ihnen eine kleine Auswahl in diesem Kapitel vorstellen werde. So können Sie sich mit der *Karten*-App z. B. den schnellsten Weg zum gewünschten Ziel anzeigen lassen. Mit dem *Audiorekorder* nehmen Sie kurze Texte auf, und die *Rechner*-App unterstützt Sie sowohl bei einfachen als auch bei komplizierten Rechenaufgaben. Mithilfe der *Snipping*-App erstellen Sie blitzschnell Bildschirmaufnahmen (auch *Screenshots* genannt). Möchten Sie einen schnellen Blick auf aktuelle Nachrichten, Wettermeldungen oder einfach nur Ihren Kalender werfen, stehen hierfür die neu in Windows 11 hinzugekommenen Widgets parat. Als Erstes stelle ich Ihnen aber die *Uhr*-App vor, die mit einer neuen Funktion aufwartet: den sogenannte *Fokussitzungen*.

11.1 Dank Fokussitzungen konzentriert arbeiten

Manch einer lässt sich bei der Arbeit bereits von Kleinigkeiten ablenken. Andere wiederum sind so konzentriert und ohne Pause am Computer tätig, dass sich irgendwann Augen und Wirbelsäule schmerzhaft bemerkbar machen. Weder das eine Verhalten noch das andere ist gut. Für beides bietet die in Windows 11 integrierte *Uhr*-App eine pfiffige Lösung an: die sogenannten *Fokussitzungen*. Sind Sie mit einem Microsoft-Konto am Computer oder zumindest in der *Uhr*-App angemeldet, können Sie mithilfe der Funktion für eine Aufgabe einen festen Zeitraum festlegen, in dem Sie sich mit ihr beschäftigen möchten. Je nach eingestellter Zeit plant Windows 11 Pausen ein und erinnert Sie an diese. Wie erwähnt, sind die Fokussitzungen Bestandteil der Uhr-App, bei der es sich um die Nachfolgerin der App *Alarm & Uhr* von Windows 10 handelt. Der Aufruf der App erfolgt über den Eintrag **Uhr** in der App-Liste des Startmenüs.

Abbildung 11.1 Die Uhr-App lässt sich über den entsprechenden Eintrag in der App-Liste des Startmenüs öffnen.

Wie ihre Vorgängerin enthält auch die Uhr-App einen Zeitgeber, einen Wecker mit der Bezeichnung Alarm, eine Stoppuhr sowie eine Weltuhr. Die Fokussitzungen sind neu in Windows 11 hinzugekommen. Sie lassen sich über die Uhr-App selbst aktivieren oder auch über den Infobereich der Taskleiste. Sehen wir uns zuerst das Vorgehen in der App selbst an:

1 Starten Sie die **Uhr**-App. In der linken Spalte des Programmfensters sind bereits die **Fokussitzungen** markiert. Sind Sie bereits in der App selbst oder auch bei Windows 11 mit einem Microsoft-Konto angemeldet, wird am unteren Rand der linken Spalte Ihr Name eingeblendet ❶. Ist dies noch nicht der Fall, erscheint stattdessen die Schaltfläche **Anmelden**. Möchten Sie z. B. einen Zeitplan für Ihre Aufgaben erstellen, ist eine Anmeldung zwingend erforderlich. Klicken Sie hierzu auf **Anmelden**. Geben Sie im folgenden Dialog die E-Mail-Adresse sowie die Anmeldeoptionen Ihres Microsoft-Kontos an. Mit einem Klick auf **Ja** erteilen Sie der App den Zugriff auf Ihre Infos. Dazu zählen z. B. die mit der *To-do*-App erstellten Aufgaben.

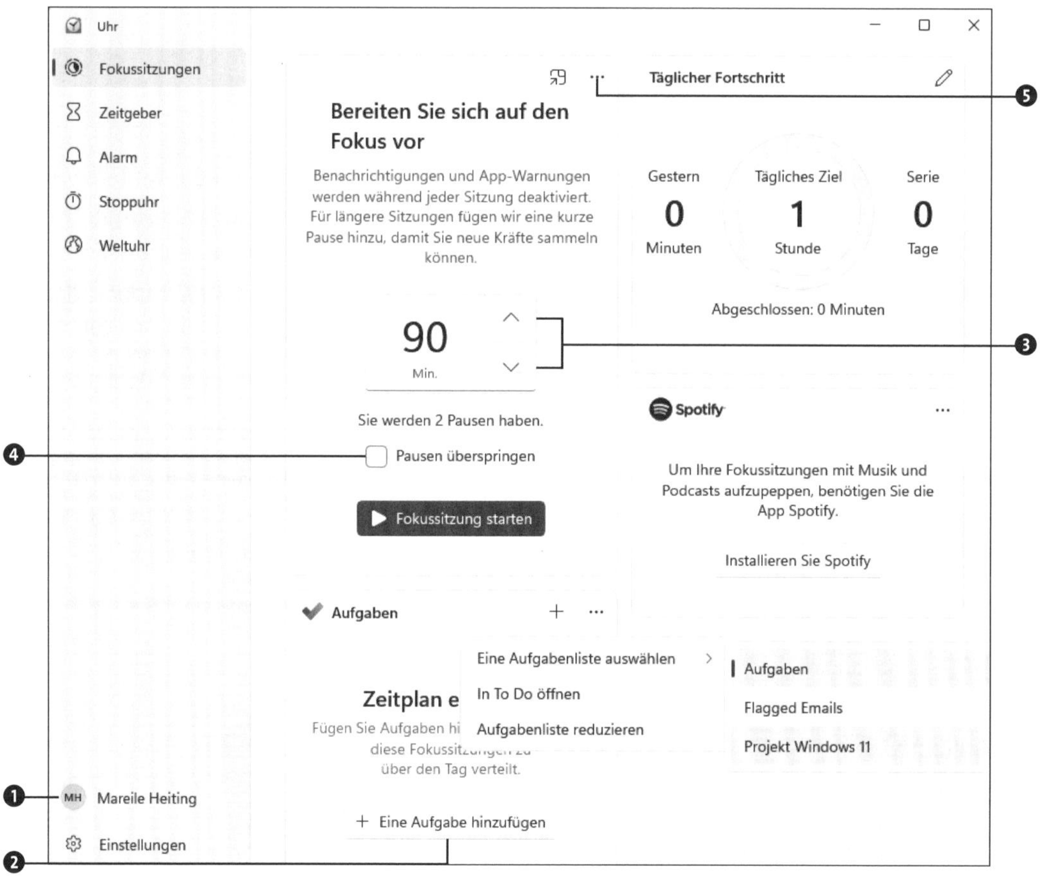

2 Nun geht es daran, die erste Aufgabe zu erstellen. Klicken Sie hierzu im Modul **Aufgaben** auf die Schaltfläche **Eine Aufgabe hinzufügen** ❷, und geben Sie im anschließend sichtbaren Textfeld einen Aufgabentitel ein. Bestätigen Sie die Eingabe durch Drücken der Taste [↵]. Falls Sie die App *To do* zum Erfassen Ihrer Aufgaben nutzen und für diese eine Fokussitzung einrichten möchten, klicken Sie stattdessen auf das Symbol mit den drei kleinen Punkten, wählen **Eine Aufgabenliste auswählen** und markieren dann die gewünschte Aufgabe.

3 Als Nächstes geben Sie im Modul **Bereiten Sie sich auf den Fokus vor** an, wie lange Sie sich mit dieser Aufgabe beschäftigen möchten. Falls Sie kürzer oder länger als die voreingestellten 30 Minuten benötigen, lässt sich der Zeitraum über die beiden Pfeiltasten anpassen ❸. Das Minimum beträgt 15 Minuten, das Maximum 240 Minuten.

4 Windows 11 plant für Sie automatisch alle halbe Stunde eine Pause ein. Falls Sie keine Pause einlegen möchten, versehen Sie das Kästchen **Pausen überspringen** mit einem Häkchen ❹. Allerdings zeichnen gerade die Pausen die Fokussitzungen aus! Um weitere Details einzustellen, klicken Sie im Modul **Bereiten Sie sich auf den Fokus vor** oben rechts auf das Symbol mit den drei kleinen Punkten ❺ und wählen **Einstellungen anzeigen**.

5 Auf der folgenden Seite legen Sie nun die Einstellungen für die Fokussitzungen fest. Windows 11 sieht z. B. eine Pausenlänge von 5 Minuten vor. Ist Ihnen dies zu kurz, klicken Sie auf **Fokuszeiten** und ändern dann die Zeitangabe im Feld **Pausenzeitraum** ❻.

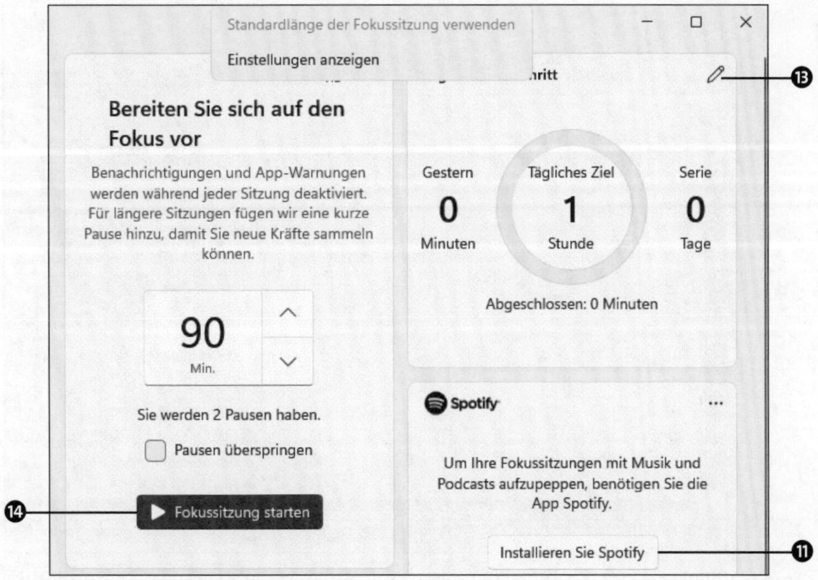

6 Ist der Zeitpunkt für eine Pause gekommen bzw. – umgekehrt formuliert – ist das Ende des Fokuszeitraumes erreicht, macht Windows 11 Sie mit einem Sound darauf aufmerksam. Voraussetzung hierfür ist, dass der entsprechende Regler gesetzt ist ❼. Nach einem Klick auf den nach unten weisenden Pfeil können Sie den Alarmton auswählen ❽.

7 Analog legen Sie fest, ob am Ende der Pause ein Sound ertönen soll und, falls ja, welcher dies sein soll ❾.

8 Falls Sie die Spotify-App auf Ihrem Computer installiert haben und der entsprechende Regler in den Einstellungen eingeschaltet ist ❿, können Sie während der Arbeit Ihre Lieblingsmusik oder Podcasts genießen. Falls Sie die App noch nicht installiert haben, können Sie dies über den entsprechenden Link im Programmfenster der Uhr-App nachholen (⓫ auf Seite 437).

9 Klicken Sie in der linken Spalte auf **Fokussitzungen** ⓬, um zur entsprechenden Übersicht zurückzukehren.

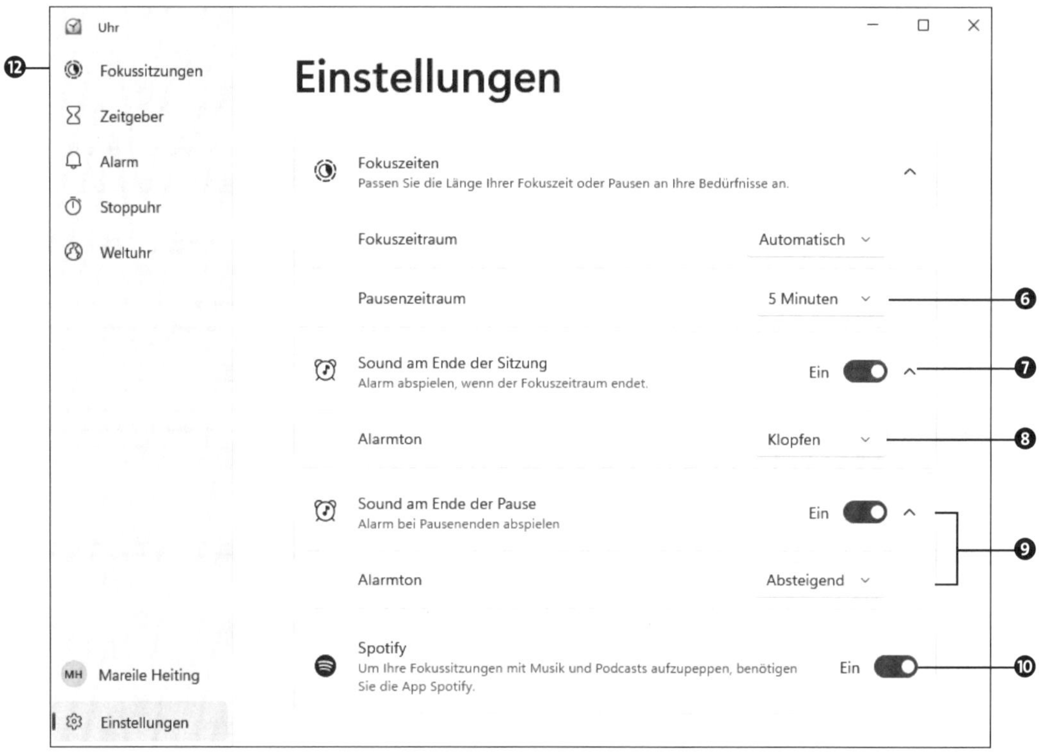

10 Wie viel des Arbeitspensums möchten Sie täglich schaffen? Windows 11 schlägt hierfür im Modul **Täglicher Fortschritt** 1 Stunde vor. Ist Ihnen das als tägliches Ziel zu wenig, klicken Sie in der rechten oberen Ecke des Moduls auf das Stiftsymbol (⓭ auf Seite 437) und passen die Zeitangabe an.

11 Sind alle Einstellungen vorgenommen, klicken Sie auf **Fokussitzung starten** ⓮. Der nun eingeblendeten Zeituhr können Sie entnehmen, wie viel Zeit Ihnen noch zum produktiven Arbeiten bleibt, bevor die nächste Pause ansteht.

12 Im Infobereich der Taskleiste erscheint nun rechts von der Uhrzeit das Symbol **Bitte nicht stören** ⓯. Nach einem Klick hierauf wird unterhalb des Kalenders die Fokussierung angezeigt. Falls Sie die Fokussitzung vorzeitig beenden möchten, klicken Sie auf **Sitzung beenden** ⓰. Ist die Uhr-App noch geöffnet, können Sie dort auch auf das Symbol **Fokussitzung anhalten** ⏸ klicken.

Wie bereits zu Beginn des Abschnitts erwähnt, lässt sich eine Fokussitzung auch über den Infobereich der Taskleiste starten. Die Zuordnung einer Aufgabe entfällt hierbei, es werden lediglich die Benachrichtigungen von Apps deaktiviert. Um eine solche Fokussitzung zu starten, gehen Sie folgendermaßen vor:

1 Klicken Sie auf die Uhrzeit im Infobereich der Taskleiste ❶. Unterhalb des eingeblendeten Kalenders wird die Standardzeitangabe von 30 Minuten angezeigt, die für eine Fokussitzung vorgesehen ist. Über das Plus- bzw. Minussymbol können Sie die Dauer erhöhen bzw. reduzieren ❷. Mit einem Klick auf **Fokus** starten Sie die Sitzung ❸. Falls Sie zuvor eine über die Uhr-App geplante Fokussitzung abgebrochen haben, wird diese nun fortgesetzt.

2 Auf dem Bildschirm wird nun das minimierte Programmfenster der Uhr-App eingeblendet, der Sie den Fortschritt der aktiven Fokussitzung entnehmen können. Klicken Sie oben links auf das Symbol **Zurück zum Vollbildmodus** ❹, wird das komplette Programmfenster der Uhr-App geöffnet, wie Sie es zu Beginn dieses Abschnitts bereits kennengelernt haben.

3 Ein wichtiger Anruf unterbricht Ihre Arbeit, Sie müssen das konzentrierte Arbeiten unterbrechen? Um eine Fokussitzung vorzeitig zu beenden, klicken Sie in der Uhr-

App auf das Symbol **Fokussitzung anhalten** ⏸ ❺. Sie finden es sowohl in der minimierten Darstellung als auch im Vollbildmodus.

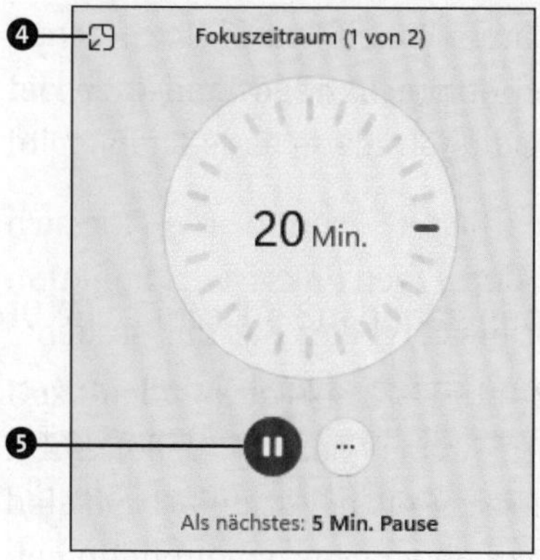

4 Das Telefonat ist beendet, Sie können mit der Arbeit fortfahren? Um die Fokussitzung wieder zu aktivieren, reicht in der Uhr-App ein Klick auf das nun sichtbare Symbol **Fokussitzung fortsetzen** ❻. Falls Sie die Zeit auf den Startpunkt zurücksetzen möchten, um die Fokussitzung quasi nochmals von vorn zu beginnen, klicken Sie auf das Symbol **Fokussitzung zurücksetzen** ❼.

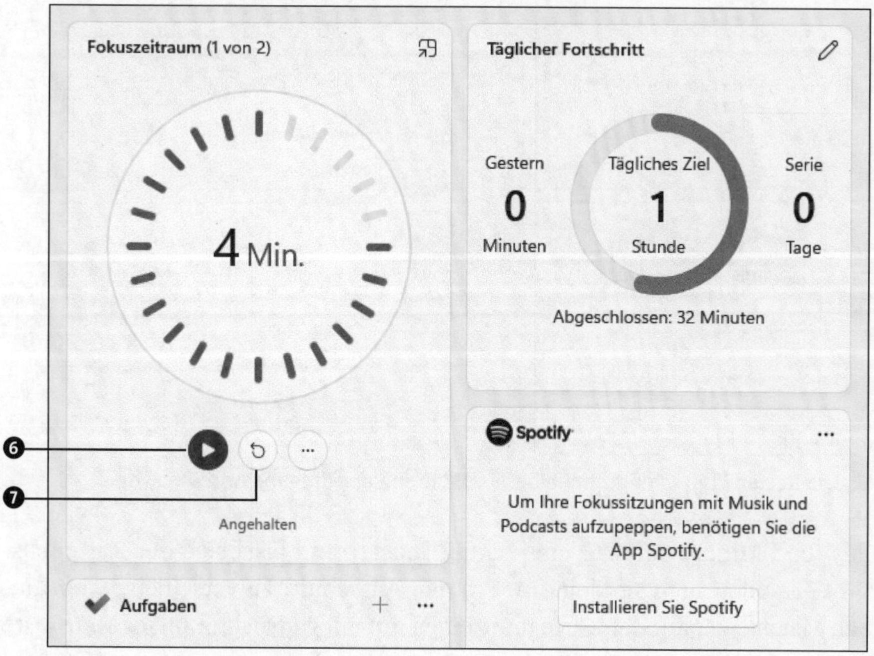

11.2 Von Ort zu Ort mit der Karten-App

Wenn Sie auf der Suche nach einer bestimmten Straße in einem Ort sind oder erfahren möchten, wo sich das nächste Restaurant in der Nähe befindet, sollten Sie die *Karten*-App zurate ziehen. Geöffnet wird diese App über den entsprechenden Eintrag in der App-Liste des Startmenüs.

Haben Sie schon mit dem Kartendienst *Google Maps* gearbeitet? Dann werden Sie sich auch in der Karten-App von Microsoft schnell zurechtfinden. Oben links ist die Funktion **Suchen** ❶ aktiviert. Nach einem Klick in das Feld **Suchen** ❷ geben Sie die gesuchte Adresse ein. Bereits während der Eingabe schlägt die App Ihnen diverse Adressen vor. Ist die gewünschte dabei, wählen Sie sie per Mausklick aus. Falls nicht, müssen Sie die Adresse selbst vollständig eingeben. Durch Drücken der Taste [↵] starten Sie die Suche.

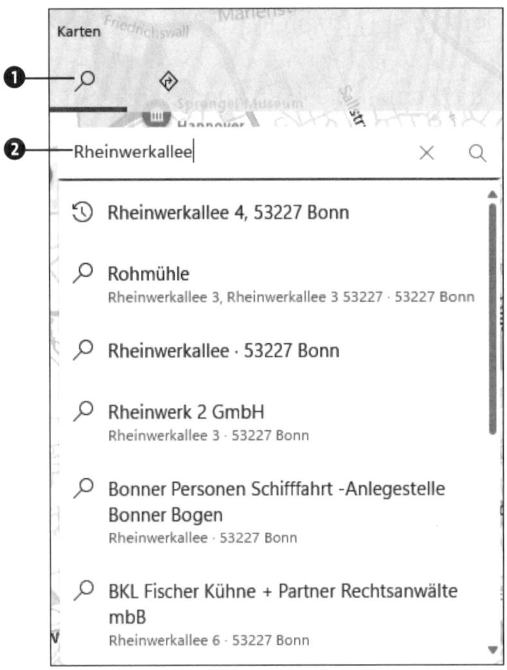

Abbildung 11.2 Die Karten-App schlägt Ihnen bereits während der Eingabe Adressen vor.

Über das Plus- und Minussymbol ❸ am rechten Fensterrand lässt sich der Kartenausschnitt vergrößern oder auch verkleinern. Um den Ausschnitt zu verschieben, positionieren Sie den Mauszeiger auf der Karte und ziehen ihn mit gedrückter linker Maustaste in die gewünschte Richtung. Wenn Sie auf der Suche nach Restaurants in der Nähe der angezeigten Adresse sind, klicken Sie im kleinen Dialogfenster links unterhalb von **Was befindet sich in der Nähe?** auf das Symbol [🍴] ❹. In dem kleinen Dialogfenster werden Ihnen nun Restaurants vorgeschlagen. Bewegen Sie den Mauszeiger auf einen der roten Punkte in der Karte, erfahren Sie den Namen des Restaurants, das sich an diesem Ort befindet. Mit einem Klick auf den Punkt werden im Dialogfenster links Details zum Restaurant (z. B. Anschrift, Telefonnummer und Öffnungszeiten) eingeblendet. Über die weiteren Symbole am unteren Rand des Dialogs können Sie sich in der Karte aber auch Sehenswürdigkeiten, Einkaufszentren, Hotels, Banken, Krankenhäuser sowie Parkplätze anzeigen lassen ❺. Mit einem Klick auf einen Registerreiter ❻ kehren Sie zu vorherigen Suchanfragen zurück. Über das Kreuzsymbol löschen Sie nicht mehr benötigte Suchergebnisse ❼.

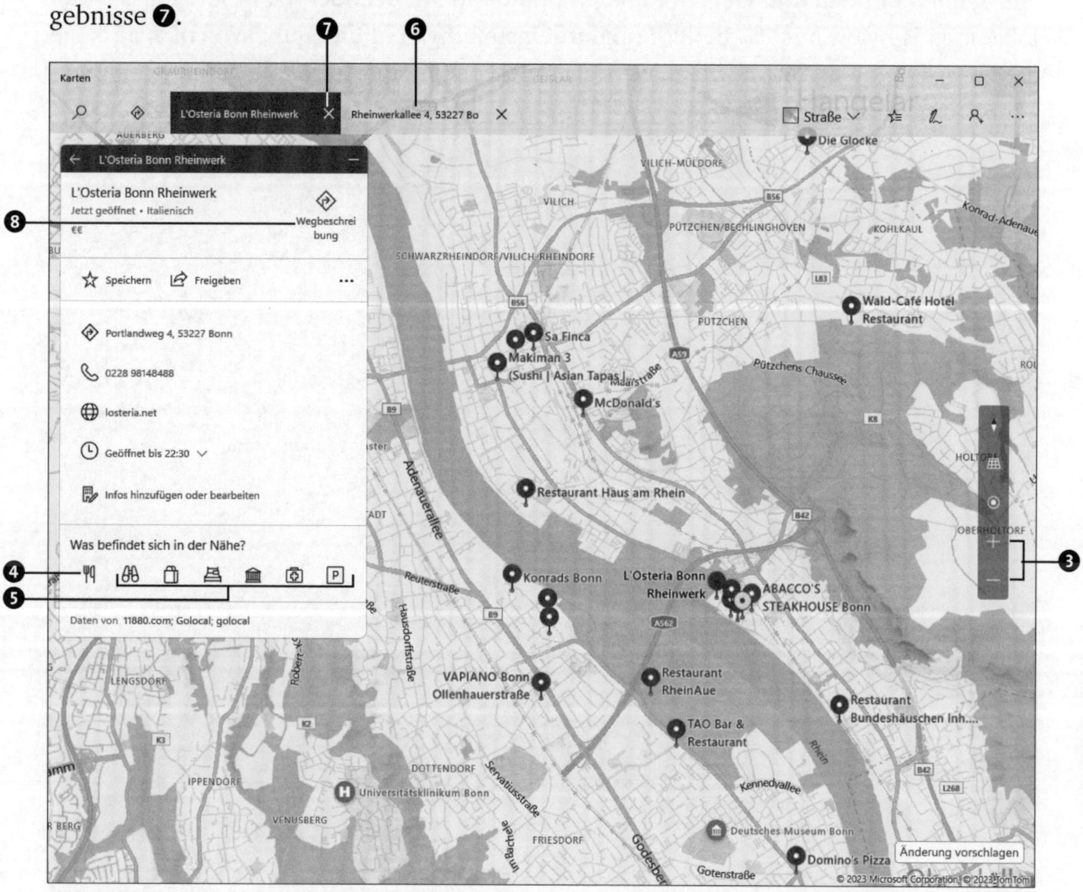

Abbildung 11.3 Die Größe des Kartenausschnitts kann über das Plus- und Minussymbol angepasst werden.

Wenn Sie möchten, können Sie sich zur gesuchten Adresse gleich die passende Wegbeschreibung einblenden lassen. Hierzu klicken Sie im Dialog auf **Wegbeschreibung** ❽. Der Routenplaner lässt sich aber auch über das Symbol [⟐] ❾ oben links aufrufen. Geben Sie in den entsprechenden Feldern die Start- sowie die Zieladresse an. Mit einem Klick auf **Wegbeschreibung anzeigen** berechnet die Karten-App mögliche Routen. Diese werden Ihnen anschließend auf der Karte angezeigt. Links erfahren Sie nicht nur die Fahrtdauer einer Strecke, sondern auch die Entfernung ❿. Mit einem Klick auf **Los** ⓫ starten Sie die Navigation.

Um wieder zur Startseite der Karten-App zurückzukehren, klicken Sie unten rechts auf das Symbol mit den drei kleinen Punkten und dann auf **Beenden** ⓬. Bestätigen Sie den folgenden Hinweis mit **OK**. In der Standardeinstellung geht die App davon aus, dass Sie die Reise mit einem Auto antreten werden. Möchten Sie stattdessen die öffentlichen Verkehrsmittel nutzen oder zu Fuß gehen, klicken Sie auf die entsprechenden Symbole ⓭.

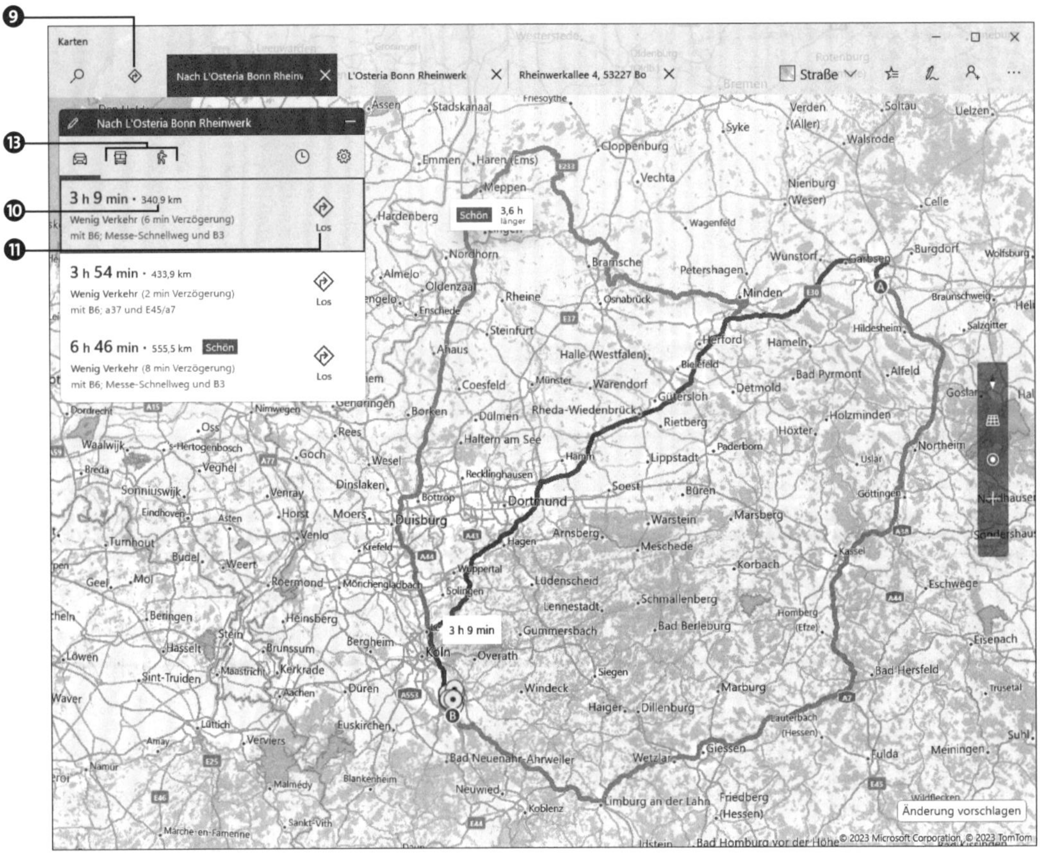

Abbildung 11.4 Alle gefundenen Routen werden auch in der Karte eingeblendet.

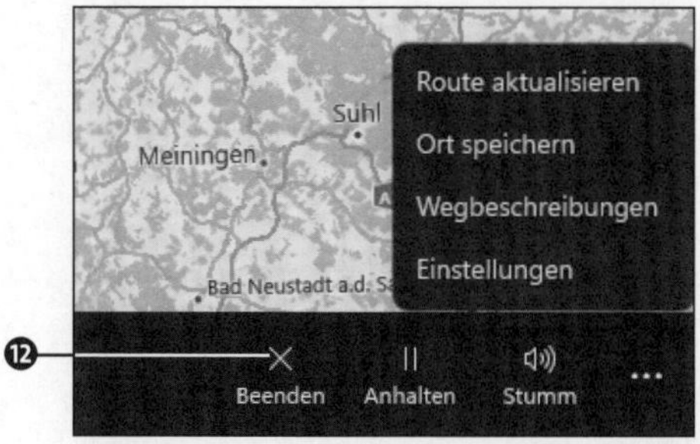

Abbildung 11.5 Über die Schaltfläche »Beenden« gelangen Sie von der Navigationsseite zur Startseite zurück.

TIPP

Die Ortungsdienste von Windows 11 aktivieren

Anstatt selbst die Adresse Ihres aktuellen Standortes einzugeben, können Sie dies auch der Karten-App überlassen. Das ist vor allem dann interessant, wenn Sie mit Ihrem Tablet unterwegs sind und z. B. schnell nach Restaurants oder Sehenswürdigkeiten in der Nähe suchen möchten. Damit die Karten-App allerdings ermitteln kann, wo Sie sich gerade befinden, muss der Ortungsdienst in Windows 11 aktiviert sein. Die entsprechende Einstellung nehmen Sie über **Start ▸ Einstellungen ▸ Datenschutz und Sicherheit ▸ Standort** vor. Möchten Sie eine deaktivierte Positionserkennung einschalten, setzen Sie den Regler **Ortungsdienste** per Mausklick auf **Ein**. Nun können Sie den Regler **Apps den Zugriff auf Ihren Standort erlauben** ebenfalls einschalten. Über die jeweiligen Regler legen Sie fest, welcher App Sie den Zugriff auf den Standort erlauben und welcher nicht. Ist der Ortungsdienst für die Karten-App aktiviert, reicht in der App selbst nun ein Klick auf das Symbol **Meinen Standort anzeigen** ◎, und schon wird Ihre aktuelle Position in der Karte angezeigt. Möchten Sie die aktivierten Ortungsdienste später ausschalten, setzen Sie den Regler **Ortungsdienste** einfach wieder per Mausklick auf **Aus**.

11.3 Der Taschenrechner von Windows 11 – die Rechner-App

Kopfrechnen ist nicht eines jeden Sache. Bevor einem ein peinlicher Rechenfehler unterläuft, sollte man lieber einen Taschenrechner zurate ziehen. Windows 11 bringt hierfür bereits die App *Rechner* mit, die über die App-Liste im Startmenü geöffnet wird. Nach dem Start erscheint der Rechner in der Standardansicht, in der er lediglich die Standardrechenfunktionen zeigt. Klicken Sie oben links auf das Symbol ☰ ❶, klappt ein Menü mit weiteren Kategorien auf. Wählen Sie z. B. die Ansicht **Wissenschaftlich**, werden zahlreiche Spezialfunktionen eingeblendet. Auch für das Umrechnen von Einheiten (wie Kalorien in Joule, Zoll in Zentimeter oder auch Meilen pro Stunde in Kilometer pro Stunde) finden Sie in der Rechner-App tatkräftige Unterstützung. Diese Rechenfunktionen erreichen Sie ebenfalls über die Menüschaltfläche.

Werden nicht alle Funktionen sofort eingeblendet, blättern Sie mithilfe der Bildlaufleiste in der Liste. Befinden Sie sich in der Standardansicht, gibt es noch ein besonderes Schmankerl: Mit einem Klick auf das Symbol ❷ bleibt das Fenster der Rechner-App immer im Vordergrund und wird nicht mehr von anderen Fenstern verdeckt, auch wenn Sie gerade mit einem anderen Programm (z. B. Microsoft Word) arbeiten. Ein erneuter Klick auf das Symbol hebt den Vordergrundmodus wieder auf.

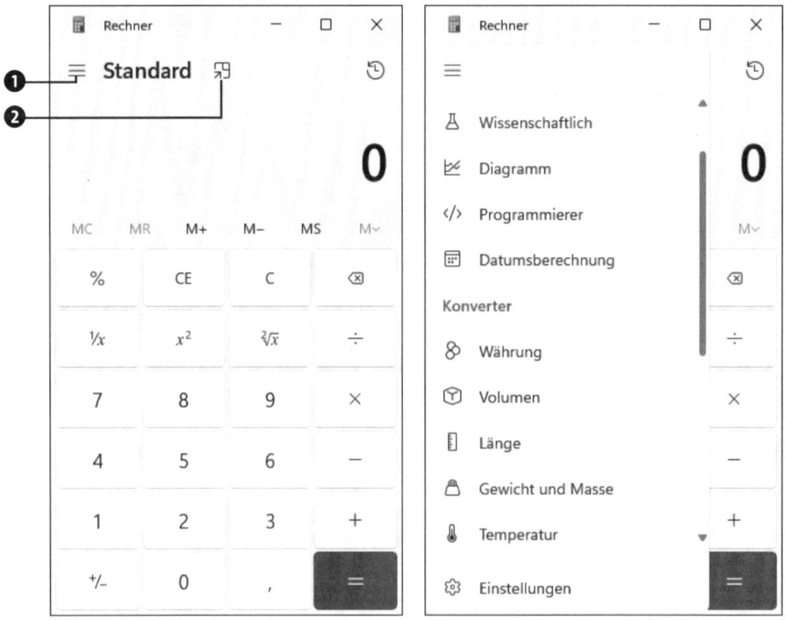

Abbildung 11.6 Die Rechner-App bietet neben den Standardrechenoperationen viele außergewöhnliche Funktionen an.

11.4 Screeenshots und Videos erstellen mit dem Snipping Tool

Eine App ärgert Sie immer wieder mit einer Fehlermeldung? Sie würden diese gerne an einen Experten oder eine Expertin schicken und um Rat fragen? Oder möchten Sie nur einen kleinen Ausschnitt einer Webseite an einen Freund schicken? Mit der App *Snipping Tool* erzeugen Sie blitzschnell ein Foto des Bildschirms. Diesen Screenshot können Sie anschließend beschriften und dann entweder abspeichern oder auch per E-Mail versenden. Das ist aber nicht die einzige Funktion, die das Snipping Tool mitbringt. Denn mittlerweile können Sie sogar kurze Videos aufnehmen, in der Sie Freunden beispielsweise die Nutzung einer App oder Einstellungen innerhalb von Windows 11 vorführen. Beides – also das Erstellen eines Screenshots sowie das Aufnehmen eines Videos – werde ich Ihnen auf den folgenden Seiten vorstellen.

11.4.1 Ein Bildschirmfoto erstellen

Das *Snipping Tool* lässt sich z. B. in der App-Übersicht des Startmenüs über den gleichnamigen Eintrag aufrufen. Anschließend drücken Sie die Tastenkombination ⊞ + ⇧ + S, um die Ausschneiden-Funktion zu aktivieren. Seit Version 22H2 von Windows 11 lässt sich diese Funktion sogar noch schneller aktivieren: Drücken Sie einfach die Taste Druck, und schon geht es ganz ohne Öffnen der App bei Schritt 1 los, um den Screenshot aufzunehmen (lesen Sie hierzu auch den Kasten »Der Druck-Taste die klassische Aufgabe zurückgeben« auf Seite 448):

1 Sobald Sie die Ausschneiden-Funktion über die Taste Druck oder die Tastenkombination ⊞ + ⇧ + S aktiviert haben, verdunkelt sich der Bildschirm. Am oberen Bildschirmrand erscheint eine kleine Symbolleiste, in der Sie das gewünschte Schneidewerkzeug per Mausklick auswählen.

2 Voreingestellt ist der **Rechteckige Modus** ❶. Mit ihm lässt sich mit gedrückter linker Maustaste ein rechteckiger Rahmen um den Bildschirmbereich aufziehen, den Sie abfotografieren möchten.

3 Mit dem **Freihandmodus** ❷ umfahren Sie einen beliebigen Bildschirmbereich einfach mit gedrückter linker Maustaste.

4 Besonders praktisch ist der **Fenstermodus** ❸. Sobald Sie ihn aktiviert haben, reicht ein Mausklick auf das Dialogfenster ❹, das Sie abfotografieren möchten.

5 Wenn Sie den gesamten Bildschirm aufnehmen möchten, wählen Sie den **Vollbildmodus** ❺.

TIPP

Der Druck-Taste die klassische Aufgabe zurückgeben
Bis zu Windows 11 22H2 ließ sich durch Drücken der Taste `Druck` auf der Tastatur der gesamte Bildschirm aufnehmen und in der Zwischenablage speichern. Anschließend konnten Sie den Screenshot z. B. mit der Tastenkombination `Strg` + `V` in einem anderen Programm einfügen. Dieses Vorgehen ist auch weiterhin für diejenigen von Interesse, die für die Aufnahme und weiteren Bearbeitung von Screenshots nicht das Snipping-Tool, sondern ein anderes Bildbearbeitungsprogramm verwenden möchten. Die Belegung der `Druck`-Taste lässt sich zum Glück schnell wieder in den klassischen Zustand zurückversetzen. Um die Tastenbelegung zu ändern, rufen Sie **Start** ▸ **Einstellungen** ▸ **Barrierefreiheit** auf. Wählen Sie rechts die Unterkategorie **Tastatur** aus, und blättern Sie auf der folgenden Seite nach unten bis zum Bereich **Bildschirmtastatur, Tastenkombinationen und Bildschirmausschnitte**. Setzen Sie den Regler **Verwenden Sie die Druck-Taste, um das Snipping-Tool zu öffnen** per Mausklick auf **Aus**. Wenn Sie nun die `Druck`-Taste drücken, wird der Bildschirminhalt wie von früher gewohnt aufgenommen und in der Zwischenablage abgelegt.

Unabhängig davon, für welches Werkzeug Sie sich entscheiden: Sobald Sie den gewünschten Bildschirmausschnitt markiert haben, wird der Screenshot aufgenommen und in der Zwischenablage gespeichert. Wenn Sie das Ausschneiden-Werkzeug aus der App heraus gestartet haben, wird die Bildschirmaufnahme nun auch direkt in der *Snipping-Tool*-App angezeigt. Bei einem Start über die Taste `Druck` oder die Tastenkombination (`⊞` + `⇧` + `S`) erscheint stattdessen oberhalb des Infobereichs der Taskleiste ein kleines Hinweisfenster. Klicken Sie hierauf, gelangen Sie ebenfalls zur App *Snipping Tool*. Bevor Sie den Screenshot nun speichern oder z. B. per E-Mail verschicken, haben Sie die Möglichkeit, ihn zu beschriften oder auch weiter zu beschneiden:

1 Möchten Sie einen bestimmten Bereich des Screenshots farbig markieren? Dies lässt sich bequem mit dem **Stift** ❶ oder auch dem **Textmarker** ❷ bewerkstelligen. Die Funktionsweise ist bei beiden gleich: Wählen Sie zunächst das gewünschte Werk-

zeug, indem Sie auf das entsprechende Symbol in der Symbolleiste am unteren Bildschirmrand klicken.

Unterhalb des Symbols wird nun ein kleines Dreieck eingeblendet. Mit einem Klick hierauf klappt eine Farbpalette aus, in der Sie einen Farbton auswählen ❸. Über den Schieberegler stellen Sie die Stiftgröße ein ❹.

2 Halten Sie nun die linke Maustaste gedrückt, während Sie mit dem Mauszeiger wie mit einem echten Stift bzw. Marker den gewünschten Part im Screenshot hervorheben.

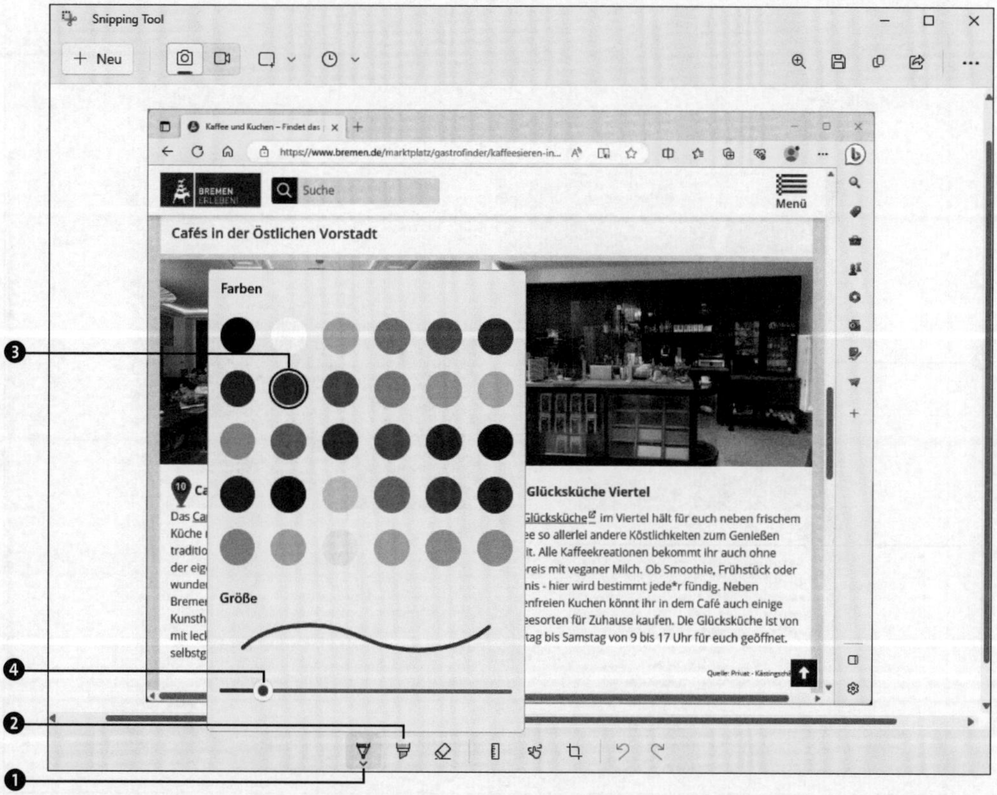

3 Wenn Sie eine gerade Linie auf dem Screenshot einzeichnen möchten, leistet das Lineal eine gute Hilfe, das Sie per Klick auf das Linealsymbol ❺ einblenden. Ziehen Sie das Lineal anschließend mit gedrückter linker Maustaste an die gewünschte Stelle. Um das Lineal zu drehen, positionieren Sie den Mauszeiger auf dem Lineal ❻. Drehen Sie jetzt das Scrollrad der Maus, wird hierdurch auch das Lineal gedreht. Die Winkelangabe ❼ hilft dabei, das Lineal exakt auszurichten. Wenn Sie anschließend z. B. den Stift aktivieren und nun mit gedrückter linker Maustaste am Lineal entlangfahren, gelingt das Zeichnen einer tatsächlich geraden Linie. Benötigen Sie das Lineal nicht mehr, reicht ein Klick auf das Linealsymbol und dann auf **Lineal**, um es wieder auszublenden.

4 Sie benötigen keine gerade Linie, sondern einen Kreis oder Bogen? Auch das lässt sich leicht bewerkstelligen. Aktivieren Sie auch hierzu das Linealsymbol. Nach einem Klick auf den Pfeil unterhalb des Symbols wählen Sie nun den **Winkelmesser** aus. Die Größe des Winkelmessers lässt sich ebenfalls über das Scrollrad der Maus anpassen. Wählen Sie anschließend ein Stiftwerkzeug aus, umfahren Sie den Winkelmesser mit gedrückter Maustaste, und schon ist ein perfekter Kreis oder Bogen erzeugt.

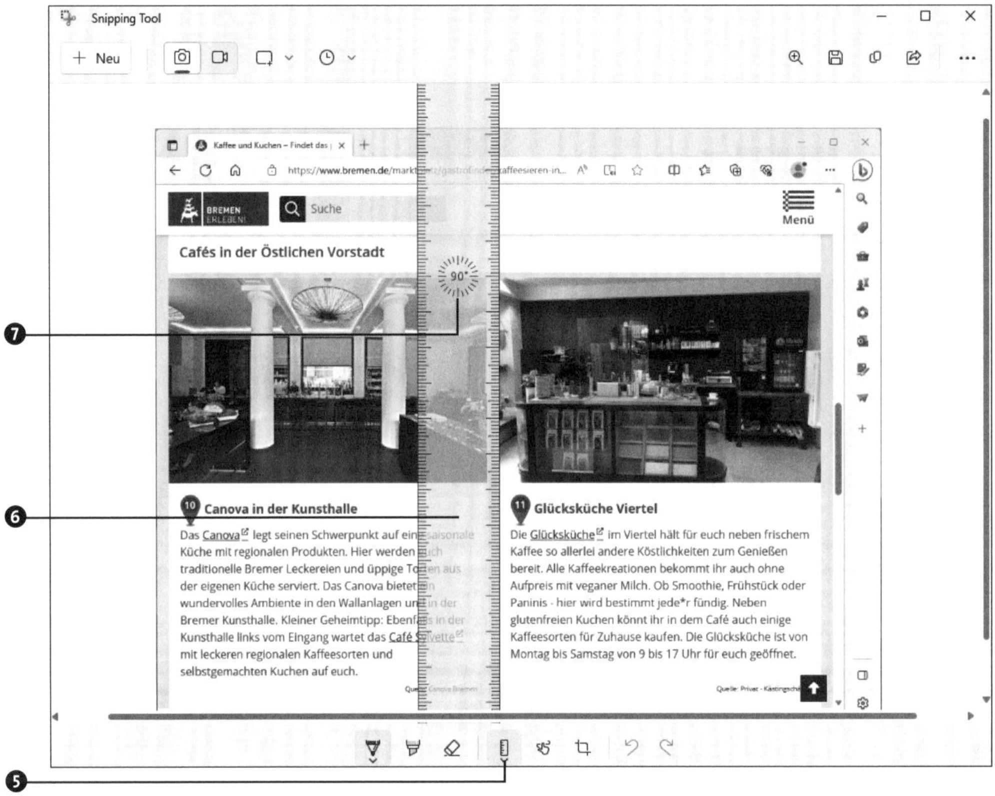

5 Ist eine Markierung doch einmal misslungen, lässt sich mit dem Radierer solch ein Malheur schnell korrigieren. Um eine zuvor erstellte Markierung wieder zu entfernen, klicken Sie in der Symbolleiste auf das Symbol des Radiergummis ❽. Bewegen Sie nun den Mauszeiger über die Markierung, die Sie entfernen möchten. Eine kurze Bewegung über einen kleinen Bereich der Markierung reicht hierbei bereits, und schon wird die Markierung entfernt. Möchten Sie alle vorgenommenen Markierungen löschen, klicken Sie auf das kleine Dreieck unterhalb des Radiergummisym-

bols, nachdem Sie dieses aktiviert haben. Mit einem Klick auf **Freihand vollständig löschen** werden alle Markierungen entfernt.

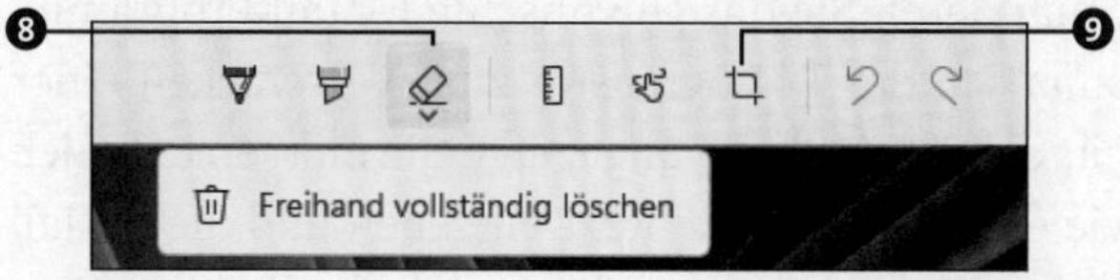

6 Möchten Sie den Screenshot noch weiter zuschneiden, aktivieren Sie in der Symbolleiste per Mausklick das Werkzeug **Zuschneiden** ❾. Auf dem Bildschirm wird nun ein Rechteck mit vier Markierungspunkten eingeblendet. Markieren Sie den Bereich, den Sie beibehalten möchten, indem Sie diese Punkte mit gedrückter linker Maustaste verschieben. Sobald Sie auf das Häkchen oben rechts klicken, wird der Screenshot nach Ihren Vorgaben zugeschnitten.

7 Entspricht der Screenshot Ihren Wünschen und möchten Sie ihn auf Ihrem Computer speichern, klicken Sie in der Symbolleiste am oberen Bildschirmrand auf das Speichernsymbol ❿. Im Dialog **Speichern unter** wechseln Sie in den Ordner, in dem der Screenshot gespeichert werden soll, geben einen Dateinamen an und bestätigen mit **Speichern**.

8 Sie möchten den Screenshot gern per E-Mail an einen Freund versenden? Klicken Sie hierzu in der Symbolleiste auf das Symbol **Teilen** ⓫. Im Dialog **1 Element freigeben**, der nun eingeblendet wird, markieren Sie das gewünschte E-Mail-Programm, etwa **Mail**. Nun öffnet sich automatisch das Dialogfenster zum Verschicken einer E-Mail. Der Screenshot wird bereits als Dateianhang angezeigt. Sie müssen lediglich die Adresse des Empfängers sowie einen Nachrichtentext eingeben und die E-Mail versenden. Weitere Informationen zur Mail-, vor allem aber zur sie beerbenden Outlook-App erhalten Sie in Abschnitt 15.1, »E-Mails lesen und schreiben mit der Outlook-App«, ab Seite 597.

9 Das Übertragen des Screenshots auf ein Windows-Gerät in der Nähe lässt sich ebenfalls aus dem Snipping-Tool heraus erledigen. Hierzu klicken Sie auf das Symbol **Teilen**. Im Dialog **1 Element freigeben** wählen Sie im Feld rechts von **Umgebungsfreigabe**, ob die Datei auf eines Ihrer eigenen Geräte übertragen oder für alle Personen in der Nähe freigegeben werden soll. Windows aktiviert automatisch die Bluetooth-Funktion Ihres Computers und sucht nach möglichen Geräten in der Umgebung. Ausführliche Informationen zur Umgebungsfreigabe erhalten Sie in Abschnitt 14.2.4, »Daten mit Windows-Geräten in der Nähe teilen«, ab Seite 591.

11.4.2 Ein Video mit dem Snipping Tool erstellen

Seit Update 22H2 von Windows 11 lassen sich mit dem Snipping Tool auch Videos des Bildschirminhalts aufnehmen. Auf diese Weise können Sie z. B. Schritt für Schritt festhalten, wie eine bestimmte Einstellung unter Windows 11 vorzunehmen oder eine App zu bedienen ist. Und so gehen Sie hierzu vor:

1 Rufen Sie die App *Snipping Tool* z. B. über die App-Liste des Startmenüs auf. Klicken Sie in der Symbolleiste auf das Videosymbol ❶, um die Funktion zur Videoaufzeichnung zu aktivieren.

2 Klicken Sie auf die Schaltfläche **Neu** ❷.

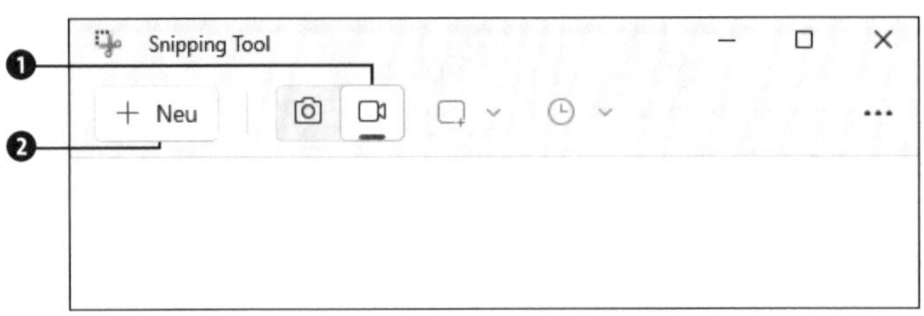

3 Der Bildschirm wird nun abgedunkelt, nur am oberen Rand erscheint eine Symbolleiste des Snipping Tools. Bevor Sie die Videoaufzeichnung starten, müssen Sie den Bereich kennzeichnen, der aufgenommen werden soll. Positionieren Sie hierzu den Mauszeiger, der die Form eines Plussymbols aufweist, in der linken oberen Ecke des gewünschten Bereichs. Ziehen Sie ihn mit gedrückter linker Maustaste in die rechte untere Ecke des Bereichs, und lassen Sie dann die Taste los.

4 Der gestrichelte Rahmen zeigt nun den Aufnahmebereich an. Falls Sie noch Korrekturen vornehmen möchten, verschieben Sie einen der Eckpunkte ❸ oder eine der dickeren Linien in der Mitte der Ränder ❹ mit gedrückter linker Maustaste in die gewünschte Richtung.

5 Ist der korrekte Bereich markiert, beginnen Sie die Aufzeichnung mit einem Klick auf **Start** ❺.

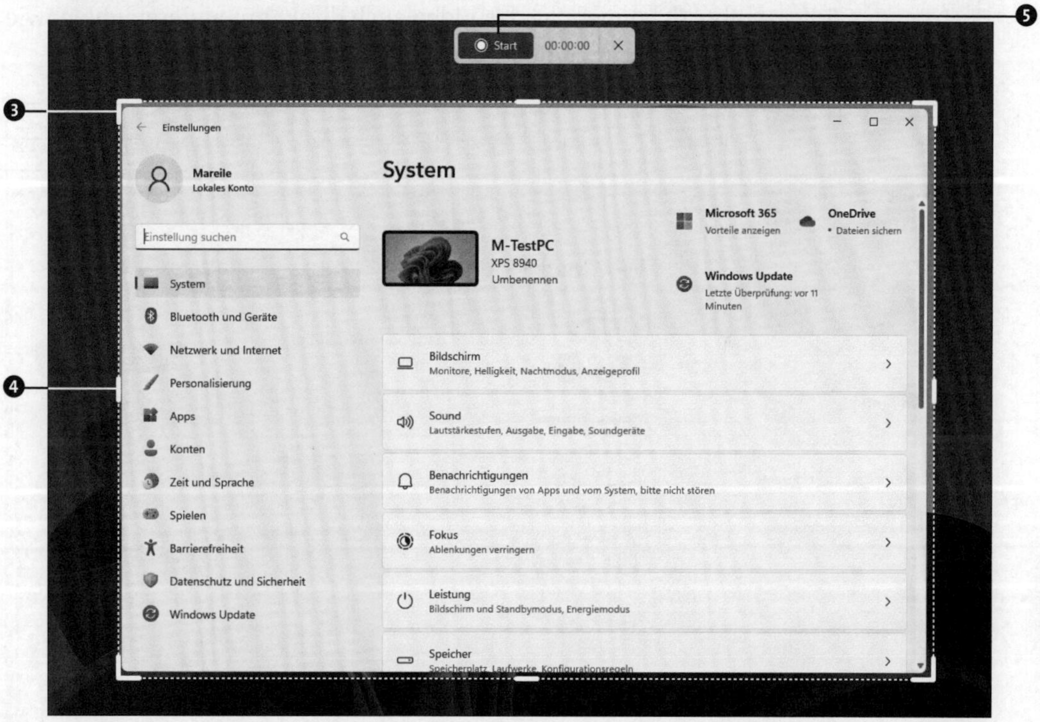

6 Das Snipping Tool beginnt nach eine kurzen Wartezeit von 3 Sekunden, alle Aktionen, die Sie nun innerhalb des rot eingerahmten Bereichs vornehmen, inklusive des Mauszeigers aufzuzeichnen. In der Symbolleiste wird die Aufnahmezeit angezeigt. Falls Sie die Aufzeichnung pausieren möchten, klicken Sie in der Symbolleiste auf das Pausensymbol ❻. Falls Sie die Aufzeichnung abbrechen möchten, klicken Sie auf das Papierkorbsymbol ❼. Mit einem Klick auf das Stoppsymbol ❽ beenden Sie die Aufnahme.

7 Die beendete Aufnahme können Sie sich im Programmfenster des Snipping Tools per Klick auf das Wiedergabesymbole ❾ ansehen. Sind Sie mit dem Video zufrieden und möchten Sie es auf Ihrem Computer speichern, klicken Sie in der Symbolleiste am oberen Bildschirmrand auf das Speichernsymbol ❿. Im Dialog **Speichern unter** wechseln Sie in den Ordner, in dem die Datei gespeichert werden soll, geben einen Dateinamen an und bestätigen mit **Speichern**. Die Videodatei wird im MP4-Format gespeichert.

8 Über das Teilensymbol ⓫ können Sie das Video auch direkt mit anderen teilen, wie bereits im vorherigen Abschnitt zum Erstellen eines Screenshots beschrieben.

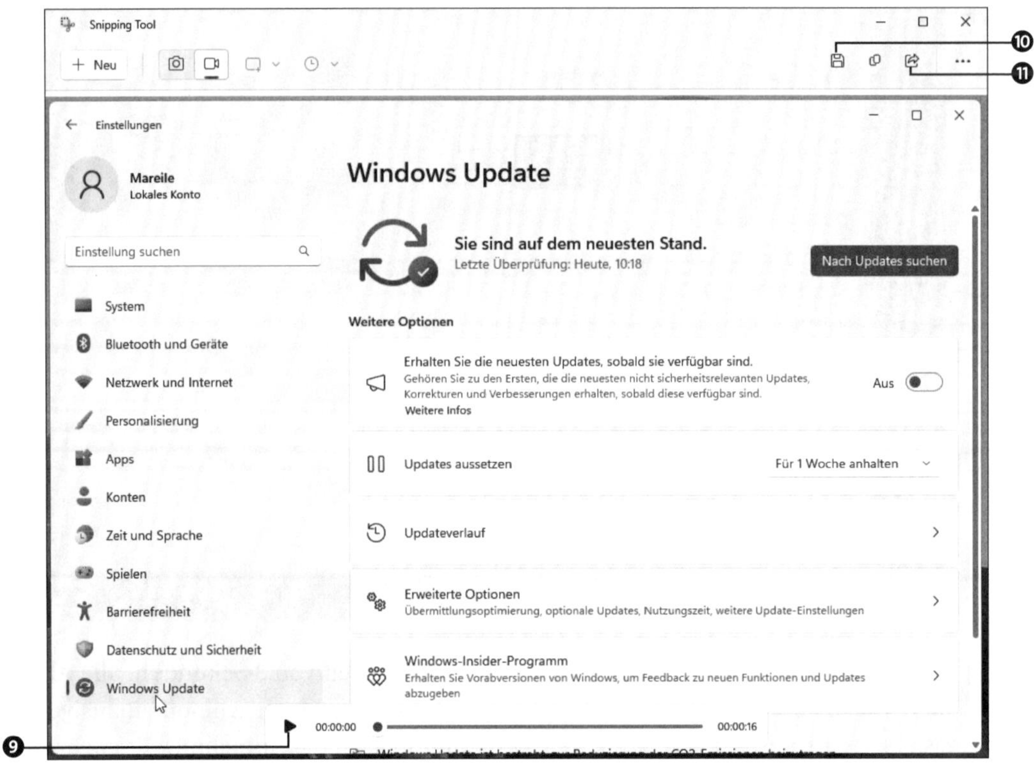

TIPP

Kleine Erinnerungsstützen mit der Kurznotizen-App erstellen

Müssen Sie noch ein wichtiges Telefonat erledigen oder dürfen Sie nicht vergessen, für eine Geburtstagsfeier ein Geschenk zu besorgen? Dann legen Sie sich am besten eine kleine Erinnerungsstütze in Form eines Post-its auf der Desktopoberfläche an. Windows 11 hält hierfür die *Kurznotizen*-App bereit, die Sie über die App-Liste im Startmenü aufrufen. Nach dem Start der App wird ein Post-it auf der Desktopoberfläche angezeigt, in das Sie einen Erinnerungstext eingeben. Um das Post-it zu verschieben, bewegen Sie den Mauszeiger auf die Titelleiste des Notizzettels und ziehen ihn mit gedrückter linker Maustaste an die gewünschte Position. Wenn Sie noch weitere Post-its anlegen möchten, klicken Sie in der Symbolleiste des Notizzettels auf das Plussymbol. Das neue Post-it können Sie nun ebenfalls beschriften und verschieben. Sollte die Symbolleiste nicht sichtbar sein, klicken Sie einmal auf die Kurznotiz. Gefällt Ihnen die gelbe Farbe des Post-its nicht, klicken Sie in der Symbolleiste auf die drei kleinen Punkte. In der nun sichtbaren Farbpalette markieren Sie den gewünschten neuen Farbton. Sobald Sie in den Notizbereich des Post-its klicken, werden die Farben wieder ausgeblendet. Benötigen Sie die Erinnerungsstütze nicht mehr, wählen Sie nach einem Klick auf die drei Punkte den Befehl **Notiz löschen** und bestätigen die folgende Nachfrage mit **Löschen**.

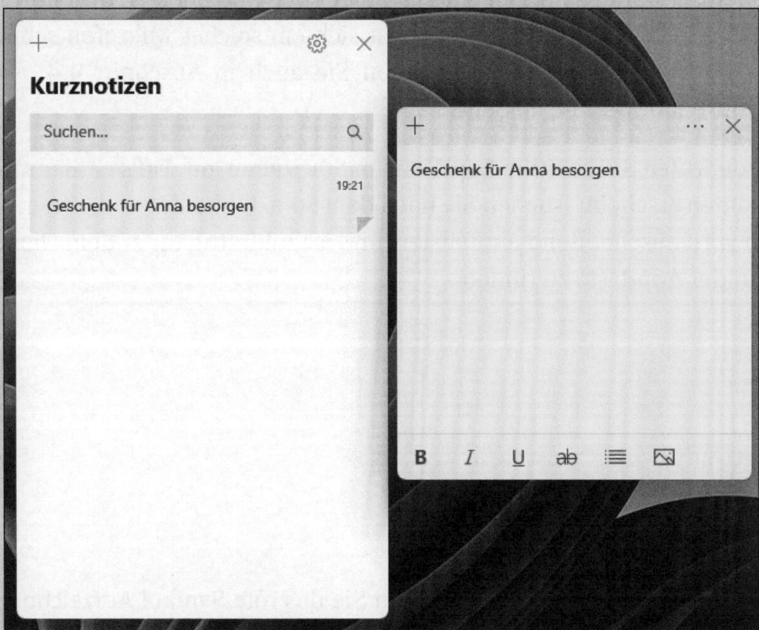

Abbildung 11.7 Mithilfe eines Post-its vergessen Sie wichtige Angelegenheiten nicht mehr.

Über den Befehl **Notizenliste** blenden Sie eine Übersicht über alle angelegten Kurznotizen ein. Klicken Sie in der Übersicht auf eine Notiz, wird das entsprechende Post-it eingeblendet. Über das Plussymbol in der Listenübersicht können Sie neue Kurznotizen anlegen. Wenn Sie mit einem Microsoft-Konto am Gerät angemeldet sind, lassen sich die Kurznotizen über die Cloud *OneDrive* synchronisieren, sodass Sie von jedem Ihrer Geräte aus auf sie zugreifen können. Bei OneDrive anmelden können Sie sich z. B. in der Listenübersicht nach einem Klick auf das Zahnradsymbol und einem Klick auf **Einstellungen**. Sowohl die Notizenliste als auch die einzelnen Post-its lassen sich per Klick auf das jeweilige Schließensymbol in der rechten oberen Fensterecke ausblenden. Möchten Sie die Kurznotizen wieder auf den Bildschirm zurückholen, öffnen Sie die App einfach wieder über das Startmenü.

11.5 Der Audiorekorder von Windows 11

Ein weiteres interessantes Programm, das Windows 11 mit im Gepäck hat, ist der *Audiorekorder* (in den Anfängen von Windows 11 noch *Sprachrekorder* genannt), mit dem sich Sprachnachrichten aufnehmen lassen. Damit dies funktioniert, muss Ihr Computer mit einem Mikrofon ausgestattet sein. Bei einem Tablet oder Notebook ist dies normalerweise bereits der Fall, für einen Desktop-PC lässt sich ein solches Mikrofon schnell nachrüsten. Weitere Informationen hierzu erhalten Sie auch in Abschnitt 4.4, »Die Spracherkennung von Windows 11«, ab Seite 127.

1 Den **Audiorekorder** rufen Sie über die App-Liste im Startmenü auf. Falls er hier nicht unter diesem Namen erscheint, suchen Sie nach dem **Sprachrekorder** und öffnen Sie diesen. Die App wird anschließend aktualisiert und ist zukünftig unter dem Namen **Audiorekorder** in der App-Liste zu finden.

2 Am unteren Rand des Programmfensters finden Sie das rote Symbol **Aufzeichnung starten**. Mit einem Klick hierauf starten Sie die Aufnahme. Verwenden Sie den Audiorekorder das erste Mal, erscheint eventuell der Hinweis, dass der App der

Zugriff auf das Mikrofon erlaubt werden muss. Ist dies bei Ihnen der Fall, bestätigen Sie ihn mit **Ja**.

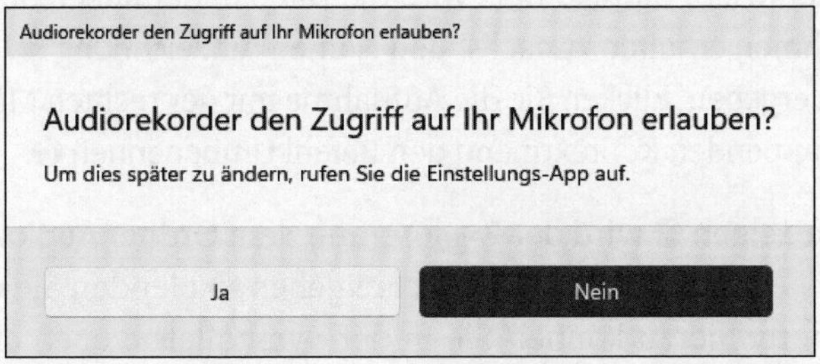

3 Sprechen Sie nun ganz normal den gewünschten Text. Wenn Sie eine kleine Pause einlegen möchten, klicken Sie auf das Symbol ❶. Mit einem erneuten Klick auf das Symbol setzen Sie die Aufnahme fort.

4 Wenn Sie eine bestimmte Stelle bereits während der Aufnahme markieren möchten, klicken Sie auf das Markierensymbol ❷.

5 Mit einem Klick auf das Stoppsymbol ❸ beenden Sie die Aufnahme.

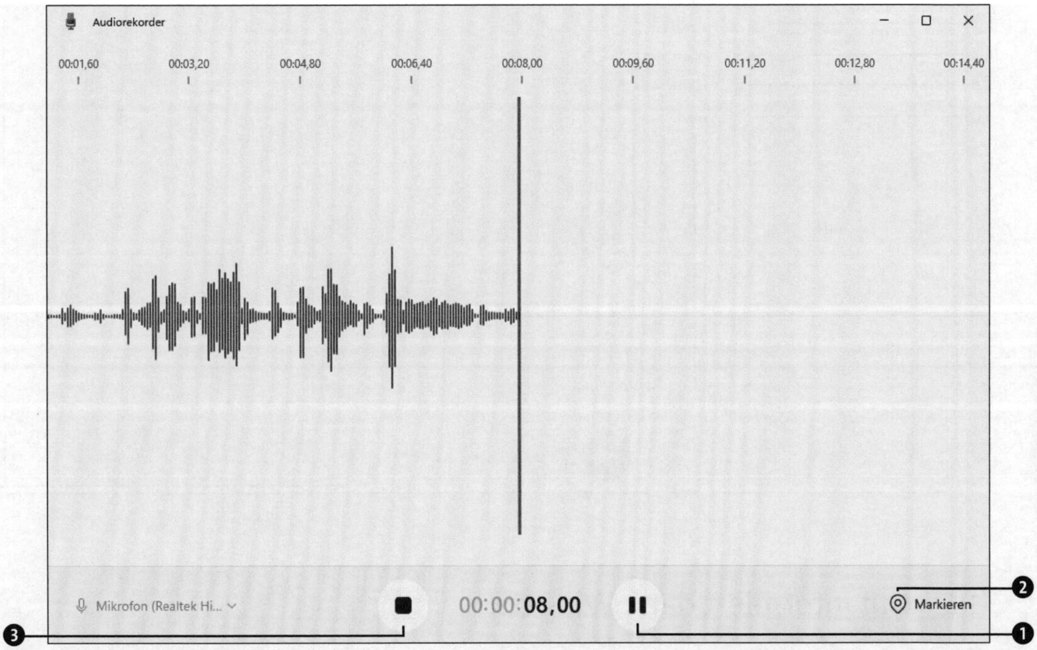

6 Am unteren Rand des Programmfensters erscheint nun das Wiedergabesymbol ❹. Mit einem Klick hierauf hören Sie sich die Aufnahme an.

7 Der Audiorekorder speichert die Aufnahme automatisch im Standardordner **Dokumente**, in dem hierfür – ebenfalls automatisch – der Ordner **Audioaufzeichnungen** angelegt wird. Im Programmfenster des Audiorekorders wird die Datei in der linken Spalte aufgelistet. Alle Sprachaufnahmen erhalten zunächst den Namen **Aufzeichnung** ❺. Um einen neuen Dateinamen zu vergeben, klicken Sie die Aufnahme mit der rechten Maustaste an und wählen im aufklappenden Kontextmenü den Befehl **Umbenennen** ❻.

8 Über den Befehl **Im Ordner anzeigen** ❼ wird der Explorer mit dem Ordner **Audioaufzeichnungen** geöffnet. Mit einem Klick auf den Befehl **Freigeben** ❽ blenden Sie den Dialog **Freigeben** ein. Alternativ hierzu können Sie in der Symbolleiste oben auch auf das Symbol **Teilen** ❾ klicken. Wählen Sie dann im Dialog **1 Element freigeben** z. B. Ihr E-Mail-Programm aus.

9 Sagt Ihnen die Aufnahme gar nicht zu, können Sie sie über den Befehl **Löschen** ❿ auch entfernen.

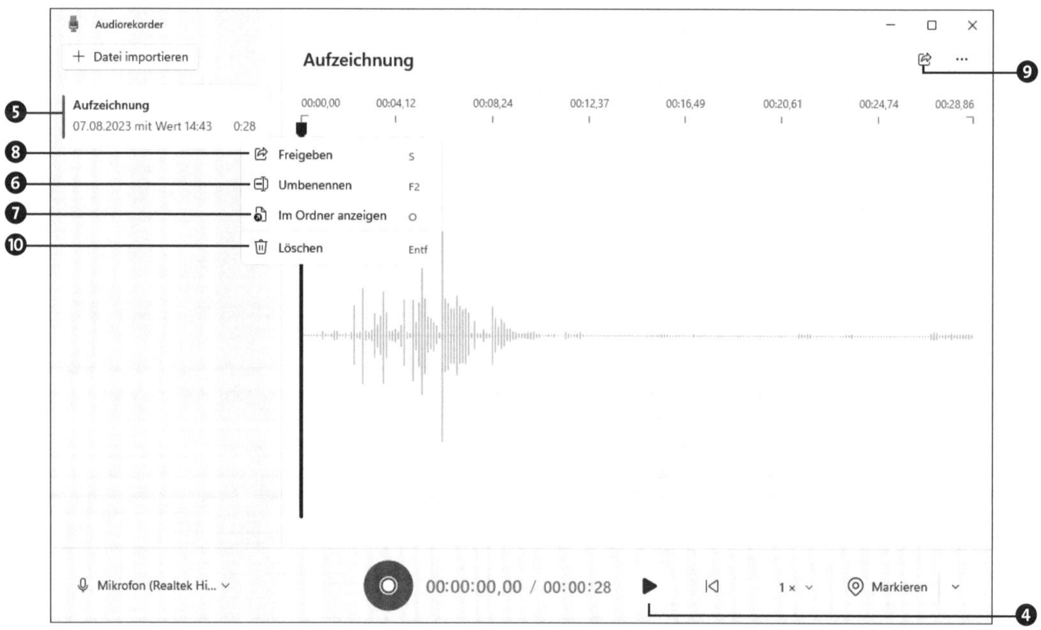

11.6 Gut informiert dank Widgets

Sie wollen wissen, ob es nächstes Wochenende mit dem Ausflug klappt oder ob er im wahrsten Sinne des Wortes ins Wasser fallen wird? Oder möchten Sie nur einen schnellen Blick auf die aktuellen Schlagzeilen werfen? Die neu in Windows 11 hinzugekommenen Widgets liefern Ihnen genau diese Informationen. Ganz so neu sind die Widgets im Grunde genommen gar nicht, denn wer bereits mit Windows Vista oder Windows 7 gearbeitet hat, kann sich eventuell noch an die kleinen Minianwendungen erinnern. Für den Aufruf der Widgets stehen Ihnen mehrere Möglichkeiten zur Verfügung:

- Per Standardeinstellung finden Sie am linken Rand der Taskleiste das Widget-Symbol ❶. Meist zeigt es die aktuelle Wettermeldung, ab und an erscheint hier aber auch eine Börseninformation oder ein Straßenverkehrshinweis. Falls Sie die Symbole der Taskleiste linksbündig angeordnet haben, wird das Symbol rechts vom Symbol **Aktive Anwendungen** eingeblendet. Positionieren Sie den Mauszeiger auf dem Symbol, werden die Widgets am linken Fensterrand eingeblendet. Sollte das Symbol nicht in der Taskleiste angezeigt werden, haben Sie die entsprechende Einstellung wahrscheinlich bereits deaktiviert. Wie Sie das Symbol wieder zurückholen, erfahren Sie in Abschnitt 6.5.2, »Anzuzeigende Elemente der Taskleiste festlegen«, ab Seite 226.

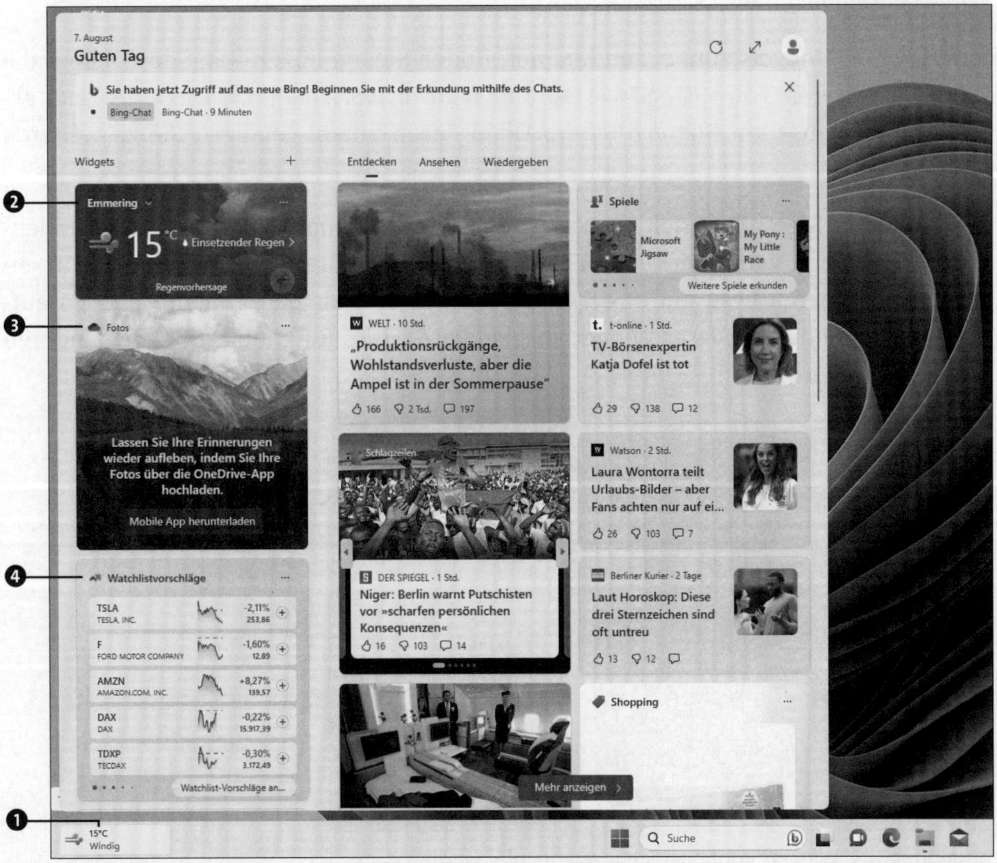

Abbildung 11.8 Die Widgets blenden Sie über das entsprechende Symbol in der Taskleiste ein. Anschließend klappt der Widget-Dialog am linken Fensterrand auf.

- Wer lieber Shortcuts verwendet, drückt die Tastenkombination [Win] + [W] zum Einblenden der Widgets.
- Verfügt Ihr Windows 11-Gerät über einen Touchscreen, wischen Sie einfach vom linken Bildschirmrand Richtung Bildmitte, und schon erscheinen die Widgets.

Wie erwähnt reicht es bereits, den Mauszeiger auf dem Widget-Symbol zu positionieren, und schon wird der Widget-Dialog angezeigt. Um die Widgets wieder auszublenden, müssen Sie den Mauszeiger in diesem Fall nur auf dem Bildschirm nach rechts auf einen Bereich außerhalb des Dialogs setzen. Haben Sie das Widget-Symbol hingegen angeklickt, bleibt der Dialog beim Verschieben des Mauszeigers geöffnet. Um die Widgets wieder auszublenden, ist ein erneuter Klick auf das Widget-Symbol in der Taskleiste nötig. Alternativ hierzu können Sie auch auf eine beliebige andere Stelle des Bildschirms klicken, also beispielsweise auf ein anderes Programmfenster, falls Sie zu diesem wechseln möchten.

Rufen Sie die Widgets zum ersten Mal auf, finden Sie am linken Rand des Dialogs die Widgets **Wetter** ❷, **Fotos (OneDrive)** ❸ und **Watchlistvorschläge** ❹. Letzteres zeigt aktuelle Börsenkurse an. Blättern Sie im Dialog nach unten, gelangen Sie zu weiteren Widgets.

Jedes dieser Widgets lässt sich noch personalisieren oder natürlich auch ganz ausblenden. Falls Sie z. B. kein Interesse am **Fotos (OneDrive)**-Widget haben, klicken Sie in seiner rechten oberen Ecke auf das Symbol mit den drei kleinen Punkten und im aufklappenden Menü auf **Dieses Widget ausblenden** ❺. Dies funktioniert bei den anderen Widgets gleichermaßen.

Abbildung 11.9 Widgets können auch ausgeblendet werden.

Im Menü einiger Widgets wird Ihnen der Befehl **Widget anpassen** angeboten. Wählen Sie diesen Befehl z. B. für das Widget **Wetter** aus, geben anschließend einen Ort an und markieren diesen in der Trefferliste, sehen Sie sofort die Wetteraussichten für die nächsten Tage. Analog lassen sich z. B. auch die Widgets **Watchlistvorschläge** und **Sport** personalisieren. Klicken Sie einen Widget-Titel an, also etwa **Watchlistvorschläge**, öffnet sich der Browser Edge mit einer entsprechenden Webseite des Microsoft-eigenen Webportals MSN.

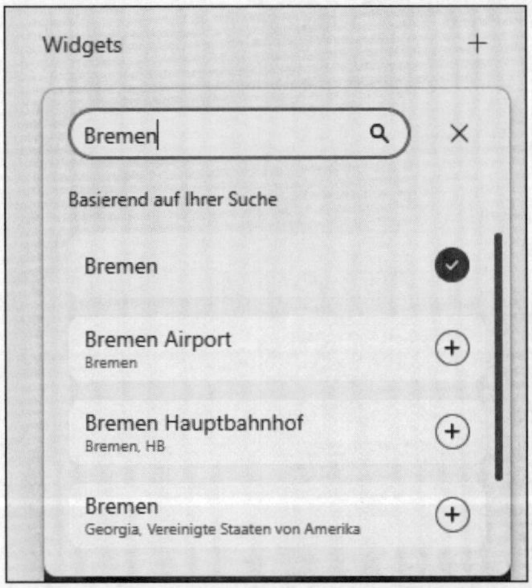

Abbildung 11.10 Sobald Sie einen Ort angegeben haben, hält Sie das Wetter-Widget mit aktuellen Wetterprognosen auf dem Laufenden.

Rechts von den gerade vorgestellten Widgets erhalten Sie einen Überblick über aktuelle Nachrichten. Dieser Bereich ist fester Bestandteil des Widgets-Dialogs, lässt sich also nicht ausblenden. Blättern Sie im Dialog weiter nach unten, gelangen Sie zu weiteren Beiträgen. Sie stammen alle aus den unterschiedlichsten Quellen, etwa aus der *Süddeutschen Zeitung* (kurz *SZ*), der *Welt*, dem *Spiegel*, der *Bunte*, *dpa* und vielen mehr. Interessiert Sie ein Thema, klicken Sie es einfach an. Dann öffnet sich der Browser Edge mit einer MSN-Webseite, auf der Sie nun den ausführlichen Artikel lesen können.

Befindet sich der Mauszeiger auf einem Beitrag, wird an seinem oberen Rand ein Symbol mit drei kleinen Punkten eingeblendet ❻. Nach einem Klick darauf können Sie festlegen, ob Sie dem Nachrichtenportal, das die Meldung veröffentlicht hat, folgen oder es blockieren möchten. Entscheiden Sie sich für das Blockieren, werden Ihnen keine weiteren Nachrichten des Portals angeboten.

Die Artikel, die MSN Ihnen anbietet, stellen eine bunte Mischung aus Promi-News, Wirtschaftsnachrichten, Sportmeldungen und anderen Themen dar. Nach einem Klick auf das Stiftsymbol oben rechts ❼ können Sie die Themenauswahl im dem nun eingeblendeten Dialog **Feedeinstellungen** ganz nach Ihren Wünschen anpassen. Das Symbol erscheint allerdings nur, wenn Sie mit einem Microsoft-Konto bei Windows 11 angemeldet sind.

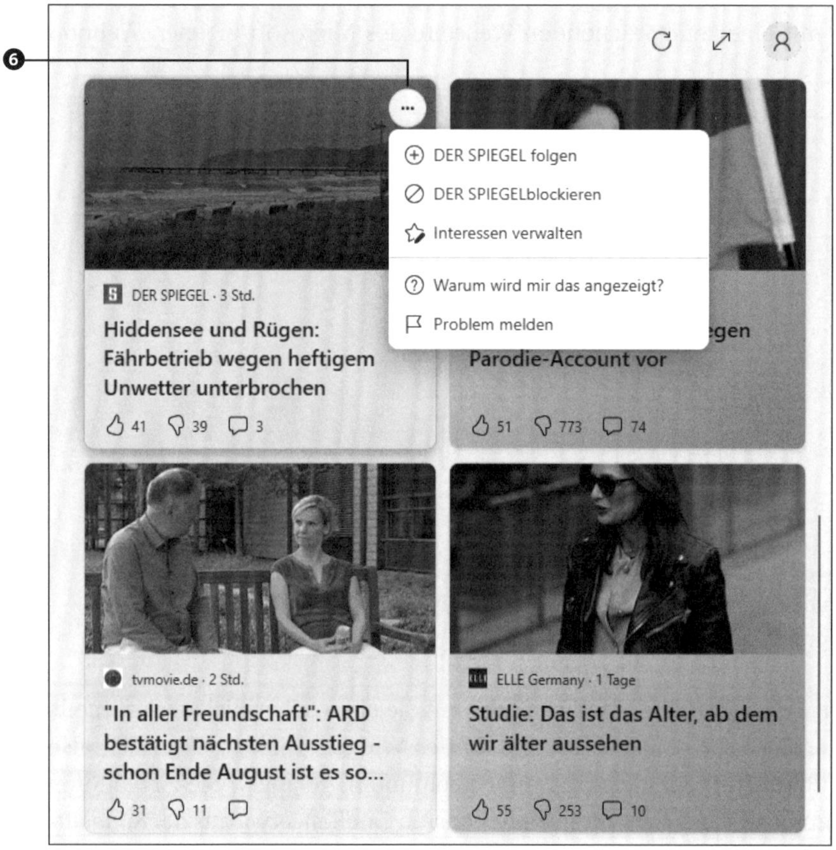

Abbildung 11.11 Es liegt ganz in Ihrer Hand, ob Sie von einem Nachrichtenportal mehr Informationen oder gar keine mehr erhalten.

Der Dialog **Feedeinstellungen** zeigt zunächst Kategorien wie **Politik**, **Panorama** oder auch **Stars** an, die Sie per Mausklick auswählen können. Klicken Sie auf **Mehr anzeigen** ❽, startet der Browser mit der MSN-Website. Auch hier reicht ein Klick auf eine Kategorie ❾, und schon erhalten Sie über die Widgets entsprechende Artikel angezeigt. Falls Sie einen Themenbereich weiter eingrenzen möchten, markieren Sie links die gewünschte Rubrik ❿ und markieren dann rechts das gewünschte Thema. So lässt sich der Themenbereich **Sport** z. B. auf Nachrichten rund um die *Bundesliga* eingrenzen und die Rubrik **Lifestyle** auf *Kochen & Rezepte*.

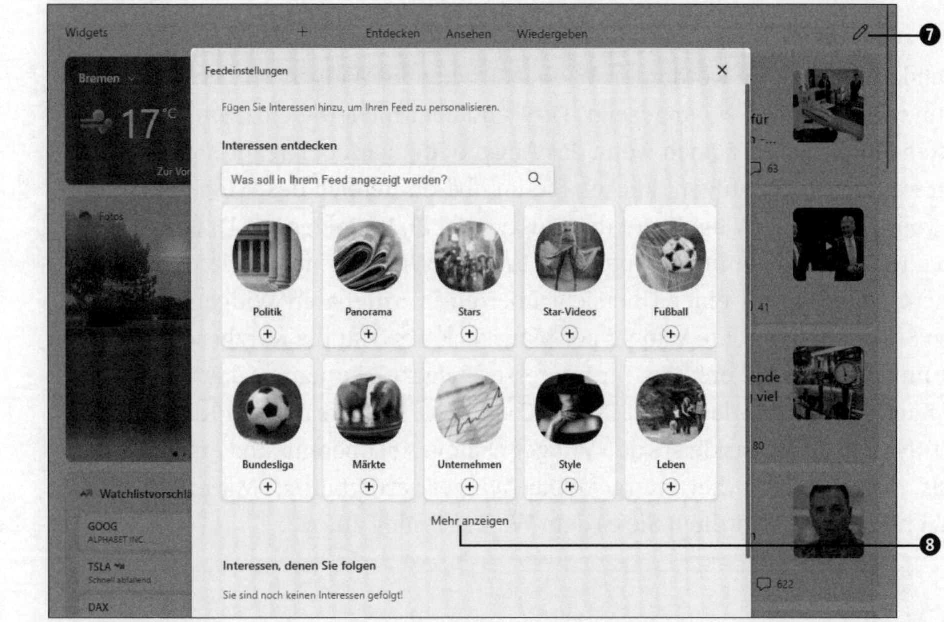

Abbildung 11.12 Nach einem Klick auf »Mehr anzeigen« können Sie noch detaillierter die Themenauswahl bestimmen, die Ihnen in den Widgets angeboten werden.

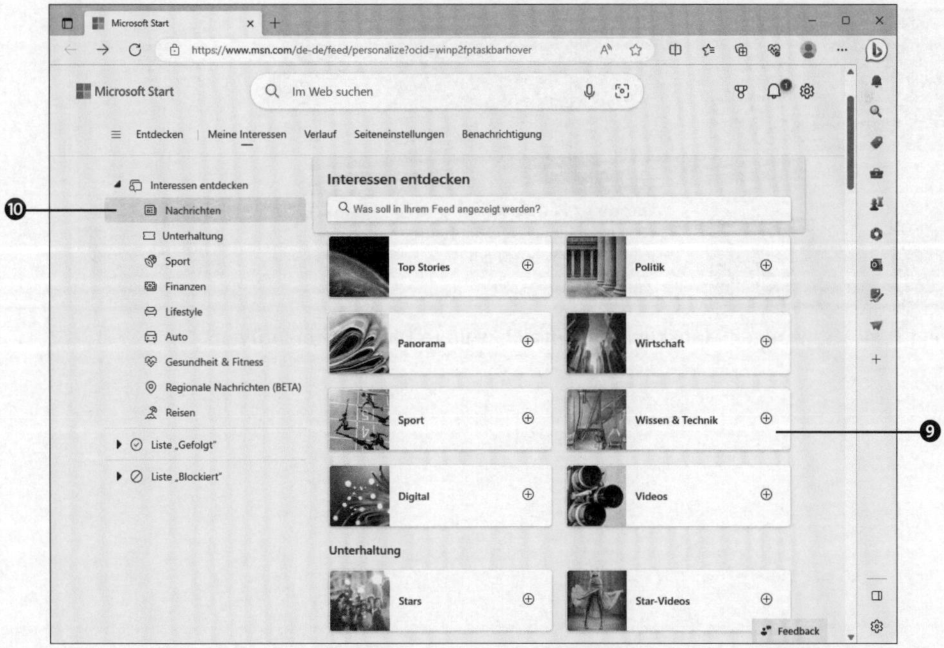

Abbildung 11.13 Über die MSN-Webseite wählen Sie die Themen aus, die Sie interessieren.

TIPP

Widgets hinzufügen

Per Standardeinstellung werden im Widgets-Dialog die Widgets *Wetter*, *Watchlist*, *Sport* und *Fotos (OneDrive)* angezeigt. Dies sind aber nicht die einzigen zur Verfügung stehenden Widgets, auch wenn das Angebot derzeit noch recht übersichtlich ist. Um weitere hinzuzufügen, klicken Sie im oberen Bereich des Widgets-Dialogs rechts vom Schriftzug **Widgets** auf das Plussymbol ⓫. Im folgenden Dialog klicken Sie am unteren Rand der linken Spalte auf **Weitere Widgets finden**. Hierdurch wird der Microsoft Store mit einer Übersicht über alle verfügbaren Widgets geöffnet. Wählen Sie das gewünschte Widget per Mausklick aus. Hat die Kurzbeschreibung, die Sie nun zu sehen bekommen, Ihr Interesse geweckt, können Sie das Widget mit einem Klick auf **Herunterladen** auf Ihren PC laden. Öffnen Sie nun per Klick auf das Widget-Symbol in der Taskleiste den Widget-Dialog. Am oberen Rand erscheint der Hinweis, dass das zuvor heruntergeladene Widget verfügbar ist. Mit einem Klick auf **Jetzt hinzufügen** ⓬ ordnen Sie es dem Widget-Dialog zu.

Abbildung 11.14 Mit wenigen Mausklicks lassen sich weitere Widgets hinzufügen.

12 Gute Unterhaltung – Fotos, Videos, Musik und Spiele

Während Sie die Fotos und Videos der letzten Urlaubsreise am Computer aufbereiten, können Sie gemütlich Musik hören oder sich auch zwischendurch mit einem Computerspiel ablenken. Für all diese Dinge, die Ihrer Unterhaltung dienen, hat Windows 11 bereits einige Apps im Gepäck.

12.1 Fotos verwalten und bearbeiten mit der Windows-Fotoanzeige-App

Sie haben mit der Digitalkamera oder mit dem Smartphone fotografiert und möchten die Aufnahmen nun auf den Computer übertragen? Mit der in Windows 11 integrierten App *Windows-Fotoanzeige* lassen sich sowohl Bilder als auch Videos bequem importieren. Die App ist der Nachfolger der *Fotos*-App, die in den Anfängen von Windows 11 noch verfügbar war. Windows 11 sieht die Windows-Fotoanzeige-App als Standardprogramm zum Betrachten Ihrer Fotosammlung vor. Wer hierbei den einen oder anderen kleinen Schönheitsfehler in einem Bild entdeckt, kann diesem mit den Korrekturfunktionen der App sofort zu Leibe rücken. Wie all dies funktioniert, zeige ich Ihnen auf den folgenden Seiten.

12.1.1 Fotos importieren mit der Windows-Fotoanzeige-App

Mit der Digitalkamera oder dem Smartphone lassen sich schnell Fotos und Videos aufnehmen und auch betrachten. Doch spätestens dann, wenn die Speicherkarten dieser Geräte voll sind, ist der Moment gekommen, in dem die Aufnahmen, die Sie behalten möchten, auf den Computer überspielt werden sollten. Ist dies geschehen, können die Dateien auf den Speicherkarten beruhigt gelöscht werden, und schon steht wieder Platz für neue Aufnahmen zur Verfügung.

Bevor die Bilder und Videos übertragen werden können, müssen die Geräte, also Kamera oder Smartphone, mit dem Computer verbunden werden. Meist geschieht dies per USB-Kabel. Bei Digitalkameras ist es häufig noch nötig, nach dem Einschalten des Geräts den Wiedergabemodus zu aktivieren. Im Fall eines Smartphones werden Sie auf dem mobilen Gerät gegebenenfalls aufgefordert, die Datenübertragung auf den Computer zu gestatten.

Als Alternative zur Verbindung per USB-Kabel bietet sich auch der Einsatz eines Kartenlesegeräts an, in das Sie die Speicherkarte der Kamera stecken. Viele Computer verfügen zwar bereits über entsprechende Lesegeräte, doch gilt dies für Ihren PC nicht, können Sie für unter 10 € ein externes Kartenlesegerät erwerben, das wiederum per USB-Kabel an den Computer angeschlossen wird.

Schließen Sie das Gerät (Kamera, Smartphone oder auch das Kartenlesegerät) zum ersten Mal an Ihren Computer an, beginnt Windows 11 sofort, die nötigen Treiber zu installieren. Sobald dies erledigt ist, kann der eigentliche Import der Aufnahmen beginnen:

1 Wurden die Treiber erfolgreich installiert, erscheint in der rechten unteren Bildschirmecke ein kleiner Hinweis mit dem Namen des angeschlossenen Geräts. Klicken Sie auf **Wählen Sie eine Aktion für dieses Gerät aus** ❶.

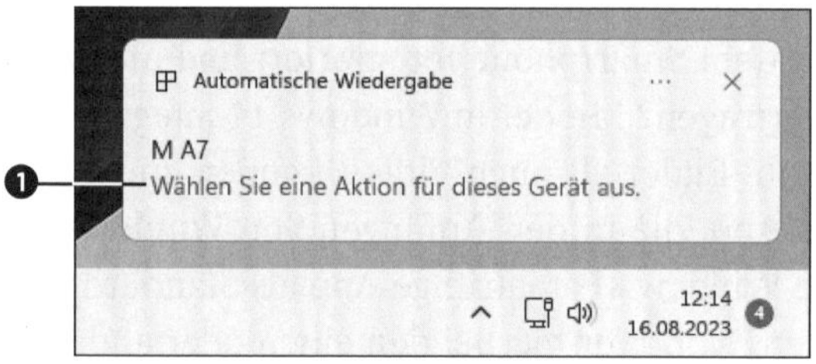

2 Im nächsten Dialog stellt Ihnen Windows 11 verschiedene Aktionen für das Gerät zur Auswahl. Markieren Sie **Fotos und Videos importieren – Windows-Fotoanzeige** ❷.

Nun wird automatisch die Windows-Fotoanzeige-App geöffnet. Die App beginnt sofort, das Gerät nach Bildern und Videos zu durchsuchen. Diese werden anschließend im Dialog **Gewünschte Elemente für den Import auswählen** aufgelistet, und zwar nach Aufnahmemonat sortiert.

3 In der Miniaturvorschau eines jeden Fotos oder Videos sehen Sie oben rechts ein Kästchen. Markieren Sie nun die Aufnahmen, die Sie auf den Computer übertragen möchten, indem Sie jeweils in dieses Kästchen klicken ❸. Die Miniaturvorschau ist nun mit einem Häkchen versehen. Wenn Sie alle neu aufgenommenen Bilder übertragen möchten, aktivieren Sie einfach das Kontrollkästchen **Neu auswählen** ❹. Mit **Alle Auswählen** werden alle Elemente für die Übertragung markiert. Blättern Sie mithilfe der Bildlaufleiste ❺ im Dialog, und prüfen Sie, ob tatsächlich alle zu importierenden Aufnahmen entsprechend markiert sind. Soll ein einzelnes Element nicht übertragen werden, entfernen Sie das Häkchen per Mausklick.

4 Haben Sie alle gewünschten Fotos oder auch Videos markiert, klicken Sie auf ... **Elemente hinzufügen** ❻.

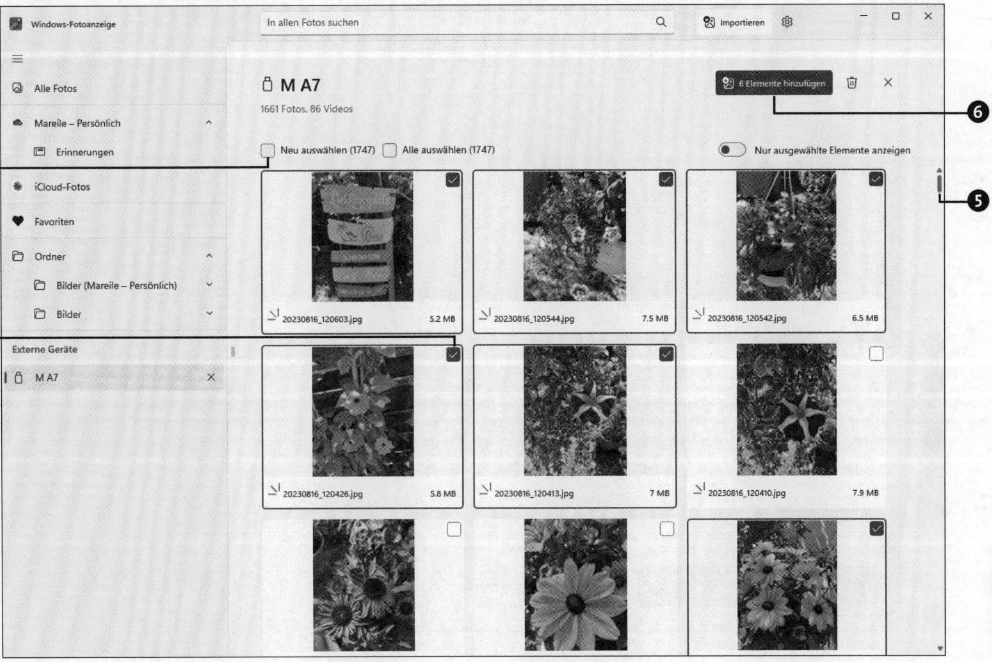

5 Im folgenden Dialog legen Sie den Ordner fest, in dem die importierten Elemente gespeichert werden sollen. Sind Sie mit einem Microsoft-Konto bei Windows 11 angemeldet, wählt die Windows-Fotoanzeige-App hierfür automatisch den Ordner

Bilder in der Cloud *OneDrive* ❼. Ziehen Sie den Ordner **Bilder** auf der Festplatte Ihres Computers vor, markieren Sie diesen ❽. Per Klick auf den Pfeil links von einem Ordnernamen blenden Sie die Unterordner ein.

6 Wenn Sie für die übertragenen Fotos und Videos ein neues Verzeichnis anlegen möchten, klicken Sie auf **Ordner erstellen** ❾. Vergeben Sie für diesen anschließend einen aussagekräftigen Namen ❿, und bestätigen Sie die Eingabe mit einem Klick auf **Erstellen**.

7 Ist der gewünschte Ordner markiert (gut erkennbar an den Balken links vom Ordnernamen) ⓫, klicken Sie auf **Importieren** ⓬. Jetzt werden die Fotos und Videos von der Digitalkamera oder dem Smartphone auf den Computer übertragen. Je nach Anzahl und Größe der Daten kann der Import einen Moment dauern.

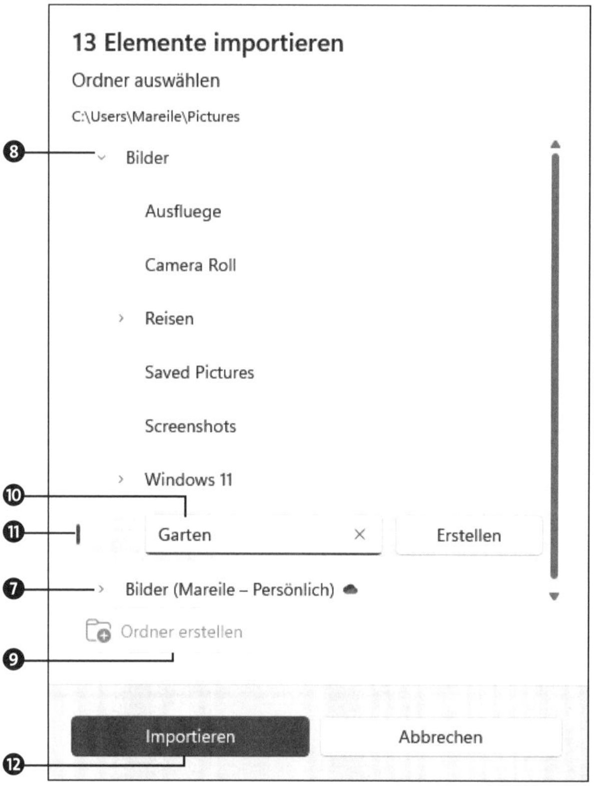

Nach erfolgreichem Import der Fotos und Videos können Sie die Verbindung zwischen der Digitalkamera, dem Smartphone oder Kartenlesegerät und dem Computer trennen. Die Windows-Fotoanzeige-App zeigt anschließend eine Übersicht über alle Fotos.

12.1.2 Bilder betrachten mit der Windows-Fotoanzeige-App

Windows 11 sieht die Windows-Fotoanzeige-App als Standardprogramm zum Betrachten und Bearbeiten von Bildern vor. Wenn Sie also z. B. im Explorer auf eine Bilddatei doppelklicken, wird damit automatisch die Windows-Fotoanzeige-App geöffnet. In Abschnitt 9.5, »Standardprogramme festlegen«, ab Seite 396 erfahren Sie, wie Sie selbst das Standardprogramm für einen bestimmten Dateityp auswählen.

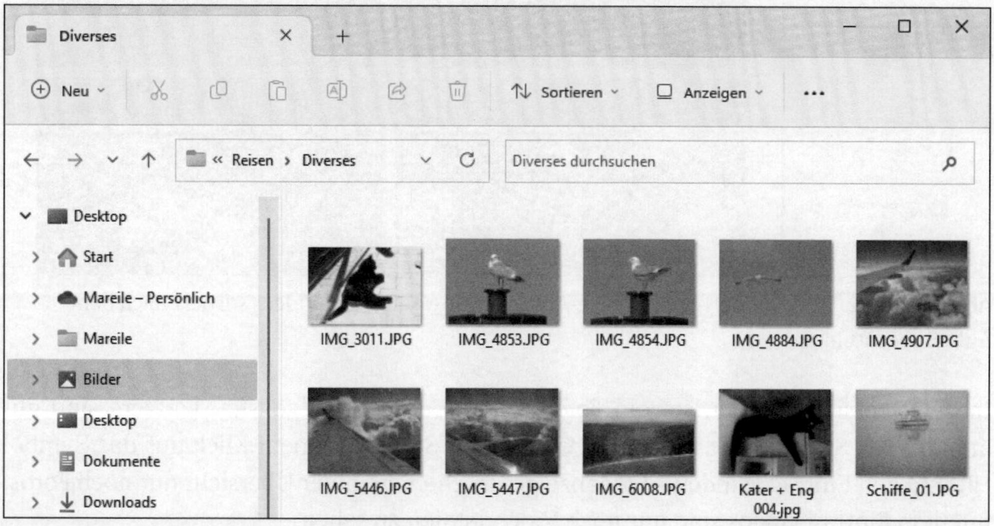

Abbildung 12.1 Doppelklicken Sie im Explorer auf eine Bilddatei, wird automatisch die Windows-Fotoanzeige-App gestartet.

Die Windows-Fotoanzeige-App lässt sich natürlich auch über den entsprechenden Eintrag im Startmenü aufrufen. Nach dem Start der Windows-Fotoanzeige-App sehen Sie eine Übersicht über Ihre Fotosammlung. In der linken Spalte des Anwendungsfensters ist entsprechend **Alle Fotos** ❶ markiert. Die Bilder werden zunächst sortiert nach dem Aufnahmedatum angezeigt. Durch Drehen des Scrollrades der Computermaus blättern Sie in der Sammlung. Alternativ ziehen Sie die Zeitleiste rechts mit gedrückter linker Maustaste nach unten ❷.

Falls Sie die Fotos und Videos lieber nach dem Erstellungs- oder auch Änderungsdatum sortieren möchten, klicken Sie in der Symbolleiste oben rechts auf das Symbol **Sortieren** ❸. Wählen Sie in der aufklappenden Liste das gewünschte Kriterium aus und legen Sie fest, ob die Daten auf- oder absteigend sortiert werden sollen. Auch die Darstellung der Fotos lässt sich anpassen. Klicken Sie hierzu auf das Symbol **Katalogtypen und -größen** ❹, und markieren Sie dann in der aufklappenden Liste die gewünschte Größe der Miniaturansichten.

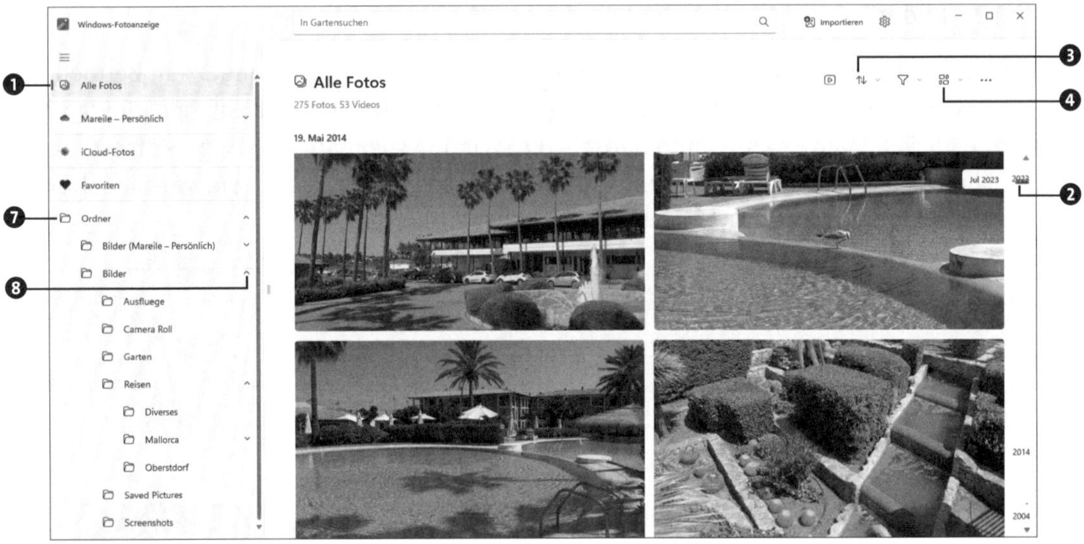

Abbildung 12.2 Die Windows-Fotoanzeige-App zeigt Ihre Fotos und Videos sortiert nach dem Aufnahmedatum an.

In der Übersicht werden sowohl Fotos als auch Videos aufgelistet. Letztere sind gut anhand des Symbols erkennbar ❺. Wählen Sie nach einem Klick auf das Symbol **Filter** ❻ den Eintrag **Windows-Fotoanzeige**, erscheinen in der Übersicht nur noch Fotos, mit dem Eintrag **Videos** sind nur noch Videodateien zu sehen.

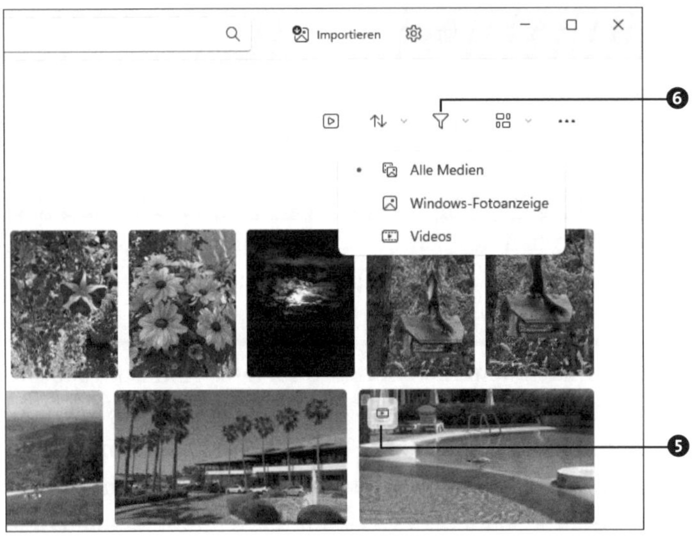

Abbildung 12.3 Per Standardeinstellung werden in der Übersicht sowohl Fotos als auch Videos aufgeführt.

TIPP

Darstellung als Ordner
Nach dem Start der Windows-Fotoanzeige-App werden automatisch alle im Standardordner **Bilder** abgelegten Fotos und Videos angezeigt, wie in Abbildung 12.3 zu sehen ist. Die hier von Windows 11 automatisch vorgenommene Gruppierung nach Aufnahmedatum hat nichts mit der eigentlichen Speicherung der Dateien in den Unterordnern des **Bilder**-Ordners im Explorer zu tun. Wenn Sie die Ansicht in der vom Explorer gewohnten Ordnerstruktur vorziehen, klicken Sie in der linken Spalte auf **Ordner** ❼. Über die Pfeiltasten rechts vom einem Ordnernamen können Sie weitere Unterordner einblenden ❽. Der links markierte Ordner wird rechts im Inhaltsbereich des Anwendungsfensters aufgeführt. Mit einem Klick auf einen Ordner zeigen Sie seinen Inhalt an.

Per Standardeinstellung wird die Windows-Fotoanzeige-App mit einem dunklen Hintergrund angezeigt. Mögen Sie es lieber etwas heller, rufen Sie mit einem Klick auf das Zahnradsymbol ❶ in der rechten oberen Fensterecke die **Einstellungen** auf.

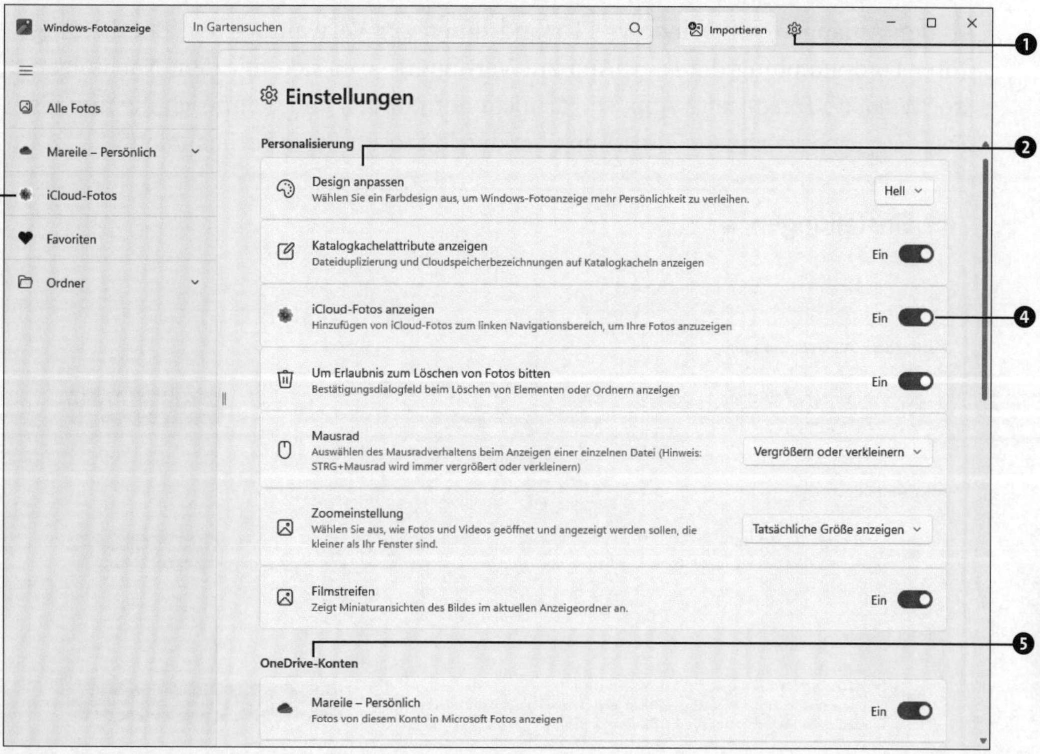

Abbildung 12.4 Über die Einstellungen lässt sich die Windows-Fotoanzeige-App individuell konfigurieren.

Im Feld rechts von **Design anpassen** ❷ stehen Ihnen die beiden Modi **Hell** und **Dunkel** zur Auswahl. Mit der Option **Windows-Standard** übernimmt die Windows-Fotoanzeige-App den für das gesamte System ausgewählten Modus. Nähere Hinweise hierzu erhalten Sie in Abschnitt 6.3, »Das Aussehen des Desktops anpassen«, ab Seite 193.

Da die Einstellungen bereits geöffnet sind, können Sie gleich ein paar weitere Konfigurationen prüfen. Nutzen Sie beispielsweise nicht Apples Onlinespeicher *iCloud*, muss der entsprechende Eintrag auch nicht links im Navigationsbereich der Windows-Fotoanzeige-App aufgeführt werden ❸. Der Regler **iCloud-Fotos anzeigen** ❹ kann somit auf **Aus** gesetzt werden. Gleiches lässt sich auch für die Microsoft eigene Cloud **OneDrive** festlegen. Um zum gewünschten Regler zu gelangen, müssen Sie gegebenenfalls etwas nach unten bis zum Bereich **OneDrive-Konten** ❺ blättern.

Falls Sie keine weiteren Änderungen an den Einstellungen vornehmen möchten, kehren Sie mit einem Klick auf **Alle Fotos** zur Übersicht zurück.

TIPP

Die »alte« Fotos-App zurückholen

In den Anfängen von Windows 11 stand Ihnen zur Verwaltung und Bearbeitung Ihrer Fotosammlung die *Fotos*-App zur Verfügung. Wer sich mit dem Nachfolger, der *Windows-Fotoanzeige*-App, so gar nicht anfreunden will, kann sich die nun als *Fotos Legacy* bezeichnete Fotos-App über den Microsoft Store zurückholen.

Abbildung 12.5 Die »Einstellungen« bieten die Möglichkeit, die mit der Fotos-App erstellten Alben der Windows-Fotoanzeige hinzuzufügen.

In den Einstellungen der Windows-Fotoanzeige-App finden Sie hierfür gleich den passenden Link **Legacyversion von »Fotos« abrufen**, der Sie direkt zur passenden Seite im Microsoft Store führt. Von dort müssen Sie die App nur noch mit einem Klick auf **Herunterladen** auf Ihrem Computer installieren. Falls Sie in der Fotos-App Alben angelegt hatten, lassen sich diese über die Schaltfläche **Alben hinzufügen** bequem in die Windows-Fotoanzeige-App zurückholen. Sie erreichen sie dort anschließend über den Ordner *Bilder\Legacyalben*.

In der Übersicht lässt sich ein Bild nur schwer beurteilen. Um ein Foto bzw. Video in voller Schönheit bewundern zu können, klicken Sie einfach auf die entsprechende Miniaturvorschau. Es wird nun in einem eigenen Fenster angezeigt. Möchten Sie das Foto im sogenannten *Vollbildmodus* genießen, also über den gesamten Bildschirm hinweg, reicht ein Klick auf das Symbol ❶. Ein Klick auf das Symbol [↙↗] oben rechts oder Drücken der Taste [Esc] beendet den Vollbildmodus wieder. Das Symbol wird allerdings erst eingeblendet, wenn Sie den Mauszeiger in die obere rechte Fensterecke verschieben. Auf einem Touchscreen tippen Sie einmal auf den Bildschirm. Über die beiden Pfeiltasten ❷ am rechten bzw. linken Rand des Programmfensters blättern Sie in Ihrer Sammlung von Aufnahme zu Aufnahme. Auch hier werden die Pfeile erst eingeblendet, wenn Sie den Mauszeiger an den jeweiligen Bildschirmrand bewegen.

Abbildung 12.6 In der Einzelbildansicht zeigt sich ein Foto in voller Schönheit.

Am unteren Fensterrand wird eine Leiste mit Miniaturvorschauen der weiteren Bilder innerhalb des ausgewählten Ordners angezeigt ❸. Um in der Leiste zu blättern, positionieren Sie den Mauszeiger darauf und drehen dann das Scrollrad der Computermaus nach oben bzw. unten. Um eines der Bilder als Einzelbild anzuzeigen, klicken Sie auf den unteren Rand der Miniaturvorschau. Falls Sie das Bild mit dem bereits angezeigten direkt vergleichen möchten, bewegen Sie den Mauszeiger auf die Miniaturvorschau und versehen das nun sichtbare Häkchen in der oberen rechten Ecke mit einem Häkchen. Nun werden beide Bilder nebeneinander angezeigt. Durch Entfernen eines Häkchens blenden Sie ein Bild wieder aus.

Handelt es sich bei dem ausgewählten Element nicht um ein Foto, sondern um ein Video, wird dieses nach dem Öffnen sofort abgespielt. Unterhalb des Videos wird dabei eine Symbolleiste eingeblendet. Über das Pausesymbol ❹ stoppen Sie die Wiedergabe. Zum Vor- und Zurückspulen ziehen Sie das kleine Kreissymbol ❺ auf der Suchleiste unterhalb des Videos mit gedrückter linker Maustaste in die gewünschte Richtung.

Abbildung 12.7 Mit der Windows-Fotoanzeige-App können Sie auch selbst aufgenommene Videos betrachten.

Entdecken Sie beim Durchstöbern der Sammlung eine Aufnahme, die Ihnen gar nicht gefällt, können Sie sie mit einem Klick auf das Löschensymbol ❻ und nach Bestätigung der folgenden Frage **Diese Datei löschen?** gleich in den Papierkorb befördern. Wie sich versehentlich gelöschte Elemente wiederherstellen lassen, lesen Sie in Abschnitt 8.8, »Gelöschte Daten über den Papierkorb wiederherstellen«, ab Seite 335. Wiederhergestellte Bilder werden allerdings erst beim nächsten Start der Windows-Fotoanzeige-App wieder angezeigt. Mit einem Klick auf das Schließensymbol in der rechten oberen Ecke schließen Sie das Fenster der Einzelbildansicht. Nun ist nur noch das Programmfenster der Windows-Fotoanzeige-App geöffnet. Hier müssen Sie gegebenenfalls das Häkchen in der Miniaturvorschau entfernen, über die Sie die Einzelbildansicht gestartet haben.

Anstatt sich selbst von Bild zu Bild in der Sammlung zu hangeln, können Sie sich auch gemütlich zurücklehnen und eine Diashow ansehen. Um sie zu starten, klicken Sie in der Symbolleiste oben rechts auf das Symbol **Diashow** ▣. Anschließend werden die Fotos der Reihe nach eingeblendet. Durch Drücken der [Esc]-Taste oder einen Mausklick lässt sich die Diashow jederzeit abbrechen.

TIPP

Videos bearbeiten mit der Windows-Fotoanzeige-App

Die Windows-Fotoanzeige-App bietet die Möglichkeit, ein Video zu schneiden. Hierzu tippen Sie in der Symbolleiste am oberen Rand des Videos auf das Symbol **Videokürzung** ▣ ❼. Unterhalb des Videos werden nun rechts und links zwei blaue Marker eingeblendet. Durch Verschieben dieser Marker können Sie den Anfang und das Ende des Videos festlegen. Klicken Sie dann oben rechts auf **Als Kopie speichern** ❽, wählen Sie das gewünschte Verzeichnis aus und vergeben Sie einen aussagekräftigen Dateinamen, den Sie mit **Speichern** bestätigen. Es wird nun nur der Bereich zwischen diesen beiden Punkten in einer neuen Videodatei gespeichert.

Abbildung 12.8 Durch Verschieben der beiden Marker lässt sich ein Video schneiden.

Gefällt Ihnen eine Momentaufnahme während des Films besonders gut, können Sie diese als einzelnes Bild, als sogenannten *Frame*, speichern. Pausieren Sie hierzu die Videowiedergabe an der Stelle, an der das gewünschte Bild zu sehen ist. Klicken Sie dann auf das Symbol mit den drei kleinen Punkten, und wählen Sie den Befehl **Speichern eines Frames**. Im Dialog **Speichern unter** wechseln Sie gegebenenfalls in das gewünschte Verzeichnis, geben einen Dateinamen ein und bestätigen mit **Speichern**. Weitaus mehr Funktionen zur Bearbeitung von Videos bietet übrigens die App *Microsoft Clipchamp*, die ich Ihnen in Abschnitt 12.3, »Der Videoeditor Clipchamp von Windows 11«, ab Seite 494 vorstelle.

12.1.3 Kleine Schönheitsfehler ausbessern

Auch den besten Fotograf*innen misslingt einmal eine Aufnahme. Manchmal passt der Bildausschnitt nicht, ein anderes Mal sorgt ein Wolkenhimmel für blasse Farben. Die Werkzeuge, die die Windows-Fotoanzeige-App zur Bearbeitung Ihrer Bilder mit an Bord hat, sind zwar nicht sehr spektakulär, für die Korrektur kleinerer Schönheitsfehler reichen sie aber allemal:

1. Um ein Foto zu bearbeiten, wählen Sie es in der Übersicht **Alle Fotos** zunächst per Mausklick aus. Klicken Sie in der Symbolleiste auf das Symbol **Bild bearbeiten** ❶.

2. Die Windows-Fotoanzeige-App bietet Ihnen nun einige Funktionen zum Verbessern und Anpassen des Bildes an. Sagt Ihnen der Bildausschnitt nicht zu, stellen Sie sicher, dass oberhalb des Bildes das Symbol **Zuschneiden** ❷ aktiviert ist.

3. Vor dem eigentlichen Zuschneiden oder auch Drehen des Bildes klicken Sie in der Mitte des unteren Bildschirmrandes auf das Symbol **Seitenverhältnis** ❸. In der aufklappenden Liste markieren Sie das gewünschte Seitenverhältnis des zugeschnittenen Bildes. Soll das Seitenverhältnis des Originalbildes beibehalten werden, wählen Sie z. B. **Original**.

4. Über die vier Markierungseckpunkte ❹, die Sie rund um das Foto sehen, legen Sie den Bildausschnitt fest, der übernommen werden soll. Hierzu ziehen Sie die Punkte einfach mit gedrückter linker Maustaste in die gewünschte Richtung. Dadurch wird der Rahmen rund um das Bild verändert. Positionieren Sie den Mauszeiger auf dem

Foto selbst ❺, können Sie den gesamten Bildausschnitt mit gedrückter linker Maustaste verschieben.

5 Gerade bei Landschaftsaufnahmen verrutscht schnell einmal der Horizont. Um ihn geradezurücken, positionieren Sie den Mauszeiger auf dem Schieberegler **Ausrichten** ❻. Ziehen Sie den kleinen Balken mit gedrückter linker Maustaste in die gewünschte Richtung, wird der Bildausschnitt hierdurch gedreht. Während des Drehens wird ein Raster über dem Foto eingeblendet, das bei der perfekten Ausrichtung hilft.

6 Möchten Sie das Foto um exakt 90 Grad im bzw. gegen den Uhrzeigersinn drehen, klicken Sie links unterhalb des Fotos auf das gewünschte **Drehen**-Symbol ❼. Mithilfe der beiden Symbole **Spiegeln** ❽ spiegeln Sie das Bild um die vertikale bzw. horizontale Achse.

7 Wenn Sie mit den vorgenommenen Korrekturen doch nicht zufrieden sind, können Sie sie mit einem Klick auf **Zurücksetzen** ❾ rückgängig machen. Mit **Als Kopie speichern** ❿ werden die Korrekturen in einer neuen Datei gespeichert. Den Dateinamen und das Verzeichnis legen Sie im Dialog **Speichern unter** fest. Wenn Sie das Originalbild nicht mehr benötigen, klicken Sie auf den Pfeil rechts von **Als Kopie speichern** ⓫ und wählen **Speichern**.

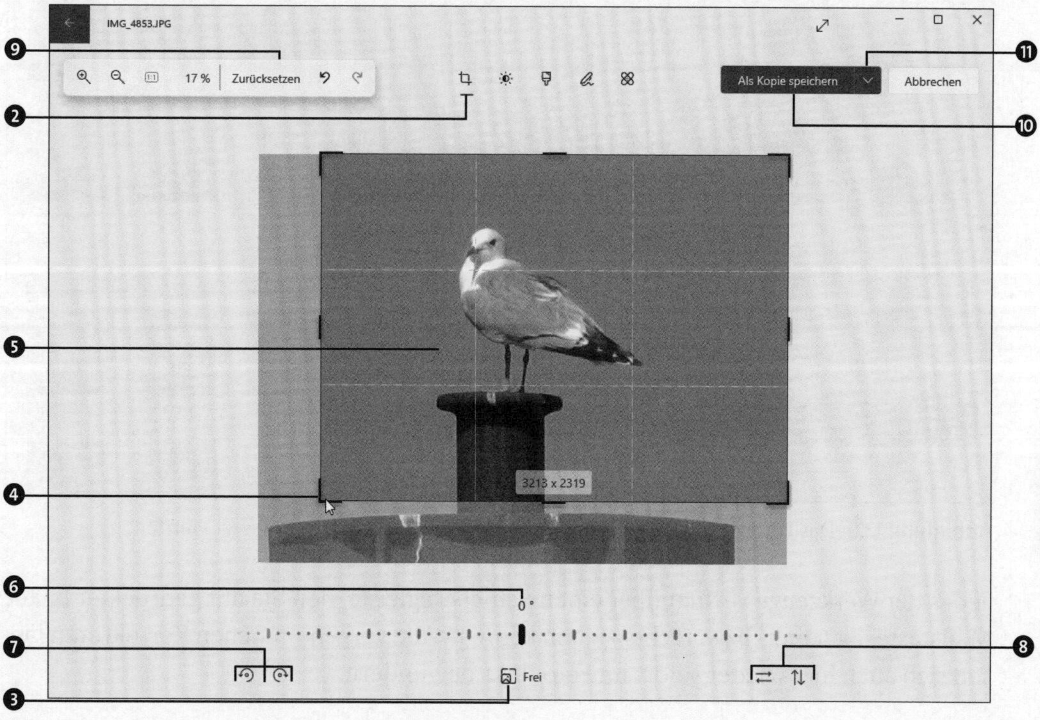

Neben der Möglichkeit, ein Foto zuzuschneiden oder zu drehen, bietet die Windows-Fotoanzeige-App noch weitere Korrekturwerkzeuge an. Wählen Sie oberhalb des Fotos das Symbol **Filter** ❶ aus, werden rechts vom Foto einige Farbeffektfilter eingeblendet, die Sie per Mausklick auf Ihr Foto anwenden können. Sie können die Wahl auch der Windows-Fotoanzeige-App überlassen, indem Sie auf **Automatisch verbessern** ❷ klicken. In allen Fällen erscheint der Schieberegler **Intensität** ❸, mit dem Sie den Grad der Filterwirkung beeinflussen können. Gefällt Ihnen keiner der Effekte, kehren Sie mit einem Klick auf **Original** ❹ zum ursprünglichen Aussehen des Fotos zurück.

Wenn Sie selbst Hand an das Foto legen und die Farben anpassen wollen, markieren Sie oberhalb des Fotos das Symbol **Anpassungen** ❺. Rechts vom Bild werden nun die Werkzeuge **Helligkeit**, **Belichtung**, **Kontrast**, **Highlights**, **Schatten**, **Vignette**, **Sättigung**, **Wärme** und **Farbton** angezeigt.

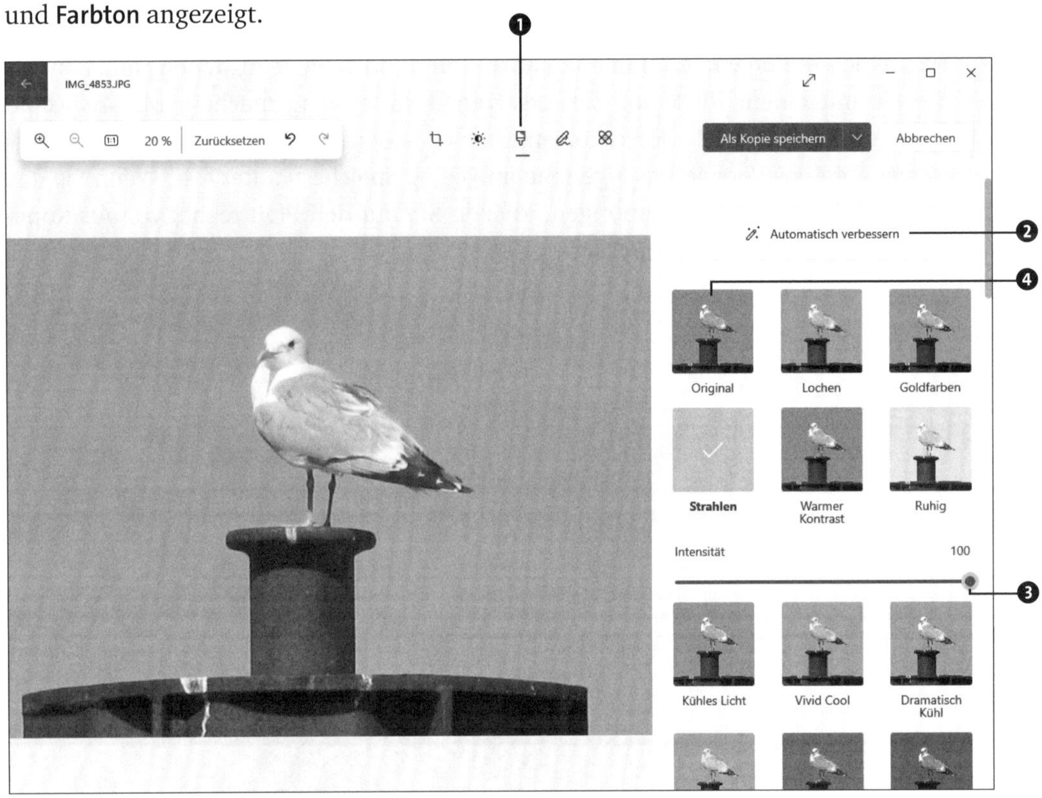

Abbildung 12.9 Das Foto kann jederzeit in den Originalzustand zurückversetzt werden.

Jedes der Werkzeuge verfügt über einen Schieberegler ❻, den Sie mit gedrückter linker Maustaste nach links bzw. rechts ziehen können. Alle vorgenommenen Korrekturen lassen sich auch hier wieder sofort im Foto links bewundern.

Abbildung 12.10 Das Foto lässt sich auch manuell anpassen.

Die Windows-Fotoanzeige-App bietet ein weiteres interessantes Werkzeug, das Sie per Klick auf das Symbol **Retuschieren** ❶ in der Symbolleiste aufrufen. In der rechten Fensterhälfte erscheint nun der Schieberegler **Fleckenkorrektur**. Wie der Name bereits vermuten lässt, hilft er bei der Entfernung von Flecken, ebenso aber auch beim Retuschieren von roten Augen. Während Flecken häufig durch Staubkörnchen auf dem Objektiv verursacht werden, entstehen rote Augen vor allem bei Blitzlichtaufnahmen.

1. Falls nötig, vergrößern Sie den Bildausschnitt über das Plussymbol ❷ oberhalb des Fotos. Mit gedrückter linker Maustaste lässt sich der Bildausschnitt verschieben.

2 Stellen Sie über den Schieberegler die Größe des zu korrigierenden Bildbereichs ein ❸. Sie können dies überprüfen, indem Sie den Mauszeiger auf das Foto bewegen. Ein gestrichelter Kreis zeigt die aktuelle Größe an.

3 Ist die Größe korrekt, positionieren Sie den Mauszeiger auf der Stelle im Bild, die korrigiert werden soll, also etwa auf einem Fleck oder einem roten Auge ❹.

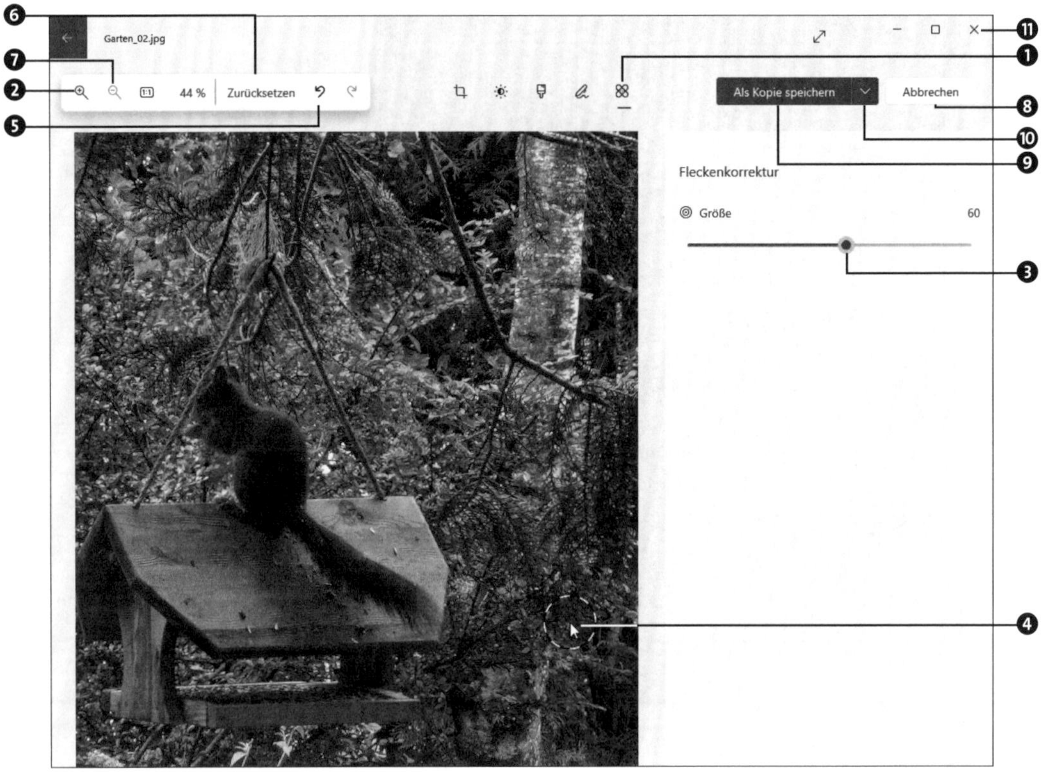

4 Nun reicht ein Mausklick, und schon korrigiert die Windows-Fotoanzeige-App die betreffende Stelle. Sind Sie mit dem Ergebnis nicht zufrieden, können Sie über das entsprechende Symbol ❺ den letzten Schritt rückgängig machen. Haben Sie z. B. bereits mehrere Flecken ausgebessert, heben Sie über die Schaltfläche **Zurücksetzen** ❻ alle Korrekturen auf.

5 Haben Sie den Bildausschnitt zu Beginn vergrößert, verkleinern Sie ihn nun wieder per Klick auf das Minussymbol ❼.

Ist das Foto perfekt zugeschnitten, gefallen Ihnen die Farben und sind auch alle Flecken und die roten Augen entfernt? Wenn Sie mit den Korrekturen doch nicht zufrieden sind, können Sie das Bild mit einem Klick auf das Symbol **Abbrechen** ❽ wieder in den Originalzustand zurückversetzen. Sollten Ihnen die Korrekturen dagegen zusagen, müssen Sie sie abschließend sichern. Wenn Sie die Originalaufnahme beibehalten möchten, wählen Sie die Schaltfläche **Als Kopie speichern** ❾. Geben Sie im folgenden Dialog einen aussagekräftigen Dateinamen an und wählen Sie das gewünschte Verzeichnis aus, bevor Sie mit **Speichern** bestätigen. Benötigen Sie die Originaldatei dagegen nicht mehr, wählen Sie nach einem Klick auf den Pfeil rechts von **Kopie speichern** ❿ die Schaltfläche **Speichern**. In diesem Fall wird das Original durch die überarbeitete Version ersetzt.

Wenn Sie in der Windows-Fotoanzeige-App noch weitere Bilder bearbeiten möchten, können Sie die Pfeiltasten am rechten bzw. linken Rand eines Bildes zum Blättern nutzen. Falls Sie zur Übersicht über all Ihre Fotos zurückkehren möchten, schließen Sie die Einzelbildansicht mit einem Klick auf das Schließensymbol oben rechts ⓫.

TIPP

Ein Foto kreativ bearbeiten

Mit der Windows-Fotoanzeige-App lassen sich nicht nur Schönheitskorrekturen durchführen, sondern Fotos auch aufpeppen. Wählen Sie das Markup-Symbol ❶ aus, um ein Bild z. B. mit einer eigenen kleinen Zeichnung zu versehen. Über die Symbolleiste, die nun unterhalb des Fotos eingeblendet wird, wählen Sie den gewünschten Stift aus ❷.

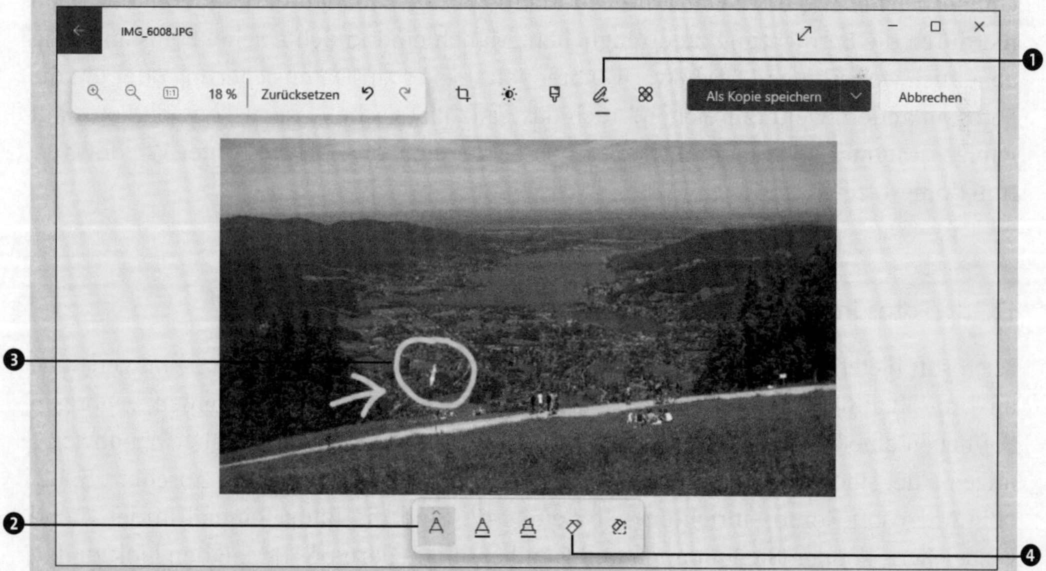

Abbildung 12.11 Mit dem Markup-Werkzeug lassen sich kleine Zeichnungen im Foto vornehmen.

Nach einem Klick auf den anschließend sichtbaren kleinen Pfeil klappt eine Farbpalette aus, in der Sie den Farbton sowie die Stiftbreite auswählen. Klicken Sie erneut auf das ausgewählte Stiftsymbol, um die Palette wieder auszublenden. Nun können Sie das Foto mit einer eigenen Zeichnung verzieren ❸. Mit der Maus ist dies nicht ganz so einfach wie per Finger auf einem Touchscreen. Sollten Sie mit dem Ergebnis nicht zufrieden sein, klicken Sie in der Symbolleiste auf das Symbol des Radiergummis ❹ und anschließend auf die zu löschende Zeichnung. Gefällt Ihnen das Ergebnis, sichern Sie die Datei wie gewohnt über die Schaltfläche **Als Kopie speichern**.

So schön es ist, die eigenen Fotos zu betrachten, noch mehr Spaß macht es, wenn man sie Freunden und der Familie zeigen kann. In Abschnitt 12.2.1, »Fotos im Onlinespeicher OneDrive veröffentlichen«, ab Seite 482 zeige ich Ihnen, wie Sie Ihre Bilder anderen Personen zugänglich machen.

12.2 Fotos präsentieren und mit anderen teilen

Gut gelungene oder auch lustige Fotos möchte man nicht nur alleine genießen, sondern auch gerne anderen zeigen. Besonders beliebt ist es heutzutage, die Bilder in einen Onlinespeicher wie etwa *OneDrive* von Microsoft hochzuladen und anderen Personen hierdurch die Betrachtung zu ermöglichen. Manch einer möchte seine Fotosammlung aber auch weiterhin auf CD bzw. DVD brennen – sei es zur Datensicherung oder um die Fotos an andere weiterzureichen. Auch das ganz klassische Ausdrucken von Fotos auf Papier ist immer noch nicht aus der Mode gekommen. Wie all dies unter Windows 11 funktioniert, zeige ich Ihnen in diesem Abschnitt.

12.2.1 Fotos im Onlinespeicher OneDrive veröffentlichen

Microsoft bietet mit OneDrive einen kostenlosen Onlinespeicher (auch *Cloud* genannt) an. Um z. B. Ihre Bilder vom letzten Urlaub in OneDrive hochladen zu können, benötigen Sie neben einer Internetverbindung ein Microsoft-Konto, mit dem Sie bei Windows 11 angemeldet sind. Wie Sie ein solches Konto einrichten, erfahren Sie in Abschnitt 5.2.2, »Ein Microsoft-Konto einrichten«, ab Seite 147. Sind die Bilder einmal in der Cloud gespeichert, können Sie Freunden und Familienmitgliedern per E-Mail den Link zu den Daten schicken. Diese müssen nur noch die entsprechende Webseite öffnen, und schon können sie Ihre Fotos betrachten und sogar auf ihren Computer herunterladen. In

Abschnitt 8.6, »Den Onlinespeicher OneDrive nutzen«, ab Seite 324 lesen Sie, wie Sie aus dem Explorer heraus Dateien in OneDrive hochladen. In diesem Abschnitt zeige ich Ihnen, wie einfach der *Upload*, also das Hochladen von Bildern in die Cloud, mit der Windows-Fotoanzeige-App gelingt.

1 Starten Sie die Windows-Fotoanzeige-App entweder per Klick auf das entsprechende Symbol im Startmenü oder per Klick auf den Eintrag **Windows-Fotoanzeige** in der Liste aller Apps, die Sie ebenfalls über das Startmenü erreichen.

2 Stellen Sie sicher, dass im Navigationsbereich links **Alle Fotos** ❶ ausgewählt ist. Markieren Sie nun links alle Fotos, die Sie über die Cloud OneDrive veröffentlichen möchten. Hierzu positionieren Sie den Mauszeiger über dem gewünschten Bild und versehen das nun sichtbare Kästchen mit einem Häkchen ❷. Falls Sie mehrere direkt nebeneinander befindliche Fotos auswählen möchten, markieren Sie das erste Bild per Mausklick und halten dann die [⇧]-Taste gedrückt, während Sie das letzte Bild anklicken.

3 Klicken Sie am oberen Rand des Programmfensters auf das Symbol **Sicherung auf OneDrive** ❸.

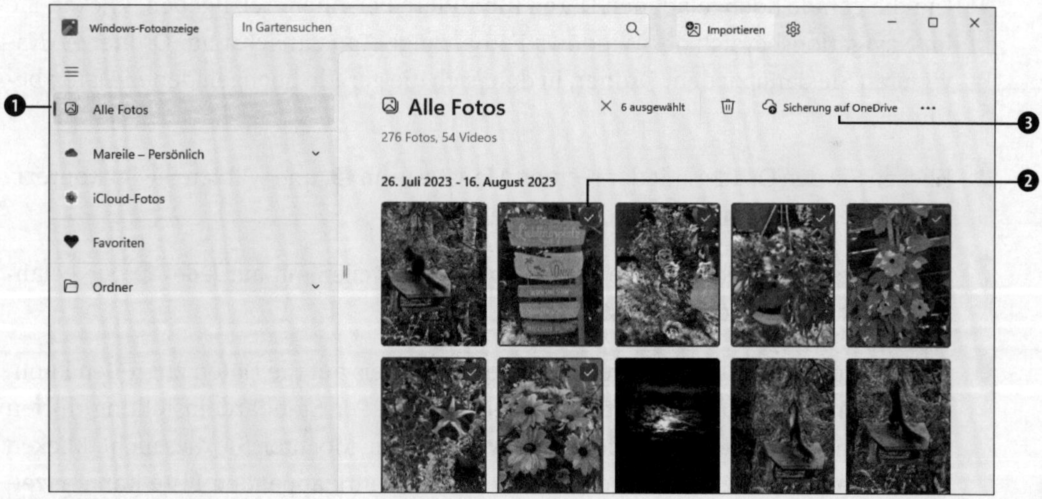

4 Im Dialog **Kopieren Sie ... Elemente zu OneDrive** markieren Sie den Ordner, in den die Dateien kopiert werden sollen. Über die Schaltfläche **Ordner erstellen** ❹ können Sie einen neuen Ordner anlegen. Diese Aktion müssen Sie mit einem Klick auf **Erstellen** abschließen ❺, bevor Sie das Hochladen mit **Kopieren** starten ❻. Die Windows-Fotoanzeige-App beginnt nun, die ausgewählten Dateien in die Cloud OneDrive

hochzuladen. Ist dies erfolgreich erledigt, wird am unteren Rand des Programmfensters ein entsprechender Hinweis eingeblendet.

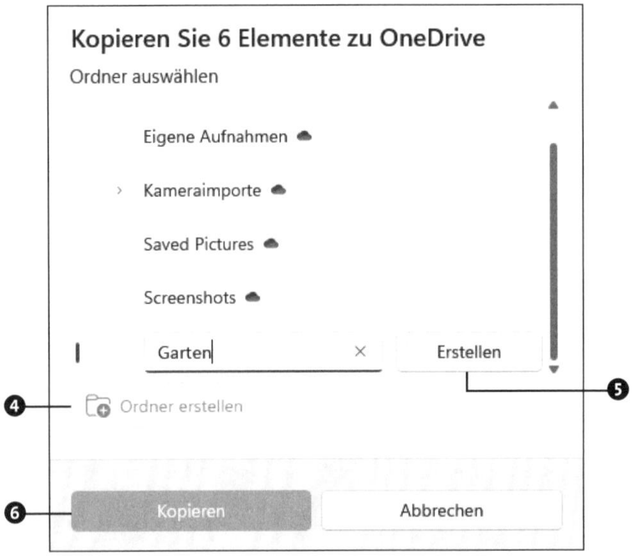

5 Um die gerade hochgeladenen Daten für andere Personen freizugeben, klicken Sie im Navigationsbereich der Windows-Fotoanzeige-App zunächst auf **Ordner** ❼. Navigieren Sie dann zu dem Ordner, in dem sich die gerade hochgeladenen Daten befinden.

6 Klicken Sie den Ordner mit der rechten Maustaste an ❽, und wählen Sie im Kontextmenü den Befehl **OneDrive-Ordner freigeben**.

7 Im Dialog **.... teilen** klicken Sie unterhalb von **Link teilen mit** auf **Jeder** ❾. Sie gelangen damit zu den **Freigabeeinstellungen**.

8 Damit nur der von Ihnen ausgewählte Personenkreis auf die Daten zugreifen kann, aktivieren Sie die Option **Bestimmte Personen** ❿. Per Standardeinstellung dürfen die Personen Änderungen an den Daten vornehmen. Möchten Sie dies nicht, klicken Sie auf **Kann bearbeiten** ⓫ und markieren in der aufklappenden Liste **Kann anzeigen**. Um einen Zeitpunkt ⓬ festlegen zu können, bis zu dem die Personen die Daten bearbeiten bzw. ansehen dürfen, benötigen Sie ein kostenpflichtiges Abonnement von Microsoft 365.

9 Haben Sie alle Freigabeeinstellungen vorgenommen, klicken Sie auf **Übernehmen** ⓭.

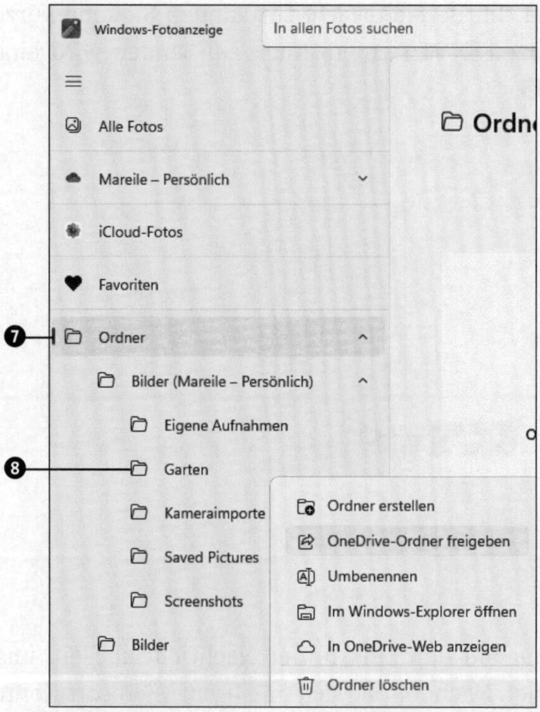

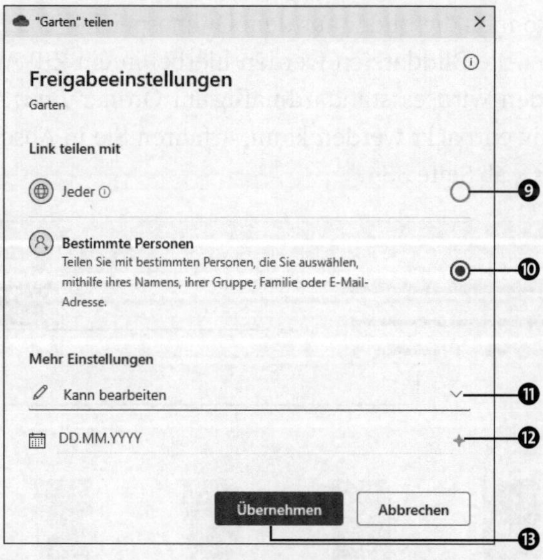

10 Geben Sie im Dialog **...teilen** nun im Bereich **Link senden** die E-Mail-Adressen der Personen ein, für die Sie die Daten freigeben möchten ⓮. Bei diesen Adressen muss es sich jeweils um die E-Mail-Adresse handeln, mit der sich die Person bei ihrem eigenen Microsoft-Konto anmeldet. Im Bereich **Nachricht** können Sie eine kurze Mitteilung und einen Gruß ergänzen ⓯. Mit einem Klick auf **Senden** wird eine E-Mail mit einem Link verschickt ⓰.

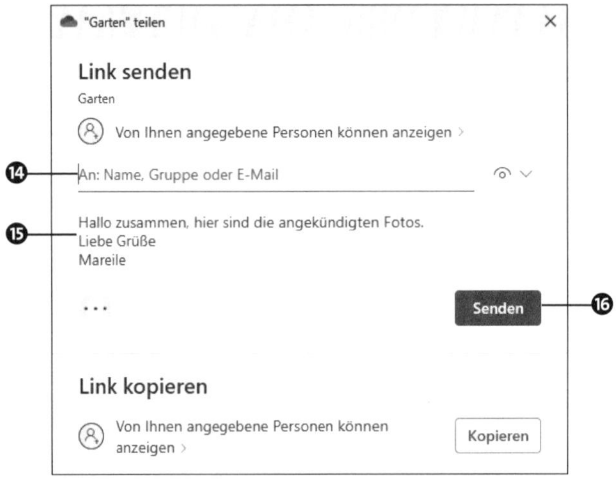

Die Empfänger Ihrer E-Mail müssen nur auf den Link in der Nachricht klicken, und schon wird bei ihnen der Browser geöffnet. Nachdem sie sich mit ihrem Microsoft-Konto angemeldet haben, können sie sich die von Ihnen freigegebenen Bilder ansehen. Über die Schaltfläche **Herunterladen** ❶ können die Bilder aus dem Onlinespeicher OneDrive auf den Computer geladen werden. Alle Bilddateien werden hierbei in ein ZIP-Archiv gepackt ❷. Nach dem Herunterladen wird es standardmäßig im Ordner *Downloads* abgelegt. Wie ein solches ZIP-Archiv entpackt werden kann, erfahren Sie in Abschnitt 8.7.2, »Entpacken eines ZIP-Archivs«, ab Seite 334.

Abbildung 12.12 Die Bilder des Albums können von OneDrive auf den eigenen Computer geladen werden.

INFO

Per Browser auf den Onlinespeicher OneDrive zugreifen

Selbstverständlich können Sie auch direkt über einen Browser auf den Onlinespeicher OneDrive zugreifen. Die Internetadresse, die Sie im Adressfeld des Browsers eingeben, lautet *https://onedrive.live.com/login*. Sobald Sie sich auf der Webseite mit der E-Mail-Adresse und dem Kennwort oder einer alternativen Anmeldeoption Ihres Microsoft-Kontos angemeldet haben, haben Sie Zugriff auf all Ihre in der Cloud befindlichen Dateien. Aber nicht nur das: Sie haben sogar die Möglichkeit, in OneDrive ein Word-Dokument, eine Excel-Arbeitsmappe oder auch eine PowerPoint-Präsentation zu erzeugen. Markieren Sie hierzu einfach links die Kategorie **Eigene Dateien**, und klicken Sie dann oben auf **Neu**. In der aufklappenden Liste können Sie nun den gewünschten Dateityp auswählen. Im Browser wird anschließend eine neue Registerkarte mit dem zuvor gewählten Dateityp, also z. B. ein Word-Dokument, geöffnet. Wer bereits Erfahrung mit den Programmen von *Microsoft Office* hat, wird sich auf der Webseite schnell zurechtfinden, denn die Oberfläche ist in großen Bereichen identisch mit den Offlineversionen der Anwendungen. Lediglich der Funktionsumfang ist in der Onlineversion etwas reduziert. Den Befehl zum Speichern eines Onlinedokuments rufen Sie über **Datei ▸ Speichern unter** auf. Alle z. B. über den Explorer in OneDrive hochgeladenen Office-Dateien (siehe Abschnitt 8.6, »Den Onlinespeicher OneDrive nutzen«, ab Seite 324) können außerdem online geöffnet und bearbeitet werden. Microsoft Office Online steht Ihnen übrigens kostenlos zur Verfügung.

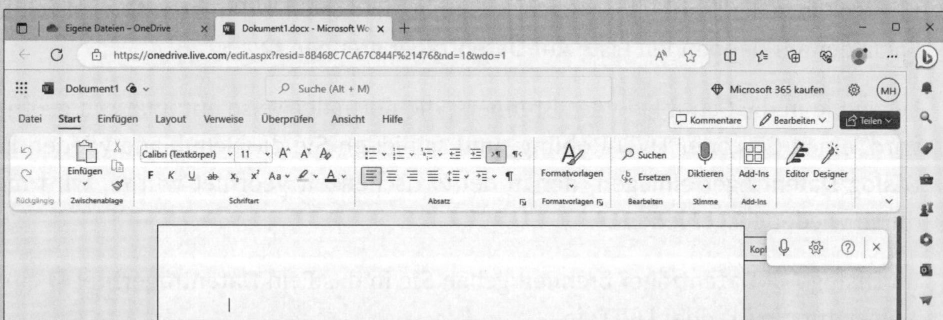

Abbildung 12.13 In OneDrive können Sie kostenlos Office-Dokumente erzeugen und bearbeiten.

Wenn Sie Dateien oder auch Fotoalben in der Cloud löschen möchten, bewegen Sie den Mauszeiger auf das entsprechende Element und setzen dann per Mausklick ein Häkchen in den nun rechts oben eingeblendeten Kreis. Anschließend wird in der Symbolleiste am oberen Rand der Webseite die Schaltfläche **Löschen** sichtbar, über die Sie das zuvor markierte Element aus OneDrive entfernen. Wenn Sie alle Arbeiten in OneDrive abgeschlossen haben, vergessen Sie bitte nicht, sich auch wieder abzumelden. Der entsprechende Befehl wird Ihnen nach einem Klick auf Ihren Benutzernamen oben rechts eingeblendet.

12.2.2 Fotos mit dem Explorer auf CD/DVD brennen

Wer Fotos nicht über einen Onlinespeicher mit anderen teilen möchte, der kann die Bilddateien natürlich auch ganz klassisch auf CD, DVD oder auch Blu-ray brennen und diese dann an Freunde und Familie weiterreichen. Auch zur Datensicherung wird dieses Verfahren weiterhin von vielen angewendet. Für die Zusammenstellung aller Daten, die auf einen entsprechenden Rohling gebrannt werden sollen, nutzen Sie am besten den Explorer. Die folgende Anleitung lässt sich nicht nur auf Bilder anwenden, die Sie auf einen Datenträger brennen möchten, sondern funktioniert natürlich für alle beliebigen Dateitypen.

1. Starten Sie den Explorer z. B. über das entsprechende Symbol in der Taskleiste. Öffnen Sie dann den Ordner, in dem sich die Dateien oder auch Verzeichnisse befinden, die Sie auf CD, DVD oder Blu-ray brennen möchten. Markieren Sie die gewünschten Daten.

2. Klicken Sie in der Symbolleiste auf das Symbol mit den drei Punkten ❶, und wählen Sie in der aufklappenden Liste **Auf Datenträger brennen** ❷.

3. Legen Sie in die Schublade des Brenners, die normalerweise automatisch geöffnet wird, einen CD- oder DVD-Rohling, und schließen Sie die Schublade wieder. Der Dialog **Datenträger einlegen**, der in der Zwischenzeit geöffnet wurde, wird hierdurch wieder ausgeblendet.

4. Im Dialog **Auf Datenträger brennen** geben Sie in das Feld **Datenträgertitel** ❸ einen Namen für die CD oder DVD ein.

5. Als Nächstes müssen Sie sich entscheiden, wie der Datenträger verwendet werden soll. Windows 11 stellt Ihnen zwei Möglichkeiten zur Auswahl: **Wie ein USB-Speicherstick** oder **Mit einem CD/DVD-Player**. Wenn Sie Fotos auf den Datenträger brennen und die CD bzw. DVD anschließend über einen handelsüblichen DVD-Player abspielen möchten, der z. B. an ein Fernsehgerät angeschlossen ist, sollten Sie sich für die zweite Option entscheiden (**Mit einem CD/DVD-Player** ❹).

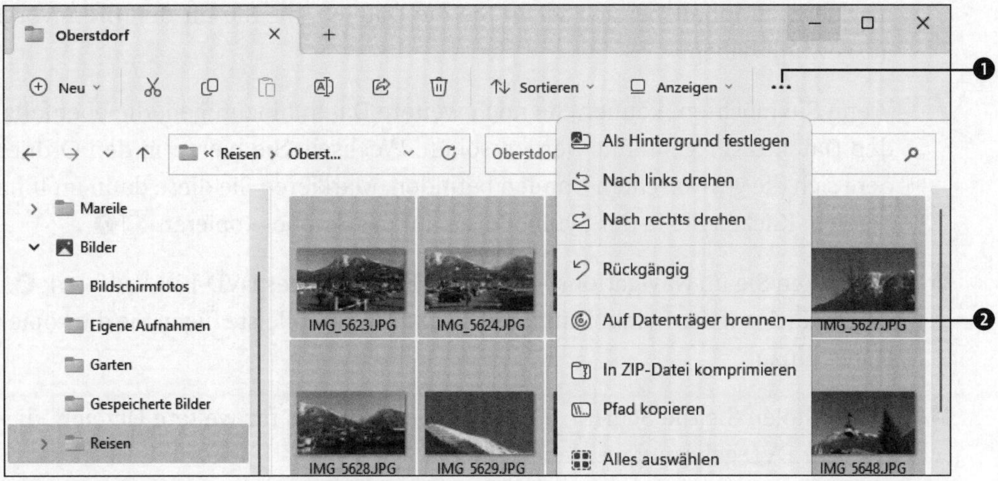

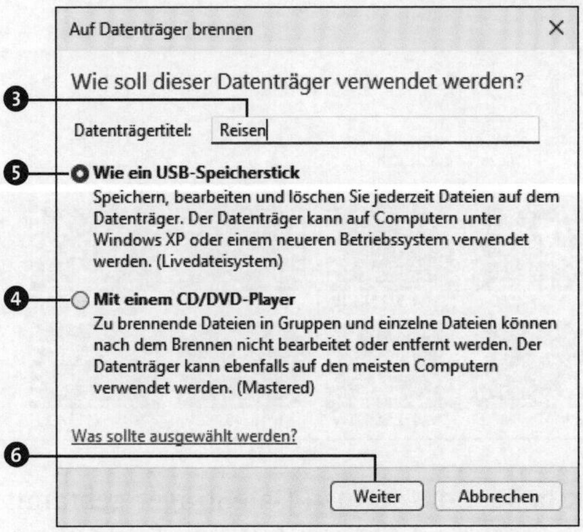

Die Anzeige der Dateien auf einem Computer ist bei dieser Option selbstverständlich auch möglich. Dient die CD/DVD dagegen nur der Datensicherung, wählen Sie die erste Option **Wie ein USB-Speicherstick** ❺. Nur bei dieser Option können Sie die auf dem Datenträger befindlichen Dateien auch wieder löschen oder nachträglich noch weitere Dateien hinzufügen. Bestätigen Sie Ihre Auswahl mit **Weiter** ❻.

6 Der Datenträger wird jetzt entsprechend Ihrer Auswahl formatiert und für den Brennvorgang vorbereitet. Den Hinweis **Auf CD/DVD zu brennende Dateien sind vorhanden**, der anschließend oberhalb des Infobereichs der Taskleiste eingeblendet wird, können Sie ignorieren. Wichtig ist dagegen das zweite Explorer-Fenster, das nun geöffnet wird. Im Navigationsbereich dieses Fensters ist das Brennerlaufwerk markiert, im Inhaltsbereich sehen Sie die Dateien, die Sie für den Brennvorgang ausgewählt haben.

7 Wenn Sie möchten, können Sie noch weitere Daten hinzufügen, die ebenfalls auf den Datenträger gebrannt werden sollen. Wechseln Sie hierzu in den Ordner, in dem sich die gewünschten Dateien befinden. Markieren Sie diese dann im Inhaltsbereich. Klicken Sie in der Symbolleiste auf das Symbol **Kopieren** ❼.

8 Markieren Sie im Navigationsbereich des Explorers das DVD-RW-Laufwerk ❽. Mit einem Klick auf das Symbol **Einfügen** in der Symbolleiste fügen Sie die kopierten Daten hinzu.

9 Wiederholen Sie die Schritte 7 und 8 gegebenenfalls für weitere Dateien, die auf CD oder DVD gebrannt werden sollen.

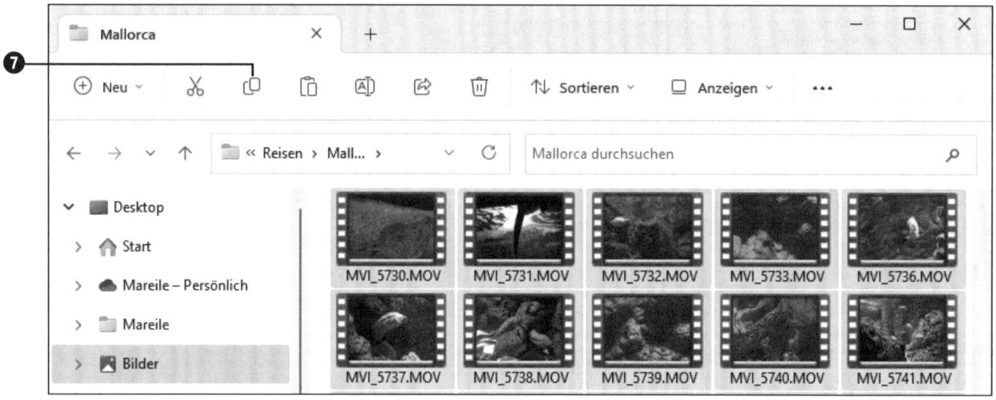

10 Wenn Sie alle Daten zusammengestellt haben, die auf den Datenträger gebrannt werden sollen, stellen Sie sicher, dass im Navigationsbereich das CD/DVD-Laufwerk markiert ist. Hatten Sie sich in Schritt 5 für die Option **Wie ein USB-Speicherstick** entschieden, reicht nun ein Klick auf **Auswerfen** ❾. Der Brennvorgang ist damit nach wenigen Sekunden abgeschlossen. Falls Sie **Mit einem CD/DVD-Player** gewählt haben, klicken Sie auf das Symbol mit den drei kleinen Punkten ❿ und wählen **Brennvorgang abschließen**.

11 Im Fall der Option CD/DVD-Player haben Sie im Dialog **Auf Datenträger brennen** im Feld **Aufnahmegeschwindigkeit** noch die Möglichkeit, die gewünschte Brenngeschwindigkeit auswählen. Bestätigen Sie den Dialog mit **Weiter**.

12 Sollten Sie mehr Daten ausgewählt haben, als auf dem Datenträger Platz haben, erhalten Sie nun einen entsprechenden Hinweis. Mit einem Klick auf **Abbrechen**

brechen Sie den Brennvorgang ab. Markieren Sie im Inhaltsbereich des Explorers die Dateien, die nicht unbedingt auf diese CD/DVD gebrannt werden müssen bzw. die Sie anschließend auf einen weiteren Datenträger brennen möchten. Durch Drücken der Taste [Entf] auf der Tastatur löschen Sie die Dateien für den Brennvorgang. Wiederholen Sie dann die Schritte 10 und 11.

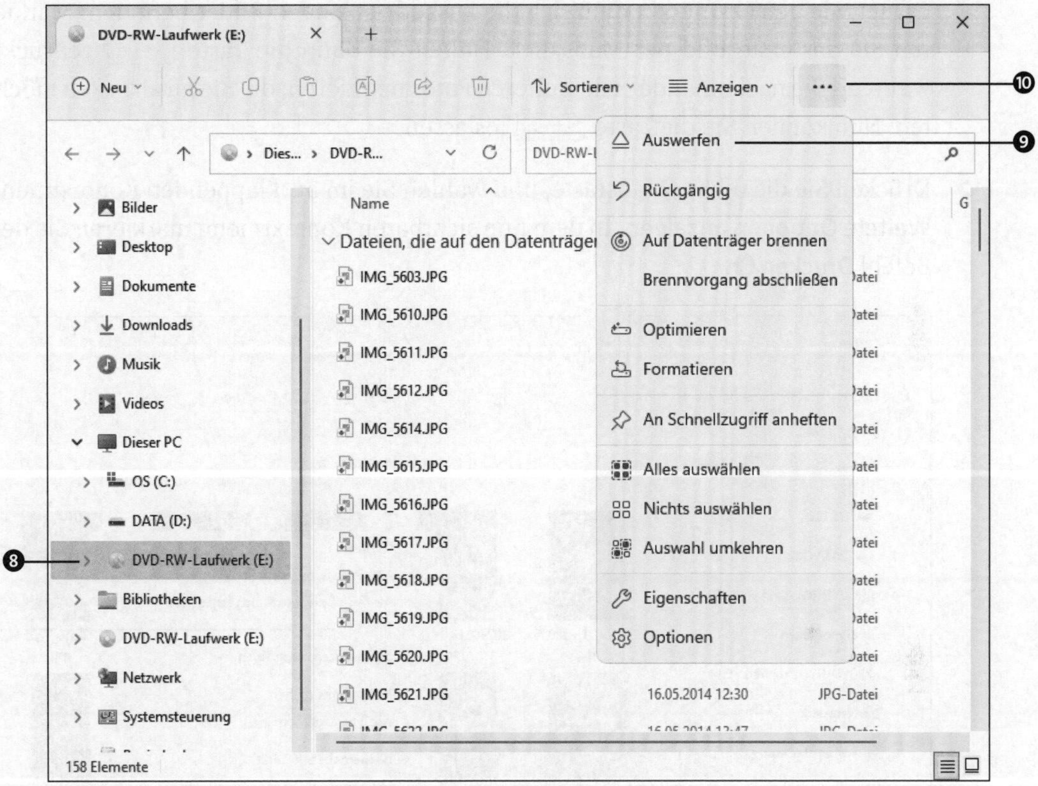

Der Brennvorgang, der nun beginnt, kann je nach Datenumfang etwas dauern. Anschließend wird automatisch die Schublade des Brenners geöffnet, und Sie können den Datenträger entnehmen. Sollte der Dialog **Auf Datenträger brennen** noch geöffnet sein, schließen Sie ihn mit **Fertig stellen**.

12.2.3 Fotos ausdrucken

Die Möglichkeiten, anderen seine Fotos zu präsentieren, erscheinen heutzutage fast grenzenlos. Immer noch nicht aus der Mode gekommen ist dabei das ganz klassische Ausdrucken der Fotos. Wer einen guten Farbdrucker besitzt, kann dies ganz bequem daheim erledigen. Wenn Sie die Bilder auf speziellem Fotopapier ausdrucken möchten, sollten Sie darauf achten, dass es auch für Ihren Druckertyp (Tinten- oder Laserdrucker) geeignet ist. Das Ausdrucken der Fotos können Sie mithilfe des Explorers erledigen:

1. Starten Sie den Explorer z. B. per Klick auf das Programmsymbol in der Taskleiste.

2. Öffnen Sie den Ordner, in dem sich die auszudruckenden Bilder befinden. Markieren Sie das erste Bild per Mausklick. Halten Sie dann die Taste Strg gedrückt, während Sie nacheinander alle weiteren Fotos markieren, die Sie ausdrucken möchten. Nun können Sie die Taste Strg loslassen.

3. Drücken Sie die rechte Maustaste, und wählen Sie im aufklappenden Kontextmenü **Weitere Optionen anzeigen**. In dem nun sichtbaren Kontextmenü markieren Sie den Befehl **Drucken** ❶.

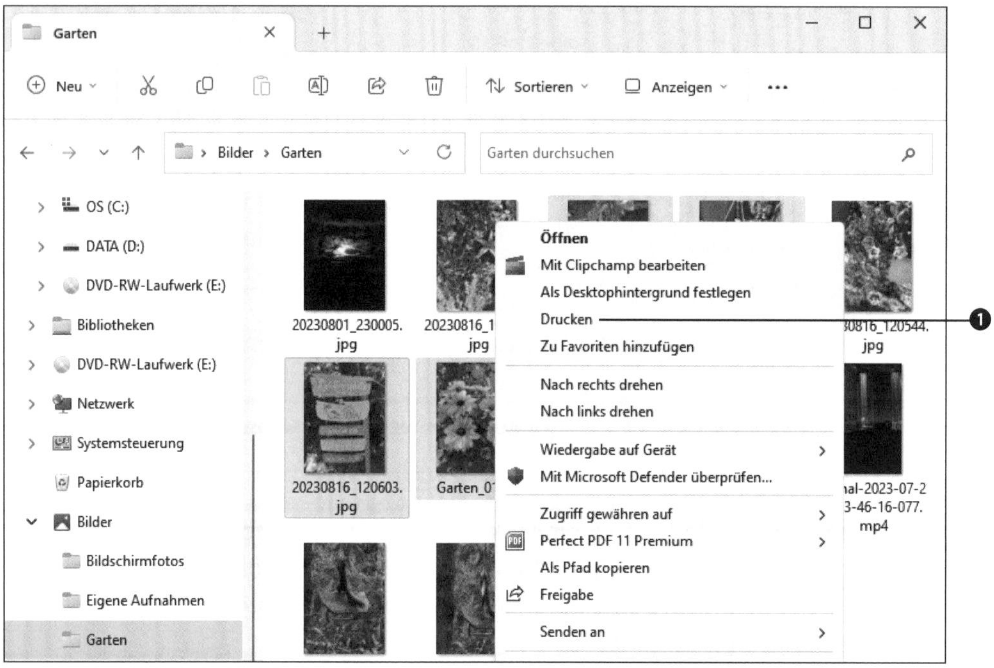

4. Im Dialog **Bilder drucken**, der nun geöffnet wird, wählen Sie in den entsprechenden Feldern den **Drucker**, die **Papiergröße**, die **Qualität** und den **Papiertyp** ❷ aus.

5. In der Vorschau sehen Sie das erste der zuvor markierten Bilder. Wenn Sie sich auch die anderen Fotos nochmals ansehen möchten, nutzen Sie die beiden Pfeiltasten unterhalb der Vorschau ❸.

6 In der rechten Spalte des Dialogs schlägt Ihnen der Explorer diverse Layouts vor. Blättern Sie mithilfe der Bildlaufleiste in der Liste, und markieren Sie dann das gewünschte Layout ❹. Die Vorschau wird sofort entsprechend angepasst.

7 Ist das Kontrollkästchen **Bild an Rahmen anpassen** ❺ aktiviert, kann es sein, dass ein kleiner Bereich des Bildrandes abgeschnitten wird. Deaktivieren Sie daher probeweise das Kästchen. Wählen Sie dann die Variante aus, die Ihnen besser gefällt.

8 Über die Pfeiltasten rechts vom Feld **Kopien pro Bild** ❻ stellen Sie ein, wie häufig die Fotos ausgedruckt werden sollen.

9 Abschließend sollten Sie noch prüfen, ob im Drucker das richtige Papier in ausreichender Menge im Papierfach eingelegt ist. Mit einem Klick auf **Drucken** ❼ starten Sie den Druckvorgang.

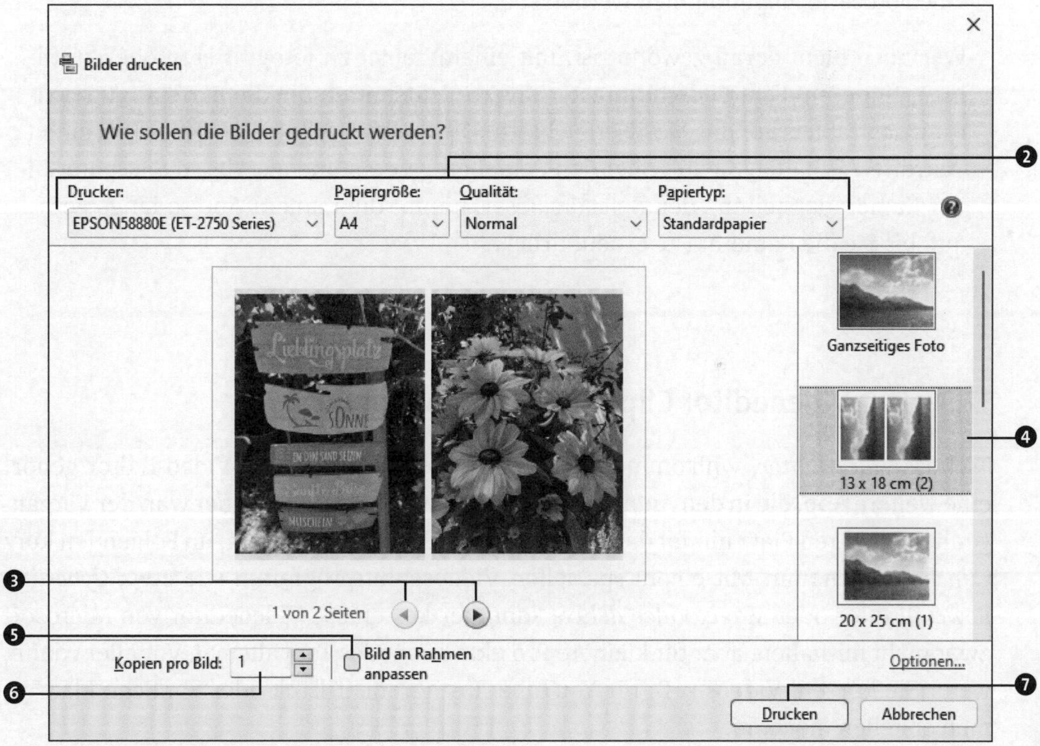

INFO

Die Kamera-App von Windows 11 im Einsatz

Ist Ihr Computer mit einer Webcam ausgestattet, können Sie die *Kamera*-App zum Fotografieren und Filmen nutzen. Die App ist unter Windows 11 bereits fester Bestandteil und wird über die Liste aller Apps im Startmenü aufgerufen. Nach dem ersten Aufruf erscheint meist die Frage, ob Sie der Kamera-App den Zugriff auf Ihre aktuelle Position erlauben möchten.

Ihre Aufnahmen können damit mit Informationen zu Ihrem aktuellen Standort versehen werden. Es ist Ihnen freigestellt, ob Sie der Frage zustimmen oder sie mit **Nein** ablehnen. Sie können die Einstellung später jederzeit wieder korrigieren, wie Sie im Kasten »Die Ortungsdienste von Windows 11 aktivieren« auf Seite 445 lesen.

Bevor Sie mit der Kamera-App fotografieren und filmen, sollten Sie ein paar Einstellungen der App überprüfen. Diese erreichen Sie per Klick auf das Zahnradsymbol. In der nun am linken Fensterrand eingeblendeten Spalte **Einstellungen** legen Sie unter anderem fest, ob bei längerem Drücken der Kamerataste ein Video oder eine Fotoserie aufgenommen werden soll.

Wer noch nicht daran gewöhnt ist, mit einem Tablet zu fotografieren oder zu filmen, findet im Feld **Bildschirmraster** diverse Hilfsmittel, die die perfekte Ausrichtung des Tablets auf das Motiv erleichtern. Die Kamera-App bietet außerdem einen **Zeitraffer**. Schalten Sie ihn über den Schieberegler ein und aktivieren Sie später in der Kameradarstellung den Selbstauslöser, nimmt die Kamera-App so lange Fotos auf, bis Sie die Kamerataste erneut drücken.

12.3 Der Videoeditor Clipchamp von Windows 11

Tschüss *Video-Editor*, willkommen *Microsoft Clipchamp*: Mit dem Video-Editor gehört eine weitere App, die in den Anfängen von Windows 11 noch verfügbar war, der Vergangenheit an. Ihren Platz nimmt dafür die App *Microsoft Clipchamp* ein, im Folgenden kurz *Clipchamp* genannt. Mit einem speziellen Videoschnittprogramm wie etwa *Cyberlink PowerDirector* oder *Magix Video deluxe* kann der kostenlose Videoeditor von Microsoft zwar nicht mithalten, aber für kleinere Projekte reicht das Tool allemal. Vor allem dann, wenn Sie kürzere Videos z. B. für YouTube, Instagram, TikTok oder ähnliche Plattformen erstellen möchten.

Der Aufruf der App erfolgt über den Eintrag **Microsoft Clipchamp** in der Liste **Alle Apps** des Startmenüs. Nach dem ersten Start werden Sie aufgefordert, einen Namen anzugeben und sich mit einem Microsoft-Konto anzumelden. Microsoft möchte anschließend wissen, ob Sie die App eher beruflich oder privat nutzen werden. Mit einem Klick auf **Vorerst überspringen** können Sie auf die Angaben aber auch verzichten.

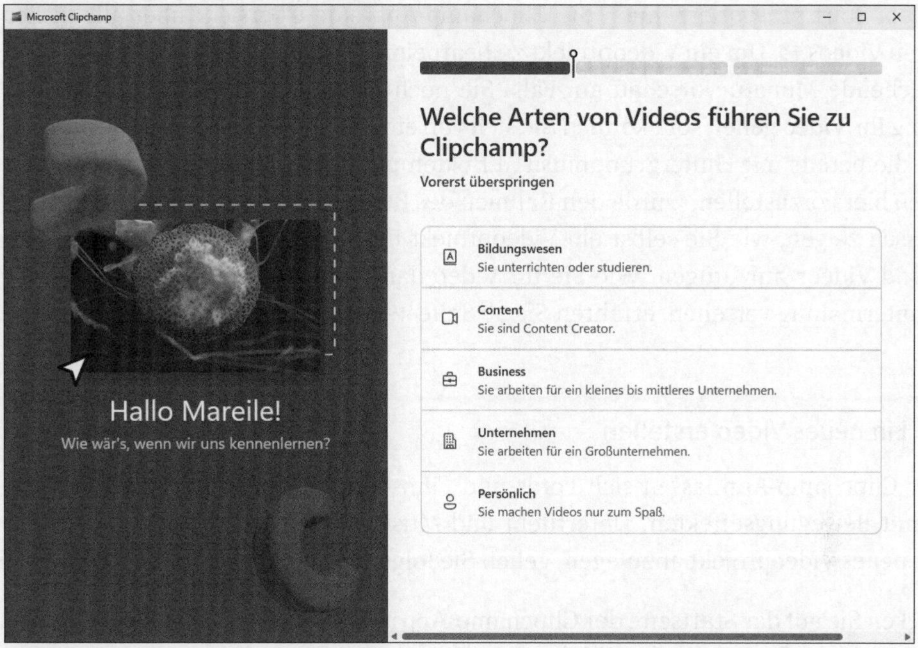

Abbildung 12.14 Sie müssen die Neugierde nicht stillen und einen Grund für die Nutzung von Clipchamp angeben.

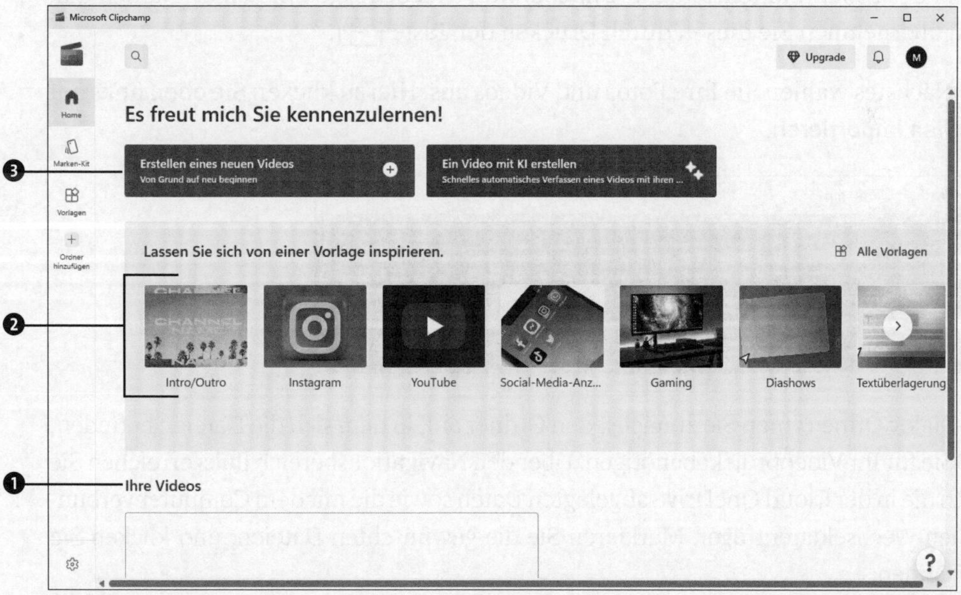

Abbildung 12.15 Über die Startseite von Clipchamp erreichen Sie bereits fertige Vorlagen und Ihre Videos.

Nach dem Start präsentiert Ihnen die Clipchamp-App eine Übersicht über alle bisher erstellten Videos ❶. Um ein Videoprojekt zu bearbeiten, klicken Sie in der Übersicht die entsprechende Miniaturvorschau an. Falls Sie noch nicht so recht wissen, in welche Richtung Ihr Video gehen soll, können Sie sich von einer der vielen Vorlagen inspirieren lassen, die bereits mit Hintergrundmusik, Effekten und Titeln versehen sind ❷. Diese Vorlagen hier vorzustellen, würde den Rahmen des Buches sprengen. Ich möchte Ihnen stattdessen zeigen, wie Sie selbst ein Videoprojekt in Clipchamp anlegen und diesem Fotos und Videos hinzufügen. Wie Sie Ihr Video dann mit Effekten, Titeln oder auch Musikuntermalung versehen, erfahren Sie ab Seite 499.

12.3.1 Ein neues Video erstellen

Mit der Clipchamp-App lassen sich Fotos und Filmschnipsel schnell zu einem netten Video mit Bewegungseffekten, Untertiteln und Musikuntermalung zusammenstellen. Um ein neues Videoprojekt anzulegen, gehen Sie folgendermaßen vor:

1. Klicken Sie auf der Startseite der Clipchamp-App auf die Schaltfläche **Erstellen eines neuen Videos** ❸. Hierdurch wird der Videoeditor der App geöffnet.

2. Als Erstes sollten Sie dem Video einen Namen geben. Klicken Sie hierzu am oberen Rand des Programmfensters auf **Unbenanntes Video**. Tragen Sie einen Namen ein, und übernehmen Sie diesen durch Drücken der Taste [↵].

3. Als Nächstes wählen Sie Ihre Fotos und Videos aus. Hierzu klicken Sie oben links auf **Medien importieren**.

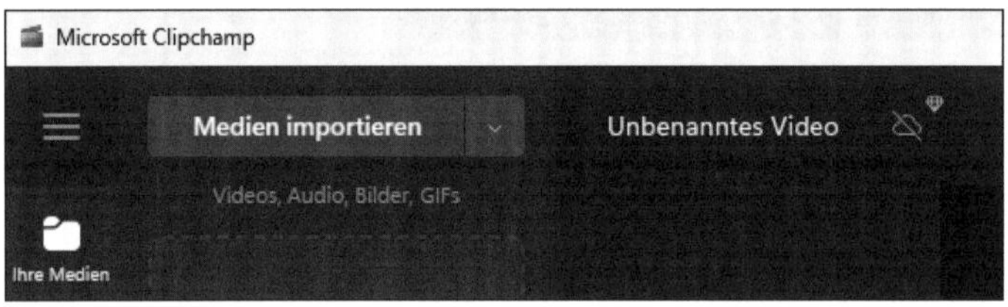

4. Im Dialog **Öffnen** rufen Sie zunächst den Ordner auf, in dem sich die Dateien befinden, die Sie für Ihr Videoprojekt benötigen. Über den Navigationsbereich links erreichen Sie auch die in der Cloud OneDrive abgelegten Daten sowie die mit dem Computer verbundenen Wechseldatenträger. Markieren Sie die gewünschten Dateien, und klicken Sie auf **Öffnen**.

5 Die ausgewählten Fotos und Videos werden in der linken Spalte des Videoeditors aufgelistet. Mit einem Klick auf **Medien importieren** ❶ können Sie jederzeit weitere Dateien hinzufügen. Falls Sie eines der hinzugefügten Videos oder Fotos doch nicht benötigen, positionieren Sie den Mauszeiger auf seiner Miniaturansicht und tippen dann auf das Papierkorbsymbol ❷.

6 Als Nächstes fügen Sie die Fotos und Videos dem Storyboard am unteren Rand des Programmfensters hinzu. Positionieren Sie hierzu den Mauszeiger auf dem Element in der linken Spalte, das ganz zu Beginn des Videos erscheinen soll. Ein Klick auf das nun sichtbare Plussymbol ❸ reicht, und schon wird es im Storyboard eingefügt. Alternativ hierzu können Sie es auch mit gedrückter linker Maustaste in das Storyboard ziehen. Das Element wird in der Übersicht nun mit einem kleinen Häkchen versehen ❹. Wiederholen Sie dies mit allen weiteren Elementen.

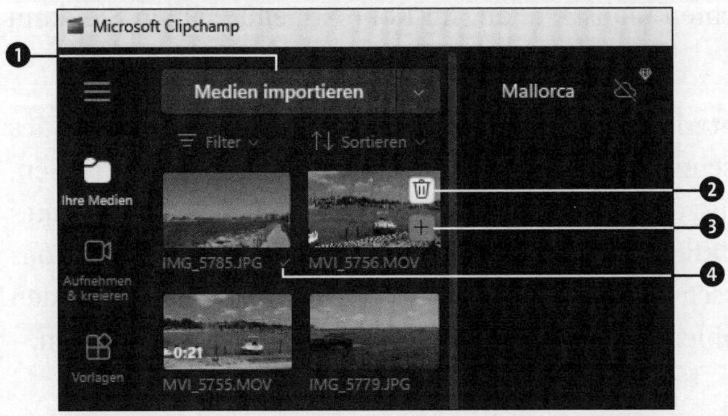

7 Falls Sie sich zwischendurch eine kleine Vorschau des Videos ansehen möchten, klicken Sie unterhalb des Vorschaufensters auf das Wiedergabesymbol ❺.

8 Im Vorschaufenster wird jeweils das Element angezeigt, an dem sich der weiße Wiedergabemarker im Storyboard befindet. Diesen Wiedergabemarker können Sie mit gedrückter linker Maustaste innerhalb der Zeitleiste nach rechts oder links verschieben ❻. Über den nach links weisenden Pfeil ❼ unterhalb des Vorschaufensters springen Sie ganz zum Anfang des Videos, der nach rechts weisende Pfeil ❽ führt zum Ende des Videos.

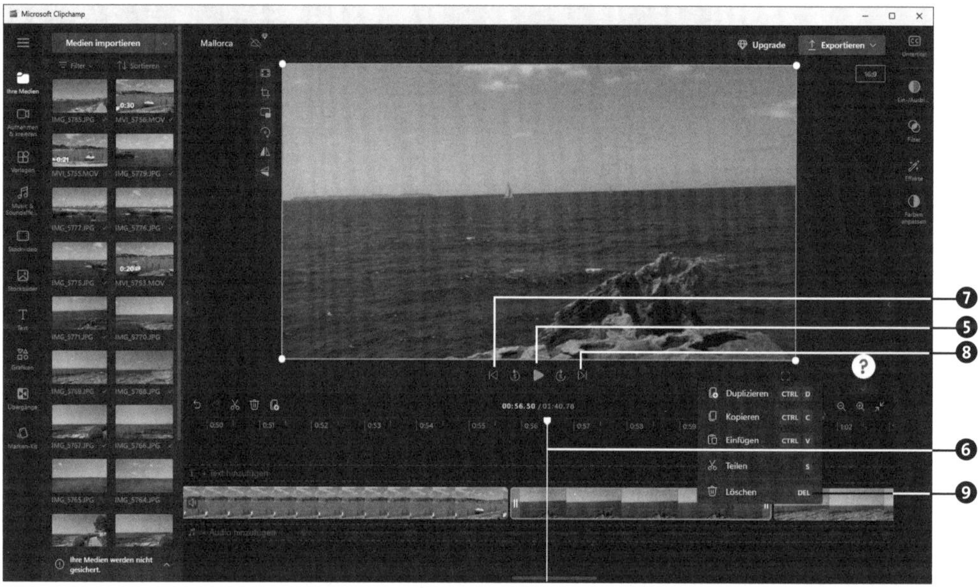

9 Sollte Ihnen die Reihenfolge der Fotos und Filmschnipsel noch nicht zusagen, können Sie die Elemente jederzeit im Storyboard mit gedrückter linker Maustaste verschieben. Möchten Sie ein Element ganz aus dem Video entfernen, klicken Sie es im Storyboard mit der rechten Maustaste an. Im Kontextmenü wählen Sie dann den Befehl **Löschen** ❾.

10 Das entfernte Element hinterlässt nun eine Lücke im Video. Beim Abspielen des Films wäre hier nur eine schwarze Fläche zu sehen. Um die Lücke zu entfernen, positionieren Sie den Mauszeiger auf diesem Bereich. Es erscheint ein kleines Papierkorbsymbol ❿. Ein Klick hierauf, und die Lücke wird gelöscht. Falls das Papierkorbsymbol nicht erscheint, klicken Sie mit der rechten Maustaste auf den schwarzen Bereich und wählen im Kontextmenü den Befehl **Diese Lücke löschen**.

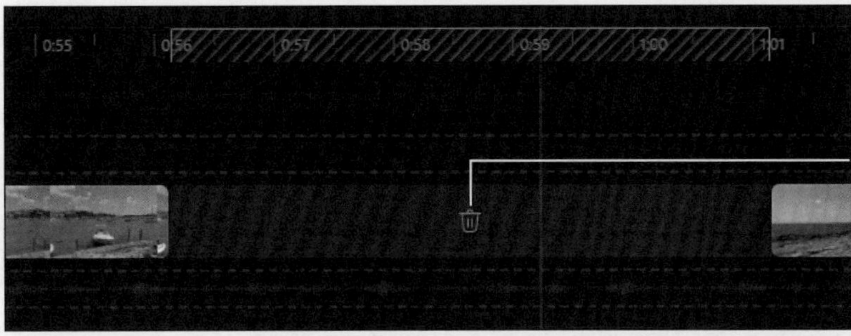

12.3.2 Fotos und Videos mit Effekten und Untertiteln versehen

Sehen Sie sich nach dem Hinzufügen der Fotos und Filmschnipsel das Video probeweise an, wirkt es noch eher langweilig. Doch das lässt sich mit ein paar kleinen Tricks schnell ändern.

Jedes Foto wird per Standardeinstellung zunächst 5 Sekunden lang gezeigt. Falls Sie ein Foto noch mit einem Effekt versehen möchten, ist dies zu kurz. Um die Anzeigedauer eines Fotos zu ändern, markieren Sie es zunächst per Mausklick. Es wird nun grün umrahmt. Am rechten und linken Rand erscheint jeweils ein Symbol mit zwei senkrechten Balken. Positionieren Sie den Mauszeiger auf dem rechten Symbol. Nimmt der Zeiger die Form eines Doppelpfeils an, ziehen Sie ihn mit gedrückter linker Maustaste nach rechts. Ein Ziehen nach links verkürzt die Anzeigedauer. Entsteht hierdurch eine Lücke, müssen Sie diese, wie im vorherigen Abschnitt in Schritt 10 gezeigt, löschen.

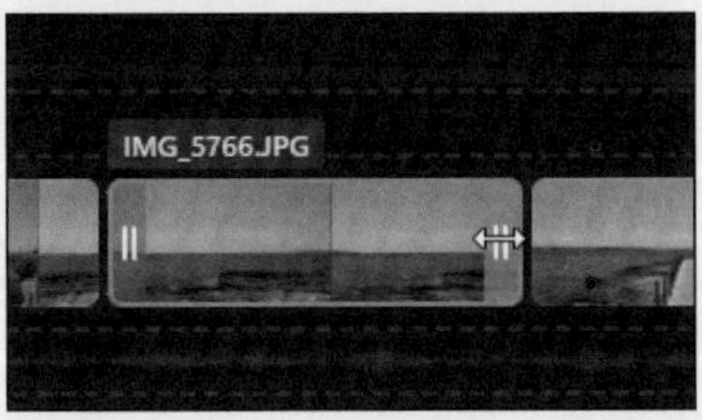

Abbildung 12.16 Die Anzeigedauer von Fotos kann verlängert werden, indem das rechte Symbol nach rechts verschoben wird.

Haben Sie neben Fotos auch Filme im Storyboard eingefügt, werden diese zunächst in Originalspiellänge angezeigt. Falls Sie einen Film noch kürzen möchten, markieren Sie ihn im Storyboard. Spielen Sie den Film dann bis zu der Stelle ab, ab der Sie ihn kürzen möchten. Befindet sich der Wiedergabemarker an der Position, an der das Video geschnitten werden soll, klicken Sie in der Symbolleiste auf **Zuschneiden**. Das markierte

Video besteht nun aus zwei Elementen. Markieren Sie per Mausklick den Teil, den Sie entfernen möchten. Soll also beispielsweise der Anfang des Filmschnipsels gelöscht werden, klicken Sie das linke Element an. Mit einem Klick auf das Papierkorbsymbol entfernen Sie es. Die hierdurch entstandene Lücke entfernen Sie wieder per Klick auf das Papierkorbsymbol, das eingeblendet wird, sobald Sie den Mauszeiger auf dem schwarzen Bereich positionieren.

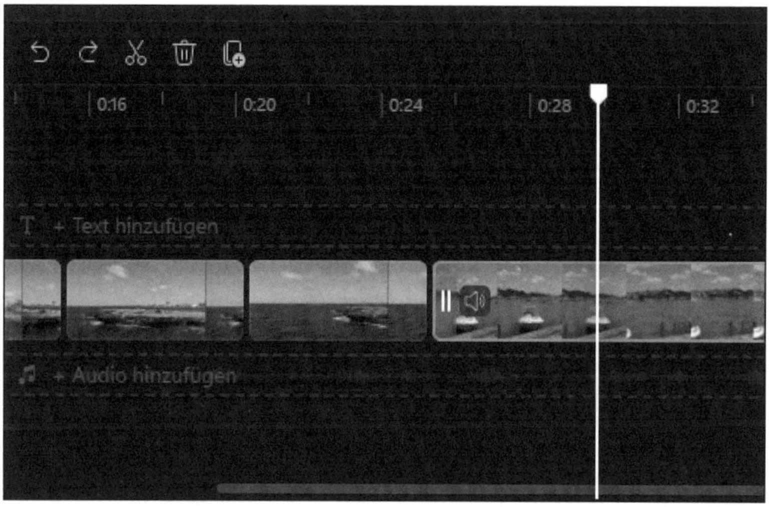

Abbildung 12.17 Eingefügte Filme können durch Schneiden und anschließendes Entfernen des überflüssigen Bereichs gekürzt werden.

Die Fotos werden im Video ganz statisch eines nach dem anderen abgespielt, was recht langweilig wirkt. Mithilfe der Bewegungseffekte lässt sich das schnell ändern. Und die weisen Sie so zu:

1. Markieren Sie ein Foto oder auch einen Film im Storyboard. Klicken Sie dann in der Symbolleiste am rechten Fensterrand auf **Effekte** ❶.
2. In der Spalte rechts vom Vorschaufenster werden Ihnen diverse Effekte angeboten. Hierzu zählen auch diverse Bewegungseffekte wie etwa **Langsames Zoomen** ❷. Markieren Sie ihn zur Probe. Unterhalb des Filters erscheint nun ein kleines Raster namens **Position**, in dem Sie per Mausklick den Bildausschnitt auswählen, der langsam herangezoomt werden soll ❸. Über den Schieberegler **Geschwindigkeit** bestimmen Sie, in welchem Tempo das Heranzoomen erfolgen soll ❹.
3. Spielen Sie den Film nun probeweise ab, indem Sie zunächst den Wiedergabemarker ❺ an den Anfang des Filmschnipsels setzen und dann auf das Wiedergabesymbol unterhalb des Vorschaufensters klicken ❻.

4 Sagt Ihnen der Effekt nicht zu, klicken Sie ihn erneut an ❷. Die lilafarbene Markierung des Effekts wird hierdurch aufgehoben.

Auf die beschriebene Weise können Sie Ihre Fotos auch mit Filtereffekten versehen. Eine Übersicht über alle Filter wird Ihnen nach einem Klick auf das gleichnamige Symbol in der Symbolleiste am rechten Bildschirmrand eingeblendet ❼.

Enthält Ihr Video Fotos, werden diese direkt übergangslos nacheinander wiedergegeben. Man spricht hier auch von einem sogenannten »harten Schnitt«. Clipchamp bietet einige Effekte, mit denen sich der Übergang von einem Bild zum nächsten sanfter oder auch ganz peppig gestalten lässt:

1 Positionieren Sie den Mauszeiger im Storyboard auf der Trennlinie zwischen zwei Fotos, erscheint ein Plussymbol sowie die Quickinfo **Add transition** (auf Deutsch »Übergang hinzufügen«) ❶. Klicken Sie das Plussymbol an, werden in der rechten Spalte alle verfügbaren Übergangseffekte aufgelistet.

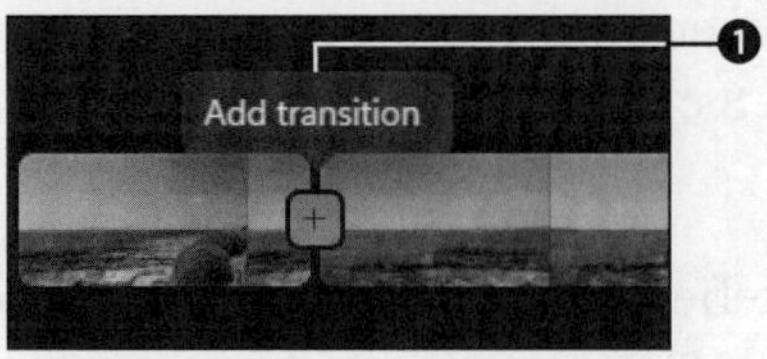

2 Markieren Sie den gewünschten Übergangseffekt per Mausklick ❷. Über den Schieberegler **Dauer**, der nun unterhalb des Effekts eingeblendet wird, können Sie bestimmen, wie lange der Übergangseffekt andauern soll ❸.

3 Testen Sie den gewählten Effekt, indem Sie den Film wieder probeweise abspielen. Gefällt er Ihnen nicht, klicken Sie das Übergangssymbol zwischen den beiden Fotos mit der rechten Maustaste an ❹. Im Kontextmenü wählen Sie nun den Befehl **Löschen**. Um einen anderen Übergang auszuprobieren, wiederholen Sie die Schritte 1 bis 3.

Viele Ihrer Fotos sind selbsterklärend; bei dem ein oder anderen bedarf es aber eines kleinen Hinweises? In einem solchen Fall sind Untertitel recht hilfreich. Um ein Foto oder einen Film mit einem Untertitel zu versehen, gehen Sie so vor:

1 Positionieren Sie den weißen Wiedergabemarker an der Stelle im Storyboard, an der der Text eingefügt werden soll ❶. Klicken Sie dann in der Symbolleiste am linken Fensterrand auf **Text** ❷.

2 In der linken Spalte werden nun diverse Texteffekte aufgeführt. Bewegen Sie den Mauszeiger auf einen Effekt, wird das grüne Plussymbol eingeblendet, das Sie bereits vom Hinzufügen von Medien her kennen ❸. Ein Klick hierauf und der Texteffekt wird an der Position des Wiedergabemarkers eingefügt.

3 Markieren Sie den gerade eingefügten Texteffekt im Storyboard, und positionieren Sie den Wiedergabemarker so, dass der Platzhaltertext (in meinem gewählten Beispiel **Ein-/Ausblenden**) des Effekts im Vorschaufenster zu sehen ist ❹.

4 In der rechten Spalte finden Sie das Feld **Text**. Markieren Sie hier den Platzhaltertext ❺ und überschreiben Sie ihn mit Ihrem persönlichen Text. Das Ergebnis können Sie im Anschluss im Vorschaufenster begutachten. Die Formatierung des Textes lässt sich bequem über die verschiedenen Einstellungen unterhalb des Textfeldes anpassen ❻.

5 Über die beiden Symbole rechts und links des im Storyboard markierten Texteffekts verändern Sie die Anzeigedauer ❼. Dies funktioniert so, wie zuvor bereits für die Fotos gezeigt. Positionieren Sie den Mauszeiger in der Mitte des Effekts, können Sie ihn anschließend mit gedrückter linker Maustaste auch noch Richtung Filmanfang bzw. -ende verschieben.

6 Prüfen Sie das Ergebnis, indem Sie die Wiedergabe mit einem Klick auf das Wiedergabesymbol starten ❽. Zuvor sollen Sie sicherstellen, dass der Wiedergabemarker in der Zeitleiste links vom Texteffekt positioniert ist ❾.

7 Falls Sie sich entscheiden sollten, doch keinen Untertitel ergänzen zu wollen, markieren Sie ihn im Storyboard, und klicken dann in der kleinen Symbolleiste unterhalb des Vorschaufensters auf das Papierkorbsymbol ❿.

TIPP

Verrückte Grafikeffekte ergänzen

Bewegungs- und Farbeffekte sowie Untertitel sind zwar nett, aber nach Ihrem Geschmack darf es ruhig noch kurioser werden? Falls Sie die Zuschauer mit tanzenden Katzen, Herzchen, Pfeilen und mehr überraschen möchten, sollten Sie einen Blick auf die Grafiken von Clipchamp werfen. Hierzu positionieren Sie den Wiedergabemarker im Storyboard wieder an der Stelle, an der der Grafikeffekt eingefügt werden soll. Klicken Sie dann in der Symbolleiste am linken Fensterrand auf **Grafiken**. In der linken Spalte werden nun verschiedene Kategorien mit jeweils zwei Beispielen eingeblendet.

Abbildung 12.18 Wer es etwas kurioser mag, kann seine Videos mit Grafikeffekten versehen.

Klicken Sie auf das Pfeilsymbol **Mehr anzeigen**, wird die gesamte Spalte mit Effekten der gewählten Kategorie gefüllt. Mit einem Klick auf **Grafiken** kehren Sie immer wieder zur Kategorieübersicht zurück. Gefällt Ihnen ein Effekt, positionieren Sie wie gewohnt den Mauszeiger auf der Miniaturvorschau, und klicken dann auf das nun sichtbare Plussymbol. Sie können das Objekt gleich im Vorschaufenster begutachten. Mit gedrückter Maustaste lässt es sich an die gewünschte Position verschieben. Die Größe des Objekts passen Sie wiederum über die Markierungseckpunkte an. Jedes Objekt lässt sich auch wieder entfernen, indem Sie es im Storyboard markieren und dann auf das Papierkorbsymbol klicken.

12.3.3 Die passende Musikuntermalung für Ihr Video

Was wäre ein guter Film ohne die passende Musikuntermalung? Möchten Sie auch Ihr Video musikalisch etwas auffrischen, können Sie sich z. B. in der kleinen Musikbibliothek bedienen, die in Clipchamp integriert ist. Selbstverständlich lässt sich aber auch ein Song aus der eigenen Musiksammlung hinzufügen. Möchten Sie sich einen Eindruck vom Angebot des Videoeditors verschaffen, klicken Sie in der linken Spalte auf **Musik und Soundeffekte** ❶.

Abbildung 12.19 Clipchamp bringt eine bunte Sammlung an Hintergrundmusik mit.

Ist am oberen Rand der linken Spalte **Alle** ❷ markiert, werden darunter alle Musiktitel und Soundeffekte aufgelistet. Achten Sie dabei auf den Hinweis **Kostenlos** ❸. Blättern Sie nun in Ruhe in der Liste, und hören Sie sich die Titel mit einem Klick auf das Wiedergabesymbol am linken Rand des jeweiligen Musiktitels an ❹. Gefällt Ihnen ein Titel, positionieren Sie zunächst im Storyboard den Wiedergabemarker an der Position, an der die Musik eingefügt werden soll. Positionieren Sie den Mauszeiger dann in der linken Spalte auf dem gewünschten Musiktitel. Mit einem Klick auf das nun sichtbare Plussymbol wird er im Storyboard in einer eigenen Spur unterhalb der Fotos und Videos eingefügt. Ist der Song zu lang, können Sie ihn kürzen, wie zu Beginn des vorherigen Abschnitts für die eigenen Filme beschrieben. Falls Sie den Song später doch wieder entfernen möchten, markieren Sie das Element des Musikstücks im Storyboard und klicken dann auf das Papierkorbsymbol in der kleinen Symbolleiste.

Falls Sie in der Sammlung von Clipchamp nicht die passende Musikuntermalung gefunden haben, können Sie natürlich auch einen Song aus der eigenen Musikbibliothek auswählen. In diesem Fall klicken Sie in der Symbolleiste am linken Fensterrand auf **Ihre Medien**. Nach einem Klick auf **Medien importieren** navigieren Sie im Dialog **Öffnen** zu dem Verzeichnis, in dem sich der gewünschte Musiktitel befindet. Markieren Sie ihn und bestätigen Sie mit **Öffnen**. Wiederholen Sie dies gegebenenfalls mit weiteren Audiodateien in anderen Verzeichnissen. Die ausgewählten Audiodateien werden anschließend in der linken Spalte aufgeführt und können dort wie zuvor die Fotos und Videos per Klick auf das Plussymbol dem Storyboard hinzufügt werden.

Abbildung 12.20 Über die Schieberegler rechts können Sie festlegen, wie sanft ein Musiktitel anfangen bzw. enden soll.

Befindet sich das Audioelement noch nicht an der gewünschten Position, verschieben es einfach mit gedrückter linker Maustaste. Nachdem Sie das Audioelement markiert haben, haben Sie in der rechten Spalte übrigens die Möglichkeit, über die beiden Schieberegler **Einblenden** und **Ausblenden** ein langsames Lauterwerden zu Beginn des Musiktitels und ein langsames Leiserwerden zum Ende hin festzulegen.

12.3.4 Ein Video fertigstellen

Das Erstellen eines Videos mit Effekten, Untertiteln und Musikuntermalung kann einige Zeit in Anspruch nehmen. Falls Sie die Arbeit am Videoprojekt zwischendurch unterbrechen müssen, ist dies kein Problem: Die Clipchamp-App sichert den aktuellen Stand des

Projekts automatisch. Sie können Clipchamp also jederzeit schließen. Wenn Sie mit der Bearbeitung des Videos fortfahren möchten, rufen Sie die App einfach wieder auf und wählen das gewünschte Video in der Übersicht aus ❶.

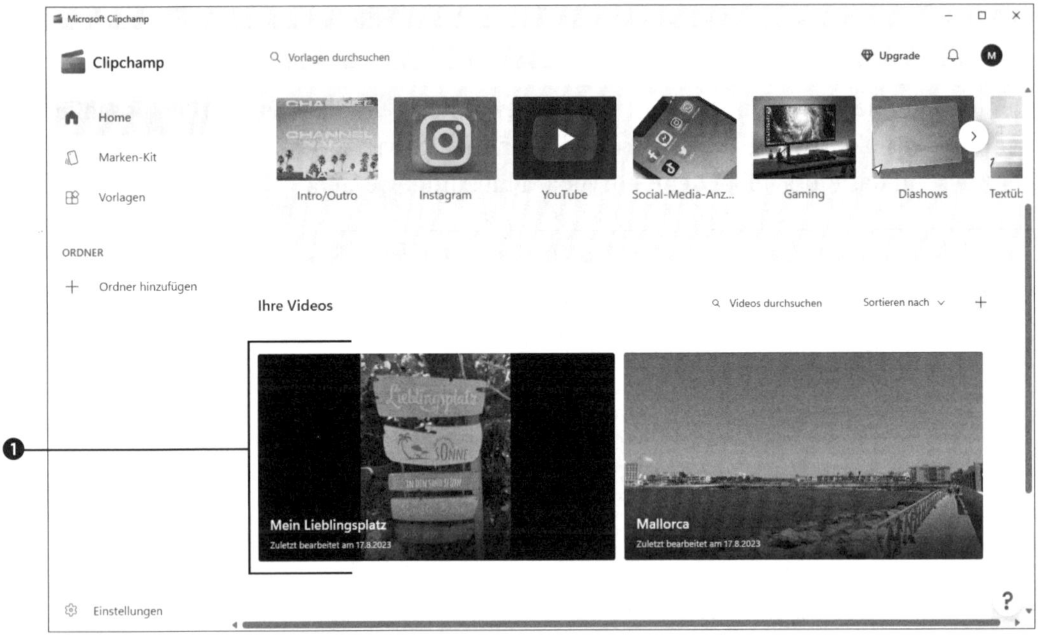

Abbildung 12.21 Sie können die Arbeit am Videoprojekt jederzeit unterbrechen und zu einem späteren Zeitpunkt fortsetzen. Das Speichern des aktuellen Standes übernimmt die Clipchamp-App automatisch.

Sind Sie mit der Bildzusammenstellung, den Effekten und der Hintergrundmusik zufrieden, können Sie eine Videodatei im MP4-Format erstellen. Hierzu klicken Sie in der rechten oberen Ecke des Programmfensters auf **Exportieren** ❷. Clipchamp überprüft Ihr Video nun noch auf eventuell vorhandene Lücken. Diese würden im Film als schwarze Flächen auftauchen. Falls die Lücken nicht absichtlich ergänzt wurden, haben Sie nach einem Klick auf **Zurückgehen und korrigieren** die Chance, sie zu entfernen. Wie Sie hierzu vorgehen, wurde bereits in den vorherigen Abschnitten beschrieben. Anschließend müssen Sie erneut auf **Exportieren** klicken. Wählen Sie dann die gewünschte Videoqualität per Mausklick aus ❸. Das Video wird nun erzeugt und automatisch im Ordner **Downloads** gespeichert. Anschließend bietet Ihnen die Clipchamp-App die Möglichkeit, das Video in OneDrive, Google Drive oder der Dropbox zu speichern. Auch ein Hochladen auf YouTube ist direkt aus der App heraus möglich.

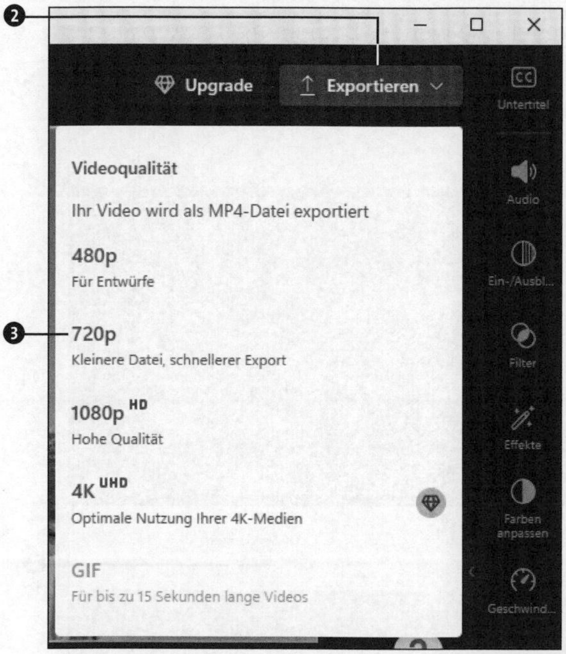

Abbildung 12.22 Vor dem Exportieren des Videos legen Sie die gewünschte Videoqualität fest.

INFO

Filme betrachten mit der App »Filme & TV«

Ihre selbst aufgenommenen Videos können Sie mit der *Windows-Fotoanzeige*-App, der *Medienwiedergabe*-App und mit der App *Filme & TV* ansehen. Der Start all dieser Apps erfolgt wie gewohnt über den entsprechenden Eintrag in der App-Liste des Startmenüs.

Die App *Filme & TV* lädt Sie nach dem Start ein, das Angebot im Microsoft Store zu erkunden. Die entsprechende Kategorie ist bereits oben links ausgewählt ❶. Rufen Sie hier die Rubrik **Filme** ❷ auf, werden Ihnen einige Filme vorgeschlagen, die Sie im Store käuflich erwerben können. Über den Pfeil oben links ❸ kehren Sie wieder zur vorherigen Übersicht zurück. Ebenfalls über den Store erhältlich sind die **TV-Sendungen** ❹, die Ihnen in der gleichnamigen Rubrik angezeigt werden. Den Store stelle ich Ihnen in Abschnitt 9.2, »Apps aus dem Microsoft Store installieren«, ab Seite 367 vor.

Alle bereits gekauften Videos erreichen Sie über die Kategorie **Gekauft** ❺. Wechseln Sie in die Kategorie **Eigene** ❻, sehen Sie alle Ihre Filme, die Sie im Standardordner **Videos** abgelegt haben. Sollten Sie hier noch weitere Unterordner angelegt haben, öffnen Sie diese mit einem Klick oder Tipp. Um ein Video abzuspielen, reicht ein Klick auf die entsprechende Videokachel. Die weitere Bedienung der App *Filme & TV* entspricht in etwa der der Windows-Fotoanzeige-App.

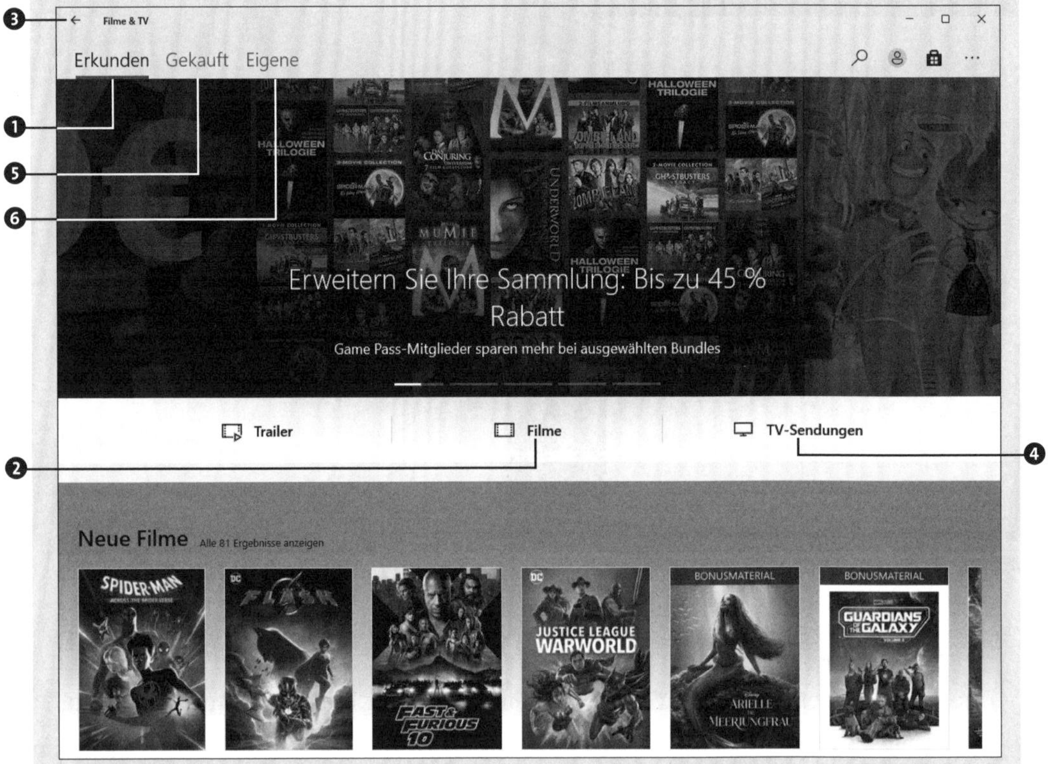

Abbildung 12.23 Die App »Filme & TV« lädt Sie zunächst zum Einkaufsbummel im Microsoft Store ein.

12.4 Musik hören mit der Medienwiedergabe-App

Mit etwas Musikuntermalung macht die Arbeit am Computer doch gleich doppelt so viel Spaß. Für den richtigen Musikgenuss sorgt z. B. die *Medienwiedergabe-App*, die Sie über den entsprechenden Eintrag in der App-Liste des Startmenüs öffnen. Die App ist der Nachfolger der *Groove-Musik-App*, die nun nicht mehr in Windows 11 verfügbar ist.

Falls Sie die Medienwiedergabe-App häufiger nutzen, bietet es sich an, sie an das Startmenü zu heften. Öffnen Sie hierzu das Startmenü, klicken Sie auf **Alle Apps** und blättern Sie bis zum Eintrag **Medienwiedergabe**. Klicken Sie diesen mit der rechten Maustaste an, und wählen Sie **An "Start" anheften**. Zukünftig lässt sich die App schnell über ihr Symbol öffnen, das Sie nun im Bereich der angehefteten Apps im Startmenü finden.

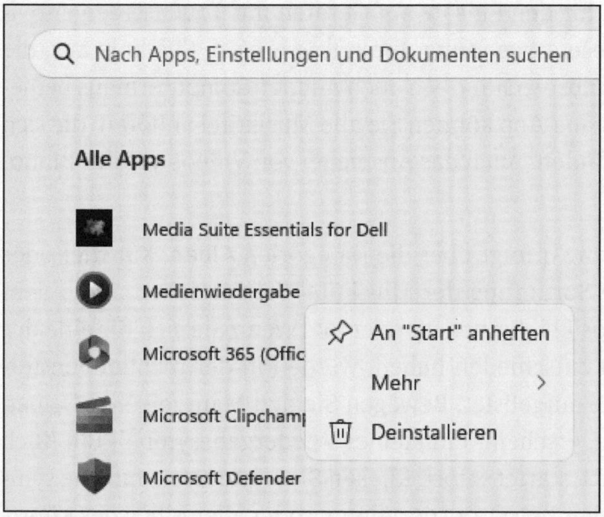

Abbildung 12.24 Nutzen Sie die App »Medienwiedergabe« häufiger, sollten Sie sie an das Startmenü heften.

TIPP

Streamingdienste im Internet

Bis zum 1. Januar 2018 bot Microsoft einen eigenen Streamingdienst namens *Groove Music Pass* an, mit dem Musik über das Internet gestreamt, also auf den PC übertragen und dort sofort über die *Groove-Musik-App* wiedergegeben werden konnte. Seitdem müssen Sie die Streamingdienste anderer Anbieter nutzen. Für rund 90 € im Jahr bietet Amazon (*www.amazon.de*) sein *Amazon Prime*-Abonnement an, das neben der Musikauswahl auch *Amazon Prime Video*, E-Books sowie den Prime-Versand beinhaltet. Die ersten 30 Tage können Sie das Angebot gratis testen. Apple verlangt für seinen Streamingdienst *Apple Music* (*www.apple.com/de/apple-music*) nach einem kostenlosen Drei-Monats-Abonnement rund 10 € im Monat bzw. für Familien 15 €. Wer mit Werbeeinblendungen leben kann, für den ist der Marktführer *Spotify* (*www.spotify.com/de*) interessant, denn in diesem Fall ist das Angebot sechs Monate lang kostenlos. Die kostenpflichtige, aber dafür werbefreie Version *Spotify Premium* ist für rund 10 € im Monat erhältlich, ein Familienabonnement für bis zu sechs Personen kostet rund 15 €.

Keine Musik, dafür Filme und Serien bietet übrigens der Streamingdienst *Netflix* (*www.netflix.de*). Nach einem kostenlosen Probemonat verlangt Netflix für das Basisabonnement monatlich ca. 8 €.

12.4.1 Die Musik-Bibliothek genießen mit der Medienwiedergabe-App

Ebenso wie die bereits in diesem Kapitel vorgestellten Apps wurde die Medienwiedergabe-App von Microsoft vor allem für den Einsatz auf Geräten mit Touchscreen entwickelt. Somit zeichnet sich auch diese Anwendung durch ihre großen Symbole aus, die sich leicht per Fingergesten, aber selbstverständlich auch mit der Computermaus bedienen lassen. Mit der Medienwiedergabe-App können Sie alle Musiktitel anhören, die sich bereits in der Bibliothek **Musik** befinden. Auch das Abspielen von Videos aus der Bibliothek **Videos** ist möglich.

Der Zugriff auf Ihre Musiksammlung erfolgt über die Kategorien **Alben**, **Künstler** oder auch **Songs** – je nachdem, welche Sortierung der Musiktitel Sie vorziehen. Nach dem Start der App ist meist links die **Musikbibliothek** markiert ❶. Wenn Sie sich für eine der Kategorien **Künstler** oder **Alben** ❷ entschieden haben, werden in der rechten Fensterhälfte die entsprechenden Einträge aufgelistet. Bewegen Sie den Mauszeiger auf einen Künstler- oder einen Albumnamen, erscheint ein kleines Wiedergabesymbol. Ein Klick hierauf ❸, und die Musikwiedergabe startet sofort. Klicken Sie stattdessen auf eine symbolfreie Fläche ❹, wird eine Liste aller Musiktitel des Albums oder aller Alben des Künstlers oder der Künstlerin angezeigt.

1 Können nicht alle Titel im Anwendungsfenster angezeigt werden, blättern Sie wie gewohnt mithilfe der Bildlaufleiste oder durch Drehen des Scrollrades der Computermaus in der Liste. Wer mit einem Gerät mit Touchscreen arbeitet, wischt zum Blättern einfach mit dem Finger von unten nach oben und umgekehrt.

2 Mit einem Klick auf die Schaltfläche **Alle wiedergeben** ❺ am oberen Seitenrand spielen Sie alle in der Liste angezeigten Musiktitel ab. Möchten Sie nur einen einzelnen Titel anhören, positionieren Sie den Mauszeiger auf ihm und klicken dann auf das links vom Titel eingeblendete Symbol ▷.

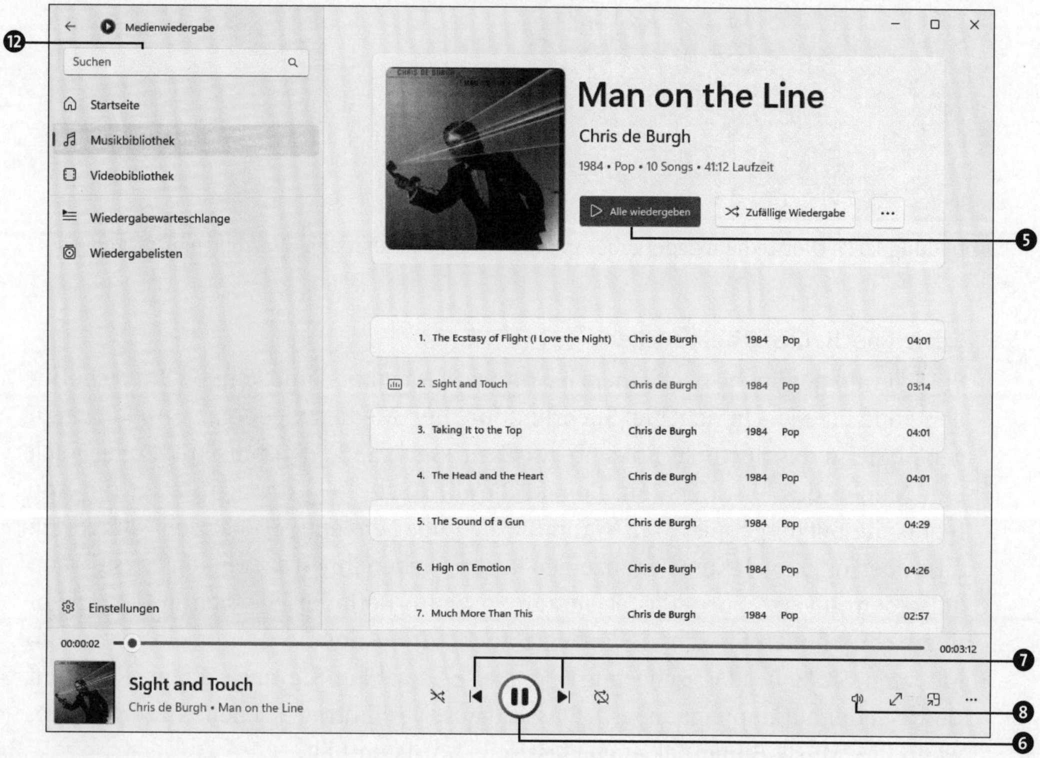

3 Wenn Sie die Wiedergabe stoppen möchten, klicken Sie auf das Symbol **Pause** ❻ am unteren Bildschirmrand.

4 Über die beiden Pfeilsymbole ❼ links und rechts vom Pausesymbol gelangen Sie zum vorherigen bzw. nächsten Musiktitel.

5 Die gewünschte Lautstärke lässt sich über den Schiebereglerarianpassen, der nach einem Klick auf das Lautsprechersymbol ❽ eingeblendet wird. Alternativ hierzu wählen Sie das Lautsprechersymbol im Infobereich der Taskleiste.

Während die Musik wiedergegeben wird, können Sie ganz normal am Computer weiterarbeiten. Wenn Sie Ihre Arbeit eine Zeit lang unterbrechen und der Sperrbildschirm eingeblendet wird, wird weiterhin Ihre Lieblingsmusik wiedergegeben. Der aktuell abgespielte Song wird unten rechts auf dem Sperrbildschirm angezeigt.

Über die drei Schaltflächen unterhalb des Titels springen Sie zum vorherigen Song ❾, pausieren die Wiedergabe ❿ oder springen zum nächsten Song ⓫. Um die Wiedergabe zu beenden, entsperren Sie den Bildschirm, rufen Sie die Medienwiedergabe-App wieder auf und klicken oder tippen in der App-Leiste auf **Stopp**.

Abbildung 12.25 Die Medienwiedergabe-App lässt sich auch über den Sperrbildschirm steuern.

TIPP

Gezielt nach Musiktiteln suchen

Sind Sie auf der Suche nach einem bestimmten Musiktitel und können ihn nicht finden, nutzen Sie einfach die Suchfunktion der Medienwiedergabe-App. Hierzu geben Sie in das Suchfeld links oben (⓬ auf Seite 513) den Musiktitel oder auch den Namen des Künstlers ein. Sobald Sie die Taste [↵] drücken, zeigt die App rechts die Suchergebnisse an. Wenn Sie sich über die entsprechenden Kategorien alle **Alben** oder auch **Künstler** anzeigen lassen, stehen Ihnen am oberen Fensterrand außerdem diverse Sortierkriterien zur Auswahl. Befinden Sie sich in der Albenübersicht, können Sie die Titelanzeige auch auf bestimmte Genres einschränken. Möchten Sie z. B. klassische Musik genießen, wählen Sie nach einem Klick auf **Genre** in der aufklappenden Liste **Classical** aus. Der Eintrag erscheint natürlich nur, wenn Ihre Musik-Bibliothek auch klassische Musik enthält.

12.4.2 Wiedergabelisten mit Lieblingsmusik anlegen

Jedes Musikalbum enthält meist auch Titel, die einem nicht ganz so gut gefallen. Andere wiederum möchte man am liebsten den ganzen Tag hören. Mit der Medienwiedergabe-App können Sie sich ganz bequem Wiedergabelisten mit Ihren Lieblingssongs zusammenstellen:

1 Öffnen Sie das Album, in dem sich der erste Musiktitel befindet, den Sie der Wiedergabeliste hinzufügen möchten. Positionieren Sie den Mauszeiger auf dem Musiktitel. Links vom Titel wird nun ein Kästchen ❶ eingeblendet, das Sie per Mausklick mit einem Häkchen versehen.

2 Sobald Sie den ersten Titel markiert haben, erscheint links von allen weiteren Songs des Albums das Kontrollkästchen, sodass Sie gleich weitere Titel auswählen können.

3 Klicken Sie oberhalb der Songliste auf das Symbol mit den drei kleinen Punkten und anschließend auf **Hinzufügen zu ▸ Neue Wiedergabeliste ❷**.

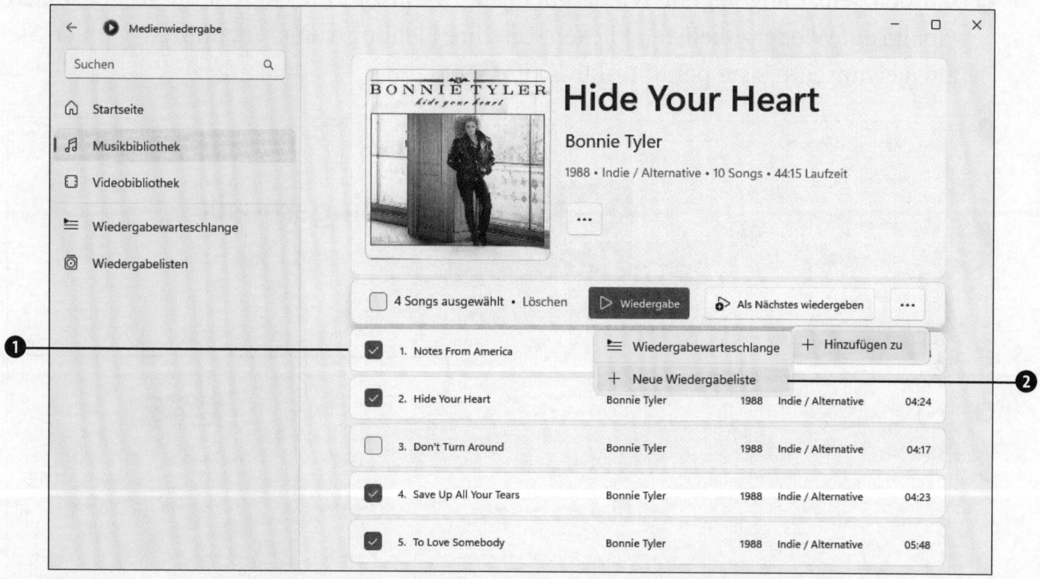

4 Sie werden nun aufgefordert, einen Namen für die Wiedergabeliste einzugeben ❸, den Sie mit **Erstellen** ❹ bestätigen.

5 Wiederholen Sie die ersten drei Schritte für weitere Titel in anderen Alben. Nach einem Klick auf **Hinzufügen zu** können Sie direkt die zuvor angelegte Wiedergabeliste auswählen.

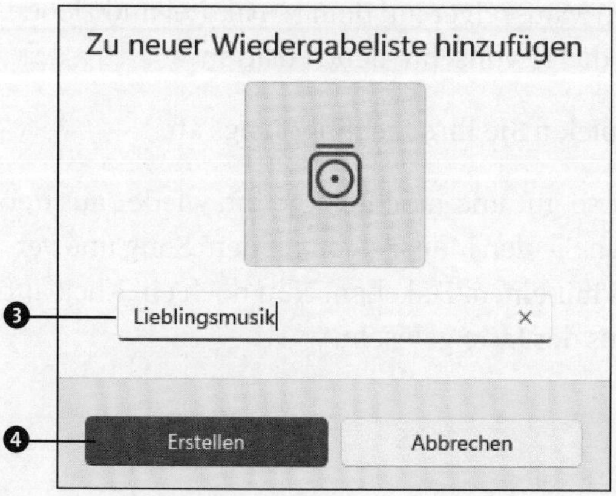

Sie können einer Wiedergabeliste beliebig viele Musiktitel hinzufügen oder natürlich auch eine neue Liste anlegen. Über das Pfeilsymbol oben links ❺ gelangen Sie immer wieder zur vorherigen Übersicht zurück, sodass Sie ein neues Album oder einen neuen Künstler auswählen können.

6 Zu den selbst angelegten Wiedergabelisten gelangen Sie, indem Sie in der linken Spalte auf **Wiedergabelisten** klicken. Um Ihre Lieblingssongs anzuhören, wählen Sie die gewünschte Liste per Mausklick aus ❻.

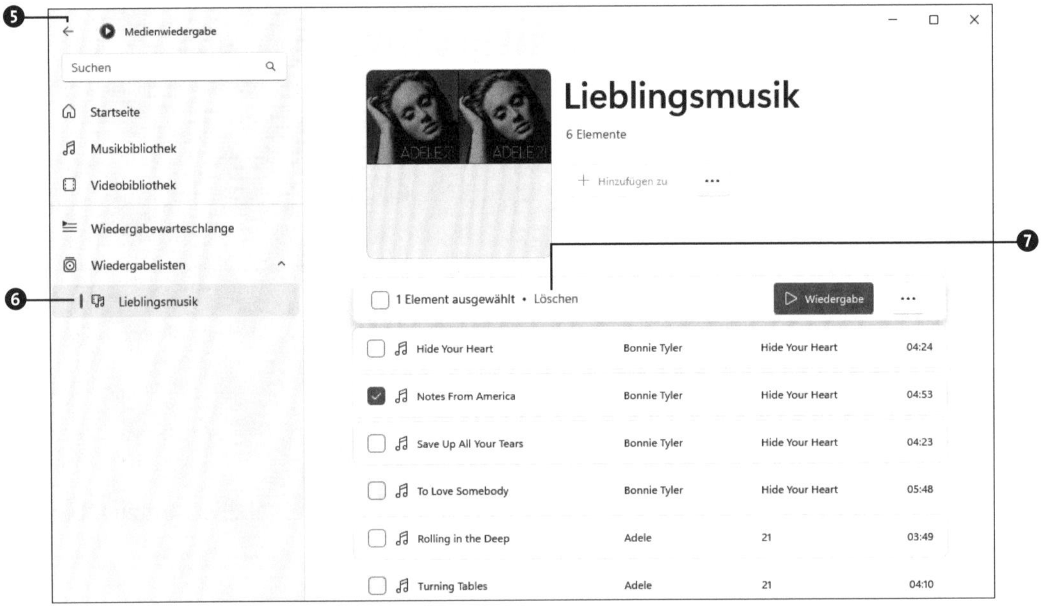

7 Die Songs werden in der Wiedergabeliste zunächst in der Reihenfolge angezeigt, in der sie hinzugefügt wurden. Wenn Sie einen Musiktitel an eine andere Position verschieben möchten, positionieren Sie den Mauszeiger auf dem Musiktitel und ziehen ihn mit gedrückter linker Maustaste an die gewünschte neue Position.

8 Mit einem Klick auf **Alle wiedergeben** spielen Sie Ihre Lieblingssongs ab.

9 Gefällt Ihnen ein Titel doch nicht mehr so gut und möchten Sie ihn wieder aus der Wiedergabeliste entfernen, positionieren Sie den Mauszeiger auf dem Song und versehen dann das nun sichtbare Kästchen mit einem Häkchen. Nun noch ein Klick auf Löschen ❼, und schon wird der Song aus der Liste gelöscht.

12.4.3 Audio-CDs abspielen und auf den PC kopieren

Der Vorgänger der Medienwiedergabe-App, die App Groove Musik, hatte ein großes Manko: Es war nicht möglich, mit ihr die eigenen Musik-CDs abzuspielen, geschweige denn auf den Computer zu überspielen. So kam es, dass viele Anwender für diese Aktionen auf den altbekannten Windows Media Player zurückgriffen. Dies ist nun nicht mehr nötig, denn die Medienwiedergabe-App beherrscht auch das Abspielen und Überspielen von Audio-CDs.

Sobald Sie eine entsprechende Audio-CD in das CD/DVD-Laufwerk Ihres Computers einlegen, erscheint der Titel der CD automatisch in der linken Spalte der Medienwiedergabe-App. Sollte die Medienwiedergabe-App noch nicht geöffnet sein, blendet Windows 11 in der rechten unteren Bildschirmecke einen kleinen Hinweis ein. Klicken oder tippen Sie darauf, und wählen Sie dann im nächsten Dialog **Audio-CD wiedergeben ▶ Medienwiedergabe**. Hierdurch wird automatisch die Medienwiedergabe-App geöffnet und die Musik-CD sofort abgespielt.

Audio-CDs lassen sich mit der Medienwiedergabe-App aber nicht nur abspielen, Sie können den Inhalt der CD auch auf den Computer kopieren. Sobald Sie die Audio-CD in das CD/DVD-Laufwerk eingelegt und die Medienwiedergabe-App gestartet haben, kann es auch schon losgehen:

1. Stellen Sie sicher, dass in der linken Spalte der Titel der Musik-CD markiert ist ❶ und dass der Inhalt der CD im Inhaltsbereich rechts angezeigt wird.
2. Klicken Sie auf das Symbol mit den drei kleinen Punkten. In der aufklappenden Liste wählen Sie die **Rip-Einstellungen** ❷.

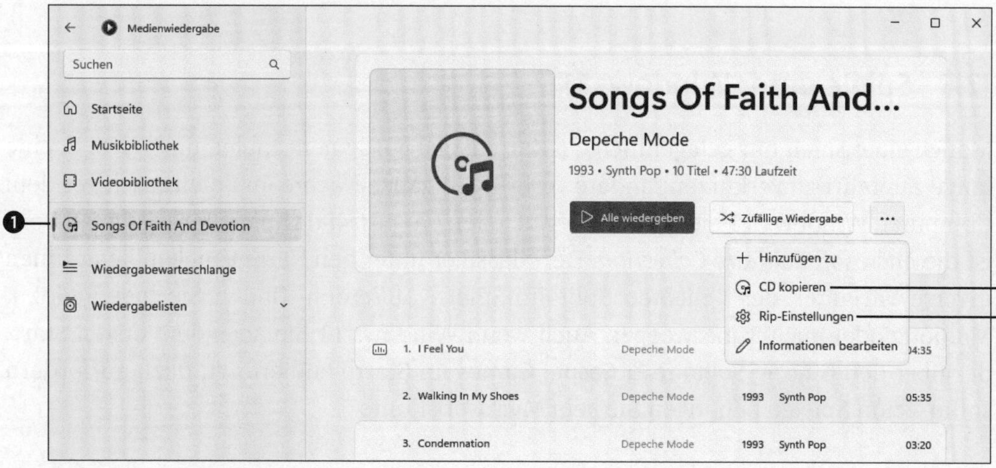

3 Legen Sie nun das Format fest, in dem die Musiktitel auf dem PC gespeichert werden sollen. Klicken Sie hierzu in das entsprechende Feld, und wählen Sie das gewünschte Format aus, z. B. **MP3** ❸. Speichern Sie Ihre Auswahl.

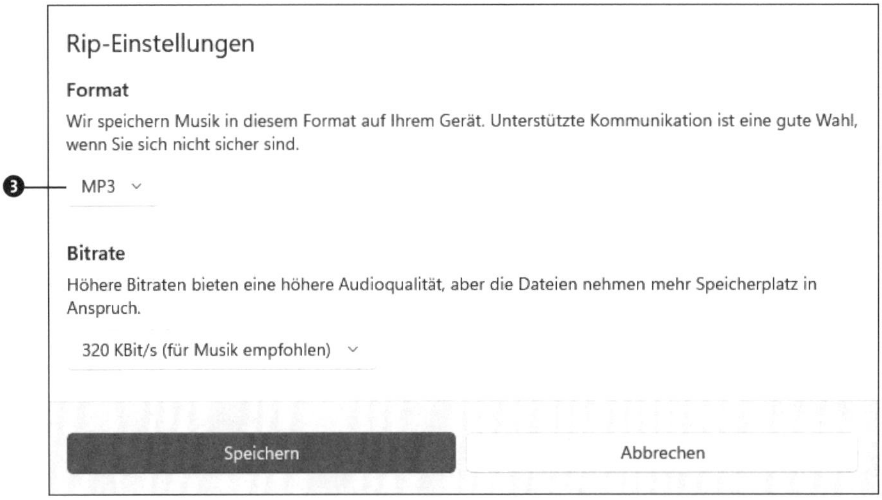

4 Zurück im Programmfenster der Medienwiedergabe-App klicken Sie erneut auf das Symbol mit den drei kleinen Punkten. Nun wählen Sie den Befehl **CD kopieren** ❹. Die App beginnt sofort mit dem Kopiervorgang der Musiktitel. Den Fortschritt können Sie anhand der Prozentangabe beobachten, die jeweils rechts von einem Musiktitel eingeblendet wird.

Das kopierte Album wird automatisch in der Bibliothek **Musik** abgespeichert.

12.5 Spiele unter Windows 11

Manch einer spielt nur gelegentlich ein Kartenspiel auf seinem Tablet, um sich z. B. eine lange Zugfahrt zu verkürzen; andere verbringen ganze Nächte im Spielrausch vor dem Computer. Windows 11 bietet für jede und jeden das passende Spiel. Bereits mit an Bord ist die *Microsoft Solitaire Collection*. Der Klassiker unter den Kartenspielen bietet Ihnen diverse Varianten des beliebten Solitaire-Spiels. Außerdem finden Sie hier Sudoku, Mahjong oder auch Minesweeper. Auch wenn Windows 11 Sie nach dem ersten Start, der über den Eintrag **Solitaire & Casual Games** im Startmenü erfolgt, dazu auffordern sollte – zum Spielen benötigen Sie kein Microsoft-Konto.

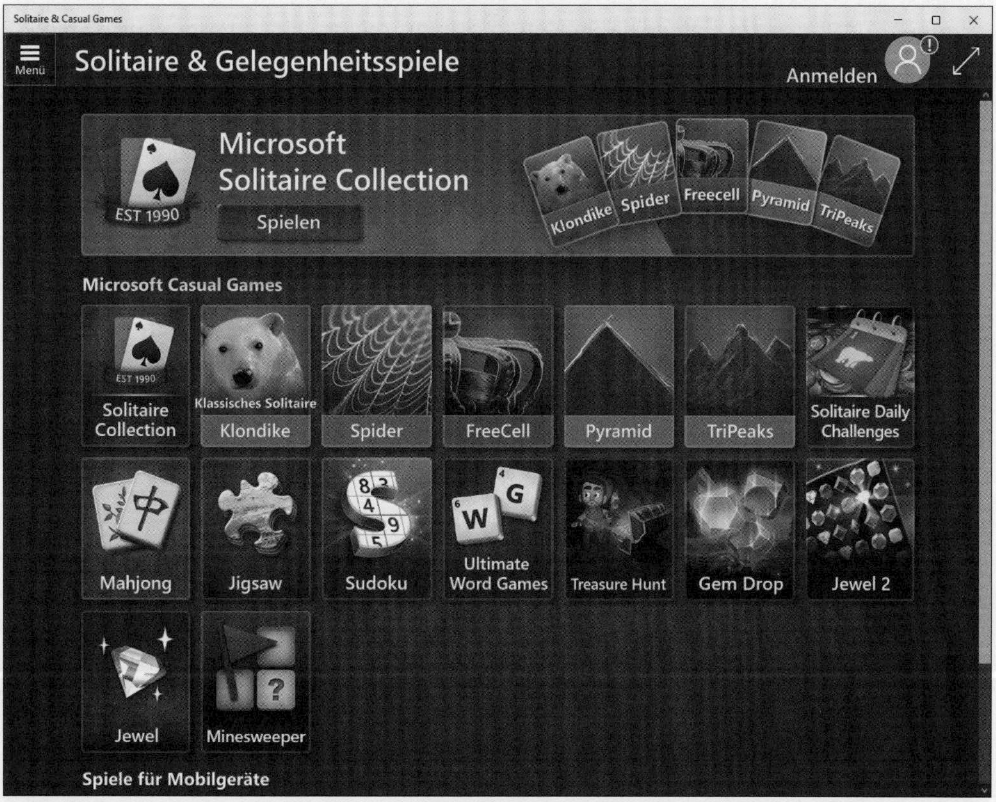

Abbildung 12.26 Die »Microsoft Solitaire Collection« ist bereits in Windows 11 an Bord.

Im Microsoft Store finden Sie ein großes Angebot an Spielen, das von Wimmelbildspielen für Kleinkinder über Denksportaufgaben für die Großen bis hin zu Actionspielen für die Spielprofis reicht. Viele Spiele können Sie sich kostenlos herunterladen, ein großer Teil ist aber auch kostenpflichtig. Hier sollten Sie sich genau die Bewertungen anderer Nutzer durchlesen, bevor Sie Geld für etwas ausgeben, das womöglich nicht Ihren Ansprüchen genügt. Weitere Informationen zum Store erhalten Sie in Abschnitt 9.2, »Apps aus dem Microsoft Store installieren«, ab Seite 367.

INFO

Windows 11 und der Spielmodus

Windows 11 verfügt über einen speziellen Spielmodus. Ist der Modus aktiviert, kommt die Rechenleistung des Computers in erster Linie dem Spiel zugute. Anwendungsprozessen, die im Hintergrund laufen, werden dagegen weniger Ressourcen zur Verfügung gestellt. Um den Spielmodus zu aktivieren, wählen Sie in der **Einstel-**

lungen-App links die Kategorie **Spielen** und dann rechts die Unterkategorie **Spielmodus** aus. Setzen Sie den Regler **Spielmodus** auf **Ein**.

Während des Spielens lässt sich eine Spieleleiste auf dem Bildschirm einblenden, die sogenannte *Xbox Game Bar*. Hierfür muss allerdings der entsprechende Regler in der **Einstellungen**-App unter **Spielen ▸ Xbox Game Bar** aktiviert sein. Ist dies der Fall, reicht die Tastenkombination [Win] + [G], um die Spielleiste einzublenden. Über die Spielleiste können Sie nun verschiedene Widgets einblenden.

Das Widget **Aufzeichnen** bietet z. B. verschiedene Schaltflächen, um schnell einen Screenshot vom Spiel zu erstellen, die letzten 30 Sekunden des Spielverlaufs aufzuzeichnen oder eine Aufzeichnung mit eingeschaltetem oder auch ausgeschaltetem Mikrofon zu starten bzw. zu beenden. Blenden Sie das Widget **Leistung** ein, erfahren Sie, wie es mit der CPU- oder auch GPU-Auslastung aussieht.

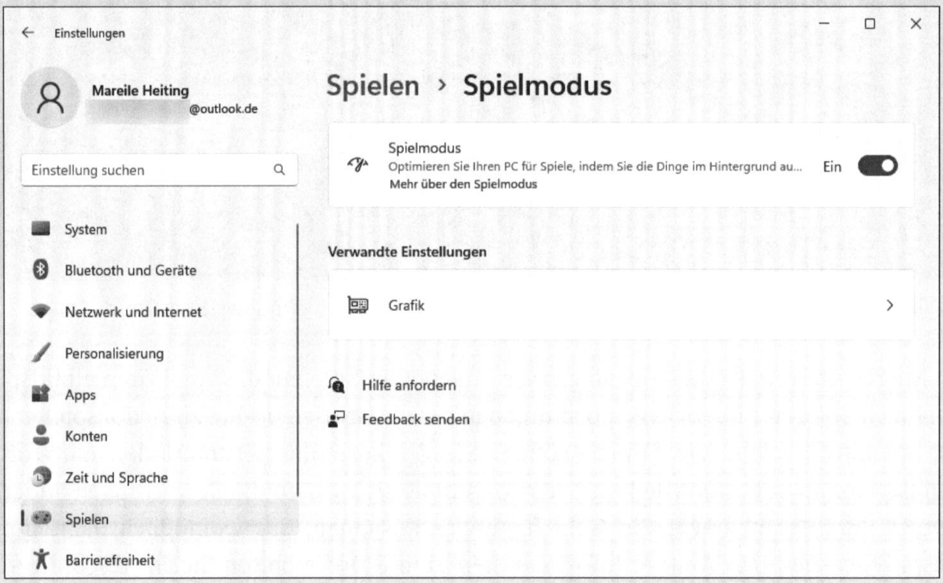

Abbildung 12.27 Der Spielmodus muss in der Einstellungen-App aktiviert werden.

TEIL IV

Netzwerken mit Windows 11

13 Mit dem Browser Microsoft Edge im Internet surfen

Über viele Jahre hinweg brachte Windows den *Internet Explorer* als Standardprogramm zur Darstellung von Webseiten mit. Bereits unter Windows 10 wurde er durch den Browser *Microsoft Edge* abgelöst. Diese Browserversion, die auf dem Open-Source-Projekt *Chromium* von Google basiert, ist auch Bestandteil von Windows 11. Als Name des Browsers liest man häufiger *Microsoft Edge Chromium*, die kurze Bezeichnung lautet schlicht *Microsoft Edge* bzw. *Edge*. Wie Windows 11 erhält auch Edge mit jedem weiteren Update neue pfiffige Funktionen, die entweder dem komfortablen Surfen im Internet dienen oder der Sicherheit. Auf den folgenden Seiten stelle ich Ihnen Microsoft Edge im Detail vor. Um den Aufruf der App besonders leicht zu machen, wurde Edge bereits mit einem Programmsymbol fest in der Taskleiste verankert. Sollten Sie es noch nicht entfernt haben, reicht ein Klick auf das Symbol ❶, und schon wird Edge gestartet. Alternativ öffnen Sie den Browser per Klick auf das angeheftete Symbol **Microsoft Edge** im Startmenü oder über den gleichnamigen Eintrag in der Liste **Alle Apps**, die Sie ebenfalls über das Startmenü erreichen.

Abbildung 13.1 Der Browser Edge kann blitzschnell über das Programmsymbol in der Taskleiste geöffnet werden.

TIPP

Gibt es ihn noch, den Internet Explorer?

Der Internet Explorer gehört unter Windows 11 der Vergangenheit an. Damit ältere Websites, die speziell für den Internet Explorer optimiert wurden, bei der Darstellung im Microsoft Edge keine Probleme verursachen, verfügt der neue Browser über einen speziellen *Internet-Explorer-Kompatibilitätsmodus*. Um die Einstellungen des Modus zu überprüfen, drücken Sie die Tastenkombination `Alt` + `F` und wählen die **Einstellungen**. Markieren Sie links die Kategorie **Standardbrowser**. Eventuell müssen Sie zuvor links auf das Symbol ☰ klicken, um die Kategorien einzublenden.

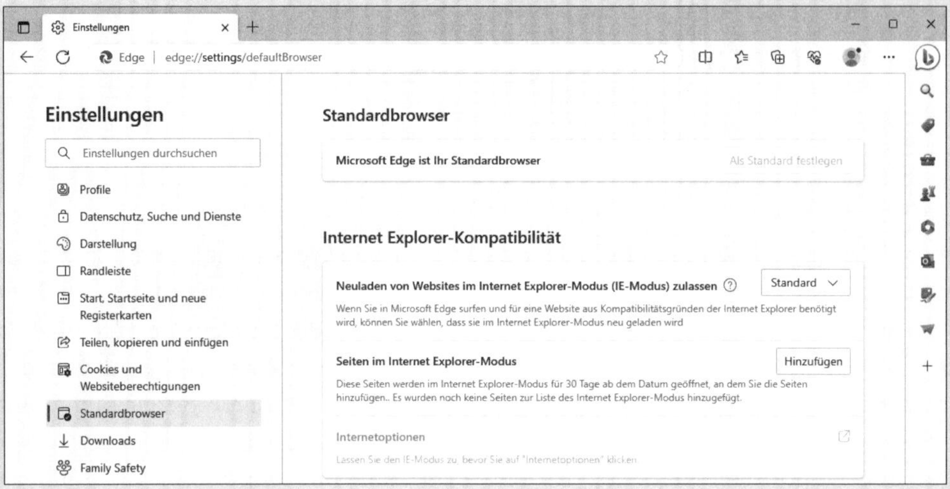

Abbildung 13.2 Im Browser Edge ist ein Internet-Explorer-Kompatibilitätsmodus integriert.

13.1 Ein erster Überblick über Microsoft Edge

Bei jedem Start des Browsers erscheint die sogenannte Startseite im Vordergrund. Per Standardeinstellung handelt es sich dabei um eine Internetseite von MSN, dem Webportal von Microsoft, die eine Übersicht über verschiedene Nachrichten aus der ganzen Welt bietet. Der Titel dieser Seite lautet **Neuer Tab** ❶. Wie Sie selbst Ihre Lieblingswebseite als Startseite festlegen, erfahren Sie in Abschnitt 13.3.4, »Eigene Startseite festlegen«, ab Seite 541.

Drücken Sie die Taste [F11], wird das Browserfenster über den kompletten Bildschirm hinweg angezeigt. Selbst die Taskleiste am unteren sowie die Adress- und Symbolleiste am oberen Bildschirmrand werden ausgeblendet. Benötigen Sie eine der beiden Leisten, bewegen Sie den Mauszeiger einfach an den entsprechenden Bildschirmrand, und schon erscheint die Leiste wieder. Durch erneutes Drücken der Taste [F11] beenden Sie den Vollbildmodus. Das Browserfenster wird anschließend wieder in der zuvor von Ihnen genutzten Größe angezeigt.

Viele Webseiten enthalten mehr Inhalt, als auf dem Bildschirm angezeigt werden kann. Mithilfe der Bildlaufleiste am rechten Rand des Anwendungsfensters blättern Sie auf einer Seite ❷. Wenn Sie eine Computermaus mit Scrollrad verwenden, drehen Sie zum Blättern einfach das Rädchen. Auf einem Gerät mit Touchscreen wiederum wischen Sie mit dem Finger direkt auf der Seite von unten nach oben und umgekehrt.

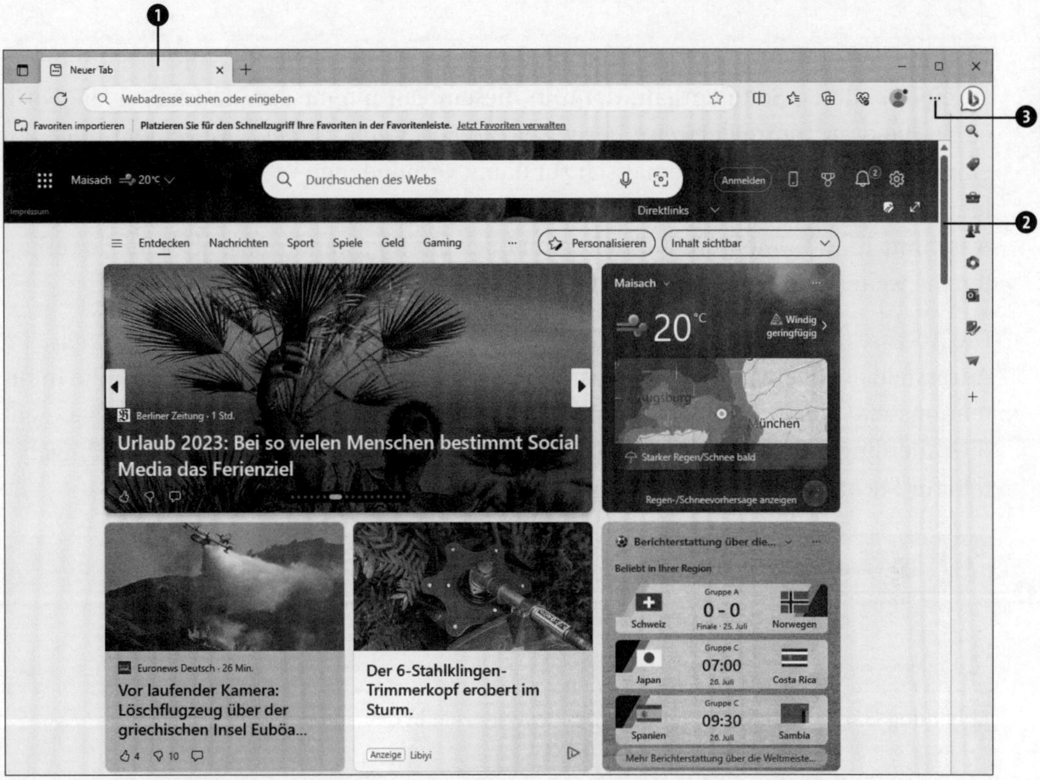

Abbildung 13.3 Die Startseite von Edge zeigt standardmäßig Nachrichten von MSN, dem Webportal von Microsoft, an.

Falls Sie den Text auf einer Webseite aufgrund der Schriftgröße kaum lesen können, vergrößern Sie ihn am besten. Hierzu drücken Sie die Tastenkombination Strg + +. Mit der Tastenkombination Strg + - verkleinern Sie ihn wieder. Wenn Sie gerne mit der Computermaus arbeiten und diese ein Scrollrad besitzt, halten Sie die Taste Strg gedrückt, während Sie das Rädchen zum Vergrößern nach oben drehen bzw. zum Verkleinern nach unten.

Auf einem Touchscreen reicht es, zum Vergrößern des Textes zwei Finger auf dem Bildschirm auseinanderzuziehen. Zum Verkleinern ziehen Sie die Finger wieder zusammen. Klicken Sie in der rechten oberen Ecke des Programmfensters auf das Symbol mit den drei kleinen Punkten ··· ❸, lässt sich der Text einer Webseite in der nun aufklappenden Spalte über das Plus- und Minussymbol rechts von **Zoomen** ebenfalls vergrößern bzw. verkleinern.

Auf Webseiten finden sich häufig Verknüpfungen zu anderen Webseiten, sogenannte *Links*. Arbeiten Sie mit der Computermaus und bewegen Sie den Mauszeiger über eine

Webseite, erkennen Sie schnell, welcher Text oder auch welches Bild eine Verknüpfung zu einer anderen Seite enthält, denn in diesem Fall nimmt der Mauszeiger die Form einer Hand an (normalerweise besitzt er die Form eines Pfeils). Mit einem Klick auf einen Link gelangen Sie automatisch zur damit verbundenen Webseite. In manchen Fällen wird die Webseite auf einer neuen Registerkarte (auch *Tab* genannt) geöffnet. In Abschnitt 13.3.1, »Mehrere Webseiten im Blick mit Registerkarten«, ab Seite 534 erhalten Sie weitere Informationen rund um die Registerkarten in Edge.

Die Adresse der Internetseite, auf der Sie sich gerade befinden, wird normalerweise im Adressfeld am oberen Fensterrand unterhalb der Titelleiste eingeblendet. Für die Informationsseite von MSN – also die standardmäßige Startseite von Microsoft Edge – gilt dies allerdings nicht. Hier bleibt das Feld, das zugleich als Adressfeld sowie als Eingabefeld für Suchanfragen fungiert, leer.

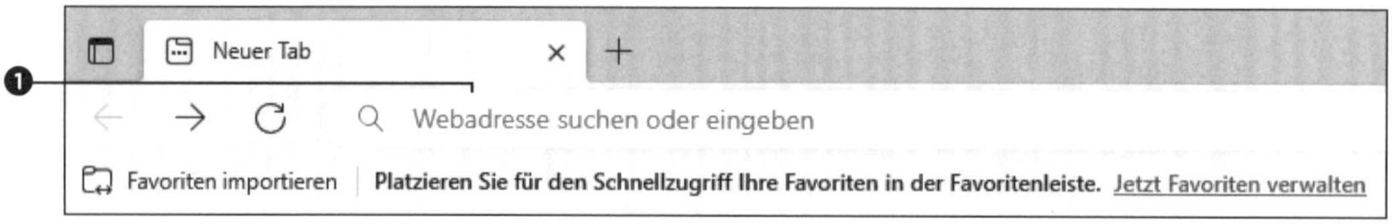

Abbildung 13.4 Auf der MSN-Startseite des Browsers bleibt das Adressfeld leer.

Wenn Sie gezielt eine Webseite aufrufen möchten, klicken Sie in das Adressfeld ❶. Falls es sich bei der Seite nicht um die MSN-Seite handelt, wird die dort bereits aufgeführte Webadresse farbig markiert.

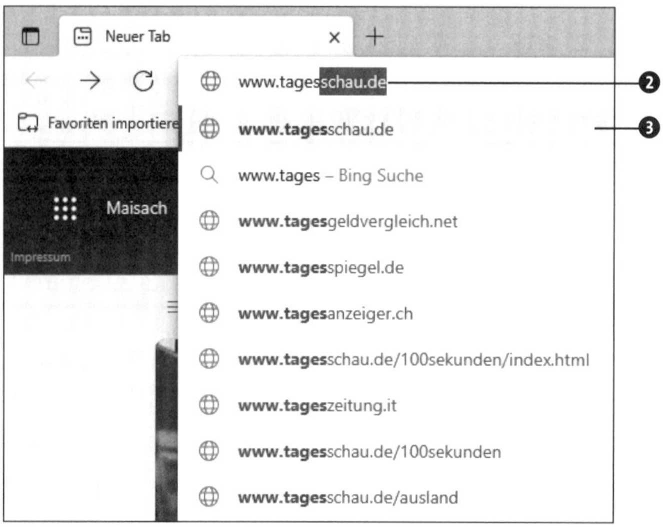

Abbildung 13.5 Bereits während der Adresseingabe erhalten Sie Vorschläge.

Wenn Sie einen Touchscreen nutzen, klappt zugleich die Bildschirmtastatur auf. Tippen Sie nun die gewünschte Webadresse ein, etwa »www.tagesschau.de«. Bereits während der Eingabe schlägt Edge Ihnen einige Webadressen vor, die mit der gleichen Buchstabenfolge beginnen ❷. Ist die gewünschte Adresse dabei, müssen Sie die Eingabe nicht fortsetzen, sondern klicken einfach auf den Link ❸. Sind dagegen keine passenden Vorschläge dabei, müssen Sie die gesamte Webadresse eintippen und durch Drücken der Taste [↵] bestätigen.

Normalerweise geschieht das Laden einer Webseite recht schnell. Sollte es doch einmal Schwierigkeiten geben oder dauert es z. B. aufgrund eines schwachen Funksignals zu lange, können Sie den Ladevorgang über das Kreuzsymbol ❹ links vom Adressfeld abbrechen. In diesem Fall wird wieder die zuvor angezeigte Webseite eingeblendet.

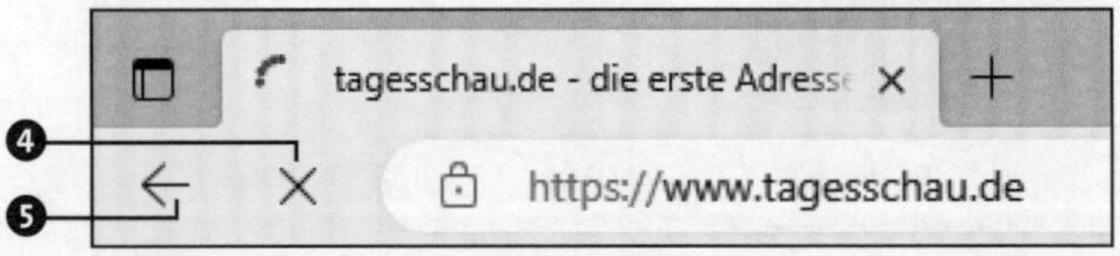

Abbildung 13.6 Dauert der Ladevorgang einer Seite zu lange, brechen Sie ihn über das Kreuzsymbol ab.

War der Ladevorgang dagegen erfolgreich, lässt sich eine Webseite über das Symbol **Aktualisieren** [↻], das nun links vom Adressfeld erscheint, neu laden. Das ist vor allem auf Nachrichtenseiten interessant, auf denen regelmäßig neue Informationen bereitgestellt werden.

Über die beiden Pfeilsymbole **Zurück** und **Vorwärts** ❺, die Sie links vom Aktualisierensymbol finden, können Sie zu bereits besuchten Webseiten zurückkehren. Auf einem Touchscreen gelingt das Blättern zwischen bereits besuchten Webseiten übrigens noch schneller: Wischen Sie einfach auf der Seite selbst von rechts nach links oder umgekehrt.

13.2 Mit Microsoft Edge im Internet suchen

Microsoft verfügt über eine eigene Suchmaschine namens *Bing*. Sie kommt z. B. dann ins Spiel, wenn Sie nach einem Klick auf das Lupensymbol in der Taskleiste einen Suchbegriff in das Suchfeld eingeben, denn diese Suchanfrage wird von Windows 11 nicht nur lokal durchgeführt, sprich auf Ihrem Computer, sondern auch im Internet. Weitere Informationen hierzu erhalten Sie in Abschnitt 10.1, »Suchanfragen über das Suchfeld der Taskleiste starten«, ab Seite 403.

Auf den nächsten Seiten erfahren Sie, wie Sie Ihre Suchanfragen direkt aus dem Browser Edge heraus starten. Per Standardeinstellung kommt hier ebenfalls Microsofts Suchmaschine Bing zum Einsatz.

Sollten Sie lieber mit einer anderen Suchmaschine arbeiten, können Sie dies in den Einstellungen von Edge hinterlegen, wie ich Ihnen in Abschnitt 13.2.2, »Die Standardsuchmaschine in Microsoft Edge ändern«, ab Seite 529 zeige.

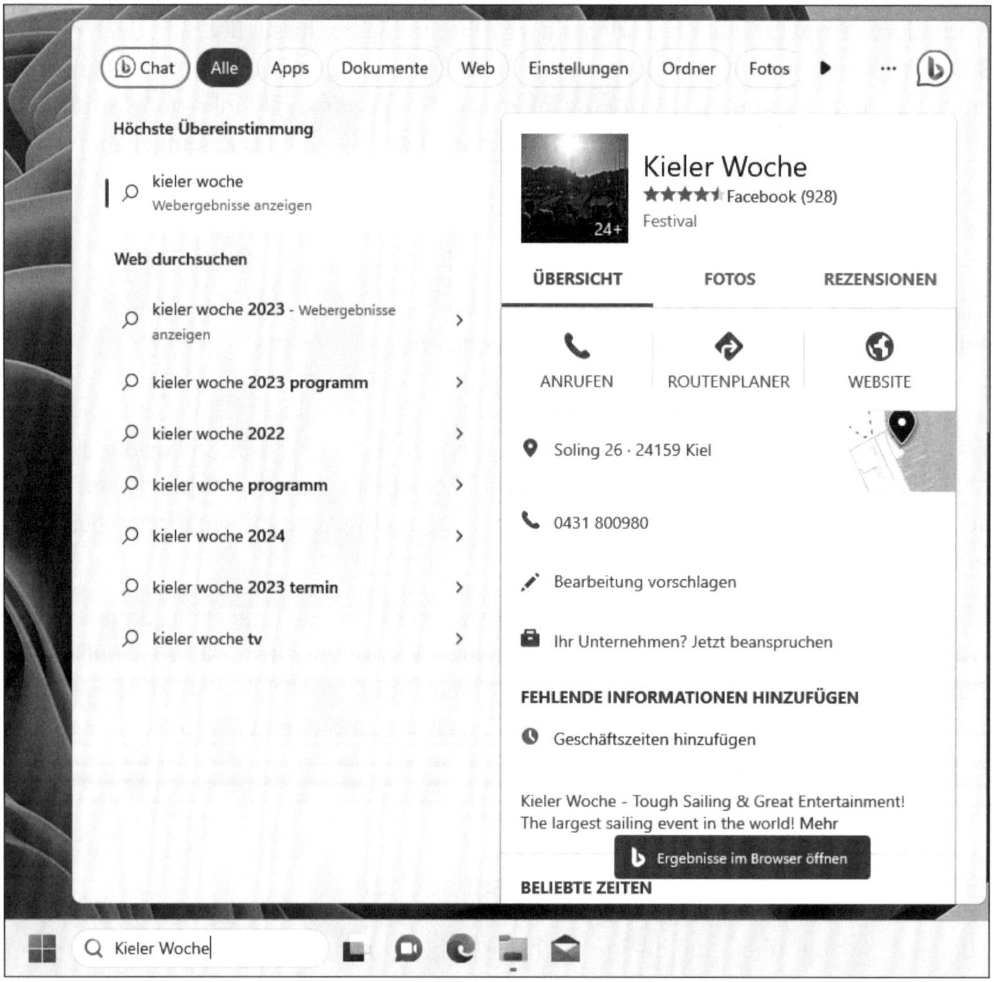

Abbildung 13.7 Über das Suchfeld vorgenommene Suchanfragen werden automatisch auch im Internet durchgeführt.

13.2.1 Die Suchmaschine Bing für Suchanfragen im Internet nutzen

Das Internet bietet eine riesige Fülle an Informationen. Die wohl bekannteste Suchmaschine, die für die Recherche im Internet genutzt wird, ist *Google* (*www.google.de*). Aber auch Microsoft bietet einen eigenen Suchdienst an: Bing. Wenn Sie die Edge-App bereits geöffnet haben, müssen Sie nicht einmal die Webseite des Suchdienstes aufrufen, um eine Suchanfrage zu stellen. Klicken Sie stattdessen in das Adressfeld. Die dort aktuell aufgeführte Webadresse wird hierdurch markiert. Anstatt nun allerdings eine neue Adresse einzutippen, geben Sie direkt den oder auch die Suchbegriffe ein.

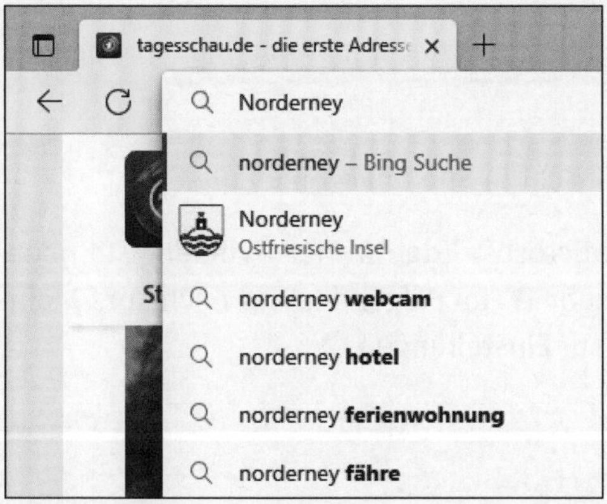

Abbildung 13.8 Den Suchbegriff können Sie in Microsoft Edge direkt in das Adressfeld eingeben.

Ähnlich wie bei der Eingabe einer Internetadresse erhalten Sie auch bei der Suche mithilfe von Begriffen bereits während der Eingabe einige Vorschläge angezeigt. Ist der gewünschte Suchbegriff dabei, klicken Sie ihn in der Liste an. Ist das nicht der Fall, setzen Sie die Eingabe selbst fort. Drücken Sie abschließend die Taste [↵], um die Suche zu starten.

Nun wird automatisch die Webseite des Bing-Suchdienstes geöffnet, und alle gefundenen Treffer zu Ihrem Suchbegriff werden angezeigt. Bevor Sie einen Treffer per Mausklick auswählen, sollten Sie sich den Eintrag genau ansehen. Denn wie Google finanziert sich auch Bing durch Werbung. Diese wird noch vor den eigentlichen Suchergebnissen aufgelistet und ist jeweils mit dem Hinweis **Anzeige** gekennzeichnet.

13.2.2 Die Standardsuchmaschine in Microsoft Edge ändern

Die Suchmaschinen Bing und Google haben sehr viel Ähnlichkeit. Wer die eine bedienen kann, hat auch mit der anderen keine Schwierigkeiten. So manch einer mag sich aufgrund ihrer großen Datensammelwut trotzdem nicht mit Bing oder gar Google anfreunden und zieht eine andere Suchmaschine vor. Auch wenn Microsoft es nicht gerne sieht, können Sie natürlich selbst festlegen, welche Suchmaschine der Browser Edge für Suchanfragen nutzen soll. Voraussetzung hierfür ist lediglich, dass die Suchmaschine die *OpenSearch-Technologie* unterstützt. Dies ist z. B. bei den beiden guten Alternativen DuckDuckGo (*http://duckduckgo.com*) sowie Startpage (*www.startpage.com*) der Fall.

Beide Suchmaschinen zeichnen sich dadurch aus, dass sie Ihre Privatsphäre respektieren. Weitere Informationen hierzu erhalten Sie jeweils auf den Webseiten der Suchmaschinen.

Zum Ändern der Standardsuchmaschine in Microsoft Edge gehen Sie folgendermaßen vor:

1. Rufen Sie zunächst die Webseite der gewünschten Suchmaschine auf.
2. Klicken Sie im Anwendungsfenster von Microsoft Edge in der Symbolleiste oben rechts auf das Symbol **Einstellungen und mehr** ❶ (im Folgenden nur noch kurz **Mehr** genannt) und in der aufklappenden Liste auf **Einstellungen** ❷.

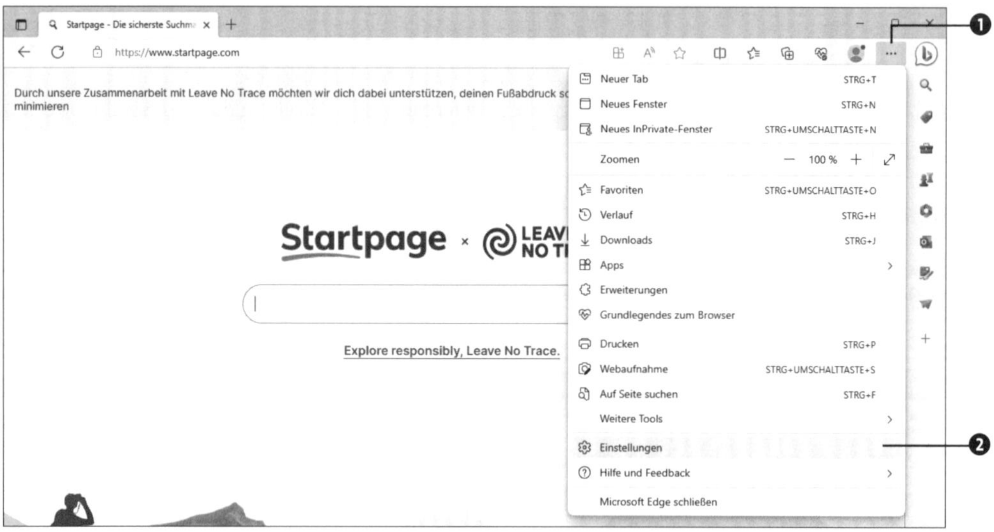

3. Im Browser wird eine neue Registerkarte geöffnet mit der Bezeichnung **Einstellungen** ❸. Markieren Sie in der linken Fensterhälfte die Kategorie **Datenschutz, Suche und Dienste** ❹. Eventuell müssen Sie zuvor auf das Symbol ☰ links von **Einstellungen** klicken, um die Kategorien einzublenden. Blättern Sie in der rechten Fensterhälfte ganz nach unten bis zum Bereich **Dienste**. Hier klicken Sie auf **Adressleiste und Suche** ❺.

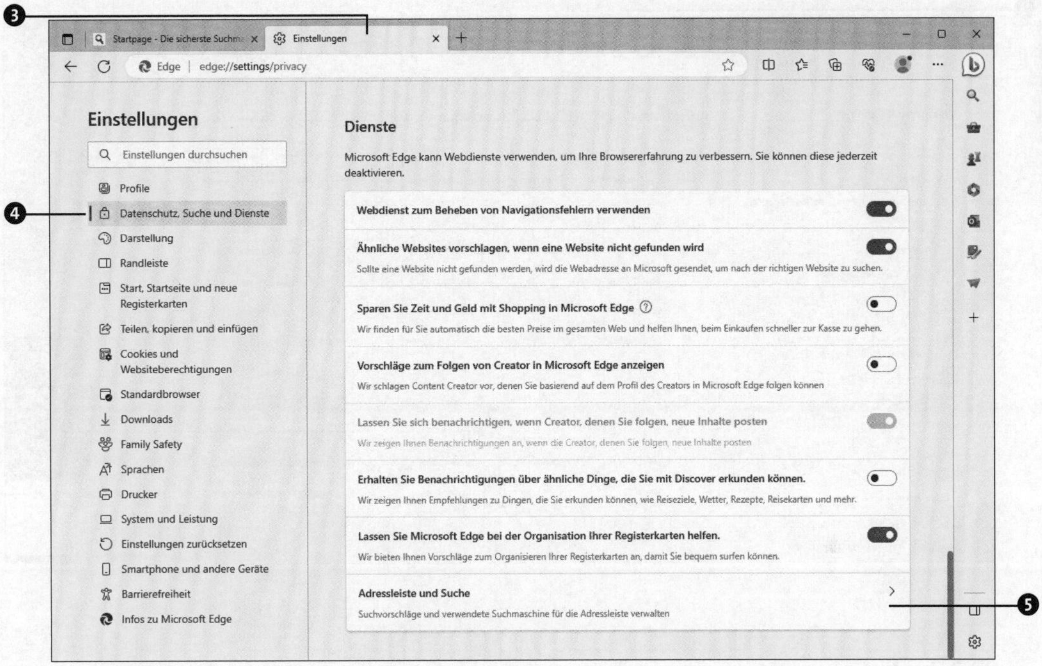

4 Auf der folgenden Seite wird im Feld rechts von **In Adressleiste verwendete Suchmaschine** als Suchmaschine noch **Bing** angezeigt. Klicken Sie auf **Suchmaschinen verwalten** ❻.

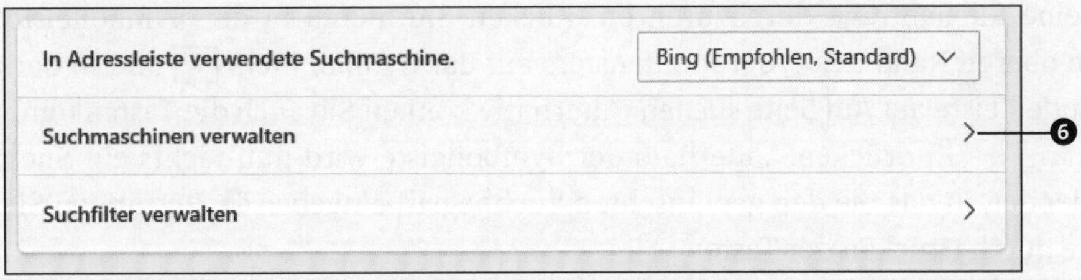

5 Auf der folgenden Seite werden neben Bing alle Suchmaschinen aufgeführt, deren Webseiten Sie bisher in Edge geöffnet haben. Um Ihre Lieblingssuchmaschine für Ihre Suchanfragen festzulegen, klicken Sie rechts von ihrem Eintrag auf das Symbol mit den drei kleinen Punkten und wählen dann **Als Standard festlegen** ❼. Wenn Sie keine weiteren Einstellungen im Browser vornehmen möchten, schließen Sie die Registerkarte mit einem Klick auf das Kreuzsymbol im Registerreiter ❽. Wann immer Sie nun eine Suchanfrage über das Adressfeld des Browsers durchführen, kommt die von Ihnen gewählte Suchmaschine zum Einsatz.

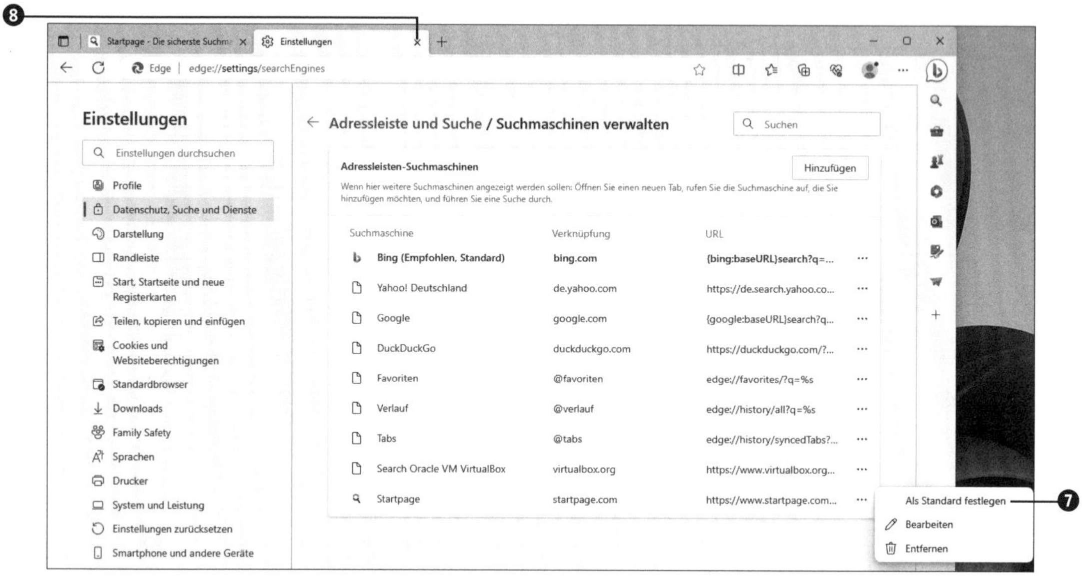

13.2.3 Auf einer Webseite suchen

Manchmal ist es schon verzwickt: Eine Webseite wurde als Treffer für Ihren Suchbegriff aufgeführt, doch nach Aufruf der Seite können Sie den Begriff nirgends entdecken. Für solch eine Situation bietet Microsoft Edge die Möglichkeit, auf einer Webseite selbst eine Suchanfrage durchzuführen. Klicken Sie hierzu in der Symbolleiste am rechten oberen Rand des Programmfensters auf das Symbol **Mehr** [···] und in der aufklappenden Liste auf **Auf Seite suchen**. Alternativ können Sie auch die Tastenkombination [Strg] + [F] drücken. Unterhalb der Symbolleiste wird nun rechts ein Suchfeld eingeblendet, in das Sie den gewünschten Suchbegriff eingeben ❶. Bestätigen Sie die Eingabe durch Drücken der Taste [↵].

Die aktuelle Webseite wird nach dem Suchbegriff durchforstet. Die Ergebnisse werden auf der Seite farbig hervorgehoben. Die Anzahl der Treffer entnehmen Sie der Angabe rechts vom Suchfeld ❷. Über die beiden Pfeiltasten ❸ gelangen Sie von einem Treffer zum nächsten. Um die Suchleiste wieder auszublenden, klicken Sie auf das Kreuzsymbol an ihrem rechten Rand ❹.

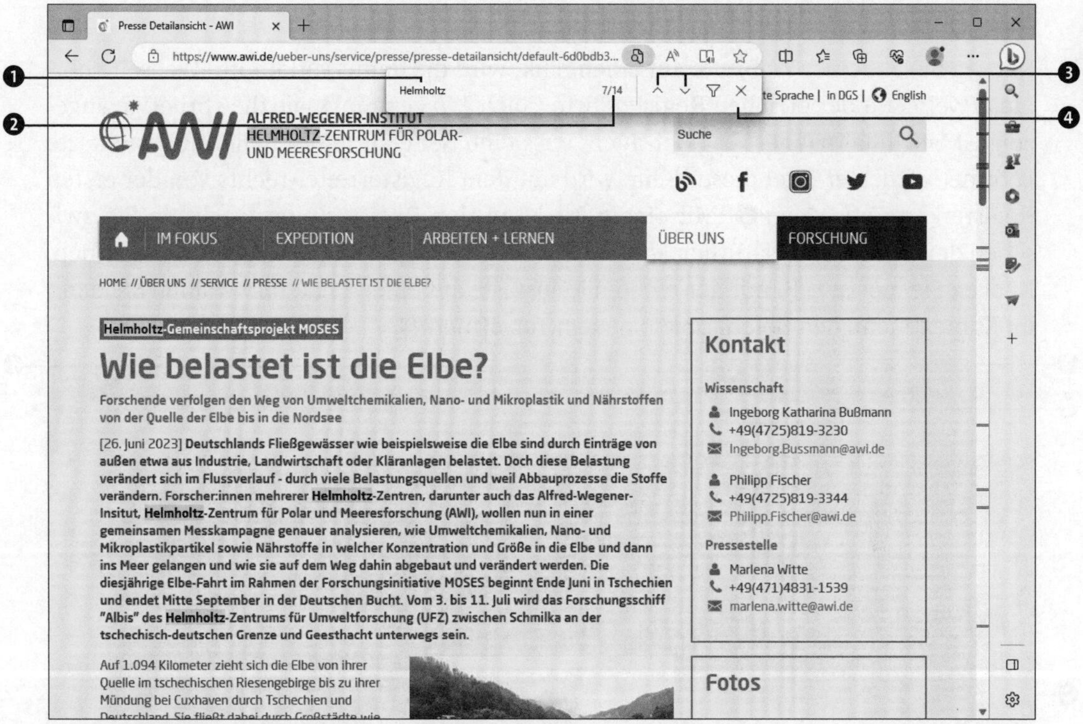

Abbildung 13.9 Sie können auch eine Webseite selbst nach Suchbegriffen durchforsten.

13.3 Webseiten noch schneller erreichen

Es gibt Webseiten, die man einmal und nie wieder besucht. Andere dagegen bieten so viele spannende Informationen, dass man immer wieder auf sie zugreifen möchte. Microsoft Edge bietet einige Möglichkeiten, wie man die Adressen interessanter Webseiten speichern und diese Seiten somit auch später schnell öffnen kann. Ein sicherlich vielen bekanntes Mittel hierfür sind die sogenannten *Favoriten*, auf die ich in Abschnitt 13.3.3, »Webseiten den Favoriten hinzufügen«, ab Seite 537 eingehen werde.

Nicht ganz so bekannt dürften die sogenannten *Sammlungen* sein, mit denen sich Webseiten, Bilder, Texte und mehr unter einem Sammelbegriff zusammenfassen lassen. In Abschnitt 13.3.5, »Ideen bündeln mithilfe von Sammlungen«, ab Seite 546 wird dieses Konzept näher vorgestellt. Doch zuvor werfen wir einen Blick auf die Registerkarten.

13.3.1 Mehrere Webseiten im Blick mit Registerkarten

Klicken Sie auf einer Webseite auf einen Link, wird die damit verknüpfte Webseite normalerweise auf der gleichen Registerkarte (auch *Tab* genannt) wie die vorherige angezeigt. Manchmal passiert es aber auch, dass eine Seite auf einer neuen Registerkarte geöffnet wird. Der Titel dieser Seite wird auf dem Registerreiter rechts von der ersten Registerkarte angezeigt ❶. Mit einem Klick auf den Registerreiter wechseln Sie zwischen den Webseiten. Natürlich können Sie auch selbst eine neue Registerkarte öffnen. Klicken Sie hierzu z. B. mit der rechten Maustaste auf einen Link, und wählen Sie dann im Kontextmenü den Befehl **Link in neuem Tab öffnen** ❷.

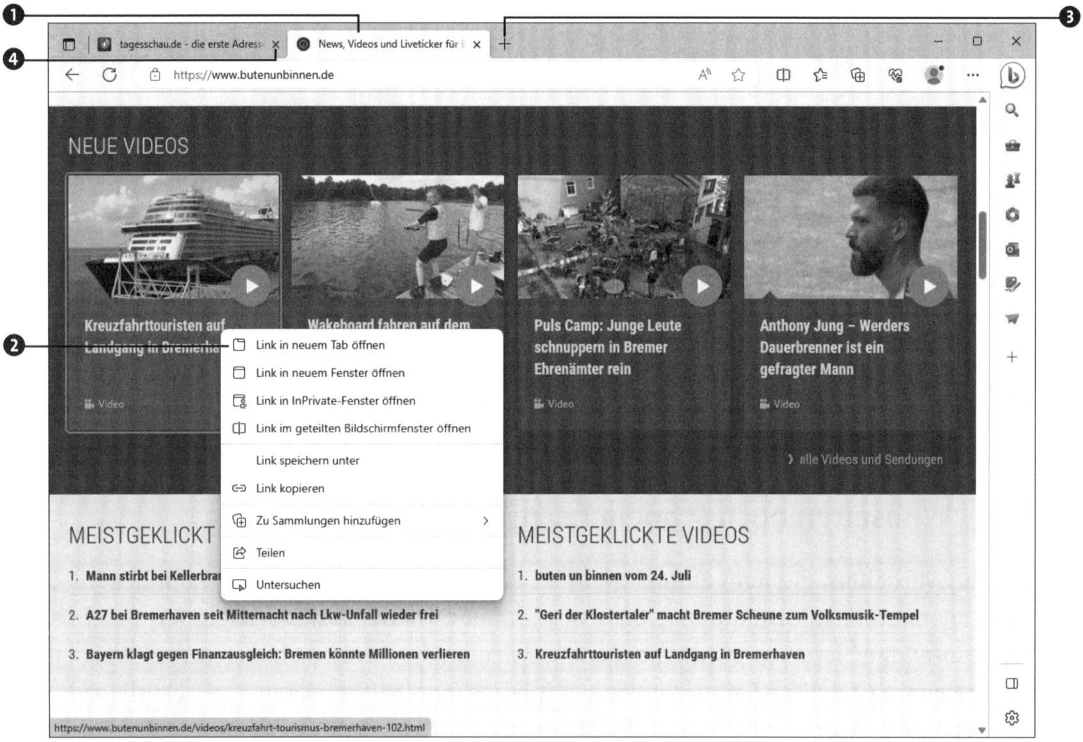

Abbildung 13.10 Über das Kontextmenü eines Links können Sie veranlassen, dass die Webseite auf einer neuen Registerkarte geöffnet wird.

Alternativ können Sie auch zuerst eine (fast) leere Registerkarte öffnen und dann die Adresse der gewünschten Webseite eingeben. Hierzu klicken Sie auf das kleine Plussymbol rechts neben der letzten geöffneten Registerkarte ❸. Falls Sie lieber mit der Tastatur arbeiten, drücken Sie stattdessen die Tastenkombination `Strg` + `T`.

Der Browser Edge präsentiert Ihnen auf der neuen Registerkarte einige Vorschläge für bereits besuchte Websites (daher ist sie, wie im letzten Absatz gesagt, »fast leer«), die

Sie direkt per Mausklick öffnen können. Um eine neue Webseite zu öffnen, geben Sie die Adresse wie gewohnt in das Adressfeld ein.

Benötigen Sie eine Webseite nicht mehr, schließen Sie die Registerkarte, indem Sie den Mauszeiger auf den entsprechenden Registerreiter bewegen und dann auf das kleine Kreuzsymbol an seinem rechten Rand klicken ❹. Befindet sich die Registerkarte der zu schließenden Webseite im Vordergrund, können Sie auch die Tastenkombination Strg + W zum Beenden nutzen. Wenn nur noch eine Registerkarte, sprich eine Webseite, geöffnet ist, wird durch das Klicken auf das Kreuzsymbol das gesamte Programmfenster des Browsers Edge geschlossen.

TIPP

Versehentlich geschlossene Tabs wieder öffnen

Manchmal ist ein Mausklick schneller ausgeführt, als man es eigentlich wollte. Haben Sie auf diese Weise versehentlich eine Registerkarte geschlossen, die Sie noch benötigen, drücken Sie einfach die Tastenkombination Strg + ⇧ + T, und schon wird der zuletzt geschlossene Tab erneut geöffnet.

13.3.2 Registerkarten für Schnellzugriff anheften

Wenn Sie möchten, können Sie eine besonders beliebte Webseite auch fest im Programmfenster von Edge verankern. Rufen Sie die Seite hierzu einmal auf, und klicken Sie dann mit der rechten Maustaste auf die entsprechende Registerkarte. Im Kontextmenü wählen Sie nun den Befehl **Tab anpinnen** ❶.

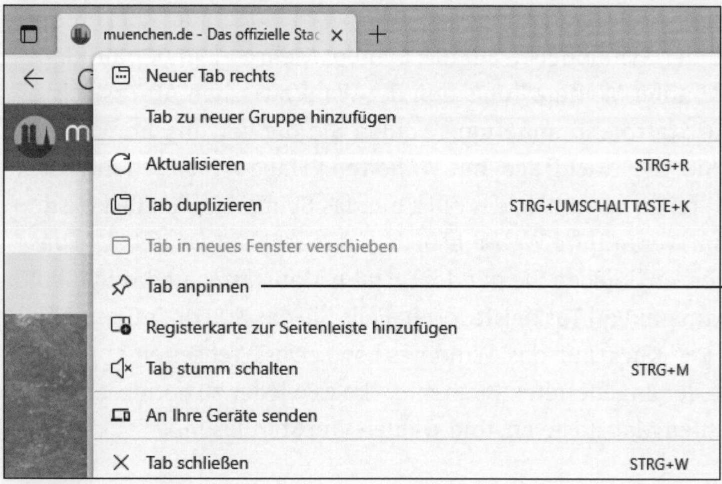

Die Registerkarte wird damit am linken Rand des Programmfensters eingeblendet. Wann immer Sie zukünftig Edge aufrufen, finden Sie die angeheftete Registerkarte an dieser Position ❷. Ein Klick darauf, und die dazugehörige Webseite wird geöffnet. Natürlich können Sie die Registerkarte auch jederzeit wieder entfernen. Hierzu reicht ein erneuter rechter Mausklick auf die Registerkarte und dann die Auswahl des Befehls **Tab lösen** ❸.

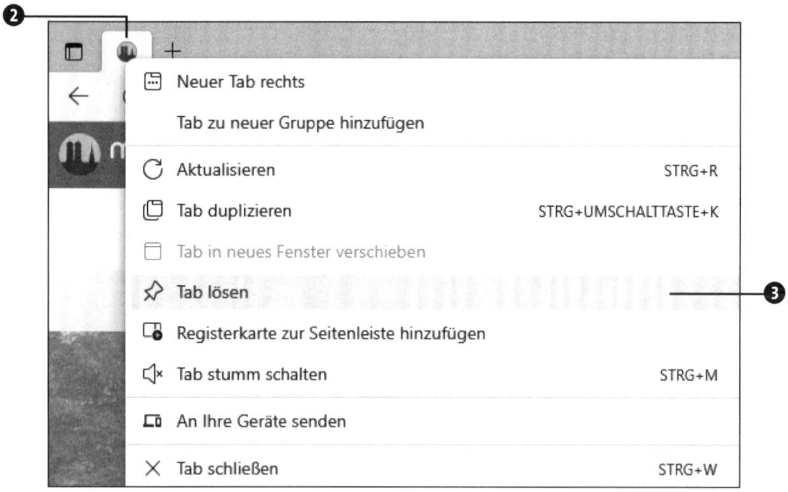

Abbildung 13.11 Beliebte Webseiten können Sie fest im Programmfenster anheften, aber natürlich auch wieder loslösen.

TIPP

Die Lieblingswebseite an die Taskleiste oder das Startmenü heften

Besonders beliebte Webseiten können Sie auch der Taskleiste oder dem Startmenü anheften. Rufen Sie die Seite hierzu zunächst im Browser Edge auf. Klicken Sie dann am rechten Rand der Symbolleiste auf das Symbol **Mehr** [···]. In der aufklappenden Liste haben Sie unter **Weitere Tools** nun die Wahl zwischen **An Taskleiste anheften** oder auch **An Startmenü anheften**. Wählen Sie die gewünschte Option aus, und bestätigen Sie die Nachfrage mit **Anheften**. Haben Sie sich für die Taskleiste entschieden, reicht zukünftig ein Klick auf das Symbol in der Taskleiste, und schon wird die damit verknüpfte Webseite in der Edge-App aufgerufen. Um das Symbol wieder zu entfernen, klicken Sie mit der rechten Maustaste auf das Symbol und wählen im Kontextmenü **Von Taskleiste lösen**. Falls Sie das Startmenü gewählt haben, öffnen Sie es per Klick auf das Windows-Logo. Das Webseiten-Logo erscheint hier in der Liste der angehefteten Elemente. Um es wieder zu entfernen, klicken Sie es mit der rechten Maustaste an, und wählen **Von Start lösen**.

13.3.3 Webseiten den Favoriten hinzufügen

Wenn Sie eine Webseite häufiger besuchen und sich die Eingabe der Webadresse sparen möchten, sollten Sie sie in der Liste der Favoriten speichern. Wer bereits mit einem anderen Browser, z. B. *Mozilla Firefox* oder auch *Google Chrome*, gearbeitet hat, der kennt das Prinzip. Auch beim Browser Edge ist das Vorgehen denkbar einfach:

1 Rufen Sie in Edge wie gewohnt die Webadresse auf. Klicken Sie dann auf das Symbol **Diese Seite zu Favoriten hinzufügen** ❶ in der Symbolleiste. Alternativ können Sie auch die Tastenkombination [Strg] + [D] drücken.

2 Daraufhin klappt ein kleines Dialogfenster auf. Wenn Sie möchten, ersetzen Sie im Feld **Name** den vorgeschlagenen Titel der Webseite durch eine eigene Bezeichnung ❷.

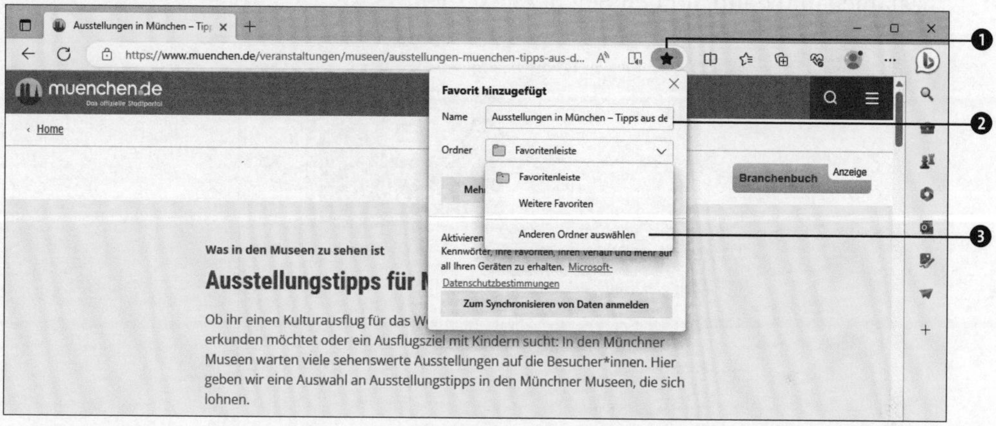

Je mehr Webadressen Sie in der Favoritenliste ablegen, desto schwieriger wird es mit der Zeit, die gewünschte Adresse schnell zu finden. Abhilfe verschaffen hier thematisch sortierte Ordner, wie etwa »Gesundheit«, »Urlaub« oder »Ausflüge«.

3 Um einen neuen Ordner zu erstellen, klicken Sie zunächst in das Feld rechts von **Ordner** und in der aufklappenden Liste auf **Anderen Ordner auswählen** ❸. Klicken Sie anschließend im Dialog **Favorit bearbeiten** auf **Neuer Ordner**, und tragen Sie im neu angezeigten Feld den gewünschten Ordnernamen ein, etwa »Ausflüge« ❹.

4 Bestätigen Sie Ihre Eingaben mit **Speichern** ❺, wird die Webadresse in die Liste der Favoriten aufgenommen.

5 Wann immer Sie nun eine Ihrer favorisierten Webseiten aufrufen möchten, klicken Sie in der Symbolleiste auf das Symbol **Favoriten** ❻. Wählen Sie dann die passende Rubrik aus, also etwa **Ausflüge** ❼, und klicken Sie auf die benötigte Adresse.

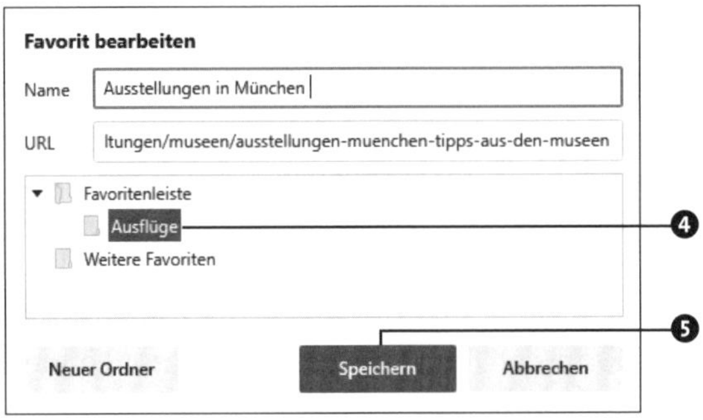

6 Wenn Sie alle Webseiten eines selbst angelegten Favoritenordners in einem Rutsch öffnen möchten, klicken Sie mit der rechten Maustaste zunächst auf den Ordnernamen und dann auf den Befehl **Alle öffnen**.

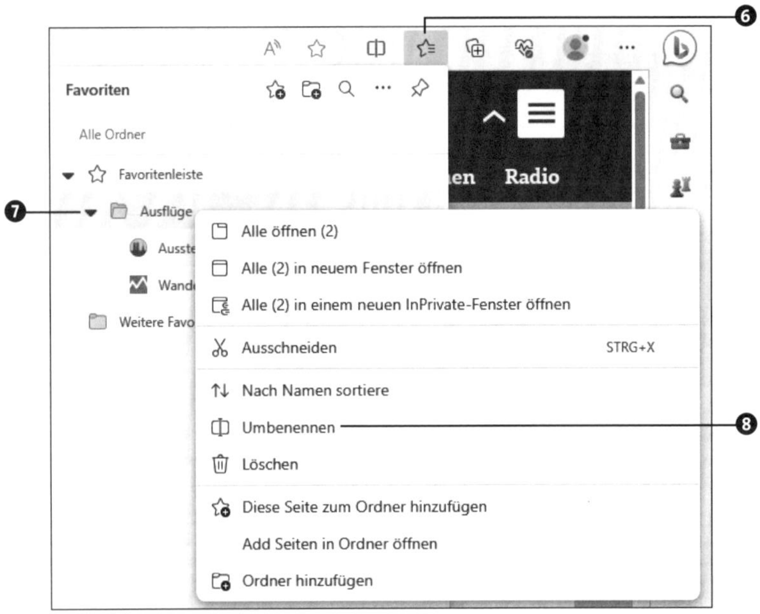

7 Möchten Sie die Ordnerbezeichnung ändern, klicken Sie mit der rechten Maustaste auf den Eintrag und wählen den Befehl **Umbenennen** ❽. Der Name wird nun blau markiert und kann überschrieben werden.

8 Sollte sich die Internetadresse einer Webseite geändert haben, die Sie als Favorit gespeichert haben, klicken Sie mit der rechten Maustaste auf den Eintrag. Wählen Sie im Kontextmenü nun den Befehl **Bearbeiten** ❾. Im anschließend sichtbaren Dialog **Favorit bearbeiten** markieren Sie im Feld **URL** die alte Internetadresse und überschreiben dann den blau markierten Text mit der neuen Adresse. Im gleichen Dialog können Sie auch noch den Namen des Favoriten ändern. Übernehmen Sie die Änderungen mit einem Klick auf **Speichern**.

9 So schnell sich eine Adresse den Favoriten hinzufügen lässt, so schnell ist sie auch wieder entfernt. Um einen Eintrag aus der Favoritenliste zu löschen, wählen Sie nach einem rechten Mausklick auf den Eintrag im Kontextmenü den Befehl **Löschen** ⑩.

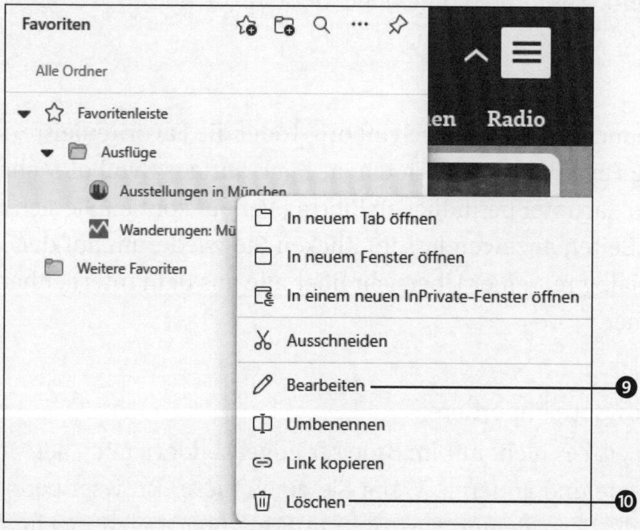

Sobald Sie eine neue Registerkarte öffnen, erscheint übrigens am linken Fensterrand unterhalb der Adressleiste die sogenannte Favoritenleiste mit allen Favoriten bzw. den Ordnern, in denen Sie die Favoriten abgelegt haben. Über diese Leiste lassen sich die Lieblingsseiten noch schneller aufrufen. Wer die Favoritenleiste immer oder vielleicht auch nie eingeblendet bekommen möchte, klickt sie einfach mit der rechten Maustaste an. Im Kontextmenü klicken Sie auf **Favoritenleiste anzeigen** und wählen dann den gewünschten Befehl **Immer** oder **Nie** aus.

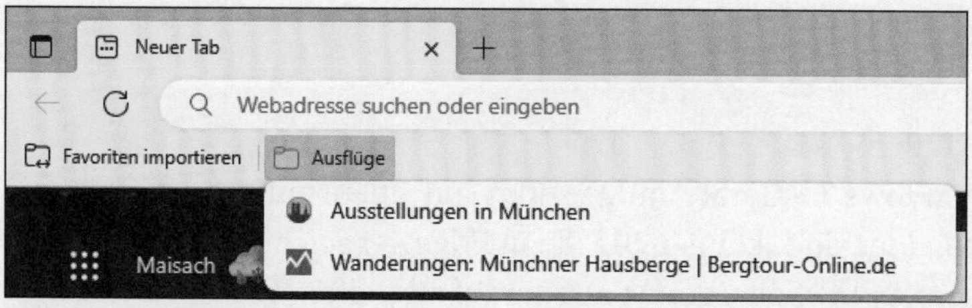

Abbildung 13.12 Beim Öffnen einer neuen Registerkarte wird automatisch die Favoritenleiste eingeblendet.

TIPP

Alle Registerkarten den Favoriten hinzufügen

Falls Sie Webseiten auf mehreren Registerkarten geöffnet haben und alle in einem gemeinsamen Ordner als Favoriten speichern möchten, müssen Sie dies nicht für jede Webseite einzeln durchführen. Klicken Sie stattdessen eine der Registerkarten mit der rechten Maustaste an. Wählen Sie im Kontextmenü den Befehl **Alle Tabs zu Favoriten hinzufügen**. Geben Sie anschließend einen Namen für den Ordner an und bestätigen Sie mit **Speichern**. Zukünftig können Sie die so favorisierten Webseiten, wie ab Schritt 5 auf Seite 537 gezeigt, öffnen.

Ihre Favoriten erreichen Sie nicht nur über das Symbol oder die Favoritenleiste, sondern auch über den Eintrag **Favoriten**, der nach einem Klick auf das Symbol **Mehr** [···] eingeblendet wird. Über den darunter befindlichen Eintrag **Verlauf** können Sie sich eine Liste der bereits besuchten Seiten anzeigen lassen. Klicken Sie wiederum auf den Eintrag **Downloads**, wird ein Dialog mit einer Übersicht über alle aus dem Internet heruntergeladenen Dateien geöffnet.

TIPP

Favoriten aus anderen Browsern importieren

Das Prinzip der Favoriten gibt es nicht nur im Browser Edge, sondern auch bei Mozilla Firefox, Google Chrome und anderen. Wenn Sie einen dieser Browser bereits genutzt haben und Ihre dort angelegten Favoriten in Edge übertragen möchten, gibt es eine praktische Funktion zum Importieren: Klicken Sie in der Symbolleiste von Edge auf das Symbol **Mehr** und dann auf **Favoriten**. Nach einem Klick auf das Symbol [···] im Dialog **Favoriten** wählen Sie **Favoriten importieren**. Im Dialog **Benutzerdaten importieren** werden die zusätzlich zu Edge auf Ihrem Computer installierten Browser angezeigt. Nach einem Klick auf **Importieren** legen Sie durch Setzen der entsprechenden Häkchen fest, welche Elemente (z. B. Lesezeichen, Kennwörter oder auch Browserverlauf) importiert werden sollen. Bestätigen Sie mit **Importieren**, übernimmt Windows 11 diese Elemente in den Browser Edge.

TIPP

Favoriten synchronisieren

Wenn Sie mehrere Windows 11-Geräte nutzen und auf allen mit dem gleichen Microsoft-Konto angemeldet sind, können Sie die in Edge gespeicherten Favoriten synchronisieren und somit von allen Geräten aus darauf zugreifen. Um festzulegen, welche Daten synchronisiert werden sollen, klicken Sie in der Symbolleiste auf das Profilbild und dann auf das kleine Zahnradsymbol. Auf der Registerkarte **Einstel-**

lungen klicken Sie in der rechten Fensterhälfte auf **Synchronisieren**. Nun erscheinen die Einträge **Favoriten**, **Einstellungen**, **Persönliche Informationen** oder auch **Kennwörter**. Jeweils rechts davon finden Sie einen Regler, den Sie per Mausklick ein- oder auch ausschalten können. Diese Einstellungen müssen Sie auf jedem Gerät vornehmen, auf dem Sie mit Ihrem Microsoft-Konto angemeldet sind. Falls Sie sich in Edge bei Ihrem Microsoft-Konto abmelden möchten, klicken Sie auf das Profilbild, dann auf das Zahnradsymbol. Auf der Seite **Profile** der Registerkarte **Einstellungen** finden Sie nun den Befehl **Abmelden**.

Abbildung 13.13 Die Synchronisierung muss im Browser Edge erst eingerichtet werden.

13.3.4 Eigene Startseite festlegen

Per Standardeinstellung zeigt der Browser Edge nach dem Start automatisch die Informationsseite von MSN an. Falls Sie eine andere Startseite vorziehen, können Sie diese folgendermaßen einrichten:

1. Klicken Sie in der Symbolleiste von Microsoft Edge auf das Symbol **Mehr** ❶ und anschließend auf **Einstellungen**.
2. Auf der Registerkarte **Einstellungen** markieren Sie in der linken Spalte **Start, Startseite und neue Registerkarten** ❷. Wählen Sie dann rechts die Option **Diese Seiten öffnen** ❸ aus. Klicken Sie auf die Schaltfläche **Neue Seite hinzufügen** ❹.
3. Im Feld **URL eingeben** ❺ tragen Sie die Adresse der von Ihnen gewünschten Startseite ein. Soll gar keine Seite angezeigt werden, tragen Sie den Text »about:blank« ein. Damit erscheint zukünftig nach dem Start von Microsoft Edge eine Leerseite.

4 Bestätigen Sie die Eingabe mit **Hinzufügen** ❻. Alternativ können Sie auch die Taste [↵] drücken.

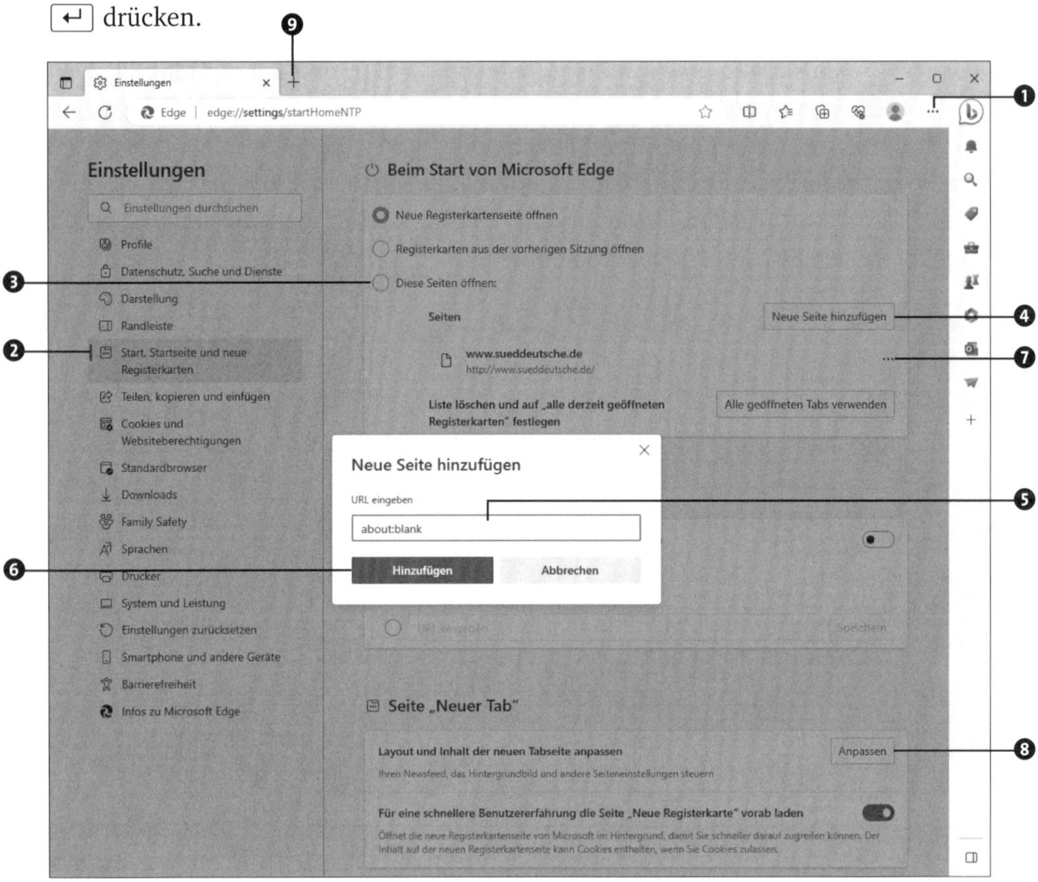

5 Sollte Ihnen eine Startseite nicht ausreichen, können Sie auch weitere einrichten. In diesem Fall öffnet Microsoft Edge nach dem Start mehrere Registerkarten mit den jeweils eingerichteten Startseiten. Zum Hinzufügen klicken Sie auf die Schaltfläche **Neue Seite hinzufügen**. Geben Sie wieder im Feld **URL eingeben** die Adresse der zweiten gewünschten Startseite ein, und speichern Sie die Adresse z. B. durch Drücken der Taste [↵].

6 Sollten Sie eine der eingerichteten Startseiten nicht mehr benötigen, klicken Sie auf das Drei-Punkte-Symbol rechts von der zu löschenden Adresse ❼ und dann auf **Löschen**.

Öffnen Sie im Browser per Klick auf das Plussymbol in der Titelleiste eine neue Registerkarte, schlägt Ihnen Microsoft Edge einige Websites und Apps vor. Wenn Sie möchten, können Sie eine neue Registerkarte aber auch mit einer leeren Seite starten:

1 Stellen Sie sicher, dass auf der Registerkarte **Einstellungen** in der linken Spalte **Start, Startseite und neue Registerkarten** ❷ markiert ist. Blättern Sie in der rechten Fensterhälfte nach unten bis zum Bereich **Seite »Neuer Tab«**. Klicken Sie rechts von **Layout und Inhalt der neuen Tabseite anpassen** auf **Anpassen** ❽.

2 Sollte die Registerkarte nicht mehr geöffnet sein, können Sie auch über das Plussymbol ❾ in der Titelleiste eine neue Registerkarte öffnen. Klicken Sie dann dort auf das Zahnradsymbol ❿. In beiden Fällen klappt der Dialog **Seiteneinstellungen** auf.

3 Um das Layout einer neuen Registerkarte selbst festzulegen, klicken Sie in das gleichnamige Feld und markieren in der aufklappenden Liste **Benutzerdefiniert** ⓫.

4 Sollen auf einer neuen Registerkarte keinerlei Links zu zuletzt besuchten Webseiten erscheinen, klicken Sie auf den Pfeil rechts von **Direktlinks** ⓬ und wählen **Aus**.

5 Auf einer neuen Registerkarte wird links vom Suchfeld ein Begrüßungstext sowie die aktuelle Temperatur angezeigt. Möchten Sie darauf verzichten, setzen Sie den Regler **Begrüßung anzeigen** auf **Aus** ⓭.

6 Der von MSN auf einer neuen Registerkarte eingeblendete Inhalt stört Sie? Dann klicken Sie in das Feld unterhalb **Inhalt** und wählen in der aufklappenden Liste den Eintrag **Inhalt aus**, und schon verschwindet er ⓮.

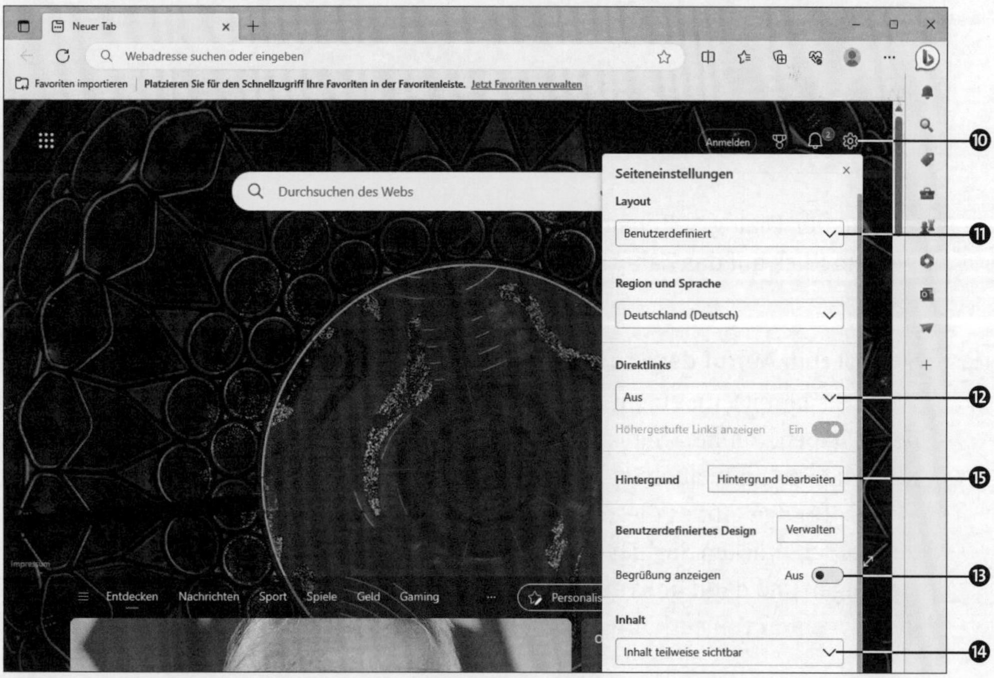

7 Gefällt Ihnen das Hintergrundbild nicht, klicken Sie auf **Hintergrund bearbeiten** ⓯.

8 Im Dialog **Hintergrund anpassen** können Sie nun einen neuen Hintergrund auswählen. Setzen Sie den Regler rechts von **Hintergrund** auf **Aus**, bleibt der Hintergrund der Registerkarte weiß ⓰. Mit einem Klick auf das Kreuzsymbol oben rechts blenden Sie den Dialog aus ⓱.

9 Sollte der Dialog **Seiteneinstellungen** noch geöffnet sein, schließen Sie diesen mit einem Klick auf das Zahnradsymbol ❿.

TIPP

Symbol zum Aufruf der Startseite einblenden

Wenn Sie bereits mit einem Browser wie Mozilla Firefox oder Google Chrome gearbeitet haben, kennen Sie sicherlich die Schaltfläche, über die Sie mit nur einem Klick die Startseite auch im bereits geöffneten Browserfenster aufrufen können. In Microsoft Edge gibt es diese Schaltfläche zwar auch, sie muss aber erst eingeblendet werden. Klicken Sie hierzu in der Symbolleiste von Edge auf **Mehr**, dann auf **Einstellungen** und dann links auf **Start, Startseite und neue Registerkarten**. Blättern Sie in der rechten Fensterhälfte nach unten bis zum Bereich **Schaltfläche „Startseite"**.

Setzen Sie den Regler **Schaltfläche „Startseite" auf der Symbolleiste anzeigen** nach rechts auf **Ein**. In der Symbolleiste des Browsers wird sofort rechts von der **Aktualisieren**-Schaltfläche das Symbol angezeigt. Per Standardeinstellung lädt Edge per Klick auf dieses Symbol die Informationsseite von MSN. Um eine andere Webseite festzulegen, markieren Sie die Option **URL eingeben**. Geben Sie in das gleichnamige Feld die gewünschte Adresse der Startseite ein, und speichern Sie die Eingabe. Zukünftig wird nach einem Klick auf das Symbol die gerade festgelegte Startseite geladen.

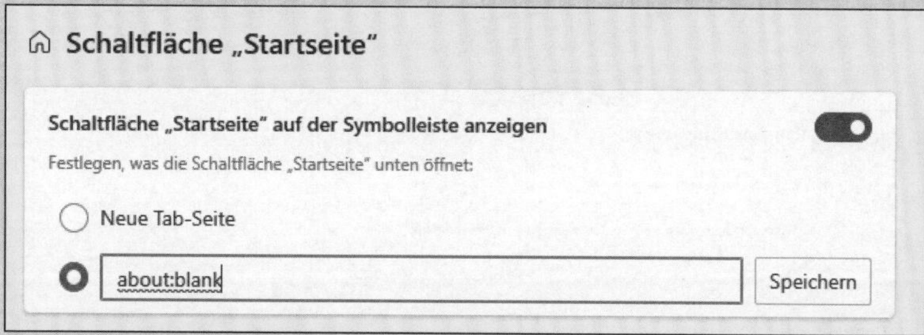

Abbildung 13.14 Soll die Startseite nach einem Klick auf die entsprechende Schaltfläche eine leere Seite zeigen, geben Sie »about:blank« an.

Falls Ihnen die Titelleiste des Browsers zu trist erscheint, können Sie Edge ein farbenfroheres Design verpassen. Hierzu markieren Sie auf der Registerkarte **Einstellungen** links die Kategorie **Darstellung**. Um eines der rechts aufgeführten Designs auszuprobieren, reicht ein Mausklick auf die Miniaturansicht. Blättern Sie auf der Seite weiter nach unten, gelangen Sie zum Abschnitt **Wählen Sie aus, welche Schaltflächen auf der Symbolleiste angezeigt werden sollen**. Über die Regler legen Sie fest, welche der Schaltflächen Sie in der Symbolleiste benötigen und welche nicht.

TIPP

Randleiste ausblenden

Über die Symbole, die Edge am rechten Rand des Programmfensters in einer eigenen Leiste einblendet, erreichen Sie blitzschnell verschiedene Apps, Funktionen oder auch Internetseiten. Falls Sie diese Randleiste eher stört, als dass sie Ihnen nutzt, sollten Sie sie ausblenden. Klicken Sie hierzu auf das Symbol **Mehr** und wählen Sie die **Einstellungen**. Markieren Sie dann links die **Randleiste**. Setzen Sie den Regler **Seitenleiste immer anzeigen** auf **Aus**. Die Randleiste wird nun ausgeblendet. Falls Sie sie doch benötigen, positionieren Sie den Mauszeiger in der Symbolleiste auf dem Symbol **Bing-Chat** ❶. Falls auch dieses Symbol in der Symbolleiste verschwinden soll, klicken Sie im Bereich **App-spezifische Einstellungen** auf

Discover ❷. Auf der folgenden Seite setzen Sie den Regler **Bing-Chat anzeigen** auf **Aus**. Studieren Sie auch die weiteren Einstellungen auf dieser Seite sowie der vorherigen, zu der Sie per Klick auf **App- und Benachrichtigungseinstellungen** zurückkehren, und überlegen Sie, welche Benachrichtigungen von Apps und Websites Sie wünschen und welche nicht. Zum Deaktivieren bzw. Ausblenden setzen Sie die entsprechenden Regler jeweils auf **Aus**. Nähere Informationen zu Bing-Chat, dem KI-Chatbot von Microsofts Suchmaschine Bing, erhalten Sie in Abschnitt 10.5, »Bing und die künstliche Intelligenz«, ab Seite 426.

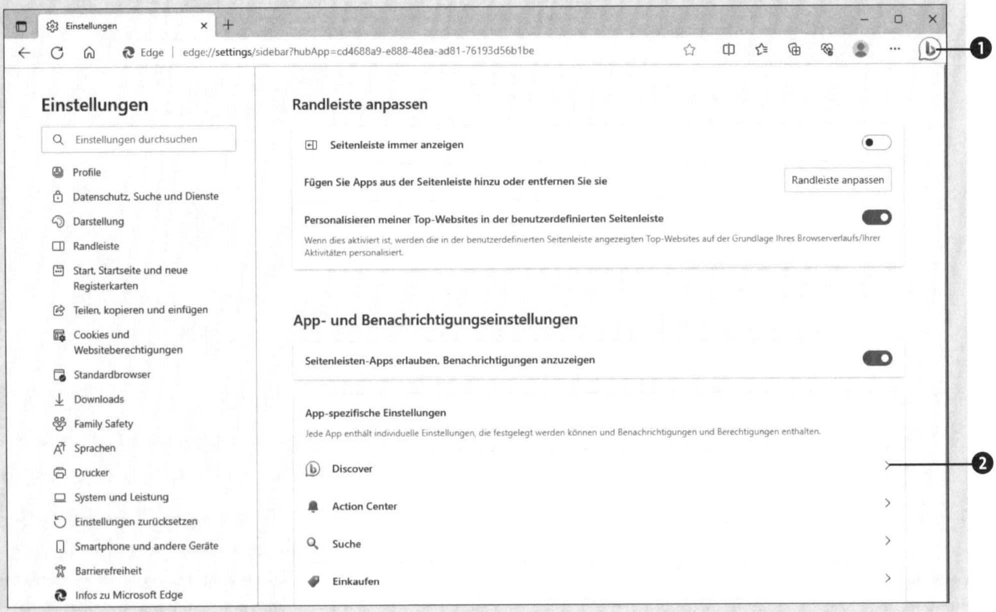

Abbildung 13.15 In den »Einstellungen« legen Sie fest, ob und, falls ja, welche Symbole in der Randleiste erscheinen sollen. In der Abbildung ist nur das Symbol von »Bing-Chat« zu sehen.

13.3.5 Ideen bündeln mithilfe von Sammlungen

Eine neue Anschaffung steht ins Haus und Sie möchten sich im Internet über Testergebnisse und Preise informieren, bevor Sie viel Geld ausgeben? Bei solch einer Internetrecherche stößt man meist auf eine Vielzahl interessanter Webseiten, die man gerne später erneut besuchen möchte. Anstatt nun jede dieser Webadressen als Favorit zu markieren, können Sie sich auch eine sogenannte *Sammlung* zu diesem Thema anlegen.

Einer solchen Sammlung können Sie nicht nur Webseiten hinzufügen, sondern auch einzelne Bilder, Texte und mehr. Wie dies im Einzelnen funktioniert, zeigen die folgenden Schritte:

1. Rufen Sie eine erste Webseite mit Informationen zu dem Thema auf, das Sie gerade recherchieren.

2. Um eine neue Sammlung zu erstellen, klicken Sie in der Symbolleiste des Browsers Edge auf das Symbol **Sammlungen** . Geschieht dies zum ersten Mal, erhalten Sie einige Informationen zu den Sammlungen, durch Sie mit einem Klick auf **Weiter** blättern. Erscheint der Dialog, wie in der Abbildung unten zu sehen, klicken Sie auf **Neue Sammlung** ❶.

3. Überschreiben Sie den nun blau markierten Text mit einem passenden Titel für Ihre Sammlung. Durch Drücken der Taste ↵ schließen Sie die Eingabe ab.

4. Um die gerade besuchte Webseite der Sammlung hinzuzufügen, reicht ein Klick auf **Aktuelle Seite hinzufügen** ❷. Die Webadresse der Seite wird in die Sammlung aufgenommen.

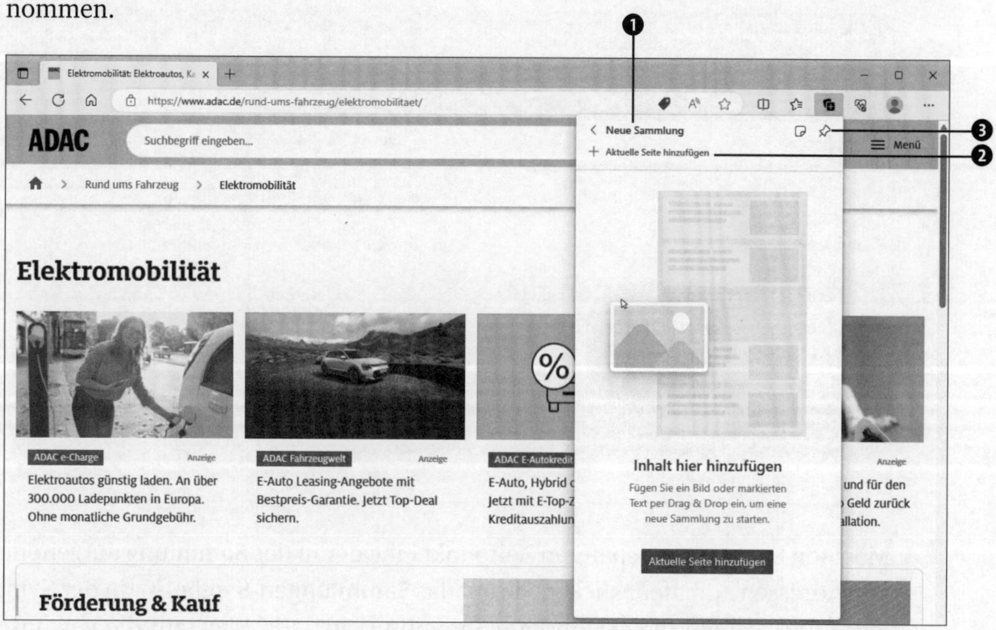

5. Über den Pfeil links von einem Sammlungstitel kehren Sie zur Übersicht über Ihre Sammlungen zurück. In dieser haben Sie jederzeit die Möglichkeit, eine neue Sammlung zu starten.

6 Setzen Sie Ihre Internetrecherche fort, und besuchen Sie weitere Webseiten. Falls Sie interessante Informationen entdecken, die Sie der Sammlung hinzufügen möchten, klicken Sie erneut auf das Symbol **Sammlungen** in der Symbolleiste. Wenn Sie wieder die gesamte Webseite der Sammlung hinzufügen möchten, klicken Sie auf **Aktuelle Seite hinzufügen**.

7 Damit der Dialog nicht immer wieder ausgeblendet wird, sobald Sie eine neue Webseite aufrufen oder auf einer bereits geöffneten Seite blättern, bietet es sich übrigens an, den Sammlungen-Dialog mit einem Klick auf das Pinnnadelsymbol ❸ fest an den rechten Fensterrand anzupinnen. Über das Symbol ❹ können Sie den Dialog jederzeit schließen.

8 Ist lediglich ein Textabschnitt einer Webseite für Sie relevant, markieren Sie diesen mit gedrückter linker Maustaste ❺. Ziehen Sie den markierten Text dann mit gedrückter linker Maustaste nach rechts auf einen bereits vorhandenen Eintrag im Sammlungen-Dialog ❻. Sobald Sie die Maus loslassen, wird der Text im Dialog erfasst. Analog lassen sich auch Bilder per Drag & Drop nach rechts in den Dialog ziehen.

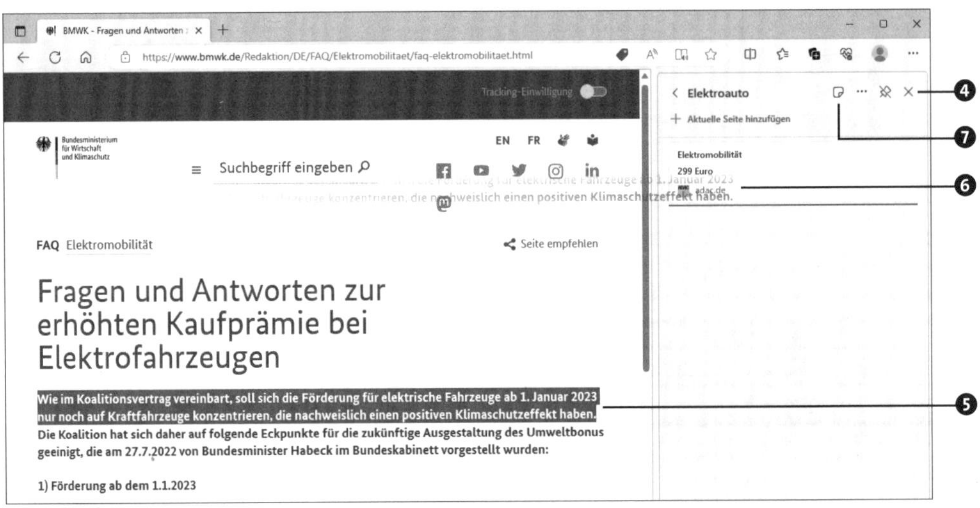

9 Möchten Sie zu einem späteren Zeitpunkt eine der in der Sammlung aufgenommenen Adressen aufrufen, klicken Sie auf das **Sammlungen**-Symbol in der Symbolleiste und wählen die gewünschte Sammlung aus. Ein Klick auf die gewünschte Information reicht, und schon wird die entsprechende Webseite geöffnet.

10 Fallen Ihnen während des Stöberns im Internet ein paar Stichworte ein, die Sie für die Recherche nicht vergessen dürfen, können Sie diese ebenfalls schnell in der

Sammlung ergänzen. Klicken Sie einfach rechts vom Titel der Sammlung auf das Symbol **Notiz hinzufügen** [Symbol] ❼. Unterhalb der bereits erfassten Einträge wird ein gelbes Textfeld eingeblendet, in dem Sie Ihre Stichworte eintragen.

11 Benötigen Sie ein Bild, einen Text, eine Notiz oder eine Webadresse nicht mehr, bewegen Sie den Mauszeiger auf das Element. In der rechten oberen Ecke des Elements erscheint ein kleines Kästchen, das Sie nun per Klick mit einem Häkchen versehen ❽. Über das Papierkorbsymbol ❾ in der kleinen Symbolleiste oder durch Drücken der Taste `Entf` löschen Sie das Element.

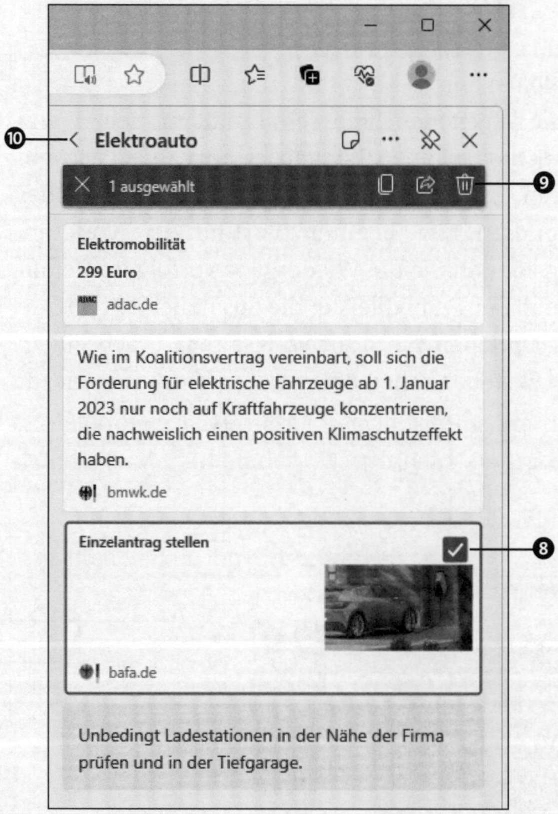

12 Benötigen Sie keine der Informationen mehr, da die Internetrecherche beendet und das Thema nicht mehr relevant für Sie ist, sollten Sie die gesamte Sammlung löschen. Blenden Sie hier den **Sammlungen**-Dialog über das Symbol [Symbol] ein. Kehren Sie gegebenenfalls per Klick auf den Pfeil links vom aktuellen Sammlungstitel ❿ zur Übersicht zurück. Bewegen Sie den Mauszeiger auf die zu entfernende Sammlung, setzen Sie ein Häkchen in das Kästchen ⓫ und klicken Sie auf das Papierkorbsymbol ⓬.

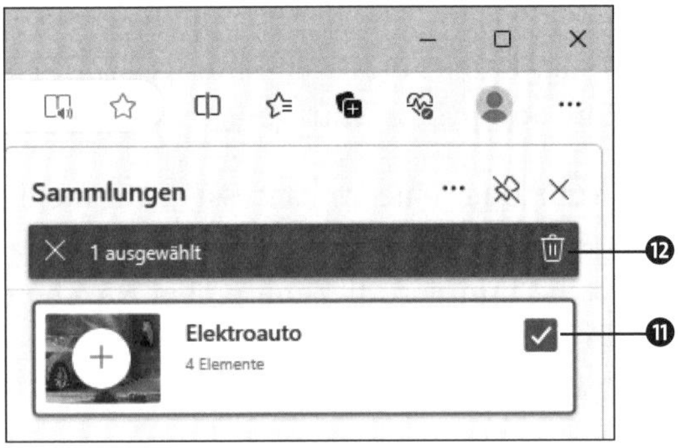

TIPP

Webseiten gemütlich vorlesen lassen

Das Lesen am Bildschirm kann für die Augen manchmal sehr ermüdend sein. Wenn Sie sich eine kleine Pause gönnen möchten, können Sie sich den Text auf einer Webseite auch von Edge vorlesen lassen. Klicken Sie hierzu am rechten Rand der Adressleiste auf das Symbol **Laut vorlesen**. Edge beginnt sofort mit dem Vorlesen. Anhand der gelben Textmarkierung können Sie die Wiedergabe verfolgen. Gefällt Ihnen die Stimme nicht, klicken Sie in der Symbolleiste, die zusätzlich am oberen Seitenrand eingeblendet wird, auf **Optionen für „Laut vorlesen"** ❶. Nach einem Klick in das Feld **Stimme auswählen** ❷ stehen Ihnen diverse deutsche Stimmen zur Auswahl.

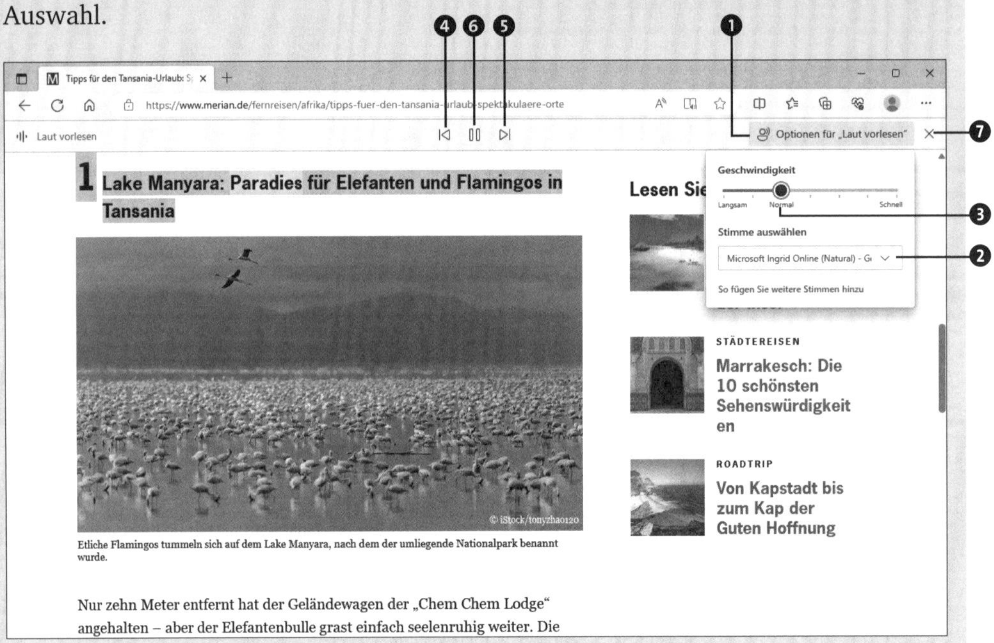

Abbildung 13.16 Sie können sich Webseiten laut vorlesen lassen.

Über den Regler **Geschwindigkeit** ❸ lässt sich das Lesetempo anpassen. Ein Ausprobieren lohnt sich, denn ziehen Sie den Regler etwas nach rechts, klingt so manche Stimme nicht ganz so wie ein Roboter. Über die beiden Pfeiltasten in der Symbolleiste springen Sie zum vorherigen ❹ bzw. nächsten Absatz ❺. Mit einem Klick auf das Pausesymbol ❻ unterbrechen Sie das Vorlesen. Um wieder fortzufahren, reicht ein Klick auf das nun sichtbare Wiedergebensymbol. Möchten Sie das Vorlesen ganz beenden, klicken Sie rechts auf das Schließensymbol ❼.

Für Webseiten, die längere Textpassagen enthält, bietet Edge übrigens eine besondere Leseansicht an, in der störende Werbungen, Bilder und mehr entfernt werden. Zudem wird die Hintergrundfarbe etwas verändert, was das Lesen angenehmer macht. Der sogenannte *Plastische Reader* lässt sich über die Taste [F9] aktivieren und auch wieder deaktivieren. Alternativ hierzu klicken Sie im Adressfeld rechts von der Webadresse auf das Symbol [Symbol]. Es wird nur bei Webseiten eingeblendet, die zum Großteil aus Text bestehen.

13.4 Microsoft Edge um Add-ons erweitern

Eine große Schwachstelle der ersten Version von Microsoft Edge im Vergleich zu Browsern wie Mozilla Firefox oder Google Chrome war die überschaubare Anzahl der Add-ons, mit denen der Browser um zusätzliche Funktionen erweitert werden konnte. Mit der neuen Version von Edge auf Chromium-Basis ist dieses Manko nicht mehr ganz so groß, denn Nutzer*innen können nun nicht nur auf Add-ons aus dem Microsoft Store zugreifen, sondern auch auf solche aus dem Google Chrome Store. Um eine Übersicht über die Erweiterungen zu erhalten, gehen Sie folgendermaßen vor:

1. Klicken Sie in der Symbolleiste von Edge auf das Symbol **Mehr** ❶ und in der aufklappenden Liste auf **Erweiterungen**. Im aufklappenden Dialog klicken Sie auf **Öffnen der Microsoft Edge Ad-Ons-Website** ❷.

2. Die entsprechende Webseite wird auf einer neuen Registerkarte geöffnet. Markieren Sie links eine Kategorie ❸, werden rechts die entsprechenden Erweiterungen (auf Englisch *Extensions*) eingeblendet. Ist Ihnen der Name der gewünschten Erweiterung bereits bekannt, geben Sie diesen im Suchfeld ❹ ein und starten die Suche durch Drücken der Taste [↵].

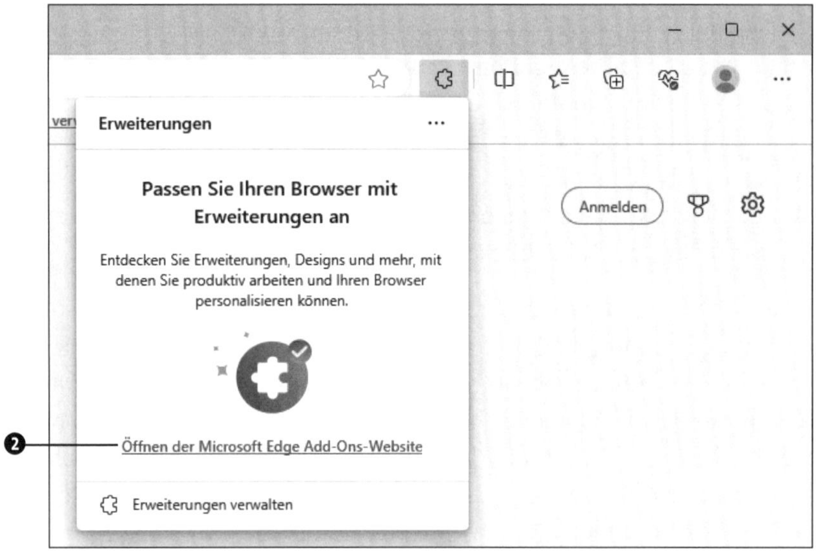
Erweiterungen
Passen Sie Ihren Browser mit Erweiterungen an
Entdecken Sie Erweiterungen, Designs und mehr, mit denen Sie produktiv arbeiten und Ihren Browser personalisieren können.
Öffnen der Microsoft Edge Add-Ons-Website
Erweiterungen verwalten
Anmelden
2

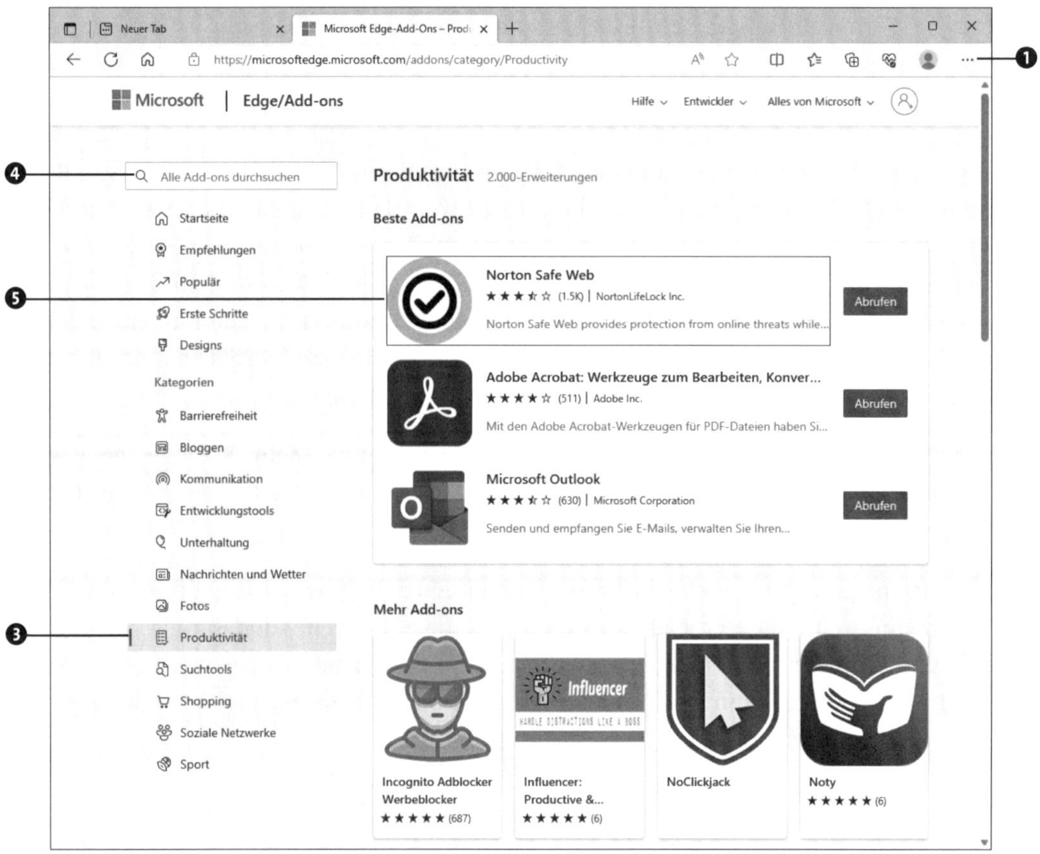
Neuer Tab
Microsoft Edge-Add-Ons – Prod
https://microsoftedge.microsoft.com/addons/category/Productivity
Microsoft
Edge/Add-ons
Hilfe
Entwickler
Alles von Microsoft
Alle Add-ons durchsuchen
Startseite
Empfehlungen
Populär
Erste Schritte
Designs
Kategorien
Barrierefreiheit
Bloggen
Kommunikation
Entwicklungstools
Unterhaltung
Nachrichten und Wetter
Fotos
Produktivität
Suchtools
Shopping
Soziale Netzwerke
Sport
Produktivität 2.000-Erweiterungen
Beste Add-ons
Norton Safe Web
(1.5K) | NortonLifeLock Inc.
Norton Safe Web provides protection from online threats while...
Abrufen
Adobe Acrobat: Werkzeuge zum Bearbeiten, Konver...
(511) | Adobe Inc.
Mit den Adobe Acrobat-Werkzeugen für PDF-Dateien haben Si...
Abrufen
Microsoft Outlook
(630) | Microsoft Corporation
Senden und empfangen Sie E-Mails, verwalten Sie Ihren...
Abrufen
Mehr Add-ons
Influencer
Incognito Adblocker Werbeblocker
(687)
Influencer: Productive &...
(6)
NoClickjack
Noty
(6)
1
3
4
5

3 Nach einem Mausklick auf eine Vorschau ❺ können Sie sich nicht nur in Ruhe die Beschreibung des Add-ons ansehen, sondern erfahren auch, wie andere Nutzer und Nutzerinnen diese Erweiterung bewertet haben.

4 Möchten Sie auf die Übersichtsseite zurückkehren, nutzen Sie die Zurück-Schaltfläche am linken Rand der Symbolleiste des Browsers ❻.

5 Gefällt Ihnen eine der Erweiterungen, klicken Sie in der Detailansicht auf **Abrufen** ❼ und dann auf **Erweiterung hinzufügen**.

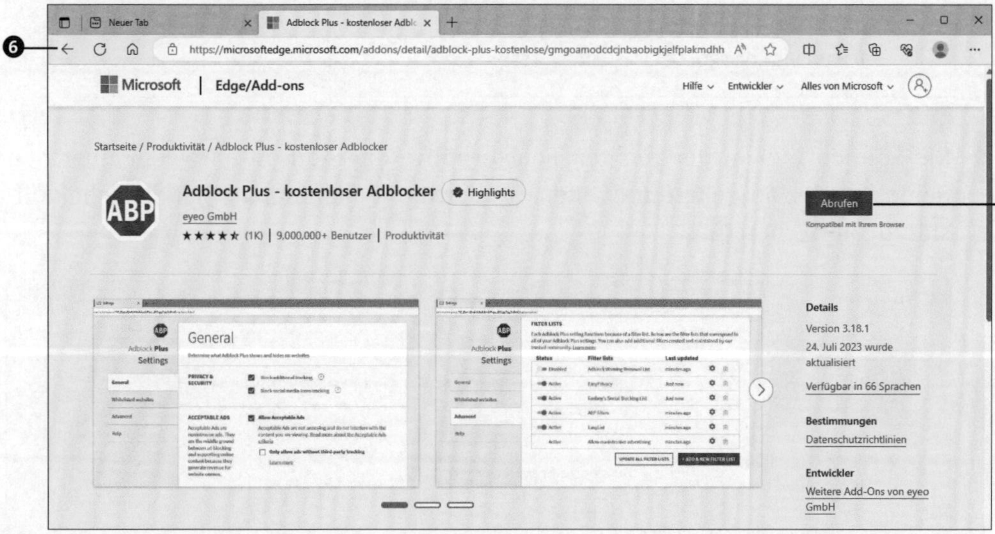

6 Nach erfolgreichem Download erhalten Sie auf einer neuen Registerkarte einen entsprechenden Hinweis ❽.

7 Für manche Add-ons sind weitere Einstellungen notwendig. Klicken Sie in der Symbolleiste des Browsers auf das Symbol **Erweiterungen** und dann auf das gerade installierte Add-on. Sein Symbol erscheint nun ebenfalls in der Symbolleiste. Klicken Sie auf das Symbol ❾ und dann auf das Zahnradsymbol ❿, um gegebenenfalls auf der anschließend angezeigten Webseite weitere Einstellungen für das Add-on vorzunehmen.

8 Sind Sie mit einer Erweiterung nicht zufrieden und möchten Sie sie wieder entfernen, klicken Sie in der Symbolleiste auf das Symbol **Erweiterungen** ⓫ und wählen dann **Erweiterungen verwalten**.

9 Sie können nun in der rechten Fensterhälfte das Add-on entweder über den Schieberegler ausschalten ⓬ oder es über die gleichnamige Schaltfläche vollständig entfernen ⓭.

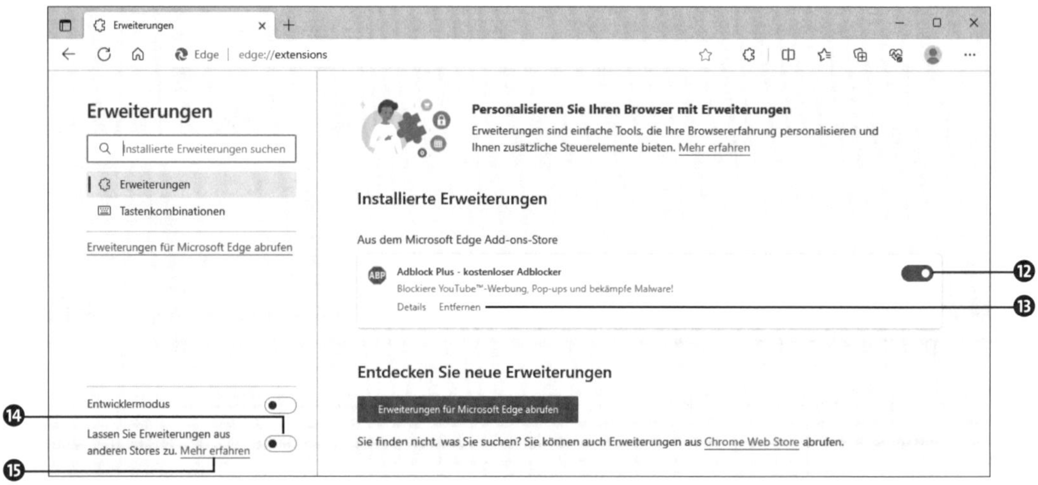

TIPP

Add-ons aus weiteren Stores installieren

Per Standardeinstellung ist es in Microsoft Edge zunächst nur möglich, Add-ons aus dem Microsoft Store zu beziehen. Wenn Sie einen Blick in andere Stores, etwa Googles *Chrome Web Store*, werfen möchten, müssen Sie diese Funktion erst freischalten. Klicken Sie hierzu in Edge auf **Mehr ▸ Erweiterungen ▸ Erweiterungen verwalten.** Auf der Registerkarte **Erweiterungen** setzen Sie in der unteren linken Fensterecke den Regler **Lassen Sie Erweiterungen aus anderen Stores zu** ⓮ per Mausklick auf **Ein**. Bestätigen Sie den folgenden Hinweis mit **Zulassen**. Informationen zum weiteren Vorgehen bei der Installation von Add-ons aus dem Chrome Web Store erhalten Sie nach einem Klick auf den Link **Mehr erfahren** ⓯.

13.5 Webseiten drucken

Haben Sie einen interessanten Artikel entdeckt, den Sie gerne ausdrucken möchten? Das ist schnell erledigt, vorausgesetzt natürlich, Sie haben bereits einen Drucker an den Computer angeschlossen (siehe Abschnitt 16.1, »Einen Drucker oder Scanner anschließen«, ab Seite 631) und auch eingeschaltet:

1. Klicken Sie in der Symbolleiste des Browsers Edge ganz rechts auf das Symbol **Mehr** und in der aufklappenden Liste auf **Drucken**.
2. Sollten Sie mehrere Drucker an Ihren Computer angeschlossen haben, klicken Sie im **Drucken**-Dialog auf den Pfeil rechts vom Feld **Drucker** ❶ und markieren in der Liste das gewünschte Gerät.

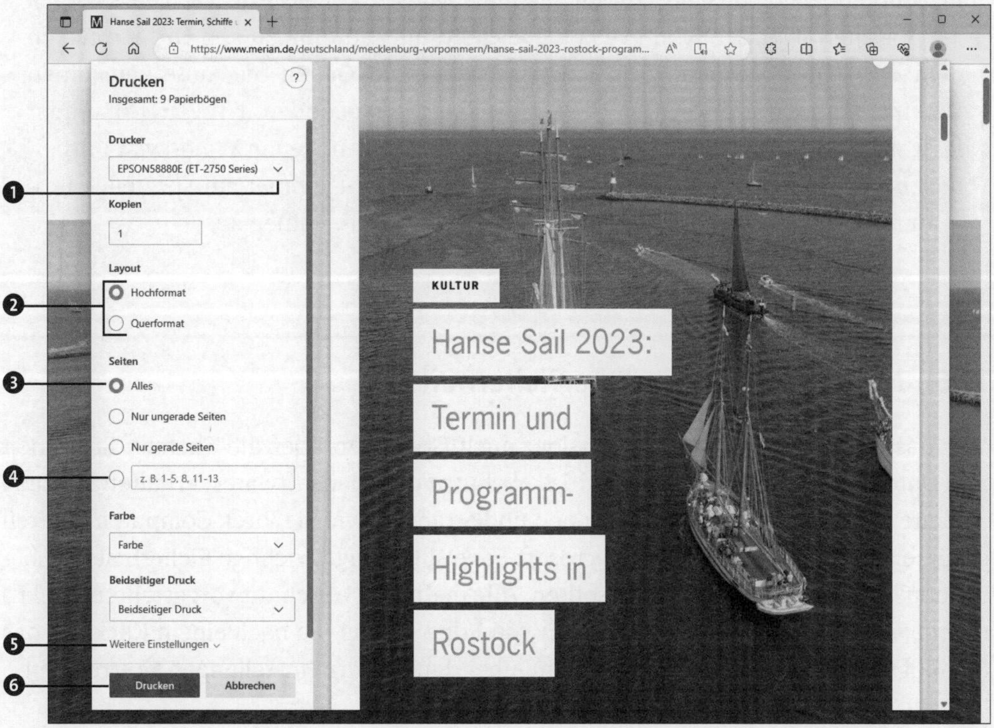

3 Im Bereich **Layout** bestimmen Sie, ob die Webseite im Hochformat oder im Querformat zu Papier gebracht werden soll ❷.

4 Ist der Inhalt der Webseite länger und kann er nicht auf einer Seite dargestellt werden, können Sie unter **Seiten** angeben, ob **Alles** ❸ oder nur ein Seitenbereich ausgedruckt werden soll. Für Letzteres aktivieren Sie die entsprechende Option ❹ und tragen dann im Feld rechts die gewünschte Seitenzahl ein.

5 Blättern Sie in der linken Spalte etwas weiter nach unten, und klicken Sie hier auf **Weitere Einstellungen** ❺. In den nun sichtbaren Einstelllungen ist das Kästchen **Kopf- und Fußzeilen** interessant. Ist es mit einem Häkchen versehen, erscheint am oberen Rand des Ausdrucks die Webadresse. Die Standardeinstellungen in den Feldern **Skalierung** sowie **Ränder** können Sie meist so übernehmen.

6 Mit einem Klick auf **Drucken** ❻ starten Sie den Druckvorgang.

TIPP

Webseite als PDF-Dokument speichern

Microsoft Edge bietet die Möglichkeit, eine Webseite als PDF-Dokument zu speichern. Hierzu rufen Sie über das Symbol **Mehr** den Befehl **Drucken** auf. Wählen Sie im **Drucken**-Dialog im Feld **Drucker** den Eintrag **Als PDF speichern.** Nach einem Klick auf **Speichern** wählen Sie im Dialog **Speichern unter** nun noch den Ordner aus, in dem das PDF-Dokument gespeichert werden soll. Geben Sie außerdem einen Dateinamen an, bevor Sie den Dialog mit **Speichern** beenden. Ein PDF-Dokument lässt sich z. B. wunderbar per E-Mail verschicken. Wenn Sie mit Windows 11 arbeiten, benötigen Sie zum Öffnen einer PDF-Datei nicht einmal ein spezielles Programm: Der Browser Microsoft Edge reicht hierzu vollkommen aus.

13.6 Microsoft Edge und die Sicherheit

Wer das Internet nutzt, muss sich leider auch Gedanken über die Themen Sicherheit und Datenschutz machen. In Kapitel 18, »Schutz vor Schadsoftware«, erhalten Sie dazu ab Seite 727 ausführliche Informationen und erfahren, wie Sie Ihren Computer generell schützen können. Doch auch in Microsoft Edge sind einige wichtige Sicherheitsmechanismen integriert, die Sie kennen sollten. Alle in diesem Abschnitt vorgestellten Funktionen passen Sie über die Einstellungen von Edge an, die Sie nach einem Klick auf das Symbol **Mehr** ❶ im aufklappenden Menü über den Eintrag **Einstellungen** ❷ erreichen.

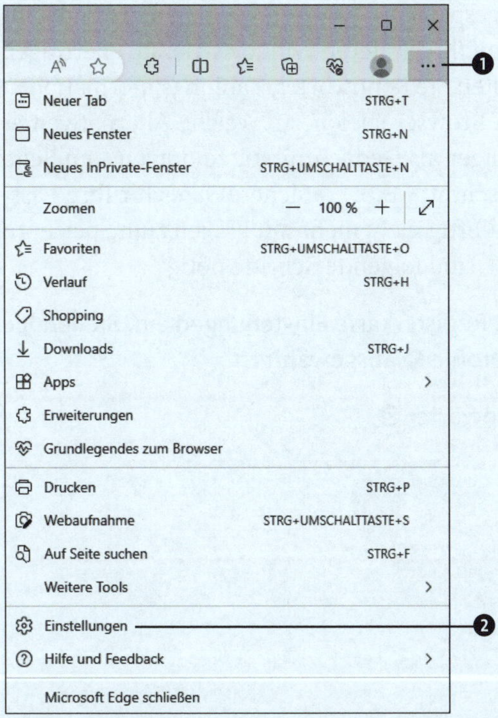

Abbildung 13.17 Nach einem Klick auf »Mehr« wählen Sie die »Einstellungen« aus.

Der erste Punkt, den Sie in den Einstellungen überprüfen sollten, betrifft den Umgang mit sensiblen Daten wie Passwörtern. Wann immer Sie sich etwa bei einem Onlineshop oder einem sozialen Netzwerk mit Ihrem Benutzernamen und dem Passwort anmelden, bietet Ihnen der Browser an, diese Daten für Sie zu speichern. Stimmen Sie dem zu, müssen Sie bei der nächsten Anmeldung auf der Webseite nur noch den Benutzernamen auswählen, und schon ergänzt Edge automatisch das dazugehörige Kennwort.

Dieses Vorgehen ist sicherlich praktisch, Sie sollten dabei aber eines nicht vergessen: Der Service steht nicht nur Ihnen zur Verfügung, sondern auch jedem anderen, der Zugang zu Ihrem Computer hat. Dabei kann es sich um die Personen handeln, die den PC gemeinsam mit Ihnen nutzen, aber ebenso auch um Schadprogramme, die die sensiblen Daten auslesen. Sollte also jemals die falsche Person diese Daten in die Hände bekommen, kann sie sich bequem in Ihrem Namen auf den entsprechenden Webseiten anmelden und Ihnen so womöglich großen Schaden zufügen.

Besonders kritisch ist dies zu sehen, wenn Sie mit einem Microsoft-Konto am Computer angemeldet sind und die Synchronisierung von Kennwörtern aktiviert ist (siehe auch den Kasten »Favoriten synchronisieren« auf Seite 540). Denn in diesem Fall werden die sensiblen Daten nicht nur auf Ihrem Computer gespeichert, sondern auch an den Microsoft-Server weitergeleitet, von dem aus sie dann auf Ihre anderen Windows-Geräte übertragen werden können. Aus Sicherheitsgründen sollten Sie Kennwörter, Zahlungsinformationen oder auch Adressen deshalb nicht direkt im Browser speichern. Welche Alternativen es gibt, erfahren Sie im Kasten »Passwort-Manager als Gedächtnisstütze nutzen« auf Seite 559. Ein konkretes Beispiel lernen Sie in Abschnitt 18.6.1, »Sichere Safes für Ihre Passwörter«, ab Seite 749 kennen. Damit Sie zukünftig nicht mehr mit Fragen zum Speichern von sensiblen Daten in Edge belästigt werden, sind folgende Schritte nötig:

1 Blenden Sie, wie zuvor beschrieben, die Registerkarte **Einstellungen** ein. Stellen Sie sicher, dass auf ihr in der linken Spalte **Profile** ❶ ausgewählt ist.

2 Markieren Sie in der rechten Spalte **Kennwörter** ❷.

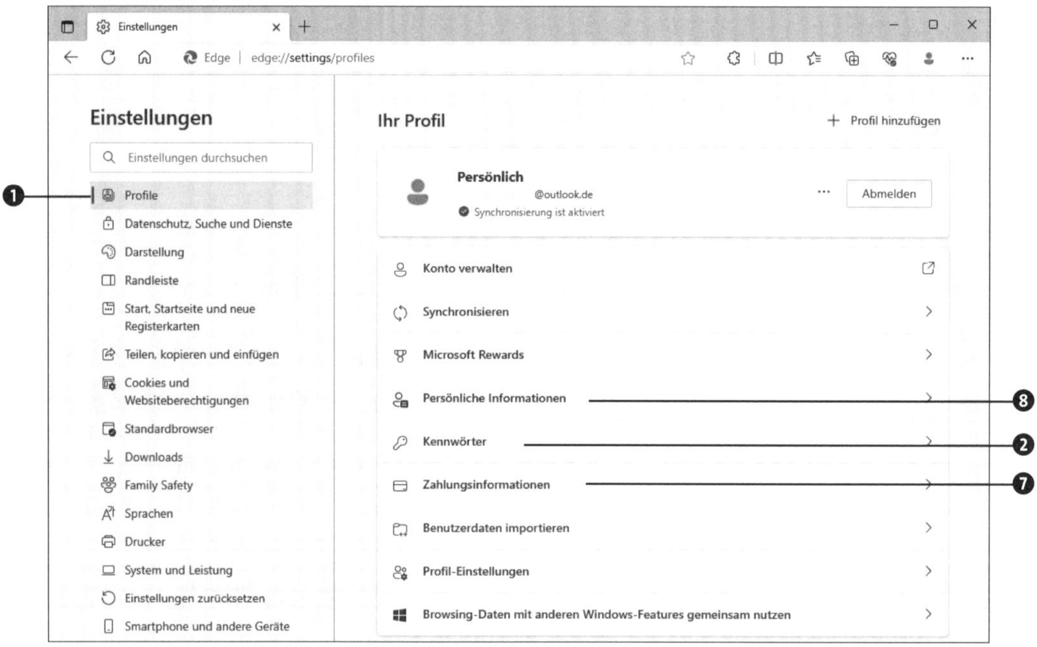

3 Auf der Seite **Profile / Kennwörter** finden Sie nun den Regler **Speichern von Kennwörtern anbieten** ❸, den Sie mit einem Klick auf den Regler ausschalten sollten.

4 Wenn Sie trotz des Sicherheitsrisikos nicht auf den Passwort-Manager von Edge verzichten möchten, sollten Sie nach einem Klick auf **Automatisches Ausfüllen von Kennwörtern** zumindest die Option **Fordern Sie die Eingabe des Gerätekennworts an...** ❹ aktivieren und im Feld darunter **Immer um Erlaubnis bitten** ❺ einstellen. Bevor Edge automatisch auf einer Webseite das Kennwort für Sie ergänzt, müssen Sie Ihr Gerätekennwort eingeben.

5 Klicken Sie auf den nach links weisenden Pfeil ❻, um zur vorherigen Seite zurückzukehren.

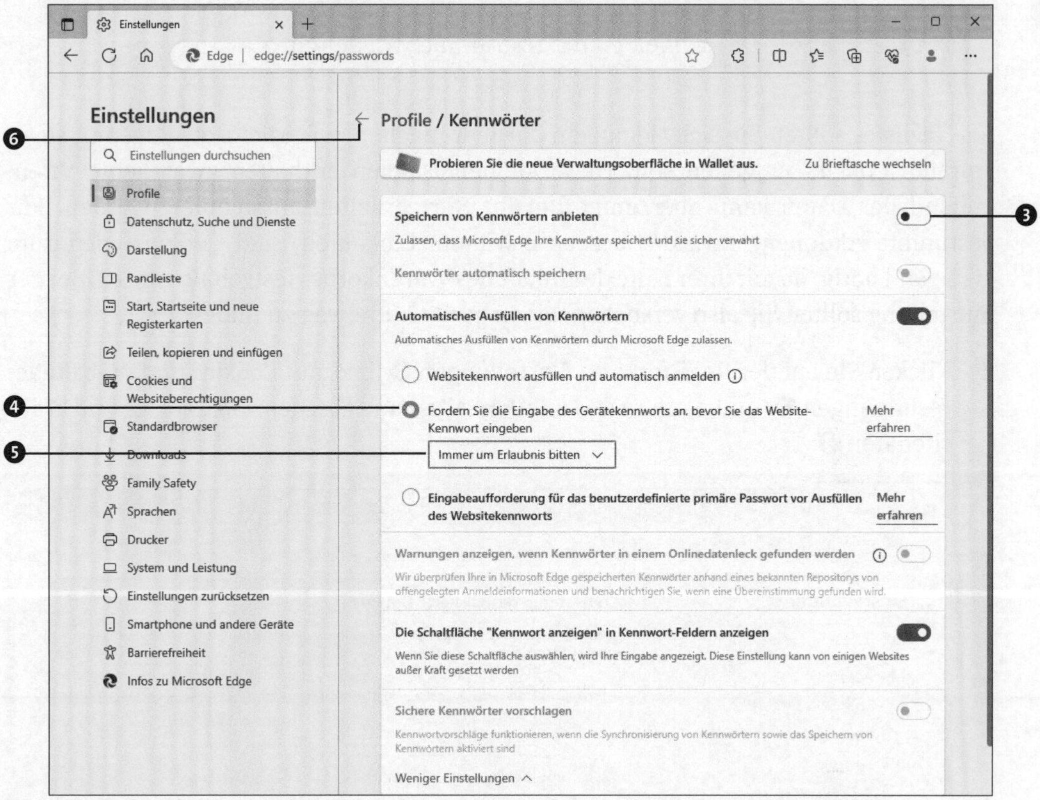

6 Passen Sie analog das Speichern von **Zahlungsinformationen** ❼ sowie von **Persönliche Informationen** ❽ an.

INFO

Passwort-Manager als Gedächtnisstütze nutzen

Onlineshops, Reiseportale, soziale Netzwerke und Onlinebanking: Für jeden dieser Dienste sollten Sie unbedingt ein eigenes Kennwort festlegen. Dass dieses möglichst kompliziert und lang sein sollte, versteht sich von selbst. Doch gerade in dieser Komplexität liegt die Krux, denn kaum jemand kann sich eine Vielzahl derart schwieriger Kennwörter merken. Ein Passwort-Manager ist hier eine gute Gedächtnisstütze. Das Prinzip eines solchen Programms ist einfach: In der Datenbank eines Passwort-Managers werden sensible Daten wie Benutzernamen, Kennwörter oder auch Zahlungsinformationen verschlüsselt gespeichert. Das Programm selbst wird wiederum mit einem sogenannten *Master-Kennwort* geschützt. Dieses Kennwort ist das einzige, das Sie sich merken müssen. Vergessen Sie es, haben Sie keinen Zugriff mehr auf die im Passwort-Manager gespeicherten sensiblen Daten. Ein empfehlenswerter Passwort-Manager ist z. B. *LastPass* (*www.lastpass.com/de*), aber auch *1Password* (*www.1password.com/de*) sowie *Bitwarden Passwort Manager* (*www.bitwarden.com/de-DE*) schneiden bei Tests immer wieder gut ab.

Als Nächstes sollten Sie sich Gedanken darüber machen, wie Microsoft Edge mit sogenannten *Cookies* umgehen soll. Diese kleinen Dateien enthalten zwar keine Viren, anhand der Daten kann aber immerhin Ihr Surfverhalten ausspioniert werden. Für bestimmte Aktionen, etwa das bereits erwähnte Einkaufen, sind Cookies wiederum zwingend nötig, da mit ihrer Hilfe der Inhalt des Warenkorbes festgehalten wird. Bei der Einstellung sollten Sie also versuchen, einen guten Mittelweg zu finden:

1 Klicken Sie auf der Registerkarte **Einstellungen** ❶ links auf **Cookies und Websiteberechtigungen** ❷, und dann rechts auf **Verwalten und Löschen von Cookies und Websitedaten** ❸.

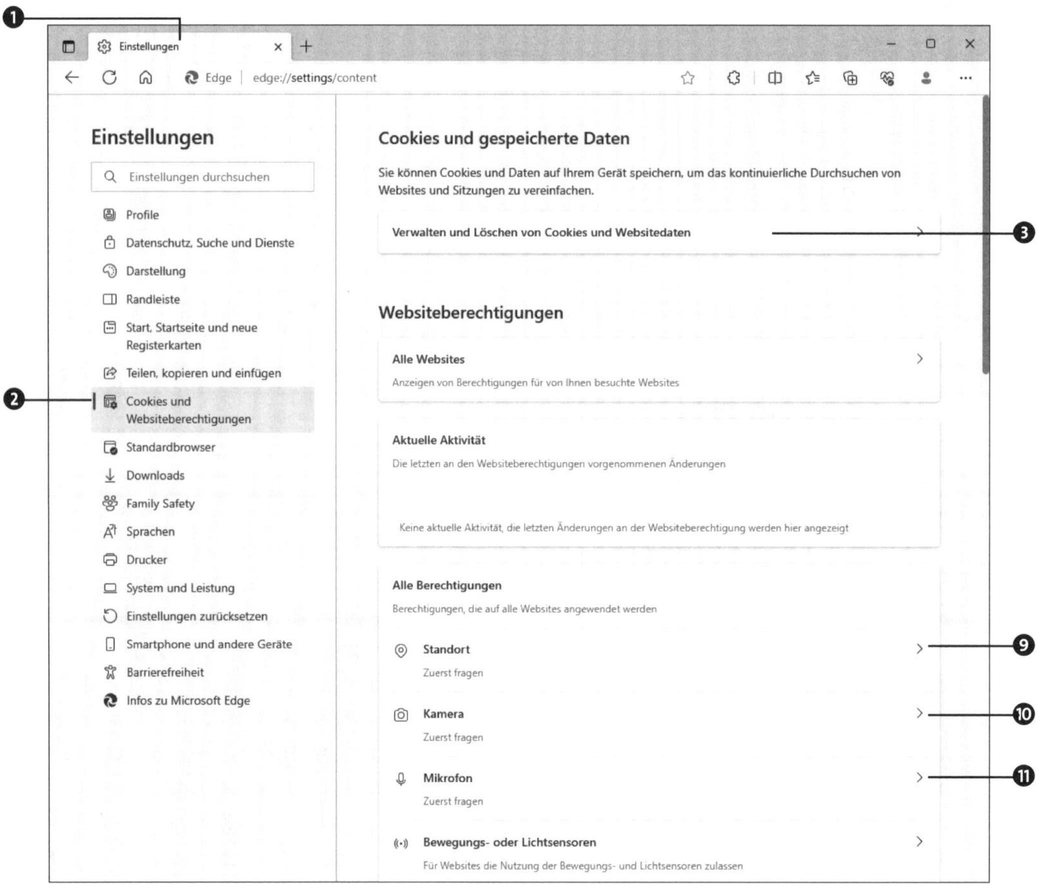

2 Auf der Seite **Cookies und gespeicherte Daten / Cookies und Websitedaten** ist der Regler **Zulassen, dass Websites Cookiedaten speichern und lesen (empfohlen)** per Standardeinstellung eingeschaltet ❹. Per Standardeinstellung deaktiviert ist hingegen **Cookies von Drittanbietern blockieren** ❺. Diesen Regler sollten Sie unbedingt per Klick einschalten. Mit diesen Einstellungen werden Cookies von Erstanbietern, also den Seiten, auf denen Sie sich gerade befinden, akzeptiert, die von Drittanbietern (Werbefenster und Ähnliches) dagegen gesperrt.

3 Wenn es Sie interessiert, auf welchen Websites, die Sie in letzter Zeit besucht haben, Cookies gespeichert wurden, klicken Sie auf **Alle Cookies und Websitedaten anzeigen** ❻.

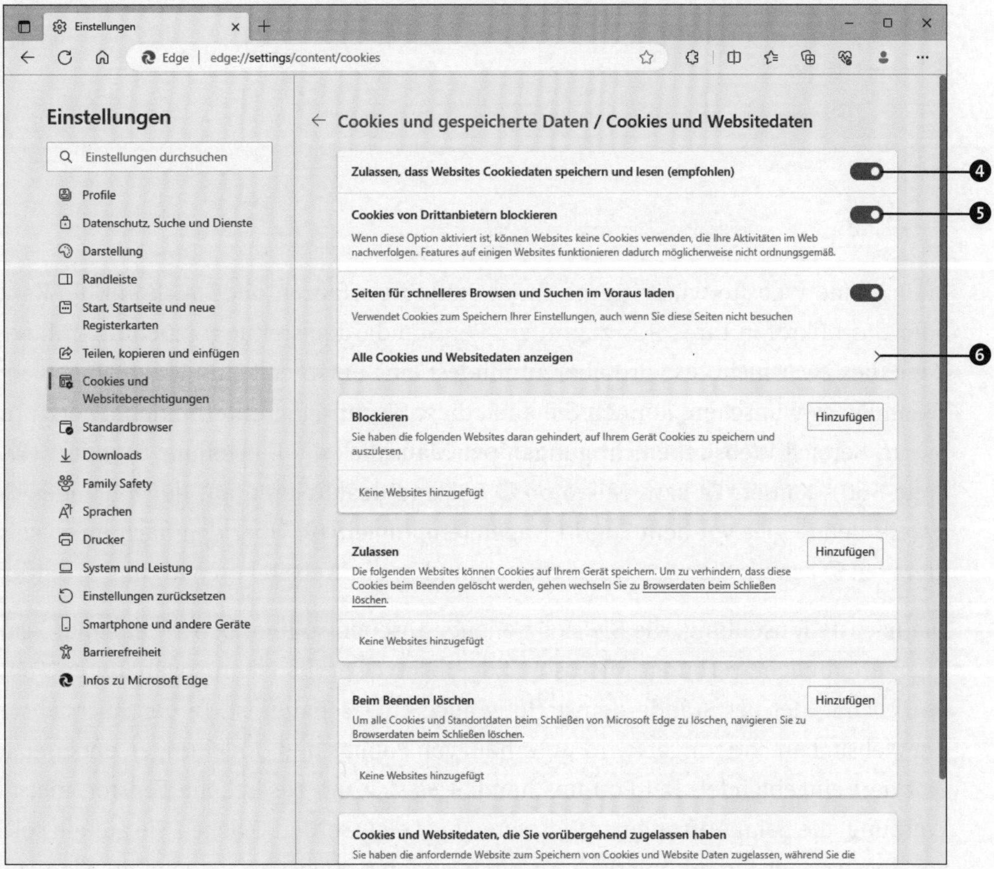

4 Wenn Sie auf der folgenden Übersichtsseite alle gespeicherten Daten in einem Rutsch löschen möchten, reicht ein Klick auf **Alle entfernen** ❼ und das Bestätigen mit **Löschen**.

5 Klicken Sie dann links auf **Cookies und Websiteberechtigungen**, um zur gleichnamigen Übersicht zurückzukehren ❽.

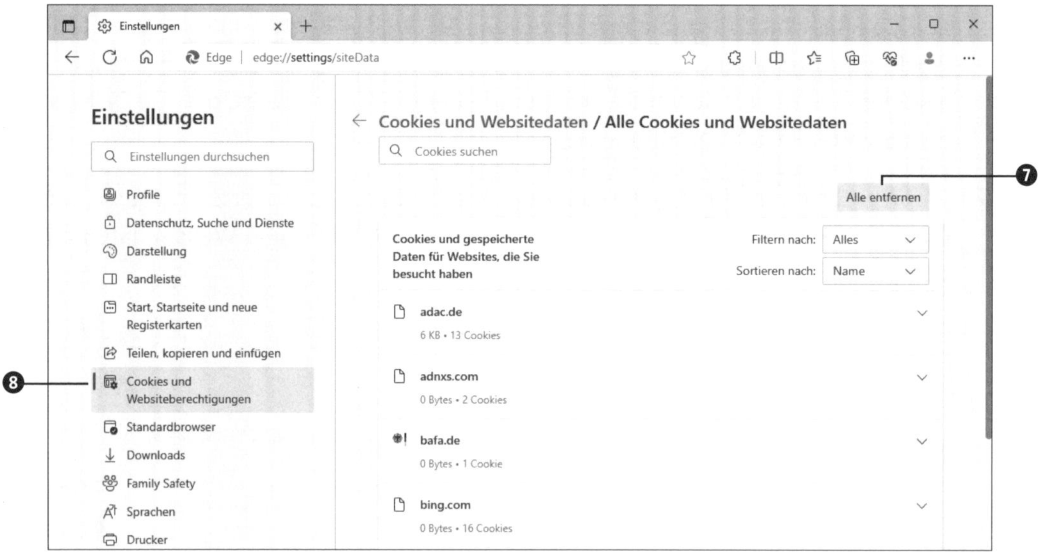

Manch eine Website würde gerne Ihren Standort erfahren oder auch auf die Kamera oder das Mikrofon Ihres PCs zugreifen. Per Standardeinstellung genehmigt Microsoft Edge dies zwar nicht, es wird aber zumindest eine entsprechende Frage eingeblendet. Wenn Sie es wünschen, können Sie auch diese Nachfragen unterbinden. Hierzu rufen Sie im Bereich **Websiteberechtigungen** per Mausklick die Einstellung **Standort** (❾ auf Seite 560), **Kamera** ❿ bzw. **Mikrofon** ⓫ auf und deaktivieren auf der folgenden Seite jeweils den Regler **Vor dem Zugriff fragen (empfohlen)** ⓬. Über den nach links weisenden Pfeil ⓭ kehren Sie wieder zur Übersicht über die Websiteberechtigungen zurück.

Die nächste Einstellung, die Sie sich genauer ansehen sollten, betrifft ein eher lästiges Thema, nämlich Werbung. Microsoft Edge bringt bereits einen sogenannten *Pop-up-Blocker* mit, der per Standardeinstellung auch eingeschaltet ist. In der Übersicht über die Websiteberechtigungen wird unterhalb von **Popups und Umleitungen** entsprechend **Blockiert** eingeblendet. Bei Pop-ups handelt es sich um zusätzliche Fenster, meist mit Werbung, die beim Aufruf einer Webseite angezeigt werden. Klicken Sie auf ein solches Fenster, werden Sie automatisch zu einer anderen Webseite umgeleitet. Eine solche Seite kann Schadcode enthalten. Sollten **Popus und Umleitungen** bei Ihnen nicht blockiert werden, klicken Sie den Eintrag in der Übersicht an. Aktivieren Sie dann auf der

Folgeseite den Regler **Blockiert (empfohlen)** ⓮. Über das Pfeilsymbol ⓯ kehren Sie wieder zur Übersicht zurück. Sehen Sie sich in Ruhe auch die weiteren Einstellungen auf der Seite **Websiteberechtigungen** an, und prüfen Sie, welche Berechtigungen einer Website erteilt werden dürfen und welche Sie lieber blockieren möchten.

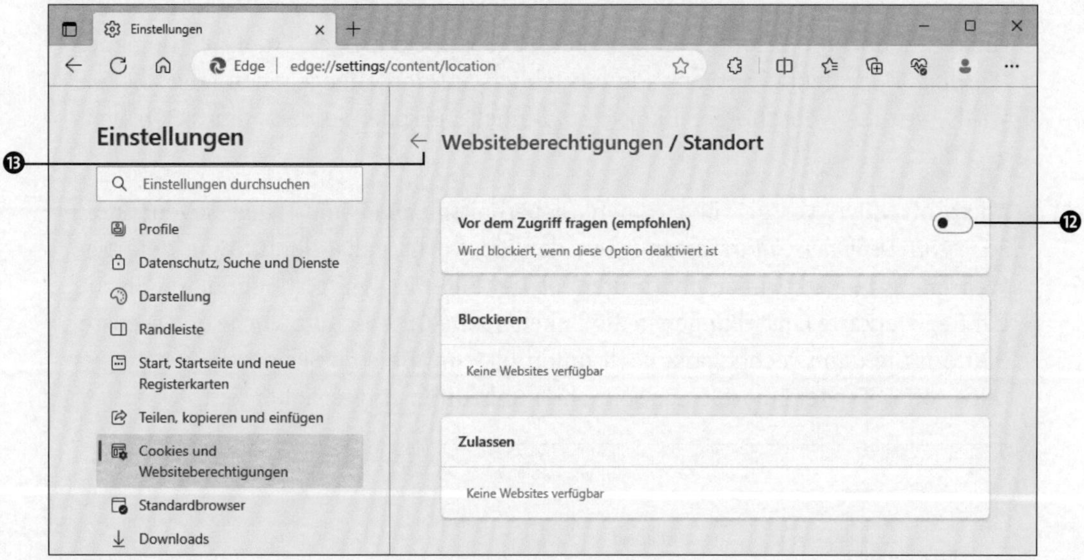

Abbildung 13.18 Ist der Regler deaktiviert, wird der Zugriff auf den Standort vollständig, also auch ohne Nachfrage, blockiert.

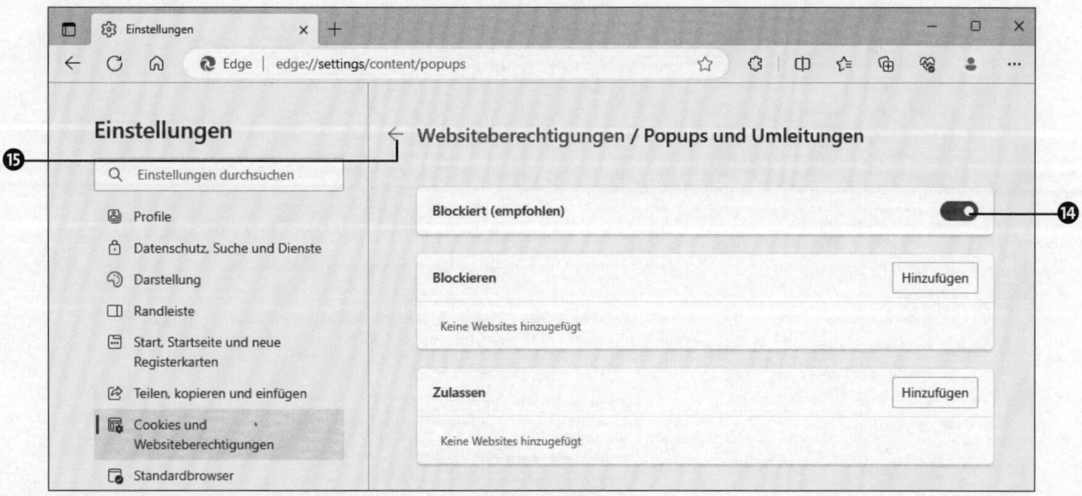

Abbildung 13.19 Den Pop-up-Blocker sollten Sie eingeschaltet lassen.

TIPP

Warnung vor unsicheren Websites

Leider gibt es heutzutage zahlreiche Webseiten, die versuchen, sicherheitskritische Daten – etwa Kreditkartendaten oder auch Passwörter – auszuspionieren. Dem voran gehen häufig E-Mails, angeblich von Onlineshops oder Banken versendet, in denen der Nutzer aufgefordert wird, zur Sicherheit eine bestimmte Webseite aufzurufen und dort die geforderten Daten einzugeben. Derartige E-Mails werden auch *Phishing-Mails* genannt. Wenn Sie tatsächlich auf den angegebenen Link klicken, wird statt der Webseite der Bank eine ähnlich aussehende Seite eines Betrügers geöffnet.

Microsoft Edge verfügt über einen Sicherheitsmechanismus, den sogenannten *Microsoft Defender SmartScreen-Filter*, der Sie warnt, falls Sie auf eine derartige Webseite gelangen. Um zu überprüfen, ob der Filter aktiviert ist, markieren Sie auf der Registerkarte **Einstellungen** in der linken Spalte **Datenschutz, Suche und Dienste.** Blättern Sie dann rechts ganz nach unten bis zum Bereich **Sicherheit**. Der Regler **Microsoft Defender SmartScreen** sollte hier unbedingt eingeschaltet sein.

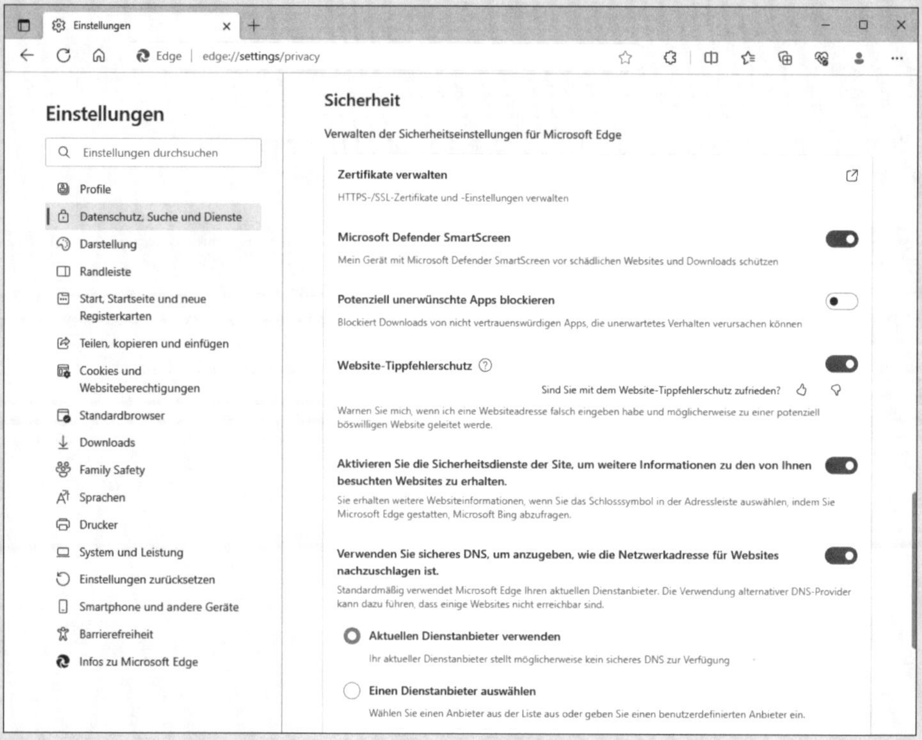

Abbildung 13.20 Ist der SmartScreen-Filter aktiviert, erhalten Sie eine Warnung, falls Sie versuchen, eine unsichere Website zu öffnen.

Für viele Websitebetreiber ist es hochinteressant, welche Webseiten Sie im Internet besuchen. Anhand Ihres Surfverhaltens versuchen sie, so viel wie möglich über Ihre Interessen herauszufinden und anschließend die perfekte Werbung für Sie auf den Webseiten einzublenden. Der Browser Microsoft Edge bietet einen Tracking-Schutz. Ob er aktiviert ist, überprüfen Sie folgendermaßen:

1 Markieren Sie auf der Registerkarte **Einstellungen** in der linken Spalte **Datenschutz, Suche und Dienste** ❶. Per Standardeinstellung ist der Tracking-Schutz bereits eingeschaltet. Der Regler **Tracking-Verhinderung** ❷ ist in der rechten Fensterhälfte entsprechend aktiviert.

2 Unterhalb des Reglers finden Sie die drei Stufen **Einfach**, **Ausgewogen** und **Streng**. Mit der Stufe **Einfach** ❸ werden lediglich bereits bekannte und als schädlich eingestufte Tracker blockiert, alle anderen lässt Edge auf einer Webseite zu. Ist die Stufe **Streng** ❹ ausgewählt, werden fast alle Tracker einer Webseite gesperrt, was in manchen Fällen zu Anzeigeproblemen auf der Seite führen kann. Einen guten Mittelweg stellt die Stufe **Ausgewogen** ❺ dar. Diese ist zumeist auch voreingestellt.

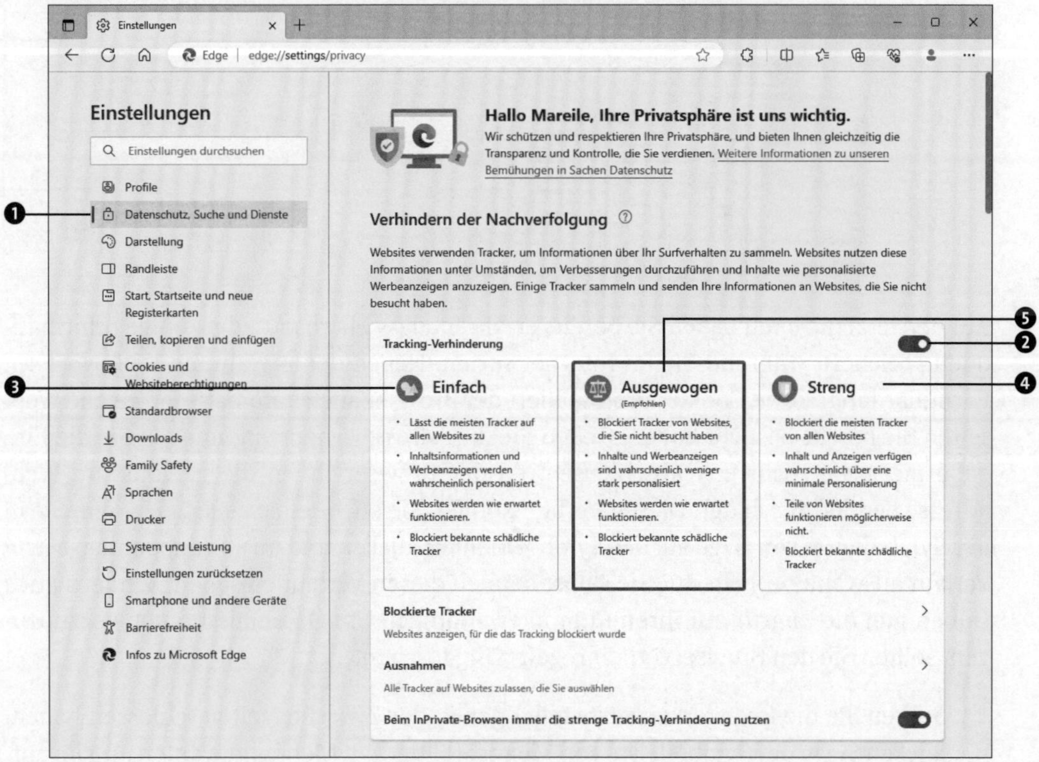

3 Zusätzlich zum Tracking-Schutz bietet Ihnen der Browser Microsoft Edge noch einen sogenannten *Do-Not-Track-Schutz*. Ist dieser eingeschaltet, signalisieren Sie den Websitebetreibern, dass Sie nicht möchten, dass diese Ihr Surfverhalten mithilfe von Cookies oder Ähnlichem nachverfolgen. Per Standardeinstellung ist der Do-Not-Track-Schutz ausgeschaltet. Um ihn zu aktivieren, blättern Sie auf der Seite **Datenschutz, Suche und Dienste** etwas weiter nach unten bis zum Bereich **Datenschutz**. Aktivieren Sie den Regler **»Nicht verfolgen«-Anforderungen (Do not track) senden** per Mausklick ❻. Den folgenden Hinweis bestätigen Sie mit **Anforderung senden**. Eine Garantie, dass Websites diese Einstellung berücksichtigen, gibt es allerdings nicht. Denn nach wie vor gibt es leider Unternehmen, die es mit dem Datenschutz nicht so genau nehmen.

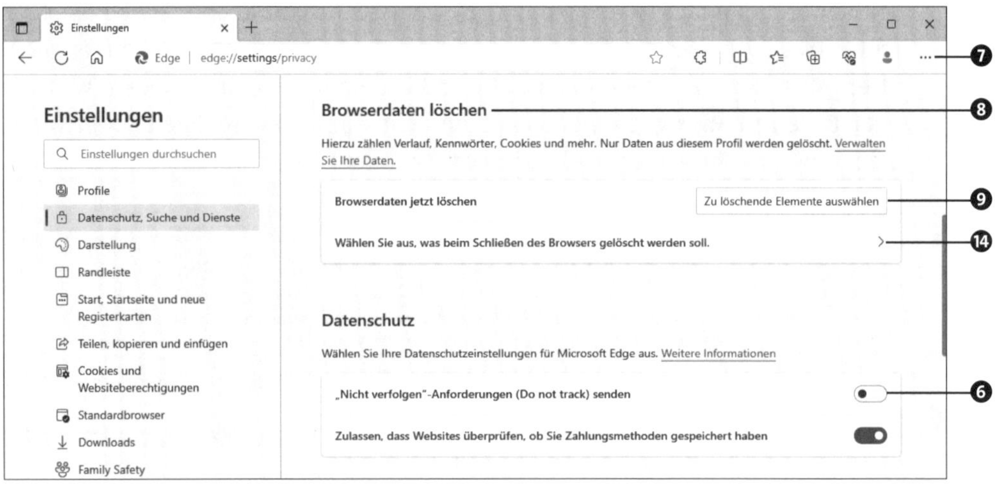

Auf den letzten Seiten haben Sie bereits erfahren, dass Microsoft Edge einige Informationen speichert, während Sie im Internet surfen. Neben den erwähnten Kennwörtern, Formulardaten sowie Cookies protokolliert der Browser auch automatisch, welche Webseiten Sie bereits besucht haben. Geben Sie die Adresse erneut ein, müssen Sie die Eingabe meist gar nicht erst abschließen, da der Browser Ihnen die gewünschte Webadresse bereits vorschlägt. Diesen Verlauf können Sie auch selbst einsehen, wenn Sie in der Symbolleiste von Edge auf das Symbol **Mehr** ❼ klicken und im aufklappenden Menü **Verlauf** auswählen. Nicht nur Sie selbst können diesen Verlauf einsehen, sondern auch Unbefugte, die Zugriff auf Ihren Computer erlangen. Um Datenmissbrauch vorzubeugen, sollten Sie den Browserverlauf regelmäßig löschen:

1 Sollten Sie die Registerkarte **Einstellungen** in der Zwischenzeit geschlossen haben, klicken Sie in der Symbolleiste von Microsoft Edge auf **Mehr** und wählen nun im aufklappenden Menü den Eintrag **Einstellungen**.

2 Markieren Sie in der linken Spalte **Datenschutz, Suche und Dienste**, und blättern Sie rechts nach unten bis zum Eintrag **Browserdaten löschen** ❽. Klicken Sie hier auf **Zu löschende Elemente auswählen** ❾.

3 Im Dialog **Browserdaten löschen** klicken Sie in das Feld **Zeitbereich** und wählen **Gesamte Zeit** ❿. In der Liste darunter sind die ersten vier Kontrollkästchen meist standardmäßig aktiviert und sollten es auch bleiben ⓫. Blättern Sie in der Liste weiter nach unten.

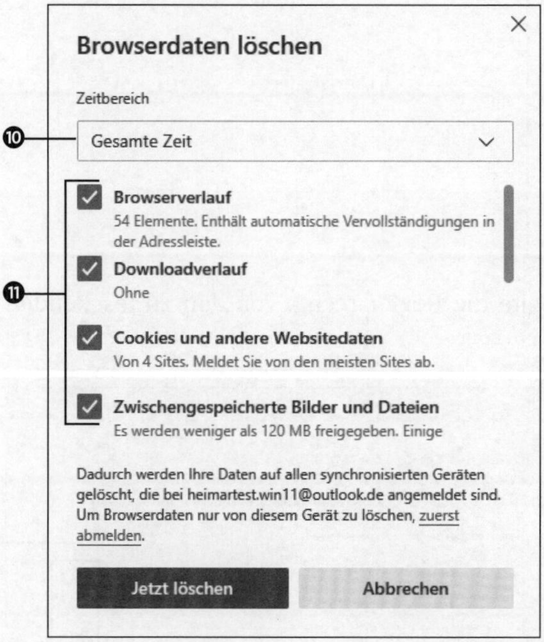

4 Wenn auch die gespeicherten **Kennwörter** und **AutoAusfüllen-Formulardaten** ⓬ gelöscht werden sollen, versehen Sie die beiden Kästchen ebenfalls mit einem Häkchen.

5 Klicken Sie nun auf **Jetzt löschen** ⓭, wird der Browserverlauf geleert. Dies kann einen Moment dauern.

6 Damit zukünftig nach jedem Aufruf von Edge die Browserdaten gelöscht werden, klicken Sie auf der Seite **Datenschutz, Suche und Dienste** im Bereich **Browserdaten löschen** auf **Wählen Sie aus, was beim Schließen des Browsers gelöscht werden soll** (⓮ auf Seite 566).

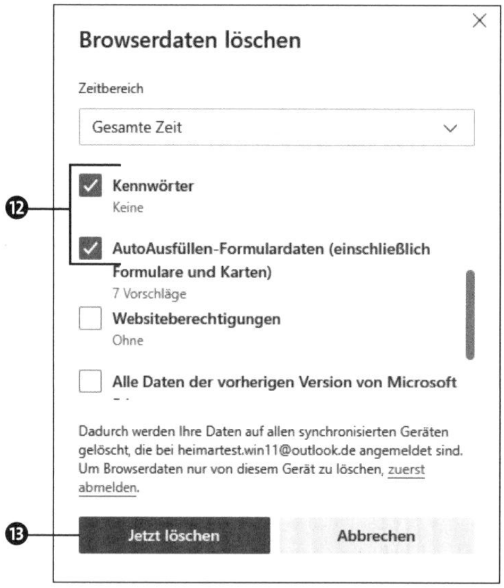

7 Aktivieren Sie auf der folgenden Seite die Regler rechts von den zu löschenden Daten ⓯.

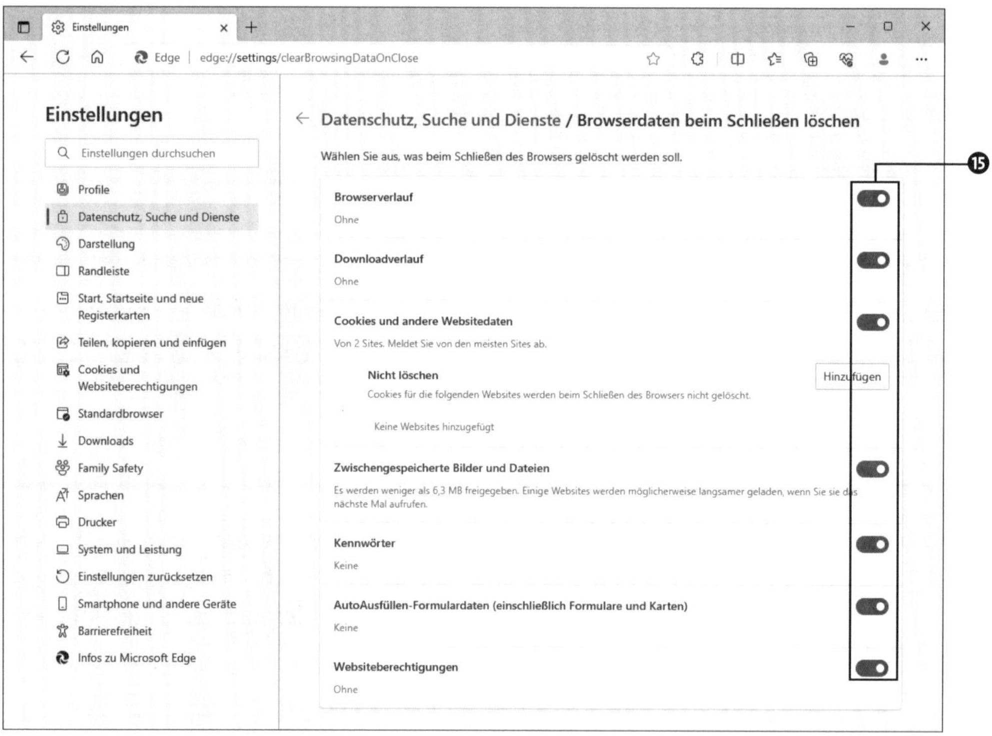

TIPP

Mit dem InPrivate-Modus anonym surfen

Eigentlich wäre es Ihnen am liebsten, wenn im Browser während des Surfens im Internet gar nicht erst Daten gespeichert werden? Mit dem *InPrivate-Modus* von Microsoft Edge ist dies möglich. Allerdings muss dieser Modus vor jedem Aufruf einer Webseite aktiviert werden. Klicken Sie hierzu in der Symbolleiste auf **Mehr** und anschließend auf **Neues InPrivate-Fenster**. Es wird nun automatisch ein zweites Programmfenster von Microsoft Edge geöffnet. Rechts neben dem Adressfeld erscheint die Schaltfläche **InPrivate**. Geben Sie nun wie gewohnt die Webadresse in das Adressfeld ein, und surfen Sie im Internet, wie es Ihnen beliebt. Um den Modus wieder zu beenden, schließen Sie einfach das Programmfenster per Klick auf die Schließen-Schaltfläche.

Abbildung 13.21 Ist der InPrivate-Modus aktiviert, erscheint in der rechten oberen Fensterecke ein entsprechender Hinweis.

Das InPrivate-Browsen ist vor allem immer dann sinnvoll, wenn Sie auf Webseiten sensible Daten wie etwa Kreditkarteninformationen oder Kennwörter eingeben müssen. Zusätzlich sollten Sie bei der Eingabe solcher Daten aber auch sicherstellen, dass die Datenübertragung über eine sichere Verbindung stattfindet. Dabei werden die Daten verschlüsselt übertragen. Bei einer sicheren Verbindung beginnt die Webadresse im Adressfeld mit *https://* und nicht wie sonst nur mit *http://*.

Damit sind die wichtigsten Sicherheitseinstellungen vorgenommen. Microsoft Edge wird fortlaufend aktualisiert. Mit jedem Update kommen nicht nur neue Funktionen hinzu, sondern werden auch wichtige Sicherheitslücken im Browser geschlossen. Achten Sie daher darauf, dass immer die aktuellste Version des Browsers installiert ist. Im Normalfall erfolgt das Update über das Windows-Update.

Wenn Sie überprüfen möchten, ob Microsoft Edge auf dem neuesten Stand ist, klicken Sie in der Symbolleiste des Browsers auf **Mehr** und im aufklappenden Menü nacheinander auf **Hilfe und Feedback ▸ Infos zu Microsoft Edge**. Es wird die Registerkarte **Einstellungen** geöffnet, in dem links **Infos zu Microsoft Edge** markiert ist. Sollten Updates für den

Browser verfügbar sein, werden diese sofort heruntergeladen. Anschließend erscheint in der rechten Fensterhälfte der Hinweis **Microsoft Edge ist auf dem neuesten Stand**.

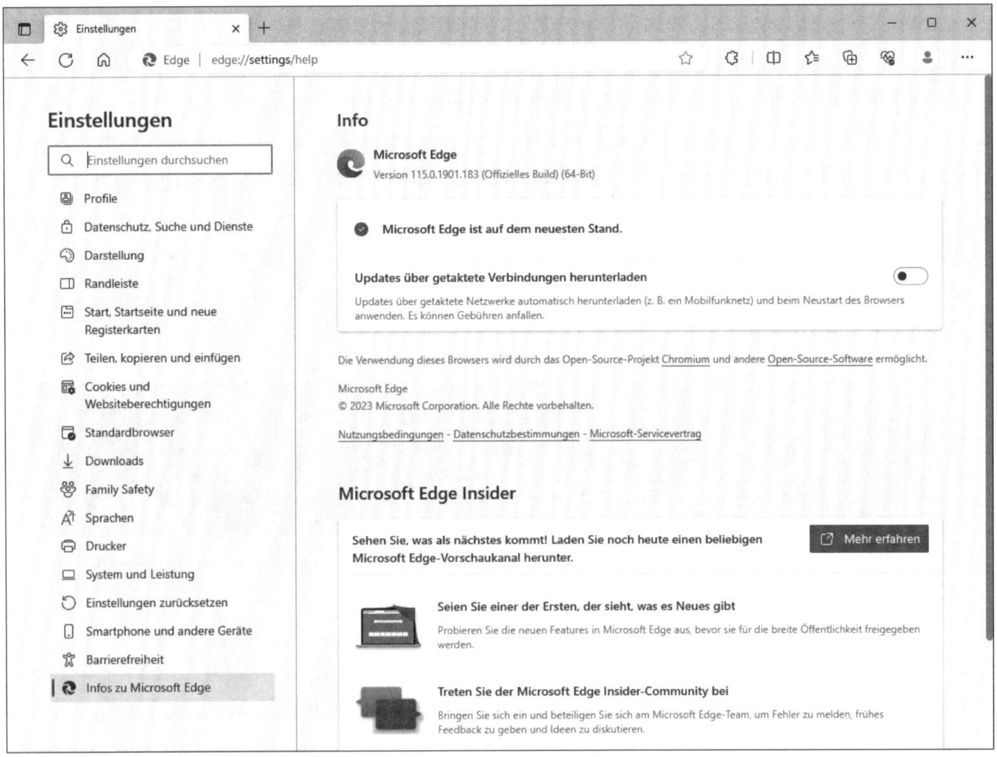

Abbildung 13.22 Microsoft Edge ist auf dem neuesten Stand.

13.7 PDFs und E-Books lesen mit Microsoft Edge

Immer mehr Behörden und auch Unternehmen verschicken ihre Formulare auf elektronischem Weg im PDF-Format. Diese Dateien können dann bequem am PC ausgefüllt und ausgedruckt werden. Anders als in früheren Windows-Versionen müssen Sie hierfür keine spezielle Software mehr installieren; der Browser Edge reicht vollkommen. Sobald Sie z. B. im Explorer eine Datei im PDF-Format per Doppelklick auswählen, wird automatisch der Browser Edge gestartet und das Dokument auf einer eigenen Registerkarte geöffnet.

Nach dem Öffnen wird unterhalb der Adressleiste des Browsers eine zusätzliche Symbolleiste eingeblendet. Sehen wir uns an, welche Funktionen Ihnen hier zur Verfügung stehen:

- Handelt es sich um ein mehrseitiges Dokument, wird in der Mitte die Seitenanzahl angezeigt ❶. Klicken Sie in das Feld ❷, können Sie die nun blau markierte aktuelle Seitenzahl mit der Seitenzahl überschreiben, zu der Sie innerhalb des Dokuments springen möchten. Die Eingabe bestätigen Sie einfach durch Drücken der Taste [↵]. Um von einer Seite zur nächsten zu gelangen, nutzen Sie das Scrollrad Ihrer Computermaus oder die Bildlaufleiste am rechten Rand des Browserfensters ❸.
- Über das Minus- und das Plussymbol ❹ passen Sie die Anzeigegröße des Dokuments an. Durch Drücken der Taste [F11] wird das Browserfenster im Vollbildmodus angezeigt, also über den gesamten Bildschirm hinweg. Um ihn wieder zu deaktivieren, drücken Sie erneut die Taste [F11]. Soll das Dokument über die gesamte Breite des Browserfensters angezeigt werden, reicht ein Klick auf das Symbol [↔] ❺. Mit einem erneuten Klick darauf heben Sie die Anpassung wieder auf.
- Wurde ein Dokument versehentlich verkehrt herum eingescannt, lässt sich die Ausrichtung über das Symbol **Drehen** ❻ korrigieren.

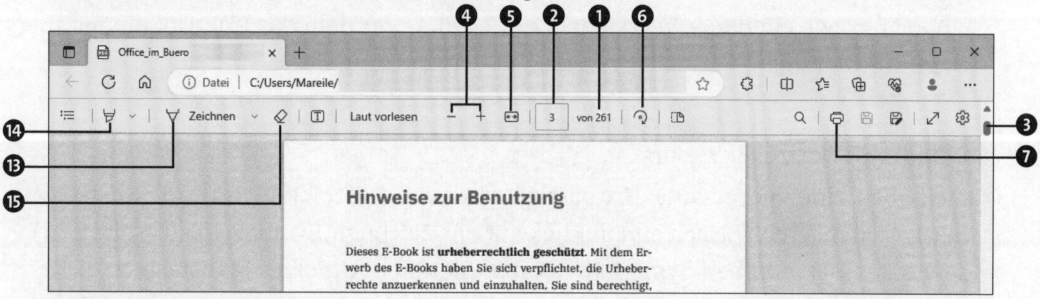

Abbildung 13.23 Die Anzeigegröße des PDF-Dokuments lässt sich individuell anpassen.

- Ist Ihnen das Ausdrucken des PDF-Dokuments gestattet (was nicht bei allen PDF-Dateien der Fall ist), rufen Sie per Klick auf das Symbol **Drucken** ❼ den Dialog **Drucken** auf. Wählen Sie den Drucker aus, und geben Sie die Seiten an, die zu Papier gebracht werden sollen. Möchten Sie Papier sparen und deshalb z. B. zwei Seiten pro Blatt ausdrucken, stellen Sie die entsprechende Anzahl im Feld **Seiten pro Blatt ein**. Mit einem Klick auf **Drucken** starten Sie den Druckvorgang.
- Suchen Sie nach einer ganz bestimmten Textpassage? Hierfür nutzen Sie ganz einfach den Befehl **Auf Seite suchen**, den Sie über das Symbol **Mehr** ❽ in der Symbolleiste des Browsers erreichen. Geben Sie dann in das Suchfeld ❾, das nun unterhalb der Adressleiste des Browsers eingeblendet wird, den Suchbegriff ein. Edge beginnt sofort, das Dokument nach dem Begriff zu durchforsten, und zeigt das erste Ergebnis gleich an. Über die Pfeiltasten ❿ navigieren Sie zum vorherigen bzw. nächsten Ergebnis. Alternativ klicken Sie auf die gelben Balken in der Bildlaufleiste, die eben-

falls Fundstellen kennzeichnen. Benötigen Sie das Suchfeld nicht mehr, klicken Sie rechts auf das Schließensymbol ⓫.

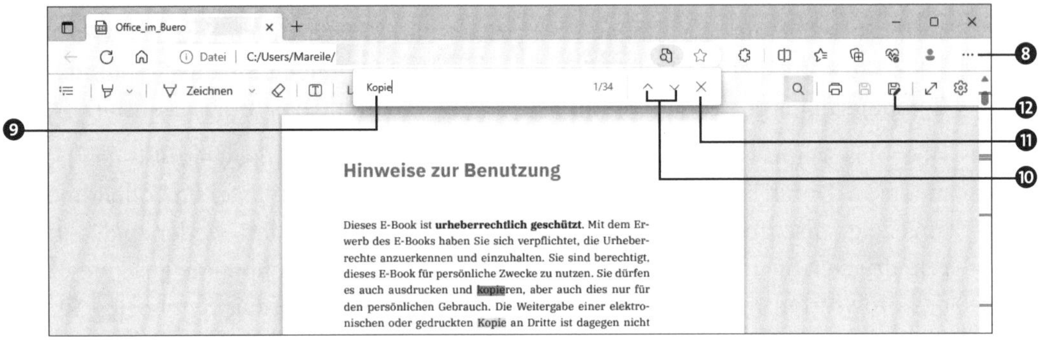

Abbildung 13.24 In PDF-Dateien kann gezielt nach Begriffen gesucht werden.

- Nach einem Klick auf das Symbol **Speichern unter** ⓬ können Sie einen neuen Dateinamen sowie ein neues Verzeichnis festlegen, unter dem das PDF-Dokument abgelegt werden soll.

TIPP

E-Book mit Notizen versehen

Sie haben eine interessante Textpassage in einem E-Book entdeckt, die Sie gerne markieren möchten? Nach einem Klick auf das **Zeichnen**-Symbol (⓭ auf Seite 571) sowie das **Hervorheben**-Symbol ⓮ können Sie mit gedrückter Maustaste z. B. Begriffe unterstreichen oder auch durchstreichen. Wenn Sie eine Markierung wieder löschen möchten, aktivieren Sie per Mausklick das Symbol **Löschen** ⓯. Fahren Sie dann einfach mit gedrückter linker Maustaste über das gezeichnete Element, das wieder entfernt werden soll. Benötigen Sie das Zeichnen- oder Löschen-Werkzeug nicht mehr, deaktivieren Sie es einfach per erneutem Mausklick auf das entsprechende Symbol.

Handelt es sich bei dem PDF-Dokument, das Sie im Browser Edge geöffnet haben, um ein Formular mit interaktiven Feldern, können Sie diese direkt im Browser ausfüllen. Edge erkennt derartige Eingabefelder automatisch und markiert sie farbig. Um eine Eingabe in einem Feld vorzunehmen, klicken Sie einfach in das Feld und geben dann wie gewohnt den Text über die Tastatur ein. Durch Drücken der Taste [Tab] gelangen Sie von einem Feld zum nächsten. Das fertig ausgefüllte Formular können Sie über die entsprechenden Symbole in der Symbolleiste entweder ausdrucken oder speichern.

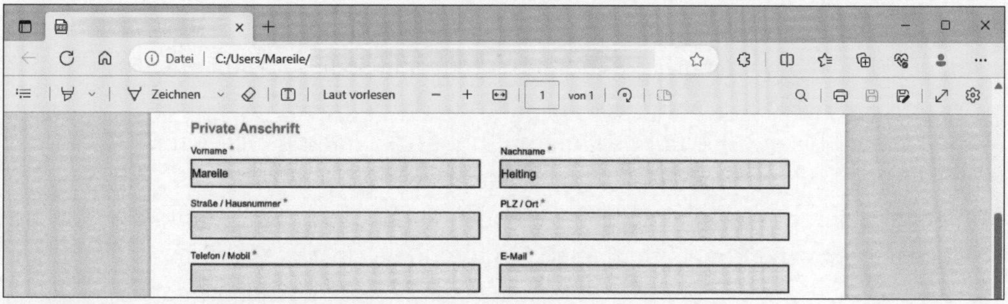

Abbildung 13.25 Edge hebt Eingabefelder in PDF-Dateien farbig hervor.

TIPP

Websites in speziellen Apps oder in Edge öffnen?

Zum Öffnen mancher Websites sieht Microsoft nicht den Browser Edge vor, sondern eine eigene App. Erhalten Sie z. B. eine E-Mail mit dem Link *http://maps.windows.com*, öffnet sich nach einem Klick auf den Link automatisch die damit verknüpfte Karten-App. Ziehen Sie den Browser Edge vor, rufen Sie die **Einstellungen**-App z. B. über die Tastenkombination [Win] + [I] auf. Wechseln Sie in die Kategorie **Apps**, und markieren Sie in der linken Spalte **Apps für Websites**. Über die Regler in der rechten Fensterhälfte können Sie nun individuell für jede App festlegen, ob eine Website per App oder in Edge geöffnet werden soll.

TIPP

Webadressen kopieren und als Text einfügen

Um eine Webadresse zu kopieren und z. B. in eine E-Mail oder ein Word-Dokument einzufügen, markiert man die Adresse und drückt dann z. B. die Tastenkombination [Strg] + [C]. Für das Einfügen des kopierten Links verwenden die meisten Anwender*innen die Tastenkombination [Strg] + [V]. Im Gegensatz zu früher fügt Windows nun aber nicht mehr die eigentliche Webadresse ein, sondern den Titel der Webseite. Soll tatsächlich die Webadresse angezeigt werden, müssen Sie stattdessen die Tastenkombination [Strg] + [⇧] + [V] verwenden. Möchten Sie wieder die altbekannte Tastenkombination zum Einfügen der Adresse verwenden, rufen Sie im Browser Edge **Mehr ▸ Einstellungen** auf. Markieren Sie links die Kategorie **Teilen, kopieren und einfügen**. Rechts ist zunächst die Variante **Link** markiert. Mit einem Klick auf **Nur Text** passen Sie die Einstellung so an, dass zukünftig beim Drücken der Tastenkombination [Strg] + [V] wieder die eigentliche Webadresse eingefügt wird.

14 Internetverbindung herstellen und PCs vernetzen

Fast jeder Computer verfügt heutzutage über die notwendige Hardware, um per Kabel oder auch drahtlos an ein Netzwerk angeschlossen zu werden. Auf den folgenden Seiten erfahren Sie, wie Sie mithilfe des Netzwerkassistenten eine Internetverbindung herstellen. Der Schwerpunkt dieses Kapitels liegt auf dem Austausch von Daten zwischen verschiedenen Computern, die Teil Ihres privaten Netzwerkes sind.

14.1 Eine Netzwerkverbindung einrichten

Der Vertrag mit dem Internetdienstanbieter (*Provider*) ist abgeschlossen, die notwendige Hardware z. B. in Form eines Routers haben Sie bereits erhalten und aufgebaut. Nun sollen die Computer angeschlossen und somit eine Verbindung ins Internet hergestellt werden. Nicht immer funktioniert allerdings alles so einfach, wie in Teil I, »Start mit Windows 11«, ab Seite 19 beschrieben. Auf den folgenden Seiten habe ich einige Tipps für Sie zusammengestellt, falls es mit der Verbindung ins Netzwerk nicht so geklappt hat, wie erhofft.

14.1.1 Eine Breitbandverbindung per Netzwerkassistent einrichten

Wie leicht eine Netzwerkverbindung via Kabel zwischen Router und PC hergestellt werden kann, erfahren Sie in Abschnitt 3.3, »Eine Netzwerkverbindung herstellen«, ab Seite 82. Denn meist reicht es, das Ethernetkabel an die beiden entsprechenden Buchsen am PC sowie am Router anzuschließen, und schon steht nach wenigen Sekunden die Internetverbindung. Der Grund, dass die Verbindung so unkompliziert hergestellt werden kann, ist die DHCP-Funktion, über die jeder aktuelle Router verfügt und die standardmäßig auch aktiviert ist. Dieses *Dynamic Host Configuration Protocol* sorgt dafür, dass dem PC automatisch eine eindeutige IP-Adresse zugeordnet wird, über die er im Netzwerk erkannt werden kann.

TIPP

Die automatisch vergebene IP-Adresse in Erfahrung bringen

Wenn es Sie interessiert, welche IP-Adresse vergeben wurde, rufen Sie **Start ▸ Einstellungen ▸ Netzwerk und Internet** auf. Markieren Sie rechts die Unterkategorie **Ethernet**. Nun werden Ihnen alle Details der Netzwerkverbindung angezeigt.

Sollte diese automatische Verbindung nicht funktioniert haben, können Sie auch den *Netzwerkassistenten* nutzen, der Sie Schritt für Schritt durch die Konfiguration führt. Dabei werden einige Daten abgefragt, die Sie von Ihrem Internetdienstanbieter erhalten. Dazu zählen z. B. der Benutzername und das Passwort. Der Start des Netzwerkassistenten erfolgt auch unter Windows 11 noch über die Systemsteuerung. Hierzu gehen Sie folgendermaßen vor:

1 Klicken Sie in der Taskleiste in das Suchfeld und geben Sie »Systemsteuerung« ein. Wählen Sie den gleichnamigen Treffer aus. Im **Systemsteuerung**-Dialog klicken Sie nacheinander auf **Netzwerk und Internet ▸ Netzwerk- und Freigabecenter ❶**.

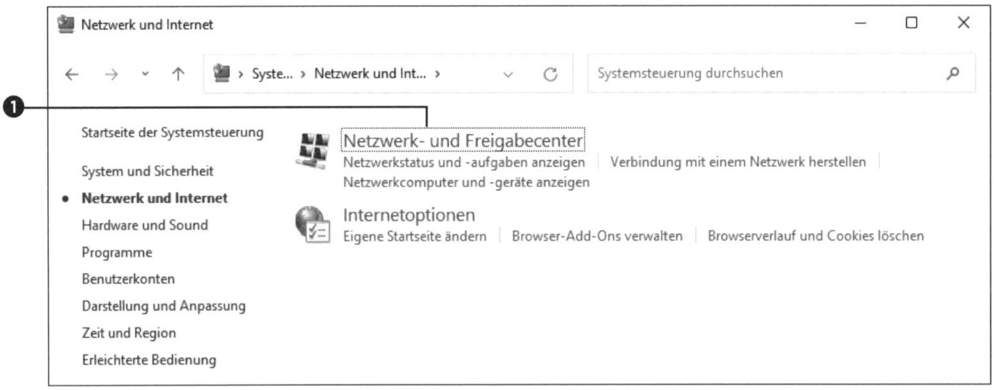

2 Im Dialog **Netzwerk- und Freigabecenter** klicken Sie auf **Neue Verbindung oder neues Netzwerk einrichten ❷**.

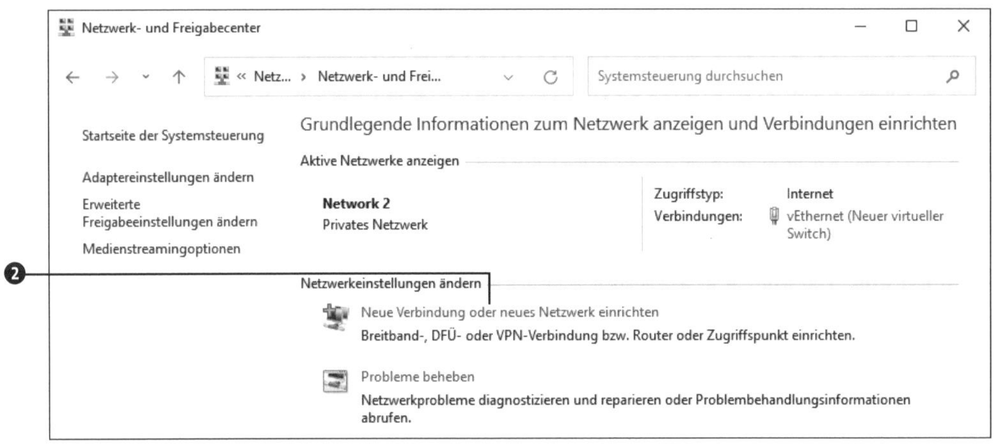

3 Wählen Sie die Verbindungsoption **Verbindung mit dem Internet herstellen** aus, und bestätigen Sie mit **Weiter**.

4 Sie werden nun gefragt, wie Sie die Verbindung herstellen möchten. Markieren Sie hier **Breitband (PPPoE)** ❸.

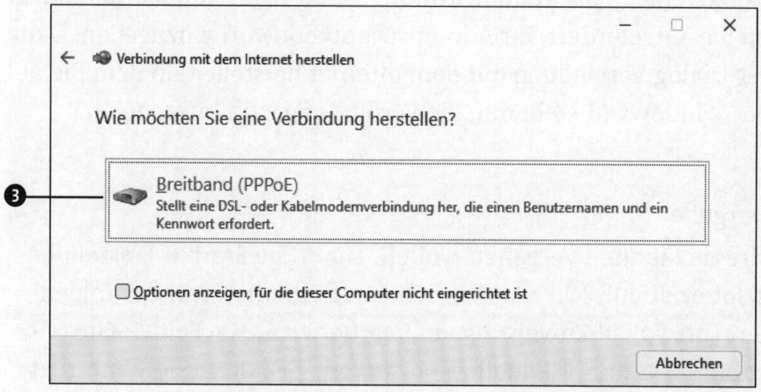

5 Als Nächstes benötigen Sie den Benutzernamen ❹ sowie das Kennwort ❺, das Sie von Ihrem Internetdienstanbieter (ISP, *Internet Service Provider*) erhalten haben. Tragen Sie beides in die entsprechend dafür vorgesehenen Felder ein. Damit Sie das Kennwort nicht immer wieder eingeben müssen, versehen Sie das Kontrollkästchen **Dieses Kennwort speichern** mit einem Häkchen ❻.

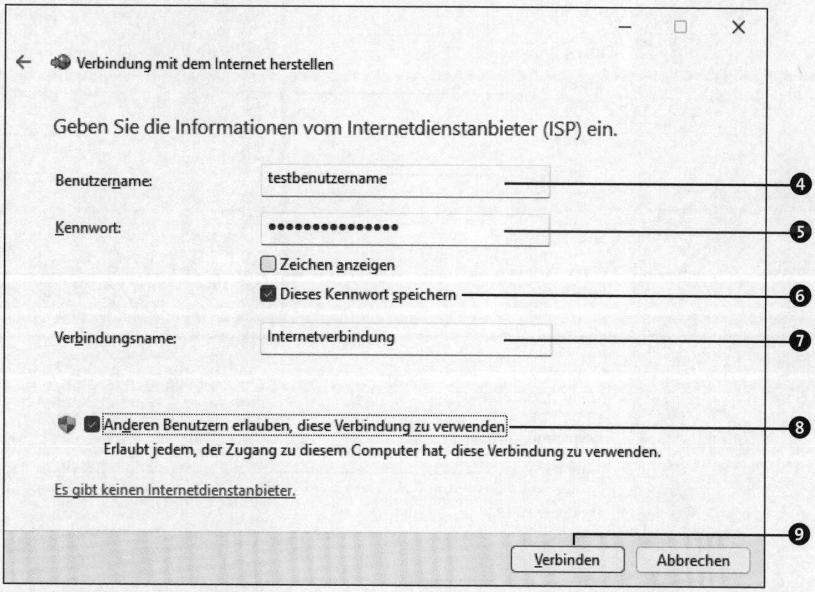

6 In das Feld **Verbindungsname** ❼ tragen Sie eine frei wählbare Bezeichnung für das Netzwerk ein.

7 Wenn Ihr Computer auch von anderen Personen genutzt wird, sollten Sie das Kontrollkästchen **Anderen Benutzern erlauben, diese Verbindung zu verwenden** ❽ aktivieren. Sind Sie derzeit nicht als Administrator, sondern als Standardbenutzer angemeldet, werden Sie aufgefordert, Ihr Administratorkennwort einzugeben. Dann erscheint wieder der Dialog **Verbindung mit dem Internet herstellen**, in dem Sie auf **Verbinden** ❾ klicken. Windows 11 stellt nun die Verbindung zum Internet her.

TIPP

IP-Adresse manuell vergeben

Sollten Sie die IP-Adresse manuell vergeben wollen, rufen Sie **Start ▸ Einstellungen ▸ Netzwerk und Internet** auf. Klicken Sie rechts auf **Ethernet**. Auf der folgenden Seite klicken Sie rechts von **IP-Zuweisung** auf **Bearbeiten** ❶. Im Feld **IP-Einstellungen bearbeiten** sollten Sie nun **Manuell** ❷ einstellen. Schalten Sie dann den Regler **IPv4** ein ❸. In den nun sichtbaren Feldern tragen Sie zunächst die IP-Adresse ein. Für ein privates Netzwerk stehen Ihnen die IP-Adressen *192.168.0.1* bis *192.168.254.254* zur Verfügung.

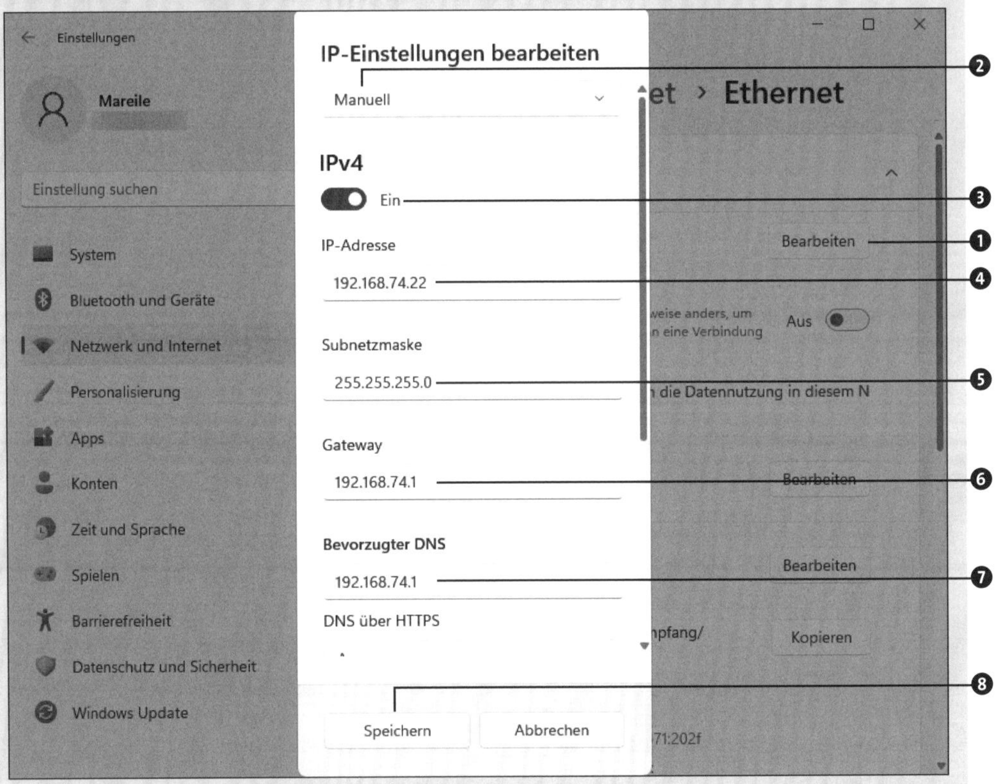

Abbildung 14.1 Die IP-Adresse kann auch manuell vergeben werden.

Wenn Sie mehrere Computer an das Netzwerk anschließen, müssen Sie darauf achten, dass die ersten drei Zahlen bei allen identisch sind. Lediglich bei der letzten Zahl müssen sich die Computer voneinander unterscheiden. Sie können für den ersten PC also etwa »192.168.74.22« in das Feld **IP-Adresse** ❹ eingeben; wenn Sie den zweiten Computer konfigurieren, wählen Sie »192.168.74.23« usw. In das Feld **Subnetzmaske** tragen Sie immer »255.255.255.0« ein ❺. Unter **Gateway** geben Sie die IP-Adresse des Routers ein ❻ und in das Feld **Bevorzugter DNS** ❼ die Adresse eines DNS-Servers Ihres Internetproviders. Analog können Sie auch den Regler **IPv6** einschalten und anschließend die nun sichtbaren Felder ausfüllen. Mit **Speichern** ❽ übernehmen Sie Ihre Angaben.

INFO

Die Internetprotokolle IPv4 und IPv6

Bei der Vergabe von IP-Adressen unterstützt Windows 11 zwei verschiedene Protokolle: IPv4 (Internetprotokoll Version 4) und IPv6 (Internetprotokoll Version 6). Die IP-Adressen nach dem im Jahr 1981 definierten Standard IPv4 bestehen aus 32 Ziffern und ermöglichen somit die Generierung von 4,3 Milliarden IP-Adressen. Diese Zahl klingt zunächst immens. Im Gegensatz zu früher steigt aber auch die Zahl der internetfähigen Geräte: So lassen sich mittlerweile nicht nur Computer oder Smartphones mit dem Internet verbinden, sondern auch Fernseher, Kühlschränke, Autos und vieles mehr. Der neue Standard IPv6 soll das Problem der Adressknappheit zukünftig lösen. Hier besteht jede Adresse aus 128 Stellen, woraus sich ca. 340 Sextillionen (das ist eine 340 mit 36 Nullen) Adressen ergeben. Während IPv4-Adressen dezimal dargestellt werden, wird für IPv6-Adressen die hexadezimale Darstellung (z. B. 2001:0cb7:81a3:08a3:1319:7a1b:0351:6132) gewählt. Aktuell kommt meist noch das Protokoll IPv4 zum Einsatz. Um IPv6 nutzen zu können, benötigen Sie IPv6-kompatible Soft- und Hardware. Außerdem müssen die Internetprovider ihre Netze über IPv6 zugänglich machen.

14.1.2 Manuelle Verbindung zum Drahtlosnetzwerk herstellen

Wenn Ihr Computer über einen WLAN-Adapter verfügt, erkennt Windows automatisch, welche Drahtlosnetzwerke sich in der Nähe befinden. Wie Sie eine Verbindung zu solch einem WLAN-Netzwerk herstellen, erfahren Sie in Abschnitt 3.3, »Eine Netzwerkverbindung herstellen«, ab Seite 82. Voraussetzung für das dort beschriebene Vorgehen ist allerdings, dass das Drahtlosnetzwerk seine SSID (Abkürzung für *Service Set Identifier*), also seinen Namen, bekannt gibt. Manche Betreiber von WLANs verbergen diese SSID aber. Um sich mit einem solchen versteckten WLAN verbinden zu können, ist es notwendig, dass Ihnen die SSID mitgeteilt wird. Wenn dies geschehen ist, können Sie eine manuelle Verbindung zum WLAN herstellen.

1 Rufen Sie über das Startmenü die **Einstellungen**-App auf, und wechseln Sie hier in die Kategorie **Netzwerk und Internet**. Markieren Sie rechts die Unterkategorie **WLAN**. Stellen Sie sicher, dass der Regler WLAN auf **Ein** gesetzt ist. Klicken Sie dann auf **Bekannte Netzwerke verwalten** ❶.

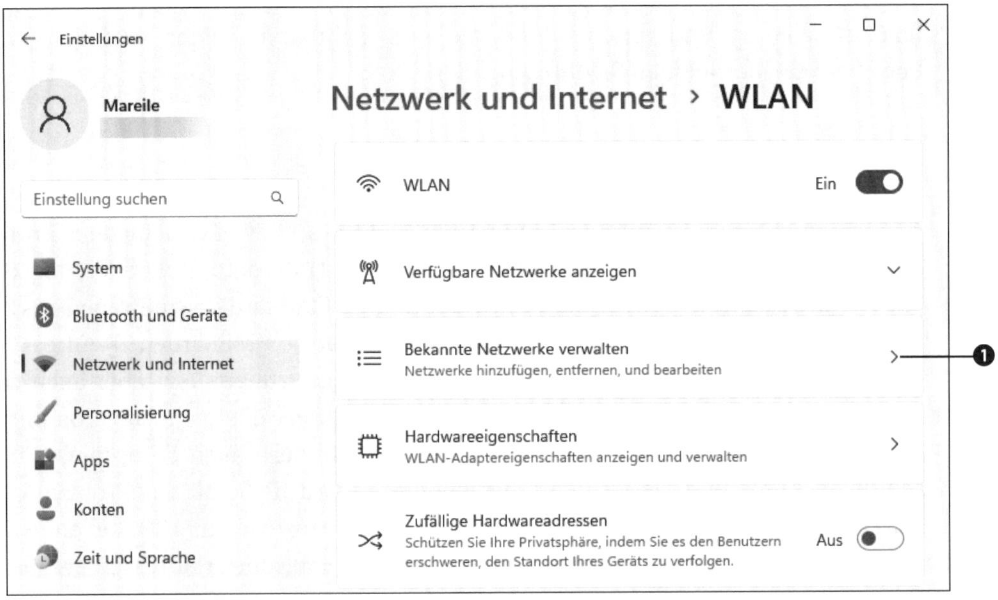

2 Auf der folgenden Seite klicken Sie auf **Netzwerk hinzufügen** ❷.

3 Geben Sie jetzt die Informationen für das Drahtlosnetzwerk ein. Hierzu zählen der **Netzwerkname** (sprich die SSID) ❸, der **Sicherheitstyp** des Netzwerkes ❹ sowie der **Sicherheitsschlüssel** ❺. Wenn Sie auf das kleine Augensymbol ❻ am rechten Rand des Feldes klicken, wird der Schlüssel im Klartext angezeigt und Sie können die korrekte Schreibweise überprüfen.

4 Soll die Verbindung zum WLAN automatisch gestartet werden, sobald es sich in Reichweite befindet, aktivieren Sie **Automatisch verbinden** ❼.

5 Handelt es sich bei dem WLAN um ein verstecktes Drahtlosnetzwerk, dessen SSID nicht bekannt gegeben wird, versehen Sie außerdem **Verbinden, auch wenn dieses Netzwerk seinen Namen nicht überträgt** ❽ mit einem Häkchen.

6 Mit einem Klick auf **Speichern** ❾ übernehmen Sie Ihre Angaben.

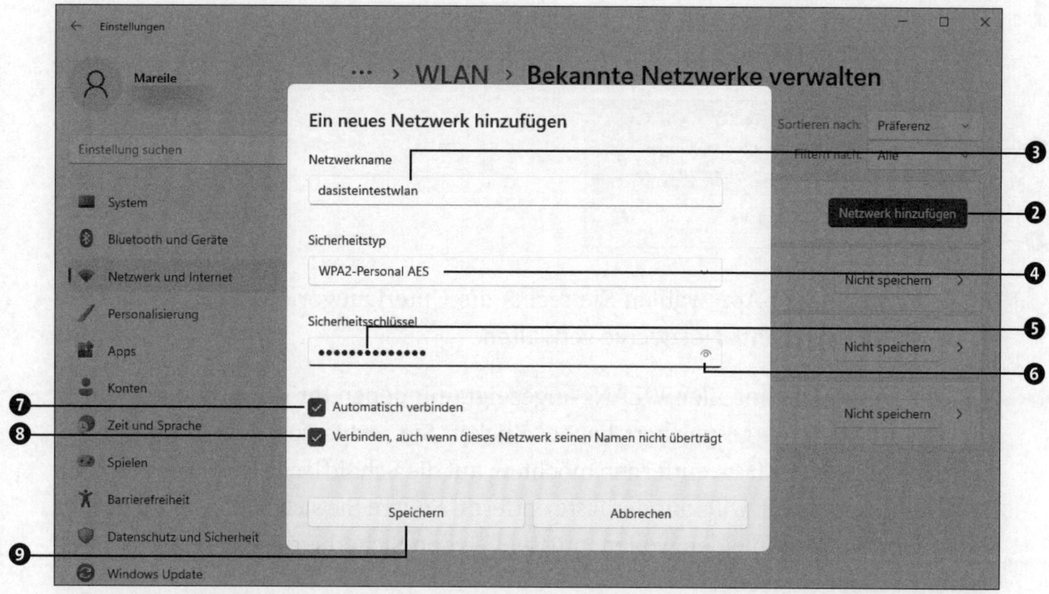

TIPP

Das WLAN sinnvoll schützen

Manch ein Betreiber eines WLANs hofft, die Sicherheit seines Drahtlosnetzwerks durch Verbergen der SSID zu erhöhen. Hacker werden hierdurch allerdings nicht von einem Angriff abgehalten. Die Preisgabe der SSID hat dagegen einen Vorteil, da die Funkkanäle der WLANs in der Nähe hierdurch besser aufeinander abgestimmt werden können, was wiederum für eine bessere Datenübertragung sorgt. Den vom Router-Hersteller vorgegebenen Namen des Funknetzes sollten Sie durch einen eigenen Namen ersetzen. Um das WLAN zu schützen, sollten Sie es außerdem unbedingt per WPA2 verschlüsseln und ein komplexes Passwort wählen. Dieses sollte mindestens 16 Zeichen umfassen und aus Ziffern und Buchstaben bestehen.

14.1.3 Nicht mehr genutzte WLAN-Verbindungen entfernen

Windows merkt sich alle WLANs, mit denen der PC verbunden wurde. Wenn Sie sicher sind, dass Sie eine dieser Verbindungen nicht mehr nutzen werden, können Sie das entsprechende WLAN auch aus der Liste der bekannten Netzwerke löschen. Dieses Verfahren ist außerdem ratsam, wenn Sie z. B. den Namen des eigenen WLANs oder auch den Sicherheitsschlüssel geändert haben. Anstatt diese Daten zu ändern, entfernen Sie einfach die WLAN-Verbindung mit den alten Daten und verbinden den PC mit dem geänderten WLAN. Um ein WLAN zu entfernen, gehen Sie folgendermaßen vor:

1 Klicken Sie im Infobereich der Taskleiste mit der rechten Maustaste auf das Netzwerksymbol ❶ und dann auf **Netzwerk- und Interneteinstellungen** ❷.

2 In der **Einstellungen**-App wählen Sie rechts die Unterkategorie **WLAN** aus und klicken dann auf **Bekannte Netzwerke verwalten**.

3 Nun wird eine Liste mit allen WLANs angezeigt, mit denen Ihr PC verbunden wurde und deren Daten Sie gespeichert haben. Klicken Sie rechts von dem Drahtlosnetzwerk, das Sie aus der Liste entfernen möchten, auf die Schaltfläche **Nicht speichern** ❸. Das Drahtlosnetzwerk wird aus der Liste entfernt. Sollten Sie sich doch einmal wieder bei diesem WLAN anmelden wollen, müssen Sie den Sicherheitsschlüssel für die Verbindung erneut eingeben.

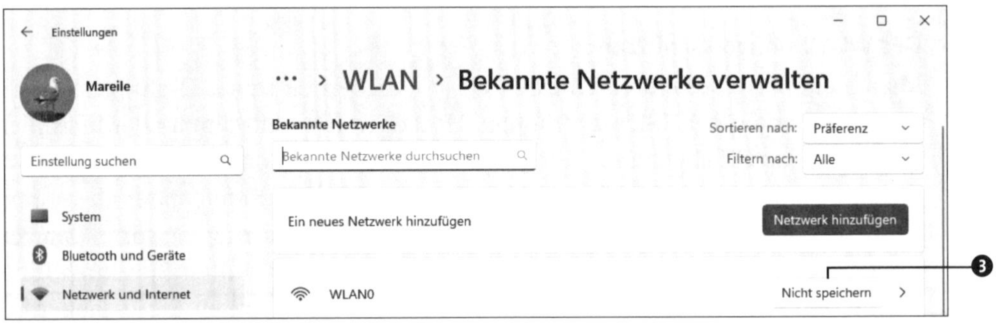

TIPP

Datennutzung im Blick

Wie viele Daten wurden von welcher App in letzter Zeit über das Internet übertragen? Um dies in Windows 11 in Erfahrung zu bringen, rufen Sie **Start ▸ Einstellungen ▸ Netzwerk und Internet** auf. Klicken Sie in der rechten Fensterhälfte gleich am oberen Seitenrand auf **Datennutzung**. Auf der folgenden Seite wird nun detailliert aufgelistet, welche App wie viel Datenvolumen verbraucht hat. Die datenhungrigsten Apps finden Sie gleich zu Beginn der Liste. Falls Sie einen Internetvertrag mit beschränktem Datenvolumen haben, werden Sie sich über die Möglichkeit freuen, einen Grenzwert anzugeben. Wird dieser von Ihnen nach einem Klick auf **Grenzwert eingeben** festgelegte Wert überschritten, erhalten Sie von Windows 11 eine Warnung, sobald das Datenlimit erreicht ist.

14.1.4 Den Netzwerkstandort ändern

Sobald Sie unter Windows 11 erfolgreich eine Verbindung mit einem kabelgebundenen oder drahtlosen Netzwerk hergestellt haben, werden Sie normalerweise gefragt, ob Sie zulassen möchten, dass Ihr PC von anderen PCs und Geräten in diesem Netzwerk gefunden werden kann. Befinden Sie sich daheim in den eigenen vier Wänden, können Sie diese Frage recht sorglos mit **Ja** beantworten. Wenn Sie Dateien und Ordner zwischen verschiedenen Geräten im Netzwerk freigeben möchten, ist es sogar zwingend notwendig, dass Sie diese Freigabe erteilen. Handelt es sich dagegen nicht um Ihr privates, sondern um ein öffentliches Netzwerk (z. B. einen offenen Hotspot), sollten Sie die Frage unbedingt mit **Nein** beantworten.

Sollten Sie für das daheim eingerichtete drahtlose Netzwerk versehentlich das Teilen abgelehnt haben, weist Windows das Netzwerk als öffentlich aus. Um das öffentliche Netzwerk in ein privates umzuwandeln, gehen Sie folgendermaßen vor:

1. Rufen Sie die **Einstellungen**-App über das Startmenü auf oder durch Drücken der Tastenkombination [Win] + [I].

2. Wählen Sie die Kategorie **Netzwerk und Internet** aus ❶. In der rechten Fensterhälfte wird Ihnen nun unter dem Seitentitel bereits die Eigenschaft des Netzwerkes angezeigt, mit dem Sie gerade verbunden sind. Klicken Sie auf **Eigenschaften** ❷.

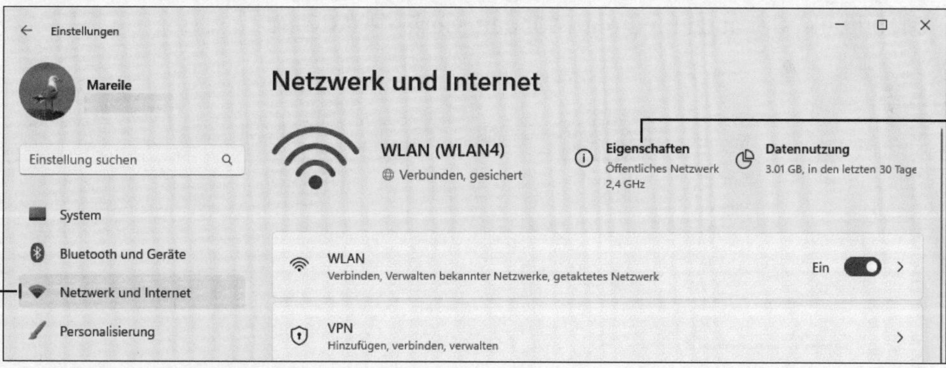

3. Die folgende Seite zeigt alle Eigenschaften des ausgewählten Netzwerkes. Aktivieren Sie zu Beginn der Seite die Option **Privates Netzwerk** ❸.

Das Verfahren gilt natürlich auch in umgekehrter Richtung, falls Sie sich an einem öffentlichen Ort befinden und das Netzwerk versehentlich für andere PCs zugänglich gemacht haben sollten. In einem solchen Fall aktivieren Sie einfach die Option **Öffentliches Netzwerk** ❹.

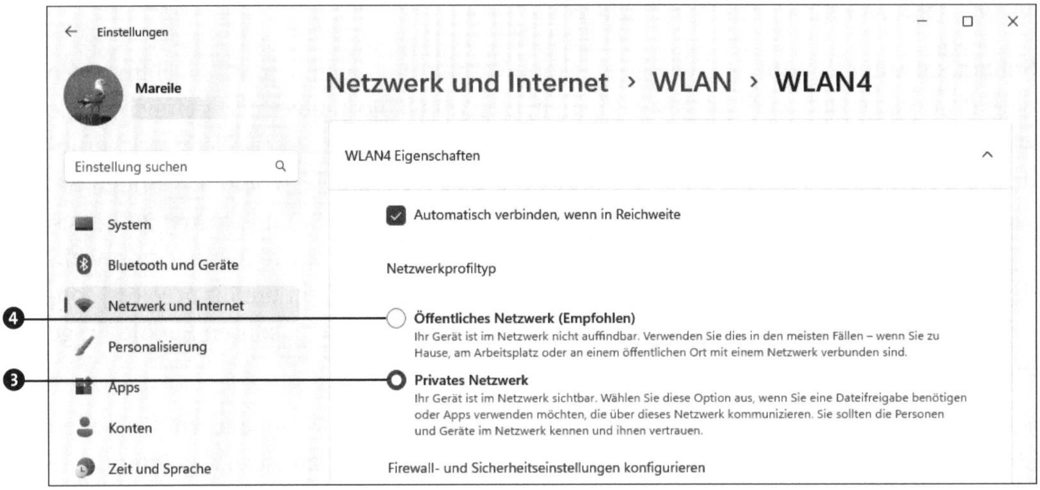

TIPP

Das WLAN vorübergehend deaktivieren

Wenn Sie mit dem Flugzeug reisen, müssen Sie während des Starts und der Landung auf alle Funkverbindungen Ihrer Mobilgeräte verzichten. Um auf einem Windows 11-Tablet oder -Notebook den sogenannten *Flugzeugmodus* zu aktivieren, tippen Sie im Infobereich der Taskleiste auf das Netzwerksymbol und dann auf **Flugzeugmodus**. Damit werden jegliche drahtlose Funknetzwerke wie WLAN, Mobilfunk oder auch Bluetooth auf dem Gerät deaktiviert.

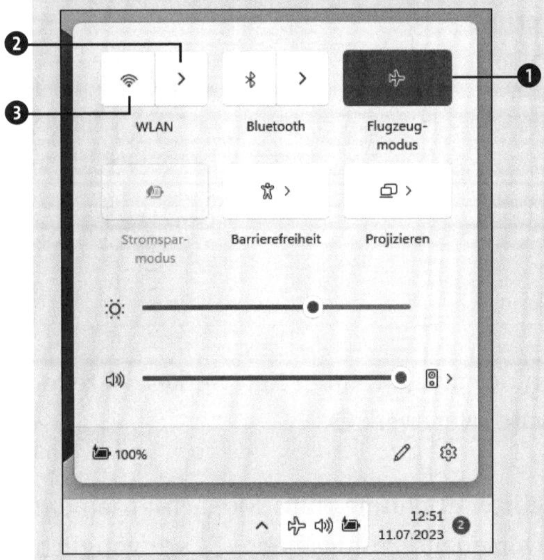

Abbildung 14.2 Über die Schnelleinstellungen lässt sich der Flugzeugmodus schnell aktivieren oder auch wieder deaktivieren.

Um die Kommunikation wiederherzustellen, reicht es, auf das Flugzeugsymbol im Infobereich der Taskleiste zu tippen und dann auf **Flugzeugmodus** ❶. Wenn Sie lediglich das WLAN für eine gewisse Zeit ausschalten möchten, klicken Sie auf das Netzwerksymbol und dann auf den Pfeil rechts von **WLAN** ❷. Setzen Sie im folgenden Dialog den WLAN-Schieberegler nach links auf **Aus**. Daraufhin wird das Feld **WLAN erneut aktivieren** eingeblendet, in dem Sie auswählen können, wann Windows 11 das WLAN automatisch wieder aktivieren soll. Belassen Sie die Einstellung auf **Manuell**, müssen Sie das WLAN selbst wieder aktivieren, indem Sie in den Schnelleinstellungen direkt auf **WLAN** ❸ klicken.

14.2 Dateien, Ordner und Geräte im Netzwerk freigeben

In vielen Haushalten gibt es mittlerweile nicht nur einen PC, sondern gleich mehrere. Diese Geräte werden zumeist auch von mehreren Anwendern genutzt. Es bedarf nicht vieler Schritte, um anderen Nutzern z. B. den Zugang zu Ihren Daten zu gewähren – natürlich nur, falls Sie das wünschen. Außerdem können Sie dafür sorgen, dass alle Computer sowie Anwender innerhalb eines Netzwerkes gemeinsam Geräte, wie etwa einen Drucker, verwenden können.

14.2.1 Die Netzwerkerkennung sowie die Datei- und Druckerfreigabe überprüfen

Bevor Sie Dateien und Ordner sowie andere Geräte freigeben, sollten Sie die Freigabeeinstellungen überprüfen. Die Einstellungen lassen sich für jedes Netzwerkprofil (also für den privaten oder öffentlichen Netzwerkstandort) getrennt vornehmen.

1. Rufen Sie die **Einstellungen**-App z. B. über die Tastenkombination [Win] + [I] auf, und markieren Sie links die Kategorie **Netzwerk und Internet**. Wählen Sie rechts die Unterkategorie **Erweiterte Netzwerkeinstellungen** aus und auf der folgenden Seite im Bereich **Weitere Einstellungen** die **Erweiterte Freigabeeinstellungen**.

2. Auf der Seite **Erweiterte Freigabeeinstellungen** sehen Sie nun die Einstellungen, die für private, öffentliche sowie alle Netzwerke gelten. Prüfen Sie zunächst die Einstellungen für das private Netzwerkprofil. Falls diese noch nicht angezeigt werden, klicken Sie direkt auf **Private Netzwerke** ❶.

3. Stellen Sie sicher, dass rechts von **Netzwerkerkennung** der Regler auf **Ein** ❷ gesetzt ist und **Mit dem Netzwerk verbundene Geräte automatisch einrichten** ❸ mit einem

Häkchen versehen ist. Ist dies nicht der Fall, korrigieren Sie die Einstellungen bitte entsprechend.

4 Damit andere Benutzer innerhalb des Netzwerkes auf Dateien und Drucker zugreifen können, die Sie auf Ihrem PC freigeben, muss der Regler **Datei- und Druckerfreigabe** ❹ eingeschaltet sein.

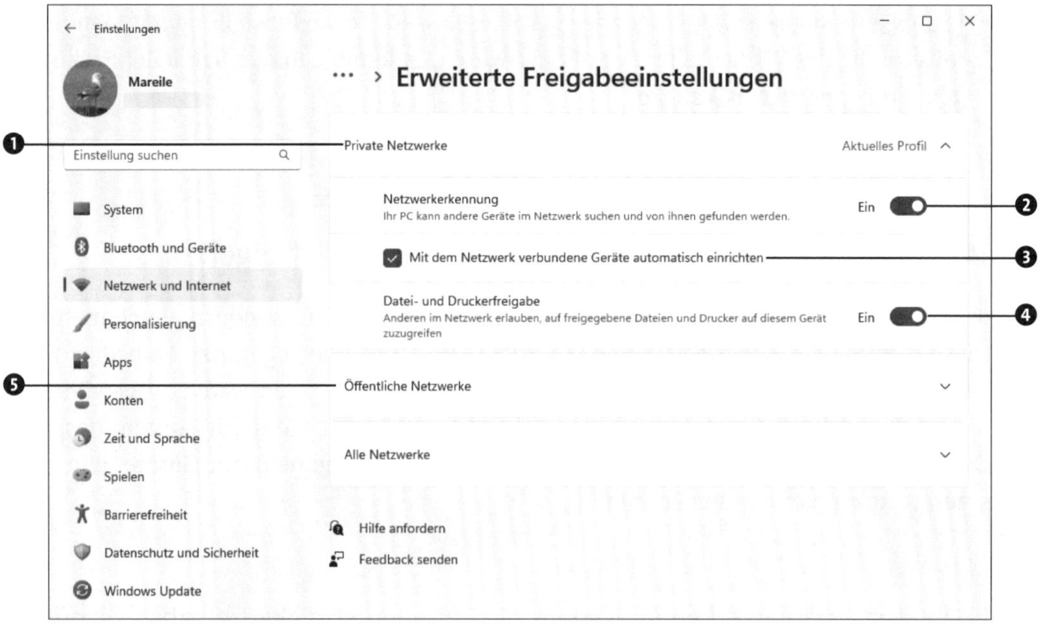

5 Da der Dialog **Erweiterte Freigabeeinstellungen** geöffnet ist, sollten Sie auch noch einen Blick auf die Einstellungen für das öffentliche Netzwerkprofil werfen. Um die Einstellungen einzublenden, klicken Sie auf **Öffentliche Netzwerke** ❺. Aus Sicherheitsgründen sollten hier die Regler **Netzwerkerkennung** ❻ sowie **Datei- und Druckerfreigabe** ❼ ausgeschaltet sein.

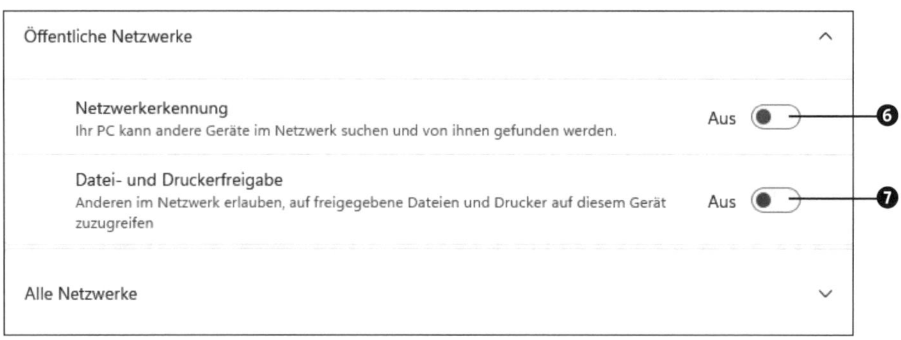

Ist die Netzwerkerkennung für das private Netzwerkprofil aktiviert, steht dem Austausch von Daten zwischen den Computern innerhalb des Netzwerkes nichts mehr im Weg. Klicken Sie im Navigationsbereich des Explorers auf **Netzwerk**, werden im Inhaltsbereich alle eingeschalteten Computer aufgeführt, deren Netzwerkerkennung ebenfalls aktiviert ist. Per Doppelklick greifen Sie auf die Geräte zu. (Lesen Sie hierzu auch den Kasten »Freigabe auf ausgewählte Benutzer eingrenzen« auf Seite 588.) In den beiden folgenden Teilabschnitten erfahren Sie, wie Sie Dateien und Ordner für andere Benutzer im privaten Netzwerk freigeben.

14.2.2 Datenfreigabe über öffentliche Ordner vornehmen

Am schnellsten erfolgt die Datenfreigabe innerhalb eines Netzwerkes über die öffentlichen Ordner. Diese Freigabe müssen Sie allerdings zunächst aktivieren:

1. Rufen Sie über **Start ▶ Einstellungen ▶ Netzwerk und Internet ▶ Erweiterte Netzwerkeinstellungen** die Seite **Erweiterte Freigabeeinstellungen** auf.
2. Blättern Sie auf der Seite gegebenenfalls etwas nach unten, und klicken Sie auf **Alle Netzwerke ❶**.
3. Setzen Sie den Regler rechts von **Freigabe des öffentlichen Ordners** auf **Ein ❷**.

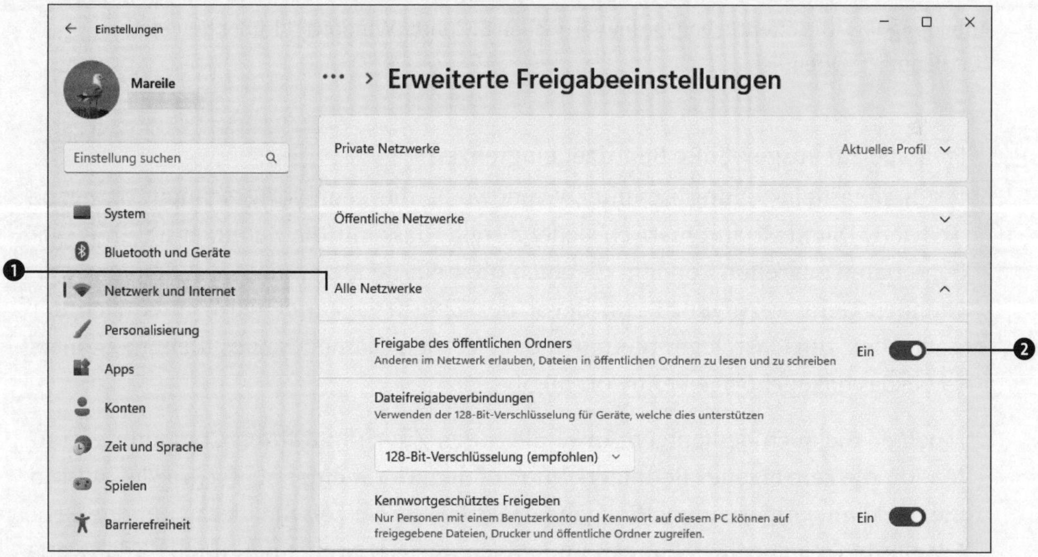

Der Zugriff auf die öffentlichen Ordner ist somit freigegeben. Nun müssen Sie nur noch die Dateien, die Sie anderen Nutzern zugänglich machen möchten, in diesen Ordnern ablegen. Dies erledigen Sie am besten über den Explorer. Die öffentlichen Ordner erreichen Sie hier über *C:\Benutzer\Öffentlich*. Wie auch schon in früheren Windows-Versionen stehen Ihnen verschiedene öffentliche Ordner zur Auswahl. Für Bilder bietet sich z. B. der Ordner *Öffentliche Bilder* an, für Musik wiederum das Verzeichnis *Öffentliche Musik*. Wie Sie Dateien und Ordner kopieren und verschieben, erfahren Sie in Abschnitt 8.4.2, »Dateien und Ordner kopieren und verschieben«, ab Seite 308.

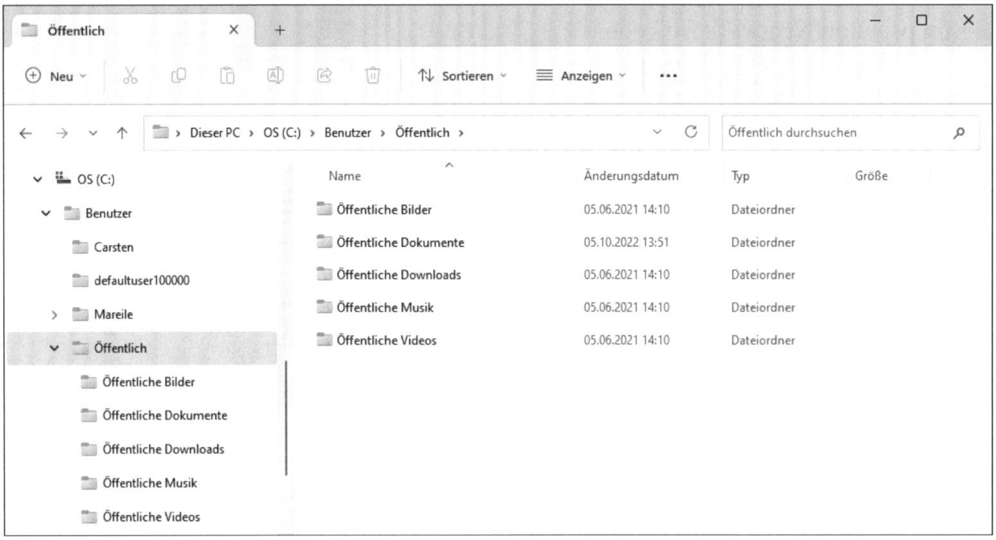

Abbildung 14.3 Die öffentlichen Ordner erreichen Sie unter Windows 11 über den Pfad »C:\Benutzer\Öffentlich«.

INFO

Freigabe auf ausgewählte Benutzer eingrenzen

Per Standardeinstellung ist unter Windows 11 die kennwortgeschützte Freigabe aktiviert. Damit ist automatisch sichergestellt, dass nur die Benutzer auf freigegebene Daten zugreifen können, die auch über ein Benutzerkonto auf dem entsprechenden Gerät verfügen. Denn bevor der Zugriff gestattet wird, muss sich der Anwender zunächst legitimieren, indem er den Namen seines Benutzerkontos sowie das dazugehörige Kennwort angibt.

Möchten Sie auch denjenigen Anwendern den Zugriff auf Ihren Computer gestatten, für die kein eigenes Benutzerkonto auf dem Gerät eingerichtet wurde, müssen Sie die kennwortgeschützte Freigabe deaktivieren. Setzen Sie hierzu auf der Seite **Erweiterte Freigabeeinstellungen** im Bereich **Alle Netzwerke** den Regler **Kennwortgeschütztes Freigeben** auf **Aus**. Nun ist der Zugriff auf alle von Ihnen freigegebenen Daten ohne explizite Legitimierung möglich.

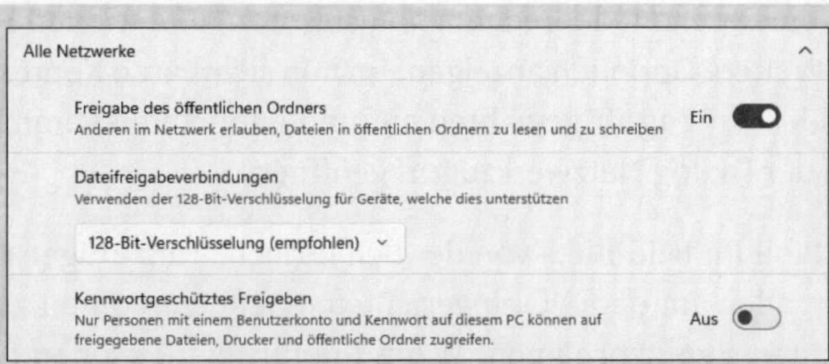

Abbildung 14.4 Aus Sicherheitsgründen ist das kennwortgeschützte Freigeben per Standardeinstellung eingeschaltet.

14.2.3 Einzelne Dateien und Ordner für bestimmte Personen freigeben

Die Datenfreigabe über die öffentlichen Ordner ist zwar praktisch, allerdings bringt sie auch einen Nachteil mit: Sie können entweder allen Benutzern den Zugriff auf die Daten erlauben oder ihn allen verwehren. Eine Eingrenzung des Personenkreises ist nicht möglich. Wenn Sie genau festlegen möchten, welcher Anwender welche Dateien und Ordner öffnen darf und welcher nicht, müssen Sie einen anderen Weg verfolgen. Um eine Datei oder einen Ordner gezielt freizugeben, gehen Sie folgendermaßen vor:

1 Starten Sie den Explorer, und navigieren Sie zu dem Ordner bzw. der Datei, die Sie für andere Benutzer freigeben möchten.

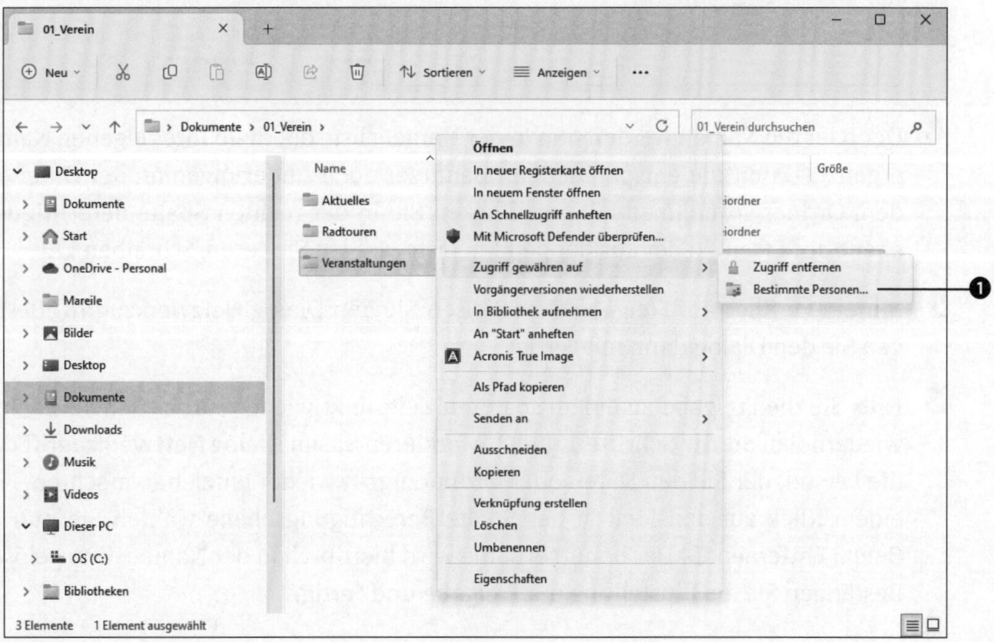

2 Klicken Sie den Ordner bzw. die Datei mit der rechten Maustaste an, und wählen Sie im Kontextmenü den Befehl **Weitere Optionen anzeigen**. Im nun sichtbaren Kontextmenü klicken Sie nacheinander auf **Zugriff gewähren auf** und dann auf **Bestimmte Personen** ❶. Hierdurch wird der Dialog **Netzwerkzugriff** geöffnet.

3 Klicken Sie auf den kleinen Pfeil im Feld links von der Schaltfläche **Hinzufügen** ❷. Dadurch klappt eine Liste mit allen auf dem PC eingerichteten Benutzerkonten auf. Markieren Sie den gewünschten Benutzernamen. Wenn Sie für alle Personen die Freigabe erteilen möchten, wählen Sie den Eintrag **Jeder** ❸. Bestätigen Sie die Auswahl mit einem Klick auf **Hinzufügen**.

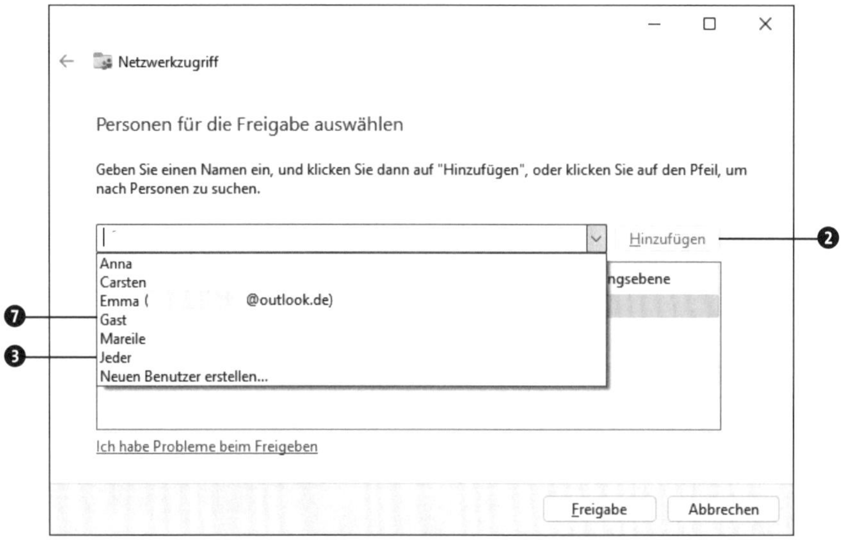

4 Der oder die Namen werden nun in der Namensliste oberhalb Ihres eigenen Namens ergänzt. Damit die entsprechenden Benutzer auch Änderungen an der Datei oder dem Ordner vornehmen können, klicken Sie in der rechten Spalte **Berechtigungsebene** auf **Lesen**. In der aufklappenden Liste wählen Sie **Lesen/Schreiben** ❹.

5 Mit einem Klick auf **Freigabe** ❺ schließen Sie den Dialog **Netzwerkzugriff**. Bestätigen Sie den Dialog dann mit **Fertig**.

6 Falls Sie die Freigabe zu einem späteren Zeitpunkt wieder zurückziehen möchten, wiederholen Sie die Schritte 1 und 2. Markieren Sie im Dialog **Netzwerkzugriff** dann die Person, der Sie den Datei- oder Ordnerzugriff wieder entziehen möchten. Nach einem Klick auf den Pfeil in der Spalte **Berechtigungsebene** wählen Sie nun den Befehl **Entfernen** ❻. Der Benutzername wird hierdurch in der Namensliste gelöscht. Bestätigen Sie die Einstellung mit **Freigabe** und **Fertig**.

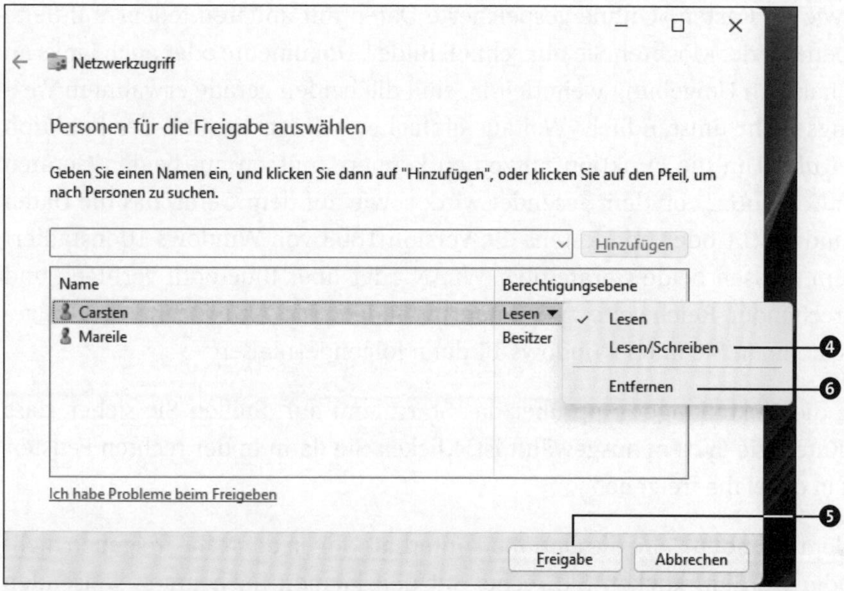

Zugriffsrechte für Gäste erteilen

TIPP

Die in diesem Abschnitt beschriebene Freigabe setzt voraus, dass die Person, der Sie den Zugriff auf die ausgewählten Daten gestatten möchten, über ein eigenes Benutzerkonto auf dem Computer verfügt. Wenn Sie möchten, dass auch alle anderen Netzwerkteilnehmer auf die Dateien oder Ordner zugreifen können, müssen Sie zunächst die kennwortgeschützte Freigabe deaktivieren, wie im Kasten »Freigabe auf ausgewählte Benutzer eingrenzen« auf Seite 588 beschrieben wurde. Im Dialog **Netzwerkzugriff** erscheint nach einem Klick auf den Pfeil nun der Eintrag **Gast** ❼, den Sie auswählen. Diesen Weg sollten Sie allerdings nur in Ausnahmefällen beschreiten, denn damit kann absolut jeder, der Zugang zu Ihrem Netzwerk hat, auch auf die freigegebenen Daten zugreifen. Vergessen Sie deshalb auf gar keinen Fall, die kennwortgeschützte Freigabe wieder einzuschalten, sobald es nicht mehr nötig ist, dass andere Personen auf Ihre Daten zugreifen können.

14.2.4 Daten mit Windows-Geräten in der Nähe teilen

Wenn Sie immer wieder Daten mit anderen Benutzern oder zwischen Ihren eigenen Geräten austauschen müssen, ist der im vorigen Abschnitt beschriebene Weg zur Netzwerkfreigabe ideal. Auch die Freigabe über den Onlinespeicher *OneDrive* ist eine gute

Möglichkeit, wie im Kasten »Online gespeicherte Daten mit anderen teilen« auf Seite 332 beschrieben wurde. Möchten Sie nur schnell Bilder, Dokumente oder auch Links an Geräte in der näheren Umgebung weiterleiten, sind die beiden gerade erwähnten Varianten allerdings recht umständlich. Weitaus einfacher gelingt dies mit der Funktion *Umgebungsfreigabe*. Um die Funktion nutzen zu können, müssen auf beiden Geräten (also auf dem Computer, von dem gesendet wird, sowie auf dem Gerät, das die Daten empfängt) Windows 11 oder mindestens die Version 1803 von Windows 10 installiert sein. Außerdem müssen beide Geräte über WLAN oder über Bluetooth verfügen und sich in entsprechender Reichweite zueinander befinden. Die Aktivierung der Umgebungsfreigabe nehmen Sie unter Windows 11 dann folgendermaßen vor:

1 Rufen Sie die **Einstellungen**-App über das Startmenü auf. Stellen Sie sicher, dass links die Kategorie **System** ausgewählt ist. Klicken Sie dann in der rechten Fensterhälfte auf **In der Nähe freigeben**.

2 Falls auf der folgenden Seite die Optionen unterhalb von **In der Nähe freigeben** nicht eingeblendet werden, klicken Sie rechts auf den kleinen nach unten weisenden Pfeil. Zunächst ist die Option **Aus** aktiviert. Falls Sie Dateien nur zwischen Ihren eigenen Geräten austauschen möchten, auf denen Sie jeweils mit demselben Microsoft-Konto angemeldet sind, wählen Sie **Nur meine Geräte** ❶. Für den Austausch mit Freunden oder Kollegen ist **Alle Personen in der Nähe** ❷ die richtige Wahl.

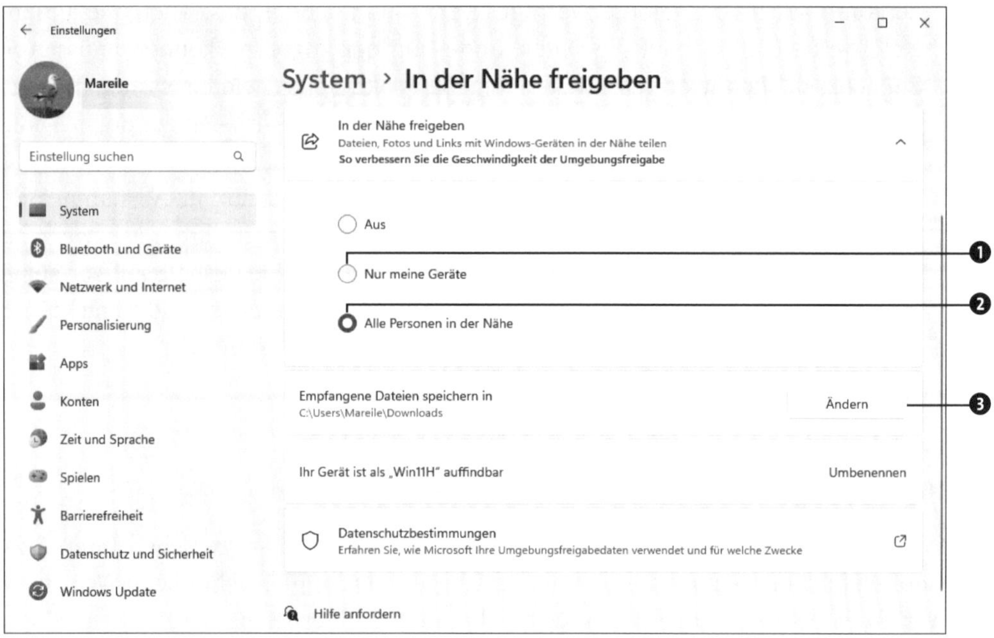

3 Per Standardeinstellung werden alle Dateien, die Sie empfangen, automatisch im Ordner *Downloads* Ihres Benutzerprofils gespeichert. Wenn Sie einen anderen Ordner vorziehen, klicken Sie auf **Ändern** ❸ und wählen einen anderen Ordner aus.

4 Nehmen Sie die Einstellungen nun auch noch auf dem zweiten Windows-Gerät vor, das am Datenaustausch beteiligt ist. Falls es sich dabei um ein Windows 10-Gerät handelt, müssen Sie in der **Einstellungen**-App die Kategorie **System ▸ Gemeinsame Nutzung** ❹ aufrufen und dort dann den Regler **Inhalte über Bluetooth und WLAN für ein Gerät in der Nähe freigeben** auf **Ein** setzen ❺. Anschließend können Sie im Feld **Ich kann Inhalte weiterleiten oder empfangen von** die gewünschte Einstellung **Nur meine Geräte** oder **Alle Personen in der Nähe** auswählen ❻.

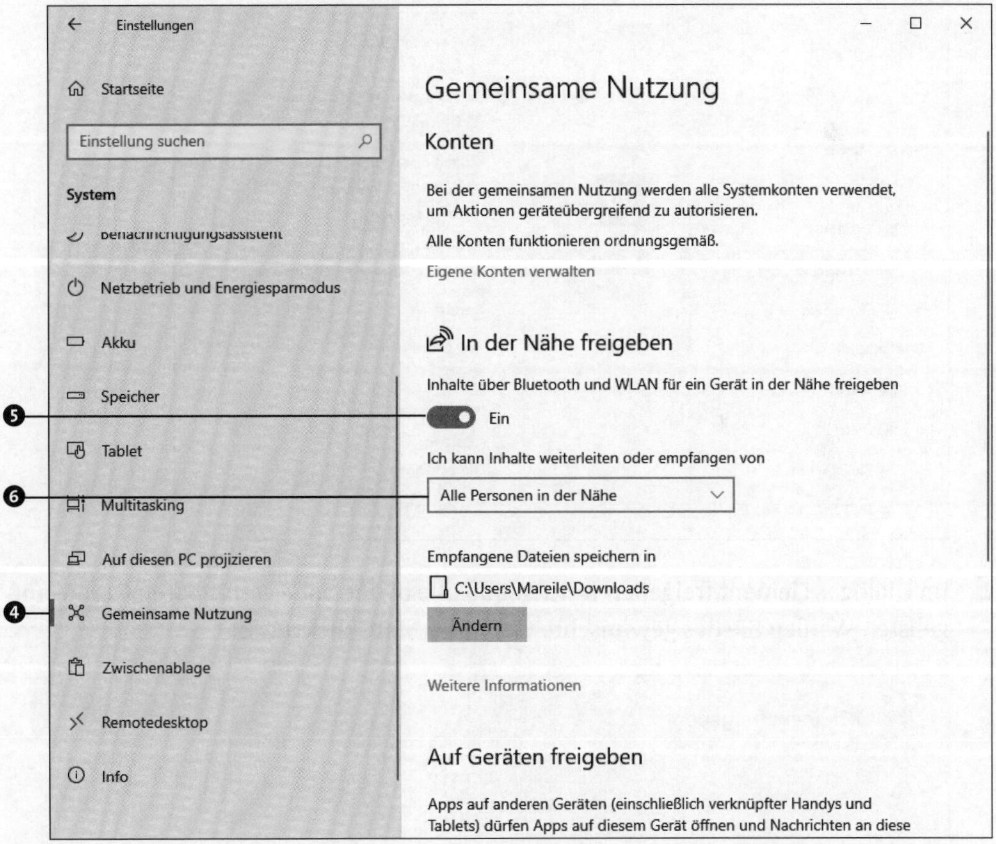

Damit sind auch schon alle Vorbereitungen für den Datenaustausch zwischen den Windows-Geräten erledigt. Sobald die Umgebungsfreigabe auf allen beteiligten Geräten aktiviert ist, kann der Datenaustausch auch schon beginnen. Kommt Bluetooth zum Einsatz, sollte der Abstand zwischen den Geräten nicht mehr als 10 Meter betragen. Je näher, desto besser ist dies für die Datenübertragung per Bluetooth. Die Freigabe erteilen Sie nun über den Explorer:

1 Öffnen Sie den Explorer z. B. über die Tastenkombination [Win] + [E]. Navigieren Sie zu dem Ordner, in dem sich die gewünschte Datei oder auch Dateien befinden. Klicken Sie diese mit der rechten Maustaste an.

2 Wählen Sie im Kontextmenü den Befehl **Weitere Optionen anzeigen** und im folgenden Kontextmenü dann den Befehl **Freigabe** ❶.

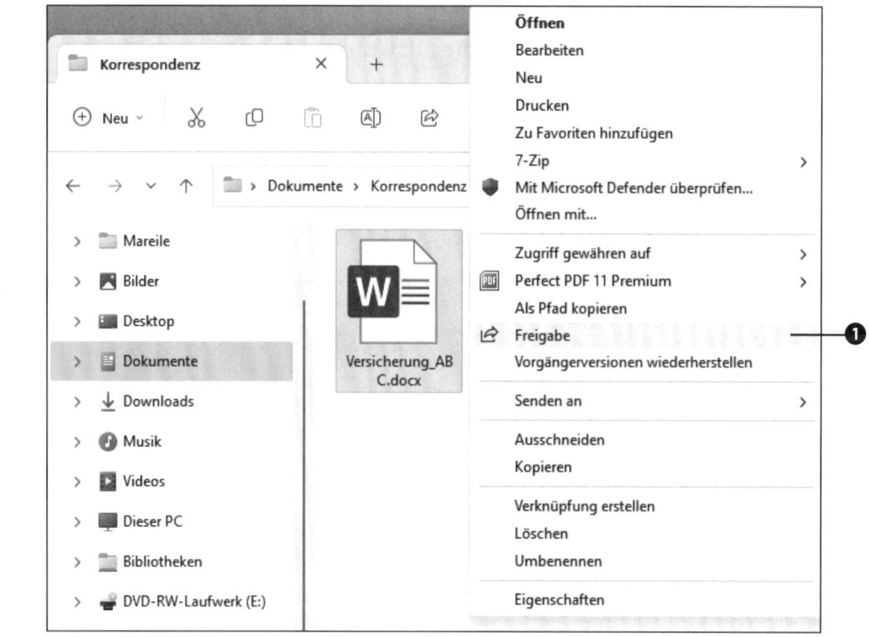

3 Im Dialog ... **Element freigeben** werden nun alle in der Nähe verfügbaren Geräte aufgelistet. Wählen Sie das gewünschte Gerät per Mausklick aus ❷.

4 Nach einem kurzen Moment wird auf dem ausgewählten Gerät oberhalb des Infobereichs der Taskleiste ein Hinweis eingeblendet, dass Daten zum Empfang bereitstehen. Klicken Sie auf **Speichern**, um die Datei auf dem Gerät zu sichern. Dies sollte innerhalb von 5 Sekunden geschehen, da dann der Hinweis ausgeblendet wird. Anschließend haben Sie noch ca. 20 Sekunden Zeit, um den Hinweis über das Benachrichtigungscenter (bzw. unter Windows 10 über das Info-Center) zu erreichen. Ist auch dieser Zeitrahmen überschritten, erhält der Sender eine Nachricht, dass der Empfänger nicht geantwortet hat. Er muss nun gegebenenfalls eine erneute Übertragung veranlassen.

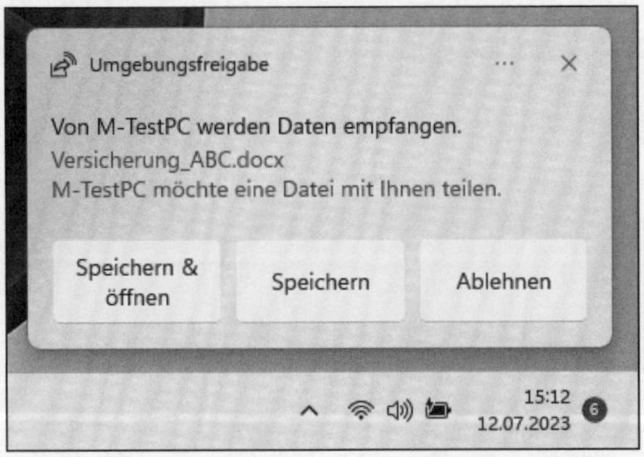

5 Ist die Datenübertragung abgeschlossen, sollten Sie in der **Einstellungen**-App die Freigabe wieder deaktivieren. Auf einem Windows 11-Gerät rufen Sie hierzu **System** ▸ **In der Nähe freigeben** auf und aktivieren die Option **Aus** (❺ auf Seite 593). Unter Windows 10 wählen Sie stattdessen die Unterkategorie **Gemeinsame Nutzung** und setzen den Regler **Inhalte über Bluetooth und WLAN für ein Gerät in der Nähe freigeben** auf **Aus**.

TIPP

Ein virtuelles privates Netzwerk unter Windows 11 einrichten

Wenn Sie vom Homeoffice aus arbeiten, sollten Sie besonders vorsichtig sein, wenn Sie eine Verbindung zum Firmennetzwerk herstellen: Bei einer klassischen Verbindung werden die Daten unverschlüsselt übertragen und können daher leicht abgegriffen werden. Viele Firmen setzen deshalb mittlerweile ein sogenanntes *virtuelles privates Netzwerk* (VPN) ein. Bei diesem Netzwerk werden die Daten per Ende-zu-Ende-Verschlüsselung übertragen. Unter Windows 11 ist eine solche VPN-Verbindung schnell eingerichtet, vorausgesetzt, Sie haben die hierfür nötigen Zugangsdaten zum entsprechenden Server zur Hand. Diese erhalten Sie meist beim Netzwerkadministrator Ihrer Firma. Auf Ihrem Windows 11-Gerät rufen Sie dann **Start** ▸ **Einstellungen** ▸ **Netzwerk und Internet** ▸ **VPN** auf. Klicken Sie auf **VPN hinzufügen**.

Im folgenden Dialog **VPN-Verbindung hinzufügen** wählen Sie im Feld **VPN-Anbieter** den Eintrag **Windows (integriert)** aus. Geben Sie anschließend in den entsprechenden Feldern die Zugangsdaten ein. Vergessen Sie nicht, die Angaben zu speichern. Die gerade eingerichtete VPN-Verbindung wird anschließend auf der Seite **VPN** der **Einstellungen**-App angezeigt. Um eine Verbindung mit dem VPN herzustellen, markieren Sie es und klicken dann auf **Verbinden**. Zukünftig können Sie das VPN auch über die Schnelleinstellungen aktivieren bzw. wieder deaktivieren. Die Schnelleinstellungen rufen Sie per Klick auf das Netzwerksymbol im Infobereich der Taskleiste auf.

15 E-Mail, Kontakte, Kalender und Microsoft Teams

Kommunikation per E-Mail ist heutzutage nicht mehr wegzudenken. Die Gründe hierfür sind denkbar einfach: Eine E-Mail ist nicht nur innerhalb weniger Sekunden beim Empfänger, auch die Kosten halten sich in Grenzen. In den Anfängen von Windows 11 stand Ihnen die *Mail*-App, mit der Sie Ihre E-Mails lesen, aber natürlich auch eigene Nachrichten verfassen können, zur Verfügung. Mittlerweile wurde sie durch eine neue Version von *Outlook* ersetzt.

Für den Fall, dass bei Ihnen noch die Mail-App verfügbar ist, zeige ich Ihnen zunächst, wie Sie von der Mail-App zum neuen Outlook wechseln und mit der neuen App E-Mails lesen oder auch versenden. Wie die Mail-App verfügt auch die Outlook-App über ein elektronisches Adressbuch sowie einen Kalender. Beide werden Sie ebenfalls gleich kennenlernen. Die Nutzung der Outlook-App war anfangs ausschließlich mit einem Microsoft-Konto möglich. Seit Version 24H2 ist auch das Hinzufügen von E-Mail-Konten von Drittanbietern erlaubt. Falls Sie die ebenfalls in Windows 11 vorinstallierte *Microsoft Teams*-App z. B. zum Chatten mit Freunden nutzen möchten, ist ebenfalls ein Microsoft-Konto Voraussetzung. Weitere Informationen hierzu erhalten Sie am Ende dieses Kapitels.

15.1 E-Mails lesen und schreiben mit der Outlook-App

Mit der Mail-App hatte Windows 11 von Anfang an sein eigenes E-Mail-Programm an Bord, mit dem Sie E-Mails schreiben, aber natürlich auch empfangen konnten. Einem Vergleich mit professionellen Programmen wie *Microsoft Outlook* oder *Mozilla Thunderbird* konnte die Mail-App nicht standhalten, aber wer nicht täglich eine Vielzahl von E-Mails schreiben musste, für den reichte sie vollkommen aus. Doch nun steht das Ende der Mail-App an: Microsoft ersetzt sie durch eine neue Version der *Outlook*-App, teilweise auch als »neues Outlook für Windows« bezeichnet. In Windows 11 24H2 werden Sie nach dem Aufruf der Mail-App direkt zur Outlook-App geführt. Ist auf Ihrem Computer noch eine ältere Version von Windows 11 installiert, findet der Wechsel zur neuen Outlook-App über die App *Mail* statt. Letztere rufen Sie über den Eintrag **Mail** in der App-Liste des Startmenüs auf. Haben Sie die Migration zu Outlook erfolgreich vollzogen, erhält die neue App einen eigenen Eintrag im Startmenü. Falls Sie die Office-Suite

Microsoft 365 auf Ihrem Computer installiert haben, finden Sie in der App-Liste gleich zwei Outlook-Symbole vor: das des in der Suite integrierten E-Mail-Programms *Outlook* ❶ sowie das der neuen Outlook-App ❷. Letzteres weist derzeit noch den Zusatz **PRE** auf, die Abkürzung für Preview, auf Deutsch Vorschau. In den folgenden Abschnitten zeige ich Ihnen, wie Sie den Wechsel aus der Mail-App heraus zu Outlook vornehmen und mit dieser dann E-Mails verfassen und lesen.

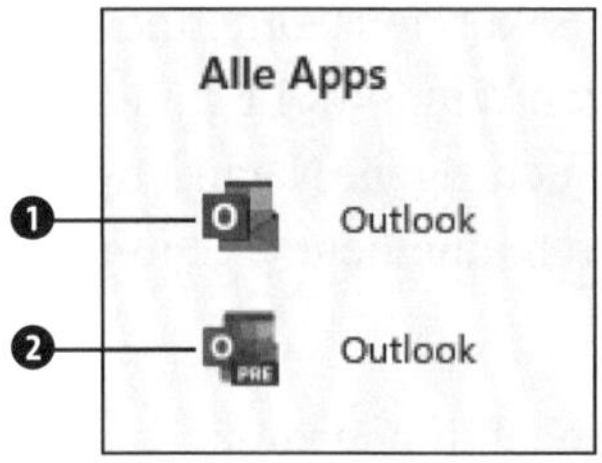

Abbildung 15.1 Das Programmsymbol der Outlook-App ist derzeit (Stand September 2023) noch mit einem »PRE« gekennzeichnet.

15.1.1 Von der Mail-App zur Outlook-App

Ab Ende 2024 wird es für das bisherige Standard-E-Mail-Programm von Windows 11, der Mail-App, keinen Support mehr geben. Ihren Platz nimmt das neue Outlook für Windows ein. Je nach installierter Version von Windows führt der Weg zur Outlook-App über die Mail-App. Wie Sie hierzu vorgehen, möchte ich Ihnen in diesem Abschnitt zeigen.

Der Start der Mail-App erfolgt über den Eintrag **Mail** in der App-Liste des Startmenüs. Öffnen Sie die App das erste Mal, müssen Sie zunächst ein E-Mail-Konto hinzufügen. Sollten Sie mit einem Benutzerkonto am Computer angemeldet sein, das mit einem Microsoft-Konto verknüpft ist (siehe Abschnitt 5.2.2, »Ein Microsoft-Konto einrichten«, ab Seite 147), wird Ihnen dies bereits im Dialog **Konto hinzufügen** vorgeschlagen. Die Daten Ihres Microsoft-Kontos, sprich die E-Mail-Adresse sowie das Kennwort, sind in diesem Fall bereits in der Mail-App hinterlegt. Wenn Sie dieses Konto auch für Ihren E-Mail-Verkehr nutzen möchten, markieren Sie es einfach per Mausklick ❶. Das Konto wird nun automatisch der Mail-App hinzugefügt, und Sie bekommen nach wenigen Sekunden das Programmfenster der App zu sehen.

Wenn Sie mit einem lokalen Benutzerkonto angemeldet sind, müssen Sie die Daten des E-Mail-Kontos selbst angeben. In der Mail-App muss es sich bei diesem Konto nicht unbedingt um ein Microsoft-Konto handeln. Verfügen Sie bei einem anderen Dienstanbieter (Provider) über eine E-Mail-Adresse, lässt sich auch diese mit der Mail-App nutzen. Doch Vorsicht: Beim Wechsel zur Outlook-App werden lediglich die Microsoft-Konten übernommen, E-Mail-Konten von Drittanbietern werden derzeit hingegen nicht unterstützt. Dies soll sich noch ändern, doch wann ist zum Zeitpunkt der Drucklegung dieses Buches noch nicht bekannt.

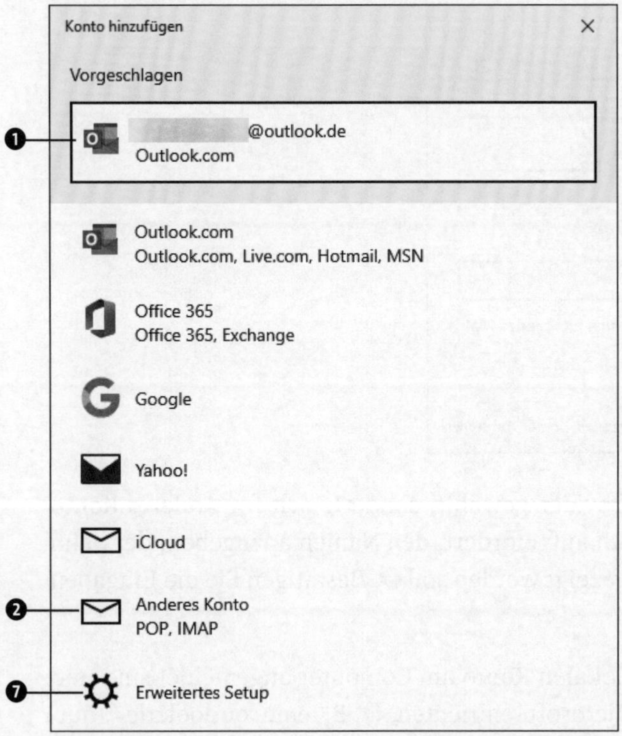

Abbildung 15.2 Starten Sie die Mail-App das erste Mal, müssen Sie Ihr E-Mail-Konto hinzufügen.

Um nach dem ersten Start der Mail-App ein E-Mail-Konto hinzuzufügen, gehen Sie wie folgt vor:

1 Markieren Sie in der Provider-Liste Ihren Anbieter (z. B. *Google*, wenn Sie über ein E-Mail-Konto bei Google verfügen). Wird Ihr Anbieter nicht aufgeführt, klicken Sie auf **Anderes Konto (POP, IMAP)** ❷. Wird dieser Eintrag bei Ihnen nicht angezeigt, müssen Sie gegebenenfalls im Dialog etwas nach unten scrollen.

Die weiteren Schritte hängen im Detail zwar vom gewählten Anbieter ab, sie ähneln sich aber stark.

2 Ergänzen Sie in den entsprechenden Feldern Ihre E-Mail-Adresse ❸ sowie das Kennwort Ihres E-Mail-Kontos ❹.

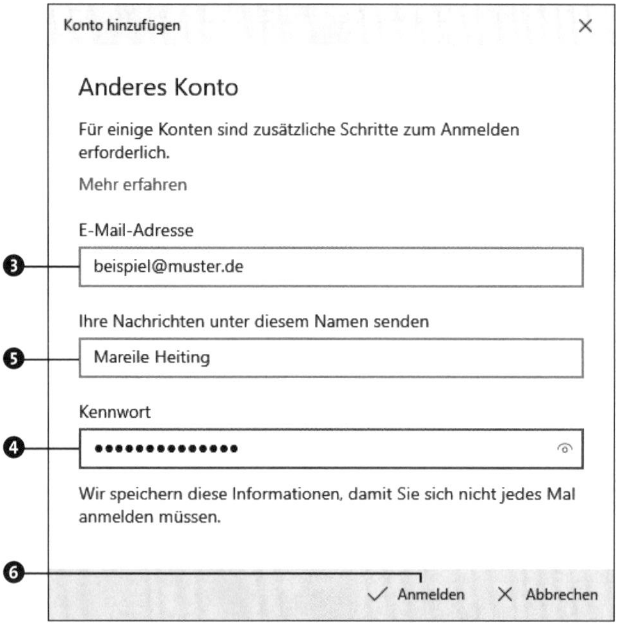

3 Haben Sie keinen bestimmten Provider gewählt, sondern sich für **Anderes Konto** entschieden, werden Sie zusätzlich aufgefordert, den Namen anzugeben, der beim Empfänger Ihrer Nachrichten angezeigt werden soll ❺. Bestätigen Sie die Eingaben mit **Anmelden** ❻.

4 Für den Fall, dass Sie mit einem lokalen Konto am Computer angemeldet sind und gerade ein E-Mail-Konto von Microsoft einrichten (z. B. eine outlook.de-, outlook.com- oder auch hotmail.com-Adresse), geben Sie die E-Mail-Adresse und das Passwort des Kontos ein. Wenn Sie sich mit dem Microsoft-Konto bereits bei einer anderen Microsoft-App auf dem Gerät angemeldet haben, wird Ihnen dieses Konto bereits angeboten. Hier reicht ein Mausklick auf die E-Mail-Adresse, um das Konto auszuwählen.

5 Die Erfolgsmeldung **Alles erledigt!** schließen Sie mit einem Klick auf **Fertig**.

Im Kasten »Konten hinzufügen oder entfernen«, auf Seite 605 zeige ich Ihnen, wie Sie in der neuen Outlook-App weitere Konten hinzufügen oder auch bestehende Konten wieder entfernen.

Sobald Sie ein Konto hinzugefügt haben, stellt die Mail-App automatisch eine Verbindung zum E-Mail-Server Ihres Providers her und prüft regelmäßig, ob neue Nachrichten eingetroffen sind. In den meisten Fällen kennt die App die Verbindungsdaten der bekanntesten E-Mail-Anbieter, sodass die Angabe Ihrer E-Mail-Adresse sowie des Kennwortes tatsächlich ausreicht, um die Verbindung herstellen zu können. Sollte dies für Ihren Anbieter nicht zutreffen und kommt es beim ersten Synchronisationsversuch mit dem E-Mail-Server zu einer Fehlermeldung, müssen Sie die Daten (wie etwa den Posteingangs- und Postausgangsserver des Providers) selbst angeben. Wie Sie hierzu in der Mail-App vorgehen, lesen Sie im Kasten »Erweitertes Setup für E-Mail-Konten«.

INFO

Erweitertes Setup für E-Mail-Konten

Der erste Synchronisationsversuch mit dem E-Mail-Server hat zu einer Fehlermeldung geführt? Klicken Sie in diesem Fall im Dialog **Konto hinzufügen** auf **Erweitertes Setup** (❼ auf Seite 599). Als Nächstes markieren Sie **Internet-E-Mail**, wenn Sie ein POP- oder IMAP-Konto hinzufügen möchten. (Lesen Sie hierzu auch den Kasten »Die Protokolle des Posteingangs- und Postausgangsservers« auf Seite 603.) Sie werden nun aufgefordert, in den entsprechenden Feldern die Daten Ihres Internet-E-Mail-Kontos einzugeben.

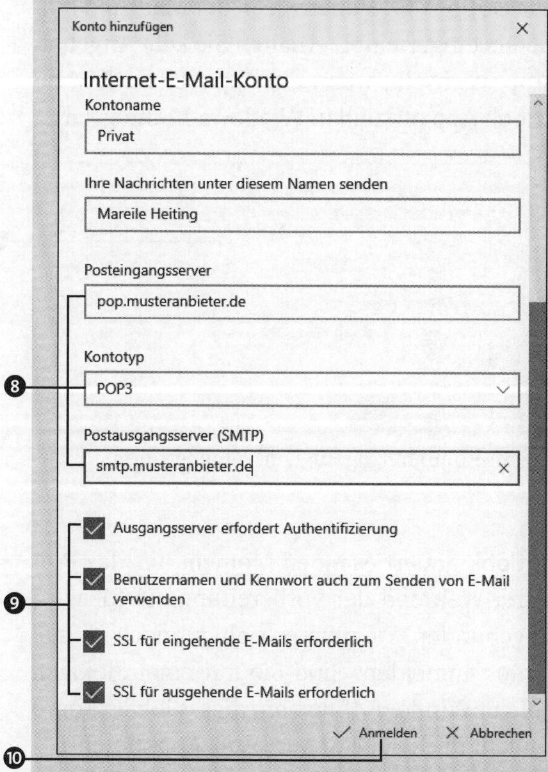

Abbildung 15.3 Die Informationen zum Posteingangs- und Postausgangsserver erhalten Sie von Ihrem Provider.

Dabei handelt es sich um die E-Mail-Adresse, den Benutzernamen (dieser ist bei vielen Providern identisch mit der E-Mail-Adresse), das Kennwort, den Kontonamen (unter diesem wird das E-Mail-Konto in der Mail-App angezeigt) sowie um den Namen, unter dem Ihre E-Mails versendet werden sollen. Die weiteren Angaben, wie **Posteingangsserver**, **Kontotyp** sowie **Postausgangsserver** ❽, erhalten Sie von Ihrem Provider. Das gilt auch für die weiteren Einstellungen ❾, die Sie am unteren Rand des Dialogs vornehmen müssen. Hier können Sie z. B. angeben, ob für die ein- und ausgehenden E-Mails eine Verschlüsselung (SSL) erforderlich ist. Häufig werden diese Informationen auch auf der Website des E-Mail-Anbieters veröffentlicht. Haben Sie alle Angaben ergänzt, schließen Sie den Dialog mit **Anmelden** ❿.

Sobald Sie in der Mail-App ein E-Mail-Konto erfolgreich hinzugefügt haben, bekommen Sie das Programmfenster zu sehen. Handelt es sich bei dem Konto um ein Microsoft-Konto, erscheint am oberen Fensterrand unübersehbar der Hinweis **Im Jahr 2024 wird Outlook Windows Mail und Kalender ersetzen.** Um das neue Outlook für Windows auszuprobieren, klicken Sie auf **Testen Sie das neue Outlook** ⓫. Haben Sie in der Mail-App hingegen nur ein E-Mail-Konto eines Drittanbieters eingerichtet, erhalten Sie kein Angebot. Sie können damit erst dann zur Outlook-App wechseln, wenn die App weitere E-Mail-Anbieter unterstützt oder Microsoft die Outlook-App offiziell in Windows 11 integriert.

Abbildung 15.4 Haben Sie der Mail-App ein Microsoft-Konto hinzugefügt, erhalten Sie die Möglichkeit, das neue Outlook zu testen.

Nach dem Klick auf **Testen Sie das neue Outlook** dauert es einen Moment, bis das Programmfenster der Outlook-App geöffnet wird. Während der Vorbereitung hierfür wird Ihr E-Mail-Konto automatisch in die App eingebunden. Sie müssen sich nur noch einmal mit Ihren Anmeldedaten des Microsoft-Kontos anmelden. Sind Sie mit einem lokalen Benutzerkonto am Computer angemeldet, bietet Windows Ihnen an, dieses lokale Konto in ein Microsoft-Konto umzuwandeln. Mit einem Klick auf **Nur Microsoft-Apps** beschränken Sie die Anmeldung auf die Microsoft-Apps und behalten Ihr lokales Benutzerkonto somit bei.

Abbildung 15.5 Wer ein lokales Konto nutzt und dieses auch beibehalten möchte, sollte die Anmeldung auf »Nur Microsoft-Apps« beschränken.

Anschließend müssen Sie mit einem Klick auf **Weiter** die Informationen zu den Datenschutzeinstellungen bestätigen. Falls Sie das Senden von optionalen Diagnose- und Nutzungsdaten untersagt haben, erhalten Sie an dieser Stelle eine weitere Aufforderung, dem zuzustimmen. Markieren Sie die gewünschte Option und bestätigen Sie mit **Weiter**. Ein erneuter Klick auf **Weiter** führt Sie schließlich zum Programmfenster der Outlook-App. Hier erscheint meist nach einem kurzen Moment die Frage, ob Sie die Einstellungen der Mail-App in die neue Outlook-App übernehmen möchten. Mit einem Klick auf **Einstellungen importieren** stimmen Sie dem zu, mit **Überspringen** können Sie das Angebot aber auch ablehnen. Schließen Sie die App wie gewohnt über das **Schließen**-Symbol oben rechts. Rufen Sie zukünftig die Mail-App über den entsprechenden Eintrag im Startmenü auf, wird nun automatisch die Outlook-App gestartet. Alternativ hierzu öffnen Sie die Outlook-App gezielt über den Eintrag **Outlook**, der nun der App-Liste des Startmenüs hinzufügt wurde (siehe Abbildung 15.1 auf Seite 598).

INFO

Die Protokolle des Posteingangs- und Postausgangsservers

Das Empfangen und Versenden von E-Mails wird durch bestimmte Protokolle gesteuert. Für das Empfangen von E-Mails, also den Posteingangsserver, stehen zwei Protokolle (in der Mail-App werden sie *Kontotyp* genannt) zur Auswahl: POP3 und IMAP4. Beim Protokoll IMAP4 (Abkürzung für *Internet Message Access Protocol Version 4*) wird lediglich eine Kopie einer Nachricht in die Mail-App geladen. Die E-Mail selbst bleibt weiterhin auf dem E-Mail-Server des Providers gespeichert. Wenn Sie von unterschiedlichen Computern aus auf Ihr E-Mail-Konto zugreifen möchten, sollten Sie sich daher für IMAP4 entscheiden. Möchten Sie dagegen, dass die Nachrichten nach dem Übertragen auf Ihren Computer auf dem E-Mail-Server gelöscht werden, wählen Sie das Protokoll POP3 (Abkürzung für *Post Office Protocol Version 3*). Das Versenden von E-Mails, also der Postausgangsserver, wird durch das Protokoll SMTP (*Simple Mail Transfer Protocol*) gesteuert.

15.1.2 Übersicht über das Programmfenster der Outlook-App

Das Programmfenster der Outlook-App ist viergeteilt. Am äußersten linken Rand befindet sich die Navigationsleiste, über die Sie zwischen **E-Mail** ❶, **Kalender** ❷, **Kontakte** ❸ oder einer anderen App ❹ wie Word oder auch Excel wechseln können. Rechts von der Navigationsleiste wird der Ordnerbereich eingeblendet. Der Abschnitt **Favoriten** ❺ ganz zu Beginn der Spalte enthält häufig verwendete E-Mail-Ordner. Welche dies sind, können Sie selbst bestimmen, wie ich Ihnen im Verlauf dieses Kapitels noch zeigen werde. Blättern Sie in der Spalte nach unten, gelangen Sie zu allen E-Mail-Konten ❻, die Sie in der Outlook-App hinzugefügt haben, mit ihren jeweiligen Ordnern wie **Posteingang**, **Gesendete Elemente**, **Entwürfe** oder auch **Gelöschte Elemente**.

Nach dem Start der Outlook-App ist im Abschnitt **Favoriten** meist der **Posteingang** markiert. Somit sehen Sie in der mittleren Spalte des Programmfensters alle E-Mails, die Sie empfangen haben. Um eine E-Mail zu lesen, markieren Sie diese in der mittleren Spalte, und schon wird ihr Inhalt in der rechten Spalte angezeigt. Wenn Sie noch keine E-Mails erhalten oder in der mittleren Spalte keine E-Mail markiert haben, ist hier lediglich ein Hintergrundbild zu sehen. Alle markierten Elemente sind gut am hellblauen Hintergrund zu erkennen ❼. Neue Nachrichten werden durch einen blauen Balken am linken Rand gekennzeichnet ❽.

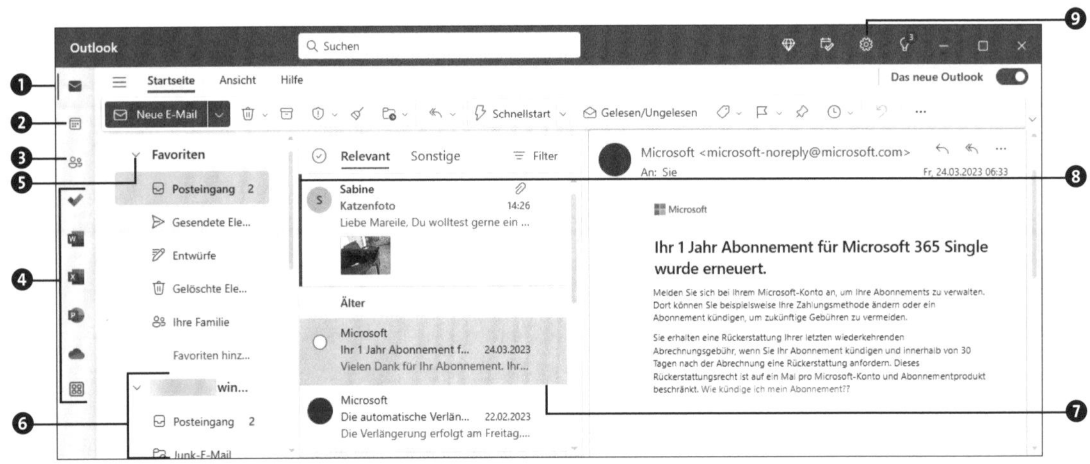

Abbildung 15.6 Übersicht über das Programmfenster der Outlook-App

TIPP

Konten hinzufügen oder entfernen

Möchten Sie in der Outlook-App ein weiteres E-Mail-Konto hinzufügen, rufen Sie hierfür per Klick auf das Zahnradsymbol ❾ am oberen Fensterrand den **Einstellungen**-Dialog auf. Stellen Sie sicher, dass hier **Konten ▸ E-Mail-Konten** ausgewählt ist. Klicken Sie dann rechts auf **Konto hinzufügen**. Geben Sie die E-Mail-Adresse und die Anmeldedaten des E-Mail-Kontos an, und bestätigen Sie alle Eingaben mit **Fertig**. Falls Sie ein E-Mail-Konto gekündigt haben oder es zumindest nicht mehr mit der Outlook-App abrufen möchten, können Sie es natürlich auch wieder entfernen. Den entsprechenden Befehl hierfür rufen Sie ebenfalls über den **Einstellungen**-Dialog unter **Konten ▸ E-Mail-Konten** auf. Klicken Sie hierzu rechts vom gewünschten Konto auf **Verwalten**, und auf der folgenden Seite auf **Entfernen**.

15.1.3 E-Mails mit und ohne Dateianhang versenden

Im Vergleich zur Mail-App ist das Programmfenster der Outlook-App zwar nicht ganz so schlicht aufgebaut. Das Versenden einer E-Mail ist aber trotzdem kein Hexenwerk, wie Sie in den folgenden Schritten sehen werden:

1 Klicken Sie in der Symbolleiste am oberen Fensterrand auf **Neue E-Mail** ❶. Es wird der Dialog **Neue E-Mail** geöffnet.

2 Falls Sie der Outlook-Mail mehrere E-Mail-Konten hinzugefügt haben, wird das Feld **Von** ❷ eingeblendet. Rechts davon erscheint automatisch die Standardabsenderadresse ❸. Möchten Sie zum Versenden der Nachricht eine andere Adresse wählen, klicken Sie auf **Von** und markieren in der aufklappenden Liste die gewünschte E-Mail-Adresse. Ist in der Outlook-App nur ein E-Mail-Konto eingerichtet, fehlt das Feld **Von** im Dialog **Neue E-Mail**.

3 Im Feld **An** ❹ tragen Sie die E-Mail-Adresse des Empfängers ein. Während der Eingabe wird der Hinweis **Diese Adresse verwenden** eingeblendet. Er verschwindet, sobald Sie die Adresse vollständig eingetragen und durch Drücken der Taste [↵] bestätigt haben.

Haben Sie in Windows 11 bereits Kontaktdaten erfasst, werden nach Eingabe der ersten Buchstaben einer E-Mail-Adresse bereits Vorschläge mit passenden Adressen eingeblendet. Per Mausklick wählen Sie einfach die gewünschte Adresse aus. Wie Sie in der Outlook-App ein eigenes Adressbuch anlegen, erfahren Sie in Abschnitt 15.2, »Adressen verwalten mit der Outlook-App«, ab Seite 615.

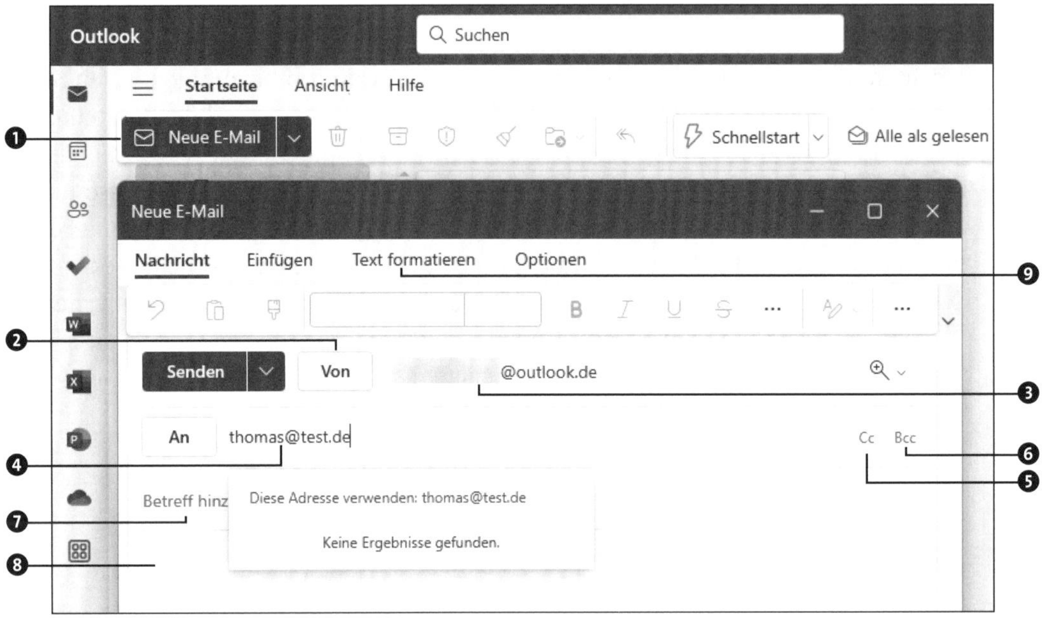

4 Wenn Sie einer Person eine Kopie der E-Mail zukommen lassen möchten, klicken Sie auf die Schaltfläche **Cc** ❺. **Bcc** ❻ sollten Sie dann verwenden, wenn Sie jemandem eine Kopie der E-Mail senden möchten, ohne dass die anderen Empfänger dies mitbekommen. Tragen Sie in die anschließend sichtbaren Feldern **Cc** bzw. **Bcc** die gewünschten E-Mail-Adressen ein.

5 Falls Sie die Nachricht an weitere Absender senden möchten, ergänzen Sie die Adressen einfach, sobald Sie die vorherige Adresse durch Drücken der Taste [↵] bestätigt haben. Dies gilt für alle drei Felder **An**, **Cc** und **Bcc** gleichermaßen.

6 In das Feld **Betreff hinzufügen** ❼ geben Sie einen Titel für die E-Mail ein.

7 Den eigentlichen Text Ihrer E-Mail ❽ ergänzen Sie im Feld unterhalb des **Betreff**-Feldes. Im Kasten »Eine eigene Signatur einrichten« auf Seite 615 erfahren Sie, wie Sie eine Signatur z. B. mit Ihren Kontaktdaten anlegen, die dann automatisch Ihren E-Mails hinzugefügt wird.

8 Gibt es ein Wort in der E-Mail, das Sie hervorheben möchten? Die entsprechenden Befehle finden Sie auf der Registerkarte **Text formatieren** ❾.

Mit einem Klick auf **Senden** ❿ verschicken Sie die E-Mail. Wenn Sie noch Fotos oder andere Dokumente der Nachricht anhängen möchten, sind zuvor noch folgende Schritte nötig:

9 Wechseln Sie auf die Registerkarte **Einfügen** ⓫, und klicken Sie anschließend auf die nun sichtbare Schaltfläche **Datei anfügen** ⓬. Haben Sie die zu versendenden Dateien auf Ihrem Computer gespeichert, wählen Sie in der aufklappenden Liste **Diesen Computer durchsuchen**.

10 Es öffnet sich das Fenster des Explorers. Wechseln Sie im Navigationsbereich links in den Ordner, in dem sich die zu versendenden Dateien befinden. Markieren Sie im Inhaltsbereich rechts die Dateien. Halten Sie hierzu die Taste `Strg` gedrückt, während Sie nacheinander alle gewünschten Dateien per Mausklick markieren.

11 Haben Sie alle Dateien ausgewählt (diese sind an der blauen Markierung zu erkennen), übernehmen Sie sie mit einem Klick auf **Öffnen** ⓭ in Ihre E-Mail.

12 Die Dateien werden nun oberhalb Ihres Nachrichtentextes als Anlagen eingeblendet. Möchten Sie eine der Dateien doch wieder entfernen, positionieren Sie den Mauszeiger auf der Miniaturvorschau. Sobald der Dateiname angezeigt wird, klicken Sie auf den kleinen Pfeil rechts davon und wählen dann in der aufklappenden Liste den Befehl **Anlage entfernen** ⓮.

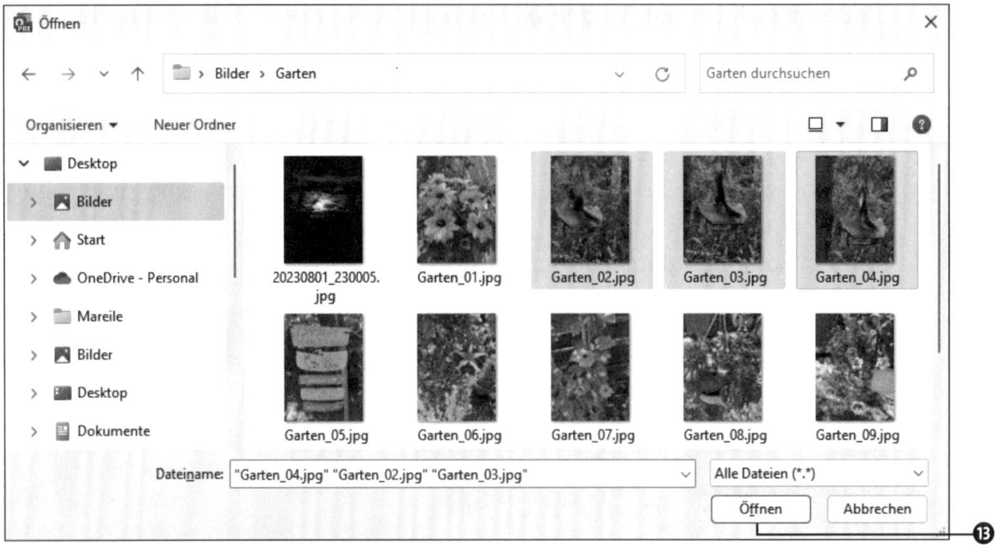

13 Mit einem Klick auf **Senden** (⑩ auf Seite 607) verschicken Sie die Nachricht.

Wenn Sie später nochmals einen Blick auf eine gesendete E-Mail werfen möchten, klicken Sie in der linken Spalte im Bereich des entsprechenden Kontos auf den Ordner **Gesendet** (manchmal auch **Gesendete Elemente** genannt).

In der mittleren Spalte werden nun alle Nachrichten aufgelistet, die Sie von dem markierten Konto aus verschickt haben.

TIPP

Tabellen, Bilder oder Links versenden

Über die Registerkarte **Einfügen** können Sie nicht nur Dateien (Dokumente, Bilder) an Ihre E-Mail anhängen. Sie haben auch die Möglichkeit, eine Tabelle, Bilder, Emojis oder einen Link unmittelbar in Ihrer E-Mail selbst zu ergänzen. Anstatt dem Empfänger Ihrer E-Mail z. B. eine endlos lange Adresse einer interessanten Internetseite zu schicken, können Sie diesen Link auch durch einen Alternativtext ersetzen, der gleich benennt, worum es geht. Klicken Sie hierzu auf der Registerkarte **Einfügen** auf **Link**. Im aufklappenden Dialog geben Sie in das Feld **Anzeigen als** den Alternativtitel ein und in das Feld **Webadresse** die eigentliche Internetadresse. Per Klick auf **OK** wird der Link in Ihrer E-Mail ergänzt. Der Empfänger muss nur auf den Alternativtext klicken, und schon öffnet sich automatisch der Browser mit der eigentlichen Internetadresse.

Das Einfügen von Bildern über die Schaltfläche **Bilder** auf der Registerkarte **Einfügen** erfolgt ähnlich wie das zuvor gezeigte Anfügen von Dateien. In diesem Fall werden die Fotos aber nicht als Anlagen an die E-Mail angehängt, sondern direkt in den Nachrichtentext selbst eingefügt. Das Betrachten der meist sehr großen Bilder ist für den Empfänger deshalb recht schwer – dieser Weg ist für Fotos also nicht zu empfehlen.

Wählen Sie auf der Registerkarte **Einfügen** die **Tabelle**, können Sie in der aufklappenden Tabelle die gewünschte Anzahl an Zeilen und Spalten markieren. Nach einem Klick auf **Tabelle einfügen** wird im Nachrichtentext an der Position der Einfügemarke eine leere Tabelle mit der gewünschten Anzahl an Zeilen und Spalten eingeblendet.

Über den Eintrag **Emoticon** auf der Registerkarte **Einfügen** blenden Sie einen Dialog mit diversen Smileys ein. Ein ähnlicher Dialog lässt sich aber auch über die Tastenkombination [Windows] + [.] anzeigen.

15.1.4 Empfangene E-Mails lesen und beantworten

Alle E-Mails, die Sie erhalten, landen im Normalfall im Ordner **Posteingang**. Um auf die Nachrichten zugreifen zu können, müssen Sie diesen Ordner zuvor gegebenenfalls in der linken Spalte des entsprechenden E-Mail-Kontos markieren.

Neu eingetroffene E-Mails werden immer zu Beginn der mittleren Spalte angezeigt. Um eine E-Mail zu lesen, markieren Sie sie. Der Nachrichtentext wird nun in der rechten Spalte eingeblendet. Hat der Absender ein Bild angehängt, wird oberhalb des eigentlichen Nachrichtentextes der E-Mail jeweils eine Miniaturansicht des Bildes gezeigt ❶. Wenn Sie eine mitgeschickte Datei auf Ihrem Computer speichern möchten, klicken Sie mit der rechten Maustaste auf das Bild (oder auf das Dateisymbol, falls es sich bei dem Anhang beispielsweise um ein Word-Dokument handelt) und wählen im aufklappenden Kontextmenü den Befehl **Herunterladen** ❷.

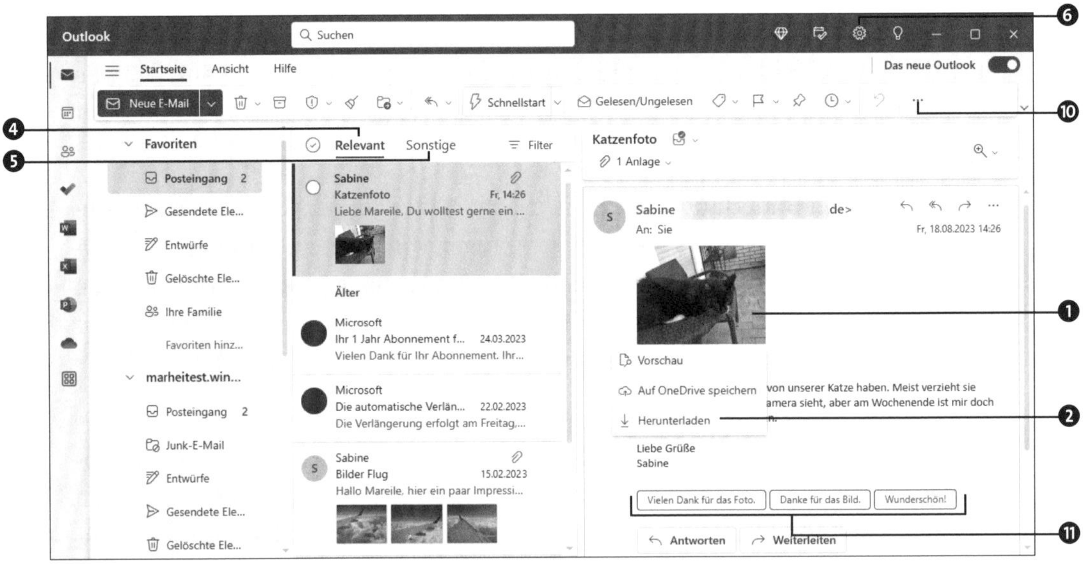

Abbildung 15.7 Neu eingetroffene E-Mails werden zu Beginn der mittleren Spalte aufgeführt.

Die heruntergeladenen Dateien werden automatisch im Ordner **Downloads** abgelegt. In der rechten oberen Fensterecke wird ein entsprechender Hinweis eingeblendet. Mit einem Klick auf das kleine Ordnersymbol ❸ öffnen Sie den Explorer mit diesem Ordner.

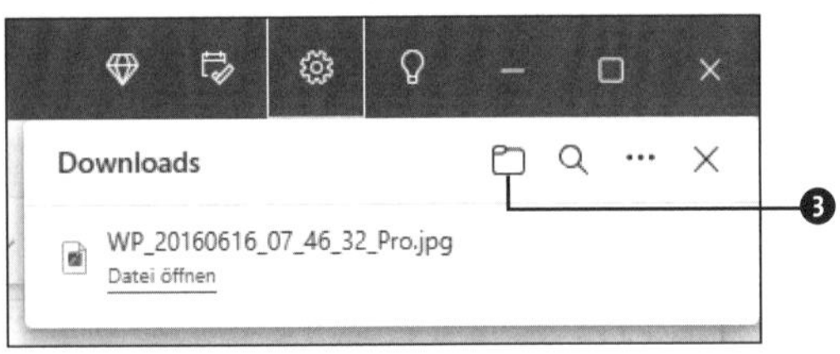

Abbildung 15.8 Heruntergeladene Dateianhänge werden automatisch im Ordner »Downloads« gespeichert.

INFO

Relevante und sonstige E-Mails des Outlook-Kontos

Für Ihr Outlook-Konto sieht Microsoft in der Outlook-App eine ganz besondere Sortierung vor: So werden E-Mails, die Sie mit großer Wahrscheinlichkeit interessieren werden, im Register **Relevant** ❹ abgelegt (dies sind z. B. Nachrichten Ihrer Kontakte), alle anderen E-Mails finden Sie dagegen im Register **Sonstige** ❺. Wenn Sie diese automatische Priorisierung Ihrer E-Mails nicht wünschen, klicken Sie am oberen Fensterrand auf das Zahnradsymbol ❻. Im Dialog **Einstellungen** markieren Sie links die Kategorie **E-Mail** ❼ und rechts davon die Unterkategorie **Layout** ❽. In der rechten Spalte wird der Abschnitt **Posteingang mit Relevanz** eingeblendet. Aktivieren Sie hier die Option **Meine Nachrichten nicht sortieren** ❾. Mit einem Klick auf **Speichern** übernehmen Sie Ihre Änderungen. Den **Einstellungen**-Dialog können Sie anschließend mit einem Klick auf das **Schließen**-Symbol oben rechts ausblenden.

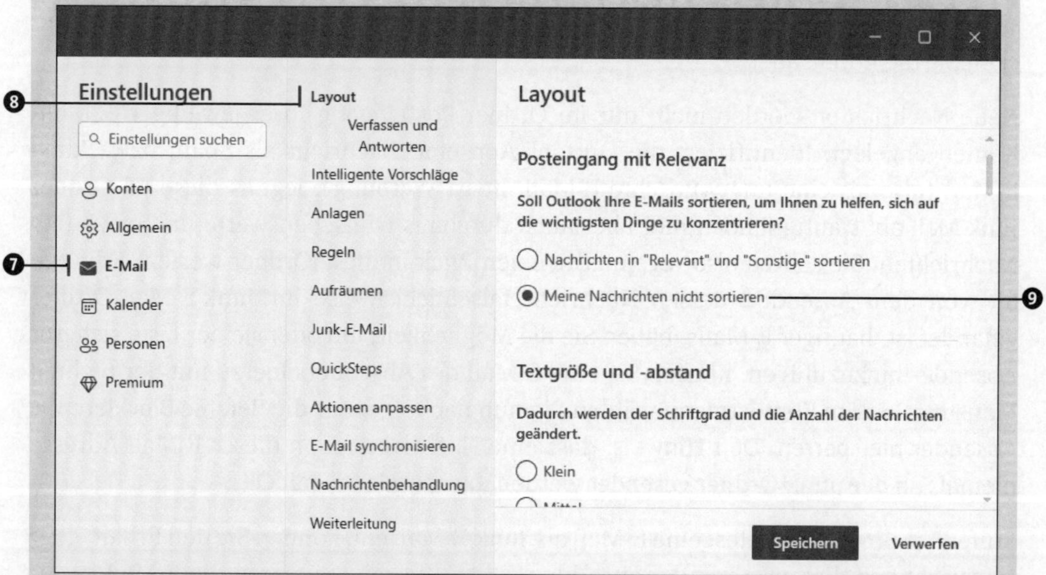

Abbildung 15.9 Die Sortierung nach relevanten und sonstigen E-Mails lässt sich abschalten.

Um eine empfangene E-Mail auszudrucken, klicken Sie innerhalb der E-Mail oben rechts auf das Symbol mit den drei kleinen Punkten ❿. Im aufklappenden Menü wählen Sie den Befehl **Drucken**. Nach der Auswahl der Seiten, die gedruckt werden sollen, sowie des Papierformats starten Sie den Druckvorgang mit **Drucken**.

Wenn Sie dem Absender einer E-Mail antworten möchten, markieren Sie die gewünschte E-Mail in der mittleren Spalte. Am unteren Rand der Nachricht bietet Ihnen die Outlook-

App bereits ein paar Standardantworten an, basierend auf den Stichworten, die sie in der E-Mail gefunden hat (⓫ in Abbildung 15.7 auf Seite 610). Wer seine Antwort doch etwas persönlicher gestalten möchte, sollte hingegen die Schaltflächen nutzen, die in der Nachricht selbst rechts von der E-Mail-Adresse eingeblendet werden. Falls Sie nur der Person antworten möchten, von der Sie die E-Mail erhalten haben, wählen Sie die Schaltfläche **Antworten** [↰]. Wurde die E-Mail an mehrere Personen verschickt, denen Sie Ihre Antwort ebenfalls zukommen lassen möchten, klicken Sie auf **Allen antworten** [↰↰]. Gleich rechts von dieser Schaltfläche finden Sie auch den Befehl **Weiterleiten** [↱], über den Sie die E-Mail an eine weitere Person verschicken können.

In allen Fällen (inklusive des vorgefertigten Antworttextes) erscheint anschließend das Nachrichtenfenster, das Sie bereits vom Versenden einer E-Mail her kennen. Die E-Mail-Adresse (bei mehreren Empfängern dann entsprechend die E-Mail-Adressen) wird im Fall eines Antwortschreibens automatisch ergänzt; bei einer Weiterleitung müssen Sie sie noch selbst in das Feld **An** einfügen. Mit einem Klick oder Fingertipp auf **Senden** schicken Sie die E-Mail ab.

Neue Nachrichten werden nicht nur im Ordner **Posteingang** Ihrer jeweiligen E-Mail-Konten abgelegt. Identifiziert die Outlook-App eine Nachricht als Spam bzw. Junk-E-Mail (also als eine unerwünschte E-Mail, meist Werbung), legt es diese im Ordner **Junk-Mail** ab. Häufig landen hier aber auch durchaus wünschenswerte und erwartete Nachrichten. Sie sollten also regelmäßig einen Blick in diese Ordner werfen. Erhalten Sie von dem Absender, dessen Nachricht fälschlicherweise im Junk-E-Mail-Ordner gelandet ist, häufiger E-Mails, haben Sie die Möglichkeit, ihn oder sie der Liste sicherer Absender hinzuzufügen. Klicken Sie eine E-Mail des Absenders hierzu mit der rechten Maustaste an. Im Kontextmenü wählen Sie nun nacheinander die Befehle **Blockieren ▸ Absender nie sperren**. Den Hinweis, dass eine Nachrichten von dieser E-Mail-Adresse niemals an den Junk-Ordner gesendet werden, bestätigen Sie mit **OK**.

Stufen Sie umgekehrt selbst eine E-Mail als Junk-E-Mail ein, können Sie den Erhalt einer Nachricht von diesem Absender auch blockieren. Klicken Sie hierzu die E-Mail in der mittleren Spalte des Programmfensters mit der rechten Maustaste an. In der aufklappenden Liste markieren Sie dieses Mal nacheinander **Blockieren ▸ Absender blockieren**. Den folgenden Hinweis bestätigen Sie mit **OK**.

Über das Kontextmenü erreichen Sie übrigens auch den Befehl **Löschen**. Wenn Sie eine E-Mail nicht mehr benötigen, sollten Sie diese auch entfernen, um für etwas Ordnung in Ihrem Postfach zu sorgen. Alle gelöschten Nachrichten werden in den Ordner **Gelöschte Elemente** verschoben. Auch hier sollte ab und an natürlich aufgeräumt werden.

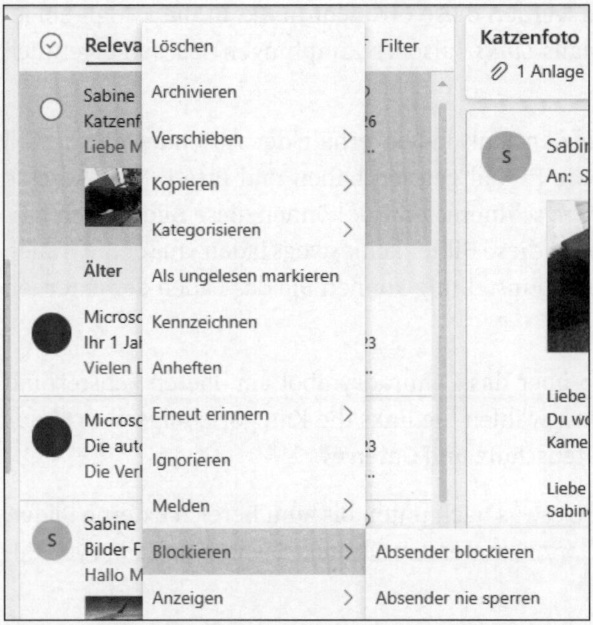

Abbildung 15.10 Sie können Absender unerwünschter E-Mails blockieren und wichtige Kontakte nie sperren lassen.

> TIPP
>
> **Im Bereich »Favoriten« Ordner hinzufügen und entfernen**
>
> Ganz zu Beginn des Ordnerbereichs befindet sich der Bereich **Favoriten**, in dem Sie häufig verwendete Ordner einbinden können. Damit sparen Sie sich das Blättern im Ordnerbereich, um zu einem weiter unten befindlichen Verzeichnis zu gelangen. Sagt Ihnen die Vorauswahl, die die Outlook-App getroffen hat, nicht zu, können Sie einen bereits aufgeführten Ordner schnell entfernen. Hierzu reicht ein rechter Mausklick auf den Ordnernamen. Im aufklappenden Kontextmenü wählen Sie dann den Befehl **Aus Favoriten entfernen**. Um umgekehrt einen Ordner dem Bereich Favoriten hinzuzufügen, klicken Sie ihn ebenfalls mit der rechten Maustaste an. Der auszuwählende Befehl lautet nun **Zu Favoriten hinzufügen**.

15.1.5 Interessante Einstellungen für die Outlook-App vornehmen

Als Nächstes stelle ich Ihnen noch einige Einstellungen vor, die Sie in der Outlook-App vornehmen können. Einige davon dienen lediglich dem Komfort, andere wiederum der Sicherheit. Ein großes Übel heutzutage sind z. B. die bereits im vorherigen Abschnitt erwähnten lästigen Werbemails (*Spam*), mit denen man überflutet wird. Viele dieser

E-Mails enthalten Bilder. Allerdings werden diese oft nicht direkt in die E-Mail eingefügt. Stattdessen enthalten die E-Mails *Links* (also Verknüpfungen) zu den eigentlich extern gespeicherten Bildern.

Sollten Sie die Bilder per Klick auf den Link laden, erhält der Absender der E-Mail dadurch die Bestätigung, dass Sie die E-Mail gelesen haben und Ihre E-Mail-Adresse damit gültig ist. Aber nicht nur das: Im schlimmsten Fall können diese Bilder auch infiziert sein. Aus diesem Grund sollten Sie diese Bilder keineswegs laden, außer Sie trauen dem Absender blind. Mit einer kleinen Einstellung können Sie das Laden der externen Inhalte verhindern:

1 Blenden Sie in der Outlook-App über das Zahnradsymbol am oberen Fensterrand den Dialog **Einstellungen** ein. Dort wählen Sie links die Kategorie **Allgemein** ❶ aus und dann die Unterkategorie **Datenschutz und Daten** ❷.

2 Scrollen Sie in der rechten Spalte etwas nach unten bis zum Bereich **Externe Bilder**. Stellen Sie sicher, dass hier die Option **Immer den Outlook-Dienst zum Laden von Bildern verwenden** aktiviert ist ❸.

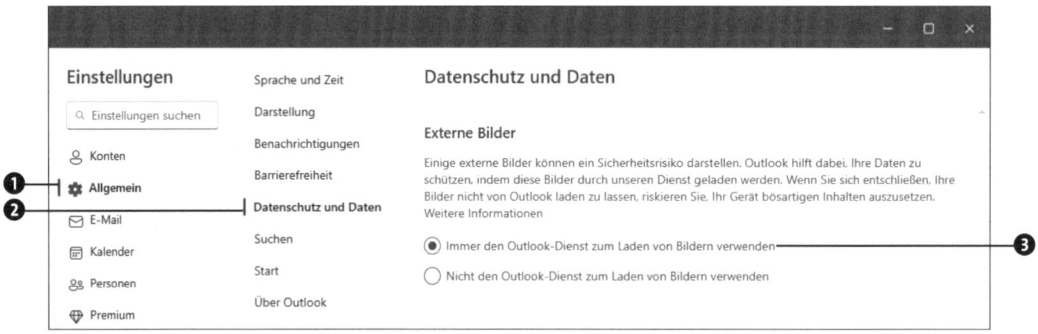

Wer noch einen Schritt weiter gehen möchte, kann dafür sorgen, dass nur noch die Anlagen, Bilder und Links von Absendern geladen werden, die Sie Ihrer Liste sicherer Absender und Domänen hinzugefügt haben. Wie Sie Absender blockieren bzw. nie sperren lassen, wurde am Ende des vorherigen Abschnitts beschrieben. Die Sicherheitseinstellung nehmen Sie dann folgendermaßen vor:

3 Wechseln Sie im **Einstellungen**-Dialog in die Kategorie **E-Mail ▸ Junk-E-Mail**. Blättern Sie in der rechten Fensterhälfte nach unten bis zum Bereich **Filter**. Versehen Sie das Kontrollkästchen **Anlagen, Bilder und Links von allen Absendern blockieren, die nicht in meiner Liste sicherer Absender und Domänen enthalten sind** mit einem Häkchen.

4 Mit einem Klick auf **Speichern** übernehmen Sie die Einstellungen.

Falls Sie der Outlook-App gern einen individuellen Touch verleihen, sollten Sie im **Einstellungen**-Dialog noch einen Blick in die Unterkategorie **Darstellung** der Kategorie **Allgemein** werfen. Hier können Sie z. B. über die Optionen **Hell** oder **Dunkel** ausprobieren, welche Darstellung – dunkler Text auf hellem Grund oder umgekehrt – für Ihre Augen angenehmer ist. Mit der Option **Systemeinstellungen verwenden** übernimmt die Outlook-App die in der Einstellungen-App von Windows 11 vorgenommenen Vorgaben. Etwas Farbe in die Programmoberfläche bringen Sie mit den diversen Designs, die Sie im unteren Bereich der rechten Spalte finden. Haben Sie Änderungen an den Einstellungen vorgenommen, werden diese erst nach einem Klick auf **Speichern** dauerhaft übernommen. Mit einem Klick auf **Verwerfen** behält Outlook die vorherigen Einstellungen bei.

TIPP

Eine eigene Signatur einrichten

Im beruflichen Umfeld ist es rechtsverbindlich, bei der privaten Kommunikation durchaus sinnvoll, E-Mails mit einer Signatur abzuschließen, die Ihre Adressdaten enthält. Einmal in der Outlook-App angelegt, wird diese jeweils automatisch unterhalb Ihrer Nachricht eingeblendet. Um eine eigene Signatur einzurichten, rufen Sie in der Outlook-App per Klick auf das Zahnradsymbol den **Einstellungen**-Dialog auf. Wechseln Sie hier in die Kategorie **Konten ▸ Signatur**. Im Feld **Diese Einstellungen werden auf Kontoebene angewendet:** wählen Sie das E-Mail-Konto aus, für das Sie eine Signatur erstellen möchten. Geben Sie dann im Feld **Den Signaturnamen bearbeiten** einen Titel für Ihre Signatur ein, z. B. Ihren Vor- und Nachnamen. Im Feld darunter tragen Sie den gewünschten Text für Ihre Signatur ein. Übernehmen Sie Ihre Eingaben mit **Speichern**. Damit in jeder neu von Ihnen verfassten E-Mail automatisch die Signatur ergänzt wird, klicken Sie in das Feld rechts von **Bei neuen Nachrichten** und markieren den Namen Ihrer Signatur. Analog können Sie festlegen, dass auch Ihre Antworten und Weiterleitungen mit einer Signatur versehen werden. Damit die Einstellungen wirksam werden, bestätigen Sie wieder mit **Speichern**. Falls Sie eine Signatur wieder löschen möchten, rufen Sie im **Einstellungen**-Dialog wieder **Konten ▸ Signaturen** auf. Mit einem Klick auf **Löschen** entfernen Sie die Signatur.

15.2 Adressen verwalten mit der Outlook-App

Früher musste man sich gerade mal die Postanschrift und eine Festnetznummer merken, heutzutage kommen Handynummern, E-Mail-Adressen und mehr hinzu. Mit dem in der Outlook-App integrierten Adressbuch behalten Sie all diese Daten von Ihnen wichtigen Personen im Blick. Zum Aufruf des Adressbuches rufen Sie zunächst die Outlook-App

z. B. über den entsprechenden Eintrag in der App-Liste des Startmenüs auf. Im Outlook-Programmfenster klicken Sie dann in der Navigationsleiste links auf **Personen** ❶.

Abbildung 15.11 Das Adressbuch erreichen Sie in der Outlook-App über den Eintrag »Personen« links in der Navigationsleiste.

Haben Sie die **Personen** markiert, werden in der Spalte rechts von der Navigationsleiste die E-Mail-Konten aufgeführt ❷, die Sie bereits der Outlook-App hinzugefügt haben, wie in Abschnitt 15.1.1, »Von der Mail-App zur Outlook-App«, ab Seite 598 gezeigt. Jedes dieser Konten verfügt über ein eigenes Adressbuch. Falls Sie im Vorgänger der Outlook-App, der Mail-App, bereits Adressen erfasst und diese einem Microsoft-Konto zugeordnet haben, werden die Kontakte automatisch auch in das Adressbuch von Outlook übernommen. Klicken Sie auf den Pfeil links von einer E-Mail-Adresse, werden die Ordner **Favoriten**, **Alle Kontakte**, **Alle Kontaktlisten** und **Gelöscht** eingeblendet ❸. Bei Kontaktlisten handelt es sich jeweils um eine Sammlung von E-Mail-Adressen. Das Anlegen einer solchen Liste bietet sich an, wenn Sie häufiger mit einer Gruppe von Personen kommunizieren müssen. Bevor ich Ihnen zeige, wie Sie eine Kontaktliste erstellen, beschäftigen wir uns mit dem Hinzufügen einzelner Kontakte. Hierzu gehen Sie folgendermaßen vor:

1. Stellen Sie sicher, dass in der Outlook-App links **Personen** markiert ist. Falls Sie mehrere E-Mail-Konten in der App hinzugefügt haben, markieren Sie das Konto, in dessen Adressbuch Sie den folgenden Kontakt speichern möchten. Klicken Sie am oberen Fensterrand auf die Schaltfläche **Neuer Kontakt** ❶.

2. Im eingeblendeten Dialog geben Sie in den entsprechenden Feldern den Vornamen und Nachnamen des ersten Kontakts ein. Nach einem Klick auf **+ Namensfeld hinzufügen** ❷ können Sie in der aufklappenden Liste noch weitere Felder wie **Titel** oder auch **Spitzname** auswählen.

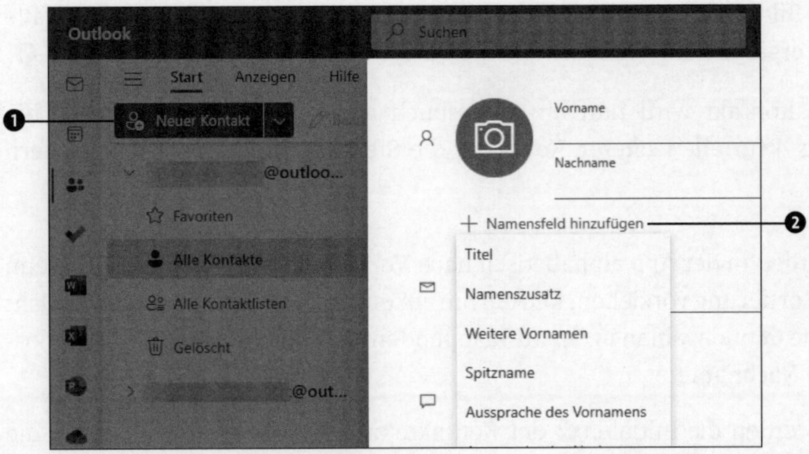

3 Geben Sie in die übrigen Felder die weiteren Kontaktdaten ein, wie E-Mail-Adresse und Mobiltelefonnummer. Über die Plussymbole ❸ blenden Sie in den angegebenen Kategorien – etwa Telefon, E-Mail oder Adresse – weitere Felder ein. In der anschließend aufklappenden Liste wählen Sie das gewünschte Element aus.

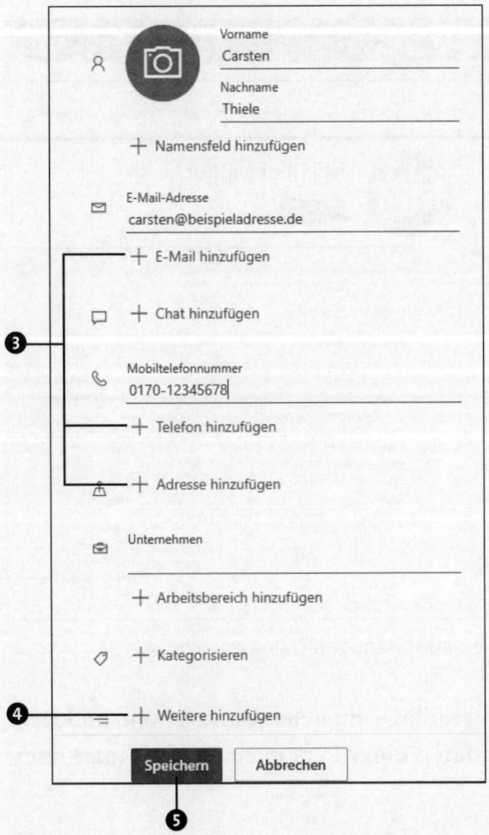

4 Mithilfe der Bildlaufleiste gelangen Sie zu weiteren Kategorien ❹. Wenn Sie alle Adressdaten ergänzt haben, sichern Sie die Daten mit einem Klick auf **Speichern** ❺.

5 Der erfasste Kontakt wird nun im Adressbuch angezeigt. Wiederholen Sie die Schritte 1 bis 4 für alle weiteren Kontakte, die Sie in der Kontakte-App speichern möchten

Die Kontakte werden in der App alphabetisch nach Vornamen sortiert angezeigt. Wenn Sie eine andere Sortierung vorziehen, klicken Sie am oberen Rand der Kontaktübersicht auf **Nach Vorname** ❻ und wählen in der aufklappenden Liste das gewünschte Sortierkriterium aus, etwa **Nachname**.

Im Adressbuch werden die Initialen ❼ der Kontakte angezeigt sowie rechts davon die Namen. Wenn Sie sich die vollständigen Kontaktdaten einer Person anzeigen lassen möchten, markieren Sie den Kontakt. In der rechten Fensterhälfte werden nun die persönlichen Daten aufgelistet. Möchten Sie einer Person z. B. eine E-Mail senden, reicht ein Klick auf die hier aufgeführte E-Mail-Adresse ❽, und schon wird der Dialog **Neue E-Mail** geöffnet, in dem Sie nur noch den Betreff und den Nachrichtentext ergänzen müssen.

Abbildung 15.12 Nach Auswahl eines Kontakts werden alle wichtigen Daten angezeigt.

Eine Freundin ist umgezogen, oder hat sich ein Kollege ein neues Smartphone inklusive neuer Rufnummer zugelegt? Um die Kontaktdaten einer Person zu ändern, markieren

Sie den entsprechenden Kontakt und klicken dann rechts auf **Kontakt bearbeiten** ❾. Nun können Sie die erforderlichen Korrekturen vornehmen und mit einem Klick auf **Speichern** sichern.

Selbstverständlich können Sie auch jederzeit einen Kontakt wieder aus der Kontakte-App entfernen. Markieren Sie hierzu den entsprechenden Eintrag in der Kontaktübersicht. Am oberen Rand der Kontaktdaten wird nun der Befehl **Löschen** ❿ eingeblendet. Klicken Sie hierauf, und bestätigen Sie den Hinweis mit **Löschen**.

TIPP

E-Mail-Absender in Kontakten aufnehmen

Sie haben eine E-Mail von einer Person erhalten, die Sie nun gerne in Ihrem Adressbuch aufnehmen möchten? Markieren Sie die E-Mail und klicken Sie dann in der rechten Fensterhälfte auf die E-Mail-Adresse. Im folgenden Dialog wählen Sie die Schaltfläche **Zu Kontakten hinzufügen.** Ergänzen Sie nun alle weiteren Kontaktdaten und bestätigen Sie diese Eingaben mit einem Klick auf **Speichern**.

Müssen Sie regelmäßig E-Mails an eine bestimmte Gruppe an Personen verschicken, bietet es sich an, für diesen Personenkreis eine eigene Kontaktliste zu erzeugen. Zum Versenden reicht es dann, die gewünschte Liste auszuwählen, statt jeden einzelnen Kontakt selbst hinzuzufügen. Eine Kontaktliste ist schnell erzeugt:

1. Stellen Sie sicher, dass in der Outlook-App in der Navigationsleiste **Personen** ausgewählt ist. Markieren Sie rechts das E-Mail-Konto, für das Sie eine Kontaktliste erstellen möchten. Klicken Sie dann am oberen Fensterrand auf den Pfeil ❶ rechts von **Neuer Kontakt**, und wählen Sie in der aufklappenden Liste **Neue Kontaktliste** ❷.

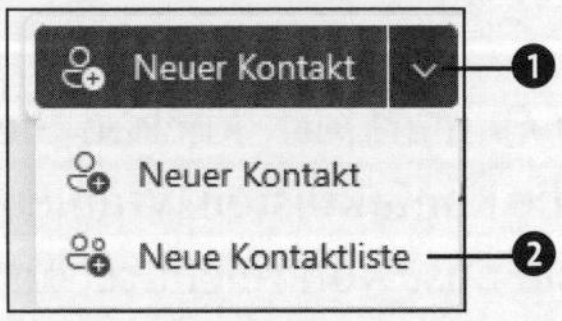

2. Im Feld **Name der Kontaktliste** tragen Sie eine aussagekräftige Bezeichnung für die Liste ein ❸.

3. Nach einem Klick in das Feld **E-Mail-Adressen hinzufügen** klappt bereits eine Liste mit Kontaktvorschlägen auf. Sind die gewünschten Kontakte hier bereits dabei, reicht ein Mausklick auf die E-Mail-Adresse. Falls nicht, geben Sie im Feld selbst die E-Mail-Adresse ein ❹. Mit einem Klick auf **Hinzufügen** wird diese in der Kontaktliste ergänzt.

4 Haben Sie versehentlich den falschen Kontakt markiert, können Sie ihn mit einem Klick auf das Kreuzsymbol ❺ rechts vom Namen aus der Liste entfernen

5 Falls Sie möchten, können Sie noch eine Beschreibung hinzufügen ❻. Mit einem Klick auf **Erstellen** wird die Kontaktliste erzeugt ❼.

Falls Sie dem Personenkreis der gerade erstellten Kontaktliste eine E-Mail schicken möchten, haben Sie verschiedene Möglichkeiten:

- Ist in der Outlook-App links die Schaltfläche **Personen** ❶ markiert, klicken Sie im Ordnerbereich nach Auswahl Ihres E-Mail-Kontos auf **Alle Kontaktlisten**. Wählen Sie dann in der mittleren Spalte die gewünschte Kontaktliste aus. Nun reicht rechts ein Klick auf **E-Mail senden**, und schon wird der Dialog **Neue E-Mail** geöffnet. Das Feld **An** enthält den Namen der Kontaktliste, ein Hinzufügen der einzelnen E-Mail-Adressen ist also nicht notwendig.
- Befinden Sie sich in der Outlook-App im Bereich **E-Mail** ❷, wird Ihnen am oberen Seitenrand die Schaltfläche **Neue E-Mail** ❸ angeboten. Ein Klick hierauf öffnet den Dialog **Neue E-Mail**. Geben Sie nun im Feld **An** den Namen der Kontaktliste ein ❹. Sobald dieser aufgeführt wird, übernehmen Sie ihn per Mausklick.

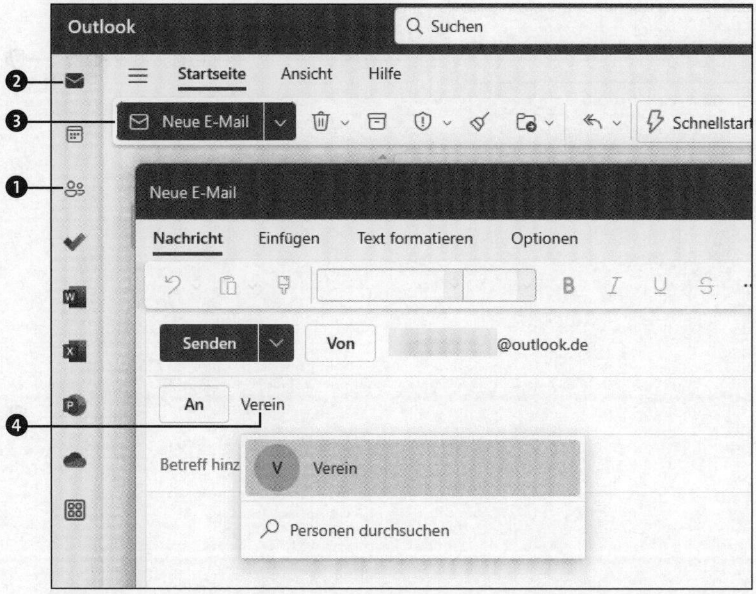

Abbildung 15.13 Es reicht, den Namen der Kontaktliste im Feld »An« einzugeben.

Möchten Sie eine Person aus der Kontaktliste entfernen, markieren Sie in der Outlook-App in der Navigationsleiste **Personen** und dann rechts im Bereich des entsprechenden E-Mail-Kontos **Alle Kontaktlisten**. Wählen Sie nun die gewünschte Kontaktliste aus, und klicken Sie rechts auf **Bearbeiten**. Mit einem Klick auf das Kreuzsymbol rechts vom zu entfernenden Kontakt löschen Sie ihn aus der Kontaktliste. Die Änderungen müssen Sie mit **Speichern** bestätigen.

15.3 Termine im Blick mit der Outlook-App

Ein Termin reiht sich an den anderen, und manchmal ist es gar nicht so einfach, die Übersicht zu behalten. Der in der neuen *Outlook*-App integrierte Kalender hilft Ihnen, keine Verabredung zu vergessen. Um den Kalender aufzurufen, öffnen Sie zunächst die Outlook-App und klicken dann links in der Navigationsleiste auf **Kalender** ❶. In der Spalte rechts von der Navigationsleiste werden im unteren Bereich alle in der Outlook-App erfassten E-Mail-Konten aufgeführt ❷.

Der Kalender präsentiert Ihnen nach dem Start zunächst die Übersicht über den aktuellen Monat. Ist Ihnen eine tagesaktuelle oder wöchentliche Darstellung lieber, markieren Sie in der Symbolleiste am oberen Fensterrand die gewünschte Ansicht. Zur Auswahl stehen der **Tag**, die **Arbeitswoche**, die **Woche** oder der **Monat** ❸.

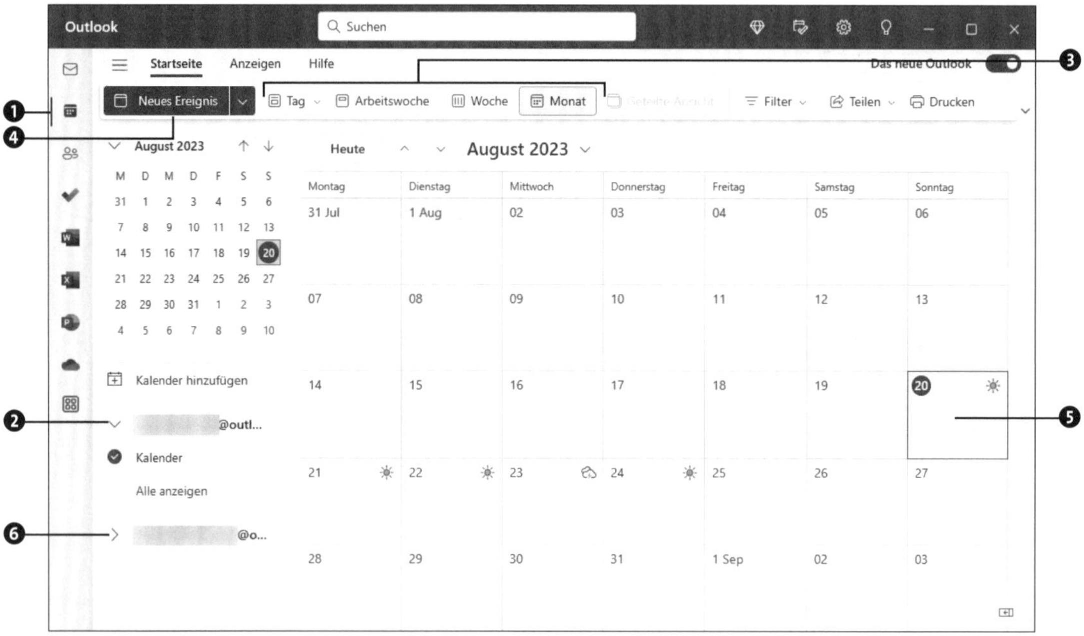

Abbildung 15.14 Übersicht über den Kalender der Outlook-App

Wenn Sie einen neuen Termin im Kalender eintragen möchten, haben Sie zwei Möglichkeiten: Entweder klicken Sie oberhalb der linken Spalte auf **Neues Ereignis** ❹ oder rechts im Kalender doppelt auf das Datum ❺, an dem die Verabredung ansteht. In beiden Fällen öffnet sich der Dialog **Neues Ereignis**, in dem Sie nun die Details des Termins erfassen:

1. Haben Sie in der Outlook-App mehrere E-Mail-Konten hinzugefügt, wird am oberen Rand des Dialogs die E-Mail-Adresse der Standardabsenderadresse angezeigt. Dabei handelt es sich um das erste hinzugefügte Konto. Falls der Termin nicht im Kalender dieses Kontos gespeichert werden soll, wählen Sie nach einem Klick auf die E-Mail-Adresse ❻ das gewünschte Konto aus. Die Auswahl ist wichtig, falls Sie dieses Konto auf unterschiedlichen Geräten nutzen und auch auf diesen all Ihre Termine angezeigt werden sollen.

2. Geben Sie in das Feld **Titel hinzufügen** eine Bezeichnung für die Verabredung ein ❼.

3. Prüfen Sie, ob bereits das richtige Datum eingetragen ist. Ist dies nicht der Fall, klicken oder tippen Sie auf das Kalendersymbol, das jeweils rechts in den beiden Feldern angezeigt wird ❽. Über die beiden Pfeiltasten rechts vom Monatsnamen, der dann eingeblendet wird, können Sie zum gewünschten Monat blättern. Den Tag markieren Sie einfach durch Anklicken oder Antippen.

4 Nimmt der Termin nicht den ganzen Tag in Anspruch, setzen Sie den Regler links von **Ganztägig** auf **Aus** ❾.

5 In den beiden Uhrzeitfeldern können Sie nun die Uhrzeit festlegen, zu der der Termin beginnt ❿ und voraussichtlich beendet sein wird ⓫.

6 Im Feld **Ort** können Sie den Ort des Geschehens angeben ⓬.

7 Damit Sie die Verabredung nicht vergessen, erinnert Outlook Sie per Standardeinstellung 15 Minuten vor dem Termin daran. Soll ein entsprechender Hinweis zu einem anderen Zeitpunkt erscheinen, klicken Sie auf **15 Minuten vorher** ⓭ und wählen in der aufklappenden Liste den gewünschten Zeitpunkt aus.

8 Falls an dem Termin weitere Personen teilnehmen sollen, tragen Sie die jeweiligen Namen bzw. E-Mail-Adressen nach einem Klick in das Feld **Teilnehmer einladen** ⓮ ein. Sobald Sie den Termin, wie in Schritt 11 gezeigt, speichern, wird die Einladung verschickt.

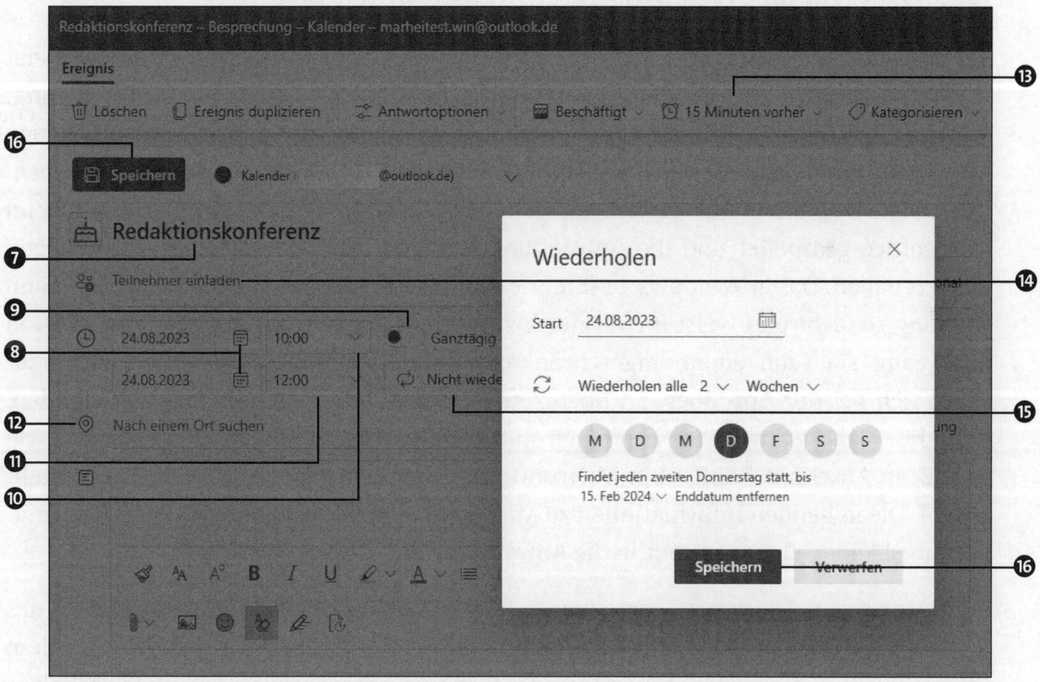

9 Der Termin findet nicht nur einmalig, sondern regelmäßig statt? Klicken Sie in diesem Fall zunächst auf die Schaltfläche **Nicht wiederholen** ⓯, und wählen Sie dann in der aufklappenden Liste den gewünschten Turnus aus, etwa **Wöchentlich**. Im folgenden Dialog legen Sie fest, an welchem Tag die Verabredung startet, an welchem Wochentag er stattfindet und ob dies jede Woche oder beispielsweise nur alle zwei Wochen passiert. Mit **Speichern** übernehmen Sie Ihre Angaben.

10 Haben Sie alle wichtigen Angaben ergänzt, übernehmen Sie den Termin mit **Speichern** ⓰ in Ihren Kalender. Haben Sie in Schritt 8 Teilnehmer ergänzt, lautet die Schaltfläche stattdessen **Senden**. Anschließend wird wieder die Kalenderübersicht angezeigt.

Hat sich eine Verabredung verschoben, doppelklicken Sie im Kalender einfach auf den entsprechenden Eintrag und nehmen die Korrekturen vor. Vergessen Sie nicht, die Änderungen mit der gleichnamigen Schaltfläche zu speichern. Mit einem Klick auf **Löschen** ⓱ können Sie einen Termin auch ganz entfernen.

15.4 Mit Microsoft Teams telefonieren und chatten

Sie möchten mit Freunden und Familienmitgliedern chatten oder ein Videotelefonat führen? Unter Windows 11 steht Ihnen hierfür die App *Microsoft Teams* zur Verfügung. Sie soll die von früheren Windows-Versionen bekannte App *Skype* ersetzen. Einige Anwender*innen kennen das Programm wahrscheinlich bereits aus dem Berufsleben. Das dürfte vor allem für diejenigen gelten, die während der Coronapandemie im Homeoffice gearbeitet und die Anwendung für Chats und Konferenzen mit Kollegen genutzt haben. Das in Windows 11 integrierte Microsoft Teams ist lediglich zur privaten Nutzung gedacht und weist im Vergleich zu der in Microsoft 365 integrierten Version von Teams auch nur einen eingeschränkten Funktionsumfang auf. Sollten Sie versuchen, sich bei der App über ein Microsoft-Geschäfts- oder -Schulkonto anzumelden, wird dies nicht gelingen. Sie benötigen stattdessen zwingend ein Microsoft-Konto, wie es z. B. in Abschnitt 5.2.2, »Ein Microsoft-Konto einrichten«, ab Seite 147 vorgestellt wurde. Die folgenden Informationen zu Microsoft Teams von Windows 11 stellen lediglich eine kleine Schnuppertour in die Anwendung dar.

Zum Aufruf von Microsoft Teams wurde in der Taskleiste von Windows 11 extra das Symbol **Chat** ergänzt ❶. Ein Klick darauf, und die Anwendung wird gestartet. Mit dem Update 23H2 ändert sich das Aussehen des Symbols. Statt der lilafarbenen Sprechblase mit Videokamera ist nun das Symbol zu sehen.

Abbildung 15.15 Microsoft Teams lässt sich bequem über das Symbol »Chat« in der Taskleiste starten.

Im ersten Dialog, der nach dem ersten Aufruf von Microsoft Teams eingeblendet wird, klicken Sie auf **Erste Schritte**. Sie erhalten anschließend die Möglichkeit, Ihre Skype- und Outlook-Kontakte mit Microsoft Teams zu synchronisieren, um sofort auf diese Kontakte zugreifen zu können. Wer dies nicht wünscht, ignoriert den Hinweis einfach. Sind Sie mit einem Microsoft-Konto bei Windows 11 angemeldet, können Sie direkt in Teams starten. Mit einem Klick auf das Symbol **Teams öffnen** ❷ oben rechts blenden Sie das Programmfenster ein. Nutzen Sie ein lokales Benutzerkonto, müssen Sie sich zunächst noch anmelden. Die entsprechende E-Mail-Adresse des Microsoft-Kontos und weitere Anmeldedaten geben Sie nach einem Klick auf **Anmelden** an.

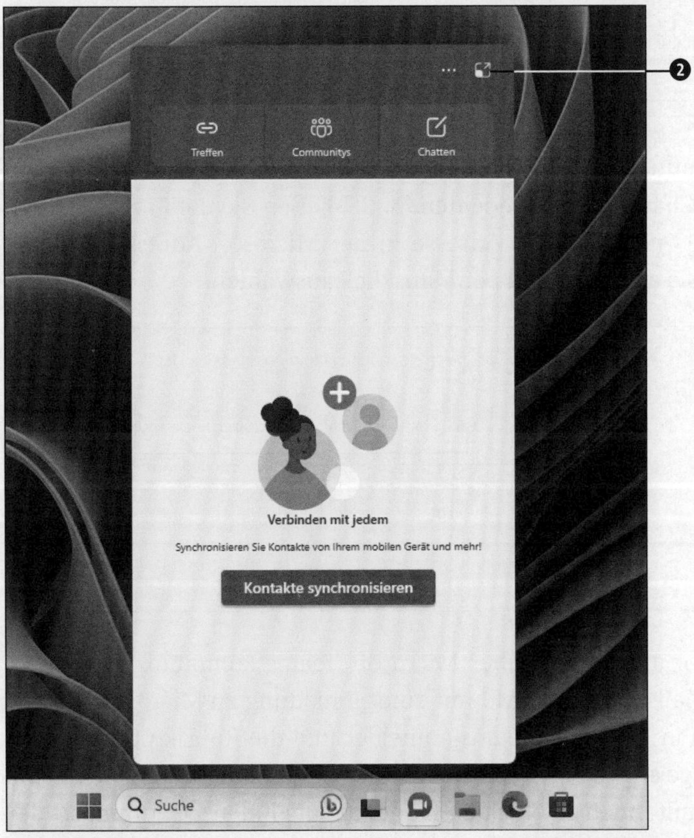

Abbildung 15.16 Sie können zunächst Ihre Kontakte mit Microsoft Teams synchronisieren oder direkt zum Programmfenster wechseln.

Im Programmfenster, das nun geöffnet wird, ist in der linken Spalte bereits die Kategorie **Chat** ❸ markiert. Um eine neue Unterhaltung mit einer Person zu beginnen, gehen Sie folgendermaßen vor:

1. Klicken Sie entweder auf **Chat starten** ❹ oder, falls diese Schaltfläche nicht angezeigt wird, auf das kleine Symbol [☑] ❺.

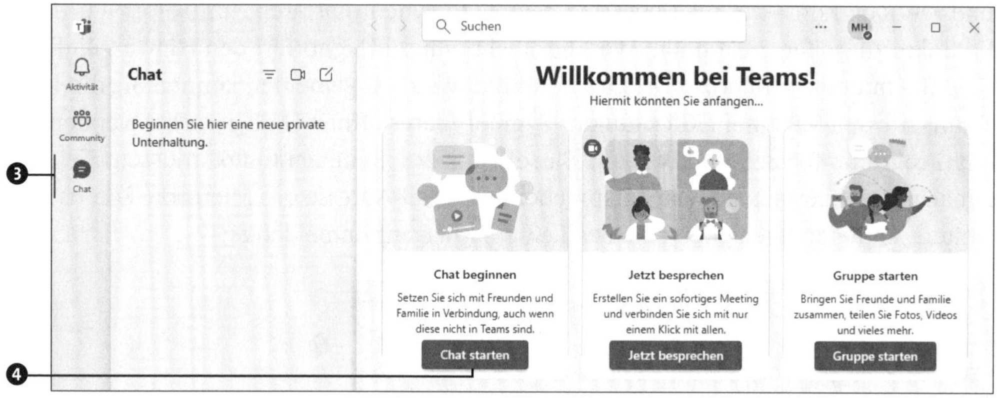

2. Geben Sie im Feld **An** nun die E-Mail-Adresse oder die Telefonnummer der Person ein, mit der Sie einen Chat beginnen möchten ❻. Schließen Sie die Eingabe durch Drücken der Taste [↵] ab. Wird die Adresse in der Microsoft-Adressdatenbank gefunden, können Sie sie anschließend per Mausklick auswählen.

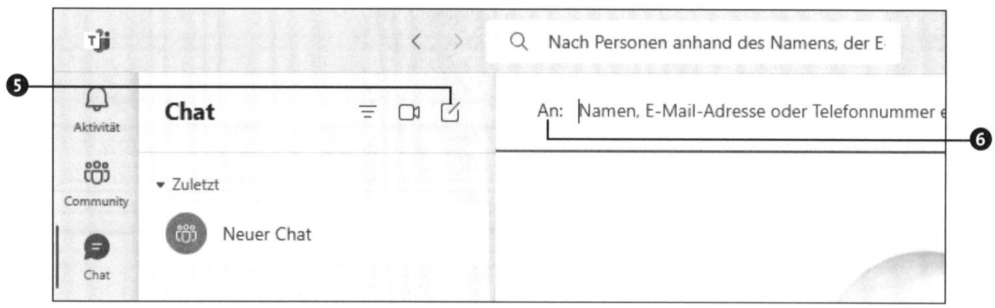

3. Falls Sie mit der Person noch nicht über Microsoft Teams kommuniziert haben, erhält sie nun eine E-Mail bzw. eine SMS mit einer Einladung zu Microsoft Teams. Sobald sich die Person in Microsoft Teams anmeldet und die Rubrik **Chat** aufruft, wird Ihre Kontaktanfrage angezeigt. Nach einem Klick darauf hat die Person nun die Möglichkeit, den Chat mit Ihnen zu blockieren oder anzunehmen ❼. Stimmt sie der Kommunikation mit Ihnen zu, steht einem Nachrichtenaustausch nichts mehr im Weg.

4 Damit Sie sich mit dem Freund oder Familienmitglied über Microsoft Teams unterhalten können, muss die Person natürlich ebenso wie Sie am Computer sitzen und bei Teams angemeldet sein. Ob der gewünschte Kontakt angemeldet ist, erkennen Sie am kleinen grünen Punkt im Profilbild. Klicken Sie auf sein Benutzerprofil, wird unterhalb des Namens ein grünes Häkchen angezeigt. Positionieren Sie den Mauszeiger darauf, erscheint der Vermerk **Verfügbar**.

5 Dies gilt umgekehrt natürlich auch. Falls Sie einen Moment ungestört sein und keine Nachrichten über Microsoft Teams erhalten möchten, klicken Sie im Programmfenster oben rechts auf Ihr Benutzerprofil ❽. Markieren Sie in der aufklappenden Liste **Verfügbar**, können Sie Ihren Status anschließend z. B. in **Als abwesend anzeigen** oder **Als offline anzeigen** ändern ❾. Sie sollten später aber nicht vergessen, Ihren Status auf **Verfügbar** zu setzen, sobald Sie wieder erreichbar sind.

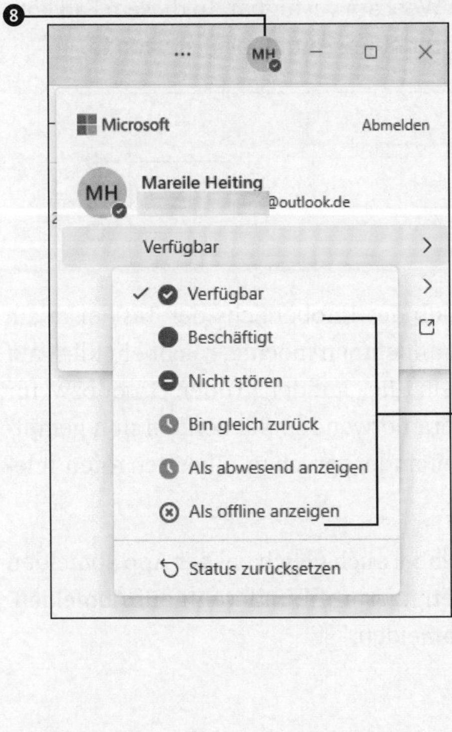

6 Möchten Sie mit der Person schriftliche Nachrichten austauschen, stellen Sie sicher, dass ganz links die Kategorie **Chat** ausgewählt ist. Markieren Sie in der Spalte rechts davon dann den gewünschten Kontakt. Im Textfeld am unteren Seitenrand können Sie nun den gewünschten Nachrichtentext eingeben ❿. Über das Smileysymbol fügen Sie Emoticons hinzu ⓫. Falls Sie eine Datei verschicken möchten, klicken Sie auf das Büroklammersymbol ⓬ und dann auf **Von meinem Computer hochladen**. Markieren Sie im nun geöffneten Explorer-Dialog die gewünschte Datei, und bestätigen Sie die Auswahl mit **Öffnen**. Um Ihre Nachricht oder auch die Datei an den Kontakt zu senden, reicht ein Klick auf das Symbol ▷ ⓭.

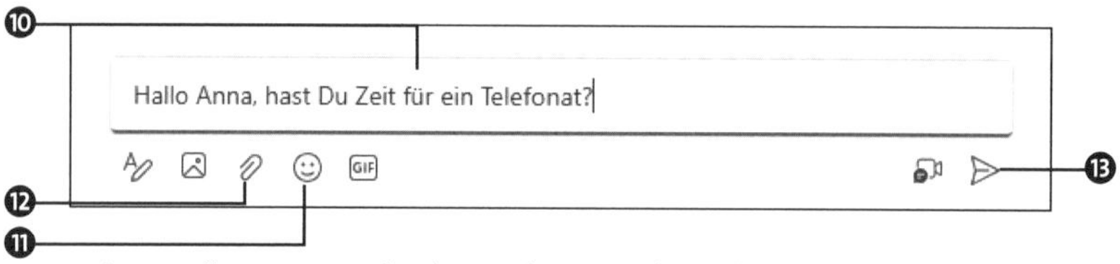

Microsoft Teams erlaubt nicht nur das Chatten mit Ihren Kontakten, also den Austausch von schriftlichen Nachrichten. Sie können mit ihnen auch telefonieren. Verfügen beide Gesprächsteilnehmer über eine Webcam, ist ein Videotelefonat möglich.

7 Um ein Telefonat zu beginnen, markieren Sie den gewünschten Kontakt in der Spalte **Chat**. In der rechten Fensterhälfte erscheinen nun das Symbol einer Videokamera und das eines Telefonhörers. Sollte das Videokamerasymbol ausgegraut sein ⓮, ist auf dem Gerät des Kontakts keine Webcam verfügbar. In diesem Fall können Sie lediglich per Klick auf den Telefonhörer einen Audioanruf starten ⓯.

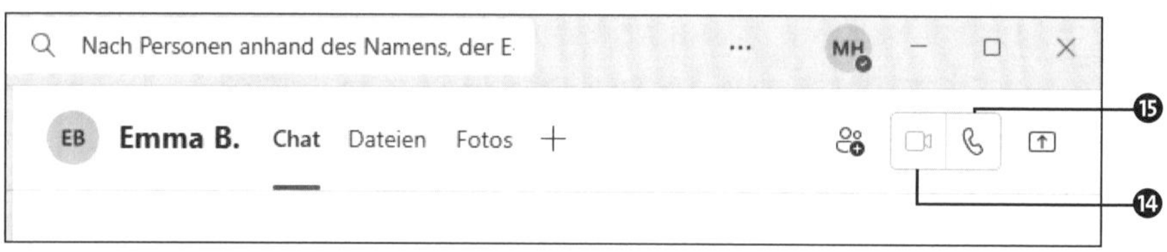

8 Beim Gesprächsteilnehmer erscheint oberhalb des Infobereichs der Taskleiste ein Hinweis. Falls die Person das Gespräch nicht annehmen möchte, reicht ein Klick auf den roten Telefonhörer. Zum Annehmen ist ein Klick auf den grünen Hörer bzw. für ein Videotelefonat auf die grüne Videokamera notwendig. Sie können nun gemütlich und ohne zusätzliche Telefonkosten miteinander sprechen. Über den roten Telefonhörer beenden Sie das Gespräch wieder.

9 Falls Sie Microsoft Teams beenden und sich dabei auch gleich bei der App abmelden möchten, klicken Sie oben rechts auf Ihr Benutzerprofil und dann auf **Abmelden**. Bestätigen Sie den folgenden Hinweis mit **Abmelden**.

TEIL V

Geräte, Wartung und Sicherheit

16 Geräte anschließen und konfigurieren

In diesem Kapitel erfahren Sie, wie Sie Ihren PC hardwaretechnisch erweitern und konfigurieren können. Eines der wichtigsten Geräte ist hierbei natürlich ein Drucker, den Sie z. B. per USB-Kabel an den Computer anschließen. Aber auch Lautsprecher sowie Smartphones, die per Bluetooth mit dem Computer verbunden werden, kommen auf den nächsten Seiten nicht zu kurz. In allen Fällen benötigt Windows 11 zur Kommunikation mit der angeschlossenen Hardware sogenannte *Treiber*. Was es mit diesen auf sich hat und woher man sie bekommt, erfahren Sie anhand einiger Beispiele.

16.1 Einen Drucker oder Scanner anschließen

Das erste Beispiel ist ein Klassiker: Wie schließt man einen Drucker oder Scanner an den Computer an? Derartige Hardware kommt mittlerweile fast ausschließlich in Form von Multifunktionsgeräten daher, die nicht nur drucken, sondern zugleich auch scannen, kopieren und faxen können. Die meisten Drucker bzw. Multifunktionsgeräte werden per USB-Kabel mit dem Computer verbunden. Einige Geräte können aber auch per WLAN oder drahtgebunden an einen Router angeschlossen werden. Damit stehen sie allen mit diesem Router verbundenen PCs zur Verfügung. Ich bleibe aber bei der klassischen Variante, der direkten USB-Verbindung.

Für die Installation der Treiber stehen Ihnen zwei Varianten zur Verfügung: Sie können entweder die bereits in Windows integrierten Treiber verwenden oder diejenigen, die der Hersteller des Druckers zur Verfügung stellt. Letztere sind meist den in Windows integrierten Treibern vorzuziehen. Es kann aber durchaus sein, dass Sie ein altes Gerät anschließen möchten, für das der Hersteller keine Software mehr anbietet. In diesem Fall müssen Sie mit den Windows-eigenen Treibern vorliebnehmen.

16.1.1 Bereits in Windows integrierte Treiber verwenden

Windows 11 bringt bereits für viele Drucker die passenden Treiber mit. Der Anschluss der Geräte ist damit in wenigen Schritten erledigt, wie Sie gleich sehen werden. Sollte der Hersteller des Druckers bzw. Multifunktionsgeräts allerdings eine eigene Software anbieten, sollten Sie diese auch nutzen. Wie Sie in diesem Fall vorgehen, erfahren Sie in Abschnitt 16.1.2, »Treiber des Geräteherstellers nutzen«, ab Seite 634.

1 Melden Sie sich mit einem Administratorkonto am Computer an.

2 Schließen Sie den Drucker bzw. das Multifunktionsgerät per USB-Kabel an den PC an, und schalten Sie den Drucker anschließend ein. Im Normalfall wird das Gerät automatisch erkannt und in das System eingebunden. Für einen kurzen Moment erscheint hierzu auch eine entsprechende Meldung oberhalb des Infobereichs der Taskleiste.

3 Haben Sie die Meldung verpasst, lässt sich in der **Einstellungen**-App schnell überprüfen, ob der Drucker erfolgreich erkannt wurde. Rufen Sie hierzu über das Startmenü **Einstellungen ▸ Bluetooth und Geräte ▸ Drucker und Scanner** auf. In der rechten Spalte sollte der Drucker zu finden sein ❶.

Ist dies nicht der Fall, gehen Sie folgendermaßen vor:

4 Klicken Sie auf die Schaltfläche **Gerät hinzufügen** ❷. Daraufhin wird der Assistent zum Einbinden Ihres neuen Geräts gestartet.

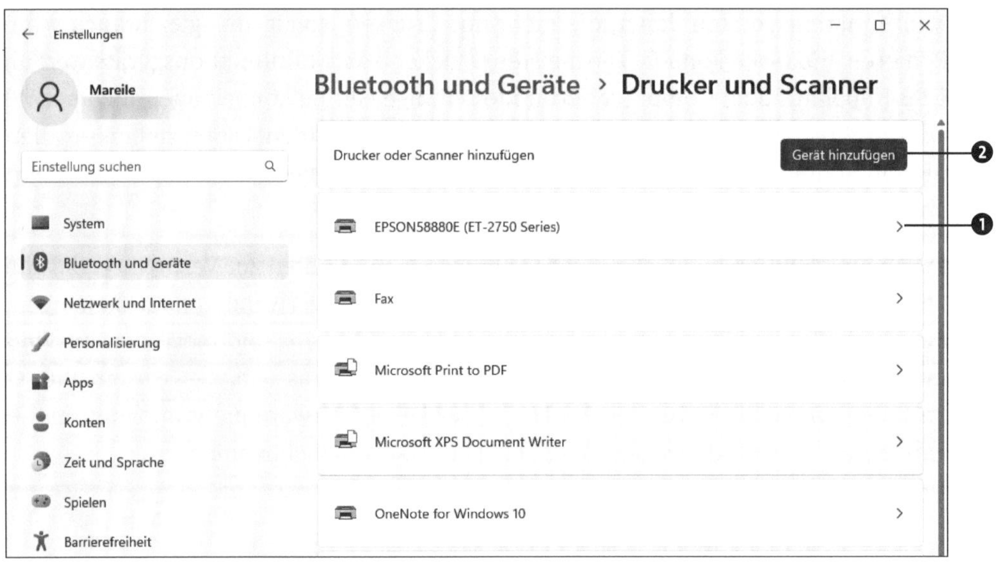

5 Windows versucht, das neue Gerät zu erkennen. Nach kurzer Zeit erscheint der Drucker in aller Regel in der Liste der Drucker und Scanner.

Sollte das Gerät immer noch nicht identifiziert worden sein, hilft es manchmal, die Schaltfläche **Aktualisieren** ❸ zu betätigen. In ganz hartnäckigen Fällen klicken Sie rechts von **Der gewünschte Drucker ist nicht aufgelistet** auf **Manuell hinzufügen** ❹. Dadurch werden Sie an einen weiteren Assistenten verwiesen, der es ermöglicht, auch ältere Hardware an den PC anzuschließen. In den meisten Fällen sollte dies aber nicht erforderlich sein.

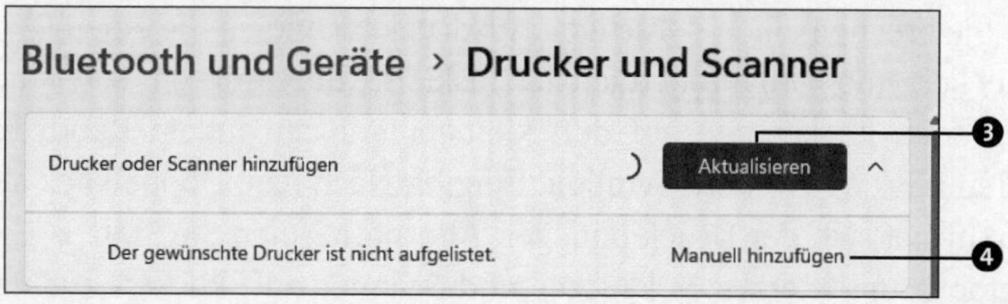

6 Schließlich sollten Sie noch testen, ob das Gerät korrekt funktioniert. Markieren Sie den Drucker in der Liste. Im folgenden Dialog starten Sie per Klick auf **Testseite drucken** ❺ den Druckvorgang. Die Testseite sollte korrekt ausgedruckt werden. Die Kommunikation mit Ihrem Gerät während des Druckvorgangs erkennen Sie an dem Druckersymbol im Infobereich der Taskleiste.

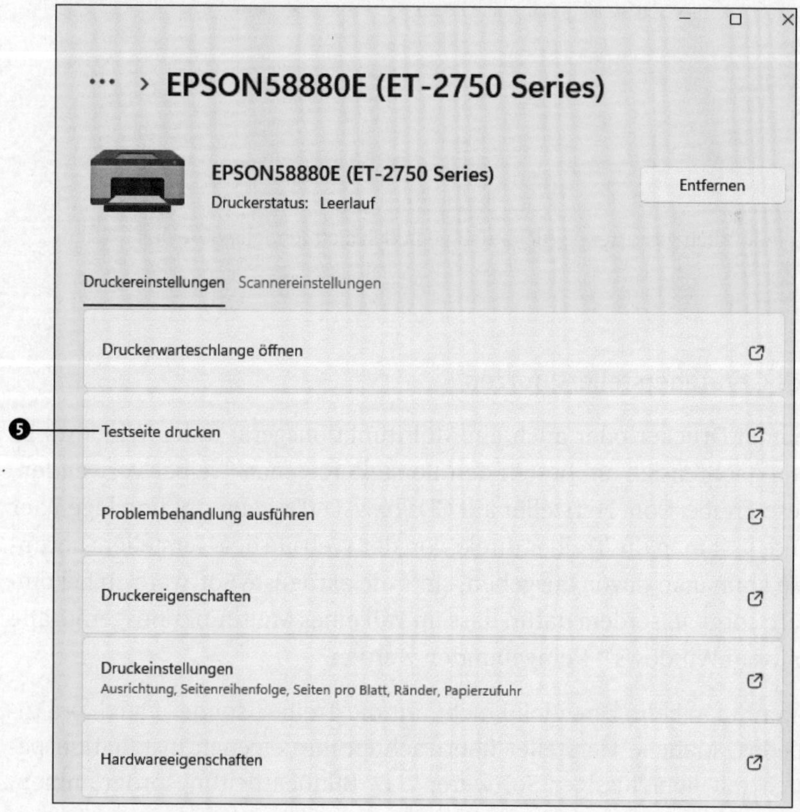

TIPP

Einen Druckauftrag abbrechen

Eventuell kennen Sie das Problem: Sie haben ein sehr großes Dokument geöffnet und möchten daraus nur eine Seite ausdrucken. Leider haben Sie das beim Starten des Druckvorgangs nicht bedacht, und schon schickt sich der Drucker an, sämtliche Seiten auszudrucken. Sie brechen einen derartigen Ausdruck ab, indem Sie einen Doppelklick auf das Druckersymbol im Infobereich der Taskleiste durchführen. Sollte dieses nicht zu sehen sein, klicken Sie auf den kleinen Pfeil am linken Rand des Infobereichs, der den Blick auf weitere Symbole freigibt. Nach dem Doppelklick auf das Druckersymbol öffnet sich der Druckmanager. Alternativ rufen Sie **Start ▶ Einstellungen ▶ Bluetooth und Geräte ▶ Drucker und Scanner** auf, klicken auf das gewünschte Gerät und anschließend auf die Schaltfläche **Druckerwarteschlange öffnen**. Nun wählen Sie aus dem Menü **Dokument** den Befehl **Abbrechen** und bestätigen die Nachfrage. Daraufhin wird der Druckauftrag aus der Warteschlange gelöscht.

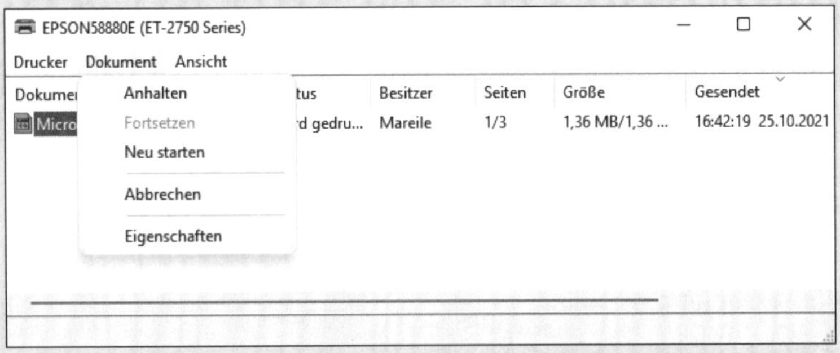

Abbildung 16.1 Versehentlich gestartete Druckaufträge lassen sich schnell abbrechen.

16.1.2 Treiber des Geräteherstellers nutzen

Wenn Sie einen neuen Drucker oder auch ein Multifunktionsgerät unter Windows 11 installieren möchten, sollten Sie am besten den herstellereigenen Treiber verwenden. Früher wurden diese Treiber vom Hersteller auf CDs bzw. DVDs gebrannt und lagen der Hardware bei. Heute lädt man die Treiber direkt von der Website des Herstellers herunter. Auf diese Weise kann man davon ausgehen, stets die aktuellste Software zu bekommen. Diese Software sorgt außerdem dafür, dass im Fall eines Multifunktionsgeräts alle Einheiten problemlos in Windows 11 eingebunden werden.

In der Regel bekommt man beim Download nicht nur die Treiber, sondern auch praktische Tools mitgeliefert. Manche Hersteller überfrachten ihre eigenen Installationspakete allerdings auch mit überflüssiger Software, z. B. Bildbearbeitungsprogrammen.

Achten Sie deshalb darauf, nur die wirklich notwendigen Softwarebausteine vom Hersteller zu laden, falls dies möglich ist. Zur Installation der herstellereigenen Treiber gehen Sie folgendermaßen vor:

1 Begeben Sie sich auf die Website des Herstellers Ihres Geräts. Suchen Sie dort mithilfe der auf der Website vorhandenen Suchfunktion nach Ihrem Gerätemodell. Die Treiber bzw. die angebotenen Tools finden Sie meist in einem Bereich namens *Support*.

2 Laden Sie die angebotenen Treiber und Tools aus dem Internet herunter. Einige Hersteller erkennen automatisch, welches Betriebssystem in welcher Variante Sie aktuell verwenden. Bei anderen müssen Sie explizit die gewünschte Betriebssystemvariante angeben.

3 Nach dem Herunterladen finden Sie die Software im Normalfall im Verzeichnis *Downloads*. Rufen Sie dieses über den Explorer auf, und doppelklicken Sie auf das heruntergeladene Programmpaket. Nun erscheint eine Nachfrage der Benutzerkontensteuerung, die Sie bestätigen müssen. Anschließend wird ein Assistent zur Installation der Software gestartet.

4 Folgen Sie der Installationsroutine der herstellereigenen Software. Dabei werden Sie an einer bestimmten Stelle vom Assistenten aufgefordert, Ihren Drucker an den PC anzuschließen und diesen einzuschalten. Der Anschluss erfolgt in der Regel per USB-Kabel ❶.

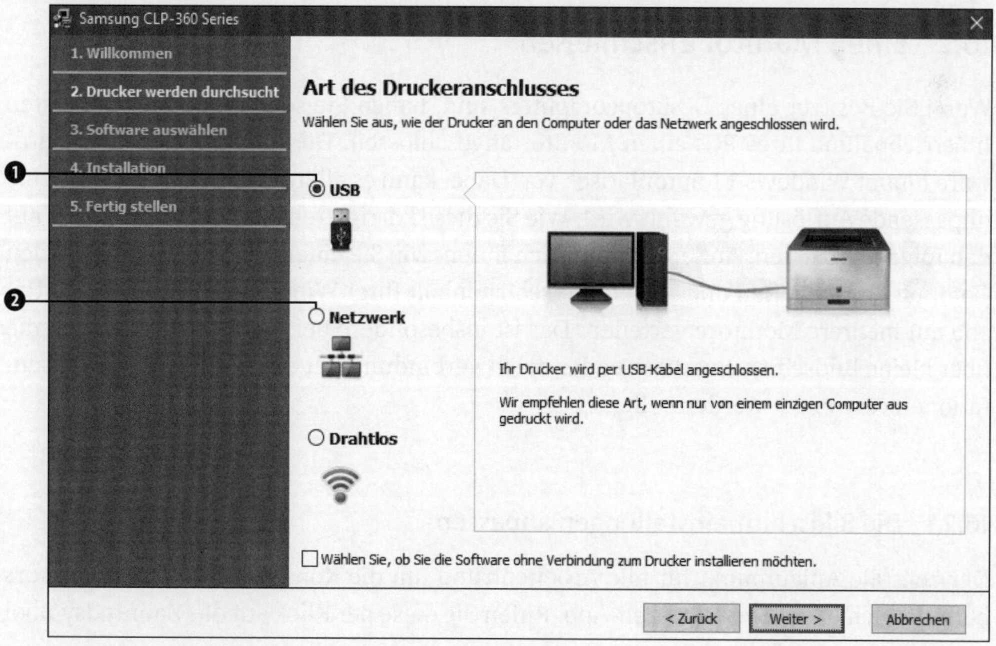

Wenn Sie den Drucker allerdings später mit weiteren Personen bzw. PCs in Ihrem Haushalt teilen möchten, bietet sich alternativ der Anschluss an Ihr Netzwerk ❷ an.

Drucken Sie, nachdem Sie den Assistenten abgeschlossen haben, am besten probeweise eine Seite aus einer Textverarbeitung aus, um zu prüfen, ob der Drucker wie gewünscht funktioniert.

INFO

Einen Standarddrucker festlegen

Sollten Sie mehrere Drucker an Ihren PC angeschlossen haben, empfiehlt es sich, einen dieser Drucker als Standarddrucker festzulegen. Das bedeutet, dass immer dann, wenn Sie ein Dokument aus einer Textverarbeitung oder einem Grafikprogramm heraus drucken, dieser Drucker die Priorität für den Druckauftrag bekommt. Um einen Standarddrucker permanent festzulegen, öffnen Sie über das Startmenü die **Einstellungen**-App. Wechseln Sie hier in den Bereich **Bluetooth und Geräte ▸ Drucker und Scanner**, und setzen Sie den Regler rechts von **Windows verwaltet Standarddrucker** auf **Aus**. Markieren Sie anschließend das Gerät in der Übersicht. Im folgenden Dialog legen Sie per Klick auf **Als Standard** den Drucker als Standarddrucker fest.

16.2 Einen Monitor anschließen

Wenn Sie Besitzer eines Desktopcomputers sind, haben Sie schon während der ersten Inbetriebnahme Ihres PCs einen Monitor angeschlossen. Die Konfiguration der Hardware nimmt Windows 11 automatisch vor. Dabei kann es allerdings passieren, dass eine unpassende Auflösung gewählt wird. Wie Sie diese korrigieren können, erfahren Sie auf den folgenden Seiten. Außerdem zeige ich Ihnen, wie Sie einen zweiten Monitor an den Computer anschließen und so den Bildschirminhalt Ihrer Windows 11-Desktopoberfläche auf mehrere Monitore verteilen. Das ist insbesondere bei Notebooks praktisch, die über kleine Bildschirme verfügen oder die in Verbindung mit einem Beamer für Präsentationen verwendet werden sollen.

16.2.1 Die Bildschirmeinstellungen anpassen

Der zentrale Anlaufpunkt für alle Arbeiten rund um die Konfiguration Ihres Monitors befindet sich in der **Einstellungen**-App. Rufen Sie diese per Klick auf das Zahnradsymbol im Startmenü auf, und wählen Sie dann nacheinander **System ▸ Bildschirm**. Einige Funktionen, die Sie nun in der rechten Spalte vorfinden, haben Sie bereits in Abschnitt 6.3.4, »Textgröße und visuelle Effekte anpassen«, ab Seite 205 kennengelernt, sodass ich hier nicht näher darauf eingehe.

❶ Über den Regler **Helligkeit der integrierten Anzeige anpassen** stellen Sie die Helligkeit des Bildschirms ein. Gleiches erreichen Sie übrigens auch über den Schieberegler **Helligkeit**, der in den Schnelleinstellungen nach einem Klick auf das Lautsprechersymbol in der Taskleiste eingeblendet wird. Beide Regler sind allerdings nur auf einem Mobilgerät (z. B. Notebook) verfügbar.

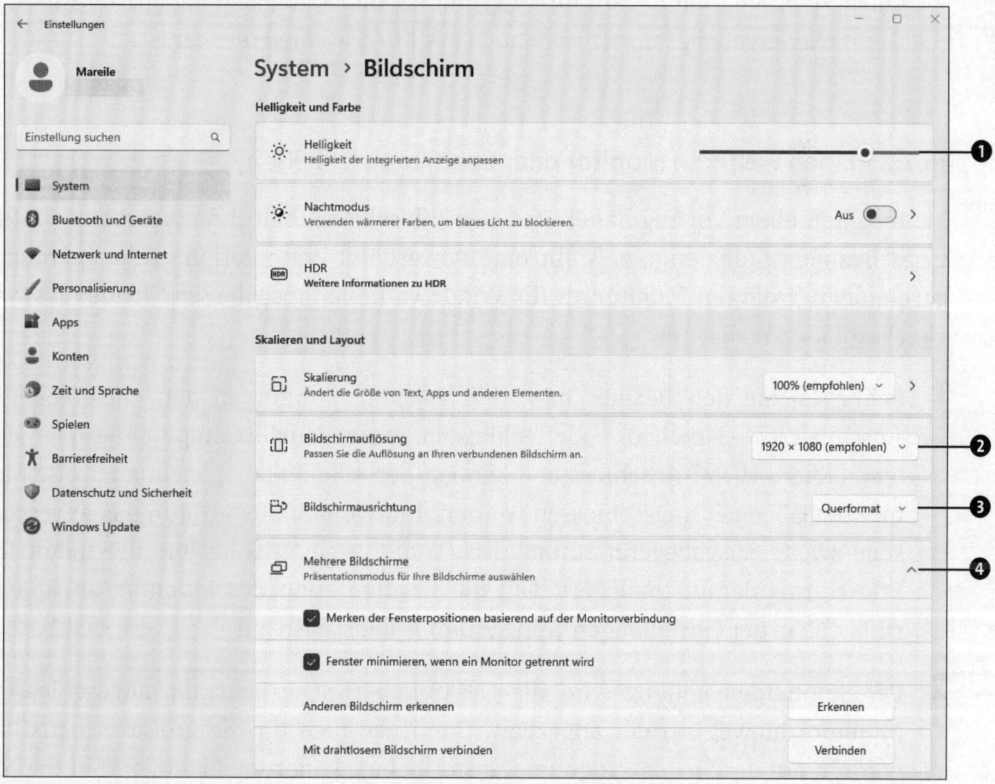

❷ Im Feld rechts von **Bildschirmauflösung** passen Sie die Bildschirmauflösung an. Sobald Sie eine neue Auflösung ausgewählt haben, wird diese als Vorschau angezeigt. Sagt sie Ihnen zu, klicken Sie auf **Beibehalten**. Entspricht sie nicht Ihren Vorstellungen, kehren Sie über die Schaltfläche **Zurücksetzen** zur vorherigen Einstellung zurück. Diese wird aber auch automatisch nach 15 Sekunden eingestellt, sollten Sie keine der beiden Schaltflächen auswählen.

❸ Im Feld rechts von **Bildschirmausrichtung** können Sie die Orientierung Ihres Monitors bzw. Touchscreens einstellen. Das ist insbesondere dann nützlich, wenn man mit einem Tablet arbeitet und ein bestimmtes Format (Querformat oder Hochformat) vorzieht.

❹ Klicken Sie auf **Mehrere Bildschirme**, wird Ihnen die Möglichkeit **Mit drahtlosem Bildschirm verbinden** angeboten, vorausgesetzt, Sie nutzen ein Mobilgerät. Nach einem Klick auf **Verbinden** wird der aktuelle Inhalt Ihres Desktops an ein Gerät weitergeleitet, das das sogenannte *Miracast*-Verfahren zur drahtlosen Übermittlung von Bildschirminhalten beherrscht. Auf diese Weise können Sie beispielsweise auch einen Spielfilm, den Sie auf Ihrem Windows-Tablet abgelegt haben, auf Ihrem TV-Gerät wiedergeben, sofern dieses auch per Miracast ansprechbar ist.

16.2.2 Einen weiteren Monitor oder Beamer anschließen

Sie möchten einen Vortrag halten und den Bildschirminhalt Ihres Notebooks mithilfe eines Beamers projizieren, z. B. für eine PowerPoint-Präsentation? Oder würden Sie gerne einen größeren Monitor an Ihr Windows-Tablet anschließen? Beides lässt sich gleichermaßen realisieren:

1. Schließen Sie den Beamer bzw. den zweiten Monitor an den entsprechenden Anschluss Ihres Notebooks oder Tablets an. Professionelle Computer besitzen meist einen Micro-HDMI-Anschluss und können per Adapterkabel leicht an große Monitore oder Beamer angeschlossen werden. Im Normalfall wird nun das angeschlossene zweite Ausgabegerät automatisch vom System erkannt und der Inhalt Ihres Bildschirms darauf dupliziert. Um die Konfiguration des Monitors anzupassen, rufen Sie in der **Einstellungen**-App **System ▸ Bildschirm** auf.

2. Per Standardeinstellung wird die Desktopoberfläche über alle angeschlossenen Monitore hinweg verteilt angezeigt. Damit ist auch für die größte Arbeitsfläche gesorgt, auf der Sie die Programmfenster beliebig anordnen können. Auf der Seite **System ▸ Bildschirm** wird entsprechend unterhalb der Bildschirmvorschau **Diese Anzeigen erweitern** ❶ angezeigt.

   Diese Einstellung können Sie übrigens auch nach Drücken der Tastenkombination [Win] + [P] in der Spalte **Projizieren** vornehmen, die nun am rechten Bildschirmrand eingeblendet wird ❷.

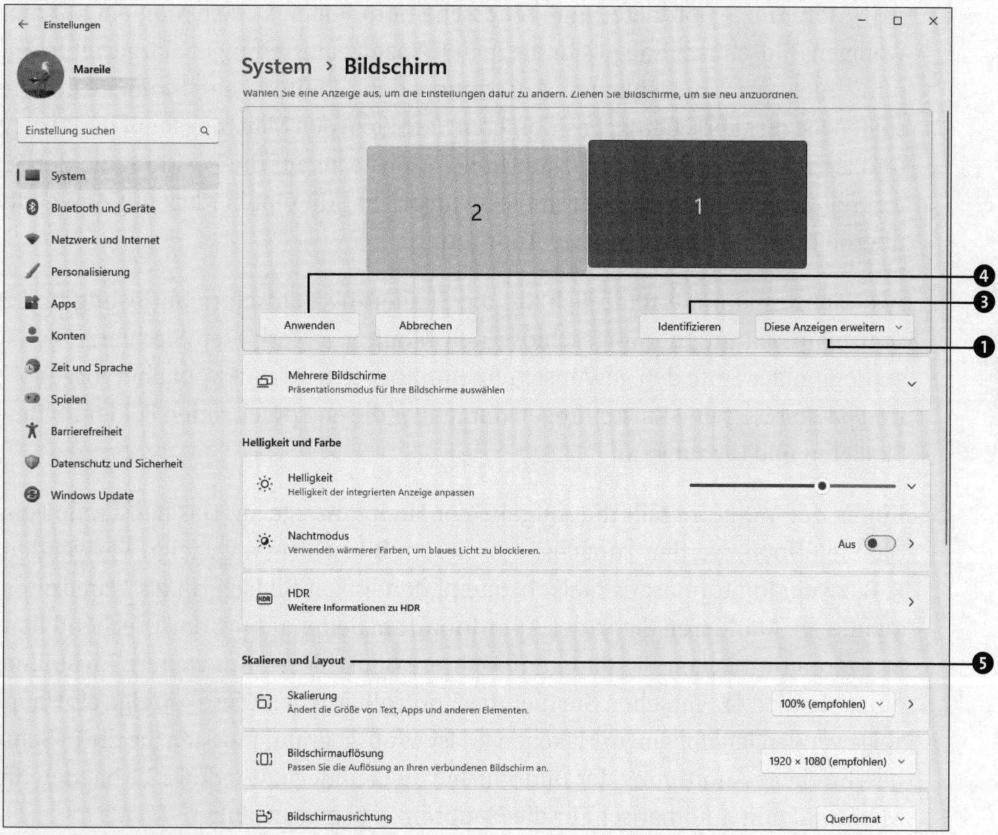

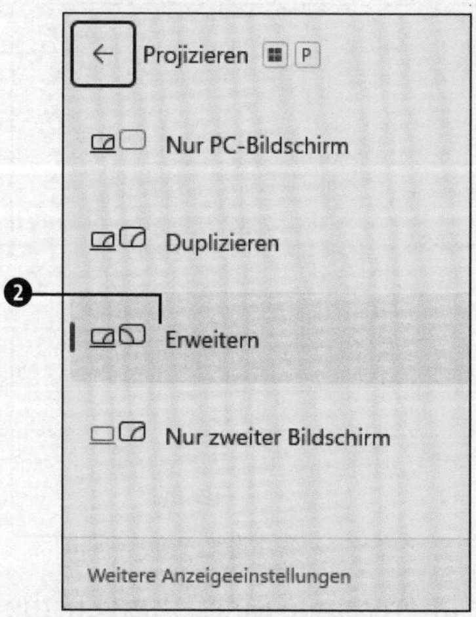

3 Jeder Bildschirm erhält von Windows eine Nummer. Um herauszufinden, welchem Monitor welche Nummer zugewiesen wurde, klicken Sie auf **Identifizieren** ❸. Die dem Monitor zugeordnete Nummer erscheint für einen kurzen Moment auf dem jeweiligen Bildschirm. Entspricht die in den Anzeigeeinstellungen dargestellte Anordnung nicht der tatsächlichen Anordnung der Monitore auf Ihrem Schreibtisch, sollten Sie dies korrigieren. Positionieren Sie hierzu den Mauszeiger auf der Anzeige 1, und ziehen Sie ihn mit gedrückter linker Maustaste auf die Position, die der Monitoranordnung auf Ihrem Schreibtisch entspricht. Mit einem Klick auf **Anwenden** ❹ übernehmen Sie die korrigierte Anordnung.

4 Als Nächstes kümmern Sie sich um die Skalierung, Bildschirmauflösung und Bildschirmausrichtung der angeschlossenen Monitore. Markieren Sie hierzu zunächst zu Beginn der Seite den gewünschten Monitor (er wird nun farbig hervorgehoben), und passen Sie seine Einstellungen dann über die entsprechenden Felder im Bereich **Skalieren und Layout** ❺ an.

5 Einem der Monitore fällt die Aufgabe der Hauptanzeige zu. Das heißt, alle Fenster, die Sie öffnen, werden zunächst auf diesem Bildschirm angezeigt. Verwenden Sie z. B. zwei Monitore, ist es meist bequem, den linken Bildschirm als Primärmonitor zu nutzen. Markieren Sie in der Anordnung am Seitenanfang entsprechend den linken Monitor. Klicken Sie dann auf **Mehrere Bildschirme**, um weitere Einstellungen einzublenden ❻. Versehen Sie hier das Kontrollkästchen **Diese Anzeige als Hauptanzeige verwenden** mit einem Häkchen ❼. Ist es ausgegraut, mussten Sie die in Schritt 2 beschriebene Anordnung der Bildschirme nicht ändern. Windows 11 hat den linken Monitor damit automatisch für die Hauptanzeige ausgewählt.

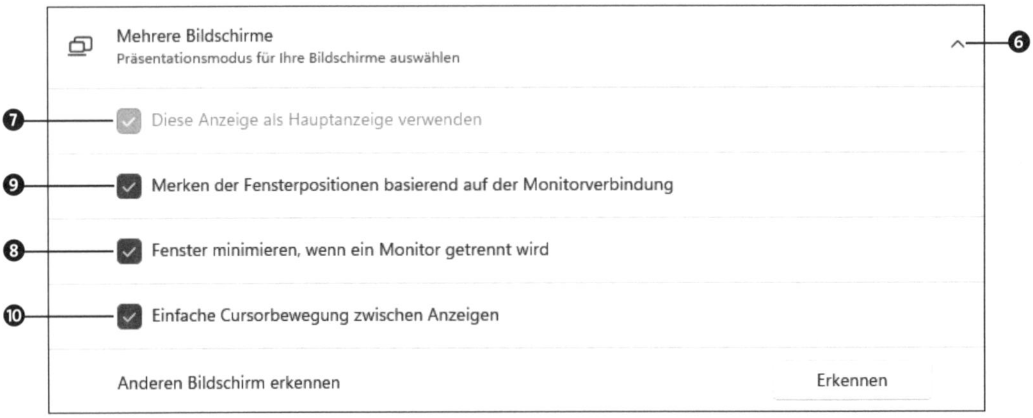

6 Im Abschnitt **Mehrere Bildschirme** finden Sie weitere interessante Einstellungen, die neu in Windows 11 hinzugekommen sind: Ist **Fenster minimieren, wenn ein Monitor getrennt wird** aktiviert ❽, bleibt die Fensteranordnung auch dann erhalten, wenn

der Computer beispielsweise in den Ruhemodus wechselt. Ist **Merken der Fensterpositionen basierend auf der Monitorverbindung** mit einem Häkchen versehen ❾, versucht Windows, sobald Sie einen Bildschirm erneut anschließen, die Apps wie zuvor anzuordnen.

7 Verwenden Sie zwei unterschiedlich große Monitore, ist die seit Windows 11 22H2 verfügbare Option **Einfache Cursorbewegung zwischen Anzeigen** interessant ❿. Angenommen, der größere Bildschirm befindet sich links. Ist die Option aktiviert, wechselt der Mauszeiger vom oberen rechten Bereich des größeren Bildschirms direkt in den oberen linken Bereich des kleineren, sobald der Mauszeiger die Bildschirmecke oben rechts berührt.

8 Abschließend sollten Sie noch festlegen, wie die Taskleiste auf den verschiedenen Monitoren dargestellt werden soll. Klicken Sie hierzu mit der rechten Maustaste auf eine freie Fläche der Taskleiste, und wählen Sie **Taskleisteneinstellungen**. Die **Einstellungen**-App wechselt damit automatisch zur Seite **Personalisierung ▸ Taskleiste**. Blenden Sie auf der Seite mit einem Klick auf **Verhalten der Taskleiste** ⓫ die weiteren Einstellungsmöglichkeiten ein.

9 Wenn Sie möchten, dass die Taskleiste auf allen Anzeigegeräten eingeblendet werden soll, versehen Sie das entsprechende Kontrollkästchen mit einem Häkchen ⓬.

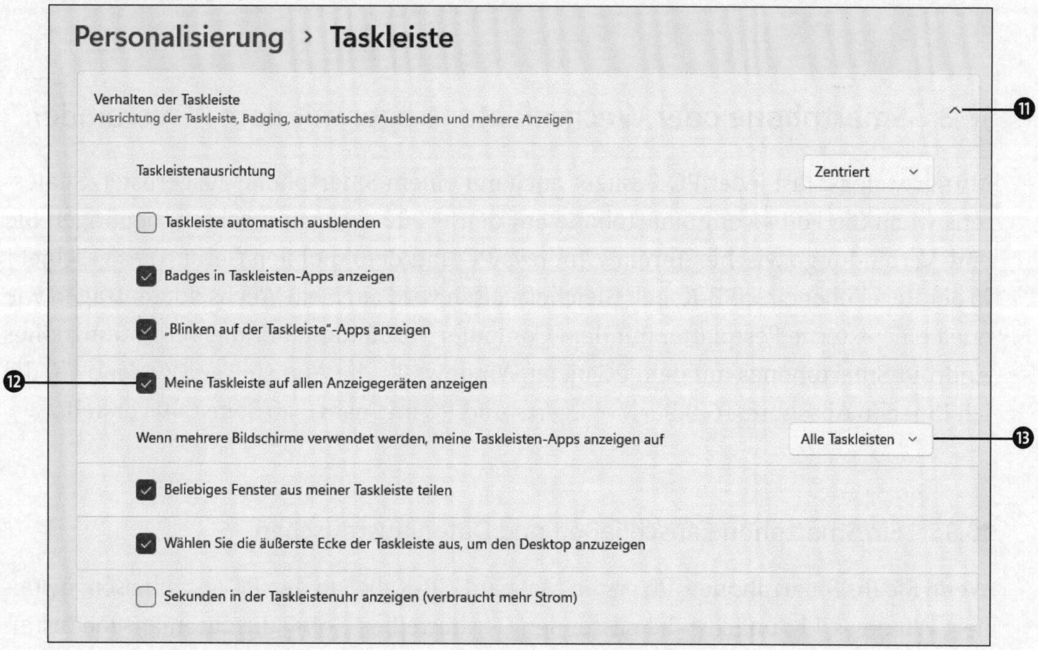

10 Wählen Sie anschließend im Feld rechts von **Wenn mehrere Bildschirme verwendet werden, meine Taskleisten-Apps anzeigen auf** den Eintrag **Alle Taskleisten** ⓭, ist auf allen Monitoren gleichermaßen die Taskleiste zu sehen – inklusive des Windows-Symbols zum Öffnen des Startmenüs sowie der Symbole der angehefteten sowie der geöffneten Apps. Der Eintrag **Haupttaskleiste und Taskleiste mit geöffnetem Fenster** führt dazu, dass die Taskleiste auf dem Hauptmonitor alle Taskleistensymbole anzeigt, während auf den anderen Monitoren in der Taskleiste jeweils nur die Symbole der auf dem entsprechenden Monitor geöffneten Programmfenster zu sehen sind.

TIPP

Die perfekten Einstellungen für Notebook und Beamer

Wer viel mit seinem Notebook auf Reisen ist, legt sich meist ein leichtes Gerät mit kleinem Monitor zu. Daheim lässt sich das Manko der kleinen Desktopoberfläche gut durch den Anschluss eines größeren Monitors beheben. Soll der Desktop nur auf dem angeschlossenen Bildschirm angezeigt werden, nicht aber auf dem Monitor des Notebooks, wählen Sie die Tastenkombination [Windows] + [P]. In der Spalte **Projizieren** markieren Sie nun **Nur zweiter Bildschirm**. Falls Sie Ihr Notebook für einen Vortrag mit einem Beamer verbunden haben, wählen Sie stattdessen den Befehl **Duplizieren**, und schon ist der Bildschirminhalt auf allen Ausgabegeräten gleichermaßen zu sehen.

16.3 Smartphone oder Wechseldatenträger mit dem PC verbinden

Mittlerweile ist fast jeder PC-Besitzer auch mit einem Smartphone ausgerüstet. Spätestens wenn Sie Fotos vom Smartphone auf den PC übertragen möchten, benötigen Sie eine Verbindung zwischen Ihrem Windows-PC und dem mobilen Gerät. Dies geschieht in der Regel über ein USB-Kabel. Gleichermaßen wird auch ein Wechseldatenträger, wie etwa eine externe Festplatte, mit dem Computer verbunden. Für die Verbindung eines Android-Smartphones mit dem PC bietet Windows 11 die App *Link zu Windows* an, die ich Ihnen in Abschnitt 16.3.3, »Mobilgerät und PC im Team«, ab Seite 649 vorstelle.

16.3.1 Ein Smartphone anschließen und Daten austauschen

Wenn Sie Ihr Smartphone zum ersten Mal per USB-Kabel an den PC anschließen, installiert Windows 11 zunächst die passenden Gerätetreiber. Sollte die automatische Installation der Treiber nicht funktionieren, sehen Sie auf der Website des Herstellers Ihres Smartphones nach, ob er spezielle Treiber zur Anbindung des Geräts an Windows bereithält. Diese sind meist in Softwarekomplettpaketen enthalten. Samsung bietet hierzu z. B. die Universalsoftware *SmartSwitch* an.

Wurde die Treiberinstallation erfolgreich beendet, erhalten Sie einen Hinweis im Infobereich der Taskleiste. Ihr Smartphone ist damit erfolgreich mit dem PC verbunden, und Sie können mit dem Datenaustausch beginnen:

1 Nachdem die Treiber installiert wurden, erscheint in der rechten unteren Bildschirmecke ein kleines Infofenster ❶, über das Sie aufgefordert werden, eine Aktion für das neu angeschlossene Gerät zu wählen. Klicken Sie auf diesen Hinweis.

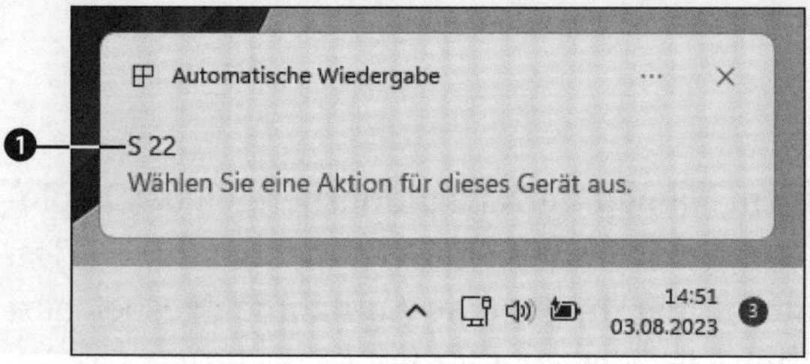

2 Nun klappt ein Dialog auf, in dem Ihnen mehrere Optionen angeboten werden. Haben Sie das Smartphone zum ersten Mal an den PC angeschlossen, sollten Sie die Option **Gerät zum Anzeigen der Dateien öffnen** ❷ auswählen, um den Inhalt des Speichers Ihres Smartphones begutachten zu können. Daraufhin wird der *Explorer* geöffnet.

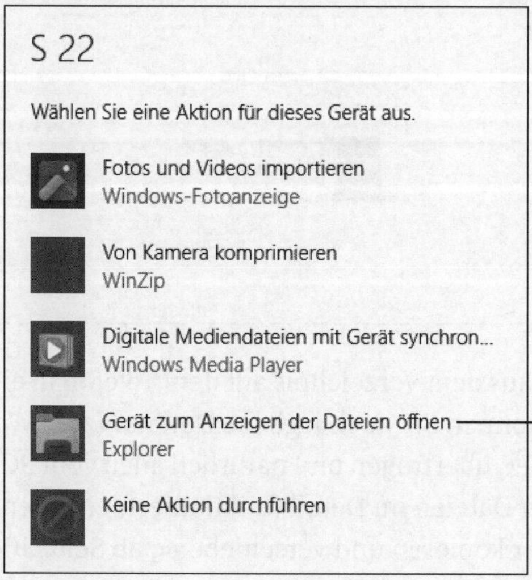

(In Abschnitt 12.1.1, »Fotos importieren mit der Windows-Fotoanzeige-App«, erfahren Sie übrigens ab Seite 465, wie Sie die Bilder auch mithilfe der *Windows-Fotoanzeige*-App auf Ihren PC überspielen können.)

3 Bevor Sie nun Daten zwischen dem Smartphone und dem Computer austauschen können, müssen Sie bei den meisten Mobilgeräten den Zugriff erlauben ❸.

4 Das Smartphone erscheint unter seinem Namen im Navigationsbereich des Explorers. Um jetzt Bilder bzw. Videos aus dem Speicher des Smartphones auf Ihren PC zu überspielen, wechseln Sie in den Unterordner, in dem die Aufnahmen gespeichert wurden. Bei einem Android-Smartphone ist dies standardmäßig z. B. der Ordner **DCIM** ❹.

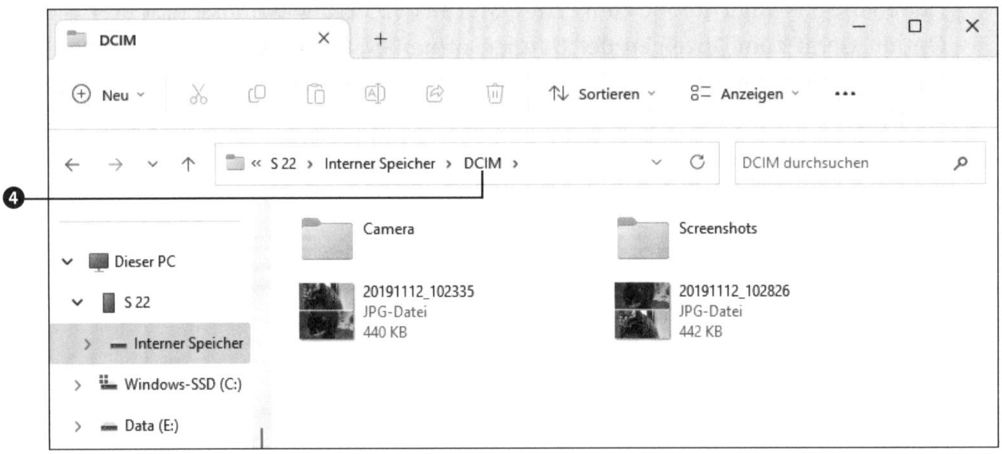

5 Kopieren Sie die gewünschten Dateien aus dem Verzeichnis auf dem Telefon in einen Ordner auf Ihren PC. Auf diese Weise können Sie auch jegliche Dateien (z. B. Word-Dokumente) vom Smartphone auf den PC übertragen und natürlich auch vom PC auf das Smartphone. Wie das Kopieren von Dateien im Detail funktioniert, erfahren Sie in Abschnitt 8.4.2, »Dateien und Ordner kopieren und verschieben«, ab Seite 308.

Wenn Sie keine weiteren Daten zwischen Smartphone und PC austauschen möchten, können Sie die Verbindung zwischen den beiden Geräten trennen. Ziehen Sie hierzu einfach den USB-Stecker sowohl vom PC als auch vom Smartphone ab.

Windows 11 bietet Ihnen die Möglichkeit, ein Smartphone oder Tablet mit Ihrem PC zu verknüpfen. Wenn Sie dann noch eine spezielle App auf dem Mobilgerät installieren, können Sie z. B. eine Website, die Sie unterwegs auf dem Smartphone zu lesen begonnen haben, zu Hause am PC weiterlesen. Wie Sie Ihren Windows 11-PC mit einem Smartphone oder Tablet verknüpfen, lesen Sie in Abschnitt 16.3.3, »Mobilgerät und PC im Team«, ab Seite 649.

16.3.2 Standardaktionen für Wechseldatenträger und Smartphones festlegen

Wenn Sie einen Wechseldatenträger oder ein Smartphone zum ersten Mal mit dem PC verbinden, fragt Sie Windows 11, welche Aktion Sie ausführen möchten. Das Betriebssystem merkt sich Ihre Auswahl, also z. B. das Öffnen der *Windows-Fotoanzeige*-App oder auch das Anzeigen der Dateien im *Explorer*. Wenn Sie das Gerät beim nächsten Mal an den PC anschließen, wird die entsprechende Aktion automatisch gestartet, ohne dass Sie zuvor gefragt werden. Haben Sie beim ersten Mal versehentlich eine Aktion ausgewählt, die Sie gar nicht nutzen wollten, ist dieses Verhalten von Windows 11 nicht wirklich wünschenswert. Zum Glück können Sie die einmal vorgenommenen Einstellungen aber wieder rückgängig machen. Um die Aktion zu ändern, die nach dem Anschluss eines Wechseldatenträgers oder Smartphones ausgeführt wird, gehen Sie so vor:

1. Öffnen Sie das Startmenü, und rufen Sie die **Einstellungen**-App auf. Begeben Sie sich hier in den Bereich **Bluetooth und Geräte ▸ Automatische Wiedergabe** ❶.

2. In der rechten Fensterhälfte finden Sie nun die drei Felder **Wechseldatenträger**, **Speicherkarte** sowie das zuletzt an den PC angeschlossene Gerät, also etwa Ihr Smartphone. Nach einem Klick in die jeweiligen Felder können Sie die gewünschten Aktionen festlegen. Möchten Sie z. B., dass immer automatisch die Windows-Fotoanzeige-App gestartet wird, sobald Sie die SD-Speicherkarte in das USB-Lesegerät des PCs stecken, wählen Sie im Feld **Speicherkarte** den Eintrag **Fotos und Videos importieren (Windows-Fotoanzeige)** ❷ aus.

3. Möchten Sie bei jeder erneuten Verbindung der Geräte gefragt werden, welche Aktion auszuführen ist, wählen Sie jeweils den Eintrag **Jedes Mal nachfragen** ❸.

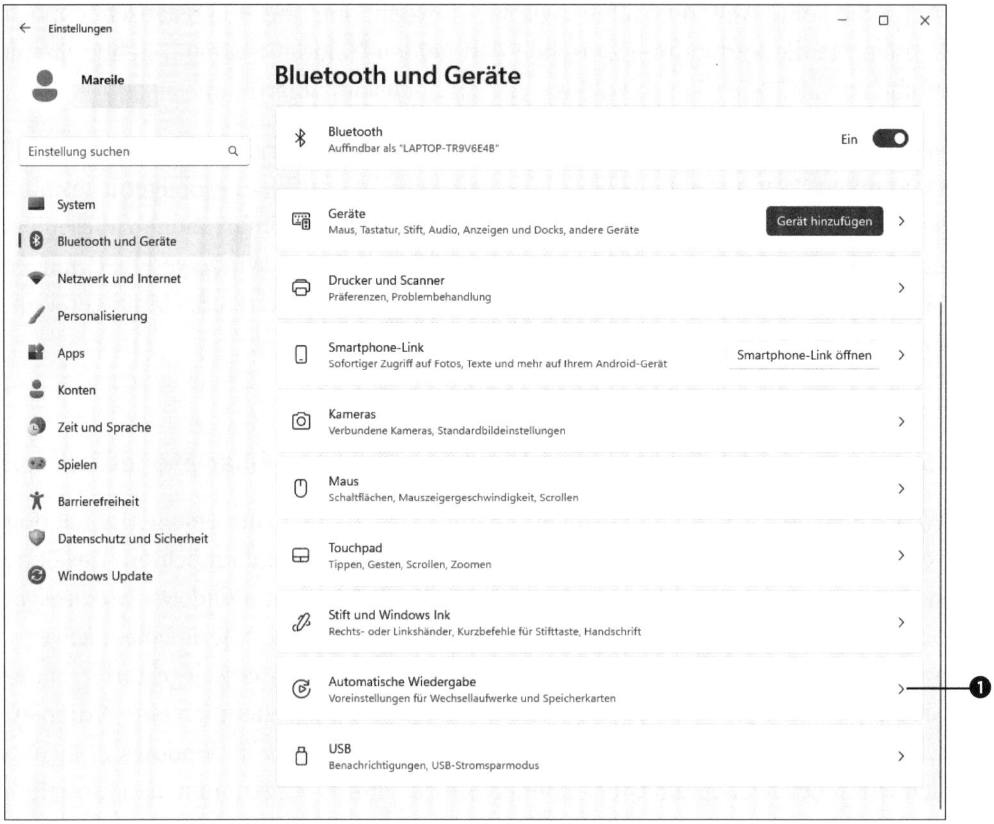
Einstellungen
Mareile
Einstellung suchen
System
Bluetooth und Geräte
Netzwerk und Internet
Personalisierung
Apps
Konten
Zeit und Sprache
Spielen
Barrierefreiheit
Datenschutz und Sicherheit
Windows Update
Bluetooth und Geräte
Bluetooth
Auffindbar als "LAPTOP-TR9V6E4B"
Ein
Geräte
Maus, Tastatur, Stift, Audio, Anzeigen und Docks, andere Geräte
Gerät hinzufügen
Drucker und Scanner
Präferenzen, Problembehandlung
Smartphone-Link
Sofortiger Zugriff auf Fotos, Texte und mehr auf Ihrem Android-Gerät
Smartphone-Link öffnen
Kameras
Verbundene Kameras, Standardbildeinstellungen
Maus
Schaltflächen, Mauszeigergeschwindigkeit, Scrollen
Touchpad
Tippen, Gesten, Scrollen, Zoomen
Stift und Windows Ink
Rechts- oder Linkshänder, Kurzbefehle für Stifttaste, Handschrift
Automatische Wiedergabe
Voreinstellungen für Wechsellaufwerke und Speicherkarten
USB
Benachrichtigungen, USB-Stromsparmodus
1

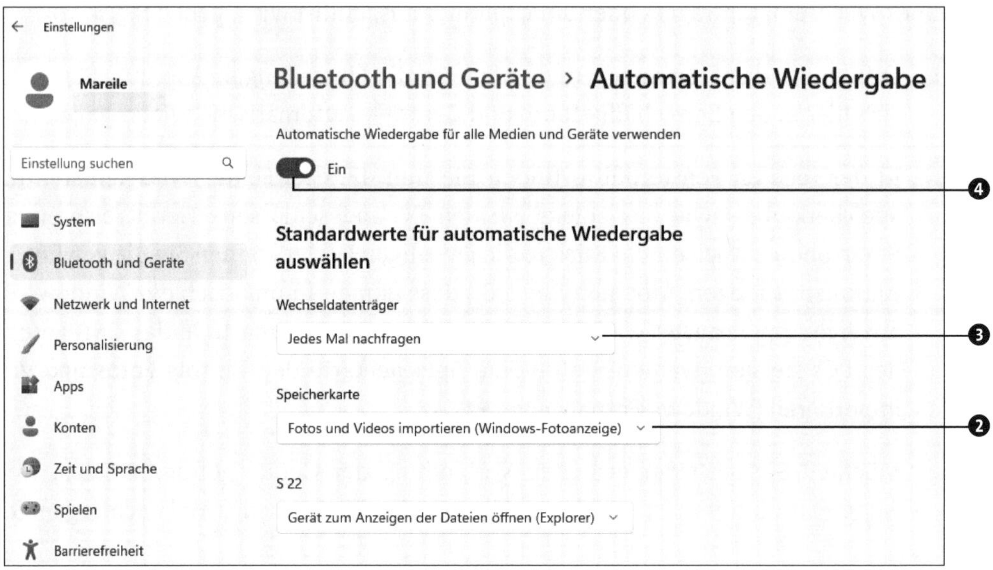
Einstellungen
Mareile
Einstellung suchen
System
Bluetooth und Geräte
Netzwerk und Internet
Personalisierung
Apps
Konten
Zeit und Sprache
Spielen
Barrierefreiheit
Bluetooth und Geräte › Automatische Wiedergabe
Automatische Wiedergabe für alle Medien und Geräte verwenden
Ein
4
Standardwerte für automatische Wiedergabe auswählen
Wechseldatenträger
Jedes Mal nachfragen
3
Speicherkarte
Fotos und Videos importieren (Windows-Fotoanzeige)
2
S 22
Gerät zum Anzeigen der Dateien öffnen (Explorer)

Tabelle 16.1 bietet eine Übersicht über die möglichen Aktionen, die Sie für Wechseldatenträger, Speicherkarten oder auch Smartphones einstellen können. Sollten Sie die automatische Wiedergabe ganz ablehnen, schieben Sie den Regler unterhalb von **Automatische Wiedergabe für alle Medien und Geräte verwenden** nach links auf **Aus** ❹. In diesem Fall ignoriert Windows 11 alle eingestellten Aktionen für die Wechseldatenträger, Speicherkarten und Geräte.

Option	Gerät	Wirkung
Keine Aktion durchführen	Wechseldatenträger bzw. Speicherkarte	Beim Einstecken wird keine Aktion gestartet, ein Zugriff auf das Gerät ist aber z. B. über den Explorer möglich.
Ordner öffnen, um Dateien anzuzeigen	Wechseldatenträger bzw. Speicherkarte	Der Explorer wird geöffnet und erlaubt den Zugriff auf das Medium.
Jedes Mal nachfragen	Wechseldatenträger bzw. Speicherkarte	Ein Dialog erscheint mit der Nachfrage, was zu tun ist.
Laufwerk für Sicherung konfigurieren (Dateiversionsverlauf)	Wechseldatenträger	Das Medium wird für ein Backup konfiguriert.
Speichereinstellungen konfigurieren (Einstellungen)	Wechseldatenträger	Öffnen des entsprechenden Bereichs in den Einstellungen
Fotos und Videos importieren (Windows-Fotoanzeige)	Speicherkarte bzw. Smartphone	Es wird automatisch die Windows-Fotoanzeige-App für den Import der Fotos und Videos gestartet.
Fotos und Videos importieren (OneDrive)	Speicherkarte bzw. Smartphone	Übertragen von Fotos und Videos in die Cloud (OneDrive), falls OneDrive eingerichtet wurde

Tabelle 16.1 Aktionen für Wechseldatenträger, Speicherkarten und Smartphones

Option	Gerät	Wirkung
Wiedergabe (Windows Media Player)	Speicherkarte	Bilder und Videos, die sich auf der Speicherkarte befinden, automatisch wiedergeben
Digitale Mediendateien mit Gerät synchronisieren	Smartphone	Synchronisierung von Fotos und Videos mit der lokalen Medienbibliothek durchführen

Tabelle 16.1 Aktionen für Wechseldatenträger, Speicherkarten und Smartphones (Forts.)

INFO

Der USB-Anschluss im Überblick

Der USB-Anschluss ist mittlerweile die wichtigste Schnittstelle an PCs und Notebooks. An ihn schließen Sie Speichersticks, externe Festplatten, aber auch Hardware wie TV-Empfänger, Headsets oder Grafiktablets an. Tabelle 16.2 gibt einen Überblick über alle USB-Varianten im Hinblick auf deren Übertragungsgeschwindigkeit.

USB-Standard	Jahr der Einführung	Geschwindigkeit
1.0	1996	1,5 MB/s
1.1	1998	1,5 MB/s
2.0	2000	60 MB/s
3.0	2008	0,625 GB/s
3.1	2013	1,25 GB/s
3.1/Typ-C-Stecker	2014	1,25 GB/s
3.2/Typ-C-Stecker	2017	2,5 GB/s
4/Typ-C-Stecker	2019	5 GB/s

Tabelle 16.2 Übersicht über die Übertragungsleistungen via USB

Auf modernen Geräten findet man in erster Linie die Variante *Typ C*. Der Anschluss einer Vielzahl von USB-Geräten erfolgt unter Windows 11 mittlerweile fast immer nach dem Motto *Plug & Play* – sinngemäß übersetzt: »Einstecken – läuft!« Nur wenige Geräte benötigen noch spezielle Treiber, die man mühsam manuell nachinstallieren muss.

16.3.3 Mobilgerät und PC im Team

Viele von uns nutzen mittlerweile ihr Smartphone nicht nur zum Telefonieren und Chatten, sondern auch zum Fotografieren, Musikhören und vielem mehr. Mit der App *Smartphone-Link* bietet Windows 11 für Android-Smartphones und iPhones eine pfiffige Möglichkeit, den PC daheim mit dem Mobilgerät zu verknüpfen. Sind beide Geräte miteinander gekoppelt, können Sie vom PC aus auf die Smartphone-Bilder zugreifen, SMS verschicken oder Telefonate durchführen und die Musikwiedergabe auf dem Smartphone steuern. Voraussetzung hierfür ist, dass das Smartphone bzw. das Tablet mit einer SIM-Karte ausgestattet ist. Zusätzlich benötigen Sie ein Microsoft-Konto, mit dem Sie auch am PC angemeldet sein müssen. Auf dem Mobilgerät selbst wird eine spezielle App installiert. Diese App wird für Android-Geräte im Play Store und für iPhones im App Store kostenlos zur Verfügung gestellt. Die Installation erfolgt bei beiden ähnlich. Da auch Microsoft das weitere Vorgehen immer wieder verändert, kann es sein, dass die Schritte auf Ihrem Gerät etwas variieren:

1 Stellen Sie zunächst sicher, dass Ihr Smartphone mit dem Internet verbunden ist. Starten Sie dann auf dem Gerät einen Browser, und rufen Sie auf einem Android-Smartphone die Webadresse *www.aka.ms/linkPC* und auf einem iPhone *www.aka.ms/pairyourphone* auf. Sie werden damit automatisch zum jeweiligen Store geführt, in dem Sie nun die Installation der App *Link zu Windows* starten. Auf manchen ausgewählten Geräten des Herstellers Samsung ist die App übrigens bereits vorinstalliert. Sie wird in diesem Fall nach Aufruf der Webseite automatisch geöffnet. Eventuell ist anschließend eine Aktualisierung der App notwendig.

2 Nach erfolgreicher Installation melden Sie sich in der App mit demselben Microsoft-Konto an, mit dem Sie auch an Ihrem PC angemeldet sind.

3 Um das Mobilgerät mit dem PC zu verknüpfen, rufen Sie auf Ihrem Windows 11-Computer **Start ▸ Einstellungen ▸ Bluetooth und Geräte** auf. Klicken Sie dann rechts auf **Smartphone-Link öffnen**. Alternativ hierzu können Sie auch in der App-Liste des Startmenüs **Smartphone-Link** auswählen. In beiden Fällen wird die App *Smartphone-Link* gestartet.

4 Wählen Sie per Mausklick den Smartphone-Typ aus, den Sie verwenden, also **Android** oder **iPhone**.

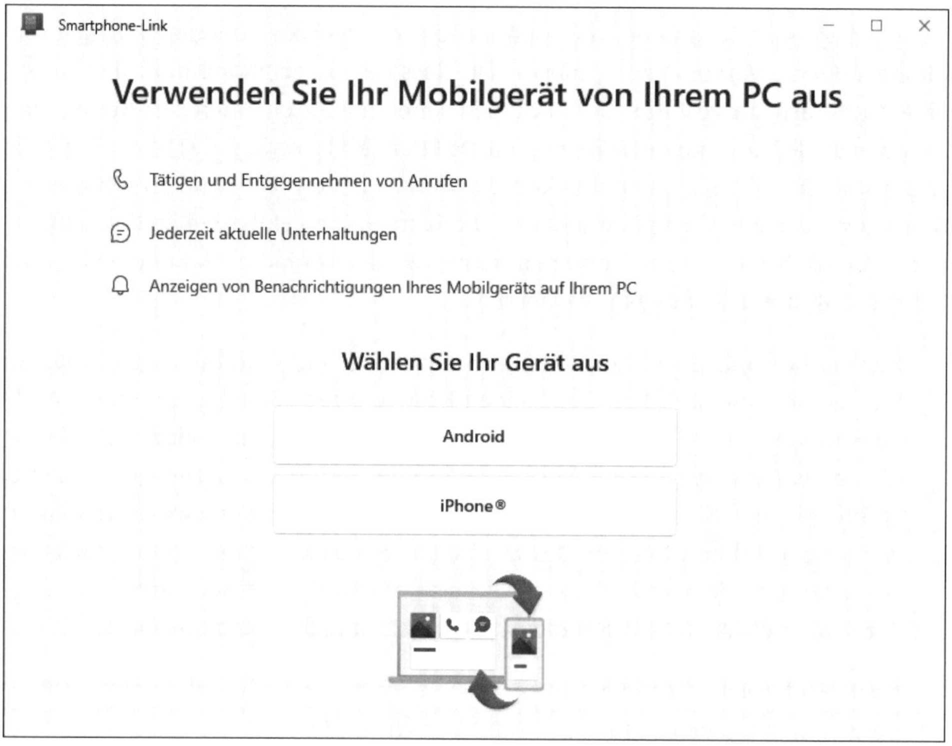

5 Auf der folgenden Seite der App wird ein QR-Code eingeblendet. Nehmen Sie nun Ihr Mobilgerät zur Hand. Nutzen Sie ein iPhone, müssen Sie auf diesem die Bluetooth-Funktion aktivieren. Sowohl auf einem iPhone als auch einem Android-Gerät öffnen Sie dann die zuvor installierte App **Smartphone-Link**. Tippen Sie auf **Verbinden Sie Ihr Mobilgerät und Ihren PC**.

6 Bestätigen Sie auf dem Smartphone die Frage, ob der QR-Code auf Ihrem PC bereit ist, mit einem Tipp auf **Weiter**.

7 Nun können Sie den auf dem PC-Bildschirm angezeigten QR-Code scannen. Zuvor müssen Sie gegebenenfalls zulassen, dass die App Bilder und Videos aufnimmt.

8 Die App meldet Sie jetzt automatisch mit dem Microsoft-Konto an, das Sie auch auf dem PC nutzen. Anschließend werden Sie aufgefordert, auf dem Smartphone den Code einzugeben, der auf dem PC eingeblendet wird.

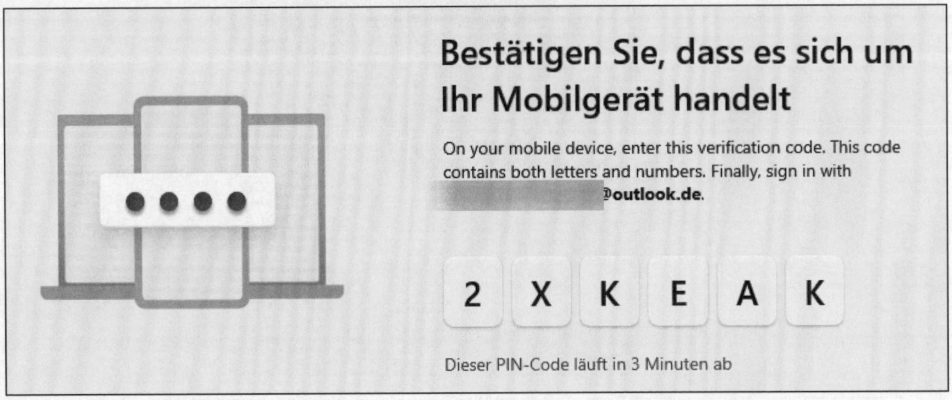

9 Auf dem Mobilgerät müssen Sie anschließend noch einige Berechtigungen erteilen. Folgen Sie hier den Anweisungen des Assistenten, und beantworten Sie die Fragen jeweils mit **Zulassen**.

10 Auf dem Windows 11-Computer klicken Sie auf **Weiter**, **Erste Schritte** und dann auf **Überspringen**.

Die Verbindung zwischen dem Computer und dem Smartphone ist damit erfolgreich eingerichtet und die Geräte sind gekoppelt. In den folgenden Schritten zeige ich Ihnen nur eine kleine Auswahl an Möglichkeiten, wie Sie die Verbindung zwischen den beiden Geräten nutzen können:

1 Um z. B. auf Fotos auf dem Smartphone zuzugreifen, öffnen Sie auf dem Windows 11-PC über das Startmenü die App *Smartphone-Link*. Markieren Sie in der Symbolleiste oben **Fotos** ❶, werden alle auf dem Mobiltelefon gespeicherten Bilder aufgelistet. Sie können nun in der Fotosammlung blättern, einzelne Bilder per Mausklick auswählen und sie über die anschließend sichtbaren Schaltflächen kopieren, speichern (z. B. auf dem PC) oder auch löschen ❷. Mit **Zurück zu Fotos** ❸ kehren Sie wieder zur Fotosammlung zurück.

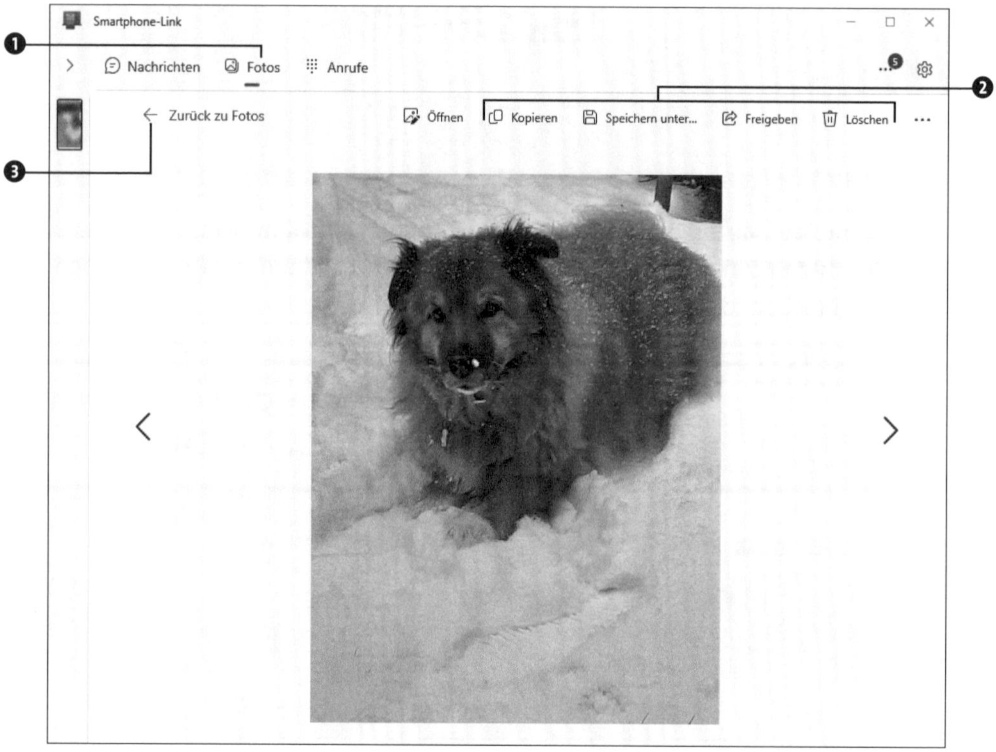

2 Sollen auf dem PC die auf dem Mobiltelefon eingegangenen SMS angezeigt werden? In der *Smartphone-Link*-App können Sie die entsprechenden Genehmigungen wie folgt vornehmen: Klicken Sie auf das kleine Zahnradsymbol oben rechts ❹, und wählen Sie dann die Kategorie **Features** ❺ aus. Blättern Sie auf der rechten Seite etwas nach unten, gelangen Sie zu den Bereichen Nachrichten, Fotos und Anrufe. Legen Sie nun über die Regler fest, was Sie erlauben möchten und was nicht.

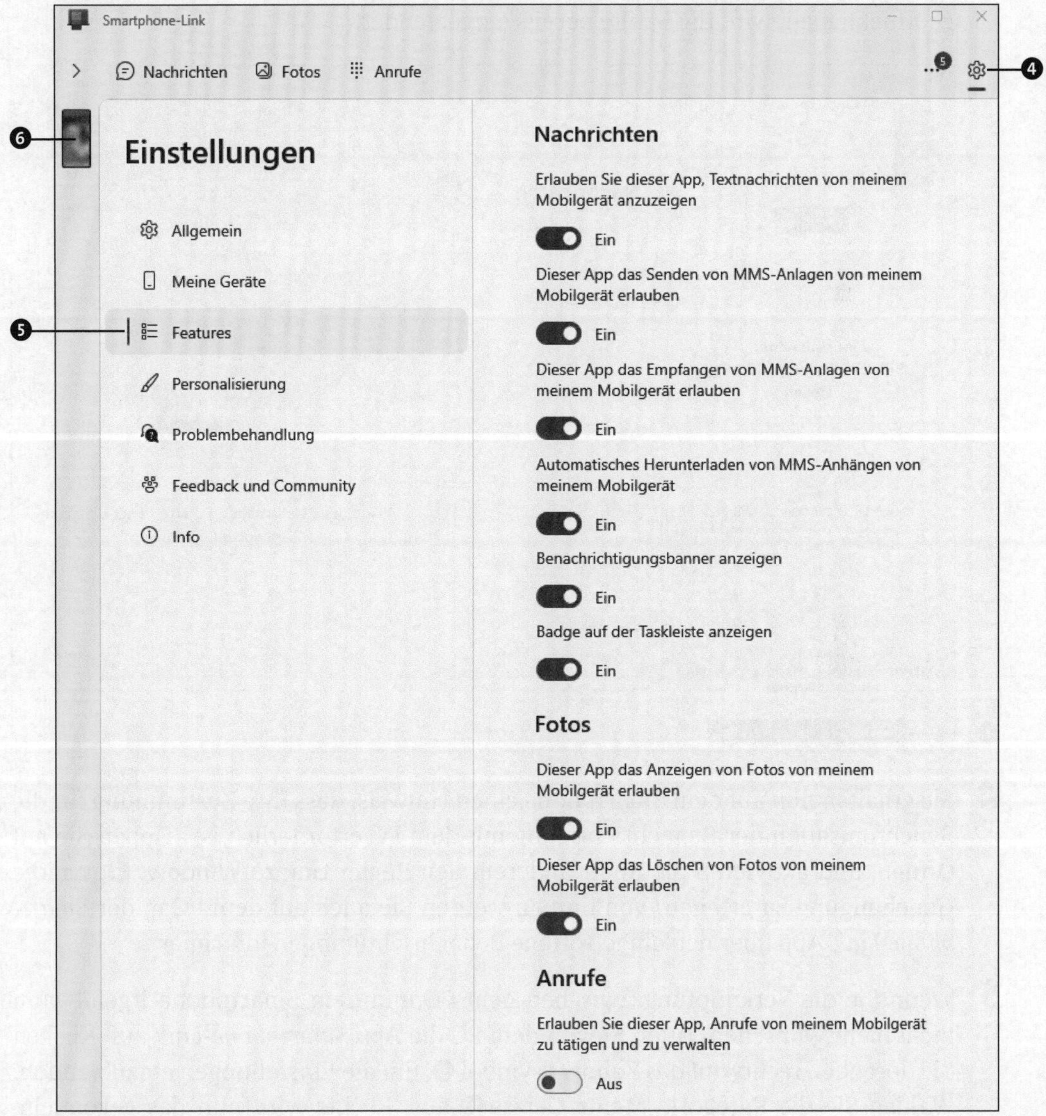

3 Wenn Sie möchten, können Sie sich alle Benachrichtigungen, die auf Ihrem Smartphone eingehen, auch auf dem PC anzeigen lassen. Dabei kann es sich um Hinweise auf neu eingetroffene WhatsApp-Nachrichten handeln oder auch um Systemmeldungen, wie etwa ein geringer Akkuladezustand. Um die Benachrichtigungen zu erhalten, klicken Sie in der *Smartphone-Link*-App auf dem Computer in der linken Spalte auf das Symbol Ihres Smartphones ❻ und in der nun sichtbaren Spalte auf **Einstellungen auf Mobilgerät öffnen** ❼. Falls Sie das App-Fenster im Vollbildmodus geöffnet haben, wird die Spalte bereits eingeblendet.

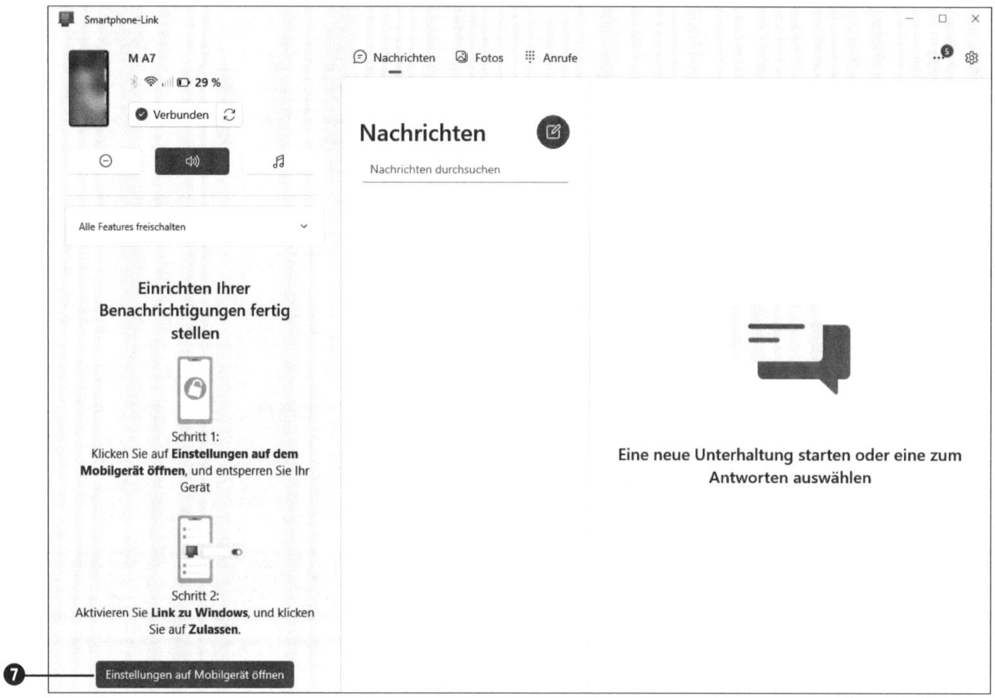

4 Sie erhalten nun auf dem Smartphone einen Hinweis, dass Ihre Zustimmung für die Synchronisation der Benachrichtigung mit dem PC erforderlich ist. Tippen Sie auf **Öffnen**, und aktivieren Sie unter anderem den Regler **Link zu Windows** ❽, um die Genehmigung zu erteilen. Von nun an werden Sie auch auf dem PC in der *Smartphone-Link*-App über neu eingetroffene Benachrichtigungen informiert.

5 Wenn Sie die Verknüpfung zwischen dem PC und dem Smartphone irgendwann nicht mehr wünschen, rufen Sie auf dem PC die App *Smartphone-Link* auf. Klicken Sie dort oben rechts auf das Zahnradsymbol ❾, um die Einstellungen einzublenden. Wählen Sie die Kategorie **Meine Geräte** ❿ aus. Rechts wird nun das gekoppelte Smartphone angezeigt. Klicken Sie auf das Symbol mit den drei kleinen Punkten, und wählen Sie den Befehl **Entfernen** ⓫.

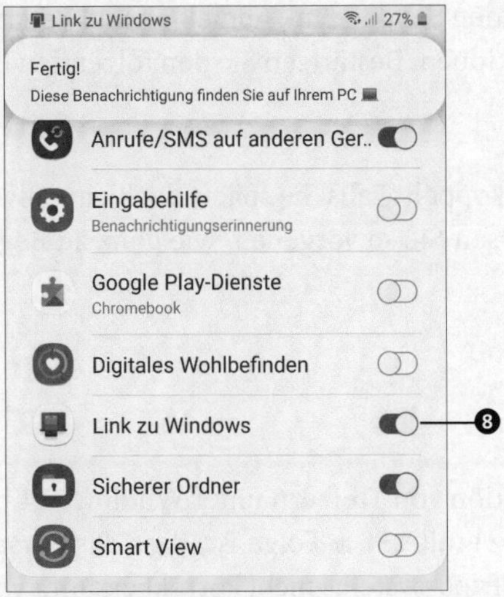

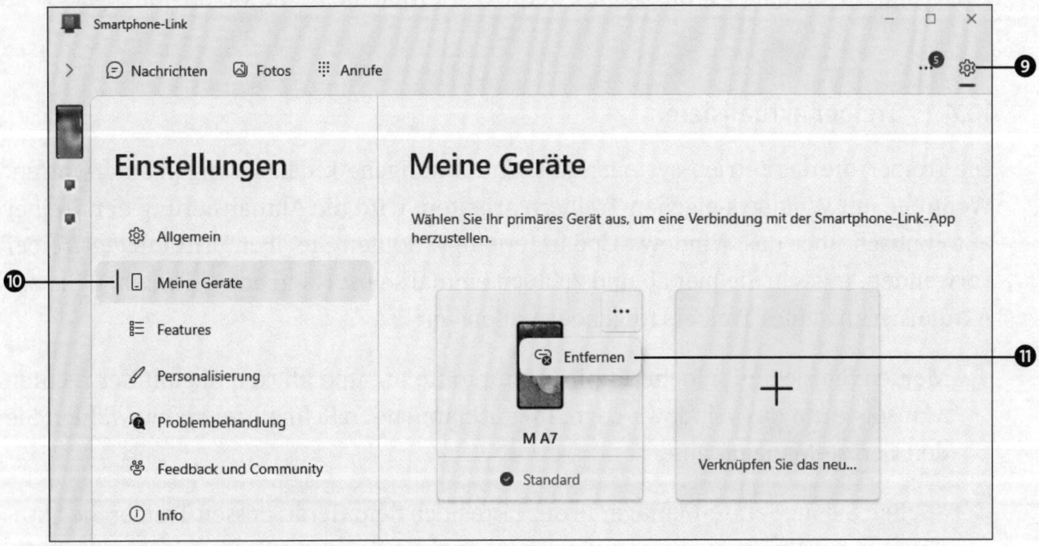

6 Versehen Sie im Dialog **Möchten Sie dieses Gerät entfernen?** das Kontrollkästchen **Ich verstehe das Entfernen dieses Geräts bedeutet, dass ich die Smartphone-Link-App auf diesem PC zurücksetzen möchte** mit einem Häkchen. Bestätigen Sie dann mit **Ja, entfernen.**

7 Öffnen Sie anschließend auf dem Smartphone die App **Smartphone-Link**. Tippen Sie oben rechts auf das Zahnradsymbol und auf der folgenden Seite unterhalb von **Mit diesem Gerät verknüpfte Konten verwalten** auf das mit dem PC verknüpfte Microsoft-Konto. Auf der nächsten Seite wird das gerade ausgewählte Microsoft-Konto

nochmals aufgeführt. Unterhalb davon finden Sie den Link **Abmelden und Verknüpfung des Kontos aufheben**, den Sie nun antippen. Bestätigen Sie den folgenden Hinweis mit **Verknüpfung aufheben**.

PC und Smartphone sind damit nicht mehr gekoppelt. Falls Sie später doch einmal wieder eine Verbindung herstellen möchten, müssen Sie so vorgehen, wie ganz zu Beginn dieses Abschnitts gezeigt.

16.4 Treiber im Griff

In den meisten Fällen funktioniert die Installation von Treibern unter Windows 11 problemlos. Manchmal ist ein Treiber aber auch veraltet. Die Folge ist, dass das entsprechende Gerät von der aktuellen Version des Betriebssystems nicht korrekt erkannt wird. Dreh- und Angelpunkt für die Lösung derartiger Probleme ist der *Geräte-Manager*.

16.4.1 Treiber aktualisieren

Die Treiber, die das Betriebssystem nutzt, sind ständigen Aktualisierungen unterworfen. Wenn Sie mit Windows-eigenen Treibern arbeiten, wird die Aktualisierung der Treiber automatisch über das Windows Update erledigt. Sollten Sie aber Drittanbietertreiber verwenden, müssen Sie hier ab und zu auch einmal selbst Hand anlegen. Gehen Sie zur Aktualisierung eines Treibers folgendermaßen vor:

1. Melden Sie sich mit einem Administratorkonto an, und klicken Sie mit der rechten Maustaste auf das Windows-Logo. Im aufklappenden Schnellstartmenü wählen Sie den **Geräte-Manager** aus.
2. Suchen Sie im Geräte-Manager in der Liste nach dem Gerät, dessen Treiber Sie aktualisieren möchten. Eventuell ist es dazu notwendig, mithilfe des kleinen Pfeils ❶, den Sie vor jeder Gerätegattung finden, ein Untermenü aufzuklappen. In unserem Beispiel soll die Treiberaktualisierung für einen Drucker vorgenommen werden, der per USB-Kabel am PC angeschlossen ist.
3. Führen Sie einen rechten Mausklick über dem entsprechenden Gerät durch ❷, um das Kontextmenü aufzurufen. Prinzipiell könnten Sie nun den Treiber direkt aktualisieren, indem Sie auf **Treiber aktualisieren** ❸ klicken. Wir tauchen an dieser Stelle aber noch einmal etwas tiefer in das System ein und wählen den Menüpunkt **Eigenschaften** ❹.

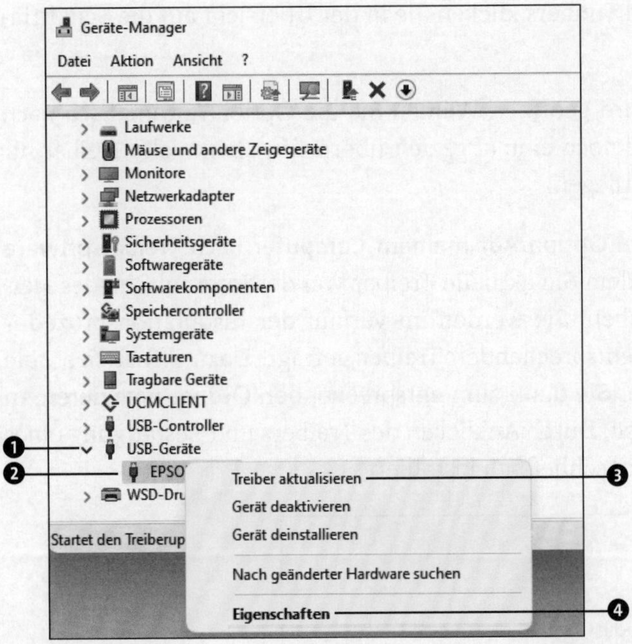

4 Wechseln Sie im Dialog **Eigenschaften** auf die Registerkarte **Treiber** ❺. In der Übersicht erkennen Sie am Treiberdatum ❻, ob der für das Gerät verwendete Treiber aktuell oder schon relativ alt ist. Letzteres ist im vorliegenden Beispiel der Fall.

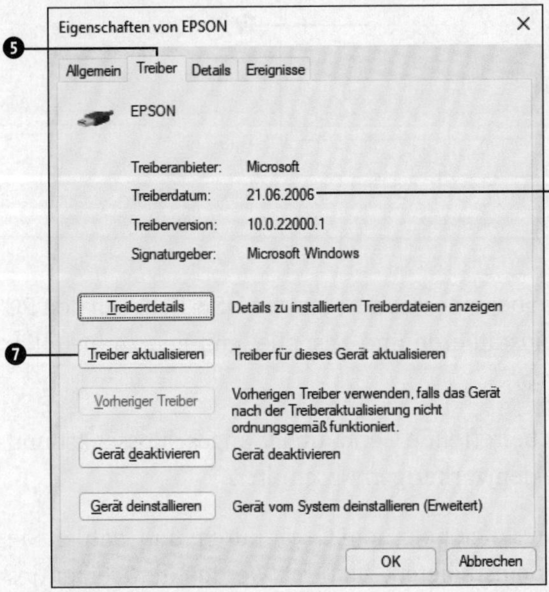

5 Zur Installation eines neuen Treibers klicken Sie in der Übersicht auf die Schaltfläche **Treiber aktualisieren** ❼.

6 Der gleichnamige Dialog wird geöffnet. Wählen Sie die Option **Automatisch nach Treibern suchen** ❽ aus, wird noch einmal gezielt überprüft, ob aktuelle Treiber für das entsprechende Gerät vorliegen.

7 In der Regel werden Sie die Option **Auf meinem Computer nach Treibersoftware suchen** ❾ verwenden, nachdem Sie aktuelle Treiber von der Internetseite des Herstellers heruntergeladen haben. Sie werden im Verlauf der Installationsprozedur nach dem Speicherort der entsprechenden Treiber gefragt. Dazu öffnet sich eine Instanz des Explorers, in der Sie dann zum entsprechenden Ordner navigieren, in dem sich die Treiber befinden. Durch Anklicken des Treibers und Bestätigung eines Dialogs wird der neue Treiber schließlich installiert.

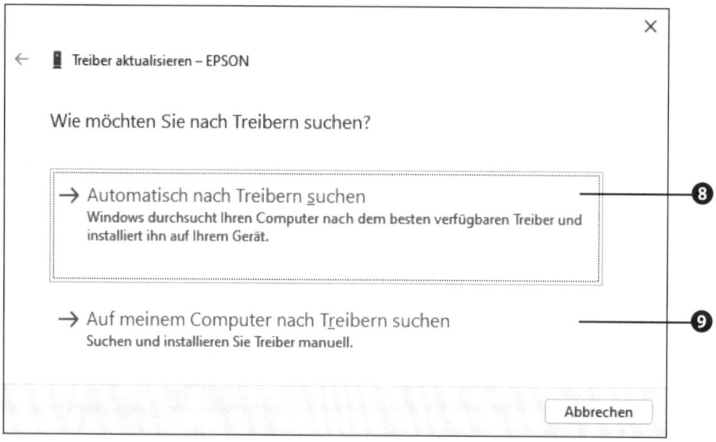

16.4.2 Treiber neu installieren

Manchmal kann es hilfreich sein, den Treiber eines Geräts, das per USB-Kabel an den PC angeschlossen ist, bei Problemen zu deinstallieren und anschließend neu zu installieren. Hierzu gehen Sie folgendermaßen vor:

1 Stellen Sie zunächst sicher, dass das betreffende Gerät am PC angeschlossen ist und im Geräte-Manager erscheint (siehe den vorherigen Abschnitt).

2 Führen Sie wieder einen rechten Mausklick über dem Gerät durch, und wählen Sie im Kontextmenü den Eintrag **Gerät deinstallieren**. Dadurch werden die Treiber des Geräts aus dem System entfernt.

3 Ziehen Sie nun das USB-Kabel des Geräts vom PC ab.

Wenn Sie jetzt das Gerät erneut am PC anschließen, wird die automatische Erkennung der Hardware abermals durchgeführt, und die Treiber werden neu installiert.

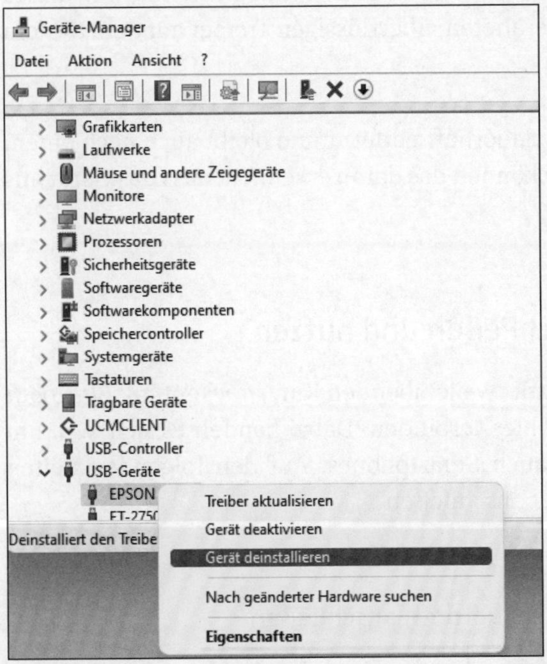

Abbildung 16.2 Im Geräte-Manager können Sie per Kontextmenü einen Treiber deinstallieren.

16.4.3 Ein Gerät deaktivieren

Das im vorherigen Abschnitt beschriebene Verfahren zur Deinstallation von Geräten im Fall von Treiberproblemen funktioniert nur, wenn die entsprechende Hardware per Steckverbindung, also z. B. per USB, extern am PC angeschlossen ist. Was aber kann man tun, wenn eine eingebaute Hardware (z. B. eine TV-Karte) permanent ihren Dienst verweigert? Solch ein Fall kann etwa eintreten, wenn Sie auf eine aktuelle Windows-Version umgestiegen sind (z. B. per Insider Build), in der noch keine passenden Treiber für Ihre Hardware existieren. Oder Sie haben eine externe USB-Soundkarte erworben und möchten die Onboard-Sound-Hardware deaktivieren. In solchen Fällen sollten Sie das Gerät per Geräte-Manager deaktivieren:

1 Öffnen Sie wieder den **Geräte-Manager**, und suchen Sie das Gerät, das Probleme bereitet.

2. Führen Sie einen rechten Mausklick über dem betreffenden Gerät durch, und wählen Sie im Kontextmenü **Gerät deaktivieren** (siehe dazu auch Abbildung 16.2 auf Seite 659).

3. Bestätigen Sie die anschließende Warnmeldung über die Schaltfläche **OK**. Es empfiehlt sich an dieser Stelle auch, das Häkchen vor **Die Treibersoftware für dieses Gerät löschen** zu setzen, um keine veralteten, überflüssigen Treiber auf dem System zu hinterlassen.

Dadurch wird das entsprechende Gerät dauerhaft entfernt und bleibt auch nach einem Neustart des Computers deaktiviert. Sie können das daran erkennen, dass das Gerät aus dem Geräte-Manager verschwunden ist.

16.5 Bluetooth-Hardware anschließen und nutzen

Ein Großteil der Hardware lässt sich mittlerweile über den Kurzstreckenfunk *Bluetooth* mit dem Desktop-PC, Notebook oder Tablet verbinden. Dabei handelt es sich z. B. um externe Lautsprecher, Headsets, aber auch Smartphones. Auf den folgenden Seiten erfahren Sie, wie Sie ein Bluetooth-Gerät anschließen.

16.5.1 Lautsprecher oder Headset per Bluetooth anschließen

Sie möchten einen externen Lautsprecher oder ein Headset per Bluetooth an Ihren Windows 11-Computer anschließen? Gehen Sie dazu folgendermaßen vor:

1. Rufen Sie z. B. über die Tastenkombination [Win] + [I] die **Einstellungen**-App auf. Markieren Sie in der linken Spalte die Kategorie **Bluetooth und Geräte** ❶.

2. Stellen Sie sicher, dass rechts der Regler zur Aktivierung der **Bluetooth**-Hardware eingeschaltet ist ❷.

3. Schalten Sie nun das Bluetooth-Gerät ein, das Sie koppeln möchten, und versetzen Sie es in den Kopplungsmodus. Näheres dazu entnehmen Sie bitte dem Handbuch des Herstellers.

4. Kurze Zeit später sollte das Gerät in der Übersicht erscheinen. Sollte das nicht unmittelbar der Fall sein, so klicken Sie auf die **+**-Schaltfläche **Gerät hinzufügen** ❸. Wählen Sie anschließend den Punkt **Bluetooth** ❹ aus. Daraufhin wird der Assistent zur Erkennung gestartet. Bei einigen Geräten (z. B. Tastaturen) ist es erforderlich, einen gemeinsamen Zahlencode sowohl für den PC als auch für das externe Gerät zu vereinbaren.

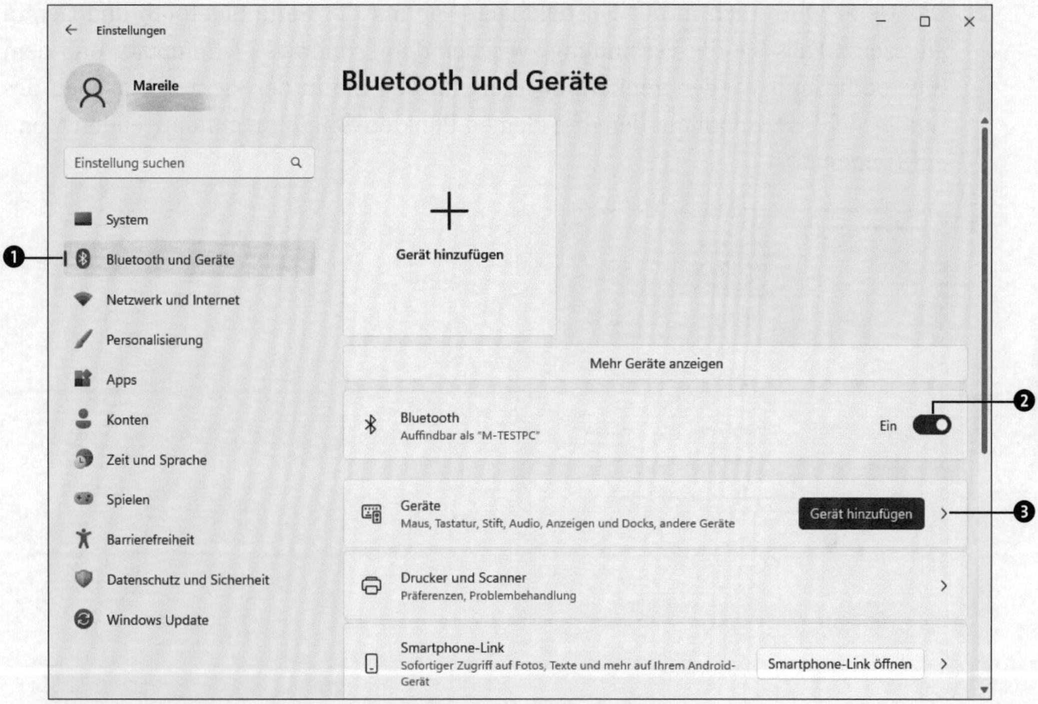

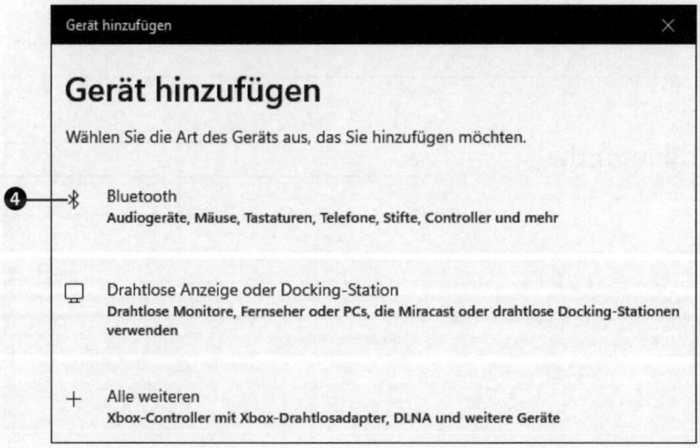

Nach kurzer Zeit ist das Gerät verbunden. Das erkennen Sie unter anderem an einem entsprechenden Eintrag ❺ in den Schnelleinstellungen, die Sie mit einem Klick z. B. auf das Lautsprechersymbol ❻ in der Taskleiste einblenden. Falls Sie Bluetooth zwischendurch schnell deaktivieren möchten, müssen Sie nicht zur **Einstellungen**-App wechseln. Es reicht auch ein Klick auf das Bluetooth-Symbol in den Schnelleinstellungen.

5 Das Gerät wird auch in der **Einstellungen**-App auf der Seite **Bluetooth und Geräte** angezeigt. Falls Sie die Verbindung zwischen dem Windows 11-Computer und dem Bluetooth-Gerät wieder trennen möchten, klicken Sie in der kleinen Vorschau des Geräts auf das Symbol mit den drei kleinen Punkten ❼ und im aufklappenden Menü auf **Trennen** ❽.

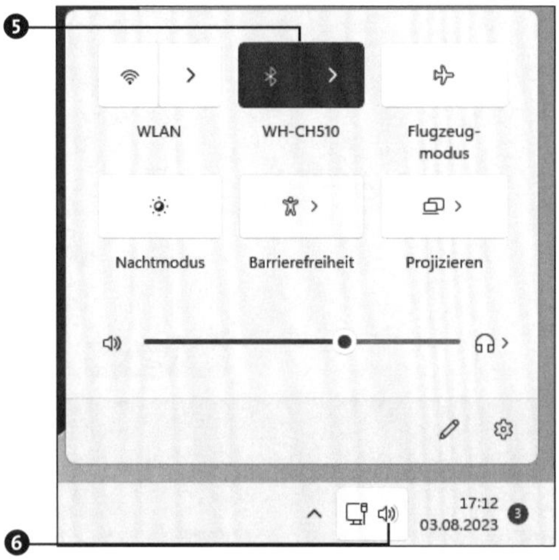

6 Falls Sie das Gerät nicht mehr nutzen wollen, können Sie es über den Befehl **Gerät entfernen** ❾ auch ganz aus der Geräteliste löschen.

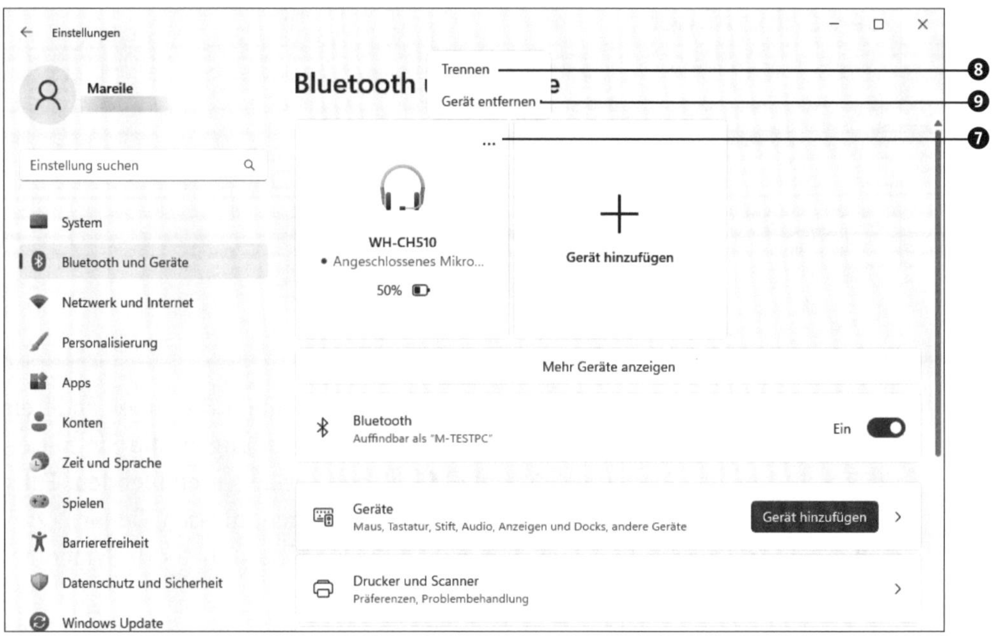

16.5.2 Smartphone per Bluetooth anschließen

Recht praktisch ist der Kurzstreckenfunk Bluetooth auch, wenn Sie Ihr Smartphone mit dem PC koppeln möchten, um z. B. Daten zu übertragen. Grundvoraussetzung dafür ist auch wieder, dass der Bluetooth-Empfang sowohl auf dem PC als auch auf dem Smartphone aktiviert wird und dass die Geräte mithilfe des Bluetooth-Assistenten in den Einstellungen gekoppelt werden:

1 Aktivieren Sie den Bluetooth-Empfang auf Ihrem Smartphone.

2 Rufen Sie **Start ▸ Einstellungen ▸ Bluetooth und Geräte** auf, und stellen Sie sicher, dass **Bluetooth** auf dem Computer aktiviert ist ❶.

3 Klicken Sie auf **Gerät hinzufügen** ❷ und dann auf **Bluetooth**. Sobald das Smartphone angezeigt wird, markieren Sie es.

4 Auf beiden Geräten – PC und Smartphone – wird Ihnen nun eine Zahlenkombination angezeigt. Vergleichen Sie die PINs miteinander. Sind sie identisch, bestätigen Sie dies auf dem PC mit einem Klick auf **Verbinden** ❸.

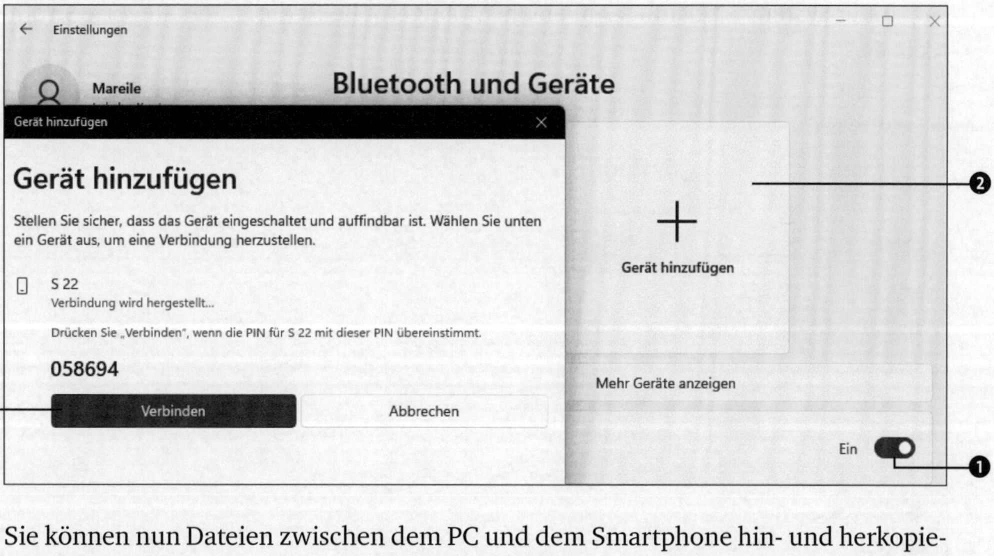

5 Sie können nun Dateien zwischen dem PC und dem Smartphone hin- und herkopieren. Um z. B. eine Datei vom PC auf das Smartphone zu senden, navigieren Sie mit dem Explorer zu dieser Datei und klicken mit der rechten Maustaste auf sie. Wählen Sie im Kontextmenü den Befehl **Weitere Optionen anzeigen** und im folgenden Kontextmenü dann **Senden an ▸ Bluetooth-Gerät**. Hier sollte jetzt das Smartphone auftauchen. Wählen Sie es durch Anklicken aus, und bestätigen Sie die Auswahl durch einen Klick auf **Weiter**.

6 Auf dem Smartphone werden Sie aufgefordert, die Datei anzunehmen. Bestätigen Sie diese Aufforderung. Kurze Zeit später landet die Datei im Bereich **Download** Ihres Smartphones und kann dort weiterverarbeitet werden.

16.6 Die richtigen Einstellungen zum Energiesparen

In Abschnitt 3.4, »Die Energieeinstellungen kontrollieren und optimieren«, ab Seite 85 haben Sie schon einige einfache Optionen kennengelernt, um Energie zu sparen. Nun dringen wir ein wenig tiefer in die Möglichkeiten ein, dem PC den Energiehunger abzugewöhnen. Das ist insbesondere für Tablet- und Notebook-Besitzer interessant, denn ein reduzierter Energieverbrauch bedeutet eine Verlängerung der Akkulaufzeit. Aber auch konventionellen Desktop-PCs steht ein gezügelter Energiehunger gut zu Gesicht: Allein die automatische Aktivierung des Energiesparmodus kann Ihnen übers Jahr gerechnet viel Geld sparen.

Einfache Optionen zur Anpassung der Zeitspanne, nach der sich der Bildschirm abschaltet bzw. das System in den Stand-by-Modus wechselt, finden Sie in der **Einstellungen**-App unter **System ▸ Leistung**. Auf einem Mobilgerät heißt die Unterkategorie **Strom und Akku** ❶.

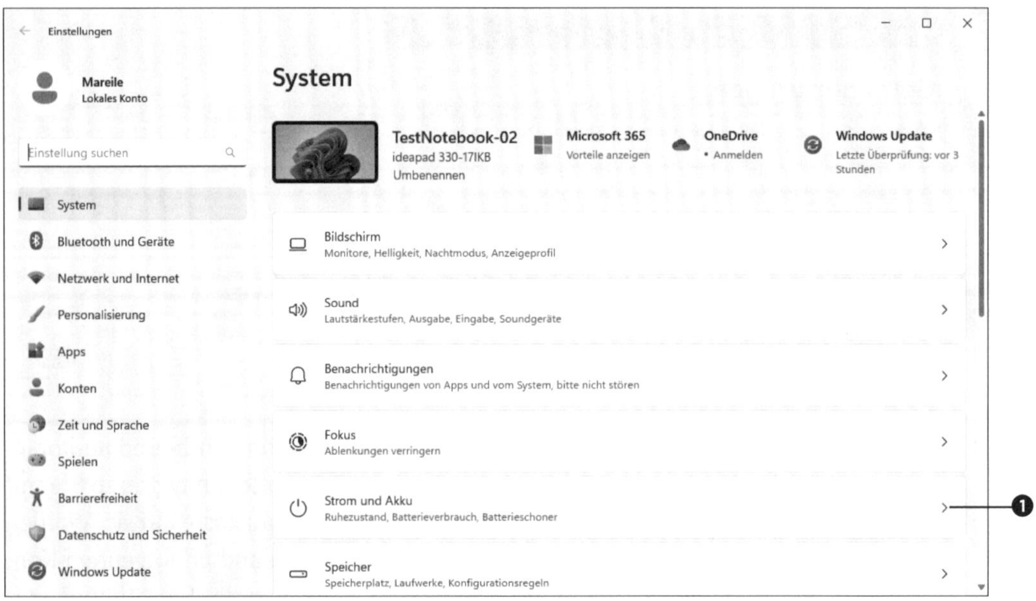

Abbildung 16.3 Auf einem Mobilgerät heißt die Unterkategorie »Strom und Akku«, nicht kurz »Akku« wie auf einem Desktop-PC.

Arbeiten Sie mit einem Notebook oder Tablet, wird am oberen Rand der Seite **Strom und Akku** ein Balkendiagramm eingeblendet, das bereits einen kleinen Hinweis auf die Akkunutzung während der letzten Stunden liefert ❷. Nach einem Klick auf **Ausführliche Informationen anzeigen** ❸ erhalten Sie weitere Hinweise zum Akkustand. Blättern Sie einmal auf der Seite nach unten und dann wieder nach oben, werden wieder die reduzierten Informationen angezeigt, wie in Abbildung 16.4 zu sehen.

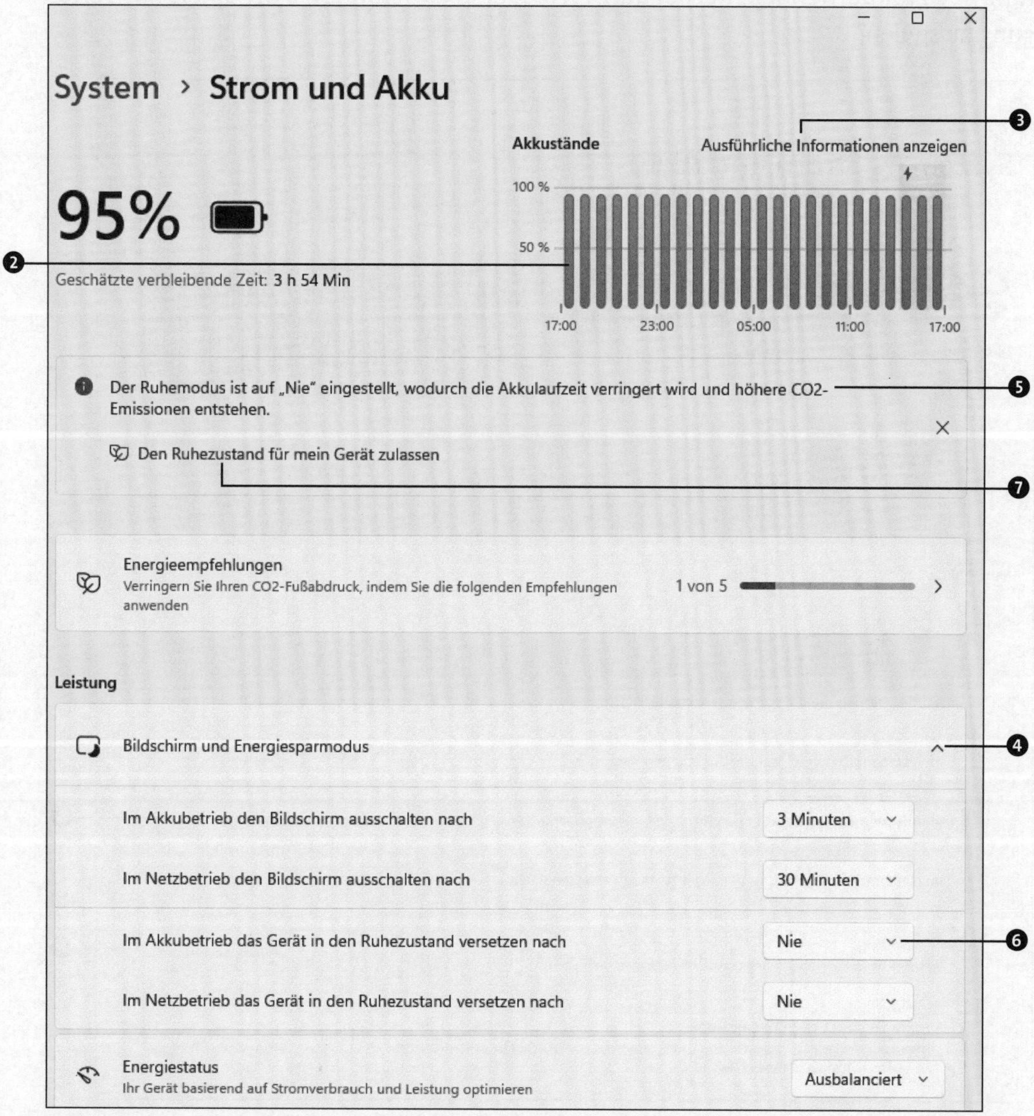

Abbildung 16.4 Das Balkendiagramm zeigt einen kurzen Ausblick auf die Akkustände der letzten Stunden.

Klicken Sie auf **Bildschirm und Energiesparmodus** ❹, um sich die entsprechenden Einstellungen hierzu anzusehen. Im Fall eines Tablets bzw. Notebooks erscheint eine erweiterte Aufteilung der Einstellungen abhängig davon, ob sich das Gerät im Akkubetrieb befindet oder per Ladegerät am Netz angeschlossen ist. Im letztgenannten Szenario kann man davon ausgehen, dass man nicht unbedingt das letzte Quäntchen an Energie einsparen muss. Vielmehr ist man eher darauf bedacht, dem Computer genügend Leistung auch für aufwendige Rechenaufgaben oder energiehungrige 3D-Spiele zur Verfügung zu stellen.

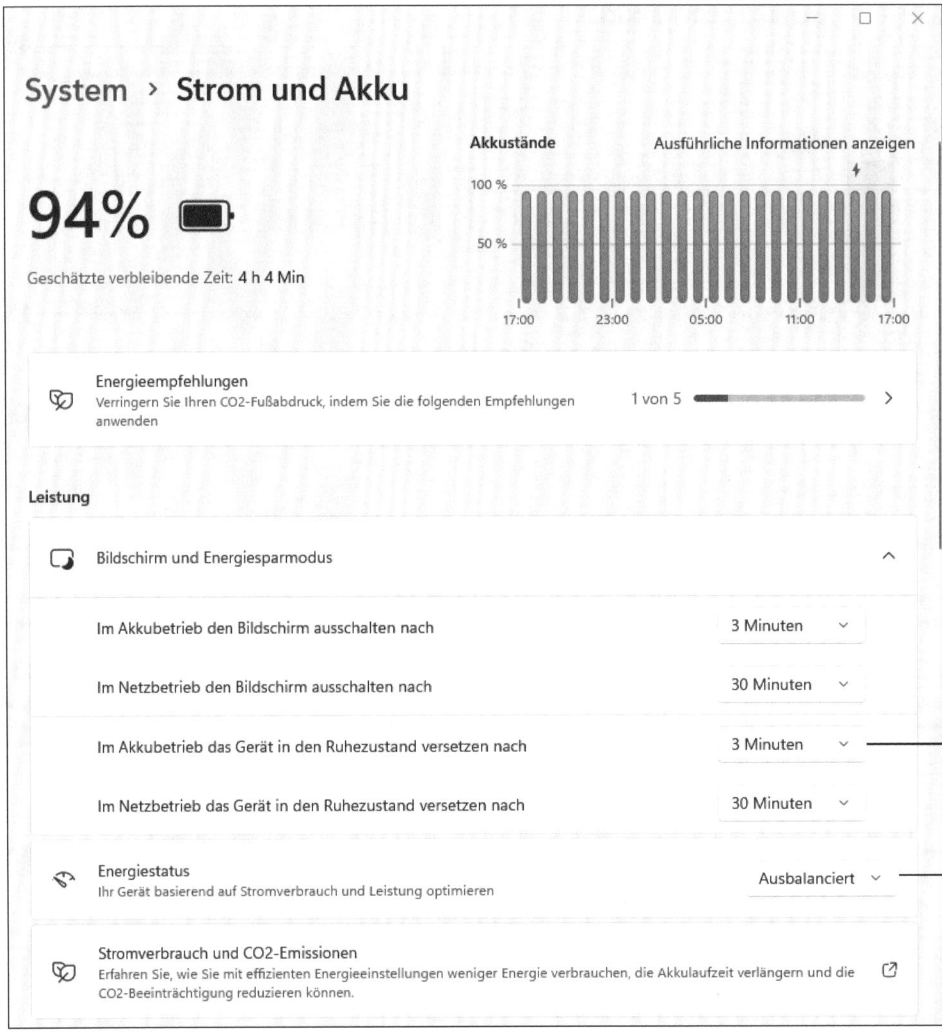

Abbildung 16.5 Windows 11 hat automatisch wieder die Standardeinstellungen für den Ruhezustand hergestellt.

Falls Sie eine Einstellung gewählt haben, die zu einem höheren Stromverbrauch führen kann, weist Windows 11 Sie darauf hin ❺. In meinem Beispiel aus Abbildung 16.4 wird das Gerät z. B. selbst im Akkubetrieb nie in den Ruhezustand versetzt ❻. Sie können die Einstellung nun entweder manuell in den entsprechenden Feldern vornehmen oder mit einem Klick auf **Den Ruhezustand für mein Gerät zulassen** ❼ automatisch anpassen lassen. Windows 11 stellt in diesem Fall wieder die Standardeinstellungen für das Gerät her ❽.

Benötigen Sie für bestimmte Arbeiten am PC mehr Leistung und nehmen den damit verbundenen Energieverlust in Kauf, lässt sich die entsprechende Einstellung schnell im Feld rechts von **Energiestatus** anpassen. Das gilt natürlich auch umgekehrt, wenn Sie die beste Energieeinsparung wünschen und Ihnen die Leistung dafür nicht so wichtig ist. Nach einem Klick in das Feld wählen Sie den gewünschten **Energiestatus** aus ❾. Die Voreinstellung **Ausbalanciert** bietet einen guten Kompromiss zwischen Energiesparen und Leistung und ist damit meist die beste Wahl für die alltäglichen Arbeiten am Computer.

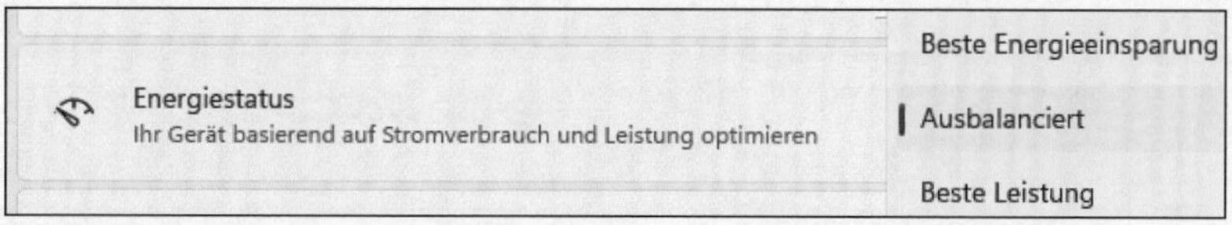

Abbildung 16.6 Wählen Sie die für Ihre Arbeiten optimale Energiespareinstellung aus.

Wenn Sie möchten, können Sie einen Energiesparplan Ihren Bedürfnissen entsprechend anpassen. Die notwendigen Einstellungen werden auch unter Windows 11 noch in der **Systemsteuerung** vorgenommen. Um diese gleich mit der gewünschten Kategorie aufzurufen, geben Sie im Suchfeld der Taskleiste »Energiesparplan auswählen« ein. Wird der gleichnamige Treffer angezeigt, wählen Sie ihn per Mausklick aus ❿.

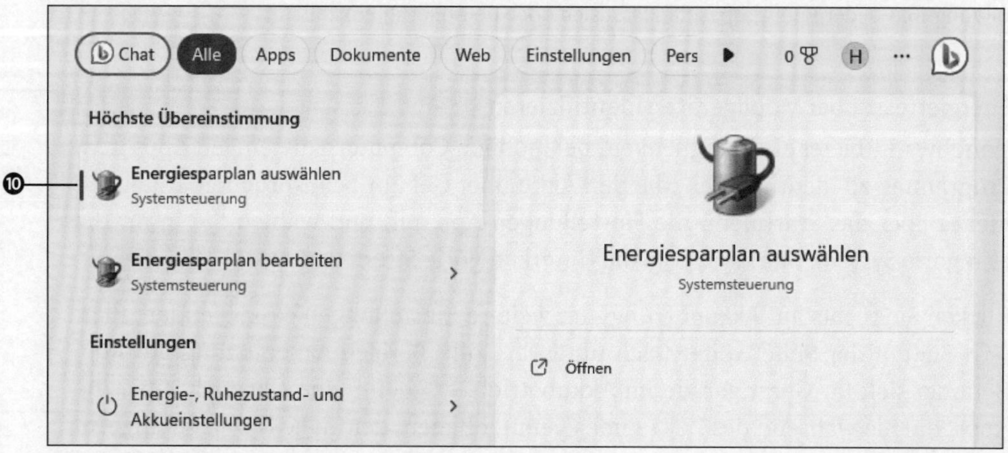

Abbildung 16.7 Der Aufruf der Systemsteuerung erfolgt über das Suchmenü in der Taskleiste.

Es wird nun der aktuelle Energiesparplan angezeigt. Klicken Sie rechts davon auf **Energiesparplaneinstellungen ändern** und im folgenden Dialog auf **Erweiterte Energieeinstellungen ändern** ⓫.

In dem kleinen Fenster, das nun erscheint, können Sie diverse Feineinstellungen vornehmen, beispielsweise den Zeitplan für das automatische Ausschalten der Festplatten anpassen ⓬. Wird dieser Zeitrahmen zu knapp gewählt, legt Ihr Computer spürbare »Denkpausen« ein, sobald Sie längere Zeit keine Eingaben per Tastatur oder Maus vornehmen. Außerdem lässt sich in diesem Menü das Verhalten des Computers bzw. Notebooks beim Betätigen des Netzschalters bzw. beim Zuklappen des Bildschirms definieren. Bestätigen Sie Ihre Einstellungen, indem Sie nacheinander die Schaltflächen **Übernehmen** und **OK** anklicken.

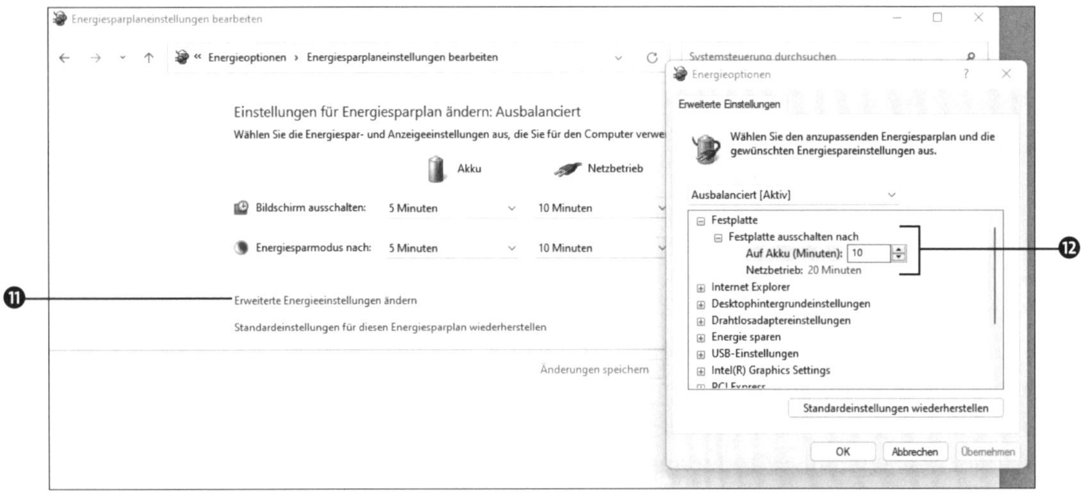

Abbildung 16.8 Jeder Energiesparplan lässt sich noch detaillierter einstellen.

TIPP

Energiefresser bei Mobilgeräten identifizieren

Windows 11 bietet eine Möglichkeit, bei mobilen Computern diejenigen Apps bzw. Programme zu identifizieren, die den Akku über Gebühr beanspruchen. Rufen Sie hierzu über das Startmenü die **Einstellungen**-App auf, und wählen Sie in ihr die Kategorie **System**. Markieren Sie die Unterkategorie **Strom und Akku**.

Klicken Sie rechts auf **Akkunutzung**, um weitere Einstellungen einzublenden. Blättern Sie auf der Seite weiter nach unten bis zum Bereich **Akkunutzung pro App**. Befindet sich Ihr Gerät gerade im Akkubetrieb, erscheint eine Übersicht über die Apps, die Sie während des Zeitraumes genutzt haben, der im Feld **Uhrzeit** angegeben ist. Die größten Stromfresser werden gleich zu Beginn der Liste aufgeführt.

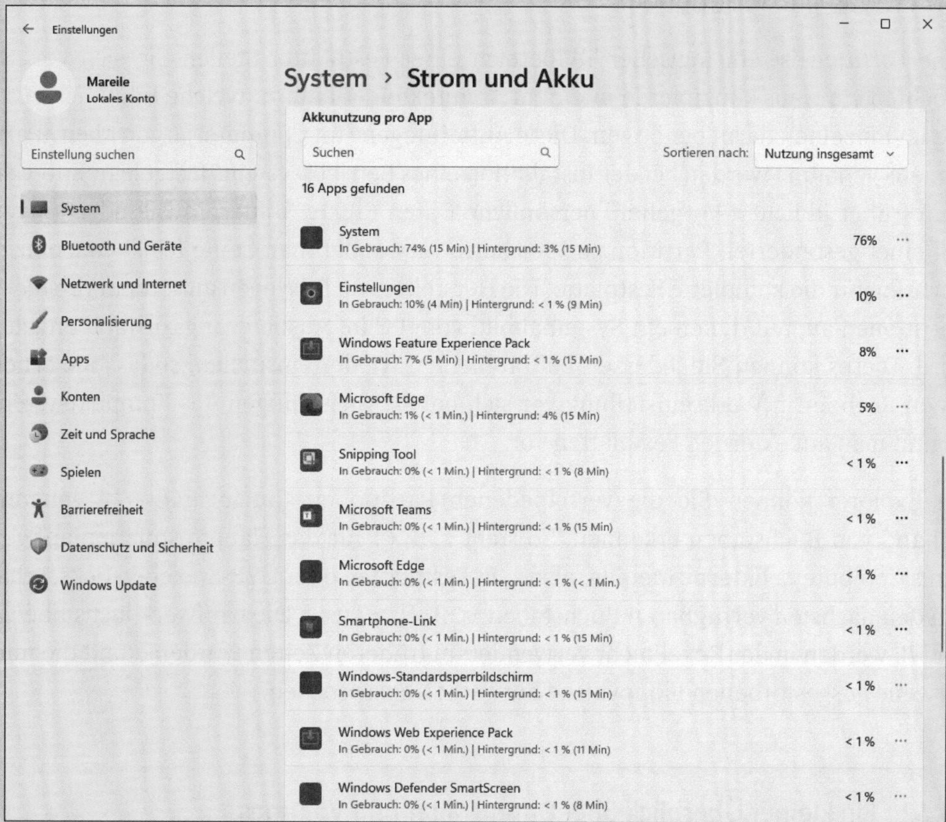

Abbildung 16.9 Bei mobilen Geräten empfiehlt es sich, von Zeit zu Zeit auf den Akkuverbrauch zu schauen.

16.7 Die Datenträgerverwaltung

Die Festplatten von PCs sind in verschiedene Teilbereiche (sogenannte *Partitionen*) aufgeteilt, die mit Dateisystemen versehen sind. Diese ermöglichen das Lesen und Schreiben von Daten. Die meisten Anwender benutzen vorkonfigurierte Computer, bei denen die internen Festplatten tunlichst nicht angerührt werden sollten, um Schäden am System zu vermeiden. Manchmal kann es aber nötig sein, ein externes Speichermedium, also z. B. einen USB-Speicherstick oder eine externe Festplatte, neu zu formatieren. Hierfür benötigen Sie spezielle Werkzeuge, wie etwa die *Datenträgerverwaltung*, die ich Ihnen im Folgenden vorstellen werde.

16.7.1 Was sind Partitionen?

Eine *Partition* ist ein logischer Teilbereich einer Festplatte. Stellen Sie sich vor, Sie möchten ein Haus konzipieren und dem Architekten erläutern, welche Räumlichkeiten Sie im Einzelnen darin benötigen. Diese Aufteilungen (im Computerjargon eben »Partitionen« genannt) werden bei der Installation eines Betriebssystems festgelegt. Entgegen dem früher üblichen Vorgehen, persönliche Daten (Texte, Bilder, Musik oder Videos) auf einer gesonderten Partition zu speichern, verwendet man heute meist eine einzige Partition für die komplette Festplatte. Die Hersteller von PCs legen außerdem versteckte Partitionen an, auf denen ein Systemabbild vom PC im Auslieferungszustand angelegt wird. Dieses können Sie jederzeit bei Problemen wieder einspielen, sodass Sie erneut einen Rechner in Werkseinstellung vor sich haben. Sicherungen des Komplettsystems nimmt man auf externen Festplatten vor.

Im Explorer können Sie die verschiedenen Partitionen (auch *Laufwerke* genannt) anhand von Buchstaben erkennen. So steht z. B. *C:* für das Hauptfestplattenlaufwerk Ihres Computers. Externe Medien, also z. B. Festplatten oder USB-Speichersticks, erhalten den nächsten verfügbaren Buchstaben, z. B. *D:*, *E:* usw. Die Laufwerkbuchstaben *A:* und *B:* werden in der Regel nicht verwendet; in früheren Zeiten wurden damit die mittlerweile ausgestorbenen Floppydisk-Laufwerke angesprochen.

16.7.2 Ein kleiner Überblick über Datenträger und Volumes

Das zentrale Werkzeug für den Umgang mit Partitionen war bis Windows 10 die *Datenträgerverwaltung*. Sie lässt sich immer noch nach einem rechten Mausklick auf das Windows-Logo im Schnellzugriffsmenü über den Befehl **Datenträgerverwaltung** auswählen. Für fortgeschrittene Anwender*innen wird sie auch weiterhin ein wichtiges Werkzeug zur Verwaltung und Konfiguration der Datenträger darstellen.

Einige Funktionen, die die Datenträgerverwaltung bietet, stehen unter Windows 11 aber auch in der **Einstellungen**-App in der Unterkategorie **Datenträger und Volumes** zur Verfügung. Sie erhalten hier nicht nur einen Überblick über die Aufteilung der Festplatten des Computers, sondern finden auch die nötigen Funktionen zum Erstellen neuer oder zum Löschen bzw. Formatieren bereits vorhandener Partitionen. Beim Formatieren geht es darum, der entsprechenden Partition ein sogenanntes *Dateisystem* zuzuweisen, sodass Windows dort Dateien ablegen oder auch löschen kann. Sehen wir uns die neue Unterkategorie näher an:

1 Rufen Sie die **Einstellungen**-App z. B. über die Tastenkombination [Win] + [I] auf. In der App ist links bereits die Kategorie **System** markiert. Wer sich nun selbst bis zur recht versteckten Unterkategorie **Datenträger und Volumes** vorarbeiten möchte, klickt nacheinander auf **Speicher** ▸ **Erweiterte Speichereinstellungen** ▸ **Datenträger und Volumes** ❶. Schneller geht es allerdings, wenn Sie im Suchfeld links »Datenträger« eingeben ❷ und dann den Treffer **Datenträger und Volumes verwalten** ❸ auswählen.

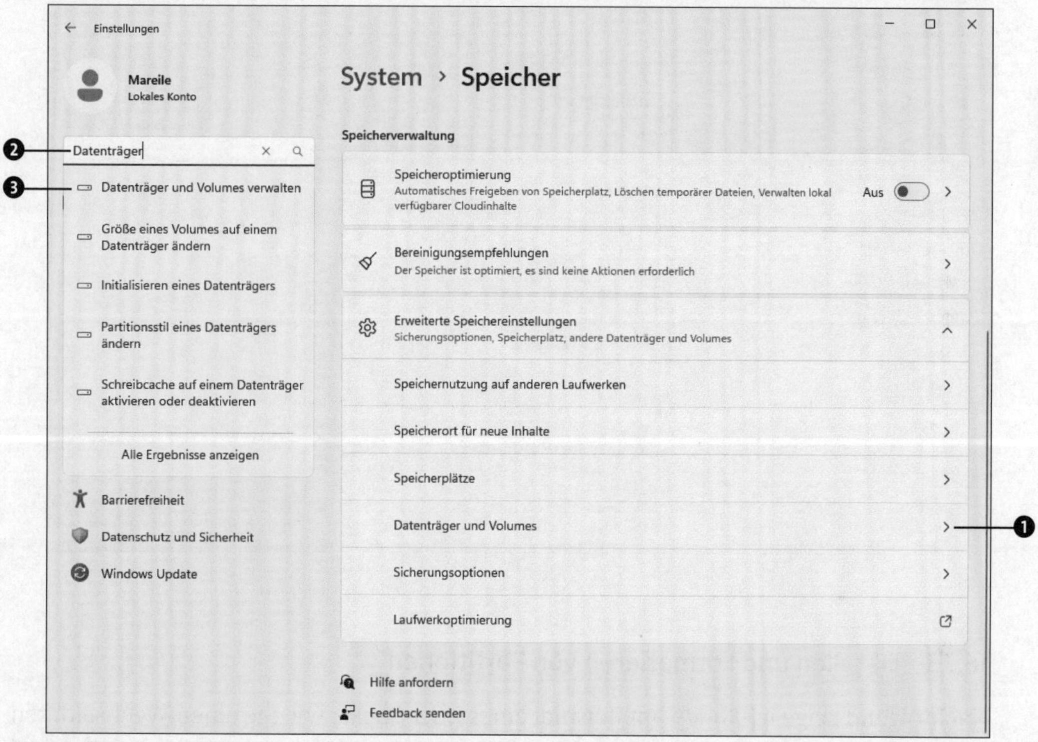

2 Die Seite **Datenträger und Volumes** zeigt nun eine Übersicht über alle verfügbaren Datenträger des Computers an. Wenn Sie eine externe Festplatte oder einen USB-Stick am Gerät angeschlossen haben, werden diese ebenfalls aufgeführt. Falls die Details zu einem Datenträger nicht zu sehen sind, klicken Sie rechts von seinem Namen auf den nach unten weisenden Pfeil. Anschließend sollten die Partitionen aufgeführt werden. Dazu zählt beispielsweise die Startpartition, mit deren Hilfe das System gestartet wird, sowie eine Sicherungspartition, auf der sich ein Abbild des Originalsystems im Auslieferungszustand befindet. Eventuell sind auch noch weitere Wiederherstellungspartitionen zu sehen. Zu jeder Partition wird außerdem das jeweilige Dateisystem angezeigt. Dabei wird es sich meistens um das Windows-eigene System NTFS (*New Technology File System*) handeln.

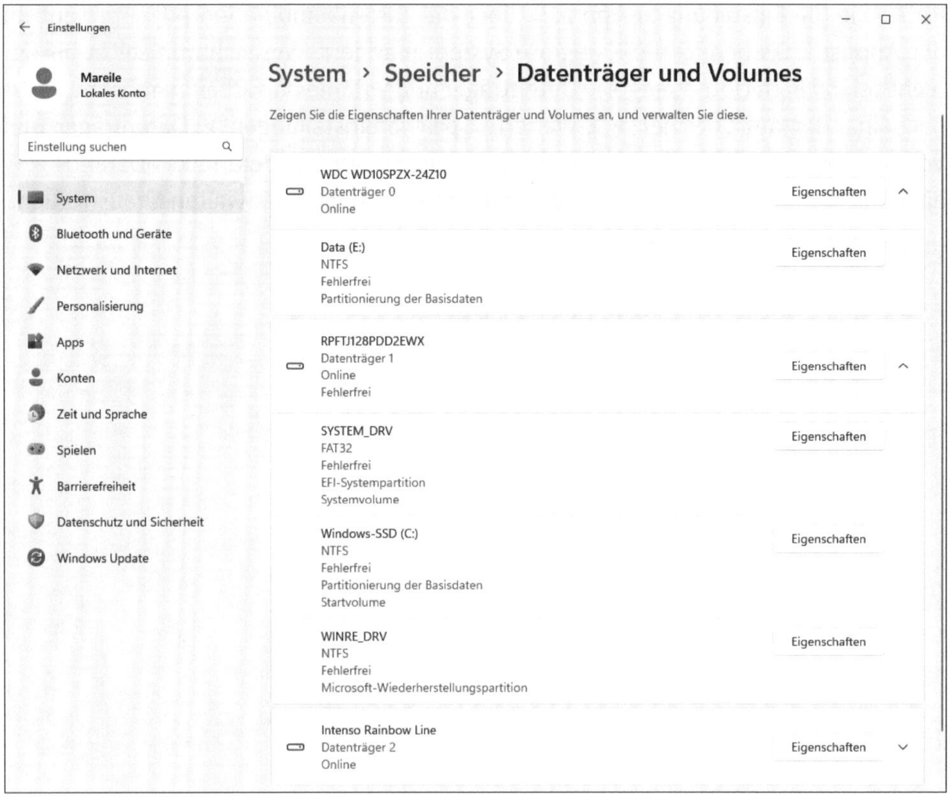

16.7.3 Erstellen und Formatieren von Partitionen

Nachfolgend zeige ich Ihnen am Beispiel eines USB-Sticks, wie Sie einen Wechseldatenträger formatieren und gegebenenfalls auch partitionieren. Das Verfahren lässt sich auch auf externe Festplatten anwenden. Im vorliegenden Fall wird die bestehende Partition auf dem Stick gelöscht, eine neue Partition erstellt und diese schließlich auch noch formatiert. Sollten Sie beabsichtigen, das Verfahren auf fest verbaute Festplatten in Ihrem PC anzuwenden, dann bedenken Sie in diesem Fall, dass Sie sämtliche Daten, die sich noch auf der Festplatte befinden und die Sie beibehalten möchten, anderweitig sichern sollten (z. B. auf einer externen Festplatte). Denn durch den Vorgang der Formatierung gehen sämtliche auf dem Medium gespeicherten Dateien und Verzeichnisse unwiederbringlich verloren.

Für die nachfolgend beschriebene Formatierung bzw. Partitionierung eines USB-Sticks wähle ich folgendes Szenario: Ein USB-Stick soll mit zwei Partitionen versehen werden. Die erste Partition wird mit dem Windows-Dateisystem NTFS versehen und kann auf allen Windows-PCs lesend und schreibend genutzt werden. Die zweite Partition enthält ein FAT-Dateisystem und kann somit auch auf Apples Mac- bzw. auf Linux-Rechnern gelesen und beschrieben werden.

1. Melden Sie sich mit einem Administratorkonto an, und schließen Sie einen USB-Stick am PC an.

2. Kontrollieren Sie, ob der USB-Stick vom System erkannt wurde, indem Sie den Explorer aufrufen und dort prüfen, ob der Stick im Navigationsbereich links auftaucht. In der Regel erscheint beim Anstecken des Sticks auch eine Systemmeldung. Merken Sie sich den Laufwerkbuchstaben, unter dem der Stick im System eingebunden wird.

3. Rufen Sie nun, wie im vorigen Abschnitt in Schritt 2 auf Seite 671 beschrieben, die Seite **Datenträger und Volumes** in der **Einstellungen**-App auf.

4. Blättern Sie in der Datenträgerübersicht nach unten bis zum gewünschten Datenträger, hier also dem USB-Stick. Anhand des Laufwerkbuchstabens können Sie überprüfen, ob es sich wirklich um den gesuchten Datenträger handelt. Ist dies der Fall, klicken Sie rechts von der USB-Bezeichnung auf die Schaltfläche **Eigenschaften** ❶.

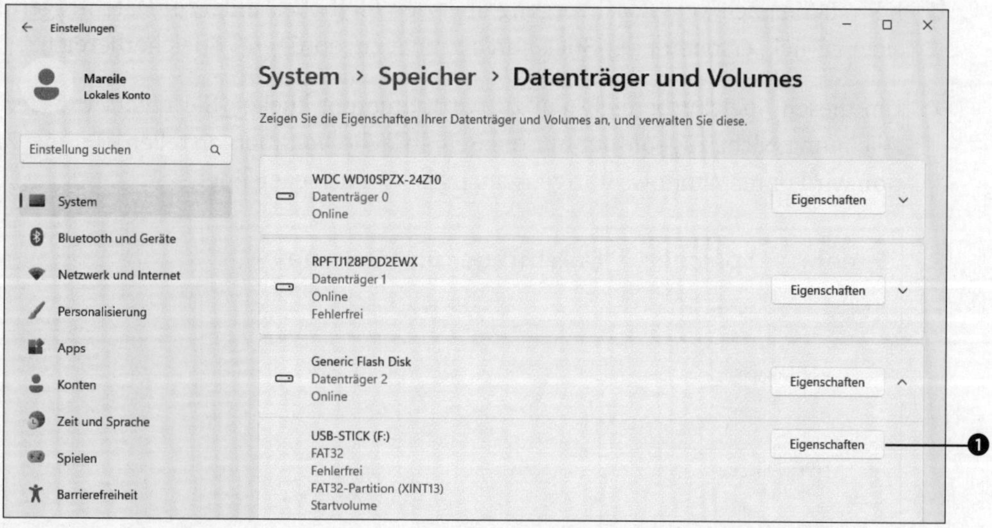

5. Auf der folgenden Seite werden weitere Details zum USB-Stick angezeigt. Um das auf dem Stick befindliche Dateisystem bzw. die Partition zu löschen, klicken Sie im Bereich **Format** auf **Löschen** ❷. Bestätigen Sie die Sicherheitsnachfrage mit **Volumen löschen**.

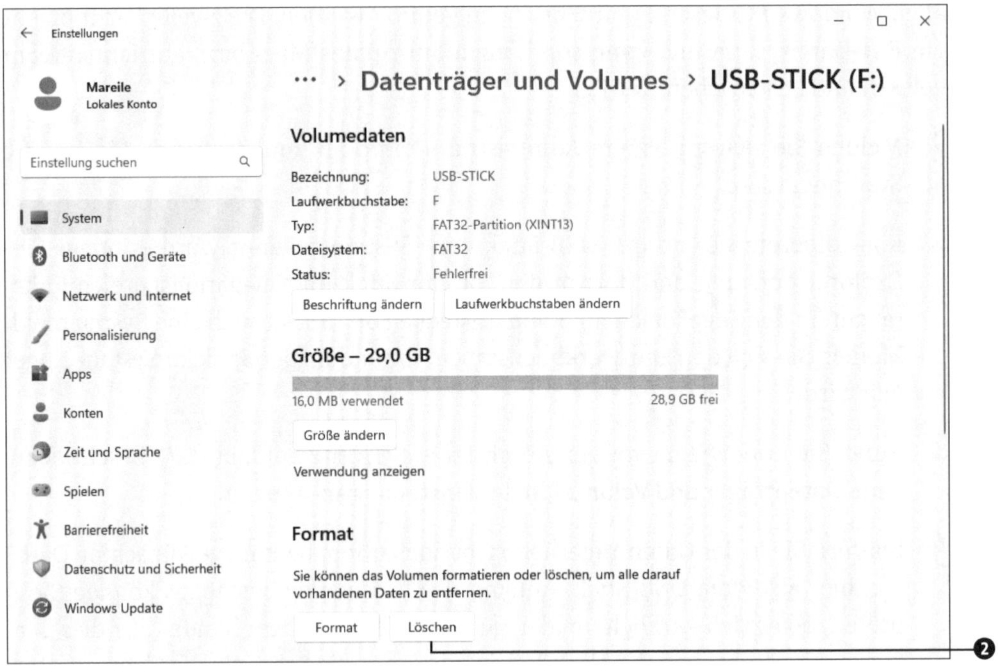

6 Kehren Sie nach dem Löschvorgang über den Pfeil oben links zur Datenträgerübersicht zurück, erscheint der Stick nun als nicht zugeordneter Speicherbereich.

7 Um diesen Speicherbereich neu zu partitionieren, klicken Sie rechts von der Bezeichnung **Nicht zugeordnet** auf die Schaltfläche **Volumen erstellen** ❸. Eine Partition wird unter Windows übrigens auch als *Volume* bezeichnet.

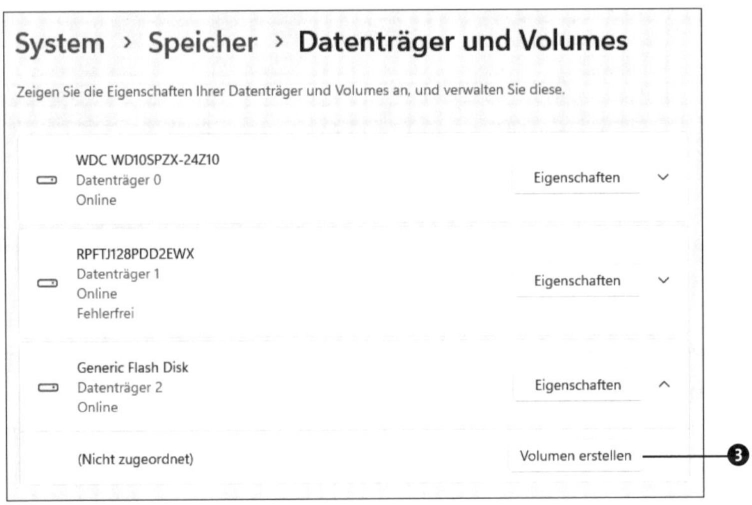

8 Im Dialog **Neues Volume** geben Sie zunächst eine Bezeichnung für den USB-Stick ein ❹.

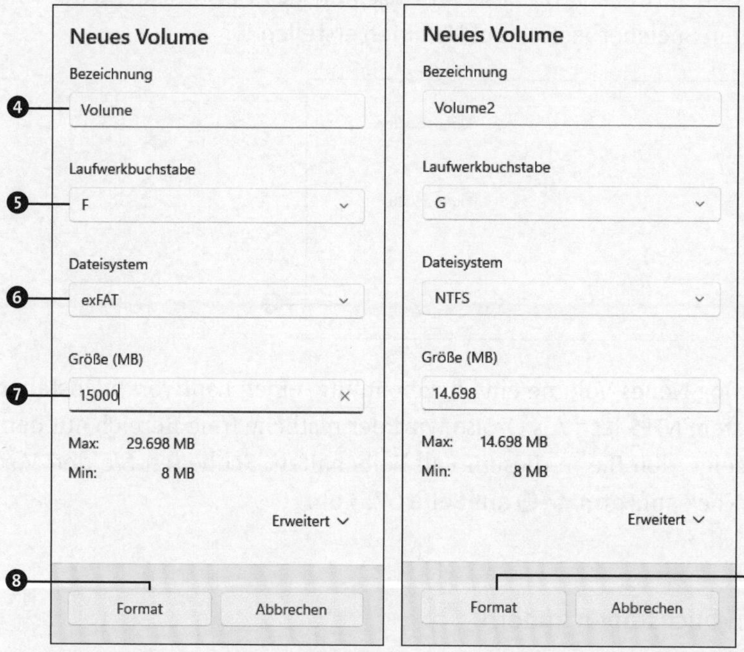

9 Als Nächstes ordnen Sie dem neu erstellten *Laufwerk* (dies ist eine ebenfalls geläufige Bezeichnung für *Partition*) einen *Laufwerkbuchstaben* zu ❺. Diesen können Sie später jederzeit ändern, wie ich Ihnen in Abschnitt 16.7.4, »Den Laufwerkbuchstaben ändern«, zeige.

10 Im nächsten Feld definieren Sie das Dateisystem, mit dem die neu erstellte Partition versehen werden soll. Das ist bei regulären Festplatten das NTFS-Dateisystem. Weil wir aber einen USB-Speicherstick partitionieren, wählen Sie im Feld **Dateisystem** das **exFAT**-Dateisystem ❻ aus.

11 Im nächsten Feld legen Sie die Größe der neu erstellten Partition fest ❼. Im Normalfall verwendet man hier den gesamten zur Verfügung stehenden Speicherbereich. Wir beginnen mit einer exFAT-Partition, die halb so groß ist wie der gesamte zur Verfügung stehende Platz.

12 Nach einem Klick auf **Format** ❽ wird die Partitionierung vorgenommen. Im Anschluss daran erscheint die frisch formatierte Partition im Navigationsbereich des Explorers.

13 Um nun auch die zweite Partition (die NTFS-Partition) auf dem restlichen freien Speicherbereich des Sticks zu erstellen, verfahren Sie analog, wie ab Schritt 7 auf Seite 674 beschrieben. Klicken Sie also im Abschnitt des USB-Sticks rechts vom nicht zugeordneten Speicherbereich auf **Volumen erstellen** ❾.

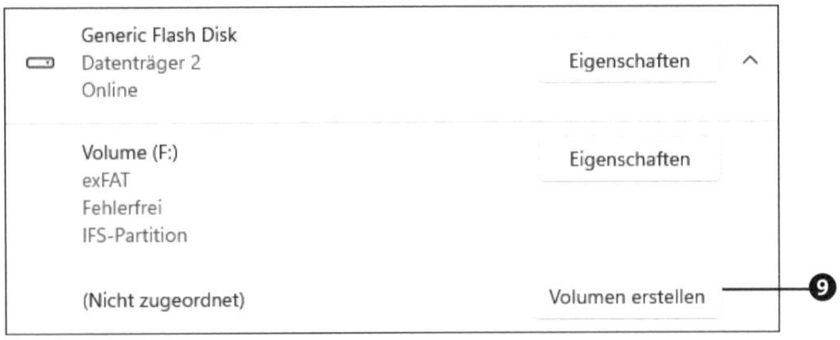

14 Legen Sie im Dialog **Neues Volume** eine Bezeichnung, einen Laufwerkbuchstaben und das Dateisystem **NTFS** fest. Als Größe wird der restliche freie Bereich auf dem USB-Stick angezeigt, den Sie in diesem Fall beibehalten. Schließen Sie den Vorgang mit einem Klick auf **Format** (❿ auf Seite 675) ab.

16.7.4 Den Laufwerkbuchstaben ändern

Windows 11 weist externen Laufwerken automatisch einen Laufwerkbuchstaben zu. Sollten Sie für einen Datenträger einen anderen Buchstaben vorziehen, der z. B. im Zusammenhang mit einem bestimmten Begriff steht (etwa S wie »Sicherung«), dann können Sie ihn recht einfach ändern. Dabei müssen Sie allerdings darauf achten, dass der entsprechende Buchstabe nicht schon anderweitig vergeben wurde.

1 Öffnen Sie die **Einstellungen**-App, und geben Sie im Suchfeld »Datenträger« ein. Markieren Sie in der Trefferliste **Datenträger und Volumes verwalten**.

2 In der Datenträgerübersicht markieren Sie das Laufwerk, dessen Buchstabe geändert werden soll, und klicken dann auf **Eigenschaften**.

3 Auf der folgenden Seite werden im Bereich **Volumedaten** sowohl die Bezeichnung als auch der Laufwerkbuchstabe angezeigt. Um den Laufwerkbuchstaben zu ändern, klicken Sie auf die gleichnamige Schaltfläche ❶.

4 Wählen Sie im Dialog **Laufwerkbuchstaben ändern** einen neuen Buchstaben für das betreffende Laufwerk aus ❷. Die Buchstaben A und B sollten Sie hierbei nicht wählen: Diese wurden zu Zeiten des DOS-Betriebssystems für Floppydisk-Laufwerke verwendet. Bestätigen Sie Ihre Änderungen mit **OK**. Das Laufwerk sollte danach unter dem neuen Buchstaben im Explorer erscheinen.

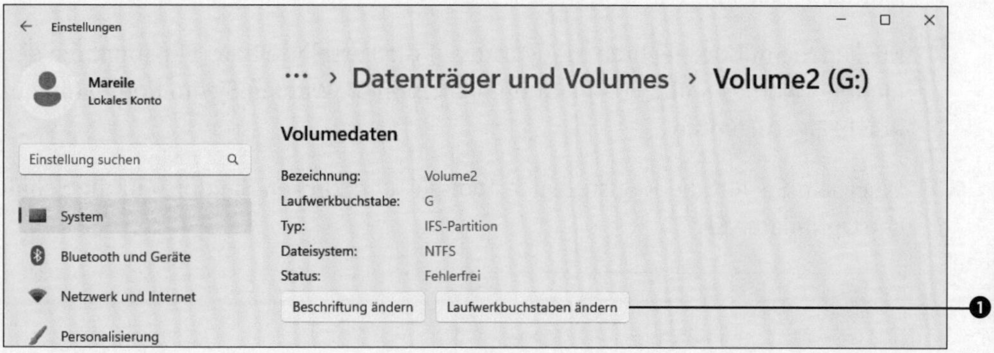

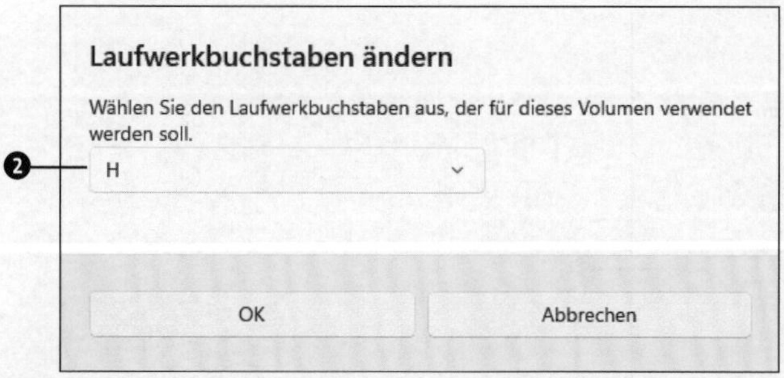

16.7.5 Wie sinnvoll ist die Defragmentierung?

Wenn Sie ständig Dateien auf Ihrer Festplatte löschen und diese wieder mit neuen Daten beschreiben, entsteht mit der Zeit ein ziemlich zerfranstes System von Datenbruchstücken (*Fragmenten*). Wenn Sie dann ein Programm starten oder eine Datei öffnen wollen, benötigt das System länger dazu. Bei der *Defragmentierung* versucht man, diese brüchige Struktur wieder zu glätten. Bei einem modernen Betriebssystem wie Windows 11 müssen Sie sich diesbezüglich meist keine Gedanken machen: Die Defragmentierung des Dateisystems wird normalerweise diskret im Hintergrund erledigt. Bei modernen SSD-Festplatten (*Solid State Drive*) ist eine derartige Fragmentierung darüber hinaus nicht sinnvoll bzw. sogar kontraproduktiv, denn diese Festplatten fragmentieren den Datenbestand nicht.

Wenn Sie dennoch eine Defragmentierung an Ihrer Systemfestplatte vornehmen möchten (die wie gesagt keine SSD-Platte sein darf), tun Sie dies folgendermaßen:

1 Starten Sie den Explorer, und markieren Sie im Navigationsbereich **Dieser PC**. Im Inhaltsbereich des Explorers werden nun sämtliche am PC angeschlossenen Festplatten aufgelistet.

2 Klicken Sie mit der rechten Maustaste auf die Festplatte bzw. Partition, die defragmentiert werden soll, z. B. die Systempartition *C:*. Wählen Sie im Kontextmenü den Befehl **Eigenschaften**.

3 Wechseln Sie auf die Registerkarte **Tools** ❶, und klicken Sie dort auf die Schaltfläche **Optimieren** ❷.

4 Im Dialog **Laufwerke optimieren** erscheinen nun alle verfügbaren Partitionen und Festplatten. Im rechten Bereich wird Ihnen der Status der Fragmentierung in Prozent angezeigt.

5 Wählen Sie die gewünschte Partition durch Anklicken aus, und klicken Sie dann auf die Schaltfläche **Optimieren**. Dadurch wird die Defragmentierung gestartet.

Nun heißt es, Geduld aufzubringen: Je nach Größe der Partition kann der Vorgang wenige Minuten bis Stunden dauern.

TIPP

Automatische Defragmentierung für SSD-Festplatten abschalten

Eine Defragmentierung ist bei sogenannten SSD-Festplatten, wie eingangs erwähnt, eher schädlich, da aufgrund ständiger Schreibzugriffe die Lebensdauer derartiger Medien deutlich verringert wird. Um die automatische Defragmentierung abzuschalten, begeben Sie sich, wie in den Schritten 1 bis 3 beschrieben, in den Dialog **Laufwerke optimieren**. Markieren Sie hier das entsprechende Laufwerk, das der SSD-Festplatte zugeordnet ist, und klicken Sie dann im Bereich **Geplante Optimierung** auf die Schaltfläche **Einstellungen ändern** ❶. Entfernen Sie hier das Häkchen vor **Ausführung nach Zeitplan (empfohlen)** ❷, um die automatische Defragmentierung bzw. Optimierung abzustellen. Bestätigen Sie mit **OK**.

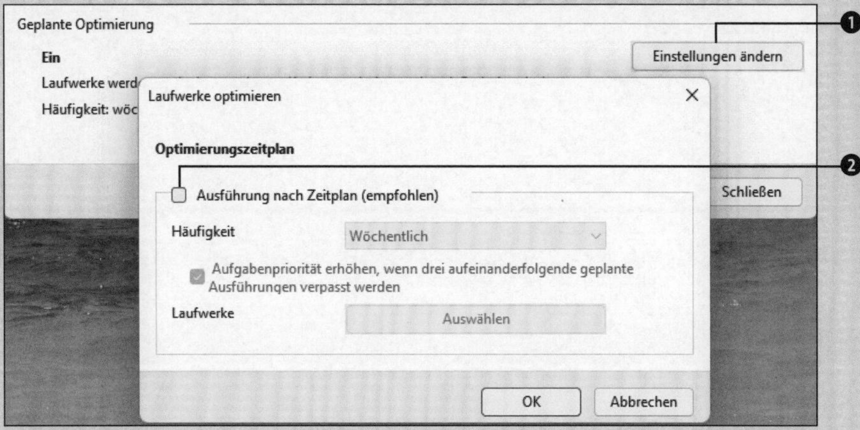

Abbildung 16.10 Um die automatische Defragmentierung abzuschalten, entfernen Sie das entsprechende Häkchen beim Eintrag »Ausführung nach Zeitplan«.

17 Wartung – das System aktuell halten und sichern

Wenn Sie meinen, ein Virenscanner und eine aktive Firewall würden bereits genügen, um Ihren Computer vor äußeren Angriffen zu schützen, liegen Sie nicht ganz richtig. Eine mindestens ebenso wichtige Grundlage ist das Schließen von Sicherheitslücken, die das System selbst regelmäßig offenbart. Dieses Kapitel zeigt Ihnen, welche Maßnahmen Microsoft ergriffen hat, um Windows 11 stets aktuell zu halten und dadurch entdeckte Sicherheitslücken zu stopfen. Sollte ein Angreifer durch Ausnutzen einer unbekannten Sicherheitslücke doch Kontrolle über Ihren Computer erlangt haben, haben Sie immer noch die Möglichkeit, den Computer von Grund auf neu aufzusetzen. Bis Sie in einem solchen Fall wieder alle Apps installiert und persönliche Einstellungen vorgenommen haben, können allerdings durchaus ein paar Tage vergehen. Hier sind diejenigen gut dran, die auf eine Datensicherung (auf Englisch *Backup*) zurückgreifen und so schnell den gewünschten Zustand ihres Computers wiederherstellen können. All die aufgeführten Aspekte werden in diesem Kapitel unter die Lupe genommen.

17.1 Windows Updates im Griff

Windows verfügt über ein ausgeklügeltes Updatesystem, das systemkritische Sicherheitslücken binnen kürzester Zeit nach deren Erkennung schließt. Auf den folgenden Seiten werfe ich mit Ihnen einen Blick hinter die Kulissen und zeige Ihnen, wie Sie Ihren Computer sicher halten.

17.1.1 Warum sind Updates notwendig?

Mittlerweile ist die sogenannte *Cyberkriminalität* ein wesentliches Standbein der organisierten Kriminalität geworden. Dabei versuchen die Kriminellen, Schwachstellen in Ihrem Computersystem ausfindig zu machen, durch diese in Ihr System einzudringen und Schadsoftware, wie beispielsweise Spionageprogramme, zu installieren. Dadurch sind sie etwa in der Lage, Kreditkartendaten abzugreifen, oder sie binden Ihren Rechner in ein sogenanntes *Botnetz* ein, um damit Angriffe mit der Rechenleistung von Tausenden, wenn nicht gar Millionen von Rechnern gegen wichtige IT-Systeme zu fahren. Spektakulär war in diesem Zusammenhang der Telekom-Hack Ende des Jahres 2016, bei dem gezielt die Router der Kunden angegriffen und lahmgelegt wurden. Ein anderes, leider weitverbreitetes Vorgehen ist die unbemerkte Installation sogenannter *Ransomware*: In diesem Fall werden alle auf Ihrem PC befindlichen Daten verschlüsselt, und Sie erhalten – wenn überhaupt – erst nach Zahlung eines Lösegeldes in Höhe von mehreren hundert Euro wieder Zugriff darauf.

Angreifer suchen zur Installation von Schadprogrammen nach Schwachstellen im Computer. Diese sind im Prinzip reichlich vorhanden, denn die Programmierer von Betriebssystemen und Software sind auch nur Menschen und machen Fehler. Microsoft ist allerdings auch mit einem Spitzenstab von Programmierer*innen ausgestattet, die permanent damit beschäftigt sind, derartige Lücken zu erkennen und zu stopfen. Fachleute sprechen hier vom *Patchen*. Es ist mittlerweile schon Tradition, dass es für die Windows-Betriebssysteme mindestens einmal im Monat einen sogenannten *Patchday* gibt. Das ist in der Regel der zweite Dienstag im Monat. An diesem Tag werden Updatepakete für Endanwender zur Verfügung gestellt und automatisch auf dem Computer eingespielt.

INFO

Die Unified Update Platform (UUP)

Bereits unter Windows 10 haben mit dem *Creators Update* die sogenannten differenziellen Updates Einzug ins System gehalten. Dabei werden bei anstehenden Updates nur diejenigen Softwareteile im Betriebssystem aktualisiert, die sich auch wirklich geändert haben. In früheren Zeiten wurde oft der komplette sogenannte *Build* des Betriebssystems getauscht, wodurch die Updates sehr umfangreich wurden und ihr Download viel Bandbreite in Anspruch nahm. Fachleute gehen davon aus, dass durch differenzielle Updates eine Ersparnis bei der Datenübertragung von bis zu 35 % erzielt werden kann. Sie spüren dies daran, dass der Download sowie das eigentliche Update deutlich schneller erfolgen.

17.1.2 Updates selbst anstoßen und kontrollieren

In älteren Windows-Versionen konnten Sie noch selbst bestimmen, ob Sie überhaupt Updates installieren wollten. Auch der Zeitpunkt hierfür ließ sich festlegen. In gewissem Sinne hat Microsoft die Windows-Nutzer*innen entmündigt, denn sie haben kaum noch Möglichkeiten, aktiv in den Updatevorgang einzugreifen. Die Updates werden im Hintergrund heruntergeladen, ohne dass Sie etwas davon mitbekommen. Die Installation erfolgt zu Zeiten, in denen die Arbeit am Computer nicht gestört wird.

Windows 11 kontrolliert in regelmäßigen Abständen, ob neue Updates vorliegen. Wenn Sie nicht darauf warten möchten, können Sie die Suche nach Updates auch selbst anstoßen. Das ist z. B. sinnvoll, wenn Sie in den Medien von einer gefährlichen Sicherheitslücke gelesen haben, die nun aber behoben wurde:

1 Rufen Sie über das Startmenü die **Einstellungen** und anschließend die Kategorie **Windows Update** auf. Klicken Sie in der rechten Fensterhälfte auf **Nach Updates suchen** ❶.

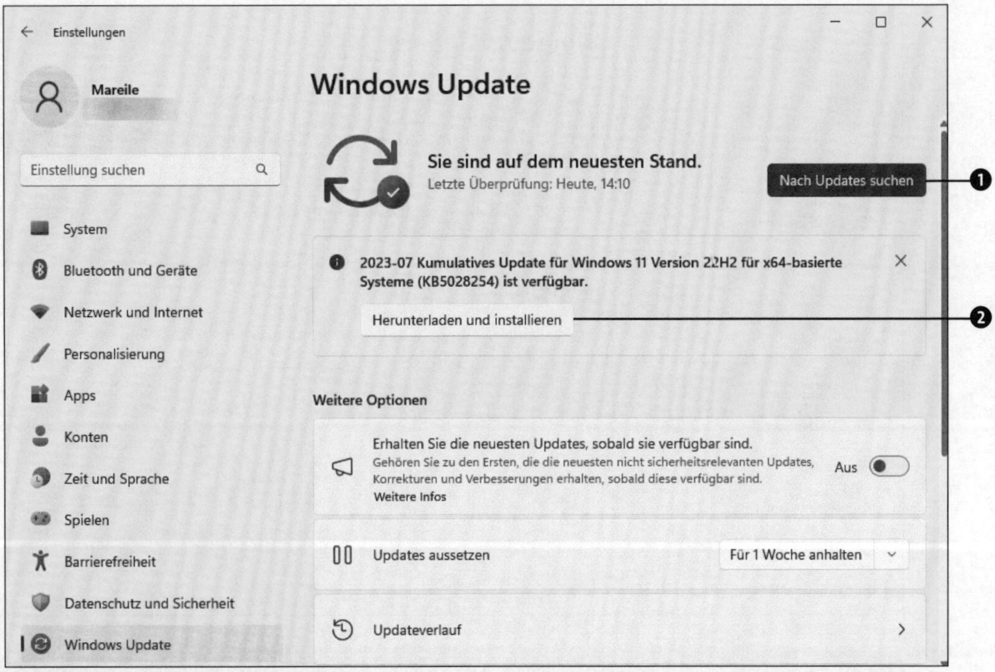

2 Sollten Updates vorliegen, so werden diese nach kurzer Zeit angezeigt. In den meisten Fällen lädt Windows 11 sie im Hintergrund herunter und installiert sie anschließend direkt. Bei manchen Updates müssen Sie die Installation selbst per Klick auf **Herunterladen und installieren** ❷ veranlassen.

3 Einige Updates erfordern nach der Installation den Neustart des Computers. Dann wird entsprechend die Schaltfläche **Jetzt neu starten** ❸ eingeblendet. Falls Sie den Computer sofort neu starten möchten, klicken Sie die Schaltfläche direkt an.

4 Wenn Sie momentan mit einer wichtigen Aufgabe am PC beschäftigt sind, können Sie den Neustart auch noch verschieben. Hierzu klicken Sie auf den Pfeil ❹ rechts von **Jetzt neu starten**. In der aufklappenden Liste markieren Sie **Neustart planen** ❺. Im gleichnamigen Dialog wählen Sie den gewünschten Tag sowie die Uhrzeit aus ❻. Sie haben die Möglichkeit, die Installation der Updates um maximal sieben Tage zu verschieben. Sollte der Computer zu diesem Zeitpunkt nicht eingeschaltet sein, wählt Windows 11 selbst den nächstbesten Termin hierfür aus. Informationen hierzu erhalten Sie in Abschnitt 17.1.4, »Einen Zeitpunkt für den Computerneustart nach Updates planen«, ab Seite 688. Mit einem Klick auf **Neustart planen** ❼ übernehmen Sie Ihre Einstellungen.

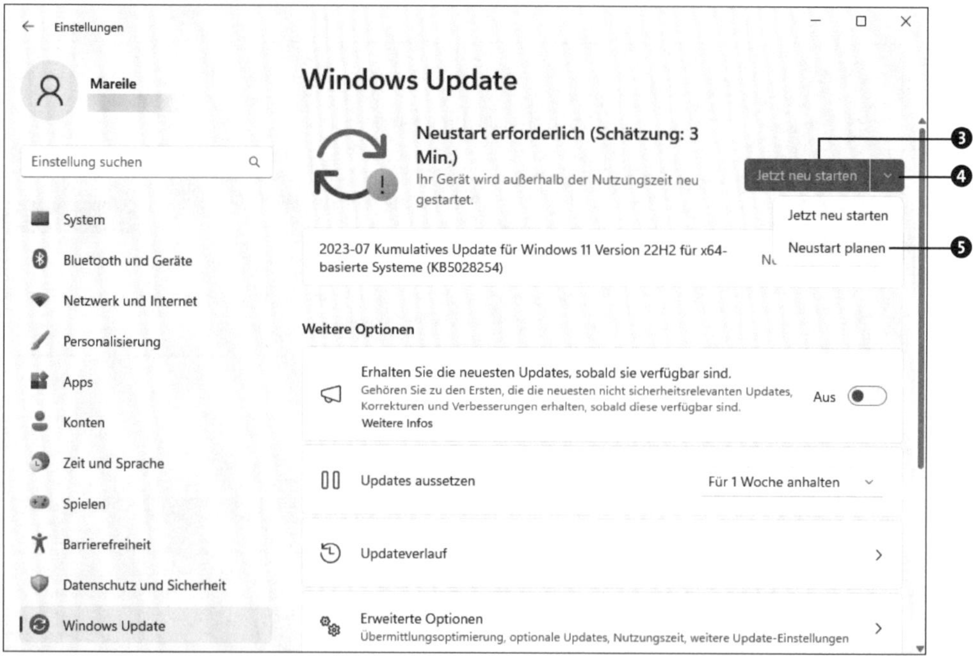

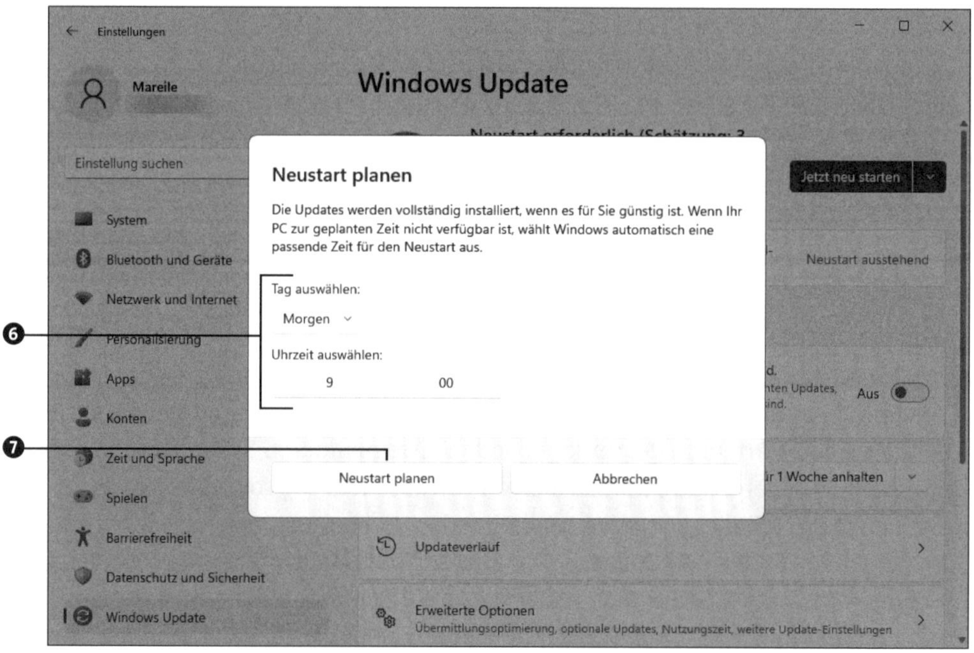

5 Steht eine Aktualisierung an, werden Sie auch beim Herunterfahren des PCs durch eine entsprechende Meldung im Menü ❽ informiert. Mit **Aktualisieren und herunterfahren** bzw. **Aktualisieren und neu starten** haben Sie nun die Möglichkeit, sie durchzuführen.

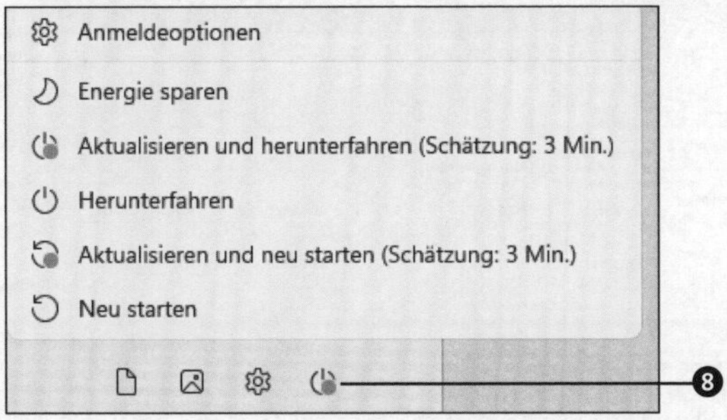

Sowohl das Herunterfahren des Computers als auch der nächste Start nehmen nun etwas Zeit in Anspruch, da die Updates konfiguriert werden. In einigen Fällen zeigt Windows 11 Ihnen dies sogar vor dem Herunterfahren an. Während des Vorgangs informieren entsprechende Meldungen darüber, wie weit die Aktualisierung gediehen ist. Die Warnung, den Computer in dieser Phase nicht auszuschalten, sollten Sie überaus ernst nehmen. Nicht selten hängt sich ein mit Gewalt ausgeschalteter PC beim nächsten Start auf, wenn der Updatevorgang nicht bis zum Ende durchgelaufen ist. Microsoft empfiehlt deshalb, die Durchführung von Updates auf einen Zeitraum zu legen, in dem Sie den Computer nicht nutzen, also etwa nachts.

6 Nachdem der Computer neu gestartet wurde, melden Sie sich wie gewohnt mit Ihrem Benutzernamen und der entsprechenden Anmeldeoption wie PIN oder Kennwort an. Bei umfangreicheren Updates erscheint am rechten Rand des Infobereichs der Taskleiste eine Ziffer, die zeigt, dass eine neue Meldung für Sie vorliegt. Nach einem Klick hierauf werden Sie im Benachrichtigungscenter informiert, dass die entsprechenden Updates installiert wurden. Klicken Sie auf die Nachricht selbst, erhalten Sie weitergehende Informationen zu den installierten Updates.

TIPP

Hartnäckige Updates manuell herunterladen und installieren

In einigen seltenen Fällen kann es vorkommen, dass die Installation von Updates auch bei mehrfachen Versuchen fehlschlägt. Notieren Sie sich in diesem Fall den Namen des fehlgeschlagenen Updates, der mit den Buchstaben »KB« beginnt. Denn in diesem Fall kann es hilfreich sein, die betreffenden Updates von der Seite *www.catalog.update.microsoft.com* selbst herunterzuladen. Zur Suche eines speziellen Updates geben Sie den Namen einfach in die Suchmaske ❶ ein.

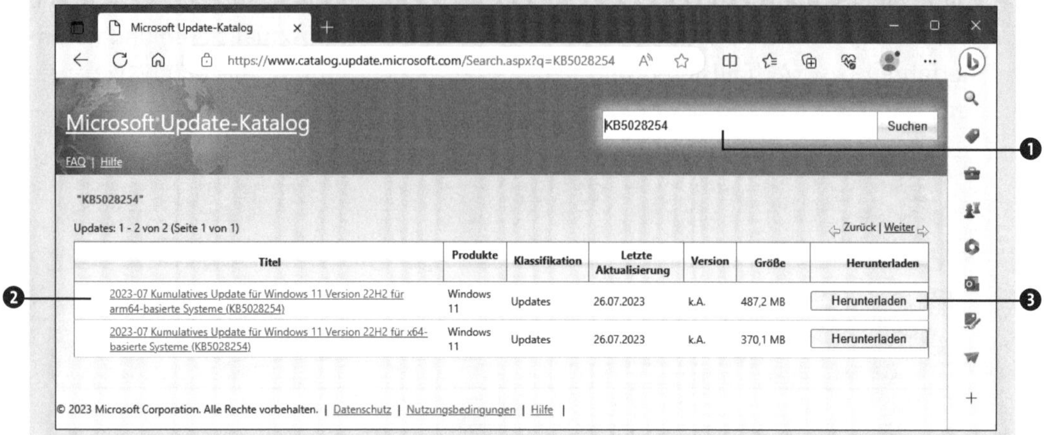

Abbildung 17.1 Der Microsoft-Update-Katalog bietet sämtliche Updates zum manuellen Download an.

Klicken Sie in der Ergebnisliste auf einen Titel ❷, erhalten Sie nähere Informationen zum Update; den Download starten Sie über **Herunterladen** ❸. Nach erfolgreichem Download rufen Sie im Explorer den Ordner *Downloads* auf und doppelklicken auf die Installationsdatei, um das Update manuell zu installieren. Danach ist es dann in der Regel wieder problemlos möglich, den integrierten Updatemechanismus von Windows 11 zu nutzen.

17.1.3 Bereits installierte Updates verwalten

Um sich einen Überblick darüber zu verschaffen, welche Updates in letzter Zeit installiert worden sind, rufen Sie **Start ▸ Einstellungen ▸ Windows Update** auf. Klicken Sie nun rechts auf **Updateverlauf**. Hier können Sie alle Updates einsehen, die bislang auf Ihrem Computer installiert wurden. Nähere Informationen zu einem speziellen Update erhalten Sie, wenn Sie den entsprechenden Link rechts vom betreffenden Update ❶ anklicken. Dann wird der Browser mit einer Informationsseite von Microsoft gestartet, auf der die Eigenschaften des jeweiligen Updates ausführlicher beschrieben werden.

Auf der Seite **Windows Update ▸ Updateverlauf** der **Einstellungen**-App haben Sie auch die Möglichkeit, Updates zu deinstallieren, falls es mit ihnen Probleme gibt. Den entsprechenden Link ❷ finden Sie am unteren Seitenrand im Bereich **Verwandte Einstellungen**. Auf der folgenden Seite werden alle durchgeführten Updates aufgelistet, die sich deinstallieren lassen.

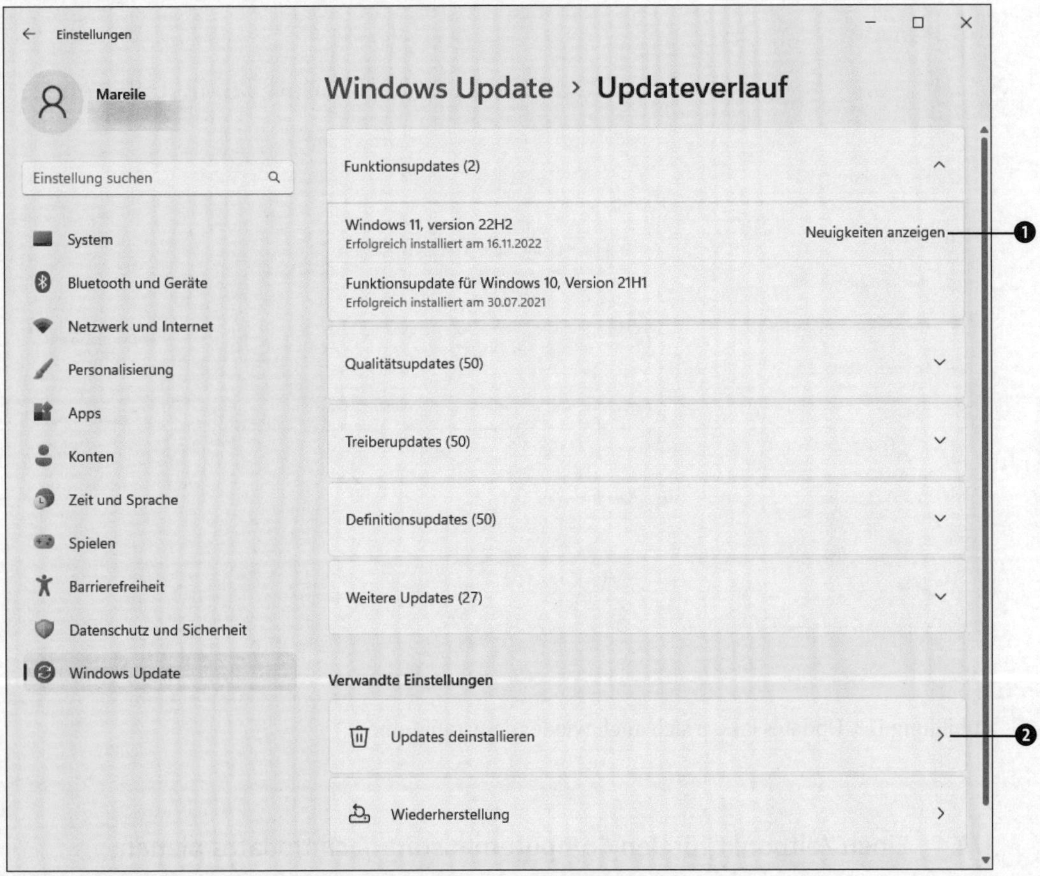

Abbildung 17.2 Der »Updateverlauf« informiert Sie über installierte Updates.

TIPP

Updates über die Eingabeaufforderung deinstallieren

In der **Einstellungen**-App werden nicht alle durchgeführten Updates aufgeführt. Um ein Update dennoch zu deinstallieren, ist es erforderlich, eine Eingabeaufforderung mit Administratorrechten zu öffnen. Geben Sie dazu in das Suchfeld der Taskleiste »Eingabeaufforderung« ein, klicken Sie in der Trefferliste mit der rechten Maustaste auf **Eingabeaufforderung – App**, und wählen Sie im Kontextmenü **Als Administrator ausführen.** In der Eingabeaufforderung tragen Sie dann den Kommandozeilenbefehl `WUSA /UNINSTALL /KB:<Nummer des Updates>` ein, wobei Sie die Updatenummer entsprechend anpassen müssen.

Um ein Update zu entfernen, klicken Sie rechts von seinem Namen auf **Deinstallieren** ❸.

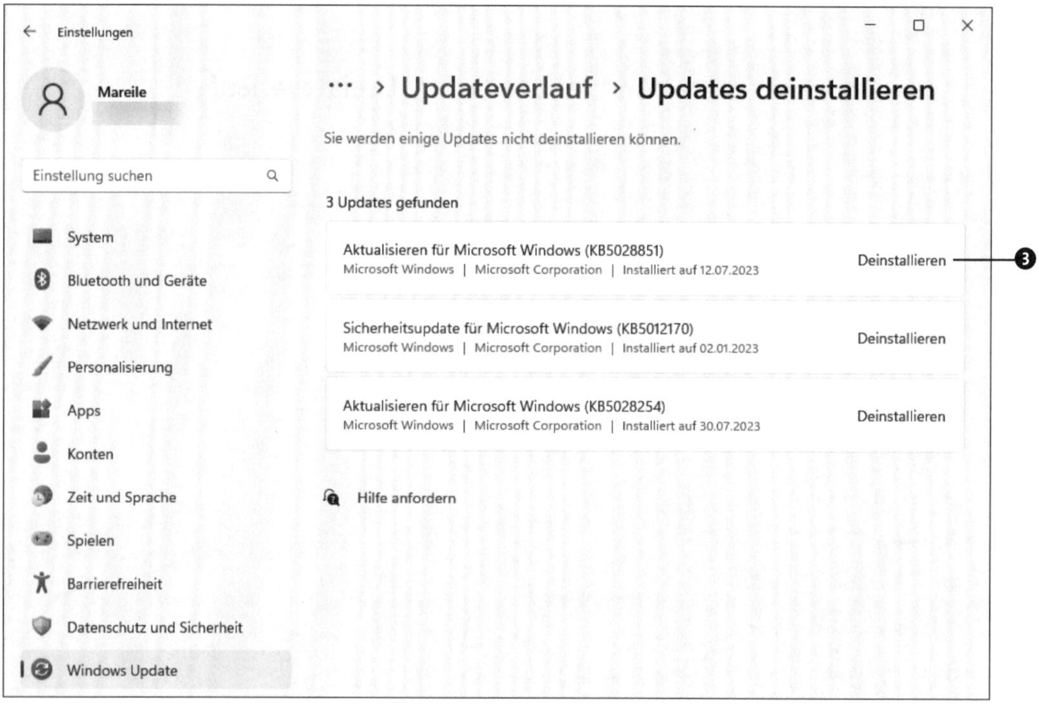

Abbildung 17.3 Updates lassen sich auch wieder deinstallieren.

17.1.4 Einen Zeitpunkt für den Computerneustart nach Updates planen

Es ist relativ lästig, wenn man mit dem PC arbeiten möchte, dieser aber aufgrund eines Updatevorgangs plötzlich neu gestartet werden muss. Windows 11 versucht den Neustart zwar in einen Zeitraum zu legen, an dem Sie den Computer nicht nutzen.

Die Standardvorgabe für den Nutzungszeitraum liegt bei 8:00 Uhr bis 17:00 Uhr. Falls Sie länger oder auch außerhalb dieses Zeitrahmens arbeiten, sollten Sie die Einstellung der Nutzungszeit entsprechend anpassen:

1. Rufen Sie **Start ▸ Einstellungen ▸ Windows Update** auf. Klicken Sie dann in der rechten Fensterhälfte auf **Erweiterte Optionen** ❶.

2. Auf der Seite **Windows Update ▸ Erweiterte Optionen** erfahren Sie rechts von **Nutzungszeit**, in welchem Zeitraum Windows 11 derzeit keinen automatischen Neustart durchführen wird. Um den Zeitrahmen anzupassen, klicken Sie auf **Nutzungszeit** ❷.

3 Klicken Sie in das nun sichtbare Feld rechts von **Anpassen der Nutzungszeit**, und wählen Sie **Manuell** aus ❸.

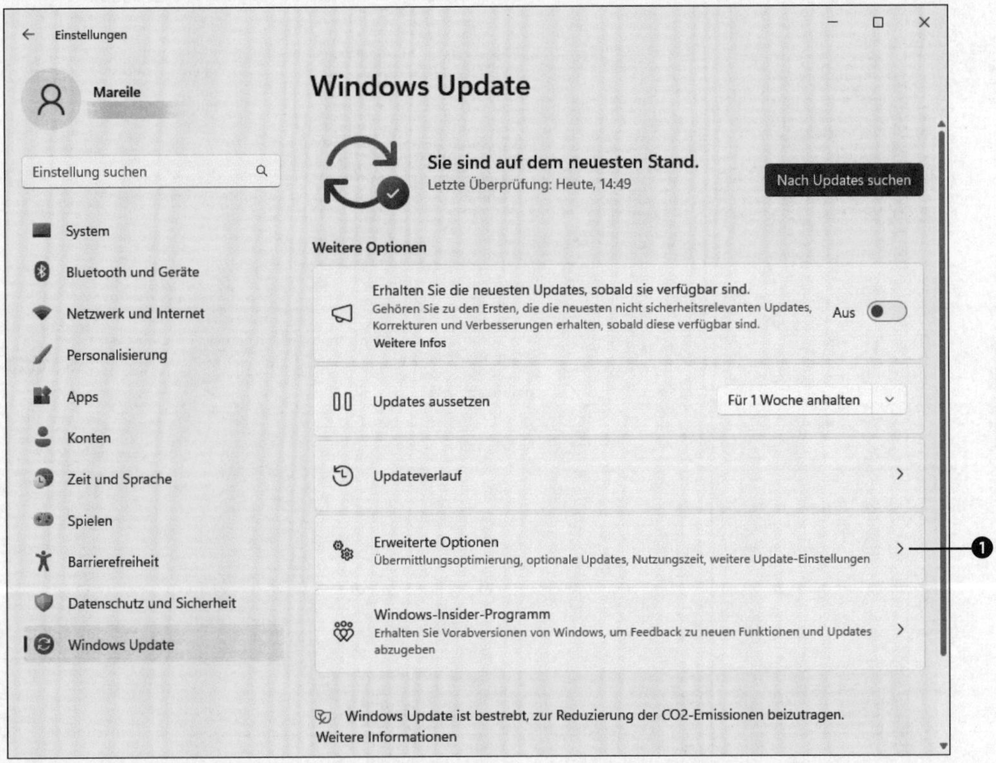

4 Klicken Sie als Nächstes in die Felder unter **Startzeit** ❹, und stellen Sie in den aufklappenden Listen die Uhrzeit ein, zu der Sie meist mit der Arbeit am Computer beginnen. Mit einem Klick auf das nun erscheinende Häkchen übernehmen Sie die Zeitangabe. Legen Sie analog in den Feldern unter **Endzeit** ❺ fest, wann Sie die Computerarbeit beenden. Die Arbeitszeit darf maximal 18 Stunden betragen.

5 Falls Sie außerhalb des angegebenen Zeitraumes arbeiten, müssen Sie keine Angst haben, dass Windows den Neustart ohne Vorwarnung durchführt. Setzen Sie den Regler **Benachrichtigung erhalten, wenn ein Neustart erforderlich ist, um das Update abzuschließen** ❻ auf **Ein**, werden Sie über jeden anstehenden Neustart informiert. Sie finden den Regler ebenfalls auf der Seite **Windows Update ▸ Erweiterte Optionen**.

6 Möchten Sie, dass Ihr Gerät so schnell wie möglich aktualisiert wird, setzen Sie den Regler **Sich auf den aktuellen Stand bringen lassen** ❼ auf **Ein**. Windows 11 benachrichtigt Sie nun 15 Minuten vor dem Neustart.

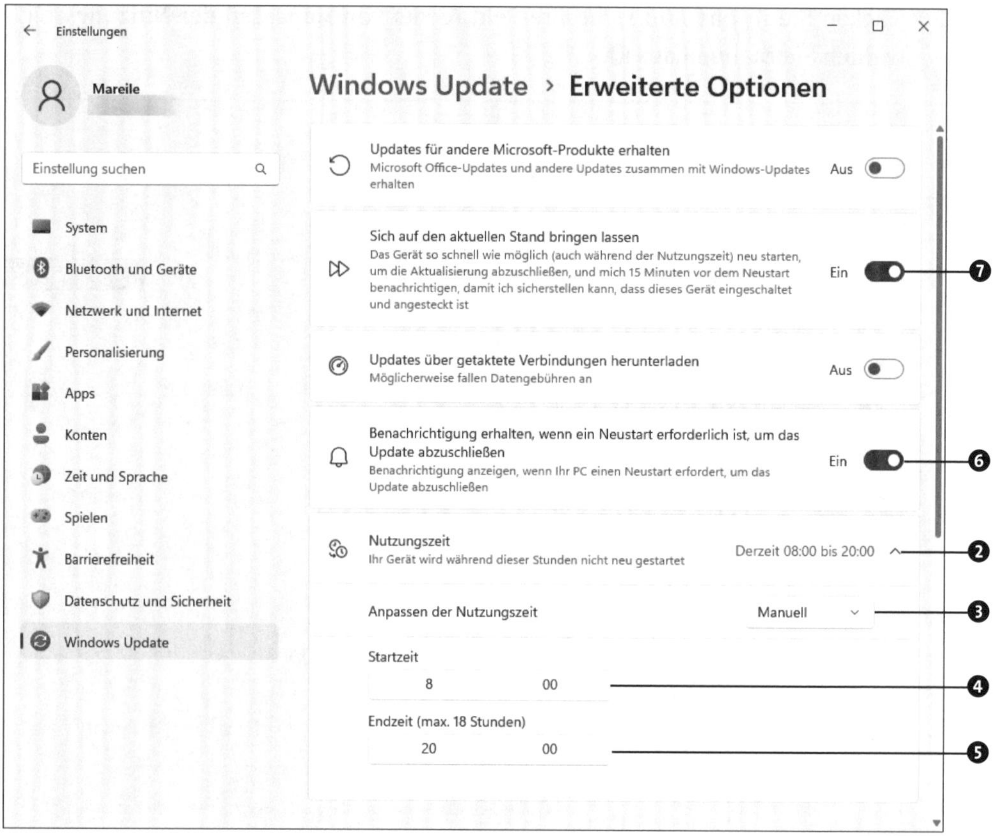

7 Damit ein Update nach einem Neustart abgeschlossen werden kann, muss sich der Benutzer wieder am Computer anmelden. Windows 11 kann diese Anmeldung für Sie automatisch durchführen, falls Sie dies wünschen.

Um die entsprechende Einstellung vorzunehmen, wählen Sie am linken Rand der **Einstellungen**-App die Kategorie **Konten** ❽ aus. Markieren Sie dann rechts die **Anmeldeoptionen**.

8 Blättern Sie auf der rechten Seite nun nach unten bis zum Bereich **Zusätzliche Einstellungen**. Setzen Sie hier den Regler **Die Einrichtung meines Geräts soll nach einem Update automatisch mit meinen Anmeldeinformationen abgeschlossen werden** auf **Ein** ❾.

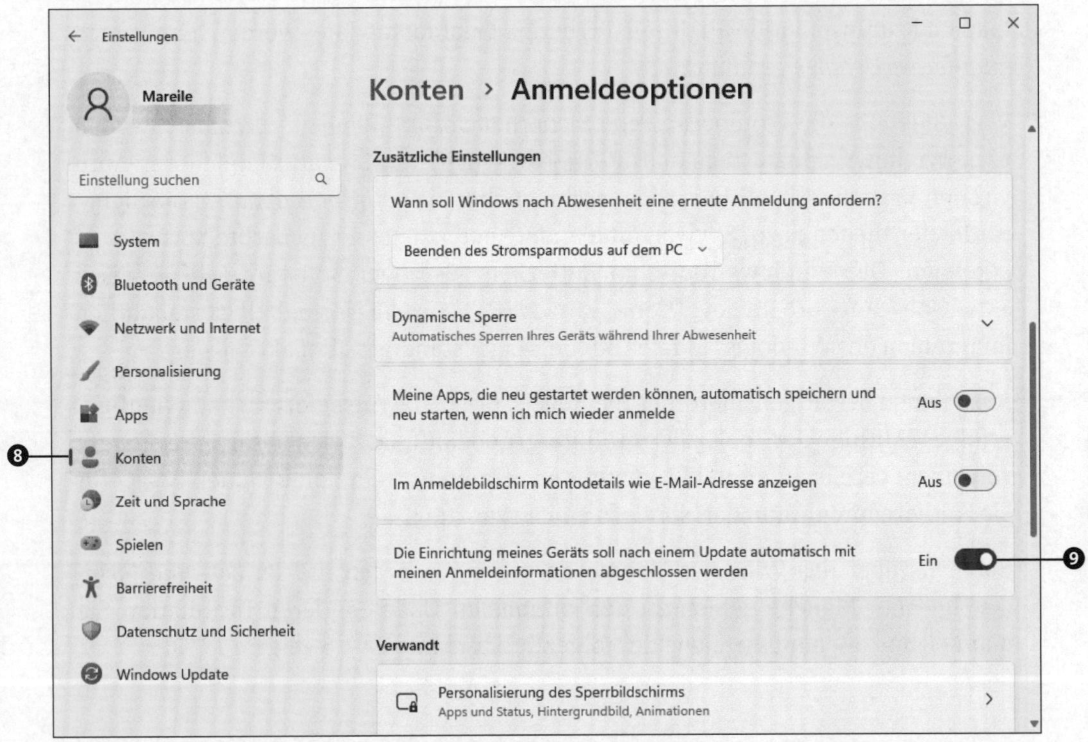

INFO

Wann gelangt ein Update auf Ihren PC?

Funktionsupdates (manchmal auch *Feature Updates* genannt), die viele neue Funktionen mit sich bringen und entsprechend umfangreich sind, erschienen unter Windows 10 zweimal im Jahr, jeweils im Frühjahr und im Herbst. Für Windows 11 hat Microsoft diesen Turnus auf einmal jährlich reduziert. Meist gibt es einen Stichtag, an dem das Unternehmen die Freigabe für die Installation dieser großen Aktualisierung erteilt. Das erste große Funktionsupdate 22H2 wurde im September 2022 freigegeben. Bis ein solches Update allerdings auch auf Ihrem PC zur Verfügung steht, können durchaus Wochen bis Monate vergehen, denn die Verteilung erfolgt in Etappen. Damit Anwender*innen nicht zu lange auf neue Funktionen warten müssen, veröffentlicht Microsoft quartalsweise sogenannte *Moment-Updates*, die Windows 11 mit neuen Features versorgt.

Die weniger umfangreichen *Qualitätsupdates*, über die Sicherheitslücken geschlossen oder Fehler (sogenannte *Bugs*) in Windows 11 behoben werden, werden mindestens einmal im Monat veröffentlicht und stehen dann auch direkt zum Download und zur Installation auf Ihrem PC bereit. Qualitätsupdates werden häufig auch *kumulative Updates* genannt.

Verwenden Sie die Windows-eigene Sicherheitslösung *Windows Defender*, werden über Windows Update regelmäßig (meist täglich) die Signaturdateien des Antivirenprogramms aktualisiert. Dies geschieht über die *Definitionsupdates*. Die Signaturdateien dienen dazu, Spyware und andere potenziell unerwünschte Software zu erkennen. Das Windows-Tool zum Entfernen bösartiger Software (auf Englisch »Malicious Software Removal Tool«, kurz *MSRT*) wird im Normalfall vierteljährlich im Rahmen des Windows Updates oder als eigenständiges Tool aktualisiert.

Ausnahmen bestätigen allerdings die Regel, sprich, die Auslieferung kann häufiger erfolgen. Mithilfe des Tools, das im Hintergrund läuft, lässt sich bösartige Software von einem bereits infizierten Computer entfernen. Es stellt damit keinen Ersatz für ein Antivirenprogramm dar, sondern eine Ergänzung.

Ebenfalls über das Windows Update ausgeliefert werden die *Treiber- und Firmwareupdates*. Manche zählen zu den optionalen Updates, deren Installation Sie manuell anstoßen müssen, wie der folgende Abschnitt 17.1.5 zeigt.

17.1.5 Optionale Updates installieren

Microsoft stellt nicht nur für Windows Updates bereit, sondern auch für Programme wie etwa die Microsoft-Office-Anwendungen. Falls ein solches Programm auf Ihrem Computer installiert ist, können Sie es automatisch aktualisieren lassen. Hierzu müssen Sie nur die entsprechende Funktion aktivieren. Manch andere Updates, wie z. B. spezielle Treiberupdates, zeigt Windows 11 zwar an, die Installation müssen Sie aber manuell anstoßen. Anlaufstelle sowohl für die Aktivierung der Microsoft-Office-Updates als auch für die Installation der optionalen Updates ist wie gewohnt die **Einstellungen**-App:

1. Wählen Sie in der **Einstellungen**-App die Kategorie **Windows Update** aus, und klicken Sie in der rechten Fensterhälfte auf **Erweiterte Optionen**.

2. Gleich zu Beginn der Seite finden Sie den Regler **Updates für andere Microsoft-Produkte erhalten**, den Sie auf **Ein** setzen ❶. Zukünftig werden die Updates für alle weiteren Microsoft-Produkte auf Ihrem Gerät automatisch mit dem Windows Update vorgenommen.

3 Blättern Sie auf der Seite **Windows Update ▸ Erweiterte Optionen** etwas nach unten bis zum Bereich **Weitere Optionen**. Klicken Sie hier auf **Optionale Updates** ❷.

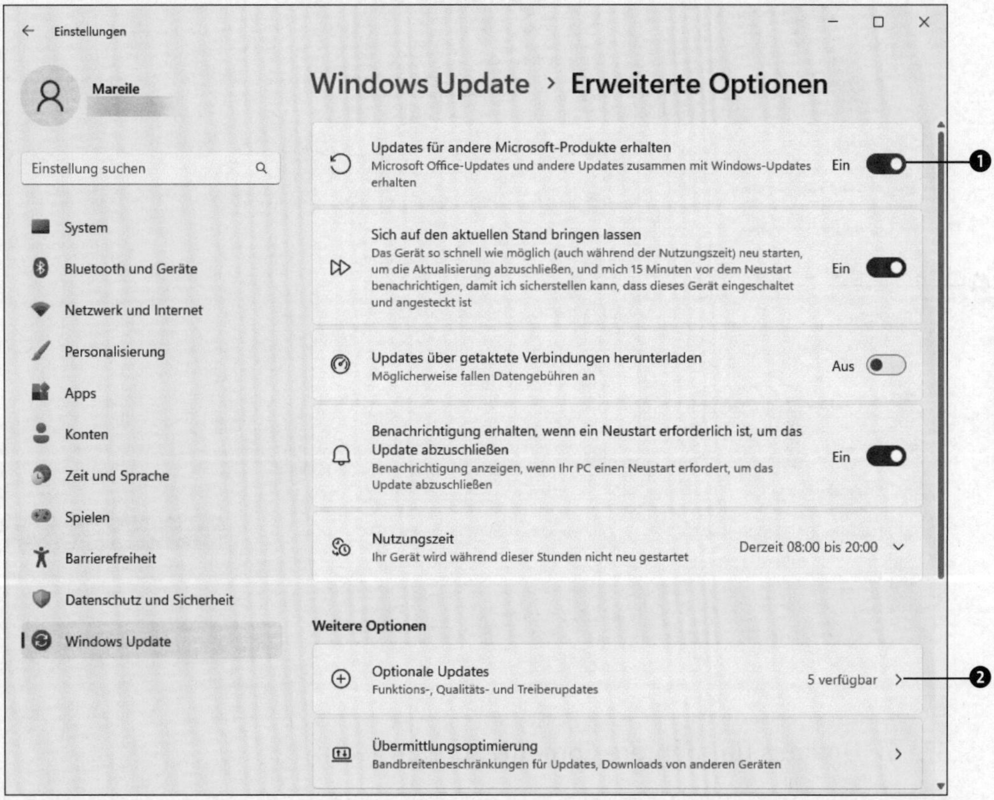

4 Auf der folgenden Seite werden nun alle verfügbaren optionalen Updates aufgelistet. Dabei kann es sich, wie in der Abbildung unten, um Treiberupdates handeln. Ist ein neues Funktionsupdate für Windows 11 verfügbar, wird es hier ebenfalls aufgeführt. Klicken Sie die gewünschte Kategorie (z. B. **Treiberupdates**) an, um die einzelnen Updates einzublenden.

5 Versehen Sie die Updates, die Sie installieren möchten, mit einem Häkchen ❸. Bestätigen Sie die Auswahl dann mit **Herunterladen und installieren** ❹. Falls anschließend ein Neustart des Systems nötig ist, erhalten Sie einen entsprechenden Hinweis.

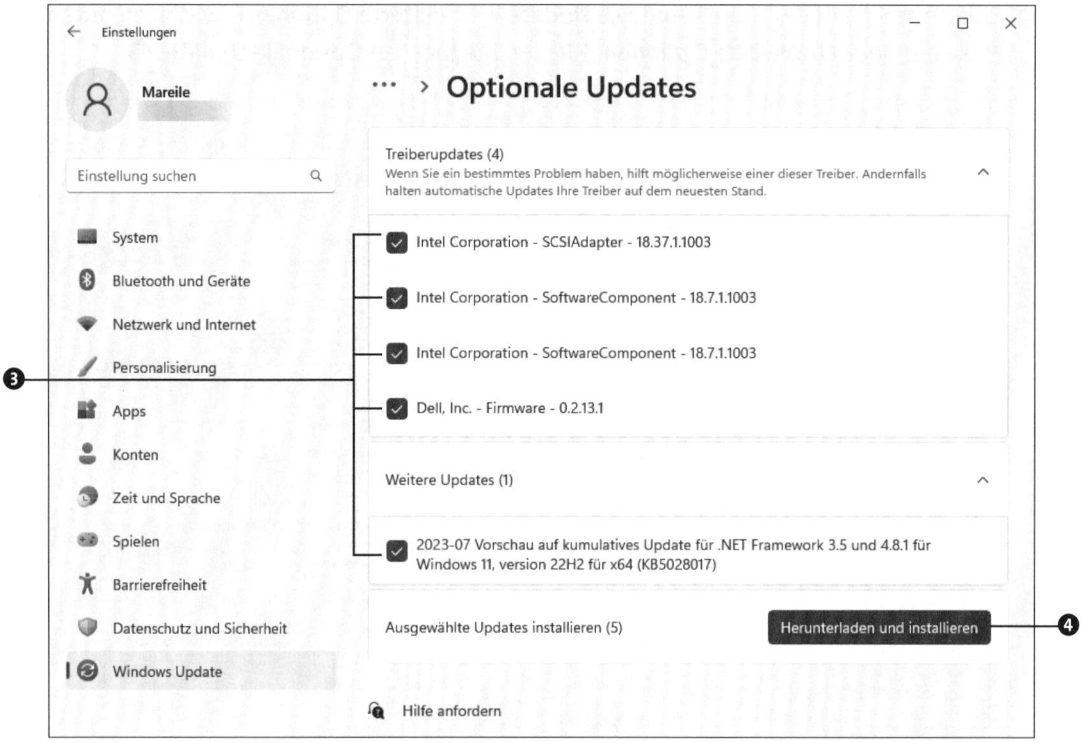

17.1.6 Updates für mehrere Computer organisieren

Wenn Sie mehrere Windows 11-Computer in einem Haushalt oder sogar in einem kleinen Firmennetzwerk betreuen müssen, ist es lästig, wenn die Updates für jeden einzelnen Rechner stets neu aus dem Internet geladen werden müssen. Das kostet unnötig Bandbreite. Abhilfe schafft hier eine Option, mit der ein oder mehrere einzelne Computer als Updatequelle für die übrigen Rechner definiert werden. Die einzige Voraussetzung ist, dass sich alle Computer im gleichen Netzwerk befinden und sich auch gegenseitig erkennen können (siehe auch Abschnitt 14.2, »Dateien, Ordner und Geräte im Netzwerk freigeben«, ab Seite 585).

1 Rufen Sie **Start ▸ Einstellungen ▸ Windows Update** auf, und klicken Sie rechts auf **Erweiterte Optionen**. Auf der folgenden Seite blättern Sie nach unten bis zum Bereich **Weitere Optionen**. Klicken Sie hier auf **Übermittlungsoptimierung ❶**.

2 Ziehen Sie in der rechten Fensterhälfte den Regler rechts von **Downloads von anderen PCs zulassen** auf **Ein ❷**.

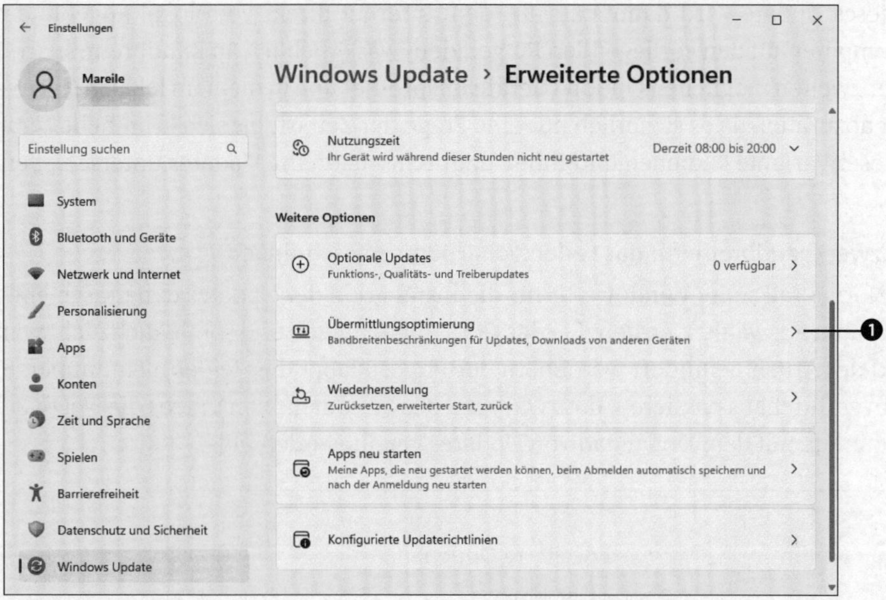

3 Wählen Sie nun die Option **Geräte in meinem lokalen Netzwerk** ❸ aus. Dadurch wird der Updateassistent Ihres Computers angewiesen, innerhalb des bestehenden Netzwerkes nach PCs Ausschau zu halten, die ein zur Verfügung stehendes Update bereits vollständig heruntergeladen haben.

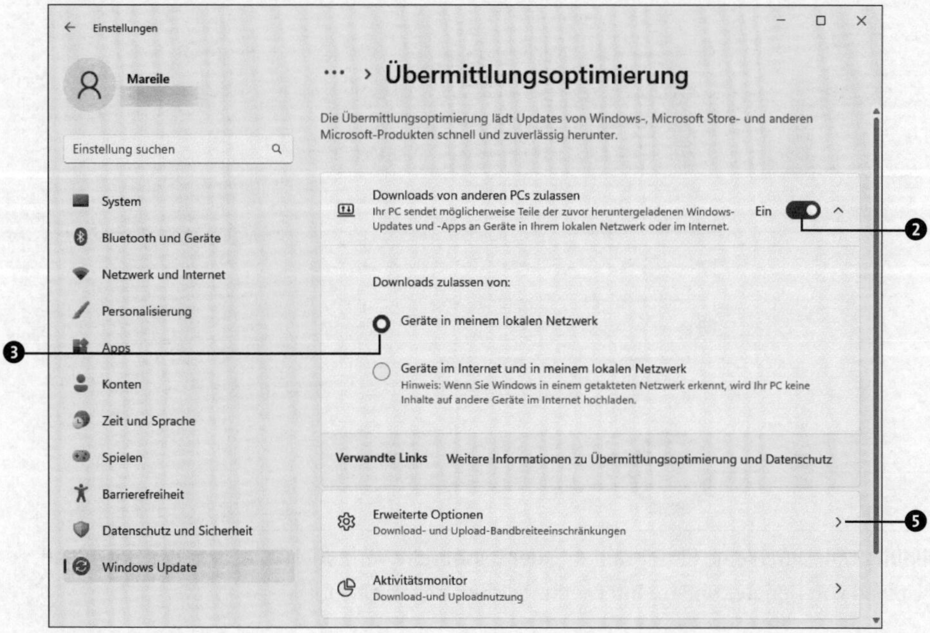

Dieses Update wird dann statt aus dem Internet direkt vom lokal angebundenen Computer auf den vorliegenden PC geladen, was erheblich an Bandbreite spart. Von der zweiten möglichen Option (**Geräte im Internet und in meinem lokalen Netzwerk**) ist abzuraten, da es sicherlich nur eine Frage der Zeit ist, bis sich kriminelle Naturen dieser Variante bedienen und Ihnen dadurch schadhafte Updates unterschieben.

TIPP

Netzwerkbandbreite für das Laden von Updates beschränken

Im Normalfall sollte Windows 11 für die Installation der Updates dynamisch einen Zeitpunkt auswählen, an dem Sie das Gerät nicht nutzen und somit auch nicht während der Arbeit behindert werden. In der Praxis klappt dies leider nicht immer. So kann es durchaus passieren, dass während des Streamens von Videos die Netzwerkbandbreite mit dem Download von Updates geteilt werden muss.

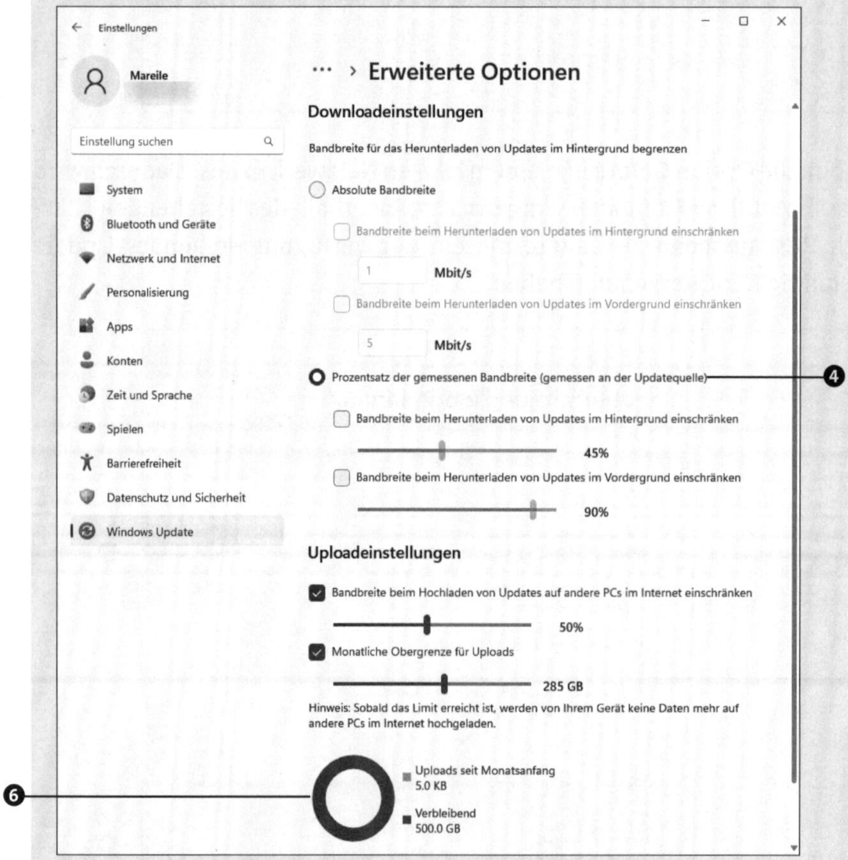

Abbildung 17.4 Durch eine Einschränkung der Bandbreite verhindern Sie, dass der Download und Upload von Updates andere Internetaktivitäten negativ beeinflusst.

Damit Sie bei derartigen Tätigkeiten nicht mehr ausgebremst werden, haben Sie die Möglichkeit, die Bandbreite für das Herunterladen von Updates sowie für das Hochladen von Updates auf andere PCs jeweils zu limitieren ❹. Die entsprechenden Einstellungen nehmen Sie in den **Erweiterten Optionen** vor, die Sie auf der Seite **Übermittlungsoptimierung** per Klick auf die gleichnamige Schaltfläche (❺ auf Seite 695) aufrufen. Falls Sie die Download- und Upload-Statistik interessiert, sollten Sie einen Blick auf den **Aktivitätsmonitor** werfen. Auch diese Schaltfläche finden Sie auf der Seite **Übermittlungsoptimierung** ❻.

17.1.7 Updates mehrere Tage zurückstellen

Die Installation eines Updates kommt Ihnen gerade sehr ungelegen? Oder möchten Sie sichergehen, dass ein Update wirklich fehlerfrei ist, bevor es auf Ihren Computer aufgespielt wird? Microsoft bietet mittlerweile die Möglichkeit, Updates bis zu maximal 35 Tage zurückzustellen. Die entsprechenden Einstellungen nehmen Sie folgendermaßen vor:

1 Rufen Sie **Start ▸ Einstellungen ▸ Windows Update** auf. In der rechten Fensterhälfte wird bereits **Updates aussetzen** angezeigt ❶. Als Pause schlägt Windows 11 im Feld rechts davon **Für 1 Woche anhalten** vor ❷.

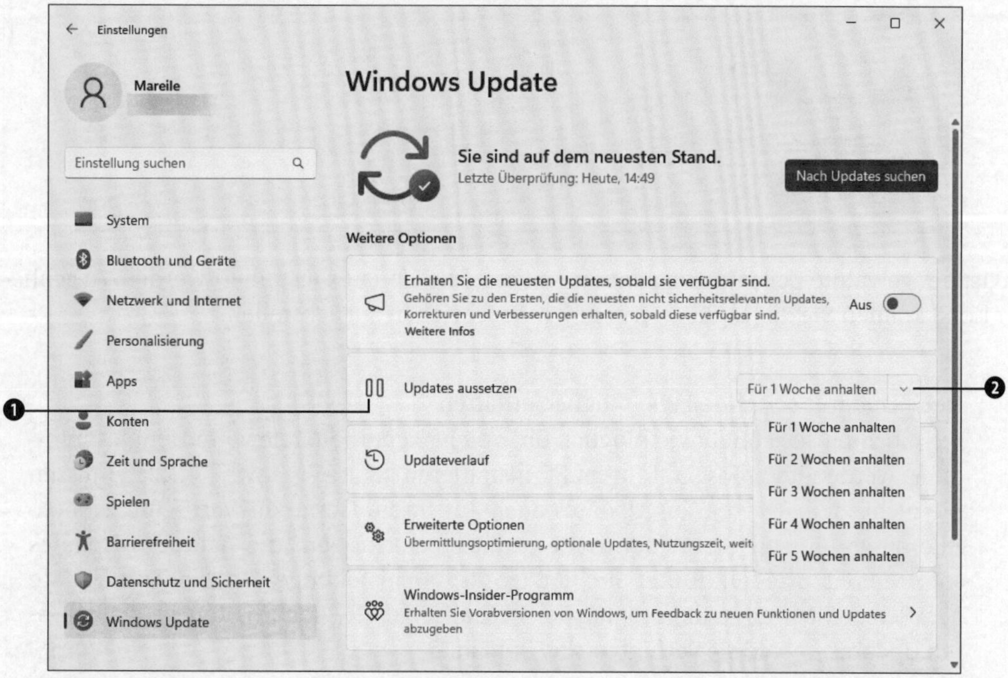

Klicken Sie in das Feld, lassen sich in der aufklappenden Liste bis zu fünf Wochen einstellen. Wählen Sie per Mausklick den gewünschten Zeitrahmen aus.

2 Am oberen Seitenrand wird nun das Datum angezeigt, bis zu dem Updates ausgesetzt werden ❸. Über die Schaltfläche **Um 1 Woche verlängern** können Sie jeweils eine Woche anhängen, bis die maximal möglichen fünf Wochen erreicht sind.

3 Falls Sie bereits vor Ablauf dieses Zeitrahmens mit der Installation von Updates fortfahren möchten, klicken Sie auf **Updates fortsetzen** ❹.

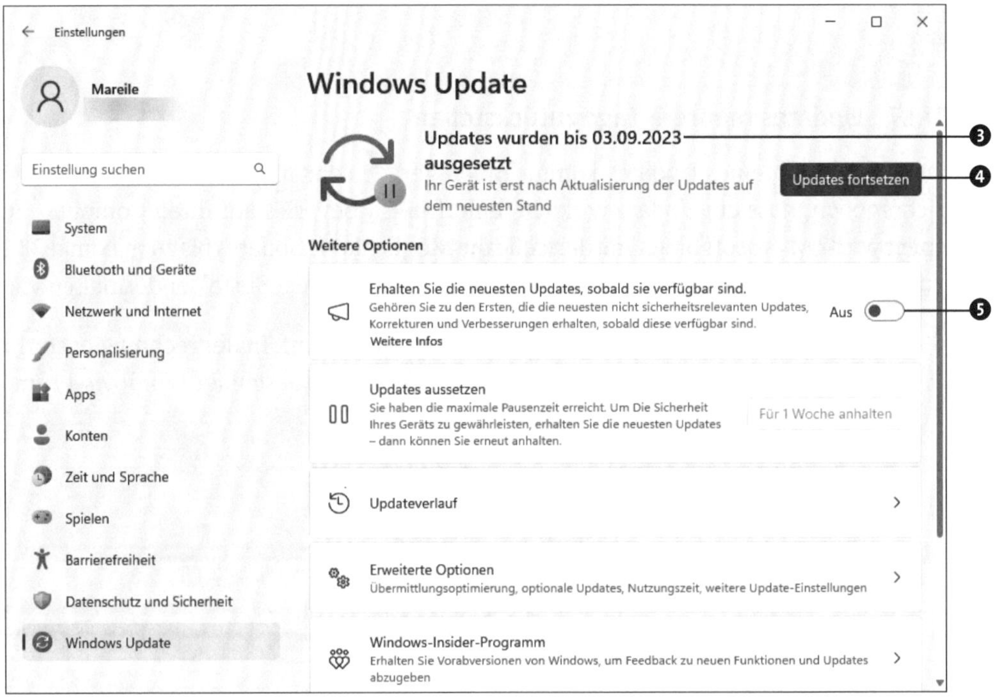

Ist der gewählte Zeitraum abgelaufen, müssen die Updates installiert werden. Anschließend können Sie die Updates erneut wie beschrieben zurückstellen.

TIPP

Neue Updates so schnell wie möglich erhalten
Sie möchten so schnell wie möglich über nicht sicherheitsrelevante Updates informiert werden und diese auf Ihrem PC installieren? Seit Windows 11 22H2 müssen Sie nicht mehr warten, bis Updates auch auf Ihrem Gerät zur Verfügung stehen. Allerdings müssen Sie Windows 11 explizit beauftragen, die neuesten Updates sofort bereitzustellen. Rufen Sie hierzu **Start ▸ Einstellungen ▸ Windows Update** auf. Setzen Sie nun in der rechten Fensterhälfte den Regler **Erhalten Sie die neuesten Updates, sobald sie verfügbar sind auf Ein** ❺.

17.2 Vorabversionen von Windows 11 testen

Sind Sie neugierig, welche neuen Funktionen für Windows 11 geplant sind? Mit den sogenannten *Insider Preview Builds* bietet Microsoft eine Möglichkeit, die aktuellsten Funktionen kommender Windows-Generationen vorab zu testen. Für Softwareentwickler, die neue Programme für Windows entwickeln möchten, ist dies die perfekte Gelegenheit, eine Anwendung auf eine neue Version von Windows vorzubereiten. Auch Microsoft selbst profitiert von den Erfahrungen der Anwender, da diese auftauchende Probleme melden, aber auch Vorschläge einreichen können. Die Insider Preview Builds laufen meist nicht fehlerfrei und führen zu Programmabstürzen und Datenverlust. Entscheiden Sie selbst, ob Sie das Risiko eingehen möchten, ein zum Teil instabiles System zu installieren. Wenn Sie auf Nummer sicher gehen möchten, testen Sie die Insider Preview Builds auf einem Windows 10- oder auch Windows 11-Computer, den Sie nicht für Ihre tägliche Arbeit benötigen.

17.2.1 Die Insider Preview Builds aktivieren

Sie sind sich des Risikos bewusst und möchten trotzdem gerne vorab einen Blick auf kommende Windows-Versionen werfen? Für die Installation der Insider Preview Builds stellt Microsoft vier verschiedene Stufen – sogenannte Kanäle – zur Auswahl. Je nachdem, für welchen Kanal Sie sich entscheiden, kommen Sie recht schnell in den Genuss von neuen Features, die aber womöglich voller Fehler stecken, oder Sie warten, bis eine einigermaßen stabile Version verfügbar ist:

- **Canary Channel**: Der Canary-Kanal wurde von Microsoft erst im März 2023 eingeführt. Besonders experimentierfreudige Anwender*innen haben so die Möglichkeit, frühzeitig einen Blick auf geplante Funktionen zu werfen und diese zu testen. Nicht alle hier vorgestellten Funktionen halten dann auch tatsächlich Einzug in die finale Version, die an die Endverbraucher ausgeliefert wird. Die im Canary-Kanal ausgelieferten Windows-Versionen sind sehr instabil und ausgesprochen fehlerbehaftet.
- **Entwicklungskanal** (ehemals *Fast Ring* oder auch *Dev-Kanal*): Wenn Sie diesen Kanal auswählen, sind Sie am Puls der Zeit und erhalten brandaktuelle Updates, sobald diese von Microsoft freigegeben werden. Diese Version ist jedoch noch ungenügend getestet, sodass Sie mit einigen Problemen rechnen müssen.
- **Beta-Kanal** (ehemals *Slow Ring*): Die Softwareversion, die im sogenannten Beta-Kanal veröffentlicht wird, ist schon deutlich stabiler und kann mit Abstrichen auch auf Produktivsystemen eingesetzt werden.

- **Release Preview** (ehemals *Release Preview Ring*): Diese Option erscheint kurz vor der Veröffentlichung einer stabilen Windows-Version. Sie können davon ausgehen, dass die entsprechende Software schon ausreichend getestet wurde.

Um in den Genuss von Insider Preview Builds zu kommen, müssen Sie mit einem Administratorkonto am Computer angemeldet sein, das darüber hinaus mit einem Microsoft-Konto verknüpft wurde. Mehr zum Thema Microsoft-Konto erfahren Sie unter anderem in Abschnitt 5.2.2, »Ein Microsoft-Konto einrichten«, ab Seite 147. Des Weiteren müssen Sie der Übermittlung von Diagnosedaten und Feedback an Microsoft vollständig zustimmen. Die entsprechende Einstellung können Sie unter **Start ▸ Einstellungen ▸ Datenschutz & Sicherheit ▸ Diagnose und Feedback** überprüfen. Der Regler **Optionale Diagnosedaten senden** sollte hier auf **Ein** gesetzt sein. Ist dies nicht der Fall, müssen Sie dies nachholen.

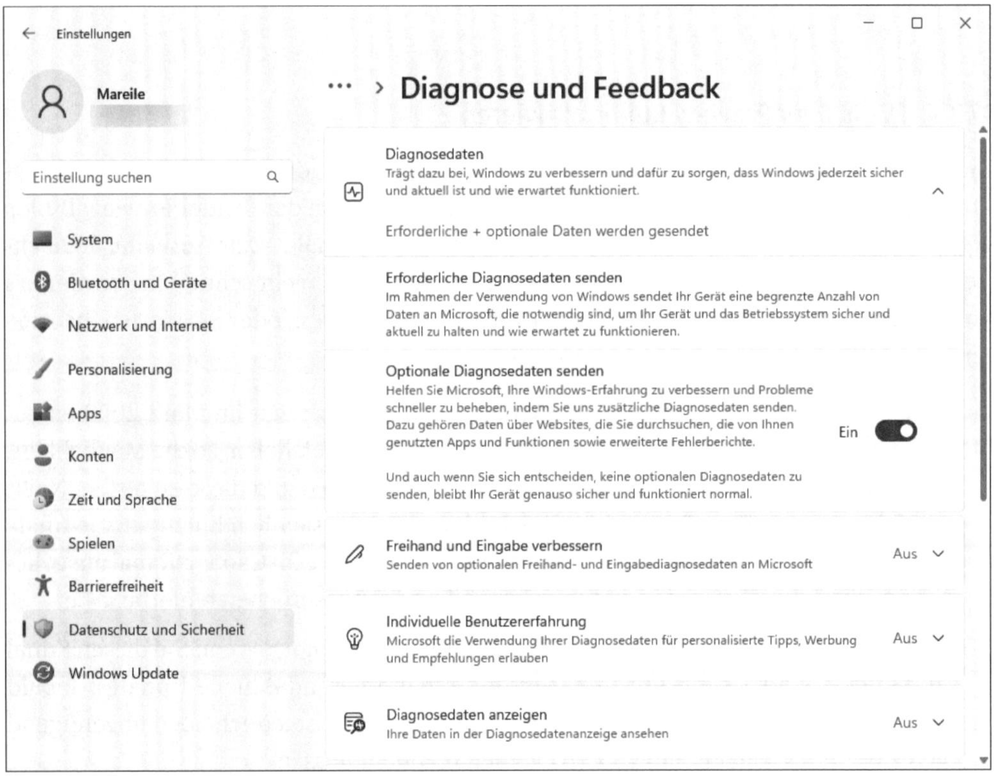

Abbildung 17.5 Nur wenn sowohl die erforderlichen als auch die optionalen Diagnosedaten übermittelt werden, ist die Teilnahme am Windows-Insider-Programm möglich.

Als Nächstes steht die Registrierung beim Windows-Insider-Programm an. Diese nehmen Sie am besten über die Webseite *https://insider.windows.com/de-de* vor. Von welchem Gerät aus (Desktop-PC, Notebook, Tablet, Smartphone etc.) Sie die Registrierung vornehmen, ist ganz Ihnen überlassen.

1. Starten Sie einen Browser Ihrer Wahl (z. B. Microsoft Edge), und rufen Sie die Webadresse *https://insider.windows.com/de-de* auf.

2. Blättern Sie auf der Webseite nach unten bis zum Bereich **Lernen Sie das Windows-Insider-Programm kennen**, und klicken Sie auf **Registrieren**.

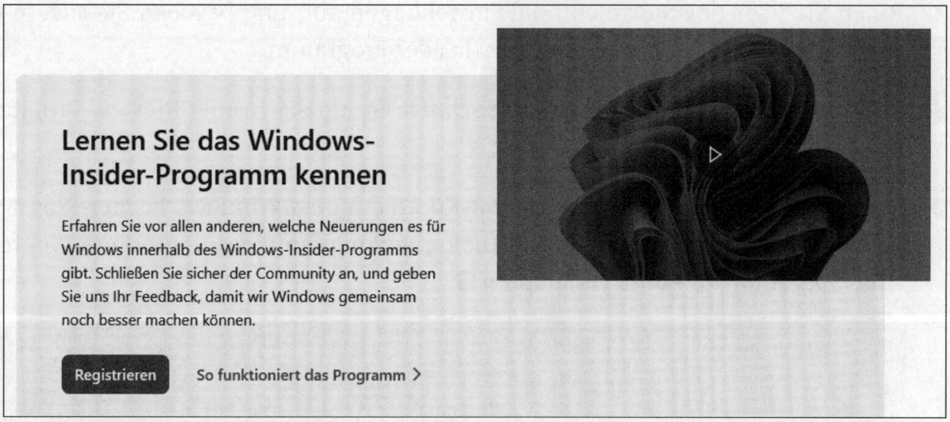

3. Nachdem Sie auf der folgenden Seite auf **Jetzt anmelden** geklickt haben, geben Sie im Dialog **Anmelden** die E-Mail-Adresse des Microsoft-Kontos an, das Sie für das Windows-Insider-Programm nutzen möchten. Anschließend wird das Kennwort oder eine alternative Anmeldeoption des Microsoft-Kontos abgefragt.

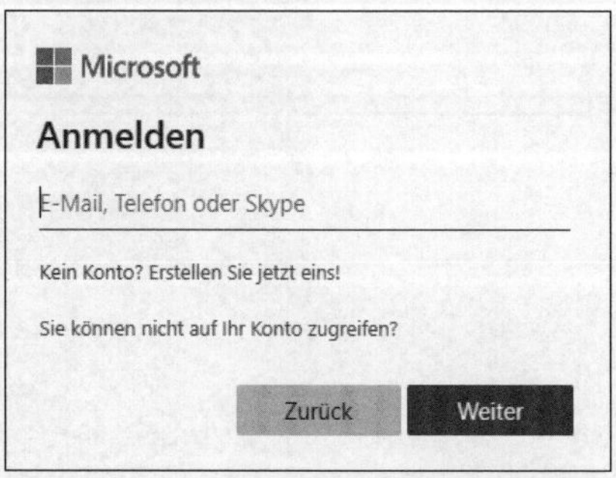

4. Nun müssen Sie gegebenenfalls noch die Bedingungen der Programmvereinbarung und die Datenschutzbestimmungen durch Setzen des entsprechenden Häkchens akzeptieren und die Registrierung mit **Jetzt registrieren** abschließen.

5 Auf der folgenden Seite erhalten Sie einige Informationen rund um das Windows-Insider-Programm. Wenn Sie möchten, können Sie sich nun auf der Webseite abmelden. Hierzu klicken Sie in der rechten oberen Seitenecke auf das Profilbild Ihres Microsoft-Kontos. Im aufklappenden Dialog wählen Sie **Abmelden** (manchmal erscheint hier auch die englische Bezeichnung **Sign-out**).

Die Registrierung beim Windows-Insider-Programm ist damit abschlossen. Die weitere Einrichtung nehmen Sie auf dem Windows 11-Computer vor, auf dem die Insider Preview Builds installiert werden sollen:

1 Rufen Sie über das Startmenü die **Einstellungen** auf, und begeben Sie sich in den Bereich **Windows Update ▸ Windows-Insider-Programm**.

2 Klicken Sie auf die Schaltfläche **Erste Schritte** ❶, um das Insider-Preview-Programm auf Ihrem System zu aktivieren.

3 Als Nächstes müssen Sie ein Microsoft-Konto mit dem Windows-Insider-Programm verknüpfen. Klicken Sie hierzu im Dialog **Verknüpfen eines Kontos zum Beitreten zum Programm** auf **Konto verknüpfen** ❷.

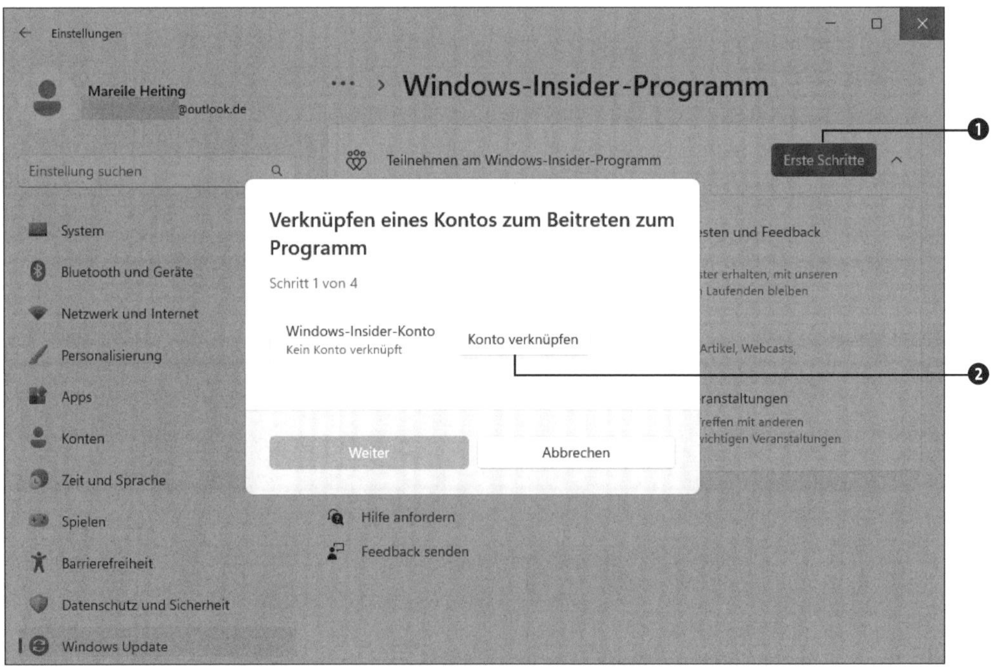

4 Windows zeigt nun bereits das Microsoft-Konto an, mit dem Sie aktuell am Computer angemeldet sind. Fahren Sie mit einem Klick auf **Weiter** ❸ fort.

5 Markieren Sie nun einen der vier Insider-Kanäle **Canary Channel**, **Entwicklungskanal**, **Beta-Kanal** oder **Release Preview** ❹, und bestätigen Sie den entsprechenden sowie den nächsten Hinweis mit **Weiter**.

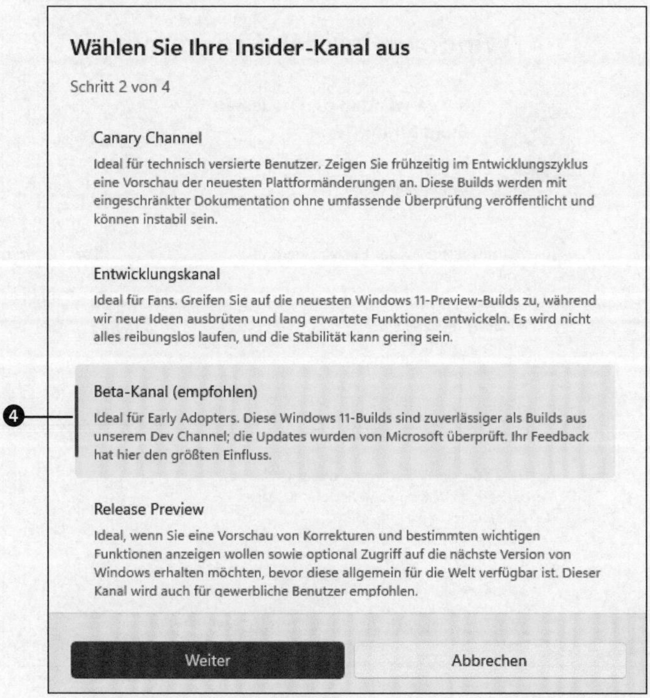

6 Im folgenden Dialog müssen Sie die Vereinbarungen für das Windows-Insider-Programm akzeptieren. Falls Sie sich die Vereinbarungen in Ruhe durchlesen möchten, klicken Sie die entsprechenden Links an. Mit einem Klick auf **Weiter** akzeptieren Sie sie.

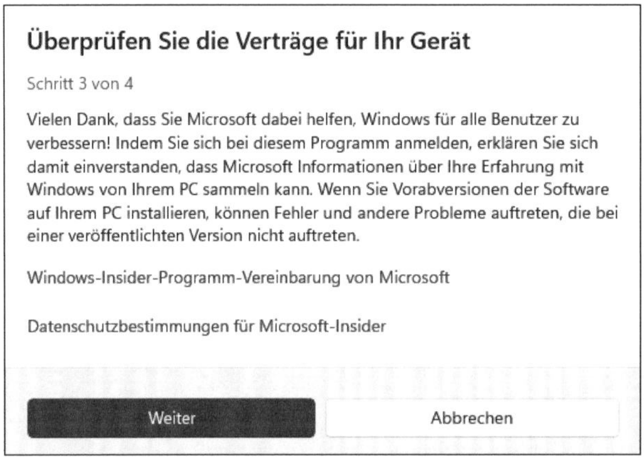

7 Damit die Teilnahme am Windows-Insider-Programm wirksam wird, ist ein Neustart des Computers mit **Jetzt neu starten** nötig.

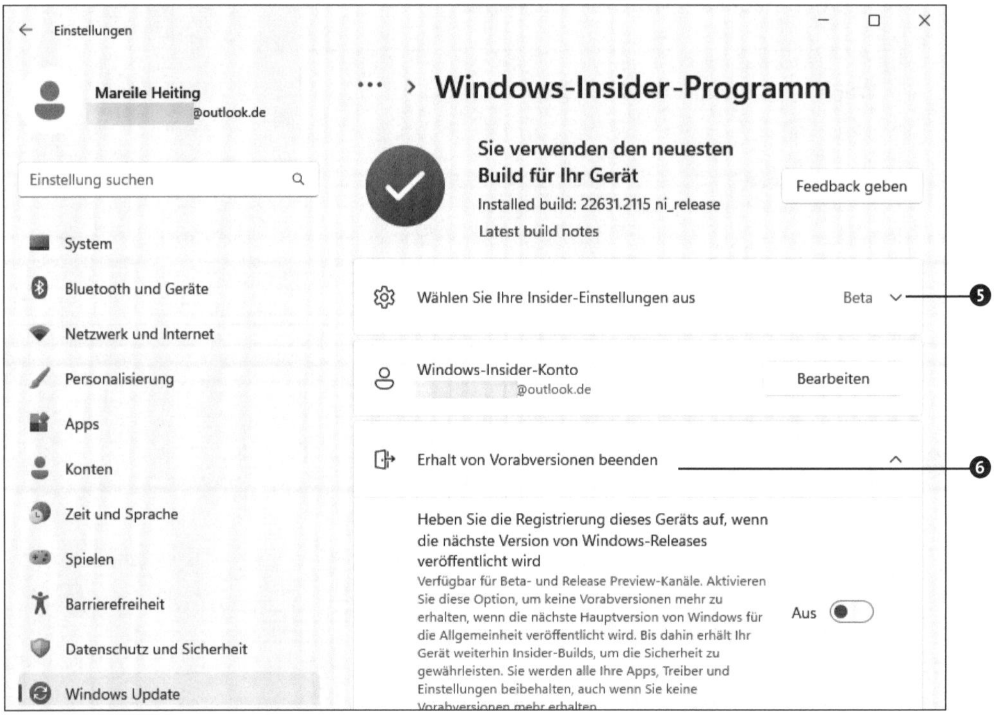

8 Nun müssen Sie Geduld aufbringen, denn es dauert einige Zeit (Stunden bis Tage), bis das Windows-Updatesystem erkennt, dass Sie es mit dem Insider-Programm verknüpft haben. Rufen Sie von Zeit zu Zeit **Start ▸ Einstellungen ▸ Windows Update** auf, und betätigen Sie in der rechten Fensterhälfte die Schaltfläche **Nach Updates suchen**. Das Update eines Insider Preview Builds wird dann im Updatebereich als gewöhnliches Update behandelt und installiert. In den meisten Fällen ist auch hier nach dem Installationsvorgang ein Neustart erforderlich.

9 Sollten Sie eine andere Insider-Einstellung des Windows-Insider-Programms testen wollen, können Sie die entsprechende Einstellung über **Start ▸ Einstellungen ▸ Windows Update ▸ Windows-Insider-Programm** vornehmen ❺.

INFO

Was ist neu hinzugekommen, welche Fehler wurden korrigiert?
Der neueste Insider Preview Build wurde auf Ihrem Computer installiert? Doch was ist nun neu hinzugekommen? Auf der Webseite *https://blogs.windows.com/windows-insider/* können Sie sich ausführlich über die Entwicklung der kommenden Windows-Version informieren. Die Beiträge sind chronologisch sortiert und enthalten die jeweilige Build-Nummer, für die sie gelten. Die Nummer des zuletzt auf Ihrem Computer installierten Insider Preview Builds wird übrigens meist oberhalb des Infobereichs der Taskleiste eingeblendet. Alternativ lässt sich die Buildnummer über **Start ▸ Einstellungen ▸ System ▸ Info** in Erfahrung bringen. Über die App *Feedback-Hub*, die Sie über das Startmenü aufrufen, können Sie selbst Hinweise auf Fehler oder auch Wünsche an Microsoft schicken.

17.2.2 Deaktivierung von Insider Preview Builds

Sie stellen fest, dass Ihr Computer infolge der Verwendung von Insider Preview Builds zu instabil geworden ist, und möchten deshalb lieber das Windows-Insider-Programm beenden? Oder haben Sie schlichtweg kein Interesse mehr, bereits vorab einen Blick auf neue Funktionen zu werfen? Selbstverständlich können Sie jederzeit das Programm beenden:

1 Rufen Sie erneut **Start ▸ Einstellungen ▸ Windows Update ▸ Windows-Insider-Programm** auf.

2 Klicken Sie in der rechten Fensterhälfte auf **Erhalt von Vorabversionen beenden** ❻. Setzen Sie den nun eingeblendeten Regler auf **Ein**. Mit der nächsten Hauptversion von Windows 11 erhalten Sie damit keine Insider Preview Builds mehr.

17.3 Mit der Systemwiederherstellung zurück zu einem stabilen System

Windows 11 bietet mit der Systemwiederherstellung eine Art Airbag, falls der Computer nicht in gewünschter Weise funktioniert. Sollte z. B. die Installation eines Treibers das System aus dem Gleichgewicht gebracht haben, wird es mithilfe der Systemwiederherstellung wieder in einen stabilen Ausgangszustand zurückversetzt.

Dabei ist es wichtig zu wissen, dass im Rahmen der Systemwiederherstellung der Computer auf genau den Zustand gesetzt wird, für den Sie selbst oder auch Windows 11 einen Wiederherstellungspunkt definiert haben. Solch einen Wiederherstellungspunkt können Sie sich wie eine Art Protokoll vorstellen, in dem zu jedem Zeitpunkt notiert wird, was am System geändert wurde. Sollte es zu Problemen kommen, gelangen Sie mit einem Wiederherstellungspunkt wie mit einer Zeitmaschine zurück zu einem Status, in dem das System noch problemlos funktionierte.

Auch wenn es eher selten der Fall ist, könnte es dabei durchaus vorkommen, dass persönliche Daten (z. B. Bilder, Videos oder Textdokumente) verschwinden, falls diese erst nach dem entsprechenden Wiederherstellungspunkt erstellt wurden. Vor Experimenten mit der Systemwiederherstellung ist es daher unabdingbar, dass Sie Ihre persönlichen Dokumente auf einem externen Datenträger sichern. So können Sie diese im Notfall wieder auf Ihren Computer aufspielen. Weitere Informationen zum Thema Datensicherung erhalten Sie in Abschnitt 17.4, »Datensicherung mithilfe des Dateiversionsverlaufs und OneDrive«, ab Seite 710.

17.3.1 Die Systemwiederherstellung kontrollieren

In früheren Windows-Versionen war die Systemwiederherstellung standardmäßig bereits aktiviert. Unter Windows 11 ist dies nicht unbedingt der Fall. Um die Aktivierung zu überprüfen, gehen Sie folgendermaßen vor:

1. Geben Sie im Suchfeld der Taskleiste den Begriff »Systemwiederherstellung« ❶ ein. Sobald der Treffer **Wiederherstellungspunkt erstellen – Systemsteuerung** ❷ erscheint, wählen Sie ihn durch Anklicken aus.

2. Der Dialog **Systemeigenschaften** wird mit der Registerkarte **Computerschutz** im Vordergrund geöffnet. Im Bereich **Schutzeinstellungen** sehen Sie, ob die Systemwiederherstellung für Ihr Systemlaufwerk bzw. andere am Computer angeschlossene Laufwerke aktiviert ist. Sollte das nicht der Fall sein, dann wählen Sie das entspre-

chende Laufwerk (das ist in der Regel das Laufwerk *C:*) durch Anklicken aus und klicken anschließend auf **Konfigurieren** ❸.

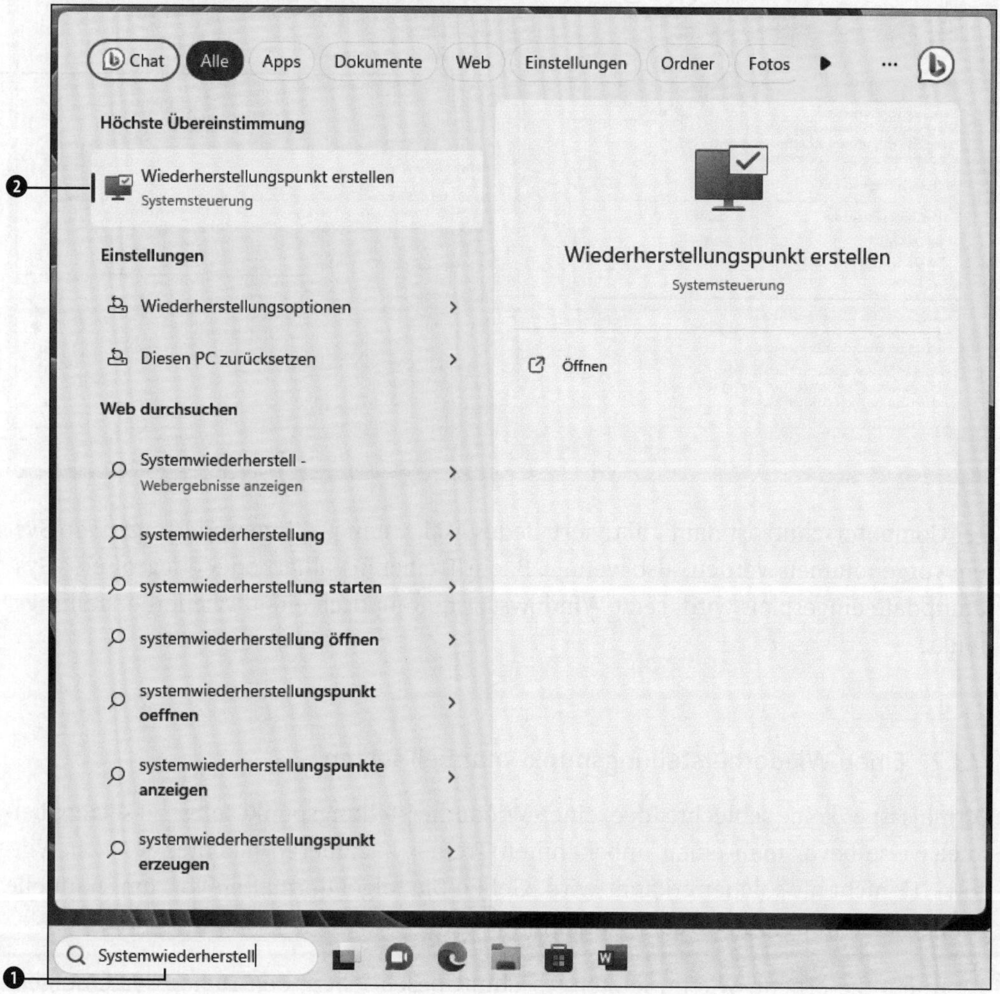

3 Im Dialog **Systemschutz ...** markieren Sie die Option **Computerschutz aktivieren** ❹. Zusätzlich definieren Sie mithilfe des Schiebereglers ❺, wie viel Speicherplatz auf Ihrem Computer für Wiederherstellungspunkte reserviert werden soll. Ein guter Wert in diesem Zusammenhang sind etwa 10 %.

4 Bestätigen Sie schließlich die durchgeführten Änderungen mithilfe der Schaltfläche **Übernehmen** ❻, und verlassen Sie die geöffneten Dialoge per **OK**.

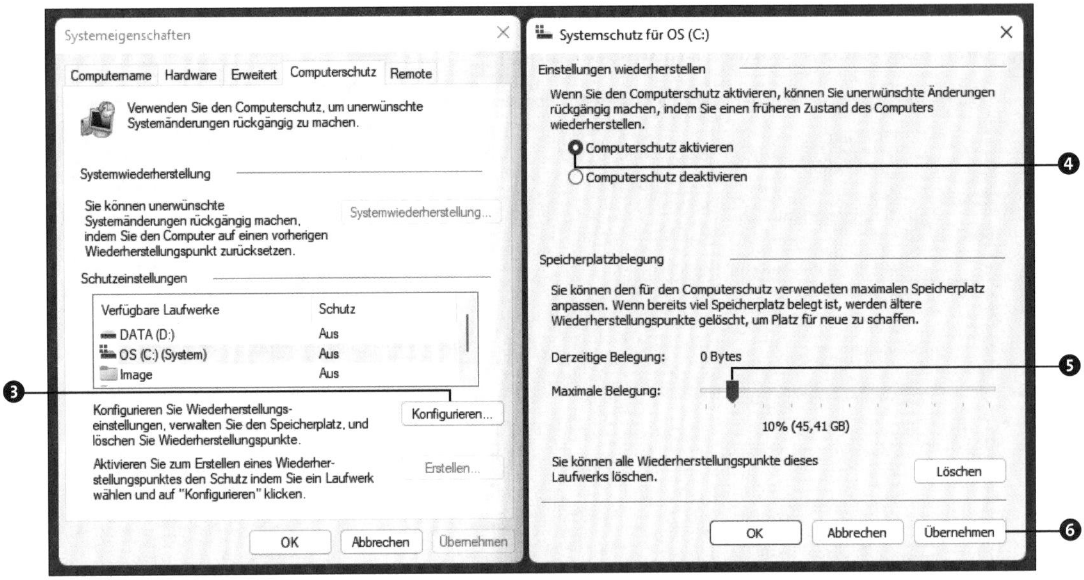

Der Computerschutz ist damit aktiviert. Jedes Mal, wenn größere Änderungen am System vorgenommen werden, also wenn z. B. ein Treiber installiert oder ein größeres Systemupdate eingespielt wird, setzt Windows 11 automatisch einen Wiederherstellungspunkt.

17.3.2 Einen Wiederherstellungspunkt manuell setzen

Oftmals ist es keine schlechte Idee, einen Wiederherstellungspunkt selbst zu setzen, beispielsweise bevor man einen unbekannten Treiber installieren möchte, der von Windows 11 nicht als solcher erkannt wird. Gehen Sie folgendermaßen vor, um manuelle Wiederherstellungspunkte zu definieren:

1. Rufen Sie erneut, wie im letzten Abschnitt beschrieben, den Dialog **Systemeigenschaften** mit der Registerkarte **Computerschutz** ❶ auf.

2. Klicken Sie auf die Schaltfläche **Erstellen** ❷. Im folgenden Dialog geben Sie eine Bezeichnung für den Wiederherstellungspunkt ein ❸. Verwenden Sie hier einen prägnanten Namen. Bestätigen Sie die Eingabe durch Anklicken der Schaltfläche **Erstellen** ❹.

3. Den Hinweis, dass der Wiederherstellungspunkt korrekt erstellt wurde, bestätigen Sie mit **Schließen**. Zur Sicherheit sollten Sie noch kontrollieren, ob der Wiederherstellungspunkt auch wirklich registriert wurde.

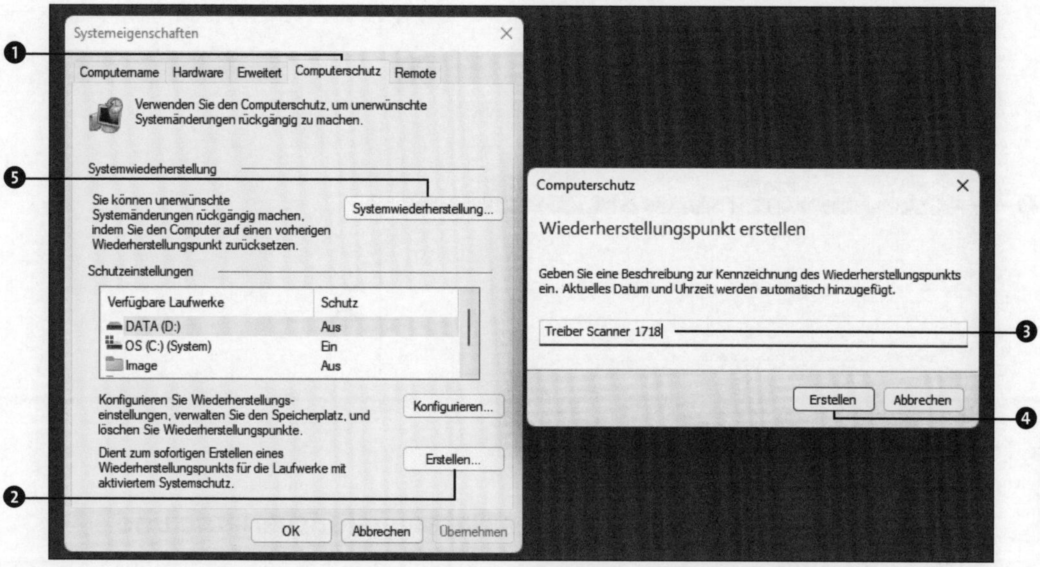

4 Klicken Sie im Dialog **Systemeigenschaften** auf **Systemwiederherstellung** ❺, und bestätigen Sie den nächsten Dialog mit **Weiter**. Im Dialog **Systemwiederherstellung** sollte nun der von Ihnen erstellte Wiederherstellungspunkt in der Liste auftauchen. Mit einem Klick auf **Abbrechen** schließen Sie die geöffneten Dialoge.

17.3.3 Den Computer mit einem Wiederherstellungspunkt zurücksetzen

Nachdem Sie nun wissen, wie man einen Wiederherstellungspunkt setzt, zeige ich Ihnen, wie Sie das System in einen früheren Zustand zurückversetzen:

1 Rufen Sie wieder den Dialog **Systemeigenschaften** mit der Registerkarte **Computerschutz** auf. Klicken Sie auf **Systemwiederherstellung**. Bestätigen Sie die Nachfrage des Assistenten mit **Weiter**.

2 Markieren Sie in der Liste den gewünschten Wiederherstellungspunkt ❶. Wenn Sie auf **Nach betroffenen Programmen suchen** ❷ klicken, erhalten Sie eine Übersicht, welche Programme, Updates oder Treiber seit dem Setzen des Wiederherstellungspunktes installiert wurden. Diesen Dialog können Sie anschließend schließen. Mit einem Klick auf **Weiter** und im folgenden Dialog einem Klick auf **Fertig stellen** stoßen Sie den Wiederherstellungsprozess an. Anschließend wird der Rechner neu gestartet.

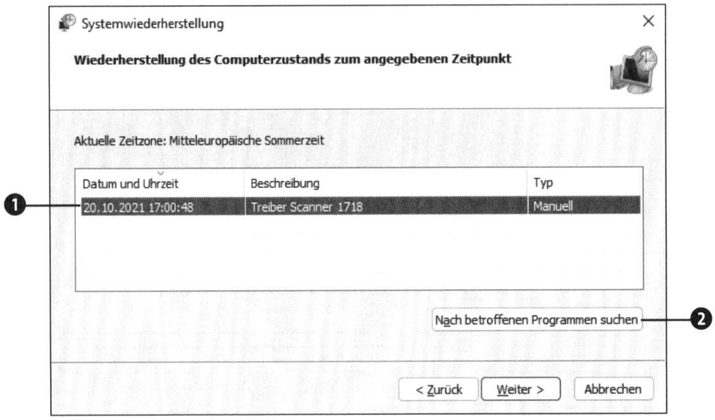

17.4 Datensicherung mithilfe des Dateiversionsverlaufs und OneDrive

Sie haben versehentlich eine Datei endgültig gelöscht, die Sie eigentlich noch benötigen? Hier sind diejenigen im Vorteil, die die integrierte Sicherung von Windows 11 namens *Dateiversionsverlauf* aktiviert haben. Sie stellt unter Windows 11 die einzige Möglichkeit dar, eine automatische Datensicherung (auf Englisch *Backup*) Ihrer persönlichen Dateien und Verzeichnisse im Hintergrund laufen zu lassen. Zur Einrichtung des Dateiversionsverlaufs benötigen Sie entweder ein zusätzliches externes Laufwerk oder ein Netzlaufwerk. In diesem Zusammenhang können Sie die Sicherung auch auf Ihrem OneDrive-Laufwerk in der Microsoft Cloud vornehmen. Wenn Sie möchten, können Sie Ihre persönlichen Dokumente, Bilder und mehr auch per OneDrive-Ordnersynchronisierung im Onlinespeicher sichern. Wie Sie hierzu vorgehen, zeige ich Ihnen in Abschnitt 17.4.2, »Datensicherung mithilfe der OneDrive-Ordnersynchronisierung«, ab Seite 715.

TIPP

Alternative Programme zur Datensicherung

Eine Datensicherung ist nicht nur dann wichtig, wenn Sie sich einen neuen Computer anschaffen wollen oder ein Upgrade auf eine neue Windows-Version durchführen möchten. Sie sollte eigentlich immer parallel zu ihrer PC-Arbeit stattfinden, um auch im Fall eines Hardwarefehlers oder Datenverlusts durch einen Virusbefall gut geschützt zu sein.

Falls Sie sich nicht auf die bereits in Windows 11 integrierten Backup-Möglichkeiten verlassen möchten, können Sie auch zu einer Lösung eines Drittanbieters greifen. Dafür müssen Sie nicht einmal viel Geld ausgeben, denn einige gute Programme sind sogar kostenlos erhältlich. Zu den empfehlenswerten Programmen zur Datensicherung zählen z. B. Aomei Backupper (*www.aomei.de*), Ashampoo Backup Pro (*www.ashampoo.com/de/eur*), O&O AutoBackup (*www.oo-software.com/de*) oder auch EaseUS Todo Backup (*www.easeus-software.com*).

17.4.1 Datensicherung per Dateiversionsverlauf

Bereits seit Windows 8 bietet Microsoft zur Datensicherung den Datenversionsverlauf an. Unter Windows 10 konnte dieser noch bequem über die Einstellungen-App eingerichtet werden. Dies ist unter Windows 11 nicht mehr möglich. Während viele Konfigurationen aus der Systemsteuerung in die Einstellungen-App verschoben wurden, gilt für den Dateiversionsverlauf nun genau der umgekehrte Weg: Sie erreichen ihn wie in seinen Anfängen nur noch über die Systemsteuerung. Ich zeige Ihnen nachfolgend, wie Sie den Dateiversionsverlauf einrichten und verwenden. Für die Datensicherung kommt eine externe Festplatte zum Einsatz.

1 Schließen Sie die externe Festplatte per USB-Kabel an Ihren PC an. Kontrollieren Sie, ob die Festplatte im Explorer aufgeführt wird.

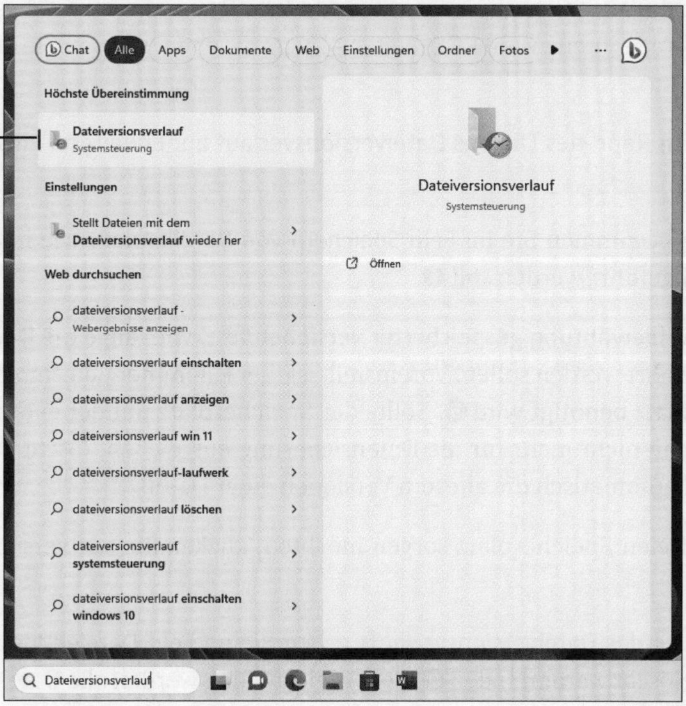

2 Geben Sie im Suchfeld der Taskleiste den Begriff »Dateiversionsverlauf« ein. Klicken Sie in der Trefferliste auf **Dateiversionsverlauf – Systemsteuerung** ❶.

3 Der Dialog **Dateiversionsverlauf** der Systemsteuerung wird nun geöffnet. Um die Funktion zu aktivieren, klicken Sie auf **Einschalten** ❷.

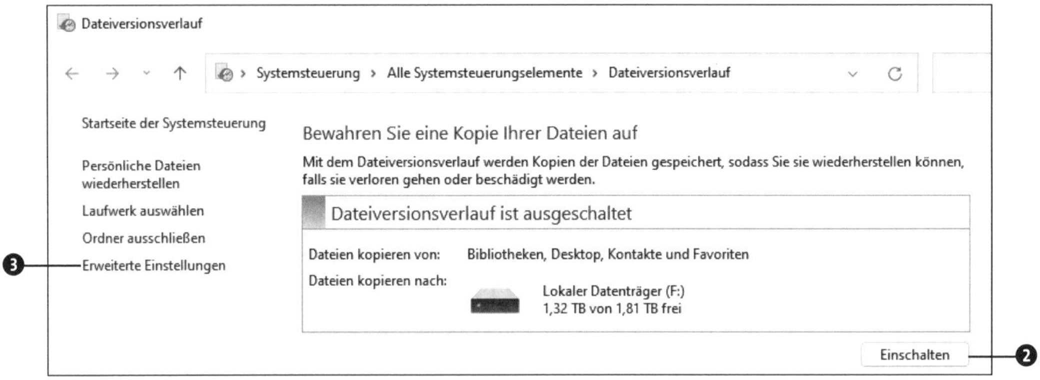

Der Dateiversionsverlauf beginnt nun sofort mit der ersten Datensicherung. Sowohl während der Datensicherung als auch später, wenn Sie die Daten wiederherstellen möchten, muss die externe Festplatte am Computer angeschlossen sein. Per Standardeinstellung sichert die Funktion einmal pro Stunde Ihre Daten. Ist Ihnen dies zu häufig oder – falls Sie gerade intensiv am PC arbeiten – auch zu selten, können Sie diese Einstellung ändern:

1 Klicken Sie am linken Rand des Dialogs **Dateiversionsverlauf** auf **Erweiterte Einstellungen** ❸.

2 Im nächsten Dialog bestimmen Sie im Feld **Speichern von Dateikopien**, wie häufig die Sicherung durchgeführt werden soll ❹.

3 Legen Sie im Feld **Aufbewahrung gespeicherter Versionen** fest, wie lange die Datensicherungen aufbewahrt werden sollen. Voreinstellt ist hier **Für immer**. Ich empfehle die Einstellung **Bis Platz benötigt wird** ❺. Sollte der Speicherplatz auf der externen Festplatte irgendwann nicht mehr für die Datensicherung ausreichen, löscht Windows in diesem Fall automatisch die ältesten Versionen einer Datei.

4 Falls Sie selbst für freien Speicherplatz sorgen möchten, klicken Sie auf **Versionen bereinigen** ❻.

5 Im Dialog **Bereinigung des Dateiversionsverlaufs** geben Sie im Feld **Dateien löschen** an, welche Daten gelöscht werden sollen ❼. Per Voreinstellung werden alle Dateiversionen gelöscht, die älter als ein Jahr sind, und nur die jüngeren Versionen aufbewahrt. Mit einem Klick auf **Bereinigen** starten Sie das Löschen älterer Dateiversionen.

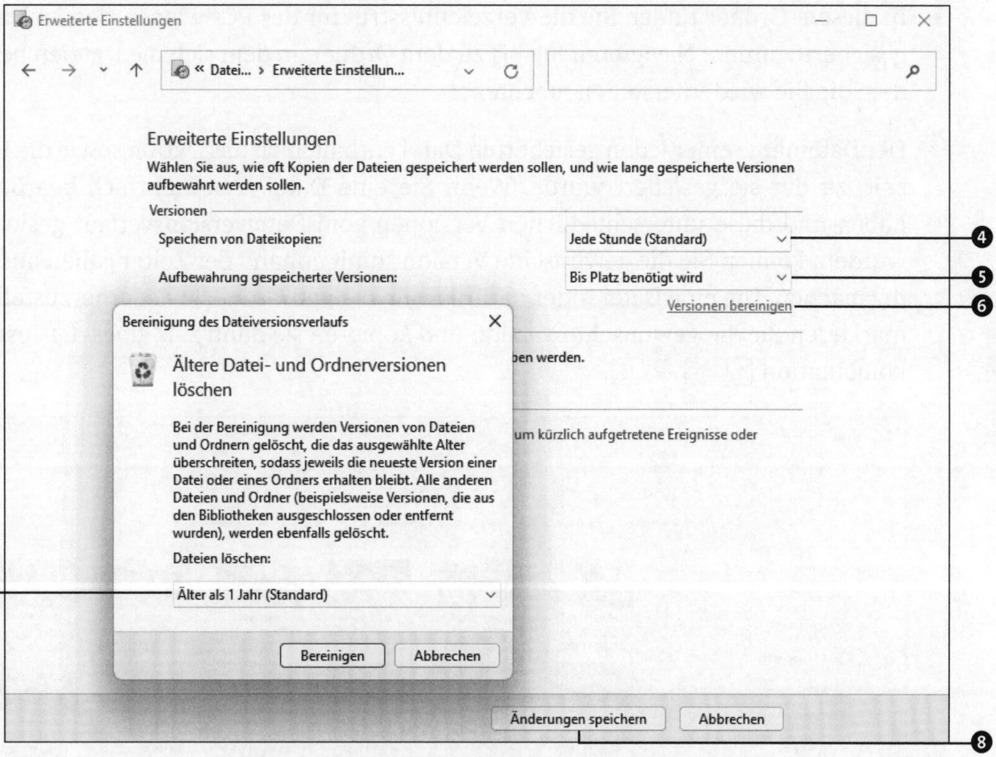

6 Schließen Sie nun den Dialog **Erweiterte Einstellungen** mit **Änderungen speichern** ❽.

Haben Sie einmal den Dateiversionsverlauf aktiviert, können Sie jederzeit versehentlich gelöschte Dateien oder auch eine ältere Version einer Datei wiederherstellen. Ebenso lassen sich die gesicherten Daten auf einen anderen Computer übertragen. Hierzu benötigen Sie lediglich das Speichermedium, also etwa die externe Festplatte, auf der die Datensicherung vorgenommen wurde. Schließen Sie diese an einen beliebigen Windows-Computer an. Um auf eine gesicherte Datei oder einen gesicherten Ordner auf dem Speichermedium zuzugreifen, gehen Sie folgendermaßen vor:

1 Rufen Sie den Explorer z. B. über die Tastenkombination [Win] + [E] auf. Markieren Sie links in der Navigationsspalte die externe Festplatte.

2 Doppelklicken Sie rechts auf den Ordner **FileHistory**, dann auf den Ordner mit dem Namen Ihres Benutzerkontos und anschließend auf das Verzeichnis, das den Namen

des PCs trägt, auf dem die Datensicherung vorgenommen wurde. Öffnen Sie in diesem Ordner das Verzeichnis **Data**.

3 In diesem Ordner finden Sie die Verzeichnisstruktur des PCs wieder, dessen Daten gesichert wurden. Navigieren Sie bis zu dem Ordner, in dem sich die Dateien befinden, die Sie wiederherstellen möchten.

4 Der Dateiname einer jeden gesicherten Datei enthält auch das Datum sowie die Uhrzeit, zu der sie gesichert wurde. Wenn Sie eine Datei z. B. mehrfach bearbeitet haben und diese unterschiedlichen Versionen vom Dateiversionsverlauf gesichert wurden, können Sie die gewünschte Version somit anhand der Zeitangaben ausfindig machen. Um eine Datei (oder natürlich auch einen Ordner) wiederherzustellen, markieren Sie die gewünschte Version und kopieren sie dann z. B. über die Tastenkombination Strg + C.

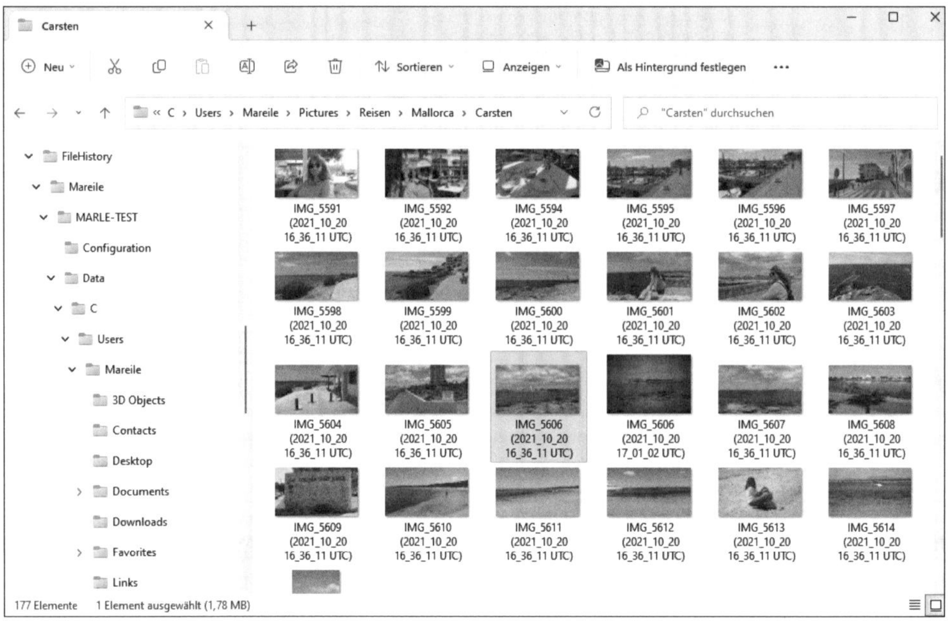

5 Wechseln Sie in den Ordner, in den die kopierte Datei bzw. der Ordner eingefügt werden soll, und drücken Sie die Tastenkombination Strg + V.

TIPP

Ältere Dateiversionen auf dem Computer wiederherstellen

Der in diesem Abschnitt beschriebene Weg zum Wiederherstellen von Daten funktioniert auf jedem beliebigen PC, an den Sie die externe Festplatte anschließen. Handelt es sich bei dem PC um das Gerät, auf dem die Datensicherung erstellt wurde, haben Sie noch eine weitere Möglichkeit zur Wiederherstellung. Rufen Sie über das Suchmenü wieder den Dialog **Dateiversionsverlauf Systemsteuerung** auf. Klicken Sie links auf **Persönliche Dateien wiederherstellen**. Sie sehen nun eine Übersicht über die letzte Datensicherung. Oberhalb der Übersicht wird das Datum angezeigt, an dem die Sicherung vorgenommen wurde ❶ sowie die Anzahl der zur Verfügung stehenden Versionen ❷. Über die Pfeile unterhalb der Übersicht ❸ gelangen Sie zu älteren Sicherungen. Per Doppelklick auf einen Ordner lässt sich sein Inhalt anzeigen. Auf diese Weise können Sie bis zu den Dateien oder auch Verzeichnissen navigieren, die Sie wiederherstellen möchten. Markieren Sie diese dann, und klicken Sie auf den grünen Pfeil unterhalb der Übersicht ❹. Bestätigen Sie mit **Datei im Ziel ersetzen** ❺, wenn Sie sicher sind, dass die aktuelle Dateiversion durch die gerade angezeigte ersetzt werden soll.

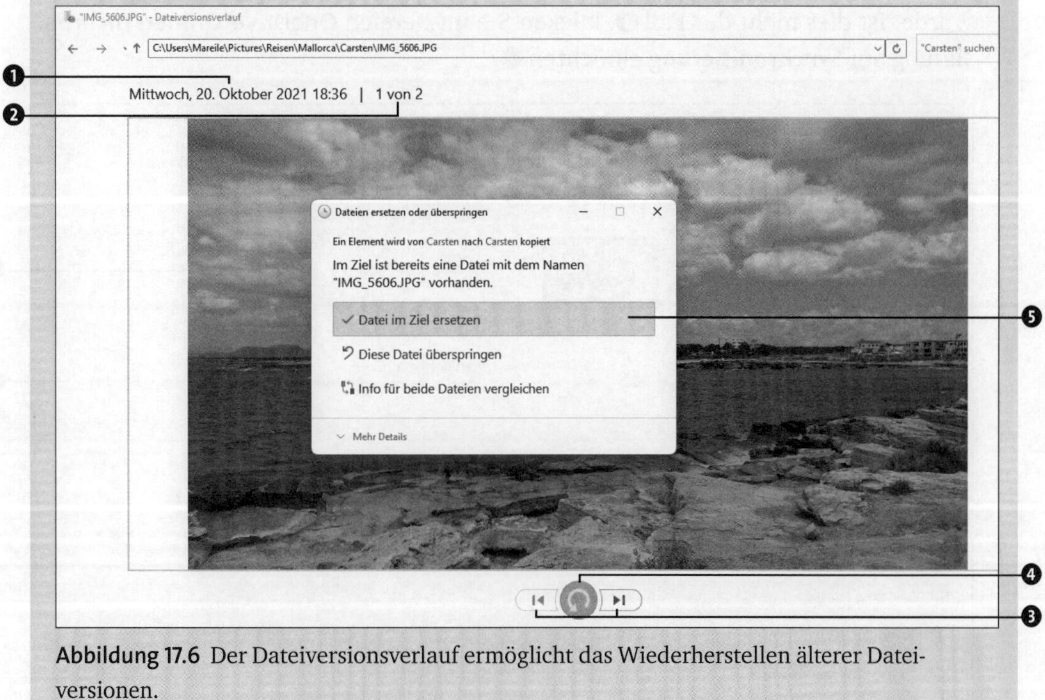

Abbildung 17.6 Der Dateiversionsverlauf ermöglicht das Wiederherstellen älterer Dateiversionen.

17.4.2 Datensicherung mithilfe der OneDrive-Ordnersynchronisierung

Wer sich optimal vor Datenverlust schützen möchte, sollte nicht nur auf ein Backup setzen, sondern die Daten auf mindestens zwei unterschiedlichen Speichermedien sichern.

Wie Sie mithilfe des Dateiversionsverlaufs Ihre Daten auf einer externen Festplatte speichern, haben Sie bereits im vorherigen Abschnitt erfahren. Als Nächstes stelle ich Ihnen die von Microsoft präferierte Datensicherung auf OneDrive vor. Die Option wird Ihnen bereits während der Ersteinrichtung des Computers angeboten, wie in Abschnitt 1.4, »Von null auf Windows 11«, ab Seite 31 gezeigt. Sollten Sie damals die Datensicherung auf OneDrive abgelehnt haben, sie nun aber doch nutzen wollen, müssen Sie die Synchronisierung zunächst aktivieren. Sobald Sie die entsprechenden Einstellungen vorgenommen haben, nimmt Windows 11 automatisch die Datensynchronisierung auf OneDrive vor.

1 Um die Synchronisierungseinstellungen zu überprüfen, rufen Sie die **Einstellungen**-App auf. Wechseln Sie in die Kategorie **Konten ▸ Windows-Sicherung**.

2 Zu Beginn der Seite erfahren Sie, ob bereits eine Synchronisierung eingerichtet wurde. Ist dies nicht der Fall ❶, klicken Sie im Bereich **OneDrive-Ordnersynchronisierung** auf **Synchronisierung einrichten** ❷.

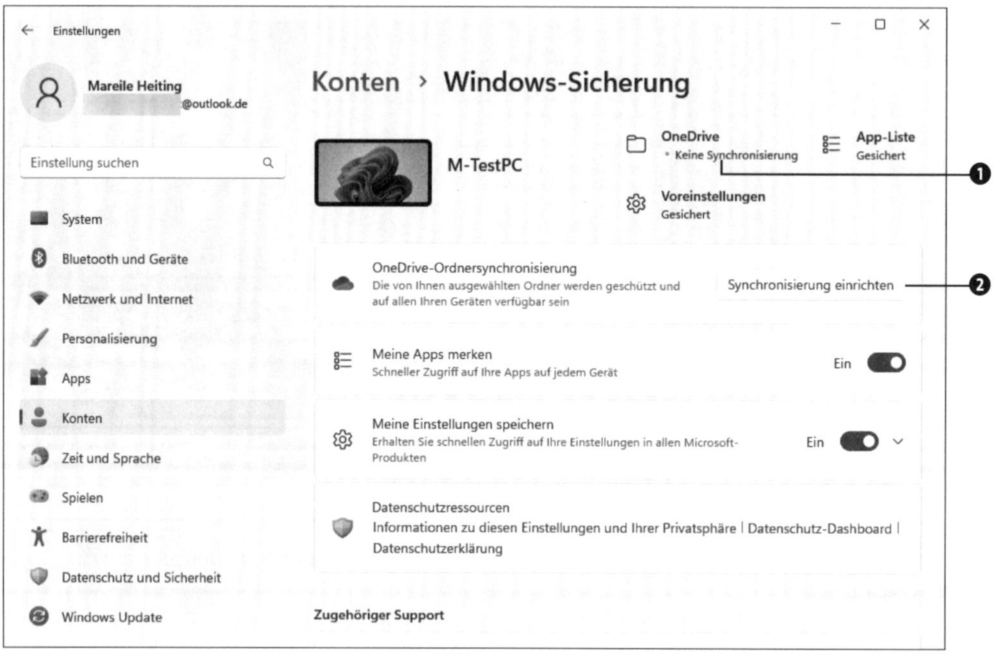

3 Um Daten in der Cloud OneDrive ablegen zu können, benötigen Sie ein Microsoft-Konto. Sind Sie mit einem solchen Konto bereits am Computer angemeldet, sind Sie automatisch auch in OneDrive angemeldet. Für Sie geht es direkt mit Schritt 5 weiter. Falls Sie ein lokales Konto nutzen, muss die Anmeldung bei OneDrive erst erfolgen. Erhalten Sie eine entsprechende Aufforderung, geben Sie die E-Mail-Adresse des

Microsoft-Kontos an und bestätigen mit **Anmelden**. Möchten Sie das Microsoft-Konto nur mit Microsoft-Apps nutzen, klicken Sie auf den entsprechenden Link ❸. Falls der Hinweis zur Anmeldung mit Windows Hello erscheint, bestätigen Sie ihn mit **OK**.

4 Anschließend wird der lokale Speicherort für Ihre synchronisierten Daten angezeigt. Falls Sie diesen nicht über **Speicherort ändern** anpassen möchten, können Sie direkt auf **Weiter** klicken.

5 Im Dialog **Microsoft OneDrive** werden nun die Ordner aufgelistet, die OneDrive automatisch für die Synchronisierung vorsieht. Falls Sie einen Ordner ausschließen möchten, deaktivieren Sie den Regler ❹. Die Einstellung lässt sich später jederzeit ändern. Nach einem Klick auf **Sicherung starten** ❺ beginnt sofort die erste Synchronisierung.

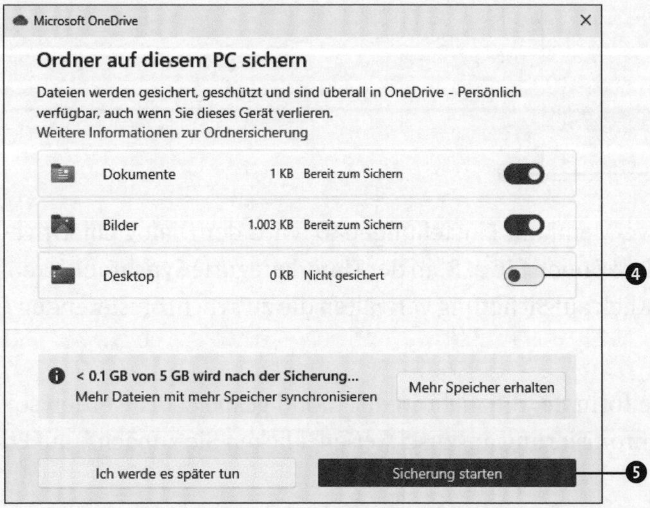

Alle in der Cloud OneDrive abgelegten Daten sind unter Windows 11 bequem über den Explorer zu erreichen. Wie Sie hierzu vorgehen, erfahren Sie in Abschnitt 8.6, »Den Onlinespeicher OneDrive nutzen«, ab Seite 324.

6 Sollten Sie im Verlauf Ihrer Arbeit die Synchronisierung einmal aussetzen wollen, klicken Sie im Infobereich der Taskleiste auf das OneDrive-Symbol ❻. Eventuell müssen Sie es über das kleine Pfeilsymbol **Ausgeblendete Symbole einblenden** ❼ erst anzeigen lassen. Im aufklappenden OneDrive-Menü klicken Sie nun auf das Zahnradsymbol **Hilfe & Einstellungen** ❽ und dann **Synchronisierung anhalten** ❾. Wählen Sie jetzt den gewünschten Zeitrahmen aus, in dem keine Synchronisierung erfolgen soll. Über die Schaltfläche **OneDrive beenden** ❿ können Sie OneDrive auch ganz beenden. In diesem Fall werden keine Daten mehr mit der Cloud synchronisiert.

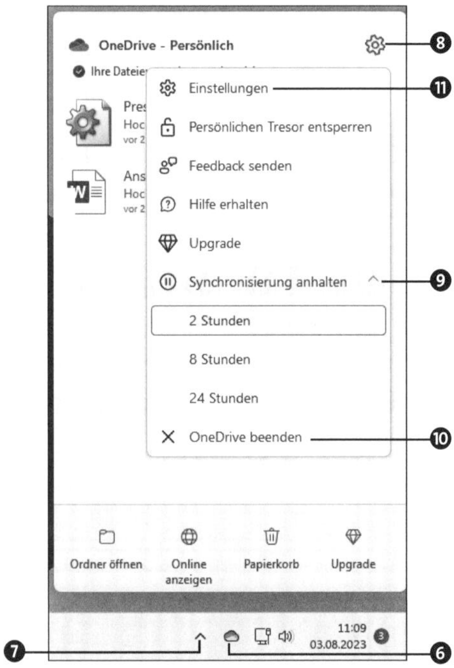

7 Klicken Sie im OneDrive-Menü auf **Einstellungen** ⓫, wird der Dialog **OneDrive-Einstellungen** geöffnet. Hier können Sie z. B. in der Unterkategorie **Synchronisieren und sichern** ⓬ nach einem Klick auf **Sicherung verwalten** die zu synchronisierenden Ordner anpassen.

8 Gibt es bestimmte Dateiformate, die nicht in der Cloud gespeichert werden sollen? Um diese von der Synchronisierung auszuschließen, klicken Sie zunächst auf **Erweiterte Einstellungen** ⓭.

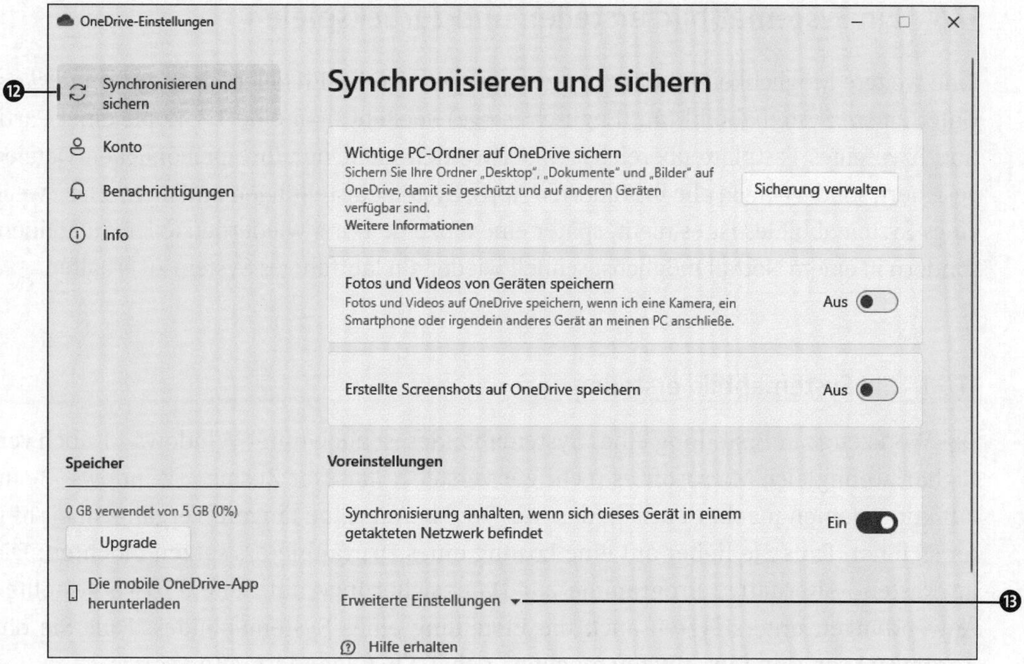

9 Blättern Sie nun etwas auf der Seite nach unten bis zum Bereich **Ausgeschlossene Dateierweiterungen**. Hier klicken Sie auf **Ausschließen** ⓮. Im Dialog **Bestimmte Dateierweiterung ausschließen** geben Sie im Feld **Erweiterung** die Dateiendung des Dateiformats ein. Sollen beispielsweise aus dem Internet heruntergeladene Programmdateien nicht in der Cloud gesichert werden, geben Sie »exe« ein ⓯. Bestätigen Sie mit **Ausführen**.

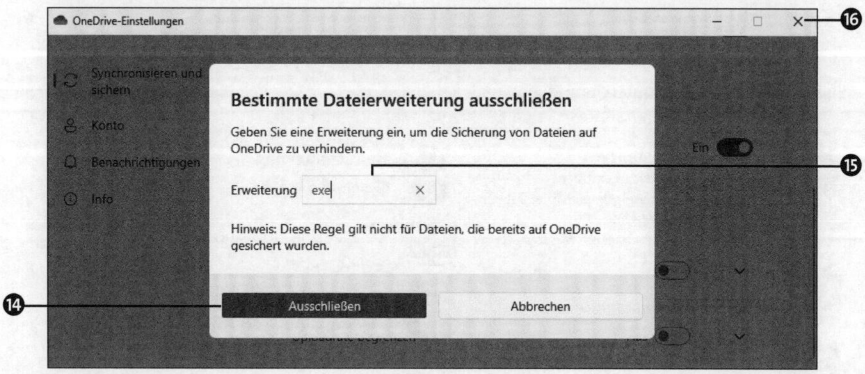

10 Haben Sie alle Einstellungen vorgenommen, schließen Sie den Dialog **OneDrive-Einstellungen** über das **Schließen**-Symbol oben rechts ⓰.

17.5 Ein Systemabbild erstellen und zurückspielen

Eine weitere Möglichkeit, ein Backup zu erzeugen, ist das Erstellen eines *Systemabbildes*. Unter einem Systemabbild (auf Englisch *image*) versteht man eine 1:1-Kopie einer Partition bzw. eines Festplattenbereichs. Dabei werden nicht nur Ihre persönlichen Dateien gesichert, sondern auch alle installierten Apps, Systemeinstellungen und mehr. Der Zweck eines Systemabbildes ist es nicht, später eine einzelne Datei wiederherstellen zu können, sondern in einem Notfall möglichst schnell wieder ein lauffähiges System zu erhalten.

17.5.1 Ein Systemabbild erstellen

Das Werkzeug zur Erstellung eines Systemabbildes ist auch unter Windows 11 noch verfügbar, wenngleich Microsoft es recht gut versteckt hat. Der Zusatz »(Windows 7)« im Funktionsnamen macht deutlich, dass das Tool bereits eine längere Vergangenheit hinter sich hat. Falls Sie lieber auf eine Lösung eines Drittanbieters setzen möchten: Die im Kasten »Alternative Programme zur Datensicherung« auf Seite 710 vorgestellten Anwendungen unterstützten auch die Erstellung eines Systemabbildes. Falls Sie das Bordmittel von Windows nutzen möchten, gehen Sie folgendermaßen vor:

1 Geben Sie im Suchfeld der Taskleiste »Systemsteuerung« ein. Wählen Sie den gleichnamigen Treffer aus. Stellen Sie im Dialog **Systemsteuerung** sicher, dass als **Anzeige** die **Kategorie** ❶ eingestellt ist. Klicken Sie dann im Bereich **System und Sicherheit** auf **Sichern und Wiederherstellen (Windows 7)** ❷.

2 Klicken Sie hier auf **Sicherung einrichten** ❸. Ihr Computer versucht nun, die angeschlossenen möglichen Speichermedien, also z. B. eine externe Festplatte, zu identifizieren.

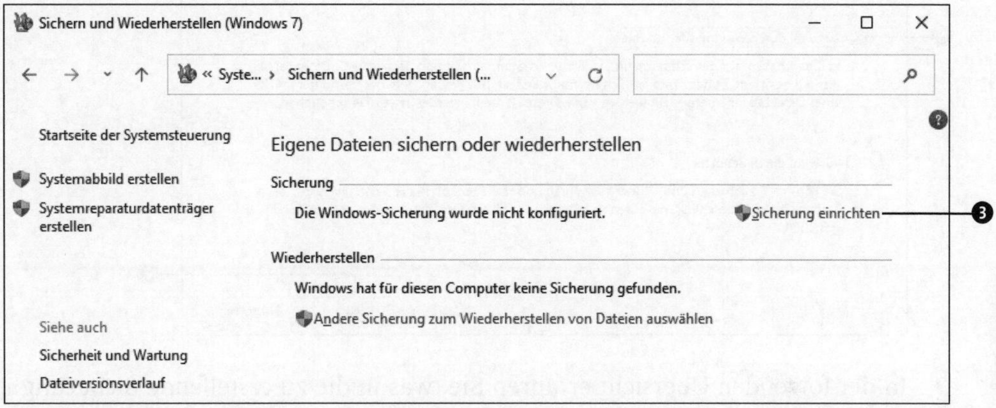

3 Wählen Sie aus der Übersicht ein **Sicherungsziel** aus ❹, und bestätigen Sie Ihre Auswahl mit **Weiter** ❺.

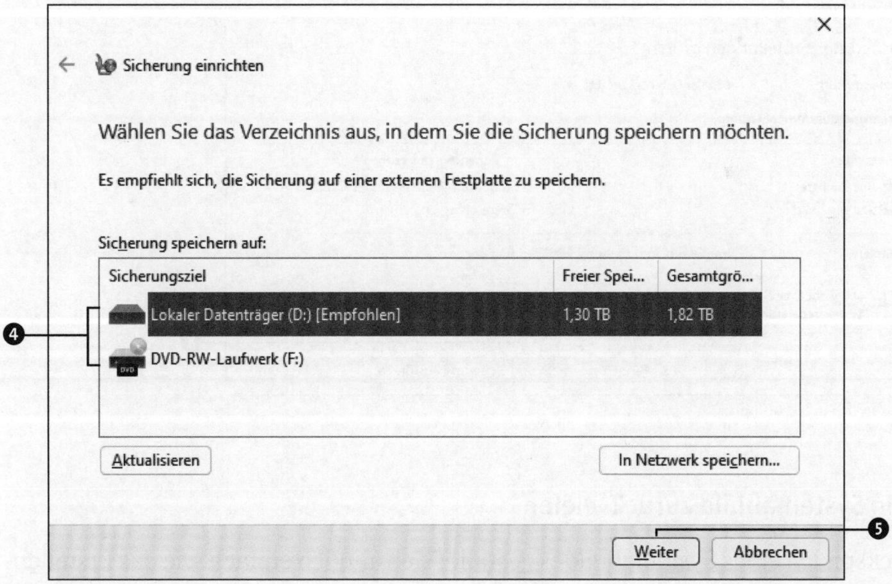

4 Wählen Sie im nächsten Schritt die Option **Auswahl durch Windows (empfohlen)** ❻. Dadurch entscheidet Windows selbst, welche Daten mit dem Image gesichert werden sollen. An den Menüpunkt **Auswahl durch Benutzer** sollten sich nur fortgeschrittene Anwender heranwagen. Bestätigen Sie Ihre Auswahl erneut mit **Weiter** ❼.

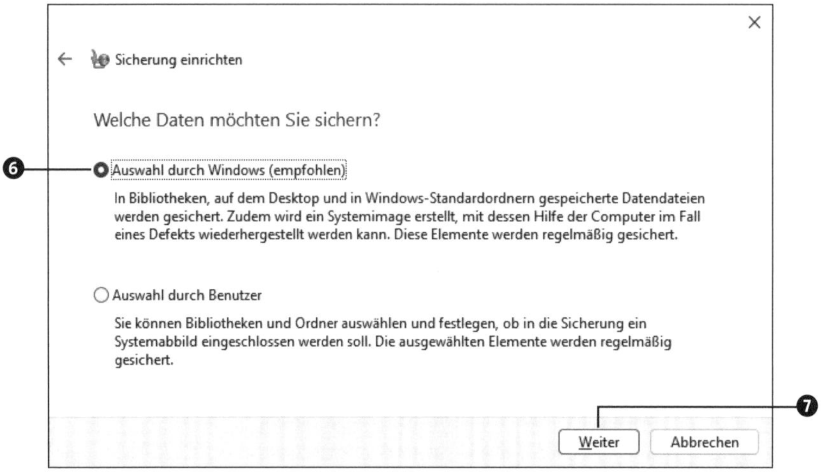

5 In der folgenden Übersicht erfahren Sie, was in die zu erstellende Sicherung integriert wird. Mit einem Klick auf **Einstellungen speichern und Sicherung ausführen** ❽ wird ein Systemabbild auf der externen Festplatte gespeichert.

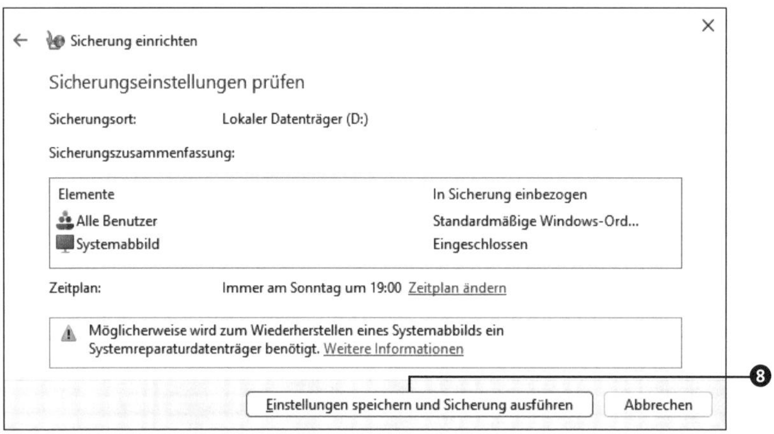

17.5.2 Ein Systemabbild zurückspielen

Das Zurückspielen eines Systemabbildes gestaltet sich ähnlich einfach wie das Erstellen. Dazu ist es allerdings erforderlich, den Computer im sogenannten *erweiterten Modus* zu starten.

1 Stellen Sie sicher, dass das Speichermedium, auf dem sich das gewünschte Systemabbild befindet, an Ihren PC angeschlossen ist.

2 Rufen Sie über das Startmenü die **Einstellungen** auf. Wechseln Sie in die Kategorie **System** und dort in das Untermenü **Wiederherstellung**.

3 Klicken Sie hier im Bereich **Erweiterter Start** auf die Schaltfläche **Jetzt neu starten** ❶. Daraufhin wird der PC im erweiterten Modus gestartet.

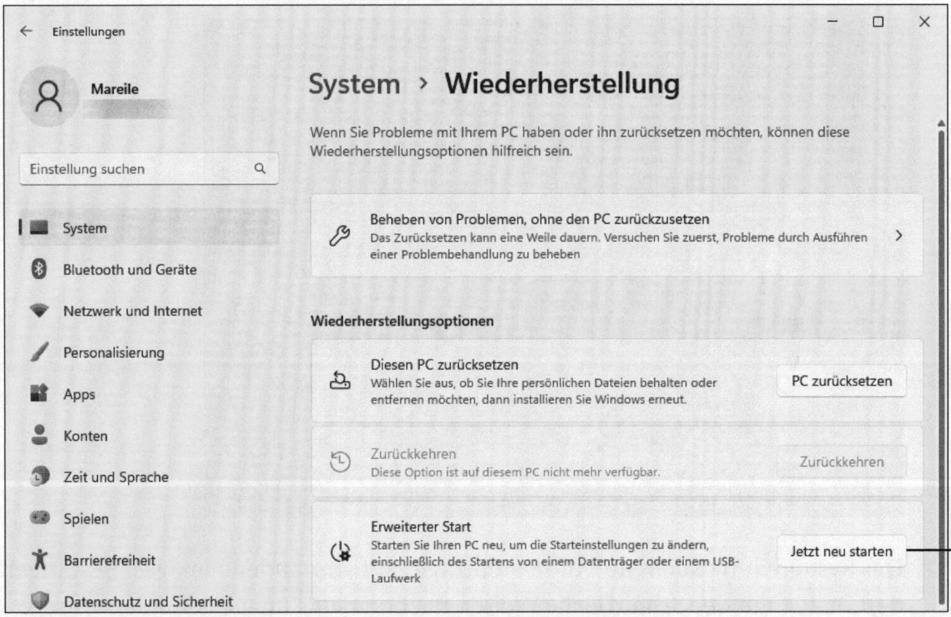

4 Wählen Sie in dem nun erscheinenden Menü den Punkt **Problembehandlung** ❷ und anschließend den Punkt **Erweiterte Optionen** durch Anklicken aus.

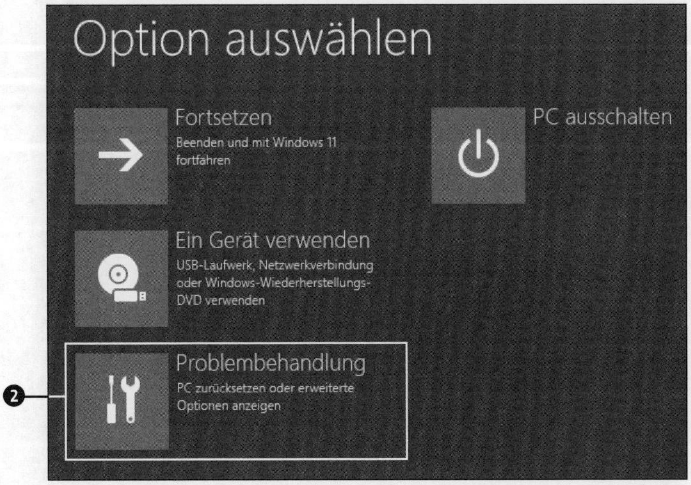

5 Klicken Sie auf den Menüpunkt **Systemimage-Wiederherstellung** ❸. Eventuell müssen Sie auf **Weitere Wiederherstellungsoptionen anzeigen** ❹ klicken, um ihn einzublenden. Der Rechner wird neu gestartet, und Sie können in einer Liste ein Administratorkonto markieren. Geben Sie das Passwort des betreffenden Kontos ein.

6 Das System durchsucht nun die Datenträger auf vorhandene Images. Bestätigen Sie den Dialog mit der Schaltfläche **Weiter**, nachdem das Image gefunden wurde.

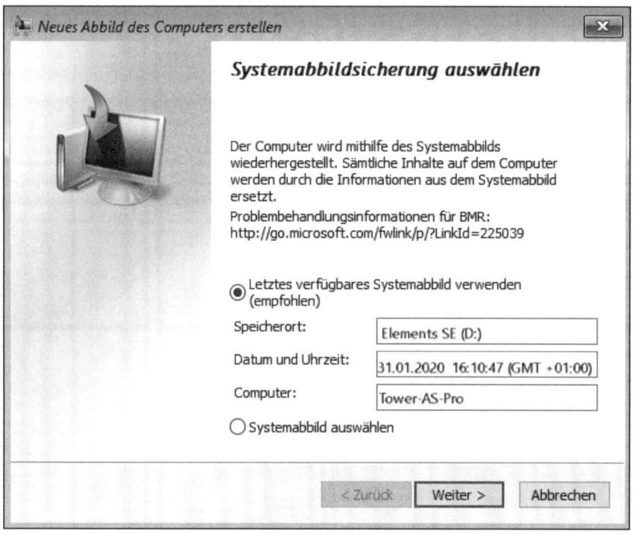

7 Jetzt können Sie Wiederherstellungsoptionen definieren, z. B. ob die Festplatte vor dem Einspielen des Images neu formatiert bzw. partitioniert werden soll. Dies ist im Allgemeinen nicht notwendig. Klicken Sie daher auch hier wieder auf **Weiter**.

8 Dann folgt eine Übersicht, welche Laufwerke beim nächsten Schritt wiederhergestellt werden. Sollten Sie es sich anders überlegt haben, können Sie an dieser Stelle auch auf **Abbrechen** klicken. Der Rechner würde sich dann wieder im gleichen Zustand wie zuvor befinden. Möchten Sie hingegen das Image einspielen, bestätigen Sie diesen Dialog über die Schaltflächen **Weiter** und **Fertig stellen**.

TIPP

Den Computer zurücksetzen

Ihr Computer läuft nicht mehr flüssig, nachdem Sie einige neue Programme installiert haben. Welches Programm genau die Probleme verursacht hat, können Sie sich leider nicht erklären. Windows 11 bietet Ihnen für solch eine Situation die Möglichkeit an, den PC zurückzusetzen. Dabei können Sie wählen, ob Sie Ihre persönlichen Daten behalten möchten oder ob der Computer einer kompletten Frischzellenkur unterzogen werden soll. Entscheiden Sie sich für Letzteres, wird Windows 11 neu installiert. Wie all dies funktioniert, lesen Sie in Abschnitt 19.4.1, »Den PC zurücksetzen«, ab Seite 793. Das Zurücksetzen des Computers kann im erweiterten Modus gestartet werden. Führen Sie hierzu die Schritte 1 bis 3 von Seite 722 aus. Nach einem Klick auf **Problembehandlung** wird Ihnen die Option **Diesen PC zurücksetzen** angeboten.

18 Schutz vor Schadsoftware

Das Internet ist ein Haifischbecken. Unzählige Kriminelle versuchen rund um die Uhr, Ihren Computer mit Schadsoftware zu verseuchen, um an wertvolle persönliche Daten zu gelangen. Manche versuchen auch, Ihren Rechner zu verschlüsseln, um danach für die Freigabe Lösegeld zu erpressen. Microsoft hat sehr viel in Bezug auf die Sicherheit des Betriebssystems Windows 11 getan: Mit regelmäßigen Sicherheitsupdates wird der Computer gegen Angriffe immunisiert. Mit dem *Windows-Sicherheit-Center* sowie dem integrierten *Windows Defender Antivirus*, jetzt *Viren- und Bedrohungsschutz* genannt, steht Ihnen eine brauchbare Sicherheitslösung zur Verfügung, die Schadsoftware noch vor deren Installation erkennt. Selbstverständlich ist es aber auch möglich, unter Windows 11 Produkte von Drittanbietern zu installieren, die Ihren PC ebenfalls gegen Angriffe von außen absichern. Dieses Kapitel behandelt Maßnahmen, die Sie ergreifen können, um Ihren Rechner »wasserdicht« zu machen.

18.1 Aktuelle Bedrohungen

Damit Sie die Wirkungsweise aktueller Schutzmaßnahmen vor Schadsoftware besser verstehen, schauen wir uns zunächst einmal an, welche Bedrohungen derzeit im Computerbereich existieren:

- **Viren**: Ein Computervirus ist ein Schadprogramm, das unbemerkt auf Ihrem Computer installiert wird und dort Dateien manipulieren oder auch vollständig zerstören kann. Das kann im Extremfall dazu führen, dass sich Ihr Rechner nicht mehr starten lässt. Der Name *Virus* ist der Tatsache zuzuschreiben, dass sich derartige virtuelle Schädlinge im System reproduzieren und über verschiedene Kanäle (z. B. das Netzwerk oder einen USB-Stick) weitere Computer infizieren können.
- **Trojaner**: Der Begriff *Trojaner* wurde von dem historisch bekannten Trojanischen Pferd abgeleitet. Es handelt sich hier um Software, die einem potenziellen Angreifer unbemerkt Hintertüren im Betriebssystem öffnen kann.
- **Phishing-Attacken**: Sicher haben Sie es auch schon einmal erlebt, dass Sie eine E-Mail erhielten, in der Sie z. B. nach den Zugangsdaten für Ihr Bankkonto gefragt wurden, weil angeblich ein größerer Betrag vom Konto abgebucht wurde. Gibt man in solch einem Fall dem ersten Panikreflex nach, dann sitzt man schon in der Falle,

denn die Verbrecher greifen auf diese Weise Ihre Bankzugangsdaten ab und können anschließend ganz bequem auf Ihr Konto zugreifen.

- **Ransomware**: Dahinter verbirgt sich ein relativ junger Vertreter aus dem Bereich der Schadsoftware. Mittels *Ransomware* (auch *Erpressungstrojaner* oder *Verschlüsselungstrojaner* genannt) werden die Daten verschlüsselt, die Sie auf der Festplatte gespeichert haben. Der dabei eingesetzte Verschlüsselungsmechanismus ist so gut, dass er auf konventionelle Art und Weise nicht geknackt werden kann. Sollten sich unwiederbringliche Daten auf der Festplatte befinden, für die Sie keinerlei Datensicherung erstellt haben, müssen Sie womöglich den Kriminellen ein Lösegeld zahlen, damit diese Ihnen den Schlüssel preisgeben und Sie so wieder Zugriff auf Ihre Daten erlangen. Im Dezember 2016 machte beispielsweise der Erpressungstrojaner *Golden Eye* die Runde, dessen Entwickler eine Zahlung von ca. 960 € verlangten, bevor sie den Schlüssel den Betroffenen preisgeben wollten. Ein Nachgeben ist hier aber meist vergeblich, da es die Kriminellen ähnlich wie klassische Erpresser selten bei einer einmaligen Zahlung bewenden lassen.

Alle oben genannten Typen von Schadsoftware werden mit dem Oberbegriff *Malware* (sinngemäß etwa »schlechte Software«) zusammengefasst. Oberste Prämisse beim Schutz vor Malware ist es, diese bereits im Ansatz zu erkennen (d. h., noch bevor sie installiert wird). Im Folgenden stelle ich Ihnen einige Funktionen vor, die Windows 11 bereits an Bord hat, um gegen die beschriebenen Angriffe gewappnet zu sein.

18.2 Das Windows-Sicherheit-Center

Das Windows-Sicherheit-Center (in früheren Versionen von Windows *Windows Defender Security Center* genannt) gibt in ansprechender grafischer Form Auskunft über den Sicherheitsstatus Ihres Computers und umfasst die sicherheitsrelevanten Bereiche *Viren- und Bedrohungsschutz*, *Kontoschutz*, *Firewall- und Netzwerkschutz*, *App- und Browsersteuerung*, *Gerätesicherheit*, *Geräteleistung und -integrität*, *Familienoptionen* sowie *Schutzverlauf*. Sie gelangen auf verschiedenen Wegen zum Sicherheit-Center:

- Öffnen Sie z. B. das Startmenü, und klicken Sie dort in der App-Liste auf den Eintrag **Windows-Sicherheit**.
- Alternativ können Sie auch den Weg über die **Einstellungen**-App gehen. Rufen Sie dort nacheinander **Datenschutz und Sicherheit** ▸ **Windows-Sicherheit** auf. Klicken Sie dann in der rechten Fensterhälfte auf die Schaltfläche **Windows-Sicherheit öffnen**.

- Eine weitere Alternative führt Sie zum Suchfeld der Taskleiste. Geben Sie hier den Suchbegriff »Windows-Sicherheit« ein, und wählen Sie in der Trefferliste den gleichnamigen Treffer aus.

In allen drei Fällen gelangen Sie zur Startseite des Sicherheit-Centers. Die einzelnen Bereiche, die auf dieser Startseite aufgeführt werden, haben folgende Funktion:

❶ **Viren- und Bedrohungsschutz**: Gibt einen Überblick, ob bereits bei einem vergangenen Virenscan gefährliche Objekte identifiziert wurden. Außerdem können Sie in diesem Bereich die Aktualisierung der Virensignaturdateien veranlassen, mit deren Hilfe dann auch neue Schädlinge identifiziert werden können.

❷ **Kontoschutz**: Hier konfigurieren Sie die Sicherheitseinstellungen für Ihr Benutzerkonto. Sind Sie z. B. mit einem Microsoft-Konto am PC angemeldet, lassen sich hier erweiterte Anmeldeoptionen einrichten, wie etwa eine dynamische Sperre: Befindet sich Ihr Smartphone nicht in Reichweite des PCs, so wird dieser automatisch gesperrt. Darüber hinaus können Sie auch das Speichern und die damit mögliche Wiederherstellung Ihres Kennwortes über Ihr Microsoft-Konto veranlassen.

❸ **Firewall- und Netzwerkschutz**: Bietet Zugriff auf verschiedene Konfigurationsoptionen der integrierten Firewall.

❹ **App- und Browsersteuerung**: Ermöglicht die Anpassung von Sicherheitsmerkmalen des Browsers sowie ausgewählter Apps.

❺ **Gerätesicherheit**: Hier erhalten Sie Informationen über den Sicherheitszustand der unteren Ebenen des Betriebssystems, sprich des Betriebssystemkerns (also des sogenannten *Kernels*).

❻ **Geräteleistung und -integrität**: Zeigt an, ob alle aktuellen Systemupdates installiert wurden, ob die Speicherkapazität ausreichend ist und ob es Probleme mit Treibern gibt.

❼ **Familienoptionen**: Führt Sie zur Konfiguration der Familienkonten und gestattet die Einrichtung von Jugendschutzoptionen. Außerdem können Sie sich alle Geräte anzeigen lassen, die mit dem aktuell verwendeten Microsoft-Konto verbunden sind.

❽ **Schutzverlauf**: In dieser Kategorie finden Sie eine Zusammenfassung aller Sicherheitseinstellungen, die Sie auf Empfehlung von Microsoft umsetzen sollten. Sind neue Schutzaktionen verfügbar, werden diese hier ebenfalls aufgeführt.

Sobald Sie einen der Bereiche aufgerufen haben, erhalten Sie die entsprechenden detaillierten Informationen. Sie können nun entweder über die Menüpunkte am linken Rand des Programmfensters ❾ zu den anderen Bereichen wechseln oder auch zur Startseite zurückkehren ❿.

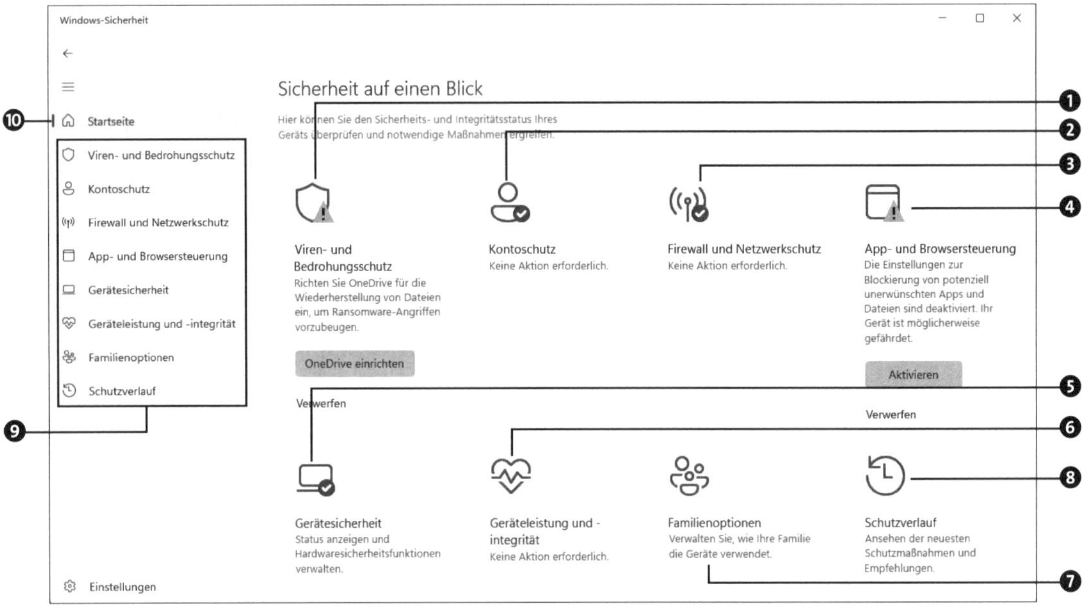

Abbildung 18.1 Im Windows-Sicherheit-Center erreichen Sie die sicherheitsrelevanten Optionen.

Arbeiten die Funktionen des Windows-Sicherheit-Centers ordnungsgemäß, erscheint beim jeweiligen Bereich ein grünes Häkchen. Auf sicherheitskritische Zustände weist Windows 11 Sie mit einem gelben Ausrufezeichen hin. Wurde die Blockierung von potenziell unerwünschten Apps und Dateien auf dem Gerät nicht aktiviert, erscheint im Windows-Sicherheit-Center im Bereich **App- und Browsersteuerung** ein Warnhinweis, wie in Abbildung 18.1 zu sehen. Mit einem Klick auf **Aktivieren** können Sie diese Sicherheitslücke schnell beheben. Informationen zur Meldung des Bereichs **Viren- und Bedrohungsschutz** erhalten Sie im Kasten »Dateien vor Ransomware-Angriff auf OneDrive sichern« auf Seite 737.

18.3 Der Viren- und Bedrohungsschutz

Das Herzstück der Viren- bzw. Trojanerabwehr unter Windows 11 ist der *Viren- und Bedrohungsschutz*, in früheren Versionen von Windows 10 auch *Windows Defender Antivirus* genannt. Auch wenn der Viren- und Bedrohungsschutz immer im Hintergrund aktiv ist und von dort aus den Schutz Ihres Computers im Blick behält, empfiehlt es sich, regelmäßig einen manuellen Scan des Systems vorzunehmen.

In diesem Zusammenhang ist es ebenfalls sehr empfehlenswert, die Signaturdatei des Programms auf ihre Aktualität hin zu überprüfen. Neue Signaturen werden zwar in der

Regel über die Update-Funktion von Windows 11 eingespielt, vor einem manuellen Scan sollten Sie allerdings den Status prüfen:

1 Öffnen Sie z. B. den Eintrag **Windows-Sicherheit** im Startmenü und im **Windows-Sicherheit-Center** dann den **Viren- und Bedrohungsschutz**.

2 Klicken Sie unterhalb von **Updates für Viren- und Bedrohungsschutz** auf **Schutzupdates** ❶ und auf der folgenden Seite auf **Nach Updates suchen**.

Daraufhin werden die aktuellen Virensignaturen geladen, die den Computer mit neu erkannten Bedrohungen bekannt machen. Mit einem Klick auf **Viren- und Bedrohungsschutz** ❷ in der linken Spalte gelangen Sie wieder zur gleichnamigen Seite zurück.

3 Wenn Sie lediglich eine schnelle Überprüfung des Computers vornehmen möchten, reicht ein Klick auf **Schnellüberprüfung** ❸.

4 Haben Sie etwas mehr Zeit (z. B. wenn Sie den PC über Nacht laufen lassen können), sollten Sie den Computer regelmäßig einer genaueren Untersuchung unterziehen. Hierzu klicken Sie auf **Scanoptionen** ❹.

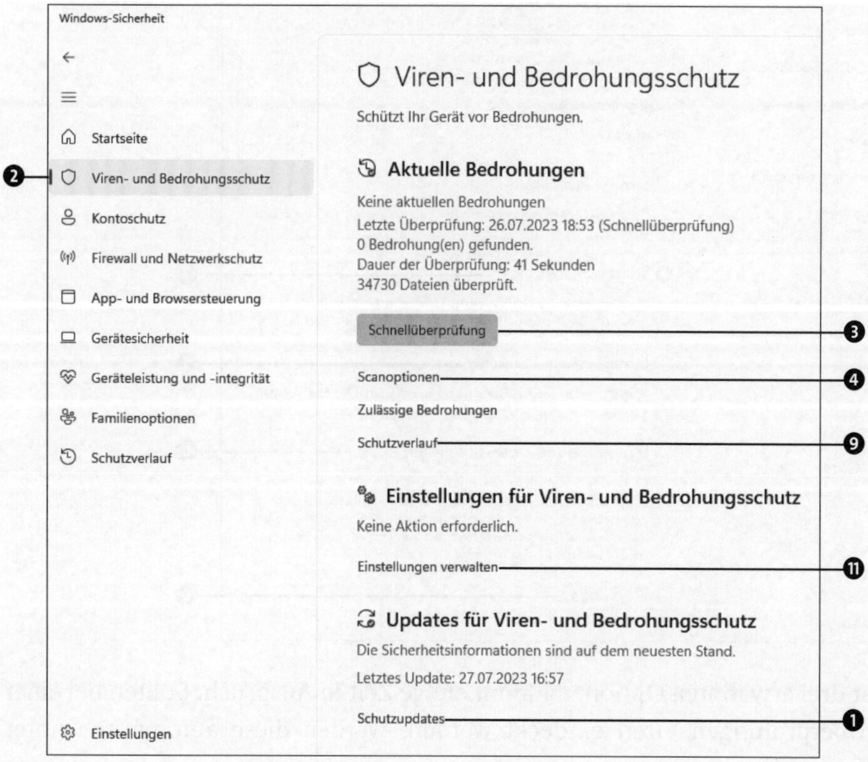

5 Sollen bestimmte Verzeichnisse vom Scan ausgeschlossen werden, aktivieren Sie die Option **Benutzerdefinierte Überprüfung** ❺. Nach einem Klick auf **Jetzt überprüfen** ❻ wählen Sie die Ordner aus, die bei der Untersuchung nicht berücksichtigt werden sollen.

6 Wenn alle Elemente auf der lokalen Festplatte überprüft werden sollen, aktivieren Sie die Option **Vollständige Überprüfung** ❼ und starten den Scan mit **Jetzt überprüfen** ❻.

7 Haben Sie den Verdacht, dass der Computer bereits mit einem Trojaner infiziert wurde, sollten Sie die Option **Microsoft Defender Antivirus (Offlineüberprüfung)** ❽ wählen. Nach einem Klick auf **Jetzt überprüfen** startet das System automatisch neu und scannt den PC in einem reduzierten Modus offline, d. h. ohne bestehende Netzverbindung. Das ist das beste Vorgehen bei einer ganzen Reihe von Viren, die sich bei bestehender Internetverbindung nicht ohne Weiteres vom System entfernen lassen.

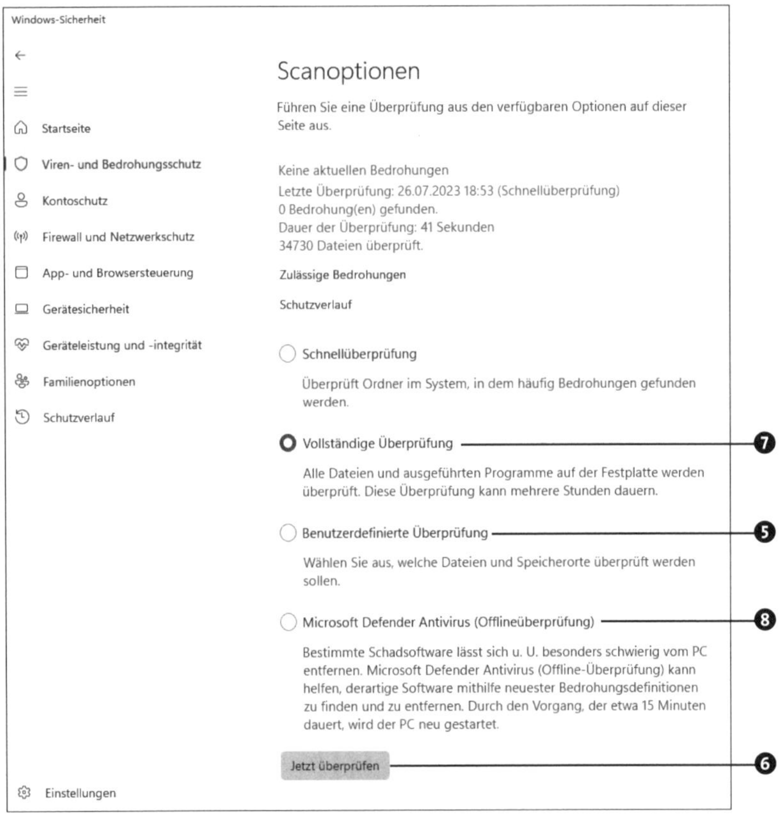

8 Jede der drei erwähnten Optionen nimmt einige Zeit in Anspruch. Sollten bei einer dieser Überprüfungen Viren entdeckt werden, werden diese automatisch unter

Quarantäne gesetzt. Um sich über das Ergebnis der letzten Überprüfungen und gegebenenfalls ausgeführte Aktionen zu informieren, klicken Sie auf der Seite **Viren- und Bedrohungsschutz** auf **Schutzverlauf** (❾ auf Seite 731). Sie gelangen damit in den gleichnamigen Bereich, der über zuletzt ausgeführte Schutzaktionen sowie Empfehlungen der Windows-Sicherheit informiert.

9 Über den Pfeil oben links kehren Sie wieder zur Seite **Viren- und Bedrohungsschutz** zurück ❿.

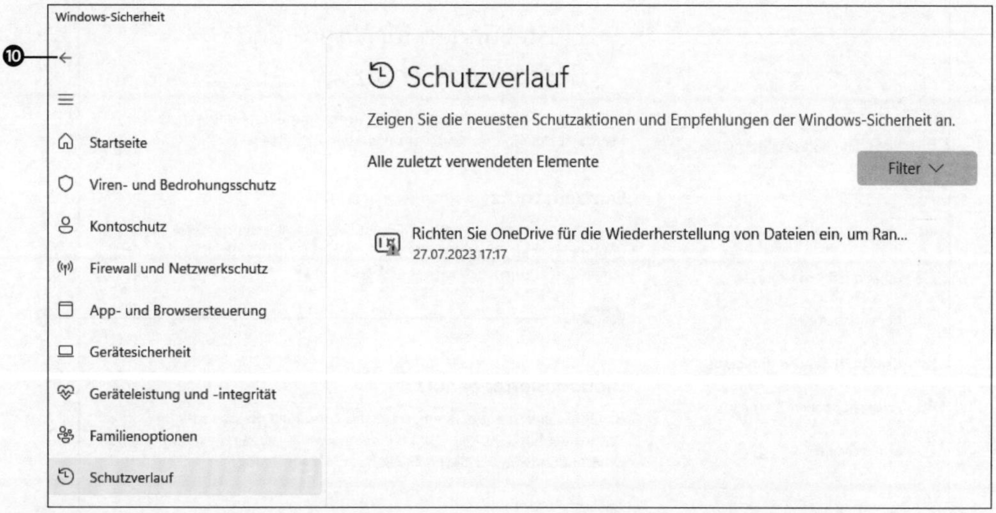

Das Windows-eigene Antivirenprogramm erkennt mögliche Schadsoftware und verhindert deren Installation oder Ausführung auf dem Computer. Wenn Sie an detaillierteren Informationen zum Viren- und Bedrohungsschutz interessiert sind, sollten Sie einen Blick auf seine Einstellungen werfen. Klicken Sie hierzu auf der Seite **Viren- und Bedrohungsschutz** unterhalb von **Einstellungen für Viren- und Bedrohungsschutz** auf **Einstellungen verwalten** (⓫ auf Seite 731). Auf der folgenden Seite finden Sie nun diese Einstellungsmöglichkeiten:

- **Echtzeitschutz**: Wenn Sie den Viren- und Bedrohungsschutz als Schutzprogramm nutzen, sollte der Regler **Echtzeitschutz** ⓬ unbedingt aktiviert sein, denn dadurch ist sichergestellt, dass das Programm im Hintergrund seinen Dienst verrichtet.
- **Cloudbasierter Schutz**: Nach Aktivierung dieses Reglers ⓭ werden potenzielle neue Virenfunde direkt an Microsoft übermittelt. Dort werden die Schädlinge anhand ihrer Verhaltensmuster analysiert. Welche Daten an Microsoft übertragen werden, weiß leider niemand so genau. Falls Ihnen diese Funktion nicht geheuer ist, sollten Sie die Option deaktivieren.

- **Automatische Übermittlung von Beispielen**: Ist dieser Regler eingeschaltet ⓮, werden ebenfalls Beispiele für verdächtige Dateien an Microsoft übermittelt.
- **Manipulationsschutz**: Dieser Mechanismus soll dafür sorgen, dass schädliche Apps keine Änderungen an den Einstellungen für den Viren- und Bedrohungsschutz vornehmen können, wie etwa die Deaktivierung des Echtzeitschutzes. Der Regler sollte deshalb eingeschaltet sein ⓯.

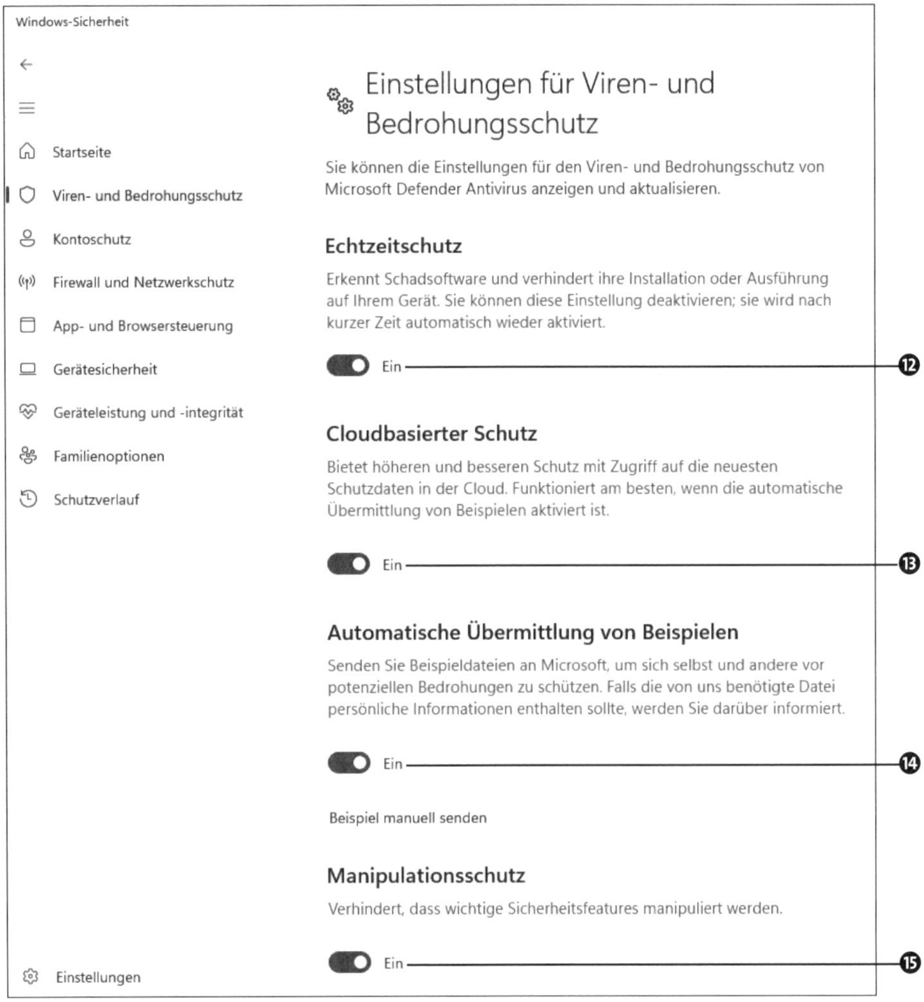

Abbildung 18.2 Sie bestimmen selbst, welche Schutzmechanismen des Viren- und Bedrohungsschutzes aktiviert sind.

- **Überwachter Ordnerzugriff**: Eine große Gefahr stellt die sogenannte Ransomware dar, die persönliche Daten auf dem Computer verschlüsselt. Auch hierfür bietet

Windows 11 einen Schutzmechanismus an. Blättern Sie auf der Seite **Einstellungen für Viren- und Bedrohungsschutz** etwas weiter nach unten, finden Sie den Link **Überwachten Ordnerzugriff verwalten** ⓰. Nach einem Klick hierauf lassen sich Ordner mit wichtigen persönlichen Dateien zur gezielten Überwachung festlegen. Um den Schutz zu aktivieren, setzen Sie auf der Seite **Ransomware-Schutz** den Regler unterhalb von **Überwachter Ordnerzugriff** auf **Ein**. Über den nun sichtbaren Link **Geschützte Ordner** erfahren Sie, welche Verzeichnisse standardmäßig vorausgewählt sind. Nach einem Klick auf die Schaltfläche **Geschützten Ordner hinzufügen** können Sie eigene Verzeichnisse ergänzen. Mit dem Pfeil oben links kehren Sie wieder zur Seite **Ransomware-Schutz zurück**. Zu dieser Seite gelangen Sie übrigens auch, wenn Sie auf der Hauptseite **Viren- und Bedrohungsschutz** den Link **Ransomware-Schutz verwalten** anklicken.

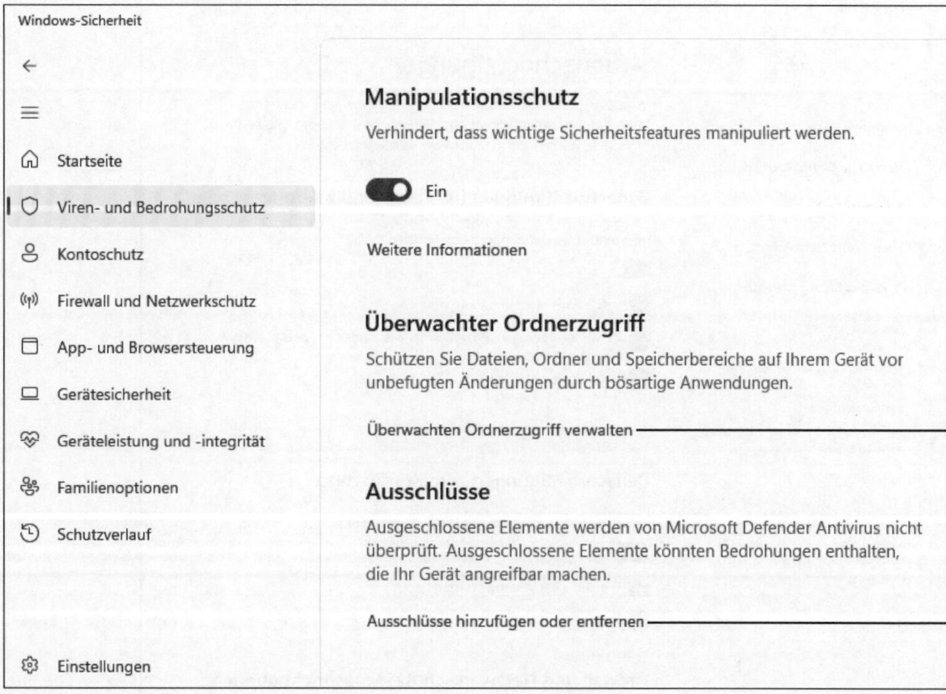

Abbildung 18.3 Manch wichtige Funktionen, wie etwa der Ransomware-Schutz, verstecken sich in den Tiefen der Einstellungen des Viren- und Bedrohungsschutzes.

- **Ausschlüsse**: Klicken Sie auf der Seite **Einstellungen für Viren- und Bedrohungsschutz** auf **Ausschlüsse hinzufügen oder entfernen** ⓱, können Sie gezielt Dateien, Dateitypen oder Ordner von einer Überprüfung durch den Viren- und Bedrohungsschutz ausschließen. Das ist z. B. dann sinnvoll, wenn es bei bestimmten durchaus seriösen Programmen zu sogenannten *false positives* (also Fehlalarmen) kommt. Diese Fehlalarme werden in der Regel von Microsoft durch die Veröffentlichung neuer Signaturdateien eliminiert. Falls Sie sich bis dahin nicht gedulden können, haben Sie über die Ausschlüsse eine Möglichkeit, die Meldungen bezüglich eines Objekts zu deaktivieren.

Interessiert es Sie, wann der letzte Scan durchgeführt wurde und ob dabei Viren entdeckt wurden? Wenn Sie möchten, können Sie sich hierüber von Windows 11 informieren lassen. Klicken Sie hierzu im Windows-Sicherheit-Fenster unten links auf **Einstellungen** ⓲ und auf der folgenden Seite auf **Benachrichtigungen verwalten**. Auf der Seite **Benachrichtigungen** bestimmen Sie nun selbst, über welche Aktionen das Windows-Sicherheit-Center Sie informieren soll.

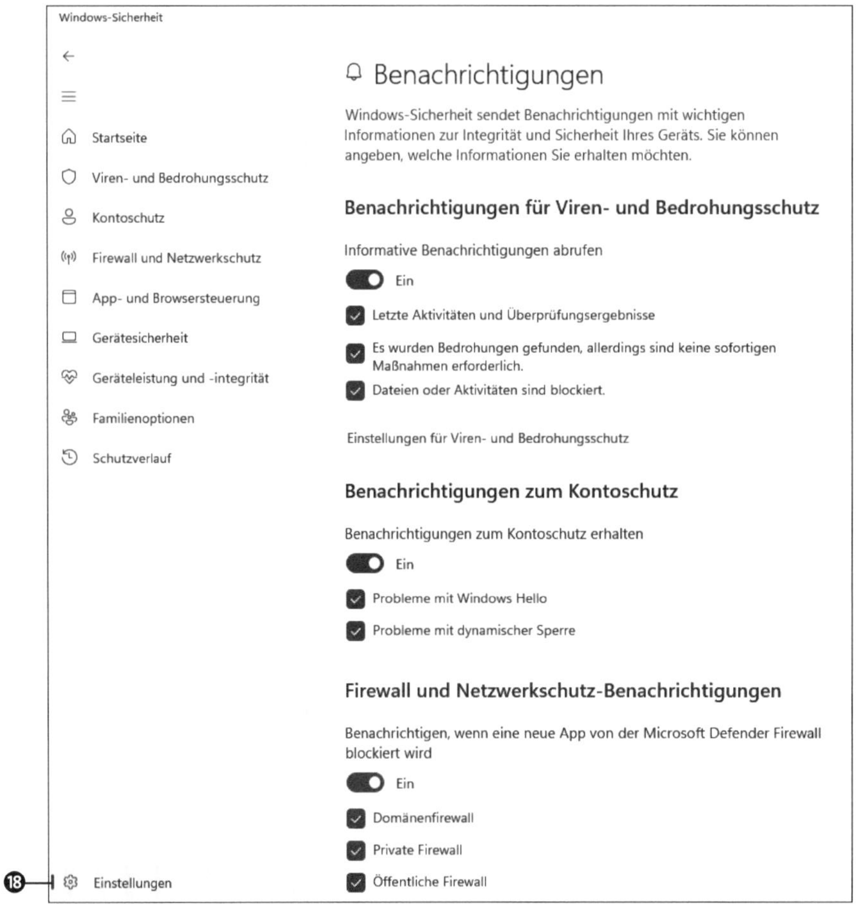

Abbildung 18.4 Es liegt in Ihrer Hand, welche Benachrichtigungen Ihnen das Windows-Sicherheit-Center schickt.

TIPP

Dateien vor Ransomware-Angriff auf OneDrive sichern

Sollte der Computer tatsächlich Opfer eines Erpressungstrojaners werden, sind diejenigen gut dran, die ihre Daten zusätzlich auf einem externen Medium gesichert haben. Microsoft empfiehlt hierfür vor allem die Cloud OneDrive. Sollten Sie OneDrive nicht eingerichtet haben (siehe hierzu auch Abschnitt 8.6, »Den Onlinespeicher OneDrive nutzen«, ab Seite 324), erscheint im Windows-Sicherheit-Center beim Bereich **Viren- und Bedrohungsschutz** eine entsprechende Warnung. Wenn Sie eine Datensicherung über OneDrive vornehmen möchten, reicht hier ein Klick auf **OneDrive einrichten** ❶. Folgen Sie dann den weiteren Anweisungen des Assistenten.

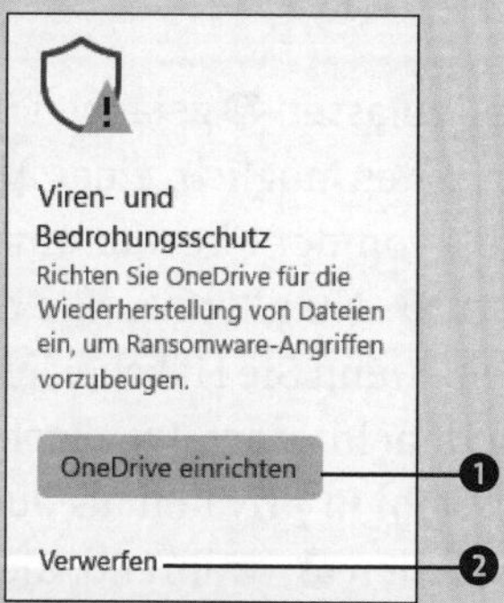

Abbildung 18.5 Sie können der Aufforderung, OneDrive zur Datensicherung zu nutzen, nachkommen, müssen es aber nicht.

Andere Nutzer und Nutzerinnen sichern ihre Daten allerdings lieber auf einem anderen Medium, etwa einer externen Festplatte (Informationen hierzu erhalten Sie in Abschnitt 17.4, »Datensicherung mithilfe des Dateiversionsverlaufs und OneDrive«, ab Seite 710). Wenn Sie zu diesem Personenkreis zählen und im Windows-Sicherheit-Center nicht weiter mit dem Warnhinweis konfrontiert werden möchten, klicken Sie dort einfach auf den Link **Verwerfen** ❷. Statt des gelben Ausrufezeichens erscheint nun auch beim Viren- und Bedrohungsschutz das grüne Häkchen.

18.4 Die Windows-Firewall

Neben dem *Viren- und Bedrohungsschutz* ist die integrierte Firewall das zweite wichtige Sicherheitsmerkmal von Windows 11. Die Firewall sorgt dafür, dass keine fremdbestimmte Kommunikation aus Ihrem Computer heraus stattfindet. Das bedeutet, Trojanern, die versuchen, mit einem Partnerrechner zu kommunizieren, wird dies bei einer aktivierten Firewall nicht gelingen.

18.4.1 Zugang zur Windows-Firewall

Eine erste Übersicht über den Status der *Windows-Firewall* bietet das Windows-Sicherheit-Center. Wenn Sie auf der Startseite des Sicherheit-Centers auf **Firewall- und Netzwerkschutz** klicken, erfahren Sie, ob die Firewall aktiviert ist:

- Durch Anklicken der aufgeführten Bereiche **Domänennetzwerk**, **Privates Netzwerk** sowie **Öffentliches Netzwerk** ❶ können Sie die Firewall-Funktion in den genannten Bereichen separat aktivieren bzw. deaktivieren. Standardmäßig sind alle drei Bereiche geschützt. Mehr zu den verschiedenen Netzwerktypen erfahren Sie im Kasten »Private, öffentliche und Domänennetzwerke« auf Seite 740. Es empfiehlt sich, die Voreinstellungen beizubehalten.
- Mit einem Klick auf den Link **Zugriff von App durch Firewall zulassen** ❷ gelangen Sie in den entsprechenden Dialog der Systemsteuerung. Dort ist es möglich, einer App gezielt den Zugriff auf das Internet zu gestatten, falls dies von der Firewall unterbunden wurde. Klicken Sie dazu auf **Einstellungen ändern** ❸. Nun können Sie die gewünschte App durch Setzen eines Häkchens freischalten. Wenn Sie Häkchen entfernen, verhindern Sie wiederum die Kommunikation mit dem Internet. Im abgebildeten Beispiel darf unter anderem der **Microsoft Store** sowohl in privaten als auch öffentlichen Netzen eine Verbindung zum Internet herstellen ❹, während diese Rechte den **Microsoft-Kurznotizen** entzogen wurden (❺ auf Seite 739).

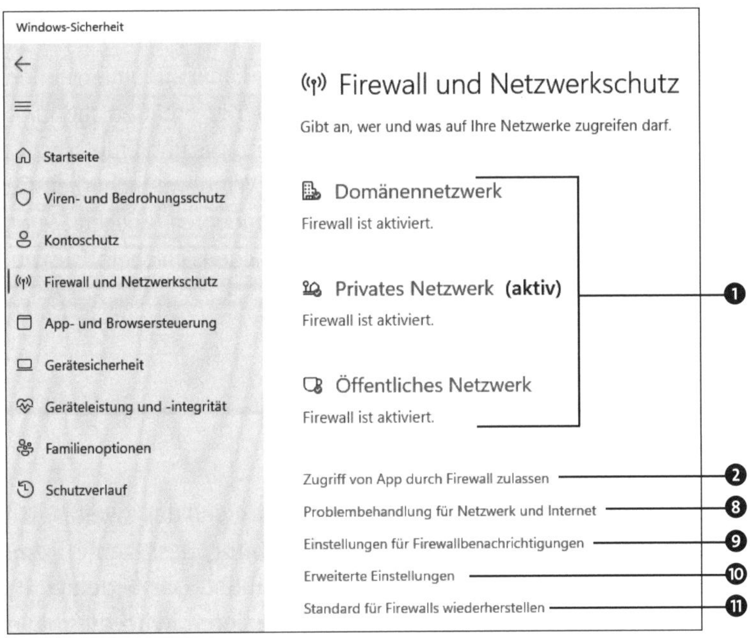

Abbildung 18.6 Der Bereich »Firewall- und Netzwerkschutz« im Windows-Sicherheit-Center

- Wird die gewünschte App im Dialog **Zugelassene Apps** nicht aufgelistet, klicken Sie auf **Andere App zulassen** ❻. Markieren Sie die App im Dialog **App hinzufügen**, und bestätigen Sie Ihre Wahl mit **Hinzufügen**. Den Dialog **Zugelassene Apps** schließen Sie mit **OK** ❼.
- **Problembehandlung für Netzwerk und Internet** (❽ auf Seite 738): Wenn Sie trotz korrekt konfigurierter Firewall nicht ins Internet gelangen können, werden Sie über diesen Link an die entsprechende Stelle in den Einstellungen weiterverwiesen.
- **Einstellungen für Firewallbenachrichtigungen** ❾: Nach einem weiteren Klick auf **Benachrichtigungen verwalten** können Sie einstellen, ob die Windows-Firewall bei unerlaubten Zugriffen entsprechende Meldungen einblenden soll.
- **Erweiterte Einstellungen** ❿: Dadurch gelangen Sie zu einem Konfigurationsdialog für die Windows-Firewall, in dem Sie gezielt Verbindungen zulassen bzw. ablehnen können. Diesen Dialog werde ich im folgenden Abschnitt detaillierter vorstellen.
- **Standard für Firewalls wiederherstellen** ⓫: Sollten Sie sich nicht sicher sein, ob Sie die geeigneten Einstellungen für die Windows-Firewall vorgenommen haben – über diesen Link stellen Sie die Standardeinstellungen wieder her.

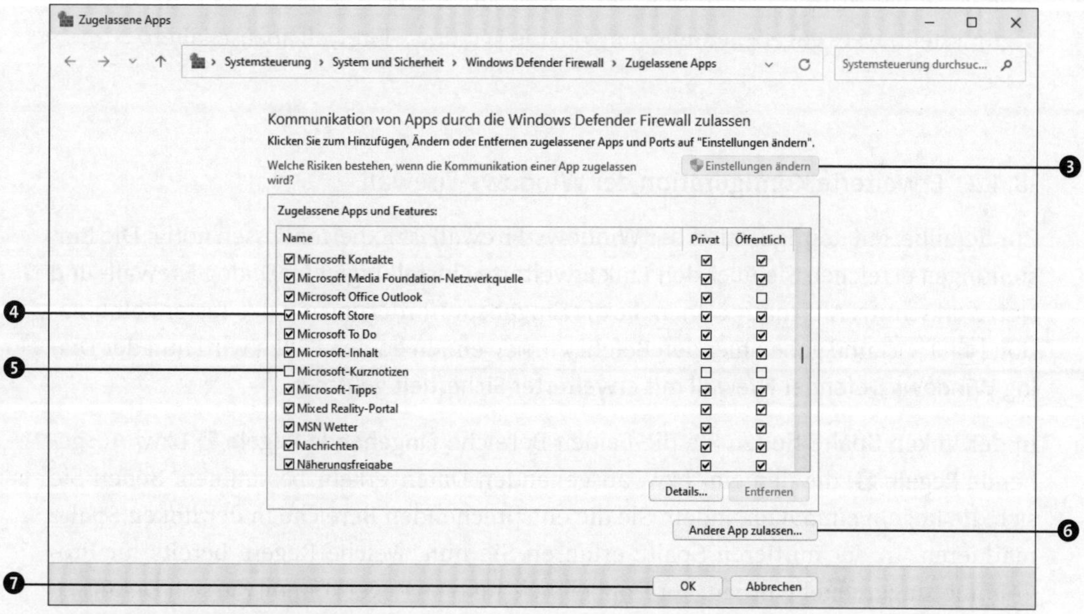

Abbildung 18.7 Im Dialog »Zugelassene Apps« der Systemsteuerung können Sie Programmen und Apps den Zugriff auf das Internet gestatten oder auch verbieten.

INFO

Private, öffentliche und Domänennetzwerke

Unter einem privaten Netz versteht man in der Regel das lokale, per LAN-Kabel oder auch WLAN realisierte Netzwerk im häuslichen Bereich. In einem öffentlichen Netz bewegen Sie sich, wenn Sie sich z. B. mithilfe eines freien WLANs in einem Café oder an einem Flughafen verbunden haben.

Für diesen Fall gelten strengere Sicherheitsanforderungen, da Sie sich dort das Netzwerk mit vielen fremden Menschen teilen. Wird ein Netzwerk unter Windows 11 als öffentliches Netzwerk deklariert, gelten somit auch für die Windows-Firewall wesentlich strengere Maßstäbe, und das Teilen von Dateien wird deutlich eingeschränkt bzw. ganz unterbunden. Im Gegensatz dazu erhalten Sie bei der Wahl eines privaten Netzwerkes automatisch die Windows-typischen Netzwerkfreigaben, z. B. die Datei- oder Druckerfreigabe.

Jedes Mal, wenn Sie sich mit einem Netzwerk verbinden möchten, werden Sie gefragt, ob es sich bei dem Netz um ein privates oder öffentliches Netzwerk handelt. Wählen Sie dann die entsprechende Option aus. Bei dem dritten Bereich, dem **Domänennetzwerk**, handelt es sich um ein Firmennetzwerk, das über einen Windows-Server realisiert wird. Falls der Firmenserver eine eigene Firewall zur Verfügung stellt, ist es gegebenenfalls sinnvoll, die Windows-Firewall abzuschalten.

18.4.2 Erweiterte Konfiguration der Windows-Firewall

Zur detaillierten Konfiguration der Windows-Firewall ist Expertenwissen nötig. Die Einstellungen erreichen Sie über den Link **Erweiterte Einstellungen** im Dialog **Firewall- und Netzwerkschutz**. Alternativ öffnen Sie die Eingabeaufforderung mit der Tastenkombination [Win] + [R] und geben hier den Befehl `wf.msc` ein. In beiden Fällen wird nun der Dialog **Windows Defender Firewall mit erweiterter Sicherheit** geöffnet.

In der linken Spalte finden Sie die beiden Bereiche **Eingehende Regeln** ❶ bzw. **Ausgehende Regeln** ❷, die den ein- bzw. ausgehenden Datenverkehr bestimmen. Sehen Sie sich die Regeln einmal an, indem Sie die entsprechenden Bereiche in der linken Spalte markieren. In der mittleren Spalte erfahren Sie nun, welche Regeln bereits für Programme eingerichtet wurden. Per Doppelklick auf eine Regel können Sie sich Details zu ihr anzeigen lassen sowie die Einstellungen ändern. Hier ist allerdings wirklich Vorsicht geboten: Haben Sie eine falsche Einstellung vorgenommen, kann es Ihnen passieren, dass Sie das mit der Regel verbundene Programm nicht mehr korrekt nutzen können.

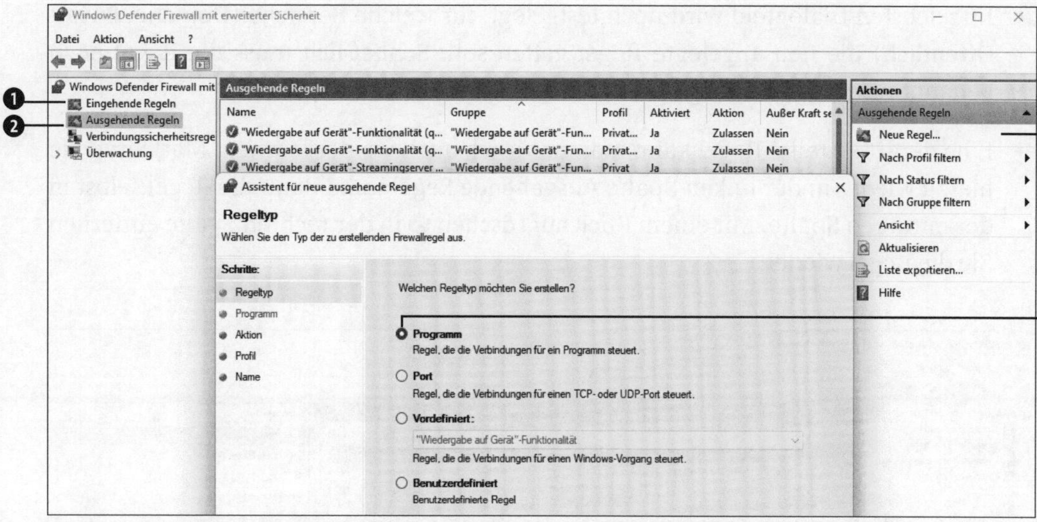

Abbildung 18.8 Die Windows Defender Firewall mit erweiterter Sicherheit

Angenommen, Sie haben eine neue Software installiert. Der Versuch, sie zu nutzen, wird aber wiederholt von der Firewall blockiert. Wenn Sie das Programm für wirklich vertrauensvoll erachten, können Sie in einem solchen Fall eine Ausnahmeregel erstellen, die dem Programm die Verbindung ins Internet gestattet. Um eine solche Regel z. B. für ausgehende Datenverbindungen zu erstellen, gehen Sie wie folgt vor:

1. Markieren Sie zunächst in der linken Spalte den Eintrag **Ausgehende Regeln**. Klicken Sie nun in der rechten Spalte **Aktionen** auf die Schaltfläche **Neue Regel** ❸.

2. Der **Assistent für ausgehende Regeln** wird gestartet. Mit seiner Hilfe können Sie eine Regel für ein Programm, für einen bestimmten Port oder auch eine benutzerdefinierte Regel anlegen. Für unser Programmbeispiel wählen Sie die Option **Programm** ❹. Bestätigen Sie mit **Weiter**.

3. Als Nächstes geben Sie den Pfad zu dem Programm an, für das Sie gerade die Firewall-Regel erstellen möchten. Wie Sie den Speicherort eines Programms in Erfahrung bringen, lesen Sie im Kasten »Den Speicherort einer Programmdatei ausfindig machen« auf Seite 770. Im Kasten »Pfade unter Windows« auf Seite 300 erfahren Sie, wie Sie einen Dateipfad im Explorer kopieren. Die Angabe des Dateipfades bestätigen Sie mit **Weiter**.

4. Markieren Sie als Nächstes die Option **Verbindung zulassen**. Dadurch erreichen Sie, dass das betreffende Programm durch beliebige Ports durch die Firewall gelangen kann. Klicken Sie erneut auf **Weiter**.

5 Im nächsten Dialogfeld wird noch festgelegt, für welche Bereiche (**Domäne**, **Privat**, **Öffentlich**) die neu angelegte Regel gelten soll. Schließlich muss die Regel noch benannt werden. Mit **Fertig stellen** beenden Sie den Assistenten.

6 Eine derart erstellte Regel kann man natürlich auch wieder löschen. Markieren Sie hierzu wieder in der linken Spalte **Ausgehende Regeln** und dann die Regel selbst in der mittleren Spalte. Mit einem Klick auf **Löschen** ❺ in der rechten Spalte entfernen Sie die Regel wieder.

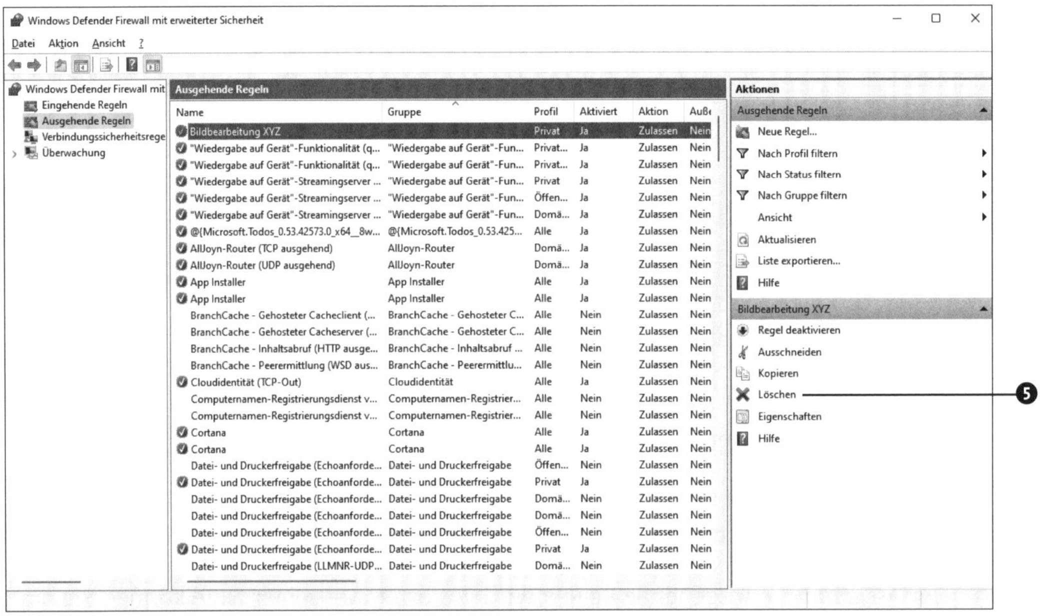

ACHTUNG

Firewall-Regeln nie für Ports erstellen

Beschränken Sie sich bei eigenen Experimenten stets darauf, Ausnahmeregeln nur für Programme zu erstellen, die Probleme mit der Kommunikation durch die Firewall haben. Das Öffnen von Ports (das sind Teile einer Netzwerkadresse, die den Datenverkehr auf bestimmte »Kanäle« leiten) sollten Sie tunlichst unterlassen, da dies zu einer Sicherheitslücke im System führt – denn Sie wissen nie, ob nicht Schadsoftware Gebrauch von diesen Ports macht. Durch die Freigabe eines Ports würden Sie auch dieser Malware die Tür zu Ihrem Computer öffnen.

18.5 Sicherheitslösungen von Drittanbietern verwenden

Microsoft hat im Laufe der Entwicklung seiner Betriebssysteme erst relativ spät die Notwendigkeit eingesehen, einen eigenen Virenscanner zu entwickeln. So war das Feld frei für Entwickler, die eigene Lösungen auf den Markt brachten. Die Basisfunktionen von bestimmten Sicherheitslösungen sind häufig kostenlos. Wenn Sie Wert auf Komfortfunktionen legen, etwa auf spezielle Schutzfunktionen für das Onlinebanking oder das Onlineshopping, müssen Sie diese meist in Form eines Jahresabonnements für das entsprechende Produkt erwerben.

TIPP

Welcher Virenscanner darf es sein?

Die unabhängige Institution *AV-Test* nimmt regelmäßig die Produkte der bekanntesten Hersteller unter die Lupe und spricht diesbezüglich auch Empfehlungen aus.

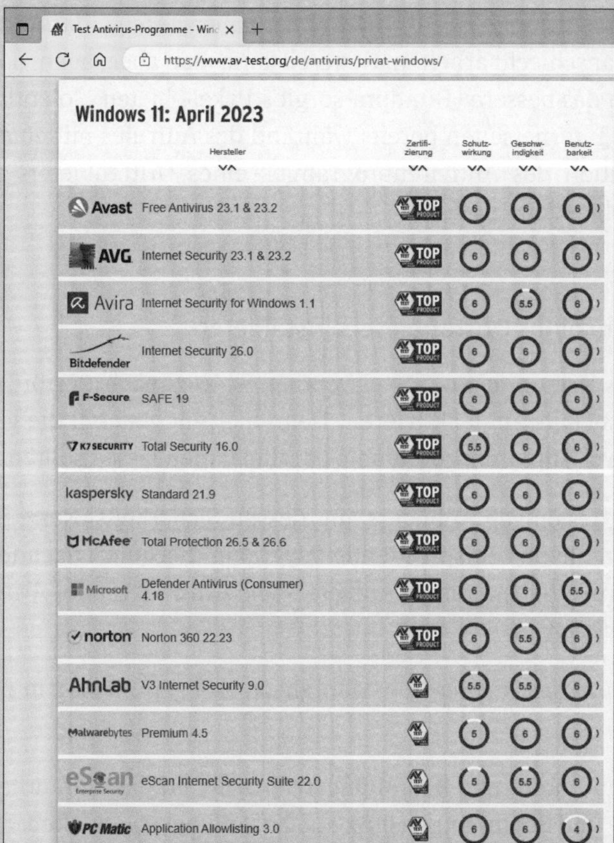

Abbildung 18.9 Teilübersicht über die Testergebnisse von Antivirenprogrammen, durchgeführt von AV-Test (Quelle: www.av-test.org/de)

Unter der Webadresse *www.av-test.org/de* können Sie sich selbst über die aktuellen Testergebnisse informieren. Die Tests beschränken sich nicht nur auf Windows-Virenschutzprogramme, sondern werden auch für Android- und MacOS-Lösungen durchgeführt.

Die Frage, ob es sich lohnt, jedes Jahr erneut Geld für eine umfangreiche Sicherheitslösung auszugeben, muss jeder für sich selbst beantworten. Wie Sie bereits in Kapitel 17, »Wartung – das System aktuell halten und sichern«, ab Seite 681 erfahren haben, ist das wichtigste Standbein für ein sicheres Betriebssystem das zeitnahe Einspielen von sicherheitsrelevanten Updates. Brandaktuelle Viren werden von Virenscannern nicht anhand einer vorgegebenen Signatur identifiziert, sondern durch eine sogenannte *Heuristik*. Dabei versucht man, gewisse bekannte Verhaltensweisen von Schädlingen anhand ihrer Aktionen im System zu erkennen, diese dadurch zu identifizieren und dann gegebenenfalls unter Quarantäne zu stellen oder auch zu entfernen. Tests haben gezeigt, dass diese Heuristiken immer noch denkbar schlecht arbeiten. Generell kann man aber sagen, dass die kostenpflichtigen Lösungen das bessere »Rundum-sorglos-Paket« bieten. So entlarven sie kritische virenträchtige Internetseiten bereits während des Aufrufes mit einem Browser. Was bei der Installation des Antivirenprogramms eines Drittanbieters zu beachten ist, erfahren Sie im folgenden Abschnitt.

18.5.1 Ein Antivirenprogramm eines Drittanbieters installieren

Um die Sicherheitslösung eines Drittanbieters zu verwenden, ist es zunächst erforderlich, den *Viren- und Bedrohungsschutz* zu deaktivieren. Denn hier gilt generell die goldene Regel, dass Sie niemals zwei Antivirenprogramme parallel laufen lassen sollten.

1. Rufen Sie die Internetseite desjenigen Anbieters auf, dessen Sicherheitslösung Sie installieren möchten. Laden Sie das entsprechende Programm herunter, nachdem Sie es im Onlineshop erworben haben. Einige Anbieter (wie *Avira*, *AVG* oder *Avast*) bieten auch kostenlose Lösungen an.

2. Starten Sie das *Windows-Sicherheit-Center* über den gleichnamigen Eintrag in der App-Liste des Startmenüs.

3. Klicken Sie nacheinander auf **Viren- und Bedrohungsschutz** ❶ und dann unterhalb von **Einstellungen für Viren- und Bedrohungsschutz** auf **Einstellungen verwalten**.

4 Auf der Seite **Einstellungen für Viren- und Bedrohungsschutz** deaktivieren Sie in der rechten Spalte sämtliche Regler. Ziehen Sie insbesondere den Regler **Echtzeitschutz** nach links auf **Aus** ❷. Durch diesen wird der Virenscanner deaktiviert und bildet somit keine Störquelle mehr für das nun zu installierende Antivirenprogramm des Drittanbieters.

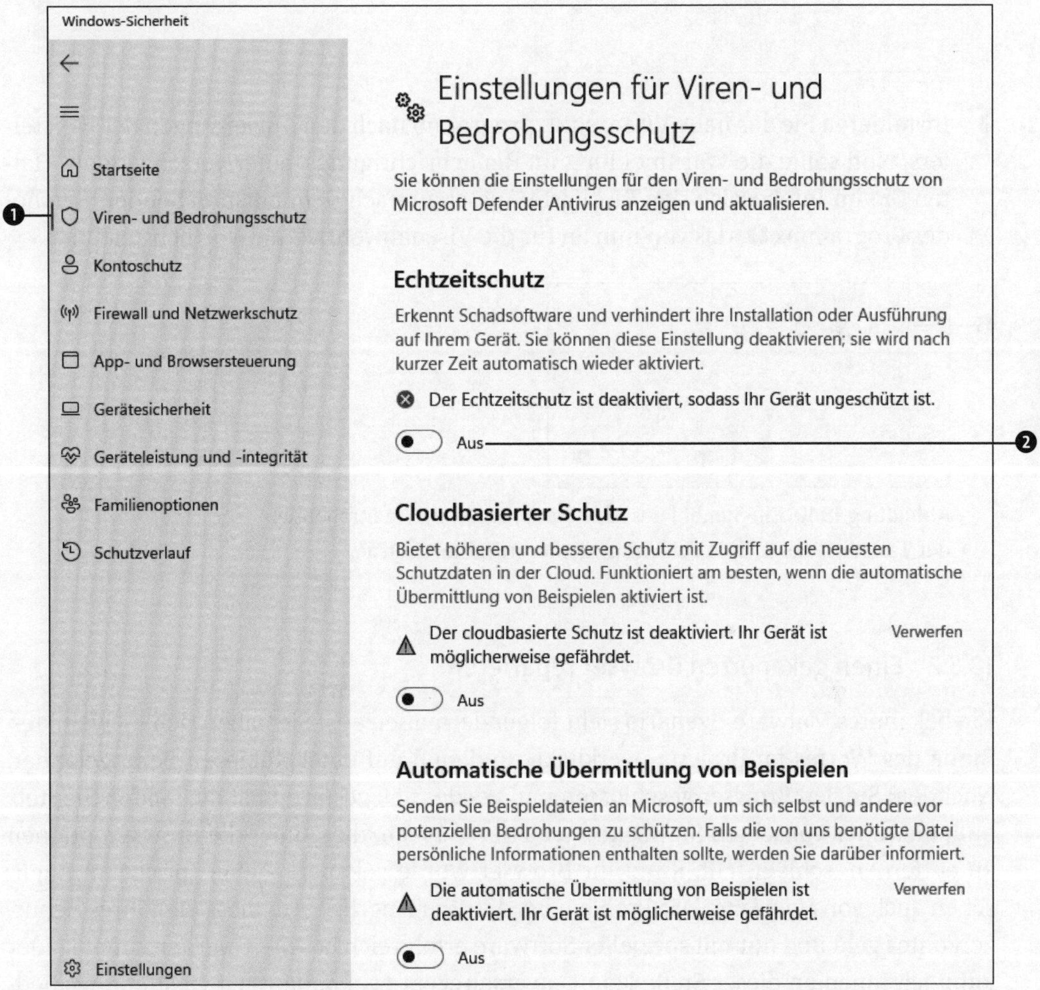

Bestätigen Sie den Hinweis der Benutzerkontensteuerung. Unmittelbar nach der Deaktivierung des Echtzeitschutzes erhalten Sie eine Warnmeldung ❸ im Benachrichtigungscenter, dass der Virenschutz nicht mehr aktiv ist. Diese Meldung klicken Sie bitte *nicht* an, da Sie den Virenschutz sonst wieder aktivieren.

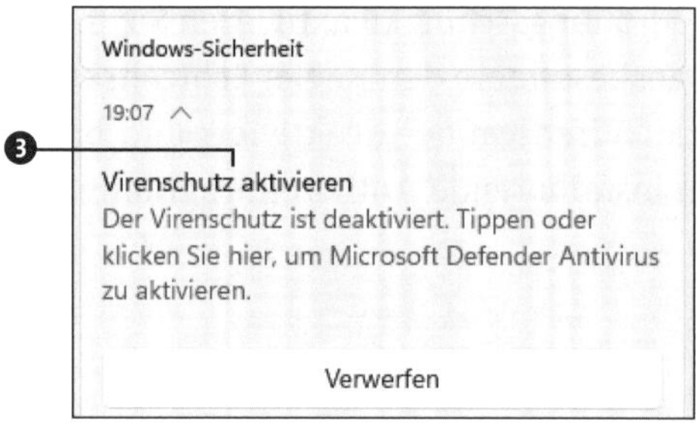

5 Installieren Sie das neue Virenschutzprogramm nach den Anweisungen des Herstellers. Nun sollte die Warnmeldung im Benachrichtigungscenter verschwinden. Halten Sie im Infobereich der Taskleiste Ausschau nach dem entsprechenden Symbol des Programms ❹, das von nun an für die Virenabwehr verantwortlich zeichnet.

Abbildung 18.10 Ein Symbol des Antivirenprogramms im Infobereich der Taskleiste zeigt, dass der Virenwächter installiert wurde.

18.5.2 Einen gekaperten Browser reparieren

Ein bekanntes Malware-Szenario sieht folgendermaßen aus: Sie haben sich im wahrsten Sinne des Wortes im Browser »verklickt« und sind auf einer dubiosen Seite gelandet. Nachdem Sie den Browser geschlossen und wieder neu gestartet haben, landen Sie stets auf einer unerwünschten Startseite. Auch der Versuch, diese über die Browseroptionen zu entfernen, schlägt fehl. Kurz: Ihr Browser wurde gekapert – man spricht im Englischen auch von *Hijacking*. Das Problem ist, dass der Angriff bis in die Tiefen Ihres Benutzerkontos geht und nur mit spezieller Software erfolgreich beseitigt werden kann. Leider kann ich Ihnen an dieser Stelle kein Universalrezept geben, da es zu viele unterschiedliche Szenarien in puncto Browser-Hijacking gibt. Mit den folgenden Schritten gebe ich Ihnen aber zumindest eine kleine Anleitung zur Selbsthilfe an die Hand:

1 Merken Sie sich die Adresse oder einige Stichworte auf der Startseite, die im gekaperten Browser erscheinen.

2 Googeln Sie nach der Adresse bzw. den Stichworten in Verbindung mit dem Schlüsselwort »hijack«. Achtung: Hier kann es passieren, dass Sie durch dubiose Links von den Anbietern eben dieser Schadsoftware in die Irre geführt werden. Seriös sind hier in jedem Fall Lösungsvorschläge aus den gängigen Windows-Computerforen oder auch Webseiten von Computerfachzeitschriften. Seriöse Foren finden Sie beispielsweise unter den Adressen, die in Abschnitt 19.5, »Wichtige Hilfsforen im Internet«, ab Seite 803 genannt sind. Im Fachzeitschriftenbereich haben sich insbesondere die *c't* (*www.heise.de/ct*) sowie die *CHIP* (*www.chip.de*), aber auch die Website *www.golem.de* einen guten Namen gemacht.

3 In der Regel werden Sie eine Lösung finden, die in Verbindung mit einer Anti-Hijack-Software funktioniert. Das sind meist die Programme *HiJackThis*, *AdwCleaner* oder *Ad-Aware*. Folgen Sie der Anleitung, die in den entsprechenden Foren oder auf der Internetseite zu Ihrem speziellen Problem gegeben wird.

18.5.3 Helfer in der Not

Haben Sie auch schon einen Anruf eines angeblichen Mitarbeiters von Microsoft erhalten? Meistens behauptet der Anrufer, dass auf Ihrem Computer eine von Ihnen unbemerkte gefährliche Software läuft, mit der Straftaten verübt werden. Der Anrufer bietet nun an, per Remotezugriff auf Ihren Computer zuzugreifen und Ihnen zu zeigen, wo sich die Schadsoftware befindet.

Wenn Sie einwilligen und den Zugriff aktiv gestatten, installiert Ihr Gegenüber in Wirklichkeit ein Schadprogramm, mit dessen Hilfe ihm dann Tür und Tor geöffnet sind. Wer erst jetzt endlich wach wird, hat das Problem, dass er nicht mehr online gehen kann, da sonst das frisch installierte Schadprogramm seinen Dienst im Hintergrund verrichten kann. Sie haben nun die Möglichkeit, den *Windows Defender Offline* zu nutzen und Ihren Rechner nach Schadsoftware zu durchsuchen (siehe Abschnitt 18.3, »Der Viren- und Bedrohungsschutz«, ab Seite 730). Die Microsoft-eigene Lösung hat allerdings ihre Schwächen, was brandaktuelle Schadsoftware betrifft.

Besser geeignet für derartige Fälle ist das Tool *Desinfec't* des Heise Verlags, das bei Bedarf mehrere bekannte und effektive Virenscanner nacheinander auf Ihren Rechner loslässt. Das Werkzeug finden Sie auf der DVD, die der Computerzeitschrift *c't* beiliegt. Näheres dazu erfahren Sie auf *www.heise.de/ct*, indem Sie auf dieser Seite über das Suchfeld eine Suche nach »Desinfec't« starten. Aus rechtlichen Gründen wird Desinfec't nicht als Download angeboten. Die Software starten Sie entweder direkt von der DVD, oder Sie statten mithilfe des auf der DVD befindlichen Programms *Desinfect2USB* einen USB-Stick mit der Software aus. Sie können einen entsprechend vorbereiteten USB-Stick aber auch direkt beim Heise-Verlag erwerben. Wie Sie selbst einen USB-Stick erzeugen und wie ein Scan mit der Software im Detail funktioniert, erfahren Sie in der Zeitschrift *c't*. Dort wird auch erklärt, wie Sie zum Beseitigen von Viren vorgehen müssen.

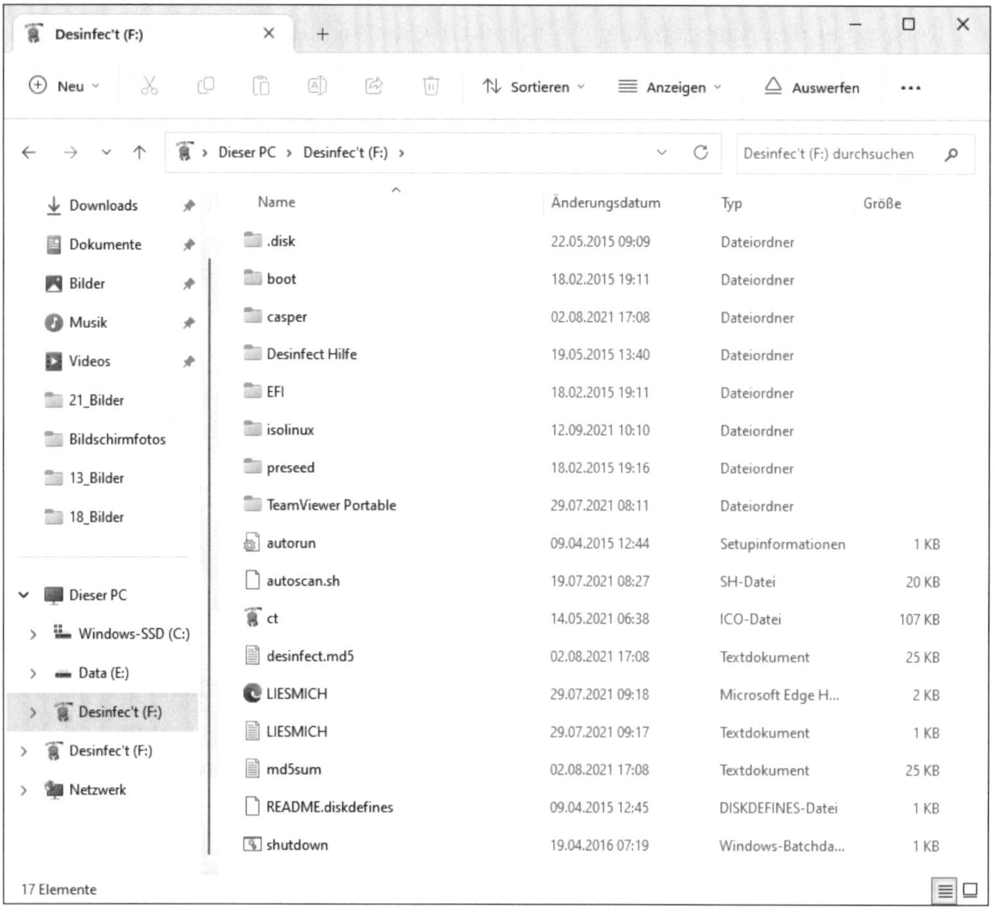

Abbildung 18.11 »Desinfec't« des Heise Verlags ist ein hervorragender Offline-Virenjäger. Hier können Sie mit bis zu vier unterschiedlichen Virenscannern Ihren Computer prüfen.

18.6 Sichere Zugänge zu Konten und Websites

Neben dem passiven Schutz Ihres Computers sollten Sie stets auch den größten Unsicherheitsfaktor am PC im Auge behalten: die Person, die vor ihm sitzt und ihn benutzt. Die Schwachstelle Mensch offenbart sich besonders dann, wenn es darum geht, Passwortkombinationen für Konten und Internetseiten festzulegen und sich diese zu merken. Nur allzu schnell erliegt man der eigenen Bequemlichkeit, und dann kommen Passwörter wie »123456«, »passwort« oder auch »schalke04« zustande. Als Nächstes gebe ich Ihnen deshalb einige Tipps zum richtigen Umgang mit Passwörtern.

18.6.1 Sichere Safes für Ihre Passwörter

Windows 11 bietet Ihnen zwar die Möglichkeit, die Passwörter für Webseitenzugänge im Passwortmanager des Browsers Edge zu speichern. Es empfiehlt sich aber, eine separate Lösung zu verwenden, die den Passwortabgleich auch über Betriebssystemgrenzen hinweg anbietet. Dadurch wird das Speichern von Passwörtern dezentralisiert. Ihre Zugangsdaten stehen Ihnen auch dann noch zur Verfügung, wenn Sie Ihren Windows-Computer aus irgendwelchen Gründen einmal nicht mehr starten können. Prinzipiell arbeitet ein Passwortmanager bzw. ein Passwortsafe nach dem folgenden Grundsatz:

1. Sie legen ein Masterpasswort für die Passwortsafe-Anwendung fest, das Sie sich leicht merken können.
2. Innerhalb dieser Anwendung können Sie dann Passwörter beliebiger Struktur und Komplexität speichern.
3. Durch Abgleich der Anwendung mit einem Server lassen sich die gespeicherten Passwörter bzw. Zugangsdaten auch leicht per Smartphone mit einer entsprechenden App abrufen. Diese besitzt in der Regel das gleiche Masterpasswort wie die App auf Ihrem PC.

Die gängigen Passwortsafes besitzen meist auch eine Funktion zur Erzeugung komplexer Passwörter. Diese brauchen Sie bei der Anmeldung auf einer entsprechenden Internetseite nicht mühsam abzutippen – die Passwortsafes bieten die Option *Copy und Paste* für darin gespeicherte Passwörter an.

TIPP

Passwörter regelmäßig ändern

Bei Onlinedienstleistern ist es meist eine Frage der Zeit, wann deren Server gehackt werden und die in ihren Datenbanken gespeicherten Zugangsdaten an die Öffentlichkeit dringen. Dies ist z. B. beim spektakulären Yahoo!-Hack im Dezember 2016 geschehen, bei dem knapp 1 Milliarde Konten kompromittiert wurden. Spätestens in solch einem Fall ist es notwendig, sein Zugangspasswort so schnell wie möglich zu ändern. Ein Passwortwechsel wird durch die Verwendung eines Passwortsafes deutlich vereinfacht.

Ein Beispiel für eine App, die systemübergreifend arbeitet, ist der Passwortmanager *SafeInCloud*. Die kostenlose App ist nicht nur für Windows verfügbar, sondern auch für Android-, iOS- sowie Mac-Geräte. Die Datenbank mit den Passwörtern wird in der Cloud bei einem beliebigen Anbieter gespeichert, z. B. in *OneDrive*, *Google Drive* oder *Dropbox*. Der Passwortmanager SafeInCloud arbeitet mit der äußerst starken 256-Bit-Verschlüsselung. Selbst wenn es einem Angreifer gelingen würde, Zugriff auf Ihren Onlinespeicher zu erhalten, würde es Jahrzehnte dauern, die verschlüsselten Daten zu knacken. Die Einrichtung der Anwendung auf dem PC geschieht folgendermaßen:

1. Rufen Sie den Microsoft Store auf, und geben Sie als Suchbegriff »SafeInCloud« ein. Wählen Sie das Suchergebnis **Passwort Manager SafeInCloud** aus, und installieren Sie die App mit einem Klick auf **Herunterladen**.

2. Nach erfolgreicher Installation starten Sie mit einem Klick auf **Öffnen** die Ersteinrichtung direkt aus dem Windows Store heraus. Möchten Sie die App erst zu einem späteren Zeitpunkt ausprobieren, erfolgt das Öffnen wie gewohnt über die App-Liste des Startmenüs.

3. Ein Assistent führt Sie durch die Ersteinrichtung. Wählen Sie im ersten Schritt die Option **Erstellen Sie eine neue Datenbank und legen Sie ein Passwort dafür fest** ❶, und bestätigen Sie mit **Weiter**. Legen Sie als Nächstes das Passwort fest ❷. Beachten Sie, dass unmittelbar während der Eingabe die veranschlagte Zeit für das Knacken Ihres äußerst wertvollen Masterschlüssels angezeigt wird. Die Eingabe bestätigen Sie mit **OK**.

4 Danach startet das Hauptprogramm. Die Datenbank ist schon mit einigen fiktiven Beispielkonten nebst Passwörtern ausgestattet ❸. Im nächsten Schritt werden Sie aufgefordert, die Cloud-Synchronisation einzurichten. Bestätigen Sie die entsprechende Meldung.

5 Als Nächstes wählen Sie den Cloud-Dienst aus, den Sie nutzen, z. B. Microsofts OneDrive ❹. Sobald Sie nach Ihren Anmeldedaten für den ausgewählten Dienst gefragt werden, geben Sie diese ein ❺.

6 Bestätigen Sie, dass die SafeInCloud-App auf Ihren Onlinespeicher zugreifen darf. Dies wird anschließend in der Übersicht vermerkt.

Nun können Sie die Datenbank Ihres Passwortsafes mit Daten füllen, d. h. Anmeldeinformationen für beliebige Konten, PINs oder Notizen eingeben. Um auf die gleiche Datenbank auch von Ihrem Smartphone aus zugreifen zu können, benötigen Sie die für Ihr Smartphone-Betriebssystem geeignete Mobil-App.

7 Suchen Sie nach der Smartphone-App in dem entsprechenden Store, und installieren Sie diese nach den Vorgaben Ihres Betriebssystems.

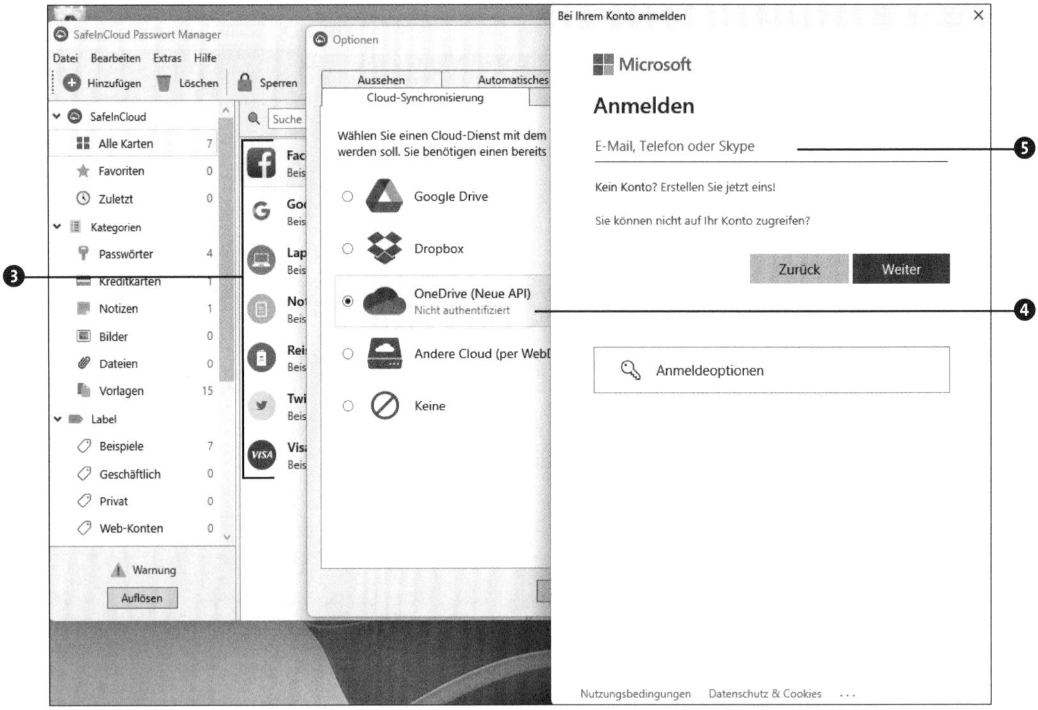

8 Die Einrichtung des Smartphones umfasst die gleichen Schritte, die oben für die Windows-Anwendung durchlaufen wurden. Wählen Sie aber nun die Option **Wiederherstellen einer Datenbank aus der Cloud** (❻ auf Seite 751) und anschließend denjenigen Cloud-Dienst, mit dem Sie die App verbunden haben.

9 Geben Sie schließlich das Passwort ein, das Sie in Schritt 2 festgelegt haben. Dadurch wird die App mit der in der Cloud befindlichen Datenbank verbunden.

Sie können nun beliebige Zugangsdaten sowohl vom PC aus als auch per Smartphone-App in die Datenbank des Passwortmanagers eintragen. Diese werden in beiden Richtungen synchronisiert.

18.6.2 Zwei-Faktor-Authentifizierung für Fortgeschrittene

Die alleinige Absicherung eines Kontos mit einem Passwort ist relativ unsicher, denn immer noch können Dritte unbemerkt an das Passwort gelangen (z. B. wenn Sie es irgendwo notiert haben) und es dann für kriminelle Zwecke missbrauchen. Eine sogenannte *Zwei-Faktor-Authentifizierung* ist hier wesentlich sicherer. Bei dieser Methode kommen, wie der Name schon impliziert, zwei unabhängige Authentifizierungen zum Einsatz. Sie geben zunächst eine Sicherheitsinformation, etwa eine E-Mail-Adresse oder eine Telefonnummer, am Computer in das entsprechende Eingabefeld ein. Daraufhin wird ein spezieller Code an diese Adresse geschickt, z. B. per Mail oder SMS. Den Code müssen Sie anschließend in einem weiteren Eingabefeld auf dem PC eintragen. Sie müssen also über zwei unabhängige Faktoren verfügen: den Zugang zum Computer einerseits und zum E-Mail-Postfach bzw. Smartphone, auf dem Sie die SMS empfangen, andererseits.

Mittlerweile gibt es von Microsoft für die gängigen Mobilbetriebssysteme Android und iOS auch eine spezielle App, den *Microsoft Authenticator*, die diesen Vorgang automatisiert. Um sie zu nutzen, gehen Sie folgendermaßen vor:

1. Laden Sie aus dem App-Store Ihres Smartphones die App *Microsoft Authenticator* auf Ihr Smartphone, und installieren Sie diese.
2. Starten Sie die App. Nach einigen Erläuterungen haben Sie nun die Möglichkeit, ein bestimmtes Konto für die Zwei-Faktor-Authentifizierung mithilfe der App hinzuzufügen. An dieser Stelle können Sie nicht nur Microsoft-Konten, sondern auch andere Konten, beispielsweise das von Google oder Facebook, mit dem Authenticator verknüpfen.
3. Um die App mit Ihrem Microsoft-Konto zu verknüpfen, klicken Sie auf **Persönliches Konto**. Geben Sie anschließend die Anmeldedaten für Ihr Microsoft-Konto ein.

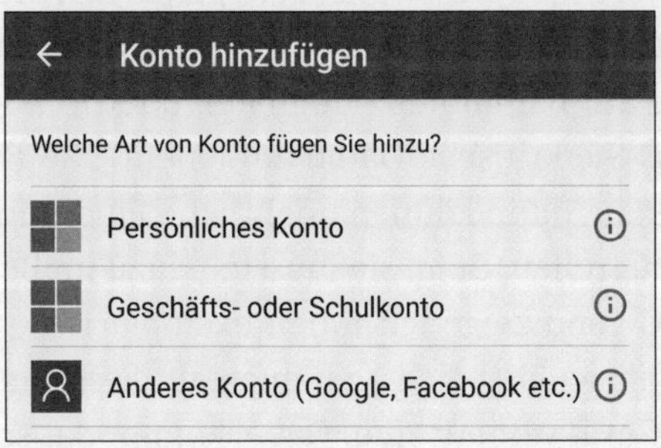

Das verknüpfte Konto erscheint in der Übersicht der Authenticator-App. Die Ziffernfolge, die Sie darunter sehen, benötigen Sie in Zukunft zusätzlich zu Ihrem Passwort, wenn Sie sich an Ihrem Microsoft-Konto anmelden möchten. Die vom Authenticator erzeugte Zahlenfolge ist nur für einen begrenzten Zeitraum gültig. Die Zahl im Kreis gibt die Restlaufzeit des Codes in Sekunden an.

18.7 Dateien, Ordner und Laufwerke verschlüsseln

Sollten Sie auf Ihrem Desktop-PC oder Notebook kritische Daten (z. B. Geschäftsgeheimnisse oder Ihre Steuererklärung) gespeichert haben, lohnt es sich, darüber nachzudenken, die Datenträger der entsprechenden Geräte zu verschlüsseln. Das einfache Passwort oder die PIN, die bei der Anmeldung angefordert wird, ist für einen Dieb bzw. Einbrecher kein großes Hindernis. Auf den folgenden Seiten zeige ich Ihnen, wie Sie den Zugriff auf kritische Daten bereits im Vorfeld verhindern können, indem Sie diese verschlüsseln. Um die Schritte nachvollziehen zu können, benötigen Sie die Windows 11-Pro-Edition – unter Windows 11 Home stehen Ihnen die Verschlüsselungsfunktionen leider nicht zur Verfügung.

18.7.1 Laufwerke mit BitLocker verschlüsseln

Wenn Sie Windows 11 Professional nutzen, haben Sie die Möglichkeit, ganze Laufwerke zu verschlüsseln. Dies ist zum einen für Besitzer eines Notebooks interessant (man denke an die unzähligen Geräte, die jährlich auf Bahnhöfen, Flughäfen oder in Zügen verloren gehen), aber auch für den Fall, dass Sie kritische Daten auf einem USB-Stick speichern möchten. Sollte dieser verloren gehen, dann können unehrliche Finder nicht einfach auf die darauf gespeicherten Daten zugreifen, denn sie müssten dazu im Besitz des entsprechenden Passwortes sein. Nachfolgend zeige ich Ihnen exemplarisch, wie man einen USB-Stick verschlüsselt. Das Verfahren lässt sich aber auch auf Festplattenlaufwerke übertragen, die fest im jeweiligen Gerät verbaut sind. Dabei kommt das sogenannte *BitLocker*-Verfahren zum Einsatz.

1. Stecken Sie den USB-Stick, den Sie verschlüsseln möchten, an einen freien USB-Anschluss Ihres PCs.
2. Geben Sie im Suchfeld der Taskleiste den Suchbegriff »BitLocker« ein, und wählen Sie in den Suchergebnissen **BitLocker verwalten – Systemsteuerung** ❶ aus.

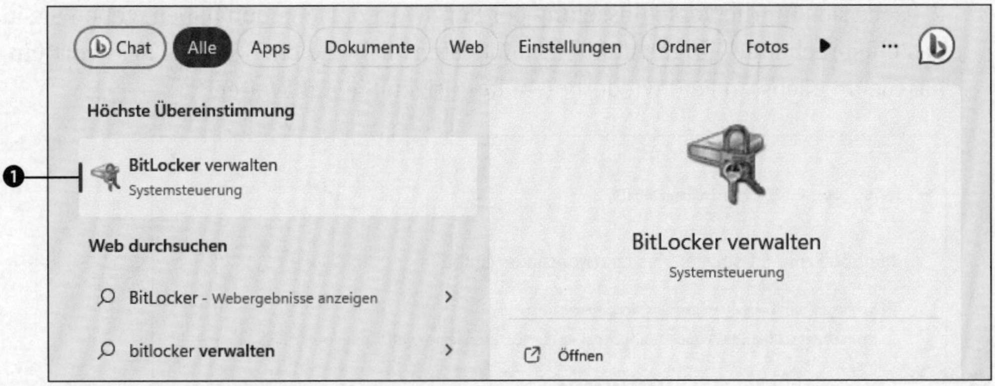

3 Im Dialog **BitLocker-Laufwerkverschlüsselung** blättern Sie nach unten bis zum Bereich **Wechseldatenträger – BitLocker To Go**, in dem der zuvor angeschlossene USB-Stick aufgeführt wird ❷. Klicken Sie rechts davon auf den nach unten weisenden Pfeil.

4 Wählen Sie den nun sichtbaren Befehl **BitLocker aktivieren** ❸ aus.

5 Wählen Sie dann die Methode zum Entsperren des Laufwerkes aus, indem Sie ein Häkchen setzen. Im einfachsten Fall ist das ein Kennwort ❹. Alternativ können Sie aber auch eine sogenannte *Smartcard* verwenden ❺, die allerdings ein spezielles Lesegerät benötigt, das mit dem PC verbunden wird.

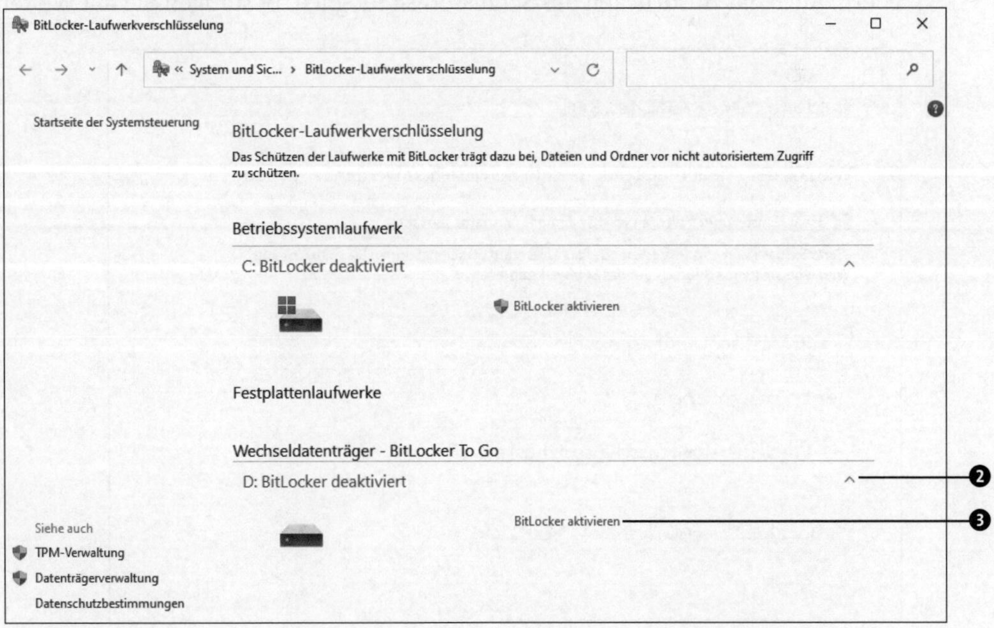

Falls Sie sich für die Verschlüsselung per Kennwort entschieden haben, geben Sie in das entsprechende Eingabefeld ein mindestens acht Zeichen langes Passwort ein, das Sie im nächsten Feld wiederholen. Bestätigen Sie mit **Weiter**.

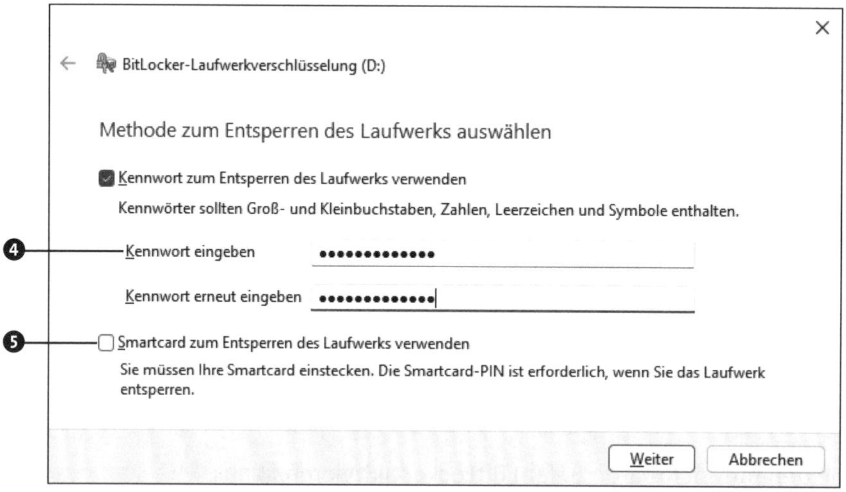

6 Nun werden Sie dazu aufgefordert, den Speicherort für den sogenannten *Wiederherstellungsschlüssel* anzugeben. Dieser ist erforderlich, wenn Sie Ihr Kennwort vergessen bzw. Ihre Smartcard verloren haben. Es besteht an dieser Stelle die Möglichkeit, den Wiederherstellungsschlüssel in Ihrem Microsoft-Konto oder in einer Datei zu speichern. Auch das Ausdrucken des Schlüssels ist möglich. Bestätigen Sie mit **Weiter**.

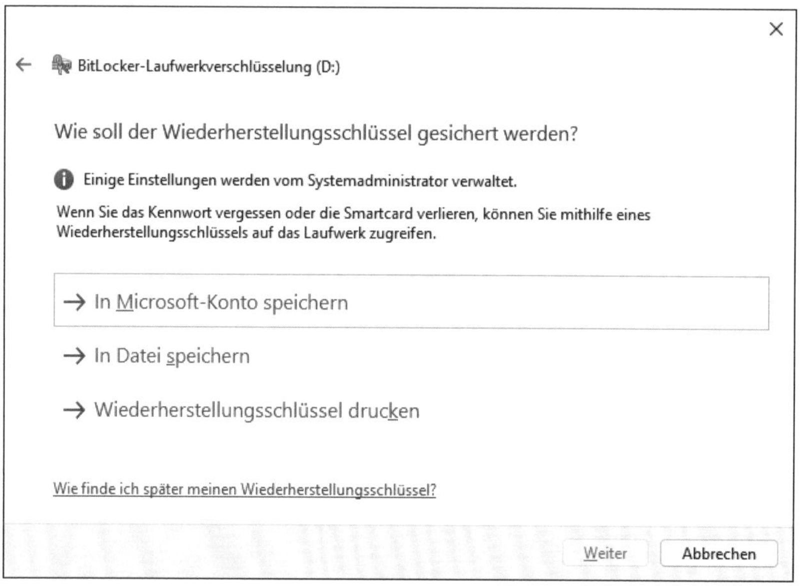

7 Schließlich müssen Sie noch auswählen, welcher Anteil des Laufwerkes verschlüsselt werden soll. Hier genügt es im Normalfall, sich auf die Verschlüsselung des verwendeten Speicherplatzes ❻ zu beschränken. Beachten Sie, dass die Verschlüsselung des gesamten Laufwerkes mitunter sehr lange dauert.

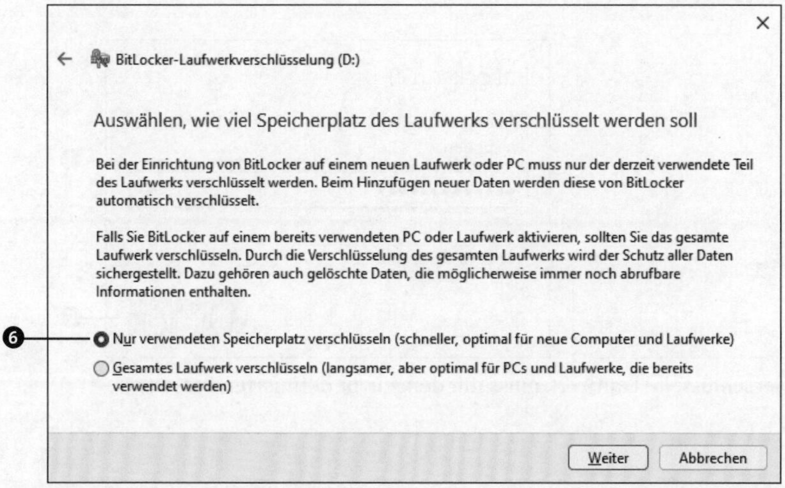

8 Als Nächstes wählen Sie explizit den Verschlüsselungsmodus aus. Bei externen Datenträgern empfiehlt sich an dieser Stelle die Option **Kompatibler Modus** ❼.

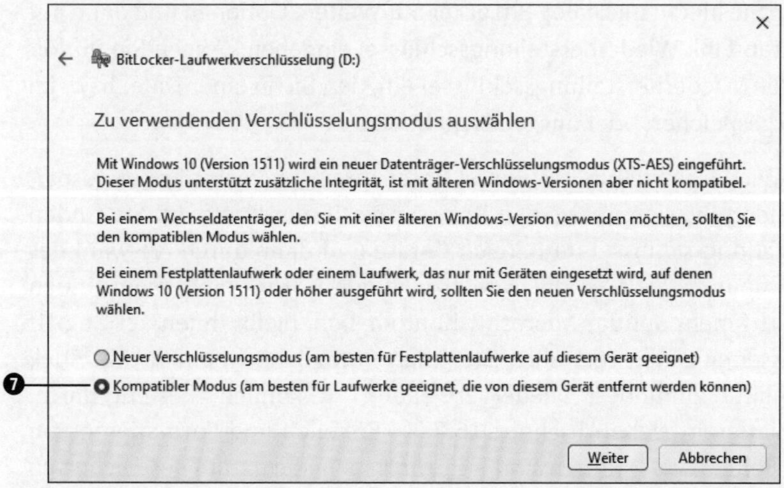

9 Es erscheint eine letzte Nachfrage, ob Sie die Verschlüsselung wirklich starten möchten. Bestätigen Sie dies, indem Sie auf die Schaltfläche **Verschlüsselung starten** klicken.

Der verschlüsselte Datenträger wird im Explorer nun mit einem geöffneten Schlosssymbol versehen. Wenn Sie den USB-Stick vom Computer entfernen und erneut einstecken, erscheint eine Meldung oberhalb des Infobereichs. Klicken Sie auf **Laufwerk... entsperren**, wird der Dialog **BitLocker** geöffnet, in dem Sie nun das Kennwort eingeben ❶ und mit **Entsperren** ❷ bestätigen.

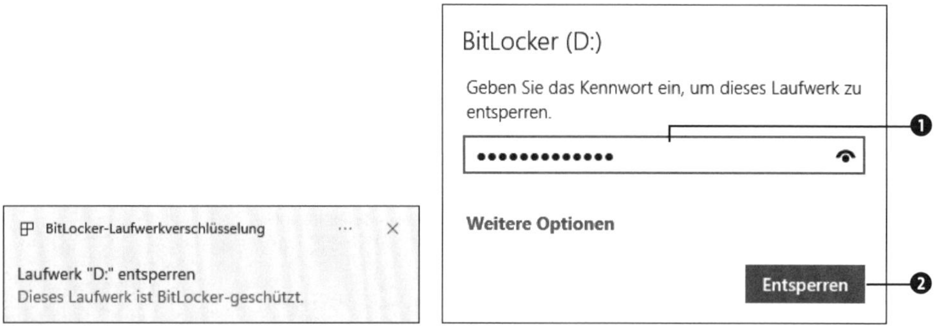

Abbildung 18.12 Das verschlüsselte Laufwerk muss mit dem zuvor definierten Passwort entsperrt werden.

INFO

Passwort vergessen oder Wiederherstellungsschlüssel verlegt – was nun?
Sollten Sie das Kennwort für den verschlüsselten USB-Stick vergessen haben, benötigen Sie den Wiederherstellungsschlüssel, um wieder Zugriff auf die Daten zu erlangen. Klicken Sie hierzu im Dialog **BitLocker** auf **Weitere Optionen** und dann auf den nun sichtbaren Link **Wiederherstellungsschlüssel eingeben**. Tragen Sie im folgenden Dialog den Wiederherstellungsschlüssel ein, den Sie in einer Datei bzw. im Microsoft-Konto gespeichert oder ausgedruckt haben.

Sollten Sie den Wiederherstellungsschlüssel unter Ihrem Microsoft-Konto gespeichert haben, melden Sie sich über einen Browser bei Ihrem Konto an. Sie finden den Wiederherstellungsschlüssel im Bereich **Geräte** und dann durch Auswahl des gewünschten Computers. Falls Sie die Datei bzw. den Ausdruck nicht mehr finden oder keinen Zugriff mehr auf das Microsoft-Konto haben, bleibt Ihnen der Zugriff auf die verschlüsselten Daten verwehrt. Die einzige Möglichkeit, einen USB-Stick bzw. eine Festplatte zumindest wiederverwenden zu können, besteht darin, diese(n) zu formatieren (siehe Abschnitt 16.7.3, »Erstellen und Formatieren von Partitionen«, ab Seite 672). Dadurch sind natürlich auch alle darauf gespeicherten Daten unwiederbringlich verloren.

Wenn Sie die Verschlüsselung des USB-Sticks wieder aufheben möchten, gehen Sie folgendermaßen vor:

1 Schließen Sie den USB-Stick am Computer an, und entsperren Sie ihn, wie zuvor beschrieben.

2 Geben Sie im Suchfeld der Taskleiste wieder »BitLocker« ein, und markieren Sie **BitLocker verwalten**.

3 Im Dialog **BitLocker-Laufwerkverschlüsselung** klicken Sie unterhalb von **Wechseldatenträger – BitLocker To Go** auf den USB-Stick ❶ und dann auf **BitLocker deaktivieren** ❷.

4 Bestätigen Sie den folgenden Dialog ebenfalls mit **BitLocker deaktivieren** ❸. Die Verschlüsselung des Wechseldatenträgers wird nun aufgehoben. Dieser Vorgang kann etwas Zeit in Anspruch nehmen.

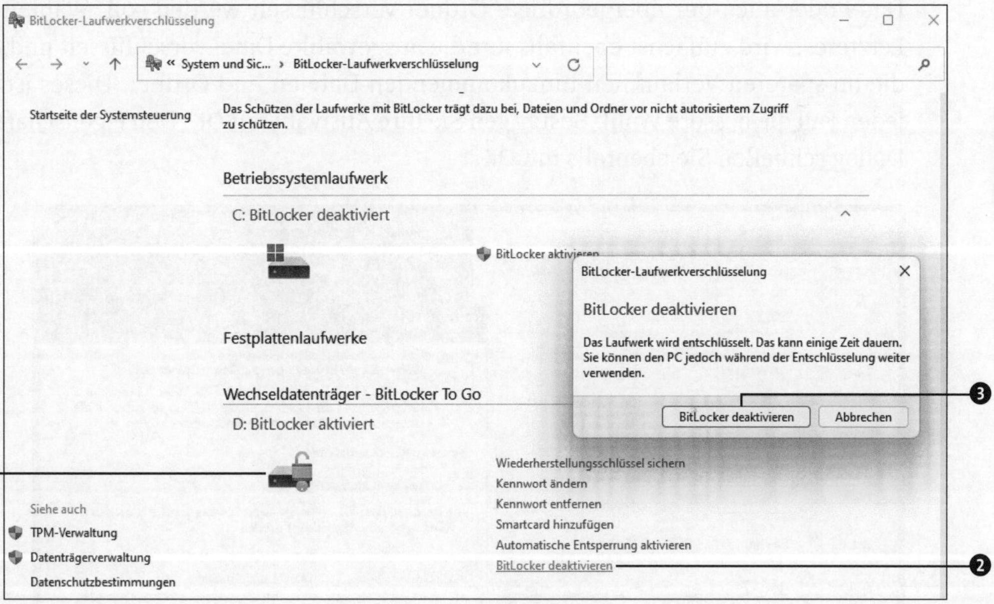

18.7.2 Einzelne Dateien und Ordner verschlüsseln

Falls Sie lediglich einzelne Dateien oder Ordner verschlüsseln möchten, können Sie dies mit den Bordmitteln von Windows 11 problemlos erledigen. Auch diese stehen allerdings nur Nutzern der Version Windows 11 Pro zur Verfügung.

1 Klicken Sie im Explorer mit der rechten Maustaste auf die Datei bzw. den Ordner, die bzw. den Sie verschlüsseln möchten. Im Kontextmenü wählen Sie den Befehl **Eigenschaften**.

2 Klicken Sie auf der Registerkarte **Allgemein** auf die Schaltfläche **Erweitert** ❶.

3 Im Dialog **Erweiterte Attribute** setzen Sie ein Häkchen vor **Inhalt verschlüsseln, um Daten zu schützen** ❷. Bestätigen Sie die Änderung mit **OK**.

4 Bestätigen Sie den Eigenschaften-Dialog zunächst mit **Übernehmen**. Daraufhin erscheint ein neues Fenster, in dem Sie auswählen müssen, ob die Änderungen nur für den ausgewählten Ordner oder auch für dessen Unterordner gelten sollen ❸. Entscheiden Sie sich für die zweite Option, werden die bereits im Ordner enthaltenen Dateien nicht verschlüsselt. Die Verschlüsselung erfolgt erst, wenn Sie neue Dateien im Ordner ablegen. Sind Sie gerade dabei, eine Datei zu verschlüsseln, erhalten Sie eine ähnliche Frage. In diesem Fall müssen Sie entscheiden, ob nur die Datei oder auch der übergeordnete Ordner verschlüsselt werden soll. Wählen Sie Letzteres, wird zunächst ebenfalls nur die ausgewählte Datei verschlüsselt und erst die im späteren Verlauf neu hinzukommenden Dateien und Ordner. Dieses ist auf jeden Fall die bessere Wahl. Bestätigen Sie Ihre Auswahl mit **OK**. Den **Eigenschaften**-Dialog schließen Sie ebenfalls mit **OK**.

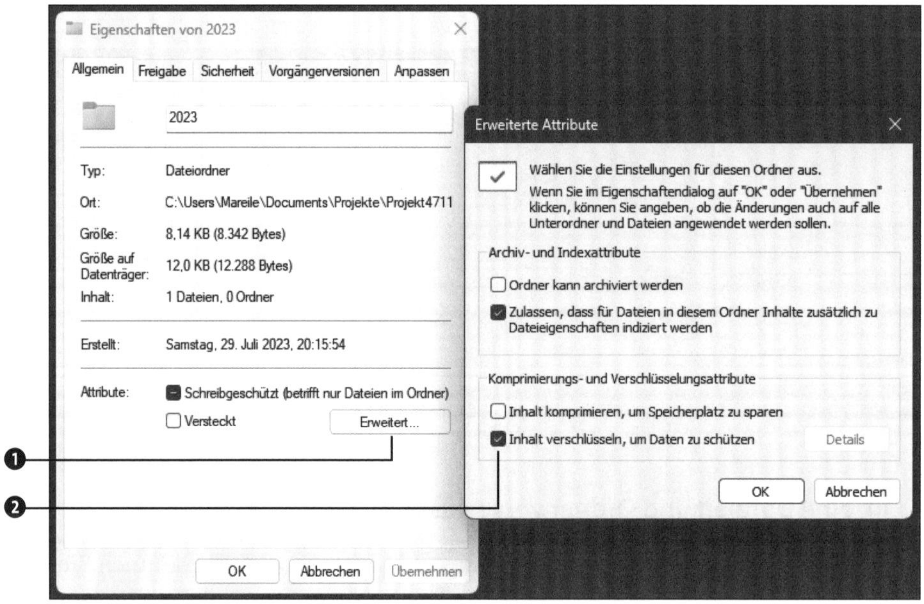

5 Im Infobereich der Taskleiste erscheint nun eine Nachricht für Sie. In dieser wird Ihnen empfohlen, den entsprechenden Schlüssel auf einem Wechselmedium zu sichern. Dieser Schlüssel stellt sicher, dass Sie auch dann auf die verschlüsselte Datei zugreifen können, falls Sie z. B. Ihren Windows-Computer einmal zurückset-

zen und gesicherte Daten wiederherstellen müssen. Diesem Hinweis sollten Sie daher nachkommen. Klicken Sie hierzu auf die Nachricht, um den Zertifikatexport-Assistenten zu starten. Anschließend können Sie mit Schritt 7 fortfahren.

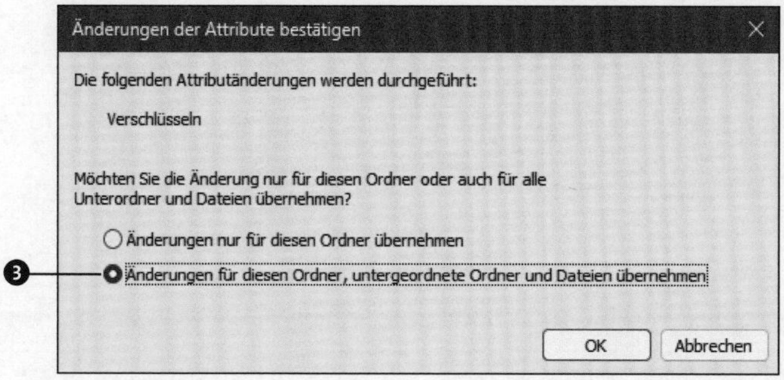

6 Ist die Nachricht bei Ihnen bereits wieder verschwunden, rufen Sie, wie zuvor in Schritt 1 gezeigt, den Dialog **Eigenschaften** auf und klicken auf **Erweitert** und dann auf **Details**. Markieren Sie im Dialog **Benutzerzugriff auf...** Ihr Benutzerkonto, und klicken Sie dann auf **Schlüssel sichern** ❹. Nun wird ebenfalls der Zertifikatexport-Assistent gestartet.

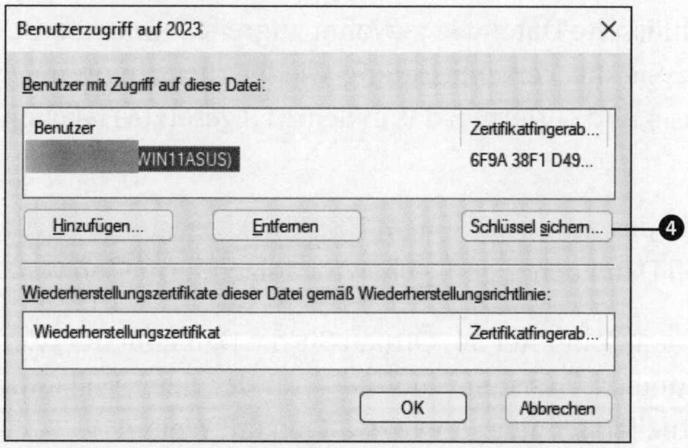

7 Schließen Sie einen USB-Stick an den PC an. Im Dialog **Zertifikatexport-Assistent** klicken Sie zunächst zweimal auf **Weiter**. Auf der Seite **Sicherheit** versehen Sie das Kästchen **Kennwort** ❺ mit einem Häkchen. Geben Sie nun ein Kennwort ein, und bestätigen Sie dieses im Feld darunter ❻.

8 Nach einem Klick auf **Weiter** und einem weiteren Klick auf **Durchsuchen** wählen Sie als Speicherort den USB-Stick aus. Geben Sie einen Dateinamen ein, und bestätigen Sie mit **Speichern** und **Weiter**.

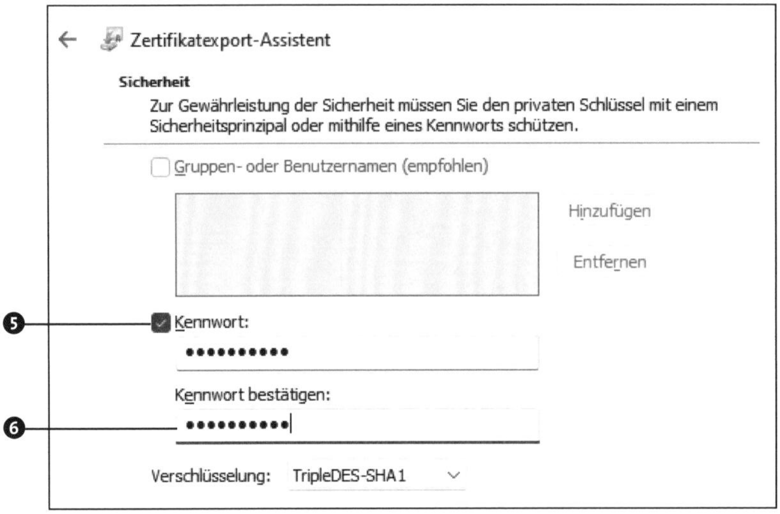

9 Mit einem Klick auf **Fertig stellen** beenden Sie den Zertifikatexport-Assistenten. Das Zertifikat wird nun im PFX-Dateiformat gespeichert. (Die Abkürzung PFX steht für *Personal Information Exchange*.)

Sie selbst können auf eine verschlüsselte Datei wie gewohnt zugreifen; anderen Benutzern ist dies verwehrt. Möchten Sie die Verschlüsselung wieder rückgängig machen, wiederholen Sie die Schritte 1 bis 4 und entfernen das in Schritt 3 gesetzte Häkchen zur Verschlüsselung.

Sollte der Fall eintreten, dass Sie das zuvor auf einem USB-Stick gesicherte Zertifikat zum Öffnen einer verschlüsselten Datei benötigen, gehen Sie folgendermaßen vor:

1 Schließen Sie den USB-Stick am Computer an. Öffnen Sie die Datei mit dem Zertifikat. Nun wird der Zertifikatimport-Assistent geöffnet. Auf der Seite **Willkommen** aktivieren Sie die Option **Aktueller Benutzer** und bestätigen mit **Weiter**.

2 Auf der folgenden Seite wird bereits die zuvor geöffnete Datei angezeigt, die das nötige Zertifikat enthält. Bestätigen Sie mit **Weiter**.

Geben Sie nun das Kennwort ein, das Sie für diese Datei festgelegt haben, und bestätigen Sie mit **Weiter**.

3 Auf der nächsten Seite (**Zertifikatspeicher**) ist bereits die Option **Zertifikatspeicher automatisch auswählen** markiert, die Sie auch beibehalten. Bestätigen Sie mit **Weiter** und **Fertig stellen**. Damit können Sie wieder wie gewohnt auf die verschlüsselte Datei zugreifen.

19 Probleme aufspüren und lösen

Windows 11 ist ein äußerst stabiles Betriebssystem, das sich nur sehr schwer aus dem Tritt bringen lässt. Dennoch ist auch Windows nicht davor gefeit, durch Bedienungsfehler, schlecht geschriebene Treiber oder auch defekte Hard- oder Software destabilisiert zu werden. In diesen Fällen gilt es, zunächst den Urheber der Probleme ausfindig zu machen und diese anschließend zu lösen. In diesem Kapitel habe ich einige Tipps für Sie zusammengestellt und zeige, wie Sie vorgehen können.

19.1 Softwareprobleme beheben

Los geht es mit dem einfachsten Szenario: Der Computer läuft stabil, nur ein bestimmtes Programm möchte nicht so recht funktionieren. Welche Möglichkeiten haben Sie, um das entsprechende Programm wieder zur Mitarbeit zu überreden?

19.1.1 Apps in den Originalzustand zurücksetzen

Gehen wir zunächst davon aus, dass Sie das Programm bzw. die App, die Probleme bereitet, bereits ausfindig gemacht haben. Um die Software zu reparieren, gehen Sie folgendermaßen vor:

1. Rufen Sie über das Startmenü die **Einstellungen** auf. Wechseln Sie in die Kategorie **Apps**, und wählen Sie rechts **Installierte Apps** ❶ aus.
2. In der rechten Fensterhälfte werden nun alle auf Ihrem Computer installierten Programme und Apps aufgeführt. Suchen Sie in der Liste nach der Anwendung, die Probleme bereitet, und klicken Sie am rechten Rand auf das Symbol mit den drei kleinen Punkten ❷.
3. Im folgenden Beispiel wähle ich die App *Microsoft Teams* aus. Je nachdem, ob es sich um eine App von Microsoft oder um das Programm eines anderen Herstellers handelt, werden unterschiedliche Optionen angeboten. Sollte in der aufklappenden Liste **Erweiterte Optionen** ❸ eingeblendet werden, klicken Sie darauf. Beachten Sie: Bei einigen Drittanbieterprogrammen kann es vorkommen, dass dieser Link nicht

erscheint. Hier haben Sie dann lediglich die Möglichkeit, die ausgewählte Software zu deinstallieren.

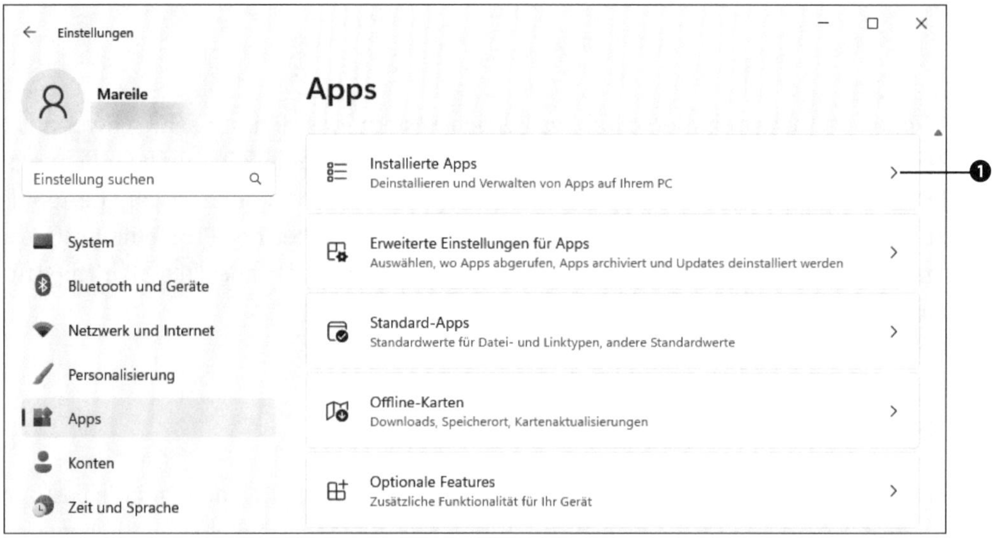

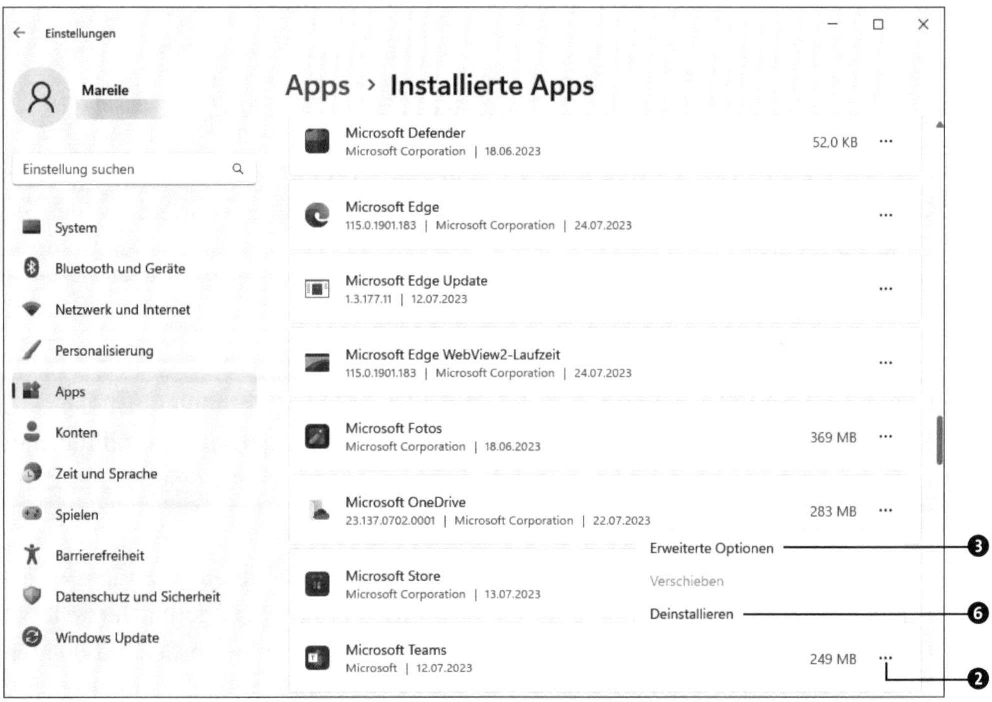

4 Klicken Sie auf der folgenden Seite im Bereich **Zurücksetzen** auf die Schaltfläche **Reparieren** ❹. Gegebenenfalls müssen Sie auf der Seite etwas nach unten scrollen, bis die Schaltfläche zu sehen ist. Windows 11 versucht nun, mögliche Probleme zu beheben. Die Daten der App bleiben dabei erhalten.

5 Prüfen Sie anschließend, ob die Schwierigkeiten mit der App weiterhin bestehen. Ist dies der Fall, wiederholen Sie die Schritte 1 bis 3 und wählen nun im Bereich **Zurücksetzen** die Schaltfläche **Zurücksetzen** ❺. Dadurch werden temporäre Dateien gelöscht, und die App wird wieder in den Originalzustand zurückversetzt.

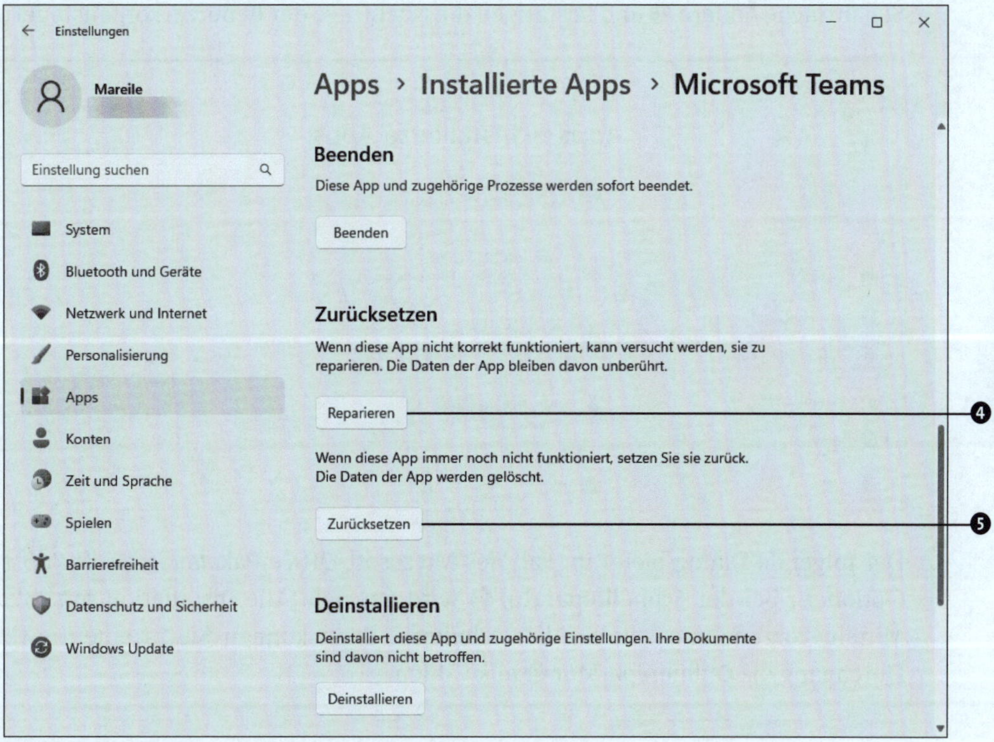

6 Sollte das Problem dadurch immer noch nicht behoben sein, dann bleibt Ihnen nichts weiter übrig, als die Software zu deinstallieren und anschließend z. B. über den Microsoft Store neu zu installieren. Die Deinstallation erfolgt über die entsprechende Schaltfläche ❻ in der App-Liste. Weitere Informationen hierzu erhalten Sie auch in Abschnitt 9.4, »Apps und Programme deinstallieren«, ab Seite 392.

19.1.2 Fehlgeschlagene Installationen reparieren

Einige Apps und Programme bieten die Möglichkeit, bestimmte Installationsoptionen noch nach der Erstinstallation zu ändern bzw. eine defekte Installation automatisch zu reparieren. Eine derartige Funktion bietet z. B. das Microsoft-Office-Paket. Gehen Sie folgendermaßen vor:

1. Rufen Sie **Start ▸ Einstellungen ▸ Apps ▸ Installierte Apps** auf. Klicken Sie in der App-Liste rechts von dem Programmpaket, das Sie verändern wollen, auf das Symbol mit den drei kleinen Punkten. In der aufklappenden Liste wählen Sie nun die Schaltfläche **Ändern** ❶ und bestätigen die Nachfrage der Benutzerkontensteuerung.

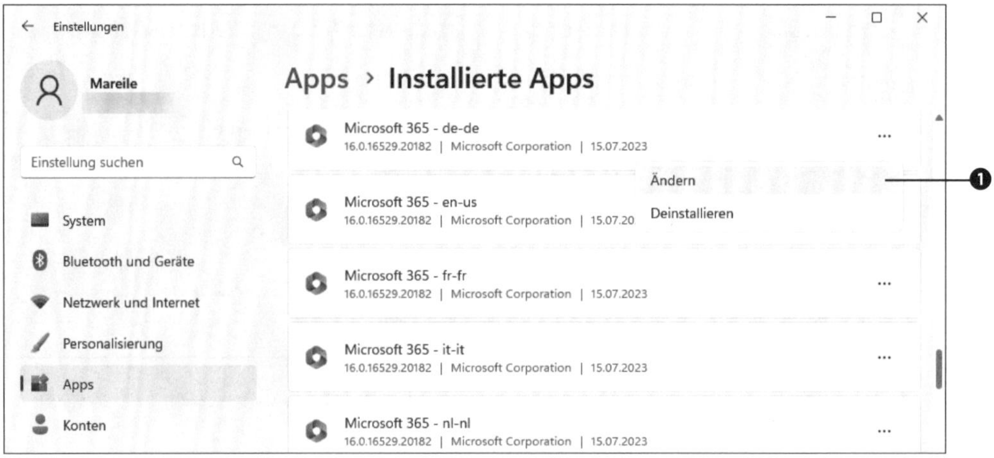

2. Der folgende Dialog bietet im Fall des Microsoft-Office-Pakets *Microsoft 365* zwei Optionen: Bei der **Schnellreparatur** ❷ wird versucht, die Installation mit lokalen Mitteln vorzunehmen. Sollte dies scheitern, dann können Sie in einem zweiten Durchgang die **Onlinereparatur** ❸ auswählen.

Diese dauert zwar etwas länger, ist dafür aber gründlicher. Sie erfordert eine bestehende Internetverbindung. Bestätigen Sie Ihre Auswahl durch Anklicken der Schaltfläche **Reparieren** ❹.

Einige Programme bieten an dieser Stelle auch die Möglichkeit, neue Funktionen zu ergänzen. Sie werden dann beim Anklicken des Links direkt an eine entsprechende Installationsroutine des Herstellers weitergeleitet.

ACHTUNG

Vor einer Neuinstallation unbedingt Einstellungen und Daten sichern
Bevor Sie ein defektes Programm deinstallieren und wieder neu installieren, sollten Sie überlegen, ob dieses Programm bestimmte wichtige Einstellungen oder Daten besitzt, die Sie unbedingt notieren bzw. speichern sollten. Insbesondere bei der Neuinstallation von E-Mail-Programmen ist es wichtig, den Datenbestand der bisher eingegangenen elektronischen Post entsprechend zu sichern. Dies ist jedoch nicht nötig, wenn Sie Ihr Postfach per IMAP angebunden haben. (Lesen Sie hierzu auch den Kasten »Die Protokolle des Posteingangs- und Postausgangsservers« auf Seite 603.)

19.1.3 Ältere Software im Kompatibilitätsmodus ausführen

Besitzen Sie ältere Programme, die z. B. unter Windows XP wunderbar funktionierten, unter Windows 11 nun aber den Start verweigern? Hier hilft der Kompatibilitätsmodus weiter. Alternativ hierzu können Sie das Programm auch in einer virtuellen Maschine ausführen (siehe den Kasten »Bei Kompatibilitätsproblemen Virtualisierung verwenden« auf Seite 768).

1 Um den Kompatibilitätsmodus zu aktivieren, öffnen Sie zunächst den Explorer und wechseln in das Verzeichnis, in dem sich die Installationsdatei des Programms befindet. Wie Sie diesen Ordner identifizieren, erfahren Sie im Kasten »Den Speicherort einer Programmdatei ausfindig machen« auf Seite 770. Klicken Sie mit der rechten Maustaste auf die Datei, und wählen Sie im Kontextmenü den Befehl **Eigenschaften**.

2 Wechseln Sie auf die Registerkarte **Kompatibilität** ❶, und setzen Sie per Mausklick ein Häkchen vor **Programm im Kompatibilitätsmodus ausführen für** ❷. Wählen Sie in der Auswahlliste darunter diejenige Windows-Version, unter der das Programm seinerzeit problemlos funktioniert hat.

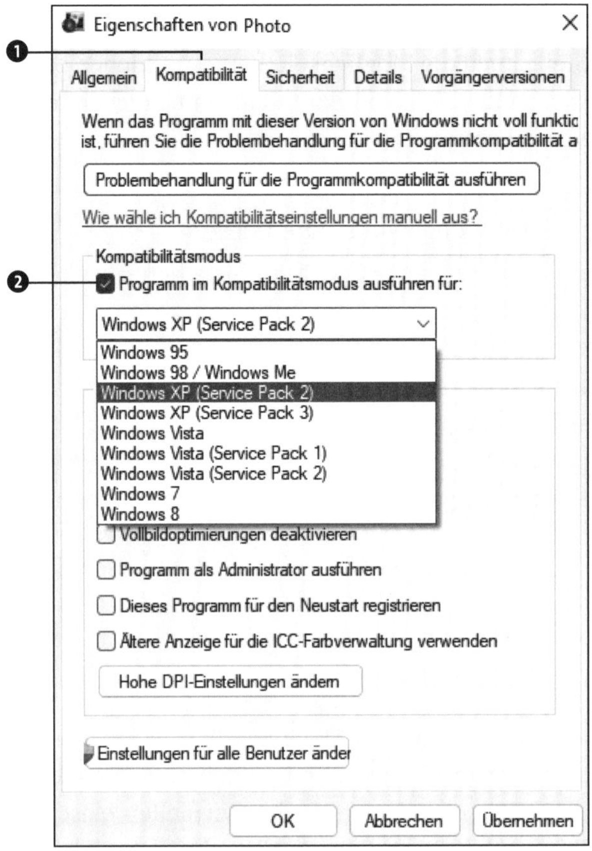

3 Testen Sie schließlich, ob die Installation mit der nun geänderten Kompatibilität läuft.

TIPP

Bei Kompatibilitätsproblemen Virtualisierung verwenden

Das in Abschnitt 19.1.3 beschriebene Verfahren funktioniert in der Regel nur bei Software, die für die gleiche Prozessorarchitektur programmiert wurde, die auch auf dem aktuellen System zu finden ist. Das bedeutet, dass Sie 32-Bit-Software nicht auf einem aktuellen Windows 11-System mit seiner 64-Bit-Architektur zum Laufen bekommen. Ein Ausweg für solche Fälle stellt die Virtualisierung eines 32-Bit-Systems dar. Mehr zum Thema *Virtuelle Computer* erfahren Sie in Kapitel 21, »Hyper-V und Virtualisierung«, ab Seite 837.

19.1.4 Programme als Administrator ausführen

Einige Programme weigern sich hartnäckig, mit Standardbenutzerrechten zu laufen, sondern verlangen Administratorrechte. In der Regel handelt es sich dabei um alte Programme. Wenn Sie keine Chance haben, eine aktuelle Version der Software zu installieren, die für Windows 11 freigegeben wurde, kann der folgende Trick helfen. Sie sollten ihn aber wirklich nur als Notlösung einsetzen:

1 Rufen Sie den Explorer auf, und begeben Sie sich zu der Programmdatei, der Sie Administratorrechte verleihen möchten (siehe auch den Kasten »Den Speicherort einer Programmdatei ausfindig machen«). Klicken Sie mit der rechten Maustaste auf die entsprechende ausführbare Datei.

2 Möchten Sie der Programmdatei einmalig Administratorrechte verleihen, dann wählen Sie aus dem Kontextmenü den Punkt **Als Administrator ausführen** ❶.

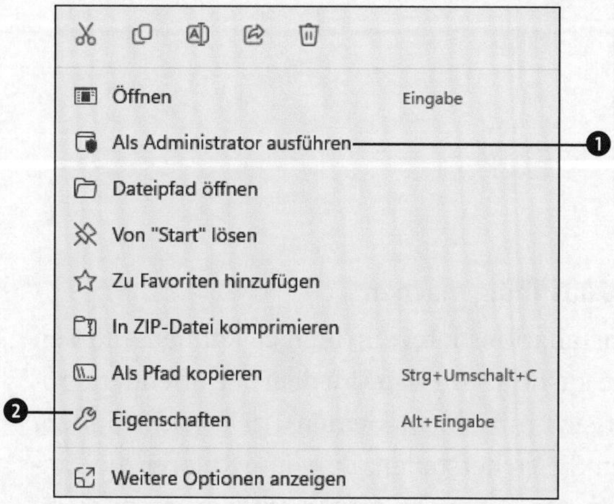

Haben Sie dabei festgestellt, dass das Programm nun problemlos startet, können Sie diesem folgendermaßen permanent Administratorrechte gewähren:

3 Klicken Sie mit der rechten Maustaste auf die Programmdatei, und wählen Sie im Kontextmenü den Befehl **Eigenschaften** ❷.

4 Wechseln Sie im **Eigenschaften**-Dialog auf die Registerkarte **Kompatibilität** ❸. Versehen Sie das Kontrollkästchen **Programm als Administrator ausführen** ❹ per Mausklick mit einem Häkchen. Bestätigen Sie Ihre Änderungen mit **Übernehmen**, und schließen Sie den Dialog mit **OK**.

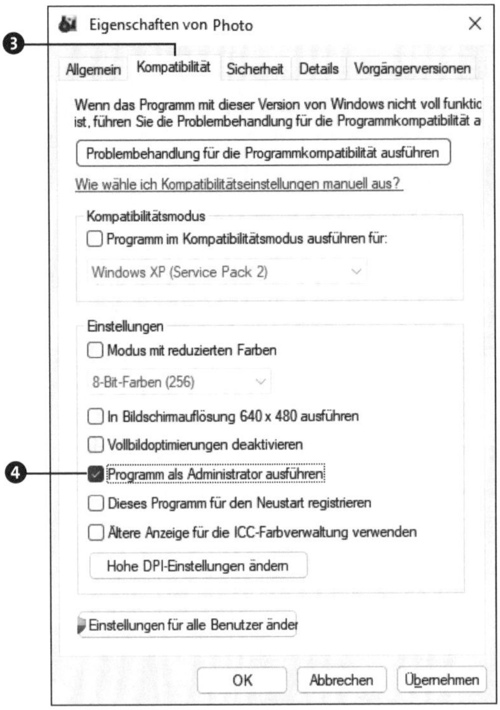

INFO

Den Speicherort einer Programmdatei ausfindig machen

Um den Eigenschaften-Dialog einer Installationsdatei aufrufen zu können, müssen Sie wissen, in welchem Ordner sich die ausführbare Datei zu dem betreffenden Programm überhaupt befindet. Das lässt sich mit einem kleinen Trick herausfinden. Bevor Sie diesen ausprobieren, sollten Sie sicherstellen, dass im Explorer die Einstellungen **Alle Ordner** sowie **Erweitern, um Ordner zu öffnen** aktiviert sind (siehe Abschnitt 8.2.1, »Den Navigationsbereich erweitern«, auf Seite 292). Um anschließend den Speicherort einer Programmdatei ausfindig zu machen, geben Sie im Suchfeld der Taskleiste den Namen des Programms ein. In der Trefferliste klicken Sie mit der rechten Maustaste auf das Programm und wählen im Kontextmenü den Befehl **Dateispeicherort öffnen**. Daraufhin wird der Explorer geöffnet. Im Inhaltsbereich findet sich zunächst nur eine Verknüpfung zur gesuchten ausführbaren Datei. Klicken Sie diese mit der rechten Maustaste an, und wählen Sie im Kontextmenü **Eigenschaften**. Im Dialog **Eigenschaften von...** rufen Sie die Registerkarte **Verknüpfung** auf. Im Feld **Ausführen in** wird nun der Pfad zur ausführbaren Datei angegeben. Sie können nun selbst im Explorer zu diesem Pfad navigieren. Alternativ hierzu markieren Sie den Pfad ohne die Anführungszeichen und drücken die Tastenkombination [Strg] + [C]. Schließen Sie den **Eigenschaften**-Dialog mit einem Klick auf **Abbrechen**. Zurück im Explorer klicken Sie nun auf einen freien Bereich am rechten Rand des Adressfeldes. Hierdurch wird der aktuelle Pfad blau markiert. Durch Drücken der Tastenkombination [Strg] + [V] überschreiben Sie ihn mit dem zuvor kopierten Pfad. Im Inhaltsbereich finden Sie nun die ausführbare Datei des gewünschten Programms.

19.1.5 Systemmeldungen analysieren

Während Computer früher beim Start eine Vielzahl von Meldungen von sich gaben, die Rückschlüsse auf etwaige Probleme zuließen, startet ein Windows 11-PC vergleichsweise ruhig. Selbstverständlich werden diverse Meldungen beim Start protokolliert, diese erscheinen allerdings nicht während des Startvorgangs auf dem Bildschirm. Die Meldungen geben Aufschluss darüber, ob bestimmte Hardware- oder Softwarekomponenten Probleme bereiten. Wenn Sie sich einen Eindruck darüber verschaffen möchten, welche Meldungen das Betriebssystem protokolliert hat, rufen Sie mit einem Rechtsklick auf das Windows-Logo das Schnellstartmenü auf. Wählen Sie hier die **Computerverwaltung** aus. Öffnen Sie in der linken Spalte nun durch Anklicken der entsprechenden Pfeilsymbole den Menüpfad **System ▸ Ereignisanzeige ▸ Windows-Protokolle**. Hier finden Sie verschiedene Bereiche:

❶ Der Protokollbereich **Anwendung** umfasst Fehlermeldungen, die von Anwenderprogrammen verursacht wurden. Hier können Sie schnell Übeltäter identifizieren, die das System nachhaltig stören.

❷ Im Bereich **Sicherheit** finden Sie Meldungen, die die Sicherheit des Computers betreffen. Sollte es hier Auffälligkeiten geben, dann ist Ihr Rechner höchstwahrscheinlich angegriffen worden.

❸ Der Bereich **Installation** sammelt Fehlermeldungen, die während der Installation des Betriebssystems entstanden sind. Anhand der Daten dieser Meldungen erkennen Sie, dass diese lediglich während der Erstinstallation erstellt wurden. Die Protokolldateien sind also für den laufenden Systembetrieb eher uninteressant.

❹ Schließlich finden Sie im Bereich **System** wichtige Meldungen, die die Stabilität des gesamten Systems widerspiegeln. Sollten hier allzu viele Fehlermeldungen erscheinen, dann haben Sie ein Systemproblem. Ein beliebter Kandidat in diesem Zusammenhang ist ein defektes Speichermodul oder ein schlecht arbeitender Virenscanner, der das System aus dem Tritt bringt.

Klicken Sie einmal in die einzelnen Bereiche, und schauen Sie sich die entsprechenden Meldungen an. Es kann hier durchaus eine Weile dauern, bis spezifische Meldungen erscheinen. Haben Sie keine Angst, wenn an der einen oder anderen Stelle Warnungen oder sogar Fehlermeldungen auftreten. (Warnungen sind mit einem gelben Warnschild gekennzeichnet, Fehlermeldungen erkennen Sie an einem roten Warnschild.) Über den Informationsbereich erhalten Sie wichtige Anhaltspunkte, die Sie z. B. für eine Google-Suche im Internet nutzen können. Meist handelt es sich hierbei nicht unbedingt um systemkritische Probleme. Andererseits können die Daten der jeweiligen Protokolleinträge verraten, wodurch es gegebenenfalls in jüngster Zeit zu Problemen gekommen ist. Die entsprechenden Programme sollten Sie daraufhin gründlicher in Augenschein nehmen.

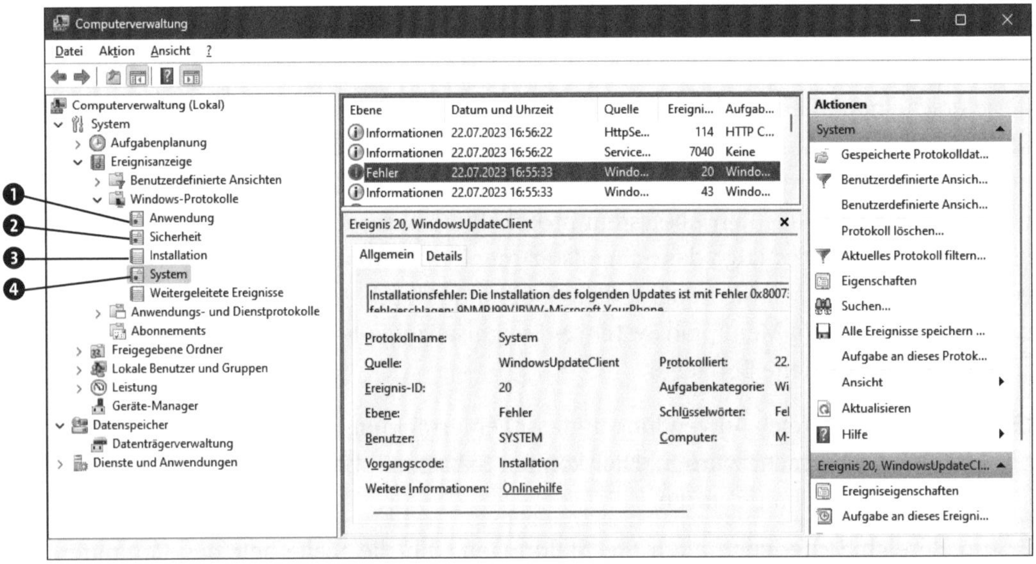

Abbildung 19.1 Fehlermeldungen und Warnungen geben darüber Aufschluss, bei welchen Komponenten es »hakt«.

19.1.6 Die automatische Speicheroptimierung von Windows 11

Wird im Laufe der Zeit der Speicherplatz knapp, geht es ans Datenlöschen. Einen großen Speicherfresser stellen die temporären Dateien dar. Man greift zum Löschen dieser Daten häufig zu Drittanbieterprogrammen wie etwa dem Tool *CCleaner*. Was aber nicht jedem bekannt ist: Windows 11 bietet selbst eine Funktion, die automatisch den Papierkorb leert, den Downloadordner von überflüssigen Elementen befreit und temporäre Daten löscht. Diese sogenannte *Speicheroptimierung* ist per Standardeinstellung ausgeschaltet. Um sie zu aktivieren, gehen Sie folgendermaßen vor:

1 Rufen Sie in der **Einstellungen**-App **System ▸ Speicher** auf. In der oberen Fensterhälfte erfahren Sie, wie viel Speicherplatz jeweils die temporären Dateien, andere Personen (sprich Benutzer), installierte Apps, Bilder und andere in Anspruch nehmen.

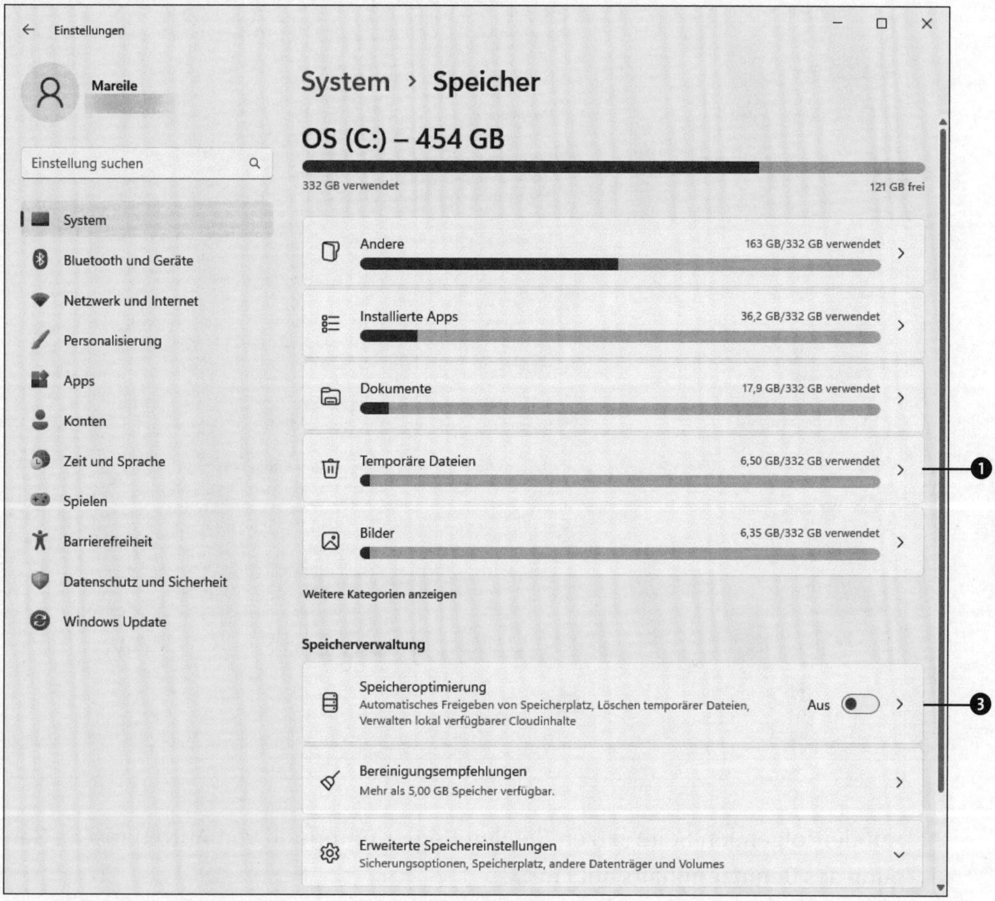

2 Klicken Sie auf **Temporäre Dateien** ❶, erhalten Sie weitere Details hierzu eingeblendet. Durch Setzen bzw. Entfernen der Häkchen legen Sie fest, welche Dateien gleich gelöscht werden sollen.

3 Haben Sie Ihre Auswahl getroffen, klicken Sie am oberen Seitenrand auf **Dateien entfernen** ❷ und bestätigen mit **Weiter**. Windows 11 löscht nun die markierten Daten.

4 Über den Pfeil oben links kehren Sie zur vorherigen Seite zurück. Um das Tool zur Speicheroptimierung zu aktivieren, klicken Sie auf der Seite **System ▸ Speicher** im Bereich **Speicherverwaltung** auf **Speicheroptimierung** ❸.

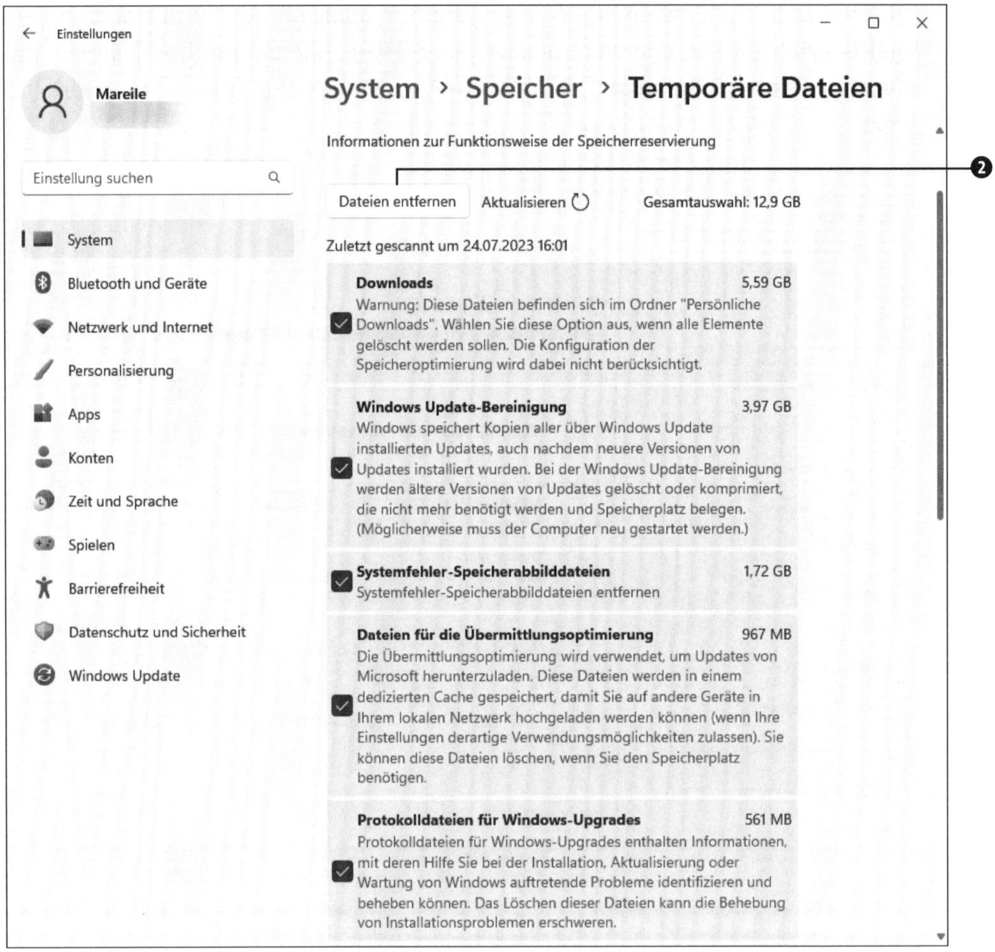

5 Auf der folgenden Seite setzen Sie den Regler unterhalb von **Automatische Bereinigung des Benutzerinhalts** auf **Ein** ❹.

6 Sobald Sie den Regler gesetzt haben, können Sie im Feld unterhalb von **Speicheroptimierung ausführen** ❺ bestimmen, ob die Speicheroptimierung erst bei wenig freiem Speicherplatz oder bereits täglich, jede Woche oder jeden Monat ausgeführt werden soll.

7 Im Feld unterhalb von **Dateien aus dem Papierkorb löschen, die älter sind als:** legen Sie fest, welche Dateien gelöscht werden dürfen und wie alt diese sein müssen ❻.

8 Falls auch die Dateien im Ordner *Downloads* gelöscht werden sollen, geben Sie dies im entsprechenden Feld an ❼.

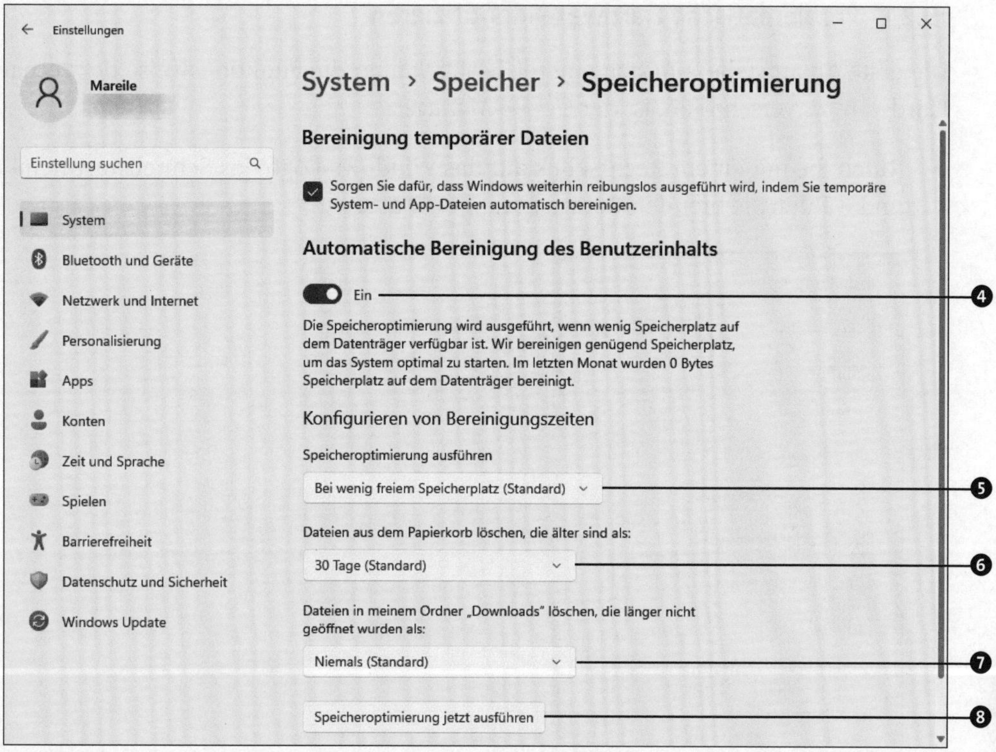

9 Am unteren Seitenrand finden Sie die Schaltfläche **Speicheroptimierung jetzt ausführen** ❽. Mit einem Klick darauf lässt sich die Speicheroptimierung sofort durchführen.

Windows 11 behält, solange die Funktion *Speicheroptimierung* aktiviert ist, die Speicherbelegung im Blick und schreitet entsprechend Ihrer Vorgaben ein, falls der Speicherplatz knapp wird.

19.2 Hardwareprobleme lösen

Ein Großteil der Hardwareprobleme wird durch unpassende Treiber verursacht. Wie Sie bei der Installation von Treibern vorgehen müssen bzw. diese erneuern können, erfahren Sie in Kapitel 16, »Geräte anschließen und konfigurieren«, ab Seite 631. Auf den folgenden Seiten zeige ich Ihnen, wie Sie problematische Geräte leicht identifizieren und diese im Notfall auch im laufenden Betrieb deaktivieren können, damit das restliche System rundlaufen kann. Außerdem erfahren Sie, wie Sie die Hardware Ihres PCs auf Herz und Nieren prüfen können.

19.2.1 Problematische Hardware identifizieren

Die erste Anlaufstelle, um sich einen Überblick über die Funktionsweise der verbauten Hardware zu verschaffen, ist der *Geräte-Manager*:

1 Rufen Sie mit einem Rechtsklick auf das Windows-Logo das Schnellstartmenü auf, und wählen Sie hier den **Geräte-Manager** ❶ aus.

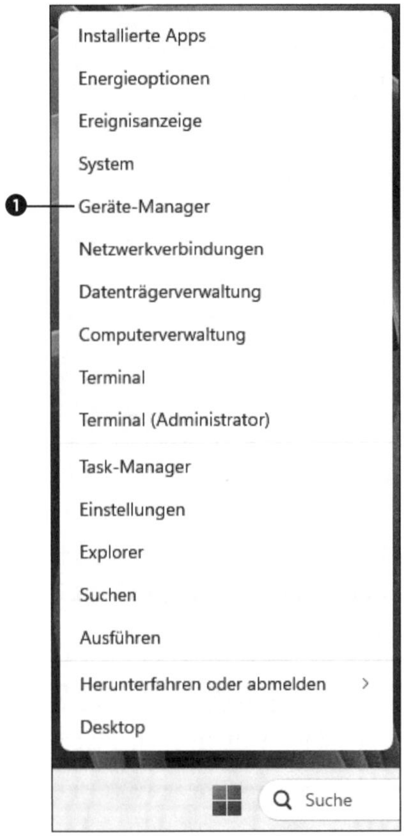

2 Halten Sie im Geräte-Manager Ausschau nach Komponenten, die mit einem gelben Warnzeichen mit eingeschlossenem Ausrufezeichen versehen sind ❷. Das Symbol ist ein Indiz dafür, dass die entsprechende Komponente nicht ordnungsgemäß funktioniert. Geräte, die nicht korrekt in das System eingebunden wurden, werden unter **Andere Geräte** ❸ aufgeführt.

3 Um weitere Informationen über das Problem zu erhalten, doppelklicken Sie auf den entsprechenden Eintrag in der linken Spalte des Geräte-Managers.

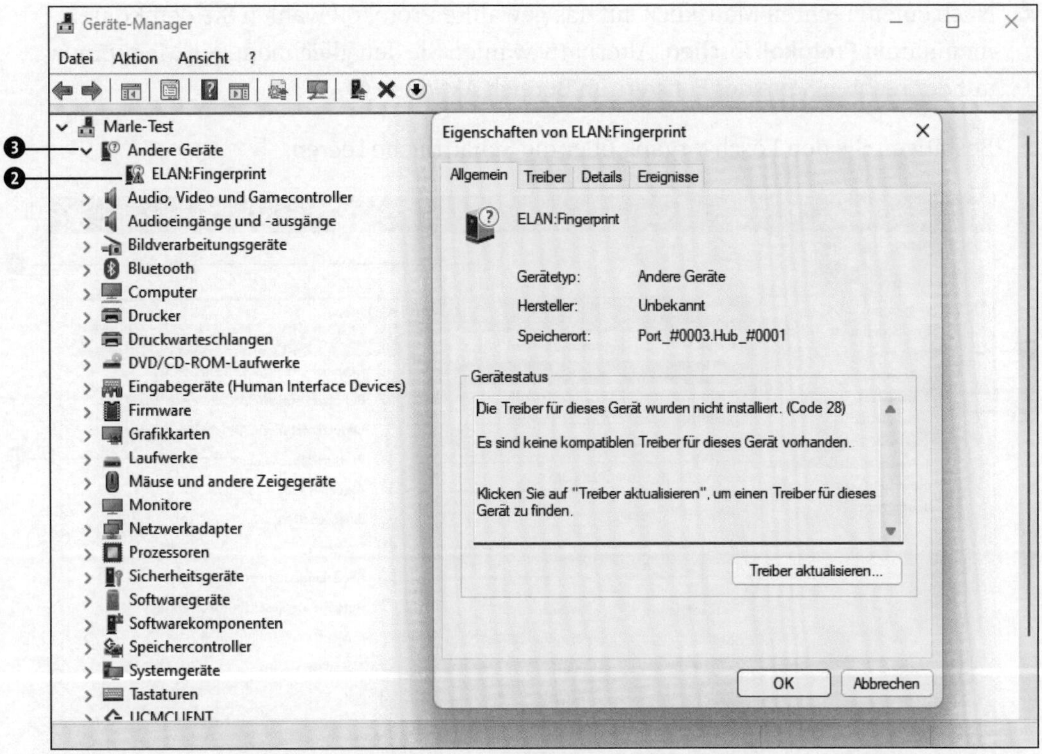

INFO

Das Gerät wird nicht angezeigt?

Sollte ein neu angeschlossenes Gerät nicht im Geräte-Manager erscheinen, rufen Sie das Menü **Ansicht** auf und aktivieren den Eintrag **Ausgeblendete Geräte anzeigen**. Es ist möglich, dass das betreffende Gerät versehentlich vom System ausgeblendet wurde.

Auch die Ereignisanzeige kann Aufschluss über Probleme geben, die beim Anschluss neuer Geräte entstanden sind. Um den Überblick zu bewahren, empfiehlt es sich, die Protokolle vor dem Anschluss einer neuen Komponente zu löschen:

1 Klicken Sie mit der rechten Maustaste auf das Windows-Logo, und wählen Sie anschließend die **Ereignisanzeige** aus. Klicken Sie auf das Pfeilsymbol vor **Windows-Protokolle** ❶, um die Unterpunkte einzublenden. Markieren Sie hier das Protokoll, das Sie löschen möchten. Zur Auswahl stehen **Anwendung**, **Sicherheit**, **Installation**, **System** und **Weitergeleitete Ereignisse** ❷.

2 Nach einem rechten Mausklick auf das gewählte Protokoll wählen Sie den Kontextmenüpunkt **Protokoll löschen**. Alternativ wählen Sie den gleichnamigen Menüpunkt auf der rechten Seite des Fensters im Bereich **Aktionen** ❸.

3 Bestätigen Sie den Löschvorgang über die Schaltfläche **Leeren**.

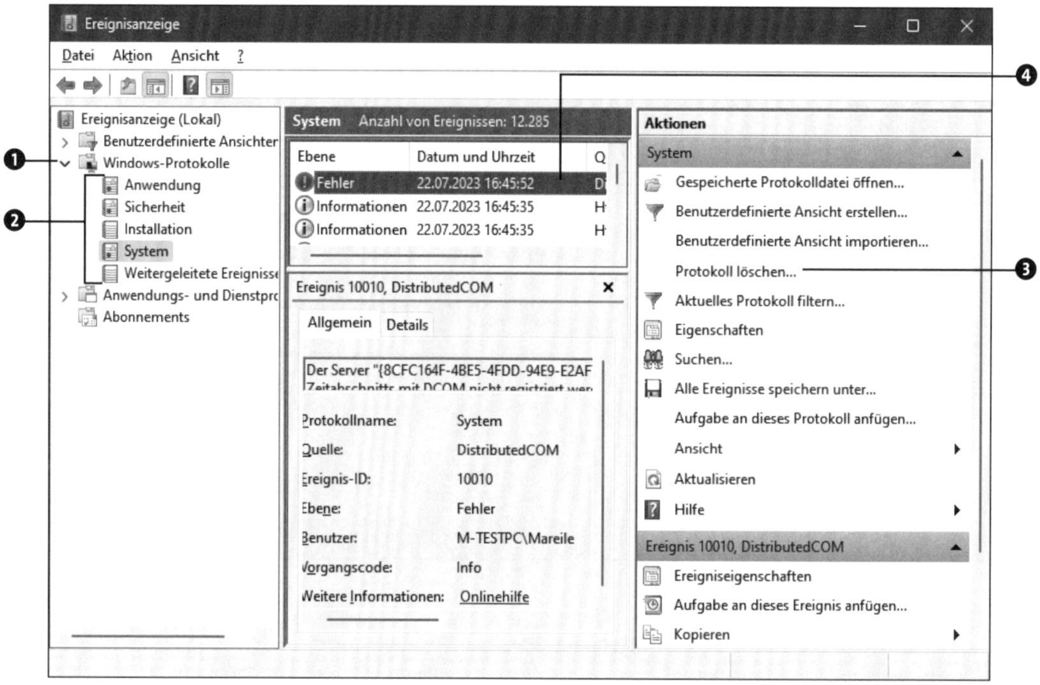

4 Schließen Sie nun Ihr neues Gerät an den Computer an, und beobachten Sie den entsprechenden Bereich in der Ereignisanzeige. Tauchen hier Fehlermeldungen ❹ auf, dann haben Sie einen Anhaltspunkt dafür, dass das entsprechende Gerät Probleme bereitet.

19.2.2 Informationen zur Hardware mit Drittanbietersoftware einholen

Wenn Sie etwas tiefer in das Betriebssystem blicken möchten, dann empfiehlt es sich, Software von Drittanbietern zu verwenden, die die Funktionalität der Hardware wesentlich besser diagnostizieren kann, als dies mit den Bordmitteln von Windows 11 der Fall ist. Hier hat sich die beliebte Software *SiSoft Sandra* (= **S**ystem**an**alyse-, **D**iagnose- und **R**eport-**A**ssistent) bewährt. Sie können eine kostenlose Lite-Version von Sandra unter *www.heise.de/download/product/sandra-lite-945* herunterladen.

Nach dem Download des Programms starten Sie die Installation durch Anklicken der ausführbaren Datei. Ein Assistent führt Sie dabei durch die Einrichtung der Software. Starten Sie anschließend das Programm, und begeben Sie sich per Doppelklick in den Bereich **Hardware-Informationen** ❶. Dort erhalten Sie eine Vielzahl von Informationen über die in Ihrem Computer verbauten Komponenten. Ein guter Startpunkt ist z. B. die **Computer-Gesamtübersicht** ❷. Seien Sie dabei nicht ungeduldig: Der erste Scan des Systems kann einige Minuten in Anspruch nehmen.

Abbildung 19.2 Mit »SiSoft Sandra« können Sie den Hardwarekomponenten Ihres Systems auf den Zahn fühlen.

Ein weiterer beliebter Vertreter der Kategorie Diagnosetools ist *Dr. Hardware* von Peter Gebhard (*www.drhardware.de*). Damit lässt sich unter anderem das Leistungsvermögen Ihres PCs mit sogenannten Benchmarks testen. Sollten diese wider Erwarten für Ihren Computer schlecht ausfallen, kann dies auch auf ein schlecht konfiguriertes System hindeuten.

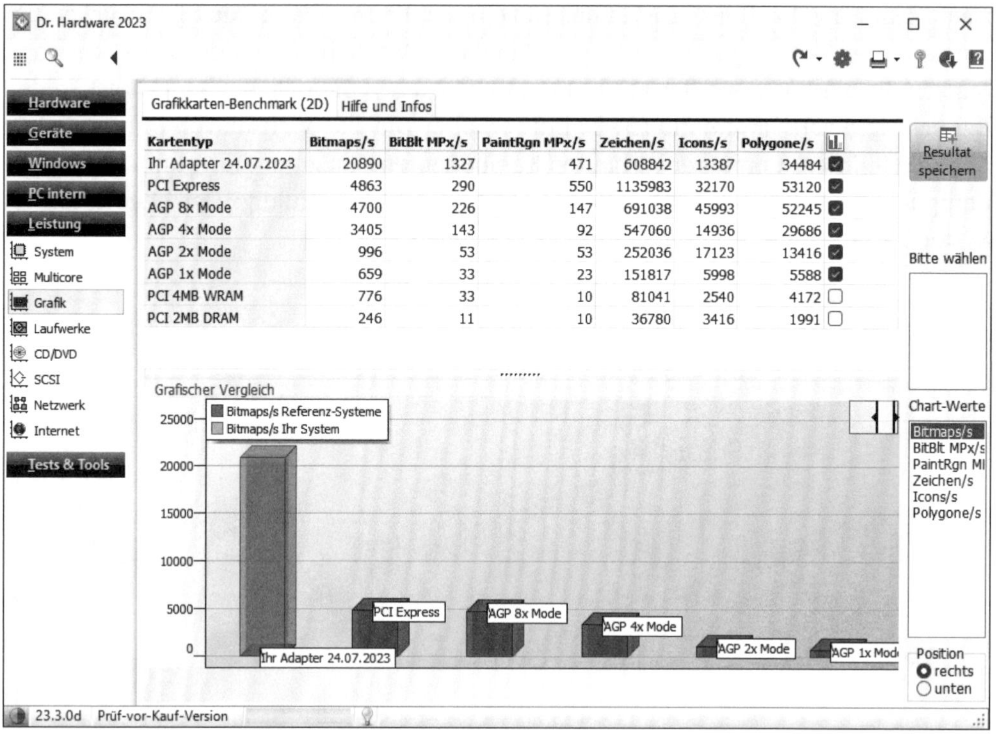

Abbildung 19.3 Benchmarktests sind hilfreich, um zu prüfen, ob das System rundläuft. Der grüne Balken (im Bild ganz links) gibt dabei Ihren PC im Vergleich zu anderen Systemen wieder, die jeweils mit einem roten Balken dargestellt werden.

19.2.3 Die Problembehandlung von Windows 11

Windows 11 bringt eine besondere Funktion mit, die sogenannte *Problembehandlung*. Sie hilft zwar nicht immer perfekt weiter, doch zumindest liefert sie einige grobe Anhaltspunkte, sollte etwas im System schieflaufen, wie das folgende Beispiel zeigt. Sollten Sie Ihren Computer per WLAN mit dem Router verbunden haben, können Sie die nächsten Schritte gleich selbst ausprobieren. Deaktivieren Sie hierzu nach einem Klick auf das Netzwerksymbol im Infobereich das WLAN, indem Sie die gleichnamige Schaltfläche anklicken. Sie sollte nun grau erscheinen. Kurze Zeit später erscheint das Weltkugelsymbol im Infobereich der Taskleiste – ein Zeichen dafür, dass keine Internetverbindung besteht. Die Ursache des Problems ist zwar bekannt, die Diagnose wollen wir in diesem Fall aber der Problembehandlung von Windows 11 überlassen:

1. Klicken Sie mit der rechten Maustaste auf das Netzwerksymbol in der Taskleiste, und wählen Sie den Kontextmenüpunkt **Netzwerk- und Interneteinstellungen** ❶.

2 Sie werden damit automatisch zur Kategorie **Netzwerk und Internet** der **Einstellungen**-App geführt. Zu Beginn der Seite erscheint der Hinweis **Nicht verbunden**. Klicken Sie rechts davon auf **Hilfe** ❷.

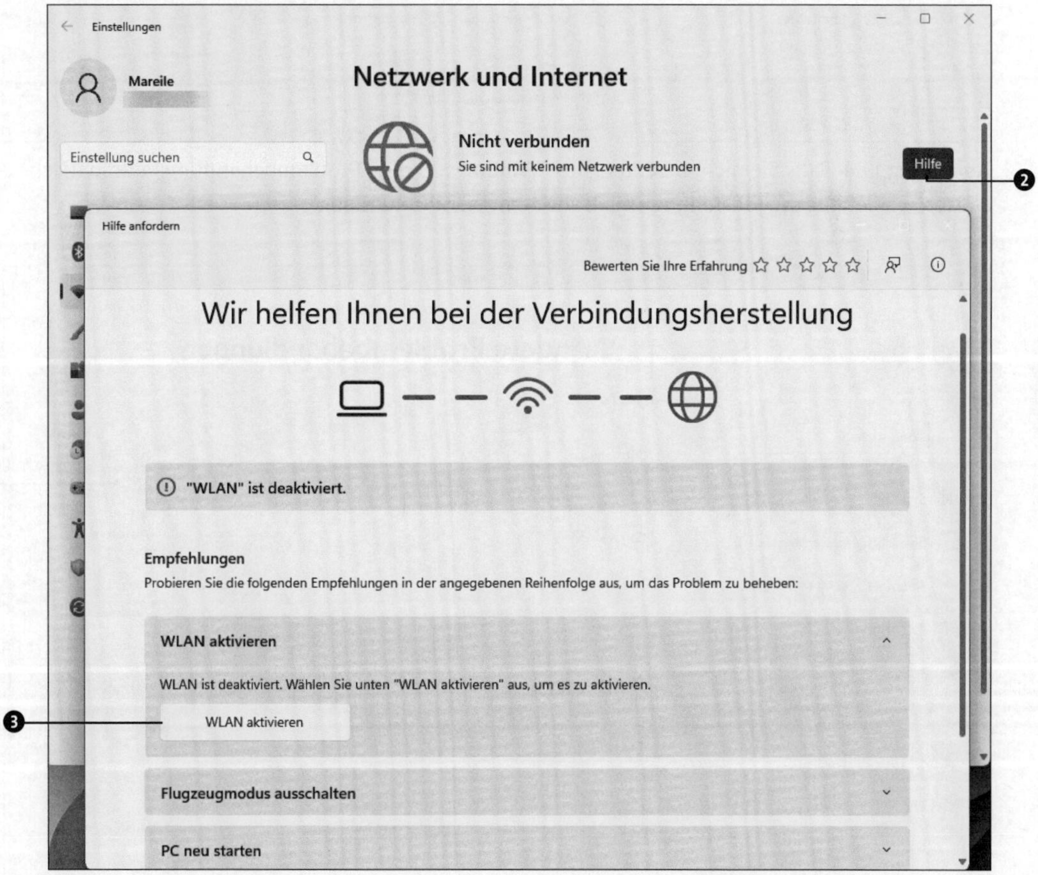

3 Ein Assistent führt jetzt verschiedene Tests durch und versucht, das Problem zu analysieren. Anschließend werden Ihnen einige mögliche Fehlerquellen angezeigt sowie Empfehlungen. In unserem Beispiel kommt korrekt der Hinweis, dass die Drahtlosfunktion deaktiviert ist. Mit einem Klick auf **WLAN aktivieren** ❸ können Sie das Problem gleich von Windows 11 beheben lassen.

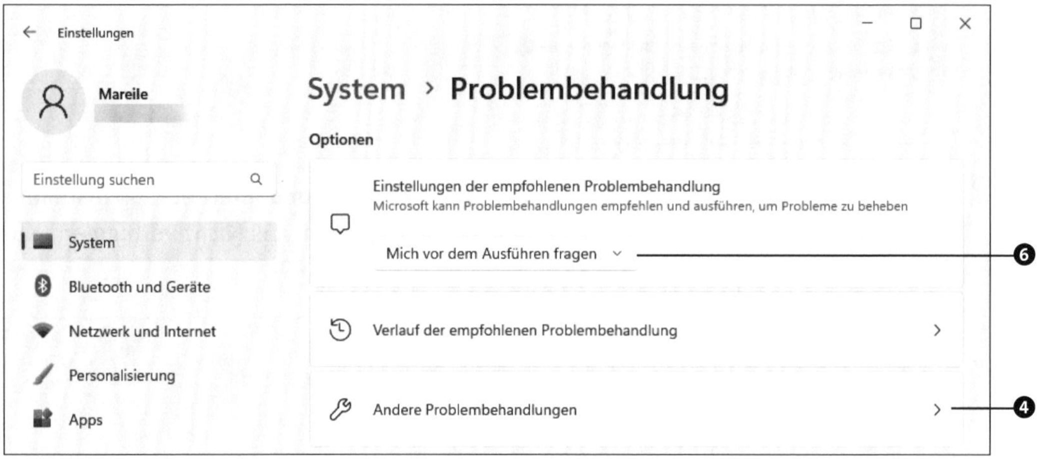

Abbildung 19.4 Falls Sie nicht möchten, dass Windows 11 eine Problembehandlung automatisch startet, wählen Sie die Einstellung »Mich vor dem Ausführen fragen«.

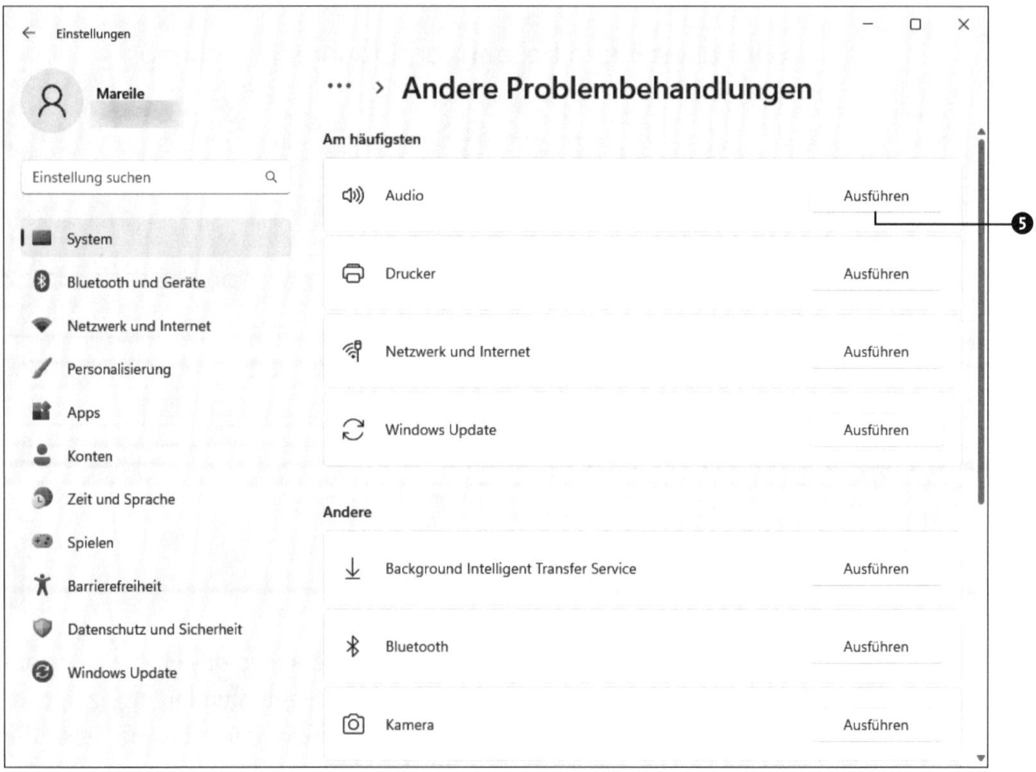

Abbildung 19.5 Die Problembehandlung bietet eine Vielzahl von Assistenten zur Lösung gängiger Probleme.

Nach einem Klick auf **Andere Problembehandlungen** ❹ listet Windows einige typische Problemfälle auf, die von **Drucker** über **Bluetooth** bis hin zur **Stromversorgung** reichen. Jeweils rechts von einem Thema finden Sie die Schaltfläche **Ausführen** ❺ eingeblendet. Ein Klick hierauf, und ein Assistent zeigt Ihnen schrittweise verschiedene Lösungsstrategien auf. Sie können die Problembehandlung übrigens auch über den **Einstellungen**-Dialog erreichen. Rufen Sie hierzu das Startmenü auf, und wählen Sie nacheinander **Einstellungen ▸ System ▸ Problembehandlung**. In der rechten Fensterhälfte können Sie im Feld rechts bzw. unterhalb von **Einstellungen der empfohlenen Problembehandlung** festlegen, ob Windows eine Problembehandlung sofort automatisch ausführen soll und Sie hierüber gar nicht oder wenigstens nach der Ausführung benachrichtigen soll. Wenn Sie etwas Kontrolle behalten möchten, sollten Sie **Mich vor dem Ausführen fragen** ❻ wählen.

19.3 Startprobleme beheben

Anwender*innen, die mit Windows 7 oder einer noch älteren Version gearbeitet haben, kennen das Problem: Im Laufe der Zeit dauerte das Hochfahren des Computers immer länger. Demgegenüber besaß Windows 10 nahezu Selbstheilungskräfte. Dies gilt auch für Windows 11. Hinzu kommt, dass Windows 11 hohe Anforderungen an die Hardware stellt: Auf einem Computer mit älterer und damit automatisch auch langsamerer Hardware lässt sich das Betriebssystem gar nicht erst installieren. Dennoch kann es nicht schaden, einmal einen Blick hinter die Kulissen zu werfen und zu prüfen, welche Faktoren den Start behindern können. Sollte der Computer im Laufe der Zeit zu langsam starten, kann es folgende Gründe dafür geben:

- Beim Start des Betriebssystems werden zu viele Hintergrundprogramme bzw. -dienste geladen.
- Die Festplatte ist randvoll, und das Betriebssystem hat Mühe, die beim Start notwendigen Temporärdateien auf ihr unterzubringen.

Zunächst sollten Sie sich einmal um die Dateien kümmern, die beim Systemstart geladen werden. Anschließend empfiehlt es sich, die Festplatte zu entrümpeln. Wie Sie in beiden Fällen vorgehen, erfahren Sie in den folgenden Abschnitten.

19.3.1 Den Startvorgang optimieren

Um zu erfahren, welche Programme bzw. Dienste während des Systemstarts geladen werden, können Sie entweder einen Blick in die Einstellungen-App werfen oder den

Task-Manager befragen. Beide Varianten stelle ich Ihnen im Folgenden vor. Beginnen möchte ich mit der Einstellungen-App:

1 Rufen Sie die **Einstellungen**-App auf. Am schnellsten gelingt dies über die Tastenkombination [Win] + [I]. Wechseln Sie dann in die Kategorie **Apps**, und markieren Sie rechts **Autostart** ❶.

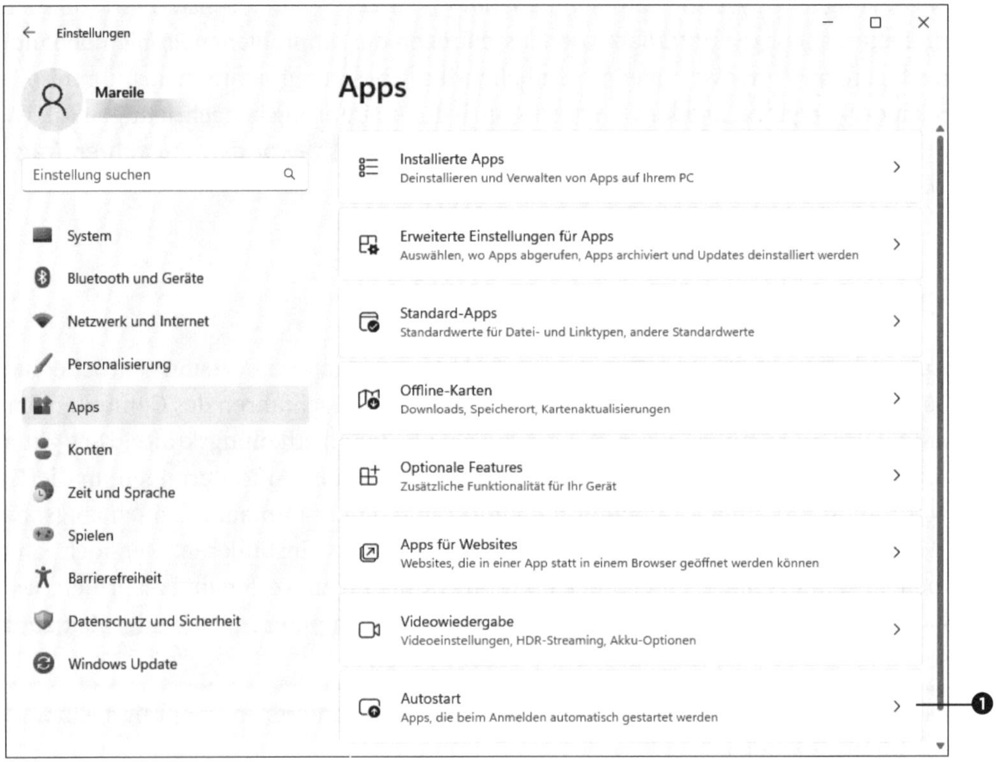

2 Nun werden alle Apps aufgelistet, die automatisch während des Systemstarts geladen werden könnten. Ob dies bereits geschieht, können Sie den Reglern rechts vom App-Namen entnehmen. Befindet sich der Regler auf der Position **Ein**, wird das Programm automatisch gestartet ❷. Unterhalb des Reglers erfahren Sie, ob die Auswirkung dieses Autostarts auf den gesamten Systemstart gering ❸ oder hoch ❹ ist.

3 Enthält die Liste ein Programm, das Sie nicht allzu häufig nutzen und bei dem Sie deshalb einen langsameren Programmstart hinnehmen können, setzen Sie den entsprechenden Regler auf **Aus** ❺.

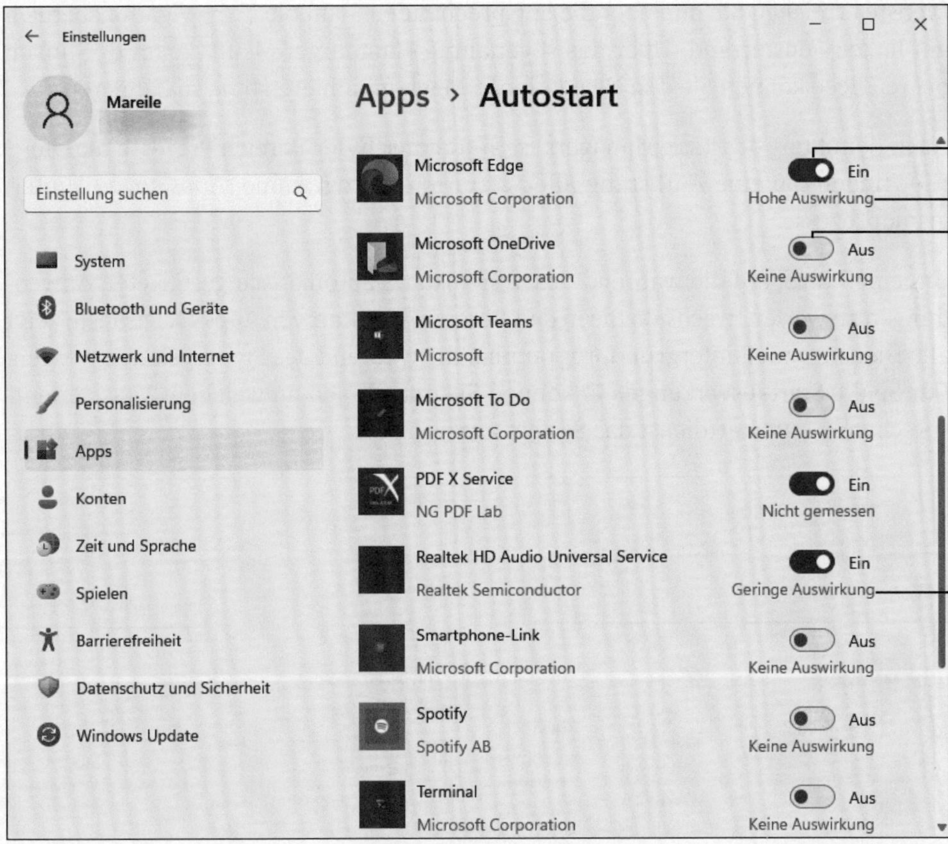

Eine weitere Übersicht über die Anwendungen, die während des Systemstarts automatisch gestartet werden, erhalten Sie auch über den Task-Manager. Doch nicht nur das: Der Task-Manager hält auch viele Informationen rund um die Systemleistung parat, sodass sich ein intensiverer Blick auf ihn immer lohnt:

1 Um den Task-Manager aufzurufen, klicken Sie mit der rechten Maustaste auf das Windows-Logo und wählen im Schnellstartmenü den **Task-Manager** aus. Alternativ hierzu können Sie auch die Tastenkombination [Strg] + [⇧] + [Esc] drücken.

2 Über viele Jahre und viele Windows-Versionen hinweg zeigte der Task-Manager nach dem ersten Start zunächst nur eine Übersicht über die gerade geöffneten Programme. Dies gehört nun endlich der Vergangenheit an. Stattdessen bekommen Sie direkt das erweiterte Programmfenster zu Gesicht. Doch nicht nur das ist neu: Die Registerkarten am oberen Fensterrand sind nun ebenfalls verschwunden. Die Bereiche **Prozesse**, **Leistung**, **App-Verlauf**, **Autostart von Apps**, **Benutzer**, **Details** und

Dienste erreichen Sie nun über die entsprechenden Symbole im Navigationsbereich am linken Fensterrand. Über das sogenannte Hamburger-Menü ☰ in der linken oberen Ecke können Sie den Navigationsbereich minimieren bzw. maximieren.

3 Nach dem Start des Task-Managers ist automatisch der Bereich **Prozesse** aktiviert. Hier finden Sie eine Auflistung aller gestarteten Programme, Apps sowie Hintergrundprozesse.

4 Um einen Blick auf die während des Systemstarts automatisch gestarteten Anwendungen zu werfen, wechseln Sie in den Bereich **Autostart von Apps** ❶. Die Liste zeigt alle Dienste bzw. Hintergrundprogramme, die während des Starts geladen werden. Der Spalte **Startauswirkungen** ❷ können Sie entnehmen, in welchem Maß der entsprechende Autostartdienst das System ausbremst.

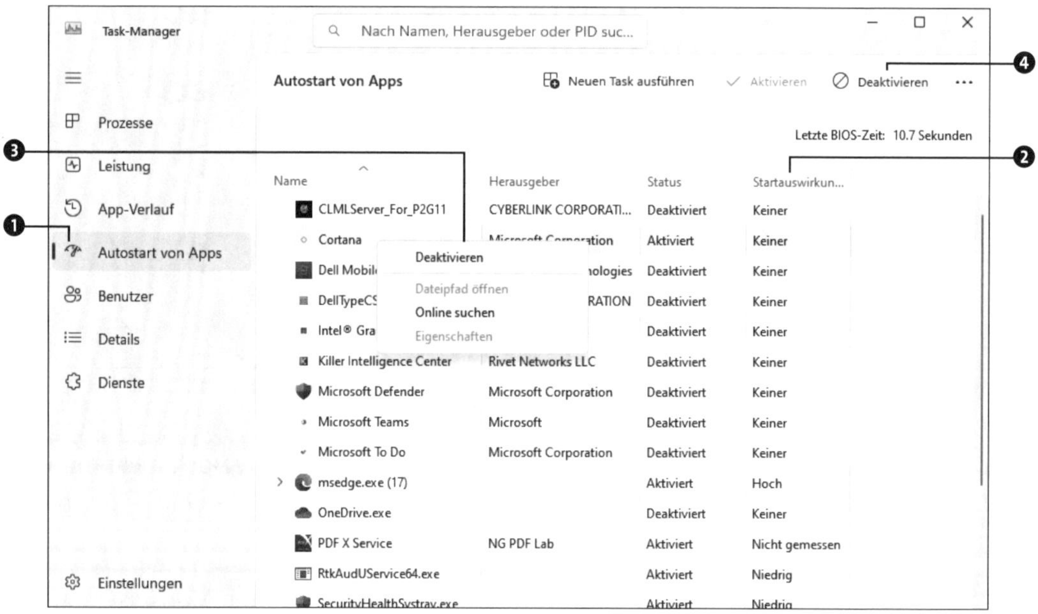

Die hier aufgeführten Dienste haben die Aufgabe, bestimmte Programme schneller starten zu lassen. Wenn Sie damit leben können, dass der erste Start eines bestimmten Programms etwas länger dauert, dann sollten Sie den entsprechenden Dienst im Autostartbereich deaktivieren.

5 Haben Sie den Dienst eines Programms entdeckt, auf den Sie eventuell verzichten können, klicken Sie mit der rechten Maustaste auf ihn und wählen im Kontextmenü den Befehl **Deaktivieren** ❸. Alternativ können Sie auch die gleichnamige Schaltfläche ❹ am oberen rechten Rand des Fensters betätigen, nachdem Sie das Programm zuvor per Mausklick markiert haben.

Neben einer Übersicht über die Autostartprogramme hält der Task-Manager noch einige weitere interessante Informationen für Sie bereit. Da Sie den Task-Manager wahrscheinlich gerade geöffnet haben, möchte ich die Gelegenheit nutzen und Ihnen die weiteren Registerkarten kurz vorstellen.

6 Möchten Sie gerne wissen, wie viel CPU-Zeit eine App auf dem Computer verbraucht hat? Ein Blick in den Bereich **App-Verlauf** bringt Aufschluss. Hier werden alle installierten Apps mit ihrem Ressourcenverbrauch tabellarisch aufgelistet. Die Farbskala hilft, besonders ressourcenintensiven Anwendungen auf die Spur zu kommen. Das Datum oberhalb der Tabelle gibt an, seit wann die Daten erfasst wurden. Über den Link **Auslastungsverlauf löschen** können Sie die bisher gespeicherte Historie löschen.

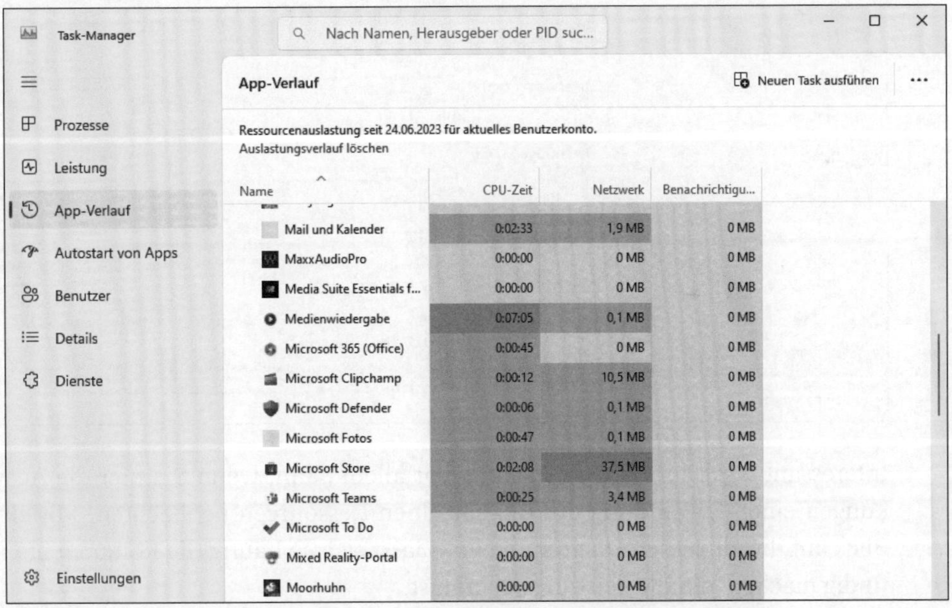

7 Falls Sie eine Anwendung direkt aus dem App-Verlauf heraus öffnen möchten, klicken Sie sie mit der rechten Maustaste an und wählen im Kontextmenü **Wechseln zu**.

8 Werfen Sie einen Blick in den Bereich **Leistung**, erhalten Sie eine grafische Darstellung der Ressourcenbelastung während der letzten 60 Sekunden. Neben den Daten der CPU, des Arbeitsspeichers, des Datenträgers und des Netzwerkes (Ethernet oder auch WLAN) können Sie sich auch über die Auslastung des Grafikprozessors (auf

Englisch *Graphics Processor Unit*, kurz GPU) informieren. Bei den aufgeführten Datenträgern zeigt Windows 11 an, ob es sich um eine Festplatte oder um eine schnellere SSD handelt.

9 Klicken Sie in der Spalte **Leistung** auf die Miniaturansicht einer Ressource, wird das entsprechende Diagramm rechts in größerer Darstellung eingeblendet. Unterhalb des Diagramms werden weitere Informationen zur ausgewählten Ressource eingeblendet. Im Fall des Arbeitsspeichers erfahren Sie so z. B., wie viel Speicher belegt und wie viel frei ist. Bewegen Sie den Mauszeiger über die verschiedenen Abschnitte der Diagramme, wird in einer QuickInfo jeweils deren Bedeutung eingeblendet.

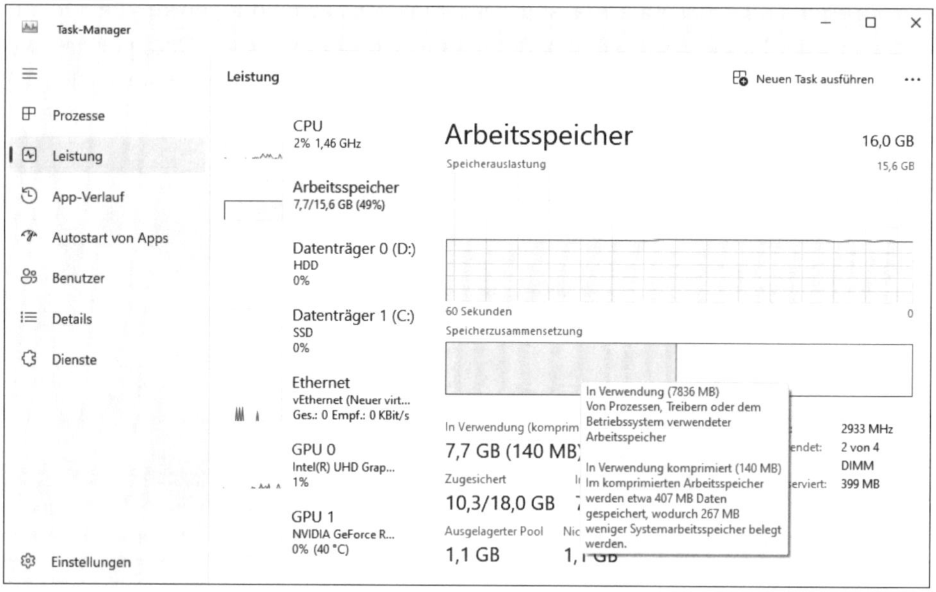

Interessant wird der Bereich **Leistung** vor allem dann, wenn Sie hier die Auswirkungen einer Anwendung auf die einzelnen Ressourcen beobachten. Mit einem Blick auf die einzelnen Diagramme links lässt sich so häufig die Komponente ausfindig machen, die die Leistung ausbremst.

10 Wechseln Sie in den Bereich **Benutzer**, erfahren Sie, welche Benutzer aktuell am Computer angemeldet sind und wie viele Ressourcen sie verbrauchen.

11 Im Bereich **Details** finden Sie eine Auflistung aller aktuell auf dem System laufenden Prozesse. Benötigen Sie zu einem Prozess weitere Informationen, klicken Sie ihn mit der rechten Maustaste an und wählen im Kontextmenü **Online suchen**. Daraufhin öffnet sich automatisch der Browser mit einer entsprechenden Websuche.

12 Gleiches funktioniert auch mit den in Windows verfügbaren Diensten, die Sie über den Bereich **Dienste** einblenden.

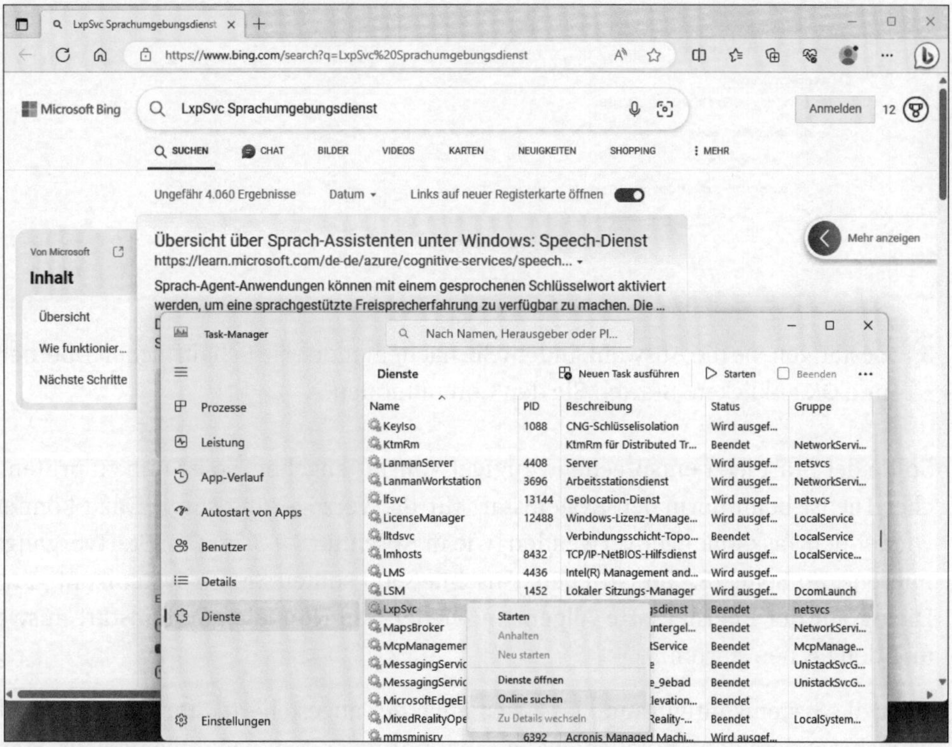

19.3.2 Verschiedene Startmodi nutzen

Die Windows-Systemkonfiguration bietet Möglichkeiten, unterschiedliche Startmodi auszuwählen. Das ist insbesondere dann interessant, wenn Sie den Computer ohne viele Hintergrunddienste starten möchten, um so zu erfahren, ob das System dadurch schneller hochfährt. Sie können das Startverhalten des PCs folgendermaßen beeinflussen:

1 Drücken Sie die Tastenkombination [Windows] + [R], um den **Ausführen**-Dialog zu öffnen. In diesem geben Sie den Befehl `msconfig` ein und bestätigen mit **OK**.

2 Im Dialog **Systemkonfiguration** stehen Ihnen die Startoptionen **Normaler Systemstart**, **Diagnosesystemstart** und **Benutzerdefinierter Systemstart** zur Auswahl. Probieren Sie einmal den **Diagnosesystemstart** aus. In diesem Fall werden nur ganz dringend benötigte Dienste im Hintergrund beim Start geladen.

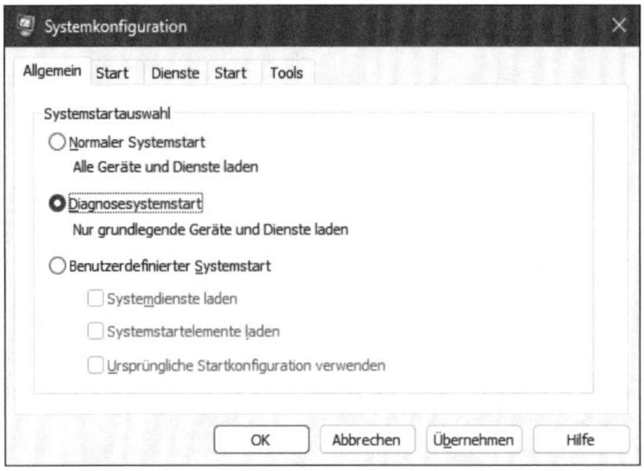

3 Bestätigen Sie die Auswahl, indem Sie nacheinander die Schaltflächen **Übernehmen** und **OK** anklicken. Starten Sie den Computer neu.

Sollte der Start jetzt entsprechend zügiger vonstattengehen, so ist nun zu prüfen, welcher Dienst beim normalen Systemstart für die Verzögerung sorgt. Dazu können Sie wieder den Task-Manager verwenden, wie in Abschnitt 19.3.1, »Den Startvorgang optimieren«, ab Seite 783 beschrieben. Anschließend sollten Sie im **Systemkonfiguration**-Dialog auf der Registerkarte **Allgemein** wieder den **Normalen Systemstart** auswählen und den PC neu starten.

Über die Systemkonfiguration lässt sich auch der abgesicherte Start aktivieren. Dieser ist insbesondere dann nützlich, wenn es im normalen Modus Probleme beim Start des Betriebssystems gibt.

1 Sie aktivieren den abgesicherten Modus, indem Sie im **Systemkonfiguration**-Dialog auf die Registerkarte **Start** ❶ wechseln und dort per Mausklick ein Häkchen vor **Abgesicherter Start** setzen ❷.

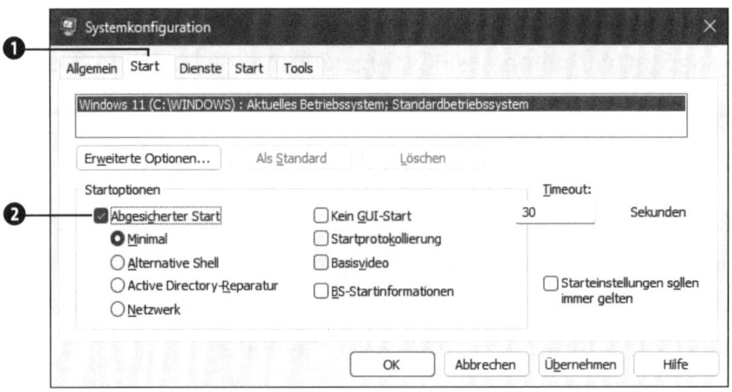

2 Bestätigen Sie mit **Übernehmen** und **OK**.

3 Sie werden nun wieder aufgefordert, den Computer neu zu starten. Sie landen anschließend in einer spärlichen Oberfläche von Windows 11. Hier können Sie sich nun in Ruhe auf die Suche nach den Ursachen für die Startprobleme begeben.

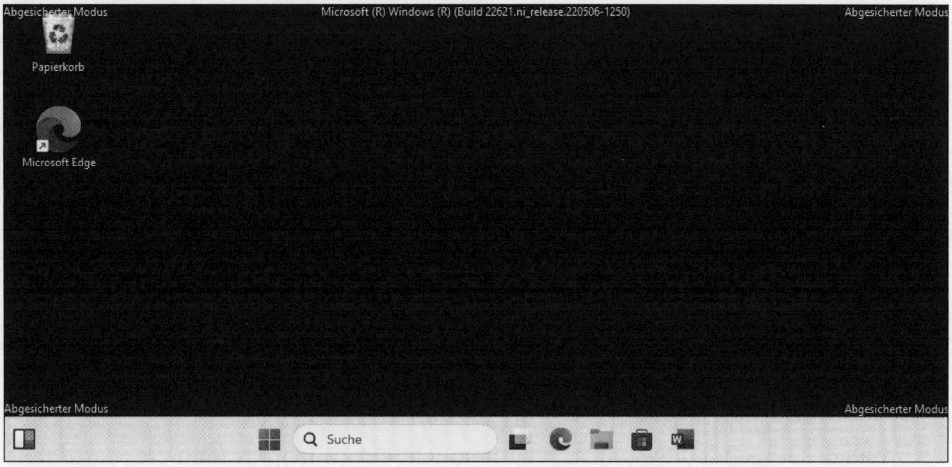

4 Vergessen Sie auch hier nicht, den abgesicherten Modus vor dem nächsten Systemstart wieder zu deaktivieren. Hierzu rufen Sie den **Systemkonfiguration**-Dialog auf, wechseln auf die Registerkarte **Start** und entfernen das Häkchen vor **Abgesicherter Start**. Bestätigen Sie mit **Übernehmen** und **OK**.

Wenn Sie den Computer anschließend neu starten, erscheint wieder die ganz normale Desktopoberfläche.

19.3.3 Die eingebaute Startproblembehandlung

Treten immer wieder Systemprobleme auf? In diesem Fall ist es ratsam, über das erweiterte Startmenü eine besondere Form der Problembehandlung aufzurufen. Klicken Sie hierzu auf das Windows-Logo und dann in der Schnellstartleiste auf **Ein/Aus**. Halten Sie nun die [⇧]-Taste gedrückt, während Sie auf den Eintrag **Neu starten** klicken. Nach dem Neustart des Computers werden Sie aufgefordert, eine Option auszuwählen.

Möchten Sie z. B. Startprobleme von Windows 11 beheben, dann klicken Sie im erweiterten Startmenü zunächst auf die **Problembehandlung** und auf der nächsten Seite auf **Erweiterte Optionen**. Um nun das Startverhalten des Windows 11-PCs zu testen, klicken Sie auf **Starthilfe**. Nach einem kurzen Moment erscheint eine Übersicht über alle Administratorkonten, die auf Ihrem Computer eingerichtet wurden. Klicken Sie auf Ihr eigenes Administratorkonto, und geben Sie anschließend das zugehörige Passwort ein. Achten Sie dabei darauf, das korrekte Tastaturlayout auszuwählen (voreingestellt ist Englisch!).

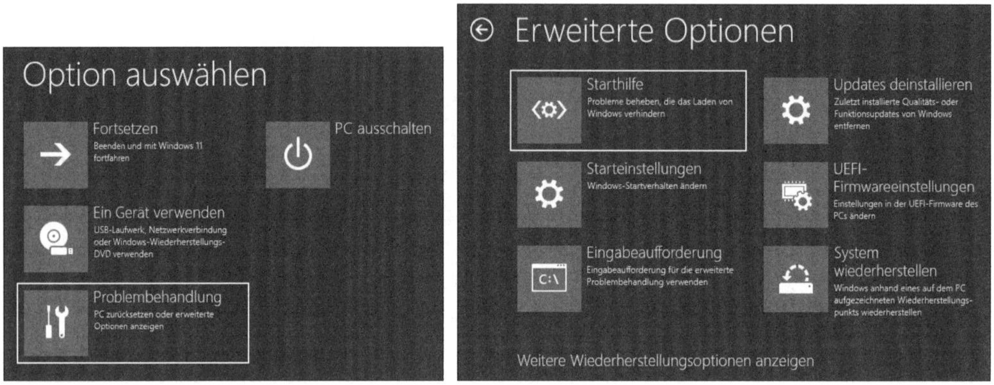

Abbildung 19.6 Das erweiterte Startmenü von Windows 11

Während des folgenden Systemstarts untersucht ein Hilfsprogramm die Startdateien in Bezug auf ihre Konsistenz. Sollte ein Fehler gefunden werden, so wird dieser unmittelbar repariert. Anderenfalls erscheint eine Meldung, dass die Starthilfe Ihren PC nicht reparieren konnte – ein Zeichen dafür, dass alles in Ordnung ist. Anschließend können Sie den Rechner entweder **Herunterfahren** oder über die Schaltfläche **Erweiterte Optionen** zurück in den gleichnamigen Dialog gelangen.

TIPP

Was tun, wenn der Rechner gar nicht mehr starten will?

Es kann vorkommen, dass Ihr Rechner sich hartnäckig weigert, hochzufahren. In diesem Fall brauchen Sie ein externes Medium, z. B. eine Windows 11-Boot-DVD oder einen zuvor präparierten USB-Bootstick. Diese lassen sich bequem mit dem *Windows 11 Media Creation Tool* erstellen (siehe Abschnitt 1.3, »Ein Installationsmedium mit dem Medienerstellungstool erstellen«, ab Seite 26). Mit diesem Werkzeug können Sie dann quasi von außen auf Ihr System zugreifen und dort auch die Starthilfe-Reparaturoption in Anspruch nehmen. Das Bootmedium identifiziert automatisch das Betriebssystem auf der Festplatte Ihres Rechners und bindet dieses zu Reparatur- und Analysezwecken ein. In jedem Fall sollten Sie auch kontrollieren, ob im UEFI bzw. BIOS Ihres Rechners das Startmedium (also im Normalfall die Festplatte des Rechners) korrekt ausgewählt wurde, siehe dazu Abschnitt 1.4, »Von null auf Windows 11«, ab Seite 31.

Mit einem Trick ist es aber auch möglich, ohne externes Bootmedium in die Reparaturoptionen des installierten Windows-Betriebssystems zu gelangen. Starten Sie dazu den Rechner mindestens dreimal hintereinander, und brechen Sie dabei jeweils den Bootvorgang beim Erscheinen des Windows-Logos ab, indem Sie länger die Ein-/Aus-Taste des Rechners gedrückt halten. Auf diese Weise gelangen Sie beim letzten Start automatisch in den Problembehandlungsbereich.

19.4 Systemproblemen von Windows 11 auf der Spur

Was ist zu tun, wenn die Aktivierung von Windows 11 nicht funktioniert? Oder wenn man das so wichtige Kennwort für die Anmeldung am Microsoft-Konto vergessen hat? Diesen Fragen und noch weiteren, in denen es um Probleme mit dem Windows 11-PC geht, werden wir auf den folgenden Seiten nachgehen. Zuvor lege ich Ihnen aber einen ganz simplen Tipp ans Herz: Sobald es mit Ihrem Computer Probleme gibt, sollten Sie nicht lange tüfteln, sondern den ältesten PC-Trick der Welt ausprobieren: Fahren Sie den Rechner einfach einmal herunter, und schalten Sie ihn anschließend wieder ein. Viele Probleme lösen sich auf diese Weise in Luft auf.

Bevor Sie größere Experimente am Computer starten, ist es außerdem sinnvoll, einen Systemwiederherstellungspunkt zu setzen. Wie das funktioniert, erfahren Sie in Abschnitt 17.3, »Mit der Systemwiederherstellung zurück zu einem stabilen System«, ab Seite 706. Außerdem sollten Sie einmal pro Monat ein komplettes Systemabbild erstellen, das bei größeren Problemen mit geringem Zeitaufwand eingespielt werden kann (siehe hierzu Abschnitt 17.5, »Ein Systemabbild erstellen und zurückspielen«, ab Seite 720). Sollte Ihnen Ihr Computer Probleme bereiten, können Sie sich ganz gelassen an die Lösung machen, denn Sie haben ja den »Daten-Airbag« in der Hinterhand.

19.4.1 Den PC zurücksetzen

Keine der Problemlösungen, die Sie bisher ausprobiert haben, hat zum Erfolg geführt? Sie haben jederzeit die Möglichkeit, Ihren Windows-Computer auf einen definierten Zustand zurückzusetzen. Dieser Zustand ist derjenige, in dem sich der PC nach einer frischen Installation von Windows 11 befand. Während des Zurücksetzens können Sie entscheiden, ob Sie die persönlichen Einstellungen, installierten Programme und Daten beibehalten möchten oder ob alles entfernt werden soll. In beiden Fällen sollten Sie vor dem Zurücksetzen unbedingt eine Datensicherung vornehmen.

Beim Zurücksetzen des Systems wird Windows 11 neu installiert. Hierfür stehen Ihnen zwei Varianten zur Auswahl: der Cloud-Download und die lokale Neuinstallation. Während bei Letzterer die lokal gespeicherten Sicherungsdateien verwendet werden, werden beim Cloud-Download die Windows-Installationsdateien inklusive Updates direkt von den Servern von Microsoft heruntergeladen. Dieser Download kann durchaus 4 GB oder mehr umfassen.

Um den PC zurückzusetzen, gehen Sie folgendermaßen vor:

1 Rufen Sie die **Einstellungen**-App auf, indem Sie die Tastenkombination [Win] + [I] drücken. Wechseln Sie in die Kategorie **System ▸ Wiederherstellung**.

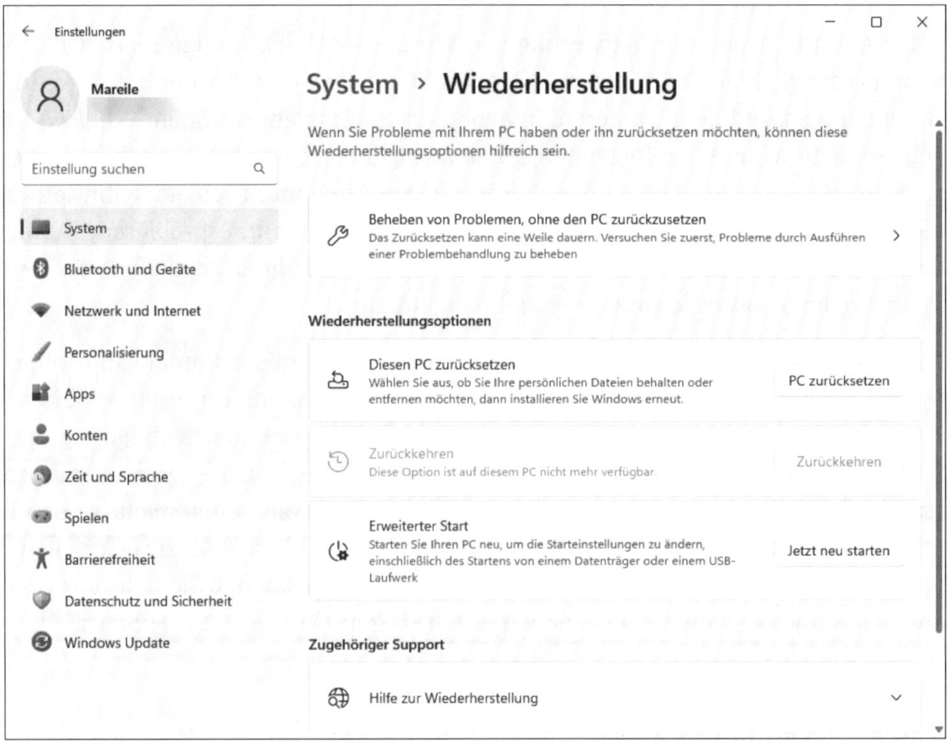

2 Klicken Sie im Bereich **Wiederherstellungsoptionen** auf **Diesen PC zurücksetzen**.

3 Im Dialog **Option auswählen** müssen Sie sich entscheiden, ob Sie die eigenen Dateien beibehalten möchten oder ob alles entfernt werden soll. Entscheiden Sie sich für Letzteres, gehen alle persönlichen Dateien, Anwendungen und Einstellungen verloren. Markieren Sie die gewünschte Option per Mausklick.

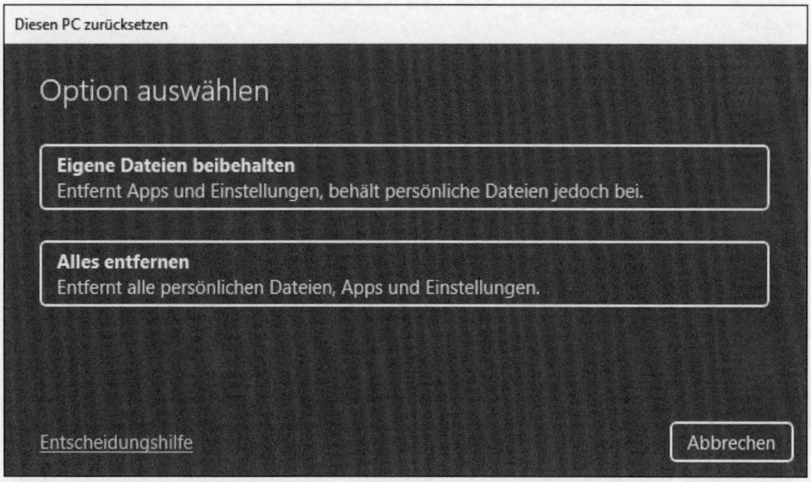

4 Als Nächstes legen Sie fest, ob ein **Cloud-Download** durchgeführt werden soll oder eine **Lokale Neuinstallation.**

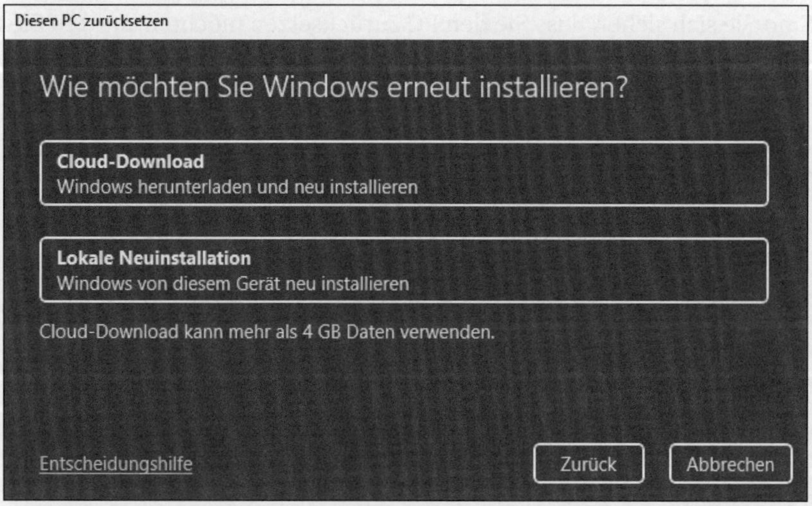

5 Falls Sie sich in Schritt 3 für **Eigene Dateien beibehalten** entschieden haben, wird Ihnen nach Auswahl der Installationsmethode eventuell der Dialog **Zusätzliche Einstellungen** angezeigt. Ist dies der Fall, klicken Sie auf **Einstellungen auswählen**. Über den Regler **Vorinstallierte Apps wiederherstellen?** legen Sie fest, ob die vom Hersteller mitgelieferten Apps und Einstellungen nach dem Zurücksetzen wiederhergestellt werden sollen oder nicht. Benötigen Sie diese Apps nicht unbedingt, sollten Sie den Regler auf **Nein** setzen. Mit **Bestätigen** übernehmen Sie die Einstellung.

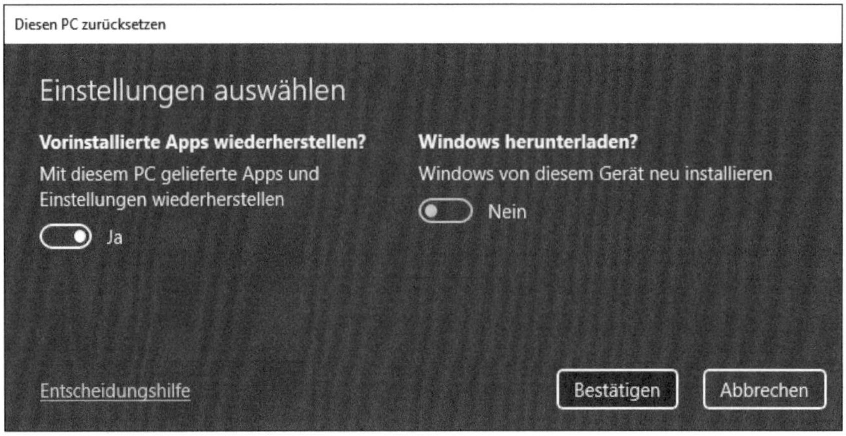

6 Nach einem Klick auf **Weiter** erhalten Sie eine Zusammenfassung, welche Aktionen beim Zurücksetzen durchgeführt werden. Klicken Sie auf den Link **Apps anzeigen, die entfernt werden**, erhalten Sie eine Übersicht über alle Anwendungen, die nicht wiederhergestellt werden. Mit **Zurück** können Sie zum vorherigen Dialog zurückkehren. Sind Sie sich sicher, dass Sie den PC zurücksetzen möchten, starten Sie den Vorgang mit **Zurücksetzen**.

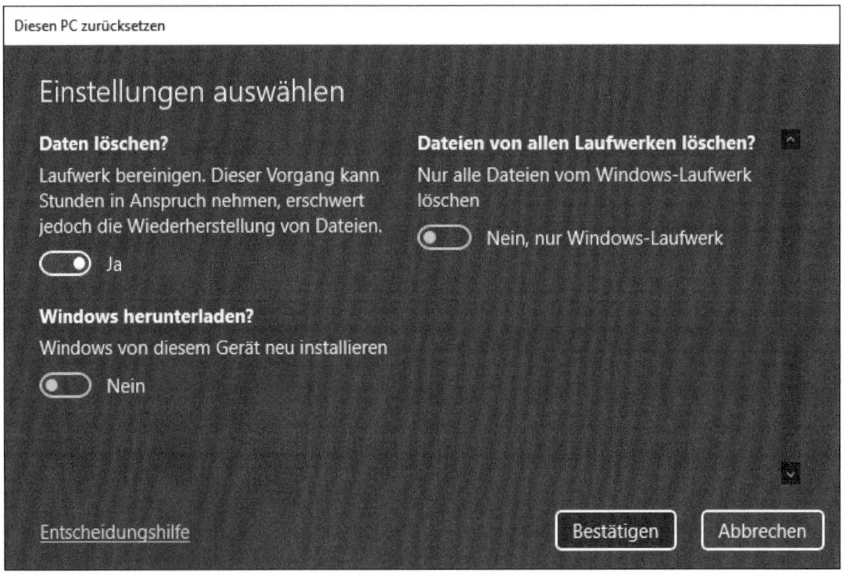

7 Sollten Sie sich in Schritt 3 für **Alles entfernen** entschieden haben, müssen Sie sich ebenfalls, wie in Schritt 4 gezeigt, zwischen Cloud-Download und lokaler Neuinstallation entscheiden. Anschließend öffnet sich der Dialog **Zusätzliche Einstellungen**, in dem Sie auf **Einstellungen auswählen** klicken.

8 Falls das Laufwerk bereinigt werden soll, muss im Dialog **Einstellungen auswählen** der Regler **Daten löschen?** auf **Ja** gesetzt sein. Haben Sie zuvor den Cloud-Download gewählt, ist der Regler **Windows herunterladen?** eingeschaltet, bei der lokalen Neuinstallation hingegen ausgeschaltet. Sind auf Ihrem Computer mehrere Laufwerke verfügbar, wird ein dritter Regler angezeigt: **Dateien von allen Laufwerken löschen?**. Ist dieser Regler auf **Nein** gesetzt, werden die Daten lediglich von dem Laufwerk gelöscht, auf dem Windows installiert ist. Sollen die Dateien von allen Laufwerken entfernt werden, setzen Sie den Regler auf **Ja**. Mit **Bestätigen** übernehmen Sie Ihre Einstellungen.

9 Im Dialog **Zusätzliche Einstellungen** klicken Sie auf **Weiter**. Sie erhalten nun eine Zusammenfassung der Einstellungen. Falls Sie den Vorgang doch nicht durchführen möchten, haben Sie hier noch die Möglichkeit, ihn abzubrechen. Mit einem Klick auf **Zurücksetzen** starten Sie das Zurücksetzen des PCs. Dies nimmt nun einen längeren Zeitraum in Anspruch.

Haben Sie sich beim Zurücksetzen für das Beibehalten Ihrer persönlichen Daten entschieden, können Sie sich direkt nach Abschluss des Vorgangs am System anmelden. Gegebenenfalls müssen Sie die Anwendungen, die deinstalliert wurden, wieder neu installieren. Nach dem erfolgreichen Zurücksetzen, bei dem alles entfernt wurde, müssen Sie Ihren Computer wieder neu einrichten. Hierzu zählen das Anpassen der Einstellungen ebenso wie die Installation aller benötigten Apps.

19.4.2 Probleme mit der Aktivierung und Echtheitsprüfung beheben

Das Betriebssystem Windows 11 wird beim ersten Start über einen Microsoft-Server per Internet aktiviert. Voraussetzung hierfür ist die Eingabe eines gültigen Installationsschlüssels. Dieser wird während der Installation des Betriebssystems abgefragt. Wenn Sie vorkonfigurierte Hardware erworben haben, dann wurde dieser Schlüssel bereits eingegeben. Sie können kontrollieren, ob Ihr System aktiviert wurde, indem Sie über das Startmenü die **Einstellungen** aufrufen und hier in der Kategorie **System** die **Aktivierung** ❶ wählen. In der rechten Fensterhälfte erfahren Sie nun, ob die Aktivierung des Betriebssystems erfolgreich war ❷.

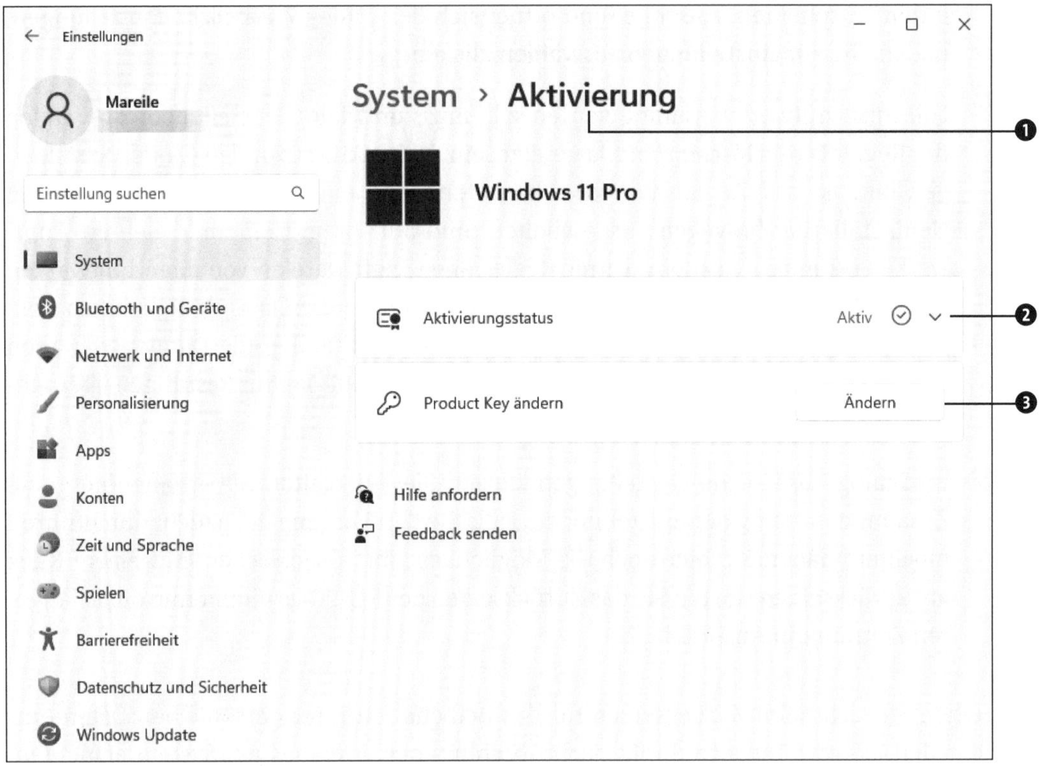

Abbildung 19.7 Windows 11 wurde ordnungsgemäß aktiviert.

Es kann durchaus vorkommen, dass sich Ihr Betriebssystem hartnäckig weigert, aktiviert zu werden. Diesbezüglich sind folgende Situationen bekannt:

- Es kann immer mal vorkommen, dass die Aktivierungsserver von Microsoft überlastet sind. Warten Sie in diesem Fall einige Stunden, und versuchen Sie danach erneut, Ihren Rechner zu aktivieren. Das erfolgt ebenfalls wieder über **Start ▸ Einstellungen ▸ System ▸ Aktivierung**.
- Der Produktschlüssel wird bereits auf einem weiteren Rechner verwendet. In diesem Fall bleibt Ihnen nichts anderes übrig, als für den aktuellen Rechner einen neuen Schlüssel zu erwerben. Wenn Sie im Besitz eines neuen, gültigen Schlüssels sind, dann wählen Sie im Dialog **Aktivierung** den Punkt **Product Key ändern** ❸ und geben anschließend den neuen Schlüssel ein. Anschließend wird Ihre Windows-Kopie via Internet aktiviert.
- Der Produktschlüssel, den Sie während der Installation eingegeben haben, ist ungültig. Hier empfiehlt es sich, telefonischen Kontakt zu Microsoft aufzunehmen.

Wenn Sie Ihre Windows 11-Kopie telefonisch aktivieren möchten, öffnen Sie dazu mit ⊞ + R den Dialog **Ausführen** und geben dort `slui 4` ein. Daraufhin öffnet sich ein Assistent, der Sie durch die telefonische Aktivierung des Betriebssystems führt. Hier finden Sie unter anderem eine Telefonnummer, unter der Sie die Aktivierung gebührenfrei durchführen können.

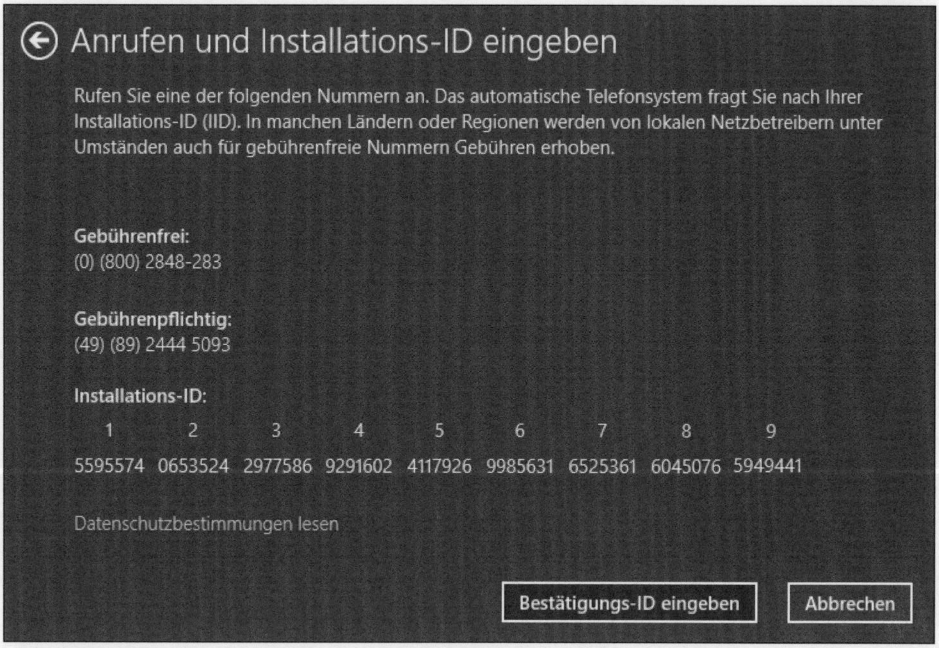

Abbildung 19.8 Der Assistent zur telefonischen Aktivierung von Windows 11

19.4.3 Aktivierungsdaten sichern

Nach einer erfolgreichen Aktivierung Ihres Betriebssystems empfiehlt es sich, die Aktivierungsdaten zu sichern, um diese im Fall einer Neuinstallation für die erneute Aktivierung von Windows 11 parat zu haben. Dafür benötigen Sie wieder ein Windows 11-Installationsmedium, und zwar in diesem Fall am besten einen USB-Stick, den Sie wieder mit dem *Windows Media Creation Tool* erstellen (siehe Abschnitt 1.3, »Ein Installationsmedium mit dem Medienerstellungstool erstellen«, ab Seite 26).

1. Auf dem USB-Stick befindet sich dann im Ordner *sources* die Datei *gatherosstate.exe*. Kopieren Sie diese Datei zunächst auf die Festplatte Ihres PCs.

2 Starten Sie das Programm per Doppelklick auf die gerade kopierte Datei. In dem aktuellen Verzeichnis wird nun die Datei *GenuineTicket.xml* erzeugt, die die Aktivierungsdaten enthält.

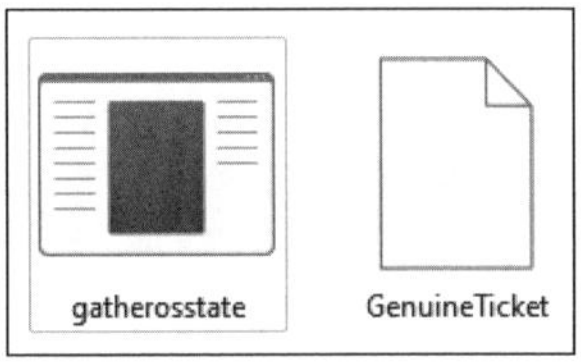

3 Sichern Sie diese Datei z. B. auf einem USB-Stick oder in der OneDrive-Cloud, damit sie Ihnen bei späteren Installationen zur Verfügung steht.

Zur Aktivierung eines auf dem gleichen Computer frisch installierten Betriebssystems gehen Sie nun folgendermaßen vor:

1 Kopieren Sie die Datei *GenuineTicket.xml* in das Verzeichnis *C:\ProgramData\Microsoft\Windows\ClipSVC\GenuineTicket*.

Achtung: Dieses Verzeichnis ist standardmäßig ausgeblendet. Um es sichtbar zu machen, klicken Sie in der Symbolleiste des Explorers auf **Anzeigen ▸ Einblenden**. Ist der nun sichtbare Eintrag **Ausgeblendete Elemente** noch nicht mit einem Häkchen versehen, holen Sie dies per Mausklick nach.

2 Führen Sie nach dem Kopiervorgang einen Neustart durch. Öffnen Sie anschließend die Eingabeaufforderung mit [⊞] + [R], und geben Sie den Befehl `net start clipsvc` ein. Dadurch wird das soeben installierte Betriebssystem aktiviert.

3 Kontrollieren Sie schließlich in den **Einstellungen** im Bereich **System ▸ Aktivierung**, ob die Aktivierung erfolgreich war.

19.4.4 Systemdateien überprüfen und reparieren

Oft lohnt es sich, bei Problemen mit dem Computer einmal die Systemdateien zu überprüfen. Windows 11 bietet hierfür eine automatische Prozedur an, die Sie folgendermaßen starten:

1 Klicken Sie mit der rechten Maustaste auf das Windows-Logo, und wählen Sie im Schnellstartmenü den Eintrag **Terminal (Administrator)** aus. Bestätigen Sie die Nachfrage der Benutzerkontensteuerung.

2 Das Windows-Terminal startet nun mit einer Registerkarte der Windows PowerShell (siehe auch Kapitel 23, »Eingabeaufforderung und Windows PowerShell«, ab Seite 877). Geben Sie hier den Befehl `sfc /scannow` ein.

Dieses Programm testet sämtliche wichtige Systemdateien auf ihre korrekte Funktionsweise. Dieser Vorgang kann durchaus einige Minuten in Anspruch nehmen – eine Prozentanzeige gibt Aufschluss über den Scanfortschritt. Wenn Fehler gefunden werden, werden diese durch das Programm in der Regel unverzüglich repariert. Nur bei komplexeren Problemen ist eine manuelle Nachbearbeitung erforderlich. Das wird dann durch entsprechende Meldungen in der PowerShell angezeigt.

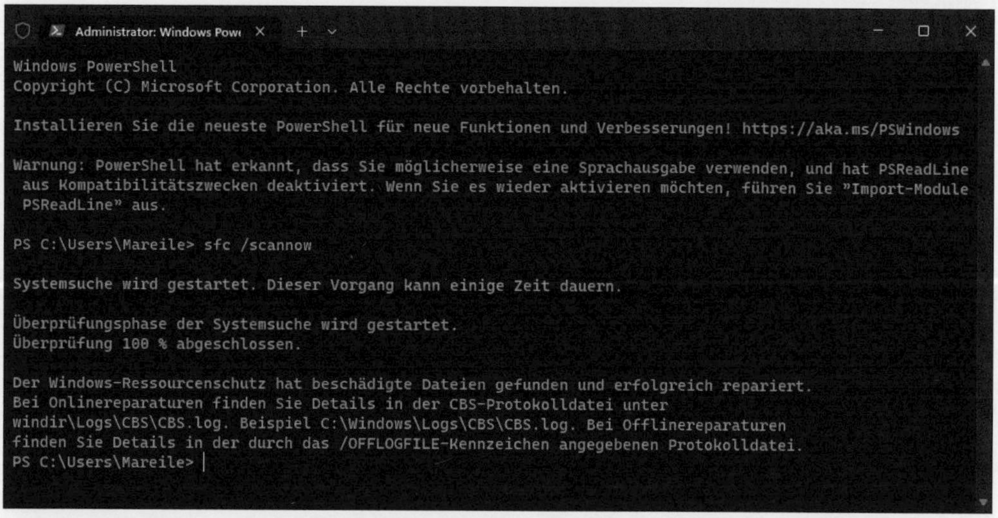

Abbildung 19.9 Die Integrität des Systems lässt sich leicht mit dem Befehl »sfc« überprüfen.

19.4.5 Das Kennwort für Ihr Microsoft-Konto zurücksetzen

Haben Sie das Passwort für Ihr Microsoft-Konto vergessen? Das ist zum Glück kein Grund zur Sorge, denn Microsoft bietet einen Assistenten an, mit dessen Hilfe Sie Ihr Passwort zurücksetzen können. Gehen Sie dazu folgendermaßen vor:

1 Rufen Sie die Webseite *https://account.live.com/password/reset* auf, und geben Sie im Dialog **Konto wiederherstellen** die E-Mail-Adresse Ihres Microsoft-Kontos ein ❶. Klicken Sie auf **Weiter**.

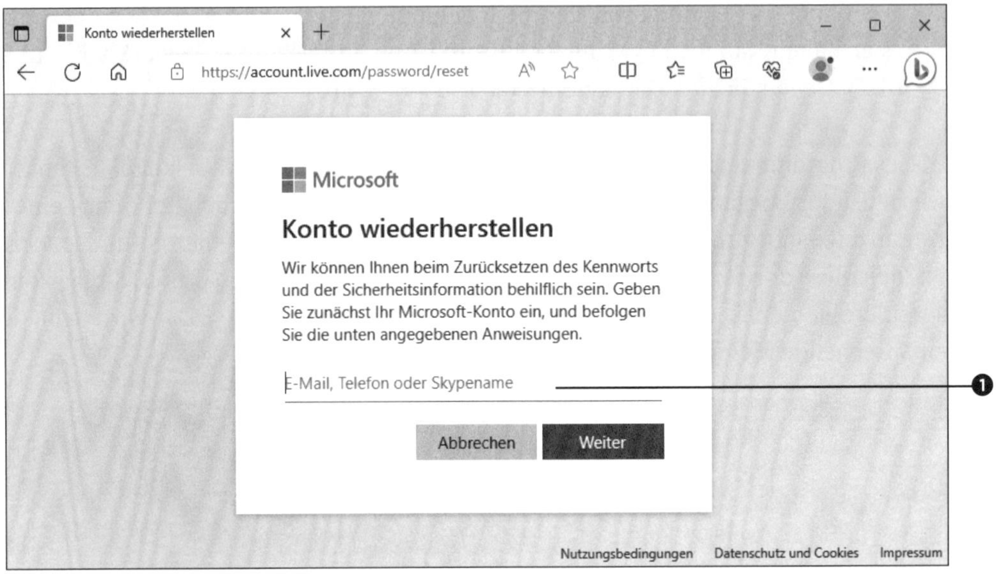

2 Sie werden nun aufgefordert, Ihre Identität zu bestätigen. Dazu wird ein Code an die von Ihnen hinterlegte Sicherheitsinformation geschickt. Diese Sicherheitsinformation ist z. B eine E-Mail-Adresse oder Mobiltelefonnummer. Nachdem Sie entsprechend **E-Mail...** oder auch **Textnachricht an...** markiert haben ❷, klicken Sie auf **Weiter**. Sollte Ihnen die Sicherheitsinformation nicht mehr bekannt sein, klicken Sie auf **Ich habe diese Infos nicht** ❸. Sie haben dann anschließend die Möglichkeit, eine alternative E-Mail-Adresse oder auch Mobiltelefonnummer anzugeben.

3 Im folgenden Dialog werden Sie aufgefordert, die fehlenden Informationen zu ergänzen. Im Fall der E-Mail-Adresse müssen Sie entsprechend die vollständige Adresse eingeben; bei einer Telefonnummer sollen die letzten vier Ziffern der Nummer angegeben werden ❹. Klicken Sie dann auf **Code abrufen** ❺.

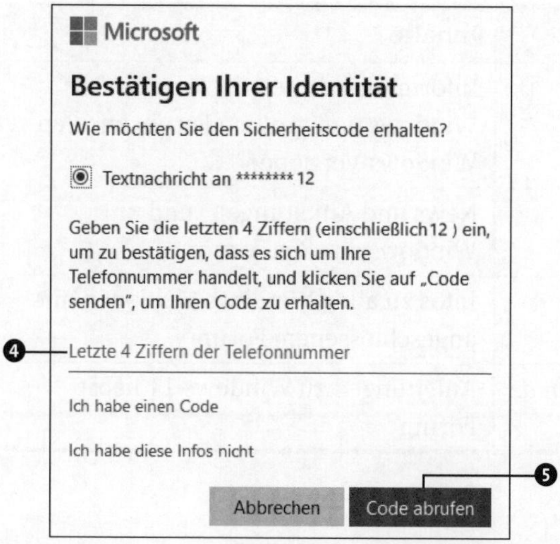

4 Geben Sie als Nächstes den Code ein, den Sie per E-Mail oder Textnachricht erhalten haben. Daraufhin erscheint ein Dialog, in dem Sie nun ein neues Passwort eintippen und bestätigen müssen. Mit einem Klick auf **Weiter** wird das neue Passwort übernommen. Achtung: Das Sicherheitssystem verlangt an dieser Stelle, dass Sie ein anderes Passwort als das zuvor genutzte eingeben. Sollten Sie hier doch noch quasi aus Versehen das alte Passwort eingeben, wird Ihnen das mitgeteilt. Sie können den Vorgang dann immer noch abbrechen.

INFO

Haben Sie das Kennwort des Administratorkontos vergessen?
Unter Windows 7 und älteren Versionen war es noch möglich, das Kennwort des Administratorkontos mit einem Linux-Livesystem »von außen« zurückzusetzen. Das ist mit Windows 11 nicht mehr machbar. In diesem Fall zahlt es sich aus, wenn Sie ein (Administrator-)Konto auf Ihrem PC mit einem Microsoft-Konto verknüpft haben. Dessen Passwort können Sie stets wiederherstellen.

19.5 Wichtige Hilfsforen im Internet

Bei den meisten Problemen mit Ihrem Windows 11-Computer ist kompetente Hilfe nur einen Mausklick entfernt. So finden Sie im Internet viele Hilfsforen, in denen Sie mit Experten in Kontakt treten können, die Ihnen bei Ihren Problemen weiterhelfen. In Tabelle 19.1 habe ich einige interessante Websites für Sie zusammengestellt.

Name	URL	Inhalte
Dr. Windows	*www.drwindows.de*	Informationsseite mit News zu Windows und großem Forum zu allen Windows-Versionen
Deskmodder	*www.deskmodder.de*	News und Anleitungen rund um Windows, großes Forum
WinTotal	*www.wintotal.de*	Infos zu allen Windows-Versionen mit angeschlossenem Forum
Paules PC-Forum	*www.paules-pc-forum.de*	Anleitungen zu Windows 11 nebst Forum

Tabelle 19.1 Einige hilfreiche Windows-Foren

Eine eigene Anfrage in den Foren zu stellen ist meist nur dann nötig, wenn Sie ein Problem mit Ihrem Windows 11-PC haben, das relativ ungewöhnlich ist und in dieser Form noch nirgends besprochen wurde. Diese Situation tritt allerdings ausgesprochen selten ein. Denn viele Themen wurden bereits in einem der oben aufgeführten Foren behandelt. Bevor Sie selbst eine Frage im Forum veröffentlichen, sollten Sie deshalb über die Suchfunktion des Forums prüfen, ob die Frage nicht bereits in einem anderen Diskussionsfaden (auch *Thread* genannt) beantwortet wurde. Falls nicht, können Sie in dem entsprechenden Forum ein Benutzerkonto anlegen und Ihre Frage stellen. Hierbei sollten Sie unbedingt drei wichtige Regeln beachten:

- Bleiben Sie stets höflich, auch wenn Ihre Gegenüber den Eindruck vermitteln, Ihr Problem sei einfach zu lösen und Sie hätten keine Ahnung. Manche selbst ernannten Experten wirken oft herablassend.
- Bemühen Sie stets die Forensuche, bevor Sie eine Frage stellen. Prüfen Sie auf diese Weise, dass das Thema nicht bereits an anderer Stelle behandelt wurde.
- Geben Sie mit der Frage immer Ihre System- und Hardwarekonfiguration an (siehe Abschnitt 19.2.2, »Informationen zur Hardware mit Drittanbietersoftware einholen«, ab Seite 778), damit sich die Experten ein Bild von den Begleitumständen des Problems machen können.

TIPP

Fehlermeldungen googeln

Um bei einer Frage zu einem auftretenden Problem auf die richtige Internetseite bzw. zum richtigen Forum weitergeleitet zu werden, bietet es sich an, nach

Lösungsvorschlägen zu googeln. Meist führen hier schon umgangssprachlich formulierte Problembeschreibungen zum Ziel, z. B.: »Wie richte ich unter Windows 11 ein gmx imap mailkonto ein?« Wie Sie hier sehen, müssen Sie dabei keine Rücksicht auf Groß- bzw. Kleinschreibung nehmen.

Haben Sie hingegen eine bestimmte Fehlermeldung erhalten, die das Problem erzeugt, dann sollten Sie als Suchbegriff den genauen Wortlaut der Fehlermeldung in Anführungszeichen eingeben, z. B. »Fehler beim Laden des Treibers \Driver\WUDFRd«. Sie werden überrascht sein, wie schnell Sie auf diese Weise auf Webseiten gelangen, die Ihnen bei der Lösung Ihres Problems helfen.

TEIL VI

Windows 11 für geübte Anwender

20 Die Registrierungsdatenbank von Windows 11

Sämtliche Fäden des Windows 11-Betriebssystems laufen in der sogenannten *Registrierungsdatenbank* (auf Englisch *Registry*) zusammen. In dieser Datenbank sind alle Informationen zur Systemkonfiguration, zu Gerätetreibern, Diensten, installierten Anwendungen oder auch benutzerspezifischen Einstellungen gespeichert. Sobald Sie z. B. ein Programm installieren oder auch eine Systemeinstellung anpassen, nimmt Windows automatisch die notwendigen Änderungen in der Registry vor. Im Normalfall besteht kaum eine Veranlassung, selbst in die Registry einzutauchen und diese zu ändern. Manchmal gibt es aber doch ein paar Feinheiten, die sich nicht ohne Weiteres z. B. über die Einstellungen-App oder die Systemsteuerung konfigurieren lassen. In solchen Fällen greift man zum sogenannten *Registrierungs-Editor* und ändert bzw. erstellt damit sogenannte Schlüssel, die das Verhalten des Betriebssystems beeinflussen. Man spricht in diesem Fall auch von *Registry-Hacks*. Auf den folgenden Seiten stelle ich Ihnen die Registrierungsdatenbank ausführlich vor.

20.1 Das sollten Sie über die Registry wissen

Eines gleich zu Beginn: Falls Sie Änderungen an der Registry vornehmen möchten, sollten Sie hierbei ausgesprochen vorsichtig vorgehen. Bereits ein kleiner Fehler wie etwa ein Zahlen- oder Buchstabendreher kann gravierende Folgen für das gesamte System haben. Im schlimmsten Fall ist womöglich sogar eine Neuinstallation von Windows 11 nötig. Bevor ich Ihnen an einigen konkreten Beispielen zeige, wie Sie selbst Registry-Hacks vornehmen, werden wir zunächst einen Blick auf die Registrierungsdatenbank werfen. Der Zugriff auf die Registry erfolgt über den Registrierungs-Editor.

20.1.1 Den Registrierungs-Editor öffnen

Um die Registry bearbeiten zu können, benötigen Sie Administratorrechte. Damit die Benutzerkontensteuerung nicht zu häufig mit Nachfragen stört, melden Sie sich am besten mit einem Benutzerkonto am Computer an, das über die entsprechenden Administratorrechte verfügt (siehe auch Abschnitt 5.1, »Sicherheitsaspekte – Administrator versus Standardbenutzer«, ab Seite 139). Für den Registrierungs-Editor gibt es im Startmenü keinen eigenen Eintrag. Zum Öffnen müssen Sie daher einen etwas anderen Weg gehen: Drücken Sie die Tastenkombination ⊞ + R. Im Dialog **Ausführen**, der hierdurch geöffnet wird, geben Sie den Befehl »regedit« ein. Bestätigen Sie Ihre Eingabe mit **OK** und die anschließende Nachfrage der Benutzerkontensteuerung mit **Ja**.

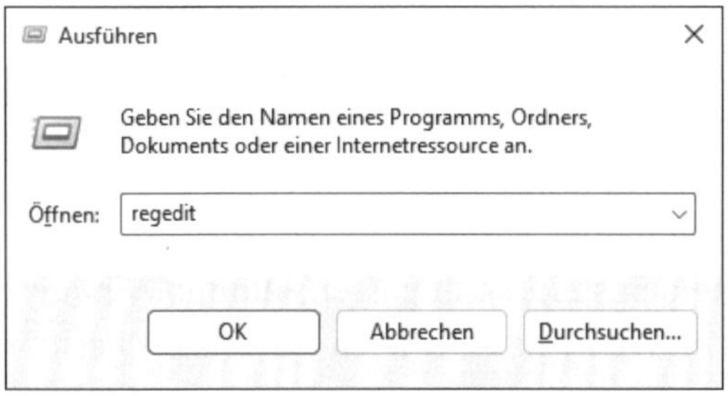

Abbildung 20.1 Der Registrierungs-Editor lässt sich schnell über den »Ausführen«-Dialog aufrufen.

Alternativ können Sie den Befehl `regedit` auch im Suchfeld in der Taskleiste eingeben. In der Trefferliste wählen Sie dann den Eintrag **Registrierungs-Editor** und bestätigen die Frage der Benutzerkontensteuerung mit **Ja**. Nun wird der Registrierungs-Editor geöffnet.

Der Inhalt der Registierungsdatenbank ist hierarchisch organisiert und besteht aus fünf Hauptschlüsseln, die wiederum Unterschlüssel enthalten. Die sich daraus entwickelnde Baumstruktur sehen Sie im Navigationsbereich auf der linken Seite des Editor-Fensters. Sollte die linke Spalte sehr schmal erscheinen, passen Sie die Breite einfach an, indem Sie die Trennlinie ❶ zwischen linker und rechter Spalte mit gedrückter linker Maustaste verschieben. Unterhalb des Knotens **Computer** werden zunächst die fünf Hauptschlüssel angezeigt, die jeweils mit dem Präfix **HKEY** beginnen. Wenn Sie in die einzelnen Zweige (manchmal auch *Äste* genannt) abtauchen möchten, klicken Sie einfach auf den Pfeil ❷ links neben dem entsprechenden Schlüsselwort. Dadurch klappt der entsprechende Zweig mit seinen Unterschlüsseln auf.

Wenn Sie so weit in einen Zweig abgetaucht sind, dass nur noch einzelne Schlüssel ohne Unterverzeichnisse auftauchen, erscheint nach Auswahl eines Schlüssels ❸ in der rechten Spalte des Editors seine Belegung mit Werten. In Abbildung 20.2 wurde beispielsweise in der linken Spalte der Pfad *Computer\HKEY_LOCAL_MACHINE\SOFTWARE\Microsoft\Windows\CurrentVersion\DateTime\Servers* ausgewählt. In diesem Bereich werden Zeitserver definiert, die die Systemzeit des Computers mit der offiziellen Standardzeit abgleichen.

Möchten Sie einen derartigen Wert verändern, führen Sie einen Doppelklick über dem entsprechenden Eintrag in der rechten Spalte durch. In unserem Beispiel lässt sich nach einem Doppelklick über dem Eintrag **1** ❹ im Bereich *DateTime\Servers* im folgenden

Fenster z. B. ein neuer Zeitserver definieren. Im Beispiel wurde der Zeitserver der Physikalisch-Technischen Bundesanstalt Braunschweig (kurz PTB) gewählt.

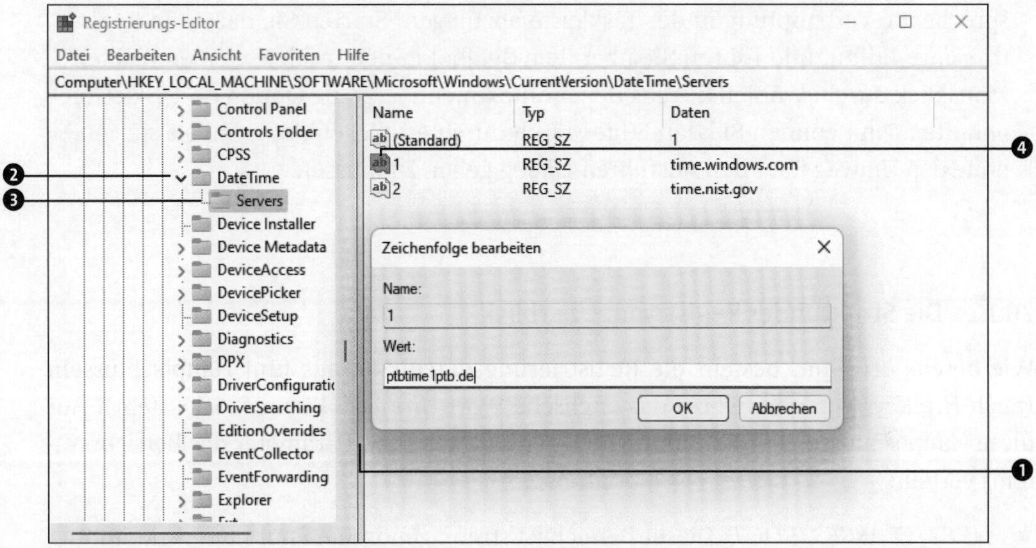

Abbildung 20.2 Im rechten Bereich des Registrierungs-Editor-Fensters können Sie die Schlüssel des Unterverzeichnisses doppelt anklicken und anschließend bearbeiten.

Der neu eingetragene Zeitserver erscheint auch in der Systemsteuerung, die Sie über das Suchfeld in der Taskleiste öffnen. In der **Systemsteuerung** rufen Sie dann den Bereich **Zeit und Region ▸ Datum und Uhrzeit festlegen ▸ Internetzeit** auf.

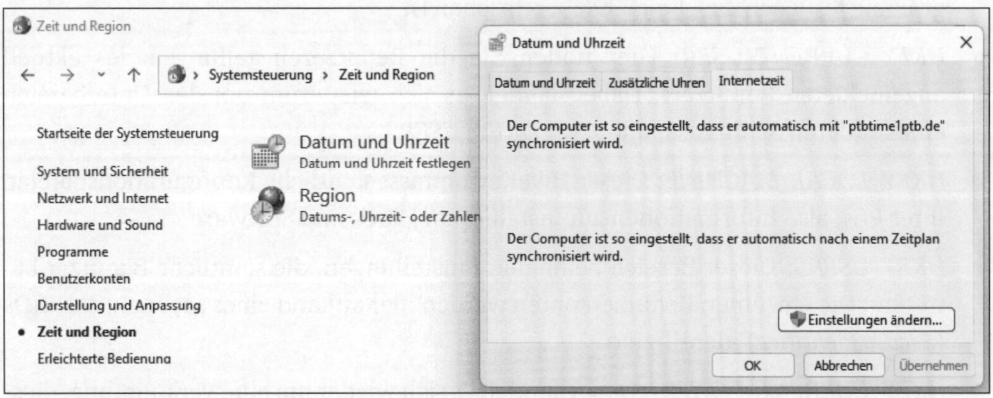

Abbildung 20.3 Die Änderungen in der Registry werden unmittelbar auf die Systemsteuerung übertragen. Umgekehrt geht eine Änderung in den Systemeinstellungen per Systemsteuerung oder Einstellungen-App stets mit einer Änderung des entsprechenden Schlüssels in der Registry einher.

INFO

Verknüpfung zum Registrierungs-Editor
Wenn Sie den Registrierungs-Editor häufig aufrufen, empfiehlt es sich, eine entsprechende Verknüpfung in der Taskleiste abzulegen. Starten Sie dazu den Registrierungs-Editor, und führen Sie über dem Symbol in der Taskleiste einen rechten Mausklick durch. Wählen Sie aus dem Kontextmenü jetzt die Option **An Taskleiste anheften**. Nun können Sie den Editor rasch durch Anklicken des Symbols starten, ohne den Umweg über den **Ausführen**-Dialog gehen zu müssen.

20.1.2 Die Struktur der Registry im Überblick

Wie bereits erwähnt, besteht die Registrierungsdatenbank aus fünf Hauptschlüsseln (auch *HiveKeys* genannt, wobei das englische Wort *Hive* für »Bienenstock« steht). Auf diese Hauptschlüssel werden sämtliche Eigenschaften bzw. Parameter des Betriebssystems verteilt:

- *HKEY_CLASSES_ROOT*: Dieser Bereich ist streng genommen nur eine Verknüpfung zu dem Unterschlüssel *HKEY_LOCAL_MACHINE\SOFTWARE\Classes*. Im Wesentlichen werden hier die Dateiendungen definiert, die den Programmen zugeordnet sind, die auf dem System installiert wurden. Beispiel: Die Endung *.doc* wird in der Regel den Programmen Microsoft Word bzw. WordPad zugeordnet. Normalerweise lassen sich alle Einstellungen, die Sie in diesem Unterbereich ändern können, auch über den Einstellungen-Dialog vornehmen, wie in Abschnitt 9.5, »Standardprogramme festlegen«, ab Seite 396 beschrieben ist.
- *HKEY_CURRENT_USER*: Hier finden Sie die Benutzereinstellungen des aktuell angemeldeten Benutzers. Dabei handelt es sich wiederum um den Unterbereich eines anderen Schlüssels, und zwar *HKEY_USERS*.
- *HKEY_LOCAL_MACHINE*: Dieser HiveKey umfasst sämtliche Konfigurationsdateien Ihres PCs, also Informationen zur installierten Hard- und Software.
- *HKEY_USERS*: Dieser Bereich beinhaltet Einstellungen, die sämtliche Benutzer betreffen. Die einzelnen Benutzerkonten werden hier anhand eines sogenannten SIDs (*Secure Identifier*) identifiziert.
- *HKEY_CURRENT_CONFIG*: Dabei handelt es sich wieder um eine Verknüpfung, diesmal zum Zweig *HKEY_LOCAL_MACHINE\SYSTEM\CurrentControlSet\Hardware Profiles\Current*. In diesem Bereich werden aktuelle Informationen über die im Computer eingebaute Hardware angezeigt.

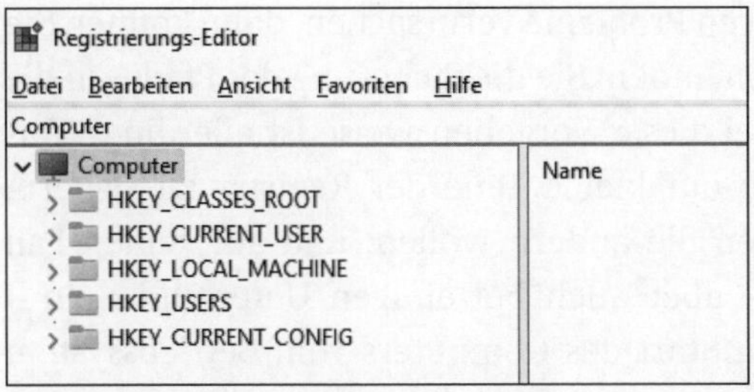

Abbildung 20.4 Die fünf Hauptschlüssel der Registrierungsdatenbank

INFO

Kurzschreibweise der Schlüssel

Es ist üblich, die Hauptschlüssel in Kurzform zu schreiben. Der Schlüssel HKEY_CLASSES_ROOT wird mit HKCR abgekürzt; HKCU bedeutet HKEY_CURRENT_USER; HKLM steht für HKEY_LOCAL_MACHINE; HKU steht für HKEY_USERS, und HKEY_CURRENT_CONFIG trägt das Kürzel HKCC. Das H am Anfang der Schlüsselnamen steht für das englische Wort *handle*.

20.2 Sichern und Wiederherstellen der Registry

Bevor Sie Änderungen an der Registrierungsdatenbank vornehmen, bedenken Sie bitte immer, dass bereits ein kleiner Fehler im Extremfall eine Neuinstallation von Windows 11 erfordert. Daher empfiehlt es sich, vorher ein Backup, sprich eine Sicherung, der gesamten Registry anzulegen – oder zumindest des Zweiges, den Sie bearbeiten möchten. Die Sicherung können Sie im Notfall wieder zurückspielen. Wie das geht, zeigt der folgende Abschnitt.

20.2.1 Vor Experimenten unbedingt die Registry sichern

Die einfachste und unkomplizierteste Variante, um den Ist-Zustand Ihres Computers zu sichern, besteht darin, einen Wiederherstellungspunkt anzulegen. Wie das funktioniert, erfahren Sie in Abschnitt 17.3.2, »Einen Wiederherstellungspunkt manuell setzen«, ab Seite 708. Im daran anschließenden Abschnitt ab Seite 709 wird auch beschrieben, wie Sie Ihr System auf einen bestimmten Wiederherstellungspunkt zurücksetzen.

Mithilfe eines Wiederherstellungspunktes wird die komplette Registry gesichert. Alternativ hierzu können Sie auch nur Teile der Registrierungsdatenbank abspeichern, indem Sie den Teilzweig in einer Registrierungsdatei sichern, den Sie verändern. Sollte sich später herausstellen, dass die Änderungen Probleme verursachen, dann können Sie diese blitzschnell wieder rückgängig machen, indem Sie die Sicherung des Pfades in die Registrierungsdatenbank zurückspielen. Bei dieser Vorgehensweise ist allerdings Vorsicht geboten: Achten Sie darauf, wirklich nur kleine Teile der Registry zu sichern, sprich wirklich nur den Unterschlüssel, den Sie ändern wollen, und auf keinen Fall einen der Hauptschlüssel. Bei Letzteren – aber auch bei einigen Unterschlüsseln – besteht die Gefahr, dass diese bereits beim Start des Computers vom Betriebssystem selbst oder anderen Prozessen geöffnet werden. Geöffnete Elemente lassen sich aber nicht ändern, in unserem Fall also nicht wiederherstellen.

Wir werden später einen neuen Kontextmenüpunkt per Registry-Hack im Explorer ergänzen, mit dessen Hilfe Sie beliebige Dateien im Editor bearbeiten können (siehe Abschnitt 20.3.4, »Einen neuen Registry-Eintrag anlegen«, ab Seite 821). An dieser Stelle zeige ich Ihnen, wie man den entsprechenden Registry-Pfad zunächst sichert, bevor man die Änderungen vornimmt:

1 Starten Sie den Registrierungs-Editor, indem Sie den Befehl »regedit« in das Suchfeld in der Taskleiste eingeben, den entsprechenden Eintrag aus der Liste per Anklicken auswählen und anschließend die Nachfrage der Benutzerkontensteuerung bestätigen.

2 Begeben Sie sich nun in den Pfad *HKEY_CLASSES_ROOT** ❶, und markieren Sie dort den Schlüssel **shell** ❷.

3 Führen Sie einen rechten Mausklick über dem markierten Schlüssel **shell** durch, und wählen Sie den Kontextmenüeintrag **Exportieren** ❸. Alternativ hierzu können Sie auch im Menü **Datei** ❹ den Befehl **Exportieren** auswählen.

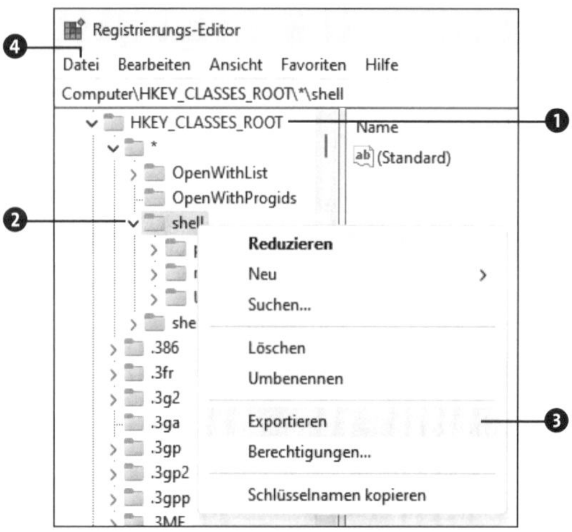

4 Im Dialog **Registrierungsdatei exportieren** wählen Sie den Ordner aus, in dem die betreffende Registrierungsdatei gespeichert werden soll. Sie haben an dieser Stelle natürlich auch die Möglichkeit, die Datei auf einem externen Speichermedium (z. B. einem USB-Stick) abzulegen.

5 Geben Sie der Datei einen selbsterklärenden Namen ❺, und achten Sie darauf, dass im unteren Teil des Fensters die Option **Ausgewählte Teilstruktur** ❻ markiert wurde. Hier taucht dann auch die Bezeichnung des zu exportierenden Pfades auf.

6 Mit einem Klick auf **Speichern** sichern Sie die Registrierungsdatei.

Rufen Sie nun zur Sicherheit den Explorer auf, und überprüfen Sie, ob die Datei auch wirklich im ausgewählten Ordner gespeichert wurde. Ist dies der Fall, war die Sicherung des gewählten Zweiges erfolgreich.

INFO

Inhalt der Registrierungsdatei ansehen

Wenn Sie möchten, können Sie sich den Inhalt einer exportierten Registrierungsdatei im Editor ansehen. Wechseln Sie hierzu im Explorer in den Ordner, in dem Sie die Registrierungsdatei gespeichert haben. Klicken Sie mit der rechten Maustaste auf die Datei, und wählen Sie im Kontextmenü den Befehl **Öffnen mit**. Im aufklappenden Dialog wählen Sie den Eintrag **Andere App auswählen**. In der Auswahlliste erscheint der **Editor**. Wählen Sie diesen durch Anklicken aus, und bestätigen Sie Ihre Auswahl mit **Nur einmal**. Der Inhalt der Registrierungsdatei wird nun im Editor angezeigt. Die Datei lässt sich hier zwar auch bearbeiten, in diesem Fall sollten Sie sich allerdings sehr gut auskennen.

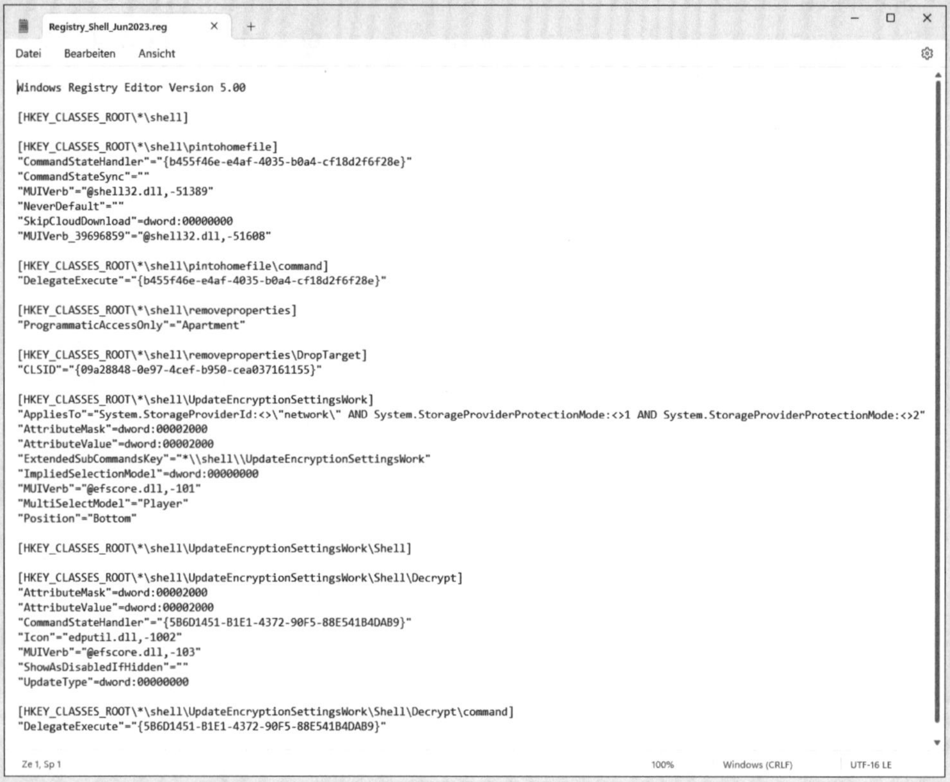


```
Windows Registry Editor Version 5.00

[HKEY_CLASSES_ROOT\*\shell]

[HKEY_CLASSES_ROOT\*\shell\pintohomefile]
"CommandStateHandler"="{b455f46e-e4af-4035-b0a4-cf18d2f6f28e}"
"CommandStateSync"=""
"MUIVerb"="@shell32.dll,-51389"
"NeverDefault"=""
"SkipCloudDownload"=dword:00000000
"MUIVerb_39696859"="@shell32.dll,-51608"

[HKEY_CLASSES_ROOT\*\shell\pintohomefile\command]
"DelegateExecute"="{b455f46e-e4af-4035-b0a4-cf18d2f6f28e}"

[HKEY_CLASSES_ROOT\*\shell\removeproperties]
"ProgrammaticAccessOnly"="Apartment"

[HKEY_CLASSES_ROOT\*\shell\removeproperties\DropTarget]
"CLSID"="{09a28848-0e97-4cef-b950-cea037161155}"

[HKEY_CLASSES_ROOT\*\shell\UpdateEncryptionSettingsWork]
"AppliesTo"="System.StorageProviderId:<>\"network\" AND System.StorageProviderProtectionMode:<>1 AND System.StorageProviderProtectionMode:<>2"
"AttributeMask"=dword:00002000
"AttributeValue"=dword:00002000
"ExtendedSubCommandsKey"="*\\shell\\UpdateEncryptionSettingsWork"
"ImpliedSelectionModel"=dword:00000000
"MUIVerb"="@efscore.dll,-101"
"MultiSelectModel"="Player"
"Position"="Bottom"

[HKEY_CLASSES_ROOT\*\shell\UpdateEncryptionSettingsWork\Shell]

[HKEY_CLASSES_ROOT\*\shell\UpdateEncryptionSettingsWork\Shell\Decrypt]
"AttributeMask"=dword:00002000
"AttributeValue"=dword:00002000
"CommandStateHandler"="{5B6D1451-B1E1-4372-90F5-88E541B4DAB9}"
"Icon"="edputil.dll,-1002"
"MUIVerb"="@efscore.dll,-103"
"ShowAsDisabledIfHidden"=""
"UpdateType"=dword:00000000

[HKEY_CLASSES_ROOT\*\shell\UpdateEncryptionSettingsWork\Shell\Decrypt\command]
"DelegateExecute"="{5B6D1451-B1E1-4372-90F5-88E541B4DAB9}"
```

Abbildung 20.5 Darstellung einer exportierten Registrierungsdatei im Editor

20.2.2 Einstellungen der Registry wiederherstellen

Die vorgenommenen Änderungen an der Registry haben nicht den gewünschten Erfolg gezeigt, und Sie möchten die Sicherung der Registrierungsdatei wieder zurückspielen? Hierzu gehen Sie folgendermaßen vor:

1 Starten Sie erneut den Registrierungs-Editor, und rufen Sie im Menü **Datei** den Befehl **Importieren** auf.

2 Im Dialog **Registrierungsdatei importieren** wechseln Sie in den Ordner, in dem Sie die zuvor gesicherte Registrierungsdatei gespeichert haben.

3 Markieren Sie die Datei, und klicken Sie auf **Öffnen**. Dadurch wird der Schlüssel wieder in seiner ursprünglichen Form hergestellt. Den folgenden Hinweis bestätigen Sie mit **OK**.

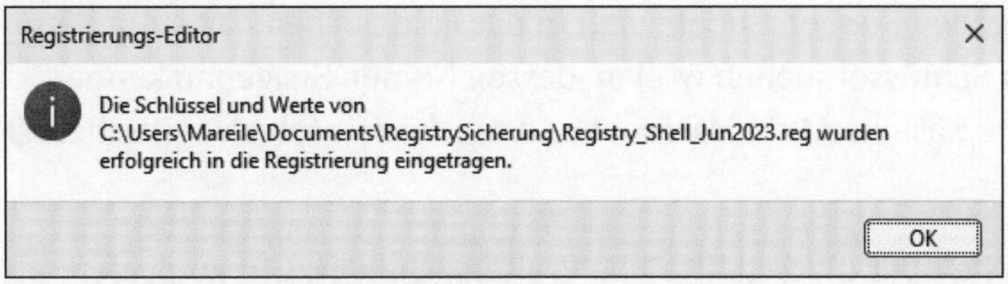

TIPP

Registrierungsschlüssel schnell per Doppelklick importieren
Noch schneller geht der Import eines gesicherten Schlüssels bzw. Zweiges, indem Sie im Explorer in den Ordner wechseln, in dem sich die Datei befindet. Doppelklicken Sie dann auf die entsprechende Datei. Bestätigen Sie die Nachfrage der Benutzerkontensteuerung. Außerdem erscheint eine Warnung, die Sie darüber informiert, dass es sich beim Import eines Registry-Schlüssels um eine kritische Aktion handelt, bei der Schadsoftware in das System eingeschleust werden kann. Setzen Sie den Vorgang mit **Ja** fort.

20.3 Nützliche Tipps für den Umgang mit der Registry

Falls Sie sich häufiger in der Registry bewegen wollen, werden Sie die folgenden Komfortfunktionen des Registrierungs-Editors sehr bald zu schätzen wissen.

20.3.1 Die Registry durchsuchen

Anstatt sich mühsam durch den Pfad der Registry zu hangeln, um einen bestimmten Eintrag zu finden, können Sie mit der integrierten Suchfunktion auch gezielt nach Schlüsseln, Werten oder auch Zahlenfolgen suchen. Gehen Sie dazu folgendermaßen vor:

1 Starten Sie (falls noch nicht geschehen) den Registrierungs-Editor. Wenn Sie eine grobe Ahnung haben, in welchem Hauptschlüssel (bzw. Hive) der Registry sich das gesuchte Objekt befindet, dann markieren Sie diesen im Navigationsbereich links.

Sind Sie sich nicht sicher, markieren Sie am oberen Rand der linken Spalte den Eintrag **Computer** ❶. Dadurch wird die Registry komplett durchsucht, was aber natürlich entsprechend länger dauert.

2. Rufen Sie im Menü **Bearbeiten** ❷ den Befehl **Suchen** auf. Alternativ können Sie auch die Tastenkombination `Strg` + `F` drücken.
3. Im Dialog **Suchen** geben Sie den Suchbegriff in das Feld **Suchen nach** ein. Wenn Sie gezielt nach einem Schlüssel suchen wollen, dessen Namen Sie genau kennen, dann versehen Sie nur die Kästchen **Schlüssel** sowie **Ganze Zeichenfolge vergleichen** ❸ mit einem Häkchen.
4. Starten Sie die Suche über die Schaltfläche **Weitersuchen** ❹. Um zu prüfen, ob der gesuchte Schlüssel bzw. Begriff mehrfach vorkommt, setzen Sie die Suche zum nächsten Element jeweils mit der Taste `F3` fort.

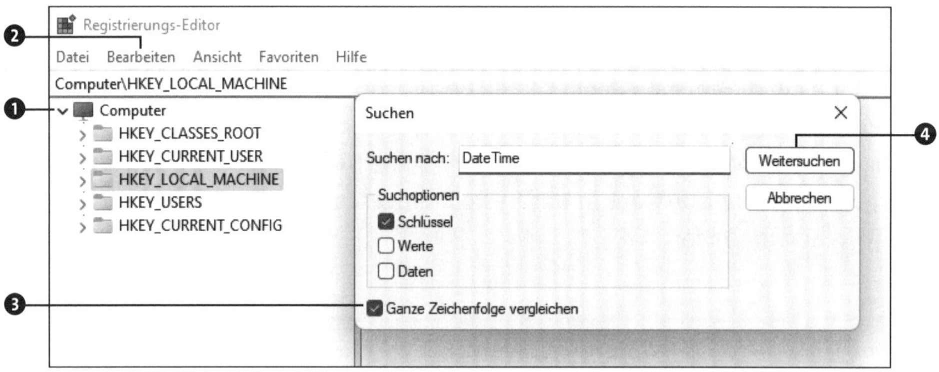

TIPP

Schlüsselpfade über die Adressleiste eingeben

Ist Ihnen ein Schlüsselpfad bekannt, müssen Sie sich nicht mühselig von Schlüssel zu Schlüssel hangeln, sondern können ihn stattdessen auch bequem über die Adressleiste der Registry eingeben.

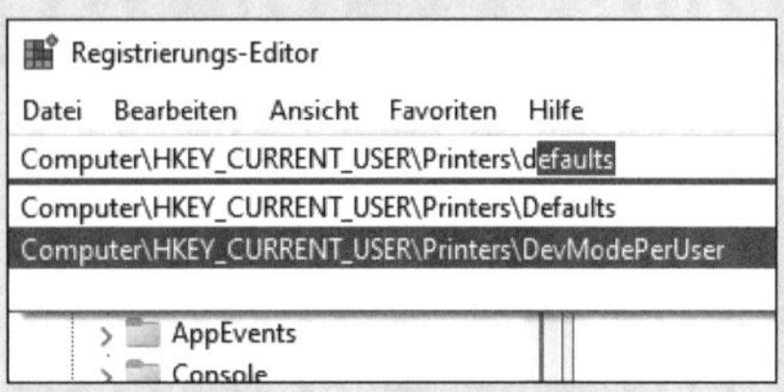

Abbildung 20.6 Komplizierte Schlüsselpfade lassen sich bequem über die Adressleiste eingeben.

Die Leiste befindet sich direkt unterhalb der Menüleiste. Nach einem Klick in die Leiste markieren Sie die aktuelle Adresse und überschreiben diese mit den neuen Angaben. Bereits während der Eingabe eines Schlüssels blendet Ihnen Windows Vorschläge hierzu ein. Ein Mausklick auf den gewünschten Schlüsselnamen reicht, um ihn in die Adressleiste zu übernehmen.

20.3.2 Favoriten anlegen

Wenn Sie häufiger auf einen bestimmten Schlüssel zugreifen möchten, können Sie ihn als Favoriten ablegen. Hierzu gehen Sie folgendermaßen vor:

1. Suchen Sie den entsprechenden Schlüssel im Registrierungs-Editor, und markieren Sie ihn per Mausklick.
2. Rufen Sie anschließend das Menü **Favoriten** auf, und wählen Sie hier den Befehl **Zu Favoriten hinzufügen**.
3. Benennen Sie den Favoriten im nächsten Dialog. Standardmäßig wird hier schon direkt der Name des Schlüssels vorgegeben. Bestätigen Sie Ihre Eingabe mit **OK**.

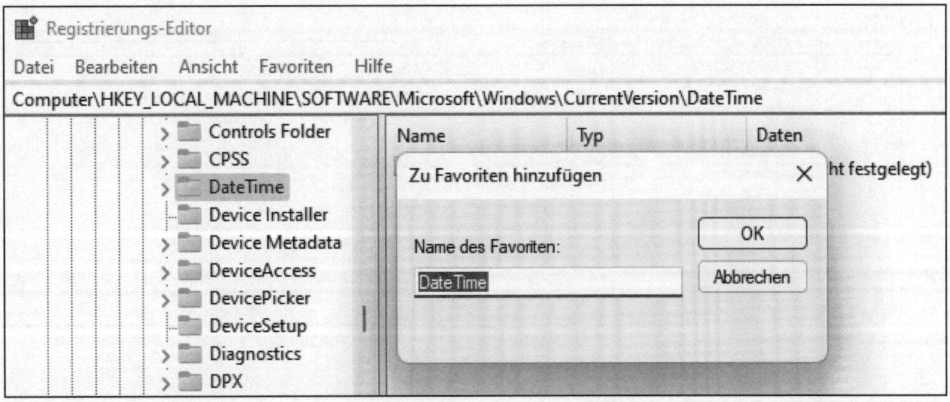

4. Wenn Sie den Schlüssel erneut besuchen möchten, wählen Sie einfach den entsprechenden Eintrag im Menü **Favoriten** aus.
5. Benötigen Sie einen Favoriteneintrag später nicht mehr, rufen Sie im Menü **Favoriten** den Befehl **Favoriten entfernen** auf. Im aufklappenden Dialog markieren Sie in der Liste den zu löschenden Eintrag und bestätigen mit **OK**.

20.3.3 Einen bestehenden Registry-Eintrag verändern

Sehen wir uns nun an, wie Registry-Einträge gezielt geändert werden. Die erste Aufgabe besteht darin, einen bestehenden Schlüssel zu verändern. Als Beispiel zeige ich Ihnen, wie Sie die folgende Eigenschaft verändern: Wenn Sie mit der Maus über das Symbol eines geöffneten Programms in der Taskleiste fahren, erscheint nach kurzer Zeit ein Miniaturvorschaubild des jeweiligen Programminhalts. Manche Benutzer empfinden die Zeitspanne, nach der das Vorschaubild erscheint, als zu lang. Dieses Verhalten werden wir nun gezielt in der Registry beeinflussen:

1. Starten Sie den Registrierungs-Editor, und begeben Sie sich über den Navigationsbereich oder alternativ über die Adressleiste zum Schlüssel *HKEY_CURRENT_USER\Control Panel\Mouse* ❶.

2. Klicken Sie im rechten Fensterbereich doppelt auf den Eintrag **MouseHoverTime** ❷. Sollten die Einträge in der Spalte **Name** nicht vollständig angezeigt werden, können Sie die Spaltenbreite über die Trennlinie ❸ zwischen den Spalten **Name** und **Typ** vergrößern. Nach dem Doppelklick erscheint ein Eingabefenster, das den aktuellen Wert der Zeitverzögerung enthält, nach der das Vorschaubild erscheint. Normalerweise ist hier ein Wert von **400** (Millisekunden) eingestellt.

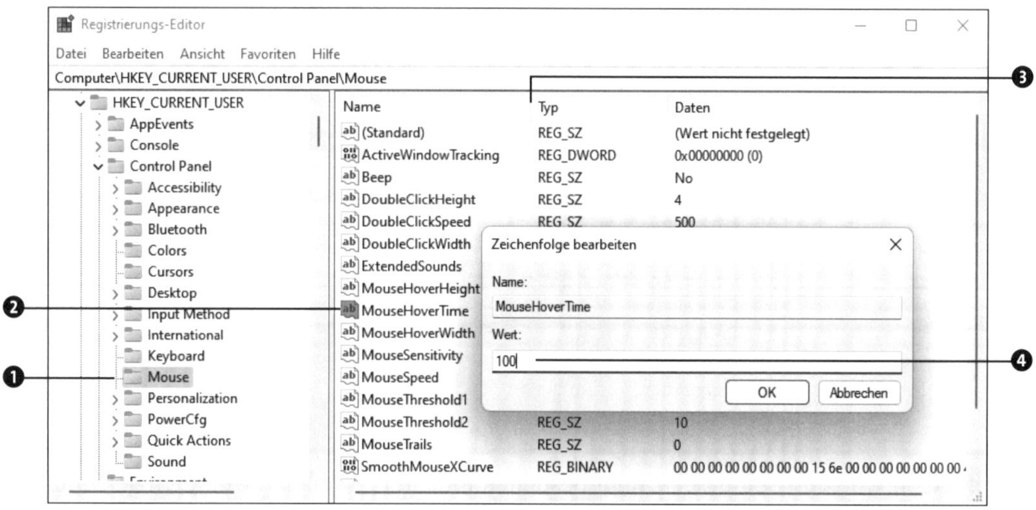

3. Überschreiben Sie die Angabe im Feld **Wert** mit der neuen Zeitangabe »100« ❹. Bestätigen Sie Ihre Änderungen mit **OK**.

4. Führen Sie einen Neustart des Computers durch, und testen Sie anschließend, ob sich die Reaktionszeit bezüglich des Vorschaubildes geändert hat. Das sollte der Fall sein.

Beachten Sie, dass bei einigen Änderungen in der Registry ein Neustart des Systems erforderlich ist, damit diese übernommen werden.

INFO

Datentypen in der Registry

Tabelle 20.1 gibt einen Überblick darüber, welche Datentypen in der Registrierungsdatenbank Verwendung finden bzw. auch neu erstellt werden können.

Typ	Name in regedit-Menü »Neu«	Bedeutung
`REG_SZ`	Zeichenfolge	einfache Zeichenfolge
`REG_BINARY`	Binärwert	eine Abfolge von Binärwerten, die als hexadezimale Zahlenfolge zusammengefasst ist
`REG_DWORD`	DWORD-Wert (32-Bit)	32-Bit-Zahl, die in dezimaler oder hexadezimaler Form gespeichert wird
`REG_QWORD`	DWORD-Wert (64-Bit)	64-Bit-Zahl, die in dezimaler oder hexadezimaler Form gespeichert wird (gibt es nur auf 64-Bit-Systemen)
`REG_MULTI_SZ`	Wert der mehrteiligen Zeichenfolge	mehrteilige Zeichenfolge, die durch sogenannte Nullbytes getrennt ist
`REG_EXPAN_SZ`	Wert der erweiterbaren Zeichenfolge	erweiterbare Zeichenfolgen, die in der Regel in Verbindung mit einer Umgebungsvariablen, z. B. *%windir* oder *%SystemRoot%*, auftreten

Tabelle 20.1 Übersicht über in der Registry häufig verwendete Datentypen

20.3.4 Einen neuen Registry-Eintrag anlegen

Oft ist es erforderlich, einen neuen Registry-Eintrag zu erstellen. Im folgenden Beispiel ergänzen wir das Kontextmenü des Explorers um einen Eintrag, der es gestattet, beliebige Dateien (z. B. auch Registrierungsdateien) im Systemeditor zu öffnen:

1. Rufen Sie den **Ausführen**-Dialog mit der Tastenkombination [Win] + [R] auf, und geben Sie hier »regedit« ein. Klicken Sie auf **OK**, und bestätigen Sie die anschließende Nachfrage der Benutzerkontensteuerung.

2 Navigieren Sie zum Schlüssel *HKEY_CLASSES_ROOT*\shell*. Dazu klicken Sie entweder auf die entsprechenden Zweige im linken Bereich des Registrierungs-Editors oder geben den Schlüssel direkt in die Adressleiste ❶ ein.

3 Klicken Sie den Schlüssel **shell** ❷ im Navigationsbereich mit der rechten Maustaste an. Im aufklappenden Kontextmenü wählen Sie den Eintrag **Neu ▸ Schlüssel** aus ❸. Dadurch legen Sie in dem entsprechenden Pfad einen neuen Unterschlüssel an.

4 Geben Sie als Namen für den Schlüssel »Mit Editor öffnen« an, und bestätigen Sie dies mit der Taste [↵]. Der neue Schlüssel erscheint unmittelbar nach dem Erstellen im Navigationsbereich auf der linken Seite als Unterschlüssel von **shell**. Der von Ihnen definierte Name wird auch später in genau dieser Form im Kontextmenü erscheinen.

5 Führen Sie einen rechten Mausklick auf dem soeben erstellten Schlüssel **Mit Editor öffnen** ❹ durch, und wählen Sie erneut den Kontextmenüeintrag **Neu ▸ Schlüssel**. Erstellen Sie einen neuen Unterschlüssel mit dem Namen »command«. Nachdem Sie dies durchgeführt und bestätigt haben, sollten Sie folgende Struktur im Registrierungs-Editor sehen:

6 Führen Sie einen Doppelklick über der Zeichenfolge **(Standard)** ❺ im rechten Fensterbereich durch, und geben Sie im Dialog folgenden Befehl ein: `notepad.exe %1`. Beachten Sie hier das Leerzeichen zwischen »notepad.exe« und »%1«.

7 Bestätigen Sie Ihre Eingaben mit **OK**, und schließen Sie den Registrierungs-Editor mit einem Klick auf das Schließensymbol oben rechts.

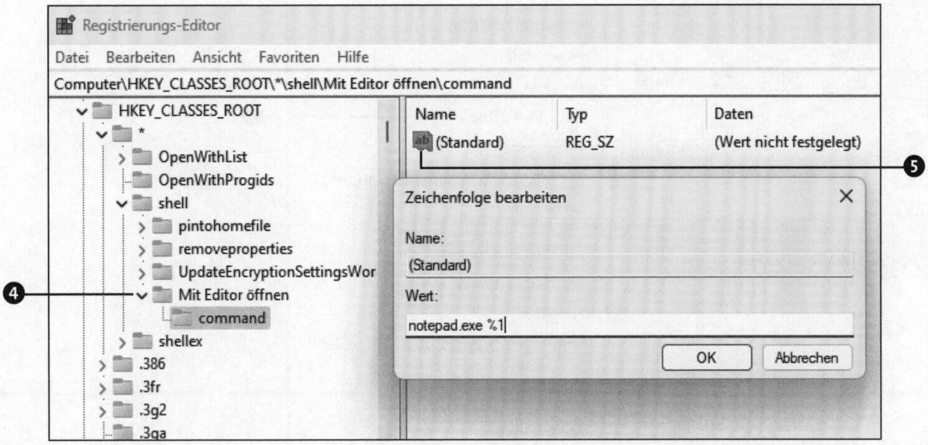

8 Rufen Sie den Explorer auf (z. B. per Klick auf das entsprechende Symbol in der Taskleiste), und suchen Sie sich eine beliebige Datei aus. In unserem Beispiel wählen wir die Registrierungsdatei, die wir in Abschnitt 20.2.1, »Vor Experimenten unbedingt die Registry sichern«, ab Seite 813 exportiert haben. Führen Sie einen rechten Mausklick über der Datei durch. Unter Windows 11 erscheint nun zunächst noch das abgespeckte Kontextmenü.

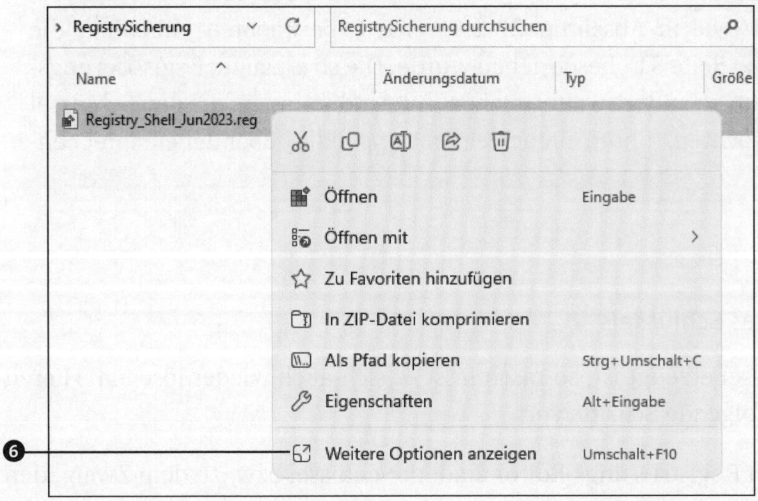

Klicken Sie hier auf **Weitere Optionen anzeigen** ❻, um das ausführliche, von älteren Windows-Versionen bekannte Kontextmenü einzublenden. Hier erscheint jetzt ein neuer Menüpunkt **Mit Editor öffnen** ❼. Wenn Sie ihn anklicken, wird die entsprechende Datei im *Editor* geöffnet.

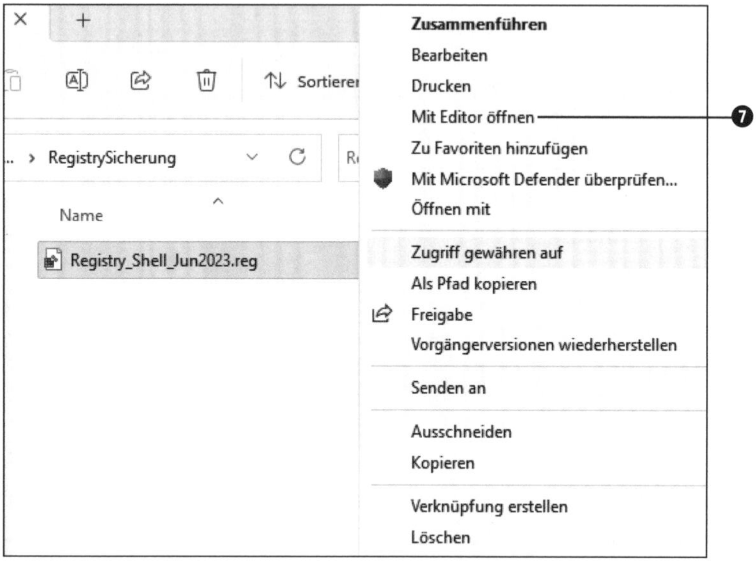

TIPP

Einen Registry-Eintrag automatisch setzen

Nachdem Sie bestimmte Registry-Schlüssel selbst erstellt haben, können Sie diese auch an Freunde oder Bekannte weitergeben. Exportieren Sie dazu den entsprechenden Schlüssel, wie in Abschnitt 20.2.1, »Vor Experimenten unbedingt die Registry sichern«, ab Seite 813 beschrieben wurde. Die so erzeugte Registrierungsdatei können Sie nun an andere weiterreichen. Anwender*innen, die den Schlüssel selbst anwenden möchten, führen einfach einen Doppelklick über der entsprechenden Datei durch.

20.3.5 Löschen eines Schlüssels

So schnell ein Schlüssel erzeugt ist, so rasch lässt er sich auch wieder löschen. Hierzu nehmen Sie einfach folgende Schritte vor:

1. Navigieren Sie im Registrierungs-Editor zu dem Schlüssel bzw. zu dem Zweig, den Sie löschen möchten.
2. Führen Sie einen rechten Mausklick über dem Schlüssel durch, und wählen Sie im Kontextmenü den Befehl **Löschen**.
3. Bestätigen Sie das Löschen des Schlüssels inklusive seiner Unterverzeichnisse.

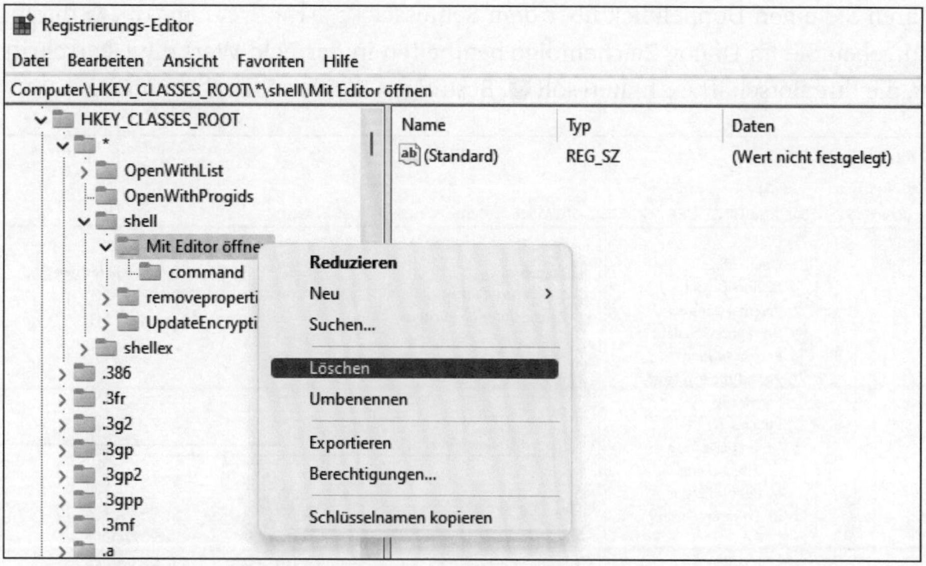

20.4 Ausgewählte Registry-Hacks

Als Nächstes stelle ich Ihnen einige interessante Registry-Hacks im Detail vor. Wie Sie den Registrierungs-Editor starten und zu den jeweils genannten Schlüsseln navigieren, haben Sie zu Beginn dieses Kapitels erfahren; es wird an dieser Stelle daher nicht nochmals erwähnt.

20.4.1 Einen Begrüßungstext auf dem Anmeldebildschirm anzeigen

Beginnen wir mit einem relativ harmlosen Hack: Auf dem Login-Bildschirm soll ein beliebiger Text angezeigt werden. Das ist beispielsweise dann nützlich, wenn Sie sämtlichen Anwendern des PCs vor der Anmeldung eine Nachricht zukommen lassen wollen, z. B.: »Heute werden auf dem zentralen Server Systemupdates eingespielt – es kann daher zu Behinderungen kommen.«

1 Starten Sie den Registrierungs-Editor, und navigieren Sie zum Pfad *HKEY_LOCAL_MACHINE\SOFTWARE\Microsoft\Windows\CurrentVersion\Policies\System*.

Im rechten Teilfenster finden Sie zwei Schlüssel, mit deren Hilfe Sie Meldungen auf dem Startbildschirm hinterlassen können. Mithilfe des Schlüssels `legalnoticecaption` setzen Sie eine Überschrift, und `legalnoticetext` enthält die eigentliche Botschaft.

2 Führen Sie einen Doppelklick über dem Schlüssel `legalnoticecaption` ❶ durch, und geben Sie im Dialog **Zeichenfolge bearbeiten** in das Feld **Wert** die Überschrift ein, die Ihre Botschaft enthalten soll ❷. Bestätigen Sie Ihre Eingabe mit **OK**.

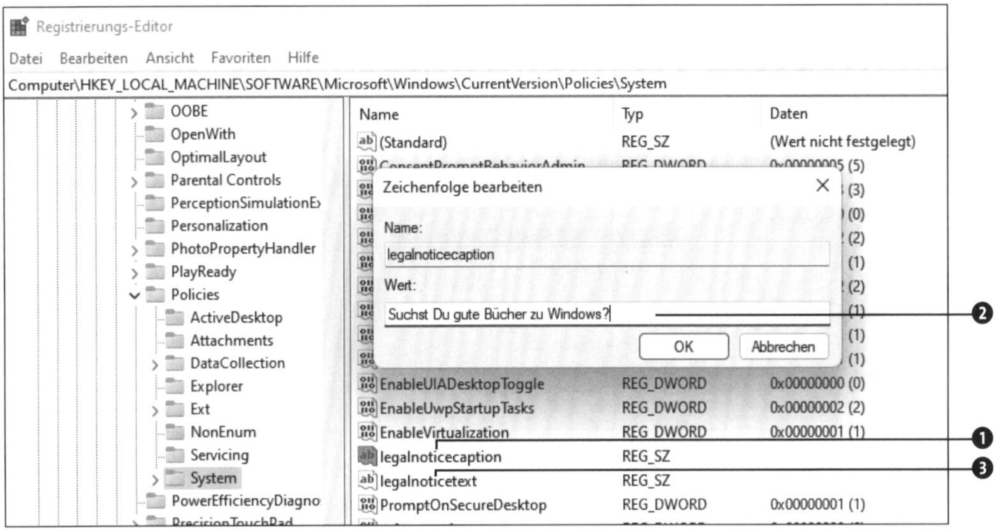

3 Führen Sie nun einen Doppelklick über dem Schlüssel `legalnoticetext` ❸ durch, und geben Sie im folgenden Dialog in das Feld **Wert** den gewünschten Text ein, den Ihre Botschaft enthalten soll. Bestätigen Sie Ihre Eingabe erneut mit **OK**.

4 Schließen Sie den Registrierungs-Editor, starten Sie den Computer neu, und erfreuen Sie sich an Ihrem soeben erstellten Begrüßungstext.

5 Möchten Sie die Meldung wieder löschen, dann begeben Sie sich erneut in den Registrierungs-Editor. Wiederholen Sie die Schritte 1 bis 3. Dieses Mal löschen Sie allerdings die entsprechenden Texte einfach wieder, die Sie in die Schlüssel `legalnoticecaption` und `legalnoticetext` eingetragen haben.

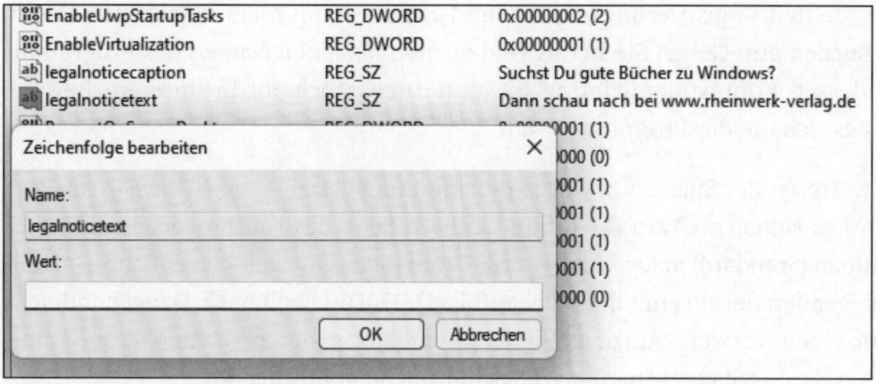

20.4.2 Das Kontextmenü des Explorers verschlanken

Manchmal ist es relativ nervig, wenn man Programme installiert hat, die im Kontextmenü des Explorers eigene Einträge hinterlassen – diese nennt man auch *Shell Extensions*. Als Beispiel sei hier das Pack- bzw. Entpackprogramm *7-Zip* genannt.

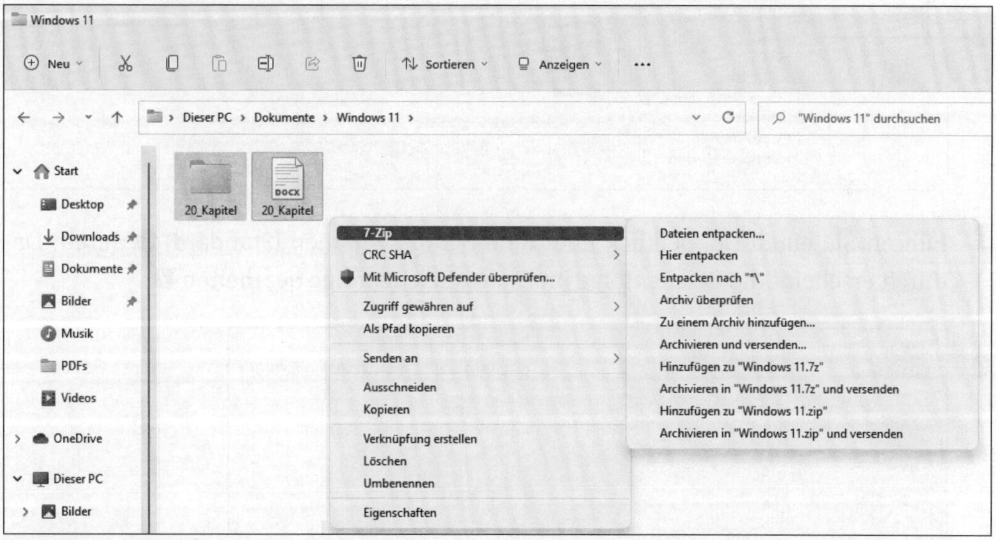

Abbildung 20.7 Die Kontextmenüeinträge, die von Drittanbieterprogrammen erstellt wurden, stoßen nicht immer auf Gegenliebe.

Möchten Sie zwar nicht auf das betreffende Programm verzichten, andererseits aber die entsprechenden Kontextmenüeinträge im Explorer entfernen, gehen Sie dazu folgendermaßen vor:

1 Starten Sie den Registrierungs-Editor, und rufen Sie im Menü **Bearbeiten** ❶ den Befehl **Suchen** auf. Geben Sie in das Feld **Suchen nach** den Namen des Programms ein ❷, dessen Kontextmenüeintrag Sie entfernen möchten. In unserem Beispiel handelt es sich um das Programm 7-Zip.

2 Der erste Treffer der Suche führt Sie in den Pfad *HKEY_LOCAL_MACHINE*\shellex\ContextMenuHandlers\7-Zip* ❸. Auf der rechten Seite des Fensters erscheint hinter dem Namen **(Standard)** in der Unterrubrik **Daten** ein relativ komplexer Schlüssel, der im vorliegenden Beispiel mit der Zeichenfolge **23170F69** beginnt ❹. Dabei handelt es sich um einen Verweis auf den Kontextmenüeintrag des gesuchten Programms. Schließen Sie das Suchfenster über die Schaltfläche **Abbrechen** ❺.

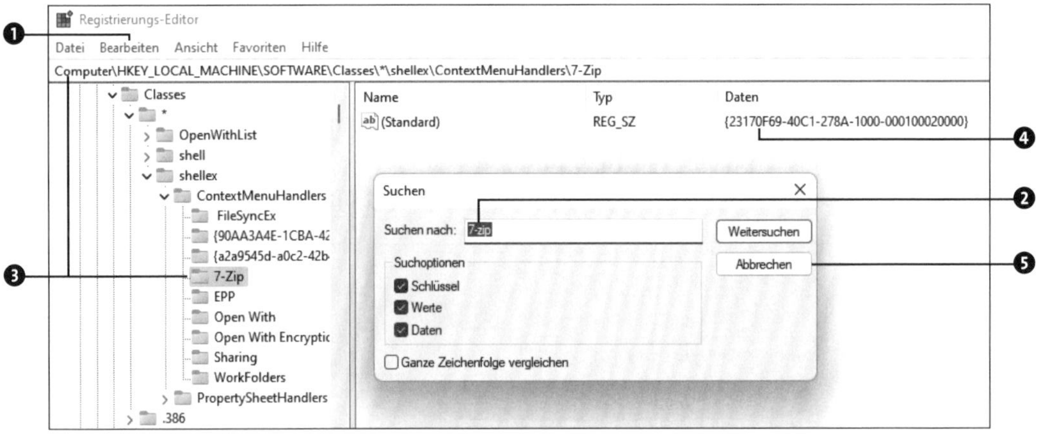

3 Führen Sie einen Doppelklick über dem Schlüsselnamen **(Standard)** ❻ durch. Dadurch erscheint die Zeichenfolge im Dialog **Zeichenfolge bearbeiten** ❼.

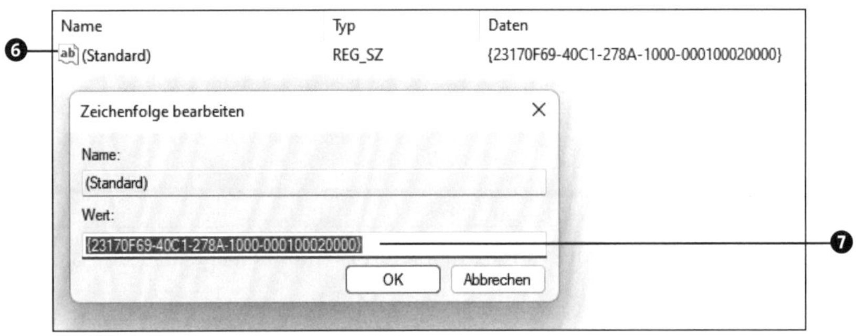

4 Markieren Sie die Zeichenfolge mit der Maus, und kopieren Sie die Auswahl mit [Strg] + [C]. Rufen Sie erneut über **Bearbeiten ▸ Suchen** die Suchfunktion auf.

Durch Drücken der Tastenkombination [Strg] + [V] ergänzen Sie im Feld **Suchen nach** nun den soeben kopierten Schlüssel. Starten Sie die Suche mit einem Klick auf **Weitersuchen**.

5 Sie landen im Bereich *HKEY_LOCAL_MACHINE\SOFTWARE\Classes\CLSID*, in dem die Suche den betreffenden Schlüssel markiert hat. Führen Sie auf dem markierten Schlüssel auf der linken Seite einen rechten Mausklick durch, und wählen Sie im Kontextmenü **Umbenennen**. Setzen Sie zwei Minuszeichen vor den Schlüsselnamen, und bestätigen Sie die Änderung durch die Taste [↵].

6 Sollte der Explorer bei Ihnen bereits geöffnet sein, so schließen Sie ihn und starten ihn anschließend neu. Der Kontextmenüeintrag sollte nun nicht mehr erscheinen, wenn Sie mit der rechten Maustaste auf eine Datei klicken.

Sollten Sie den Kontextmenüeintrag später doch wieder benötigen, markieren Sie den Schlüssel wie zuvor beschrieben und rufen über das Kontextmenü den Befehl **Umbenennen** ❽ auf. Löschen Sie die beiden zuvor ergänzten Minuszeichen, und bestätigen Sie Ihre Änderung wieder, indem Sie die Taste [↵] drücken.

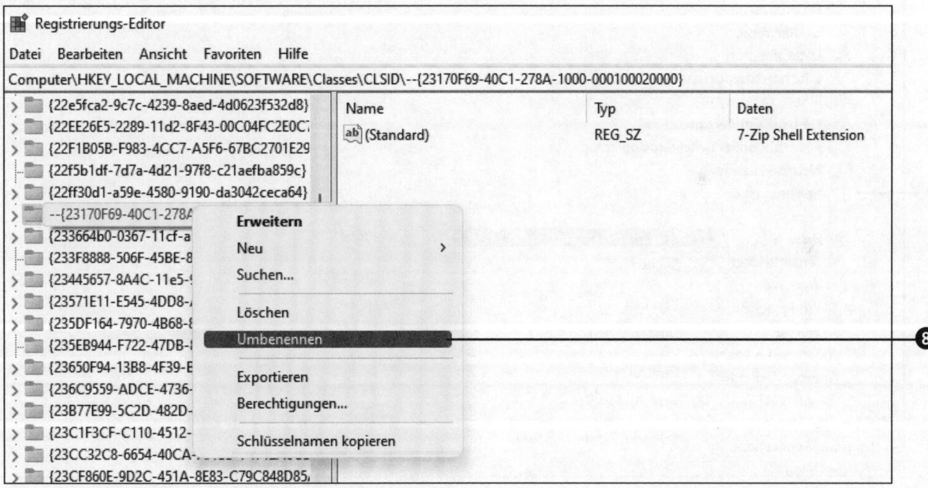

20.4.3 Sperrbildschirm deaktivieren

Wenn Sie den Computer starten, bekommen Sie zunächst den Sperrbildschirm zu sehen. Die einen lieben das Foto, andere würden lieber ganz auf den Sperrbildschirm verzichten und direkt zum Anmeldebildschirm gelangen. Mit dem folgenden Registry-

Hack lässt sich das unter Windows 11 Home einfach umsetzen. Wer Windows 11 Pro verwendet, hat eine andere Variante zur Auswahl, die ebenfalls in diesem Abschnitt vorgestellt wird. Doch zunächst zeige ich den Weg, falls Sie Windows 11 Home einsetzen:

1 Starten Sie den Registrierungs-Editor, und begeben Sie sich zum Pfad *HKEY_LOCAL_MACHINE\SOFTWARE\Policies\Microsoft\Windows\Personalization*. Sollte der Schlüssel **Personalization** nicht vorhanden sein, so müssen Sie ihn neu anlegen. Klicken Sie hierzu mit der rechten Maustaste auf **Windows** ❶, und wählen Sie im Kontextmenü **Neu ▸ Schlüssel**. Nennen Sie den nun neu im linken Fensterbereich erscheinenden Schlüssel »Personalization«.

2 Klicken Sie nun den Schlüssel **Personalization** ❷ mit der rechten Maustaste an. Wählen Sie den Kontextmenüeintrag **Neu ▸ DWORD-Wert (32-Bit)**, und nennen Sie den Wert »NoLockScreen«.

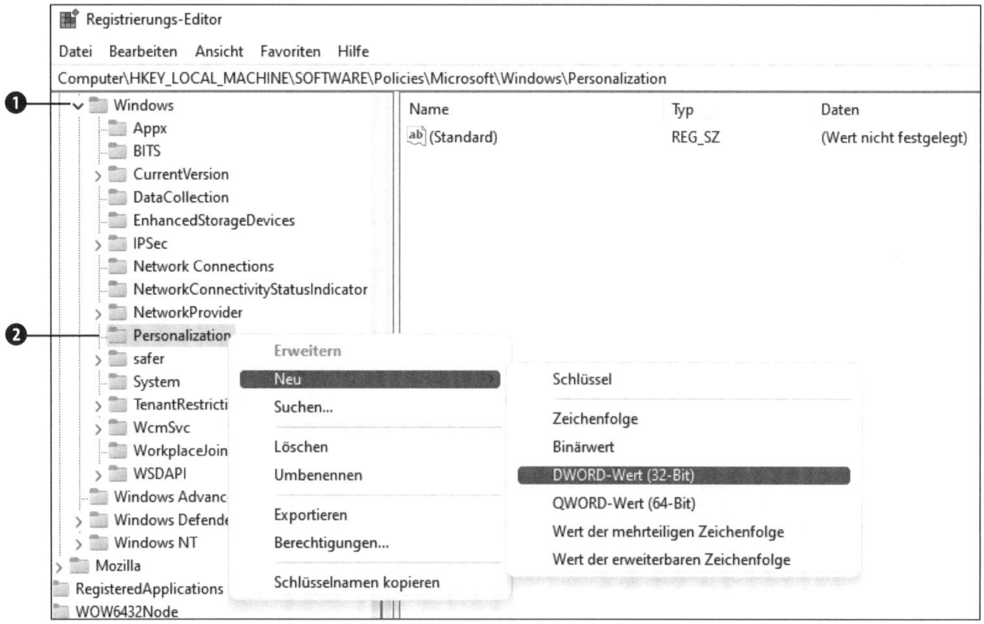

3 Doppelklicken Sie auf den soeben erstellten Wert ❸, und überschreiben Sie den Wert **0** mit »1« ❹. Bestätigen Sie mit **OK**. Dadurch wird der Sperrbildschirm deaktiviert.

4 Starten Sie den Computer neu. Statt des Sperrbildschirms erscheint nun sofort der Anmeldebildschirm.

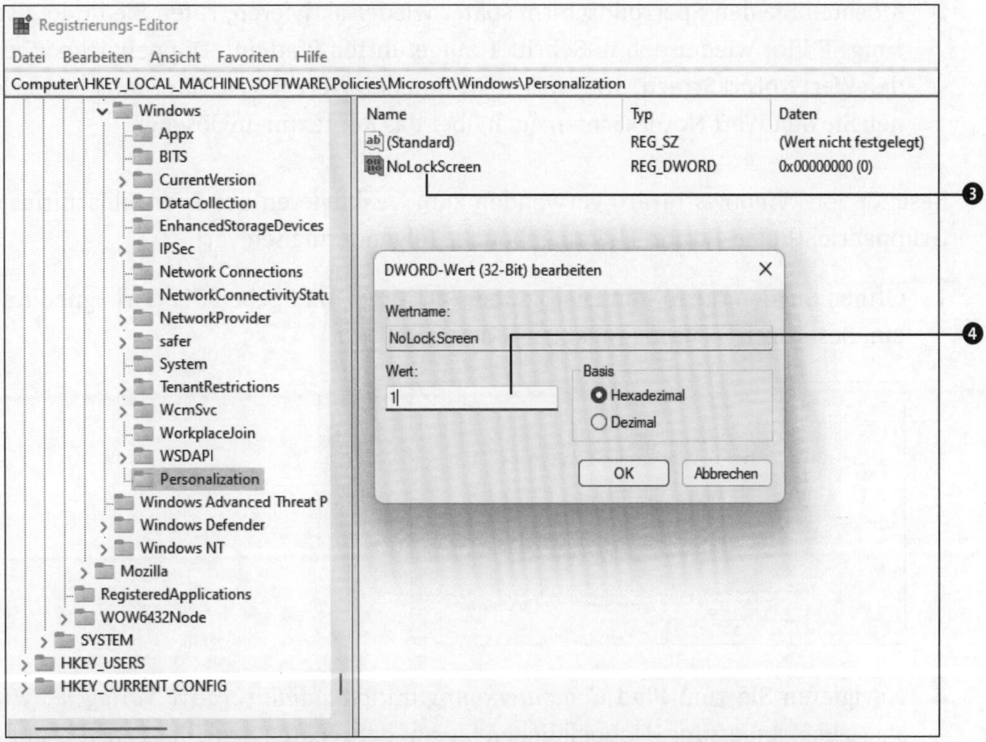
Registrierungs-Editor
Datei Bearbeiten Ansicht Favoriten Hilfe
Computer\HKEY_LOCAL_MACHINE\SOFTWARE\Policies\Microsoft\Windows\Personalization
Windows
Appx
BITS
CurrentVersion
DataCollection
EnhancedStorageDevices
IPSec
Network Connections
NetworkConnectivityStatu
NetworkProvider
safer
System
TenantRestrictions
WcmSvc
WorkplaceJoin
WSDAPI
Personalization
Windows Advanced Threat P
Windows Defender
Windows NT
Mozilla
RegisteredApplications
WOW6432Node
SYSTEM
HKEY_USERS
HKEY_CURRENT_CONFIG
Name
Typ
Daten
(Standard)
REG_SZ
(Wert nicht festgelegt)
NoLockScreen
REG_DWORD
0x00000000 (0)
3
DWORD-Wert (32-Bit) bearbeiten
Wertname:
NoLockScreen
4
Wert:
1
Basis
Hexadezimal
Dezimal
OK
Abbrechen

Mareile Heiting
PIN
Ich habe meine PIN vergessen.
Anmeldeoptionen
Mareile
Carsten
Mareile Heiting

5 Möchten Sie den Sperrbildschirm später wieder aktivieren, rufen Sie im Registrierungs-Editor wieder den in Schritt 1 aufgeführten Pfad auf. Doppelklicken Sie auf den Wert **NoLockScreen**, und weisen Sie ihm den Wert »0« zu. Alternativ hierzu können Sie den Wert **NoLockScreen** auch über das Kontextmenü löschen.

Besitzer von Windows 11 Pro verwenden zum Deaktivieren des Sperrbildschirms den Gruppenrichtlinien-Editor. Hierzu gehen Sie folgendermaßen vor:

1 Öffnen Sie den **Ausführen**-Dialog über [Win] + [R], und geben Sie dort »gpedit.msc« ein. Bestätigen Sie Ihre Eingabe mit der Taste [↵].

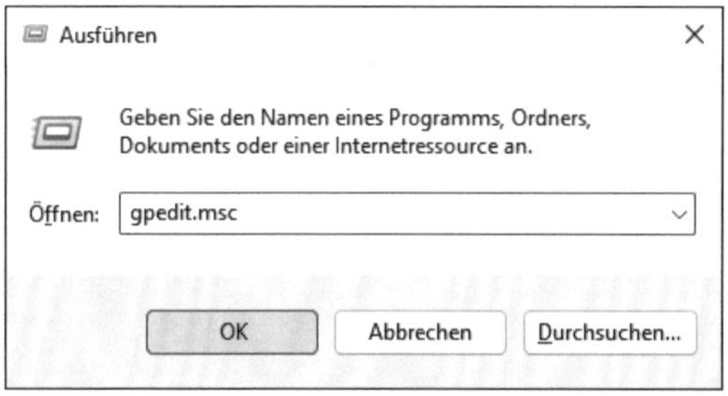

2 Navigieren Sie zum Pfad *Computerkonfiguration\Administrative Vorlagen\Systemsteuerung\Anpassung*. Doppelklicken Sie auf der rechten Seite des Fensters auf den Eintrag **Sperrbildschirm nicht anzeigen** ❶, und wählen Sie in dem Fenster, das nun erscheint, die Option **Aktiviert** ❷.

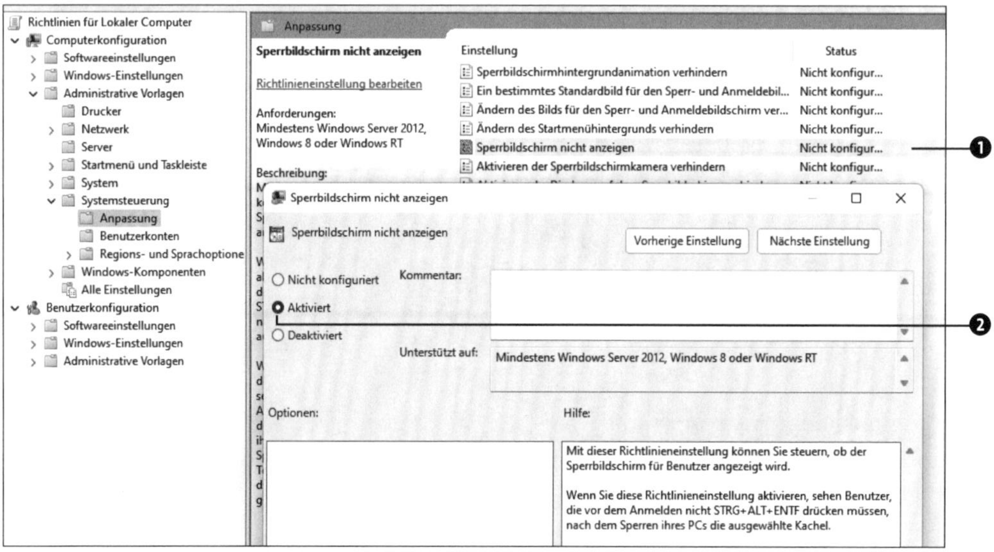

Bestätigen Sie die Änderung mit **Übernehmen** und **OK**. Starten Sie den Computer neu. Statt des Sperrbildschirms sollte nun direkt der Anmeldebildschirm erscheinen.

3 Falls Sie den Sperrbildschirm später doch wieder einblenden möchten, wiederholen Sie die Schritte 1 und 2. Als Option wählen Sie dieses Mal allerdings **Deaktiviert**.

INFO

Was sind Gruppenrichtlinien?

Mithilfe von Gruppenrichtlinien haben Sie unter Windows die Möglichkeit, bestimmte Aktionen des Benutzers einzuschränken oder sogar zu verbieten. Umgekehrt können Sie anhand von Gruppenrichtlinien Standardbenutzern administrative Arbeiten, wie z. B. das Verändern der Systemzeit, auch explizit gestatten. Der Editor zum Erstellen von Gruppenrichtlinien ist unter Windows 11 Home leider nicht verfügbar.

20.4.4 Systemmeldungen beim Starten und Herunterfahren des PCs anzeigen

Windows zeigt beim Starten bzw. Herunterfahren des Computers nur einen schlichten schwarzen Bildschirm. Für die Suche nach Fehlern kann es hilfreich sein, wenn in diesem Fall das ausführliche Anzeigen von Systemmeldungen aktiviert wird. Das erreichen Sie mit folgendem Registry-Hack:

1 Starten Sie den Registrierungs-Editor, und begeben Sie sich im Navigationsbereich zum Pfad *HKEY_LOCAL_MACHINE\SOFTWARE\Microsoft\Windows\CurrentVersion\Policies\System*.

2 Klicken Sie in der linken Spalte des Registrierungs-Editors mit der rechten Maustaste auf **System** ❶, und legen Sie mit dem Kontextmenübefehl **Neu** ▸ **DWORD-Wert (32-Bit)** eine neue Variable mit dem Namen »VerboseStatus« an.

3 Führen Sie nun im rechten Fensterbereich einen Doppelklick auf der Variablen **VerboseStatus** ❷ durch. Setzen Sie im Dialog **DWORD-Wert (32-Bit) bearbeiten** den **Wert** auf »1« ❸, und bestätigen Sie die Änderung mit **OK**.

4 Starten Sie anschließend den Computer neu, und beobachten Sie die Meldungen des Systems.

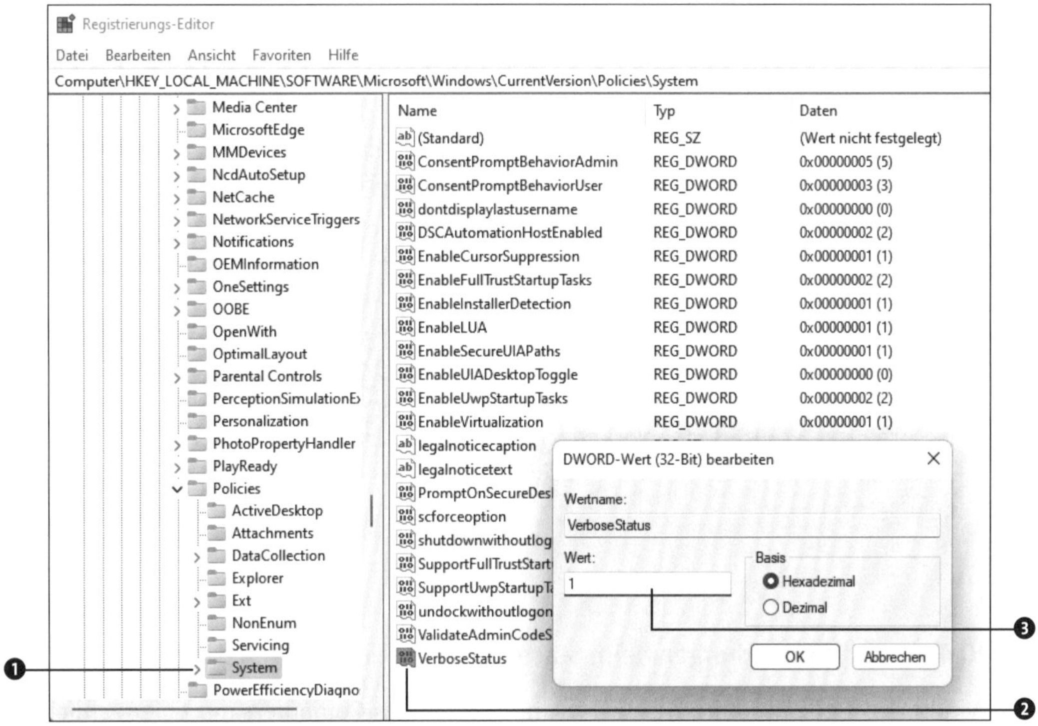

5 Möchten Sie die Meldungen später loswerden, löschen Sie einfach den Schlüssel **VerboseStatus** in dem entsprechenden Pfad.

20.4.5 Websuche im Suchfeld der Taskleiste deaktivieren

Über das Suchfeld der Taskleiste lässt sich nicht nur nach lokalen Daten suchen, Windows 11 startet zugleich auch eine Websuche mit seiner eigenen Suchmaschine Bing. Eine Internetrecherche sollte man allerdings besser über eine geeignete Suchmaschine im Browser seiner Wahl durchführen. Die Websuche über das Taskleisten-Suchfeld ist damit überflüssig und kann auch deaktiviert werden. Und das funktioniert so:

1 Öffnen Sie den Registrierungs-Editor, und begeben Sie sich im Navigationsbereich zum Pfad *HKEY_CURRENT_USER\SOFTWARE\Policies\Microsoft\Windows\Explorer*. Sollte der Schlüssel **Explorer** nicht vorhanden sein, so müssen Sie ihn neu anlegen. Klicken Sie hierzu mit der rechten Maustaste auf **Windows** ❶, und wählen Sie im Kontextmenü **Neu ▸ Schlüssel**. Nennen Sie den nun neu im linken Fensterbereich erscheinenden Schlüssel »Explorer«.

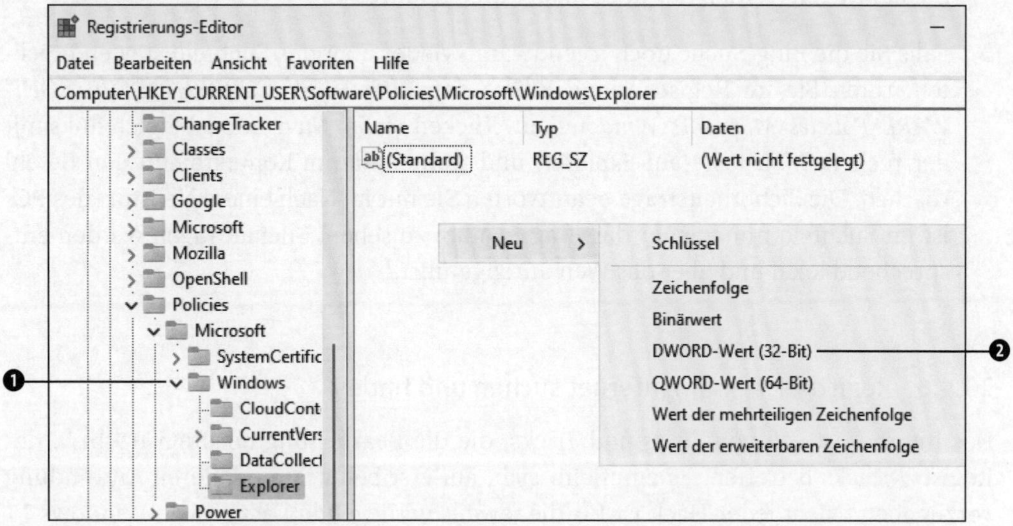

2 Führen Sie in einem freien Bereich auf der rechten Seite einen rechten Mausklick durch, und wählen Sie im Kontextmenü **Neu ▸ DWORD-Wert (32-Bit)** ❷. Der neu erzeugten Variablen geben Sie den Namen »DisableSearchBoxSuggestions«.

3 Doppelklicken Sie im rechten Fensterbereich auf die Variable **DisableSearchBoxSuggestions**. Setzen Sie im Dialog **DWORD-Wert (32-Bit) bearbeiten** den **Wert** auf »1« ❸, und bestätigen Sie die Änderung mit **OK**.

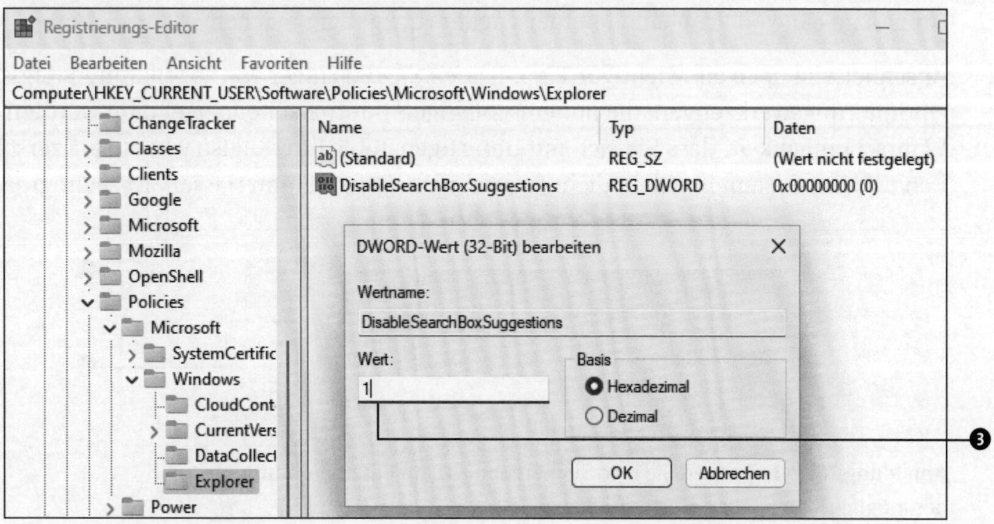

4 Schließen Sie den Registrierungs-Editor und starten Sie den Computer neu. Nach der Anmeldung ist im Suchfeld der Taskleiste das Bing-Symbol verschwunden, Suchanfragen werden nur noch lokal durchgeführt.

5 Falls Sie die Bing-Suche doch irgendwann wieder über das Suchfeld starten möchten, rufen Sie im Registrierungs-Editor den Pfad *HKEY_CURRENT_USER\SOFTWARE\Policies\Microsoft\Windows* auf. Klicken Sie im Navigationsbereich links mit der rechten Maustaste auf **Explorer**, und wählen Sie im Kontextmenü den Befehl **Löschen**. Die Sicherheitsfrage beantworten Sie mit **Ja**. Nach einem Neustart des PCs ist im Suchfeld nun wieder das Bing-Symbol zu sehen, Suchanfragen werden entsprechend lokal und über das Web durchgeführt.

20.4.6 Registry-Hacks im Internet suchen und finden

Das Internet ist voll von Tipps und Tricks, die die Bearbeitung der Registry bzw. der Registry-Hacks betreffen. Es empfiehlt sich, äußerst behutsam bei deren Anwendung vorzugehen. Nicht jeder Hack ist für die jeweils vorliegende Version von Windows 11 geeignet, da sich die Struktur der Registry oft ändert. Sollten Sie auf der Suche nach einem speziellen Registry-Hack sein, empfiehlt es sich, bei einer Internetsuche die Ergebnisse auf Treffer zu beschränken, die vom letzten Monat stammen. Nutzen Sie für die Suche z. B. Google, klicken Sie nach der Eingabe des Suchbegriffs und dem Start der Suche auf die Schaltfläche **Suchfilter**. Nach einem Klick auf **Beliebige Zeit** ❶ begrenzen Sie den Suchzeitraum auf **Letzter Monat** ❷. Vergessen Sie keinesfalls, vor der Durchführung eines Registry-Hacks den entsprechenden Pfad der Registry zu sichern oder – besser noch – einen Systemwiederherstellungspunkt zu setzen. So können Sie Ihre Änderungen im Fall von Problemen immer wieder rückgängig machen.

Abschließend noch ein wichtiger Tipp: Lassen Sie die Finger von sogenannten Registry-Optimierungswerkzeugen, die auf einschlägigen Internetseiten angeboten werden! Die Wahrscheinlichkeit, dass Sie sich mit derartigen Tools Ihre Registry komplett zerschießen und das System in einem nicht startfähigen Zustand hinterlassen, ist recht groß.

Abbildung 20.8 Begrenzen Sie Ihre Suchergebnisse auf einen Zeitraum, der möglichst nicht allzu weit zurückliegt.

21 Hyper-V und Virtualisierung

Einen Rechner im Rechner betreiben – das ist die laienhafte Vorstellung von Virtualisierung. Unter Windows 7 stellte Microsoft dafür den *Windows Virtual PC* bereit, mit dessen Hilfe sich z. B. Windows-XP-Programme nutzen ließen, die unter Windows 7 ihren Dienst verweigerten. Seit Windows 8 setzt Microsoft auf die *Hyper-V-Technik* zur Virtualisierung von Betriebssystemen. Diese steht allerdings nicht unter allen Windows-Editionen zur Verfügung. Nur wenn Sie über die Windows 11-Pro- oder -Enterprise-Edition verfügen, können Sie ein virtuelles System per Hyper-V einrichten.

Am Ende des Kapitels stelle ich Ihnen die *Windows-Sandbox* vor. In diesem vom restlichen System isolierten Bereich können Sie ebenfalls problemlos Software ausprobieren, bei der Sie sich nicht sicher sind, ob sie eventuell Schadprogramme enthält oder Funktionen, die Sie nicht wünschen. Auch diese Funktion steht nur Nutzern der Edition Windows 11 Pro zur Verfügung. Aber auch für diejenigen, die Windows 11 Home nutzen, gibt es eine kostenlose Möglichkeit zur Virtualisierung von Betriebssystemen: Die *VirtualBox* werden Sie im Verlauf dieses Kapitels ebenfalls kennenlernen.

21.1 Was ist Virtualisierung?

Das Wort *virtuell* ist heute in aller Munde. Damit bezeichnet man in erster Linie Dinge, die in der Realität nicht existieren bzw. die man nicht anfassen kann. Ein virtueller Computer ist daher eine Plattform, die von der Software eines real existierenden Rechners (*Host* bzw. *Wirt* genannt) simuliert wird, sodass das darauf installierte Betriebssystem den Eindruck erweckt, als würde es auf einem real existierenden Computer laufen. Das virtualisierte Betriebssystem wird *Client* oder *Guest* (Gast) genannt. Die für den Betrieb des virtuellen Betriebssystems notwendige Hardware wird vom »echten« Computer in das virtuelle System »weitergereicht«. Anwender*innen bekommen davon nichts mit. Für sie scheint es so, als würden sie auf einem normalen Computer arbeiten.

Mithilfe der Virtualisierung bieten sich interessante Möglichkeiten:

- Im Rahmen von Systemaktualisierungen kommt es oft vor, dass ältere Software ihren Dienst verweigert. Zu diesem Zweck können Sie mithilfe der Virtualisierung ein System mit der alten Version des Betriebssystems einrichten, auf dem die älteren Programme noch problemlos laufen.

- Falls Sie einmal ein anderes Betriebssystem testen möchten, können Sie zu diesem Zweck ebenfalls einen virtuellen Computer einrichten. So lässt sich beispielsweise Linux in einer virtuellen Maschine auch unter Windows betreiben. Das geht mittlerweile recht einfach, indem man eine App aus dem Microsoft Store installiert. Viele Computerkundige nutzten früher die Möglichkeit der Virtualisierung, um in den Zeiten des relativ unsicheren Windows XP eine virtuelle Linux-Maschine zu betreiben, mit deren Hilfe dann sicherheitskritische Dinge wie elektronisches Banking oder Bestellungen erledigt wurden, ohne Gefahr zu laufen, durch Malware angegriffen zu werden. Das ist heute dank der verbesserten Sicherheitsstruktur von Windows 11 nicht mehr erforderlich.

  Von der Virtualisierung ausgeschlossen ist Apples Betriebssystem macOS, das von Apple seiner speziellen Hardware angepasst wurde. (Lesen Sie hierzu auch den Kasten »Linux unter Windows 11 einrichten« auf Seite 861.)
- Zu guter Letzt können Sie mithilfe der Virtualisierung die üblicherweise instabilen *Insider Preview Builds* von Windows mit all ihren topaktuellen Features testen, ohne Gefahr zu laufen, das aktuelle System zu destabilisieren.

INFO

Container und das Windows-Subsystem für Linux

Mit einer virtuellen Maschine können Sie also einen ganzen PC auf Ihrem eigenen Rechner simulieren. Aber vielleicht brauchen Sie gar kein vollständiges System mit Betriebssystem und allem, was dazu gehört, sondern wollen nur ein bestimmtes Programm in einer abgeschlossenen Umgebung starten?

Für dieses Szenario gibt es seit einiger Zeit sogenannte *Softwarecontainer*. Die Firma Docker war bei der Entwicklung führend, daher spricht man oft einfach nur von Docker-Containern.

Obwohl diese Container ursprünglich nur für das freie Betriebssystem Linux verfügbar waren, können Sie Docker auch unter Windows 11 nutzen, denn Hyper-V bringt die entsprechenden Virtualisierungstechnologien bereits mit. Darauf baut auch das *Windows-Subsystem für Linux* auf, mit dem Sie Linux-Anwendungen direkt unter Windows nutzen können.

Leider ist die Umsetzung in der Praxis nicht ganz so einfach und erfordert fortgeschrittenes Wissen, damit alles richtig funktioniert. Oftmals wird es daher besser sein, wenn Sie sich auf »richtige« Windows-Programme konzentrieren, die Sie wie gewohnt installieren.

21.2 Hyper-V einrichten

Die Virtualisierungsplattform *Hyper-V* steht nicht in jeder Edition von Windows 11 zur Verfügung. Ich zeige Ihnen in diesem Abschnitt, welche Voraussetzungen auf Ihrem Computer erfüllt sein müssen und wie Sie Hyper-V aktivieren.

21.2.1 Die Systemanforderungen prüfen

Hyper-V ist eine Virtualisierungslösung, die im professionellen Bereich eingesetzt wird. So verwundert es auch nicht, dass zur Umsetzung eine Vielzahl von Bedingungen erfüllt sein müssen. Unter Windows 11 entsprechen diese allerdings den Systemvoraussetzungen, die auch für das Betriebssystem selbst gelten, sodass es von der Hardwareseite her keine Probleme geben sollte:

- Ihr Computer muss über mindestens 4 GB Hauptspeicher verfügen. Für flüssiges Arbeiten empfiehlt es sich sogar, den Speicher auf 8 GB aufzustocken. Insbesondere dann, wenn Sie planen sollten, mehrere virtuelle Computer parallel laufen zu lassen, ist genügend RAM zwingend notwendig.
- Weiterhin benötigen Sie einen 64-Bit-Prozessor, der die Merkmale DEP (*Data Execution Prevention*) und SLAP (*Second Level Address Translation*) unterstützt. Das ist in der Regel dann der Fall, wenn es sich bei Ihrem PC um ein relativ aktuelles System handelt.
- Wie bereits erwähnt, ist Hyper-V auf die Editionen *Windows 11 Pro* bzw. *Enterprise* beschränkt.
- Unter Windows 10 musste zwingend die 64-Bit-Version des Betriebssystems als Wirt verwendet werden. Da Windows 11 nur noch in der 64-Bit-Variante verfügbar ist, ist auch diese Voraussetzung automatisch erfüllt.

21.2.2 Hyper-V aktivieren

Bevor Sie loslegen und einen virtuellen Computer mit Hyper-V anlegen können, müssen Sie die Funktion zunächst aktivieren. Gehen Sie dazu folgendermaßen vor:

1. Tippen Sie auf das Lupensymbol in der Taskleiste, und geben Sie im Suchfeld den Begriff »Feature« ein. Klicken Sie anschließend auf den Treffer **Windows-Features aktivieren oder deaktivieren – Systemsteuerung** ❶.

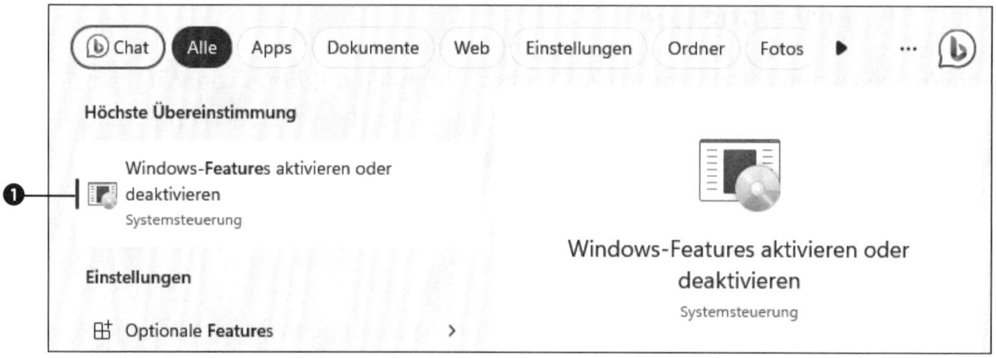

2 Im Dialog **Windows-Features** setzen Sie ein Häkchen vor **Hyper-V** ❷. Klicken Sie auf das Plussymbol vor **Hyper-V** ❸, und stellen Sie sicher, dass die beiden Untereinträge **Hyper-V-Plattform** sowie **Hyper-V-Verwaltungstools** ebenfalls aktiviert sind.

Sollte Ihr Computersystem aus den oben genannten Gründen nicht Hyper-V-fähig sein, erscheint der Eintrag **Hyper-V-Plattform** ausgegraut.

3 Bestätigen Sie mit **OK**. Der PC wird jetzt auf die Virtualisierung vorbereitet, und Sie müssen den Computer neu starten. Hier sollten Sie etwas Geduld haben, da nun die benötigten Dienste und Softwaremodule eingerichtet werden. Danach ist der PC bereit für die Einrichtung einer virtuellen Maschine.

21.3 Ein Betriebssystem per Hyper-V auf einem virtuellen Computer installieren

Bevor Sie ein Betriebssystem im virtuellen System installieren können, müssen Sie mithilfe des *Hyper-V-Managers* noch ein paar Vorbereitungen treffen.

21.3.1 Die Netzwerkfunktionen für den virtuellen Computer vorbereiten

Bevor Sie ein Betriebssystem unter Hyper-V anlegen, benötigen Sie eine »leere« virtuelle Maschine sowie einen funktionsfähigen Netzwerkanschluss. Beides erstellen Sie mit dem Hyper-V-Manager:

1 Suchen Sie über das Suchfeld in der Taskleiste nach dem Hyper-V-Manager, indem Sie dort den Begriff »hyper« eingeben. Klicken Sie den **Hyper-V-Manager** ❶ in der Ergebnisliste an. Dieser wird daraufhin gestartet.

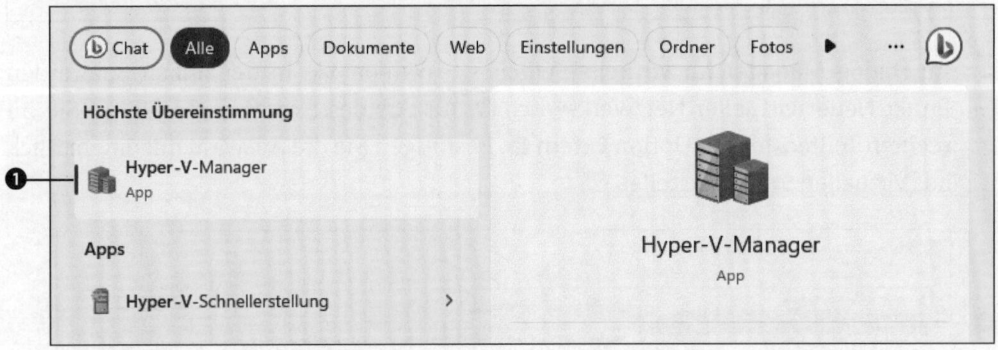

Es empfiehlt sich, für den späteren schnelleren Zugriff das Programm an der Taskleiste festzupinnen (dafür reichen ein rechter Mausklick auf das Programmsymbol in der Taskleiste und die Auswahl des Befehls **An Taskleiste anheften**).

Im nächsten Schritt sorgen Sie dafür, dass sich der virtuelle PC später per Standardnetzadapter mit dem Internet verbinden kann. Zu diesem Zweck legen Sie einen sogenannten *virtuellen Switch* an:

2 Markieren Sie im Hyper-V-Manager in der linken Spalte den Namen Ihres Computers ❷. Klicken Sie dann in der rechten Spalte auf **Manager für virtuelle Switches** ❸.

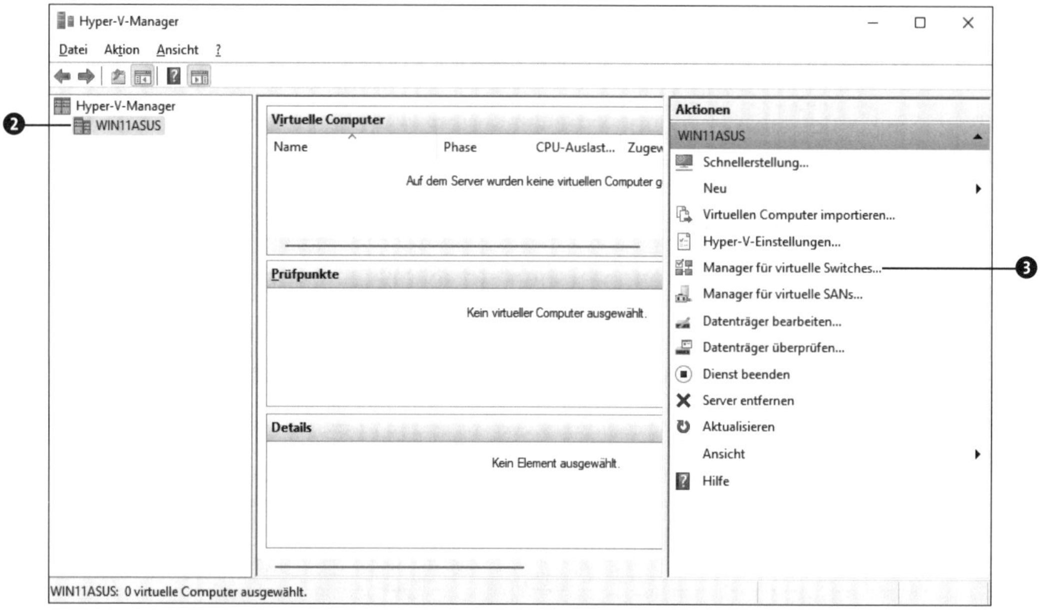

3 Im Dialog **Manager für virtuelle Switches ...** wählen Sie in der linken Spalte den Punkt **Neuer virtueller Netzwerkswitch** ❹. Als Art des Switches markieren Sie im rechten Teilfenster die Option **Extern** ❺. Bestätigen Sie die Auswahl mit einem Klick auf **Virtuellen Switch erstellen** ❻.

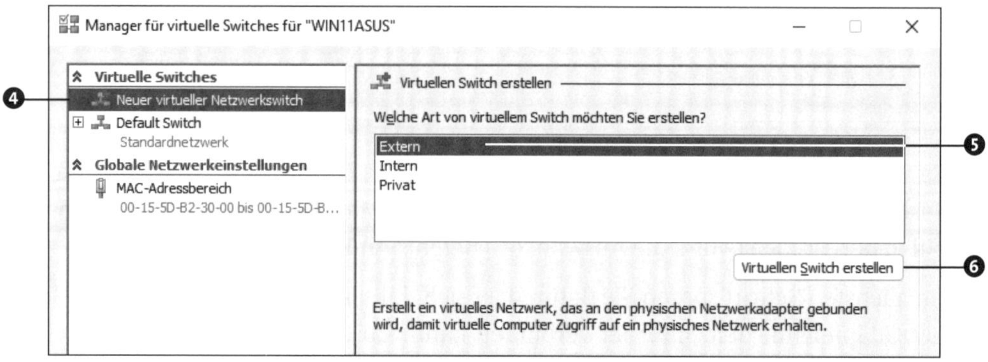

4 Nun können Sie den neu erstellten Switch über das Namensfeld entweder umbenennen oder es bei dem voreingestellten Namen **Neuer virtueller Switch** ❼ belassen. Achten Sie darauf, dass als Verbindungstyp **Externes Netzwerk** ❽ sowie der physikalische (d. h. real existierende) Netzwerkcontroller ❾ ausgewählt wurden. Bestätigen Sie Ihre Einstellungen über die Schaltfläche **Anwenden** ❿.

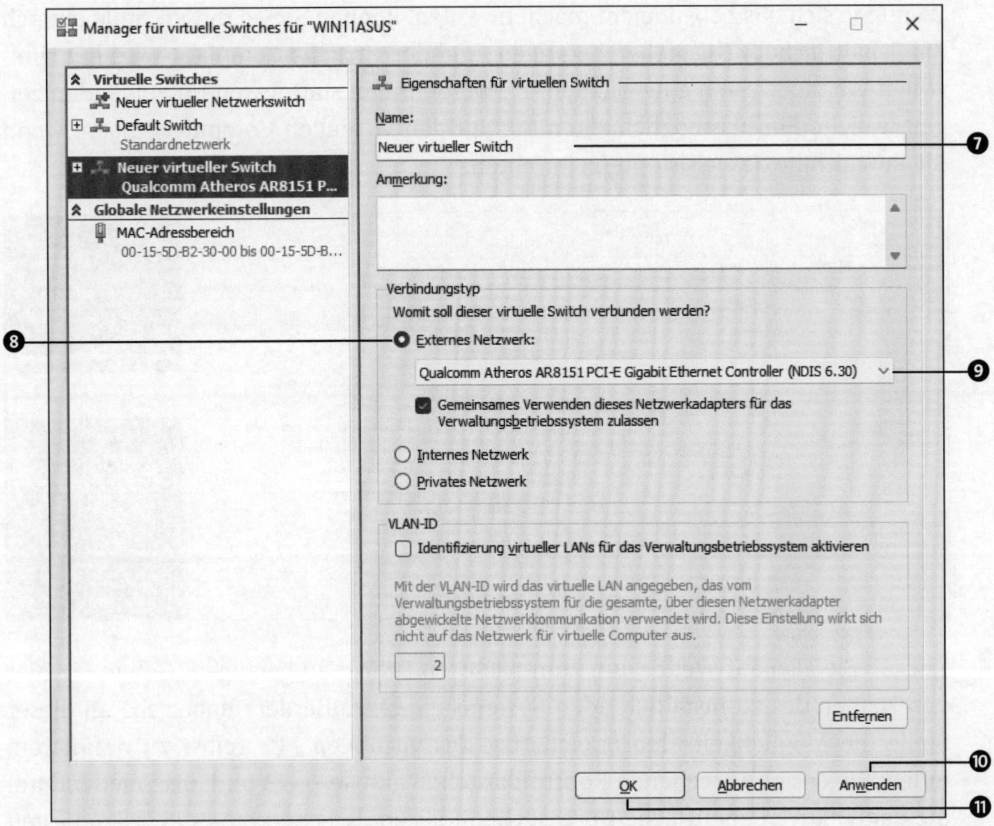

5 Nun erscheint eine Warnmeldung, die besagt, dass durch die Änderungen kurzzeitig die Netzwerkverbindungen unterbrochen werden. Bestätigen Sie die Meldung mit **Ja**. Verlassen Sie dann den Dialog **Manager für virtuelle Switches ...** mit **OK** ⓫.

21.3.2 Einen leeren virtuellen Computer erzeugen

Nun legen Sie mithilfe des Hyper-V-Managers einen leeren virtuellen Computer an. Auf diesem installieren Sie dann das gewünschte Betriebssystem, z. B. Windows 7 oder auch Windows 11, um die *Insider Previews Builds* auszuprobieren.

1 Sollten Sie den **Hyper-V-Manager** in der Zwischenzeit geschlossen haben, öffnen Sie ihn erneut, z. B. über das zuvor an die Taskleiste geheftete Symbol, und markieren Sie in der linken Spalte wieder den Namen Ihres Computers ❶. Wählen Sie in der rechten Spalte des Dialogs die Aktion **Neu ▸ Virtueller Computer** ❷ aus. Daraufhin startet der **Assistent für neue virtuelle Computer**.

Wenn Sie sich das Leben leicht machen wollen, können Sie an dieser Stelle einfach die Schaltfläche **Fertig stellen** betätigen, und der virtuelle Computer wird mit sinnvollen Vorgabewerten eingerichtet. Ich werde Ihnen stattdessen im Folgenden zeigen, welche Einflussmöglichkeiten Sie auf den virtuellen Computer haben, wenn Sie ihn mithilfe des Assistenten einrichten.

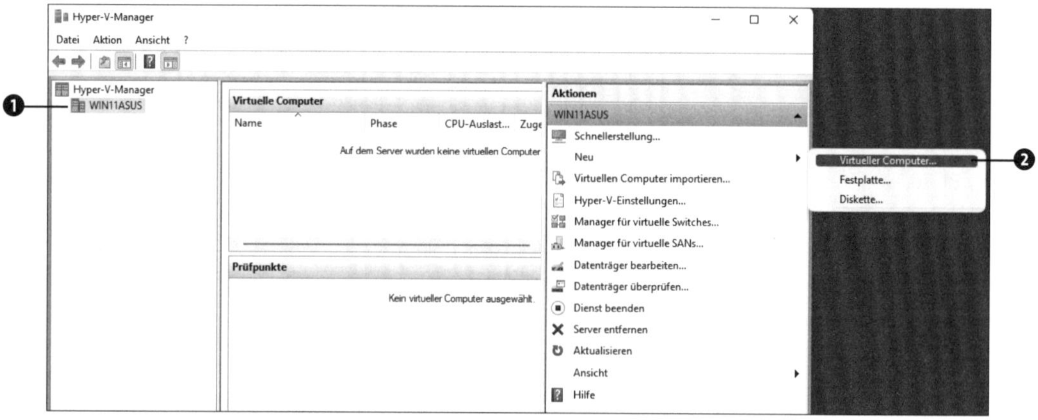

2 Klicken Sie also auf **Weiter**, um zum nächsten Schritt zu gelangen. Geben Sie hier den Namen des zu installierenden Systems ein ❸. Außerdem haben Sie an dieser Stelle die Möglichkeit, den Speicherort des virtuellen PCs selbst zu definieren, indem Sie das entsprechende Kontrollkästchen aktivieren ❹ und anschließend auf die dann aktive Schaltfläche **Durchsuchen** klicken. Belassen Sie es aber am besten beim vorgegebenen Pfad ❺, und bestätigen Sie erneut mit **Weiter**.

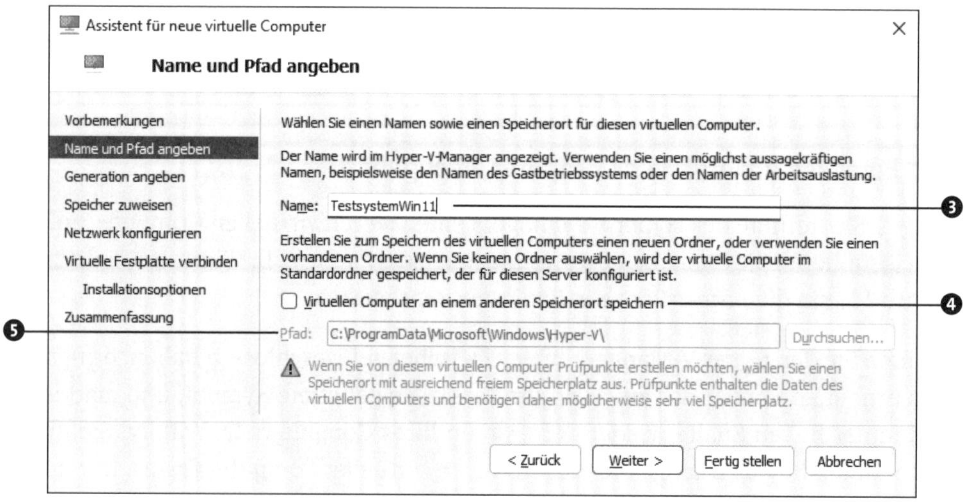

3 Als Nächstes wählen Sie die Generation des zu erstellenden virtuellen Computers aus. Wenn Sie planen, ein älteres Betriebssystem (z. B. Windows 7 oder XP) zu installieren, genügt an dieser Stelle der Standardwert (**Generation 1**). Neuere Systeme (z. B. Windows 8.1 und 10, aber vor allem Windows 11) erfordern hier die Auswahl der zweiten Generation ❻.

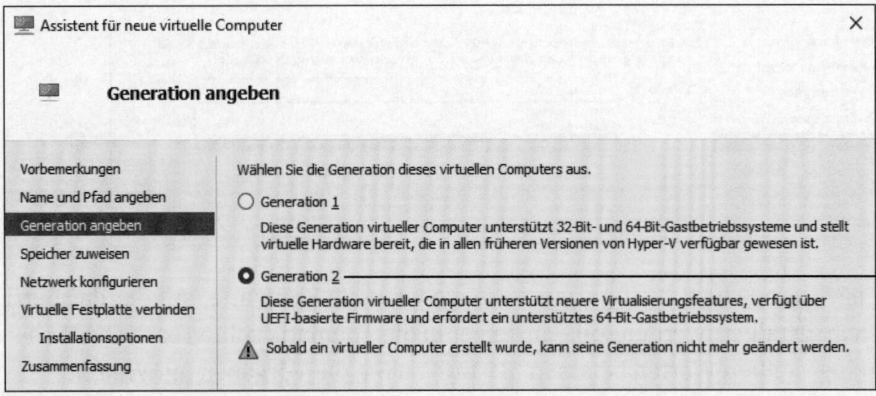

Für diese neuen Systeme sollte die Installation mithilfe einer ISO-Datei erfolgen. (Lesen Sie hierzu auch den Kasten »Installationsmedium beschaffen« auf Seite 850.) Nach Auswahl der gewünschten Generation klicken Sie auf **Weiter**.

4 Im nächsten Schritt legen Sie die Größe des Arbeitsspeichers fest. Sollte Ihr PC gut mit RAM bestückt sein, empfiehlt es sich, hier nicht gar zu knauserig vorzugehen. Für ältere Betriebssysteme wie Windows 7 genügt der vorgegebene Wert von **1024 MB**, für Windows 11 sollten es mindestens **4096 MB** ❼ sein. Entfernen Sie das Häkchen vor **Dynamischen Arbeitsspeicher für diesen virtuellen Computer verwenden**. Bestätigen Sie mit **Weiter**.

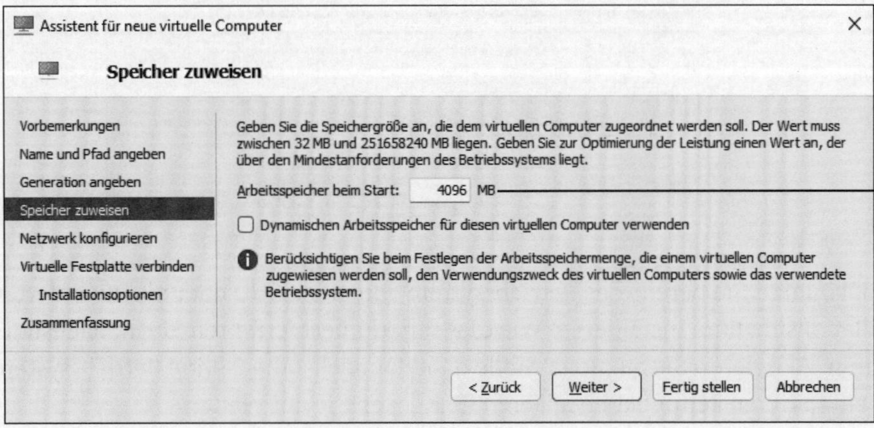

5 Nun wird die Verbindung mit dem Netzwerk hergestellt. Hierzu wählen Sie aus dem Dropdown-Menü den virtuellen Switch aus ❽, bevor Sie auf **Weiter** klicken.

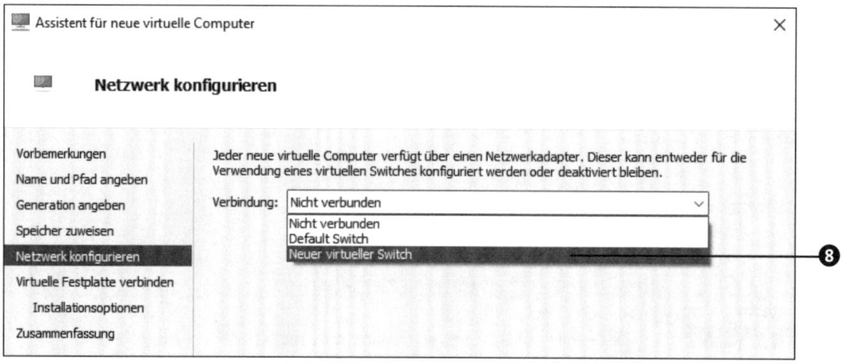

6 Im nächsten Schritt konfigurieren Sie die virtuelle Festplatte, auf der das Betriebssystem installiert werden soll. Einsteiger in die Thematik sollten es auch hier bei den voreingestellten Werten belassen. Bestätigen Sie die Vorgaben mit **Weiter**.

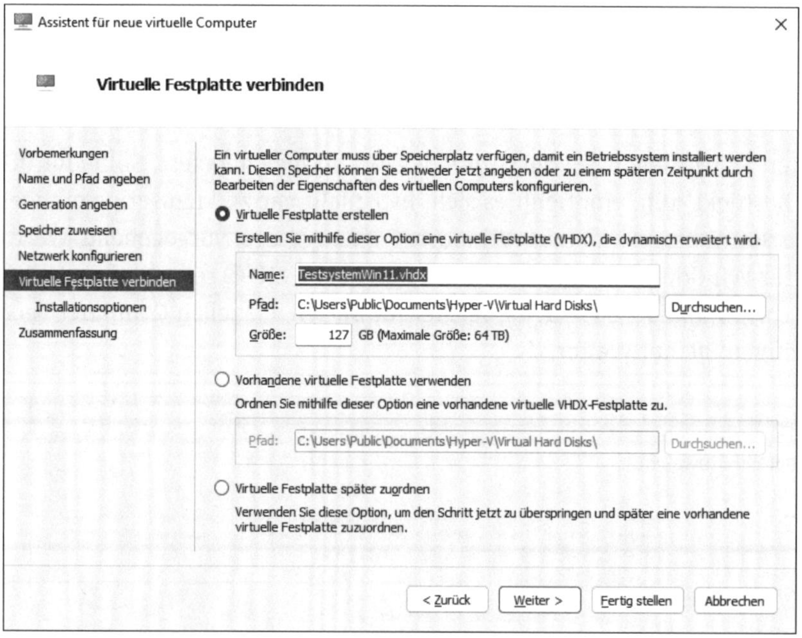

7 Nun könnten Sie bereits das Betriebssystem von einer DVD oder einem anderen Installationsmedium installieren. Wie dies funktioniert, erfahren Sie im nächsten Abschnitt. Aktivieren Sie an dieser Stelle daher zunächst die Option **Betriebssystem zu einem späteren Zeitpunkt installieren** ❾. Klicken Sie auf **Weiter**.

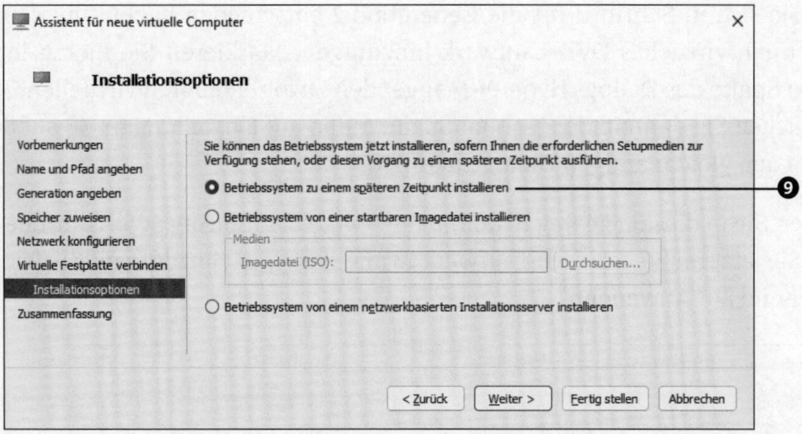

8 Im letzten Schritt erhalten Sie noch einmal eine Zusammenfassung aller anstehenden Arbeiten zur Erstellung des neuen virtuellen Computers. Diesen erzeugen Sie nun, indem Sie auf **Fertig stellen** klicken. Der neu erstellte virtuelle Computer erscheint dann im mittleren Bereich des Hyper-V-Managers ⑩.

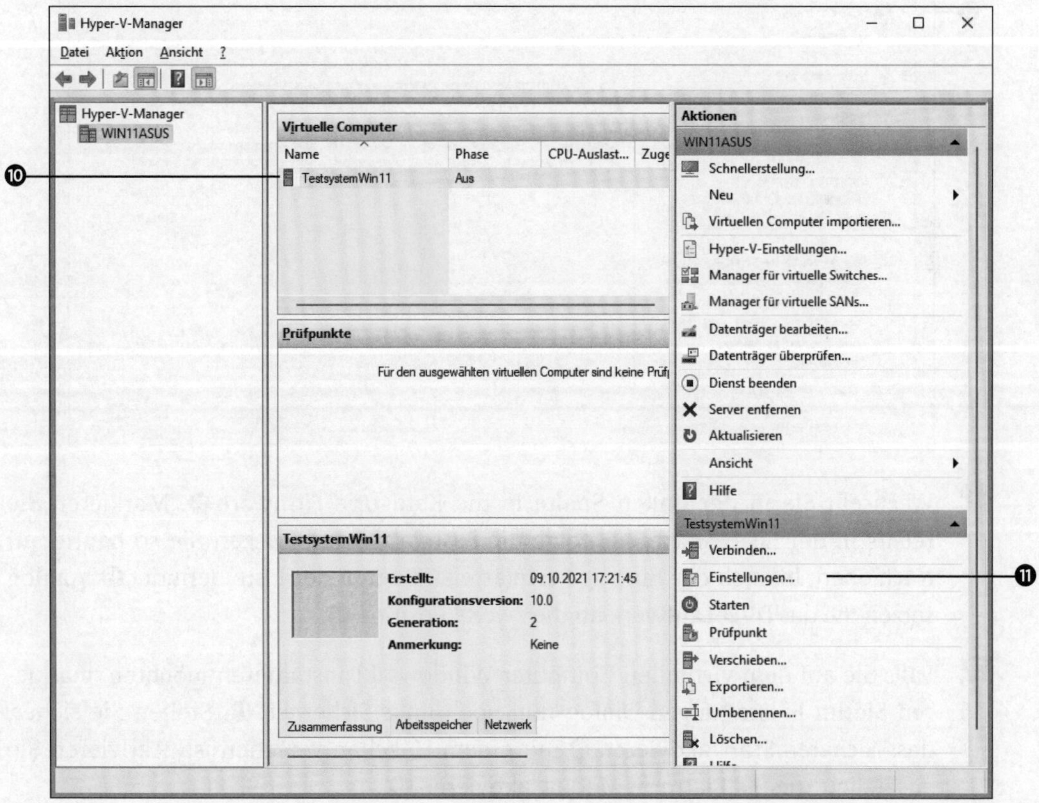

9 Sollten Sie sich in Schritt 3 für die **Generation 2** entschieden haben, müssen Sie nun noch ein virtuelles DVD-Laufwerk hinzufügen. Markieren Sie hierzu in der mittleren Spalte des Dialogs **Hyper-V-Manger** den zuvor erzeugten virtuellen Computer. Klicken Sie dann in der rechten Spalte unten auf **Einstellungen** (⓫ auf Seite 847), um den gleichnamigen Dialog zu öffnen.

10 Markieren Sie in diesem Dialog in der linken Spalte den Eintrag **SCSI-Controller** ⓬. Klicken Sie jetzt rechts auf **DVD-Laufwerk** ⓭ und dann auf **Hinzufügen**. Klicken Sie anschließend auf **Anwenden**.

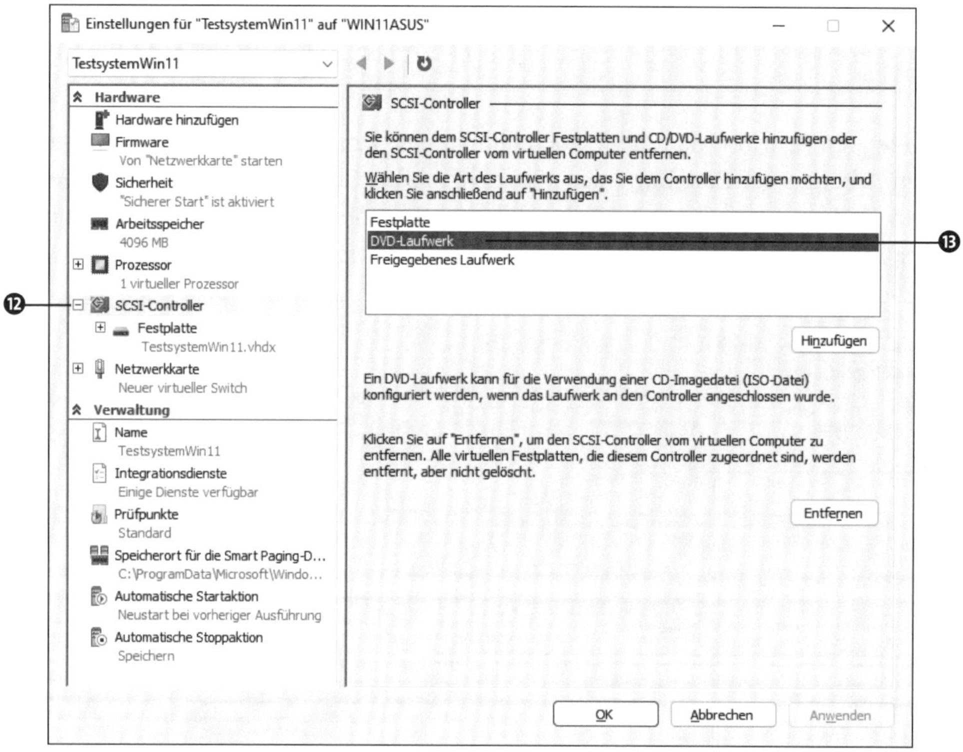

11 Wechseln Sie in der linken Spalte in die Kategorie **Firmware** ⓮. Markieren Sie rechts in der Liste **Startreihenfolge** die **Festplatte**, und klicken Sie so häufig auf **Nach oben**, bis sich der Eintrag **Festplatte** zu Beginn der Liste befindet ⓯. Analog setzen Sie das **DVD-Laufwerk** an die zweite Position ⓰.

12 Falls Sie auf dem virtuellen Computer Windows 11 installieren möchten, markieren Sie im Einstellungen-Dialog nun noch links **Sicherheit** ⓱. Stellen Sie sicher, dass **Sicheren Start aktivieren** ⓲ mit einem Häkchen versehen ist. Aktivieren Sie zusätzlich **Trusted Platform Module aktivieren** ⓳.

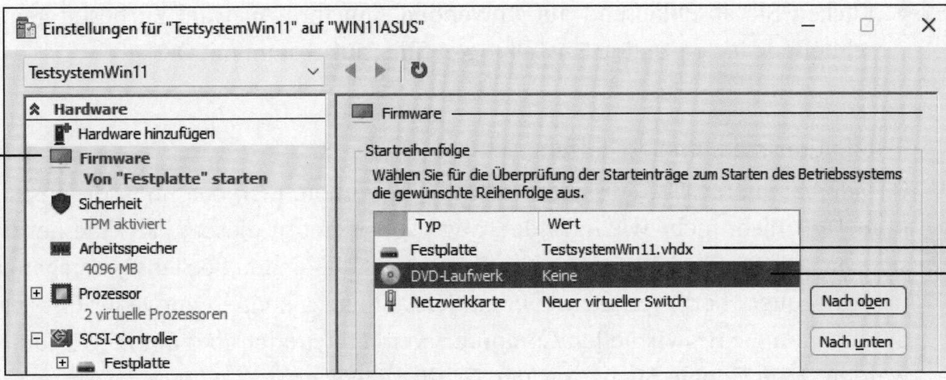

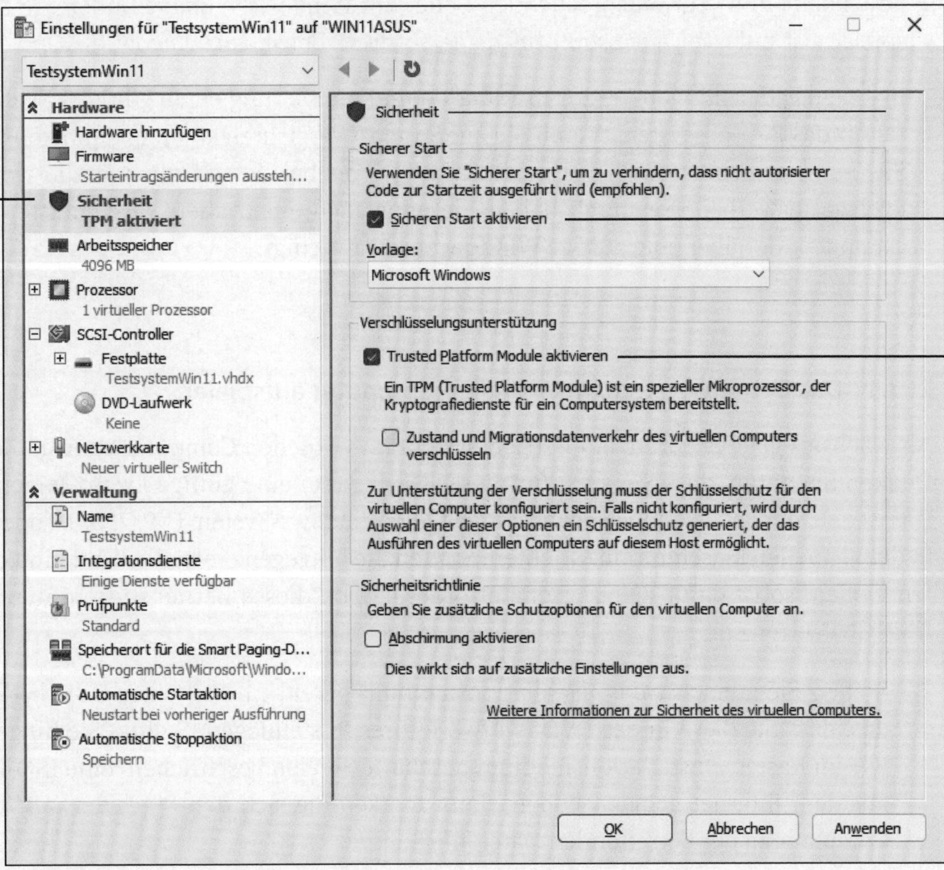

13 Nun sollten Sie noch die Anzahl der Prozessoren erhöhen. Hierzu markieren Sie in der linken Spalte **Prozessor** und erhöhen den Wert rechts im Feld **Anzahl virtueller Prozessoren** auf mindestens **2**.

14 Klicken Sie abschließend auf **Anwenden**, um Ihre Auswahl zu bestätigen, und schließen Sie den Dialog **Einstellungen für ... auf ...** dann mit **OK**.

TIPP

Installationsmedium beschaffen

Gerade bei älteren Betriebssystemen kann es vorkommen, dass man die Installations-DVD nicht mehr wiederfindet. Microsoft bietet in diesem Fall eine Serviceseite an, auf der Sie die sogenannten *ISO-Images* der letzten Betriebssystemgenerationen bequem herunterladen können. Diese Images können entweder direkt für die Erstellung eines virtuellen Computers verwendet oder aber auf DVD gebrannt werden. Eine Google-Suche mit den Schlüsselwörtern »Windows <Version> iso download« führt zur entsprechenden Seite. Ein Windows-7-Image finden Sie beispielsweise auf *www.microsoft.com/de-de/software-download/windows7*.

In jedem Fall benötigen Sie zur Installation und Aktivierung einen gültigen Schlüssel für das Betriebssystem. Wenn Sie auf Support verzichten können, dann können Sie derartige Schlüssel auch ab ca. 20 € im Internet bei vielen Onlinehändlern völlig legal erwerben. Eventuell haben Sie aber auch einen alten, ausgemusterten Computer, der über eine gültige Windows-Lizenz verfügt.

21.3.3 Das Betriebssystem im virtuellen Computer aufspielen

Als Nächstes geht es daran, ein Betriebssystem im virtuellen Computer zu installieren. Denken Sie daran, dass Sie auch für dieses Gastsystem eine gültige Lizenz benötigen. Das ist z. B. der Fall, wenn Sie beabsichtigen, ein Windows-System (XP, 7, 8, 10 oder 11) in der virtuellen Maschine einzurichten. Sollten Sie hingegen einen Blick auf Linux werfen wollen, so ist dafür keine Lizenz erforderlich, da dieses Betriebssystem unter die freie GNU-Lizenz fällt.

1 Stellen Sie zunächst das Installationsmedium bereit. Im Fall einer DVD bedeutet das, dass Sie diese in das DVD-Laufwerk Ihres PCs einlegen. Sollten Sie hingegen, wie im Kasten »Installationsmedium beschaffen« oben beschrieben, eine ISO-Datei aus dem Internet geladen haben, dann merken Sie sich den Pfad, der auf Ihrem Computer zu der betreffenden Datei führt.

2 Doppelklicken Sie auf das Symbol des virtuellen Computers im Hyper-V-Manager, der unten im mittleren Bereich des Fensters erscheint ❶. Dadurch öffnet sich das Dialogfenster des virtuellen Computers.

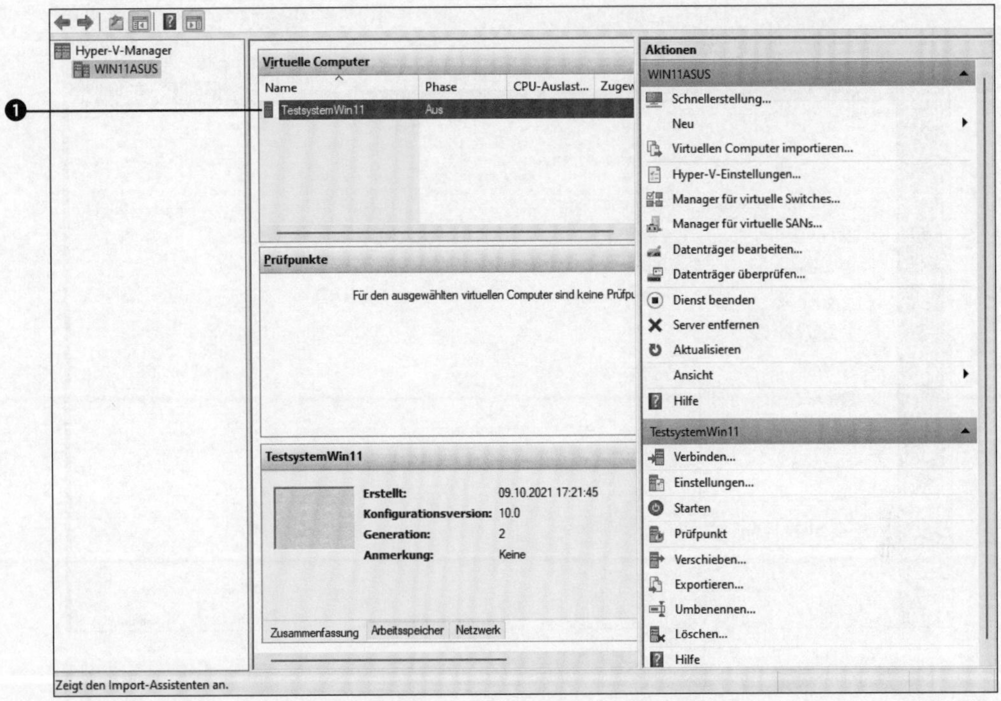

3 Wählen Sie aus dem Menü **Medien ▸ DVD-Laufwerk** entweder den Punkt **Datenträger** (falls Sie über eine ISO-Datei verfügen) oder den Punkt **<Laufwerksbuchstabe> aufzeichnen**, falls Sie die Installation per DVD vornehmen möchten.

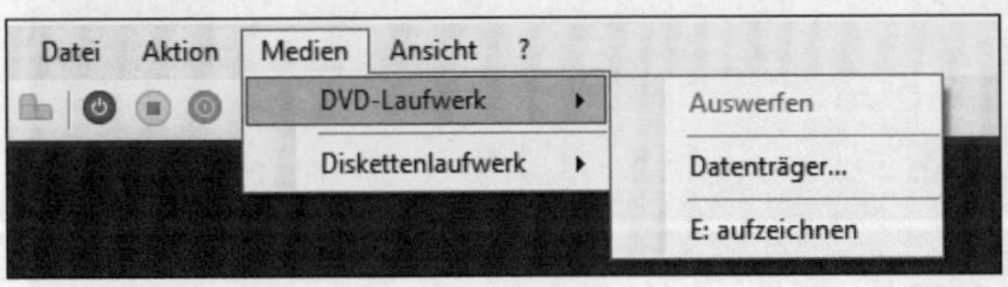

4 Im ersten Fall öffnet sich nun ein Fenster des Explorers. Wählen Sie mit dessen Hilfe die ISO-Datei aus, und klicken Sie anschließend auf die Schaltfläche **Öffnen**.

5 Starten Sie nun den virtuellen Computer. Dazu klicken Sie entweder das entsprechende Symbol ❷ in der Symbolleiste der virtuellen Maschine an oder gehen über **Aktion ▸ Starten**. Sobald Sie dazu aufgefordert werden, drücken Sie eine beliebige Taste auf der Tastatur.

6 Der virtuelle Computer wird nun von der ISO-Datei oder dem DVD-Laufwerk neu gestartet, und Sie können das Betriebssystem wie gewohnt installieren. Anschließend können Sie im virtuellen Computer wie auf einem »richtigen« PC arbeiten.

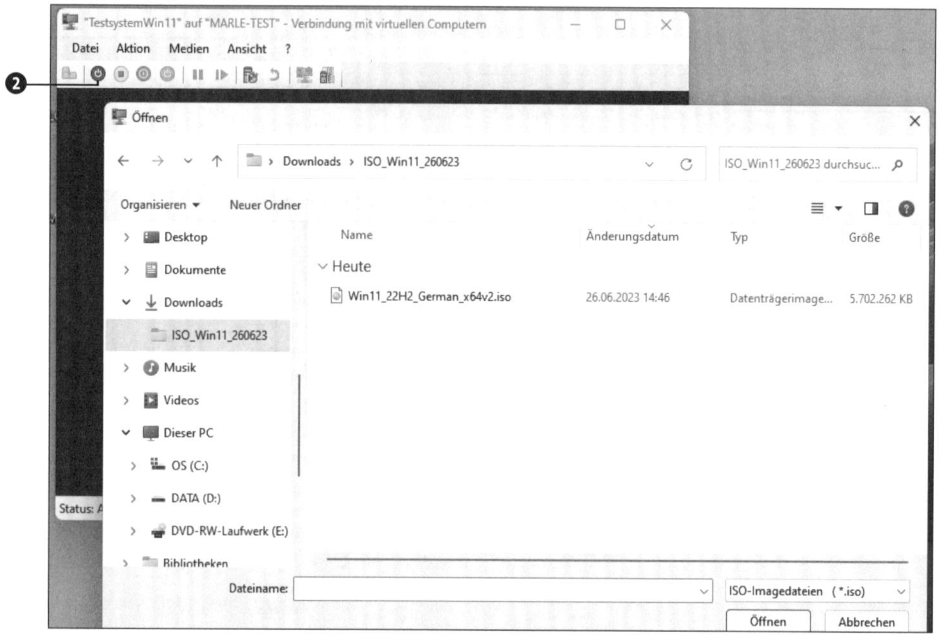
"TestsystemWin11" auf "MARLE-TEST" - Verbindung mit virtuellen Computern
Datei Aktion Medien Ansicht ?
2
Öffnen
Downloads › ISO_Win11_260623
ISO_Win11_260623 durchsuc...
Organisieren
Neuer Ordner
Desktop
Dokumente
Downloads
ISO_Win11_260623
Musik
Videos
Dieser PC
OS (C:)
DATA (D:)
DVD-RW-Laufwerk (E:)
Bibliotheken
Name
Änderungsdatum
Typ
Größe
Heute
Win11_22H2_German_x64v2.iso
26.06.2023 14:46
Datenträgerimage...
5.702.262 KB
Status:
Dateiname:
ISO-Imagedateien (*.iso)
Öffnen
Abbrechen

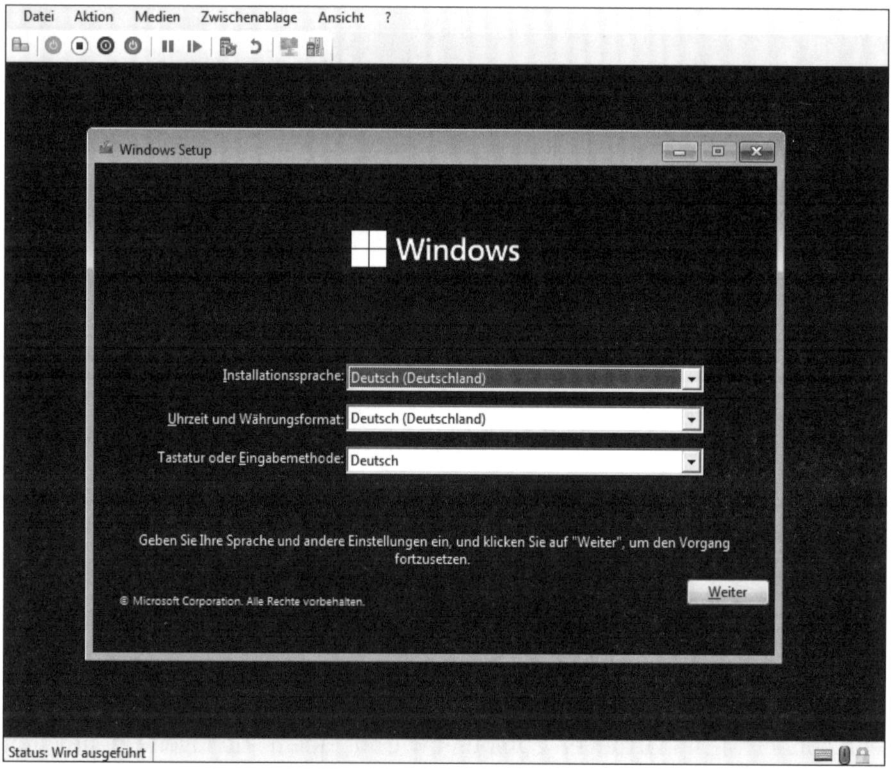
Datei Aktion Medien Zwischenablage Ansicht ?
Windows Setup
Windows
Installationssprache: Deutsch (Deutschland)
Uhrzeit und Währungsformat: Deutsch (Deutschland)
Tastatur oder Eingabemethode: Deutsch
Geben Sie Ihre Sprache und andere Einstellungen ein, und klicken Sie auf "Weiter", um den Vorgang fortzusetzen.
© Microsoft Corporation. Alle Rechte vorbehalten.
Weiter
Status: Wird ausgeführt

21.3.4 Das virtuelle System beenden oder einen Prüfpunkt erstellen

Wenn Sie das virtuelle System wieder beenden möchten, haben Sie folgende Möglichkeiten:

- Die klassische Methode: Fahren Sie das Gastsystem so herunter, wie Sie dies auf einem realen Computer tun würden. Im Fall von Windows klicken Sie dabei auf das Windows-Logo und wählen im Startmenü den Befehl zum Herunterfahren aus.
- Sie können das System aber ebenso gut aus der Wirtsanwendung heraus herunterfahren. Dazu wählen Sie im Dialog des Hyper-V-Managers im Menü **Aktion** den Befehl **Herunterfahren**. Alternativ können Sie auch die Tastenkombination `Strg` + `D` drücken.
- Möchten Sie beim Hochfahren an exakt der Stelle weitermachen, an der Sie aufgehört haben, wählen Sie im Dialog des Hyper-V-Managers **Aktion ▸ Speichern**. Dadurch wird der Ist-Zustand des Gastsystems konserviert; es werden also eventuell auch geöffnete Fenster abgespeichert. Beim nächsten Start des virtuellen Computers erscheinen alle zuletzt geöffneten Programme bzw. Fenster an ihrem Platz.

Eine andere Möglichkeit, die insbesondere experimentierfreudigen Anwenderinnen und Anwendern zugutekommt, besteht darin, den aktuellen Zustand des virtuellen Computers in Form eines sogenannten *Prüfpunktes* zu konservieren. Dies ist z. B. sinnvoll, wenn Sie neue Treiber oder Programme bzw. Windows 11-Insider-Preview-Builds testen möchten, die das System gegebenenfalls gehörig durcheinanderbringen können. Um Prüfpunkte erstellen zu können, müssen Sie zuvor eine Einstellung des virtuellen Computers anpassen.

1. Führen Sie im Programmfenster des Hyper-V-Managers einen rechten Mausklick auf dem virtuellen Computer aus, und wählen Sie im Kontextmenü den Befehl **Einstellungen** ❶.
2. Markieren Sie in der linken Spalte des Einstellungen-Dialogs im Bereich **Verwaltung** die **Prüfpunkte** ❷. Versehen Sie nun rechts das Kontrollkästchen **Prüfpunkte aktivieren** mit einem Häkchen ❸. Stellen Sie außerdem sicher, dass die Option **Standardprüfpunkte** ausgewählt ist ❹. Soll Windows bei jedem Start des virtuellen Computers automatisch einen Prüfpunkt erstellen, sollte **Automatische Prüfpunkte verwenden** mit einem Häkchen versehen sein ❺.
3. Bestätigen Sie Ihre Einstellungen mit **Anwenden** und **OK**.

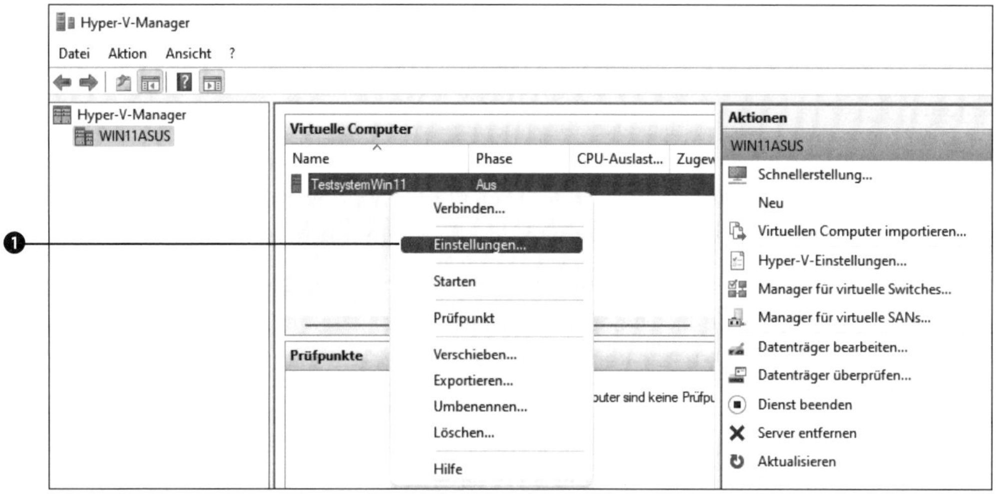
Hyper-V-Manager
Datei Aktion Ansicht ?
Hyper-V-Manager
WIN11ASUS
Virtuelle Computer
Name
Phase
CPU-Auslast...
TestsystemWin11
Aus
Verbinden...
Einstellungen...
Starten
Prüfpunkt
Verschieben...
Exportieren...
Umbenennen...
Löschen...
Hilfe
Prüfpunkte
Aktionen
WIN11ASUS
Schnellerstellung...
Neu
Virtuellen Computer importieren...
Hyper-V-Einstellungen...
Manager für virtuelle Switches...
Manager für virtuelle SANs...
Datenträger bearbeiten...
Datenträger überprüfen...
Dienst beenden
Server entfernen
Aktualisieren
1

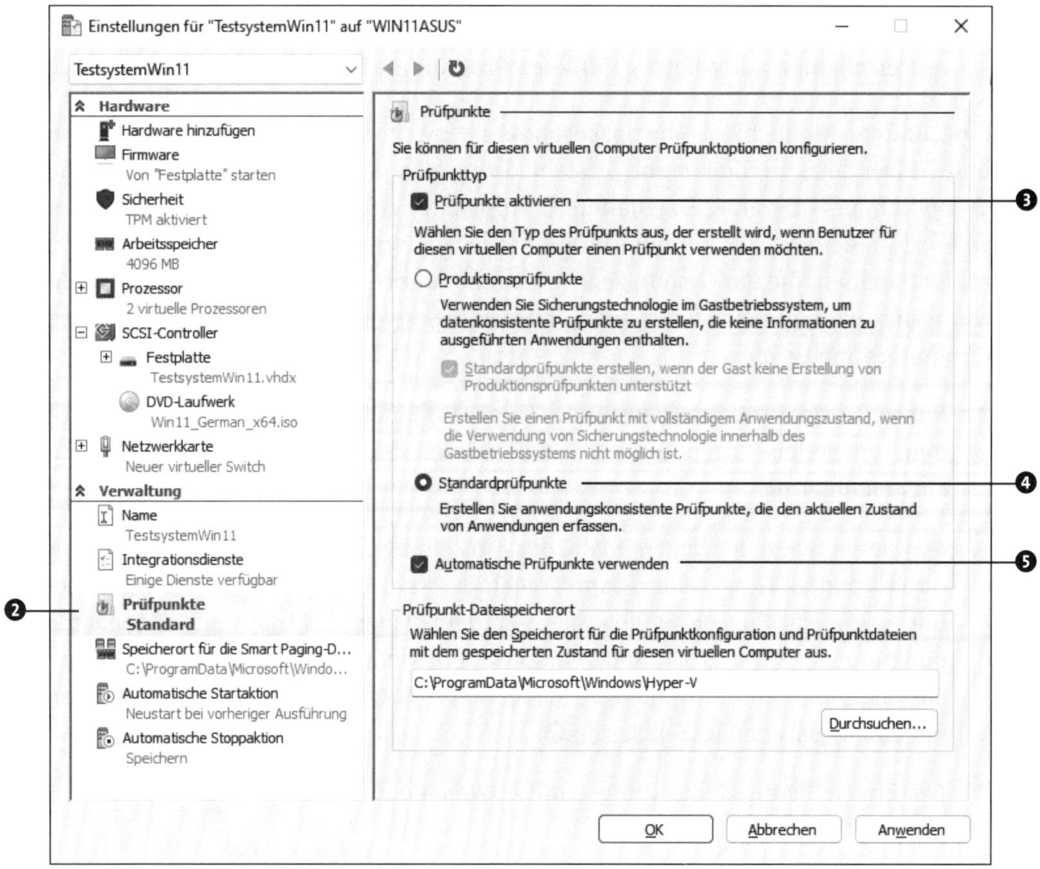
Einstellungen für "TestsystemWin11" auf "WIN11ASUS"
TestsystemWin11
Hardware
Hardware hinzufügen
Firmware
Von "Festplatte" starten
Sicherheit
TPM aktiviert
Arbeitsspeicher
4096 MB
Prozessor
2 virtuelle Prozessoren
SCSI-Controller
Festplatte
TestsystemWin11.vhdx
DVD-Laufwerk
Win11_German_x64.iso
Netzwerkkarte
Neuer virtueller Switch
Verwaltung
Name
TestsystemWin11
Integrationsdienste
Einige Dienste verfügbar
Prüfpunkte
Standard
Speicherort für die Smart Paging-D...
C:\ProgramData\Microsoft\Windo...
Automatische Startaktion
Neustart bei vorheriger Ausführung
Automatische Stoppaktion
Speichern
Prüfpunkte
Sie können für diesen virtuellen Computer Prüfpunktoptionen konfigurieren.
Prüfpunkttyp
Prüfpunkte aktivieren
Wählen Sie den Typ des Prüfpunkts aus, der erstellt wird, wenn Benutzer für diesen virtuellen Computer einen Prüfpunkt verwenden möchten.
Produktionsprüfpunkte
Verwenden Sie Sicherungstechnologie im Gastbetriebssystem, um datenkonsistente Prüfpunkte zu erstellen, die keine Informationen zu ausgeführten Anwendungen enthalten.
Standardprüfpunkte erstellen, wenn der Gast keine Erstellung von Produktionsprüfpunkten unterstützt
Erstellen Sie einen Prüfpunkt mit vollständigem Anwendungszustand, wenn die Verwendung von Sicherungstechnologie innerhalb des Gastbetriebssystems nicht möglich ist.
Standardprüfpunkte
Erstellen Sie anwendungskonsistente Prüfpunkte, die den aktuellen Zustand von Anwendungen erfassen.
Automatische Prüfpunkte verwenden
Prüfpunkt-Dateispeicherort
Wählen Sie den Speicherort für die Prüfpunktkonfiguration und Prüfpunktdateien mit dem gespeicherten Zustand für diesen virtuellen Computer aus.
C:\ProgramData\Microsoft\Windows\Hyper-V
Durchsuchen...
OK
Abbrechen
Anwenden
2
3
4
5

Die Vorbereitungen zum Erstellen von Prüfpunkten sind damit abgeschlossen. Das Anlegen eines Prüfpunktes geht folgendermaßen vonstatten:

1. Um den virtuellen Computer zu starten, klicken Sie ihn im Programmfenster des Hyper-V-Managers doppelt an und klicken dann auf **Starten**. Während des Starts wird automatisch ein Prüfpunkt erstellt. Fahren Sie den virtuellen Computer herunter und starten Sie ihn später erneut, erscheint der Dialog **Automatischer Prüfpunkt erkannt**. Mit einem Klick auf **Zurückkehren** haben Sie die Möglichkeit, den Computer in dem Zustand zu starten, den er beim letzten Systemstart hatte. Alle Änderungen, die Sie während der letzten Nutzung des virtuellen Systems vorgenommen haben (z. B. die Installation von Programmen), werden damit rückgängig gemacht. Wünschen Sie dies nicht, wählen Sie **Weiter**. Die Änderungen bleiben damit erhalten.

2. Falls Sie während der Arbeit mit dem virtuellen Computer einen Prüfpunkt manuell setzen möchten, rufen Sie das Menü **Aktion** auf und wählen dort den Befehl **Prüfpunkt**.

3. Geben Sie im folgenden Dialogfenster dem Prüfpunkt einen Namen, beispielsweise »Treiberinstallation_XY«. Bestätigen Sie die Eingabe mit **Ja**. Daraufhin wird der Prüfpunkt erstellt.

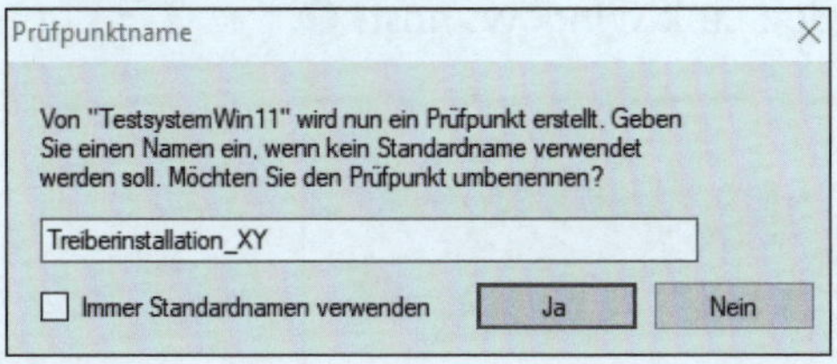

4. Möchten Sie den virtuellen PC in den Zustand zurückversetzen, den er während der Prüfpunkterstellung hatte, so starten Sie ihn zunächst mithilfe des Hyper-V-Managers. Begeben Sie sich anschließend in das Menü **Aktion**, und wählen Sie nun den Befehl **Zurücksetzen**. Es erscheint eine Übersicht über die bereits gesetzten Prüfpunkte. Nachdem Sie den gewünschten Prüfpunkt aus der Liste per Doppelklick ausgewählt haben, wird der Zustand wiederhergestellt, den Ihr virtueller PC zu dem entsprechenden Zeitpunkt hatte.

21.4 VirtualBox als Alternative

Drittanbieter haben die Virtualisierung ebenfalls als lukratives Betätigungsfeld entdeckt und bieten einige interessante, zum Teil kostenlose Lösungen an, um beispielsweise auch den Anwendern von Windows 11 Home eine Möglichkeit zu bieten, einen virtuellen Computer zu betreiben. Einer dieser Anbieter ist *Oracle*, und die entsprechende Software heißt *VirtualBox*. Diese Software überzeugt in erster Linie durch die perfekt angepassten Virtualisierungswerkzeuge, die es unter anderem gestatten, den virtuellen Computer nahtlos in das bestehende Betriebssystem einzubinden. Die Fähigkeiten zur grafischen Darstellung sind mithilfe der *VirtualBox Toolbox* um einiges besser als in der Hyper-V-Lösung von Microsoft.

21.4.1 VirtualBox installieren

Falls Sie Windows 11 Pro einsetzen und bereits Hyper-V ausprobiert haben, sollten Sie Hyper-V vor der Installation von VirtualBox deaktivieren, damit sich beide Lösungen nicht gegenseitig stören. Gehen Sie dabei so vor, wie in Abschnitt 21.2.2, »Hyper-V aktivieren«, ab Seite 839 beschrieben, und entfernen Sie das entsprechende Häkchen vor dem Eintrag **Hyper-V**. Danach muss der Computer neu gestartet werden. Anschließend können Sie VirtualBox wie folgt installieren:

1 Laden Sie VirtualBox von *www.virtualbox.org* herunter. Die Seite ist auf Englisch. Es genügt aber, hier die nicht zu übersehende Schaltfläche **Download VirtualBox** anzuklicken. Klicken Sie anschließend auf den Link **Windows hosts** ❶.

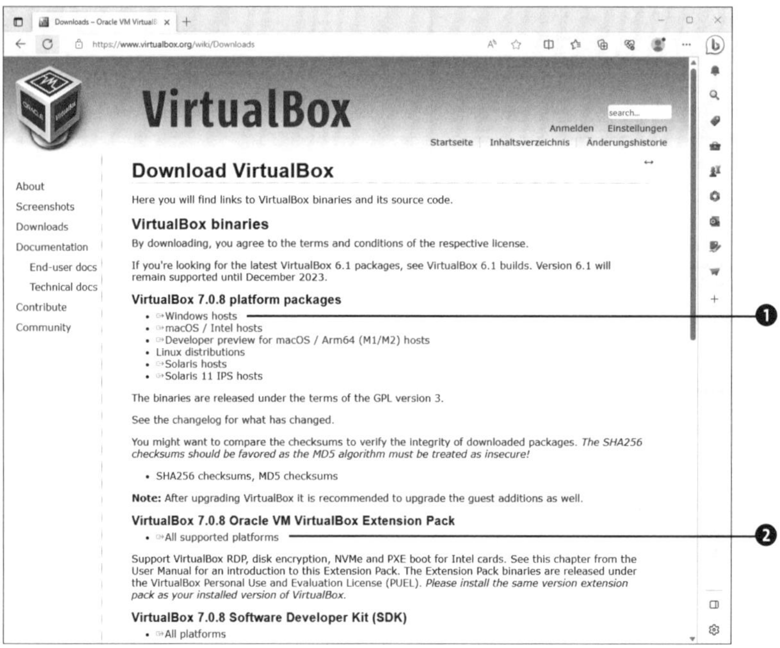

Daraufhin startet der Download des Basisprogramms. Außerdem empfiehlt es sich, an dieser Stelle auch noch das *Extension Pack* herunterzuladen. Dies erreichen Sie über den Link **All supported platforms** ❷.

2 Starten Sie nach dem Download das Installationsprogramm durch Doppelklick auf **VirtualBox...** ❸. Dieses sollte sich im Ordner *Downloads* befinden.

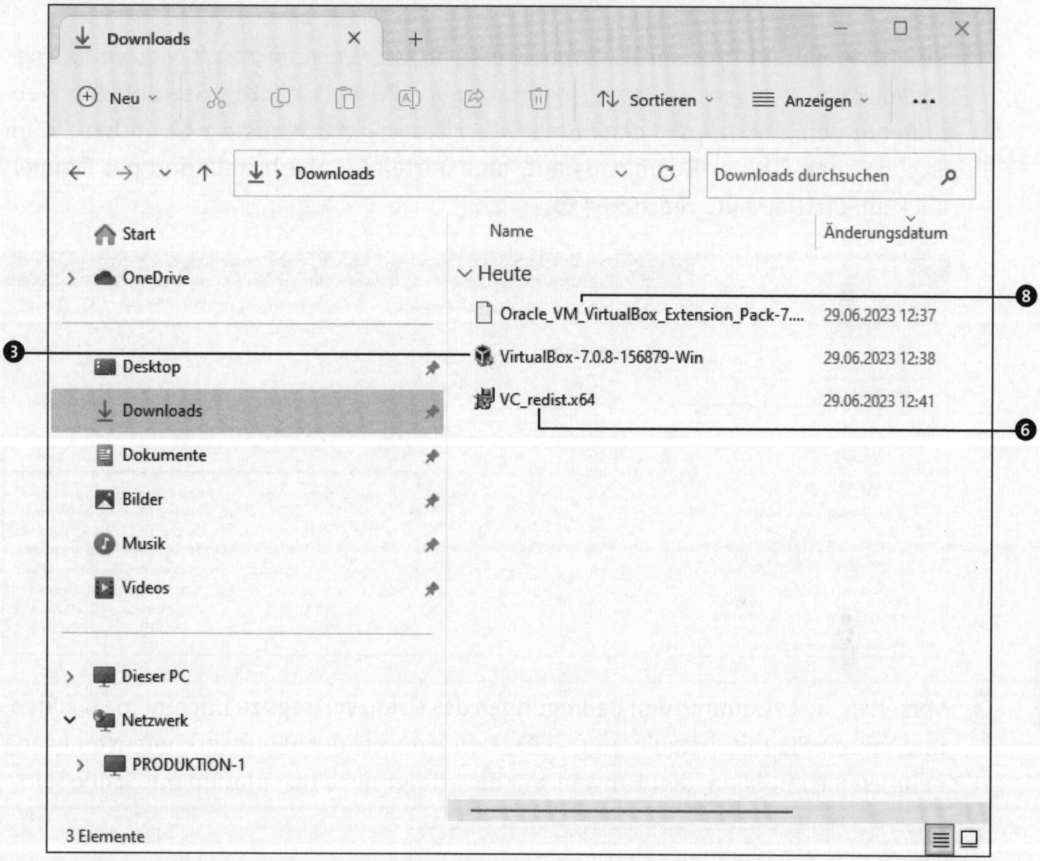

3 Die neueste Version von VirtualBox benötigt das *Microsoft Visual C++ 2019 Redistributable Package*. Falls dieses auf Ihrem PC noch nicht installiert wurde, erhalten Sie einen entsprechenden Hinweis. Bevor Sie mit der Installation von VirtualBox fortfahren können, müssen Sie das Package installieren. Bestätigen Sie hierzu zunächst den Hinweis mit **OK** ❹ und den **Oracle VM VirtualBox Setup-Dialog** mit **Fertig stellen**. Die folgende Fehlermeldung schließen Sie mit **OK**.

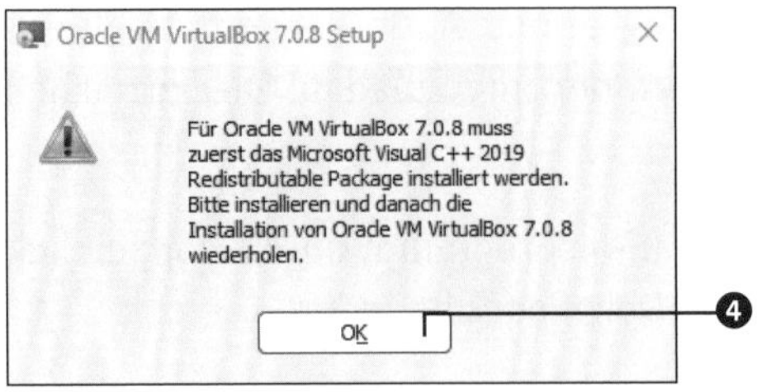

4 Rufen Sie nun im Browser die Webadresse *https://learn.microsoft.com/en-us/cpp/windows/latest-supported-vc-redist?view=msvc-170* auf. Klicken Sie auf der Webseite auf den Link *https://aka.ms/vs/17/release/vc_redist.x64.exe* ❺. Rufen Sie im Explorer den Ordner **Downloads** auf, und starten Sie die Installation per Doppelklick auf die Datei **VC_redist.x64** ❻.

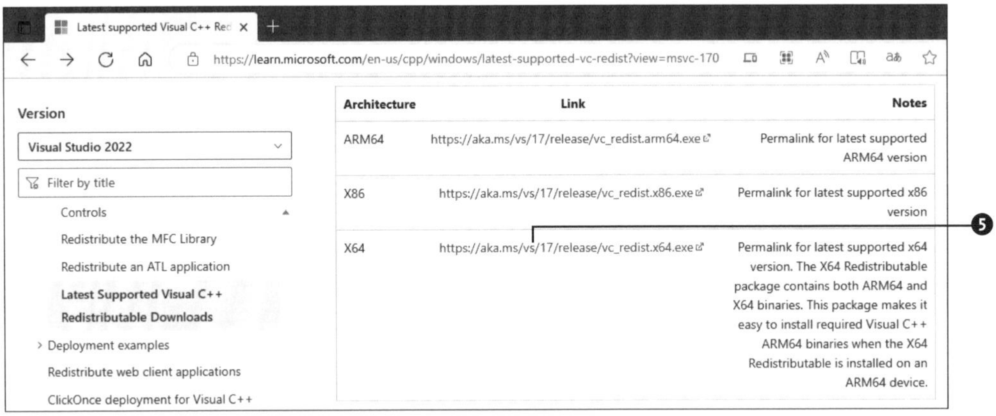

5 Versehen Sie **Ich stimme den Bedingungen des Lizenzvertrags zu** mit einem Häkchen, und fahren Sie mit **Installieren** fort ❼. Den Hinweis der Benutzerkontensteuerung nehmen Sie mit **Ja** an, den Hinweis auf die erfolgreiche Installation mit **Schließen**.

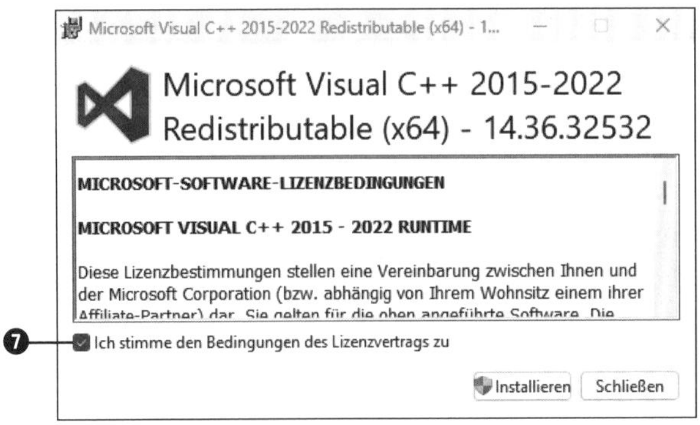

6 Rufen Sie erneut den Ordner **Downloads** im Explorer auf, und starten Sie die Installation von VirtualBox per Doppelklick auf **VirtualBox...** ❸. Bestätigen Sie die folgenden Installationsschritte jeweils mit **Weiter**, **Ja**, **Installieren** und **Fertig stellen**. VirtualBox wird nach erfolgreicher Installation automatisch gestartet.

7 Optional: Beenden Sie VirtualBox, und installieren Sie nun zusätzlich das **Oracle_VM_VirtualBox Extension Pack** ❽, das Sie, wie in Schritt 1 beschrieben, von der VirtualBox-Seite heruntergeladen haben. Weitere Informationen zu den Erweiterungen erhalten Sie in Abschnitt 21.4.3, »Die Gasterweiterungen installieren«, ab Seite 861.

21.4.2 Ein Betriebssystem in VirtualBox installieren

Nach dem Start von Virtual Box geht es an die Installation des gewünschten Betriebssystems. Hierzu gehen Sie folgendermaßen vor:

1 Starten Sie VirtualBox, und klicken Sie auf die Schaltfläche **Neu** ❶. Geben Sie einen aussagekräftigen Namen für das zu installierende Betriebssystem ein ❷. Geben Sie dann den Pfad des ISO-Abbildes ein ❸. Im Feld **Edition** wird nun meist bereits die Edition anhand des Namens, den Sie im Namensfeld eingetragen haben, aufgeführt. Handelt es sich hier noch nicht um die gewünschte Edition, können Sie diese nach einem Klick auf den Pfeil noch anpassen ❹. Versehen Sie **Unbeaufsichtigte Installation überspringen** mit einem Häkchen, um die Installation selbst steuern zu können. Klicken Sie auf die Schaltfläche **Vorwärts**.

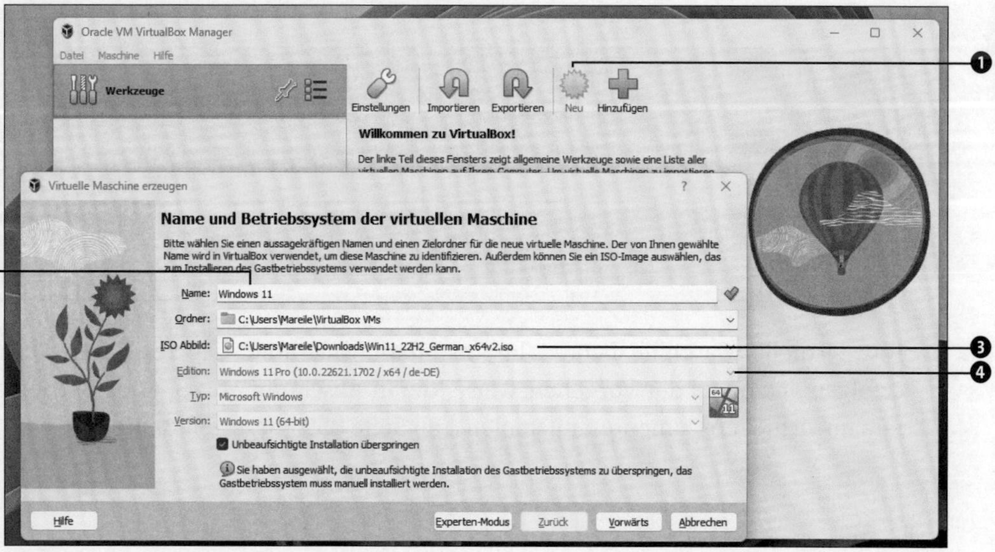

2 Passen Sie im nächsten Schritt mithilfe des dort befindlichen Schiebereglers die Speichergröße für Ihren virtuellen Computer an. Für 32-Bit-Versionen von Windows genügt meist eine Kapazität von 1.024 MB, für 64-Bit-Versionen (dazu zählt Windows 11) sollten Sie 4.096 MB wählen.

3 Im nächsten Schritt erzeugt der Assistent eine leere virtuelle Festplatte. Bestätigen Sie diesen Schritt über die Schaltfläche **Vorwärts**.

4 Schließlich erscheint eine Übersicht, welche Aktionen nun vorgenommen werden. An dieser Stelle haben Sie noch einmal die Möglichkeit, die Größe der virtuellen Festplatte anzupassen. Bestätigen Sie Ihre Einstellungen, indem Sie die Schaltfläche **Fertigstellen** anklicken. Nun wird der virtuelle Computer erstellt.

5 Markieren Sie nun innerhalb des VirtualBox-Programms den soeben erstellten virtuellen Computer per Mausklick, und klicken Sie dann auf **Starten** ❺.

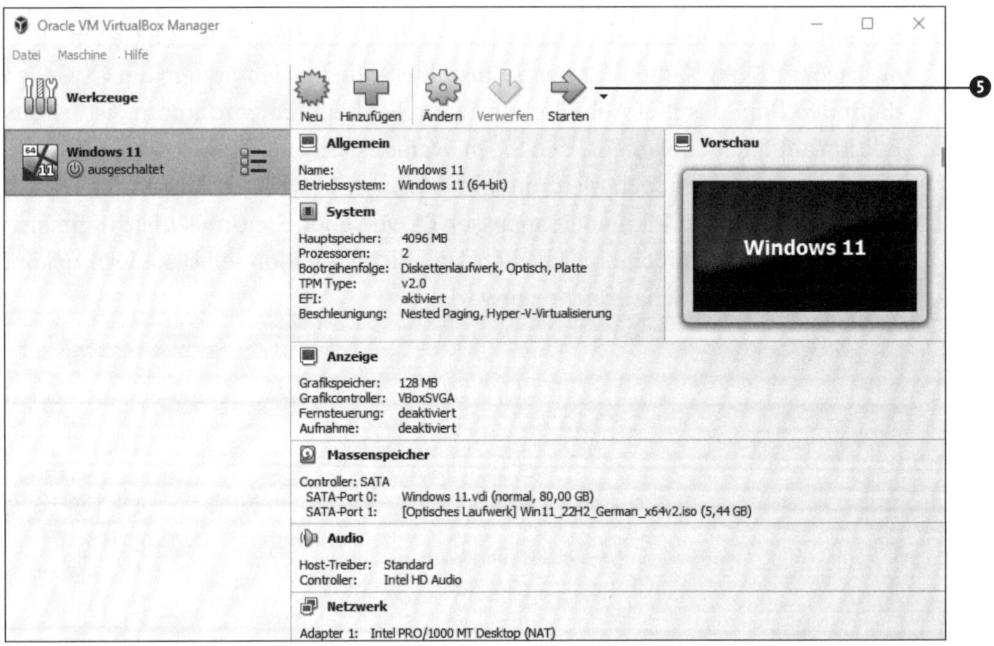

6 Ihre virtuelle Maschine bootet das Installationsmedium. Die restlichen Schritte erfolgen analog zu der Vorgehensweise, die in Abschnitt 21.3.3, »Das Betriebssystem im virtuellen Computer aufspielen«, ab Seite 850 vorgestellt wurde.

21.4.3 Die Gasterweiterungen installieren

Einen deutlichen Mehrwert erhält der frisch eingerichtete virtuelle Computer, wenn Sie die sogenannten *Gasterweiterungen* installieren. Diese bringen unter anderem eine verbesserte grafische Darstellung mit sich und bieten ein problemloses Kopieren von Objekten zwischen Wirt und Gast. Gehen Sie dazu folgendermaßen vor:

1. Starten Sie den virtuellen Computer, in dem die Gasterweiterungen installiert werden sollen. Wählen Sie aus dem Menü **Geräte** den Befehl **Gasterweiterungen einlegen** aus. Dadurch wird ein virtuelles DVD-Laufwerk im Gastsystem eingebunden, das Sie per Explorer aufrufen können.

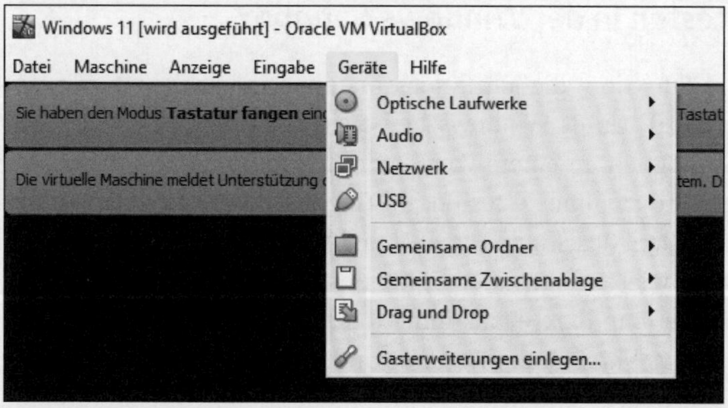

2. Auf dem virtuellen Laufwerk finden Sie eine ausführbare Datei namens *VBoxWindowsAdditions.exe*. Starten Sie diese per Doppelklick, bestätigen Sie die Nachfrage der Benutzerkontensteuerung, und folgen Sie dem Assistenten. Dieser installiert unter anderem neue optimierte Grafiktreiber für den virtuellen Computer.

3. Starten Sie anschließend das System neu. Nun ändert sich z. B. die Auflösung des Gastsystems dynamisch, wenn Sie die Größe des Fensters Ihres virtuellen Computers ändern, und Sie können Dateien per Copy & Paste zwischen Wirt und Gast hin- und herkopieren.

TIPP

Linux unter Windows 11 einrichten

Natürlich müssen Sie es nicht bei der Installation von Windows-Versionen in der virtuellen Umgebung belassen. Wenn Sie möchten, testen Sie doch einmal eine Linux-Version, wie z. B. *Ubuntu*. Eine entsprechende ISO-Datei finden Sie unter:

www.ubuntu.com/download/desktop

Wenn Sie bereits etwas Erfahrung mit Computern haben, werden Sie sich hier recht schnell heimisch fühlen. Sicherheitstechnisch ist Linux Windows immer noch überlegen. So gibt es kaum gefährliche Viren für das freie Betriebssystem. Außerdem lauscht hier niemand mit – ein Vorwurf, den man den Betriebssystemen aus dem Hause Microsoft gern macht. Eine mögliche Anwendung einer virtuellen Linux-Umgebung wäre daher z. B. das Durchführen von Bankgeschäften oder Bestellungen jeglicher Art.

21.5 Programme testen in der Windows-Sandbox

Die nächste interessante Funktion, die ich Ihnen vorstellen möchte, hielt mit Version 1903 Einzug in Windows 10. Unter Windows 11 ist sie ebenfalls verfügbar: Mit der *Windows-Sandbox* ist es möglich, in einem vom eigentlichen Betriebssystem isolierten Windows-Betriebssystem Programme zu testen. Im Gegensatz zu den zuvor in diesem Kapitel vorgestellten virtuellen Maschinen Hyper-V und VirtualBox, bei denen das darin installierte Betriebssystem wie ein normaler Computer genutzt wird, bietet das Windows-System innerhalb der Sandbox exakt immer die gleiche Funktionsvielfalt der aktuell installierten Windows-Version. Ein weiterer Unterschied zu den beiden anderen virtuellen Maschinen: Mit dem Beenden der Windows-Sandbox werden automatisch alle in der Zwischenzeit vorgenommenen Änderungen gelöscht. Somit finden Sie beim Start der Windows-Sandbox immer wieder ein Windows-System in der Grundkonfiguration vor.

Um die Windows-Sandbox nutzen zu können, benötigen Sie Windows 11 Pro. Außerdem sollte der Computer über mindestens 4 GB Arbeitsspeicher verfügen – mehr sind aber durchaus von Vorteil. Bevor die Sandbox zum Einsatz kommen kann, müssen Sie die Funktion aktivieren:

1. Geben Sie im Suchfeld der Taskleiste den Begriff »Feature« ein, und klicken Sie in den Suchergebnissen **Windows-Features aktivieren oder deaktivieren – Systemsteuerung** an.
2. Blättern Sie im Dialog **Windows-Features** nach unten. Versehen Sie das Kästchen **Windows-Sandbox** ❶ mit einem Häkchen, und bestätigen Sie mit **OK**.

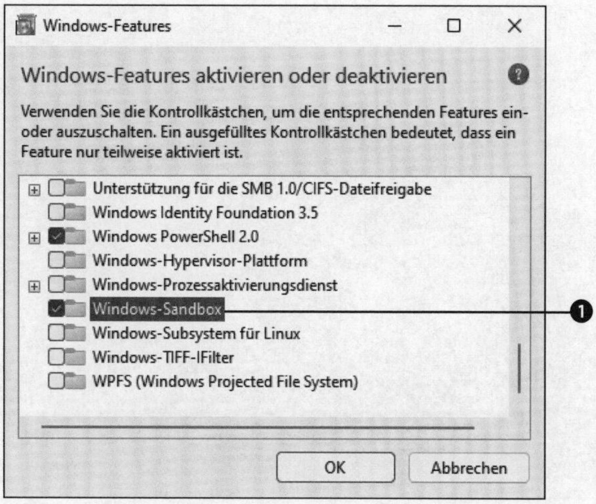

3 Die Funktion wird nun eingerichtet. Nach einem Neustart des PCs über die Schaltfläche **Jetzt neu starten** rufen Sie die **Windows Sandbox** über den gleichnamigen Eintrag in der App-Liste des Startmenüs auf ❷.

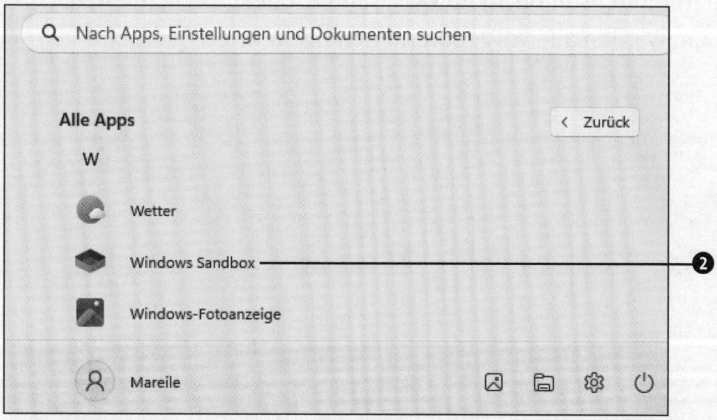

4 Im Programmfenster der Windows-Sandbox finden Sie jetzt ein virtuelles *Windows 11-Pro*-System vor. Über den Browser Edge ❸ können Sie hier nun z. B. Programme aus dem Internet herunterladen, installieren und ausprobieren. Wenn Sie Daten zwischen dem realen System und der Sandbox austauschen möchten, müssen Sie die Zwischenablage nutzen. Dateien, die Sie also auf der realen Festplatte des Computers gespeichert haben, kopieren Sie einfach über die Tastenkombination `Strg` + `C` in die Zwischenablage. Mit der Tastenkombination `Strg` + `V` fügen Sie sie dann im virtuellen System ein, also im Programmfenster der Windows-Sandbox.

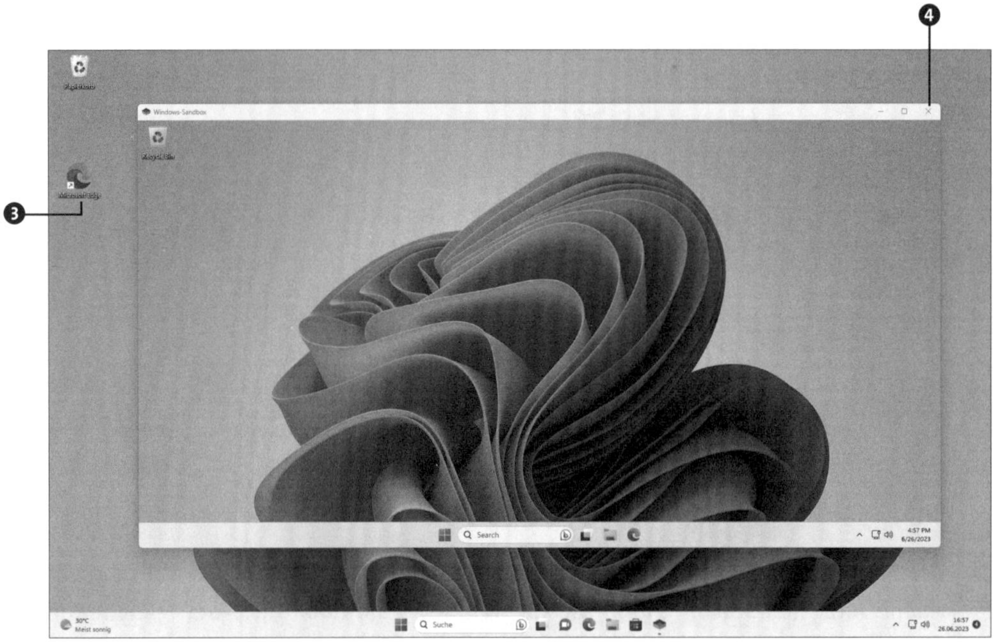

5 Sobald Sie das Programmfenster der Windows-Sandbox über das Schließensymbol ❹ oben rechts beenden, werden alle vorgenommenen Änderungen gelöscht.

22 Hilfe aus der Ferne per Remotezugriff

Sie haben mit Ihrem Windows 11-PC ein Problem, das Sie selbst nicht lösen können? Diejenigen in Ihrer Familie oder in Ihrem Freundeskreis, die sich in Computerdingen gut auskennen, sind aber zu weit weg, als dass sie vorbeikommen könnten, um Ihnen zu helfen? Für solch eine Situation bietet Windows 11 eine Funktion an, die sogenannte *Remoteverbindung*. Sie erlaubt es, den Bildschirminhalt eines PCs über ein Computernetzwerk auf einen anderen Computer zu übertragen. Auf diese Weise können Sie eine Person um Hilfe bitten, die über das Internet auf Ihren PC zugreift und Ihnen auf diese Weise unkompliziert bei der Lösung des Problems helfen kann. Natürlich können Sie auch umgekehrt als Experte oder Expertin aktiv werden und anderen Personen hilfreich zur Seite stehen.

INFO

Technische Voraussetzungen für die Fernsteuerung

Beim Herstellen einer Remoteverbindung wird das sogenannte *Remote Desktop Protocol* (RDP) verwendet. RDP benutzt für die Kommunikation den *Port* (das ist ein Datenübertragungskanal) 3389. Wenn Sie die Remoteverbindung mithilfe des nachfolgend beschriebenen Verfahrens einrichten, wird Ihr Windows-System automatisch so konfiguriert, dass die Kommunikation über den genannten Port problemlos funktioniert bzw. dass dieser systemseitig geöffnet ist. Es kann jedoch sein, dass Ihr Router den betreffenden Port sperrt. In diesem Fall sollten Sie das Handbuch des Routers konsultieren, um den genannten Port für die Fernsteuerung zu öffnen.

Die Steuerung über Port 3389 ist allerdings auch ein häufiges Einfallstor für Schädlinge. Öffnen Sie den Port nur, wenn Sie die Fernsteuerung auch wirklich brauchen.

22.1 Die Remoteunterstützung in der Praxis

Die Remoteunterstützung ist kein Hexenwerk und kann von allen schnell umgesetzt werden. Nach ein paar kleinen Vorbereitungen auf dem eigenen PC verschickt die Person, die Hilfe benötigt, z. B. per E-Mail, eine Einladung an einen Experten bzw. eine Expertin. Sobald diese helfende Person die Einladung erhalten und geöffnet hat, kann die Hilfestellung aus der Ferne auch schon beginnen. Lesen Sie hierzu bitte unbedingt auch den Kasten »Vorsicht vor Anrufen vermeintlicher Microsoft-Mitarbeiter!«.

ACHTUNG

Vorsicht vor Anrufen vermeintlicher Microsoft-Mitarbeiter!

In den letzten Jahren mehren sich die Fälle, in denen ahnungslose Windows-Benutzer von angeblichen Microsoft-Mitarbeitern angerufen werden. Sollten auch Sie solch einen Anruf erhalten, seien Sie bitte ausgesprochen vorsichtig! Meist behauptet der Anrufer, Ihr Windows-Computer sei aufgrund von Schadsoftware Teil eines illegalen Netzwerkes geworden. Sie werden aufgefordert, den Remotezugriff auf Ihren Computer zuzulassen, damit der Anrufer Ihnen die vermeintliche Schwachstelle zeigen und bei der Behebung helfen kann. Solchen Aufforderungen sollten Sie keinesfalls nachkommen! Denn auf diesem Weg erhält der Anrufer freien Zugriff auf Ihren Computer und ist somit in der Lage, tatsächlich gefährliche Schadsoftware zu installieren. Von all Ihren privaten Daten, die dem Anrufer hierdurch zugänglich sind, ganz zu schweigen. Geben Sie den Remotezugriff also nur für wirklich vertrauenswürdige Mitmenschen frei.

22.1.1 Remoteunterstützung anfordern

Bei einer Remoteverbindung dient ein Computer als sogenannter *Server* bzw. *Wirt*. Auf diesen wird später zugegriffen. Der andere Rechner, der auf den Server zugreift, wird *Client* oder *Gast* genannt. Das im Folgenden vorgestellte Vorgehen funktioniert übrigens nicht nur zwischen zwei Windows 11-Computern, sondern auch unter Windows 10. Wenn Sie Ihren Computer als Server für die Remoteunterstützung freigeben, also selbst Hilfe erhalten möchten, gehen Sie folgendermaßen vor:

1. Geben Sie im Suchfeld der Taskleiste den Begriff »Remoteunterstützung« ein, und wählen Sie aus der Trefferliste den Eintrag **Ermöglicht das Senden von Remoteunterstützungsangeboten** ❶ aus. Meist müssen Sie den Suchbegriff gar nicht vollständig eingeben, da das Ergebnis schon nach wenigen Buchstaben angezeigt wird.

2. Nun wird der Dialog **Systemeigenschaften** mit der Registerkarte **Remote** geöffnet. Stellen Sie sicher, dass das Häkchen vor **Remoteunterstützungsverbindungen mit diesem Computer zulassen** ❷ gesetzt ist. Beenden Sie den Dialog **Systemeigenschaften** mit **OK**.

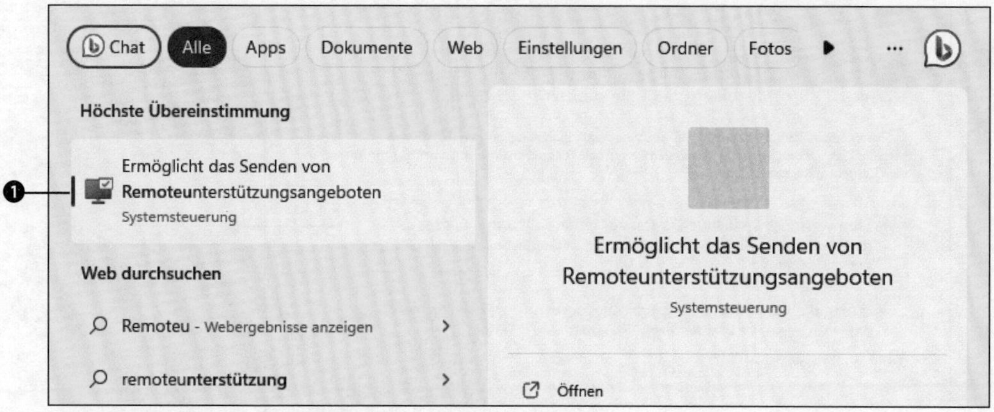

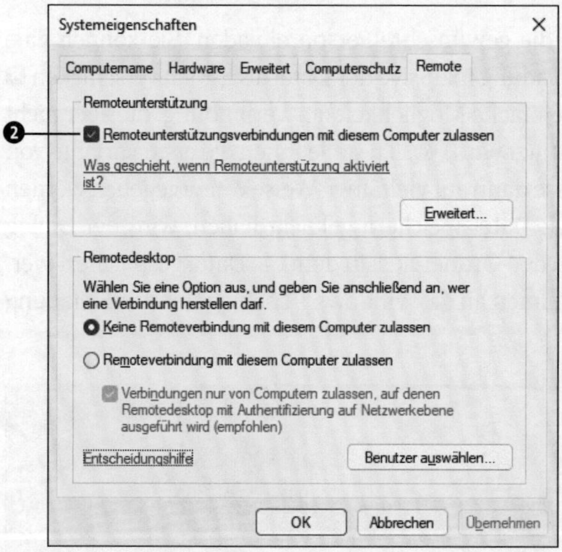

Damit nun ein Experte oder eine Expertin Ihres Vertrauens auf Ihren Computer zugreifen kann, müssen Sie ihm oder ihr eine entsprechende Einladung zukommen lassen. Dazu gehen Sie folgendermaßen vor:

3 Starten Sie zunächst den **Ausführen**-Dialog mit [Win] + [R], und geben Sie dort den Befehl `msra.exe` ein. Wenn Sie dann auf **OK** klicken, wird die **Windows-Remoteunterstützung** gestartet.

4 Klicken Sie in diesem Dialog auf **Eine vertrauenswürdige Person zur Unterstützung einladen** ❸.

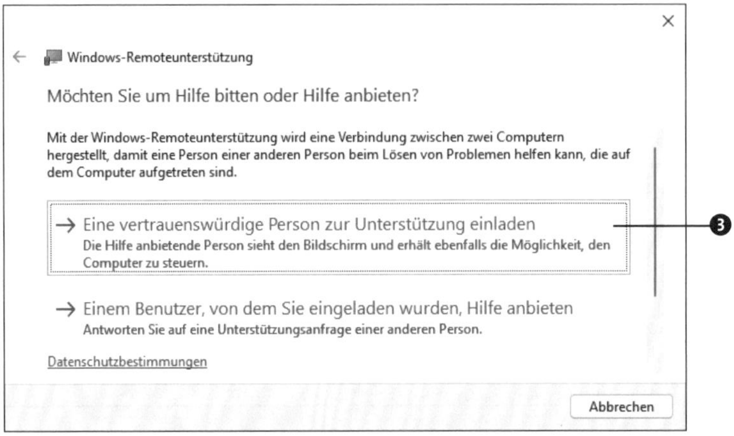

5 Als Nächstes legen Sie fest, wie Sie die gewünschte Person einladen. Sie können eine bestimmte Datei erzeugen ❹, die Einladung inklusive der Datei als E-Mail verschicken ❺ oder *Easy Connect* verwenden (eine einfache Möglichkeit der Verbindung, die aber nicht von allen Windows-Versionen unterstützt wird) ❻. Ich stelle Ihnen die erste Variante vor, also die Erstellung einer Datei, da diese dann auf vielfältige Weise weitergegeben werden kann. Nachdem Sie auf **Einladung als Datei speichern** geklickt haben, wird der Dialog **Speichern unter** geöffnet. Wählen Sie den Ordner aus, in dem die Datei gespeichert werden soll, und geben Sie einen Dateinamen an ❼. Windows 11 schlägt hierfür **Einladung** vor. Bestätigen Sie mit **Speichern** ❽.

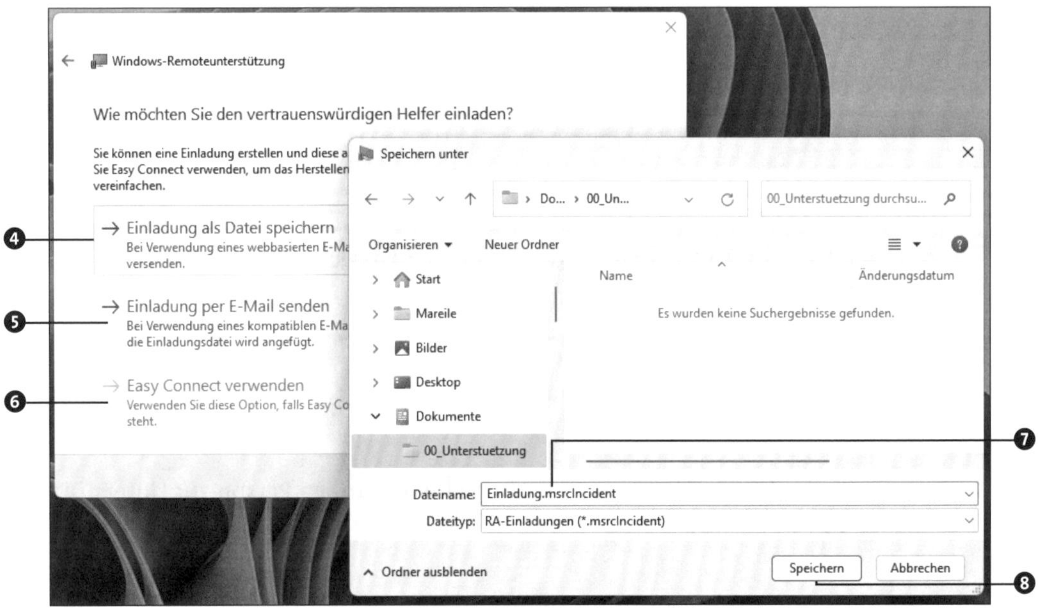

Die gespeicherte Datei kann nun entweder per E-Mail verschickt oder auch anderweitig (z. B. über einen Cloud-Speicher wie *OneDrive*) getauscht werden.

6 Nach dem Speichern der Datei wird Ihnen zudem ein Kennwort angezeigt. Dieses müssen Sie der helfenden Person ebenfalls mitteilen. Wählen Sie hierfür aus Gründen der Sicherheit bitte einen anderen Weg der Übermittlung als für die Datei selbst (z. B. das Telefon).

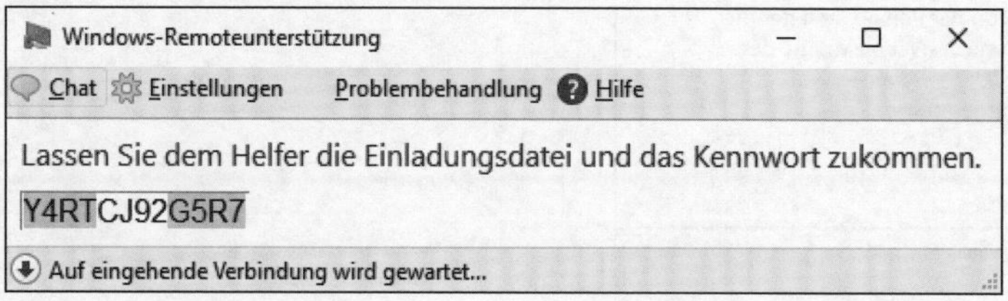

Damit sind die Vorbereitungen von Ihrer Seite aus – also vonseiten des Hilfesuchenden – zunächst abgeschlossen. Lassen Sie den Dialog **Windows-Remoteunterstützung** weiterhin geöffnet. Ihre Helferin bzw. Ihr Helfer nimmt nun folgendermaßen Kontakt mit Ihnen auf:

1 Stellen Sie zunächst sicher, dass auf Ihrem PC das Programm für die Windows-Remoteunterstützung läuft. Sollten Sie den Dialog in der Zwischenzeit doch beendet haben, so müssen Sie ihn neu starten. Damit ist aber auch ein erneutes Zuschicken der Einladung sowie des Kennwortes nötig.

2 Bitten Sie die Ihnen helfende Person, die ihr zugeschickte Datei auf ihrem Computer zu speichern und sie dann per Doppelklick zu starten. Haben Sie den Vorschlag von Windows 11 übernommen, heißt die Datei *Einladung*. Die Datei ist an einem Bildschirmsymbol mit aufliegender Maus ❶ zu erkennen.

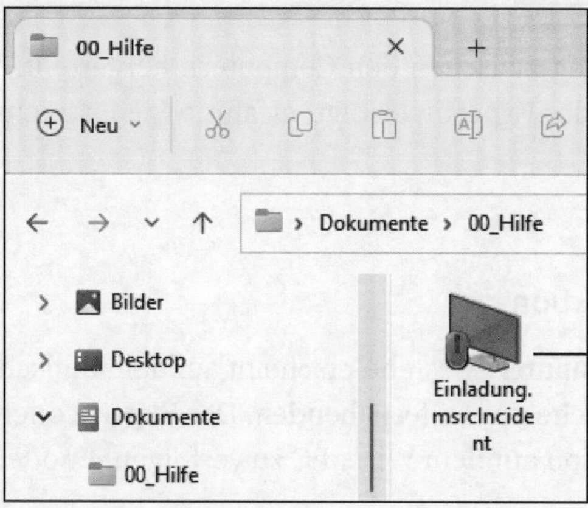

3 Nach dem Start der Datei wird die Ihnen helfende Person aufgefordert, das auf Ihrem Bildschirm sichtbare Passwort einzugeben ❷. Teilen Sie ihr dieses mit.

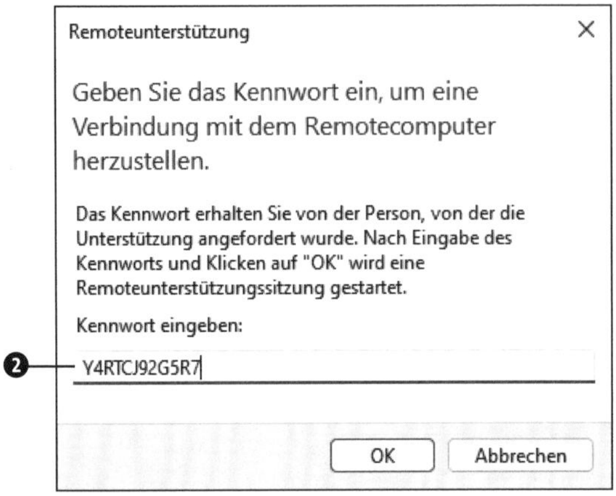

4 Sie müssen nun Ihrerseits den Zugriff auf Ihren PC genehmigen. Klicken Sie zu diesem Zweck im entsprechenden Dialog auf **Ja** ❸. Bis dieser Dialog bei Ihnen auf dem Bildschirm erscheint, kann ein kurzer Moment vergehen.

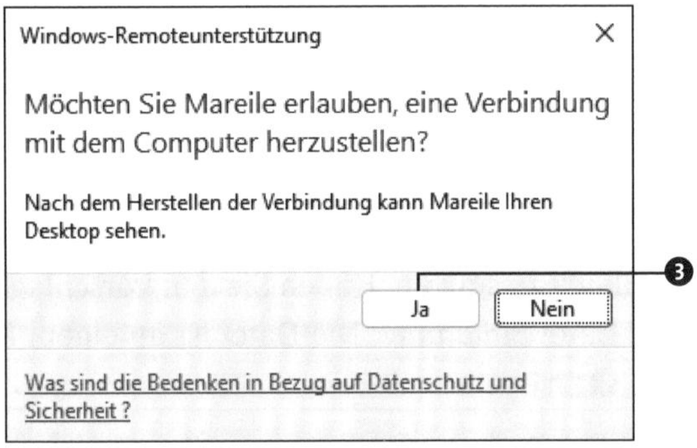

Nach der Bestätigung wird die Verbindung zwischen den Computern hergestellt. Wie nun die Hilfestellung des Experten oder der Expertin erfolgt, erfahren Sie im nächsten Abschnitt.

22.1.2 Die Remoteunterstützung in Aktion

Sobald die Verbindung zwischen den Computern besteht, erscheint auf dem Bildschirm der helfenden Person die Desktopoberfläche des Hilfesuchenden. Der Experte oder die Expertin ist nun in der Lage, jegliche Aktion auf dem Wirts-PC zu verfolgen. Er oder sie kann z. B. per Telefon oder auch über die Chatfunktion der Remoteunterstützung Ratschläge erteilen. Ein Einschreiten, sprich selbst aktiv zu werden, ist allerdings noch nicht möglich. Hierfür muss erst die Person, die Hilfe benötigt, ihre Zustimmung erteilen. Und das funktioniert folgendermaßen:

1 Möchte der Experte selbst auf dem PC des Hilfesuchenden aktiv werden, muss er zunächst die Freigabe mit einem Klick auf **Steuerung anfordern** ❶ beantragen. Der Befehl wird in der linken oberen Bildschirmecke angezeigt. Beim Experten ist der Dialog **Windows-Remoteunterstützung** übrigens doppelt zu sehen: Bei dem einen handelt es sich um den Dialog, der beim Hilfesuchenden auf dem Bildschirm zu sehen ist ❷. Er ist mit dem Zusatz **Hilfe von ...** versehen. Der andere Dialog ist das eigene Fenster der Remoteunterstützung ❸ und gut am Zusatz **... wird geholfen** zu erkennen. Der Experte muss also etwas Vorsicht walten lassen, um im richtigen Dialog die gewünschte Aktion vorzunehmen.

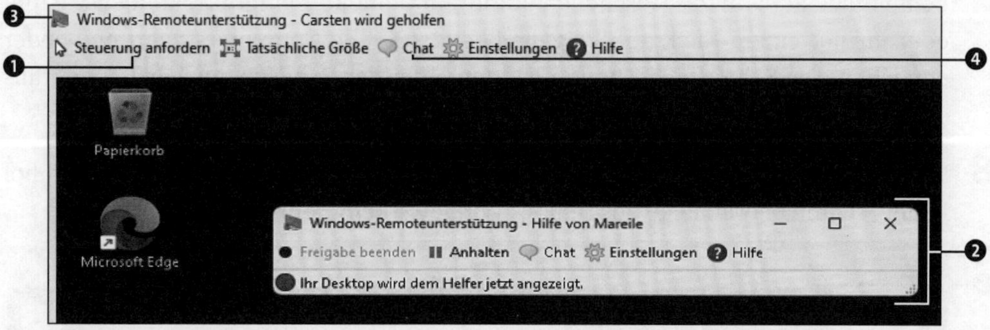

2 Auf dem Bildschirm des oder der Hilfesuchenden wird die Nachfrage **Möchten Sie die Steuerung des Computers für ... freigeben?** eingeblendet. Mit einem Klick auf **Ja** erteilen Sie die Freigabe.

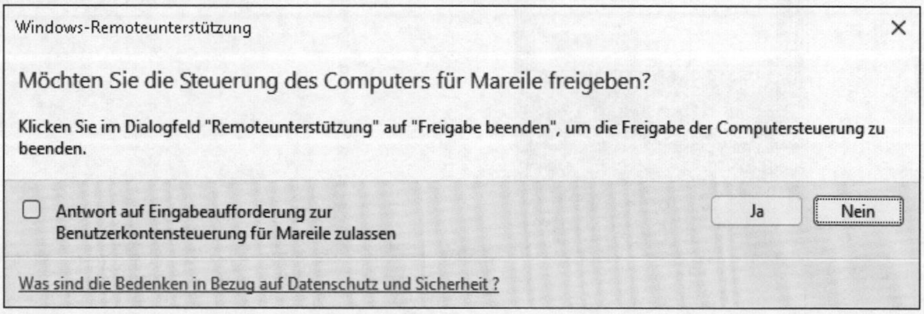

3 Der Experte kann jetzt selbst auf dem Computer des Hilfesuchenden aktiv werden und so z. B. Einstellungen ändern oder auch Apps installieren bzw. deinstallieren.

4 Wenn sich beide Seiten austauschen möchten, kann dies per Telefon geschehen oder aber auch über die Chatfunktion der Remoteunterstützung. Um die Funktion zu aktivieren, reicht ein Klick auf **Chat** ❹ im Dialog **Windows-Remoteunterstützung**.

5 Beim Experten erscheint nun am linken Bildschirmrand eine Spalte, in deren oberem Bereich der bisherige Chatverlauf angezeigt wird ❺. Ist dies bei Ihnen nicht der Fall, können Sie die Spalte per Klick auf **Chat** ❻ in der Symbolleiste einblenden. Im unteren Feld wird die Nachricht an die Hilfe suchende Person eingegeben ❼ und mit **Senden** ❽ auf deren Computer übertragen.

6 Die gesendete Nachricht wird auf dem Computer der Hilfe suchenden Person im Dialog **Windows-Remoteunterstützung** eingeblendet ❾. Die Antwort wird auch hier in das untere Feld eingetragen ❿.

7 Wenn Sie als Hilfe suchende Person nicht mehr möchten, dass Ihr Freund oder Familienmitglied aktiv in das Geschehen auf Ihrem Computer eingreift, können Sie ihm oder ihr mit einem Klick auf **Freigabe beenden** ⓫ die Computersteuerung wieder entziehen. Die Schaltfläche steht auch dem oder der Expertin zur Verfügung, falls sich er oder sie nur noch auf die Beobachtung beschränken möchte ⓬.

8 Soll der Fernzugriff ganz beendet werden, reicht ein Klick auf das Schließensymbol in der rechten oberen Ecke des Dialogs **Windows-Remoteunterstützung** ⓭.

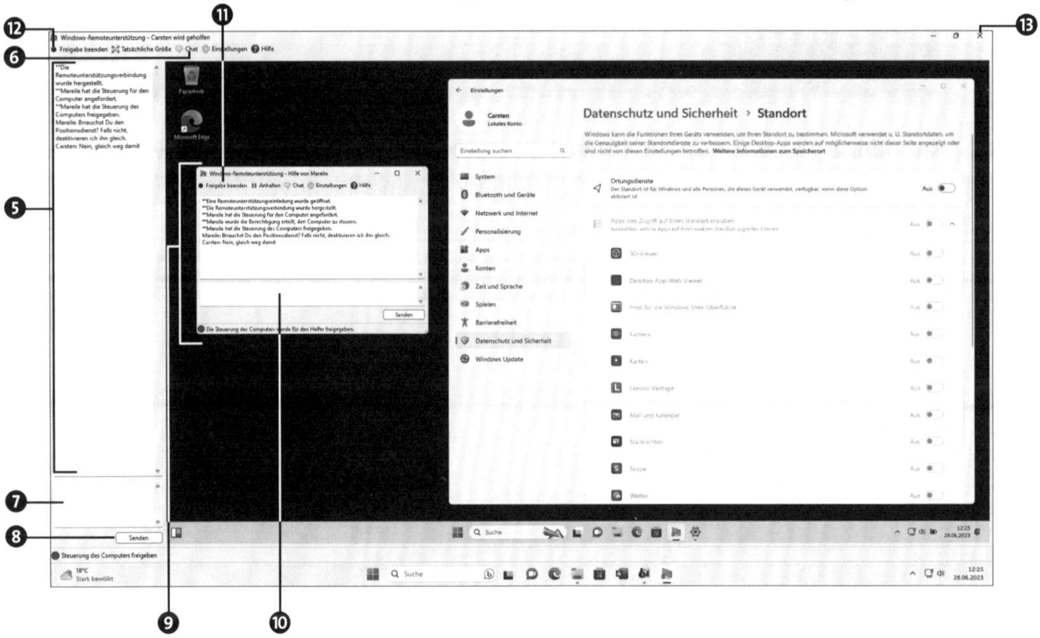

22.2 Der TeamViewer als Alternative

Eine interessante Alternative zur Windows-eigenen Remotefunktion ist die Lösung eines Drittanbieters: der *TeamViewer*. Die Software steht nicht nur für das Betriebssystem Windows zur Verfügung, sondern kann auch z. B. auf einem Apple iMac oder einem Android-Smartphone installiert werden. Zudem bietet sich das Programm zum gemeinsamen Arbeiten an Dokumenten an. Dateien können dabei in der TeamViewer-Umgebung problemlos vom Gast zum Wirt und umgekehrt kopiert werden.

22.2.1 TeamViewer herunterladen und installieren

Die gute Nachricht: Solange Sie den TeamViewer privat und nicht gewerbsmäßig verwenden, ist die Software für Sie kostenlos.

1 Laden Sie das Softwarepaket von *www.teamviewer.com/de/* herunter, indem Sie dort auf die Schaltfläche **Kostenloser** Download klicken. Stellen Sie sicher, dass auf der folgenden Seite **Windows** markiert ist. Blättern Sie nach unten bis zum **TeamViewer Full Client**. Klicken Sie rechts davon auf **x86-64bit** ❶. Die Installationsdatei wird nun auf Ihren Computer heruntergeladen.

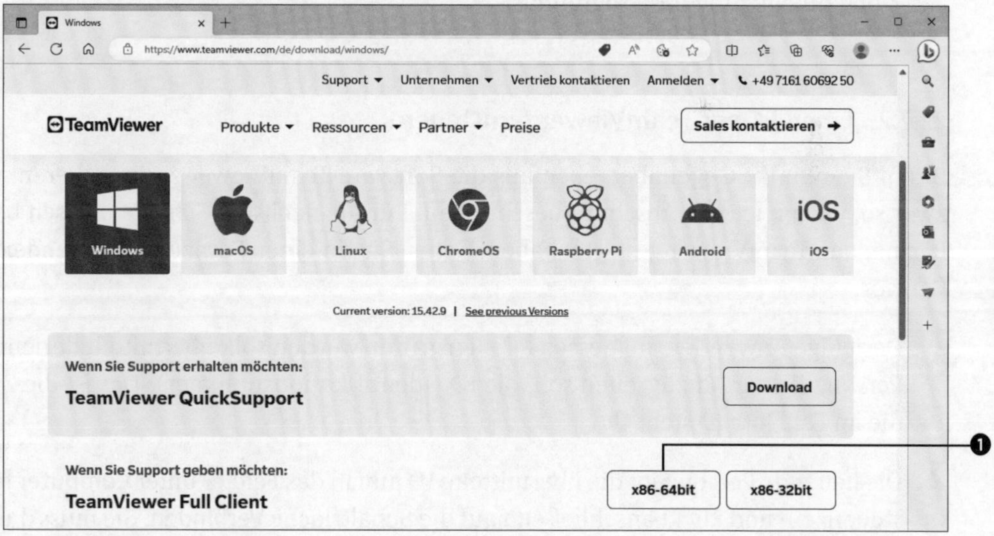

2 Nach dem Download finden Sie die Installationsdatei im Verzeichnis *Downloads*. Starten Sie die Installation, indem Sie im Explorer auf die Datei doppelklicken. Markieren Sie im ersten Dialog die Option **Installation mit Standardinstallation** ❷. Bestätigen Sie anschließend mit **Stimme zu – weiter** ❸.

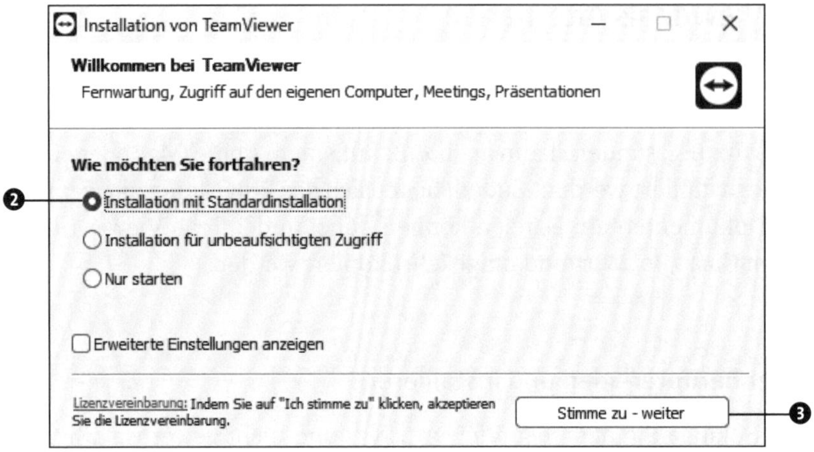

3 Bestätigen Sie nun die Installationsnachfrage der Benutzerkontensteuerung. Daraufhin wird das Programm installiert. Den Dialog mit Informationen über neue Funktionen bestätigen Sie mit **OK**. Abschließend müssen Sie nun noch das Lizenzabkommen akzeptieren, indem Sie das entsprechende Kästchen mit einem Häkchen versehen und dann auf **Fortsetzen** klicken. Das Programm TeamViewer wird nun sofort gestartet. Zusätzlich öffnet sich das Programmfenster des Browsers mit einigen Tipps zur Nutzung des Programms.

22.2.2 Einen PC per TeamViewer fernsteuern

Bitten Sie nun Ihr Gegenüber, ebenfalls die Software TeamViewer zu installieren, und zwar so, wie im letzten Abschnitt beschrieben. Für die nächsten Schritte müssen beide Partner den TeamViewer gestartet haben. Gehen Sie für einen Fernzugriff folgendermaßen vor:

1 Derjenige Anwender, auf dessen PC zugegriffen werden soll, übermittelt derjenigen Person, die darauf zugreifen soll, die ID (Identifikationsnummer). Das ist die Zahl, die im Feld **Ihre ID** steht ❶.

2 Die helfende Person gibt die übermittelte ID nun in das Feld ❷ unter **Computer fernsteuern** ein und klickt anschließend auf die Schaltfläche **Verbinden**. Sie muss darauf achten, dass die Option **Fernsteuerung** ❸ ausgewählt ist.

3 Schließlich muss der Hilfe leistenden Person noch das Kennwort mitgeteilt werden. Dieses findet der Hilfe suchende Anwender unterhalb von **Passwort** ❹. Dieses Kennwort gibt die Hilfe leistende Person auf Nachfrage ein ❺, und bestätigt mit **Anmelden**.

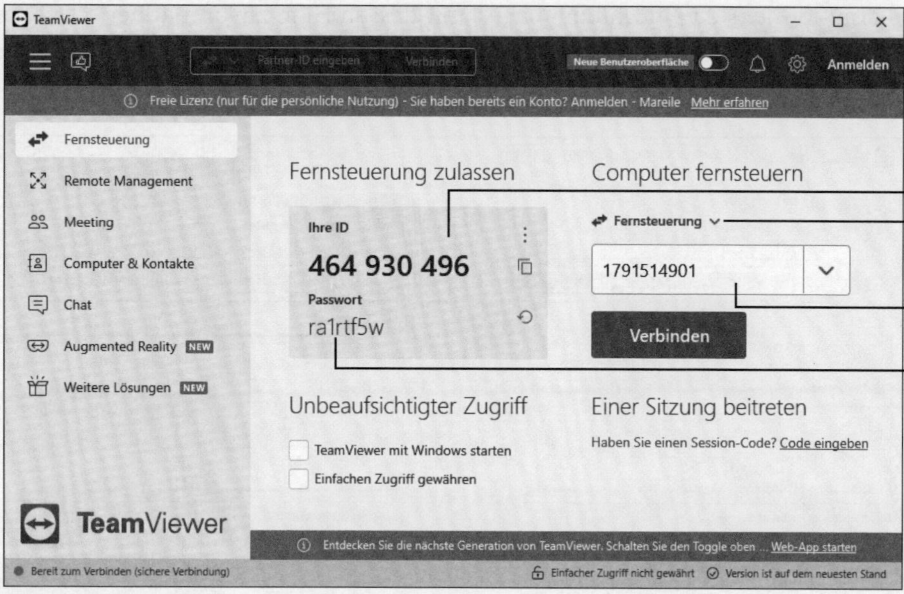

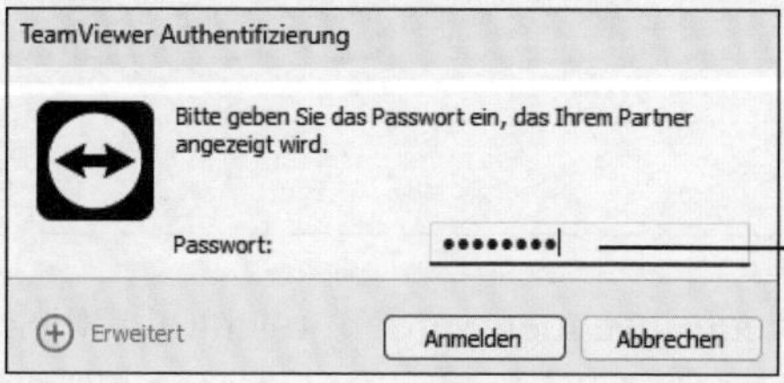

Der Desktop des Hilfesuchenden wird nun in einem Fenster auf dem PC der Hilfeleistenden eingeblendet, und diese kann den Remote-PC aus der Ferne bedienen, als würde sie direkt davorsitzen.

Der TeamViewer bietet außerdem die Möglichkeit, Dateien zwischen Gast und Wirt auszutauschen:

1 Dazu klicken Sie einfach auf die Schaltfläche **Dateien & Extras** ❻ am oberen Rand des TeamViewer-Fensters des Gastes und im aufklappenden Menü auf **Dateiübertragung öffnen** ❼.

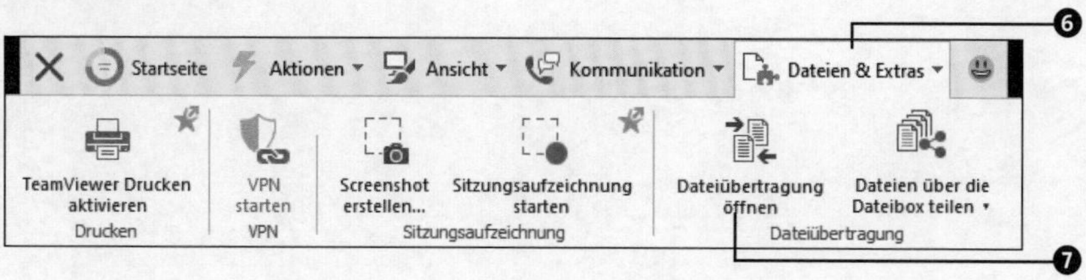

2 Hierauf öffnet sich ein Dateimanager, mit dessen Hilfe zuvor markierte Dateien ❽ vom eigenen Computer auf den Partnercomputer gesendet ❾ bzw. dort markierte Dateien umgekehrt auf dem eigenen PC empfangen ❿ werden können.

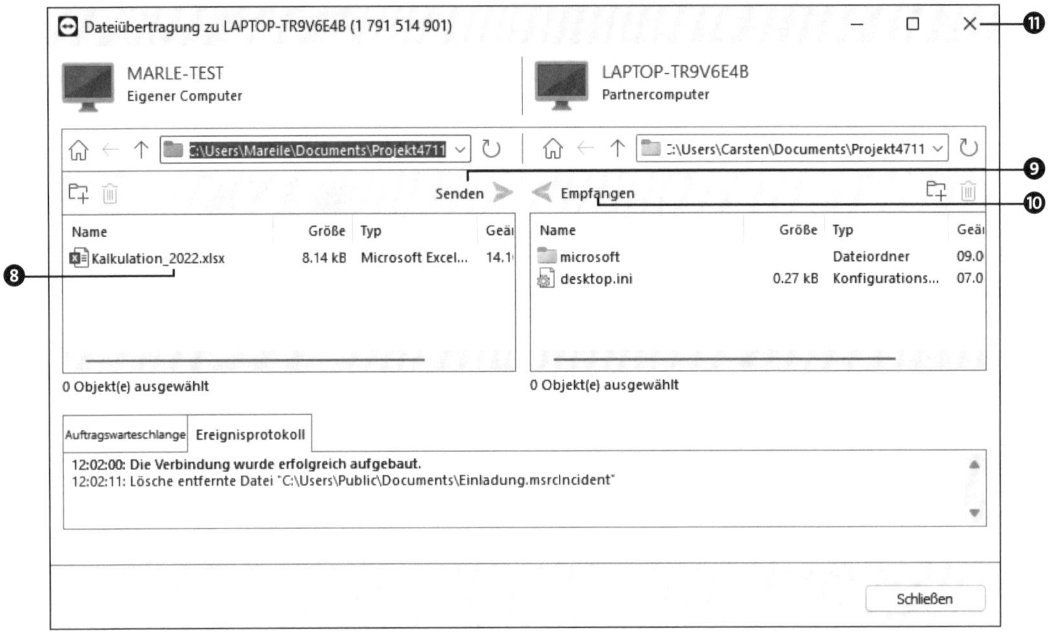

Soll die Verbindung zwischen beiden PCs wieder beendet werden, reicht ein Klick auf das Kreuzsymbol ⓫ in der Symbolleiste auf dem Gast-PC. Schließen Sie dann alle weiteren noch geöffneten Dialoge von TeamViewer jeweils mit einem Klick auf das Schließensymbol in der rechten oberen Fensterecke.

23 Eingabeaufforderung und Windows PowerShell

Sie sind die Werkzeuge der Expert*innen: Mithilfe der *Windows PowerShell* und der *Eingabeaufforderung* lässt sich Windows 11 durch Kommandos steuern, die per Tastatur eingegeben werden. Das ist sehr effektiv und bietet darüber hinaus Konfigurationsmöglichkeiten, die Sie in den Einstellungen und der Systemsteuerung zum Teil vergeblich suchen. Hier sind nur vier kleine Beispiele, die zeigen, was sich mithilfe der beiden Werkzeuge schnell umsetzen lässt:

- Sie möchten testen, ob Ihr Router über das Netzwerk erreichbar ist, und dabei auch Rückmeldungen erhalten.
- Sie möchten WLAN-Passwörter von gespeicherten Netzwerken in Erfahrung bringen.
- Sie möchten mehrere Befehle auf einmal an das Betriebssystem schicken. Das erledigt man mit einer sogenannten *Batch-Datei*, die als Skript von der Eingabeaufforderung ausgewertet wird.
- Sie möchten Fotodateien nach dem Aufnahmemonat sortieren und in entsprechend benannte Ordner verschieben oder MP3-Dateien automatisch mit anderen *Tags* (das sind Informationen zum Musikstück) versehen.

Windows 11 bringt für die Eingabeaufforderung und die Windows PowerShell eine Neuerung mit, denn sie sind nun unter einem Dach zusammengefasst, dem sogenannten *Windows-Terminal*. Wie Sie das Windows-Terminal selbst aufrufen und von dort zur Windows PowerShell oder auch zur Eingabeaufforderung gelangen, zeigt der folgende Abschnitt. Im Anschluss daran werde ich Ihnen anhand einiger Beispiele erläutern, wie Sie die beiden Werkzeuge sinnvoll einsetzen.

23.1 Das Windows-Terminal im Überblick

Die Steuerung des Betriebssystems mit selbst geschriebenen Befehlen, einem sogenannten *Skript*, kann zunächst ungewohnt sein. Gerade diejenigen, die die fensterbasierte Oberfläche gewohnt sind, die sich bequem per Mausklick steuern lässt, müssen zunächst umdenken. Unter Windows gibt es, wie eingangs gesagt, zwei Möglichkeiten, den PC per Tastaturkommandos zu steuern bzw. zu konfigurieren: die Eingabeaufforderung und die Windows PowerShell. Mit der Eingabeaufforderung sind die Windows-

Veteranen der ersten Stunde aufgewachsen. Sie war schon Bestandteil des Windows-Vorgängers DOS, als an eine grafische Oberfläche noch gar nicht zu denken war. Die PowerShell soll die Eingabeaufforderung in Zukunft eigentlich mehr oder weniger komplett ablösen. Dass dies nun wohl doch noch etwas dauern wird, zeigt die Tatsache, dass beide Werkzeuge nun unter einer gemeinsamen Oberfläche zusammengefasst worden sind: dem *Windows-Terminal*.

23.1.1 Das Windows-Terminal starten

Programme für fortgeschrittene Nutzer, wie etwa den Geräte-Manager, den Task-Manager oder auch die Datenträgerverwaltung, erreichen Sie am bequemsten über das Schnellzugriffsmenü, das mit einem Rechtsklick auf das Windows-Logo in der Taskleiste eingeblendet wird. Auch die Eingabeaufforderung ließ sich in den Anfängen von Windows 10 über dieses Menü aufrufen. Mit der Version 1607 von Windows 10 wurde sie durch die Windows PowerShell ersetzt.

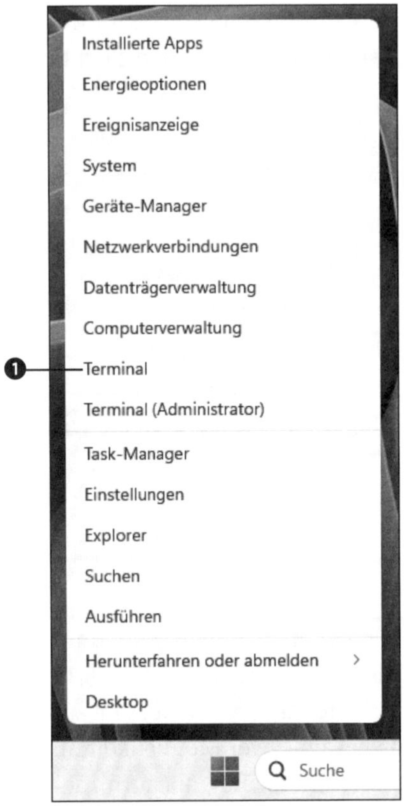

Abbildung 23.1 Das Terminal erreichen Sie am bequemsten über das Schnellzugriffsmenü.

Unter Windows 11 gehört aber auch das der Vergangenheit an. Denn nun wird im Schnellzugriffsmenü das Windows-Terminal – dort kurz **Terminal** ❶ genannt – aufgeführt. Das Schnellzugriffsmenü lässt sich übrigens auch über die Tastenkombination ⊞ + X einblenden.

Wenn Sie für den Aufruf lieber das Startmenü nutzen möchten, klicken Sie hier auf **Alle Apps** und wählen dann den Eintrag **Terminal**. Das Windows-Terminal startet per Standardeinstellung mit einer Registerkarte im PowerShell-Modus. Zu erkennen ist dies an der Beschriftung des Registerreiters, die entsprechend **Windows PowerShell** ❷ lautet.

Über das Plussymbol ❸ rechts dieses Registerreiters lässt sich eine neue PowerShell-Registerkarte öffnen. Wenn Sie statt der Windows PowerShell die Eingabeaufforderung benötigen, klicken Sie auf den kleinen nach unten weisenden Pfeil rechts vom Plussymbol ❹. Markieren Sie im nun aufklappenden Menü die **Eingabeaufforderung** ❺. Die Registerkarte, die zusätzlich eingeblendet wird, zeigt die klassische Eingabeaufforderung, was Sie ebenfalls an ihrer Beschriftung erkennen ❻. Alternativ können Sie zum Öffnen einer Eingabeaufforderung auch die Tastenkombination Strg + ⇧ + 2 drücken. Über die Tastenkombination Strg + ⇧ + 1 öffnet sich wiederum eine Registerkarte im PowerShell-Modus. Wenn Sie eine Registerkarte wieder schließen möchten, reicht ein Klick auf das kleine Kreuzsymbol am rechten Rand des Registerreiters ❼.

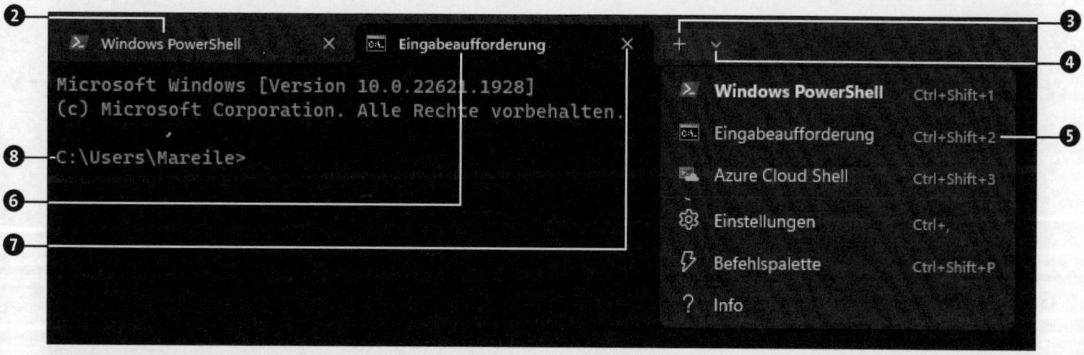

Abbildung 23.2 Das Windows-Terminal startet standardmäßig mit einer PowerShell-Registerkarte; die Eingabeaufforderung lässt sich über das Pfeilsymbol erreichen.

Ob Windows PowerShell oder Eingabeaufforderung: Auf beiden Registerkarten wird der aktuelle Pfad in englischer Bezeichnung eingeblendet. Direkt nach dem Start handelt es sich dabei um den Pfad C:\Benutzer\<Name des Benutzers> ❽.

TIPP

Das Windows-Terminal mit der Eingabeaufforderung öffnen
Microsoft verfolgt mittlerweile die Strategie, dass versierte Anwender*innen primär die Windows PowerShell nutzen sollen. Entsprechend startet das Windows-Terminal auch mit einer PowerShell-Registerkarte. Wenn Sie häufiger mit der Eingabeaufforderung arbeiten, sollten Sie diese als Standardprofil für den Start des Windows-Editors festlegen. Klicken Sie hierzu in der Titelleiste des Windows-Terminals auf den kleinen nach unten weisenden Pfeil, und wählen Sie im aufklappenden Menü die **Einstellungen**. Auf der Registerkarte **Einstellungen** ist links bereits die Kategorie **Starten** markiert. Wählen Sie im Feld **Standardprofil** nun die **Eingabeaufforderung** aus, und bestätigen Sie mit **Speichern**.

23.1.2 Das Windows-Terminal anpassen

Sowohl die Windows PowerShell als auch die Eingabeaufforderung zeigen sich klassischerweise mit dunklem Hintergrund und weißer Schrift. Dies gilt auch für das Windows-Terminal. Falls Ihnen diese Oberfläche zu trist erscheint, können Sie sie auch anpassen:

1 Klicken Sie auf das kleine Pfeilsymbol in der Titelleiste, und wählen Sie im aufklappenden Menü **Einstellungen**.

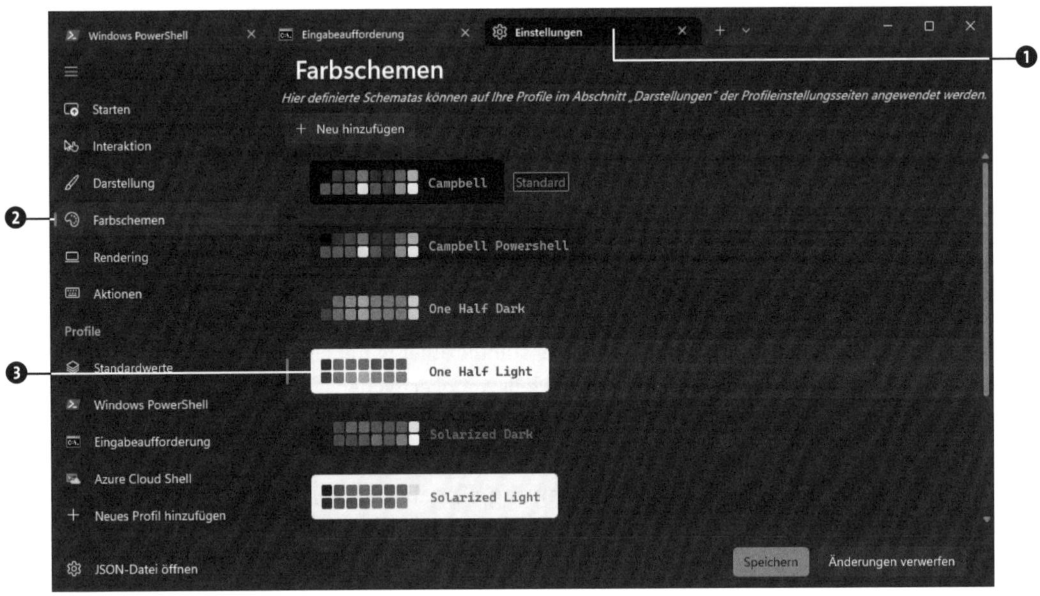

2 Die Registerkarte **Einstellungen** ❶ wird geöffnet. Markieren Sie in der linken Spalte **Farbschemen** ❷. In der rechten Spalte wählen Sie per Mausklick eines der Farbschemen aus ❸.

3 Anschließend haben Sie die Möglichkeit, das ausgewählte Farbschema noch anzupassen. Um z. B. die Farbe des Hintergrundes zu ändern, klicken Sie in das gleichnamige Feld ❹. Passen Sie den Farbton nun über die Farbpalette ❺ und den Schieberegler ❻ an. Den neuen Farbton können Sie gleich im Feld **Hintergrund** prüfen.

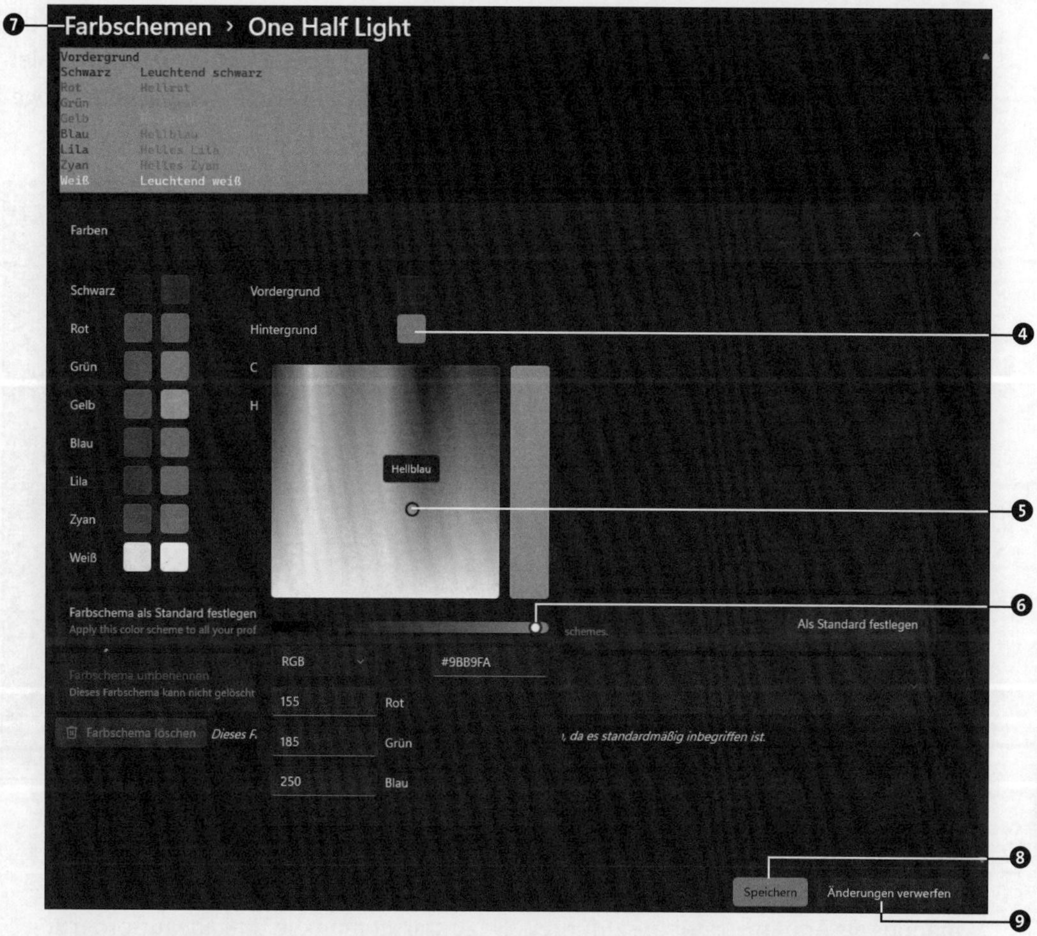

4 Analog können Sie auch die weiteren Systemfarben wie **Vordergrund** und **Cursorfarbe** ändern. Falls Sie ein anderes Farbschema ausprobieren möchten, klicken Sie am oberen Fensterrand auf **Farbschemen** ❼.

5 Gefällt Ihnen eine Farbzusammenstellung, übernehmen Sie sie mit einem Klick auf **Speichern** ❽. Falls Sie doch lieber beim alten Farbschema bleiben möchten, klicken Sie auf **Änderungen verwerfen** ❾.

6 Um die Einstellungen anzuwenden, klicken Sie in der linken Spalte im Bereich **Profile** auf **Standardwerte**. Blättern Sie in der rechten Fensterhälfte nach unten zum Bereich **Zusätzliche Einstellungen**. Hier klicken Sie auf **Darstellung**.

7 Nach einem Klick auf den Pfeil ❿ rechts vom Feld **Farbschema** wählen Sie das gewünschte **Farbschema** aus. Bestätigen Sie mit **Speichern** ⓫. Schließen Sie die Registerkarte **Einstellungen** mit einem Klick auf das Kreuzsymbol ⓬. Die verbleibende noch geöffnete Registerkarte wird nun im ausgewählten Farbschema angezeigt.

TIPP

Das Windows-Terminal als Administrator starten

Für Aufgaben im Bereich der Systemkonfiguration ist es oft erforderlich, Kommandos als Administrator auszuführen. Dazu startet man die Eingabeaufforderung bzw. die Windows PowerShell mit Administratorrechten. Da der Aufruf beider Tools über das Windows-Terminal erfolgt, starten Sie dieses unter Windows 11 einfach mit erhöhten Rechten. Drücken Sie hierzu die Tastenkombination [Win] + [X] oder führen Sie alternativ einen rechten Mausklick auf dem Windows-Logo in der Taskleiste aus. Im Schnellzugriffsmenü wählen Sie dann **Terminal (Administrator)**.

23.2 Die Eingabeaufforderung in der Praxis

Die Eingabeaufforderung stellt einen guten Einstieg in die Welt der Kommandozeilenwerkzeuge (auch *Shells* genannt) dar. Die folgenden Beispiele sollen Ihnen einen kleinen Eindruck davon vermitteln, wie sie sich in der Praxis einsetzen lässt.

23.2.1 Grundlegende Befehle zur Navigation

Beginnen wir mit ein paar einfachen, grundlegenden Aufgaben, z. B. mit der Navigation durch Ordner bzw. mit dem Erzeugen von Ordnern und Dateien – also mit Aktionen, die Sie normalerweise mit dem Explorer erledigen:

1 Öffnen Sie zunächst das Windows-Terminal über das Schnellzugriffsmenü (siehe Abschnitt 23.1.1, »Das Windows-Terminal starten«, ab Seite 878). Klicken Sie dann auf das Pfeilsymbol, und wählen Sie im aufklappenden Menü die **Eingabeaufforderung** aus.

2 Prüfen Sie als Erstes, in welchem Verzeichnis Sie sich befinden. Das geschieht durch Eingabe des Befehls `dir`, gefolgt von der Taste [↵]. Groß- oder Kleinschreibung spielen bei der Eingabe von Befehlen in der Eingabeaufforderung übrigens keine Rolle.

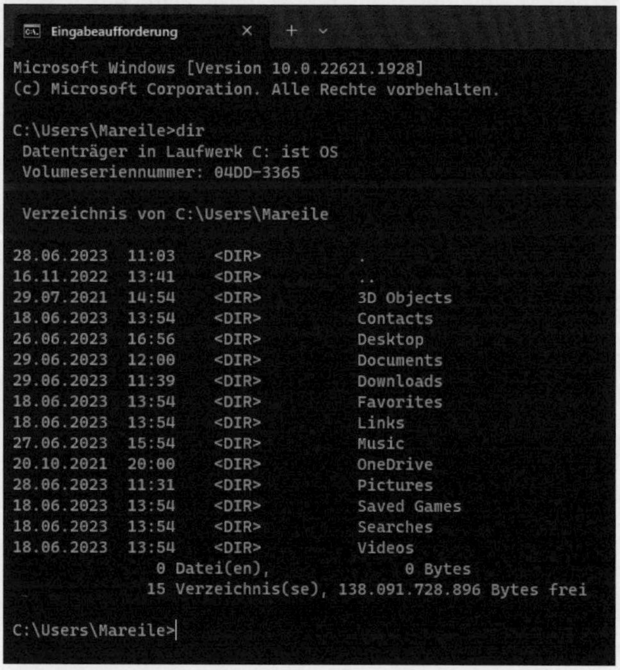

Sie werden feststellen, dass Sie direkt in Ihrem Benutzerverzeichnis gelandet sind. Im Gegensatz zur Darstellung im Explorer erscheinen die Verzeichnisnamen in englischer Sprache. Dabei bezeichnet etwa *Documents* das Verzeichnis *Dokumente* innerhalb Ihres Benutzerordners, *Pictures* steht für *Bilder* usw.

3 Wechseln Sie als Nächstes in den Ordner *Documents*. Hierzu tippen Sie den Befehl `cd Documents` ein. Wenn Sie möchten, können Sie sich ein wenig Tipparbeit sparen, indem Sie lediglich `cd Doc`, gefolgt von der Taste [↹], eingeben. Dadurch wird der Name des Verzeichnisses, das mit der vorgegebenen Buchstabenfolge beginnt, automatisch vervollständigt, sofern der Name eindeutig ist – sofern es also keine weiteren Verzeichnisse gibt, die mit der gleichen Buchstabenfolge beginnen. Wird der gewünschte Ordner angezeigt, drücken Sie zur Bestätigung die Taste [↵]. Geben Sie erneut den Befehl `dir` ein, und bestätigen Sie auch diesen durch Drücken der Taste [↵]. Nun werden alle Dateien und Ordner aufgelistet, die Sie im Ordner *Dokumente* abgelegt haben.

4 Um im aktuellen Verzeichnis einen neuen Ordner mit dem Namen »Beispiel« zu erstellen, geben Sie einfach `mkdir beispiel` ein und drücken die Taste [↵]. Wechseln Sie in den soeben erstellten Ordner über den Befehl `cd beispiel`.

5 Erstellen Sie dort eine neue Textdatei über den Befehl `copy con testdatei.txt`. Drücken Sie die Taste [↵], und geben Sie einen kleinen Text in die Datei ein, z. B.: `Dies ist ein Beispieltext`. Betätigen Sie erneut die Taste [↵], um eine weitere Zeile zu erzeugen, und drücken Sie anschließend die Tastenkombination [Strg] + [Z], gefolgt von [↵]. Dadurch wird der eingegebene Text gespeichert und die Datei geschlossen.

6 Lassen Sie sich abschließend den Inhalt der soeben erstellten Datei über `type testdatei.txt` anzeigen.

```
C:\Users\Mareile\Documents>mkdir beispiel

C:\Users\Mareile\Documents>cd beispiel

C:\Users\Mareile\Documents\beispiel>copy con testdatei.txt
Dies ist ein Beispieltext
^Z
        1 Datei(en) kopiert.

C:\Users\Mareile\Documents\beispiel>type testdatei.txt
Dies ist ein Beispieltext

C:\Users\Mareile\Documents\beispiel>
```

7 Navigieren Sie eine Verzeichnisebene zurück. Dies geschieht über `cd..`. Anders als bei Unix-artigen Kommandozeilen ist ein Leerzeichen zwischen `cd` und `..` nicht zwingend notwendig.

8 Mithilfe des `cd`-Befehls (die Abkürzung steht übrigens für *change directory*, zu Deutsch »Wechsle (das) Verzeichnis«) können Sie auch gezielt zu weiter entfernten Verzeichnissen navigieren. Beispiel: `cd C:\Windows` führt Sie direkt in das Stammverzeichnis Ihrer Windows-Installation.

```
C:\Users\Mareile\Documents\beispiel>cd..

C:\Users\Mareile\Documents>cd C:\Windows

C:\Windows>
```

Tabelle 23.1 zeigt einige häufig verwendete Befehle für die Eingabeaufforderung.

Befehl	Bedeutung
`cd`	Verzeichnis anzeigen bzw. wechseln
`cls`	Löscht die letzten Ein- und Ausgaben.
`copy`	Kopiert eine Datei.
`date`	Zeigt das Datum an oder setzt das Systemdatum neu.
`dir`	Zeigt den Inhalt des aktuellen Verzeichnisses an.
`del`	Löscht eine Datei.
`help`	Zeigt die Hilfe zu einem bestimmten Befehl an.
`mkdir`	Erzeugt ein Verzeichnis.
`move`	Verschiebt eine Datei in ein anderes Verzeichnis.
`rmdir`	Löscht ein Verzeichnis.
`time`	Zeigt die Systemzeit an oder setzt sie neu.
`type`	Gibt den Inhalt einer Textdatei aus.
`vol`	Zeigt die Bezeichnung des aktuellen Datenträgers.

Tabelle 23.1 Einige wichtige Befehle der Eingabeaufforderung

TIPP

Pfade in die Eingabeaufforderung kopieren

Um die Eingabe von langen Pfaden in die Eingabeaufforderung zu vereinfachen, navigieren Sie zunächst mit dem Explorer zum übergeordneten Verzeichnis, etwa **Bilder** ❶. Klicken Sie nun im Inhaltsbereich des Explorers den gewünschten Ordner ❷ mit der rechten Maustaste an, und wählen Sie im Kontextmenü den Befehl **Als Pfad kopieren** ❸.

Begeben Sie sich anschließend in die Eingabeaufforderung. Um in das Verzeichnis zu wechseln, dessen Pfad Sie gerade kopiert haben, geben Sie das Kommando `cd`, gefolgt von einem Leerzeichen ein. Drücken Sie nun die rechte Maustaste, wird der kopierte Pfad in der aktiven Eingabezeile ergänzt ❹. Durch Drücken der Taste [↵] gelangen Sie direkt in das Verzeichnis.

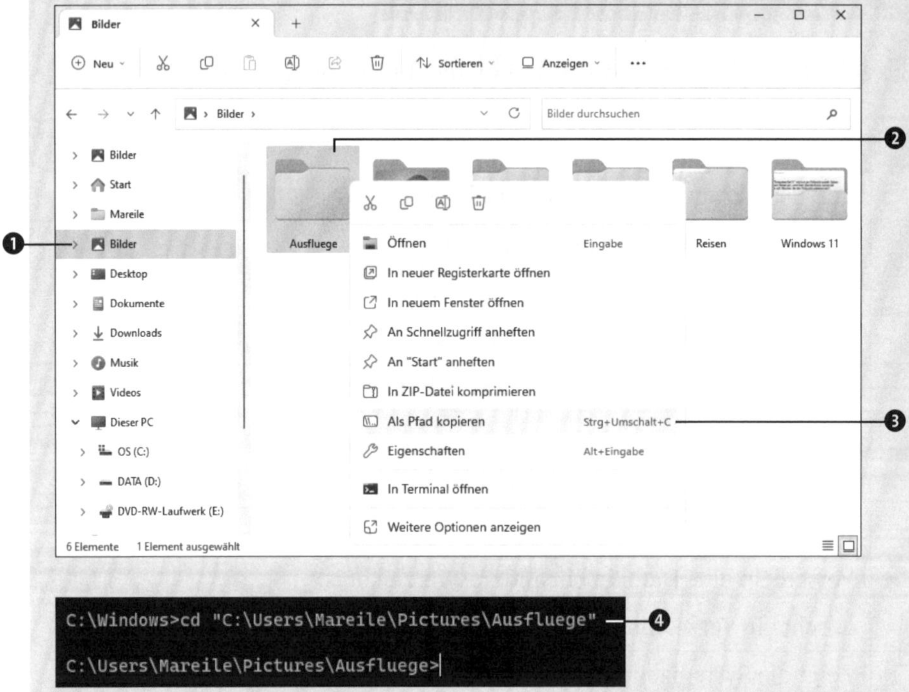

Abbildung 23.3 Pfade lassen sich vom Explorer in die Eingabeaufforderung kopieren.

23.2.2 Weitere Befehle der Eingabeaufforderung

Die im vorangegangenen Abschnitt beschriebenen Basiskommandos der Eingabeaufforderung sind nur die Spitze des Eisberges. Sie haben Zugriff auf eine Vielzahl von Systembefehlen. Diesen können bei Bedarf bestimmte Parameter in Form von Schaltern übergeben werden. Um z. B. die IP-Adresse Ihres Computers in Erfahrung zu bringen, lassen Sie sich sämtliche am PC angeschlossenen und konfigurierten Netzwerkschnittstellen auflisten. Geben Sie dazu den Befehl `ipconfig /all` ein. Der Befehl `ipconfig` listet dabei die Schnittstellen auf, der Schalter `/all` sorgt dafür, dass alle Informationen bezüglich der Netzwerkschnittstellen ausgegeben werden.

Möchten Sie überprüfen, ob bestimmte Server im lokalen Netzwerk oder auch im Internet erreicht werden können, geben Sie das Kommando `ping` ein, gefolgt von der IP-Adresse oder dem Namen des Servers. Beispiel: `ping www.tagesschau.de`.

```
C:\Users\Mareile>ping www.tagesschau.de

Ping wird ausgeführt für e8178.dsce6.akamaiedge.net [2a02:26f0:12d:296::1ff2] mit 32 Bytes Daten:
Antwort von 2a02:26f0:12d:296::1ff2: Zeit=31ms
Antwort von 2a02:26f0:12d:296::1ff2: Zeit=30ms
Antwort von 2a02:26f0:12d:296::1ff2: Zeit=30ms
Antwort von 2a02:26f0:12d:296::1ff2: Zeit=30ms

Ping-Statistik für 2a02:26f0:12d:296::1ff2:
    Pakete: Gesendet = 4, Empfangen = 4, Verloren = 0
    (0% Verlust),
Ca. Zeitangaben in Millisek.:
    Minimum = 30ms, Maximum = 31ms, Mittelwert = 30ms

C:\Users\Mareile>
```

Abbildung 23.4 Per Eingabeaufforderung lassen sich Netzwerkverbindungen perfekt testen.

Ein weiteres Beispiel: Sie haben sich mit Ihrem Windows 11-Notebook schon vor längerer Zeit mit einem WLAN-Netz verbunden und möchten nun ein weiteres Gerät, z. B. Ihr Smartphone, mit demselben Netz verbinden. Unglücklicherweise haben Sie aber dessen Passwort vergessen. Gehen Sie folgendermaßen vor, um das in Windows gespeicherte Passwort in Erfahrung zu bringen:

1 Starten Sie die Eingabeaufforderung, und geben Sie den folgenden Befehl ein, den Sie wieder durch Drücken der Taste ↵ bestätigen:

```
netsh wlan show profiles
```

Darauf erscheint eine Liste aller drahtlosen Netzwerke, mit denen sich Ihr Computer bislang verbunden hat. Suchen Sie aus der Liste den Namen (bzw. die sogenannte SSID) des betreffenden Netzwerkes heraus.

2 Geben Sie nun den folgenden Befehl ein:

```
netsh wlan show profile name="Name des WLANs" key=clear
```

Den Namen des in Schritt 1 identifizierten Netzwerkes müssen Sie bei diesem Befehl in Anführungszeichen setzen. Durch Drücken der Taste ↵ führen Sie den Befehl aus.

Der Schlüssel bzw. das Passwort des betreffenden WLANs erscheint nun im Klartext im Fenster der Eingabeaufforderung, und zwar in der Rubrik **Sicherheitseinstellungen** und dort hinter dem Wort **Schlüsselinhalt**.

23.2.3 Eine Batch-Datei erstellen

Wenn Sie komplizierte Befehlsfolgen – auch unter Verwendung gängiger Programmierelemente wie Verzweigungen und Schleifen – eingeben möchten, dann bietet es sich an, eine *Batch-Datei* (auch *Stapeldatei* genannt) anzulegen. Wie dies funktioniert, zeige ich Ihnen anhand eines Beispiels. In ihm soll eine Batch-Datei erstellt werden, die den Computer nach 10 Sekunden automatisch herunterfährt. Dazu ist es zunächst erforderlich, sich die Endung von Batch-Dateien (**.bat*) im Explorer anzeigen zu lassen:

1 Starten Sie den Explorer, und begeben Sie sich in ein Verzeichnis, in dem eine Batch-Datei erstellt werden soll, z. B. in *Dokumente*.

2 Klicken Sie in der Symbolleiste des Explorers auf **Anzeigen**, und bewegen Sie den Mauszeiger im aufklappenden Menü auf **Einblenden**. Stellen Sie sicher, dass der Eintrag **Dateinamenerweiterungen** mit einem Häkchen versehen ist ❶. Ist dies nicht der Fall, holen Sie es mit einem Mausklick auf den Eintrag nach.

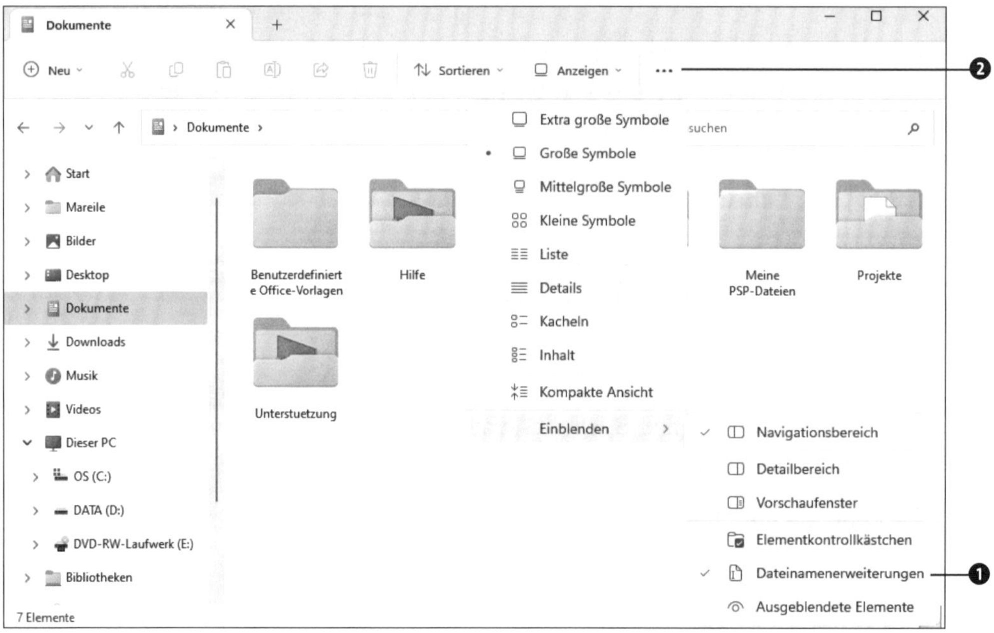

3 Klicken Sie anschließend in der Symbolleiste auf das Symbol mit den drei kleinen Punkten ❷ und dann auf **Optionen**. Im Dialog **Ordneroptionen** wechseln Sie auf die Registerkarte **Ansicht** ❸ und entfernen das Häkchen vor **Erweiterungen bei bekannten Dateitypen ausblenden** ❹. Bestätigen Sie die Änderungen, indem Sie auf **Übernehmen** und **OK** klicken.

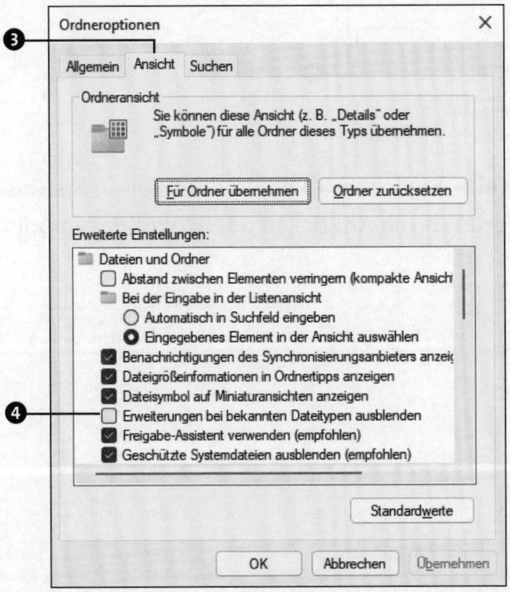

4 Führen Sie nun einen rechten Mausklick in dem Verzeichnis durch, in dem Sie die Batch-Datei erstellen wollen. Im Kontextmenü wählen Sie nacheinander **Neu ▸ Textdokument**. Überschreiben Sie den angezeigten Dokumentnamen **Neues Textdokument.txt** mit der neuen Bezeichnung »Herunterfahren.txt«.

5 Doppelklicken Sie auf die gerade erzeugte Datei *Herunterfahren.txt*. Öffnet sich der Dialog **Wie soll diese Datei geöffnet werden?**, markieren Sie **Editor**. Dadurch wird die Datei im *Editor* geöffnet. Nun können Sie innerhalb der Textdatei die folgenden Befehle eingeben ❺:

```
@echo off
echo Soll der PC wirklich heruntergefahren werden?
pause
shutdown /s /c "Der PC fährt in 10 Sekunden herunter." /t 10
```

Die Befehle haben folgende Bedeutung: Zunächst wird gefragt, ob der Benutzer sicher ist, dass der PC heruntergefahren werden soll. Achten Sie also an dieser Stelle darauf, dass Sie sämtliche Dokumente, an denen Sie gerade arbeiten, abgespeichert haben. Die Meldung muss dann mit der Taste [↵] bestätigt werden. Anschließend wird der PC nach 10 Sekunden unter Ausgabe einer entsprechenden Meldung heruntergefahren.

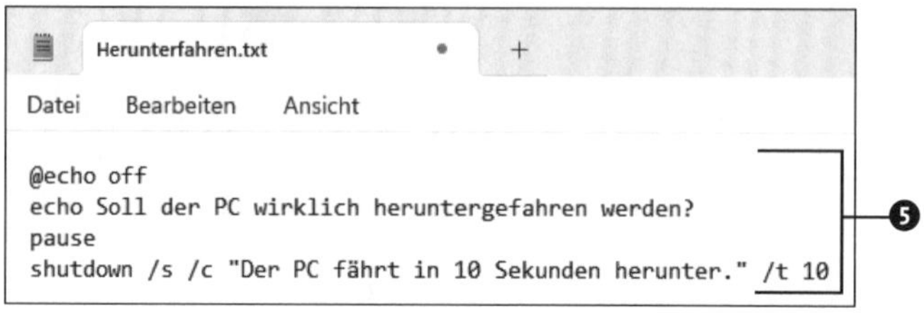

6 Speichern Sie die Änderungen über **Datei ▸ Speichern** ❻ ab, und schließen Sie das Editor-Fenster über **Datei ▸ Beenden** ❼ oder durch Anklicken des Schließensymbols im Programmfenster oben rechts.

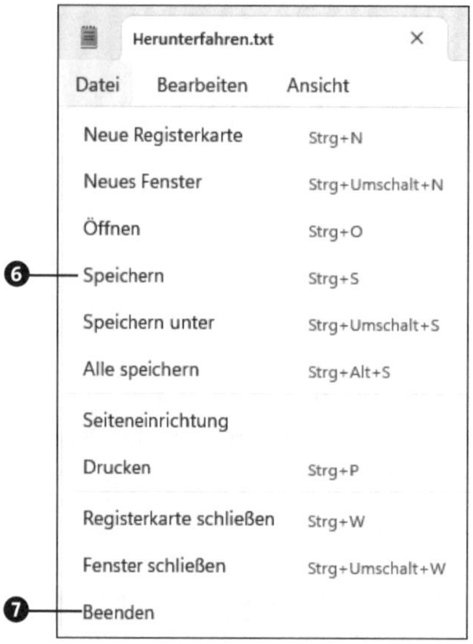

7 Nun kommt der wesentliche Trick: Führen Sie im Explorer erneut einen rechten Mausklick über der betreffenden Datei durch, und klicken Sie im Kontextmenü auf das Symbol **Umbenennen** [Symbol]. Ändern Sie die Endung der Datei von **txt** in »bat«. Bestätigen Sie die daraufhin erscheinende Warnung des Betriebssystems. Die Datei sollte nun durch ein geändertes Symbol dargestellt werden ❽.

8 Testen Sie schließlich die Funktion der Batch-Datei, indem Sie diese per Doppelklick starten. Möchten Sie nicht, dass der PC heruntergefahren wird, so schließen Sie einfach das Fenster. Ansonsten betätigen Sie die Taste [↵]. Nun erscheint ein Fenster mit einer entsprechenden Meldung, und anschließend wird Ihr PC heruntergefahren.

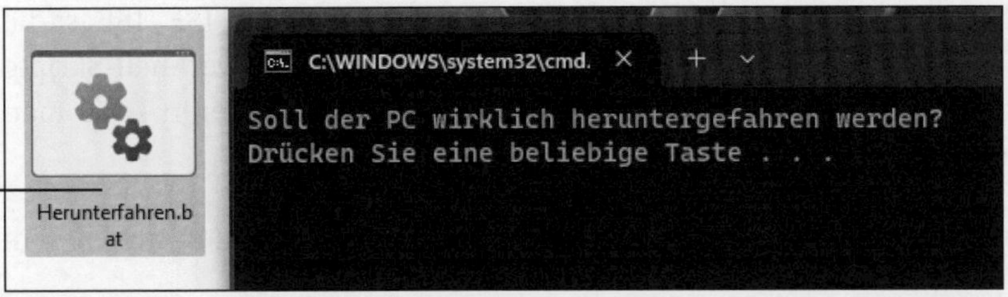

Weiterführende Informationen zur Eingabeaufforderung

INFO

Möchten Sie die Batch-Datei noch weiter verändern bzw. weitere Befehle ergänzen, so führen Sie zu diesem Zweck im Explorer einen rechten Mausklick über dem Symbol der Datei aus und wählen im Kontextmenü zunächst den Befehl **Weitere Optionen anzeigen** und im folgenden Kontextmenü dann **Bearbeiten**. Hierdurch öffnet sich erneut der Editor, und Sie können die gewünschten Ergänzungen vornehmen. Vergessen Sie nicht, die Datei abschließend, wie in Schritt 6 gezeigt, zu speichern. Eine Übersicht mit einigen interessanten Beispielen zur Programmierung von Batch-Dateien unter Windows finden Sie unter dem Link *www.script-example.com/themen/Windows_Batch.php*.

23.3 Die Windows PowerShell in der Praxis

Microsoft richtet sein Augenmerk immer stärker auf die Windows PowerShell. Während die Eingabeaufforderung (auch bekannt als *cmd.exe*) schon seit Windows-Urzeiten mehr oder weniger unverändert geblieben ist, wird die Windows PowerShell fleißig weiterentwickelt. Die Windows PowerShell ist nicht etwa die Eingabeaufforderung in einem neuen Gewand. Sie ist wesentlich mächtiger und zeichnet sich insbesondere durch folgende Eigenschaften aus:

- Die Windows PowerShell bietet verbesserte Eingabehilfen. Beispielsweise werden Bestandteile von Befehlen farbig hervorgehoben.
- Die Anzahl der möglichen Befehle übersteigt den Befehlssatz der Eingabeaufforderung bei Weitem.
- Die Windows PowerShell verfügt im Gegensatz zur Eingabeaufforderung über eine Vielzahl von Befehlen, die einen Zugriff auf die Netzwerkkonfiguration gestatten.
- Die Windows PowerShell arbeitet mit einem modernen objektorientierten Ansatz, wie man ihn auch von vielen aktuellen Computersprachen her kennt.

- Es existiert eine integrierte Entwicklungsumgebung, die *PowerShell ISE* (ISE ist die Abkürzung für *Integrated Scripting Environment*), mit der Sie PowerShell-Skripte erstellen können. Das sind im Wesentlichen Befehlsfolgen, mit deren Hilfe man bestimmte Aufgaben erledigen kann.

Der folgende Abschnitt gibt Ihnen einen ersten Einblick in den Umgang mit diesem Werkzeug.

23.3.1 Windows PowerShell-Module und -Cmdlets

Die Befehle, die Sie in der Windows PowerShell ausführen können, werden *Cmdlets* genannt (und *Commandlets* ausgesprochen). Diese sind in sogenannten *Modulen* enthalten, die bestimmte Oberthemen umfassen (z. B. das Druck- oder Netzwerkmanagement). Um sich einen Überblick zu verschaffen, wie viele Module zugänglich sind, gehen Sie folgendermaßen vor:

1. Um die Windows PowerShell zu öffnen, führen Sie zunächst einen Rechtsklick über dem Windows-Logo durch und wählen im Schnellzugriffsmenü **Terminal** aus. Das Windows-Terminal startet standardmäßig mit dem Modus **Windows PowerShell**, wie Sie der Bezeichnung des Registerreiters entnehmen können.

2. Geben Sie folgenden Befehl in der Windows PowerShell ein:

   ```
   Get-Module -ListAvailable
   ```

   Bestätigen Sie die Eingabe durch Drücken der Taste [↵]. Nach einem kurzen Moment werden sämtliche Module der Windows PowerShell aufgelistet, die aktuell auf Ihrem Windows-System verfügbar sind.

   ```
   Verzeichnis: C:\Program Files\WindowsPowerShell\Modules
   ModuleType Version    Name                                ExportedCommands
   ---------- -------    ----                                ------------
   Script     1.0.1      Microsoft.PowerShell.Operation.V... {Get-
                         OperationValidation, Invoke-OperationValidation}
   Binary     1.0.0.1    PackageManagement                   {Find-
                  Package, Get-Package, Get-PackageProvider, Get-Packa...
   Script     3.4.0      Pester                              {Describe,
                                                   Context, It, Should...}
   Script     1.0.0.1    PowerShellGet                       {Install-
                     Module, Find-Module, Save-Module, Update-Module...}
   Script     2.0.0      PSReadline                          {Get-
               PSReadLineKeyHandler, Set-PSReadLineKeyHandler, Remov...
   ```

```
Verzeichnis: C:\Program Files (x86)\WindowsPowerShell\Modules
ModuleType Version    Name                          ExportedCommands
---------- -------    ----                          ----------------
Script     1.0.1      Microsoft.PowerShell.Operation.V... {Get-
                      OperationValidation, Invoke-OperationValidation}
Binary     1.0.0.1    PackageManagement                   {Find-
                Package, Get-Package, Get-PackageProvider, Get-Packa...
Script     3.4.0      Pester                              {Describe,
                                              Context, It, Should...}
Script     1.0.0.1    PowerShellGet                       {Install-
                   Module, Find-Module, Save-Module, Update-Module...}
```

3 Die Cmdlets sind Untermengen der gelisteten Module. Möchten Sie sich einen Eindruck von der Anzahl der zur Verfügung stehenden Cmdlets verschaffen, geben Sie einfach folgenden Befehl ein:

```
Get-Command -CommandType Cmdlet, Function
```

Die Anzahl der nun aufgelisteten Cmdlets und Funktionen ist sehr beachtlich. Bei einfachen Aktionen, die mit ein oder zwei Befehlen ausgeführt werden können, genügt die Eingabe der Befehle innerhalb der Windows PowerShell.

```
CommandType    Name                          Version    Source
-----------    ----                          -------    ------
Function       A:
Function       Add-BCDataCacheExtension      1.0.0.0    BranchCache
Function       Add-BitLockerKeyProtector     1.0.0.0    BitLocker
Function       Add-DnsClientNrptRule         1.0.0.0    DnsClient
Function       Add-DtcClusterTMMapping       1.0.0.0    MsDtc
Function       Add-EtwTraceProvider          1.0.0.0    EventTrac...
Function       Add-InitiatorIdToMaskingSet   2.0.0.0    Storage
Function       Add-MpPreference              1.0        ConfigDefender
Function       Add-MpPreference              1.0        Defender
Function       Add-NetEventNetworkAdapter    1.0.0.0    NetEventPack...
Function       Add-NetEventPacket...         1.0.0.0    NetEventPack...
Function       Add-NetEventProvider          1.0.0.0    NetEventPack...
```

Wenn Sie allerdings anspruchsvolle Skripte erstellen möchten, verwenden Sie besser die Windows PowerShell ISE (*Integrated Scripting Environment*). Sie können selbstverständlich auch mit der Windows PowerShell große Skripte schreiben, das ist aber aufwendiger. Die ISE bietet nämlich äußerst komfortable Funktionen für die Programmierung, unter anderem eine ausgefeilte Hilfe und die Möglichkeit, Befehle automatisch ergänzen zu lassen. Sehen wir uns die ISE der PowerShell einmal etwas genauer an:

1 Geben Sie nach einem Klick in das Suchfeld der Taskleiste »powershell« ein, und klicken Sie in der Ergebnisliste unter **Apps** auf den Treffer **Windows PowerShell ISE** ❶.

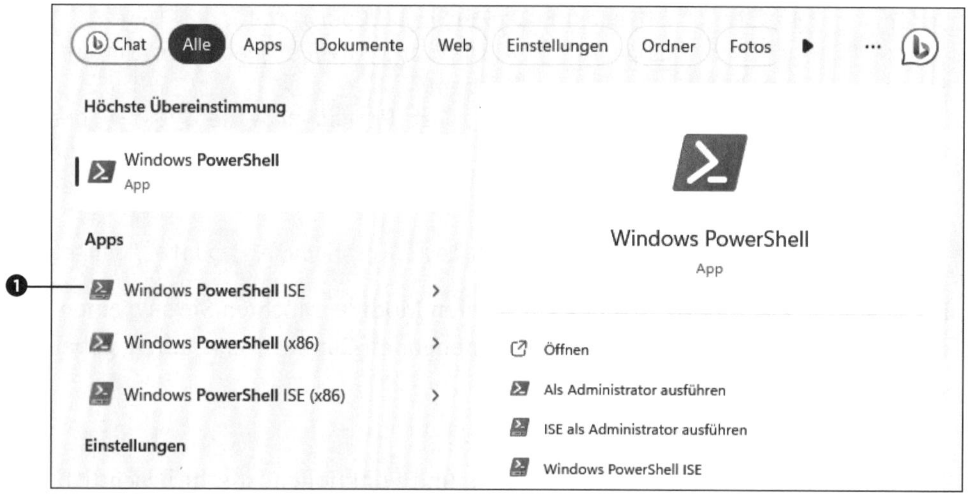

2 Um ein neues Skript zu erstellen, klicken Sie in dem Fenster, das sich nun öffnet, auf **Datei ▸ Neu**.

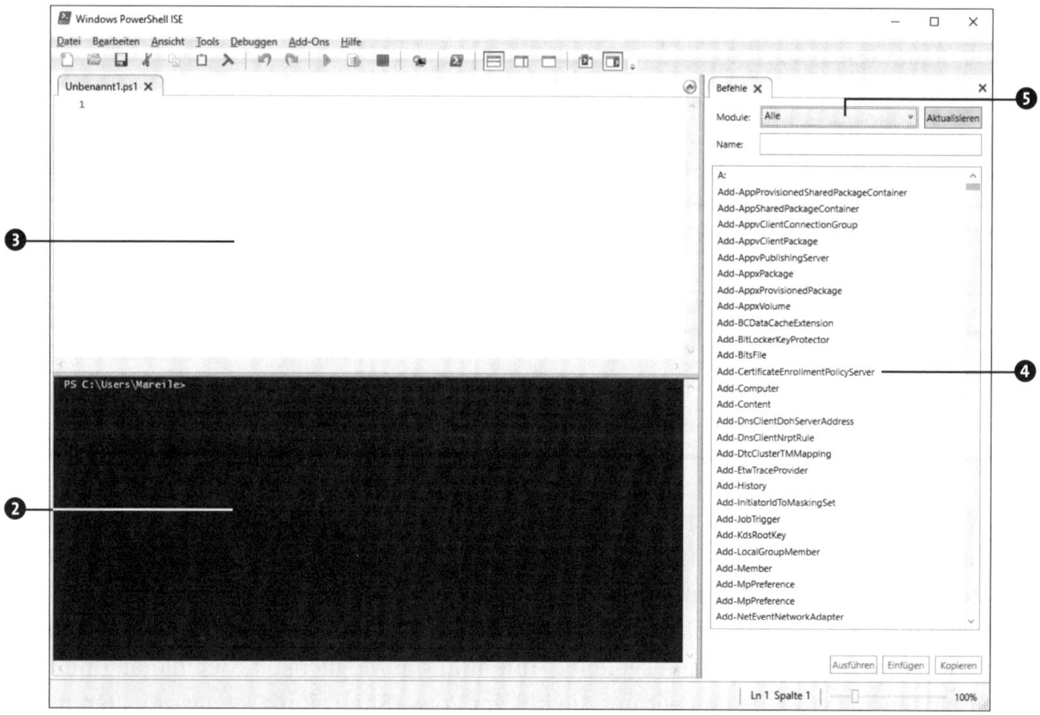

In der integrierten Entwicklungsumgebung wird oberhalb der PowerShell ❷ jetzt der Bereich zur Erstellung eines Skripts eingeblendet ❸. Am rechten Fensterrand finden Sie eine Liste aller zur Verfügung stehenden Cmdlets und Funktionen ❹. Über das Feld **Module** lässt sich die Darstellung hier auf einzelne Module reduzieren ❺.

Um das Skript zu erstellen, schreiben Sie die Befehle entweder direkt in den Skriptbereich oder wählen sie alternativ im rechten Fensterbereich aus. Dabei lassen sich auch mögliche Parameter in einem Unterfenster auflisten.

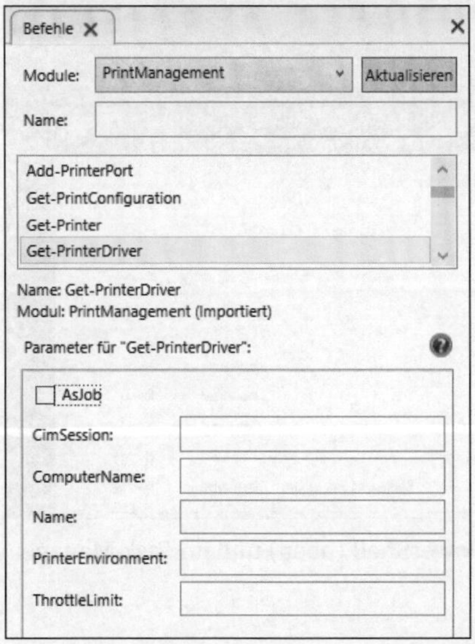

Abbildung 23.5 Die ISE zeigt auch mögliche Parameter zu speziellen Cmdlets.

23.3.2 Beispiele für PowerShell-Befehle und -Skripte

Die folgenden Beispiele dienen als Einstieg in die Welt der Windows-PowerShell-Nutzung und Skriptprogrammierung. Natürlich kann das komplexe Thema im Rahmen dieses Buches nur angerissen werden.

Im ersten Beispiel wollen wir uns die Autostartobjekte anzeigen lassen, also die Programme, die beim Systemstart im Hintergrund geladen werden. Starten Sie die Windows PowerShell, und geben Sie folgenden Befehl ein:

```
Get-Wmiobject Win32_StartupCommand
```

Die gleichen Informationen erhalten Sie übrigens auch, wenn Sie das Schnellzugriffsmenü mit einem rechten Mausklick auf das Windows-Logo öffnen und hier auf den **Task-**

Manager klicken. Wechseln Sie auf die Registerkarte **Autostart von Apps**, werden ebenfalls alle Autostartobjekte aufgeführt.

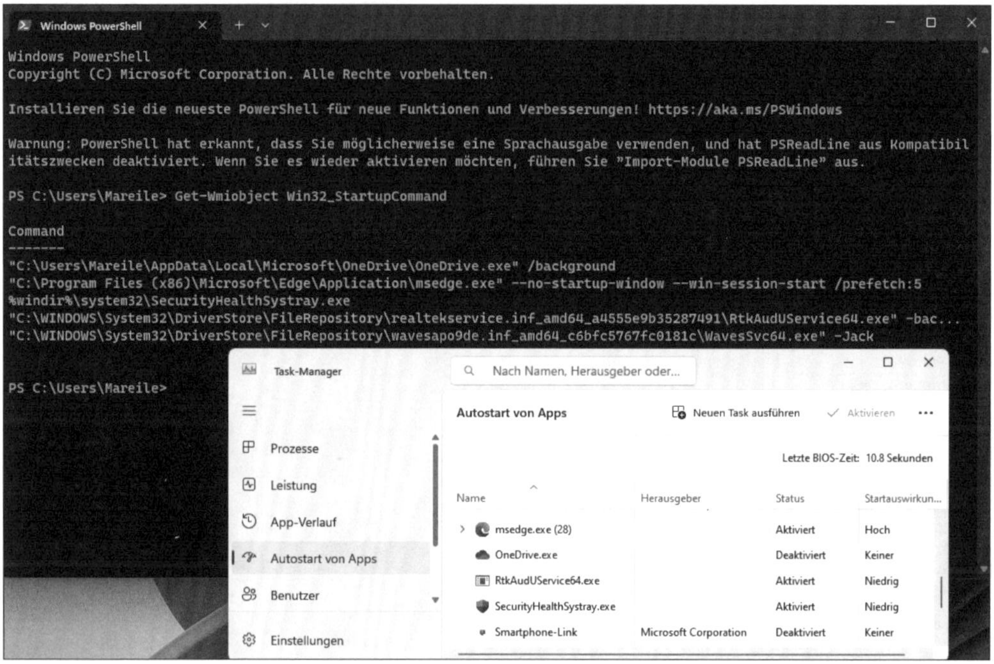

Abbildung 23.6 Darstellung der Startobjekte per Windows PowerShell (oben) und im Task-Manager (unten)

Als Nächstes betrachten wir ein etwas komplizierteres Beispiel mit Parametern: Verwenden Sie den folgenden Befehl, um sich die Netzwerkadresse Ihres aktiven Netzwerkadapters anzeigen zu lassen (beachten Sie, dass der Befehl eigentlich in einer Zeile notiert wird, wie in Abbildung 23.7 zu sehen ist, und durch ⤾ symbolisiert wird):

```
Get-wmiobject win32_NetworkAdapterconfiguration -Filter ⤾
  "IPEnabled=true" | select Description,IPAddress
```

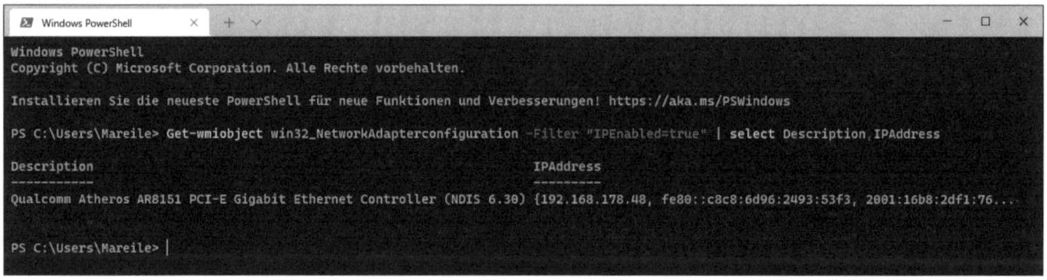

Abbildung 23.7 Es wird sowohl die IPv4- als auch die IPv6-Netzwerkadresse angezeigt.

Das nächste Beispiel macht Gebrauch von der integrierten Entwicklungsumgebung. Wir wollen damit ein PowerShell-Skript erstellen, das ein Fenster (genauer gesagt eine sogenannte *MessageBox*) öffnet, das zwei anklickbare Schaltflächen (in unserem Fall **Ja** und **Nein**) zeigt. Nach dem Anklicken einer Schaltfläche soll die entsprechende Antwort wiedergegeben werden.

1 Öffnen Sie die Windows PowerShell ISE, indem Sie nach einem Klick in das Suchfeld der Taskleiste »powershell« eingeben und den Suchtreffer **Windows PowerShell ISE** anklicken.

2 Beginnen Sie ein neues Skript, indem Sie auf den Menüpunkt **Datei ▸ Neu** klicken.

3 Geben Sie den folgenden Text in den Skriptbereich (also in das linke obere Teilfenster) im ISE-Fenster ein. Notieren Sie die hier im Buch als Absätze gezeigten Befehle im Skriptbereich jeweils in einer Zeile. Dabei müssen Sie nach jeder Zeile die Taste [↵] betätigen. Auch hier kennzeichnet das Symbol ⤾ die Eingabe des Befehls in einer einzelnen Zeile.

```
$remember=[System.Windows.Forms.MessageBox]::Show ⤾
  ("$($selection.Application) Frage mit ja oder nein" , ⤾
   "Fenstertitel" , 4)

if ($remember -eq "Yes") {write-host "Ja"}else {write-host "Nein"}
```

Während Sie bekannte Systembefehle bzw. -variablen eingeben, präsentiert ein Assistent mögliche Ergänzungen als Liste. Um sich Tipparbeit zu sparen, können Sie die gewünschte Vervollständigung aus der Liste durch Anklicken auswählen.

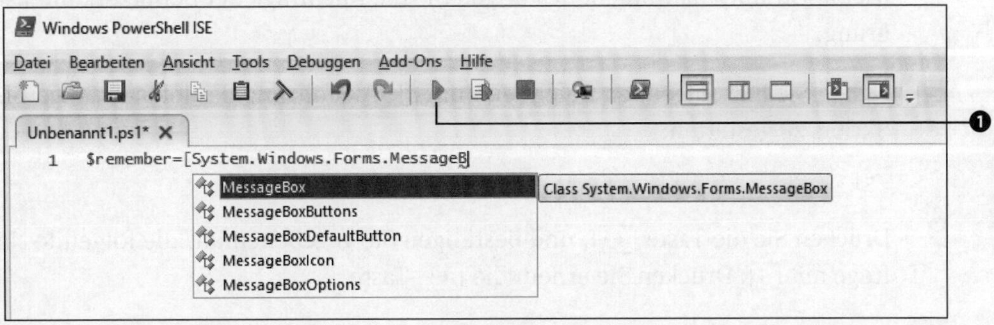

4 Klicken Sie nun die Schaltfläche zum Ausführen des Skripts ❶ an. Dadurch können Sie sich von der Funktionsfähigkeit Ihres ersten kleinen PowerShell-Skripts überzeugen.

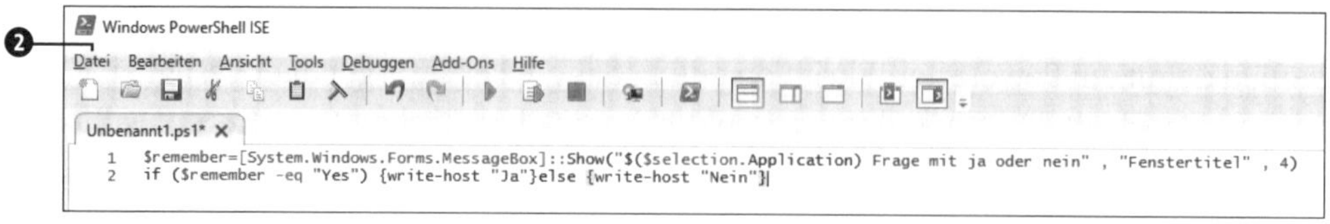

5 Klicken Sie beim Ablauf des Skripts auf eine der beiden Wahlschaltflächen (**Ja** bzw. **Nein**). Die entsprechende Antwort erscheint im PowerShell-Fensterbereich und könnte natürlich theoretisch vom Skript für weitere Aufgaben verwendet werden.

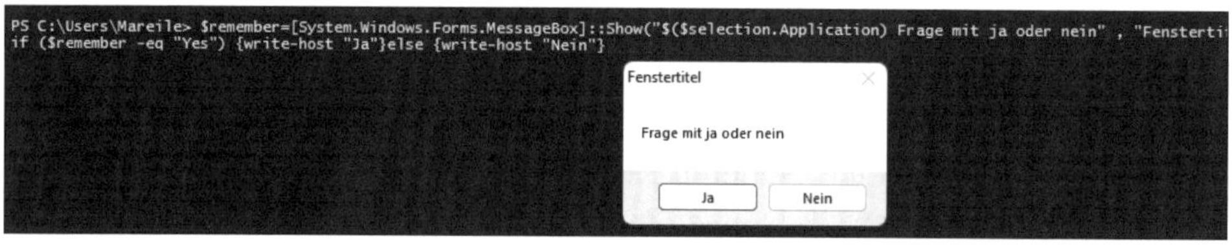

6 Möchten Sie das Skript zur späteren Wiederverwendung speichern, begeben Sie sich in das Menü **Datei** ❷ und wählen dort den Befehl **Speichern unter**. Navigieren Sie im Dialog **Speichern unter** zum gewünschten Speicherort, und vergeben Sie einen sinnvollen Namen. Speichern Sie das Skript schließlich durch Anklicken der Schaltfläche **Speichern** ab.

Aufgrund der restriktiven Sicherheitseinstellungen von Windows 11 muss dem Skript nach dem Abspeichern die zukünftige Ausführung explizit gestattet werden.

7 Öffnen Sie dazu eine Administrator-PowerShell, indem Sie mit der rechten Maustaste auf das Windows-Logo klicken und anschließend den Menüpunkt **Terminal (Administrator)** auswählen. Bestätigen Sie die Nachfrage der Benutzerkontensteuerung.

8 Geben Sie hier folgenden Befehl ein, um die Ausführung des lokalen PowerShell-Skripts zu gestatten:

```
Set-ExecutionPolicy RemoteSigned
```

9 Drücken Sie die Taste [↵], und bestätigen Sie gegebenenfalls die folgende Nachfrage mit [J]. Drücken Sie erneut die [↵]-Taste.

10 Nun kann das Skript, nachdem Sie die Windows PowerShell ISE verlassen, zu späteren Zeitpunkten erneut in die ISE geladen werden. Dazu verwenden Sie den Menüpunkt **Datei ▸ Öffnen**. Die so gespeicherten Skripte können auch direkt aus einer PowerShell heraus gestartet werden. Dazu ist aber eine Administrator-

PowerShell erforderlich. In der einfachen PowerShell scheitert die Ausführung an den fehlenden Rechten.

11 Es empfiehlt sich in jedem Fall, die geänderte Sicherheitsrichtlinie der PowerShell nach den obigen Experimenten wieder zurückzusetzen, da diese ein ernsthaftes Sicherheitsrisiko für den alltäglichen Betrieb darstellt. Dies geschieht durch das folgende Kommando, das Sie erneut in einer Administrator-PowerShell ausführen und mit der Taste [↵] bestätigen:

```
Set-ExecutionPolicy Restricted
```

12 Bestätigen Sie die Sicherheitsnachfrage gegebenenfalls wieder mit [J].

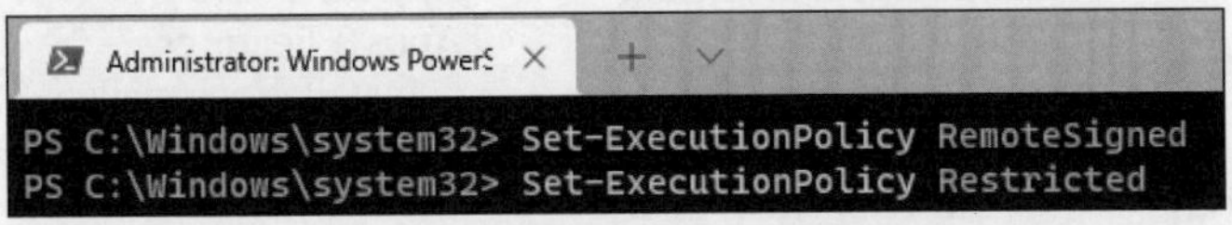

TIPP

Weiterführende Informationen zur PowerShell

Interessante PowerShell-Skript-Beispiele für den Einstieg finden Sie unter *www.script-example.com/Powershell-GUI*.

Stichwortverzeichnis

*.bat 888
1Password 560
256-Bit-Verschlüsselung 750

A

Abgesicherter Start 790
Ad-Aware 747
Administrator 769
Kennwort vergessen 803
PowerShell 898
Administratorkonto 50
Administratorrechte 139, 145
AdwCleaner 747
Akkuladezustand 67
Akkunutzung prüfen 668
Aktive Anwendungen 226
Aktivierung 50, 797
Daten sichern 799
nachträglich vornehmen 50
Probleme 797
Aktivierungsschlüssel 33
Aktualisieren und herunterfahren 72
Alt + Eingabe, Tastenkombination 117
Alt + F4, Tastenkombination 117
Alt + P, Tastenkombination 351
Alt + Pfeil nach links, Tastenkombination 351
Alt + Pfeil nach oben, Tastenkombination 351
Alt + Tab, Tastenkombination 117
Amazon Appstore 381
Amazon Prime 511
Android-Apps 380
Anmeldeoption
Apps neu starten 366
Fingerabdruckerkennung 99
Gesichtserkennung 98
Anmeldung 59
automatische 157
per Bildcode 101
Tastaturlayout auswählen 250
Antivirenprogramm (Drittanbieter) 743–744
Anwendung, Protokoll 771
Anzeigesprache wechseln 250
Aomei Backupper 711
App
am Start anheften 220
beenden 365
Definition 62
deinstallieren 392
Einstellungen 77
Filme & TV 509
Fotos 465
gekaufte erneut installieren 394
Groove-Musik 510
im Microsoft Store suchen 369
Kamera 493
Karten 442
kaufen 375
kostenlose installieren 373
Kurznotizen 455
Mail 597
Medienwiedergabe 510
Microsoft Clipchamp 494
neu starten 366
öffnen 353
Outlook 597
Rechner 445
reparieren 763
Speicherort ändern 372
suchen 403
Textgröße anpassen 210
Uhr 435
Updates 377
Websites öffnen 573
App (Forts.)
Zugriff durch Firewall zulassen 738
zurücksetzen 763
App- und Browsersteuerung 151
App-Einstellungen 218
Apple Music 511
App-Liste 368
Apps & Features, Installationsquellen 373
App-Symbole, im Startmenü entfernen 218
App-Verlauf 787
Arbeitsplatz → Dieser PC
Ashampoo Backup Pro 711
Audio 122
Audio-CD
abspielen 517
auf den Computer überspielen 517
Audiorekorder 456
Aufnahmegeräte 128
Aufnahmen, eigene (Bibliothek) 317
Ausschneiden 308
Automatische Defragmentierung 678
Automatische Wiedergabe 645
Autostart 400, 786
Autostartobjekte 895
Avast 744
AVG 744
Avira 744
AV-Test 743

B

Backup → Datensicherung
Badges 225
Barrierefreiheit 78, 118, 121
Druck-Taste 448
visuelle Effekte 206

Batch-Datei 888–889
Beamer anschließen 638
Begrüßungstext auf Anmeldebildschirm 825
Benachrichtigungen
Banner einblenden 234
deaktivieren 232
Priorität festlegen 232
Benachrichtigungsassistent 237
Benachrichtigungsbereich 231
Benachrichtigungscenter
Benachrichtigungen anordnen 232
Benachrichtigungen deaktivieren 236
Benutzerdefinierter Systemstart 789
Benutzergruppe 340
Benutzerkontensteuerung 28, 51, 170, 341
anpassen 171
bei Installation von Programmen 140
Benutzerkonto 139, 158
anderes verwalten 156
den Kontonamen ändern 156
entfernen 168
für Familienmitglieder 158
Kennwort ändern 155
Microsoft-Konto registrieren 148
neu anlegen 142
Profilbild hinzufügen 189
wechseln 152
Benutzerrechte 339, 341
Bibliotheken 317
Bilder 317
Dokumente 317
eigene Aufnahmen 317
einblenden 292
erstellen 319
gespeicherte Bilder 317
Musik 317
optimieren für Medientyp 321
Bibliotheken (Forts.)
Ordner entfernen 321
Ordner hinzufügen 317
Speicherort festlegen 322
versehentlich gelöschte wiederherstellen 323
Videos 317
Bilder
Bibliothek 317
Fotos im Explorer öffnen 469
gespeicherte 317
Standardordner 290
taggen 337
Bildlaufleiste 206
Bildschirmauflösung 637
Bildschirmausrichtung 638
Bildschirmeinstellungen 636
Bildschirmlupe 126
Bildschirmtastatur 112
Emoticons 114
Layout 115
Zahlen und Sonderzeichen eingeben 113
Binärwert 821
Bing 527
KI 426
Bing-Chat 546
BIOS 31
BitLocker 754–755
Bloatware 49
Bluetooth 660
Hardware verwenden 660
Headset anschließen 660
Lautsprecher anschließen 660
Bluetooth und Geräte, Einstellungen 76
Bootmenü 31
Bootreihenfolge 31
Botnetz 681
Box-Version 24, 26
Breitbandverbindung einrichten 575
Brennen (Dateien auf CD/DVD) 488
Browser
gekapert 746
Internet Explorer 523
Microsoft Edge 523
Browser-Hijacking 746
BSI 390
Bürger-CERT 390

C

Chat, Anzeige in der Taskleiste 226
ChatGPT 426
Chromium 523
Clipchamp 494
Anzeigedauer eines Fotos ändern 499
Bewegungseffekte 500
Film zuschneiden 499
Filter 501
Grafikeffekte 504
Hintergrundmusik 505
neues Video erstellen 496
Übergangseffekt hinzufügen 501
Untertitel hinzufügen 502
Video fertigstellen 507
Cloud OneDrive 482
Cloudbasierter Schutz 733
Cmdlets 892
Commandlets 892
Computer
herunterfahren 72
Namen ändern 81
zurücksetzen 725
Computerreparaturoptionen 32
Computerschutz 706–707
Computerverwaltung 771
Computerzeit für Kinder regeln 165
Cookies 560
Cortana 65
Creators Update 682
Cursor 212
Cursor, Sichtbarkeit verbessern 212
Cyberkriminalität 681

D

Datei
Desktopverknüpfung erstellen 255
Eigenschaften 414
freigeben 589, 591
kopieren 308
löschen 316
mit Markierungen versehen 337
per Bluetooth verschicken 664
suchen 403
umbenennen 315
verschieben 308
verschlüsseln 759
Dateien
temporäre 772
Datei-Explorer → Explorer
Dateipfad im Explorer 300
Dateisystem 675
Dateiversionsverlauf 710
aktivieren 711
ältere Dateiversionen wiederherstellen 714
gelöschte Datei wiederherstellen 713
Datennutzung 582
Datenschutz 104
Datenschutzoptionen ändern 104
Datenschutzoptionen von Microsoft 108
Einstellungen nach Update überprüfen 108
gespeicherten Standortverlauf löschen 107
Ortungsdienste 106
Zugriff auf Kamera/Webcam regeln 107
Datenschutz und Sicherheit
Einstellungen 78
Datensicherung 710, 713
Programme von Drittanbietern 710
Datenträger und Volumes 670
Datenträgerverwaltung 669–670
Datentypen in Registry 821
Datum 241
Datumsfeld 66
DCIM (Ordner) 644
Definitionsupdate 692
Defragmentierung 677–678
Design
für den Desktop 201
über den Store beziehen 203
Desinfec't 747
Deskmodder-Forum 804
Desktop 61
anpassen 193
Diashow als Hintergrund 195
Hintergrundbild 193
Standardordner 290
Tastenkombinationen 277
Desktop, virtueller 272
Besonderheiten von Apps 275
einrichten 272
Fenster auf allen virtuellen Desktops verfügbar machen 278
Fenster zwischen virtuellen Desktops verschieben 276
Hintergrund auswählen 279
schließen 281
umbenennen 279
Desktopsymbol
am Raster ausrichten 264
ändern 258
anordnen 263
automatisch anordnen 264
Größe ändern 265
sortieren 264
verschieben 264
Desktopverknüpfung 255
löschen 258
Symbol ändern 258
umbenennen 257
Detailansicht (Explorer) 293
DHCP 575
Diagnosesystemstart 789
Diashow (Windows-Fotoanzeige-App) 475
Dienst beim Start deaktivieren 786
Dieser PC 261, 290
Desktopverknüpfung erstellen 261
Diktatfunktion 131, 134
DisableSearchBoxSuggestions 835
Docker 838
Dokumente
Bibliothek 317
Standardordner 290
Domänennetzwerke 740
Do-Not-Track-Schutz 566
Downloads (Standardordner) 290
Dr. Hardware 779
Dr. Windows Forum 804
Drag & Drop 276, 309
Dragon-Diktiersoftware 138
Drahtlosnetzwerk → WLAN
Druckauftrag abbrechen 634
Drucker
anschließen 631
Herstellertreiber installieren 634
verwalten 633
Drucker oder Scanner hinzufügen (Einstellungen) 632
Druck-Taste
Belegung ändern 448
DuckDuckGo 530
DWORD-Wert (32-Bit) 821
DWORD-Wert (64-Bit) 821

E

EaseUS Todo Backup 711
Easy Connect 868
Echtheitsprüfung 797
Echtzeitschutz 733, 745
Edge 95, 523
Add-ons 551, 554
Adressen speichern 557
auf Seite suchen 532
Browserdaten löschen 566

Edge (Forts.)
Darstellung ändern 545
Do-Not-Track-Schutz 565
Download 540
E-Book lesen 570
Erweiterungen installieren 551
Favoriten 537
Favoriten importieren 540
Favoriten synchronisieren 540
Formularfelder ausfüllen 572
InPrivate-Modus 569
Kennwörter speichern 557
laut vorlesen 550
Leseansicht 551
Link kopieren und einfügen 573
öffnen 523
PDF-Datei 570
Pop-up-Blocker 562
Randleiste ausblenden 545
Registerkarte erneut öffnen 535
Registerkarten 534
SmartScreen-Filter 564
Standardspeicherort für Downloads ändern 388
Startseite festlegen 541
Suchmaschine ändern 529
Suchmaschine Bing 529
Symbol für Startseite einblenden 544
Text vergrößern oder verkleinern 525
Tracking-Schutz 565
Umgang mit Cookies 560
Updates 569
Verlauf 540
Vollbildmodus 524
Vorlesefunktion 550
Webseite als Symbol in Taskleiste 536
Webseite an Startmenü anheften 536
Webseiten übersetzen 550
Zahlungsinformationen speichern 557
Editionen (Windows) 24
Ein-/Ausschalter 69
Einfügemarke 212
Eingabeaufforderung 877
als Administrator starten 882
Befehle mit Parametern 886
Befehlsübersicht 891
Navigation 883
Pfade einfügen 886
starten 878
wichtige Befehle 885
Eingabehilfen einrichten 118
Einstellungen 75
Anzeige 208
App 75
Berechtigungen und Verlauf 407
Bereiche 76
Datenträger und Volumes 670
Designs 202
Farbfilter 125
Navigation 80
Suche 407
suchen 403
E-Mail-Adresse zur Registrierung 148
Emojis 114
Emoticons 114
Energie sparen 72, 664
Energiesparplan-einstellungen 668
Energieeinstellungen 85
erweiterte Einstellungen 668
Energieoptionen 71, 73
Energiesparmodus 72, 74
automatischen Wechsel verhindern 86
Energiesparplaneinstellungen
erweiterte Einstellungen 87
Ereignisanzeige 771, 777
Erleichterte Bedienung 78
exFAT 675
Explorer 285
Adressleiste 299–300
alle Ordner anzeigen 261
Explorer (Forts.)
alte Darstellung wiederherstellen 291
anpassen 292
Ansicht anpassen 293
Bibliotheken einblenden 292
CD/DVD brennen 488
Dateien löschen 316
Dateien und Ordner im Schnellzugriff ausblenden 303
Dateien und Ordner kopieren 308
Dateien und Ordner umbenennen 315
Dateien und Ordner verschieben 308
Detailansicht 296
Dieser PC als Startansicht 291
externe Medien 304
Favoriten 288
in Schnellstartleiste aus- und einblenden 216
Inhaltsbereich 288
Katalog 289
Kontextmenü verändern 827
Layout 293
Navigation 297
Navigationsbereich 288
Navigationsbereich erweitern 292
neue Ordner anlegen 306
öffnen 285
OneDrive 324
Ordner löschen 316
Ordner umbenennen 307
Papierkorb einblenden 292
Registerkarte öffnen 303
Registerkarten 311
Ribbon-Menü 287
Schnellzugriff 301
Spaltenbreite anpassen 296
Standardordner 290
Start 301
Suchfunktion 409
Symbol in der Taskleiste 66

Explorer (Forts.)
Systemsteuerung einblenden 292
Tabs 308
Tastenkombinationen 351
Unterordner im Navigationsbereich anzeigen 293
Vorschaufenster 296
Windows 11 23H2 289
Windows-Fotoanzeige-App starten 469
zuletzt besuchte Orte löschen 303
Externes Medium auswerfen 305

F

F2, Tastenkürzel 352
F4, Tastenkürzel 352
Familienmitglied
hinzufügen 159
Konten verwalten 158
Family Safety 163
Computernutzungszeit regeln 165
einrichten 163
Farben
dunkler Modus 197
heller Modus 197
Favoriten synchronisieren 540
Feature Update 691
Feedback-Hub 705
Fehlermeldungen googeln 804
Fensterfunktionen 353
Fernwartung 865
Festplatte, externe formatieren und partitionieren 672
Filme & TV (App) 509
Fingerabdruckerkennung 99
Fingergesten 110
Firewall 91, 742
Firmwareupdate 692
Flugzeugmodus 239, 584
Fokussitzung 435
Formatieren 672
Forum 803
Foto
ausdrucken 491
im Explorer öffnen 469
importieren 465, 645
Fotos und Videos importieren 645
Fotos-Legacy-App 472
Freigabe
für bestimmte Personen 589
für Gäste erteilen 591
kennwortgeschützte 588
öffentliche Ordner 587
Funktionsupdate 691

G

Game Mode 77
gatherosstate.exe 799
Gelöschte Datei wiederherstellen 713
Gerät
anschließen 631
deaktivieren 659
deinstallieren 658
konfigurieren 631
Geräte-Manager 776
ausgeblendete Geräte anzeigen 777
Gesichtserkennung 98
GNU-Lizenz 850
Google 529
Google Chrome Web Store 554
Groove Music Pass 511
Groove-Musik-App 510
Gruppenrichtlinien 833
Gruppenrichtlinien-Editor 832
Guest 837

H

Handy hinzufügen 649
Hardware 631
Informationen einholen 778
Probleme 775
sicher entfernen 305
HDR 209
Headset
einrichten 127
Herunterfahren 72
HiJackThis 747
Hilfefunktion 408
Hilfsforum 803
Hintergrundbild
beim Sperrbildschirm ändern 181
für den Desktop auswählen 193
HiveKey 812
HKCC 813
HKCR 813
HKCU 813
HKEY_CLASSES_ROOT 812
HKEY_CURRENT_CONFIG 812
HKEY_CURRENT_USER 812
HKEY_LOCAL_MACHINE 812
HKEY_USERS 812
HKLM 813
HKU 813
Hochformat (Tablet) 638
Host 837
Hybrider Standbymodus 87–88
Hyper-V 837
aktivieren 839
einrichten 839
Installationsmedium einbinden 851
Netzwerkfunktion aktivieren 841
Prüfpunkt setzen 853
Systemanforderungen 839
virtuelles System beenden 853
Hyper-V-Manager 841
Hyper-V-Plattform 840
Hyper-V-Verwaltungstools 840

I

IMAP4 603
Infobereich 66
anpassen 228
Anwendungssymbole 229
ausgeblendete Symbole einblenden 67
Symbole anordnen 230
Systemsymbole aktivieren bzw. deaktivieren 228
Info-Center 232
InPrivate-Modus 569
Insider Preview Builds 699
aktivieren 699
Beta-Kanal 699
Canary-Kanal 699
deaktivieren 705
Entwicklungskanal 699
Kanäle 699
Release Preview 700
Installation 31
Administratorrechte 26
Partitionen erstellen 35
Protokoll 771
Tastaturlayout 37
Installationsmedium 850
beschaffen 850
DVD 26
USB-Stick 26
Installationsquelle, Apps 373
Installationsschlüssel 24, 26
Internet Explorer 523
Kompatibilitätsmodus 523
IP-Adresse
anzeigen 575
manuell vergeben 578
ipconfig 887
IPv4 579
IPv6 579
ISE 894
ISO-Datei 28, 850
ISO-Image 850

J

Jumplist → Sprungliste
Junk-E-Mail 612

K

Kamera-App, Einstellungen 494
Karten-App 442
aktuellen Standort anzeigen 445
Kartenlesegerät 466
Kennwort 48
ändern 153
sicheres 153
verwalten 153
zurücksetzen 801
Kompatibilität 767, 769
Kompatibilitätsmodus 767
Kontakte-App 619
Konten (Einstellungen) 77
Kontextmenü
Alle extrahieren 334
Daten im Explorer ausschneiden, kopieren, einfügen 309
Desktop 193, 255
Eigenschaften einer Datei 339, 414
eine neue Bibliothek anlegen 319
Ordner im Explorer erzeugen 307
Programme an Taskleiste heften 266
Senden an 259
Standardbibliotheken wiederherstellen 323
Taskleiste 224
zu Programmsymbolen in der Taskleiste 268
Konto
lokales 45
Kontoeinstellungen ändern 70
Kontotyp ändern 146
Kontrast erhöhen 122
Kopieren 308
Kumulatives Update 692
Kurznotizen-App 455

L

LastPass 560
Laufwerk 36, 675
verschlüsseln 754
Laufwerkbuchstaben 670, 675–676
Laufwerkverschlüsselung 754
Lautstärke anpassen 67
legalnoticecaption 825
legalnoticetext 825
Leistung 787
Linux 838, 862
unter VirtualBox installieren 862
Lizenz 50
mit Microsoft-Konto verknüpfen 50
Lizenzbedingungen 28, 34
Lockscreen → Sperrbildschirm
Lokales Konto 45, 139, 142
erstellen 142
Kennwort zurücksetzen 146
mit Microsoft-Konto verknüpfen 150

M

Mail-App 597
Malware 728
Manipulationsschutz 734
Masterpasswort 749
Mauszeiger
Farbe anpassen 210
Größe anpassen 210
per Tastatur steuern 118
primäre Taste auswählen 210
Media Creation Tool 26, 792
Windows Upgrade 57
Medienerstellungstool 26
Medienwiedergabe-App 510
Audio-CD abspielen 517
Audio-CD kopieren 517
Wiedergabelisten anlegen 514
Medium, externes auswerfen 305

Meistverwendete Apps anzeigen bzw. ausblenden 217
Microsoft Authenticator 327, 753
Microsoft Clipchamp → Clipchamp
Microsoft Defender SmartScreen-Filter 564
Microsoft Edge Chromium 523
Microsoft Edge → Edge
Microsoft Office Online 487
Microsoft Solitaire Collection 518
Microsoft Store → Store
Microsoft Teams 65, 624
Microsoft-Konto 38, 139, 142
einrichten 147
Identifikation via E-Mail 330
Identifikation via SMS 330
in lokales Konto umwandeln 150
Kennwort vergessen 801
Registrierung 148
schließen 175
Sicherheitseinstellungen anpassen 330
synchronisierte Geräte 82
verwalten 172
zurücksetzen 801
Miracast 638
Mobilgeräte mit dem PC verknüpfen 649
Moment-Updates 691
Monitor
als Zweitbildschirm 638
anschließen 636
MouseHoverTime 820
Mozilla Firefox installieren 387
msra.exe 867
MSRT 692
Multifunktionsdrucker 631
Multitasking 141
Multiuser 141
Musik
Bibliothek 317, 512
Standardordner 290

N

Nachtmodus 208
Navigationsbereich erweitern 292
Netflix 511
netplwiz 157
Netzwerk 290
Daten freigeben 585
Geräte freigeben 585
öffentliches 583
privates 583
Verbindung per WLAN 83
Netzwerk- und Freigabecenter 576
Netzwerk und Internet (Einstellungen) 76
Netzwerkassistent 575–576
Netzwerkerkennung aktivieren 585
Netzwerkstandort ändern 583
Netzwerkswitch 842
Netzwerkverbindung 575
per Kabel 82
Symbol in der Taskleiste 67
Neu starten 73
Neuer Ordner 306
umbenennen 307
Nicht stören 237
NTFS 671, 675
Nutzungszeit ändern 688

O

O&O AutoBackup 711
OEM-Software 49
OEM-System einrichten 49
Öffentliche Netzwerke 740
OneDrive 324, 710
Browser 327
Dateien löschen 487
Daten teilen 332
Fotos veröffentlichen 482
OneDrive (Forts.)
Ordnersynchronisierung 715
persönlicher Tresor 327
Zwischenablage synchronisieren 348
Onlinespeicher OneDrive 482
Optionale Features 395
Ordner
benennen 307
Desktopverknüpfung erstellen 255
freigeben 589
kopieren 308
löschen 316
neu anlegen 306
öffentliche freigeben 587
suchen 403
umbenennen 315
verschieben 308
verschlüsseln 759
Ortungsdienste aktivieren bzw. deaktivieren 445
Outlook-App 597
Absender als sicher einstufen 612
Absender blockieren 612
Aufbau des Programmfensters 604
Dateianhang speichern 610
Dateien versenden 607
Einstellungen 613
E-Mail beantworten 611
E-Mail drucken 611
E-Mail lesen 609
E-Mail schreiben 605
E-Mail weiterleiten 611
Favoriten 613
Junk-E-Mail 612
Kalender 621
Kontakt löschen 619
Kontakte hinzufügen 615
Kontakte sortieren 618
Konto entfernen 605
Konto hinzufügen 605
Personalisierung 615
Posteingang 604
Relevante und Sonstige 611
Signatur einrichten 615

Outlook-App (Forts.)
Tabellen, Bilder, Emojis, Links versenden 609
Termin in Kalender eintragen 622
Text formatieren 606

P

Papierkorb 335
Dateien immer endgültig löschen 336
Dateien wiederherstellen 335
Eigenschaften anpassen 336
gelöschte Daten endgültig löschen 316
im Explorer einblenden 292
leeren 336
Partition 36, 670
löschen 673
neu erstellen 674
Partitionieren 672
Partitionseditor 35
Passwort 48
sicher 749
Passwort-Manager 559
1Password 560
Bitwarden Passwort Manager 560
LastPass 560
Patchday 682
Paules PC-Forum 804
PC-Name 81
PDF 570
Personalisierung (Einstellungen) 76
Persönlicher Tresor 327
Dateien und Ordner teilen 332
sperren 330
Pfad 300
Phishing 727
Phishingschutz 151
PIN einrichten 39
ping 887
Plastische Reader 551
Plug-in 551
POP3 603
Pop-up-Blocker 562
PowerShell 800
Private Netzwerke 740
Problembehandlung 723, 780
Für Netzwerk und Internet 739
Product Key 51
Produktschlüssel 51, 798
ändern 51
Profilbild 189, 192
Programm
aktualisieren 389
als Administrator ausführen 769
an Taskleiste heften 266
aus dem Internet installieren 386
beenden 365
deinstallieren 392
Desktopverknüpfung erstellen 260
Fensterfunktionen 353
Instanzen 354
Kompatibilitätsmodus 767
öffnen 353
suchen 403
von CD/DVD installieren 385
Programmdatei
Pfad finden 767, 770
Programmfenster
maximieren 359
minimieren 355
verkleinern 359
Protokoll löschen 778

Q

Qualitätsupdate 691
Querformat (Tablet) 638

R

RAM 87
Ransomware 682, 728
Rechner-App 445
REG_BINARY 821
REG_DWORD 821
regedit 810, 814
REG_EXPAN_SZ 821
Registrierungsdatei im Editor öffnen 815
Registrierungsdatenbank 809
Pfade 810
Registrierungs-Editor 809
in Taskleiste ablegen 812
Registrierungsschlüssel per Doppelklick importieren 817
Registry 809
Adressleiste 818
Aufbau 812
Datentypen 821
durchsuchen 817
Favoriten anlegen 819
HiveKeys 812
Kurzform der Schlüssel 813
Schlüssel löschen 824
Teile zurücksichern 816
Registry-Eintrag
automatisch setzen 824
neu anlegen 821
verändern 820
Registry-Hacks 809, 825, 836
REG_MULTI_SZ 821
REG_QWORD 821
REG_SZ 821
Remote Desktop Protocol (RDP) 865
Remoteunterstützung 865
anfordern 866
Einladung verschicken 867
geben 869
nutzen 870
Remotezugriff 865
Reparieren
Apps 763
Ribbon-Menü 287
Router 36
Anbindung per LAN 36
Anbindung per WLAN 36
Ruhezustand 73–74

S

SafeInCloud 750
Sandbox → Windows-Sandbox
Scanner anschließen 631
Schnelleinstellungen 67
Helligkeit anpassen 637
Schaltflächen auswählen 239
Schaltflächen positionieren 240
Schnellstartmenü 71
Schnellzugriff 290
Daten anheften 301
Daten lösen 301
Schnellzugriffsmenü 71
Schriftarten 196
Screenshot
erstellen 446
Senden an
Desktop (Verknüpfung erstellen) 259
Desktopverknüpfung erstellen 259
Shake-Funktion 365
Shell Extension 827
Sicherheit (Protokoll) 771
Sicherheitsfragen 48
Sicherheitsschlüssel 101
Sichern und Wiederherstellen 720
Sicherung
durchführen 722
einrichten 721
vor Upgrade 56
SiSoft Sandra 778
Smartcard 755
Smartphone
per Bluetooth mit PC koppeln 663
per Kabel an PC anschließen 642
SmartScreen-Filter 564
SmartSwitch 643
S-Modus 25
Snap-Funktion 359
Snap-Layout 358, 361
Snipping Tool 446
Video aufzeichnen 452
Software reparieren 766
Softwareprobleme 763
Spam 612
Speicheroptimierung 772
Speicherort
ändern 372
Programmdatei 770
von Apps ändern 372
Sperrbildschirm 181
aktivieren 181
ausblenden 59
Benachrichtigungen anzeigen 187
Benachrichtigungen deaktivieren 233
deaktivieren 829
Diashow anzeigen 185
Hintergrund auswählen 181
Statusinfos anzeigen 187
Windows-Blickpunkte einblenden 187
Spiele 518
Spielen (Einstellungen) 77
Spielmodus 77, 519
Spotify 511
Sprachausgabe 119
Sprache
entfernen 254
installieren 246
Spracherkennung
buchstabieren 137
einrichten 127
Hardware 127
Modi 133
Software Dragon 138
Sprache auswählen 130
starten 133
trainieren 136
Wörter korrigieren 136
Sprachrekorder 456
Sprachsteuerung 135
Sprachreferenzkarte 136
Sprungliste 268
Datei anheften bzw. lösen 269
deaktivieren 270
Sprungliste (Forts.)
einzelne Elemente entfernen 270
im Startmenü einblenden 270
Ordner anheften bzw. lösen 269
SSD-Festplatte 677
SSID 579
Standardaktionen für Wechseldatenträger 645
Standardbenutzer 139
Standarddrucker 636
Standardprogramm
abhängig vom Dateityp 400
allgemein festlegen 397
über den Explorer festlegen 401
Standardspeicherort ändern 372
Standort 106
Standortbestimmung deaktivieren 106
Stapeldatei 888
Start
abgesicherter 790
Computer startet nicht 792
von DVD 32
von USB-Stick 32
Start (Explorer) 290
Starthilfe 791
Startmenü 68
App-Symbol entfernen 218
App-Symbole gruppieren 221
App-Symbole hinzufügen 220
Elemente aus Bereich »Empfohlen« entfernen 270
Farbe ändern 197
Liste der Apps 68
Optionen für das Benutzerkonto 70
Ordner 69
Ordner hinzufügen 221
Schnellstartleiste anpassen 215
Sprunglisten einblenden 270

Startmodi 789
Startpage 530
Startproblembehandlung 791
Startprobleme 783
Startsequenz 31
Startvorgang optimieren 783
Store 367
Apps kaufen 375
Apps suchen 369
Geschenkgutschein 377
Installationsquellen 372
Symbol in der Taskleiste 66
Update für Apps 377
Win32-Anwendungen 370
Streamingdienst 511
Amazon Prime 511
Apple Music 511
Groove Music Pass 511
Netflix 511
Spotify 511
Strg + A, Tastenkombination 117, 352
Strg + C, Tastenkombination 117, 352
Strg + E, Tastenkombination 351
Strg + Mausrad nach oben bzw. unten, Tastenkombination 352
Strg + N, Tastenkombination 352
Strg + T, Tastenkombination 352
Strg + Tab, Tastenkombination 352
Strg + Umschalt + N, Tastenkombination 352
Strg + V, Tastenkombination 117, 352
Strg + W, Tastenkombination 352
Strg + X, Tastenkombination 117, 352
Strg + Z, Tastenkombination 117
Suche
an nicht indizierten Orten 423

Suche (Forts.)
Änderungsdatum 412
Anzeige in der Taskleiste 226
Cloud-Inhalte 407
Dateityp 412
Filter einsetzen 405
im Einstellungen-Dialog 407
in Apps und Programmen 407
Markierungen 414
mit Platzhaltern 411
mit Suchfiltern 411
Suchkriterien kombinieren 415
Suchfeld 403
Suchfilter 411
Suchindex 417
anpassen 417
deaktivieren 425
Suchmaschine
Bing 527
DuckDuckGo 530
Google 529
Startpage 530
Synchronisierung
einrichten 715
Einstellungen anpassen 95
System
Einstellungen 76
PC zurücksetzen 793
Protokoll 771
Systemabbild 720
erstellen 720
zurückspielen 722
Systemanforderungen 21
Arbeitsspeicher 21
Bildschirm 22
Festplattenspeicher 21
Grafikkarte 22
Systemdateien
reparieren 800
überprüfen 800
Systemimage-Wiederherstellung 724
Systemklänge ändern 200
Systemmeldungen 771
beim Herunterfahren anzeigen 833
beim Start anzeigen 833

Systemsteuerung 75, 78
im Explorer einblenden 292
Systemsymbole 228
Systemwiederherstellung 706, 709

T

Taggen von Dateien 337
Taschenrechner → Rechner-App
Taskleiste 62, 223
anpassen 223
ausblenden 224
Farbe ändern 197
Infobereich 228
Position festlegen 223
Programme anheften 266
Programmsymbole entfernen 267
Programmsymbole verschieben 267
Schaltflächen gruppieren 358
Standardverknüpfungen entfernen 268
Suchen ein-/ausblenden 404
Suchfeld 64, 403
Vorschaufenster 356
Taskleistenelemente 226
aktive Anwendungen 226
Chat 226
Suche 226
Widgets 226
Task-Manager 785
App-Verlauf 787
Autostart 786
Benutzer 788
Details 788
Dienste 789
Leistung 787
mehr Details 785
Tastaturlayout 37
per Tastenkombination wechseln 250
wechseln 249
Tastatursteuerung 116, 118

Tastenkombination 116, 351
Ordner im Explorer erzeugen 308
virtueller Desktop 282
TeamViewer 873
Dateien austauschen 875
installieren 873
Meeting 875
Partner-ID 874
Verbindung herstellen 874
Temporärdateien 783
Terminal → Windows-Terminal
Text
Größe anpassen 205
vorlesen lassen 119
Textcursor → Cursor
Timeline-Funktion 272
Titelleiste
Farbe anpassen 197
Touchscreen
Bedienung 109
Tracking-Schutz 565
Treiber 631
aktualisieren 656
aus dem Internet laden 635
automatisch nach aktualisierter Software suchen 658
Eigenschaften 656
neu installieren 658
von Hardwareherstellern 634
Treiberupdate 692
Tresor, persönlicher 327
sperren 330
teilen 332
Trojaner 727
Trojanerabwehr 730

U

UAC 28
Überlaufmenü 228
UEFI 31
Uhr-App 435
Fokussitzung 435
Uhrzeit 241
ändern 241
automatisch festlegen 242
Zeitzone auswählen 243
Umbenennen von Ordnern 307
Umgebungsfreigabe 452, 591
Umschalt + Entf, Tastenkombination 117
Unified Update Platform (UUP) 682
Untertitel für Hörgeschädigte 122
Update 94
auf mehrere Computer verteilen 694
automatische Anmeldung 690
bei Verfügbarkeit erhalten 698
deinstallieren 686
installierte anzeigen 686
manuell installieren 682, 685
Meldung im Benachrichtigungscenter 685
Neustart durchführen 683
optionales 692
Übersicht 686
vor Upgrade 56
Zeitpunkt für Neustart festlegen 688
zurückstellen 697
Updateverlauf 94, 686
Upgrade 34
für ältere Windows-Versionen 53
USB
Probleme mit angeschlossenen USB-Geräten 306
Übertragungsgeschwindigkeit 648
USB Logon 101
USB-Stick 673
booten 32
entfernen 30
formatieren 672
USB-Stick (Forts.)
für Installation vorbereiten 29
partitionieren 672
verschlüsseln 754
USB-Varianten 648
Users (Benutzergruppe) 340

V

VerboseStatus 833
Verschieben 308
Verzeichnisstruktur im Explorer 300
Video
Bibliothek 317
importieren 645
Video aufnehmen
Snipping Tool 446
Videoeditor 494
Videos (Standardordner) 290
Viren 727
Viren- und Bedrohungsschutz 730
Ausschlüsse 735
cloudbasierter Schutz 733
Echtzeitschutz 733
Einstellungen für Virenschutz 733
erweiterte Überprüfung 731
Manipulationsschutz 734
Schnellüberprüfung 731
Schutzverlauf 732
Windows-Sicherheit-Center 730
Virenscanner 743
Virenschutz 88
Virensignaturen 89–90
VirtualBox 855
Betriebssystem installieren 859
Gasterweiterungen 861
installieren 856
Virtualisierung 837
Anwendungen 837
bei Kompatibilitätsproblemen 768
Virtuelle Festplatte 846

Virtueller Computer
Betriebssystem installieren 850
erstellen 843
Generation 845
Speicher 845
starten 851
Virtueller Switch 841
Vorschaufenster in der Taskleiste 356
VPN 595

W

Webseite als Desktopverknüpfung erstellen 255
Websuche über das Suchfeld 403
deaktivieren 834
Wechseldatenträger 304
formatieren und partitionieren 672
Weitere Benutzer 143
WhyNotWin11 23
Widgets 63, 458
Anzeige in der Taskleiste 226
einblenden 459
hinzufügen 464
Wiedergabeliste (Musik) 514
Wiederherstellen, Dateien und Verzeichnissen 714
Wiederherstellung 58
Wiederherstellungspunkt 706, 813
manuell setzen 708
System zurücksetzen 709
Wiederherstellungsschlüssel 756
Win32-Anwendungen 370
Windows + ., Tastenkombination 115
Windows + D, Tastenkombination 117
Windows + E, Tastenkombination 117, 351
Windows + I, Tastenkombination 117
Windows + L, Tastenkombination 117
Windows + M, Tastenkombination 117
Windows + Pfeil nach links, Tastenkombination 117
Windows + Pfeil nach rechts, Tastenkombination 117
Windows + Q, Tastenkombination 117
Windows + R, Tastenkombination 117
Windows + U, Tastenkombination 117
Windows + Umschalt + M, Tastenkombination 117
Windows + V, Tastenkombination 346, 352
Windows + X, Tastenkombination 117
Windows Copilot 432
Windows Defender 88
Windows Defender Antivirus → Viren- und Bedrohungsschutz
Windows Defender Sicherheitscenter → Windows-Sicherheit-Center
Windows Media Player 355
Windows PowerShell 877
als Administrator starten 882
Befehle 895
Module 892
Skripte 895
starten 878
Windows PowerShell ISE 894, 897
Windows Product Key 33
Windows Search deaktivieren 425
Windows Update (Einstellungen) 78
Windows Zubehör 368
Windows 11
Downgrade 58
Editionen 24
Installation 31
Windows 11 23H2
Explorer 289
Windows 11 Education 25
Windows 11 Enterprise 25
Windows 11 Home 24
Windows 11 Pro 24
Windows 11 Pro Workstation 24
Windows 11 S 25
Windows-Anwendungen
öffnen 353
suchen 403
Windows-Blickpunkte 187
Windows-Explorer → Explorer
Windows-Firewall 737
Benachrichtigungen 739
erweiterte Einstellungen 739
Konfiguration 740
Regel für Programm erstellen 741
Regeln 740
Standard wiederherstellen 739
Zugang 738
Windows-Fotoanzeige-App 465
Bilder betrachten 473
Bilder importieren 465
Darstellung ändern 471
Diashow 475
Filter auf Fotos anwenden 478
Fleckenkorrektur 479
Foto bearbeiten 476
Foto bzw. Video löschen 474
Ordner 471
rote Augen korrigieren 479
Sammlung 469
Video abspielen 474
Video in Zeitlupe abspielen 475
Video zuschneiden 475
Zeichnen 481
Windows-Funktionen suchen 403
Windows-Hello-PIN 149
Windows-Insider-Programm 699, 702
Blog 705

Windows-Lizenz 850
Windows-Problembehandlung 780
Windows-Protokolle 771
Windows-Sandbox 862
aktivieren 862
Windows-Sicherheit
Viren- und Bedrohungsschutz deaktivieren 744
Windows-Sicherheit-Center 90, 728
Windows-Sicherung 715
Windows-Spracherkennung 129–130
Befehle 132
Windows-Subsystem für Android 380
Windows-Taste 117
Windows-Terminal 877
als Administrator starten 882
anpassen 880
Einstellungen 880
Standardprofil 880
starten 878
Windows-Terminal (Administrator) 800, 898
Windows-Tools 368
WinTotal-Forum 804
WLAN 579
alte Verbindungen entfernen 581
deaktivieren 584
Kennwort über die Eingabeaufforderung ermitteln 887
manuelle Verbindung herstellen 579
schützen 581
WordPad 134
WPA2 581

Z

Zeit und Sprache (Einstellungen) 77
Zeitfeld 66
Zeitzone 243
ZIP-Archiv 332
entpacken 334
erstellen 333
Zugriffsrechte 339
ändern 341
erteilen 339
Zuletzt hinzufügte Apps anzeigen bzw. ausblenden 217
Zurücksetzen 725
Apps 763
Kennwort Microsoft-Konto 801
System 793
Zwei-Faktor-Authentifizierung 752
Zwischenablage 343
Zwischenablageverlauf 343
aktivieren 343
automtische Synchronisation 351
deaktivieren 345
einblenden 346
Element anheften 347
Element löschen 347
leeren 347
Synchronisation 348